HIPPOCRENE STA

ENGLIS
HINDI-ENGLISH

(with romanized pronunciation)

Edited and Compiled by

Joseph W. Raker and Rama Shankar Shukla

HIPPOCRENE BOOKS

New York

Hippocrene Edition, 1995.

Published in India by
Star Publications Pvt. Ltd., New Delhi-110 002

For information, address:
HIPPOCRENE BOOKS, INC.
171 Madison Avenue
New York, NY 10016

ISBN 0-7818-0387-X hardback
ISBN 0-7818-0470-1 paperback

Index क्रम

भूमिका

यद्यपि भारत में कोश रचना की पद्धति संसार में सबसे पुरानी है किन्तु आधुनिक कोश रचना की वैज्ञानिक पद्धति अंग्रेजी की देन है। 18वीं और 19वीं शताब्दी में एक बड़ा व्यापक अनुष्ठान हिन्दी, हिन्दुस्तानी और अंग्रेजी के कोशों के निर्माण को लेकर हुआ जिसमें ईसाई मिशनरियों, प्रशासनिक अधिकारियों ने बड़े पैमाने पर योगदान दिया और 19वीं शताब्दी के अन्त तक इस दिशा में जो भी महत्वपूर्ण कार्य हुए वे सारे एक प्रकार से उन्हीं की देन है। सन् 1808 में विलियम हंटर के हिन्दुस्तानी-इंग्लिश कोश से इस काम का शुभारम्भ हुआ और बराबर इसके संस्करण होते रहे। एम.टी. आदम, डा. गिल क्राइस्ट, जान शेक्सपीयर आदि ने इस दिशा में प्रारम्भिक कार्य किये। लेकिन यह सारा का सारा कार्य रोमन लिपि में होता था।

1829 में पादरी एम.टी. आदम के कोश में सबसे पहले देवनागरी लिपि का भी प्रयोग हुआ। जान शेक्सपीयर इस दिशा में सन् 1861 तक बराबर महत्वपूर्ण कार्य करते रहे। फैलेन ने "ए न्यू हिन्दुस्तानी-इंग्लिश डिक्शनरी" का निर्माण किया जो कोश विधा की दृष्टि से इनमें सबसे अधिक महत्वपूर्ण माना गया। 19वीं शताब्दी के अन्त में भारत में इस संबंध में जागरण आरम्भ हुआ और कोश रचना की प्रक्रिया स्वतः आरम्भ हुई। अनेक विद्वानों ने हिन्दी-अंग्रेजी कोश के संबंध में समय-समय पर काम किए, साथ ही शासन की ओर से भी में काम व्यापक पैमाने पर किया गया।

सबने अपनी-अपनी दृष्टि से कार्य किए और सबके काम की अपनी विशेषताएं हैं, किन्तु लोक और ज्ञान दोनों को संतुलित मात्रा में रखकर कोश रचना की प्रक्रिया की दृष्टि से "हिन्दी-अंग्रेजी/अंग्रेजी-हिन्दी शब्दकोश" का एक अभिनव अवदान इस दिशा में है, जिसकी अपनी विशेषताएं हैं।

अंग्रेजी से हिन्दी के अनेक कोश हैं और हिन्दी से अंग्रेजी के भी कोश कई हैं, किन्तु संयुक्त रूप से कोई ऐसा कोश नहीं है जिसके माध्यम से एक ही कोश के द्वारा दोनों कार्य सिद्ध हो सकें। पठन-पाठन तथा सरकारी क्षेत्र में इसकी आवश्यकता अत्यन्त व्यापक रूप से अनुभव की जा रही थी जिसका समाधान प्रस्तुत कोश के माध्यम से होता है। इसकी शब्द सम्पदा भी व्यावहारिक रूप से पर्याप्त है और जन सामान्य और सामान्यतः विद्वत जगत का काम इससे चल सकता है। इसके साथ ही एक अच्छी बात यह है कि शब्दों के अंग्रेजी उच्चारण देवनागरी लिपि में भी दिए गये हैं जिससे उच्चारण का संज्ञान सामान्य रूप से अध्ययता को हो जायेगा। इसके साथ ही शब्द चयन की प्रक्रिया में सजगता बरती गई है और यह प्रयत्न किया गया है कि वांछित शब्द सम्पदा इस कोश में आ जायें।

आज सरकार में हिन्दी के कामकाज के लिए कोशों की आवश्यकता का अनुभव बड़े व्यापक पैमाने पर किया जा रहा है और इसके निराकरण के लिए इस कोश में प्रशासनिक शब्दावली भी दे दी गई है, जिससे सामान्य व्यावहार में अत्यन्त सुविधा मिलेगी। शब्दों की अर्थ साधना में भी सजगता

बरती गई है। इस तरह मेरी दृष्टि संयुक्त रूप में प्रकाशित यह "अंग्रेजी-हिन्दी व हिन्दी अंग्रेजी कोश" इस दिशा में एक, गौरवशाली, गम्भीर और लोक-हितकारी प्रयत्न है। मुझे विश्वास है कि सभी क्षेत्रों में इसके गुण होने के कारण सम्मान होगा और ज्ञानजगत इसे गरिमा प्रदान करेगा।

दीपावली
3.11.1994

सुधाकर पांडेय
(प्रधानमंत्री)
नागरी प्रचारिणी सभा
वाराणसी

List of Abbreviations used in the Dictionary
संकेत-चिन्ह जो इस कोष में प्रयुक्त किये गये हैं

abbr.	abbreviation.	*esp.*	especially.	*phr.*	phrase.
adj.	adjective	*fut.*	future.	*opp.*	opposite.
adjs.	adjectives.	*fem.*	feminine.	*pl.*	plural.
adv.	adverb.	*gram.*	grammar.	*n. sing.*	noun singu
advs.	adverbs.	*Geog.*	geography.	*pr. part.*	present participle
alg.	algebra.	*Gr.*	*Greek.*	*p. t.*	past tense.
archt.	architecture.	*i. e.*	that is	*pres. t.*	present tense.
arith.	arithmetic	*in.*	inches.	*p.p.*	past participle.
aux.	auxiliary	*indef.*	indefinite.	*pref.*	prefix
contr.	contracted.	*interj.*	interjection	*prep.*	preposition
cf.	compare.	*L.*	Latin	*pron.*	pronoun.
chem.	chemistry.	*mas.*	masculine.	*Rom.*	Roman.
comb.	combination	*med.*	medicine.	*sing.*	singular
comp.	comparative.	*mus.*	music	*suf.*	suffix
conj.	conjunction.	*n., ns.*	noun, nouns	*usu.*	usually.
demons.	demonstrative.	*naut.*	nautical	*v. i.*	verb intransitive
dim.	diminutive.	*pass.*	passive.	*v. t.*	verb transitive
e.g.	for example.	*pers.*	person	*yd. (s)*	yard (s).

अं. ग.	अंकगणित	ब. व.	बहुवचन
ए. व.	एकवचन	बी. ग.	बीज गणित
इ	इत्यादि	शि. वि.	शिल्प विद्या
औ. शा.	औषधि शास्त्र	शा. प.	शासनपद्धिति
न. लि.	नपुंसक लिंग	सं.	संगीत
नौ. वि.	नौ विद्या	स्त्री. लि.	स्त्रीलिंग
पु. लि.	पुलिंग		

KEY OF TRANSLITERATION

VOWELS

Nagri character	Sign	Roman character	Pronunciation
अ		a	As *a* in beggar
आ	ा	A	As *a* in father
इ	ि	i	As *i* in sin
ई	ी	ee	As *ee* in meet
उ	ु	u	As *u* in pull
ऊ	ू	oo	As *oo* in pool
ऋ	ृ	ri	As *ri* in rich
ए	े	a	As *a* in gate
ऐ	ै	ai	As *a* in fat
ओ	ो	o	As *o* in hole
औ	ौ	au	As *o* in hot
अं	ं	an	As *an* in kangaroo
अँ	ँ	an	As *an* in the French pronunciation of restaurant
अः	:	a:	Short form of ah !
ह्रस्व ए		e	As *e* in bed

CONSONANTS

Nagri character	Roman character	Pronuciation
Gutturals		
क	k	As *k* in ankle
ख	kh	
ग	g	As *g* in go
घ	gh	As *gh* in gherao
ङ	n	As *n* in hunger
Palatals		
च	c	As *ch* in church
छ	ch	
ज	j	As *j* in jar
झ	jh	

ञ	n	As *n* in punch
Cerebrals		
ट	T	As *t* in top
ठ	Th	
ड	D	As *d* in doll
ढ	Dh	
ण	n	As *rn* in burnt
Dentals		
त	t	As *t* in French matron
थ	th	As *th* in thin or plethora
द	d	As *th* in leather
ध	dh	
न	n	As *n* in nut

There is no sign in English to represent the sounds of ड़ and ढ़. The following symbols are for them : R for ड़, Rh of ढ़ ।

Lately, certain sounds of the Persian language have gained currency which are expressed by placing a dot below the corresponding letters of Nagri. We shall try to imitate these sounds thus:

क़	k	As *Q* in 'Quran', the sacred boo of Islam
ख़	kh	As *Kh* in the name of the Persian poet Umar Khaiyam
ग़	G	As *Gh* in the name of the Urdu poet Ghalib
ज़	z	As *z* in zinc
फ़	f/F	As *f* in father

In Nagri every letter represents a complete sound so that it can be uttered by itself. But every consonant has a half-form also which cannot be pronounced by itself.

the half form च is च्   the half form of द is द्

Whenever two consonants are conjoined the resultant conjunct, in some cases, assumes a new shape, e.g.,

क्ष ज्ञ ट्ट ट्ठ ड्ड त्त द्द द्ध द्ब
द्ध ह्म द्य त्र ट्य ह्य क्र घ्र ट्र
त्र द्र श्र हृ ह्न ह्व ह्

Nagri is primarily a syllabic script. Every letter of Nagri represents a complete sound. However, every complete sound may not be represented by a single letter, e.g., पश्चात् (pash cAt) contains two syllabes, but four letters. To this extent, Nagri detracts from he syllabic character.

उच्चारण – सम्बंधी विवरण

किसी भी भाषा का शुद्ध उच्चारण किसी अन्य भाषा के माध्यम से हो ही नहीं सकता क्योंकि प्रत्येक भाषा का अपना स्वतंत्र स्वभाव, व्यक्तित्व व चरित्र होता है तथा उसके प्रबुद्ध मूल प्रयोक्ता ही उसके शुद्ध उच्चारण की कसौटी होते हैं। प्रत्येक भाषा में कुछ ध्वनियाँ ऐसी होती हैं, जो अन्य भाषाओं में नहीं होतीं। अँग्रेज़ी में ख, घ, छ, झ, त, ध, फ, भ, ठ, ड़, ढ, ढ़, ण आदि ध्वनियाँ नहीं हैं।

उच्चारण के प्रतीकों व संकेतों का निर्धारण व चयन करते समय सरलता को प्रमुख ध्येय मानते हुए शुद्धता की रक्षा के प्रति भी पूर्ण जागरूकता अनिवार्य है। प्रस्तुत कोश में दोनों ही लक्ष्यों को ध्यान में रखा गया है।

संकेत व प्रतीक (Hints and Symbols)

(अ) स्वर (Vowels)

प्रतीक		ध्वनि		उदाहरण		उदाहरण
अॅ,		लघु अ	ago	अॅ गो	atom	ऐ टॅम
अ		सामान्य अ	under	अन् डॅः	but	बट
ऑ,	ॉ	लघु आ	out	ऑउट	about	अॅ बॉउट
आ,	ा	सामान्य आ	answer	आन् सॅः	fast	फ़ास्ट
इ,	ि	इ	It	इट	fit	फ़िट
ई,	ी	ई	eat	ईट	beat	बीट
उ,	ु	उ	foot	फ़ुट	put	पुट
ऊ,	ू	ऊ	ooze	ऊज़	fruit	फ़्रूट
एॅ,	ेॅ	लघु ए	air	एॅअॅः	pair	पेॅअॅः
ए,	े	सामान्य ए	aim	एम	fame	फ़ेम
ऐॅ,	ैॅ	लघु ऐ	ebb	ऐॅब	self	सैल्फ़
ऐ,	ै	सामान्य ऐ	act	ऐक्ट	fact	फ़ैक्ट
ओॅ,	ोॅ	लघु ओ	omission	ओॅ मि शॅन	November	नोॅ वैम् बॅः
ओ,	ो	सामान्य ओ	oak	ओक	soak	सोक
औॅ,	ौॅ	लघु औ	on	औॅन	pot	पौॅट
औ,	ौ	सामान्य औ	all	औल	fall	फ़ौल

संयुक्त स्वर (diphthongs)

कुछ शब्दों के उच्चारण में दो स्वरों की ध्वनियाँ मिल जाती हैं तथा ये दोनों लघु ध्वनियाँ संयुक्त रूप में एक इकाई मानी जाती हैं:

संयुक्त स्वर		उदाहरण		उदाहरण
ऑइ	eye	ऑइ	try	ट्रॉइ
ऑउ	out	ऑउट	now	नॉउ
इअॅ	ear	इअॅः	real	रिअॅल
औॅइ	oil	औॅइल	boy	बौॅइ

एँअॅ	air	एँअॅ:	mare	मेँअॅ:
उअॅ	poor	पुअॅ:	doer	डुअॅ:

व्यंजन (Consonants)

विभिन्न शब्दों में व्यंजनों के उच्चारण सामान्य व्यंजन प्रतीकों के माध्यम से प्रस्तुत किए गए हैं। अतः इनके लिए न किसी व्याख्या की आवश्यकता है न उदाहरण की।

वर्तनी की समानता के कारण यदि दो या दो से अधिक शब्दों का उच्चारण बिल्कुल समान है तो अनावश्यक पुनरावृत्ति को बचाते हुए, क्रम में प्रथम दिए गए शब्द का ही उच्चारण अंकित किया गया है।

अँग्रेज़ी के उच्चारण किन्हीं कठोर नियमों से नहीं बँधे हैं। अतः विविधता व विभिन्नता इसके मुख्य लक्षण हैं। वैकल्पिक व्यवस्थाओं का बाहुल्य है। अनेक शब्द दो या अधिक प्रकार से उच्चारित होते हैं। ऐसे मामलों में अधिक प्रचलित उच्चारण को प्रथम दिया गया है तथा शेष उच्चारण/ उच्चारणों के केवल परिवर्तित अंश को देकर लुप्त अंश को डैश (—) से प्रदर्शित किया गया है।

इस संबंध में अक्षर r का संक्षिप्त विवेचन आवश्यक है :

1. Consonant के तुरंत पश्चात् आने वाला r अनिवार्य रूप से ध्वनित होता है, यथा try (ट्रॉइ), brown (ब्रॉउन)।

2. Vowel के तुरंत पश्चात् आने वाला r ध्वनिरहित (unsounded) रहता है, यद्यपि कुछ कोशों में इसे ध्वनित माना है। प्रस्तुत कोश में इसे ध्वनिरहित दर्शाया गया है, यथा far (फा:), Chair (चेँअॅ:)।

3. Vowel के पश्चात् आने वाला r कोश में दिए उच्चारण में ध्वनिरहित होते हुए भी ध्वनित हो जाता है यदि वाक्य अथवा मुहावरे में ऐसे r के आगे आने वाला शब्द Vowel से प्रारंभ होता है, यथा :

Where did he go? वेँअॅ: डिड ही गो।
Where is he now? वेँअॅर इज़ ही नॉउ।

4. कोश में ध्वनिरहित r को एक विशेष चिह्न (:) से दर्शाया गया है।

जिस प्रकार हिंदी का सामान्य पाठक या प्रयोक्ता 'श' व 'ष' की ध्वनि के सूक्ष्म भेद से प्रायः अनभिज्ञ होता है, उसी प्रकार अँग्रेज़ी में 'V' तथा 'W' की ध्वनि में तात्त्विक भेद होते हुए भी सामान्य पाठक इन दोनों को एक ही ध्वनि 'व' प्रदान करता है। अतः प्रस्तुत कोश में उच्चारण के सरलीकरण के पक्ष में इन दोनों अक्षरों को समान ध्वनि का द्योतक माना गया है।

बलाघात (Stress)

अँग्रेज़ी भाषा की उच्चारण-पद्धति के अनुरूप प्रत्येक शब्द के उच्चारण को पदांशों (syllables) में विभक्त किया गया है। एकपदीय शब्दों (monosyllables) पर यह नियम लागू ही नहीं होता। ऐसे अंशों अथवा खंडों को उच्चारण में स्पष्ट रूप से दिखाया गया है। दो या दो से अधिक पदांशों (syllables) वाले प्रत्येक शब्द के उच्चारण में बलाघातित पदांशों (stressed syllables) को काले मोटे मुद्रण से स्पष्ट दिखाया गया है। कुछ शब्दों में दो पद बलाघातित हैं।

ROMAN & HINDI NUMBER

			Skt. Cardinals	*Skt.* Ordinals	*Hindi* Cardinals	*Hindi* Ordinals
I	1	१	एक	प्रथम	एक	पहला
II	2	२	द्वि	द्वितीय	दो	दूसरा
III	3	३	त्रि	तृतीय	तीन	तीसरा
IV	4	४	चतुर्	चतुर्थ	चार	चौथा
V	5	५	पंच (न्)	पंचम	पांच	पांचवां
VI	6	६	षष्	षष्ठ	छः	छठा
VII	7	७	सप्त (न्)	सप्तम	सात	सातवां
VIII	8	८	अष्ट (न्)	अष्टम	आठ	आठवां
IX	9	९	नव (न्)	नवम	नौ	नवां
X	10	१०	दश (न्)	दशम	दस	दसवां

			Hindi Cardinals
XI	11	११	ग्यारह
XII	12	१२	बारह
XIII	13	१३	तेरह
XIV	14	१४	चौहद
XV	15	१५	पन्द्रह
XVI	16	१६	सोलह
XVII	17	१७	सत्रह
XVIII	18	१८	अठारह
XIX	19	१९	उन्नीस
XX	20	२०	बीस
XXI	21	२१	इक्कीस
XXII	22	२२	बाईस
XXIII	23	२३	तेईस
XXIV	24	२४	चौबीस
XXV	25	२५	पच्चीस
XXVI	26	२६	छब्बीस
XXVII	27	२७	सत्ताईस
XXVIII	28	२८	अट्ठाईस
XXIX	29	२९	उन्तीस
XXX	30	३०	तीस

XXXI	31	३१	इकतीस
XXXII	32	३२	बत्तीस
XXXIII	33	३३	तैंतीस
XXXIV	34	३४	चौंतीस
XXXV	35	३५	पैंतीस
XXXVI	36	३६	छत्तीस
XXXVII	37	३७	सैंतीस
XXXVIII	38	३८	अड़तीस
XXXIX	39	३९	उन्तालीस
XL	40	४०	चालीस
XLI	41	४१	इकतालीर
XLII	42	४२	वयालीस
XLIII	43	४३	तैंतालीस
XLIV	44	४४	चौवालस
XLV	45	४५	पैंतालीस
XLVI	46	४६	छियालीस
XLVII	47	४७	सैंतालीस
XLVIII	48	४८	अड़तालीस
IL	49	४९	उनचास
L	50	५०	पचास
LI	51	५१	इक्यावन
LII	52	५२	बावन
LIII	53	५३	तिरपन
LIV	54	५४	चौबन
LV	55	५५	पचपन
LVI	56	५६	छप्पन
LVII	57	५७	सत्तावन
LVIII	58	५८	अट्ठावन
LIX	59	५९	उनसठ
LX	60	६०	साठ

LXI	61	६१	इकसठ
LXII	62	६२	बासठ
LXIII	63	६३	तिरसठ
LXIV	64	६४	चौंसठ
LXV	65	६५	पैंसठ
LXVI	66	६६	छियासठ.
LXVII	67	६७	सड़सठ
LXVIII	68	६८	अड़सठ
LXIX	69	६९	उनहत्तर
LXX	70	७०	सत्तर
LXXI	71	७१	इकहत्तर
LXXII	72	७२	बहत्तर
LXXIII	73	७३	तिहत्तर
LXXIV	74	७४	चौहत्तर
LXXV	75	७५	पचहत्तर
LXXVI	76	७६	छिहत्तर
LXXVII	77	७७	सतहत्तर
LXXVIII	78	७८	अठहत्तर
LXXIX	79	७९	उनासी
LXXX	80	८०	अस्सी
LXXXI	81	८१	इक्यासी
LXXXII	82	८२	बयासी
LXXXIII	83	८३	तिरासी
LXXXIV	84	८४	चौरासी
LXXXV	85	८५	पचासी
LXXXVI	86	८६	छियास
LXXXVII	87	८७	सत्तासी
LXXXVIII	88	८८	अठासी
XIC	89	८९	नवासी
XC	90	९०	नब्बे

XCI	91	९१	इक्यानवे
XCII	92	९२	वानवे
XCIII	93	९३	तिरानवे
XCIV	94	९४	चौरानवे
XCV	95	९५	पंचानवे
XCVI	96	९६	छियानवे
XCVII	97	९७	सत्तानवे
XCVIII	98	९८	अट्ठानवे
XCIX	99	९९	निन्नानवे

Roman numerals make multiplication of ten thousand by placing a dash a letter, thus I=$\overline{1}$0,000; X$\overline{=1}$0x10,000 i.e. 100,000; $\overline{M}$=1000x10,000; i.e. 10,00,000.

OFFICIAL TERMINOLOGY OF RANKS AND WORDS WITH EQUIVALENT TERMS USED IN HINDI

(as adopted by Government of India)

A

Abandonment परित्यजन, परित्याग

Abridgment न्यूनन

Abrogation निराकरण

Absence अनुपस्थिति, गैरहाजिर, अभाव

Absentee अनुपस्थित, गैरहाजिर

Academic शैक्षणिक

Academic Qualification शैक्षणिक अर्हता, शैक्षणिक योग्यता

Academy अकादमी

Accept स्वीकार करना, मानना

Acceptance स्वीकृति, प्रतिग्रहण (विधि)

Access प्रवेश, पहुँच

Account लेखा, खाता, हिसाब, गणना

Accountant लेखाकार

Accrual प्रापण, प्रोद्‍भवन

Accrued प्राप्त, प्रोद्‍भूत, उपार्जित

Accusation अभियोग

Accused अभियुक्त

Achievement उपलब्धि

Acknowledgement due रसीदी

Acknowledge प्राप्ति स्वीकार करना, पावती देना

Acknowledgement पावती, अभिस्वीकृति (विधि)

Acquisition अर्जन

Act अधिनियम

Act of misconduct कदाचार

Acting (as in acting director) कार्यकारी

Acting (e.g. Chairman) कार्यकारी

Actionable wrong अभियोज्य दोष

Ad hoc तदर्थ

Adaptation अनुकूलन

Additional अतिरिक्त, अपर (पदनाम में)

Address (सं) पता अभिभाषण, संबोधन, मानपत्र (क्रि) संबोधित करना

Addressed सम्बोधित

Addressee पानेवाला

Adherence अनुषक्ति

Adhoc तदर्थ

Adhoc committee तदर्थ समिति

adhoc indent तदर्थ मांगपत्र

Adjournment स्थगन, अवधिदान, कालदान

Administer प्रशासन करना
Administered प्रशासित
Administering authority प्रशासन प्राधिकारी
Administration प्रशासन
Administrative प्रशासनीय, प्रशासी
Administrative ability प्रशासन-योग्यता
Administrative approval प्रशासनिक अनुमोदन
Administrative function प्रशासनीय कृत्य
Administrative sanction प्रशासनिक मंजूरी
Administrator General महाप्रशासक
Admiralty नौकाधिकरण, नावाधिकरण
Admissible ग्राह्य
Admission fee प्रवेश-शुल्क
Admission form प्रवेश-पत्र
Adoption दत्तक ग्रहण, दत्तक स्वीकरण
Adress of welcome अभिनंदन-पत्र
Adult suffrage वयस्क मताधिकार
Adulteration अपमिश्रण
Advance अग्रिम धन, पेशगी
Advance copy अग्रिम प्रति
Adverse प्रतिकूल
Adverse entry प्रतिकूल प्रविष्टि

Advertisement विज्ञापन
Advice मंत्रणा, परामर्श, सलाह, सूचना, संज्ञापन
Adviosry Council मत्रंणा-परिषद्
Advise मंत्रणा देना
Advocate अधिवक्ता
Advocate General महाधिवक्ता
Affect प्रभाव डालना, प्रभावित करना
Affect Prejudicially प्रतिकूल प्रभाव डालना
Affidavit शपथपत्र, हलफनामा
Affirmation प्रतिज्ञान
Age limit आयु सीमा
Age of retirement सेवा-निवृत्ति आयु,
Age of superannuation अधिवर्षिता आयु
Agency अभिकरण, एजेंसी
Agenda कार्यसूची
Agent अभिकर्त्ता, एजेंट
Agreement सहमित, करार, अनुबंध
Air Force विमान-बल, वायुसेना
Air navigation विमान-परिवहन
Air traffic विमान-यातायात
Air-ways वायु-पथ
Airport विमानपत्तन
Alien अन्यदेशीय

Alienate	अन्य संक्रामण करना
Alienation	अन्य संक्रामण, परकीयकरण
Allegation	अभिकथन, आरोप
Allegiance	निष्ठा
Allocation	बँटवारा
Allot	बाँट लगाना
Allotment	बाँट, आंबटन
Allotment order	आंबटन आदेश
Allowance	भता
Amendment	संशोधन
Amnesty	सर्वक्षमा
Amount	राशि, रकम, मात्रा
Analogous	सदृश, अनुरूप
Annual	वार्षिक
Annual Financial Statement	वार्षिकवित्त-विवरण
Annuity	वार्षिकी
Annulment	रद्दी करण
Appeal	अपील, अपील करना
Appear	उपस्थित होना
Appellate tribunal	अपील अधिकरण
Appended	संलग्न
Applicant	आवेदक
Application	आवेदन, अर्जी, प्रयोज्यता, लागू होना
Appoint	नियुक्त करना
Appointee	नियुक्त व्यक्ति
Appointment	नियुक्ति
Appropriation Bill	विनियोग विधेयक
Approve	अनुमोदन करना
Arbitral Tribunal	मध्यस्थ न्यायाधिकरण
Arbitrator	मध्यस्थ
Area	क्षेत्र
Argument	तर्क, बहस
Article	अनुच्छेद, वस्तु, नियम
Articles	नियमावली
Armed Forces	सशस्त्र सेना
As the case may be	यथास्थिति, यथाप्रसग
Assemble	जमा होना, समवेत होना
Assembly	सभा, जमाव
Assent	अनुमति
Assert	दृढ़ता से कहना, जोर देकर कहना
Assessment	निर्धारण
Assignment	समर्पण
Associate	सह, सम्मिलित करना
Association	संघ, सगम (विधि) संस्था
Assurance of Property	सम्पति हस्तान्तरण-पत्र
Assure	आश्वस्त करना
Attached office	संलग्न कार्यालय
Attention	ध्यान

Attachment	कुर्की, टाँच
Attendance register	उपस्थिति रजिस्टर, हाज़िरी रजिस्टर
Attestation	अनुप्रमाणन, तसदीक
Attorney-General	महान्यायवादी
Audio-visual publicity	दृश्य - श्रव्य प्रचार
Audit	लेखा - परीक्षा, गणना - परीक्षा
Auditor-General	महालेखा - परीक्षक
Authentic	प्रमाणिक
Authenticate	प्रमाणित करना
Authentication	प्रमाणीकरण
Authority	प्राधिकारी, प्राधिकार, प्राधिकरण
Authorize	प्राधिकृत करना
Autonomous	स्वायत्त
Autonomy	स्वायत्तता, स्वायत्त शासन
Auxiliary	सहायक
Available	प्राप्य, उपलब्ध
Avoidable	परिहार्य
Award	पंचाज्ञा
Awareness	भान, बोध, जागरूकता

B

Background	पृष्ठभूमि
Bail	प्रतिभूति, जमानत
Balance sheet	तुलन - पत्र
Ballot	मतपत्र, मतदान,
Bank	बैंक, अधिकोष
Banker's mortgage	बैंक बंधक
Banking	महाजनी, अधिकोषण
Bankruptcy	दिवाला
Bar	रोध, रुकावट
Basic education	बुनियादी शिक्षा
Basic pay	मूल वेतन
Belief	विश्वास
Beneficial	लाभप्रद
Benefit	हित, लाभ, फायदा, सुविधा
Benefit of doubt	संदेहलाभ
Betting	पण लगाना, पण क्रिया
Bicameral	दोघरा, द्विगृही
Biennial	द्विवार्षिक
Bill	विधेयक, बिल
Bill of exchange	विनिमय - पत्र
Bill of indemnity	परिहार - विधेयक, क्षतिपूर्ति - बिल
Bill of lading	वहन - पत्र
Biodata	जीवनवृत्त
Birth certificate	जन्म प्रमाणपत्र

Birth date जन्म तिथि, जन्म की तारीख

Black list काली सूची

Black listing काली सूची में नाम लिखना

Black market चोर बाजार, काला बाज़ार

Blue print ब्ल्यू प्रिन्ट

Board मंडली, बोर्ड, परिषद्

Board of Directors निदेशक बोर्ड, निदेशक मंडल

Body निकाय

Body. Corporate निगम - निकाय

Body, governing शासी - निकाय

Bona Vacancia स्वामिहीनत्व

Bonafide वास्तविक

Booklet पुस्तिका

Borrowing उधार - ग्रहण

Boundary सीमा

Boycott बहिष्कार

Break in service सेवा में व्यवधान

Broadcasting प्रसारण

Budget बजट, आय - व्ययक

Budget estimate बजट प्राक्कलन, बजट अनुमान

Bumper बम्पर, जोरदार, भरपूर

Bureau ब्यूरो

Bureaucracy अधिकारी तंत्र, नौकरशाही

Business व्यवसाय, कारोबार

By hand दस्ती

By post डाक से, डाक द्वारा

Bye-election उपनिर्वाचन

Bye-law उपविधि

C

Cablegram समुद्री - तार

Calculation परिकलन

Calling आजीविका

Camp शिविर

Cancel रद्द करना

Cancellation of allotment आबंटन रद्द करना

Cancellation of indent इडेट रद्द करना, माँग - पत्र रद्द करना

Candidate अभ्यार्थी, उम्मीदवार

Cantonment कटक, छावनी

Capacity सामर्थ्य

Capital मूलधन, पूँजी

Capital Value मूलधन - मूल्य

Capitation tax प्रतिव्यक्ति कर

Carriage परिवहन

Carry out पालन करना

Carry over अग्रनयन

Casting vote निर्णायक मत

Casual आकस्मिक, अनियत

Casual leave आकस्मिक, छुट्टी

Casualty हताहत

Cattle pound पशु - अवरोध, काँजी हौस

Cause वाद

Cause of Action वादवूल

Cease fire अस्त्र विराम

Celebration समारोह

Cell प्रकोष्ठ, कक्ष

Census जन - गणना

Central Intelligence Burcan केन्द्रीय गुप्त - वार्ता - विभाग

Central registry केन्द्रीय पंजीकरण

Central revenue केन्द्रीय राजस्व

Centre केन्द्र

Ceremony समारोह

Certificate प्रमाण - पत्र

Certificate of fitness आरोग्य प्रमाण - पत्र, दुरुस्ती, प्रमाण - पत्र

Certificate of posting डाक प्रमाण - पत्र, तैनाती प्रमाण - पत्र

Certification प्रमाणन, प्रमाणीकरण

Certiorari उत्प्रेक्षण - लेख

Cess उपकार

Chairman सभापति, अध्यक्ष

Channel माध्यम, सरणि

Character Certificate चरित्र प्रमाण - पत्र

Character roll चरित्र पंजी

Charge भार, भारित करना

Charge report कार्यभार रिपोर्ट

Charge sheet आरोप - पत्र

Charge(n.) दोषारोप, अभियुक्ति

Charitable दातव्य

Charitable and religious endowments दातव्य तथा धार्मिक धर्मस्व

Charitable institution दातव्य संस्था

Charity खैरात, पूर्त

Check post जाँच - चौकी

Cheque चेक, धनादेश

Chief मुख्य, प्रधान

Chief Commissioner मुख्य आयुक्त

Chief Election Commissioner मुख्य निर्वाचन आयुक्त

Chief Judge मुख्य न्यायाधीश

Chief Justice मुख्य न्यायाधिपति

Chief Minister मुख्य मंत्री

Chronological order कालक्रम

Circular गश्ती चिट्ठी, परिपत्र

Circumstances परिस्थितियाँ

Citizenship नागरिकता, पौरत्व

City allowance नगर - भत्ता

Civil व्यावहारिक, असैनिक

Civil Court	व्यवहार न्यायालय, व्यवहारालय, दीवानी या व्यवहार अदालत
Civil power	व्यवहार शक्ति, असैनिकशक्ति
Civil wrong	व्यवहार विषयक अपकृत्य
Claim	(सं.) दावा
Clarification	स्पष्टीकरण
Clause	धारा
Co-existence	सह – अस्तित्व
Code	संहिता
Code of conduct	आचरण संहिता
Code telegram	कोड तार
Coinage	टंकण
Colonization	उपनिवेशन
Column	स्तंभ, खाना
Commencement	प्रारंभ
Commerce	वाणिज्य
Commercial	वाणिज्य – सम्बन्धी
Commission	आयोग
Commission agent	कमीशन एजेंट
Commissioner	आयुक्त
Committee	समिति
Committee, Select	प्रवर समिति
Committee, Standing	स्थायी समिति
Common good	सार्वजनिक कल्याण
Common Seal	सामान्य मुद्रा, सामान्य मुहर
Communicate	संचार करना
Communication	संचार, संसूचना, पत्रव्यवहार
Communication, Means of	संचार साधन
Communique	विज्ञप्ति
Community	लोकसमाज, समुदाय
Commuted leave	परिवर्तित छुट्टी
Company	समवाय, कम्पनी
Compassion	अनुकंपा
Compassionate allowance	अनुकंपा भत्ता
Compensation	प्रतिकर, क्षतिपूर्ति
Compensatory leave	प्रतिपूरक छुट्टी
Competent	सक्षम
Competitive examination	प्रतियोगिता परीक्षा
Complaint	फरियाद
Complaint book	शिकायत पुस्तिक
Comptroller and Auditor-General	नियंत्रक तथा महालेखा – परीक्षक
Computation	संगणना
Concession	रियायत
Concurrence	सहमति
Concurrent	समवर्ती
Condemn	अनुपयोगी घोषित करना, दण्डनीय घोषित करना, निन्दा करना
Concurrent list	समवर्ती सूची

Condition शर्त
Conditions of service सेवा की शर्तें
Conference सम्मेलन
Confession संस्वीकृति
Confidence want of विश्वास का अभाव
Confirm पुष्टि करना
Confirmation पुष्टि
Conscience अन्तःकरण
Consent सम्मति
Consent, previous पूर्व सम्मति
Consequential आनुषंगिक
Consideration विचार, प्रतिफल
Consolidated Fund संचित निधि
Constituency निर्वाचन - क्षेत्र
Constituency, territorial प्रादेशिक निर्वाचन - क्षेत्र
Constituent-Assembly संविधान सभा
Constitution संघटन, गठन, संविधान
Construe अर्थ करना
Consul वाणिज्य - दूत
Consultation परामर्श
Consumption उपभोग
Contact संपर्क
Contagious सांसर्गिक
Contain समाविष्ट करना
Contempt अवमान
Contempt of Court न्यायालय का अवमान
Contest (सं.) विवाद, प्रतियोगिता (क्रि.) लड़ना (निर्वाचन)
Context संदर्भ, प्रसंग
Contingency allowance आकस्मिकता भत्ता
Contingency-Fund आकस्मिकता निधि
Contract संविदा
Contravention प्रतिकूलता, उल्लंघन
Contribution अंशदान, योगदान
Control नियंत्रण
Controlling officer नियंत्रण अधिकारी
Controversy विवाद, प्रतिवाद
Convention अभिसमय, प्रथा, रूढ़ि, परंपरा
Conveyance सम्पत्ति हस्तांतरण
Conveyance allowance वाहन भत्ता
Convicted सिद्धदोष, अभिशस्त, दोष प्रमाणित
Conviction दोषसिद्धि, अभिशस्ति
Cooperation सहयोग, सहकारिता
Co-operative सहकारी, सहयोगशील
Copy प्रतिलिपि, नकल, प्रति

Copyright	प्रतिलिप्यधिकार, कॉपीराइट, स्वत्वाधिकार
Corporation	निगम
Corporation, Sole	एकल निगम
Corporation-tax	निगम - कर
Correspondence	पत्राचार
Correspondent	संवाददाता, संपर्की
Corresponding	तद्नरूप
Corrupt	भ्रष्ट
Cost	परिव्यय, खर्च, लागत
Cottage industry	कुटीर उद्योग
Council	परिषद्
Council of ministers	मंत्रिपरिषद्
Council of States	राज्यसभा
Council, Regional	प्रादेशिक परिषद्
Council, Tribal	जनजाति - परिषद्
Countervailing duty	प्रतिशुल्क
Court	न्यायालय
Court Martial	सेनान्यायालय
Court of Appeal	पुनर्विचारन्यायालय
Court of Wards	प्रतिपालक - अधिकरण
Court, Civil	व्यवहार - न्यायालय
Court, Criminal	दण्ड - न्यायालय
Court, District	जिला - न्यायालय
Court, Federal	संघ - न्यायालय
Court, High	उच्च न्यायालय
Court, Magistrate	दंडाधिकारी न्यायालय
Court, Revenue	राजस्व - न्यायालय
Court, Session	सत्र - न्यायालय
Court, subordinate	अधीन न्यायालय
Court, Supreme	उच्चतम न्यायालय
Covering letter	सहपत्र
Credit	प्रत्यय, साख, पत्त, आकलन
Crime	अपराध
Criminal	अपराधी, आपराधिक, दण्ड सम्बन्धी
Criminal Law	दण्ड - विधि
Cross breed	संकर
Crossed Cheque	क्रॉस चेक, रेखित चेक
Currency	चल अर्थ, मुद्रा - प्रचलन
Custody	अभिरक्षा
Custom	रूढ़ि, आचार
Custom duty	बहिः - शुल्क, सीमा - शुल्क
Custom, Frontier	शुल्क, सीमान्त
Cypher (Cipher)	बीज लेख, शून्य, सिफर
Cypher telegram	बीज लेख तार

D

Daily note — दैनिक नोट, दैनिक टिप्पणी

Damages — नुकसानी (विधि), हर्ज़ाना (सामान्य)

Data — आधार सामग्री, आँकड़े

Dead account — निष्क्रिय लेखा

Dealing assistant — संबंधित सहायक

Dealing hand — संबंधित कर्मचारी

Dearness Allowance — महँगाई भत्ता

Death anniversary — पुण्यतिथि

Death-cum-retirement — मृत्यु-निवृत्ति उपदान

Debate — वाद-विवाद

Debenture — ऋण-पत्र

Debit — विकलन

Debt — ऋण

Decision — विनिश्चय

Declaration — घोषणा

Declaration form — घोषणा पत्र

Decree — आज्ञप्ति, डिक्री

Dedication — समर्पण

Deduction — कटौती, घटना

Deed — विलेख

Defence — प्रतिरक्षा

Deface — विरूपित करना

De facto — वस्तुतः

Defamation — मानहानि

Degradation — पद घटाना, ग्रेड घटाना

Delay — विलंब

Deliberation — पर्यालोचन, विचार-विमर्श

Delimitation — परिसीमन

Demand — अभियाचना, माँग

Demarcation — सीमांकन

Demi-official (D.O) — अर्ध-शासकीय

Demi-Official letter (D.O.) — अर्ध-शासकीय पत्र

Demobilisation — सैन्य-वियोजन

Democratic — लोकतांत्रिक

Demonstration — निदर्शन, प्रदर्शन, निरूपण

Demotion — पदावनति

Department — विभाग

Departmental — विभागीय

Departmental enquiry — विभागीय जाँच

Deposit — निक्षेप, जमा

Depositor — जमा करनेवाला, जमाकर्ता

Deprive — वंचित करना

Deputy Chairman — उपसभापति

Deputy Commissioner — उपायुक्त, मण्डलायुक्त

Deputy President उपराष्ट्रपति
Deputy Speaker उपाध्यक्ष
Derogation अप्रतिष्ठा, अपमान
Descent उद्‌भव
Design रूपांकण, तक्ष
Designation पदनाम, पद
Despatch (सं.) प्रेषण, रवानगी (क्रि.) प्रेषित करना, रवाना करना, भेजना
Detail ब्यौरा, विवरण
Detrimental अहितकारी
Devotion निष्ठा
Diary डायरी, दैनिकी, दैनंदिनी
Dignity गौरव, मर्यादा, गरिमा
Diploma डिप्लोमा
Diplomacy राजनय
Diplomat राजनयज्ञ
Diplomatic राजनयिक
Diplomatic bag राजनयिक डाक थैला
Direct (वि.) प्रत्यक्ष, सीधा (क्रि.) निदेश देना
Direction निर्देश
Directive (सं.) निदेश (वि.) निदेशात्मक
Disability निर्योग्यता
Discharge निर्वहन, पालन, उन्मोचन, सेवा-मुक्ति, कार्य-मुक्ति, छुट्टी
Disciplinary अनुशासन-सम्बन्धी
Discipline अनुशासन
Discovery आविष्कार
Discretion स्वविवेक
Discrimination विभेद
Discussion विचार-विमर्श, चर्चा, बहस
Dismiss पदच्युत करना, बरखास्त करना
Dismissal पदच्युति, बरख़ास्तगी
Disobedience अवज्ञा
Disperse विसर्जन करना
Disposal निपटान, निर्वतन, व्ययन
Dispose of निपटाना
Dispute विवाद
Disqualification अनर्हता
Disqualified अयोग्य, अनर्ह
Disqualify अनर्ह या अयोग्य ठहराना
Dissent विमति
Dissolution विघटन
Distribution अवतरण, विभाजन
District जिला
District Board जिलापरिषद्
District Council जिलासभा
District Fund जिलानिधि
Ditto यथोपरि, जैसे ऊपर
Dividend लाभांश

Divorce विवाह – विच्छेद, तलाक

Document दस्तावेज़, प्रलेख

Domicile अधिवास

Domiciled अधिवासी

Donation दान, संदान (विधि)

Doubtful संदिग्ध

Down payment तत्काल अदायगी

Drawee अदाकर्ता

Drawing ड्राइंग, रेखाचित्र

Due date नियत तिथि

Dues देय राशि

Dullness मतिमान्ध

During good behaviour सदाचार पर्यन्त

During the pleasure of the President राष्ट्रपति – प्रसाद – पर्यन्त

Duty शुल्क, कर्तव्य

Duty, Custom सीमा – शुल्क

Duty, Death मरण – शुल्क, मृत्युकर

Duty, Estate सम्पत्ति – शुल्क

Duty, Excise उत्पादन – शुल्क

Duty, Export निर्यात – शुल्क

Duty, Import आयात – शुल्क

Duty, Stamp मुद्रांक – शुल्क

Duty, Succession उत्तराधिकार – शुल्क

Dying declaration मृत्यकालिक कथन

E

Earned leave अर्जित अवकाश, अर्जित छुट्टी

Earnest money बयाना

Economic आर्थिक

Edition संस्करण

Education शिक्षा

Efficiency दक्षता, कार्यकुशलता

Efficiency bar दक्षता रोध

Efficiency of Administration प्रशासन – कार्य – क्षमता

Efficient दक्ष

Elect निर्वाचित करना

Elected निर्वाचित, चुने हुए

Election निर्वाचन, चुनाव

Election Commissioner निर्वाचन, आयुक्त

Election, Direct प्रत्यक्ष निर्वाचन

Election, General साधारण निर्वाचन

Election, Indirect परोक्ष निर्वाचन

Election-tribuna` निर्वाचन अधिकरण

Electoral-roll निर्वाचन नामावली

Electorate निर्वाचक – गण, निर्वाचन – क्षेत्र

Eligibility पात्रता, योग्यता

Eligible लिये जाने योग्य

Embarrassment उलझन, शर्मिन्दा

Embezzlement	गबन
Emergency	आपात
Emergent	आपाती
Emigration	उत्प्रवास
Emoluments	उपलब्धियाँ
Employee	कर्मचारी
Employer	नियोक्ता
Employment	नौकरी, रोजगार, सेवायोजन, व्यवसाय.
Employment oriented	रोजगार उन्मुख
Employr's liability	नियोजक - दत्व्य,
Enactment	अधिनियमन
Enclair telegram	शब्दबद्ध नार
Encroachment	अधिक्रमण
Encumbered Estate	भारग्रस्त सम्पदा
Endorsed	पृष्ठांकित, अंकित
Endorsement	पृष्ठांकन, सही करना, समर्थन
Endowment	धर्मस्व
English version	अंग्रेजी अनुवाद
Engagement	वचन - बन्ध
Engineering	यन्त्र - शास्त्र
Enquiry	पूछताछ, जाँच
Enroll (enrol)	भर्ती करना, (नाम) दर्ज करना
Enrolment	नाम दर्ज करना, नामांकन
Enrolment number	नामांकन संख्या
Enterainment	मनोरंजन
Enterprise	उद्यम
Entitled	अधिकारी, हकदार
Entrust	न्यस्त करना, सौंपना
Entry	प्रविष्टि, दाखिला
Equal Protection of Laws	विधियों का समान सरक्षण
Equality	समता
Equipment	उपस्कर, साधन
Equivalent	(सं.) तुल्यांक, तुल्यमान, पर्याय (वि.) तुल्य, समकक्ष
Equlibrium	सतुलन
Error	त्रुटि, भूल, गलती
Escheat	राजगामी धन
Escort	अनुरक्षक
Essential	अनिवार्य
Essential qualification	अनिवार्य योग्यता, अनिवार्य अर्हता
Establishment	स्थापना, (स) संस्था
Estate	सपदा
Estimate	आँक, प्राक्कलन, आगणन अनुमान
Evidence	साक्ष्य, गवाही, प्रमाण
Ex-cadre post	संवर्गबाह्य पद, काडरबाह्य पद
Exception	अपवाद
Excess profit	अतिरिक्त लाभ
Excise duty	उत्पाद शुल्क
Exclude	अपवर्जन करना

Exclusion — अपवर्जन

Exclusive Jurisdiction — अनन्य क्षेत्राधिकार

Executive — कार्यपालिका, कार्यपालक

Executive committee — कार्यकारिणी समिति

Executive council — कार्य परिषद्

Executive power — कार्यकारी शक्ति

Executive staff — कार्यपालक कर्मचारी वर्ग,

Exempt — (वि.) छूट प्राप्त (क्रि.) छूट देना

Exemption — छूट माफी

Exercise — प्रयोग करना

Exercise of power — शक्ति प्रयोग

Ex-officio — पदेन

Expedite — शीघ्र कार्यवाई करना, शीघ्र निपटान

Expenditure — व्यय, खर्च

Experience — अनुभव

Expert — विशेषज्ञ

Expiry — समाप्ति

Explanation — व्याख्या, स्पष्टीकरण

Explosives — विस्फोटक

Export — निर्यात

Expost facto — कार्योत्तर

Express delivery — तुरंत वितरण, एक्सप्रेस डाक

Expression — अभिव्यक्ति, वाक्यांश, पद

Extend — विस्तार करना, फैलाना

Extension of leave — छुट्टी बढ़ाना

Extension of service — सेवावधि बढ़ाना

External — बाह्य, वैदेशिक, विदेश

External Affairs — वैदेशिक कार्य

Extra duty allowance — अतिरिक्त ड्यूटी भत्ता

Extra territorial operation — राज्य क्षेत्रातीत प्रवर्त्तन

Extradition — प्रत्यर्पण

Extraordinary leave — असाधारण छुट्टी

Extraordinary — असाधारण

Extraordinary gazette — असाधारण राजपत्र

Eyewitness — चश्मदीद गवाह, प्रत्यक्ष साक्षी

F

Face value — अंकित मूल्य

Facility — सुविधा

Fact — तथ्य

Factory — कारखाना

Fair copy — स्वच्छ प्रति

Faith — धर्म-भावना, श्रद्धा

Faithful विश्वासपात्र
Famine relief अकाल राहत
Fare भाड़ा, किराया, खाद्य, भोजन
Farewell विदाई
Fault दोष, चूक
Favour अनुग्रह, कृपा, पक्षपात, पक्ष
Federal संघ
Federal Court संघ न्यायालय
Fee देय, शुल्क
Fellow अध्येता, रत्न सदस्य
Festival advance त्यौहार अग्रिम, त्यौहार पेशगी
Figures आँकड़े
File (सं.) मिसिल, फाइल, संचिका (क्रि.) फाइल करना, दाखिल करना
Finance (सं.) वित्त (क्रि.) रुपया लगाना
Finance bill वित्त विधेयक
Finance Commission वित्तायोग
Finance statement वित्तीय विवरण
Financial वित्तीय, वित्त संबंधी
Financial obligation वित्तीय भार
Financial sanction वित्तीय मंजूरी, वित्तीय संस्वीकृति

Financial year वित्तीय वर्ष, वित्त-वर्ष
Finc अर्थ-दण्ड
Fire services अग्निशमन सेवा
Fire risk आग का खतरा
First aid प्रथमोपचार, प्रथम उपचार
Fishery मीन-क्षेत्र, मीन पण्य
Fit योग्य, उपयुक्त
Fitness certificate स्वस्थता प्रमाण-पत्र
Fixation नियतन, स्थिर करना
Follow up action अनुवर्ती कार्यवाई
Follow up negotiation अनुवर्ती बातचीत
Foot note पाद टिप्पणी
For the time being तत्समय, उपस्थित समय के लिए
Forbid निषेध करना
Forbidden निषिद्ध
Forces बल, सेना
Forecast पूर्वानुमान
Foreign विदेश
Foreign affairs विदेशीय कार्य
Foreign collaboration विदेशी सहयोग
Foreign exchange विदेशी मुद्रा
Foreign trade विदेश व्यापार
Foreword प्राक्कथन
Forged कूटरचित

Form फॉर्म, प्रपत्र, रूप

Formula सूत्र

Formulated सूत्रित

Forwarding letter अग्रेषण पत्र

Forwarding note अग्रेषण टिप्पणी

Foundation शिलान्यास, नींव, आधार, प्रतिष्ठान

Freedom स्वतन्त्रता, स्वातंत्र्य, आजादी

Freight वस्तु - भाड़ा

Frequency आवृत्ति, बारंबारता

Frequent बारंबार

Fresh receipt (F.R.) नई आवती

From (in letters) प्रेषक

Frontiers सीमान्त

Function कृत्य, समारोह

Functional कार्य संबंधी, कार्यात्मक

Function, Administrative प्रशासकीय कृत्य

Fund निधि

Fundamental मूल, मौलिक, आधारिक,

Future market वायदा बाजार

G

Gallantry award शौर्य पुरस्कार

Gallery दीर्घा, गैलरी, वीथि

Gambling द्यूत, जुआ

Gazette राजपत्र, गजट

Gazetted राजपत्रित

Gazetted holiday राजपत्रित अवकाश, राजपत्रित छुट्टी

Gazetted officer राजपत्रित अधिकारी

Gazetted post राजपत्रित पद

Gazetteer गजेटियर

General साधारण, सामान्य, आम, जनरल, प्रधान, महा

General administration सामान्य प्रशासन

General budget सामान्य बजट

General Conditions of contract ठेके की सामान्य शर्तें, संविदा की सामान्य शर्तें

General Elaction साधारण निर्वाचन

General provident fund सामान्य भविष्य निधि, सामान्य निर्वाह, निधि

Generation पीढ़ी, जनन, उत्पादन, प्रतिभा, प्रतिभाशाली, प्रकृति

Genuine signature वास्तविक हस्ताक्षर, असली दस्तखत

Gezetted holiday सरकारी छुट्टी

Gift उपहार, भेंट

Gist सार

Give effect to	कार्यान्वित करना
Golden jubilee	स्वर्ण - जयंती
Good behaviour	सद्व्यवहार
Good character	सच्चरित्र, सच्चरित्रता
Good will	साख
Good wishes	शुभकामना
Govern	शासन करना
Governance	शासन
Government	सरकार
Government business	सरकारी काम
Government of India	भारत सरकार
Government of India concern	भारत सरकार का प्रतिष्ठान
Government of State	राज्य की सरकार
Government provident fund	सरकारी भविष्य - निधि, सरकारी निर्वाह - निधि
Governor	राज्यपाल
Gradation	श्रेणीकरण, पदक्रम
Gradation list	पदक्रम सूची
Grand total	सर्वयोग
Grant	(सं.) अनुदान (क्रि.) स्वीकार करना, प्रदान करना
Grant-in-aid	सहायता अनुदान
Grantee	अनुदानग्राही, अनुदान पानेवाला
Granter	अनुदाता
Gratuity	उपदान
Grievance	शिकायत
Gross negligence	घोर प्रमाद, भारी लापरवाही
Gross total	सकल योग
Gross value	कुल मूल्य, सकल मूल्य
Guarantee	प्रत्याभूति, अनुदान पाने वाले
Guardian	अभिभावक
Guidance	मार्गदर्शन, निर्देशन
Guidelines	मार्गदर्शी सिद्धांत
Guiltless	निरपराध
Guilty	दोषी

H

Habeas Corpus	बन्दी - प्रत्यक्षीकरण
Half pay leave	अर्धवेतन छुट्टी
Hand bill	परचा
Handcuff	हथकड़ी
Handicrafts	हस्तशिल्प, दस्तकारी
Handloom	हाथ करघा
Hazardous	संकटमय
Head of account	लेखा शीर्ष
Headman	मुखिया
Headquarter	मुख्यालय, हेडक्वार्टर

Heir	वारिस
Herewith	इसके साथ
High Court	उच्च न्यायालय
High priority	उच्च प्राथमिकता
Highlights	मुख्य बातें, प्रमुख आकर्षण, मुख्य विशेषताएँ
Highway	राजपथ, राजमार्ग
Hindi teaching scheme	हिन्दी शिक्षण योजना
Hindrance	बाधा, अड़चन
Home district	गृह जिला
Honorarium	मानदेय
Honorary	अवैतनिक
Honour	(सं.) सम्मान, प्रतिष्ठा (क्रि.) सकारना, सम्मान करना
Hours of business	कार्य समय
Hours of employment	काम के घंटे
House	सदन
House of people	लोक – सभा
House rent	मकान किराया
House rent allowance	मकान किराया भत्ता
Human rights	मानव अधिकार

I

Identical representation	समान अभ्यावेदन
Identification mark	पहचान – चिन्ह शिनाख्त – चिन्ह
Identity	पहचान
Identity card	पहचान – पत्र
Illegal	अवैध
Illegal Practice	अवैधाचरण
Illustrated	सचित्र, सोदाहरण
Immediate	तत्काल, अव्यवहित, आसन्न
Immuned	उन्मुक्त
Immunity	उन्मुक्ति
Impose	दोषारोप या कर लगाना
Impeachment	महाभियोग
Implement	(सं.) औजार (क्रि.) परिपालन करना, कार्यावित करना
Implementation	परिपालन, कार्यान्वयन
Implementing	परिपालन
Import	आयात
Impression	छाप, मन पर प्रभाव
Impressive	प्रभावोत्पादक
Imprisonment	कारावास, कैद
Improvement	सुधार, संशोधन, समुन्नति, अभिवृद्धि
Improvement Trust	सुधार – प्रन्यास

In advance पहले से, अग्रिम
Inauguration उद्घाटन
Incapacity असमर्थता
Incidental प्रांसगिक
Incidental expenditure प्रासंगिक व्यय
Income tax आयकर
Incompetency अक्षमता
Incompetent अक्षम
Incomplete अधूरा
Incorporation निगमन
Incumbent of an office पदधारी
Indebtedness ऋणग्रस्तता
Indent माँग - पत्र
Independent note स्वतंत्र टिप्पणी
Index अनुक्रमणिका, अनुक्रमणी, सूचक
Individual व्यक्ति, व्यष्टि, वैयक्तिक, व्यक्तिगत
Indorsement पृष्ठांकन
Industry उद्योग
Inefficiency अदक्षता
Ineligibility अपात्रता
Infants शिशु
Infectious सांक्रमिक
Inflation स्फीति, मुद्रा स्फीति
Influence प्रभाव
Influence undue अयुक्त प्रभाव
Informal अनौपचारिक
Information सूचना, वार्ता
Inheritence दाय, उत्तराधिकार
Initial pay प्रारंभिक वेतन
Initials आद्यक्षर
Initiate उपक्रमण करना, दीक्षा देना
Injury क्षति
Inland waterways अन्तर्देशीय जलपथ
Inoperative अप्रवृत्त
Inquiry पूछताछ, जाँच
Insolvency दिवाला
Inspection पर्यवेक्षण, निरीक्षण
Inspection certificate निरीक्षण प्रमाण - पत्र
Inspection report निरीक्षण रिपोर्ट
Institution संस्था
Instruction अनुदेश, हिदायत
Instrument लिखित, संविदा, विलेख, दलील, उपकरण, साधन
Insurance बीमा
Insured बीमा किया हुआ, बीमाकृत
Integrity सत्यनिष्ठा, ईमानदारी, अखंडता
Intelligence आसूचना
Intelligible बोधागम्य
Intensive गहन, प्रकृष्ट, तीव्र
Intercourse समागम
Interdepartmental अंतरविभागीय

Interdepartmental reference — अंतरविभागीय पत्राचार
Interest — ब्याज़
Interfere — हस्तक्षेप करना
Interference — हस्तक्षेप
Interim — अंतरिम
Interim order — अंतरिम आदेश
Interim relief — अंतरिम सहायता
Interim reply — अंतरिम उत्तर
International — अन्तर्राष्ट्रीय
Interpretation — निर्वाचन, व्याख्या
Interruption — बाधा, विघ्न, व्यवधान, क्रमभंग
Intervene — बीच में पड़ना, अन्तःक्षेप करना, दखल देना
Interview — साक्षात्कार, भेंट
Intestacy — इच्छापत्र - हीनत्व, निर्वसीयतता
Intestate — इच्छापत्र - हीन. निर्वसीयत
Intimate — सूचना देना, प्रज्ञापित करना
Intimation — प्रज्ञापन, सूचना
Introduce — पुरःस्थापना करना
Introduction — पुरःस्थापना
Invalid — अमान्य, असमर्थ
Invalidity pensions — असमर्थता निवृति वेतन
Investigation — अन्वेषण, तफतीश, जाँच - पड़ताल
Invitation — निमंत्रण, आमंत्रण, माँगना
Invitation of tender — निविदा माँगना, टेंडर माँगना
In vogue — प्रचलित
Invoice — बीजक
Involved — अंतर्निहित, फँसा हुआ, संबद्ध, अंतर्ग्रस्त, ग्रस्त, सहयोग
Inward register — आवक रजिस्टर, आवक पंजी
Irregularity — अनियमितता
Irrelevant — असंबद्ध, विसंगत
Issue — वाद - पद
Issue register — निर्गम - रजिस्टर

J

Job — नौकरी, कार्य
Job work — छुटपुट काम, फुटकर काम
Joining date — कार्यग्रहण तारीख
Joining report — कार्यारंभ प्रतिवेदन
Joining time — कार्यारंभ काल

Joint committee	संयुक्त समिति
Joint family	अविभक्त या संयुक्त कुटुम्ब या परिवार
Journal	दैनिकी, रोजनामचा, पत्रिका, जनरल
Jubilee	जयंती
Judge	न्यायाधीश
Judge, Additional	अपर न्यायाधीश
Judge, Extra	अतिरिक्त न्यायाधीश
Judgement	निर्णय
Judicial	न्यायिक, अदालती
Judicial enquiry	न्यायिक जाँच, अदालती जाँच
Judicial power	न्यायिक शक्ति या अधिकार
Judicial proceeding	न्यायिक कार्यवाही, न्यायिक कार्यरीति
Judicial stamp	न्यायिक मुद्रांक
Judiciary	न्यायपालिका
Jurisdiction	क्षेत्राधिकार
Justice	न्याय, न्यायमूर्ति
Justice, Chief	मुख्य न्यायाधीश
Justification	तर्कसंगति, आचित्य
Justify	न्यायोचित ठहरना, सफाई देना,

K

Key map	मूल नक्शा
Kidnapping	अपहरण
Knowledgeable	बहुज्ञ, जानकार

L

Labour	श्रम
Labour Union	श्रमिक सघ
Land mortgage bank	भूमि बंधक बैंक
Land owner	भू-स्वामी
Land Records	भू-अभिलेख
Land Revenue	भू-राजस्व
Landtenures	भू-धृति
Last pay certificate (LPC)	अंतिम वेतन प्रमाण-पत्र
Latest	नवीनतम
Law	विधि
Law and order	कानून और व्यवस्था
Law of Nations	राष्ट्रों की विधि
Lay off	कामबन्दी
Lay out	अभिन्यास, नक्शा
Leap year	लीप-वर्ष
Lease for life	आजीवन पट्टा
Leave	(सं.) छुट्टी, अवकाश, अनुमति (क्रि.) छोड़ना

Leave account	छुट्टी का लेखा
Leave allowance	छुट्टी भत्ता
Leave reserve	छुट्टी रिज़र्व
Leave salary	छुट्टी का वेतन
Leave vacancy	अवकाश रिक्त, छुट्टी रिक्त
Leave with pay	वैतानिक छुट्टी, सवेतन छुट्टी
Leave without pay	अवैतनिक छुट्टी, बिना वेतन छुट्टी
Ledger folio	खाता फोलियो, खाता पन्ना
Legal	कानूनी, विधिक
Legally	वैध रूप से, कानूनी तौर पर
Legislation	विधान
Legislative Assembly	विधान सभा
Legislative Council	विधान परिषद्
Legislative power	विधायिनी शक्ति
Legislature	विधान-मंडल
Letter head	सरनामा, शीर्षनामा
Letter of acceptance	स्वीकृति-पत्र
Letter of authoority	प्राधिकार-पत्र
Letters of Credit	प्रत्ययपत्र
Levy	आरोपण, उद्ग्रहंण उगाहना
Liability	दायित्व
Libel	अपमान लेख

Liberty	स्वाधीनता
Licence	अनुज्ञप्ति, लाइसेंस
Lien	पुनर्ग्रहणाधिकार, धारणाधिकार
Lieutenant Governor	उप राज्यपाल
Life annutiy	आजीवन वार्षिकी
Life insurance	जीवन बीमा
Limitation	परिसीमा
List	सूची
List of business	कार्य-सूची
List, Concurrent	समवर्ती सूची
List, State	राज्य-सूची
List, Union	संघ-सूची
Livelihood	जीविका
Loan	कर्ज़, ऋण
Local area	स्थानीय क्षेत्र
Local authorities	स्थानीय प्राधिकारी
Local board	स्थानीय मण्डली
Local body	स्थानीय निकाय
Local Government	स्थानीय शासन
Local Self Government	स्थानीय स्वशासन
Lock-up	बन्दीखाना
Log book	लॉग बुक
Logic	तर्कशास्त्र, तर्क
Loss of resale	पुनर्विक्रय में हानि
Lower age limit	निम्न आयु सीमा
Lower House	प्रथम सदन
Lunacy	उन्माद
Lunatic	उन्मत्त

M

Machinery of government — शासन - व्यवस्था

Magazine — गोदाम, बारूदघर, आयुधागार, पत्रिका

Mail train — डाक गाड़ी

Maintain — रखना, भरण - पोषण करना, अनुरक्षण करना, बनाए रखना

Maintenance — अनुरक्षण, रखना, भरण - पोषण

Maintenance allowance — भरण - पोषण भत्ता

Major — वयस्क, प्राप्तवय, मुख्य, मेजर (पद)

Major head — मुख्य शीर्ष

Majority — बहुमत, वयस्कता, बालिगपन, प्राप्तवयता, बहुसंख्यक

Management — प्रबंध

Manager — प्रबंधक, मैनेजर, व्यवस्थापक

Mandamus — परमादेश

Manifesto — घोषणा - पत्र

Manpower — जनशक्ति

Manufacture — निर्माण

Manuscript — पांडुलिपि, हस्तलेख

Marginal note — हाशिया टिप्पणी

Marginally noted — हाशिए पर अंकित, पार्श्वांकित

Marital status — वैवाहिकी स्थिति

Maritime shipping — समुद्र - नौवहन

Mark sheet — अंक सूची

Martyr — हुतात्मा, शहीद

Mass — (सं.) जनसमूह (वि.) सामूहिक, व्यापक

Mass consumption — सामूहिक उपभोग

Maternity — प्रसूति, मातृत्व

Maternity home — प्रसूति गृह

Maternity leave — प्रसूति छुट्टी

Maturity — परिपक्वता, प्रौढ़ता, पूर्णता

Maximum — अधिकतम, ज़्यादा से ज़्यादा

Maximum average pay — अधिकतम औसत वेतन

Merchandise marine — वणिक - पोता

Mediation — मध्यगता

Mediator — मध्यग

Medical aid — चिकित्सा - सहायता

Medical cerificate of fitness — स्वस्थता प्रमाण - पत्र

Medical certicate of sickness — बीमारी का प्रमाण - पत्र

Medical certificate — चिकित्सा प्रमाण - पत्र

Medical examination	स्वास्थ्य परीक्षा
Medical leave	चिकित्सा छुट्टी
Medical report	चिकित्सा रिपोर्ट
Medium	माध्यम
Member	सदस्य
Memo	ज्ञापन, मेमो
Memo of demands	माँग-पत्र
Memorandum	ज्ञापन
Mental deificiency	मनोवैकल्य
Mental weakness	मनोदौर्बल्य
Merchandise marks	पण्य-चिह्न
Merit	गुण
Meritorious service	सराहनीय सेवा
Merits and demerits	गुण-दोष, गुणावगुण
Meternity relief	प्रसूति सहायता, प्रसूति साहाम्य
Methodology	कार्यप्रणाली, प्रणाली-विज्ञान
Migrant	प्रवासी
Migration	प्रवास
Migration certificate	प्रवास प्रमाण-पत्र
Mileage	मील दूरी
Mileage allowance	मील भत्ता
Mind, Unsound	विकृत चित्त
Mineral	खनिज
Mineral resources	खनिज-सम्पत्
Minimum wages	कम से कम मज़दूरी, न्यूनतम वेतन
Mining setlement	खनि-वसति
Ministerial	लिपिवर्गीय, अनुसचिवीय
Ministerial staff	लिपिकवर्गीय कर्मचारी
Minor	अवयस्क, अल्पवयस्क, नाबालिग
Minor head	लघु शीर्ष, गौण शीर्ष
Minority	अल्पसंख्यक, अल्पसंख्या, अल्प-संख्यक वर्ग, अल्पमत, अवयस्कता
Minutes	कार्यवृत्त, टिप्पण
Mirgration	प्रव्रजन
Misbehaviour	दुर्व्यहार, कदाचार
Miscellaneous	फुटकर, विविध
Mischief	शरारत, उत्पात, रिष्टि (विधि)
Misconduct	कदाचार
Mismanagement	कुप्रबंध
Misuse	(सं.) कटुपयोग, दुरुपयोग
Mode	ढंग, प्रकार, रीति
Moderation	अनुशोधन
Modification	आशोधन, तरमीम, रूपांतर

Momentum	संवेग, गतिमात्रा
Memorial	स्मारक
Monetary limit	आर्थिक सीमा
Money bill	धन - विधेयक
Mortality	मृत्युसंख्या, मृत्युदर
Mortality rate	मृत्युदर
Mortgage	बंधक, गिरवी, रेहन
Mortgager (mortgagor)	बंधककर्ता
Mortuary	मुर्दाघर
Most immediate	अति तात्कालिक
Most urgent	अति तुरंत, परम आवश्यक
Motion of confidence	विश्वास - प्रस्ताव
Motion of no-confidence	अविश्वास - प्रस्ताव
Motivation	अभिप्रेरणा
Movement register	संचलन पंजिका, संचलन रजिस्टर
Municipal area	नगर - क्षेत्र
Municipal Committee	नगर - समिति
Municipal Corporation	नगरनिगम
Municipal Tramways	नगररथ्यायान, नगर ट्राम वे
Museum	संग्रहालय
Muster roll	उपस्थिति नामावली
Myth	मिथक

N

Name plate	नामपट्ट
National	(सं.) राष्ट्रीक (वि.) राष्ट्रीय
National anthem	राष्ट्रगान
National calendar	राष्ट्रीय कैलेंडर, राष्ट्रीय पंचांग
National economy	राष्ट्रीय अर्थव्यवस्था
National flag	राष्ट्रध्वज, राष्ट्रीय झंडा
National highway	राष्ट्रीय राजमार्ग
National language	राष्ट्रभाषा
National Savings Certificate	राष्ट्रीय बचत - पत्र, प्रमाण - पत्र
National Savings Scheme	राष्ट्रीय बचत योजना
National Song	राष्ट्र - गान
Nationalism	राष्ट्रवाद
Nationality	राष्ट्रीयता
Native Language	देशीय भाषा
Naturalization	देशीयकरण
Naval	नौसेना - सम्बन्धी
Navigation	नौ - परिवहन
Necessary action	आवश्यक कार्यवाई
Neglect of duty	कर्तव्य की उपेक्षा
Negligence	उपेक्षा, प्रमाद, गफलत
Negligible	नगण्य

negotiable instrument	परक्राम्य लिखत
Negotiation	(समझौते की) बातचीत, परक्रामण
Net income	शुद्ध आय
News Bulletin	समाचार बुलेटिन
News paper	समाचार-पत्र
News reel	न्यूज़रील, समाचार-दर्शन
No-confidence motion	अविश्वास प्रस्ताव
Nomination	नाम-निर्देशन, नामन, नामांकन
Nomination paper	नामन-पत्र, नामज़दगी-पत्र
Nominee	नामिती, नामित व्यक्ति
Non-effective	अप्रभावी
Non-gazetted	अराजपत्रित
Note sheet	टिप्पणी-पत्र
Notice board	सूचना पट्ट, नोटिस बोर्ड
Notice in writing	लिखित सूचना
Notice of discharge	कार्य मुक्ति सूचना, कार्य मुक्ति नोटिस
Notification	अधिसूचना
Notorious	कुख्यात
Null and void	बातिल और शून्य

O

Oath	शपथ
Oath of office	पद-शपथ
Oath of secrecy	गोपनीयता-शपथ
Oath taking ceremony	शपथ-ग्रहण समारोह
Objection	आपत्ति
Obligation	आभार
Obvious	स्पष्ट
Occasional	यदाकदा, अनियत, प्रासंगिक
Occupation	उपजीविका, धंधा
Occurrence	घटना
Order of seniority offence	अपराध
Offender	अपराधी
Offensive	आक्रमणात्मक, अप्रिय
Offensive goods	बदबूदार माल
Office bearer	पदाधिकारी
Office copy	कार्यालय प्रति, दफ्तर की प्रति
Office manual	कार्यालय मैन्युअल
Office memorandum	कार्यालय-ज्ञापन
Office order	कार्यालय आदेश
Officer	अधिकारी, अफसर

Official	(सं.) पदधारी (वि.) शासकीय
Official business	सरकारी काम
Official correspondence	सरकारी पत्र-व्यवहार,
Official language	राजभाषा
Official residence	पदावास
Official secret	सरकारी गुप्ति
Officiate	स्थानापन्न होना
Officiating	स्थानापन्न
Officiating allowance	स्थानापन्न भत्ता
Officiating appointment	स्थानापन्न नियुक्ति
Officiating pay	स्थानापन्न वेतन
Okey (O.K.)	सब ठीक, अच्छा
On probation	परिवीक्षाधीन
Open fire	गोली चलाना
Opening balance	आदि शेष, रोकड़ जमा
Opinion	राय, मत
Order in Council	परिषद्-आदेश
Order	आदेश, क्रम
Order of precedence	पूर्वता-क्रम
Order of priority	अग्रता क्रम
Order of seniority	वरिष्ठता-क्रम
Order, Standing	स्थायी आदेश
Ordinance	अध्यादेश
Orientation	अभिविन्यास
Organization	संघटन
Oriented	उन्मुख
Out of date	पुराना, गतावधिक
Out of order	खराब, चालू नहीं, बिगड़ी दशा में अव्यवस्थित
Out of stock	स्टॉक में नहीं
Out of turn	बिन बारी
Outpost	सीमा चौकी
Output	उत्पादन, उत्पाद
Outstation	बाह्य स्थान
Outstation allowance	बाह्य स्थान भत्ता
Outward register	जावक रजिस्टर
Over age	अधिक आयु
Over payment	अधिक भुगतान
Over writing	अधिलेखन, लिखे पर लिखना
Overall charge	समग्र प्रभार
Overdue payment	खड़ा भुगतान
Overestimate	(सं.) आधि-आंकलन,
Overhauling	जीर्णोद्धार, पूरी मरम्मत, ओवरहॉल
Overtime	अतिरिक्त समय

P

Package	पैकेज़
Panel	नामिका
Panic	आतंक
Parcel	पार्सल

Parliament संसद
Part-time अंशकालिक
partnership भागिता, सांझेदारी
Pass पारण आदेश या परिचयपत्र
Pass book पास - बुक
Passed पारित, तीर्ण
Passport पारपत्र, पहचान पत्र
Patent पेटेंट, एकस्व
Pay order अदायगी आदेश
Pay roll वेतन - पत्रक
Pay scale वेतन - मान
Pay slip वेतन - पर्ची
Payable देय, भुगतान
Payee पानेवाला, आदाता
Pecuniary Jurisdiction आर्थिक क्षेत्राधिकार
Penal rent दंड - स्वरूप किराया
Penalty शास्ति, दण्ड
Pending अनिर्णीत, पड़ा हुआ, रुका हुआ,
Pension निवृत्ति वेतन
Permission अनुज्ञा
Percentage प्रतिशतता, प्रतिशत दर
Performance निष्पादन, पालन
Performance efficiency निष्पादन दक्षता
Performance register निष्पादन रजिस्टर
Permission अनुज्ञा, अनुमति
Permit (सं.) अनुज्ञा - पत्र, परमिट (क्रि.) अनुज्ञा देना, अनुमति देना
Perpetual succession शाश्वत उत्तराधिकार
Perquisite परिलब्धि
Personal law स्वीय विधि
Personal pay वैयक्तिक वेतन
Personnel कार्मिक
Perspective संदर्श, परिप्रेक्ष्य
Perusal अवलोकन, देखना
Physical education व्यायाम शिक्षा
Physical fitness certificate शारीरिक स्वस्थता प्रमाण - पत्र
Physically handicapped विकलांग
Piracy जल - दस्युता
Plead वकालत करना
Pledge गिरवी रखना
Pledgee गिरवीदार
Pledger गिरवीकर्ता
Point of order व्यवस्था का प्रश्न
Police आरक्षक
Police Force आरक्षक दल
Policy (बीमा) पॉलिसी, नीति
Policy of insurance बीमा - पत्र
Poll मतदान
Polling मतदान

Pollution	प्रदूषण
Port-quarantine	पत्तन - निरोधा
Possession	कब्ज़ा
Post	पद, डाक, केन्द्र
Post graduate	स्नातकोत्तर
Postal address	डाक - पता
Postpone	मुल्तवी करना
Postponement	मुल्तवी
Preamble	प्रस्तावना
Percedent	पूर्व उदाहरण
Preceding	पूर्ववर्ती
Precis	संक्षेप
Preface	प्रस्तावना
Preference	अधिमान
Prefix	पूर्वयोजना, आरंभ में जोड़ना
Prejudice	(सं.) प्रतिकूल प्रभाव, पूर्वग्रह (क्रि.) प्रतिकूल प्रभाव डालना
Preliminary enquiry	प्रारंभिक जाँच
Premium	बीमा - किस्त
Prescribed	विहित, निर्धारित
Prescribed form	विहित फॉर्म, निर्धारित फॉर्म
Presentation	प्रस्तुतीकरण
Preside	पीठासीन होना, सभापतित्व करना
President	राष्ट्रपति
Presiding Officer	अधिष्ठाता

Press	मुद्रणालय, प्रेस, समाचार - पत्र
Press censorship	प्रेस सेंसरी
Press communique	प्रेस - विज्ञप्ति
Press conference	पत्रकार सम्मेलन
Press copy	प्रेस - प्रति
Press gallery	पत्रकार दीर्घा, पत्रकार गैलरी
Press note	प्रेस - नोट
Prevail	प्रचलित होना, अभिभावी होना, विद्यमान होना
Preventive detention	निवारक निरोध
Previous and later references	पिछले और बाद के हवाले
Previous reference	पूर्व संदर्भ, पूर्व निर्देश, पिछला हवाला
Primary education	प्राथमिक शिक्षा
Printer	मुद्रक
Priority	प्राथमिकता, अग्रता
Priority grading	प्राथमिकता की कोटियाँ
Priority indent	प्राथमिकता माँग-पत्र
Prisoner	काराबन्दी
Privileges	विशेषाधिकार
Probation	परिवीक्षा, परख, आजमाइश
Proceedings	कार्यवाही

Process	आदेशिका, विधि
Procession	जुलूस, शोभा-यात्रा
Proclamation	उद्घोषणा
Proclamation of Emergency	आपात् की उद्घोषणा
Professional	व्यवसायिक, वृत्तिक
Proficiency certificate	प्रवीणता प्रमाण-पत्र
Prohibited	प्रतिषिध, निषिध
Prohibition	प्रतिषेध, निषेध
Promotion	प्रोन्नति, पदोन्नति, तरक्की, वर्धन
Promulgation	प्रख्यापन
Proportional representation	अनुपाती प्रतिनिधित्व
Proposal	प्रस्थापना
Prorogue	सत्रावसान
Prospectively	भविष्यलक्षी प्रभाव से
Prospectus	विवरण-पत्रिका
Protection	संरक्षण
Protest	विरोध, प्रतिवाद
Provide	उपलब्ध कराना, प्रावधान करना
Provided	बशर्ते, परंतु
Provision	उपबंध, शर्त, व्यवस्था
Provisional	अनंतिम, अस्थायी, अंतःकालीन
Provisional list	अनंतिम सूची
Proxy	प्रतिपत्री
Pubilc Service Commission	लोक-सेवा आयोग
Public debt	राष्ट्र-ऋण
Public demand	सार्वजनिक अभियाचना
Public fund	लोकनिधि
Public good	लोकहित, जनहित
Public health	लोक-स्वास्थ्य
Public notification	सार्वजनिक अधिसूचना, लोक अधिसूचना
Public order	सार्वजनिक व्यवस्था
Public safety	लोक सुरक्षा, जन सुरक्षा
Public Service	लोक-सेवा
Publication	प्रकाशन
Punish	दंड देना, सज़ा देना
Punishable	दंडनीय
Punitive	दंडात्मक
Purchase	(सं.) क्रय, खरीद (क्रि.) खरीदना
Put up	प्रस्तुत करना
Put-up-slip	पेशपर्ची

Q

Qualification	अर्हता, योग्यता
Qualifying examination	अर्हक परीक्षा

Quarantine निरोधा

Quasi-permanency स्थायिक्ता

Question प्रश्न

Question hour प्रश्न - अवधि

Question of Law विधि प्रश्न

Questionable शंकास्पद, संदिग्ध

Questionnaire प्रश्नावली, प्रश्नमाला

Quinquennial (सं.) (वि.) पंचवार्षिक

Quorum कोरम

Quotation भाव, दर, दर सूची, निविदा, कोटेशन

Quote उद्धृत करना, दर बताना

R

Rank पद, ओहदा, श्रेणी, पंक्ति

Rate list दर - सूची

Rate of interest ब्याज दर

Ratification अनुसमर्थन

Reading पठन, वाचन

Reassessment पुनर्निर्धारण

Receipt आय, आवती, प्राप्ति, रसीद

Receipt book रसीद बही

Receipt register आवती पंजिका, रसीद रजिस्टर

Receive प्राप्त करना, लेना, अगवानी करना,

Recent हाल ही का, नया, अभिनव

Recognised मान्य, मान्यता प्राप्त, अभिज्ञात

Recognition मान्यता, पहचान, अभिज्ञान

Recommend सिफारिश करना

Recommendation सिफारिश, संस्तुति

Reconciliation समाधान

Recovery वसूली

Record of rights अधिकाराभिलेख

Recreuitment भर्ती

Recurring आवर्तक

Redemption charges विमोचन - भार

Referee निर्देशी, रेफरी

Reference संदर्भ, निर्देश, हवाला

Reformatory सुधारालय

Refresher Course पुनश्चर्या

Refreshment जलपान, उपाहार

Refuge शरण, आश्रय

Refugee शरणार्थी

Refundable to लौटाई जाने योग्य

Regional Commissioner प्रादेशिक आयुक्त

Regional Council प्रादेशिक परिषद्

Regional fund प्रादेशिक - निधि

Registered पंजीकृत

Registered acknowledgement	रजिस्ट्री रसीदी डाक
Registered and insured articles	रजिस्ट्री और बीमा की गई वस्तुएँ
Registration	पंजीयन, पंजीकरण, निबन्धन
Regret	(सं.) खेद (क्रि.) खेद प्रकट करना
Regualr cadre	नियमित संवर्ग, नियमित काडर
Regularisation	नियमितीकरण
Regulation	विनियम
Reject	अस्वीकार करना
Rejection	अस्वीकार, अस्वीकृति, नामंजूरी
Relevancy	सुसंगति
Relevant	सुसंगत
Relief	सहायता, राहत, बदल, अनुतोष
Relieve	भारमुक्त करना, नौकरी से छुट्टी देना
Relinquishment	त्याग, छोड़ना
Relinquishment of charge	कार्यभार - त्याग
Remains	प्रतिप्रेषण
Reminder	स्मरण - पत्र, अनुस्मारक
Remission	परिहार
Remote	दूरवर्ती, सुदूर, परोक्ष
Removal	निष्कासन, हटाया जाना
Remuneration	पारिश्रमिक
Repay	शोधन करना, चुकाना, लौटाना
Replacement	प्रतिस्थापन, एवजी
Replenishment	पुनःपूर्ति
Representation	प्रतिनिधित्व, अभ्यावेदन
Representative	प्रतिनिधि
Reprieve	प्रविलम्बन करना
Reproduce	समुद्धृत करना
Repugnancy\	विरोध
Repugnant	विरुद्ध
Reputation	प्रसिद्धि, ख्याति
Requirement	अपेक्षा, आवश्यकता
Requisite	(सं.) अपेक्षित गुण, आवश्यक गुण (वि.) आवश्यक
Requisition	अधिग्रहण
Requisitions slip	माँग - पर्ची
Reservation	आरक्षण
Reserved forest	रक्षित वन
Resign	त्यागपत्र देना, इस्तीफा देना
Resignation	त्यागपत्र, इस्तीफा
Resolution	संकल्प, प्रस्ताव
Resort	(सं.) आश्रय (क्रि.) आश्रय लेना
Respite	विराम
Restriction	प्रतिबंध, रोक
Retail price	फुटकर कीमत, खुदरा कीमत

Retire निवृत्त होना
Retirement निवृत्ति
Retrenchment छँटनी
Revenue राजस्व
Revenue stamp रसीदी टिकट
Reverse उत्क्रम, प्रतिलोम, विपर्यास, उल्टा
Reversion प्रत्यावर्तन
Reverted प्रत्यावर्तित
Review (स.) समीक्षा, पुनर्विलोकन
(क्रि.) समीक्षा करना
Revise परिशोधित करना, दोहराना
Revision पुनरीक्षण, दोहराना, परिशोधन
Revoke प्रतिसंहार करना
Reward पारितोषिक, पुरस्कार
Risk ज़ोखिम, ख़तरा
Roll number पंजीक्रम, रोल नंबर
Rough copy कच्ची नकल
Rule of the road पथ नियम
Ruler शासक
Rules and regulation
नियम - विनिमय
Rules of business कार्य - संचालन नियमावली
Running commentary
चल - विवरण, चल वृत्तांत
Rustication विनिष्कासन

S

Safe-custody निरापद अभिरक्षा, सुरक्षित अभिरक्षा
Safeguard सुरक्षण
Safety संरक्षा, सुरक्षा, क्षेम
Sale विक्रय, बिक्री
Sales tax विक्रयकर, बिक्रीकर
Sample survey नमूना सर्वेक्षण
Sanction, previous पूर्व स्वीकृति
Sanctioned projects
मंज़ूर परियोजनाएँ, संस्वीकृत परियोजनाएँ
Sanctioning authority
मंज़ूरीदाता प्राधिकारी
Sanctioning order मंज़री आदेश
Sanitary सफाई संबंधी, स्वास्थ्यकर
Satisfaction संतोष, संतुष्टि, तुष्टि
Saving account बचत खाता
Savings बचत
Scale of pay वेतनमान
Schedule of demands
माँग - अनुसूची
Schedule of supply पूर्ति - अनुसूची
Scheduled bank अनुसूचित बैंक
Scheduled caste अनुसूचित जाति
Scheduled tribe अनुसूचित जनजाति

Scholarship	छात्रवृत्ति
Scrutinizer	संवीक्षक
Scrutiny	संवीक्षा, छानबीन
Secret ballot	गुप्त - मतदान
Secret letter	गुप्त पत्र
Security	प्रतिभूति, ज़मानत, सुरक्षा
Security bond	प्रतिभूति - बंधपत्र
Security deposit	प्रतिभूमि जमा, जमानत जमा
Select committee	प्रवर समिति
Self contained	स्वतःपूर्ण
Self explanatory	स्वतःस्पष्ट
Self interest	स्वार्थ, निजीलाभ, आत्महित
Self defence	आत्मरक्षा
Semi-skilled	अर्ध - कुशल
Semi-skilled labour	अर्ध - कुशल श्रमिक
Senate	सीनेट, वरिष्ठ सभा
Senior	वरिष्ठ
Seniority	वरिष्ठता
Sentence	दंडादेश
Serial list	क्रम - सूची
Service book	सेवा - पंजी, सेवा पुस्तिका
Service charges	सेवा - भार
Service postage stamp	सरकारी डाक - टिकट
Service roll	सेवा - वृत्त
Service sheet	सेवा - पत्र

Session	सत्र
Set up	(सं.) व्यवस्था, ढाँचा (क्रि.) स्थापित करना
Settlement	बंदोबस्त, निपटारा
Sewage	वाहित मल
Share	(सं.) अंश, भाग (क्रि.) भागी होना, साझी होना
Share holder	शेयरधारी, शेयरहोल्डर
Shift	पारी
Short notice	अल्प सूचना
Short notice term course	अल्पकालीन पाठ्यक्रम
Signature pad	हस्ताक्षर पैड
Significant	महत्त्वपूर्ण, सार्थक
Signify	व्यक्त करना, प्रकट करना
Simultaneous	एक साथ, एक ही समय पर
Single transferable vote	एकल संक्रमणीय मत
Sinking Fund	निक्षेप निधि
Smuggle	चोरी से लाना, चोरी से ले जाना
Smuggler	चोरी से लानेवाला, चोरी से ले जानेवाला
Smuggling	तस्कर व्यापार, तस्करी
Social custom	सामाजिक रूढ़ि
Social insurance	सामाजिक बीमा

Social work	समाज – कार्य
Solemn	सत्यनिष्ठ, गंभीर
Solvent	शोधनक्षम
Sovereign	प्रभु
Spare copy	अतिरिक्त प्रति
Speaker	अध्यक्ष
Speech, Freedom of	वाक्स्वातंत्र्य
Speed breaker	गतिरोधक
Sphere	गोला, क्षेत्र
Spokesman	प्रवक्ता
Staff	कर्मचारी – वृन्द
Stamp duties	मुद्रांक – शुल्क
Standing commission	स्थायी आयोग
Standing order	स्थायी आदेश
State Banquet	राजभोज
State funds	राज्यनिधि
Stationary	स्थिर, अचल
Stationery	लेखन – सामग्री
Status quo	यथापूर्व स्थिति
Statutory	कानूनी, विधिक, साविधिक
Stay order	रोकने का आदेश
Steering committee	विषय निर्वाचन समिति
Stencil	स्टेंसिल
Stenography	आशुलिपि
Stigma	लांछन, कलंक, धब्बा
Stimulate	उत्तेजित करना
Stipend	वृत्तिका, वज़ीफा
Strike	हड़ताल, आघात करना
Study leave	अध्ययनार्थ छुट्टी
Sub division	उपप्रभाग, सबडिवीज़न, उपखंड
Subject matter	वाद – विषय
Submission	निवेदन, अधीनता स्वीकार करना, प्रस्तुतीकरण, पेशी
Subordinate office	अधीनस्थ कार्यालय
Subordinate officer	अधीन अधिकारी
Subordinate services	अधीनस्थ सेवाएँ
Subordinate staff	अधीन कर्मचारी-वर्ग, अधीनस्थ स्टाफ
Subscribe	चंदा,या शुल्क देना, ग्राहक बनना
Subsitute	(सं.) एवज़ी, प्रतिस्थानी (क्रि.) प्रतिस्थापित करना
Substitution	प्रतिस्थापन, के स्थान पर रखना
Suburb	उपनगर
Subversive activities	ध्वंसात्मक कार्य
Succession	उत्तराधिकार
Successor	उत्तराधिकारी
Sue	वाद लाना
Suffer	सहना, पीड़ित करना

Sufficient	पर्याप्त
Suffix	अनुयोजन, अंत में जोड़ना
Suggestion	सुझाव, परामर्श
Suit, Civil	व्यवहारबाद
Sum	राशि, रकम, योगफल, जोड़
Summon	आह्वान
Superannuation	अधिवर्षिता
Superficial	ऊपरी, सतही
Superfluous	अतिरिक्त
Superintendence	अधीक्षण
Supersession	अधिक्रमण
Supervision	पर्यवेक्षण, देखरेख
Supervisory	पर्यवेक्षी
Supplementary budget	अनुपूरक बजट
Supplement	(सं.) जोड़बंध, अनुपूरक, (क्रि.) जोड़ना, अनुपूरण
Supplementary	अनुपूरक
Supplementary cost	अनुपूरक लागत
Supplementary demand	अनुपूरक माँग
Supplementary grant	अनुपूरक अनुदान
Supplementary question	अनुपूरक प्रश्न
Supreme	सर्वोच्च
Supreme Command	सर्वोच्च समादेश
Surcharge	अधिभार
Surety bond	ज़मानत बंध-पत्र
Surplus report	अधिशेष रिपोर्ट
Surprise check	आकस्मिक जाँच
Surprise visit	आकस्मिक निरीक्षण
Surrender	अभ्यर्पण, समर्पित करना
Suspend	निलम्बित करना
Sympathy	सहानुभूति, सवेदना

T

Tableau	झाँकी
Tabular	सारणीबद्ध
Tactful	व्यवहारकुशल, चातुर्यपूर्ण
Tactless	अव्यवहारिक, चातुर्यहीन
Taskforce	कार्यदल
Tax	कर
Tax, Calling	आजीविका-कर
Tax, Capitation	प्रतिव्यक्ति कर
Tax, Corporation	निगम-कर
Tax, Employment	नौकरी-कर
Tax, Entertainment	प्रमोद-कर
Tax, Export	निर्यात-कर
Tax, Income	आयकर
Tax, Profession	वृत्ति-कर
Tax, Sales	विक्रय-कर
Tax, Terminal	सीमा-कर

Tax, Trades — व्यापार - कर
Taxation — कर लगाना, कराधान
Technical data — तकनीकी आधार - सामग्री
Technical qualification — तकनीकी योग्यता, तकनीकी अर्हता
Technical term — पारिभाषिक शब्द, तकनीकी शब्द
Technical Training — शिल्पी प्रशिक्षण
Telegram — तार
Telegraphic address — तार पता
Teller — गणक
Temper — मिज़ाज, स्वभाव
Temperament — स्वभाव, प्रकृति, मिज़ाज
Temporary appointment — अस्थायी नियुक्ति
Tenant — कृषक, किसान, आसामी
Tender — (सं.) टेंडर, निविदा, (क्रि.) टेंडर देना
Tender, Legal — विधि - मान्य
Tension — तनाव
Tenet — (कार्मिक) सिद्धांत, नियम
Tenure — पदावधि
Tenure of office — पदावधि
Term — अवधि
Term loan — आवधिक कर्ज़, मियादी कर्ज़
Termination (of services) — समाप्ति
Terms of delivery — (माल) देने की शर्तें, परिदान की शर्तें
Terms and conditions — निबंधन और शर्तें
Territorial charges — प्रादेशिक भार
Territorial Jurisdiction — प्रादेशिक क्षेत्राधिकार
Territorial waters — जल - प्रांगण
Territory — राज्य - क्षेत्र
Testament — वसीयत
Testimonial — शंसापत्र
Text (of a letter) — कलेवर, मजमून
Thankful — कृतज्ञ, आभारी
Thesis — शोध प्रबंध, स्थापना
Thoroughly — पूर्णतया
Thoughtful — विचारशील
Threat — धमकी, आशंका, खतरा
Tolls — पथ - कर
Top priority — परम अग्रता
Top secret — परम गुप्त
Tour programme — दौरा - कार्यक्रम
Trace — (सं.) लेश, सुराग (क्रि.) खोजना, पता लगाना, अनुरेखण
Trade mark — ट्रेडमार्क, व्यापार चिन्ह

Trade Union — कर्मिक या व्यापार संघ

Traffic — यातायात

Trailer — अनुयान

Trainee — प्रशिक्षणार्थी

Training — प्रशिक्षण, ट्रेनिंग

Training centre — प्रशिक्षण केन्द

Tramcar — रथ्यायान, ट्रामकार

Traning period — प्रशिक्षण काल

Transaction — संचालन, सौदा, लेन-देन, संव्यवहार

Transcription — प्रतिलेखन, अनुलेखन

Transfer — (सं.) बदली, अंतरण (क्रि.) बदली होना

Transition — संक्रमण

Transmission — प्रसारण, पारेषण (डार-तार)

Transport — परिवहन

Transportation — परिवहन, निर्वासन

Travelling allowance — यात्रा-भत्ता

Treasure troves — निखात निधि

Treasury deposit receipt — खज़ाना जमा रसीद

Treaty — संधि

Trek — दुर्गम यात्रा

Tribal Area — जनजाति-क्षेत्र

Tribe — जनजाति

Tribunal — न्यायाधिकरण

Trinnial — त्रैवार्षिक

Trophy — वैजयंती, ट्रॉफी

True copy — पक्की नकल, सही प्रतिलिपि

Trust — न्यास, ट्रस्ट, विश्वास

Trustee — न्यासी

Turn down — अस्वीकार कर देना

Turnout — उत्पाद, उपस्थिति

Tution fee — शिक्षा-शुल्क

Type script — टाइप प्रति

Type subject — टाइप-विषय

Typewriter — टाइपराइटर

Typewriting — टाइपकारी, टंकण

U

Umpire — निर्णेता, अम्पायर

Unauthorised — अप्राधिकृत

Unconstitutional — असांविधानिक, असंवैधानिक

Under certificate of posting — डाक प्रमाणित

Under consideration — विचाराधीन

Under consumption — अल्पोपभोग

Under developed — अल्पविकसित

Under estimate — अव-आकलन

Under examination — परीक्षाधीन

Underground — भूमिगत, अंतर्भौम

Undesirable — अवांछनीय

Undertaking — उपक्रम, वचन

Undignified — अशोभनीय, अभद्र

Undischarged — अनुन्मुक्त

Unemployment	बेकारी, बेरोज़गारी
Unexpected	अप्रत्याशित
Unofficial	अशासनिक, अशासकीय
Union parliament	संसद
Union Territory	संघ राज्य - क्षेत्र
Unique	अनुपम, अपूर्व
Unity	एकता
Universal	सार्वभौम, सार्वजनीन
Union	संघ
Upgrade	ग्रेड बढ़ाना
Upgrading	उन्नयन
Upper age limit	ऊपरी आयु सीमा
Upset	गड़बड़ कर देना
Urban	नगरीय, शहरी
Usage	प्रयोग, चलन, प्रथा
Useful	उपयोगी
Useless	बेकार, अनुपयोगी

V

Vacancy	रिक्तता
Vacant post	रिक्त पद
Vacation	अवकाश
Vaccination	टीका
Vaccine	टीका
Vagrancy	आहिंडन, अवारागर्दी
Validation	विधिमान्यकरण
Validity	विधिमान्यता
Validity date	मान्यता तारीख
Valuable	बहुमूल्य, मूल्यवान
Valuation	मूल्यांकन, मूल्यन
Value	मूल्य
Vanity	झूठा घमंड
Variation	विभिन्नता, परिवर्तन
Variety	किस्म, प्रकार
Vegetarian	निरामिष्, शाकाहारी
Verbal	मौखिक
Verification	सत्यापन
Verified copy	सत्यापित प्रति
Vest	निहित होना
Veto	वीटो, निषेधाधिकार
Vice	उप
View	दृश्य, दृष्टि
Views	दृष्टिकोण
Vigilance	सतर्कता, चौकसी
Vigorous	ज़ोरदार
Village council	ग्राम - परिषद्
Violation	अतिक्रमण
Virtue	सद्गुण
Vision	दृष्टि
Visit	(सं.) आगमन (क्रि.) आना - जाना
Visitor	आगंतुक, परिदर्शक
Vital	जीवनाधार
Viz	अर्थात्, नामतः
Vocation	व्यवसाय
Voluntary settlement	स्वैच्छिक निपटारा
Volunteer	स्वयंसेवक

Vote of no confidence	अविश्वास प्रस्ताव
Vote of thanks	धन्यवाद प्रस्ताव
Vote, Casting	निर्णायक – मत
Voter	मतदाता
Votes of credit	प्रत्ययानुदान
Votes on account	लेखानुदान
Voting by ballot	मतपत्र द्वारा मतदान

W

Wage	मज़दूरी
Wage differential	मज़दूरी अंतर
Wage, Living	निर्वाह मज़दूरी
Waiting list	प्रतीक्षा – सूची
Warrant	वारंट, अधिपत्र
Watch and ward	पहरा व निगरानी
Watch dog	निगरानी करनेवाला
Wear and tear	टूट – फूट
Weather	मौसम
Weed-out	छँटाई करन
Weekly arrear statement	बचे हुए कामों का साप्ताहिक विवरण
Welcome address	स्वागत – भाषण
Welfare state	कल्याणकारी राज्य
Well versed	सुप्रवीण
Whereas	जबकि
Whisper	(सं.) कानाफूसी (क्रि.) फुसफुसाना
White paper	श्वेतपत्र
Wild life	वन्य जीव
Will	इच्छा – पत्र, वसीयत
Winding up	समापन
Wireless	बेतार
Withdrawl	वापिस लेना
Without delay	अविलंब
Witness	साक्षी, गवाह
Working committee	कार्य – समिति
Working knowledge	कार्यसाधक ज्ञान
Writ	लेख, लिखित आदेश
Write off	बट्टे खाते डालना

Y

Yardstick	मानदंड
Year	वर्ष
Year-book	अब्द कोश
Yearly	वार्षिक
Yield	उपज, पैदावार
Youth	यौवन, युवक

Z

Zeal	जोश, उत्साह
Zenith	चरमसीमा
Zero hour	शून्य काल
Zigzag	टेढ़ा – मेढ़ा
Zonal coordination	आंचलिक समन्वय, जोनल समन्वय

A

a ए, अॅ *a.* one एक ; any कोई ।
aback अॅ **बैक** *adv.* backwards पीछे की ओर ; by surprise भौचक्का ।
abandon अॅ **बैन्** डॅन *v.t.* to desert, to forsake त्याग देना ।
abase अॅ **बेस** *v.t.* to disgrace अपमानित क० ।
abasement अॅ **बेस्** मॅन्ट *n.* disgrace अपमान ।
abash अॅ **बैश** *v.t.* to make ashamed लज्जित क० ।
abate अॅ **बेट** *v.t.* to lessen कम क०; *vi.* to become less कम होना ।
abatement अॅ **बेट्** मॅन्ट *n.* mitigation कमी ; deduction छूट ।
abbey **ऐ** बि *n.* monastery ईसाई मठ ।
abbreviate अॅ **ब्री** वि एट *v.t.* to shorten संक्षिप्त क० ।
abbreviation अॅ ब्री वि **ए** शॅन *n.* shortening संक्षिप्तीकरण ।
abdicate **ऐब्** डि केट *v.t.* to relinquish त्यागना; *vi* to resign power सत्ता त्यागना ।
abdication ऐब् डि **के** शॅन *n.* act of abdicating an office पद-त्याग ।
abdomen **ऐब्** डॅ मॅन, ऐब् **डो** मॅन the lower belly पेट, उदर ।
abdominal ऐब् **डो** मि नॅल *a.* pertaining to the lower belly पेट-संबंधी ।
abduct ऐब् **डक्ट** *v.t.* to take away by force or fraud अपहरण क० ।
abduction ऐब् **डक्** शॅन *n.*act of abducting अपहरण ।
abed अॅ **बैॅड** *adv.* on or in bed बिस्तर पर ।
abet अॅ **बैॅट** *v.t.* to encourage in a bad sense उकसाना ।
abetment अॅ **बैॅट्** मॅन्ट *n.* act of abetting उकसाव ।
abeyance अॅ **बे** अॅन्स *n.* suspension ठहराव ।
abhor **अॅब् हौः** *v.t.* to detest घृणा क० ।
abhorrence **अॅब् हौॅ** रॅन्स *n.* detestation घृणा ।
abide अॅ **बॉइड** *vi.* to dwell रहना; to wait for (की) प्रतीक्षा क०; to stay in a place टिकना; *v.t.* to endure सहन क० ।
abiding अॅ **बॉइ** डिङ्ग *a.* permanent स्थायी; stable टिकाऊ ।
ability अॅ **बि** लि टि *n.*skill कौशल; capability योग्यता ।
abject **ऐब्** **जैॅक्ट** *a.* mean अधम, नीच ।
ablaze अॅ **ब्लेज़** *adv.* in a blaze जलता हुआ ।
able **ए** ब्ल *a.* talented योग्य; clever निपुण ।
abnormal ऐब् **नौः** मॅल *a.* not normal असामान्य ।
aboard अॅ **बौःड** *adv.* in a ship नौका पर ।
abode अॅ **बोड** *n.* residence घर, निवास-स्थल ।
abolish अॅ **बौॅ** लिश *v.t.* to put an end to उन्मूलन क० ।
abolition ऐ बॅ **लि** शॅन act of abolishing उन्मूलन ।
abominable अॅ **बौॅ** मि नॅ ब्ल *a.*

loathsome घृणित, घिनौना ।

aboriginal ऐ बॅ रि जि नॅल *a.* primitive आदिम, मूल ।

aborigines ऐ बॅ रि जि नीज़ *n. pl.* original inhabitants मूलनिवासी ।

abortion अॅ बौः शॅन *n.* miscarriage गर्भपात ।

abortive अॅ बौः टिव *a.* unsuccessful निष्फल; immature अधूरा ।

abound अॅ बॉउन्ड *vi* to be plentiful प्रचुर मात्रा में होना ।

about[1] अॅ बॉउट *adv.* nearly लगभग; here and there इधर-उधंर ।

about[2] *prep.* near to के समीप; relating to के विषय में ।

above[1] अॅ बव *adv.* to or in a higher place ऊपर ।

above[2] *prep.* more than से अधिक; to or in a higher place than से ऊपर ।

abreast अॅ ब्रैस्ट *adv.* side by side बराबर में ।

abridge अॅ ब्रिज *v.t.* to make shorter संक्षेप क० ।

abridgement अॅ ब्रिज् मॅन्ट *n.* summary संक्षेप, सार ।

abroad अॅ ब्रौड् *adv.* in a foreign country विदेश में ।

abrupt अॅ ब्रप्ट *a.* sudden आकस्मिक ।

abscond अॅब् स्कौन्ड, ऐब्– *v.i.* to fly from justice फ़रार होना ।

absence ऐब् सॅन्स *n.* state of being absent अनुपस्थिति ।

absent[1] ऐब् सॅन्ट *a.* not present अनुपस्थित ।

absent[2] ऐब् सैन्ट, अॅब्– *v.t.* to keep away from अनुपस्थित रखना ।

absolute ऐब् सॅ ल्यूट *a.* complete पूर्ण; unlimited असीम; despotic निरंकुश ।

absolutely ऐब् सॅ ल्यूट् लि *adv.* completely पूर्ण रूप से ।

absolve ऐब् ज़ौल्व, अॅब्– *v.t.* to acquit, to pardon दोषमुक्त क० ।

absorb अॅब् सौःब्, ऐब्– *v.t.* to soak up सोखना ; to engross लिप्त क० ।

abstain अॅब् स्टेन्, ऐब्– *v.i.* to refrain बचना ।

abstract[1] ऐब् स्ट्रैक्ट *a.* not concrete अमूर्त; existing in the mind only भावात्मक ।

abstract[2] *n.* summary सारांश ।

abstract[3] ऐब् स्ट्रैक्ट *v.t.* to separate अलग क० ; to epitomise संक्षिप्त क० ।

abstraction ऐब् स्ट्रैक् शॅन *n.* act of abstracting अमूर्तीकरण; absence of mind मतिहीनता ।

absurd अॅब् सॅःड *a.* unreasonable असंगत; foolish विवेकहीन ।

absurdity अॅब् सॅः डि टि *n.* foolishness मूर्खता ; that which is absurd मूर्खता का कार्य ।

abundance अॅ बन् डॅन्स *n.* plenty आधिक्य, प्रचुरता ।

abundant अॅ बन् डॅन्ट *a.* plentiful प्रचुर ।

abuse[1] अॅ ब्यूज़ *v.t.* to revile गाली देना; to make bad use of दुरुपयोग क० ।

abuse[2] अॅ ब्यूस *n.* offencive language गाली, अपशब्द ।

abusive अॅ ब्यू सिव *a.* insulting अपमानजनक ।

abyss अॅ बिस *n.* hell रसातल ।

academic ऐ कॅ डै मिक *a.* of learning and teaching विद्यामूलक; scholarly शास्त्रीय ।

academy अॅ कै डॅ मि *n.* society of learned men अकादमी ।

accede अॅक् सीड *v.i.* to agree (to) मान लेना ।

accelerate ऐक् सै लॅ रेट *v.t.* to increase the speed of (की) गति बढ़ाना ।

acceleration ऐक् सै लॅ रे शॅन *n.* act of accelerating गतिवृद्धि; increase of velocity वेग-वर्धन ।

accent[1] **ऐक्** सॅन्ट *n.* tone of the voice स्वर ; stress बलाघात ।

accent[2] ऐक् **सैन्ट** *v.t.* to express or note the accent of (का) स्वरोच्चारण क० ।

accept अॅक् **सैप्ट**, ऐक्– *v.t.* to admid स्वीकार क० ; to receive लेना ।

acceptable अॅक् **सैप्** टॅ ब्ल *a.* pleasing प्रिय; that may be accepted स्वीकार्य ।

acceptance अॅक् **सैप्** टॅन्स *n.* act of accepting स्वीकृति ।

access **ऐक्** सॅस *n.* approach पहुँच; means of approach प्रवेश ।

accession ऐक् **सैं** शॅन *n.* act of acceding सहमति; augmentation अभिवर्धन; coming to the throne राज्याभिषेक ।

accessory ऐक् **सैं** सॅ रि *n.* an accomplice साथी; adjunct उपसाधन ।

accident **ऐक्** सि डॅन्ट *n.* an unfortunate event दुर्घटना ।

accidental ऐक् सि **डैं न्** ट्ल *a.* happening by chance आकस्मिक ।

acclaim[1] अॅ **क्लेम** *v.t.* to applaud जय जयकार क० ।

acclaim[2] *n.* applause जयकार ।

acclamation ऐक् लॅ **मे** शॅन *n.* shout of applause जयघोष ।

acclimatise अॅ **क्लॉइ** मॅ टॉइज़ *v.t.* to habituate to a new climate जलवायु का अभ्यस्त बनाना ।

accommodate अॅ **कौं** मॅ डेट *v.t.* to adjust अनुकूल बनाना

accommodation अ कौं मॅ **डे** शॅन *n.* lodging निवास; convenience सुविधा ।

accompaniment अॅ **कम्** पॅ नि मॅन्ट *n.* that which accompnies सहायक वस्तुएँ; the subordinate parts in music संगत, साज़ ।

accompany अॅ **कम्** पॅ नि *v.t.* to go with साथ देना; to play music to support (a singer) संगत क० ।

accomplice अॅ **कम्** प्लिस *n.* helper in wrong doing अपराध का साथी ।

accomplish अॅ **कौम** प्लिश, **–कम्–** *v.t.* to finish successfully पूर्ण क० ।

accomplished अॅ **कौम** प्लिश्ड, **–कम्–** *a.* skilled पारंगत ।

accomplishment अॅ **कौम्** प्लिश् मॅन्ट, **–कम्–** *n.* achievement उपलब्धि; skillfulness दक्षता, निपुणता; embellishment अलंकरण ।

accord[1] अॅ **कौःड** *v.t.* to make to agree सहमत क० ; to concede स्वीकार क० ; *vi.* to agree सहमत होना ।

accord[2] *n.* agreement सहमति; harmony तालमेल, सामंजस्य ।

accordingly अॅ **कौः** डिङ्ग् लि *adv.* consequently तदनुसार ।

account[1] अॅ **कॉउन्ट** *n.* narration वर्णन; importance महत्त्व; a reckoning गणना; register of facts relating to money खाता; reason कारण ।

account[2] *vt.* to reckon गणना क०; to consider विचार क०; to value महत्त्व देना ।

accountable अॅ **कॉउन्** टॅ ब्ल *a.* responsible, answerable उत्तरदायी ।

accountancy अॅ **कॉउन्** टॅन् सि *n.* the office or work of an accountant मुनीमी ।

accountant अॅ **कॉउन्** टॅन्ट *n.* person who keeps financial accounts मुनीम ।

accredit अॅ **क्रै** डिट *v.t.* to trust विश्वास क० ; to accept as true सच मानना; to authorise अधिकृत क० ।

accrue अॅ **क्रू** *v.i.* to increase वृद्धि होना; to come as a product उपार्जित होना ।

accumulate अॅ **क्यू** म्यु लेट *v.t.* to heap up ढेर लगाना ; to amass संग्रह क० ; *vi.* to increase greatly बढ़ना ।

accumulation अॅ क्यू म्यु **ले** शॅन *n.*

heaping ढेर, संचय; collection संग्रह ।

accuracy ऐ क्यु रॅ सि *n.* exactness शुद्धता ।

accurate ऐ क्यू रिट *a.* free from error शुद्ध; exact ठीक ।

accursed अॅ कॅः सिड *a.* doomed शापित; unfortunate अभागा ।

accusation ऐ क्यु ज़े शॅन *n.* impeachment अभियोग; that of which one is accused आरोप ।

accuse अॅ क्यूज़ *v.t.* to blame दोषारोपण क०; to bring charge against अपराधी ठहराना ।

accused अॅ क्यूज़्ड *n.* one charged with a crime अपराधी व्यक्ति ।

accustom अॅ कस् टॅम *v.t.* to habituate आदी बनाना ।

accustomed अॅ कस् टॅम्ड *a.* habituated आदी ।

ace एस *n.* playing card with one spot इकाई, पासे या ताश का एक्का ।

ache[1] एक *n.* pain पीड़ा

ache[2] *v.i.* to suffer from pain पीड़ा होना ।

achieve अॅ चीव *v.t.* to attain, to gain हासिल क०; to win जीतना ।

achievement अॅ चीव् मॅन्ट *n.* attainment प्राप्ति, उपलब्धि; success सिद्धि, सफलता ।

acid[1] ऐ सिड *a.* sour अम्ल, खट्टा, तीखा ।

acid[2] *n.* sour substance अम्ल, तेज़ाब ।

acidity अॅ सि डि टि *n.* quality of being sour खट्टापन, अम्लता ।

acknowledge अॅक् नौँ लिज *v.* to admit to be true स्वीकारना; to report receipt of पावती भेजना; to express thanks for धन्यवाद देना ।

acknowledgement अॅक् नौँ लिज् मॅन्ट *n.* recognition स्वीकृति; receipt रसीद ।

acorn ए कौःन *n.* fruit of oak बलूत का फल ।

acoustic अॅ कूस् टिक *a.* pertaining to sense of hearing श्रवणेंद्रिय-संबंधी ।

acoustics अॅ कूस् टिक्स *n. sing.* science of sound ध्वनिशास्त्र ।

acquaint अॅ क्वेन्ट *v.t.* to make familiar to परिचय कराना; to inform सूचना देना ।

acquaintance अॅ क्वेन् टॅन्स *n.* familiarity परिचय; person with whom one is acquainted परिचित व्यक्ति ।

acquiesce ऐ क्वि ऐसॅ *vi.* to agree सम्मत या राज़ी होना ।

acquiescence ऐँ क्वि ऐँ सॅन्स *n.* giving a quiet assent मौन स्वीकृति, रज़ामंदी ।

acquire अॅ क्वॉइअॅः *v.t.* to attain प्राप्त क०, अधिकार में क० ।

acquirement अॅ क्वॉइअॅः मॅन्ट *n.* act of acquiring उपार्जन; attainment प्राप्ति; the thing acquired अर्जित वस्तु ।

acquisition ऐ क्वि ज़ि शॅन *n.* act of acquiring अभिग्रहण; gain प्राप्ति; thing acquired अर्जित पदार्थ ।

acquit अॅ क्विट *v.t.* to declare not guilty (of a crime) निर्दोष घोषित क०; to set free मुक्त क०; to conduct (कर्तव्य) पूरा क० ।

acquittal अॅ क्वि ट्ल *n.* setting free from a charge दोषमुक्ति या रिहाई ।

acre ए कॅः *n.* a measure of land एकड़, 4840 वर्गगज़ ।

acreage ए कॅ रिज *n.* area of land measured in acres एकड़ों में नाप ।

acrimony ऐ क्रि मॅ नि *n.* bitterness of temper, manner or language रूखापन, उग्रता ।

acrobat ऐ क्रॅ बैट *n.* performer of clever gymnastic exercises नट, कलाबाज़ ।

across[1] अॅ क्रौँ स *adv.* from one side to the other आर-पार, आगे को ।

across[2] *prep.* from side to side of के आर-पार ।

act[1] ऐक्ट *n.* deed कार्य; state of reality वास्तविकता; part of a play नाटक का अंक; law विधि ।

act[2] *v.i.* to do something करना, व्यवहार क०; to take part in a play अभिनय क०; *v.t. to do* करना; to perform (का) अभिनय क० ।

acting ऐक् टिङ्ग *n.* action कार्य; mode of performing a part in a play अभिनय ।

action ऐक् शॅन *n.* a deed कार्य; operation अभियान; suit मुक़दमा ।

activate ऐक् टि वेट *v.t.* to make active सक्रिय बनाना; to increase the energy of (की) शक्ति बढ़ाना ।

active ऐक् टिव *a.* busy सक्रिय, व्यस्त; quick चपल ।

activity ऐक् टि वि टि *n.* agility स्फूर्ति, चपलता; state of being active सक्रियता; *(pl.)* doings कार्यकलाप ।

actor ऐक् टॅ: *n.* one who acts कार्यकर्त्ता; a stage-player अभिनेता ।

actress ऐक् ट्रिस *n.* a female stage-player अभिनेत्री ।

actual ऐक् ट्यु ॲल, –चु–*a.* real वास्तविक; existing in fact यथार्थ ।

actually ऐक् ट्यु ॲ लि, –चु– *adv.* as a matter of fact वस्तुत: ।

acumen ॲ क्यू मॅन *n.* sharpness कुशाग्रता ।

acute ॲ क्यूट *a.* sharp पैना, तीव्र; penetrating अंतर्भेदी ।

adage ऐ डिज *n.* a proverb कहावत; a maxim सूक्ति ।

adamant[1] ऐ डॅ मॅन्ट *a.* unyielding हठी ।

adamant[2] *n.* a very hard substance कठोर पदार्थ ।

adapt ॲ डैप्ट *v.t.* to adjust (में) सामंजस्य स्थापित क० ; to suit अनुकूल बनाना ।

adaptation ॲ डैप् टे शॅन *n.* act of adapting अनुकूलन ।

add ऐड *v.t.* to join to जोड़ना; to annex संलग्न क०; to say further आगे कहना ।

addict[1] ॲ डिक्ट *vt.* to apply habitually (का) आदी होना ।

addict[2] ऐ डिक्ट *n.* a slave to a habit व्यसनी ।

addiction ॲ डिक् शॅन *n.* state of being addicted व्यसनलिप्तता; devotion आसक्ति ।

addition ॲ डि शॅन *n.* act of adding जोड़ने की क्रिया; the thing added जोड़ी गई वस्तु; increase वृद्धि ।

additional ॲ डि शॅ नॅल *a.* added अतिरिक्त ।

address[1] ॲ ड्रैस *v.t.* to speak directly to संबोधित क०, निवेदन क०; to write a name and destination on (पर) पता लिखना ।

address[2] ऐड् रैस *n.* speech व्याख्यान, बोलने का ढंग; place to which letters may be directed पता; *(pl.)* courtship प्रेमाचार ।

addressee ऐड् रै सी *n.* one addressed पत्र पानेवाला ।

adduce ॲ ड्यूस *v.t.* to bring forward प्रस्तुत क०; to cite उद्धृत क० ।

adept[1] ऐ डैप्ट *n.* one fully skilled निपुण व्यक्ति ।

adept[2] ॲ डैप्ट *a.* well skilled निपुण, पारंगत ।

adequacy ऐ डि क्वॅ सि *n.* quality of being adequate पर्याप्तता, प्रचुरता ।

adequate ऐ डि क्वॅट, –क्विट– *a.* sufficient पर्याप्त; competent सक्षम ।

adhere ॲड् हिॲ: *vi.* to stick चिपकना; to remain firm दृढ़ रहना ।

adherence ॲड् हिॲ रॅन्स *n.* state of adhering चिपकन; attachment लगाव; fidelity निष्ठा ।

adhesion अॅड् ही ज़ॅन *n.* act or state of sticking चिपकाव ।

adhesive[1] अॅड् ही सिव *n.* a substance used for sticking things together चिपकानेवाला पदार्थ, गोंद ।

adhesive[2] *a.* sticky चिपकनेवाला, चिपकानेवाला, चिपचिपा, लसलसा ।

ad hoc ऐड् हौक for this special purpose तदर्थ ।

adieu[1] अॅ ड्यू *n.* a farewell विदाई ।

adieu[2] *interj.* farewell अलविदा ।

adjacent अॅ जे सॅन्ट *a.* lying near समीपवर्ती ।

adjective ऐ जिक् टिव *n.* a word added to a noun to qualify it विशेषण ।

adjoin अॅ जौ इन *vt.* to join to (से) जोड़ना; *vi.* to be next अगला होना ।

adjourn अॅ जॅःन *v.t.* to postpone स्थगित क०; *vi.* to be postponed स्थगित होना ।

adjournment अॅ जॅःन् मॅन्ट *n.* postponement स्थगन ।

adjudge अॅ जज *v.t.* to determine judicially निर्णय क० ।

adjunct ऐ जङ्क्ट *n.* a thing or person joined to another अनुबद्ध वस्तु या व्यक्ति ।

adjust अॅ जस्ट *v.t.* to regulate नियमित क०; to adapt अनुकूलित क० ।

adjustment अॅ जस्ट् मॅन्ट *n.* act of adjusting अनुकूलन; arrangement व्यवस्था ।

administer अॅड् मि निस् टॅः *v.t.* to manage प्रबंध क०; to govern शासन क०; to distribute वितरित क० ।

administration अॅड् मि निस् ट्रे शॅन *n.* the act of administering प्रबंधन; the government प्रशासन ।

administrative अॅड् मि निस् ट्रॅ टिव *a.* concerned with administration प्रशासन-संबंधी ।

administrator अॅड् मि निस् ट्रे टॅः *n.* one who manages or directs प्रशासक ।

admirable ऐड् मॅ रॅ ब्ल *a.* worthy of being admired प्रशंसनीय ।

admiral ऐड् मॅ रॅल *n.* the chief commander of a navy नौसेनाध्यक्ष ।

admiration ऐड् मि रे शॅन *n.* the act of admiring प्रशंसा ।

admire अॅड् माइअॅः *v.t.* to express or to have a high opinion of प्रशंसा क०, गुण गाना ।

admissible अॅड् मि सि ब्ल *a.* that may be admitted or allowed ग्राह्य, स्वीकार्य ।

admission अॅड् मि शॅन *n.* admittance प्रवेश; any thing admitted or conceded स्वीकारोक्ति ।

admit अॅड् मिट *v.t.& i.* to allow to enter प्रवेश की अनुमति देना ; to grant स्वीकार क० ।

admittance अॅड् मि टॅन्स *n.* entrance प्रवेश; permission to enter प्रवेशाज्ञा ।

admonish अॅड् मौ निश *v.t.* to warn चेताना; to reprove mildly ताड़ना देना ।

admonition ऐड् मॅ नि शॅन *n.* warning, caution चेतावनी; gentle reproof ताड़न ।

ado अॅ डू *n.* trouble परेशानी; stir हलचल ।

adolescence ऐ डो लै सॅन्स *n.* the state or time of being adolescent किशोरावस्था ।

adolescent ऐ डों लै सॅन्ट *a. & n.* (one) passing from childhood to maturity किशोर ।

adopt अॅ डौप्ट *v.t.* to take and treat as a child गोद लेना; to apply अपनाना ।

adoption अॅ डौप् शॅन *n.* act of adopting अंगीकरण; taking as a child दत्तक-ग्रहण ।

adorable अॅ डौ रॅ ब्ल *a.* worthy to be adored आराध्य ।

adoration ऐ डॅ **रे** शॅन *n.* worship आराधना; veneration श्रद्धा ।

adore अॅ **डौ:**, अॅ **डौं:** *v.t.* to worship पूजा क०; to love intensely अधिक प्रेम क० ।

adorn अॅ **डौ:न** *v.t.* to deck सजाना, शृंगार क०; to beautify सुंदर बनाना ।

adulation ऐ ड्यु **ले** शॅन *n.* servile flattery चापलूसी ।

adult[1] अॅ **डल्ट** *a.* grown to maturity वयस्क ।

adult[2] *n.* grown-up person वयस्क व्यक्ति ।

adulterate अॅ **डल्** टॅ रेट *v.t.* to debase by mixing with something inferior or spurious (में) मिलावट क० ।

adulteration अॅ डल् टॅ **रे** शन *n.* act of adulterating मिलावट ।

adultery अॅ **डल्** टॅ रि *n.* violation of the marriage bed परस्त्रीगमन, व्यभिचार ।

advance[1] अॅड् **वान्स** *v.t.* to put forward आगे बढ़ाना; to promote पद में उन्नति क०; to pay before due time पेशगी देना; *vi.* to go forward आगे बढ़ना; to make progress प्रगति क० ।

advance[2] *n.* payment beforehand पेशगी; loan उधार; going forward प्रगति ।

advancement अॅड् **वान्स्** मॅन्ट *n.* progress प्रगति ।

advantage[1] अॅड् **वान्** टिज *n.* gain or benefit लाभ; favourable state अनुकूल परिस्थिति ।

advantage[2] *v.t.* to benefit or to profit लाभ पहुँचाना ।

advantageous ऐड् वॅन् **टे** जॅस *a.* useful उपयोगी, लाभदायक ।

advent **ऐड्** वैन्ट *n.* arrival आगमन ।

adventure अॅड् **वैं न्** चॅ: *n.* enterprise साहस; a bold undertaking साहसिक कार्य ।

adventurous अॅड् **वैं न्** चॅ रॅस *a.* daring साहसी; full of hazard जोखिम से भरा ।

adverb **ऐड्** वॅ:ब *n.* क्रिया-विशेषण ।

adverbial अॅड् **वॅ:** बि अॅल *a.* pertaining to adverb क्रिया-विशेषण-संबंधी ।

adversary **ऐड्** वॅ: सॅ रि *n.* an opponent वैरी ।

adverse **ऐड्** वॅ:स *a.* hostile विपरीत, विरुद्ध; harmful हानिकर ।

adversity अॅड् **वॅ:** सि टि *n.* misfortune दुर्भाग्य; calamity विपत्ति ।

advertise ऐड् वॅ: **टॉइज़** *v.t.* to publish a notice of विज्ञापन क०; to announce घोषित क० ।

advertisement अॅड् **वॅ:** टिस् मॅन्ट *n.* act of advertising विज्ञापन; a public notice सूचना ।

advice अॅड् **वॉइस** *n.* councel परामर्श, उपदेश; information सूचना ।

advisable अॅड् **वॉइ** ज़ॅ ब्ल *a.* worthy to be recommended अनुमोदनीय; proper उचित ।

advise अॅड् **वॉइज़** *v.t.* to counsel परामर्श देना; to inform सूचना देना ।

advocacy **ऐड्** वॅ कॅ सि *n.* the function of an advocate वकालत; defence पक्षपोषण ।

advocate[1] **ऐड्** वॅ किट, –केट *n.* one who pleads वकील; supporter समर्थक ।

advocate[2] **ऐड्** वॅ केट *v.t.* to plead in favour of वकालत क०; to support पक्षपोषित क० ।

aerial[1] **एॅअॅ** रि अॅल *a.* belonging to the air हवाई; unreal अवास्तविक ।

aerial[2] *n.* an antenna एंटिना ।

aerodrome **एॅअॅ** रॅ ड्रोम *n.* the landing place of aircraft हवाई अड्डा ।

aeronautics एॅअॅ रॅ **नौ** टिक्स *n.pl.* the science or art of aerial navigation विमान चालन-विज्ञान ।

aeroplane **एॅअॅ** रॅ प्लेन *n.* aircraft

हवाईजहाज़।

aesthetic ईस् थैं टिक *a.* pertaining to aesthetics सौंदर्यशास्त्र-संबंधी।

aesthetics ईस् थैं टिक्स *n.pl.* the principles of taste and art सौंदर्यशास्त्र।

afar अॅ फ़ाः *adv.* from a far distance दूर से; at a far distance दूरी पर।

affable ऐ फ़ॅ ब्ल *a.* courteous सुशील, मिलनसार।

affair अॅ फ़ॆंअॅः *n.* business मामला।

affect अॅ फ़ैंक्ट *v.t.* to act upon प्रभावित क०; to pretend स्वाँग भरना।

affectation अॅ फ़ैक् टे शॅन *n.* pretence स्वाँग, दिखावा।

affection अॅ फ़ैंक् शॅन *n.* attachment अनुराग; love प्यार।

affectionate अॅ फ़ैंक् शॅ नॅट, –निट *a.* full of affection प्रीतिमय; loving प्यारा।

affidavit ऐ फ़ि डे विट *n.* a written declaration on oath शपथपत्र, हलफ़नामा।

affiliation अॅ फ़ि लि ए शॅन *n.* association संपर्क, संबंध; act of affiliating संबंधन।

affinity अॅ फ़ि नि टि *n.* relation संबंध; similarity समानता; attraction आकर्षण।

affirm अॅ फ़ॅःम *v.t.* to assert दृढ़ता के साथ कहना; to ratify विधिपूर्वक पुष्ट क०; to declare दावे से कहना।

affirmation ऐ फ़ॅः मे शॅन *n.* a solemn declaration पुष्टीकरण।

affirmative अॅ फ़ॅः मॅ टिव *a.* positive सकारात्मक।

affix अॅ फ़िक्स *v.t.* to attach जोड़ना; to fix चिपकाना।

afflict अॅ फ़्लिक्ट *v.t.* to cause pain सताना।

affliction अॅ फ़्लिक् शॅन *n.* distress यातना, संताप।

affluence ऐ फ़्लु अॅन्स *n.* prosperity संपन्नता।

affluent ऐ फ़्लु अॅन्ट *a.* prosperous धनवान्।

afford अॅ फ़ौःड *v.t.* to give देना; to supply जुटाना।

afforest अॅ फ़ौं रिस्ट *v.t.* to cover with forest वन लगाना।

affray अॅ .फ़्रे *n.* public noisy quarrel हंगामा।

affront[1] अॅ .फ़्रॅन्ट *v.t.* to insult अपमानित क०।

affront[2] *n.* disrespect अपमान।

aflame अॅ फ़्लेम *adv.* in a flaming state जलता हुआ; on fire आग पर।

afloat अॅ फ़्लोट *adv.* in a floating state बहता हुआ।

afoot अॅ फ़ुट *adv.* in active progress सक्रिय स्थिति में।

afraid अॅ .फ़्रेड *a.* frightened भयभीत।

afresh अॅ .फ़्रैश *adv.* anew नए सिरे से।

after[1] आफ़् टॅः *prep.* later than के बाद में।

after[2] *adv.* later in time उसके बाद, जब।

after[3] *conj.* later than the time when उसके बाद जब।

after[4] *a.* subsequent आगामी।

afterwards आफ़् टॅः वॅःड्ज़ *adv.* later बाद में।

again अॅ गेन *adv.* once more फिर, पुनः; moreover इसके अतिरिक्त।

against अॅ गॅन्स्ट, अॅ गेन्स्ट *prep.* in front of के सामने; in contrast to से विषमता में; in a position of hostility to के विरोध में।

agape अॅ गेप *adv., a.* having the mouth open मुँह खोले हुए।

age एज *n.* lifetime आयु; epoch युग; oldness बुढ़ापा।

aged ए जिड *a.* very old वृद्ध; एज्ड of the age of की अवस्था का।

agency ए जॅन् सि *n.* office of an agent अभिकरण, आढ़त; branch शाखा; means साधन, माध्यम ।

agenda अँ जैन् डॅ *n. pl.* list of items to be discussed कार्यसूची ।

agent एजॅन्ट *n.* representative प्रतिनिधि; spy जासूस ।

aggravate ऐ ग्रॅ वेट *v.t.* to irritate उत्तेजित क०; to worsen बिगाड़ना ।

aggravation ऐ ग्रॅ वे शॅन *n.* irritation उत्तेजना; increase वृद्धि ।

aggregate ऐ ग्रि गेट *v.t.* to accumulate संचित क०; to collect संग्रह क०; to combine संयुक्त क०; *v.i.* to assemble एकत्र होना; to be added संयुक्त होना ।

aggression अँ ग्रैं शॅन *n.* attacking आक्रमण; intrusion अतिक्रमण ।

aggressive अँ ग्रैं सिव *a.* offensive आक्रामक; having angry temperament क्रोधी ।

aggressor अँ ग्रैं सॅ: *n.* one who attacks आक्रामक ।

aggrieve अँ ग्रीव *v.t.* to afflict with pain सताना, पीड़ित करना ।

aghast अँ गास्ट *a.* surprised आश्चर्यचकित, भयाक्रांत ।

agile ऐ जॉइल *a.* active चपल, फुरतीला ।

agility अँ जि लि टि *n.* activeness चपलता; nimbleness स्फूर्ति ।

agitate ऐ जि टेट *v.t.* to excite उत्तेजित क० ; to disturb घबरा देना; to stir up हिलाना ।

agitation ऐ जि टे शॅन *n.* excitement उत्तेजना; stirring आलोड़न; protest आंदोलन ।

aglow अँ ग्लो *adv.* in a glowing state चमकता हुआ ।

ago अँ गो *adv.* in the past बहुत समय पहले ।

agonize ऐ गॅ नॉइज़ *v.t.* to cause to suffer pain कष्ट देना ।

agony ऐ गॅ नि *n.* anguish of mind यंत्रणा ।

agrarian अँ ग्रेॅ अँ रि अँन *a.* relating to agriculture कृषि-संबंधी; relating to land भूमि-संबंधी ।

agree अँ ग्री *v.i.* to concur सहमत होना; to suit अनुकूल होना; to say yes राज़ी होना; *vt.* to accept as correct सही मान लेना ।

agreeable अँ ग्रि अँ ब्ल *a.* ready to agree सहमत; consentaneous स्वीकार्य; suitable उपयुक्त ।

agreement अँ ग्री मॅन्ट *n.* contract समझौता, अनुबंध; concord सहमति ।

agricultural ऐग् रि कल् चॅ रॅल *a.* pertaining to agriculture कृषि-संबंधी ।

agriculture ऐग् रि कल् चॅ: *n.* land cultivation कृषि ।

agriculturist ऐग् रि कल् चॅ रिस्ट *n.* farmer किसान ।

ahead अँ हैं ड *adv.* further on आगे की ओर; in advance प्रगति की ओर ।

aid[1] एड *n.* help सहायता; helper सहायक; ingredient उपादान ।

aid[2] *v.t.* to help सहायता देना ।

ail एल *v.t.* to trouble सताना; to make sick बीमार क०; *v.i.* to be ill बीमार होना ।

ailment एल् मॅन्ट *n.* illness बीमारी ।

aim[1] एम *n.* purpose प्रयोजन; intention अभिप्राय; target लक्ष्य ।

aim[2] *v.i.* to take aim लक्ष्य साधना ।

air ऍअँ: *n.* fluid we breathe हवा; atmosphere वायुमंडल ।

aircraft ऍअँ: क्राफ़्ट *n.* aeroplane विमान ।

airy ऍअँ रि *a.* full of air हवादार; unsubstantial हवाई; of air वायु-संबंधी ।

ajar अँ जा: *adv.* partly open अधखुला ।

akin अँ किन *a.* related by blood सगा; of like nature समान प्रकृति वाला ।

alacrity अॅ लैक् रि टि *n.* briskness फुरती; readiness तत्परता ।

alarm[1] अॅ लाःम *n.* notice of danger ख़तरे की सूचना; warning चेतावनी; fear भय ।

alarm[2] *v.t.* to give notice of danger ख़तरे की सूचना देना ।

alas अॅ लैस *interj.* cry of grief हा !हाय !आह !

albeit औल् बी इट *conj.* even if, although यद्यपि, हालाँकि ।

album ऐल् बॅम *n.* a blank book for the insertion of photographs etc. चित्राधार ।

alchemy ऐल् कॅ मि, –कि– *n.* the science of transmutation of other metals into gold कीमियागीरी ।

alcohol ऐल् कॅ हौलॅ *n.* pure spirit मद्यसार ।

ale एल *n.* a beverage यवसुरा, बीयर ।

alert अॅ लॅःट *a.* watchful सतर्क; nimble फुरतीला; brisk तेज़ ।

alertness अॅ लॅःट् निस *n.* watchfulness सतर्कता; nimbleness फुरतीलापन ।

algebra ऐल् जि ब्रॅ *n.* method of calculating by symbols बीजगणित ।

alias[1] ए लि ऐस, –अॅस– *n.* an assumed name उपनाम ।

alias[2] *adv.* otherwise अन्यथा ।

alibi ऐ लि बाँइ *n.* the fact of being elsewhere अन्यत्र उपस्थिति ।

alien ए ल्यॅन *a.* foreign विदेशीय; strange अजनबी ।

alienate ए ल्यॅ नेट *v.t.* to transfer हस्तांतरित क०; to turn away पृथक् क०; to estrange पराया क० ।

alight अॅ लॉइट *v.i.* to land नीचे आना ।

align अॅ लॉइन् *v.t.* to arrange in a line पंक्तिबद्ध क०; to regulate by a line श्रेणीबद्ध क० ।

alignment अॅ लॉइन् मॅन्ट *n.* laying out by a line पंक्तियोजना; setting in a line सीध-निर्धारण ।

alike[1] अॅ लॉइक *a.* similar समान ।

alike[2] *adv.* in a similar manner समान रूप से ।

alive अॅ लॉइव *a.* living जीवित; lively जागरूक; active क्रियाशील; in existence अस्तित्वमय ।

all[1] औल *a.* comprising every individual one समस्त; any कोई; every प्रत्येक ।

all[2] *n.* everybody, everything सबकुछ, सर्वस्व; the whole संपूर्णता ।

all[3] *adv.* wholly पूर्णतया ।

all[4] *pron.* the whole number सब ।

allay अॅ ले *v.t.* to calm शांत क०; to reduce कम क० ।

allegation ऐ लि गे शॅन *n.* the act of alleging आरोपण; citation अभिकथन ।

allege अॅ लैजॅ *v.t.* to subject to allegation आरोपित क०; to give as a reason कारणस्वरूप प्रस्तुत क० ।

allegiance अॅ ली जॅन्स *n.* loyalty निष्ठा ।

allegorical ऐ लॅ गौ रि कॅल *a.* relating to allegory अन्योक्ति-संबंधी ।

allegory ऐ लि गौ रि, ऐ लै गॅ रि *n.* symbolical narration अन्योक्ति, दृष्टांत ।

allergy ऐ लॅः जि *n.* hyper- sensitivity प्रत्यूर्जता; antipathy चिढ़ ।

alleviate अॅ ली वि एट *v.t.* to lessen हलका कर देना ।

alleviation अॅ ली वि ए शॅन *n.* mitigation उपशमन; lessening कमी ।

alley ऐ लि *n.* a narrow lane गली; a walk in a garden वीथिका; a passage पगडंडी ।

alliance अॅ लॉइ अॅन्स *n.* friendship मैत्री; treaty संधि ।

alligator ऐ लि गे टॅः *n.* a large reptile घड़ियाल की जाति का जलजंतु ।

alliteration अॅ लि टॅ रे शॅन *n.* the recurrence of the same initial sound अनुप्रास ।

allocate ऐ लॅ केट *v.t.* to set apart for a perticular purpose निर्धारित क० ।

allocation ऐ लॅ के शॅन *n.* act of allocating विनियोजन; allotment आवंटन ।

allot अॅ लौ ट *v.t.* to distribute बाँटना; to assign नियत क० ।

allotment अॅ लौ ट् मॅन्ट *n.* act of allotting बँटाई; share हिस्सा ।

allow अॅ लॉउ *v.t.* to permit अनुमति देना; to assign नियत क०; to grant or give देना ।

allowance अॅ लॉउ अॅन्स *n.* permission अनुमति, अनुज्ञा; amount given भत्ता; rebate छूट ।

alloy ऐ लौ इ, अॅ लौ इ *n.* a mixture of metals मिश्रित धातु; baser element खोट ।

allude अॅ ल्युड *v.i.* to mention indirectly इंगित क० ।

allure अॅ ल्यूअॅ: *v.t.* to attract आकर्षित क० ।

allurement अॅ ल्यूअॅ: मॅन्ट *n.* act of alluring प्रलोभन; fascination आकर्षण ।

allusion अॅ ल्यू ज़ॅन *n.* indirect reference इशारा, संकेत ।

allusive अॅ ल्यू सिव *a.* hinting, refering indirectly सांकेतिक ।

ally[1] अॅ लॉइ *v.t.* to join संबद्ध क०, जोड़ना ।

ally[2] अॅ लॉइ, ऐ लॉइ *n.* friend मित्र; anything near to another in classification समवर्गी ।

almanac औल् मॅ नैक *n.* a register of the days, weeks and months of the year with astronomical events, anniversaries etc. पंचांग ।

almighty औल् मॉइ टि *a.* omnipotent सर्वशक्तिमान ।

almond आ मॅन्ड *n.* a kind of dry fruit and its tree बादाम और उसका वृक्ष ।

almost औल् मोस्ट *adv.* very nearly क़रीब-क़रीब ।

alms आम्ज़ *n.* relief given out of pity to the poor भिक्षा ।

aloft अॅ लौफ़्ट *adv.* on high ऊँचे पर; in the air आकाश में ।

alone अॅ लोन *a.* single अकेला; unaccompanied एकाकी; only एकमात्र ।

along[1] अॅ लौ ङ्ग *adv.* lengthwize लंबाई में onward आगे; together साथ में ।

along[2] *prep.* by the side of की बग़ल में; lengthwise by के समानांतर ।

aloof अॅ लूफ़ *adv.* at a distance दूर; apart अलग ।

aloud अॅ लॉउड *adv.* loudly ऊँची आवाज़ में ।

alphabet ऐल् फ़ॅ बॅ ट *n.* letters used in writing a language वर्णमाला ।

alphabetical ऐल् फ़ॅ बॅ टि कॅल *a.* in order of an alphabet वर्णक्रमानुसारी ।

already औल् रॅ डि *adv.* by this time अब तक; by that time तब तक; before a given time पहले ही ।

also औल् सो *adv.* in addition साथ ही; too और, भी ।

altar औल् टॅ: *n.* place for offerings बलिवेदी ।

alter औल् टॅ: *v.t.* to change परिवर्तित क०; *v.i.* to be changed परिवर्तित होना ।

alteration औल् टॅ रे शॅन *n.* change परिवर्तन; modification संशोधन ।

altercation औल् टॅ: के शॅन *n.* quarrel झगड़ा ।

alternate[1] औल् टॅ: निट *a.* happening by turns क्रम से होने वाला ।

alternate[2] औल् टॅ: नेट *v.t.* to change back and forth आगे-पीछे क० ।

alternative[1] औल् टॅ: नॅ टिव *n.* choice विकल्प ।

alternative[2] *a.* affording a choice between two things वैकल्पिक ।

although औल् दो *conj.* even though यद्यपि ।

altitude ऐल् टि ट्यूड *n.* height above sea-level ऊँचाई ।

altogether औल् टॅ गॅ दॅ: *adv.* entirely पूर्णरूप से; in all कुल मिलाकर ।

aluminium ऐ ल्यु मि नि अॅम *n.* a light white metal अल्युमीनियम ।

always औल् वॅज़, –वेज़– *adv.* at all times सर्वदा ।

am ऐम first person sing. present tense of 'be' हूं ।

amalgam अॅ मैल् गॅम *n.* alloy of mercury पारद-मिश्रण; a combination or mixture मिश्रण ।

amalgamate अॅ मैल् गॅ मेट *v.t.* to mix मिश्रित क०, मिलाना; v.i. to be mixed मिल जाना ।

amalgamation अॅ मैल् गॅ मे शॅन *n.* mixing मिश्रण ।

amass अॅ मैस *v.t.* to collect एकत्र क० ।

amateur ऐ मॅ टॅ:, –ट्युअॅ: *n.* non-professional person अव्यवसायी, शौक़ीन व्यक्ति; an inexperienced person अनुभवहीन व्यक्ति ।

amaze अॅ मेज़ *v.t.* to fill with great surprise विस्मित क० ।

amazement अॅ मेज़् मॅन्ट *n.* surprise विस्मय ।

ambassador ऐम् बै सॅ डॅ: *n.* envoy of a country in another country राजदूत ।

ambiguity ऐम् बि ग्यु इ टि *n.* state of being ambiguous संदिग्धता ।

ambiguous ऐम् बि ग्यु अॅस *a.* indistinct अस्पष्ट; having more than one meaning अनेकार्थी ।

ambition ऐम् बि शॅन *n.* strong desire महत्त्वाकांक्षा; an object of such a desire महत्त्वाकांक्षा का विषय ।

ambitious ऐम् बि शॅस *a.* full of ambition महत्त्वाकांक्षी ।

ambulance ऐम् ब्यु लॅन्स *n.* a van for the sick रोगी-वाहन ।

ambush ऐम् बुश *n.* lying in wait to make a surprise attack घात ।

ameliorate अॅ मी लि अॅ रेट *v.t.* to make better सुधारना; *vi.* to become better सुधरना ।

amelioration अॅ मी लि अॅ रे शॅन *n.* improvement सुधार ।

amen आ मैन्, ए– *interj.* so be it ऐसा ही हो, तथास्तु ।

amenable अॅ मी नॅ ब्ल *a.* responsive प्रतिसंवेदी ।

amend अॅ मैन्ड *v.t.* to correct संशोधन क०; to improve परिशोध क०; *vi.* to become better सुधरना ।

amendment अॅ मैन्ड् मॅन्ट *n.* correction दोष-शोधन; reformation सुधार ।

amends अॅ मैन्ड्ज़ *n.pl.* compensation क्षतिपूर्ति ।

amiability ए मि अॅ बि लि टि *n.* sweetness of temper सुशीलता; friendliness मैत्रीभाव ।

amiable ए मि अॅ ब्ल *a.* good tempered सौम्य; lovable प्रेमपात्र ।

amicable ऐ मि कॅ ब्ल *a.* friendly मैत्रीपूर्ण ।

amid अॅ मिड *prep.* in or into the middle of मध्य में; during के दौरान ।

amiss अॅ मिस *adv.* improperly अनुचित रूप में; wrongly अशुद्ध रूप में ।

amity ऐ मि टि *n.* friendship मित्रता ।

ammunition ऐ म्यु नि शॅन *n.* military projectiles अस्त्र-शस्त्र ।

amnesty ऐम् नैस् टि *n.* general pardon सर्वक्षमा ।

among, amongst अॅ मङ्ग, अॅ मङ्गस्ट

prep. surrounded by से घिरा; in the middle of के बीच में ।

amoral ऐ मॉ रॅल *a.* not moral नैतिकता-निरपेक्ष ।

amount[1] अॅ मॉउन्ट *n.* sum of money राशि ; quantity मात्रा ; total योग ।

amount[2] *v.i.* to result (in) परिणाम होना ।

amorous ऐ मॅ रॅस *a.* inclined to love प्रेमातुर; relating to love प्रेम-विषयक ।

amour अॅ मुअॅः, ऐ– *n.* love प्रेम ।

ampere ऐम् पेंअॅः *n.* unit of electric current विद्युत् धारा की इकाई ।

amphitheatre ऐम् फ़ि थि अॅ टॅः *n.* रंगभूमि, अखाड़ा ।

ample ऐम् प्ल *a.* quite enough प्रचुर, पर्याप्त; spacious विस्तीर्ण ।

amplification ऐम् प्लि फ़ि के शॅन *n.* act of amplifying विस्तारण; enlargement प्रवर्धन ।

amplifier ऐम् प्लि फ़ॉइ अॅः *n.* appliance for amplifying sound ध्वनिविस्तारक ।

amplify ऐम् प्लि फ़ॉइ *v.t.* to enlarge बढ़ाना; *vi.* to speak copiously विस्तार से व्याख्या क० ।

amuck अॅ मक *adv.* with a mad desire पगलाकर ।

amulet ऐ म्यु लैॅ ट *n.* a charm against evils or witchcraft ताबीज़ ।

amuse अॅ म्यूज़ *v.t.* to entertain (का) मनोरंजन क० ।

amusement अॅ म्यूज़् मॅन्ट *n.* entertainment मनोरंजन ।

an ऐन, अॅन *art.* one, any एक, कोई ।

anaemia अॅ नी मि अॅ *n.* lack of blood रक्ताल्पता ।

anaesthesia ऐ निस् थी ज़्यॅ *n.* insensibility संज्ञाहीनता, बेहोशी ।

anaesthetic ऐ निस् थैॅ टिक *n.*, *a.* (a substance) producing insensibility निश्चेतक ।

analogous अॅ नै लॉ गॅस *a.* similar सदृश, अनुरूप ।

analogy अॅ नै लॅ जि *n.* likeness सादृश्य, अनुरूपता ।

analyse ऐ नॅ लॉइज़ *v.t.* to subject to analysis विश्लेषण क०; to split up into parts (वाक्य) विच्छेद क० ।

analysis अॅ नै लि सिस *n.* act of analysing विश्लेषण; *(gram.)* splitting up into parts वाक्य-विग्रह ।

analyst ऐ नॅ लिस्ट *n.* one who analyses विश्लेषणकर्त्ता

analytic, —al ऐ नॅ लि टिक्, –टि कॅल *a.* pertaining to analysis, विश्लेषणात्मक ।

anarchism ऐ नॅः किज़्म *n.* political theory favouring anarchy अराजकतावाद ।

anarchist ऐ नॅः किस्ट *n.* person supporting anarchism अराजकतावादी ।

anarchy ऐ नॅः कि *n.* lawlessness अराजकता; disorder अव्यवस्था ।

anatomy अॅ नै टॅ मि *n.* science of structure of bodies शरीर-रचना-विज्ञान ।

ancestor ऐन् सिस् टॅः *n.* forefather पूर्वज ।

ancestral ऐन् सैॅस् ट्रॅल *a.* relating to ancestors पैतृक ।

ancestry ऐन् सिस् ट्रि *n.* lineage वंशावली; descent कुल-परंपरा ।

anchor ऐङ् कॅः *n.* device for holding a ship at rest लंगर ।

anchorage ऐङ् कॅ रिज *n.* duty on anchoring लंगरशुल्क; place where a ship anchors लंगर-गाह ।

ancient एन् शॅन्ट *a.* old प्राचीन; antique पुराने चलन का ।

and ऐन्ड, अॅन्ड, अॅन् *conj.* a connecting particle और, तथा ।

anecdote ऐ निक् डोट *n.* short account of an interesting incident रुचिकर घटना, चुटकुला ।

anew अँ न्यू *adv.* afresh नए सिरे से; again फिर ।

angel एन् जॅल *n.* a divine messenger देवदूत ।

anger ऐङ् गॅ: *n.* resentment क्रोध, रोष ।

angle ऐङ् ग्ल *n* inclination of two lines meeting in a point कोण; corner कोना ।

angry ऐङ् ग्रि *a.* wrathful क्रोधित ।

anguish ऐङ् ग्विश *n.* agony पीड़ा; grief कष्ट; extreme pain परिताप ।

angular ऐङ् ग्यु लॅ: *a.* having corners कोणयुक्त; relating to angles कोण-संबंधी ।

animal ऐ नि मॅल *n.* quadruped चौपाया, जानवर; living being जीव, प्राणी ।

animate[1] ऐ नि मेट *v.t.* to enliven जीवनयुक्त क०; to present through animation चल कारटून के रूप में प्रस्तुत क० ।

animate[2] ऐ नि मिट, –मेट *a.* living जीवित ।

animation ऐ नि मे शॅन *n.* enlivenment सजीवता; invigoration प्रोत्साहन ।

animosity ऐ नि मौँ सि टि *n.* active enmity वैर, शत्रुता ।

ankle ऐङ् क्ल *n.* joint connecting the leg with the foot टख़ना ।

anklet ऐङ् क् लिट *n.* an ornament for the ankle नूपुर ।

annalist ऐ नॅ लिस्ट n. historian इतिहासकार ।

annals ऐ नॅल्ज़ *n.pl.* yearwise story of events वार्षिक वृत्तांत ।

annex अँ नैक्स *v.t.* to connect संबद्ध क०; to attach शामिल क०; to take possession of अधिकार में क० ।

annexation ऐ नैक् से शॅन *n.* appendix परिशिष्ट; appending संयोजन ।

annihilate अँ नॉइ हि लेट *v.t.* to destroy नष्ट क०; to abolish उन्मूलन क० ।

annihilation अँ नॉइ हि ले शॅन *n.* destruction ध्वंस ।

anniversary ऐ नि वॅं: सॅ रि *n.* yearly celebration of an event जयंती ।

announce अँ नॉउन्स *v.t.* to declare घोषणा क० ।

announcement अँ नॉउन्स् मॅन्ट *n.* declaration घोषगा ।

annoy अँ नौँइ *v.t.* to vex चिढ़ाना; to irritate उद्विग्न क० ।

annoyance अँ नौँइ अँन्स *n.* vexation खीज, चिढ़; irritation उत्तेजना ।

annual ऐ न्यु अँल *a.* yearly वार्षिक ।

annuity अँ न्यू इ टि *n.* yearly grant वार्षिक अनुदान ।

annul अँ नल *v.t.* to repeal रद्द क० ।

anoint अँ नौँइन्ट *v.t.* to apply oil or ointment to (पर) तेल या मरहम लगाना ।

anomalous अँ नौँ मॅ लॅस *a.* irregular अनियमित ।

anomaly अँ नौँ मॅ लि *n.* irregularity अनियमितता; deviation from rule नियम-विरोध ।

anonymity ऐ नॅ नि मि टि n. namelessness अनामता ।

anonymous अँ नौँ नि मॅस *a.* nameless अनाम; not bearing (author's) name (लेखक के) नाम-रहित ।

another अँ न दॅ: *a.* any other अन्य; different भिन्न ।

answer[1] आन् सॅ: *n.* reply उत्तर; solution समाधान ।

answer[2] *v.t.* to reply to उत्तर देना; to respond to प्रतिक्रिया के रूप में क० *vi.* to reply उत्तर देना; to be accountable उत्तरदायी होना ।

answerable आन् सॅ रॅ बल *a.* that may

be answered उत्तर दिया जाने-योग्य; responsible उत्तरदायी ।

ant ऐन्ट *n.* a pismire चींटी ।

antagonism ऐन टै गॅं निज़्म *n.* hostility वैर, शत्रुता; opposition सक्रिय विरोध ।

antagonist ऐन् टै गॅं निस्ट *n.* opponent विपक्षी ।

antagonize ऐन् टै गॅं नॉइज़ *v.t.* to rouse opposition वैरी बनाना; to counteract प्रतिकार क० ।

antarctic ऐन् टाःक् टिक *a.* relating to the south pole दक्षिणध्रुवीय ।

antecedent[1] ऐन् टि सी डॅन्ट *n.* that which goes before पूर्वगामी; *(gram.)* the noun to which a relative refers पूर्वपद ।

antecedent[2] *a.* prior पूर्ववर्ती ।

antennae ऐन् टैं नें *n.* *(pl.)* an aerial एंटिना; the feeler of an insect स्पर्शशृंगिका ।

anthem ऐन् थॅम *n.* hymn प्रार्थना, भजन ।

anthology ऐन् थॉं लॅं जि *n.* collection of literary pieces चयनिका ।

anti-aircraft ऐन् टि एॅअः क्राफ़्ट *a.* used against enemy aircraft विमान-भेदी ।

antic ऐन् टिक *n.* odd or ridiculous action, queer behaviour अजीब कार्य अथवा व्यवहार ।

anticipate ऐन् टि सि पेट *v.t.* to forestall पूर्वानुमान क०; to expect पहले से आशा क०; to foretaste पूर्वानुभव क० ।

anticipation ऐन् टि सि पे शॅन *n.* expectation प्रत्याशा; foretaste पूर्वानुमान ।

antidote ऐन् टि डोट *n.* a medicine that counteracts poison विषमारक औषधि ।

antipathy ऐन् टि पॅ थि *n.* dislike घृणा; opposition विरोध, शत्रुता ।

antiquarian[1] ऐन् टि क्वेंअॅ रि अॅन *a.* pertaining to antiquaries पुरातत्त्व-विषयक ।

antiquarian[2] *n.* one versed in antiquities पुरातत्त्ववेत्ता ।

antiquary ऐन टि क्वॅं रि *n.* one versed in antiquities पुरातत्त्ववेत्ता ।

antiquated ऐन टि क्वे टिड *a.* ancient प्राचीन; old-fashioned अप्रचलित ।

antique ऐन् टीक *a.* ancient पुरातन; old-fashioned दक़ियानूसी, अप्रचलित ।

antiquity ऐन् टी क्वि टि *n.* ancientness पुरातनता; *(pl.)* relics पुरावशेष; ancient times प्राचीनकाल ।

antiseptic[1] ऐन् टि सैप् टिक *n.* a substance that resists putrefaction रोगाणुरोधक औषधि ।

antiseptic[2] *a.* counteracting putrefaction रोगाणुरोधक ।

antithesis ऐन् टि थि सिस *n.* contrast विपर्यय; opposition विरोध ।

antler ऐन्ट् लॅः *n.* a branch of a stag's horn सींग ।

antonym ऐन् टॅं निम *n.* a word of opposite meaning विलोम ।

anus ए नॅस *n.* the lower opening of the bowels मलद्वार, गुदा ।

anvil ऐन् विल *n.* blacksmith's iron-block निहाई (लोहार की) ।

anxiety ऐङ् ज़ॉइ अॅ टि *n.* state of being anxious परेशानी; concern चिंता ।

anxious ऐङ्क् शॅस *a.* causing concern चिंताजनक; concerned चिंतित; eager उत्सुक, उतावला ।

any[1] ऐ नि *a.* some कोई ।

any[2] *adv.* in any degree किसी सीमा तक ।

anyhow ऐ नि हॉउ *adv.* in some way or the other किसी न किसी तरीक़े से ।

apace अॅ पेस *adv.* quickly शीघ्रता से ।

apart अॅ पाःट *adv.* separately अलग से; aside एक ओर ।

apartment अॅ पाःट् मॅन्ट *n.* a room कक्ष ।

apathy ऐ पॅ थि *n.* want of feeling भावहीनता; indifference उदासीनता।
ape[1] एप *n.* a tailless monkey कपि, पुच्छहीन बंदर; imitator अनुकरण करनेवाला।
ape[2] *v.t.* to imitate अनुकरण क०।
aperture ऐ पॅ: ट्युअॅ: *n.* a hole छिद्र।
apex ए पैक्स *n.* summit शिखर।
apiary ए पि अॅ रि *n.* place for apiculture मधुमक्खीपालन-स्थान।
apiculture ए पि कल् चॅ: *n.* bee-keeping मधुमक्खी-पालन।
apish ए पिश *a.* ape-like वानर-सदृश।
apologize अॅ पौ लॅ जॉइज़ *v.i.* to express regret खेद प्रकट क०।
apology अॅ पौ लॅ जि *n.* regretful acknowledgement of offence स्वदोष-स्वीकार।
apostle अॅ पौ स्ल *n.* preacher of religion धर्मप्रचारक।
apostrophe अॅ पौसॅ् ट्रॅ फ़ि *n.* a mark (') indicating contraction of a word वर्णलोप या संबंधकारक का चिह्न।
apparatus ऐ पॅ रे टॅस *n.* set of instruments उपकरण।
apparel[1] अॅ पै रॅल *n.* clothing वस्त्र।
apparel[2] *v.t.* to dress वस्त्र पहनाना।
apparent अॅ पै रॅन्ट, –पेॅ अॅ– *a.* that may be seen प्रत्यक्ष।
appeal[1] अॅ पील *n.* the removal of a case to a higher court अपील।
appeal[2] *v.t.* to make an earnest request प्रार्थना क०; to refer to superior court अपील क०; *v.i.* to suplicate विनती क०; to be interesting आकर्षित अथवा प्रभावित करने का गुण रखना।
appear अॅ पिअॅ: *v.i.* to become visible दृष्टिगोचर होना; to seem प्रतीत होना।
appearance अॅ पिअॅ रॅन्स *n.* appearing प्रकटन; outward look बाह्याकृति; presence उपस्थिति; rise उदय।
appease अॅ पीज़ *v.t.* to pacify शांत क०; to comfort सांत्वना देना।
appellant अॅ पै लॅन्ट *n.* one who appeals अपीलकर्त्ता।
append अॅ पैन्ड *v.t.* to add संलग्न क०; to annex नत्थी क०।
appendage अॅ पैन् डिज *n.* appendix परिशिष्ट, संलग्नक।
appendicitis अॅ पैन् डि सॉइ टिस *n.* a disease of intestine उपांत्रशूल।
appendix अॅ पैन् डिक्स *n.* supplement परिशिष्ट।
appetite[1] ऐ पि टॉइट *n.* a strong desire for food भोजनेच्छा।
appetite[2] *n.* hunger भूख; desire इच्छा।
appetizer ऐ पि टॉइ ज़ॅ: *n.* something causing appetite क्षुधावर्धक वस्तु।
applaud अॅ प्लौड *v.t.* to extoll हर्षध्वनि-द्वारा अनुमोदन क०; to commend प्रशंसा क०।
applause अॅ प्लौज़ *n.* praise loudly expressed हर्षध्वनि; acclamation प्रशंसा।
apple ऐ प्ल *n.* an edible fruit सेब; the pupil of the eye पुतली।
appliance अॅ प्लॉइ अॅन्स *n.* instrument उपकरण; thing applied उपाय, युक्ति; act of applying प्रयोग।
applicable ऐप् लि कॅ ब्ल *a.* fit to be applied प्रयोग में लाया जाने-योग्य।
applicant ऐप् लि कॅन्ट *n.* one who applies प्रार्थी।
application ऐप् लि के शॅन *n.* request प्रार्थना; petition अर्ज़ी; using अनुप्रयोग।
apply अॅ प्लॉइ *v.t.* to enforce लागू क०; to use प्रयोग में लाना; *vi.* to make a request आवेदन क०; to be relevant लागू होना।
appoint अॅ पौ इन्ट *v.t.* to employ नियुक्त

क०; to nominate मनोनीत क०; to fix निश्चित क० ।

appointment अँ **पौं इन्ट्** मॅन्ट *n.* act of appointing नियुक्ति; engagement मिलने का समय; office held नौकरी ।

apportion अँ **पौः** शॅन *v.t.* to divide बाँटना ।

apposite **ऐ** पॅ ज़िट *a.* suitable संगत ।

appraise अँ **प्रेज़** *v.t.* to estimate मूल्यांकन क०; to fix the price of (का) मूल्य निर्धारित क० ।

appreciable अँ **प्री** शि अँ ब्ल *a.* noticeable उल्लेखनीय, ध्यातव्य ।

appreciate अँ **प्री** शि एट *v.t.* to estimate justly मूल्यांकन क०; to esteem highly सम्मान क०; to raise in value मूल्य बढ़ाना; *vi.* to increase in value महँगा हो जाना ।

appreciation अँ प्री शि **ए** शॅन *n.* estimation मूल्यांकन, परख; recognition प्रशंसा; raise in value मूल्यवृद्धि ।

apprehend ऐ प्रि **हैन्ड** *v.t.* to arrest बंदी बनाना; to understand सीखना; to fear डरना ।

apprehension ऐ प्रि **हैन्** शॅन *n.* arrest गिरफ़्तारी; fear आशंका; understanding समझ ।

apprehensive ऐ प्रि **हैन्** सिव *a.* fearful आशंकित ।

apprentice अँ **प्रैन्** टिस *n.* learner of a trade प्रशिक्षु ।

apprise अँ **प्राइज़** *v.t.* to notify सूचित क० ।

approach[1] अँ **प्रोच** *v.t.* to come near to (के) पास पहुँचना; to approximate से मिलता-जुलता होना; *vi.* to come near पहुँचना ।

approach[2] *n.* act of approaching आगमन; way, path मार्ग; method विधि ।

approbation ऐ प्रॅ **बे** शॅन *n.* approval अनुमोदन ।

appropriate[1] अँ **प्रो** प्रि एट *v.t.* to take and use as one's own हड़प लेना; to authorise for some specific use प्रयोजन-विशेष के लिए अधिकृत क० ।

appropriate[2] अँ **प्रो** प्रि इट *a.* suitable उपयुक्त ।

appropriation अँ प्रो प्रि **ए** शॅन *n.* act of appropriating स्वायत्तीकरण ।

approval अँ **प्रू** वॅल *n.* approbation अनुमोदन; sanction स्वीकृति ।

approve अँ **प्रूव** *v.t.* to give approval of अनुमोदन क०; to agree सहमति देना ।

approximate अँ **प्रौक्** सि मिट *a.* very near अत्यंत समीप; almost correct प्रायः शुद्ध ।

appricot **ए** प्रि कौं ट *n.* a fruit like peach ख़ूबानी ।

apron **ए** प्रॅन *n.* garment worn over the front part of the body पेटबंद ।

apt ऐप्ट *a.* suitable संगत, उपयुक्त; quick-witted योग्य; prone उद्यत ।

aptitude **ऐप्** टि ट्यूड *n.* tendency रुझान; fitness औचित्य ।

arable **ऐ** रॅ ब्ल *a.* & *n.* (land) fit for ploughing जुताई-योग्य (भूमि) ।

arbiter **आः** बि टॅः *n.* arbitrator मध्यस्थ ।

arbitrary **आः** बि ट्रॅ रि *a.* based on discretion मनमाना; despotic निरंकुश; capricious स्वेच्छाचारी ।

arbitrate **आः** बि ट्रेट *v.t.* to decide as an arbitrator मध्यस्थता क० ।

arbitration आः बि **ट्रे** शॅन *n.* decision by an arbiter पंचफ़ैसला ।

arbitrator **आः** बि ट्रे टॅः *n.* arbiter मध्यस्थ ।

arc आःक *n.* part of a circle चाप ।

arch[1] आःच *n.* vault तोरण, मेहराब ।

arch[2] *v.t.* to form into an arch मेहराबदार बनाना ।

arch[3] *a.* chief प्रधान; crafty चालाक ।

archaic आः के इक *a.* obsolete अप्रचलित ।

archangel आः केन् जॅल *n.* angel of highest rank प्रधान देवदूत ।

archbishop आःच् बि शॅप *n.* chief bishop प्रमुख पादरी ।

archer आः चॅः *n.* a bowman धनुर्धर ।

architect आः कि टैक्ट *n.* one who plans buildings वास्तुकार ।

architecture आः कि टैक् चॅः *n.* art or science of buildings वास्तुकला; style of building निर्माण-शैली ।

archives आः कॉइव्ज़ *n.pl.* place for keeping records अभिलेखागार ।

Arctic आःक् टिक *a.* of the north polar regions उत्तरीध्रुव-संबंधी ।

ardent आः डॅन्ट *a.* eager उत्साही; fervid उत्कट; burning ज्वलंत ।

ardour आः डॅः *n.* eagerness उत्साह; enthusiasm जोश ।

arduous आः ड्यु ॲस *a.* hard- working परिश्रमी; difficult कठिन, श्रमसाध्य ।

area ऍॲ रि ॲ *n.* surface measure क्षेत्रफल; region भूभाग; field of study अध्ययन-क्षेत्र ।

arena ॲ री नॅ *n.* open space for combatants अखाड़ा ।

argue आः ग्यू *v.t.* to show reasons for प्रमाणित क०; *v.i.* to present reason तर्क प्रस्तुत क० ।

argument आः ग्यु मॅन्ट *n.* plea तर्क, युक्ति; debate वादविवाद ।

aright ॲ रॉइट *adv.* rightly ठीक प्रकार से ।

arise ॲ रॉइज़ *v.i.* to rise उदित होना; to ascend ऊपर उठना; to get up जागना; to appear प्रकट होना ।

aristocracy ऐ रिस् टौँ क्रॅ सि *n.* ruling body of nobles कुलीनतंत्र; nobility अभिजात वर्ग ।

aristocrat ऐ रिस् टॅ क्रैट, ॲ रिस्- *n.* person of noble birth कुलीन व्यक्ति ।

arithmetic ॲ रिथ् मैँ टिक *n.* science of numbers अंकगणित ।

arithmetical ॲ रिथ् मैँ टि कॅल *a.* pertaining to arithmetic अंकगणित-संबंधी ।

arm[1] आःम *n.* limb from the shoulder to the hand भुजा; sleeve आस्तीन; *(pl.)* weapons हथियार ।

arm[2] *v.t.* to equip with weapons हथियारों से सुसज्जित क०; *v.i.* to prepare for war युद्ध के लिए तैयारी क० ।

armada आः मा डॅ, आः मे डॅ *n.* a fleet of armed ships युद्धपोतों का बेड़ा ।

armament आः मॅ मॅन्ट *n.* *(pl.)* weaponry युद्ध-सामग्री ।

armature आः मॅ ट्युॲः *n.* a moving part of an electro magnetic device विद्युत्-चुंबकीय यंत्र का घूमता हुआ भाग ।

armistice आः मिस् टिस *n.* truce युद्धविराम ।

armour आः मॅः *n.* a defensive covering कवच ।

armoury आः मॅ रि *n.* a repository of arms शस्त्रागार ।

army आः मि *n.* military forces सेना; a large number दलबल ।

around[1] ॲ रॉउन्ड *prep.* on all sides of के चारों ओर ।

around[2] *adv.* on every side सब ओर; in all directions चारों ओर; nearby आसपास ।

arouse ॲ रॉउज़ *v.t.* to awaken जगाना; to stir into action क्रियाशील बनाना, चेताना ।

arrange ॲ रेन्ज् *v.t.* to set in a rank क्रम में रखना; to put in order व्यवस्थित क०; *v.i.* to make plans in advance व्यवस्था क० ।

arrangement ॲ रेन्ज् मॅन्ट *n.* setting in

a rank क्रमस्थापन; order व्यवस्था; *(pl.)* plans योजनाएँ ।

array[1] अॅ रे *v.t.* to dress वस्त्रों से अलंकृत क०; to equip सेना को शस्त्रसज्जित क० ।

array[2] *n.* order क्रम; order of a battle व्यूह-रचना; attire वस्त्र ।

arrears अॅ रिअ़ॅज़ *n.pl.* unpaid amount बक़ाया ।

arrest[1] अॅ रैस्ट *v.t.* to seize हिरासत में लेना; to stop रोकना ।

arrest[2] *n.* seizure by warrant गिरफ़्तारी ।

arrival अॅ रॉइ वॅल *n.* act of arriving आगमन; thing that arrives आगत वस्तु ।

arrive अॅ रॉइव *v.i.* to reach पहुँचना; to attain a position of success सफलता पाना ।

arrogance ऐ रॅ गॅन्स *n.* undue assumption of importance घमंड, गर्व ।

arrogant ऐ रॅ गॅन्ट *a.* overbearing अक्खड़, हेकड़ ।

arrow ऐ रो *n.* a straight, pointed missile made to be shot from a bow तीर, बाण ।

arrowroot ऐ रो रूट *n.* starchy food made from the powdered root of a plant अरारोट ।

arsenal आः सॅ नॅल *n.* armoury आयुधागार ।

arsenic आः सॅ निक *n.* a poisonous powder संखिया ।

arson आः सॅन *n.* criminal act of setting fire आगज़नी ।

art आःट *n.* creation of beauty कला; skill कुशलता; cunning चालाकी; artistic product कलाकृति ।

artery आः टॅ रि *n.* tube or vessel that conveys blood from the heart रक्तवाहिनी, धमनी ।

artful आःट् फुल *a.* crafty चालाक; skillful निपुण ।

article आः टि कल *n.* a clause in an agreement अनुच्छेद; a piece of writing लेख, रचना; an item वस्तु, नग; a part of speech used before nouns उपपद ।

articulate आः टि क्यु लिट *a.* jointed जोड़दार; clear स्पष्ट; able to express one's thoughts with ease अभिव्यक्तिक्षम ।

artificial आः टि फ़ि शॅल *a.* not natural कृत्रिम; imitated नक़ली ।

artillery आः टि लॅ रि *n.* big guns तोपें; gunnery तोपख़ाना ।

artisan आः टि ज़ैन *n.* a handicraftsman शिल्पी, दस्तकार ।

artist आः टिस्ट *n.* one practising a fine art चित्रकार, कलाकार ।

artistic आः टिस् टिक *a.* concerned with art कलात्मक ।

artless आःट् लिस *a.* simple सीधा, सरल; guileless छल-कपट-रहित; natural स्वाभाविक ।

as[1] ऐज़, अॅज़ *adv.* to such an extent इस सीमा तक; for example उदाहरणस्वरूप ।

as[2] *conj.* although यद्यपि; since क्योंकि; to which degree जितना; like समान; in the manner in which जिस प्रकार ।

as[3] *pron.* who, which, that जो, जिसने, जिसको ।

ascend अॅ सैन्ड *v.t.* to go up (पर) चढ़ना; *v.i.* to go up ऊपर जाना ।

ascent अॅ सैन्ट *n.* an up-slope चढ़ाव; a going up चढ़ाई ।

ascertain ऐ सॅः टेन *v.t.* to find out for certain निश्चित क० ।

ascetic[1] अॅ सैॅ टिक *n.* person leading self-denying life तपस्वी ।

ascetic[2] *a.* leading a life of severe self-discipline तपस्यापूर्ण ।

ascribe अॅस् क्रॉइब *v.t.* to attribute मढ़ना, लगाना, आरोपित क० ।

ash ऐश *n.* the dust or remains of anything burnt राख; *(pl.)* remains of human body after cremation भस्मि, अवशेष ।

ashamed अॅ शेम्ड *a.* affected with shame शर्मिंदा, लज्जित ।

ashore अॅ शौः, अॅ शौः *adv.* on the shore किनारे पर ।

aside[1] अॅ सॉइड *adv.* on or to one side, apart एक ओर, अलग ।

aside[2] *n.* words spoken in an undertone स्वगतकथन ।

ask आस्क *v.t.* to put a question पूछना; to request निवेदन क० ; to demand माँगना; to inquire पूछताछ क० ।

asleep अॅ स्लीप *adv. & a.* in a sleeping state सोता हुआ ; dead मृत; numb सुन्न ।

aspect ऐस् पैक्ट *n.* appearance आकृति; position, phase अवस्थिति; view दृष्टिकोण ; direction of facing पहलू ।

aspirant अॅस् पॉइ रॅन्ट *n.* one who aspires उच्चाकांक्षी व्यक्ति ।

aspiration ऐस् पि रे शॅन *n.* eager desire अभिलाषा, लालसा ।

aspire अॅस् पॉइअॅः *v.t.* to be filled with ambition महत्त्वाकांक्षा क० ।

ass ऐस *n.* a small animal of the horse genus गदहा; a dull, stupid fellow मूर्ख व्यक्ति ।

assassin अॅ सै सिन *n.* murderer हत्यारा ।

assassinate अॅ सै सि नेट *v.t.* to murder हत्या क० ।

assassination अॅ सै सि ने शॅन *n.* murder हत्या, बध ।

assault[1] अॅ सौल्ट *n.* a sudden attack धावा, चढ़ाई; rape बलात्कार ।

assault[2] *v.t.* to make an attack upon आक्रमण क० ।

assemble अॅ सैम् ब्ल *v.t.* to collect एकत्र क०; to put together the parts of (के) पुरज़े जोड़ना *v.i.* to meet together एकत्र हो जाना ।

assembly अॅ सैम्ब् लि *n.* the act of assembling जमाव; a company assembled समाज, मंडली; a body of persons सम्मेलन ।

assent[1] अॅ सैन्ट *v.i.* to express agreement सहमत होना ।

assent[2] *n.* an agreement सहमति; consent अनुमति ।

assert अॅ सॅःट *v.t.* to make a claim to (one's right) (अधिकारों का) दावा क०; to declare firmly निश्चयपूर्वक कहना ।

assess अॅ सैस *v.t.* to determine (tax etc.) (कर आदि) निर्धारित क०; to estimate अनुमान लगाना; to evaluate आँकना ।

assessment अॅ सैस् मॅन्ट *n.* act of assessing कर-निर्धारण; evaluation मूल्यांकन ।

asset ऐ सै ट *n. (pl.)* property संपत्ति; useful quality or skill उपयोगी गुण अथवा कौशल ।

assign अॅ सॉइन *v.t.* to allot आवंटन क०; to designate, to appoint नियुक्त क०; to specify निर्धारित क० ।

assignee अॅ सॉइ नी *n.* one to whom any right or property is assigned संपत्ति-भागी ।

assist अॅ सिस्ट *v.t.* to help सहायता क०; *v.i.* to render help हाथ बँटाना ।

assistance अॅ सिस् टॅन्स *n.* help, aid सहायता ।

assistant अॅ सिस् टॅन्ट *n.* one who assists, helper सहायक ।

associate[1] अॅ सो शि एट *v.t.* to join जोड़ना; to unite संयुक्त क०, मिलाना; to make a partner साथी बनाना; *v.i.* to be joined मिलना, जुड़ना ।

associate[2] अँ सो शि इट *a.* connected जुड़ा हुआ; accompanying सहकारी ।
associate[3] *n.* a partner or colleague सहकर्मी; a companion साथी ।
association अँ सो सि ए शॅन *n.* society संगति ; union संघ; intimacy घनिष्टता ।
assuage अँ स्वेज *v.t.* to soften मृदु क० ।
assume अँ स्यूम *v.t.* to take for granted मान लेना; to seize (अधिकार) छीन लेना; to suppose कल्पना क० ।
assumption अँ सम्प् शॅन *n.* taking for granted पूर्वधारणा; that which is taken for granted मान्यता; arrogance घमंड; supposition कल्पना; act of taking upon oneself धारण ।
assurance अँ शुअँ रॅन्स *n.* confidence विश्वास; sureness निश्चय; insurance बीमा; security प्रतिभूति; impudence धृष्टता ।
assure अँ शुअँ: *v.t.* to make sure सुनिश्चित क०; to insure बीमा क०; to reasure विश्वास दिलाना ।
asterisk ऐस् टॅ रिस्क *n.* star-like sign तारक चिह्न ।
asthma ऐस् मॅ *n.* a disease making breathing difficult दमा ।
astonish अँस् टौँ निश *v.t.* to surprise greatly, to amaze विस्मित क० ।
astonishment अँस् टौँ निश् मॅन्ट *n.* amazement विस्मय ।
astray अँस् ट्रे *adv., a.* out of the right way पथभ्रष्ट ।
astrologer अँस् ट्रौँ लॅ जॅ: *n.* one versed in astrology ज्योतिषी ।
astrology अँस् ट्रौँ लॅ जि *n.* science of foretelling events by stars ज्योतिष ।
astronaut ऐस् ट्रॅ नौँट *n.* one engaged in space travel अंतरिक्ष-यात्री ।
astronomer अँस् ट्रौँ नॅ मॅ: *n.* one versed in astronomy खगोलशास्त्री ।
astronomy अँस् ट्रौँ नॅ मि *n.* science of the heavenly bodies खगोलशास्त्र ।
asunder अँ सन् डॅ: *adv.* apart अलग-अलग ; into parts टुकड़ों में ।
asylum अँ सॉइ लॅम *n.* place of shelter शरण-स्थल ।
at ऐट *prep.* on पर; over ऊपर; in में; towards की ओर ; near के पास ।
atheism ए थि इज़्म *n.* disbelief in the existence of God or gods नास्तिकता ।
atheist ए थि इस्ट *n.* person who does not believe in the existence of God or gods नास्तिक ।
athlete ऐथ् लीट *n.* sportsman व्यायामी, कसरती, क्रीड़ा-प्रतियोगी ।
athletic ऐथ् लैँ टिक *a.* strong बलवान; of athletes कसरती ।
athletics ऐथ् लैँ टिक्स *n. pl.* athletic sports क्रीड़ा, खेलकूद ।
atlas ऐट् लॅस *n.* a book of maps मानचित्रावली ।
atmosphere ऐट् मॅस् फ़िअँ: *n.* the gaseous envelope that surrounds the earth वायुमंडल; environment पर्यावरण ।
atom ऐ टॅम *n.* smallest particle of an element अणु, परमाणु; anything very small सूक्ष्म वस्तु ।
atomic अँ टौँ मिक *a.* pertaining to atoms अणु-संबंधी ।
atone अँ टोन *v.i.* to make amends (for wrong) प्रायश्चित्त क० ।
atonement अँ टोन् मॅन्ट *n.* act of atoning प्रायश्चित्त ।
atrocious अँ ट्रो शॅस *a.* very cruel नृशंस; appalling भयंकर ।
atrocity अँ ट्रौँ सि टि *n.* cruelty क्रूरता, नृशंसता ।
attach अँ टैच *v.t.* to seize by legal authority कुर्क क०; to connect, to join मिलाना; to fix जोड़ना ; to assign प्रदान क० ।

attache अॅ टै शे *n.* a technical expert on a diplomatic staff दूतावास का अधिकारी ।

attachment अॅ टैच् मॅन्ट *n.* state of being attached लगाव; something attached संलग्न वस्तु ।

attack[1] अॅ टैक *n.* an assault हमला; a fit दौरा; hostile criticism कड़ी आलोचना ।

attack[2] *v.t.* to assault आक्रमण क०; to criticise आलोचना क० ।

attain अॅ टेन *v.t.* to reach or accomplish पहुँचना ।

attainment अॅ टेन् मॅन्ट *n.*act of attaining प्राप्ति, उपलब्धि; *(pl.)*skill क्षमता, कौशल ।

attempt[1] अॅ टैम्प्ट *v.t.* to try प्रयत्न क० ।

attampt[2] *n.* effort प्रयास; attack आक्रमण ।

attend अॅ टैन्ड *v.t.* to be present at (में) उपस्थित होना; to accompany (के) साथ होना; to give heed to (पर) ध्यान देना; to take care of (की) देखभाल क०; *vi.* to take care देखभाल क० ; to be present उपस्थित होना ।

attendance अॅ टैन् डॅन्स *n.* the act of being present उपस्थिति; the number of people present उपस्थित लोग ।

attendant अॅ टैन् डॅन्ट *n.* one who attends another परिचारक, सेवक ।

attention अॅ टैन् शन् *n.* attending to something or someone ध्यान; drill position of standing straight and still सावधान ।

attentive अॅ टैन् टिव *a.* paying attention सतर्क ।

attest अॅ टैस्ट *v.t.* to certify प्रमाणित क०; to give evidence of साक्ष्य देना ।

attire[1] अॅ टाइअॅ: *n.* dress परिधान ।

attire[2] *v.t.* to dressवस्त्र पहनाना ।

attitude ऐ टि ट्यूड *n.* outlook दृष्टिकोण; posture of the body मुद्रा ।

attorney अॅ टॅ: नि *n.* a person with legal authority to act for another प्रतिनिधि; lawyer वकील ।

attract अॅ ट्रैक्ट *v.t.* to draw to oneself आकर्षित क०; to charm लालायित क० ।

attraction अॅ ट्रैक् शॅन *n.* charm आकर्षण; something that attracts आकर्षक वस्तु ।

attractive अॅ ट्रैक् टिव *a.* having the power to attract आकर्षक ।

attribute[1] अॅ ट्रि ब्यूट *v.t.* to ascribe आरोपित क० ।

attribute[2] ऐ ट्रि ब्यूट *n.* an inherent quality आंतरिक गुण ।

auction[1] औक् शॅन *n.* public sale नीलाम ।

auction[2] *v.t.* to sell by auction नीलाम क० ।

audible औ डि ब्ल *a.* loud enough to be heard श्रव्य ।

audience औ डि अॅन्स *n.* a body of listeners श्रोतागण; a ceremonial interview औपचारिक साक्षात्कार ।

audit[1] औ डिट *n.* formal verification of an account- book अंकेक्षण ।

audit[2] *v.t.* to make an audit of (का) अंकेक्षण क० ।

auditor औ डि टॅ: *n.* one who audits accounts अंकेक्षक ।

auditorium औ डि टौ रि अॅम *n.* the space allotted to the hearers श्रोताकक्ष ।

auger औ गॅ: *n.* a tool for boring holes बरमा ।

aught औट *n.* anything कोई वस्तु ।

augment औग् मॅन्ट *v.t.* to increase बढ़ाना ; *vi.* to grow larger बढ़ना ।

augmentation औग् मैन् टे शॅन *n.* increase संवर्धन, वृद्धि ।

August औ गस्ट *n.* eight month of the year अगस्त ।

august औ गस्ट *n.* venerable भव्य ।

aunt आन्ट *n.* father's or mother's sister बुआ, मौसी; uncle's wife चाची ।

auspicious औस् पि शॅस *a.* favourable शुभसूचक ।

austere औस् टिअॅः *a.* very plain सरल, सादा ।

authentic औ थैन् टिक *a.* genuine प्रामाणिक; true असली ।

author औ थॅः *n.* the writer of a book or article etc. लेखक ।

authoritative औ थौ रि टॅ टिव *a.* official आधिकारिक; reliable विश्वसनीय ।

authority औ थौ रि टि *n.* legal power or right शक्ति या अधिकार; an expert विशेषज्ञ; permission आज्ञा; a person or body holding power अधिकारी, सत्ता ।

authorize औ थॅ रॉइज़ *v.t.* to empower प्राधिकृत क० ।

autobiography औ टों बॉइ औ ग्रॅ फ़ि *n.* a person's life written by himself आत्मकथा ।

autocracy औ टौ क्रॅ सि *n.* an absolute government by one man, despotism एकतंत्र, राजशाही ।

autocrat औ टॅ क्रैट *n.* an absolute sovereign निरंकुश शासक ।

autocratic औ टॅ क्रै टिक *a.* despotic एकतंत्रीय, निरंकुश ।

autograph औ टॅ ग्राफ़ *n.* a person's own handwriting or signature स्वाक्षर या हस्ताक्षर ।

automatic औ टॅ मै टिक *a.* self operating (machine) स्वचालित (यंत्र) ; done without thinking अविवेचित ।

automobile औ टॅ मो बील *n.* motor car मोटरकार ।

autonomous औ टौ नॅ मॅस *a.* functioning independently स्वायत्त ।

autumn औ टॅम *n.* season between winter and summer पतझर ।

auxiliary[1] औग् ज़ि लि अॅ रि *a.* helping सहायक ।

auxiliary[2] *n.* helping verb सहायक क्रिया; *(pl.)* troops serving with another nation सहायक सेना ।

avail अॅ वेल *v.t.* to benefit लाभ पहुँचाना; *vi.* to be of use उपयोगी होना ।

available अॅ वे लॅ ब्ल *a.* within reach पहुँच के अंदर; obtainable प्राप्य ।

avarice ऐ वॅ रिस *n.* eager desire for wealth लालसा, लालच ।

avenge अॅ वैन्ज *v.t.* to take vengeance for प्रतिशोध लेना ।

average[1] ऐ वॅ रिज *n.* medium औसत ।

average[2] *a.* midway between extremes औसत दर्जे का ।

average[3] *v.t.* to find the average of माध्य निकालना; to amount to as an average (का) औसत होना ।

averse अॅ वॅःस *a.* opposed विपरीत; unwilling अनिच्छुक ।

aversion अॅ वॅः शॅन *n.* hatred घिन, घृणा; antipathy द्वेष ।

avert अॅ वॅःट *v.t.* to prevent रोकना; to turn away (one's eyes etc.) (आँखें) बचा लेना ।

aviation ए वि ए शॅन *n.* art and science of flying विमानचालन ।

aviator ए वि ए टॅः *n.* pilot of an aeroplane विमानचालक ।

avoid अॅ वौइड *v.t.* to keep away from से बचना; to shun टालना ।

avoidance अॅ वौ इ डॅन्स *n.* act of avoiding बचाव ।

avow अॅ वॉउ *v.t.* to confess स्वीकार क० ; to declare घोषणा क० ।

await अॅ वेट *v.t.* to wait for (की) प्रतीक्षा क०; to expect आशा क० ।

awake[1] अॅ वेक *v.t.* to rouse from sleep

जगाना; *vi.* to become aware सचेत होना ।

awake[2] *a.* roused from sleep, aware सचेत ।

award[1] अँ वौ:ड *v.t.* to grant प्रदान क०; to make a judicial decision निर्णय क० ।

award[2] *n.* prize पुरस्कार; judicial decision न्यायिक निर्णय ।

aware अँ वेऑः *a.* conscious, attentive जानकार, अवगत ।

away अँ वे *adv.* from here यहाँ से; far, apart दूर, अलग ।

awe औ *n.* reverent wonder विस्मय; respect combined with fear and reverence भयमिश्रित श्रद्धा ।

awful औ फुल *a.* terrifying डरावना; impressive प्रभावशाली; very great अति महान ।

awhile अँ व्हॉइल *adv.* for a short time कुछ देर के लिए ।

awkward औक् वॅ:ड *a.* clumsy भद्दा; delicate नाजुक; uncomfortable कष्टकर ।

axe ऐक्स *n.* a tool for chopping wood कुल्हाड़ी ।

axis ऐक् सिस *n.* the line on which something revolves अक्षरेखा ।

axle ऐक् स्ल *n.* a rod on which a wheel turns धुरी ।

B

babble[1] बै ब्ल *n.* foolish talk बकवास; confused sounds बड़बड़ाहट ।

babble[2] *v.i.* to talk foolishly बकवास क०; to murmur बड़बड़ाना ।

babe बेब *n.* baby बच्चा ।

baby बे बि *n.* very young child शिशु ।

bachelor बै चॅ लॅ: *n.* unmarried man अविवाहित व्यक्ति ।

back[1] बैक *n.* the rear part of the human body कमर; the hinder part पिछला भाग ।

back[2] *adv.* backwards पिछली तरफ़ ।

backbite बैक् बॉइट *v.t.* to speak evil of secretly चुग़ली खाना ।

backbone बैक् बोन *n.* spine रीढ़; main support आधार ।

background बैक् ग्रॉउन्ड *n.* parts situated in the rear पृष्ठभूमि; a person's origin, education etc. पृष्ठिका ।

backward बैक् वॅ:ड *a.* retarded in development पिछड़ा हुआ ।

backward(s) बैक् वॅ:ड्ज़ *adv.* towards the rear पीछे की ओर; towards the past भूतकाल की ओर ।

bacon बे कॅन *n.* meat of pig शूकर-मांस ।

bacteria बैक् टिऑ रिअॅ *n.pl.* microscopic organisms जीवाणु ।

bad बैड *a.* not good बुरा; unwell अस्वस्थ; serious गंभीर; harmful हानिकारक; immoral अनैतिक ।

badge बैज *n.* a distinguishing emblem बिल्ला ।

badger बै जॅ: *n.* a small grey animal

बिज्जू ।

badminton बैड् मिन् टॅन *n.* a court game played over a net बैडमिंटन ।

baffle बै फ़्ल *v.t.* to make useless विफल कर देना; to defeat परास्त क० ।

bag[1] बैग *n.* a flexible container थैला ।

bag[2] *v.i.* to put into a bag थैले में रखना; to capture पकड़ना ।

baggage बै गिज *n.* luggage यात्री-सामान ।

bail[1] बेल *n.* security given for release ज़मानत; the person who gives such security ज़मानत देने वाला ।

bail[2] *v.t.* to liberate from custody on security ज़मानत पर रिहा क० ।

bailable बे लॅ ब्ल *a.* that may be bailed जिसकी ज़मानत हो सके ।

bailiff बे लिफ़ *n.* landlord's agent कारिंदा ।

bait[1] बेट *n.* temptation प्रलोभन ।

bait[2] *v.t.* to furnish with a bait लुभाना; to harass तंग क०; to annoy क्रोध दिलाना ।

bake बेक *v.t.* to cook in an oven सेंकना ।

baker बे कॅ: *n.* one whose occupation is to bake bread नानबाई ।

bakery बे कॅ रि *n.* place for baking बेकरी ।

balance[1] बै लॅन्स *n.* a pair of scales तराज़ू; equilibrium संतुलन; the sum due on an account देय राशि ।

balance[2] *v.t.* to bring to an equilibrium संतुलित क० ।

balcony बैल् कॅ नि *n.* platform projecting from a window छज्जा ।

bald बौल्ड *a.* without hair on the head गंजा; bare नंगा; unadorned अनलंकृत ।

bale[1] बेल *n.* a bundle or package of goods गाँठ ।

bale[2] *v.t.* to make into bales की गाँठ बनाना ।

baleful बेल् फ़ुल *a.* calamitous संकटपूर्ण; deadly घातक; harmful हानिकारक ।

ball बौल *n.* a round body गेंद; a bullet गोली; an entertainment of dancing एक प्रकार का नृत्य ।

ballad बै लॅड *n.* a short narrative poem गाथा-गीत ।

ballet बै ले *n.* a theatrical exhibition of dancing and pantomimic action बैले नृत्य ।

balloon बॅ लून *n.* a large bag filled with gas गुब्बारा ।

ballot[1] बै लॅट *n.* a little ticket or paper used in voting मतपत्र; voting by this means गुप्त मतदान ।

ballot[2] *v.i.* to vote by ballot गुप्त मतदान क० ।

balm बाम *n.* a fragrant and healing ointment मरहम, बाम ।

bamboo बैम् बू *n.* a tropical plant of the reed kind बाँस ।

ban[1] बैन *n.* an order prohibiting something प्रतिबंध ।

ban[2] *(–nn–) v.t.* to prohibit प्रतिबंधित क० ।

banal बै नॅल, बे नॅल *a.* hackneyed घिसा-पिटा; vulgar निम्नस्तरीय ।

banana बॅ ना नॅ *n.* a gigantic plant and its fruit केला ।

band बैन्ड *n.* a strip of cloth etc. पट्टी, फ़ीता; a group of evil men गिरोह; a musical group संगीत- मंडली ।

bandage[1] बैन् डिज *n.* a cloth for a wound पट्टी ।

bandage[2] *v.t.* to bind with a bandage (पर) पट्टी बाँधना ।

bandit बैन् डिट *n.* robber डाकू, लुटेरा ।

bang[1] बैङ्ग *v.t.* to slam धम से बंद क० ।

bang[2] *n.* heavy knock ज़ोरदार दस्तक ।

bangle बैङ् ग्ल *n.* ornament worn

round the arm चूड़ी ।

banish बै निश *v.t.* to send into exile निर्वासित क० ।

banishment बै निश् मॅन्ट *n.* act of banishing निष्कासन; exile निर्वासन ।

banjo बैन् जो *n.* a stringed musical instrument एक प्रकार का बाजा ।

bank[1] बैङ्क *n.* ground rising from the side of a river कूल, किनारा; place where money is deposited बैंक, अधिकोष; a mound टीला ।

bank[2] *v.t.* to deposit (money) in a bank बैंक में (धन) जमा क० ; *v.i.* to keep money in a bank बैंक में पैसा रखना; (with '*on*','*upon*') to base one's hopes आशा क०, भरोसा रखना ।

banker बैङ् कॅ: *n.* one who deals in money रुपये का लेन-देन करने वाला; one who works in a bank बैंक-कर्मी

bankrupt बैङ् क्रप्ट *n. & a.* insolvent दिवालिया ।

bankruptcy बैङ् क्रप्ट् सि *n.* state of being a bankrupt दिवालियापन ।

banner बै नॅ: *n.* flag ध्वज; large cloth carrying a slogan बैनर ।

banquet[1] बैङ् क्विट *n.* a formal feast भोज, दावत ।

banquet[2] *v.t.* to treat with a feast दावत देना; *v.i.* to feast दावत लेना ।

banter[1] बैन् टॅ: *v.t.* to make fun मज़ाक़ उड़ाना ।

banter[2] *n.* fun मज़ाक़ ।

banyan बैन् यॅन *n.* an Indian tree of the fig genus बरगद ।

baptism बैप् टिज़्म *n.* a ceremonial immersion in water दीक्षा-स्नान, बपतिस्मा ।

baptize बैप् टॉइज़ *v.t.* to administer baptism to दीक्षा-स्नान कराना ।

bar[1] बा: *n.* a long piece of metal छड़; obstruction बाधा, रुकावट; legal profession वकालत ।

bar[2] *(-rr-)* *v.t.* to prevent रोकना; to keep out अलग क० ।

barb बा:ब *n.* the point which stands backward in an arrow or fish-hook बाण या बंसी का काँटा ।

barbarian[1] बा: बेॅ अॅ रि अॅन *a.* uncivilized असभ्य, जंगली ।

barbarian[2] *n.* a person in a savage state जंगली व्यक्ति; an uncultured person असभ्य व्यक्ति ।

barbarism बा: बॅ रिज़्म *n.* state of being uncivilised असभ्यता ।

barbarity बा: बै रि टि *n.* cruelty क्रूरता, बर्बरता ।

barbarous बा: बॅ रॅस *a.* in the state of barbarism असभ्य; cruel क्रूर ।

barbed बा:ब्ड *a.* provided with barbs काँटेदार ।

barber बा: बॅ: *n.* a man's hair- dresser हज्जाम ।

bard बा:ड *n.* a Celtic minstrel भाट, चारण; a poet कवि ।

bare[1] बेॅअॅ: *a.* uncovered नंगा; empty ख़ाली ।

bare[2] *v.t.* to make naked नंगा क० ।

barely बेॅ अॅ: लि *adv.* poorly अभाव में; merely केवल; hardly मुश्किल से ।

bargain[1] बा: गेन *n.* agreement, contract संविदा; a gainful transaction सौदा ।

bargain[2] *v.i.* to make a bargain सौदा क० ।

barge बा:ज *n.* boat नाव ।

bark[1] बा:क *n.* the outer rind of a tree छाल; the cry of a dog कुत्ते की भौंक ।

bark[2] *v.i.* to make the sound of a dog भौंकना ।

barley बा: लि *n.* a species of grain जौ ।

barn बा:न *n.* a building for grain खत्ती, कोठार ।

barometer बॅ रौँ मि टॅ: *n.* an instrument for measuring the pressure of atmosphere वायुदाबमापी ।

barrack बै रॅक *n.* a building for soldiers सेनावास ।

barrage बै राज़, बै **राज़** *n.* dam बाँध; heavy gun-fire भारी गोलाबारी ।

barrel बै रॅल *n.* a round wooden cask पीपा; the tube of a gun बंदूक़ की नाल ।

barren बै रॅन *n.* sterile बाँझ; unproductive अनुपजाऊ ।

barricade बै रि **केड** *n.* a barrier बाधा, रुकावट ।

barrier बै रि अॅ: *n.* fence घेरा; obstruction अवरोध ।

barrister बै रिस् टॅ: *n.* a counsellor at law बैरिस्टर, वकील ।

barter[1] बा: टॅ: *v.t.* to exchage in commerce (की) अदला-बदली क॰; *v.i.* to exchange one thing for another वस्तु-विनिमय क॰ ।

barter[2] *n.* exchange विनिमय ।

base[1] बेस *n.* starting point प्रस्थान-बिंदु; foundation आधार, नींव ।

base[2] *a.* worthless खोटा, नीच; low in value घटिया ।

base[3] *v.t.* to place on a basis आधारित क॰ ।

baseless बेस् लिस *a.* without base निराधार; groundless निर्मूल ।

basement बेस् मॅन्ट *n.* the ground floor of a building तहख़ाना ।

bashful बैश् फुल *a.* modest, shy संकोची ।

basic बे सिक *a.* fundamental मौलिक, बुनियादी ।

basin बे स्न *n.* a shallow dish चिलमची; a depression in the earth's surface तलहटी; country drained by a river घाटी ।

basis बे सिस *n.* the underlying principle आधारभूत सिद्धांत; the basic supporting factor मूलाधार ।

bask बास्क *v.i.* to lie in warmth or in the sun धूप सेंकना; to enjoy ease and prosperity आनंद लेना ।

basket बास् किट *n.* a domestic vessel made of twigs डलिया, टोकरी ।

bastard[1] बैस् टॅ:ड *n.* an illegitimate child अवैध संतान ।

bastard[2] *a.* illegitimate अवैध ।

bat[1] बैट *n.* a flying mammal चमगादड़ ।

bat[2] *n.* a club for striking a ball बल्ला; a batsman बल्लेबाज़ ।

bat[3] *(-tt -) v.i.* to wield a bat बल्लेबाज़ी क॰ *vt.* to strike with a bat बल्ले से मारना या फेंकना ।

batch बैच *n.* a group or number of persons जत्था, टोली; a set of similar objects घान ।

bath बाथ *n.* immersion in water स्नान ।

bathe बेद *v.t.* to immerse in water नहलाना; *v.i.* to take a bath स्नान क॰ ।

baton बै टॅन *n.* a short heavy stick सोंटा, छड़ी ।

battalion बॅ टै ल्यॅन *n.* a body of soldiers बटालियन, वाहिनी ।

battery बै टॅ रि *n.* an apparatus for originating an electric current बैटरी; unit of artillery तोपख़ाना; attack आक्रमण ।

battle[1] बै ट्ल *n.* encounter of two armies युद्ध ।

battle[2] *v.i.* to contend in fight युद्ध लड़ना ।

bay बे *n.* an arm of the sea खाड़ी ।

bayonet बे अॅ निट *n.* a dagger- like weapon fixed to a rifle संगीन ।

beach बीच *n.* the shore of the sea समुद्र-तट ।

beacon बी कॅन *n.* light to direct

seamen प्रकाश-स्तंभ; a signal of danger संकेतक।

bead बीड *n.* a little ball strung on a thread मनका।

beak बीक *n.* a bird's bill चोंच।

beaker बी कॅ: *n.* a glass vessel used by chemists बीकर।

beam[1] बीम *n.* a long squared piece of timber or concrete शहतीर, बीम; a ray of light किरण; cross bar of a balance तराज़ू की डंडी।

beam[2] *v.i.* to send out light चमकना; to smile happily मुस्कराना।

bear[1] बेंॲ: *n.* a large carnivorous quadruped भालू।

bear[2] *v.t.* to carry ले जाना; to support सँभालना; to produce पैदा क०; to endure सहन क०; to behave व्यवहार क०।

beard बिॲ:ड *n.* the hair on the chin दाढ़ी।

bearing बेंॲ रिङ्ग *n.* demeanour व्यवहार, आचरण।

beast बीस्ट *n.* any four-footed animal पशु; a brutal man क्रूर व्यक्ति।

beastly बीस्ट् लि *a.* brutal नृशंस, क्रूरतापूर्ण।

beat[1] बीट *v.t.* to hit, to strike पीटना; to stir फेंटना; to thrash कूटना; to defeat पराजित क०; *v.i.* to throb धड़कना।

beat[2] *n.* a stroke चोट; throb धड़कन; round गश्त।

beautiful ब्यू टि फ़ुल *a.* lovely सुंदर।

beautify ब्यू टि फ़ॉइ *v.t.* to make beautiful सजाना।

beauty ब्यू टि *n.* loveliness, grace सौंदर्य।

beaver बी वॅ: *n.* a fur-coated animal ऊदबिलाव; its fur लोमचर्म।

because बि कौज़ *conj.* for the reason that क्योंकि।

beckon बैं कॅन *v.t.* to call by a signal or gesture इशारे से बुलाना; *v.i.* to make a gesture इशारा क०।

become बि कम *v.i.* to come to be हो जाना; *v.t.* to suit शोभा देना।

becoming बि क मिङ्ग *a.* fit उपयुक्त; graceful सुहावना।

bed बैं ड *n.* something to sleep or rest on शय्या, चारपाई; bottom of a river नदीतल; a garden plot क्यारी।

bedevil बि डैं विल *v.t.* to confuse भरमाना; to torment सताना।

bee बी *n.* the insect that makes honey शहद की मक्खी।

beef बीफ़ *n.* the flesh of an ox, bull or cow गोमांस।

beer बिॲ: *n.* an alcoholic drink made from malt बियर, यवसुरा।

beet बीट *n.* an edible plant चुकंदर।

beetle बी ट्ल *n.* an insect with four wings भृंग, झींगुर।

befall बि फ़ौल *v.t.* to happen to (पर) बीतना; *v.i.* to happen घटित होना।

before[1] बि फ़ौ: *prep.* in front of के सामने; in the presence of के समक्ष; earliar than से पहले।

before[2] *adv.* in time preceding पूर्व में; in the past भूत में; onward आगे की ओर; in front सामने।

before[3] *conj.* previous to the time when इससे पहले कि; rather than इसके बजाय कि।

beforehand बि फ़ौ: हैन्ड *adv.* in advance पहले ही।

befriend बि फ़्रैंन्ड *v.t.* to act as a friend to मित्र बनाना।

beg बैग *(-gg-)* *v.t.* to ask in charity भीख में माँगना; to ask earnestly निवेदन क०; to take for granted मान लेना; *v.i.* to ask or live upon alms भीख माँगना।

beget बि गैं ट *v.t.* to produce जन्म देना।

beggar बैं गः *n.* one who begs भिखारी ।

begin बि गिन (*-nn-*) *v.t.* to start प्रारंभ क०; *v.i.* to be started प्रारंभ होना ।

beginning बि गि निङ्ग *n.* the start प्रारंभ ।

beguile बि गॉइल *v.t.* to practise guile on ठगना; to charm मोहित क०; to pass (time etc.) pleasantly आनंद के साथ (समय आदि) बिताना ।

behalf बि हाफ़ *n.* interest, favour, benefit हित, लाभ ।

behave बि हेव *v.i.* to act आचरण क० ।

behaviour बि हे व्यःः *n.* conduct, way of behaving आचरण ।

behead बि हैं ड *v.t.* to cut off the head of (का) सिर काटना ।

behind[1] बि हॉइन्ड *adv.* in the rear पीछे की ओर; backwards पिछड़ी स्थिति में ।

behind[2] *prep.* in the rear of के पीछे; remaining after से बाद में; inferior to से पिछड़ा हुआ ।

behold बि होल्ड *v.t.* to look at with attention ध्यान से देखना ।

being बि इङ्ग *n.* existence अस्तित्व; a creature प्राणी, जीवधारी ।

belabour बि ले बः *v.t.* to beat soundly पीटना ।

belch[1] बैल्च *v.t.* to send (smoke, flames etc.) out उगलना; *v.i.* to send out gas from the stomach noisily through the mouth डकार लेना ।

belch[2] *n.* act or sound of belching डकार ।

belief बि लीफ़ *n.* conviction धारणा; faith, trust विश्वास; a religious tenet धार्मिक आस्था ।

believe बि लीव *v.t.* to give belief to विश्वास क०; to have confidence in (पर) भरोसा रखना ।

bell बैलॅ *n.* a hollow, metal, cup-shaped instrument that rings when struck घंटी, घंटा ।

belle बैलॅ *n.* a lady of great beauty सुंदरी ।

bellicose बैं लि कोस *a.* warlike युद्धप्रिय, लड़ाकू ।

belligerency बि लि जें रॅन् सि *n.* being warlike युद्धप्रियता ।

belligerent[1] बि लि जें रॅन्ट *a.* waging war युद्धरत ।

belligerent[2] *n.* a nation or state waging war युद्धरत राज्य ।

bellow बैं लो *v.i.* to roar like a bull चिंघाड़ना, गरजना ।

bellows बैं लोज़ *n.* pl. an instrument for creating stream of air धौंकनी ।

belly बैं लि *n.* abdomen, stomach पेट, उदर ।

belong बि लौं ङ्ग *v.i.* to be the property (of) (का) होना, (की) संपत्ति होना; to be connected संबद्ध होना; to be a member or inhabitant सदस्य अथवा निवासी होना ।

belongings बि लौं ङ् गिङ्ग्ज़ *n.pl.* personal possessions व्यक्तिगत माल-असबाब ।

beloved[1] बि ल विड *a.* greatly loved परमप्रिय ।

beloved[2] *n.* darling प्रियतम, प्रेयसि ।

below[1] बि लो *adv.* beneath नीचे ।

below[2] *prep.* lower than से नीचे ।

belt बैल्ट *n.* a girdle पेटी; a band पट्टा; a strip of land इलाक़ा, क्षेत्र ।

bench बैन्च *n.* a long seat बैंच, तिपाई; body of judges न्यायपीठ; a court of law अदालत ।

bend[1] बैन्ड *n.* curve मोड़, झुकाव ।

bend[2] *v.t.* to curve मोड़ना; to turn घुमाना; *vi.* to become curved मुड़ना; to stoop झुकना; to yield हार मानना; to turn घूमना ।

beneath[1] बि नीथ *adv.* in a lower place

नीचे ।

beneath[2] *prep.* below, under के नीचे

beneficial बैं नि फ़ि शॅल *a.* conferring benefit लाभकारी ।

benefit[1] **बैं** नि फ़िट *n.* allowance भत्ता; a favour कृपा; advantage लाभ ।

benefit[2] *v.t.* to do a service to लाभ पहुँचाना; *vi.* to gain advantage लाभान्वित होना ।

benevolence बि नैं वॅ लॅन्स *n.* kindness कृपा, दया ।

benevolent बि नैं वॅ लॅन्ट *a.* kind कृपालु, दयालु ।

bent बैन्ट *n.* natural inclination रुझान ।

bequeath बि **क्वीद** *v.t.* to leave by will वसीयत में देना ।

bereave बि **रीव** *v.t.* to deprive of वंचित क० ।

bereavement बि **रीव्** मॅन्ट *n.* being bereaved वियोग; loss by death मृत्यु के कारण क्षति ।

berth बॅ:थ *n.* sleeping place in a ship or train शायिका ।

beside बि **सॉइड** *perp.* by the side of के पास में; compared with की तुलना में ।

besides[1] बि **सॉइड्ज़** *perp.* in addition to के अतिरिक्त ।

besides[2] *adv.* moreover साथ ही, इसके अतिरिक्त ।

bestow बि **स्टो** *v.t.* to give प्रदान क० ।

bet[1] बैॅट (*-tt* -) *vi.* to wager शर्त लगाना ।

bet[2]*n.* a pledge made in betting शर्त ।

betel **बी** ट्ल *n.* leaf used for chewing पान ।

betray बि **ट्रे** *v.t.* to deal treacherously with विश्वासघात क०; to reveal प्रकट क० ।

betrayal बि **ट्रे** अॅल *n.* betraying or being betrayed विश्वासघात ।

betroth बि **ट्रोद** *v.t.* to promise to marry वाग्दान क० ।

betrothal बि **ट्रो** दॅल *n.* mutual contract of marriage वाग्दान ।

better[1] **बैं** टॅ: *a.* superior बेहतर; improved in health पहले से स्वस्थ ।

better[2] *adv.* in a more excellent manner और अच्छे ढंग से; more अपेक्षाकृत अधिक ।

better[3] *v.t.* to improve सुधारना ।

betterment **बैं** टॅ: मॅन्ट *n.* improvement सुधार, उन्नति ।

between बि **ट्वीन** *prep.* in the middle of के मध्य ।

beverage **बैं** वॅ रिज *n.* liquor मदिरा ।

bewail बि **वेल** *v.t.* to mourn for पर शोक मनाना ।

beware बि **वें** अॅ: *vi.* to take care (of) सचेत या चौकस रहना ।

bewilder बि **विल्** डॅ: *v.t.* to puzzle, to confuse उलझन में डालना, भ्रमित क० ।

bewitch बि **विच** *v.t.* to enchant (पर) जादू क०; to fascinate मोहित क० ।

beyond[1] बि **यॉन्ड** *prep.* on the further side of के उस ओर; out of the reach of की पहुँच से बाहर; above से ऊपर ।

beyond[2] *adv.* at a distance दूरी पर, परे ।

bias[1] **बॉइ** अॅस *n.* prejudice पक्षपात ।

bias[2]*v.t.* to prejudice, to influence unfairly पक्षपातपूर्ण बनाना ।

bibliography बिब् लि **ऑ** ग्रॅ फ़ि *n.* a list of books ग्रंथ-सूची ।

biceps **बॉइ** सैप्स *n.* the muscle in front of the upper arm द्विशिर पेशी ।

bicycle **बॉइ** सि क्ल *n.* a two-wheeled vehicle propelled by the rider बाइसिकिल ।

bid[1] बिड *v.t.* to say as a greeting अभिवादन क०; to order आदेश देना; to offer (a price) (बोली) लगाना ।

bid[2] *n.* offer of price बोली; effort प्रयत्न ।

bier बिअॅ: *n.* a frame for carrying the

dead to the grave अरथी ।

big बिग *a.* great महान; large बड़ा; important महत्त्वपूर्ण ।

bigamy बि गॅ मि *n.* practice of having two wives or husbands at the same time द्विविवाह- प्रथा ।

bigot बि गॅट *n.* a person impervious to argument कट्टर या धर्मांध व्यक्ति ।

bigotry बि गॅ ट्रि *n.* state or quality of being a bigot कट्टरता, धर्मांधता ।

bile बॉइल *n.* fluid secreted by the liver पित्त; anger, ill temper चिड़चिड़ापन ।

bilingual बॉइ लिङ् ग्वॅल *a.* capable of using two languages द्विभाषी ।

bill बिल *n.* bird's beak चोंच; draught of a proposed new law विधेयक; poster इश्तहार; statement of money बिल, प्राप्यक ।

billion बिल् यॅन *n.* (France, U.S.A) one thousand million एक अरब; (Brit.) one million millionsदस ख़रब ।

billow [1] बि लो *n.* wave लहर ।

billow[2] *vi.* to roll in large waves लहराना ।

bind बॉइन्ड *v.t.* to tie बाँधना; to fasten (a book) (किताब पर) जिल्द बाँधना ।

binding बॉइन् डिङ्ग *a.* compelling अनिवार्य ।

binoculars बॉइ नौं क्यु लॅ:ज़ *n. pl.* small telescope for both eyes दूरबीन ।

biographer बॉइ औं ग्रॅ फ़ॅ: *n.* writer of a biography जीवनी- लेखक ।

biography बॉइ औं ग्रॅ फ़ि *n.* an account of one's life and character जीवनी ।

biologist बॉइ औं लॅ जिस्ट *n.* a scientist who studies biology जीव विज्ञानी ।

biology बॉइ औं लॅ जि *n.* science of life जीवविज्ञान ।

biped बॉइ पैं ड *n.* an animal with two feet द्विपाद ।

bird बॅ:ड *n.* a feathered creature पक्षी ।

birth बॅ:थ *n.* being born जन्म ।

biscuit बिस् किट *n.* hard bread made into cake बिस्कुट ।

bisect बॉइ सैक्ट *v.t.* to cut into two द्विविभाजित क० ।

bishop बि शॅप *n.* clergyman बिशप, धर्माध्यक्ष ।

bit बिट *n.* a very small piece टुकड़ा; the mouthpiece of a bridle लगाम की मुखरी ।

bite[1] बॉइट *v.t.* to cut or sever with the teeth काटना; to sting डसना; to eat into खा जाना ।

bite [2]*n.* wound made by biting घाव, काट; a mouthful मुँहभर अंश; a sting दंश ।

bitter बि टॅ: *a.* sharp to the taste कड़ुवा; full of ill-will द्वेषपूर्ण; distressing पीड़ादायक; severe तेज़ ।

black ब्लैक *a.* destitute of light प्रकाश-रहित; dark- complexioned साँवला; wicked दुष्टतापूर्ण ।

blacken ब्लै कॅन *v.t.* to make black काला क० ।

blackmail[1] ब्लैक् मेल *n.* extortion by intimidation भयादोहन ।

blackmail[2] *v.t.* to subject to blackmail भयादोहन क० ।

blacksmith ब्लैक् स्मिथ *n.* a craftsman who works in iron लोहार ।

bladder ब्लै डॅ: *n.* baglike part of the body in which urine collects मूत्राशय ।

blade ब्लेड *n.* cutting part of a sword, knife etc. फलक; flat part of an oar पतवार का चपटा भाग ; leaf पत्ती ।

blame[1] ब्लेम *v.t.* to censure निंदा क०, दोष लगाना; to hold responsible उत्तरदायी ठहराना ।

blame[2] *n.* censure निंदा; fault दोष ।

blank[1] ब्लैङ्क *a.* unmarked, unwritten कोरा; empty ख़ाली, रिक्त ।

blank[2] *n.* empty space रिक्त स्थान ।

blanket ब्लैङ् किट *n.* a warm covering for a bed कंबल ।

blast[1] ब्लास्ट *n.* violent explosion of gunpowder विस्फोट; loud noise धमाका ।

blast[2] *v.t.* to destroy नष्ट क०; to blow up उड़ा देना ।

blaze[1] ब्लेज़ *n.* flame ज्वाला; a bright glow चमक ।

blaze[2] *vi.* to burn brightly दहकना; to shine like a flame चमकना ।

bleat[1] ब्लीट *n.* the cry of a sheep, goat etc. मिमियाहट ।

bleat[2] *v.i.* to utter a bleat मिमियाना ।

bleed ब्लीड *v.i.* to emit blood ख़ून बहना; to feel pain; दर्द अनुभव क० ।

blemish ब्लैॅ मिश *n.* mark of imperfection धब्बा; fault दोष ।

blend[1] ब्लैॅन्ड *v.t.* to mix together मिलाना; *vi.* to be mixed मिलना ।

blend[2] *n.* a mixture मिश्रण ।

bless ब्लैॅस *v.t.* to wish happiness to आशीर्वाद देना; to consecrate अभिमंत्रित क०; to endow with प्रदान क०; to glorify गौरवान्वित क० ।

blind ब्लॉइन्ड *a.* destitute of sight अंधा; wanting discernment विवेकशून्य; thoughtless विचारहीन ।

blindfold ब्लॉइन्ड् फ़ोल्ड *v.t.* to cover the eyes of (की) आँखों पर पट्टी बाँधना ।

bliss ब्लिस *n.* perfect happiness परमानंद ।

blister ब्लिस् टः *n.* a thin bladder on the skin फफोला ।

bloc ब्लॉक *n.* a group of nations or parties गुट ।

block[1] ब्लॉक *n.* heavy piece of wood or stone कुंदा, शिलाखंड; a lump of solid matter खंड, पिंडक; a group of houses भवन- समूह; obstruction बाधा, रुकावट ।

block[2] *vt.* to obstruct अवरुद्ध क० ।

blockade ब्लौॅ केड *n.* a close siege by troops or ships घेराबंदी ।

blockhead ब्लॉक् हैॅड *n.* a stupid fellow मूर्ख व्यक्ति ।

blood ब्लड *n.* red liquid flowing through the body रक्त, ख़ून; relationship संबंध, नाता; descent वंश ।

bloodshed ब्लड् शैॅड *n.* the shedding of blood रक्तपात ।

bloody ब्ल डि *a.* stained with blood रक्तरंजित; cruel निर्दय ।

bloom[1] ब्लूम *n.* the flowering state फलने-फूलने का समय; a time of beauty यौवन; flower पुष्प ।

bloom[2] *vi* blossom बहार आना ; to flourish फलना-फूलना ।

blossom[1] ब्लौॅ सॅम *n.* flower of a plant बौर, मंजरी; state of flowering पुष्पणकाल ।

blossom[2] *vi.* to bloom खिलना; to flourish फलना-फूलना

blot[1] ब्लौॅट *n.* a spot or stain दाग़, धब्बा ।

blot[2] *(-tt -) v.t.* to stain (पर) धब्बा लगाना; to soak up ink etc. from (से) स्याही आदि सुखाना ।

blouse ब्लॉउज़ *n.* outer garment from neck to waist ब्लाउज़ ।

blow[1] ब्लो *vi.* (of the wind) to move (हवा का) बहना; to produce a current of air (from the mouth) फूँक मारना *v.t.* to drive by means of a current of air उड़ाना; to cause to sound बजाना ।

blow[2] *n.* a stroke of the fist घूँसा; a shock झटका ।

blue[1] ब्लू *n.* colour of cloudless sky

नीलवर्ण ।

blue[2] *a.* of a blue colour नीले रंग का; sky-coloured आकाश-नील ।

bluff[1] ब्लफ़ *v.t.* to deceive or mislead by a pretence धोखा देना ।

bluff[2] *n.* pretence दिखावा, धोखा ।

blunder[1] **ब्लन्** डॅ: *n.* serious mistake भारी भूल ।

blunder[2] *vi.* to make a serious mistake भारी भूल क० ।

blunt ब्लन्ट *a.* dull on the edge or point कुंद, भोथरा ; outspoken मुँहफट स्पष्टवादी ।

blush[1] ब्लश *n.* reddening of the face due to shame झेंप ।

blush[2] *vi.* to go red in the face झेंपना ।

boar बौ: *n.* male of swine सूअर ।

board[1] बौ:ड *n.* a piece of timber, broad and thin तख़्ता; food भोजन; a council समिति ।

board[2] *v.t.* to enter (a ship, train etc) (में) सवार होना; to furnish with meals भोजन देना ; *vi.* to take one's meals भोजन लेना ।

boast[1] बोस्ट *vi.* to brag डींग मारना ।

boast[2] *n.* bragging शेख़ी, डींग ।

boat[1] बोट *n.* a small ship नाव ।

boat[2] *vi.* to sail a boat नाव खेना ।

bodice **बौ॑** डिस *n.* a woman's garment above waist चोली ।

bodily[1] **बौ॑** डि लि *a.* relating to the body शारीरिक ।

bodily[2] *adv.* corporeally सशरीर ।

body **बौ॑** डि *n.* a human being or an animal काया, देह; group of people समिति; a corpse शव ।

bodyguard **बौ॑** डि गा:ड *n.* a guard to protect somebody अंगरक्षक ।

bog[1] बौ॑ग *n.* morass दलदल ।

bog[2] (*-gg -*)*vi.* to be stuck फँस जाना ।

bogus **बो** गॅस *a.* sham, not genuine खोटा, जाली ।

boil[1] बौ॑इल *n.* a sore swelling or tumour फोड़ा ।

boil[2] *vi* to bubble from the action of heat उबलना; to be cooked by boiling पकना *v.t.* to prepare by boiling उबालकर बनाना ।

boiler **बौ॑इ** लॅ: *n.* a vessel in which a thing is boiled देग ।

bold बोल्ड *a.* daring निडर; courageous साहसी ; impudent धृष्ट ।

boldness **बोल्ड्** निस *n.* fearlessness निर्भीकता; impudence धृष्टता ।

bolt[1] बोल्ट *n.* a bar of a door सिटकनी; a headed metal pin, काबला; discharge of lightning गाज, वज्रपात ।

bolt[2] *v.t.* to fasten सिटकनी लगाना ।

bomb[1] बौ॑म *n.* an iron shell filled with explosive material बम ।

bomb[2] *v.t.* to attack with a bomb (पर) बम गिराना ।

bombard बौ॑म् **बा:ड** *v.t.* to attack with bombs (पर) बमबारी क० ।

bombardment बौ॑म् **बा:ड्** मॅन्ट *n.* act of bombarding बमबारी ।

bomber **बौ॑** मॅ: *n.* an aircraft used to carry bombs बमवर्षक ।

bonafide[1] **बो** नॅ **फ़ाइ** डि *adv.* in good faith सद्भावपूर्वक ।

bonafide[2] *a* genuine सद्भावपूर्ण, सदाशयी ।

bond बौ॑न्ड *n.* a solemn agreement अनुबंध; that which binds बंधन; link, union संबंध, मेलभाव ।

bondage **बौ॑न्** डिज *n.* slavery दासता ।

bone बोन *n.* hard substance forming animal's skeleton हड्डी ।

bonfire **बौ॑न्** फ़ाइअॅ: *n.* large fire in the open air expressive of joy उत्सवाग्नि ।

bonnet **बौ॑** निट *n.* hat with strings टोप ; cover of motor vehicle engine

ढक्कन, बोनिट ।

bonus बो नॅस *n.* premium, extra payment बोनस, अधिलाभ ।

book[1] बुक *n.* printed or written literary work पुस्तक ।

book[2] *v.t.* to reserve (room, ticket etc.) सुरक्षित करा लेना ; to charge with legal offence आरोपित क० ।

bookish बु किश fond of study पढ़क्कू, अव्यावहारिक ।

booklet बुक् लिट *n.* a little book पुस्तिका ।

boon बून *n.* favour, gift or grant वरदान ।

boost[1] बूस्ट *n.* encouragement प्रोत्साहन; help सहारा; upward push बढ़ावा ।

boost[2] *v.t.* to push up बढ़ावा देना; to encourage प्रोत्साहित क०; to increase बढ़ाना ।

boot बूट *n.* covering for the foot जूता; luggage compartment in a car सामान-धानी ।

booth बूथ *n.* a temporary shed मंडप, कोष्ठ ।

booty बू टि *n.* spoil, plunder लूट, लूट का माल ।

border[1] बौ: डॅ: *n.* boundary सीमांत; margin किनारी ।

border[2] *v.t.* to provide with border किनारी लगाना; to adjoin (से) लगा हुआ होना ।

bore[1] बौ: *v.t.* to make a hole in छेदना, बेधना ; to weary उबा देना ।

bore[2] *n.* the hole made by boring छेद ; a tiresome person उबानेवाला व्यक्ति ।

borrow बौॅ रो *v.t.* to receive as a loan उधार लेना ।

bosom बु ज़ॅम *n.* breast छाती; seat of the affections हृदय ।

boss बौसॅ *n.* master मालिक

botany बौॅ टॅ नि *n.* the science which treats of plants वनस्पति विज्ञान ।

both[1] बोथ *a.* each of two दोनों ।

both[2] *pron.* one and the other दोनों लोग ।

both[3] *conj.* alike, equally समान रूप से ।

bother बौॅ दॅं: *v.t.* to annoy तंग क०; *v.i.* to trouble oneself परेशान होना ।

botheration बौॅ दॅं रे शॅन *n.* act of bothering, state of being bothered झंझट, परेशानी ।

bottle बौॅ ट्ल *n.* a narrow- mouthed vessel of glass etc. बोतल ।

bottom बौॅ टॅम *n.* the lowest part तह; the ground under water तल; the foundation आधार; the lower side निचला भाग; the origin उद्गम; the lowest part of a ship etc. पैंदा ।

bough बॉउ *n.* branch of a tree टहनी, शाखा ।

bound बॉउन्ड *n. pl.* limits सीमा ।

boundary बॉउन् डॅ रि *n.* border सीमारेखा ।

bountiful बॉउन् टि फुल *a.* abundant प्रचुर, भरपूर; generous उदारतापूर्ण ।

bounty बॉउन् टि *n.* gift दान, उपहार; generosity उदारता; gratuity इनाम ।

bouquet बु के, बु के *n.* a bunch of flowers गुलदस्ता ।

bow[1] बॉउ *v.t.* to bend झुकाना; *vi.* to bend झुकना; to yield हार मानना ।

bow[2] *n.* act of bowing नमन ।

bow[3] *n.* an instrument to shoot arrows धनुष ।

bowel बॉउ अॅल *n. (pl.)* the intestines आँतें; the interior part अंदरूनी भाग ।

bower बॉउ अॅ: *n.* shady retreat कुंज ।

bowl[1] बोल *n.* a round hollow dish कटोरा; wooden ball लकड़ी की गेंद ।

bowl[2] *vi.* to send a ball to the batsman गेंदबाज़ी क०; *v.t.* (with *'out'*) to dismiss (a batsman) by hitting the wicket आउट क० ।

box बौक्स *n.* a case of wood, metal etc. संदूक़, बकस; a container for holding things डिब्बा; a small enclosure in a court कटघरा ।

boxing बौक् सिङ्ग *n.* act or art of fighting with the fists मुक्केबाज़ी ।

boy बौँइ *n.* a male child लड़का, बालक ।

boycott[1] बौँइ कौँट *(-tt -) v.t.* to refuse to deal with or participate in बहिष्कार क० ।

boycott[2] *n.* refusal of dealings or participation बहिष्कार ।

brag[1] ब्रैग *(-gg -) v.i.* to boast डींग मारना ।

brag [2] *n.* boast डींग ।

brain ब्रेन *n.* the nervous matter within the skull दिमाग़ ।

brake[1] ब्रेक *n.* a contrivance for retarding the motion of wheels ब्रेक ।

brake[2] *v.t. vi.* ब्रेक लगाना ।

branch ब्रान्च *n.* the shoot of a tree or plant डाली; section, subdivision शाखा, उपखंड ।

brandy ब्रैन् डि *n. a* strong spirit distilled from wine ब्रांडी ।

brass ब्रास *n.* a yellow alloy of copper and zinc पीतल ।

brave ब्रेव *a.* daring साहसी; bold निडर; valiant बहादुर ।

bravery ब्रे वॅ रि *n.* courage बहादुरी, साहस ।

bray[1] ब्रे *n.* cry of an ass गधे की रेंक ।

bray [2] *v.i.* (of an ass) to cry रेंकना ।

breach ब्रीच *n.* state of being broken विच्छेद; infringement उल्लंघन ।

bread ब्रैँड *n.* food made of flour or meal baked रोटी; livelihood जीविका ।

breadth ब्रैँड्थ *n.* width, distance from side to side चौड़ाई ।

break[1] ब्रेक *v.t.* to separate into pieces तोड़ना; to shatter चूर-चूर क० ; to destroy नष्ट क०; to fail to observe पालन न क०; to violate भंग क०, उल्लंघन क०; *vi* to be broken टूट जाना ।

break [2] *n.* act of breaking भजन; gap अंतराल; a broken part दरार ।

breakage ब्रे किज *n.* act of breaking तोड़ने की क्रिया; damage caused by breaking टूटने से हुई क्षति ; state of being broken टूट-फूट ।

breakdown ब्रेक् डॉउन *n.* accidental stoppage अचानक का अवरोध ।

breakfast ब्रेक् फ़ॅस्ट *n.* the first meal in the day नाश्ता ।

breast बैस्ट *n.* the fore part of a body छाती, सीना; either of the milk glands of a woman स्तन, कुच ।

breath ब्रैथ *n.* air used in the act of breathing श्वास; respiration श्वसन ।

breathe ब्रीद *v.i.* to draw into and eject air from the lungs साँस लेना ।

breeches ब्रि चिज़ *n. pl.* a garment similar to trousers बरजिस, जाँघिया ।

breed[1] ब्रीड *v.t.* to bring up पालन-पोषण क०; to educate सिखाना; *vi* to produce offspring प्रजनन क० ।

breed[2] *n.* race, generation जाति, नस्ल ।

breeze ब्रीज़ *n.* gentle wind समीर, बयार ।

brevity ब्रैँ वि टि *n.* shortness संक्षिप्तता ।

brew ब्रू *v.t.* to make (beer, ale etc.) (शराब) खींचना, बनाना; to contrive (a plot etc.) (योजना) बनाना; *v.i.* to make beer शराब बनाना; to be in preparation निर्माणाधीन होना ।

brewery ब्रु अँ रि *n.* a place where brewing is carried on यवसुरा निर्माणशाला ।

bribe[1] ब्रॉइब *n.* a gift to corrupt the

conduct घूस, रिश्वत ।

bribe[2] *v.t.* to offer or give a gift to रिश्वत देना ।

brick ब्रिक *n.* a lump of clay used in building ईंट ।

bride ब्रॉइड *n.* a woman about to be, or newly, married दुलहन, नववधू ।

bridegroom ब्रॉइड् ग्रुम *n.* a man about to be, or newly, married दूल्हा, वर ।

bridge ब्रिज *n.* a structure across a river etc. to furnish a passage पुल ।

bridle ब्रॉइ ड्ल *n.* the harness on the head of a horse including the straps etc. लगाम ।

brief ब्रीफ़ *a.* short संक्षिप्त ।

brigade ब्रि गेड *n.* subdivision of an army वाहिनी ।

brigadier ब्रि गॅ डिअॅ: *n.* the officer who commands a brigade ब्रिगेडियर ।

bright ब्रॉइट *a.* clear स्पष्ट; shining चमकदार; cheerful मुदित; clever तीव्रबुद्धि ।

brighten ब्रॉइ टॅन *v.t.* to make bright चमकाना *v.i.* to become bright चमकना ।

brilliance ब्रि ल्यॅन्स *n.* state of being brilliant चमक, दीप्ति ।

brilliant ब्रि ल्यॅन्ट *a.* shining चमकदार; of great talents प्रतिभाशाली ।

bring ब्रिङ्ग *v.t.* to lead or cause to come लाना ।

brink ब्रिङ्क *n.* edge of a steep place कगार ।

brittle ब्रि ट्ल *a.* apt to break टूटने-योग्य ।

broad ब्रौड *a.* wide चौड़ा; gener सामान्य ।

broadcast[1] ब्रौड् कास्ट *n.* act of broadcasting प्रसारण ।

broadcast[2] *v.t.* to scatter (seed) बखेरना; to make widely known प्रचारित क०; to send out by radio or television प्रसारित क० ।

brochure ब्रो शुअॅ: *n.* a pamphlet विवरणिका ।

broker ब्रो कॅ: *n.* an agent who buys and sells for others दलाल ।

brook ब्रुक *n.* a small stream नाला, छोटी नदी ।

broom ब्रूम *n.* a brush for sweeping झाड़ू ।

broth ब्रौथ *n.* thick soup शोरबा ।

brother ब्र दॅ: *n.* son of the same parents भाई ।

brotherhood ब्र दॅ: हुड *n.* state or quality of being brother भ्रातृत्व ।

brow ब्रॉउ *n.* ridge over eyes भौंह ।

brown[1] ब्रॉउन *a.* reddish yellow भूरा ।

brown[2] *n.* reddish yellow colour भूरा रंग ।

brush ब्रश *n.* an instrument to clean by rubbing or sweeping सफ़ाई का ब्रश; painter's large pencil रंग भरने का ब्रश; the tail of a fox लोमड़ी की पूँछ ।

brutal ब्रू टॅल *a.* cruel क्रूर, निर्दय ।

brute ब्रूट *n.* an animal पशु ।

bubble ब ब्ल *n.* a ball of liquid filled with air बुदबुदा ।

bucket ब किट *n.* a vessel in which water is drawn or carried बाल्टी ।

buckle ब क्ल *n.* a metal clasp for fastening belt, strap etc. बकसुआ ।

bud बड *n.* the first shoot of a leaf कली ।

buffalo ब फ़ॅ लो *n.* a species of ox भैंस, भैंसा ।

buffoon ब फून *n.* jester मसख़रा ।

bug बग *n.* a small blood- sucking insect खटमल ।

build[1] बिल्ड *v.t.* to construct निर्माण क० ।

build[2] *n.* general shape or structure गठन, रचना ।

building बिल् डिङ्ग *n.* a house or other structure भवन, निर्माण ।

bulb बल्ब *n.* a round root कंद; glass container of electric lamp filament बल्ब ।

bulk बल्क *n.* magnitude विस्तार; size आकार ।

bulky बल् कि *a.* of great bulk भारी, बड़ा ।

bull बुल *n.* the male cattle साँड ।

bulldog बुल् डॉ ग *n.* a species of dog एक प्रकार का कुत्ता ।

bullet बु लिट *n.* a small round missile shot from firearm गोली ।

bulletin बु लि टिन *n.* an official report विज्ञप्ति ।

bullock बु लक *n.* a young bull बैल ।

bully[1] बु लि *n.* an overbearing quarrelsome fellow धौंसिया ।

bully[2] *v.t.* to insult and overbear धौंसियाना, भयभीत क० ।

bunch बन्च *n.* a cluster of things गुच्छा; group of people जनसमूह ।

bundle बन् ड्ल *n.* a package पुलिंदा ।

bungalow बङ् गॅ लो *n.* a house with only ground floor बंगला ।

bungle[1] बङ् ग्ल *v.t.* to mismanage बिगाड़ना *v.i.* to act clumsily भद्दे ढंग से काम क० ।

bungle[2] *n.* bungling घपला ।

bunker बङ् कॅः *n.* underground shelter तहख़ाना, सेनावास ।

burden[1] बः ड्न *n.* load बोझा ।

burden[2] *v.t.* to load लादना ।

burdensome बः ड्न् सॅम *a.* heavy भारी; oppressive कष्टकारी ।

burglar बॅः ग्लॅः *n.* one who robs a house by night चोर ।

burglary बः ग्लॅ रि *n.* the act of a burglar चोरी ।

burial बैं रि अॅल *n.* act of burying दफ़न ।

burn[1] बःन *v.t.* to consume with fire जलाना ; to inflame उत्तेजित क०, *v.i.* to be on fire जलना; to be inflamed with desire उत्तेज़ित होना ।

burn[2] *n.* a hurt caused by fire जलने की चोट ।

burst[1] बःस्ट *v.i.* to fly or break open फट पड़ना ; to enter with violence तीव्रता से प्रवेश क०; *vt.* to break by force फोड़ना; to open suddenly तीव्रता से खोलना ।

burst[2] *n.* a violent disruption प्रस्फोट, विस्फोट ।

bury बैं रि *v.t.* to put into the grave दफ़नाना; to hide in the earth ज़मीन में गाड़ना या छिपाना ।

bus बस *n.* a large motor vehicle for passengers बस ।

bush बुश *n.* shrub झाड़ी; woodland जंगल ।

business बिज़् निस *n.* occupation पेशा; concern सरोकार; trade व्यवसाय ।

businessman बिज़् निस् मॅन *n.* a man engaged in trade or commerce व्यापारी ।

busy बि ज़ि *a.* occupied व्यस्त; actively engaged कार्यरत ।

but[1] बट *prep.* except के अतिरिक्त ।

but[2] *conj.* yet, still किंतु, फिर भी ।

butcher[1] बु चॅः *n.* one who kills animals for market क़साई ।

butcher[2] *v.t.* to kill (animals) for food हत्या क० ।

butter[1] ब टॅः *n.* an oily substance obtained from cream by churning मक्खन ।

butter[2] *v.t.* to spread butter on (पर) मक्खन लगाना ।

butterfly ब टॅ: फ़्लॉइ *n.* an insect with large colourful wings तितली ।

buttermilk ब टॅ: मिल्क *n.* the milk that remains after the butter is separated मट्ठा ।

buttock ब टॅक *n.* back of hip चूतड़ ।

button[1] ब टॅन *n.* fastener sewn on clothes बटन ।

button[2] *v.t.* to fasten with buttons . बटन लगाना ।

buy बॉइ *v.t.* to purchase ख़रीदना ।

buyer बॉइ अॅ: *n.* purchaser क्रेता ।

buzz[1] बज़ *v.i.* to make a low humming sound गुंजन क० ।

buzz[2] *n.* a humming sound भिनभिनाहट ।

by[1] बॉइ *prep.* near के समीप; during के दौरान ; through से होकर; not later than तक ।

by[2] *adv.* near पास में; past पास से होकर ।

bye-bye बॉइ बॉइ *interj.* goodbye नमस्कार !

by-election बॉइ इ लैक् शॅन *n.* parliamentary election during the term of the parliament उप- चुनाव ।

bylaw, bye-law बॉइ लौ *n.* an accessory law उपनियम ।

bypass बॉइ पास *n.* a road that avoids a town उपमार्ग ।

by-product बॉइ प्रौ डक्ट *n.* a secondary product उपोत्पादन ।

byre बॉइ अॅ: *n.* a cow-house गोशाला ।

byword बॉइ वॅ:ड *n.* a proverb लोकोक्ति; an object of scorn घृणा का पात्र ।

C

cab कैब *n.* a covered one-horse carriage घोड़ागाड़ी ।

cabbage कै बिज *n.* a culinary vegetable करमकल्ला ।

cabin कै बिन *n.* a hut कुटीर; an apartment in a ship जहाज़ की कोठरी ।

cabinet कै बि निट, –नैॅट *n.* outer case of television, radio etc. पेटिका; the ministers of state मंत्रि-मंडल; a piece of furniture with drawers or shelves अलमारी ।

cable[1] के ब्ल *n.* a strong rope रस्सा; wire conveying electric power, telegraph signals etc. डोरी; submarine telegraphic message समुद्रीतार ।

cable[2] *v.t.* to send by ocean telegraph समुद्रीतार से भेजना ।

cactus कैक् टॅस *n.* a spiny shrub नागफनी ।

cadet कॅ डैॅट *n.* a young man in a military school सैनिक छात्र ।

cafe कै फ़े *n.* coffee-house काफ़ीघर ।

cage केज *n.* an enclosure of wire for birds and beasts पिंजड़ा ।

cake केक *n.* baked, sweetened, breadlike food केक; a compact mass टिकिया ।

calamity कॅ लै मि टि *n.* great misfortune विपत्ति ।

calculate कैल् क्यु लेट *v.t.* to compute गणना क०; to estimate अनुमान लगाना ।

calculation कैल् क्यु ले शंन *n.* estimate अनुमान; process or result of calculating गणन ।

calendar कै लिन् डं: *n.* a table of months and days in the year पंचांग ।

calf काफ़ *n.* young of a cow or some other animal बछेड़ा; fleshy back part of leg below the knee पिंडली ।

call[1] कौल *v.t.* to ask or command to come पुकारना ।

call[2] *n.* vocal utterance पुकार; a short visit भेंट ।

calling कौ लिङ्ग *n.* vocation पेशा ।

callous कै लॅस *a.* hardened कठोर ।

calm[1] काम *n.* still, quiet शांत ।

calm[2] *n.* tranquility शांति ।

calm[3] *v.t.* to make calm शांत क० ।

camel कै मॅल *n.* a large, desert animal with humped back ऊँट ।

camera कै मॅ रॅ *n.* an apparatus for taking photographs कैमरा ।

camp[1] कैम्प *n.* an encampment शिविर, पड़ाव ।

camp[2] *v.i.* to encamp पड़ाव डालना ।

campaign कैम् पेन a series of efforts आंदोलन; a series of military operations अभियान ।

camphor कैम् फ़ॅ: *n.* a strong smelling white substance कपूर ।

can[1] कैन *n.* a metal container डिब्बा ।

can[2] (*–nn–*) *v.t.* to put in a can डिब्बे में बंद क० ।

can[3] *v. aux.* to be able समर्थ होना; to be possible संभव होना ।

canal कॅ नैल *n.* an artificial water course नहर; duct in the body नली ।

cancel कैन् सॅल *v.t.* to cross out काट देना; to annul रद्द क०; to call off वापस लेना; to neutralise व्यर्थ कर देना ।

cancer कैन् सॅं: *n.* malignant growth in the body कैंसर ।

candid कैन् डिड *a.* ingenuous मासूम; frank स्पष्टवादी, निष्कपट ।

candidate कैन् डि डेट *n.* one who seeks office or post प्रत्याशी; one who takes an examination परीक्षार्थी ।

candle कैन् ड्ल *n.* a stick of wax with wick मोमबत्ती ।

candour कैन् डॅ: *n.* frankness स्पष्टवादिता; sincerity निष्कपटता ।

candy[1] कैन् डि *n.* crystallized sugar मिसरी ।

candy[2] *v.t.* to conserve with sugar पागना ।

cane[1] केन *n.* a reed बेंत ।

cane[2] *v.t.* to beat with a cane बेंत से मारना ।

canister कै निस् टॅ: *n.* a small box with a lid कनस्तर ।

cannon कै नॅन *n.* a large gun तोप ।

canopy कै नॅ पि *n.* covering over throne, bed etc. चंदोवा, छतरी ।

canteen कैन् टीन *n.* a place where provisions etc. are sold जलपान-गृह ।

cantonment कैन् टून् मॅन्ट *n.* part of a town occupied by troops छावनी ।

canvas कैन् वॅस *n.* cloth for painting on चित्रफलक, कैनवास ।

canvass कैन् वॅस *v.t.* to solicit votes वोट माँगना ।

cap[1] कैप *n.* covering for the head टोपी; lid ढक्कन ।

cap[2] (*-pp-*)*v.t.* to put a cap on टोपी पहनाना ।

capability के पॅ बि लि टि *n.* quality of being capable सामर्थ्य ।

capable के पॅ ब्ल *a.* having sufficient skill or power योग्य; competent सक्षम ।

capacious कॅ पे शॅस *a.* roomy विशाल,

लंबा-चौड़ा ।

capacity क पै सि टि *n.* power of holding क्षमता; ability योग्यता ।

cape केप *n.* point of land running into sea अंतरीप ।

capital[1] कै पि टॅल *n.* chief town राजधानी; money, funds पूँजी; a large-sized letter बड़ा अक्षर ।

capital[2] *a.* punishable by death मृत्युदंड-योग्य; chief मुख्य; excellent उत्तम, उत्कृष्ट ।

capitalist कै पि टॅ लिस्ट *n.* owner of capital पूँजीपति ।

caprice कॅ प्रीस *n.* whim, freak मौज, सनक ।

capricious कॅ प्रि शॅस *a.* full of caprice सनकी, मनमौजी ।

capsize कैप् सॉइज़ *v.i.* to be overturned उलट जाना ।

captain कैप् टिन *n.* leader, commander कप्तान ।

captaincy कैप् टिन् सि *n.* the rank, post or commission of a captain कप्तान का पद, कप्तानी ।

caption कैप् शॅन *n.* heading or short title शीर्षक ।

captivate कैप् टि वेट *v.t.* to charm, to fascinate मुग्ध क०, आकर्षित क० ।

captive[1] कैप् टिव *n.* one taken prisoner in war बंदी ।

captive[2] *a.* kept in bondage बंदी बना हुआ ।

captivity कैप् टि वि टि *n.* state of being a captive बंदी दशा ।

capture[1] कैप् चॅ: *v.t.* to make prisoner बंदी बनाना ।

capture[2] *n.* act of taking prisoner बंदीकरण ।

car का: *n.* motorcar मोटरगाड़ी; coach गाड़ी का डिब्बा, कोच ।

carat कै रॅट *n.* a measure of the purity of gold करात, कैरट ।

caravan कै रॅ वैन, कै रॅ वैन *n.* a company of travellers कारवाँ, काफ़िला ।

carbon का: बॅन *n.* pure charcoal कारबन ।

card का:ड *n.* a thick stiff paper पत्रक; a playing card ताश का पत्ता ।

cardboard का:ड् बौ:ड *n.* thin, stiff board made of paper pulp गत्ता ।

cardinal[1] का: डि नॅल *a.* chief प्रधान ।

cardinal[2] *n.* a dignitary in the Roman Catholic church next to the pope कार्डिनल ।

care[1] केॲअ: *n.* attention सावधानी; worry चिंता; charge देखरेख ।

care[2] *v.i.* to be concerned चिंतित होना; to look after देखरेख क० ।

career कॅ रिअॅ: *n.* progress througth life प्रगति; profession व्यवसाय; rapid motion तीव्र गति ।

careful केॲअॅ: फुल *a.* solicitous चिंतित; cautious सावधान, सचेत ।

careless केॲअॅ: लिस *a.* heedless लापरवाह; incautious असावधान ।

caress कॅ रैस *v.t.* to fondle पुचकारना ।

cargo का: गो *n.* the goods in a ship पोतभार ।

caricature कै रि कॅ ट्युअॅ: *n.* a portrait or description so exaggerated as to excite ridicule व्यंग्य-चित्र ।

carpenter का: पिन् टॅ: *n.* one who works in timber बढ़ई ।

carpentry का: पिन् ट्रि *n.* the trade, art or work of a carpenter बढ़ईगीरी ।

carpet का: पिट *n.* a woven fabric for covering floors क़ालीन, दरी ।

carriage कै रिज *n.* act of carrying ढुलाई; vehicle गाड़ी; cost of carrying भाड़ा ।

carrier कै रि अॅ: *n.* one who carries for

hire वाहक; an attachment fixed to a bicycle साइकिल का कैरियर ।
carrot कै रॅट *n.* a yellowish or reddish esculent root of a tapering form गाजर ।
carry कै रि *v.t.* to bear ले जाना; to transport पहुँचाना; to support सँभालना; to have with one साथ रखना ।
cart का:ट *n.* a carriage of burden with two wheels छकड़ा ।
cartage का: टिज *n.* act of carrying in a cart ढुलाई का काम; price paid for carting भाड़ा ।
cartoon का: टून *n.* a humorous or satirical drawing व्यंग्य-चित्र, हास्यचित्र; a sequence of drawings telling a story कार्टून-कथा ।
cartridge का: ट्रिज *n.* a case containing charge of a gun कारतूस ।
carve का:व *v.t.* to engrave उत्कीर्ण क०; to cut काटना; to sculpture मूर्ति का रूप देना ।
cascade कैस् केड *n.* waterfall जलप्रपात ।
case केस *n.* suit मुक़दमा; matter मामला; problem समस्या; box संदूक़; state of affairs स्थिति; (gram.) relation of words in a sentence कारक ।
cash[1] कैश *n.* ready money नक़द धन ।
cash[2] *v.t.* to turn into money नगदी में बदलना ।
cashier कै शिअॅ: *n.* one who has charge of money कोषाध्यक्ष, ख़ज़ांची ।
cassette कै सैं ट *n.* a plastic container of film कैसिट ।
cast[1] कास्ट *v.t.* to throw फेंकना; to scatter छितराना; to mould ढालना ।
cast[2] *n.* a throw निक्षेपण; a mould ढाँचा; set of actors अभिनेतावृंद; squint भेंगापन ।
caste कास्ट *n.* social rank जाति ।
castigate कैस् टि गेट *v.t.* to chastise फटकारना; to punish दंड देना ।
castle का सल *n.* a fortified building दुर्ग; *(chess)* a piece (शतरंज) हाथी ।
castor oil कास् टॅ: ऑ इल *n.* a medicinal oil obtained from tropical plant रेंडी का तेल ।
casual कै ज़्यु अॅल *a.* happening by chance आकस्मिक ।
casualty कै ज़्यु अॅल् टि *n.* accident दुर्घटना; the victim of an accident दुर्घटना का शिकार ।
cat कैट *n.* a domestic animal of the feline tribe बिल्ली ।
catalogue कै टॅ लौग *n.* a list सूचीपत्र ।
cataract कै टॅ रैक्ट *n.* waterfall जलप्रपात; an eye-disease मोतियाबिंद ।
catch[1] कैच *v.t.* to take hold of पकड़ना; to be in time for (bus etc.) (बस आदि) पकड़ना; to hear सुनना; to find out पाना; to contract (cold etc.) (कोई रोग) ग्रहण क० ।
catch[2] *n.* act of catching पकड़ने की क्रिया; what is caught शिकार; trick, deception चाल, धोखा; device for holding the door shut अर्गला ।
categorical कै टि गौ रि कॅल *a.* pertaining to a category श्रेणीगत; unqualified and unconditional सुनिश्चित, निरपेक्ष ।
category कै टि गॅ रि *n.* class, division श्रेणी, पद ।
cathedral कॅ थी ड्रॅल *n.* the principal church प्रधान गिरजाघर ।
catholic कै थॅ लिक *a.* liberal उदार ।
cattle कै ट्ल *n. pl.* animals like cows, bulls मवेशी ।
cauliflower कौं लि फ़्लॉउ अॅ: *n.* a variety of cabbage फूलगोभी ।
cause[1] कौज़ *n.* reason कारण; purpose उद्देश्य ।
cause[2] *v.t.* to bring about उत्पन्न क०, का

कारण बनना ।

caustic **कौस्** टिक *a.* burning or corrosive दाहक; biting तीखा ।

caution[1] **कौ** शॅन *n.* warning चेतावनी; care सतर्कता ।

caution[2] *v.t.* to warn चेतावनी देना ।

cautious **कौ** शॅस *a.* having caution सतर्क ।

cavalry **कै** वॅल् रि *n.* mounted troops वख़्तरबंद सेना ।

cave केव *n.* den गुफा ।

cavern **कै** वॅ:न *n.* a large cave गुफ़ा ।

cavity **कै** वि टि *n.* a hollow place रंध्र, गुहा ।

caw[1] कौ *n.* cry of crow काँव-काँव ।

caw[2] *v.i.* to cry like a crow काँव-काँव क० ।

cease सीस *v.i.* to stop बंद होना; *v.t.* to put a stop to बंद क० ।

ceaseless **सीस्** लिस *a.* without end, incessant निरंतर, निर्विराम ।

ceiling **सी** लिङ्ग *n.* the upper inside surface of a room भीतरी छत ।

celebrate **सैं** लि ब्रेट *v.t. & i.* to honour by solemn rites

celebrated **सैं** लि ब्रे टिड *a.* famous प्रसिद्ध ।

celebration सैं लि **ब्रे** शॅन *n.* the act of celebrating उत्सव, समारोह; ceremonious performance अनुष्ठान ।

celibacy **सैं** लि बॅ सि *n.* unmarried state ब्रह्मचर्य, अविवाहित जीवन ।

cell सैं ल *n.* a small room कोठरी; cavity कोटर; a group of people गुट; minute basic unit of living matter कोशिका; device converting chemical energy into electric energy बैटरी ।

cellar **सैं** लॅ: *n.* an under-ground apartment used for storage तहख़ाना ।

cement[1] सि **मैंन्ट** *n.* fine mortar सीमेंट ।

cement[2] *v.t.* to join firmly together जोड़ना ।

cemetery **सैं** मि टॅ रिं *n.* a burial place क़ब्रिस्तान ।

censor[1] **सैंन्** सॅ: *n.* one who examines manuscripts etc. before they are published निरीक्षक, नियंत्रक ।

censor[2] *v.t.* to examine निरीक्षण क० ।

censure[1] **सैंन्** शॅ: *n.* reproof निंदा ।

censure[2] *v.t.* to blame निंदा क० ।

census **सैंन्** सॅस *n.* an official count of population जनगणना ।

centenarian सैंन् टि **नें** ॲ रि ॲन *n.* a person a hundred years old शतायु व्यक्ति ।

centenary सैंन् **टि** नॅ रि *n.* period of a hundred years सौ वर्ष का समय; commemoration of an event a hundred years earlier शताब्दी महोत्सव ।

centigrade **सैंन्** टि ग्रेड *a.* divided into a hundred degrees सौ अंशों में विभाजित ।

central **सैंन्** ट्रॅल *a.* placed in the centre केंद्रीय; chief मुख्य ।

centre **सैंन्** टॅ: *n.* middle point केंद्र ।

century **सैंन्** चु रि *n.* hundred सौ, शतक; a hundred years शताब्दी ।

cereal[1] **सिॲ** रि ॲल *n.* grain used as food अन्न ।

cereal[2] *a.* pertaining to corn अन्नमय ।

ceremonial सैं रि **मो** नि ॲल *a.* relating to ceremony समारोहपूर्ण ।

ceremonious सैं रि **मो** नि ॲस *a.* formal औपचारिक ।

ceremony **सैं** रि मॅ नि *n.* religious rites धर्मक्रिया; solemnity समारोह; formalism शिष्टाचार ।

certain **सॅ:** टॅन *a.* fixed निश्चित; inevitable अवश्यंभावी;

unquestionable निर्विवाद; reliable विश्वसनीय।

certainly सॅः टॅन् लि *adv.* without doubt निःसंदेह।

certainty सॅः टॅन् टि *n.* fixed or real state निश्चितता; truth सत्य; fact तथ्य; inevitability अवश्यंभाविता।

certificate सॅः टि फ़ि किट *n.* a written testimony प्रमाणपत्र।

certify सॅः टि फ़ॉइ *v.t.* to testify प्रमाणित क०।

cesspool सैसॅ् पूल *n.* a pit into which drains empty हौदी।

chain चेन *n.* a series of links ज़ंजीर; a line of things connected शृंखला; that which binds बेड़ी, बंधन।

chair चेंअॅः *n.* a seat कुर्सी; an official seat पद।

chalk चौक *n.* white calcareous earth or carbonate of lime चाक।

challenge[1] चै लिन्ज *n.* summons to fight चुनौती; objection आपत्ति।

challenge[2] *v.t.* to summon to fight चुनौती देना।

chamber चैम् बॅः *n.* an appartment कक्ष; an office कार्यालय; a hall of justice or legislation सदन।

champion[1] चैम् पि अॅन *n.* supporter समर्थक; winner सर्वजेता।

champion[2] *v.t.* to support समर्थन क०।

chance चान्स *n.* that which happens unawares संयोग; luck, fortune भाग्य; opportunity अवसर।

chancellor चान् सि लॅः *n.* highest authority of a university कुलाधिपति।

change[1] चेन्ज *v.t.* to make different बदल देना; to exchange विनिमय क०; *v.i.* to become different बदल जाना।

change[2] *n.* alteration परिवर्तन।

chaos के औसॅ *n.* utter confusion अव्यवस्था।

chaotic के औं टिक *a.* pertaining to chaos अव्यवस्था-संबंधी।

chapel चै पॅल *n.* place of worship पूजास्थल।

chapter चैप् टॅः *n.* a division of a book अध्याय।

character कै रिक् टॅः *n.* distinctive qualities of a person or thing चरित्र, लक्षण; a person in fiction or drama पात्र।

charge[1] चाःज *v.t.* to load आवेशित क०; to put a price on (के) दाम माँगना; to lay a responsibility on (पर) दायित्व डालना; to command आदेश देना; to accuse दोष देना।

charge[2] *n.* an assault धावा; order आदेश; price मूल्य; accusation दोषारोपण; accumulation of electricity आवेश।

chariot चै रि अॅट *n.* a stately carriage with two or four wheels रथ।

charitable चै रि टॅ बॅल *a.* characterised by charity दानशील; for charity दानार्थ; kindly दयावान।

charity चै रि टि *n.* kindness दयाभाव; almsgiving भिक्षादान; benefaction परोपकार; charitable institution दानी संस्था।

charm[1] चाःम *n.* attractiveness आकर्षण; magic spell जादू- टोना।

charm[2] *v.t.* to attract लुभाना; to delight आनंद देना।

chart चाःट *n.* map मानचित्र, नक़्शा; graph, table चार्ट, लेखा।

charter चाः टॅः *n.* declaration घोषणापत्र; privilege प्राधिकार; deed of hire अवक्रय-पत्र।

chase[1] चेस *v.t.* to pursue पीछा क०।

chase[2] *n.* pursuit पीछा।

chaste चेस्ट *a.* pure शुद्ध, पवित्र; undefiled अभ्रष्ट; simple सादा।

chastity चैस् टि टि *n.* quality of being chaste शुचिता, शुद्धता ।

chat[1] चैट *n.* familiar talk बातचीत, गपशप ।

chat[2] *(-tt-) v.i.* to talk familiarly बातचीत क०,गपशप क० ।

chatter चै टॅ: *v.t.* to talk idly बकवास क०; to chirp rapidly चहचहाना; (of teeth) to rattle or knock together कटकटाना ।

chauffeur शो फ़ॅ: *n.* a private car-driver कार-चालक ।

cheap चीप *a.* low in price सस्ता; inferior घटिया ।

cheapen ची पॅन *v.t.* to reduce price of सस्ता क०; to degrade (का) स्तर गिराना; *v.i.* to be reduced in price or worth सस्ता या घटिया होना ।

cheat[1] चीट *v.t.* to defraud ठगना ।

cheat[2] *n.* one who deceives छलिया, ठग ।

check[1] चैक *v.t.* to verify जाँचना; to restrain नियंत्रित क० ।

check[2] *n.* a stop रोक, अवरोध; control नियंत्रण ।

checkmate चैक् मेट *n.* winning situation in chess शहमात; complete defeat करारी हार ।

cheek चीक *n.* side of face below the eye कपोल, गाल ।

cheer[1] चिअॅ: *n.* shout of applause जयजयकार; gladness प्रसन्नता; encouragement प्रोत्साहन ।

cheer[2] *v.t.* to comfort धैर्य बँधाना; to gladden आनंदित क०; to encourage by shouts (की) जयजयकार क० ।

cheerful चिअॅ: फुल *a.* gay प्रसन्न ।

cheerless चिअॅ: लिस *a.* gloomy उदास; dejected निराश ।

cheese चीज़ *n.* coagulated milk pressed into a firm mass and used as food पनीर ।

chemical[1] कैं मि कॅल *a.* pertaining to chemistry रसायन-संबंधी ।

chemical[2] *n.* substance obtained by a chemical process रासायनिक पदार्थ ।

chemise शि मीज़ *n.* a girl's undergarment शमीज़ ।

chemist कैं मिस्ट *n.* pharmacist भेषजज्ञ; dealer in medicinal drugs औषध-विक्रेता ।

chemistry कैं मिस् ट्रि *n.* science of elements and compounds रसायनशास्त्र ।

cheque चैक *n.* an order for money चेक ।

cherish चैं रिश *v.t.* to treat with tenderness दुलारना; to foster पोसना ।

cheroot शैं रूट *n.* small cigar सिगार ।

chess चैस *n* a game played by two शतरंज का खेल ।

chest चैस्ट *n.* the part of the body containing the heart and lungs वक्षस्थल; a big strong box तिजोरी ।

chestnut चैस्ट् नॅट *n.* large, reddish brown nut or its tree पाँगर ।

chew चू *v.t.* to crush with teeth चबाना ।

chicken चि किन *n.* a young hen चूजा ।

chide चॉइड *v.t.* to scold, to rebuke झिड़की देना ।

chief[1] चीफ़ *n.* leader मुखिया ।

chief[2] *a.* principal मुख्य ।

chieftain चीफ़् टॅन *n.* chief of a clan or tribe मुखिया ।

child चॉइल्ड (*pl. children*) *n.* infant बच्चा; offspring संतान ।

childhood चॉइल्ड् हुड *n.* state of being a child शैशव; time when one is a child शैशवकाल ।

childish चॉइल् डिश *a.* of or like a child बचकाना; silly मूर्खतापूर्ण ।

chill चिल *n.* unpleasant coldness

ठिठुरन ।

chilli चि लि *n.* dry red pepper लाल मिर्च ।

chilly चि लि *a.* cold ठंडा ।

chimney चिम् नि *n.* a passage for smoke चिमनी ।

chimpanzee चिम् पैन् ज़ी *n.* an anthropoid ape बनमानुष ।

chin चिन *n.* part of the face under the mouth ठोड़ी ।

china चॉइ नें *n.* fine earthenware चीनी मिट्टी के बरतन ।

chirp[1] चःप *v.i.* to make a short shrill sound चींचीं क० ।

chirp[2] *n.* short shrill sound चींचीं ।

chisel[1] चि ज़ॅल *n.* a steel tool छेनी ।

chisel[2] *(-ll-) v.t.* to cut with a chisel छेनी से काटना ।

chit चिट *n.* informal note पर्ची ।

chivalrous शि वॅल् रॅस् *a.* full of valour शौर्यवान; courteous शिष्ट; generous उदार ।

chivalry शि वॅल् रि *n.* bravery शौर्य; courtesy शिष्टता; system of knighthood क्षात्र-परंपरा ।

choice चौ ँइस *n.* selection पसंद; option विकल्प ।

choir क्वॉइअॅ: *n.* a group of singers गायक-मंडली ।

choke चोक *v.t.* to block up अवरुद्ध क०; to stop breathing of गला घोंटना; *v.i.* to suffer choking गला घुटना ।

cholera कौँ लॅ रॅ *n.* a disease accompanied by diarrhoea and vomiting हैज़ा ।

choose चूज़ *v.t.* to take by preference चुनना, छाँटना ।

chop चौँप *(-pp -) v.t.* to cut into small pieces काटना ।

chord कौःड *n.* string of a musical instrument तार, तंत्री, emotional resposnse भावनात्मक प्रतिक्रिया ।

chorus कौ रॅस *n.* a company of singers गायक-दल; a refrain टेक; song sung by a band of singes वृंदगान ।

Christ क्राइस्ट *n.* Jesus of Nazarath मसीहा ।

Christendom क्रि सन् डॅम *n.* the Christian world ईसाई जगत् ।

Christian[1] क्रिस् ट्यॅन *n.* follower of Christ ईसाई ।

Christian[2] *a.* following Christ ईसाई मतानुयायी; relating to Christ or his religion ईसाईधर्म-संबंधी ।

Christianity क्रिस् टि ऐ नि टि *n.* the religion of Christ ईसाई धर्म ।

Christmas क्रिस् मॅस *n.* festival of the birth of Christ ईसा- जन्मोत्सव ।

chronic क्रौँ निक *a.* continuing a long time जीर्ण, पुराना ।

chronicle क्रौँ नि कल *n.* an historical account of events in order of time इतिहास ।

chronology क्रॅ नौँ लॅ जि *n.* arrangement of events according to their dates घटनाक्रम, कालक्रम ।

church चःच *n.* building for Christian public worship गिरजाघर ।

churchyard चःच् याःड *n.* a burial ground attached to a church क़ब्रिस्तान ।

churn[1] चंःन *v.t. & i.* to stir (something) vigorously बिलोना, मथना ।

churn[2] *n.* large milk can दूध का मटका; vessel for making butter दूध मथने का पात्र ।

cigar सि गाः *n.* a tobacco roll for smoking सिगार ।

cigarette सि गॅ रैट *n.* finely cut tobacco rolled in paper for smoking सिगरेट ।

cinema सि नि में *n.* building used for showing of films सिनेमाघर; art of making movies चलचित्र ।

cipher, cypher सॉइ फ़: *n.* the figure o शून्य का अंक; secrect writing बीज लेख ; a person of no importance नगण्य व्यक्ति ।

circle सँ: कल *n.* a perfectly round flat figure वृत्त; something like a circle घेरा; cycle परिक्रमा ।

circuit सँ: किट *n.* circumference परिधि; area क्षेत्र, going round परिक्रमा; path of an electric current परिपथ ।

circular[1] सँ: क्यु लँ: *a.* round गोल ।

circular[2] *n.* a paper addressed to a number of personsपरिपत्र ।

circulate सँ: क्यु लेट *v.i.*. to move round प्रसारित होना, *v.t.* to send round प्रसारित क० ।

circulation सँ: क्यु ले शॅन *n.* act of circulating प्रसारण; flow of blood रक्त-संचार; extent of sale of a newspaper समाचार-पत्र का प्रसार ।

circumference सँ: कम् फ़ रॅन्स *n.* the bounding line of a circle परिधि ।

circumstance सँ: कॅम्स् टॅन्स *n.* a particular fact or event घटना; (*pl.*) conditions connected with an event or person परिस्थितियाँ ।

circus सँ: कॅस *n.* arena for sports and games अखाड़ा; a travelling show of trained animals, clowns, acrobats,etc. सर्कस ।

citadel सि टॅ डॅल *n.* a fortress in or near a city नगर-दुर्ग, गढ़ी ।

cite सॉइट *v.t.* to sommon to appear in a court अदालत में तलब क०; to quote उद्धृत क० ।

citizen सि टि ज़ॅन *n.* an inhabitant of a city नगर-निवासी; an inhabitant of a state नागरिक ।

citizenship सि टि ज़ॅन् शिप *n.* the rank of a citizen नागरिकता ।

city सि टि *n.* a large town शहर, नगर ।

civic सि विक *a.* relating to civil affairs नागरिक; of a city नगर का ।

civics सि विक्स *n.* study of civic life and affairs नागरिकशास्त्र ।

civil सि विल *a.* relating to people मानव-समाज-संबंधी; not military असैनिक; cultured सभ्य ।

civilian सि वि लि अॅन *n.* non- military person असैनिक व्यक्ति ।

civilization सि वि लॉइ ज़े शॅन *n.* state of being civilized सभ्यता, शिष्टता ।

civilize सि वि लॉइज़ *v.t.* to bring out of barbarity सभ्य बनाना ।

claim[1] क्लेम *n.* act of claiming दावा; assertion दृढ़ कथन ।

claim [2] *v.t.* to demand as a right दावा क०; to assert दृढ़तापूर्वक कहना ।

claimant क्ले मॅन्ट *n.* the person making a claim दावेदार ।

clamour[1] क्लै मँ: *n.* loud noise कोलाहल ।

clamour[2] *v.i.* to engage in noisy shouting कोलाहल क० ।

clan क्लैन *n.* a tribe कबीला ।

clap[1] क्लैप (*–pp –*)*v.i.* to strike the hands together ताली बजाना; v.t. to strike gently थपथपाना ।

clap[2] *n.* loud explosive noise कड़क; sound of the palms of the hands struck together करतल ध्वनि ।

clarify क्लै रि फ़ॉइ *v.t.* to make clear स्पष्ट क०; *v.i.* to become clear स्पष्ट होना ।

clarion क्लै रि अॅन *n.* a kind of trumpet तुरही ।

clash[1] क्लैश *n.* encounter मुठभेड़; collision टक्कर; conflict संघर्ष ।

clash[2] *v.t.* to strike against someone

टकराना; *v.i.* to disagree violently असहमत होना; to coincide एक ही समय होना ।

class क्लास *n.* rank of persons or things श्रेणी; group of students taught together कक्षा ।

classic[1] **क्लै** सिक *a.* of the first rank उत्कृष्ट; of the highest quality सर्वोत्तम ।

classic[2] *n.* a literary work or writer of recognised excellence उत्कृष्ट कृति अथवा लेखक ।

classical **क्लै** सि कॅल *a.* pertaining to best art and literature शास्त्रीय; of the highest quality अति उत्कृष्ट; pertaining to the ancient times प्राचीनकाल-संबंधी ।

classification क्लै सि फ़ि **के** शॅन *n.* act of classifying वर्गीकरण ।

classify **क्लै** सि फ़ॉइ *v.t.* to categorise वर्गीकृत क० ।

clause क्लौज़ *n.* component part of a sentence वाक्यांश; a single proviso in law धारा, अनुच्छेद ।

claw क्लौ *n.* foot with pointed nails पंजा ।

clay क्ले *n.* earth मिट्टी ।

clean[1] क्लीन *a.* neat साफ़-सुथरा; clear-cut स्वच्छ; pure पवित्र ।

clean[2] *v.t.* to purify साफ़ क० ।

cleanliness **क्लीन्** लि निस *n.* purity स्वच्छता ।

cleanse क्लैन्ज़ *v.t.* to make clean परिमार्जन क० ।

clear[1] क्लिअँ: *a.* neat साफ़-सुथरा; pure शुद्ध; distinct स्पष्ट ।

clear[2] *v.t.* to make clear साफ़ क०; to remove हटाना; to pass over लाँघना *v.i.*. to become clear स्वच्छ होना ।

clearance **क्लिअँ** रॅन्स *n.* making clear निकासी ।

clearly **क्लिअँ:** लि *adv.* obviously स्पष्ट रूप से ।

clergy **क्लँ:** जि *n.* body of ministers of Gospel याजकगण ।

clerical **क्लॅ** रि कॅल *a.* pertaining to clergy याजकीय; pertaining to a clerk लिपिक-विषयक ।

clerk क्लाःक *n.* an office worker क्लर्क, लिपिक ।

clever **क्लॅ** वँ: *a.* skilful चतुर, होशियार ।

client **क्लॉइ** अॅन्ट *n.* the employer of a lawyer मुवक्किल; a customer ग्राहक ।

cliff क्लिफ़ *n.* a steep rock खड़ी चट्टान ।

climate **क्लॉइ** मिट *n.* weather conditions जलवायु ।

climax **क्लॉइ** मैक्स *n.* apex शिखर; culmination चरम उत्कर्ष ।

climb[1] क्लॉइम *n.* act of climbing चढ़ाई ।

climb[2] *v.i.* to mount चढ़ाई पर जाना; to progress प्रगति क०; *v.t.* to ascend (पर) चढ़ना ।

cling क्लिङ्ग *v.i.* to stick, to adhere चिपटना; to be firmly attached लगाव मानना ।

clinic **क्लि** निक *n.* place for medical treatment चिकित्सालय ।

cloak क्लोक *n.* a loose upper garment चोग़ा ।

clock क्लॉक *n.* time measuring instrument घड़ी ।

close[1] क्लोज़ *n.* end अंत, समाप्ति ।

close[2] *a.* near समीप; intimate घनिष्ट; careful सावधानीपूर्ण ।

close[3] *v.t.* to shut बंद क०; to end समाप्त क० ।

closet **क्लॉ** ज़िट *n.* small room कोठरी ।

closure **क्लो** ज़ँ: *n.* act of closing समापन ।

clot[1] क्लॉ ट *n.* semi-solid lump थक्का ।

clot[2] *(–tt–) v.t.* to form into clots

थक्का बनाना; *v.i.* to coagulate थक्का बनना ।

cloth क्लौथ *n.* a woven material or fabric कपड़ा ।

clothe क्लोद *v.t.* to put clothes on कपड़े पहनाना ।

clothes क्लोद्ज़ *n.pl.* garments परिधान ।

clothing **क्लो** दिङ्ग *n.* garments collectively परिधान ।

cloud क्लॉउड *n.* condensed visible water vapour बादल ।

cloudy **क्लॉउ** डि *a.* overcast with clouds मेघाच्छादित; not clear धुँधला ।

clown क्लॉउन *n.* jester or buffoon विदूषक, मसख़रा ।

club क्लब *n.* an association of persons सभा, गोष्ठी; a cudgel गदा; one of the suits at cards चिड़ी ।

clue क्लू *n.* hint सूत्र, संकेत ।

clumsy **क्लम्** ज़ि *a.* unskilled अनाड़ी; ill-made भौंड़ा; shapeless बेडौल ।

cluster[1] **क्लस्** टॅ: *n.* bunch गुच्छा ।

cluster[2] *v.i.* to gather in a cluster समूहबद्ध होना ।

clutch क्लच *n.* tight grasp पकड़, चंगुल ; a mechanical device in automobiles क्लच ।

coach कोच *n.* a large four wheeled carriage बग्घी; railway carriage रेलगाड़ी का डिब्बा; tutor, instructor प्रशिक्षक ।

coachman **कोच्** मॅन *n.* driver of a coach गाड़ीवान ।

coal कोल *n.* a black mineral used as fuel कोयला ।

coalition को अॅ **लि** शॅन *n.* union, alliance सम्मिलन, मेल ।

coarse कौ:स *a.* inferior घटिया; rough खुरदुरा; unrefined अशिष्ट ।

coast कोस्ट *n.* sea-shore समुद्र-तट ।

coat कोट *n.* man's upper garment कोट; layer तह, परत ।

coax कोक्स *v.t.* to persuade बहलाना; to wheedle मनाना ।

cobbler **कौब्** लॅ: *n.* shoe-mender मोची ।

cobra **को** ब्रॅ *n.* a venomous snake with a hood फनदार विषैला साँप ।

cobweb **कौब्** वॅब *n.* spider's web मकड़ी का जाला ।

cock कौक *n.* male of a domestic fowl मुर्ग़ा; tapped spout टोंटी; lever in a gun बंदूक़ का घोड़ा ।

cock-pit **कौक्** पिट *n.* pilot's seat or compartment in an aircraft वायुयान में चालक-कक्ष ।

cockroach **कौक्** रोच *n.* the black beetle तिलचट्टा ।

coconut **को** को नॅट *n.* large edible nut नारियल ।

code कोड *n.* systematic collection of laws संहिता; a secret language संकेत-लिपि ।

co-education **को** ऐं ड्यु **के** शॅन *n.* education of boys and girls together सहशिक्षा ।

co-exist **को** ऐग् ज़िस्ट *v.i.* to exist at the same time सहवर्ती होना ।

co-existence को ऐग् **ज़िस्** टॅन्स *n.* existence at the same time सहअस्तित्व ।

coffee **कौ** फ़ि *n.* seeds of coffee tree कॉफ़ी के बीज; drink made from them इनसे बना पेय ।

coffin **कौ** फ़िन *n.* box for corpse शव-पेटिका, ताबूत ।

cognizance **कौग्** नि ज़ॅन्स *n.* (law) knowledge जानकारी ।

coherent को **हिअॅ** रॅन्ट *a.* showing logical consistency सुसंगत; sticking together संसक्त ।

coin कौँइन *n.* metal money सिक्का, मुद्रा।

coinage कौँइ निज *n.* currency सिक्का, मुद्रा; act of coining money सिक्का-ढलाई।

cold[1] कोल्ड *a.* chilly शीतल, ठंडा; indifferent उदासीन।

cold[2] *n.* absence of heat ठंडक, शीत; catarrh सर्दी, जुकाम।

collaborate कॅ लै बॅ रेट *v.i.* to work conjointly सहयोग क०।

collaboration कॅ लै बॅ रे शॅन *n.* co-operation सहयोग।

collapse कॅ लैप्स *v.i.* to fall to pieces एकाएक गिरना; to lose heart हिम्मत हारना।

collar कौँ लॅ: *n.* neckband कॉलर।

colleague कौँ लीग *n.* co- worker सहकर्मी।

collect कॅ लैक्ट *v.t.* to gather संग्रह क०, इकट्ठा क०; *v.i.* to come together इकट्ठा होना।

collection कॅ लैक् शॅन *n.* act of collecting संचयन, संकलन; the thing collected संचित वस्तु।

collective कॅ लैक् टिव *a.* of a group सामूहिक।

collector कॅ लैक् टॅ: *n.* one who collects संग्राहक, वसूल करनेवाला।

college कौँ लिज *n.* institution for higher education महाविद्यालय।

collide कॅ लॉइड *v.i.* to strike against one-another टकराना, भिड़ना।

collision कॅ लि ज़ॅन *n.* act of colliding भिड़ंत; conflict संघर्ष।

colon को लॅन *n.* a punctuation mark (;) अपूर्ण विराम।

colonel कॅ: नॅल *n.* an army officer कर्नल।

colonial कॅ लो नि अॅल *a.* pertaining to colonies औपनिवेशिक।

colony कौँ लॅ नि *n.* body of people who settle in a new country उपनिवेश; country so settled बस्ती।

colour[1] क लॅ: *n.*, hue, tint रंग; paint रोग़न।

colour[2] *v.t.* to paint रँगना; to disguise (का) रूप बदल देना; to distort तोड़-मरोड़ देना।

column कौँ लॅम *n.* a tall, erect pillar स्तंभ; upright division of a printed page कॉलम।

coma को मॅ *n.* unnatural deep sleep लंबी मूर्च्छा, अचेतन अवस्था।

comb कोम *n.* an instrument for arranging hair कंघा; the crest of a cock कलग़ी; mass of honey cells मधुमक्खियों का छत्ता।

combat[1] कौँम् बॅट *n.* fight संग्राम, युद्ध।

combat[2] *(-tt-) v.t.* to oppose विरोध क०।

combatant[1] कौँम् बॅ टॅन्ट *n.* a fighter योद्धा।

combatant[2] *a.* fighting युद्धशील।

combination कौँम् बि ने शॅन *n.* union सम्मिलन; association संगठन।

combine कॅम् बॉइन *v.t.* to unite मिलाना; to join together जोड़ना; *v.i.* to come together मिल जाना।

come कम *v.i.* to arrive पहुँचना; to move towards a person or place आना।

comedian कॅ मी डि अॅन *n.* a comic actor हास्य-अभिनेता।

comedy कौँ मि डि *n.* a stage play with happy ending सुखांतकी।

comet कौँ मिट *n.* a heavenly body with a tail of light धूमकेतु, पुच्छलतारा।

comfort[1] कम् फ़ॅ:ट *n.* relief आराम; consolation सांत्वना।

comfort[2] *v.t.* to console सांत्वना देना।

comfortable कम् फ़ॅ: टॅ ब्ल *a.* free from hardship शांतिप्रद, सुखद; full of comfort आरामदायक।

comic[1] कॉमिक *a.* amusing आनंदप्रद; pertaining to comedy सुखांतकी-संबंधी।

comic[2] *n.* magazine full of strip cartoons हास्यरस की पत्रिका।

comical कॉ मि कॅल *a.* funny मज़ाकिया, हास्यपूर्ण

comma कॉ मॅ *n.* a punctuation mark (,) अल्पविराम-चिह्न।

command[1] कॅ मान्ड *n.* order आदेश, आज्ञा; control नियंत्रण।

command[2] *v.t.* to order आदेश देना; to control वश में रखना।

commandant कौ मॅन् डैन्ट *n.* commanding officer of a military organization सेनानायक।

commander कॅ मान् डॅ: *n.* person who commands नायक; rank below captain in the navy सेनानायक।

commemorate कॅ मैं मॅ रेट *v.t.* to serve as a memorial of (का) कीर्तिमान होना; to honour the memory of (का) पुण्यस्मरण क०।

commemoration कॅ मैं मॅ रे शॅन *n.* act of commemorating स्मरणोत्सव।

commence कॅ मैन्स *v.t.* to begin प्रारंभ क०; *v.i.* to make a beginning प्रारंभ होना।

commencement कॅ मैन्स् मॅन्ट *n.* beginning प्रारंभ।

commend कॅ मैन्ड *v.t.* to speak good of (की) प्रशंसा क०; to entrust सौंपना।

commendable कॅ मैन् डॅ ब्ल *a.* praiseworthy प्रशंसनीय।

commendation कॅ मैन् डे शॅन *n.* admiration प्रशस्ति, प्रशंसा।

comment[1] कौ मैन्ट *v.i.* to make remarks टिप्पणी क०; *v.t.* to say by way of remarks टिप्पणी के रूप में कहना।

comment[2] *n.* explanatory remarks टीका- टिप्पणी।

commentary कौ मैन् टॅ रि *n.* a series of comments टीका-टिप्पणी; an explanatory essay व्याख्यात्मक निबंध।

commentator कौ मैन् टे टॅ: *n.* an annotator भाष्यकार, टीकाकार; person who relays commentary विवरणकार।

commerce कौ मॅ:स *n.* trade वाणिज्य।

commercial कॅ मॅ: शॅल *a.* pertaining to commerce वाणिज्यिक; with a profit motive लाभ के उद्देश्यवाला।

commission कॅ मि शॅन *n.* a body entrusted with some special duty आयोग; act of performing कृत्य; payment by percentage for doing something दलाली; delegated authority कार्याधिकार।

commissioner कॅ मि शॅ नॅ: *n.* supreme authority of a commissionery आयुक्त, मंडलायुक्त।

commit कॅ मिट *v.t.* to entrust सौंपना; to do (an offence or mistake) (अपराध आदि) करना; to pledge प्रतिज्ञा क०।

committee कॅ मि टि *n.* a select body made for some special business समिति।

commodity कॅ मौ डि टि *n.* anything useful माल, वस्तु।

common कौ मॅन *a.* belonging to all or several सामान्य, साधारण; public सार्वजनिक; ordinary मामूली।

commoner कौ मॅ नॅ: *n.* one of the common people सामान्य व्यक्ति।

commonplace कौ मॅन् प्लेस *a.* ordinary सामान्य।

commonwealth कौ मॅन् वैल्थ *n.* republic गणतंत्र; (cap.) federation of self governing states राष्ट्रमंडल।

commotion कॅ मो शॅन *n.* agitation उत्तेजना; noisy confusion शोरगुल।

communal कौँ म्यु नॅल *a.* sectarian सांप्रदायिक।

communicate कॅ म्यु नि केट *v.t.* to impart देना, पहुँचाना; to reveal प्रकट क०, सूचित क०।

communication कॅ म्यु नि के शॅन *n.* act of communicating संप्रेषण; information सूचना; means of exchanging message संचार-व्यवस्था।

communism कौँ म्यु निज़्म *n.* vesting of property in the community साम्यवाद।

community कॅ म्यु नि टि *n.* society समाज; social group संप्रदाय; similarity सामान्यता।

compact[1] कॅम् पैक्ट *a.* closely packed together सघन, ठोस; neatly fitted सुगठित।

compact[2] कौॅम् पैक्ट *n.* agreement संविदा, समझौता।

companion कॅम् पै न्यॅन *n.* comrade साथी; associate सहचर।

company कम् पॅ नि *n.* association संगठन; party टोली; group of persons assembled समवाय।

comparative कॅम पै रॅ टिव *a.* estimated by comparison तुलनात्मक।

compare कॅम् पे अ: *v.t.* to liken समान बताना; *v.i.* to be like or equal समान होना।

comparison कॅम् पै रि सॅन *n.* act of comparing तुलना; comparative estimate मिलान।

compartment कॅम् पा:ट् मॅन्ट *n.* section कक्ष, विभाग; partition of a railway carriage रेलगाड़ी का डिब्बा।

compass कॅम् पॅस *n.* instrument for showing north दिक्सूचक, क़ुतुबनुमा; (*pl.*) instrument for drawing circles परकार।

compassion कॅम पै शॅन *n.* sympathy सहानुभूति।

compel कॅम् पैल (*-ll-*) *v.t.* to overpower विवश क०; to force (पर) दबाव डालना।

compensate कौॅम् पैन् सेट *v.t.* to make up for (की) क्षतिपूर्ति क०।

compensation कौॅम् पैन् से शॅन *n.* recompense क्षतिपूर्ति।

compete कॅम् पीट *v.i.* to be in rivalry प्रतिस्पर्धा क०।

competence कौॅम् पि टॅन्स *n.* capability सामर्थ्य, क्षमता

competent कौॅम् पि टॅन्ट *a.* capable सक्षम, समर्थ।

competition कौॅम् पि टि शॅन *n.* act of competing प्रतियोगिता; rivalry प्रतिस्पर्धा।

competitive कॅम् पैँ टि टिव *a.* of the nature of competition प्रतियोगी।

complain कॅम् प्लेन *v.i.* to express feelings of discontent शिकायत क०।

complaint कॅम् प्लेन्ट *n.* act of complaining फ़रियाद; an ailment कष्ट, रोग; grievance उलाहना।

complement कौॅम् प्लि मॅन्ट *n.* that which completes पूरक।

complementary कौॅम् प्लि मैन् टॅ रि *a.* acting as a complement अनुपूरक।

complete[1] कॅम् प्लीट *a.* entire पूर्ण; finished समाप्त।

complete[2] *v.t.* to finish पूरा क०; to make perfect पूर्णता प्रदान क०।

completion कॅम् प्ली शॅन the act of being finished समापन; accomplishment पूर्ति।

complex[1] कौॅम् प्लैक्स *a.* complicated जटिल; composite मिश्रित।

complex[2] *n.* obsession मनोग्रंथि; group of related buildings भवन-समूह।

complexion कॅम् प्लैक् शॅन *n.* colour of the face वर्ण।

complicate **कौॅम्** प्लि केट *v.t.* to make complex उलझाना।

complication कौॅम् प्लि **के** शॅन *n.* entangled condition उलझन।

compliment[1] **कौॅम्** प्लि मॅन्ट *n.* praise प्रशंसा; *(pl.)* greetings अभिवादन।

compliment[2] **कौॅम्** प्लि मैन्ॅट, कौॅम् प्लि **मैन्ॅट** *v.t.* to praise प्रशंसा क०।

comply कॅम् **प्लाॅइ** *v.i.* to act in accordance पालन क०।

compose कॅम् **पोज़** *v.t.* to constitute निर्मित क०; to write लिखना; to settle तय क०; to calm (oneself) शांत होना।

composition कौॅम् पॅ **ज़ि** शॅन *n.* act of composing संयोजन; literary or musical work रचना; act of setting types मुद्रायोजन, अक्षर-योजन।

compositor कॅम् **पौॅ** ज़ि टॅ: person who sets types for printing अक्षर-योजक।

compost **कौॅम्** पौस्ॅट *n.* compound manure मिश्रित खाद।

compound[1] **कौॅम्** पॉउन्ड *n.* enclosed area अहाता।

compound[2] *a.* made up of two or more combined parts यौगिक।

compound[3] *n.* something made up of two or more combined parts यौगिक ; *(gram.)* word composed of two or more smaller words समास।

compound[4] कॅम् **पॉउन्ड** *v.i.* to mix together मिलाना; to settle तय क०।

comprehend कौॅम् प्रि **हैन्ॅड** *v.t.* to understand समझना; to include सम्मिलित क०।

comprehension कौॅम् प्रि **हैॅन्** शॅन *n.* faculty of understanding बोध, समझ, धारणा।

comprehensive कौॅम् प्रि **हैॅन्** सिव *a.* extensive व्यापक।

compress कॅम् **प्रैस॑** *v.t.* to press दबाना;to condense संक्षिप्त क०।

compromise[1] **कौॅम्** प्रॅ मॉइज़ *n.* settlement समझौता।

compromise[2] *v.t.* to settle by mu -tual agreement निपटारा क०।

compulsion कॅम् **पल्** शॅन *n.* act of compelling बाध्यकरण; state of being compelled बाध्यता।

compulsory कॅम् **पल्** सॅ रि *a.* constraining बाध्यकर; obligatory अनिवार्य।

comrade **कौॅम्** रिड *n.* companion साथी; an associate सहयोगी।

conceal कॅन् **सील** *v.t.* to hide छिपाना।

conceit कॅन् **सीट** *n.* self flattering opinion आत्मश्लाघा।

conceive कॅन् **सीव** *v.t.* to form in the womb गर्भ प्रदान क०; to take into mind विचार क०; *v.i.* to become pregnant गर्भवती होना।

concentrate **कौॅन्** सैॅन् ट्रेट *v.t.* to condense गाढ़ा क०; to bring together इकट्ठा क०; to focus केंद्रित क०।

concentration कौॅन् सैॅन् **ट्रे** शॅन *n.* act of concentrating एकाग्रता; state of being concentrated संकेंद्रण।

concept **कौॅन्** सैप्ॅट *n.* an object conceived by the mind संकल्पना।

conception कॅन् **सैप्ॅ** शॅन *n.* act of conceiving अवधारण; inception of pregnancy गर्भधारण।

concern[1] कॅन् **स:न** *v.t.* to have a relation to (से) संबंधित होना; to make anxious चिंतित क०।

concern[2] *n.* care, anxiety चिंता; affair मामला; a business व्यवसाय।

concert[1] **कौॅन्** सॅ:ट *n.* a programme of music संगीत-गोष्ठी।

concert[2] कॅन् **सॅ:ट** *v.t.* to arrange (में) सामंजस्य स्थापित क०।

concession कॅन् **सै** शॅन *n.* act of

conceding छूट, रियायत; thing conceded रियायत में दी गई वस्तु; special privilege विशेष सुविधा ।

conch कौँङ्क, कौन्च *n.* sea-shell शंख ।

concise कॅन् **सॉइस** *a.* brief संक्षिप्त, सारगर्भित ।

conclude कॅन् **क्लूड** *v.t.* to deduce निष्कर्ष निकालना; to end समापन क० ; *v.i.* to come to an end समाप्त होना ।

conclusion कॅन् **क्लू** ज़ॅन *n.* decision निर्णय; end उपसंहार ।

conclusive कॅन् **क्लू** सिव *a.* decisive निर्णायक ।

concoct कॅन् **कौक्ट** *v.t.* to make up (a dish) पकाना; to plan (की) योजना बनाना; to fabricate गढ़ना ।

concoction कॅन् **कौक्** शॅन *n.* fabrication मनगढ़ंत कहानी ।

concord **कौँङ्** कौःड *n.* agreement समझौता; harmony सामंजस्य ।

concrete[1] **कौँन्** क्रीट, **कौङ्** – *n.* mixture of cement, sand etc. used in building कंकरीट ।

concrete[2] *a.* actual यथार्थपूर्ण; not abstract मूर्त; solid ठोस ।

concrete [3] कॅङ् **क्रीट** *v.t.* to cover with concrete कंकरीट से भरना; to solidify ठोस रूप देना ।

concubine **कौँन्** क्यु बॉइन *n.* woman kept as wife उपपत्नी ।

condemn कॅन् **डैम** *v.t.* to blame निंदा क०; to declare unfit for use निकम्मा ठहराना ।

condemnation कॅन् डैम् **ने** शॅन *n.* act of condemning निंदा; state of being condemned तिरस्कार ।

condense कॅन् **डैन्स** *v.t.* to concentrate गाढ़ा क०; to abridge संक्षिप्त क०; *v.i.* to become dense गाढ़ा होना ।

condition कॅन् **डि** शॅन *n.* situation परिस्थिति; a modifying circumstance शर्त; state अवस्था ।

conditional कॅन् **डि** शॅ नॅल *a.* depending on conditions प्रतिबंधात्मक; not absolute सशर्त ।

condole कॅन् **डोल** *v.i.* to grieve with another शोक प्रकट क० ।

condolence कॅन **डो** लॅन्स *n.* act of condoling शोक ।

conduct[1] **कौँन्** डक्ट *n.* behaviour आचार-व्यवहार; management संचालन ।

conduct[2] कॅन् **डक्ट** *v.t.* to lead नेतृत्व क०; to guide मार्ग दिखाना; to behave आचरण क० ।

conductor कॅन् **डक्** टॅः *n.* a leader नेता; a director निर्देशक; a body that transmits heat, electricity etc. सुचालक; a person incharge of a bus कंडक्टर ।

confectioner कॅन् **फ़ैक्** शॅ नॅः *n.* one who makes and sells sweetmeats हलवाई ।

confectionery कॅन् **फ़ैक्** शॅ नॅ रि *n.* sweetmeats in general मिष्टान्न; place where sweetmeats are prepared हलवाईखाना, मिष्टान्न गृह ।

confer कॅन् **फ़ॅः** *v.i.* to consult together वार्तालाप क० *v.t.* to give or bestow प्रदान क० ।

conference **कौँन्** फ़ॅ रॅन्स *n.* assembly सभा, सम्मेलन; meeting for consultation परामर्श ।

confess कॅन् **फ़ैस** *v.t.* to admit स्वीकार क० ; to own as a crime, debt etc. मानना; *v.i.* to declare one's sins पापों को कह देना ।

confession कॅन् **फ़ै** शॅन *n.* admission of a fault पाप- स्वीकारोक्ति; act of confessing पाप-स्वीकरण ।

confidant कौँन् फ़ि **डैन्ट** *n.* a confidential friend विश्वासपात्र मित्र ।

confide कॅन् **फ़ॉइड** *v.i.* to trust विश्वास

क०; *v.t.* to tell in confidence गुप्त रूप से बताना ।

confidence कौन्‌ फ़ि डॅन्स *n.* faith, trust विश्वास; self-reliance आत्मविश्वास; boldness साहस ।

confident कौन्‌ फ़ि डॅन्ट *a.* having confidence आश्वस्त ।

confidential कौन्‌ फ़ि डैन्‌ शॅल *a.* trustworthy विश्वस्त; secret गुप्त ।

confine कॅन्‌ फ़ॉइन *v.t.* to imprison क़ैद क०; to restrain प्रतिबंधित क०; to limit सीमित क० ।

confinement कॅन्‌ फ़ॉइन्‌ मॅन्ट *n.* imprisonment कारावास; being in bed for child birth प्रसूति ।

confirm कॅन्‌ फ़ॅ:म *v.t.* to strengthen दृढ़ बनाना; to prove to be true पुष्टि क०; to administer confirmation स्थायी क०; to make sure विश्वस्त होना ।

confirmation कौन्‌ फॅ: मे शॅन *n.* act of confirming पुष्टीकरण; proving right प्रमाणीकरण; corroboration समर्थन ।

confiscate कौन्‌ फ़िस्‌ केट *v.t.* to seize by authority ज़ब्त क० ।

confiscation कौन्‌ फ़िस्‌ के शॅन *n.* forfeiture ज़ब्ती ।

conflict[1] कौन्‌ फ़्लिक्ट *n.* struggle संघर्ष; clashing of views टकराव ।

conflict[2] कॅन्‌ फ़्लिक्ट *v.i.* to clash संघर्ष क० ।

confluence कौन्‌ फ़्लु ॲन्स *n.* place where two rivers unite संगम ।

conformity कॅन्‌ फ़ौः मि टि *n.* likeness समनुरूपता; compliance अनुपालन ।

confrontation कौन्‌ फ़्रॅन्‌ टे शॅन *n.* opposition विरोध, आमना-सामना ।

confuse कॅन फ़्यूज़ *v.t.* to put into disorder अव्यवस्थित क०; to disconcert भ्रम में डालना ।

confusion कॅन्‌ फ़्यू ज़ॅन *n.* confoundment भ्रम; disorder अव्यवस्था ।

congenial कॅन्‌ जी नि ॲल *a.* agreeable अनुकूल ।

congratulate कॅन्‌ ग्रै ट्यु लेट *v.t.* to felicitate बधाई देना ।

congratulation कॅन्‌ ग्रै ट्यु ले शॅन *n.* act of congratulating बधाई ।

congress कौ ङ्‌ ग्रैस *n.* assembly सभा, सम्मेलन ।

conjecture[1] कॅन्‌ जैक्‌ चॅः *n.* guess अटकल, अनुमान ।

conjecture[2] *v.t.* to decide by guess अनुमान से निर्णय क०; *v.i.* to make a guess अटकल लगाना ।

conjugal कौन्‌ जु गॅल *a.* pertaining to marriage वैवाहिक ।

connect कॅ नैक्ट *v.t.* to join जोड़ना; to unite संबद्ध क०; *v.i.* to associate मिलना ।

connection कॅ नैक्‌ शॅन *n.* act of connecting संयोजन; relationship संबंध; link कड़ी ।

conquer कौ ङ्‌ कॅः *v.t.* to gain victory over जीतना *v.i.* to be victorious विजयी होना ।

conquest कौ ङ्‌ क्वैस्ट *n.* victory विजय ।

conscience कौ न्‌ शॅन्स *n.* sense of right and wrong पुण्य-अपुण्य- विवेक ।

conscious कौन्‌ शॅस *a.* sensible सचेतन; wakeful जाग्रत ।

consent[1] कॅन्‌ सैन्ट *n.* permission अनुज्ञा; agreement सहमति ।

consent[2] *v.i.* to agree सहमत होना ।

consequence कौन्‌ सि क्वॅन्स *n.* result परिणाम; significance महत्त्व ।

consequent कौन्‌ सि क्वॅन्ट *a.* following as a consequence अनुगामी, अनुवर्ती ।

conservative[1] कॅन्‌ सॅः वॅ टिव *a.* opposed to great or sudden change रूढ़िवादी ।

conservative[2] *n.* a conservative

person रूढ़िवादी व्यक्ति ।

conserve कॅन् सॅःव *v.t.* to save from damage सुरक्षित रखना; to preserve संरक्षित क० ।

consider कॅन् सि डॅः *v.t.* to think over विचार क०; to regard मानना; to contemplate सोचना; to make allowance for (का) ध्यान रखना ।

considerable कॅन सिं डॅ रॅ ब्ल *a.* important महत्त्वपूर्ण; adequate यथेष्ट ।

considerate कॅन् सि डॅ रिट *a.* having consideration for others दूसरे का ध्यान रखने वाला ।

consideration कॅन् सि डॅ रे शॅन *n.* careful thought विचार, मनन; something kept in mind लिहाज़, ध्यान; compensation क्षतिपूर्ति; importance महत्त्व ।

consign कॅन् सॉइन *v.t.* to send भेजना; to entrust सुपुर्द क०

consignment कॅन् सॉइन् मॅन्ट *n.* consigning प्रेषण; goods consigned प्रेषित माल !

consist कॅन् सिस्ट *v.i.* to be composed (of) (का) बना होना, (में) निहित होना ।

consistence, – cy कॅन् सिस् टॅन्स, –टॅन् सि *n.* degree of density घनापन; harmony सामंजस्य ।

consistent कॅन् सिस् टॅन्ट *a.* compatible युक्तिसंगत; not contradictory अविरोधी ।

consolation कौंन् सॅ ले शॅन *n.* solace सांत्वना ।

console कॅन् सोल *v.t.* to give comfort सांत्वना देना ।

consolidate कॅन् सौं लि डेट *v.t.* to make solid संघटित क०; to unite into one समेकन क० ।

consolidation कॅन् सौं लि डे शॅन *n.* act of consolidating चकबंदी; state of being consolidated घनीभवन ।

consonant कौंन् सॅ नॅन्ट *n.* letter always sounded with a vowel व्यंजन ।

conspicuous कॅन् स्पि क्यु अॅस *a.* remarkable सुस्पष्ट; eminent विशिष्ट ।

conspiracy कॅन् स्पि रॅ सि *n.* a plot षड्यंत्र ।

conspirator कॅन् स्पि रॅ टॅः *n.* a plotter षड्यंत्रकर्त्ता ।

conspire कॅन् स्पॉइअॅः *v.i.* to make secret plans षड्यंत्र रचना; to work together मिल जाना ।

constable कन् स्टॅ ब्ल *n.* a policeman सिपाही ।

constant कौंन् स्टॅन्ट *a.* uninterrupted निर्बाध, सतत; invariable स्थिर ।

constipation कौंन् स्टि पे शॅन *n.* costiveness क़ब्ज़, मलावरोध ।

constituency कॅन् स्टि ट्यु अॅन् सि *n.* body of electors मतदाता-क्षेत्र ।

constituent[1] कॅन् स्टि ट्यु अॅन्ट *n.* a component part घटक ; elector मतदाता, निर्वाचक व्यक्ति ।

constituent[2] *a.* helping to form a whole अंशभुत, संघटक; having the power to make a constitution संविधान- निर्माणकारी ।

constitute कौंन् स्टि ट्यूट *v.t.* to form निर्मित क०; to appoint नियुक्त क० ।

constitution कौंन् स्टि ट्यू शॅन *n.* a system of fundamental laws विधान; general physical structure of a person शारीरिक गठन ।

construct कॅन् स्ट्रक्ट *v.t.* to build निर्माण क०; to form रचना क० ।

construction कॅन् स्ट्रक् शॅन *n.* act of constructing निर्माण; structure बनावट; something constructed निर्मित वस्तु ।

consult कॅन् सल्ट *v.t.* to take advice from (से) परामर्श लेना ।

consultation कौंन् सल् टे शॅन *n.* act of

consulting परामर्श ।

consume कॅन् **स्यूम** *v.t.* to use up उपयोग में लाकर समाप्त कर देना; to destroy नष्ट क० ।

consumption कॅन् **सम्प्** शॅन *n.* act of consuming उपयोग ।

contact[1] **कॉन्** टैक्ट *n.* touch स्पर्श; coming together संपर्क; close union or juncture of bodies संयोग ।

contact[2] कॅन् **टैक्ट** , **कॉन्** टैक्ट *v.t.* to get into touch with (से) संपर्क स्थापित क० ।

contagious कॅन् **टे** जॅस *a.* caught or communicated by contact संसर्गज, संक्रामक ।

contain कॅन् **टेन** *v.t.* to hold अंतर्विष्ट क०; to restrain नियंत्रित क०; to include समाविष्ट क० ।

contemplate **कॉन्** टैम् प्लेट *v.t.* to consider विचार क०; to meditate on (पर) मनन या चिंतन क०; to intend इरादा रखना ।

contemplation कॉन् टैम् **प्ले** शॅन *n.* deep thought मनन, चिंतन; thoughtful view अवलोकन ।

contemporary कॅन् **टैम्** पॅ रॅ रि *a.* belonging to the same time समकालीन; of the present time समसामयिक ।

contempt कॅन् **टैम्प्ट** *n.* disrespect अपमान; disobedience to rules अवज्ञा; scorn घृणा ।

contemptuous कॅन् **टैम्प्** ट्यु अॅस *a.* full of contemt तिरस्कारपूर्ण ।

contend कॅन् **टैन्ड** *v.i.* to oppose विरोध क० ; to strive संघर्ष क०; to argue बहस क०; *v.t.* to assert earnestly दृढ़तापूर्वक कहना ।

content[1] कॅन् **टैन्ट** *a.* satisfied संतुष्ट; pleased आनंदित ।

content[2] *v.t.* to satisfy संतुष्टि प्रदान क० ।

content[3] *n.* satisfaction संतुष्टि ।

content[4] **कौन्** टैन्ट *n. (pl.)* that which is contained अंतर्वस्तु; index of topics in a book विषय-सूची ।

contention कॅन् **टैन्** शॅन *n.* dispute विवाद, कलह; argument तर्क ।

contentment कॅन् **टैन्ट्** मॅन्ट *n.* state of being contented संतोष ।

contest[1] कॅन् **टैस्ट** *v.t.* to strive for प्राप्त करने का दावा क०; *v.i.* to strive संघर्ष क०; to participate in competition प्रतियोगिता में भाग लेना ।

contest[2] **कॉन्** टैस्ट *n.* competition प्रतियोगिता; struggle संघर्ष ।

context **कॉन्** टैक्स्ट *n.* the part which precedes or follows a passage quoted प्रसंग ।

continent **कॉन्** टि नॅन्ट *n.* one of the main land masses महाद्वीप ।

continental कॉन् टि **नैन्** ट्ल *a.* pertaining to a continent महाद्वीपीय ।

continuation कॅन् टि न्यु **ए** शॅन *n.* succession, prolongation जारी रखने या रहने की स्थिति; extension विस्तार; resumption पुनरारंभ ।

continue कॅन् **टि** न्यु *v.i.* to remain in a state or place रहना; to go on जारी रहना; *v.t.* to carry on जारी रखना; to resume पुनः प्रारंभ क०; to prolong बनाए रखना ।

continuity कॉन् टि **न्यु** इ टि *n.* state of being continuous निरंतरता ।

continuous कॅन् **टि** न्यु अॅस *a.* going on without break अविरत, निरंतर ।

contour **कॉन्** टुअॅ: *n.* outline रूपरेखा ।

contract[1] **कॉन्** ट्रैक्ट *n.* agreement संविदा ।

contract[2] कॅन **ट्रैक्ट** *v.t.* to make shorter सिकोड़ना; to make a contract for (का) ठेका लेना; to become liable for (का) ज़िम्मा लेना; to catch, to acquire ग्रहण क०; *v.i.* to become shorter सिकुड़ना ।

contractor कॅन् **ट्रैक्** टः *n.* person that enters into contracts ठेकेदार ।
contradict कौंन् ट्रॅ **डिक्ट** *v.t.* to oppose विरोध क०; to assert the contrary of खंडन क० ।
contradiction कौंन् ट्रॅ **डिक्** शॅन *n.* a contrary assertion प्रतिवाद; inconsistency with itself अंतर्विरोध ।
contrary **कौंन्** ट्रॅ रि *a.* opposite विरोधी; unfavourable प्रतिकूल ।
contrast[1] कॅन् **ट्रास्ट, –ट्रैस्ट** *v.t.* to set in opposition विषमता दिखाना; *v.i.* to stand in contrast विषम होना ।
contrast[2] **कौंन्** ट्रास्ट, –ट्रैस्ट *n.* opposition विरोध, विषमता ।
contribute कॅन् **ट्रि** ब्यूट *v.t.* to give in common with others देना; *v.i.* to give a part अंशदान क० ।
contribution कौंन् ट्रि **ब्यू** शॅन *n.* act of contributing योगदान; that which is contributed चंदा, अंशदान ।
control[1] कॅन् **ट्रोल** *n.* restraint संयम, नियंत्रण ; superintendence संचालन ।
control[2] (*–ll–*) *v.t.* to restrain (पर) नियंत्रण क०; to regulate संचालित क० ।
controversy **कौंन्** ट्रॅ वॅः सि, कॅन् **ट्रौं** वॅः सि *n.* dispute, debate विवाद ।
convene कन् **वीन** *v.t.* to cause to assemble आयोजित क०, बुलाना ।
convener कॅन् **वी** नॅः *n.* one who calls an assembly together संयोजक ।
convenience कॅन् **वी** नि ॲन्स *n.* ease सुविधा; comfort आराम ।
convenient कॅन् **वी** नि ॲन्ट *a.* suitable उपयुक्त; providing convenience सुविधाजनक; comfortable आरामदायक ।
convent **कौंन्** वैन्ट *n.* a body of monks or nuns धर्मसंघ; a monastery मठ ।
convention कॅन् **वैन्** शॅन *n.* recognised social custom प्रथा; assembly सभा, सम्मेलन ।
conversant **कौंन्** वॅः सॅन्ट, कॅन् **वॅः**– *a.* proficient प्रवीण, दक्ष ।
conversation कौंन् वॅः **से** शॅन *n.* talk वार्तालाप, संवाद ।
conversion कॅन् **वॅः** शॅन *n.* act of converting रूपांतरण; change of religion धर्म-परिवर्तन ।
convert[1] कॅन् **वॅःट** *v.t.* to change रूपांतरित क०; to change the religion of (का) मत-परिवर्तन क० ।
convert[2] **कौंन्** वॅःट *n.* person who has changed his religion धर्मपरिवर्तित व्यक्ति ।
convey कॅन् **वे** *v.t.* to communicate सूचित क०; to deliver सौंपना; to carry पहुँचाना ।
conveyance कॅन् **वे** ॲन्स *n.* vehicle सवारी, वाहन; act of conveying संप्रेषण ।
convict[1] कॅन **विक्ट** *v.t.* to declare guilty अपराधी घोषित क० ।
convict[2] **कौंन्** विक्ट *n.* a convicted person सिद्धदोष अपराधी ।
conviction कॅन् **विक्** शॅन *n.* finding someone guilty दोषसिद्धि; a settled belief धारणा, आस्था ।
convince कॅन् **विन्स** *v.t.* to persuade by argument or proof विश्वास दिलाना ।
coo[1] कू *n.* cry of doves कूजन ।
coo[2] *v.i.* to make a cry of doves कूजना ।
cook[1] कुक *v.t.* to prepare (food) by heating (भोजनादि) पकाना ।
cook[2] *n.* person who cooks food रसोइया ।
cooker **कु** कॅः *n.* apparatus for cooking कुकर ।
cool[1] कूल *a.* moderately cold शीतल; unexcited उत्तेजनाहीन; uninterested उदासीन ।
cool[2] *v.i.* to lose heat ठंडा होना ; *v.t.* to

make cool ठंडा क० ।

cooler कू लॅः *n.* vessel for cooling शीतलक, कूलर ।

coolie कू लि *n.* unskilled workman or porter मज़दूर, कुली ।

co-operate को औं पॅ रेट *v.i.* to work together मिलकर काम क० ।

co-operation को औं पॅ रे शॅन *n.* working together सहकारिता ।

co-operative को औं पॅ रॅ टिव *a.* pertaining to co-operation सहकारी, सहयोगी ।

co-ordinate[1] को औंः डि निट *a.* equal in degree, status etc. समकक्ष ।

co-ordinate[2] को औंः डि नेट *v.t.* to arrange in due order समायोजन क० ।

co-ordination को औंः डि ने शॅन *n.* act of co-ordinating समायोजन, सामंजस्य

co-partner को पाःट् नॅः *n.* joint partner सहभागी ।

cope कोप *v.i.* to deal successfully डटकर मुकाबला क० ।

copper कौं पॅः *n.* reddish-brown metal ताँबा ।

copy[1] कौं पि *n.* reproduction of a thing प्रतिलिपि; imitation अनुकृति ।

copy[2] *v.t.* to reproduce (की) नक़ल क० ; to imitate अनुकरण क० ।

coral कौं रॅल *n.* a hard red substance मूँगा ।

cord कौःड *n.* string, a thin rope डोरी ।

cordial कौः डि ॲल *a.* hearty हार्दिक ।

corn कौःन *n.* seed बीज; grain अनाज; painful horny growth on foot or toe घट्टा ।

corner कौः नॅः *n.* angle enclosed by two walls, sides etc. कोण, कोना; region भूभाग ।

coronation कौं रॅ ने शॅन *n.* crowning ceremony of a king राज्याभिषेक ।

corporal कौः पॅ रॅल *a.* bodily दैहिक, शारीरिक ।

corporation कौः पॅ रे शॅन *n.* body governing a town निगम; a large trading concern व्यापारसंघ ।

corps कौः *n.* body of troops सैन्य निकाय ।

corpse कौःप्स *n.* dead body शव ।

correct[1] कॅ रैक्ट *a.* without a mistake दोष-रहित; right सही, शुद्ध ।

correct[2] *v.t.* to make correct संशोधन क०

correction कॅ रैक् शॅन *n.* act of correcting संशोधन, सुधार; something put in place of what is wrong शुद्धि ।

correlate कौं रि लेट *v.t.* to bring into reciprocal relation सहसंबंधी बनाना ।

correlation कौं रि ले शॅन *n.* mutual relationship पारस्परिक संबंध ।

correspond कौं रिस् पौंन्ड *v.i.* to write and receive letters पत्र- व्यवहार क०; to be in agreement मेल खाना; to be similar समान होना ।

correspondence कौं रिस् पौंन् डॅन्स *n.* state of corresponding सामंजस्य; intercourse by letters पत्र- व्यवहार; similarity समानता ।

correspondent कौं रिस् पौंन् डॅन्ट *n.* a writer of letters पत्र- व्यवहारी; news-paper-reporter संवाददाता ।

corridor कौं रि डौः *n.* a passage in the building, train, etc. गलियारा ।

corrupt[1] कॅ रप्ट *v.t.* to make rotten दूषित क०; to cause moral decay in भ्रष्ट क० ।

corrupt[2] *a.* rotten दूषित; lacking moral values भ्रष्ट; dishonest बेईमान ।

corruption कॅ रप् शॅन *n.* act or process of corrupting दूषण; state of being corrupt भ्रष्टता; moral debasement नैतिक पतन ।

cosmetic[1] कौज़् मैं टिक *a.* designed to

increase beauty सौंदर्यवर्धक ।

cosmetic[2] *n.* preparation designed to increase beauty अंगराग ।

cost[1] कॉस्ट *v.t.* to have as price के मूल्य का होना; to entail loss or sacrifice of (की) हानि सहना या बलिदान क० ।

cost[2] *n.* price मूल्य, लागत ।

costly **कॉस्ट्** लि *a.* of a high price महँगा; valuable मूल्यवान ।

costume **कॉस्** ट्यूम *n.* an established mode of dress पोशाक, पहनावा ।

cosy **को** ज़ि *a.* comfortable आरामदायक ।

cot कॉट *n.* small bed खटिया, चारपाई ।

cottage **कॉ** टिज *n.* small country house झोंपड़ी , कुटिया ।

cotton **कॉ** टॅन *n.* soft substance like wool कपास, रुई; thread or cloth made of this सूती धागा या कपड़ा ।

couch कॉउच *n.* a sofa सोफ़ा ।

cough[1] कॉफ़ *n.* act of coughing खाँसी ।

cough[2] *v.i.* to expel air from lungs suddenly with a harsh noise खाँसना ।

council **कॉउन्** सिल *n.* an assembly for consultation परिषद्, समिति ।

councillor **कॉउन्** सि लॅ: *n.* a member of a council पार्षद, सभासद ।

counsel[1] **काउन्** सॅल *n.* advice परामर्श, मंत्रणा; advocate अधिवक्ता ।

counsel[2] *v.t.* to advise परामर्श देना ।

counsellor **कॉउन्** सॅ लॅ: *n.* one who counsels सलाहकार, परामर्शदाता ।

count[1] कॉउन्ट *n.* act of counting गणना; the number counted संख्या ।

count[2] *v.t.* to reckon, to calculate गिनना; to include सम्मिलित क०; to consider to be मानना; *v.i.* to name the numerals in order गिनती गिनना; to have merit or value महत्त्वपूर्ण होना ।

countenance **कॉउन्** टि नॅन्स *n.* the human face मुखाकृति; favour, support समर्थन ।

counter[1] **कॉउन्** टॅ: *n.* a table on which money is counted पटल, काउंटर ।

counter[2] *v.t.* to act in opposition to (का) विरोध क० ।

counterfeit **कॉउन्** टॅ: फ़िट *a.* sham, not genuine खोटा, कृत्रिम; made in imitation नक़ली ।

counterpart **कॉउन्** टॅ: पाःट *n.* a person or thing identical to another प्रतिवस्तु ।

countersign **कॉउन्** टॅ: सॉइन *v.t.* to sign (a document) already signed प्रतिहस्ताक्षरित क० ।

countless **कॉउन्ट्** लिस *a.* innumerable अनगिनत ।

country **कन्** ट्रि *n.* a state or kingdom देश; a large tract of land भूभाग; rural parts देहात, गाँव ।

county **कॉउन्** टि *n.* a division of a country प्रदेश, ज़िला; a shire प्रबंध-मंडल ।

couple[1] **क** पल *n.* a pair जोड़ा; husband and wife पति-पत्नी ।

couple[2] *v.t.* to join together जोड़ना; to unite संयोजित क०; *v.i.* to associate मिल जाना ।

couplet **कप्** लिट *n.* two lines of rhymed verse दोहा ।

coupon **कू** पॅन *n.* ticket etc. entitling the holder to receive something कूपन, पर्णिका ।

courage **क** रिज *n.* bravery बहादुरी, पराक्रम, साहस ।

courageous कॅ **रे** जॅस *a.* bold, fearless निडर ।

courier **कु** रि अॅ: *n.* a messenger संदेशवाहक ।

course कौःस *n.* syllabus पाठ्यक्रम; channel of water जलमार्ग; path रास्ता;

line of action कार्यप्रणाली; series शृंखला।

court[1] कौ:ट *n.* hall of justice न्यायालय; a royal palace राजदरबार; playground for certain games खेल का मैदान; wooing प्रणय-निवेदन।

court[2] *v.t.* to woo प्रणय- निवेदन क०; to seek, to invite निवेदन क०, आमंत्रित क०।

courteous कॅ:ट्यॅस *a.* polite विनम्र, शिष्ट।

courtesan कौ: टि ज़ैन *n.* a prostitute वेश्या, गणिका।

courtesy कॅ: टॅ सि *n.* quality of being courteous सौजन्य ; polite behaviour शिष्टाचार।

courtier कौ: ट्यॅ: *n.* member of a sovereign's court दरबारी।

courtship कौ:ट् शिप *n.* wooing प्रणय-निवेदन, प्रेमालाप।

courtyard कौ:ट् या:ड *n.* an enclousure round or near a house आँगन, चौक।

cousin क ज़्न *n.* the son or daughter of an uncle or aunt चचेरा, ममेरा, फुफेरा या मौसेरा भाई या बहिन।

cover[1] क वॅं: *v.t.* to place or spread over ढँकना; to include सम्मिलित क०; to be sufficient for के लिए पर्याप्त होना; to travel over (की) यात्रा क०; to hide छिपा लेना।

cover[2] *n.* something that covers आवरण, आच्छादन; concealment छिपाव; lid ढक्कन; shelter आड़; protection बचाव।

coverlet क वॅ: लिट *n.* bed-cover पलंगपोश।

cow[1] कॉउ *n.* the female of a bull गाय।

cow[2] *v.t.* to frighten डराना।

coward कॉउ अॅ:ड *n.* a timid person कायर।

cowardice कॉउ अॅ: डिस *n.* want of courage कायरता।

coy कौॅइ *a.* modest विनीत।

crab क्रैब *n.* a crustaceous fish with strong claws केकड़ा।

crack[1] क्रैक *n.* a split दरार; a sudden sound कड़क; flaw दोष, कमी।

crack[2] *v.i.* to make a sudden sharp sound कड़कना; to split टूटना, दरार पड़ना; to break with a sound टूटना; *v.t.* to break with a sharp noise तोड़ना।

cracker क्रै कॅ: *n.* firework पटाख़ा।

cradle क्रै ड्ल *n.* an infant's bed पालना।

craft क्राफ़्ट *n.* skilled trade हस्तकौशल; art कारीगरी; trickery चालाकी।

craftsman क्राफ़्ट्स् मॅन *n.* one skilled in a craft शिल्पी।

crafty क्राफ़् टि *a.* cunning कुटिल, चालाक।

cram क्रैम (*–mm–*) *v.t.* to stuff ठूँसना; to memorise रटना; *v.i.* to feed to excess ठूँस-ठूँस कर खाना

crane क्रेन *n.* a large wading bird with long legs सारस; a machine for lifting heavy weights क्रेन, भारोत्तोलन यंत्र।

crash[1] क्रैश *v.i.* to fall to pieces with a loud noise धमाके के साथ ध्वस्त होना; to collide टकराना; to fall with a crash धमाके के साथ गिरना; to make a loud noise धमाका क०; *v.t.* to cause to fall and break गिराकर ध्वस्त क०।

crash[2] *n.* sudden loud noise धमाका; collision टक्कर; loud, violent fall धमाके के साथ पतन।

crawl[1] क्रौल *v.t.* to creep रेंगना; to advance slowly घिसटना।

crawl[2] *n.* crawling movement रेंग; slow pace मंदगति।

craze क्रेज़ *n.* insanity, mania उन्माद, पागलपन।

crazy क्रे ज़ि *a.* insane सनकी, झक्की;

madly eager अत्यंत उत्साहपूर्ण ।

creak[1] क्रीक *v.i.* to make a sharp grating sound चरमराना ।

creak[2] *n.* sharp, grating sound चरमराहट ।

cream क्रीम *n.* the fatty part of milk मलाई; the best part of anything सार; a cosmetic for the face क्रीम ।

crease क्रीस *n.* line made by folding तह का निशान; wrinkle सिकुड़न ।

create क्रि एट *v.t.* to bring into existence सर्जन क० ।

creation क्रि ए शॅन *n.* the act of creating सर्जन; the universe सृष्टि; created things रचना ।

creator क्रि ए टॅ: *n.* maker निर्माता; (cap.) the Supreme Being विधाता ।

creature क्री चॅ: *n.* an animate being प्राणी ।

credible क्रैॅ डॅ बल *a.* worthy of belief प्रामाणिक, विश्वसनीय ।

credit क्रैॅ डिट *n.* good name प्रसिद्धि, साख; faith, belief विश्वास; money due जमा धन ।

creditable क्रैॅ डि टॅ बल *a.* bringing honour श्रेयस्कर ।

creditor क्रैॅ डि टॅ: *n.* one to whom a debt is due ऋणदाता ।

creed क्रीड *n.* any system of belief मत, पंथ ।

creep क्रीप *v.i.* to move as a reptile रेंगना; to crawl पेट के बल खिसकना ।

creeper क्री पॅ: *n.* a creeping plant लता ।

cremate क्रि मेट *v.t.* to dispose of (a human body) by burning दाहसंस्कार क० ।

cremation क्रि मे शॅन *n.* act of cremating दाह-संस्कार ।

crest क्रैॅस्ट *n.* a tuft on the head of certain birds कलग़ी ।

crew क्रू *n.* ship's, boat's or aircraft's company चालकदल; a gang कर्मीदल ।

cricket क्रि किट *n.* a small jumping insect झींगुर; a game played with bat and ball क्रिकेट ।

crime क्रॉइम *n.* act or offence punishable by law अपराध ।

criminal[1] क्रि मि नॅल *n.* person committing a crime अपराधी व्यक्ति ।

criminal[2] *a.* guilty of crime अपराधी; of crime आपराधिक ।

crimson क्रिम् ज़ॅन *a.* deep red गहरा लाल ।

cringe क्रिन्ज *v.i.* to flatter with mean servility चापलूसी क० ।

cripple क्रि पल *n.* a lame person विकलांग व्यक्ति ।

crisis क्रॉइ सिस *n.* difficult and dangerous time संकटकाल ।

crisp क्रिस्प *a.* brisk फुरतीला; brittle ख़स्ता ।

criterion क्रॉइ टिॲ रि ॲन *n.* standard of judgement मापदंड ।

critic क्रि टिक *n.* one skilled in judging literary or artistic work समालोचक; a reviewer समीक्षक; fault-finder छिद्रान्वेषी ।

critical क्रि टि कॅल *a.* relating to criticism समालोचनात्मक; fault-finding दोषदर्शी; relating to crisis संकटपूर्ण ।

criticism क्रि टि सिज़्म *n.* the art of criticising आलोचना; censure छिद्रान्वेषण ।

criticize क्रि टि सॉइज़ *v.t.* to judge critically (की) समालोचना क०; to find fault with (की) निंदा क० ।

crockery क्रौॅ कॅ रि *n.* vessels formed of clay मिट्टी के बरतन ।

crocodile क्रौॅ कॅ डॉइल *n.* a large aquatic reptile घड़ियाल ।

crop क्रॉप *n.* agricultural production फ़सल, उपज ।

cross[1] क्रॉस *v.t.* to move or go across पार क०; to intersect काटना; to oppose विरोध क०; to cancel by marking with a cross काट-कूट देना ।

cross[2] *n.* mark made by drawing one line across another गुणा अथवा जमा का चिह्न; symbol of Christianity सलीब; hybrid संकर ।

cross[3] *a.* angry अप्रसन्न; peevish चिड़चिड़ा; transverse तिरछा ।

crossing क्रॉ सिङ्ग *n.* act of going across पार जाने की क्रिया; place where two roads, railways, etc. cross चौराहा ।

crouch क्रॉउच *v.i.* to bend low, to lie close to the ground झुकना, ज़मीन से सटजाना ।

crow[1] क्रो *n.* a black bird कौआ; cry of a cock मुर्ग़े की बाँग ।

crow[2] *v.i.* to cry as a cock बाँग देना; to boast डींग मारना ।

crowd क्रॉउड *n.* unorganized collection of people or things भीड़, जनसमूह ।

corwn[1] क्रॉउन *n.* an ornament for the head in the form of a wreath राजमुकुट; head शीर्ष; perfection पूर्णता ।

corwn[2] *v.t.* to make (some one) wear a crown मुकुट पहनाना; to adorn गौरवान्वित क० ।

crude क्रूड *a.* unrefined अशोधित; wanting in culture अशिष्ट ।

cruel क्रु अॅल *a.* savage, brutal नृशंस ।

cruelty क्रु अॅल् टि *n.* quality of being cruel नृशंसता; mercilessness दयाहीनता ।

cruiser क्रू ज़ॅ: *n.* speedy warship युद्धपोत ।

crumb क्रम *n.* the soft part of bread रोटी का गूदेदार भाग; a fragment टुकड़ा ।

crumble क्रम् ब्ल *v.t.* to break into small pieces टुकड़े-टुकड़े क०; *v.i.* to become small pieces टुकड़े-टुकड़े होना ।

crusade क्रू सेड *n.* war on religious ground धर्मयुद्ध ।

crush क्रश *v.t.* to press with force दबाना; to squeeze भींचना; to force out by squeezing निचोड़ना; to pound पीसना; to subdue परास्त क० ।

crust क्रस्ट *n.* the hard outer coat of anything छाल; the hard surface of a loaf पपड़ी, छिलका ।

crutch क्रच *n.* support आधार ; support for a lame person बैसाखी ।

cry[1] क्रॉइ *n.* scream क्रंदन; loud utterance चिल्लाहट; clamour कोलाहल; call of animal पशु की बोली ।

cry[2] *v.i.* to utter a shrill loud sound चिल्लाना; to weep रोना ।

crystal क्रिस् टॅल *n.* pure transparent quartz मणिभ, स्फटिक; a superior kind of glass बढ़िया काँच ।

cub कब *n.* the young of certain animals पशुशावक ।

cube क्यूब *n.* a regular solid body with six equal square sides घनक्षेत्र ।

cubic, —al क्यू बिक, क्यू बि कॅल *a.* having the shape of a cube घनीय ।

cuckoo कु कू *n.* a singing bird of black colour कोयल ।

cucumber क्यू कम् बॅ: *n.* a plant of the gourd family and its fruit खीरा, ककड़ी ।

cudgel क जॅल *n.* a short and thick stick गदा ।

cue क्यू *n.* hint संकेत; the last words of an actor's speech अभिनेता के संवाद के अंतिम शब्द ।

cuff[1] कफ़ *n.* a stroke with the open hand तमाचा; wrist band कफ़, कलाई-बंद ।

cuff[2] *v.t.* to strike with the open hand तमाचा मारना ।

culpable कल् पॅ ब्ल *a.* blame- worthy सदोष, आपराधिक ।

culprit कल् प्रिट *n.* offender, guilty person अपराधी ।

cult कल्ट *n.* sect पंथ, संप्रदाय; a system of religious belief धर्म-संप्रदाय ।

cultivate कल् टि वेट *v.t.* to till (ground) जोतना; to develop विकसित क० ।

cultural कल् चॅ रॅल *a.* pertaining to culture सांस्कृतिक ।

culture कल् चॅः *n.* pattern of social behaviour संस्कृति; cultivating खेती; artificial rearing पालन; growth of bacteria जीवाणुओं की वृद्धि ।

cunning[1] क निङ्ग *a.* artful, crafty चालाक, मक्कार ।

cunning[2] *n.* artifice, craftiness चालाकी, चतुरता ।

cup कप *n.* a drinking vessel प्याला ।

cupboard क बॅः ड *n.* an enclosed set of shelves in the kitchen अलमारी ।

Cupid क्यू पिड *n.* the Roman love-god कामदेव ।

cupidity क्यू पि डि टि *n.* covetousness अर्थलिप्सा ।

curable क्युअॅ रॅ ब्ल *a.* that may be cured आरोग्य-साध्य ।

curative क्युअॅ रॅ टिव *a.* tending to cure रोगनिवारक ।

curb[1] कॅःब *n.* check, control निग्रह, नियंत्रण ।

curb[2] *v.t.* to control नियंत्रण क० ।

curd कॅःड *n.* coagulated milk दही ।

cure[1] क्युअॅः *n.* medical treatment इलाज; remedy दवाई, औषध ।

cure[2] *v.t.* to heal उपचार क० ।

curfew कॅः फ़्यू *n.* order for people to remain indoors निषेधाज्ञा ।

curiosity क्युअॅ रि ऑ सि टि *n.* state of being curious जिज्ञासा; inquisitiveness कुतूहल ।

curious क्युअॅ रि अॅस *a.* having eagerness to know जिज्ञासु; strange अद्भुत ।

currency क रॅन् सि *n.* money in circulation in a country मुद्रा; state of being in use चलन ।

current[1] क रॅन्ट *n.* flow of electricity विद्युत्धारा ; stream of water धारा; flow प्रवाह ।

current[2] *a.* of the present time वर्तमान, सामयिक ; in general use प्रचलित ।

curriculum कॅ रि क्यु लॅम *n.* prescribed course of study पाठ्यक्रम ।

curse[1] कॅःस *n.* invocation of evil अभिशाप; misfortune दुर्भाग्य ।

curse[2] *v.t.* to wish for a curse (for someone) अभिशाप देना ।

cursory कॅः सॅ रि *a.* superficial सतही, सरसरी ।

curt कॅःट *a.* brief संक्षिप्त; rude अशिष्टतापूर्ण ।

curtail कॅः टेल *v.t.* to shorten संक्षिप्त क०; to reduce घटाना ।

curtain कॅः ट्न *n.* piece of cloth hung at a window etc. आवरण, परदा; a screen in a theatre यवनिका ।

curve[1] कॅः व *n.* bending without angles वक्र, घुमाव ।

curve[2] *v.t.* to bend into a curve मोड़ना; *v.i.* to be bent into a curve मुड़ना ।

cushion[1] कु शॅन *n.* a kind of pillow मसनद ।

cushion[2] *v.t.* to provide cushion गद्दों से सजाना ।

custard कस् टॅःड *n.* a composition of

milk and eggs, sweetened and baked or boiled दूध की लपसी।
custodian कस् टो ड्यॅन *n.* guardian संरक्षक; care-taker निधिपाल।
custody कस् टॅ डि *n.* detention हिरासत; guarding निगरानी।
custom कस् टॅम *n.* established usage रीति, प्रथा; toll tax सीमा- शुल्क।
customary कस् टॅ मॅ रि *a.* habitual, usual प्रथागत।
customer कस् टॅ मॅ: *n.* person who purchases things ख़रीदार, ग्राहक।
cut[1] कट (*–tt–*) *v.t.* to hew and fell काटकर गिरा देना; to reap (फ़सल) काटना; to trim or pare कुतरना, छाँटना; to abridge कम क०; to injure घाव क०; to intersect द्विभाजित क०।
cut[2] *n.* act of cutting कटाव, कटाई; a blow प्रहार; wound caused by a sharp edge घाव, चोट; reduction कमी।
cycle सॉइ क्ल *n.* a bicycle साइकिल; circle चक्र; recurrence आवर्तन।
cyclic सॉइ क्लिक *a.* recurring in cycles चक्रीय।
cyclist सॉइ क्लिस्ट *n.* the rider of a cycle साइकिल-सवार।
cyclone सॉइ क्लोन *n.* a circular storm चक्रवात।
cyclostyle[1] सॉइ क्लॅ स्टॉइल *n.* apparatus for printing copies from a stensil चक्रलेखित्र।
cyclostyle[2] *v.t.* to produce (copies) from stensil चक्रलिपित क०।
cylinder सि लिन् डॅ: *n.* a roller- shaped object of uniform diameter बेलन।
cynic सि निक *n.* person who sees no good in anything निंदक, मानवद्वेषी।
cypher *see* cipher.
cypress सॉइ प्रॅस *n.* an evergreen tree with very dark foliage सरू।

D

dabble डै ब्ल *v.i.* to splash about in liquid with hands or feet इधर-उधर पानी उलीचना; to do something as a hobby शौक़िया कुछ काम क०।
dacoit डॅ कौॅ इट *n.* robber डाकू।
dacoity डॅ कौॅ इ टि *n.* robbery डकैती।
dad, daddy डैड, डै डि *n.* a child's word for father पिता।
daffodil डै फ़ॅ डिल *n.* yellow narcissus पीला नरगिस।
dagger डै गॅ: *n.* a short sharp-pointed sword ख़ंजर।
daily[1] डे लि *a.* happening or being every day दैनिक।
daily[2] *adv.* every day प्रतिदिन।
daily[3] *n.* a newspaper published every day दैनिक समाचार-पत्र।
dainty[1] डेन् टि *a.* nice सुरुचिपूर्ण; delicate नाज़ुक; elegant रमणीय।
dainty[2] *n.* something nice लालित्यपूर्ण वस्तु; a delicacy स्वादिष्ट खाद्य।
dairy डे ॲ रि *n.* a shop where milk, butter etc. are sold दुग्धशाला।
dais डे इस, डेस *n.* raised platform मंच।

daisy डे ज़ि *n.* a small white flower with a yellow centre एक श्वेत पुष्प ।

dale डेल *n.* a place between hills घाटी ।

dam डैम *n.* a bank to confine or raise water बाँध ।

damage[1] डै मिज *n.* harm हानि; money claimed as compensation हरजाना ।

damage[2] *v.t.* to cause damage क्षति पहुँचाना ।

damn डैम *v.t.* to condemn to hell शाप देना ।

damp[1] डैम्प *a.* moist आर्द्र ।

damp[2] *n.* moist air नम हवा ; fog कोहरा ।

damp[3] *v.t.* to moisten गीला क०; to dispirit निरुत्साह क० ।

dance[1] डान्स rhythmical move- ment of body and feet नृत्य ।

dance[2] *v.t.* to cause to dance नचाना; *v.i.* to move with measured steps नाचना ।

dandruff डैन् ड्रॅफ़ *n.* dead skin in small scales among the hair रूसी ।

dandy डैन् डि *n.* a fop छैला ।

danger डेन् जॅ: *n.* risk संकट, जोखिम; something likely to cause harm भय का कारण ।

dangerous डेन् जॅ रॅस *a.* full of danger ख़तरनाक, भयंकर ।

dangle डैङ् गल *v.t.* to swing झुलाना ।

dare डेॅअॅ: *v.i.* to be bold enough हिम्मत रखना; *v.t.* to offer a challenge चुनौती देना ।

daring[1] डेॅअॅ रिङ्ग *n.* boldness निर्भीकता ।

daring[2] *a.* bold निर्भीक, हिम्मत वाला ।

dark[1] डा:क *a.* blackish साँवला; clouded अंधकारमय ।

dark[2] *n.* absence of light अंधकार; ignorance अज्ञानता ।

darling[1] डा: लिङ्ग *n.* one dearly beloved प्रियतम ।

darling[2] *a.* dearly beloved प्यारा, चहेता ।

dash[1] डैश *v.i.* to rush forward झपटना; *v.t.* to smash तोड़ देना; to throw फेंक देना, पटक देना; to destroy नष्ट क०; to discourage हतोत्साह क० ।

dash[2] *n.* a sudden rush झपट्टा; vigour उत्साह; smartness फुरती; a stroke of the pen पड़ी रेखा (—); short race छोटी दौड़; striking टक्कर ।

date[1] डेट *n.* statement of time दिनांक; age काल; period समय; a date-palm or its fruit खजूर ।

date[2] *v.t.* to mark with date तिथ्यंकित क० ।

daub[1] डौब *n.* a smear पुताई ।

daub[2] *v.t.* to smear पोतना ।

daughter डौ टॅ: *n.* one's female child आत्मजा, पुत्री ।

daunt डौन्ट *v.t.* to frighten भयभीत क० ।

dauntless डौन्ट् लिस *a.* fearless निर्भीक ।

dawn[1] डौन *n.* a day-break प्रभात, उषा ।

dawn[2] *v.i.* to become day सुबह होना; to appear प्रकट होना ।

day डे *n.* the time of light दिन; date तिथि; time from sunrise to sunset दिन का समय; period काल ।

daze[1] डेज़ *n.* bewilderment स्तब्धता ।

daze[2] *v.t.* to bewilder स्तब्ध क० ।

dazzle[1] डै ज़्ल *n.* dazzling light चकाचौंध ।

dazzle[2] *v.t.* to daze or overpower with strong light चकाचौंध क० ।

dead डॅड *a.* lifeless मृत, निर्जीव; motionless गतिहीन; inactive निष्चेष्ट; no longer functioning बंद पड़ा हुआ ।

deadlock डैॅड् लौकॅ *n.* complete failure to reach agreement गतिरोध ।

deadly डैॅड् लि *a.* fatal घातक; implacable कठोर; fearful भयंकर ।

deaf डैॅफ़ *a.* incapable of hearing बधिर, बहरा ।

deal[1] डील *n.* quantity मात्रा; bargain सौदा; business transaction व्यापारिक लेन-देन ।

deal[2] *v.i.* to transact business व्यापार क०; to act कार्य क० ।

dealer डी लॅ: *n.* distributer बाँटनेवाला; trader व्यापारी ।

dealing डी लिंङ्ग *n. (pl.)* transaction व्यापार-संबंध; behaviour व्यवहार ।

dear डिअॅ: *a.* beloved प्रिय, प्यारा; costly महँगा; precious मूल्यवान ।

dearth डॅ:थ *n.* scarcity दुर्लभता ।

death डै`थ *n.* decease देहांत; murder वध; end अंत ।

debar डि बा: (–rr–) *v.t.* to prevent (पर) रोक लगाना; to prohibit वर्जित क० ।

debase डि बेस *v.t.* to lower in quality or value (का) अवमूल्यन क०; to degrade पतित क० ।

debate[1] डि बेट *n.* discussion विचार-विमर्श; controversy विवाद ।

debate[2] *v.t.* to dicuss (पर) बहस क०; to argue तर्क-वितर्क क० ।

debauch[1] डि बौच *v.t.* to corrupt भ्रष्ट क०; to pervert व्यभिचारी बनाना ।

debauch[2] *n.* lewdness लंपटता, व्यभिचारिता ।

debauchee डि बौ ची *n.* a dissipated person विषयी ।

debauchery डि बौ चॅ रि *n.* lewdness व्यभिचारिता ।

debility डि बि लि टि *n.* physical weakness कृशता, क्षीणता ।

debit[1] डै` बिट *n.* the left hand side of an account नामखाता; entry in account of sum owed ऋणांकन ।

debit[2] *v.t.* to enter as due (का) ऋणांकन क० ।

debris डे ब्रि *n.* rubbish कूड़ा-करकट; wreckage मलबा ।

debt डैॅट *n.* what is owed ऋण, उधार; obligation आभार ।

debtor डै` टॅ: *n.* one indebted क़र्ज़दार ।

decade डै` केड *n.* period of ten years दशाब्दी ।

decadent डै` कॅ डॅन्ट, डि के डॅन्ट *a.* declining पतनोन्मुख ।

decamp डि कैम्प *v.i.* to make off secretly चुप-चुप भाग जाना ।

decay[1] डि के putrefaction क्षय; decomposition सड़न ।

decay[2] *v.i.* to waste नष्ट होना; to decline ह्रास होना ।

decease[1] डि सीस *n.* departure from this life मृत्यु ।

decease[2] *v.i.* to die मर जाना ।

deceit डि सीट *n.* fraud धोखा; a lie झूठ ।

deceive डि सीव *v.t.* to mislead धोखा देना; to delude बहकाना, ठगना ।

December डि सैम् बॅ: *n.* last month of the year वर्ष का अंतिम माह, दिसंबर ।

decency डी सॅन् सि *n.* state or quality of being decent शालीनता; decorum औचित्य ।

decent डी सॅन्ट *a.* proper उचित, शोभनीय; respectable सम्माननीय ।

deception डि सैप् शॅन *n.* act of deceiving ठगी; artifice practised चालाकी; fraud धोखा ।

decide डि सॉइड *v.t.* to settle (का) निबटारा क०; to determine निर्णय पर पहुँचना ।

decimal डै` सि मॅल *a.* tenth दसवाँ, दशम; reckoned by ten दशमलव ।

decision डि सि ज़ॅन *n.* judgment निर्णय; determination निश्चय ।

decisive डि सॉइ सिव *a.* conclusive निर्णयात्मक; showing firmness दृढ़तापूर्ण ।

deck[1] डैॅक *n.* the platform or floor of a ship जहाज़ का फ़र्श ।

deck[2] *v.t.* to adorn सजाना ।

declaration डैक् लॅ रे शॅन *n.* act of

declaring घोषणा ।

declare डि **क्लेॅअ:** *v.t.* to announce formally घोषित क०; to tell explicitly स्पष्ट बता देना; to testify प्रमाणित क०; to reveal प्रकट क० ।

decline[1] डि **क्लाॅइन** *n.* decay ह्रास; deterioration घटाव ।

decline[2] *v.t.* to refuse इंकार क०; *v.i.* to slope down झुकना, नीचा होना; to grow weaker कमज़ोर होना; to go down ढलना; to decay क्षीण होना ।

decompose डी कॅम् **पोज़** *v.t.* to separate into original elements (का) अपघटन क०; *v.i.* to decay सड़ना ।

decomposition डि कौम् पॅ **ज़ि** शॅन *n.* decay सड़न ।

decorate **डै** कॅ रेट *v.t.* to ornament अलंकृत क०; to honour with a badge or medal पदक से सम्मानित क० ।

decoration डै कॅ **रे** शॅन *n.* act of decorating अलंकरण; that which adorns अलंकार; a badge or medal पदक ।

decorum डि **कौ** रॅम *n.* propriety of speech or behaviour शिष्टाचार ।

decrease[1] डी **क्रीस** *v.t.* to make less कम क०; *v.i.* to grow less कम होना ।

decrease[2] **डी** क्रीस *n.* gradual diminution ह्रास ।

decree[1] डि **क्री** *n.* an edict राजाज्ञा, आज्ञप्ति; a judicial decision न्यायिक निर्णय ।

decree[2] *v.i.* to issue an order आज्ञप्ति देना; *v.t.* to determine judicially निर्णय क० ।

dedicate **डै** डि केट *v.t.* to devote wholly समर्पण क०; to inscribe (a book etc.) to a person or cause (पुस्तक आदि) समर्पित क० ।

dedication डै डि **के** शॅन *n.* act of devoting to some person समर्पण ।

deed डीड *n.* action कृत्य; a written agreement प्रसंविदा; document दस्तावेज़; feat करतब ।

deep डीप *a.* being far below the surface गहरा; not obvious गहन, रहस्यपूर्ण; grave in sound भारी; mysterious रहस्यमय ।

deer डिॲ: *n.* a quadruped with horns हरिण ।

defamation डै फ़ॅ **मे** शॅन *n.* act of defaming मान-हानि ।

defame डि **फ़ेम** *v.t.* to slander बदनाम क० ।

defeat[1] डि **फ़ीट** *n.* loss of battle पराजय ।

defeat[2] *v.t.* to win a victory over परास्त क० ।

defect डि **फ़ैक्ट, डी** फ़ैक्ट *n.* want अभाव; a blemish दोष ।

defence डि **फ़ैन्स** *n.* a guarding against danger रक्षा; protection बचाव; fortification मोर्चाबंदी; a defendant's plea सफ़ाई ।

defend डि **फ़ैन्ड** *v.t.* to guard रक्षा क०; to support पक्ष लेना ।

defendant डि **फ़ैन्** डॅन्ट *n.* a defender प्रतिवादी ।

defensive डि **फ़ैन्** सिव serving for defence सुरक्षात्मक ।

deference **डै** फ़ॅ रॅन्स *n.* respect, regard सम्मान ।

defiance डि **फ़ाॅइ** ॲन्स *n.* act of defying अवज्ञा; a challenge चुनौती ।

deficit **डै** फ़ि सिट *n.* deficiency of revenue घाटा ।

define डि **फ़ाॅइन** *v.t.* to explain exactly परिभाषा देना ।

definite **डै** फ़ि निट *a.* having fixed limits सीमांकित; precise निश्चित; clear सुस्पष्ट ।

definition डै फ़ि **नि** शॅन *n.* the act of defining निश्चयन; a brief description of a thing by its properties परिभाषा।

degrade डि **ग्रेड** *v.t.* to reduce to a lower rank (का) दरजा घटाना; to debase भ्रष्ट क०।

degree डि **ग्री** *n.* a title awarded by a university उपाधि; measure मात्रा; rank कोटि, श्रेणी।

deject डि **जैक्ट** *v.t.* to dishearten हतोत्साह क०।

dejection डि **जैक्** शॅन *n.* depression निराशा।

deligate[1] **डैॅ** लि गिट *n.* a representative प्रतिनिधि।

delegate[2] **डैॅ** लि गेट *v.t.* to send as deputy प्रतिनिधि के रूप में भेजना; to entrust (duties, rights etc.) (कर्त्तव्य, अधिकार आदि) सौंपना।

delegation डैॅ लि **गे** शॅन *n.* deputation प्रतिनिधान; a body of delegates प्रतिनिधिमंडल।

delete डि **लीट** *v.t.* to eliminate काट देना।

deliberate[1] डि **लि** बॅ रेट *v.i.* to weigh well in one's mind विचारना; to discuss विचार-विमर्श क०।

deliberate[2] डि **लि** बॅ रिट *a.* done on purpose जानबूझ कर किया हुआ।

deliberation डि लि बॅ **रे** शॅन *n.* careful consideration and discussion विचार-विमर्श।

delicate **डैॅ** लि किट *a.* soft, tender मुलायम; fine उत्तम, बढ़िया; needing great care नाज़ुक; critical संकटपूर्ण।

delicious डि **लि** शॅस *a.* highly pleasing to the taste स्वादिष्ट।

delight[1] डि **लॉइट** *n.* that which yields great pleasure आनंद का साधन; a high degree of pleasure आनंद।

delight[2] *v.t.* to affect with great pleasure आनंद देना; *v.i.* to take great pleasure आनंद लेना।

deliver डि **लि** वॅ: *v.t.* to hand over सौंपना; to give birth जन्म देना; to utter or present (speech etc.) बोलना; to release मुक्त क०।

delivery डि **लि** वॅ: रि *n.* distribution वितरण; child-birth प्रसव; handing over सुपुर्दगी; style of speaking भाषण-शैली।

delta **डैल्** टॅ *n.* a space between diverging mouths of a river नदी मुख-भूमि।

demand[1] डि **मान्ड** *n.* requirement आवश्यकता; claim दावा; desire इच्छा; act of demanding अभ्यर्थना।

demand[2] *v.t.* to ask authoritatively माँग क०; to require चाहना।

demerit **डी** मैॅ रिट *n.* fault दोष; undesirable quality अवगुण।

democracy डि **मौॅ** क्रॅ सि *n.* a government by the people प्रजातंत्र, लोकतंत्र।

democratic डैॅ मॅ **क्रै** टिक *a.* connected with democracy प्रजातंत्रात्मक।

demolish डि **मौॅ** लिश *v.t.* to destroy ध्वस्त क०; to put an end to समाप्त क०।

demon **डी** मॅन *n.* ghost प्रेत; devil राक्षस; evil-minded person नरपिशाच।

demonstrate **डैॅ** मॅन् स्ट्रेट *v.t.* to exhibit प्रदर्शन क०; to give proof of (का) प्रमाण देना।

demonstration डैॅ मॅन् **स्ट्रे** शॅन *n.* act or process of demonstrating प्रदर्शन।

demoralize डि **मौॅ** रॅ लॉइज़ *v.t.* to corrupt the moral of नैतिक पतन क०; to deprave उत्साह भंग क०।

demur[1] **डि** मॅ: *n.* objection आपत्ति।

demur[2] (*-rr-*) *v.t.* to object आपत्ति क०।

den **डैन** *n.* a cave गुहा; a lair माँद; a

haunt अड्डा ।

denial डि **नॉइ** ॲल *n.* denying नकार; refusing a request अस्वीकृति; statement that something is not true खंडन ।

denote डि **नोट** *v.i.* to indicate घोषित करना; to imply (का) अर्थ रखना ।

denounce डि **नॉउन्स** *v.t.* to accuse publicly दोषारोपण क०; to stigmatize निंदा क० ।

dense डैन्स *a.* thick, compact घना, सघन ।

density **डैन्** सि टि *n.* closeness, compactness सघनता ; mass per unit of volume घनत्व ।

dentist **डैन्** टिस्ट *n.* a dental surgeon दंत-चिकित्सक ।

deny डि **नॉइ** *v.t.* to refuse to admit अस्वीकार क०; to contradict खंडन क० ।

depart डि **पा:ट** *v.i.* to leave प्रयाण क०; to start प्रस्थान क०; to die परलोक सिधारना ।

department डि **पा:ट्** मॅन्ट *n.* a separate part भाग; a distinct branch विभाग ।

departure डि **पा:** चं: *n.* act of leaving a place प्रस्थान, प्रयाण; going away विचलन; death देहत्याग ।

depend डि **पैन्ड** *v.i.* to rest or rely solely निर्भर होना; to trust भरोसा क० ।

dependant डि **पैन्** डॅन्ट *n.* one who depends on another आश्रित; follower अनुचर ।

dependence डि **पैन्** डॅन्स *n.* state of being dependent पराधीनता ।

dependent डि **पैन्** डॅन्ट *a.* depending निर्भर ।

depict डि **पिक्ट** *v.t.* to paint carefulty चित्रांकित क०; to describe in words वर्णन क० ।

deplorable डि **प्लौ** रॅ बल *a.* lamentable शोचनीय; grievous खेदजनक ।

depose डि **पोज़** *v.t.* to dethrone पद्च्युत क०; to divest of office अपदस्थ क०; *v.i.* to bear witness गवाही देना ।

deposit[1] डि **पौ** ज़िट *n.* thing deposited जमा; anything given as security प्रतिभूति ।

deposit[2] *v.t.* to give as deposit निक्षेप क० ।

depot **डैं** पो *n.* a store-house संग्रहागार ।

depress डि **प्रैस** *v.t.* to cast a gloom over उदास क०; to press down अवनत क० ।

depression डि **प्रैं** शॅन *n.* state of being depressed उदासी; dejection विषाद; a hollow गर्त ।

deprive डि **प्रॉइव** *v.t.* to dispossess, to take from (से) वंचित क० ।

depth **डैप्थ** *n.* distance down- wards गहराई; deep place गहरा स्थान; abstruseness विदग्धता; intensity विचार-गांभीर्य ।

deputation **डैं** प्यु **टे** शॅन *n.* a body of persons sent on a mission शिष्टमंडल ।

depute डि **प्यूट** *v.t.* to appoint as a substitute प्रतिनिधि के रूप में नियुक्त क०; to send with a special commission किसी विशेष कार्य के लिए भेजना ।

deputy **डैं** प्यु टि *n.* a person appointed to act for another प्रतिनिधि ।

derail डि **रेल** *v.t.* to cause to leave the rails पटरी से उतारना; *v.i.* to go off the rails पटरी से उतर जाना ।

derive डि **रॉइव** *v.t.* to draw or receive प्राप्त क०; to trace the etymology of (का) मूल खोजना ।

descend डि **सैन्ड** *v.i.* to come or go

down नीचे आना या जाना; to slope down ढालू होना; to spring (from) वंशज होना ।

descendant डि सैन् डॅन्ट *n.* offspring from an ancestor वंशज ।

descent डि सैन्ट *n.* coming down उतार; ancestry वंश; sudden attack आक्रमण; handing down हस्तांतरण ।

describe डिस् क्राइब *v.t.* to trace out चित्रण क०; to give an account of वर्णन क० ।

description डिस् क्रिप् शॅन *n.* act of describing निरूपण; account विवरण ।

descriptive डि स्क्रिप् टिव *a.* serving to describe वर्णनात्मक ।

desert[1] डि ज़ॅ:ट *v.t.* to leave, to forsake त्यागना; *v.i.* to quit हट जाना ।

desert[2] डॅ ज़ॅ:ट *n.* vast sandy plane रेगिस्तान; uninhabited tract निर्जन स्थान ।

deserve डि ज़ॅ:व *v.t.* to be worthy of (का) अधिकारी होना ।

design[1] डि ज़ाइन *v.t.* to make a plan of (की) योजना बनाना; to intend इरादा रखना; to plot षड्यंत्र रचना; to sketch ख़ाका बनाना ।

design[2] *n.* an outline sketch रूपरेखा, ख़ाका; working plan योजना; a pattern नमूना; purpose, intention उद्देश्य, इरादा ।

desirable डि ज़ाइअॅ रॅ ब्ल *a.* worthy of desire वांछनीय; pleasing, attractive आकर्षक ।

desire[1] डि ज़ाइअॅ: *n.* eagerness to obtain or enjoy अभिलाषा; longing इच्छा; lust वासना ।

desire[2] *v.t.* to wish for the possession or enjoyment of (की) कामना क०; to ask माँगना ।

desirous डि ज़ाइअॅ रॅस *a.* full of desire इच्छुक ।

desk डॅस्क *n.* an inclining table to write or read upon डैस्क, मेज़ ।

despair[1] डिस् पें अॅ: *n.* a hopeless state निराशा ।

despair[2] *v.i.* to give up all hope निराश होना ।

desperate डैस् पॅ रिट *a.* reckless, ready to do anything दु:साहसी; beyond hope निराशाजनक ।

despicable डैस् पि कॅ ब्ल *a.* contemptible घृणित, तिरस्कार- योग्य ।

despise डिस् पाइज़ *v.t.* to hold in contempt घृणा क० ।

despot डैस् पॉट *n.* an absolute ruler निरंकुश शासक ।

destination डैस् टि ने शॅन *n.* goal गंतव्य; purpose उद्देश्य ।

destiny डैस् टि नि *n.* predetermined fate नियति, भवितव्यता ।

destroy डिस् ट्रॉइ *v.t.* to pull down नष्ट क०, ध्वस्त क०; to kill मारना ।

destruction डिस् ट्रक् शॅन *n.* ruin विनाश; death मृत्यु ।

detach डि टैच *v.t.* to separate अलग क० ।

detachment डि टैच् मॅन्ट *n.* act of detaching अलग करने की क्रिया; aloofness अलगाव; absence of attachment अनासक्ति ।

detail[1] डी टेल *n.* particular ब्यौरा; small or unimportant part गौण बात ।

detail[2] डि टेल *v.t.* to relate in full विस्तृत विवरण देना ।

detain डि टेन *v.t.* to withhold, to prevent from leaving रोके रखना ।

detect डि टैक्ट *v.t.* to discover, to find out खोजना, पता लगाना ।

detective[1] डि टैक् टिव *a.* employed in detecting जासूसी ।

detective[2] *n.* a police officer whose duty is to detect criminals जासूस ।

determination डि टॅ: मि ने शॅन *n.* firmness of purpose दृढ़ संकल्प; act of determining निश्चयन।

determine डि टॅ: मिन *v.t.* to decide निश्चय क०; to establish निर्धारित क०; to settle तय क०।

dethrone डि थ्रोन *v.t.* to depose, to remove from throne गद्दी से उतारना।

develop डि वैं लॅप *v.t.* to cause to grow विकसित क०; to elaborate विस्तृत क०; to treat (film) with chemicals to bring out image (चित्र) उभारना; *v.i.* to grow विकसित होना।

devlopment डि वैं लॅप् मॅन्ट *n.* act or process of developing विकास; expansion विस्तार; growth वृद्धि।

deviate डी वि एट *v.i.* to stray, to turn away भटकना, विचलित होना।

deviation डी वि ए शॅन *n.* turning aside विचलन।

device डि वॉइस *n.* contrivance जुगत, तरकीब, जुगाड़; scheme योजना।

devil डैं विल *n.* an evil spirit शैतान; a very wicked person नर-पिशाच।

devise डि वॉइज़ *v.t.* to think out सोच लेना; to contrive (की) जुगत निकालना।

devoid डि वौं इड *a.* destitute, empty (of) रहित, विहीन।

devote डि वोट *v.t.* to set apart by vow अर्पित क०; to apply closely to लगाना।

devotee डैं वों टी *n.* one wholly devoted समर्पित व्यक्ति; a zealous worshipper भक्त।

devotion डि वो शॅन *n.* act of devoting or state of being devoted समर्पण; *(pl.)* prayers प्रार्थनाएँ; devoutness भक्तिभाव।

devour डि वॉउअॅ: *v.t.* to swallow up निगल जाना; to read eagerly धुन के साथ पढ़ना।

dew ड्यू *n.* moisture from atmosphere condensed into drops on the surface, grass etc. ओस।

diabetes डॉइअॅ बी टीज़ *n.* disease characterized by sugar in blood मधुमेह।

diagnose डॉइ अॅग् नोज़ *v.t.* to ascertain from symptoms the true nature of (disease) (का) निदान क०।

diagnosis डॉइ अॅग् नो सिस *n.* process of diagnosing निदान।

diagram डॉइ अॅ ग्रैम *n.* drawing to explain something आरेख, रेखा-लेख।

dial डॉइ अॅल *n.* face of a clock etc. डायल, अंकपट्ट।

dialect डॉइ अॅ लैक्ट *n.* spoken language peculiar to a region उपभाषा, बोली।

dialogue डॉइ अॅ लौग *n.* conversation संवाद; discussion विचार-विमर्श।

diameter डॉइ ऐ मि टॅ: *n.* straight line drawn from side to side through the centre of a circle व्यास।

diamond डॉइ अॅ मॅन्ड *n.* a very hard precious stone हीरा।

diarrhoea डॉइ अॅ रि अॅ *n.* excessive frequency of bowel movements अतिसार, दस्त।

diary डॉइ अॅ रि *n.* a register of daily events दैनंदिनी, डायरी।

dice[1] डॉइस *n. pl.* small cubes marked with spots (1 to 6) on the sides पासे।

dice[2] *v.i.* to play with dice पासे का खेल खेलना।

dictate डिक् टेट *v.t.* to deliver as an order आदेश देना; to say or read for another, to transcribe लिखवाना।

dictation डिक् टे शॅन *n.* dictating श्रुतलेख; order or direction आदेश।

dictator डिक् टे टॅ: *n.* one invested with absolute authority तानाशाह,

अधिनायक ।

diction डिक् शॅन *n.* choice of words शब्द-चयन ।

dictionary डिक् शॅ नॅ रि *n.* a book containing the words arranged alphabetically with their meanings शब्दकोश ।

dictum डिक् टॅम *n.* an authoritative saying आदेश-वाक्य; maxim सिद्धांत-वाक्य ।

didactic डॉइ डैक् टिक *a.* designed to teach उपदेशात्मक ।

die[1] डॉइ *v.i.* to come to the end of life मरना; to come to an end नष्ट होना ।

die[2] *n.* small cube with numbered faces पासा ।

diet डॉइ अॅट *n.* food भोजन; food prescribed medically पथ्य ।

differ डि फ़ॅ: *v.i.* to vary पृथक् होना; to disagree असहमत होना; to be unlike असमान होना ।

difference डि फ़ॅ रॅन्स *n.* discrimination भेदभाव; unlikeness असमानता; dissimilarity भिन्नता; disagreement मतभेद ।

different डि फ़ॅ रॅन्ट *a.* separate भिन्न; dissimilar असमान ।

difficult डि फ़ि कॅल्ट *a.* not easy दुर्बोध, जटिल hard to please कटिनाई से प्रसन्न होनेवाला ।

difficulty डि फ़ि कॅल् टि *n.* hardness to be done कठिनाई; obstacle बाधा ।

dig[1] डिग *n.* excavation खुदाई ।

dig[2] (– *gg* –) *v.t.* to break up (ground) with a spade खोदना ।

digest[1] डॉइ जैस्ट, डि– *v.t.* to prepare (food)in the stomach for assimilation पचाना; to think over carefully a..d take into the mind आत्मसात क० ।

digest[2] डॉइ जैस्ट *n.* a collection (of laws) संकलन, संग्रह; systematic summary सार, संकलन ।

digestion डि जैं शॅन *n.* act of digesting पाचन; process or power of digesting food पाचन- क्रिया ।

digit डि जिट *n.* a finger उँगली; anyone of the figures (o to 9) अंक ।

dignify डिग् नि फ़ॉइ *v.t.* to invest with dignity शोभायुक्त क०, गौरवान्वित क० ।

dignity डिग् नि टि *n.* honourable place गौरवपूर्ण स्थान ।

dilemma डि लैं मॅ, डॉइ– *n.* a situation of difficult or doubtful choice दुविधा ।

diligence डि लि जॅन्स *n.* steady application परिश्रम, उद्यम ।

diligent डि लि जॅन्ट *a.* steady in application, industrious परिश्रमी ।

dilute[1] डॉइ ल्यूट *v.t.* to make thinner पतला क०; *v.i.* to become thinner पतला होना

dilute[2] *a.* weakened by diluting पतला ।

dim[1] डिम *a.* not bright धुँधला; not seen clearly अस्पष्ट ।

dim[2] (–*mm*–) *v.t.* to make dim धुँधला क०; *v.i.* to become dim धुँधला होना ।

dimension डि मैंन् शॅन, डॉइ– *n.* extention in a single direction आयाम; (pl.) measure of a thing, its size, capacity etc. लंबाई- चौड़ाई ।

diminish डि मि निश *v.t.* to make less कम क०; *v.i.* to grow less कम होना ।

din डिन *n.* loud continued noise कोलाहल ।

dine डॉइन *v.t.* to host dinner खाना खिलाना; *v.i.* to have dinner भोजन क० ।

dinner डि नॅ: *n.* banquet प्रीतिभोज; main meal of the day भोजन ।

dip[1] डिप *n.* act of dipping ग़ोता; hollow

गड्ढा।

dip[2] (*-pp-*) *v.t.* to put (something) into liquid डुबकी देना; v.i. to plunge ग़ोता लगाना।

diploma डि प्लो मॅ *n.* educational certificate प्रमाण-पत्र।

diplomacy डि प्लो मॅ सि *n.* the art or practice of conducting international negotiations कूटनीति; skill in dealing with people व्यवहार-कुशलता।

diplomat डिप् लॅ मैट *n.* one engaged in official diplomacy राजनयिक; person clever at dealing with people कूटनीतिज्ञ।

diplomatic डिप् लॅ मै टिक *a.* pertaining to diplomacy कूट- नीतिक।

dire डाइअॅ: *a.* terrible, dreadful भयानक, भीषण।

direct[1] डि रैक्ट, डाइ–, डॅ– *a.* straight सीधा; not ambiguous सुस्पष्ट; immediate तात्कालिक।

direct[2] *v.t.* to point or aim at (की ओर) संकेत या लक्ष्य क०; to show the right course to मार्ग दिखाना; to conduct संचालन क०; to order आदेश देना।

direction डि रैक् शॅन, डाइ– *n.* act of directing संचालन; guidance मार्गदर्शन; command निर्देश; control नियंत्रण।

director डि रैक् टॅ:, डाॅइ– *n.* one who directs निर्देशक।

directory डि रैक् टॅ रि *n.* reference book with the list of persons with various details निर्देशिका।

dirt डॅ:ट *n.* mud कीचड़; dust धूल; any filthy substance गंदगी।

dirty डॅ: टि *a.* unclean मलिन; filthy गंदा।

disability डिस् अॅ बि लि टि *n.* lack of ability अक्षमता; state of being disabled विकलांगता।

disable डिस् ए ब्ल *v.t.* to make unable अक्षम बनाना; to cripple विकलांग बनाना।

disabled डिस् ए ब्ल्ड *a.* crippled विकलांग।

disadvantage डिस् अॅड् वान् टिज *n.* unfavourable circumstance प्रतिकूल अवस्था; hindrance बाधा।

disagree डिस् अॅ ग्री *v.i.* to have different opinions असहमत होना; to prove unsuitable अनुपयुक्त सिद्ध होना।

disagreeable डिस् अॅ ग्रि अॅ बल *a.* unpleasnat अरुचिकर, अप्रिय; unsuitable प्रतिकूल।

disagreement डिस् अॅ ग्री मॅन्ट *n.* absence of agreement असहमति; difference of opinion मतभेद।

disappear डिस् अॅ पिअॅ: *v.i.* to vanish from sight अदृश्य होना।

disappearance डिस् अॅ पिअॅ रॅन्स *n.* disappearing लोप, तिरोभाव।

disappoint डिस् अॅ पौँइन्ट *v.t.* to frustrate हताश क० to defeat the fulfilment of निष्फल क०

disapproval डिस् अॅ प्रू वॅल *n.* disapproving निरनुमोदन, अस्वीकार।

disapprove डिस् अॅ प्रूव *v.t.* to reject अस्वीकृत क०; to censure (की) निंदा क०।

disarm डिस् आ:म *v.t.* to deprive of arms नि:शस्त्र क०।

disarmament डिस् आ: मॅ मॅन्ट *n.* act or state of being disarmed नि:शस्त्रीकरण।

disaster डि ज़ास् टॅ: *n.* calamity आपदा; sudden misfortune दुर्भाग्य।

disastrous डि ज़ास् ट्रॅस *a.* calamitous संकटपूर्ण; ruinous विनाशपूर्ण।

disc डिस्क *n.* thin, flat, circular object like a coin चकती।

discard डिस् **कॉ:ड** *v.t.* to throw away निकाल फेंकना; to reject रद्द क० ।

discharge[1] डिस् **चा:ज** *v.t.* to unload भारमुक्त क०; to relieve of a charge सेवामुक्त क०; to fire (a gun) (गोली) चलाना; to perform अदा या पूरा क० ।

discharge[2] *n.* release मुक्ति; unloading अवतारण; dismissal बरख़ास्तगी; emission रिसाव, बहाव; performance पालन, संपादन; payment अदायगी ।

disciple डि **सॉइ** प्ल *n.* follower अनुयायी ।

discipline **डि** सि प्लिन *n.* self- control आत्मसंयम; training शिक्षण; orderly conduct अनुशासन; a subject or field of study अध्ययन का विषय या क्षेत्र ।

disclose डिस् **क्लोज़** *v.t.* to reveal प्रकट करना ।

discomfort डिस् **कम्** फ़ःट *n.* uneasiness असुविधा, बेचैनी ।

disconnect **डिस्** कॅ **नैक्ट** *v.t.* to detach वियोजित क० ।

discontent डिस् कॅन् **टैन्ट** *n.* dissatisfaction असंतोष ।

discontinue डिस् कॅन् **टि** न्यू *v.t.* to give up त्याग देना; to put an end to समाप्त कर देना; v.i to come to an end समाप्त हो जाना, रुक जाना ।

discord **डिस्** कौ:ड *n.* strife अनबन, कलह; disagreement विसंगति; dissonance बेसुरापन ।

discount **डिस्** कॉउन्ट *n.* reduction छूट ।

discourage डिस् **कॅ** रिंज *v.t.* to dissuade हतोत्साह क० ।

discourse **डिस्** कौ:स् *n.* a speech or lecture प्रवचन ।

discourteous डिस् **कॅ:** टि अॅस *a.* impolite अविनीत; rude अभद्र ।

discover डिस् **क** वॅ: *v.t.* to find out पता लगाना, खोजना ।

discovery डिस् **क** वॅ रि *n.* act of discovering अन्वेषण; thing discovered खोजी गई वस्तु ।

discretion डिस् **क्रै** शॅन *n.* prudence समझदारी; freedom to act as one thinks fit स्वविवेक ।

discriminate डिस् **क्रि** मि नेट *v.t.* to distinguish between (में) भेद क०; to single out for special favour पक्षपात क०; v.i. to be discerning पहचान क० ।

discrimination डिस् क्रि मि **ने** शॅन *n.* ability to discriminate विभेदन-क्षमता; partiality पक्षपात ।

discuss डिस् **कस** *v.t.* to hold conversation about (पर) विचार-विनिमय क० ।

disdain[1] डिस् **डेन** *n.* scorn घृणा ।

disdain[2] *v.t.* to scorn घृणा क० ।

disease डि **ज़ीज़** *n.* sickness बीमारी ।

disguise[1] डिस् **गॉइज़** *n.* disguised state छद्मवेश ।

disguise[2] *v.t.* to change the appearance of (का) वेश बदलना; to hide the truth of छिपाना ।

dish डिश *n.* plate, bowl etc. used for serving food तश्तरी; contents of dish तश्तरी-भर ।

dishearten डिस् **हा:** ट्न *v.t.* to cause to lose courage or confidence हतोत्साह क० ।

dishonest डिस् **ऑ** निस्ट *a.* not honest बेईमान ।

dishonesty डिस् **ऑ** निस् टि *n.* being dishonest बेईमानी ।

dishonour[1] डिस् **ऑ** नॅ: *v.t.* to treat disgracefully अनादर क०; to refuse to pay (a cheque) (चेक को) अस्वीकृत क० ।

dishonour[2] *n.* want of honour अनादर; person or thing that brings disgrace अनादर का कारण ।

dislike[1] डिस् **लॉइक** *v.t.* not to like

नापसंद क० ।

dislike[2] *n.* feeling of not liking अरुचि, नफ़रत ।

disloyal डिस् लौँ इ ॲल *a.* unfaithful विश्वासघाती ।

dismiss डिस् **मिस** *v.t.* to reject (law suit) without further hearing ख़ारिज क०; to send away बर्ख़ास्त क० ।

dismissal डिस् मि सॅल *n.* dismissing or being dismissed बरख़ास्तगी ।

disobey डिस् ॲ **बे** *v.t.* to refuse or fail to obey अवज्ञा क० ।

disorder डिस् **औ:** डॅ: *n.* confusion अव्यवस्था; slight illness विकार; rioting उपद्रव ।

disparity डिस् **पै** रि टि *n.* inequality असमानता; great difference अंतर ।

dispensary डिस् **पैँन्** सॅ रि *n.* a place where medicines are dispensed औषधालय, दवाख़ाना ।

disperse डिस् **पॅ:स** *v.t.* to scatter बिखेरना; to diffuse छितराना ।

displace डिस् **प्लेस** *v.t.* to remove from its place विस्थापित क०; to remove from office पदच्युत क० ।

display[1] डिस **प्ले** *v.t.* to exhibit प्रदर्शित क० ।

display[2] *n.* exhibition प्रदर्शन ।

displease डिस **प्लीज़** *v.t.* to annoy, to offend नाराज़ क० ।

displeasure डिस् **प्लैँ** ज़ॅ: *n.* annoyance, anger नाराज़गी, क्रोध ।

disposal डिस् **पो** ज़ॅल *n.* act or power of disposing व्यवस्था; selling विक्रय; control नियंत्रण; getting rid of निपटारा ।

dispose डिस् **पोज़** *v.t.* to arrange व्यवस्थित क०; to settle (मामला निपटाना; to incline प्रवृत्त क० ।

disprove डिस् **प्रूव** *v.t.* to prove fa असत्य सिद्ध क० ।

dispute[1] डिस् **प्यूट** *n.* controversy विवाद; quarrel झगड़ा ।

dispute[2] *v.i.* to discuss विचार-विमर्श क०; *v.t.* to call in question संदेह क०; to argue तर्क-वितर्क क० ।

disqualification डिस क्वौँ लि फ़ि **के** शॅन *n.* disqualifying or being disqualified अयोग्यता; that which disqualifies अयोग्यता का आधार ।

disqualify डिस् **क्वौँ** लि फ़ॉइ *v.t.* to make ineligible अयोग्य ठहराना या बनाना ।

disquiet डिस् **क्वॉइ** ॲट *n.* uneasiness बेचैनी; anxiety चिंता ।

disregard[1] डिस् रि **गा:ड** *n.* neglect उपेक्षा; insult अपमान ।

disregard[2] *v.t.* to pay no attention to उपेक्षा क० ।

disrepute डिस् रि **प्यूट** *n.* bad name, disgrace अपयश, बदनामी ।

disrespect डिस् रिस् **पैॅक्ट** *n.* want of respect अनादर ।

disrupt डिस **रप्ट** *v.t.* to break up भंग क० ।

dissatisfaction डिस् सै टिस् **फ़ैक्** शॅन *n.* state of being dissatisfied असंतोष ।

dissatisfy डिस् **सै** टिस् फ़ॉइ *v.t.* to fail to satisfy असंतुष्ट क०, नाराज़ क० ।

dissect डि **सैॅक्ट** *v.t.* to cut apart काटना, विच्छेदन क०; to examine or criticise in detail अवलोकन अथवा आलोचना क० ।

dissection डि **सैॅक्** शॅन *n.* act of cutting up anatomically विच्छेदन ; act of separating into parts for the purpose of critical examination विश्लेषण ।

dissimilar डि **सि** मि लॅ: *a.* not similar असमान ।

dissolve डि **ज़ौल्व** *v.t.* to melt पिघलाना; to put an end to समाप्त क०; *v.i.* to be melted पिघलना; to disappear लुप्त होना।

dissuade डि स्वेड *v.t.* to exhort against, to persuade not to न करने के लिए समझाना।

distance डिस् टॅन्स *n.* extent of interval between two things दूरी, फ़ासला; aloofness अलगाव।

distant डिस् टॅन्ट *a.* not close दूर का; lying at a distance दूरस्थ।

distil डिस् टिल (*–ll–*) *v.t.* to vaporise and recondense (a liquid) आसवन क०; to purify शुद्ध क०; *v.i.* to tickle down, to fall in drops टपकना।

distillery डिस् टि लॅ रि *n.* the building where distilling is carried on आसवनी।

distinct डिस् टिङ् क्ट *a.* separated by some mark पृथक्, अलग; definite निश्चित; clear स्पष्ट।

distinction डिस् टिङ् क् शॅन *n.* difference अंतर; special honour विशेष सम्मान; unusual quality विशिष्टता।

distinguish डिस् टिङ् ग्विश *v.i.* to recognize difference अंतर लाना या समझना; *v.t.* to recognise पहचानना; to honour सम्मानित क०।

distort डिस् टॉःट *v.t.* to twist तोड़-मरोड़ देना; to put out of shape विकृत क०।

distress[1] डिस् ट्रॅस *n.* anguish of body or mind कष्ट, परेशानी; affliction मुसीबत।

distress[2] *v.t.* to afflict with pain or anguish परेशान क०।

distribute डिस् ट्रि ब्यूट *v.t.* to deal out बाँटना, वितरित क०; to spread फैलाना।

distribution डिस् ट्रि ब्यू शॅन *n.* act of distributing वितरण; spreading over a large area फैलाव, विस्तार; division विभाजन।

district डिस् ट्रिक्ट *n.* an administrative unit जनपद, ज़िला।

distrust[1] डिस् ट्रस्ट *n.* lack of trust अविश्वास।

distrust[2] *v.t.* to have no trust in (में) विश्वास न रखना।

disturb डिस् टॅःब *v.t.* to throw into disorder अस्तव्यस्त क०; to agitate उत्तेजित क०; to interrupt बाधा डालना।

ditch डिच *n.* a long narrow channel dug into the earth खाई।

ditto डि टो *n.* the same (as stated before) यथोपरि; ditto mark (,,) तथैव चिह्न (,,)।

dive[1] डॉइव *v.i.* to plunge under surface of water ग़ोता लगाना; to go under water पानी के नीचे जाना; to go to a lower level नीचे स्तर पर आ जाना।

dive[2] *n.* act of diving ग़ोता; a descent under water पानी के नीचे पैठ; a plunge down through the air हवा में नीचे की ओर झपट्टा।

diverse डॉइ वॅःस, डॉइ वॅःस *a.* various, different विविध।

divert डॉइ वॅःट *v.t.* to turn aside मोड़ना, ध्यान हटाना; to amuse मनोरंजन क०।

divide डि वॉइड *v.t.* to separate into parts विभक्त क०; to cause to disagree मतभेद पैदा क०; to distribute बाँटना; v.i. to be separated विभक्त होना।

divine डि वॉइन **a.** heavenly, like a god दैवी, दिव्य; excellent उत्कृष्ट।

divinity डि वि नि टि *n.* the state of being divine दिव्यता; the study of theology धर्मशास्त्र; a god or deity देवता।

division डि वि ज़ॅन *n.* act of dividing विभाजन; separation अलगाव; partition बँटवारा; disagreement मतभेद; part of an army (सेना में)

डिवीज़न।

divorce[1] डि वौ:स *n.* legal dissolution of marriage तलाक़; separation अलगाव।

divorce[2] *v.t.* to put away by divorce तलाक़ देना।

divulge डॉइ वॅल्ज *v.t.* to disclose प्रकट क०।

do डू, डु *v.t.* to perform करना; to finish पूरा क०; to work out हल क०; to suit (के लिए) उपयुक्त होना; to have as a job पेशे के रूप में क०।

docile डो सॉइल *a.* submissive विनम्र; easily managed वश्य।

dock डौक *n. (pl.)* dockyard गोदी; place in court where a prisioner stands कटघरा।

doctor डौक् टः *n.* a qualified practitioner of medicine चिकित्सक; person who holds doctorate विद्यावारिधि।

doctorate डौक् ट रिट *n.* the degree of a doctor डॉक्टर की उपाधि।

doctrine डौक् ट्रिन *n.* set of principles सिद्धांत, मत।

document डौ क्यु मॅन्ट *n.* written proof or evidence दस्तावेज़।

dodge[1] डौ ज *n.* dodging चकमा।

dodge[2] *v.t.* to evade by cunning चकमा देना।

doe डो *n.* the female of deer, rabbit etc. मृग, ख़रगोश आदि की मादा।

dog[1] डौग *n.* a domesticated animal of the wolf family कुत्ता।

dog[2] (*–gg–*) *v.t.* to keep close behind पीछा क०।

dogma डौग् मॅ *n.* a doctrine or belief धर्ममत।

dogmatic डौग् मै टिक *a.* relating to dogma धर्ममत-संबंधी।

doll डौ ल *n.* a child's toy गुड़िया।

dollar डौ लॅः *n.* the unit of money in U.S.A. and some other countries डॉलर।

domain डॅ मेन *n.* territory under one government शासन-क्षेत्र; field of knowledge ज्ञानक्षेत्र।

dome डोम *n.* hemispherical roof गुंबद।

domestic[1] डॅ मैस् टिक, डॉ– *a.* of the household घरेलू; not foreign देशीय; tamed (animals) पालतू।

domestic[2] *n.* a household servant घरेलू नौकर।

domicile डौ मि सॉइल, –सिल *n.* family residence आवास।

dominant डौ मि नॅन्ट *a.* governing प्रमुख; ascendant ऊर्ध्वगामी।

dominate डौ मि नेट *v.t.* to rule शासन क०; to predominate over (से) श्रेष्ट होना।

domination डौ मि ने शॅन *n.* rule शासन; superiority श्रेष्ठता।

dominion डॅ मि नि अॅन *n.* sovereign authority प्रभुत्व; a governed territory उपनिवेश।

donate डॉ नेट *v.t.* to make a donation of दानस्वरूप देना।

donation डॉ ने शॅन *n.* (act of) giving दान।

donkey डौ ङ् कि *n.* ass गधा।

donor डो नॅः *n.* one who donates दाता, दानी।

doom[1] डूम *n.* fate भाग्य; ruin विनाश; judical sentence सज़ा।

doom[2] *v.t.* to condemn to punishment दंड देना; to destine to destruction (के) भाग्य में विनाश बदा होना।

door डौः, डौः *n.* the entrance of a house or room दरवाज़ा; means of approach प्रवेश-मार्ग।

dose डोज़ *n.* the quantity of medicine given at one time खुराक ।

dot[1] डौ ट *n.* a small round spot बिंदु ।

dot[2] (*–tt–*) *v.t.* to mark with a dot or dots बिंदु लगाना; to sprinkle छितराना ।

double[1] ड ब्ल *a.* twofold दोगुना; forming a pair युग्मित; deceitful धोखेबाज़ ।

double[2] *v.t.* to make two- fold दोहरा क०; to increase by adding an equal amount to दोगुना क० ।

double[3] *n.* twice as much दोगुनी मात्रा; a duplicate प्रतिरूप ।

doubt [1] डॉउट *v.i.* to waver in opinion or judgment संदेह क०; to suspect शंका क०; *v.t.* to deem uncertain अनिश्चित मानना; to distrust विश्वास न क० ।

doubt[2] *n.* a wavering in opinion ऊहापोह; uncertainty अनिश्चितता; suspicion शंका, संदेह ।

dough डो *n.* pasty mass of flour गुँथा हुआ आटा ।

dove डव *n.* a pigeon पड़की, फ़ाख़्ता ।

down[1] डॉउन *adv.* to, in or towards, a lower position नीचे की ओर; immediately तुरंत ।

down[2] *prep.* from a higher part to a lower part of के नीचे की ओर; at a lower part of के निचले भाग में; along के किनारे ।

down[3] *v.t.* to hit and make fall मारकर गिरा देना ।

downfall डॉउन् फ़ौल *n.* a fall from power पतन; cause of ruin बर्बादी का कारण ।

downpour डॉउन् पौ: *n.* heavy rainfall भारी वर्षा ।

downright[1] डॉउन् रॉइट *adv.* completely पूरी तरह से ।

downright[2] *a.* straight forward स्पष्टवादी ।

downward डॉउन् वःड *a.* moving, going, to what is low अधोगामी ।

downward, downwards डॉउन् वःड्ज़ *adv.* towards what is lower नीचे की ओर ।

dowry डॉउ रि *n.* property which a woman brings to her husband in marriage दहेज ।

doze[1] डोज़ *n.* a nap ऊँघ, झपकी ।

doze[2] *v.i.* to sleep lightly ऊँघना ।

dozen ड ज़्न *n.* a set of twelve दर्जन ।

draft[1] ड्राफ़्ट *v.t.* to draw the preliminary version or plan of (का) प्रारूप तैयार क० ।

draft[2] *n.* a written order for payment of money बैंक ड्राफ़्ट; a preliminary version मसविदा ।

draftsman ड्राफ़्ट्स् मॅन *a.* one who drafts documents or makes plans दस्तावेज़-लेखक, नक़्शानवीस ।

drag[1] ड्रैग *n.* obstruction to progress बाधा ।

drag[2] (*–gg–*) *v.t.* to pull along with effort घसीटना ।

dragon ड्रै गॅन *n.* a mythical winged reptile सपक्ष नाग; a fierce person ख़ूँखार व्यक्ति ।

drain[1] ड्रेन *n.* a channel for removing liquid अपवाहिका; sewer गंदी नाली ।

drain[2] *v.t.* to draw off gradually धीरे-धीरे निकालना; *v.i.* to flow off बह जाना ।

drainage ड्रे निज *n.* draining जलनिकास; system of drains जल-प्रणाली ।

dram ड्रैम *n.* a small drink of liquor (मदिरा का) छोटा घूँट; a unit of measure ($\frac{1}{16}$ or $\frac{1}{8}$ of an ounce) ड्राम ($\frac{1}{16}$ या $\frac{1}{8}$ औंस) ।

drama ड्रा मॅ *n.* stage-play नाटक; series

of events घटनाचक्र ।

dramatic ड्रॅ मै टिक *a.* pertaining to drama नाटक-संबंधी; exciting उत्तेजक; sudden आकस्मिक ।

dramatist ड्रै मॅ टिस्ट *n.* a writer of plays नाटककार ।

draper ड्रे पॅ: *n.* dealer in cloth and cloth goods वस्त्रविक्रेता ।

drastic ड्रैस् टिक *a.* forceful, severe कठोर, प्रबल ।

draught[1] ड्राफ़्ट *n.* current of air through apertures झिरियों में से आनेवाली हवा; act of drawing खिंचाव; dose of medicine दवा की खुराक; act of drinking पान, पीने की क्रिया; quantity drunk at once घूँट; plan or layout मसौदा; quantity of fish caught in a net एक बार में जाल में फँसी मछली ।

draught[2] *v.t.* see *draft.*

draw[1] ड्रौ *v.t.* to pull along खींचना, घसीटना; to inhale (साँस) लेना; to sketch अंकित क०; to attract आकर्षित क०; to take from (well, etc.) निकालना; to receive (from bank) (बैंक से) निकालना ।

draw[2] *n.* act of drawing कर्षण; unfinished game अनिर्णीत खेल ।

drawback ड्रौ बैक *n.* shortcoming कमी, त्रुटि; disadvantage असुविधा ।

drawer डौ:, ड्रौं अॅ: *n.* a box-like container which slides in and out of furniture दराज़; one who draws pictures चित्रकार; one who draws money धन निकालने वाला; *(pl.)* an undergarment जाँघिया ।

drawing ड्रौ इङ्ग *n.* art of drawing by lines चित्रांकन; a picture in lines चित्रकारी ।

drawing-room ड्रौ इङ्ग् रूम *n.* a sitting room बैठक ।

dread[1] ड्रैं ड *n.* object of fear विभीषिका; great fear भय, आशंका ।

dread[2] *v.t.* to fear greatly (से) भयभीत होना ।

dread[3] *a.* exciting fear आतंकमय ।

dream[1] ड्रीम *n.* vision during sleep स्वप्न; reverie दिवास्वप्न ।

dream[2] *v.i.* to fancy things during sleep स्वप्न देखना; *v.t.* to see or imagine in a dream स्वप्न में देखना ।

drench ड्रैन्च *v.t.* to make thoroughly wet सराबोर कर देना ।

dress[1] ड्रैसॅ *n.* clothing, garment पोशाक, परिधान ।

dress[2] *v.t.* to clothe (वस्त्र) पहनाना; to apply dressing to (पर) पट्टी बाँधना; to prepare (food) for table (भोजन) तैयार क०; *v.i.* to put on clothes वस्त्र पहनना ।

dressing ड्रैं सिङ्ग *n.* dress or clothes वस्त्र, परिधान; bandage मरहमपट्टी ।

drill[1] ड्रिल *n.* pointed instrument for making holes बरमा, बेधनी; physical training क़वायद, ड्रिल ।

drill[2] *v.t.* to bore (में) छेद क० ।

drink[1] ड्रिङ्क *n.,* liquid for drinking पेयपदार्थ; liquor शराब ।

drink[2] *v.t.* to take in (liquid) पीना; *v.i.* to take alcohol शराबी होना ।

drip[1] ड्रिप *n.* action or sound of falling in drops टपकन, चुअन ।

drip[2] *(–pp–)* *v.i.* to fall in drops टपकना; *v.t.* to cause to fall in drops टपकाना ।

drive[1] ड्रॉइव *v.t.* to cause to move हाँकना; to operate and steer (car etc.)(कार आदि) चलाना; to force (a nail etc.) ठोंकना; to convey in vehicle वाहन-द्वारा ले जाना; to urge, to impel बाध्य क०; *v.i.* to keep car etc. going कार चलाना; to go by car etc. कार आदि द्वारा जाना ।

drive[2] *n.* act of driving संचालन;

journey in a vehicle सवारी से यात्रा; campaign आंदोलन।

driver ड्रॉइ वं: *n.* one who drives चालक।

drizzle[1] ड्रि ज़्ल *n.* rain in fine drops फुहार।

drizzle[2] *v.i.* to rain in small drops फुहार पड़ना।

drop[1] ड्रॉप *n.* tiny ball of liquid बूँद; fall पतन।

drop[2] *(–pp–) v.i.* to fall in drops टपकना; to fall गिरना; *v.t.* to cause to fall in drops टपकाना; to allow to fall गिराना।

drought ड्रॉउट *n.* continuous failure of rain अनावृष्टि, सूखा।

drown ड्रॉउन *v.i.* to die by suffocation in water डूबकर मरना; *v.t.* to kill by suffocation in water डुबाकर मारना; to submerge डुबा देना।

drug ड्रग *n.* medical substance औषधि; narcotic नशीली वस्तु।

druggist ड्र गिस्ट *n.* person who sells drugs औषध-विक्रेता।

drum[1] ड्रम *n.* musical instrument sounded by beating ढोल, नगाड़ा; tympanum of the ear कान का परदा; cylindrical barrel पीपा।

drum[2] *(–mm–) vi* to play a drum ढोल बजाना।

drunkard ड्रङ् कं:ड *n.* drunken person शराबी।

dry[1] ड्रॉइ *a.* not wet सूखा; not interesting नीरस; indifferent उदासीन; having prohibition शराबबंदी वाला।

dry[2] *v.i.* to become dry सूखना; v.t. to remove the moisture from सुखाना।

dual ड्यू अॅल *a.* two-fold दोहरा; of two द्वैत।

duck[1] डक *n.* common water-bird बतख़।

duck[2] *v.i.* to dip under water डुबकी लगाना; to escape by hiding छिपकर भाग निकलना।

due[1] ड्यू *a.* payable देय; that ought to be paid प्राप्य; proper उचित।

due[2] *n.* that which is owed उधार, ऋण; anything due दातव्यधन; right अधिकार; *(pl.)* fees शुल्क।

due[3] *adv.* exactly बिल्कुल; directly सीधा।

duel[1] ड्यु अॅल, ड्यू– *n.* two-sided contest द्वंद्वयुद्ध।

duel[2] ड्यु अॅल *(–ll–)v.i.* to fight a duel द्वंद्वयुद्ध क०।

duke ड्यूक *n.* sovereign of a small state शासक, राजा।

dull[1] डल *a.* sluggish मंद; dim निष्प्रभ; cheerless उदास; blunt कुंठित; not brisk निष्क्रिय।

dull[2] *v.t.* to make dull मंद बनाना; to make dim धुँधला क०; v.i. to become dull मंद होना।

duly ड्यू लि *adv.* in a proper way विधिवत्।

dumb डम *a.* unable to speak गूँगा।

dunce डन्स *n.* stupid person मूर्ख आदमी।

dung डङ्ग *n.* animal excreta गोबर।

duplicate[1] ड्यू प्लि किट *a.* exactly like मिलता-जुलता।

duplicate[2] *n.* exact copy प्रतिलिपि।

duplicate[3] ड्यू प्लि केट *v.t.* to make an exact copy of (की) प्रतिलिपि बनाना।

duplicity ड्यु प्लि सि टि *n.* double dealing दुरंगापन, कपट।

durable ड्युअॅ रॅ ब्ल *a.* long lasting स्थायी, टिकाऊ।

duration ड्युअॅ रे शॅन *n.* time a thing continues कालावधि।

during ड्युअॅ रिङ्ग *prep.* in the course of पर्यंत।

dusk डस्क *n.* twilight गोधूलि ।

dust[1] डस्ट *n.* finely powdered dirt धूल ।

dust[2] *v.t.* to remove dust from (से) धूल झाड़ना ।

duster डस् टः *n.* a cloth for removing dust झाड़न ।

dutiful ड्यू टि फुल *a.* attentive to duty कर्त्तव्यनिष्ठ ।

duty ड्यू टि *n.* moral or legal obligation कर्त्तव्य; tax on import or export शुल्क, कर ।

dwarf ड्वौःफ़ *n.* very undersized person बौना ।

dwell ड्वैॅल *v.i.* to live in a place रहना, बसना ।

dwelling ड्वैॅ लिङ्ग *n.* habitation, house घर, निवास-स्थान ।

dwindle डिवन् ड्ल *v.t.* to diminish gradually, to decline क्षीण होना ।

dye[1] डॉइ *v.t.* to give a new and permanent colour to रँगना ।

dye[2] *n.* a colouring substance रंग ।

dynamic डॉइ नै मिक *a.* concerned with force गत्यात्मक; very energetic स्फूर्त ।

dynamics डॉइ नै मिक्स *n. pl.* the science which investigates the action of force गतिविज्ञान ।

dynamite डॉइ नॅ मॉइट *n.* powerful explosive बारूद ।

dynamo डॉइ नॅ मो *n.* machine that generates electricity विद्युत् शक्ति-यंत्र ।

dynasty डि नॅस् टि, डॉइ– *n.* succession of rulers belonging to one family राजवंश ।

dysentery डि सॅन् ट्रि *n.* disease characterized by diarrhoea with blood and mucus पेचिश ।

E

each[1] ईच *a.* every one separately considered प्रत्येक ।

each[2] *pron.* each thing, person, group etc. प्रत्येक ।

eager ई गॅः *a.* excited by desire व्यग्र; keen इच्छुक ।

eagle ई ग्ल *n.* a large bird of prey गरुड़ ।

ear इअॅः *n.* organ of hearing कान; a spike, as of corn बाली ।

early[1] अॅः लि *adv.* before the usual time सामान्य समय से पूर्व; in the first part of the day सवेरे के समय ।

early[2] *a.* appearing before expected आशा से पूर्व होनेवाला; belonging to the first part of the day सवेरे-सवेरे होनेवाला; referring to the near future निकट भविष्य से संबद्ध ।

earn अॅःन *v.t.* to gain by labour अर्जित क॰; to deserve (के) योग्य होना ।

earnest अॅः निस्ट *a.* ardent, zealous जोशीला; serious गंभीर ।

earth अॅःथ *n.* the globe we inhabit पृथ्वी; the world सृष्टि; dry land स्थल; the soil मिट्टी ।

earthen अॅः थॅन *a.* made of earth

मृण्मय।

earthly अ॑:थ् लि *a.* worldly सांसारिक।

earthquake अ॑:थ् क्वेक *n.* a shaking of the earth भूकंप।

ease[1] ईज़ *n.* freedom from difficulty चैन; rest आराम; facility सुगमता।

ease[2] *v.t.* to give ease to सुविधा देना; to free from pain (का) दुःख दूर क०; to free from trouble (का) कष्ट निवारण क०।

east[1] ईस्ट *n.* the part of the sky where the sun rises पूर्व दिशा।

east[2] *adv.* in or toward the east पूर्व की ओर।

east[3] *a.* of the east पूर्वीय।

easter ईस् टॅ: *n.* Christian festival held on Sunday after Good Friday ईस्टर, पुनरुत्थान पर्व।

eastern ईस् टॅ:न *a.* belonging to the east पूर्व-संबंधी; oriental प्राच्य।

easy ई ज़ि *a.* not difficult सरल; carefree निश्चिंत; comfortable आरामदेह।

eat ईट *v.t.* to chew and swallow (food) खाना; to destroy नष्ट क०; *v.i.* to take food भोजन क०।

eatable[1] ई टॅ ब्ल *n. (pl.)* anything used as food खाद्य पदार्थ।

eatable[2] *a.* fit to be eaten खाने-योग्य।

ebb[1] ऐंब *n.* flowing back of tide भाटा, उतार; decline अवनति।

ebb[2] *v.i.* to flow back उतर जाना; to decay क्षीण हो जाना, कमज़ोर पड़ना।

ebony ऐं बॅ नि *n.* black wood आबनूस।

echo[1] ऐं को *n.* repetition of a sound by reflection प्रतिध्वनि।

echo[2] *v.t.* to repeat, as echo प्रतिध्वनित क०; to imitate closely (की) अनुकृति क०; *v.i.* to resound गूँजना; to be repeated दोहराया जाना।

eclipse इ क्लिप्स *n.* obscuring of light from one heavenly body by another ग्रहण।

economic ई कॅ नौं मिक, ऐं– *a.* pertaining to economy आर्थिक।

economical ई कॅ नौं मि कॅल *a.* frugal मितव्ययी।

economics ई कॅ नौं मिक्स, ऐं– *n. (sing.)* science dealing with wealth अर्थशास्त्र।

economy इ कौं नॅ मि *n.* structure of economic life अर्थव्यवस्था; thrifty use of resourses मितव्ययिता।

edge ऐंज *n.* cutting side of a blade धार; border किनारा।

edible ऐं डि ब्ल *a.* fit to be eaten भोज्य।

edifice ऐं डि फ़िस *n.* large building भवन।

edit ऐं डिट *v.t.* to prepare (book, film, etc.) for publication संपादन क०।

edition इ डि शॅन *n.* form in which something is published संपादन का स्वरूप; number of copies of a new publication संस्करण।

editor ऐं डि टॅ: *n.* one who edits a book, film, etc. संपादक।

editorial[1] ऐं डि टौ रि अॅल *a.* pertaining to or written by an editor संपादकीय।

editorial[2] *n.* an article written by an editor संपादकीय लेख।

educate ऐं ड्यु केट *v.t.* to teach, train or develop by schooling शिक्षा देना।

education ऐं ड्यु के शॅन *n.* act of educating शिक्षण; instruction and discipline शिक्षा।

efface इ फ़ेस *v.t.* to rub or wipe out रगड़कर मिटा देना।

effect[1] इ फ़ैक्ट *n.* impression प्रभाव; result परिणाम; (*pl.*) property संपत्ति।

effect[2] *v.t.* to produce उत्पन्न क०; to

execute अमल में लाना ।

effective इ फ़ैक् टिव *a.* producing the effect desired or intended प्रभावशाली ।

effeminate इ फ़ैं मि निट *a.* womanish, unmanly स्त्रैण, पौरुषहीन, कायर ।

efficacy ऐॅ फ़ि कॅ सि *n.* power to produce effect प्रभावोत्पादकता ।

efficiency इ फ़ि शॅन् सि *n.* competence निपुणता, क्षमता ।

efficient इ फ़ि शॅन्ट *a.* capable योग्य, निपुण; producing a result फलोत्पादक ।

effigy ऐॅ फ़ि जि *n.* the image or likeness of a person पुतला ।

effort ऐॅ फ़ॅ:ट *n.* endearour, exertion प्रयास ।

egg ऐॅग *n.* an oval body laid by a female bird or fish अंडा; ovum डिंब ।

ego ई गो, ऐॅ गो *n.* the self अहंकार, दंभ ।

egotism ऐॅ गॉ टिज़्म *n.* an exaggerated love of self, self-exaltation अहंभाव ।

eight एट *n.* the number next above seven आठ (8).

eighteen ए टीन *n.* the number next above seventeen अठारह (18).

eighty ए टि *n.* the number equal to ten times eight अस्सी (80).

either[1] ऑइ दॅ:, ई– *a., pron.* one or the other दो में से कोई; one of two दो में से एक; each प्रत्येक ।

either[2] *adv.* (used after a negative phrase) moreover इसके साथ-साथ ।

eject इ जैक्ट *v.t.* to throw out बाहर फेंकना ।

elaborate[1] इ लै बॅ रेट *v.t.* to state in details विस्तार से कहना ।

elaborate[2] इ लै बॅ रिट *a.* detailed विस्तृत; complicated जटिल ।

elapse इ लैप्स *v.t.* to slip or glide away गुज़रना ।

elastic इ लैस् टिक *a.* flexible लचीला ।

elbow ऐॅल् बो *n.* joint where the arm bends कोहनी; angle, bend मोड़ ।

elder[1] ऐॅल् डॅ: *a.* of earlier birth ज्येष्ठ, अग्रज ।

elder[2] *n.* person of greater age आयु में बड़ा व्यक्ति; an old person वृद्ध व्यक्ति ।

elderly ऐॅल् डॅ: लि *a.* somewhat old सयाना, वयोवृद्ध ।

elect इ लैक्ट *v.t.* to choose by vote निर्वाचित क०; to select चयन क० ।

election इ लैक् शॅन *n.* act of choosing by vote चुनाव, निर्वाचन ।

electorate इ लैक् टॅ रिट *n.* a body of electors निर्वाचक मंडल ।

electric इ लैक् ट्रिक *a.* containing, conveying or produed by electricity विद्युतीय ।

electricity इ लैक् ट्रि सि टि *n.* the electric power विद्युत् ।

electrify इ लैक् ट्रि फ़ाइ *v.t.* to communicate electricity to (का) विद्युतीकरण क० ।

elegance ऐॅ लि गॅन्स *n.* quality of being elegant प्रांजलता; refinement शिष्टता ।

elegant ऐॅ लि गॅन्ट *a.* graceful रमणीय; refined परिष्कृत ।

elegy ऐॅ लि जि *n.* a poem or a song expressive of sorrow and lamentation शोकगीत ।

element ऐॅ लि मॅन्ट *n.* basic thing मूलवस्तु; ingredient मूलतत्त्व ।

elementary ऐॅ लि मैन् टॅ रि *a.* simple, ordinary सामान्य ।

elephant ऐॅ लि फ़ॅन्ट *n.* a huge quadruped having a long trunk and tusks हाथी ।

elevate ऐॅ लि वेट *v.t.* to raise उन्नत क०; to refine or dignify शुद्ध अथवा गरिमामय बनाना ।

elevation ऐॅ लि वे शॅन *n.* act of raising

उन्नयन; a rise in rank उन्नति; a height ऊँचाई ।

eleven इ लैँ व्न *n.* the number next above ten ग्यारह (11) ।

elf ऐँल्फ़ *n.* a fairy परी; a mischievous little creature बौना प्राणी ।

eligible ऐँ लि जि ब्ल *a.* fit to be chosen ग्राह्य, वरणीय; suitable उपयुक्त ।

eliminate इ लि मि नेट *v.t.* to set aside, to throw off हटाना ।

elimination इ लि मि ने शॅन *n.* leaving out निष्कासन, हटाव ।

elope इ लोप *v.i.* to run away with a lover सहपलायन क० ।

eloquence ऐँ लॅ क्वॅन्स *n.* power of making a moving speech वाक्पटुता ।

eloquent ऐँ लॅ क्वॅन्ट *a.* having eloquence वाक्पटु; fluent in speech भाषणपटु ।

else[1] ऐँल्स *a.* other अन्य; additional अतिरिक्त ।

else[2] *adv.* otherwise अन्यथा ।

elucidate इ ल्यू सि डेट *v.t.* to make clear स्पष्ट क० ।

elude इ ल्यूड *v.t.* to avoid से बचना; to baffle (की) समझ में न आना ।

elusion इ ल्यू ज़ॅन *n.* act of eluding छल, कपट; evasion टालमटोल ।

elusive इ ल्यू सिव *a.* practising elusion मायावी; evasive टालमटोल वाला ।

emancipation इ मैन् सि पे शॅन *n.* liberation मुक्ति ।

embalm इम् बाम *v.t.* to preserve (a dead body) by aromatics शवलेप क० ।

embankment इम् बैङ्क् मॅन्ट *n.* act of embanking तटबंधन; artificial mound तटबंध ।

embark इम् बाःक, ऐँम्– *v.t.* to put on board a ship पोतारोहण क०; *v.i.* (with '*on*') to engage in (में) लगना ।

embarrass इम् बै रॅस *v.t.* to involve in difficulties मुश्किल में डालना; to hamper बाधा डालना ।

embassy ऐँम् बॅ सि *n.* the mission, charge or residence of an ambassador दूतावास ।

embitter इम् बि टॅः, ऐँम्– *v.t.* to make bitter कड़वा बनाना ।

emblem ऐँम् ब्लॅम *n.* symbol प्रतीक ।

embodiment इम् बौँ डि मॅन्ट, ऐँम्– *n.* representation in bodily form मूर्तरूप ।

embody इम् बौँ डि, ऐँम्– *v.t.* to give bodily form मूर्तरूप देना; to give a definite form निश्चित रूप देना ।

embolden इम् बोल् डॅन, ऐँम्– *v.t.* to encourage प्रोत्साहित क० ।

embrace[1] इम् ब्रेस, ऐँम्– *v.t.* to take within the arms आलिंगन क०; to include सम्मिलित क० ।

embrace[2] *n.* act of embracing आलिंगन ।

embroidery इम् ब्रौँइ डॅ रि, ऐँम्– *n.* ornamental needle-work क़सीदाकारी ।

embryo ऐँम् ब्रि ओ *n.* unborn offspring भ्रूण ।

emerald ऐँ मॅ रॅल्ड *n.* green precious stone पन्ना ।

emerge इ मॅःज *v.i.* to become manifest प्रकट होना ।

emergency इ मॅः जॅन् सि *n.* an unexpected situation demanding urgent action आपातकाल ।

eminence ऐँ मि नॅन्स *n.* state of being eminent श्रेष्ठता; superiority उच्चता ।

eminent ऐँ मि नॅन्ट *a.* distinguished, outstanding प्रतिष्ठित ।

emissary ऐँ मि सॅ रि *n.* one sent on private business दूत ।

emit इ मिट *(–tt–) v.t.* to send out बाहर

भेजना ।

emolument इ मौँ ल्यु मॅन्ट *n.* profit arising from office or employment परिलाभ; salary वेतन ।

emotion इ **मो** शॅन *n.* strong feeling भावावेश ।

emotional इ **मो** शॅ नॅल *a.* given to emotion भावुक; appealing to the emotions भावोत्तेजक; emotion-charged भावपूर्ण ।

emperor **ऐॅम्** पॅ रॅ: *n.* ruler of an empire सम्राट् ।

emphasis **ऐॅम्** फ़ॅ सिस *n.* stress बलाघात; importance महत्त्व; vigour of speech ओजपूर्ण कथन ।

emphasize **ऐॅम्** फ़ॅ सॉइज़ *v.t.* to place emphasis on महत्त्व देना ।

emphatic इम् **फ़ै** टिक, ऐॅम्— *a.* impressive प्रभावी; strong मज़बूत ।

empire **ऐॅम्** पॉइअॅ: *n.* dominion of an emperor साम्राज्य ।

employ इम् **प्लौँ इ**, ऐॅम्— *vt..* to keep at work नियोजित क॰; to make use of काम में लाना ।

employee ऐॅम् प्लौँ इ **ई** *n.* one who works for an employer कर्मचारी ।

employer ऐॅम् **प्लौँ इ** अॅ: *n.* one who employs नियोजक ।

employment ऐॅम् **प्लौँ इ** मॅन्ट *n.* act of employing नियोजन; appointment नियुक्ति ।

empower इम् **पॉउ** अॅ:, ऐॅम्— *v.t.* to authorise अधिकार देना;to enable समर्थ बनाना ।

empress **ऐॅम्** प्रिस *n.* the consort of an emperor महारानी, साम्राज्ञी ।

empty[1] **ऐॅम्प्** टि *a.* containing nothing ख़ाली ।

empty[2] *v.t.* to make empty ख़ाली क॰; *v.i.* to become empty ख़ाली होना ।

emulate **ऐॅ** म्यु लेट *v.t.* to strive to equal or excel (की) बराबरी की चेष्टा क॰; to imitate अनुकरण क॰ ।

enable इ **ने** ब्ल *v.t.* to make able योग्य बनाना; to empower शक्ति देना; to authorise अधिकार देना ।

enact इ **नैक्ट** *v.t.* to make into law क़ानून का रूप देना; to act the part of (का) अभिनय क॰ ।

enamel इ **नै** मॅल *n.* preservative coating on metal तामचीनी; hard coating on teeth दंतवल्क ।

enamour इ **नै** मॅ: *v.t.* to inspire with love प्रेमासक्त क॰; to charm अनुरक्त क॰ ।

encase इन् **केस**, ऐॅन्— *v.t.* to enclose in a case डिब्बे में बंद क॰ ।

enchant इन् **चान्ट**, ऐॅन्— *v.t.* to fill with delight प्रसन्न क॰; to put a spell on (पर) जादू क॰ ।

encircle इन् **सॅ:** क्ल, ऐॅन्— *v.t.* to surround घेरना ।

enclose इन् **क्लोज़** *v.t.* to shut in on all sides चारों ओर से घेरना; to envelop लिफ़ाफ़े में बंद क॰ ।

enclosure इन् **क्लो** ज़ॅ:, ऐॅन्— *n.* that which is enclosed (in a letter) संलग्नक; space fenced off अहाता, घेरा ।

encompass इन् **कम्** पॅस, ऐॅन्— *v.t.* to surround घेरना; to go round (की) प्रदक्षिणा क॰ ।

encounter[1] इन् **कॉउन्** टॅ:, ऐॅन्— *n.* clash between hostile factions भिड़ंत ।

encounter[2] *v.t.* to meet unexpectedly अनायास भेंट होना; to meet in conflict से भिड़ंत होना ।

encourage इन् **क** रिज *v.t.* to give courage प्रोत्साहित क॰ ।

encroach इन् **क्रोच**, ऐॅन्— *v.i.* to advance beyond the proper limits अतिक्रमण क॰ ।

encumber इन् **कम्** बॅ:, ऐॅन्— *v.t.* to load,

to burden भाराक्रांत क० ।

encyclopaedia ऐन् सॉइ क्लों पी ड्यॅ *n.* a collection of articles on one or more branches of knowledge विश्वकोश ।

end[1] ऐन्ड *v.t.* to put an end to समाप्त क०; *v.i.* to come to an end समाप्त होना ।

end[2] *n.* limit सीमा; extremity किनारा; conclusion समाप्ति; death मृत्यु; result परिणाम; purpose उद्देश्य ।

endanger इन् डेन् जॅ:, ऐॅन्– *v.t.* to bring into danger विपत्ति में डालना ।

endear इन् डिअॅ:, ऐॅन्– *v.t.* to make dear प्यारा बनाना ।

endearment इन् डिअॅ: मॅन्ट, ऐॅन्– *n.* tender affection प्रीति; *(pl.)* affectionate embrace प्रेमालिंगन ।

endeavour[1] इन् डै वॅ:, ऐॅन्– *n.* earnest effort प्रयास, प्रयत्न ।

endeavour[2] *v.i.* to try earnestly प्रयत्न क० ।

endorse इन् डौ:स, ऐॅन्– *v.t.* to confirm समर्थन क०; to write one's name on the back of पृष्ठांकित क०, पृष्ठांकन क० ।

endow इन् डॉउ, ऐॅन्– *v.t.* to give (money property etc.), to provide regular income वृत्तिदान क०; to furnish (with) प्रदान क० ।

endurable इन् ड्युअॅ रॅ ब्ल *a.* that can be endured सहनीय ।

endurance इन् ड्युअॅ रॅन्स *n.* ability to last स्थायित्व; ability to stand hardship सहनशीलता ।

endure इन् ड्युअॅ:, ऐॅन्– *v.t.* to tolerate सहन क०; *v.i.* to last टिकना, चालू रहना ।

enemy ऐॅ नि मि *n.* one who is unfriendly शत्रु; an opponent विरोधी; hostile force शत्रु सेना ।

energetic ऐॅ नॅ: जै टिक *a.* vigorous शक्तिशाली; full of energy ऊर्जायुक्त ।

energy ऐॅ नॅ: जि *n.* power (electrical, atomic etc.) ऊर्जा; vigour शक्ति; force बल ।

enfeeble इन् फ़ी ब्ल, ऐॅन्– *v.t.* to weaken दुर्बल क० ।

enforce इन् फ़ौ:स, ऐॅन्– *v.t.* to compel बाध्य क०; to strengthen बल प्रदान क० ।

enfranchise इन् फ्रैन् चॉइज़, ऐॅन्– *v.t.* to admit to the right of voting मताधिकार देना; to set free मुक्त क० ।

engage इन् गेज, ऐॅन्– *v.t.* to employ काम पर लगाना; to hire किराये पर क०; to betroth सगाई या वाग्दान क०; to attract आकर्षित क०; to occupy घेरना; to begin fighting with से लड़ना; *v.i.* to promise वचन देना; to busy oneself (with)(में)व्यस्त रखना ।

engagement इन् गेज् मॅन्ट, ऐॅन्– *n.* agreement to marry वाग्दान; social or business commitment कार्यक्रम; promise वादा, देनदारी; battle, conflict मुठभेड़ ।

engine ऐॅन् जिन *n.* a machine worked by heat or other energy यंत्र, इंजन ।

engineer ऐॅन् जि निअॅ: *n.* person skilled in a branch of engineering अभियंता ।

English[1] इङ्ग् लिश *a.* relating to England आंग्ल, बरतानवी ।

English[2] *n.* the people of England अँग्रेज़ लोग; language of England अँग्रेज़ी भाषा ।

engrave इन् ग्रेव, ऐॅन्– *v.t.* to carve उत्कीर्ण क० ।

engross इन् ग्रौ स, ऐॅन्– *v.t.* to occupy completely बुरी तरह व्यस्त रखना ।

engulf इन् गल्फ़, ऐॅन्– *v.t.* to swallow निगलना; to submerge निमग्न क० ।

enigma इ निग् मॅ *n.* riddle पहेली; mystery रहस्य ।

enjoy इन् **जौंइ**, ऐॅन्– *v.t.* to take pleasure in (का) रस लेना; to have use or benefit of (का) प्रयोग या लाभ भोगना ।

enjoyment इन् **जौंइ** मॅन्ट, ऐॅन्– *n.* pleasure आनंद; satisfaction संतुष्टि; possession and use उपभोग ।

enlarge इन् **लाःज**, ऐॅन्– *v.t.* to make larger (का) विस्तार क०; to amplify बढ़ाना ।

enlighten इन् **लॉइ** टॅन, ऐॅन्– *v.t.* to elevate by knowledge प्रबुद्ध क०; to cause to understand सूचित क० ।

enlist इन् **लिस्ट**, ऐॅन्– *v.t.* to enrol (का) नाम लिखना; to obtain प्राप्त क० ।

enliven इन् **लॉइ** वॅन, ऐॅन्– *v.t.* to make lively सजीव क०; to put life into (में) जान डालना ।

enmity **ऐॅन्** मि टि *n.* hostility शत्रुता; ill-will विद्वेष ।

ennoble इ **नो** ब्ल, ऐं– *v.t.* to make noble उदात्त बनाना; to make a member of the nobility अभिजात वर्ग का सदस्य बनाना ।

enormous इ **नौः** मॅस *a.* huge विशाल ।

enough[1] इ **नफ़** *a.* adequate यथेष्ट; sufficient पर्याप्त ।

enough[2] *adv.* sufficiently पर्याप्त मात्रा में ।

enquire इन् **क्वॉइअः** *see* inquire

enquiry इन् **क्वॉइअ** रि *see* inquiry.

enrage इन् **रेज**, ऐॅन्– *v.t.* to make angry क्रुद्ध क० ।

enrapture इन् **रैप्** चॅः, ऐॅन्– *v.t.* to transport with pleasure or delight प्रफुल्ल क० ।

enrich इन् **रिच**, ऐॅन्– *v.t.* to make rich संपन्न बनाना; to add to बढ़ाना ।

enrol इन् **रोल** *(–ll–)* *v.t.* to enlist भरती क० ।

enshrine इन् **श्रॉइन**, ऐॅन्– *v.t.* to encloze in a shrine प्रतिष्ठापित क०; to preserve with great care सँजोना ।

enslave इन् **स्लेव**, ऐॅन्– *v.t.* to reduce to slavery दास बनाना ।

ensue इन् **स्यू**, ऐॅन्– *v.i.* to follow, to come after पीछे घटित होना ।

ensure इन् **श्युअः**, ऐॅन्– *v.t.* to make safe सुरक्षित रखना; to make sure सुनिश्चित क० ।

entangle इन् **टैङ्** ग्ल, ऐॅन्– *v.t.* to ensnare फंदे में फँसाना; to perplex उलझाना ।

enter **ऐॅन्** टॅः *v.t.* to go (come) into प्रवेश क०; to penetrate प्रविष्ट क०; to join का सदस्य बनना; to write, to register लिखना ।

enterprise **ऐॅन्** टॅः प्रॉइज़ *n.* undertaking उद्यम; business उपक्रम; bold or dangerous undertaking जोखिम का काम ।

entertain ऐॅन् टॅः **टेन** *v.t.* to amuse (का) मनोरंजन क०; to keep in mind ध्यान में रखना; to consider पर विचार क० ।

entertainment ऐॅन् टॅः **टेन्** मॅन्ट *n.* recreation मनोरंजन ।

enthrone इन् **थ्रोन**, ऐॅन्– *v.t.* to place on a throne सिंहासनारूढ़ क० ।

enthusiasm इन् **थ्यू** ज़ि ऐज़्म, ऐॅन्– *n.* keen interest, eagerness उत्साह, उमंग ।

enthusiastic इन् थ्यू ज़ि **ऐस्** टिक, ऐॅन्– *a.* full of enthusiasm उत्साही ।

entice इन् **टॉइस**, ऐॅन्– *v.t.* to tempt लुभाना ।

entire इन् **टॉइअः**, ऐॅन्– *a.* whole, complete संपूर्ण ।

entirely इन् **टॉइअः** लि, ऐॅन्– *adv.* completely संपूर्णतः

entitle इन् **टॉइ** ट्ल, ऐॅन्– *v.t.* to give claim to दावेदार बनाना; to qualify समर्थ बनाना; to give title to उपाधि देना ।

entity ऐँन् टि टि *n.* being सत्ता, अस्तित्व; reality वास्तविकता।
entomology ऐँन् टॅ मौँ लॅ जि *n.* science of insects कीटविज्ञान।
entrails ऐँन् ट्रेल्ज़ *n. pl.* intestines अँतड़ियाँ।
entrance ऐँन् ट्रॅन्स *n.* act of entering प्रवेश; door, gate प्रवेश-द्वार।
entrap इन् ट्रैप, ऐँन्– *(–pp–)v.t.* to trick बहकाना; to catch as if in a trap फँसाना।
entreat इन् ट्रीट, ऐँन्– *v.t.* to beg earnestly अनुनय क०।
entreaty इन् ट्री टि, ऐँन्– *n.* earnest request विनती।
entrust इन् ट्रस्ट *v.t.* to put into care of (की) देख-रेख में रखना; to trust (someone) with सौंपना।
entry ऐँन् ट्रि *n.* act of entering प्रवेश; entrance प्रवेश-द्वार; an item recorded प्रविष्टि।
enumerate इ न्यू मॅ रेट *v.t.* to count गिनना; to mention one by one एक-एक करके बताना।
envelop इन् वैँ लॅप, ऐँन्– *v.t.* to cover आवृत्त क०, ढकना; to surround entirely पूरी तरह घेरना।
envelope ऐँन् वि लोप, औँन्– *n.* cover for letter लिफ़ाफ़ा।
enviable ऐँन् वि अॅ ब्ल *a.* causing envy ईर्ष्या-योग्य।
envious ऐँन् वि अॅस *a.* full of envy ईर्ष्यालु।
environment इन् वॉइअॅ रॅन् मॅन्ट *n.* physical surroundings पर्यावरण; conditions of life परिवेश।
envy[1] ऐँन् वि *n.* jealousy ईर्ष्या; a desired object चाह की वस्तु।
envy[2] *v.t.* to feel jealous of (से) ईर्ष्या रखना।
epic ऐँ पिक *n.* poetic account of the deeds of a legendary hero महाकाव्य।
epidemic ऐँ पि डैँ मिक *n.* widespread occurrence of a disease महामारी।
epigram ऐँ पि ग्रैम *n.* short witty saying विदग्धोक्ति।
epilepsy ऐँ पि लैप् सि *n.* a disease of nervous system अपस्मार, मिरगी।
epilogue ऐँ पि लौग *n.* conclusion उपसंहार।
episode ऐँ पि सोड *n.* interesting incident घटना।
epitaph ऐँ पि टाफ़ *n.* inscription on a tombstone समाधिलेख।
epoch ई पौक *n.* period of history marked by notable events युग।
equal[1] ई क्वॅल *a.* the same in size, quantity, degree, etc. समान; identical समरूप।
equal[2] *(–ll–) v.t.* to be equal to के समान होना।
equal[3] *n.* pesson or thing equal to another समकक्ष व्यक्ति या वस्तु।
equality ई क्वौँ लि टि *n.* state of being equal समानता; uniformity समरूपता।
equalize ई क्वॅ लॉइज़ *v.t.* to make equal बराबर क०।
equate इ क्वेट *v.t.* to treat as equal समान मानना; to make equal समान बनाना।
equation इ क्वे शॅन *n.* balancing संतुलन; mathemetical expression समीकरण।
equator इ क्वे टॅ: *n.* an imaginary line round the earth विषुवत् रेखा।
equilateral ई क्वि लै टॅ रॅल *a.* having all sides equal समबाहु।
equip इ क्विप *(–pp–) v.t.* to fit out सज्जित या लैस क०।
equipment इ क्विप् मॅन्ट *n.* necessary apparatus उपस्कर, साज़-सामान।
equitable ऐँ क्वि टॅ ब्ल *a.* fair, just न्यायोचित।

equivalent इ क्वि वॅ लॅन्ट *a.* equal in value, amount, etc. सम, तुल्य; of the same meaning समानार्थी ।

equivocal इ क्वि वॅ कॅल *a.* of double meaning द्वयर्थक; of doubtful meaning भ्रमात्मक ।

era इॲ रॅ *n.* epoch काल, युग ।

eradicate इ रै डि केट *v.t.* to wipe out उन्मूलन क० ।

erase इ रेज़ *v.t.* to scrape out (रगड़कर) मिटाना ।

erect[1] इ रैक्ट *v.t.* to build निर्माण क०; to found स्थापित क०; to fix in an upright position सीधा खड़ा क० ।

erect[2] *a.* upright सीधा खड़ा हुआ ।

erection इ रैक् शॅन *n.* act of erecting उत्थापन; a building, a structure निर्माण ।

erode इ रोड *v.t.* to wear away क्षय क०; to eat into खा जाना, काटदेना ।

erosion इ रो ज़ॅन *n.* act of eroding क्षरण, कटाव ।

erotic इ रौँ टिक *a.* amorous शृंगारिक ।

err ऐँ: *v.i.* to make a mistake भूल क० ।

errand ऐँ रॅन्ड *n.* verbal message संदेश; purpose of a journey यात्रा का उद्देश्य ।

erroneous इ रो नि ॲस *a.* wrong, अशुद्ध, ग़लत; mistaken भ्रमपूर्ण ।

error ऐँ रॅ: *n.* mistake भूल ।

erupt इ रप्ट *v.i.* to break out suddenly प्रस्फुटित होना ।

eruption इ रप् शॅन *n.* outbreak प्रस्फुटन, विस्फोट; rash on the skin फोड़े-फुंसी ।

escape[1] इस् केप *n.* outlet निकास; flight पलायन ।

escape[2] *v.i.* to get free मुक्त होना; to get off safely सुरक्षित निकल जाना; to go unpunished अदंडित बच जाना; *v.t.* to elude (से) बचना; to be forgotten by (से) भुला दिया जाना ।

escort[1] ऐँस् कौ: ट *n.* guard अनुरक्षी ।

escort[2] इस् कौ: ट *v.t.* to accompany as an escort (की) रक्षार्थ साथ जाना ।

especial इस् पै शॅल, ऐँस्– *a.* particular विशिष्ट ।

essay[1] ऐँ से *n* piece of prose written on a given topic निबंध ।

essay[2] *v.t.* to try to do (का) प्रयत्न क०; to make experiment of परखना ।

essayist ऐँ से इस्ट *n.* a writer of essays निबंधकार ।

essence ऐँ सॅन्स *n.* distinctive element of a thing सार, तत्त्व; concentrated extract of a substance आसव ।

essential इ सैँन् शॅल, ऐँ– *a.* necessary आवश्यक; fundamental मूलभूत; मौलिक ।

establish इस् टैब् लिश, ऐँस् – *v.t.* to set up (की) स्थापना क०; to prove प्रमाणित क०; to settle स्थिर क० ।

establishment इस् टैब् लिश् मॅन्ट, ऐँस्– *n.* act of establishing स्थापना; business settlement अधिष्ठान ।

estate इस् टेट, ऐँस् *n.* landed property भूसंपत्ति ।

esteem[1] इस् टीम, ऐँस्– *n.* regard आदर, मान; recognition मान्यता ।

esteem[2] *v.t.* to respect आदर क०; to consider मान्यता देना ।

estimate[1] ऐँस् टि मिट, –मेट *n.* valuing in mind अनुमान; roughcalculation आकलन ।

estimate[2] ऐँस् टि मेट *v.t.* to evaluate मूल्यांकन क० ।

estimation ऐँस् टि मे शॅन *n.* opinion, judgement मत; reckoning आकलन; regard सम्मान ।

etcetera ऐँट सैँ ट् रॅ (usually written etc.) and other things तथा अन्य वस्तुएँ; and so on इत्यादि ।

eternal इ टॅ: नॅल perpetual,

everlasting शाश्वत, सनातन।

eternity इ टॅः नि टि *n.* time without end अनंत काल।

ether ई थॅः *n.* a colourless liquid made from alcohol ईथर; outer space व्योम।

ethical ऐॅ थि कॅल *a.* relating to morals नैतिक।

ethics ऐॅ थिक्स *n. (pl.)* treatise on morals नीतिग्रंथ।

etiquette ऐॅ टि कैॅट *n.* customary rules of behaviour शिष्टाचार।

etymology ऐॅ टि मौॅ लॅ जि *n.* study or science of origin of words व्युत्पत्तिशास्त्र।

eunuch यू नॅक *n.* castrated man नपुंसक, हिजड़ा।

evacuate इ वै क्यु एट *v.t.* to vacate ख़ाली क०; to remove हटा देना।

evacuation इ वै क्यु ए शॅन *n.* being or getting vacated शून्यीभवन, शून्यीकरण; withdrawal परित्याग; removal निकास।

evade इ वेड *v.t.* to avoid टालना; to escape from (से) बचना।

evaluate इ वै ल्यु एट *v.t.* to find out the value of (का) मूल्यांकन क०।

evaporate इ वै पॅ रेट *vi.* to turn to vapour भाप बनना; to vanish लुप्त हो जाना; *v.t.* to convert into vapour भाप बनाना; to extract moisture from सुखाना।

evasion इ वे ज़ॅन *n.* act of evading अपवंचन; excuse बहाना; equivocation अस्पष्ट कथन।

even[1] ई वॅन *a.* uniform सम, एकरूप; level समतल; equal समगुण।

even[2] *v.t.* to make even or smooth सम क०।

even[3] *adv.* still और भी; equally समान रूप से।

evening ईव् निङ्ग *n.* close of the day संध्या।

event ई वैन्ट *n.* important happening घटना।

eventually ई वैन् ट्यु अॅ लि *adv.* ultimately, in the end अंततः।

ever ऐॅ वॅः *adv.* always, at all times सर्वदा; at any time किसी भी समय।

evergreen[1] ऐॅ वॅः ग्रीन *a.* always fresh सदाबहार।

evergreen[2] *n.* tree or shrub having foliage throughout the year सदाबहार पेड़, पौधा आदि।

everlasting ऐॅ वॅः लास् टिङ्ग *a.* eternal चिरस्थायी।

every ऐव् रि *a.* each प्रत्येक।

evict इ विक्ट *v.t.* to expel by legal process बेदख़ल क०।

eviction इ विक् शॅन *n.* expulsion बेदख़ली।

evidence ऐॅ वि डॅन्स *n.* testimony साक्ष्य, गवाही; proof प्रमाण।

evident ऐॅ वि डॅन्ट *a.* obvious सुस्पष्ट।

evil[1] ई व्ल *n.* that which is not good अशुभ।

evil[2] *a.* wicked दुष्ट; bad निंद्य।

evoke इ वोक *v.t.* to call up, to summon पुकारना, आह्वान क०।

evolution ई वॅ ल्यू शॅन *n.* gradual development विकास।

evolve इ वौॅल्व *v.t.* to develop विकसित क०; *v.i.* to be developed विकसित होना; to undergo slow changes धीरे-धीरे परिवर्तित होना।

ewe यू *n.* a female sheep भेड़।

exact इग् ज़ैक्ट *a.* precise यथार्थ; absolutely correct ठीक।

exaggerate इग् ज़ै जॅ रेट, ऐॅग्– *v.t.* to magnify unduly अतिरंजना क०।

exaggeration इग् ज़ै जॅ रे शॅन *n.* statement in excess of the truth

अतिशयोक्ति ।

exalt इग् **ज़ॉ ल्ट** *v.t.* to raise in rank पदोन्नत क०; to extol सराहना क० ।

examination इग् ज़ै मि **ने** शॅन, ऐगॅ— *n.* test of knowledge परीक्षा; close inspection जाँच-पड़ताल ।

examine इग् **ज़ैं** मिन, ऐगॅ— *v.t.* to test परीक्षा क०; to inspect (की) जाँच क० ।

examinee इग् ज़ै मि **नी** *n.* one under examination परीक्षार्थी ।

examiner इग् **ज़ै** मि नॅं: *n.* one who examines परीक्षक ।

example इग् **ज़ाम्** प्ल, ऐगॅ— *n.* instance उदाहरण; specimen नमूना ।

excavate **ऐक्स** कॅ वेट *v.t.* to hollow खोखला क०; to dig out खोदना ।

excavation ऐक्स् कॅ **वे** शॅन *n.* excavating or being excavated उत्खनन ।

exceed इक् **सीड**, ऐक्— *v.t.* to go beyond (से) अधिक होना ।

excel इक् **सैं ल**, ऐक्— *v.i.* to be leading अग्रगण्य होना; *v.t.* to be superior to (से) श्रेष्ठ होना ।

excellence **ऐक्** सॅ लॅन्स *n.* superiority उत्कृष्टता ।

excellency **ऐक्** सॅ लॅन् सि *n.* title of honour मान्यवर ।

excellent **ऐक्** सॅ लॅन्ट *a.* of great virtue or worth उत्कृष्ट ।

except[1] इक् **सैप्ट**, ऐक्— *v.t.* to leave out छोड़ देना ।

except[2] *prep.* leaving out के अतिरिक्त ।

exception इक् **सैप्** शॅन, ऐक्— *n.* exclusion अपवाद; objection आपत्ति ।

excess[1] इक् **सैस** *n.* superabundance अति, बाहुल्य; surplus अधिशेष; intemperance असंयम ।

excess[2] *a.* additional अतिरिक्त, फ़ालतू ।

exchange[1] इक्स् **चेन्ज**, ऐक्स्— *n.* giving and taking of one thing for another विनिमय; (cap.) stock exchange विनिमय-केंद्र; central telephone exchange दूरभाष केंद्र ।

exchange[2] *v.t.* to change for another विनिमय क० ।

excise ऐक् **सॉइज़**, इक्— *n.* tax on certain home commodities उत्पादन-शुल्क, आबकारी ।

excite इक् **सॉइट**, ऐक्— *v.t.* to rouse उत्तेजित क०; to call into activity जाग्रत क० ।

exclaim इक्स् **क्लेम**, ऐक्स्— *vi.* to speak suddenly चिल्लाना; *v.t.* to say suddenly चिल्लाकर कहना ।

exclamation ऐक्स् क्लॅ **मे** शॅन *n.* uttered expression of surprise विस्मयोद्गार ।

exclude इक्स् **क्लूड**, ऐक्स्— *v.t.* to leave out निकालना ।

exclusive इक्स् **क्लू** सिव, ऐक्स्— *a.* admitting no others अनन्य; singular, sole एकमात्र; reserved to a few विशिष्ट ।

excommunicate ऐक्स् कॅ **म्यू** नि केट *v.t.* to expel from the community समाज से बहिष्कृत क० ।

excursion इक्स् **कॅः** शॅन, ऐक्स्— *n.* outgoing पर्यटन ; pleasure trip आमोद-विहार ।

excuse[1] इक्स् **क्यूस** *v.t.* to pardon क्षमा क०; to free from blame दोषमुक्त क० ।

excuse[2] *n.* ground for being excused बहाना ।

execute **ऐक्** सि क्यूट *v.t.* to carry out पालन क०; to put to death judicially फाँसी देना; to give effect to कार्यान्वित क० ।

execution ऐक् सि **क्यू** शॅन *n.* putting into effect क्रियान्वयन; putting to death judicially फाँसी का दंड ।

executioner ऐक् सि **क्यू** शॅ नॅं: *n.* one

employed to execute criminals जल्लाद, फाँसी देने वाला।

exempt[1] इग् ज़ैम्प्ट, ऐग्- *v.t.* to free मुक्त क०; to grant immunity माफ़ क०।

exempt[2] *a.* not liable शुल्क से मुक्त।

exercise[1] **ऐक् सॅ: सॉइज़** *n.* putting in practice प्रयोग; exertion of the body for health कसरत; military drill क़वायद; a school task for practice अभ्यास।

exercise[2] *v.t.* to put into practice प्रयोग क०; to improve by practice अभ्यास द्वारा विकसित क०; *v.i.* to take exercise व्यायाम क०।

exhaust इग् ज़ॉस्ट, ऐग्- *v.t.* to tire out थका देना; to use up समाप्त कर देना; to draw off बाहर निकालना; to discuss thoroughly विस्तृत व्याख्या क०।

exhibit[1] इग् ज़ि बिट, ऐग्- *n.* something exhibited प्रदर्शनीय वस्तु।

exhibit[2] *v.t.* to show दिखाना, प्रदर्शित क०।

exhibition ऐक् सि बि शॅन *n.* public show प्रदर्शनी; display प्रदर्शन।

exile[1] ऐक् सॉइल, ऐग् ज़ॉइल *n.* expulsion from one's country देश-निष्कासन।

exile[2] *v.t.* to expel from one's country देश से निकालना।

exist इग् ज़िस्ट, ऐग्- *vi.* to be in existence अस्तित्व रखना; to live जीवित होना।

existence इग् ज़िस् टॅन्स, ऐग्- *n.* state of being अस्तित्व; life जीवन।

exit ऐक् सिट, ऐग् ज़िट *n.* departure प्रस्थान; passage out बहिर्गमन-द्वार।

expand इक्स् पैन्ड, ऐक्स्- *vt.* to spread out फैलाना; to enlarge फुलाना ; *vi.* to increase बढ़ना; to spread फैलना।

expansion इक्स् पैन् शॅन, ऐक्स्- *n.* spread फैलाव; extension विस्तार, प्रसार; increase वृद्धि।

ex-parte[1] ऐक्स् पा: टि *a.* one sided एकपक्षीय।

ex-parte[2] *adv.* in the interest of one side only एक के पक्ष में।

expect इक्स् पैक्ट, ऐक्स्- *v.t.* to hope for आशा क०; to await प्रतीक्षा क०।

expectation ऐक्स् पैक् टे शॅन *n.* expecting उम्मीद; future prospects अपेक्षा, आशा।

expedient इक्स् पी इयॅन्ट, ऐक्स्- *a.* suitable उपयुक्त; advantageous लाभकारी।

expedite ऐक्स् पि डॉइट *v.t.* to hasten जल्दी क०।

expedition ऐक्स् पि डि शॅन *n.* exploration खोजयात्रा; organised march or journey अभियान; promptness शीघ्रता।

expel इक्स् पैल, ऐक्स्- *(-ll-)* *v.t.* to discharge in disgrace निकाल देना; to banish निष्कासित क०।

expend इक्स् पैन्ड, ऐक्स्- *v.t.* to spend ख़र्च क०; to consume उपभोग क०।

expenditure इक्स् पैन् डि चॅ:, ऐक्स्- *n.* money spent लागत; expense ख़र्च।

expense इक्स् पैन्स, ऐक्स्- *n.* expenditure ख़र्च; cost लागत।

expensive इक्स् पैन् सिव, ऐक्स्- *a.* costly महँगा।

experience[1] इक्स् पिअॅ रि अॅन्स, ऐक्स्- *n.* the gaining of knowledge and skill on the basis of practical life and observation अनुभव; observation निरीक्षण, अवलोकन; the event घटना।

experience[2] *v.t.* to undergo, to have an experience of झेलना, भोगना।

experiment इक्स् पै रि मॅन्ट, ऐक्स्- *n.* something done to test a theory परीक्षण।

expert[1] ऐक्स् पॅ: ट *a.* having familiar knowledge विशेषज्ञ।

expert[2] *n.* one skilful in something कुशल व्यक्ति ।

expire इक्स् **पाँइअॅः**, ऐंक्स्— *vi.* to lapse(अवधि) समाप्त होना; to die मरना ।

expiry इॅक्स् **पाँइअॅ** रि, ऐंक्स्— *n.* end or termination (of a period of time) अवसान ।

explain इक्स् **प्लेन**, ऐंक्स्— *v.t.* to account for (का) कारण बताना; to make plain स्पष्ट क०; to illustrate the meaning of (का) अर्थ बताना ।

explanation ऐंक्स् प्लॅ **ने** शॅन *n.* exposition व्याख्या; meaning अर्थ ।

explicit इक्स् **प्लि** सिट, ऐंक्स्— *a.* clearly stated सुस्पष्ट ; definite सुनिश्चित ।

explode इक्स् **प्लोड**, ऐंक्स्— *v.t.* to cause to blow up (का) विस्फोट क०; *vi.* to burst with a loud report फटना ।

exploit[1] **ऐंक्स्** प्लौँ इट *n.* a heroic act पराक्रम ।

exploit[2] इक्स् **प्लौँ इट**, ऐंक्स्— *v.t.* to make gain out of (से) लाभ उठाना; to turn to use उपयोग क०; to make gain at the expernse of (का) शोषण क० ।

exploration ऐंक्स् प्लॅ **रे** शॅन *n.* travel for the sake of discovery अन्वेषण; act of searching thoroughly जाँच-पड़ताल ।

explore इक्स् **प्लौः**, ऐंक्स्— *vt.* to search खोजना; to examine thoroughly छानबीन क० ।

explosion इक्स् **प्लो** ज़ॅन, ऐंक्स्— *n.* blast विस्फोट; loud report धमाका; sudden increase अचानक वृद्धि ।

explosive[1] इक्स् **प्लो** सिव, ऐंक्स्— *n.* explosive material विस्फोटक पदार्थ ।

explosive[2] *a.* causing explosion विस्फोटक ।

exponent ऐंक्स् **पो** नॅन्ट, इक्स्— *n.* expounder प्रतिपादक ।

export[1] **ऐंक्स्** पौः ट *n.* act of exporting निर्यात; goods that are exported निर्यात की जानेवाली वस्तुएँ ।

export[2] ऐंक्स् **पौः ट** *v.t.* to send out of a country निर्यात क० ।

expose इक्स् **पोज़**, ऐंक्स्— *v.t.* to uncover उघाड़ना; to display प्रदर्शित क०; to disclose प्रकट क० ।

express[1] इक्स् **प्रैस**, ऐंक्स्— *v.t.* to put into words कहना, वर्णन क०; to make known अभिव्यक्त क० ।

express[2] *a.* definitely stated स्पष्ट रूप से कथित; speedy तीव्रगामी ।

express[3] *n.* express train द्रुतगामी रेलगाड़ी ।

expression इक्स् **प्रैं** शॅन, ऐंक्स्— *n.* act, power or mode of representing अभिव्यंजना; features मुखाकृति ।

expressive इक्स् **प्रैं** सिव, ऐंक्स्— *a.* vividly representing अभिव्यंजनापूर्ण; full of expression भावाभिव्यक्तिपूर्ण ।

expulsion इक्स् **पल्** शॅन, ऐंक्स्— *n.* banishment निष्कासन ।

extend इक्स् **टैन्ड**, ऐंक्स्— *v.t.* to stretch out विस्तृत क०; to exert to the full तानना; to widen चौड़ा क० ।

extent इक्स् **टैन्ट**, ऐंक्स्— *n.* size आकार; scope क्षेत्र ; degree सीमा ।

external ऐंक्स् **टॅः** नॅल *a.* exterior बाह्य; foreign विदेशी ।

extinct इक्स् **टिङ्क्ट**, ऐंक्स्— *a.* extinguished बुझा हुआ; no longer existing विलुप्त ।

extinguish इक्स् **टिङ्** ग्विश, ऐंक्स्— *v.t.* to put out बुझाना; to destroy नष्ट क० ।

extol इक्स् **टौँ ल**, ऐंक्स्— *v.t.* to praise highly प्रशंसा क० ।

extra[1] **ऐंक्स्** ट्रॅ *a.* additional अतिरिक्त; more than usual फ़ालतू ।

extra[2] *adv.* additionally, more than usually असामान्य रूप से ।

extract[1] **ऐंक्स्** ट्रैक्ट *n.* distilled substance निचोड़ ; essence सार ।

extract[2] इक्स् ट्रैक्ट, ऐक्स्– *v.t.* to draw out by distillatin अर्क़ निकालना; to extort ऐंठना।

extraordinary इक्स् ट्रौ: डि नॅ रि *a.* unusual असाधारण; exceptional अपूर्व।

extravagance इक्स् ट्रै वि गॅन्स, ऐक्स्– *n.* immoderation उच्छृंखलता; lavish expenditure फ़िज़ूलख़र्ची।

extravagant इक्स् ट्रै वि गॅन्ट, ऐक्स्– *a.* wasteful अपव्ययी; immoderate असंयमी; excessive अत्यधिक।

extreme[1] इक्स् ट्रीम, ऐक्स्– *a.* farthest दूरतम; excessive अति अधिक; far from moderate उग्र क्रांतिकारी।

extreme[2] *n.* utmost degree अधिकतम मात्रा; one of opposite ends सिरा, किनारा।

extremist इक्स् ट्री मिस्ट, ऐक्स्– *n.* holder of extreme opinion अतिवादी।

exult इग् ज़ल्ट, ऐग्– *v.i.* to rejoice exceedingly उल्लसित होना।

eye आइ *n.* organ of sight आँख।

eyeball आइ बौल *n.* globe of the eye नेत्र-गोलक।

eyelash आइ लैश *n.* hair fringing the eyelid बरौनी।

eyelet आइ लिट *n.* a small hole for a rope etc. to pass through सूराख़।

eyewash आइ वौश *n.* lotion for the eyes नेत्रधावन; pretence बहाना।

F

fable फ़े ब्ल *n.* a tale with a moral नीतिकथा; legend पौराणिक कथा; an untrue statement झूठी बात।

fabric फ़ै ब्रिक *n.* cloth कपड़ा; framework, structure भवन।

fabricate फ़ैब् रि केट *v.t.* to forge जालसाज़ी के रूप में क०; to construct निर्माण क०; to invent गढ़ना।

fabrication फ़ैब् रि के शॅन *n.* fabricating गढ़ाई, संरचना; forgery जालसाज़ी; invention छलरचना, गढ़त; something fabricated गढ़ी गई वस्तु।

fabulous फ़ै ब्यु लॅस *a.* unbelievable अविश्वसनीय; amazing आश्चर्यजनक।

facade फ़ॅ साड *n.* false appearance मुखौटा; front face of building मकान का अग्रभाग।

face[1] फ़ेस *n.* front of head चेहरा; front part of anything अग्रभाग।

face[2] *v.t.* to be opposite to (के) आमने-सामने होना; to meet boldy सामना क०।

facet फ़ै सिट *n.* aspect पहलू।

facial फ़े शॅल *a.* pertaining to face मुख-संबंधी।

facile फ़ै सॉइल *a.* easy सुगम।

facilitate फ़ॅ सि लि टेट *v.t.* to make easier आसान कर देना।

facility फ़ॅ सि लि टि *n.* convenience सुविधा।

fac-simile फ़ैक् सि मि लि *n.* exact copy प्रतिकृति।

fact फ़ैक्ट *n.* truth सत्य; reality यथार्थ ।
faction फ़ैक् शॅन *n.* strife within a party दलबंदी ।
factious फ़ैक् शॅस *a.* quarrelsome झगड़ालू
factor फ़ैक् टॅ: *n.* an agent अभिकर्त्ता; cause कारण; any of the numbers which, when multiplied, form a product गुणक ।
factory फ़ैक् टॅ रि *n.* building where things are manufactured कारख़ाना ।
faculty फ़ै कॅल् टि *n.* department of learning संकाय; mental and physical ability क्षमता ।
fad फ़ैड *n.* craze सनक ।
fade फ़ेड *v.i.* to grow pale or dim धीमा पड़ना; to lose colour रंग का उड़ना ।
faggot फ़ै गॅट *n.* bundle of sticks for fuel ईंधन की लकड़ियों का गट्ठर ।
fail फ़ेल *v.i.* to be unsuccessful असफल होना; to stop functioning काम बंद कर देना ।
failure फ़ेल् यॅ: *n.* lack of success असफलता ।
faint[1] फ़ेन्ट *a.* dim धुँधला; weak कमज़ोर ।
faint[2] *v.i.* to swoon मूर्च्छित होना ।
fair[1] फ़ेंअॅ: *a.* beautiful सुंदर; clear साफ़; impartial निष्पक्ष; white-complexioned गौरवर्ण ।
fair[2] *n.* periodical market पैंठ, मेला; exhibition प्रदर्शनी ।
fairly फ़ेंअॅ: लि *adv.* justly निष्पक्ष रूप से; reasonably न्यायसंगत ढंग से; in a satisfactory degree पर्याप्त मात्रा में ।
fairy फ़ेंअॅ रि *n.* small mythical being परी ।
faith फ़ेथ *n.* confidence, trust विश्वास; belief निष्ठा; religion धर्म ।
faithful फ़ेथ् फुल *a.* loyal वफ़ादार; accurate यथार्थ ।
falcon फ़ौल् कॅन *n.* a bird of prey of the hawk family बाज़, श्येन ।
fall[1] फ़ौल *vi.* to drop, to come down freely गिरना; to become lower कम होना; to decrease घटना; to hang down लटकना; to perish नष्ट होना; to collapse ढहना; to happen घटित होना; to lose power पतन होना ।
fall[2] *n.* falling पतन; coming down, decrease पतन; collapse विनाश; defeat पराजय; moral debasement नैतिक पतन ।
fallacy फ़ै लॅ सि *n.* a mistaken idea or argument भ्रांति, तर्काभास ।
fallow फ़ै लो *n.* (of land) ploughed but not planted परती ।
false फ़ौल्स *a.* wrong ग़लत; deceptive भ्रामक; not real अवास्तविक; faithless निष्ठाहीन; sham नक़ली ।
falter फ़ौल् टॅ: *v.i.* to walk or move unsteadily लड़खड़ाना; to speak in a shaky voice हकलाना ।
fame फ़ेम *n.* reputation यश, कीर्ति ।
familiar फ़ॅ मि लि अॅ: *a.* well- known जाना-पहचाना; knowing something or someone well जानकार ।
family फ़ै मि लि *n.* parents and children taken together परिवार; a group of related things श्रेणी, वर्ग ।
famine फ़ै मिन *n.* serious shortage of food अकाल, दुर्भिक्ष ।
famous फ़े मॅस *a.* very well- known प्रसिद्ध, विख्यात ।
fan फ़ैन *n.* device of giving air पंखा ।
fanatic[1] फ़ॅ नै टिक *a.* unreasonably zealous in religion मतांध ।
fanatic[2] *n.* a person filled with unreasonable enthusiasm धर्मांध व्यक्ति ।
fancy[1] फ़ैन् सि *n.* imagination कल्पना; whim सनक ।
fancy[2] *v.t.* to imagine कल्पना क०; to

like पसंद क० ।

fantastic फ़ैन् **टैस्** टिक *a.* wildly wonderful विलक्षण ।

far[1] फ़ा: *adv.* at or to a great distance दूर; very much कहीं अधिक ।

far[2] *a.* distant दूरस्थ ।

far[3] *n.* distance दूरी ।

farce फ़ा: स *n.* comedy of extravagant humour प्रहसन; absurd and pointless proceedings, mockery मज़ाक़, तमाशा ।

fare फ़ेंअॅ: *n.* price for passage भाड़ा, किराया; food खाना; passenger सवारी ।

farewell[1] **फ़ेंअॅ:** वैलॅ *n.* well- wishing at parting विदा ।

farewell[2] *interj.* good-bye अलविदा ।

farm फ़ा:म *n.* agricultural land कृषि-भूमि ।

farmer **फ़ा:** मॅ: *n.* cultivator किसान ।

fascinate **फ़ै** सि नेट *v.t.* to charm मोहित क०; to render motionless वशीभूत क० ।

fascination फ़ै सि **ने** शॅन *n.* act. of fascinating आकर्षण, सम्मोहन ।

fashion **फ़ै** शॅन *n.* style of dress भूषाचार, फ़ैशन; mode, manner तरीक़ा, रीति ।

fashionable **फ़ै** शॅ नॅ ब्ल *a.* fond of fashion फ़ैशनपरस्त, शौक़ीन मिजाज़ ।

fast[1] फ़ास्ट *a.* rapid तीव्र; ahead of time तेज़, आगे; loyal पक्का, सच्चा; unfading (colour) पक्का (रंग) ।

fast[2] *adv.* rapidly तेज़ी से ।

fast[3] *n.* going without food उपवास ।

fast[4] *v.i.* to go without food उपवास क० ।

fasten **फ़ा** सॅन *v.t.* to tie बाँधना; to fix firmly जकड़ना ।

fat[1] फ़ैट *a.* fleshy मांसल; oily स्निग्ध; thick मोटा ।

fat[2] *n.* oily substance चिकनाई; substance found in animal bodies वसा, चर्बी ।

fatal **फ़े** टॅल *a.* causing destruction or death घातक ।

fate फ़ेट *n.* destiny भाग्य; final issue अंतिम परिणाम ।

father **फ़ा** दॅ: *n.* a male parent पिता ।

fathom[1] **फ़ै** दॅम *v.t.* to measure depth थाह लेना; to comprehend भलीभाँति समझ लेना ।

fathom[2] *n.* a measure of depth (6 feet) फ़ैदम, गहराई का माप (6 फुट) ।

fatigue[1] फ़ॅ **टीग** *n.* weariness थकान ।

fatigue[2] *v.t.* to cause fatigue थकाना ।

fault फ़ौल्ट *n.* error भूल; mistake ग़लती; blemish अवगुण ।

faulty **फ़ौल्** टि *a.* having a fault or faults दोषपूर्ण ।

fauna **फ़ौ** नॅ *n.* animal world प्राणि-जगत्, जीव-जंतु ।

favour[1] **फ़े** वॅ: *n.* partiality पक्षपात; help सहायता; support अनुमोदन ।

favour[2] *v.t.* to give support to समर्थन क०; to give unfair help or advantage पक्षपात क० ।

favourable **फ़े** वॅ रॅ ब्ल *a.* conducive अनुकूल ।

favourite[1] **फ़े** वॅ रिट *a.* esteemed प्रीतिभाजन ।

favourite[2] *n.* a darling प्रेमपात्र; a minion चहेता ।

fear[1] फ़िअॅ: *n.* dread भय; anxiety चिंता; apprehension आशंका ।

fear[2] *v.i.* to have fear, to be afraid डरना; *v.t.* to regard with fear (से) डरना; to have an uneasy feeling of आशंकित होना ।

fearful **फ़िअॅ:** फुल *a.* causing fear भयानक, भयावह; frightened भयभीत ।

feasible **फ़ी** ज़ॅ ब्ल *a.* possible संभव; practicable शक्य ।

feast[1] फ़ीस्ट *n.* festivity उत्सव; banquet प्रीतिभोज।

feast[2] *v.i.* to hold a feast दावत का आयोजन क०; *v.t.* to entertain sumptuously दावत देना।

feat फ़ीट *n.* a deed of great courage or skill साहसिक कार्य।

feather फ़ैं दं: *n.* one of the light coverings that grow from a bird's skin पंख।

feature फ़ी चं: *n.* characteristic लक्षण; prominent trait वैशिष्ट्य; face मुखाकृति।

February फ़ैब् रु अ रि *n.* second month of the year फ़रवरी।

federal फ़ैं डॅ रॅल *a.* pertaining to union of states संघीय।

federation फ़ैं डॅ रे शॅन *n.* union of states संघ, राज्य संघ।

fee फ़ी *n.* the money paid for help or advice received शुल्क।

feeble फ़ी बुल *a.* weak कमज़ोर।

feed[1] फ़ीड *v.t.* to give food to भोजन देना; to foster पालन-पोषण क०।

feed[2] *n.* plentiful meal भोजन; fodder चारा।

feel फ़ील *v.t.* to touch स्पर्श क०; to examine by touching छूकर परखना; to consider मानना; to be sensitive to महसूस क०; *v.i.* to take ill बुरा मान जाना; to come to know जानकारी होना।

feeling फ़ी लिङ्ग *n.* the sense of touch स्पर्श; ability to feel स्पर्श क्षमता; physical sensation शारीरिक अनुभूति; emotion भावना; sympathy सहानुभूति, opinion मत, धारणा।

feign फ़ेन *v.t.* to make a show or pretence of बहाना क०।

felicitate फ़ि लि सि टेट *v.t.* to congratulate बधाई देना।

felicity फ़ि लि सि टि *n.* good fortune सौभाग्य।

fell फ़ैल *v.t.* to cause to fall गिराना; to cut down (a tree) (पेड़) काट डालना।

fellow फ़ैं लो *n.* companion साथी; member सदस्य; partner सहभागी; research student शोधछात्र।

female[1] फ़ी मेल *a.* pertaining to womankind स्त्री-जाति-विषयक।

female[2] *n.* a female animal मादा।

feminine फ़ैं मि निन *a.* pertaining to women नारी-सुलभ; *(gram.)* of the gender to which female names belong स्त्रीलिंग।

fence[1] फ़ैन्स *n.* enclosure चहारदीवारी; barrier for enclosing घेरा, बाड़ा।

fence[2] *v.t.* to enclose घेरना; to defend रक्षा क०।

fend फ़ैन्ड *v.t.* to ward off बाहर रोक देना; to defend रक्षा क०।

ferment[1] फ़ः मैन्ट *n.* agitation हंगामा; substance that excites fermentation ख़मीर।

ferment[2] *v.t.* to excite उत्तेजित क०; to excite fermentation in (में) ख़मीर उठाना।

fermentation फ़ः मैन् टे शॅन *n.* fermenting or being fermented किण्वन; unrest, excitement उपद्रव, उत्तेजना।

ferocious फ़ रो शॅस *a.* savage, fierce क्रूर, खूँख़ार।

ferry[1] फ़ैं रि *n.* boat नाव।

ferry[2] *v.t.* to carry or convey over water नाव से पार उतारना।

fertile फ़ः टॉइल *a.* fruitful फलदायक; able to produce abundantly उपजाऊ।

fertility फ़ः टि लि टि *n.* quality of being fertile उर्वरता।

fertilize फ़ः टि लॉइज़ *v.t.* to mak fertile

उर्वर बनाना ।

fertilizer **फ़:** टि लॉइ ज़: *n.* manure खाद, उर्वरक ।

fervent **फ़:** वैन्ट *a.* zealous उत्साही; burning उत्तप्त ।

fervour **फ़:** वें: *n.* warmth of feeling, zeal जोश ।

festival **फ़ैस्** टि वॅल, –टॅ– *n.* joyful celebration आनंदोत्सव; a day or period of public rejoicing त्यौहार, पर्व ।

festive **फ़ैस्** टिव *a.* joyous, mirthful उल्लासमय ।

festivity फ़ैस् **टि** वि टि *n.* social mirth आनंदमंगल; joyfulness हर्षोल्लास ।

festoon फ़ैस् **टून** *n.* a string of flowers, foliage etc. suspended in a curve or curves बंदनवार ।

fetch फ़ैच *v.t.* to bring लाना; to obtain as price मूल्य के रूप में प्राप्त क० ।

fetter[1] **फ़ैं** टॅ: *n.* chain ज़ंजीर; *(pl.)* chain for the feet बेड़ी ।

fetter[2] *v.t.* to put fetters on बेड़ी डालना; to restrain बंधन लगाना ।

feud फ़्यूड *n.* hostility वैमनस्य, वैर; a fief सामंत ।

feudal **फ़्यू** डॅल *a.* pertaining to feuds सामंती ।

fever **फ़ी** वें: *n.* disease marked by great bodily heat ज्वर; agitation अशांति ।

few फ़्यू *a.* not many थोड़े से ।

fiasco फ़ि **ऐस्** को *n.* an ignominious failure पूर्ण असफलता ।

fibre **फ़ॉइ** बॅ: *n.* a thread रेशम, तंतु; nature प्रकृति; texture बनावट ।

fickle **फ़ि** कल *a.* changeable चंचल, अस्थिर ।

fiction **फ़िक्** शॅन *n.* literature in the form of novels, tales etc. कथासाहित्य; falsehood झूठ, मनगढ़ंत बात ।

fictitious फ़िक् **टि** शॅस *a.* imaginary काल्पनिक; counterfeit मनगढ़ंत ।

fiddle[1] **फ़ि** ड्ल *n.* violin सारंगी, बेला ।

fiddle[2] *v.i.* to play on a violin सारंगी बजाना; to waste time समय बरबाद क० ।

fidelity फ़ि **डै** लि टि, फ़ॉइ– *n.* faithfulness निष्ठा ।

fie फ़ॉइ *interj.* an exclamation denoting disapprobation धिक्कार !

field फ़ील्ड *n.* a piece of land suitable for tillage कृषि-भूमि; playground खेल का मैदान; battle ground युद्ध का मैदान; area of knowledge or interest कार्य-क्षेत्र ।

fiend फ़ीन्ड *n.* devil प्रेत; cruel person क्रूर व्यक्ति ।

fierce फ़िॲ:स *a.* ferocious उग्र, प्रचंड; savage हिंस्र; violent प्रबल ।

fiery **फ़ॉइ** ॲ रि *a.* consisting of fire आग्नेय; like fire अग्निवत्; impetuous जोशीला; fierce प्रचंड ।

fifteen **फ़िफ़् टीन** *n.* ten plus five पंद्रह (15) ।

fifty **फ़िफ़्** टि *n.* the number next above 49 पचास (50)

fig फ़िग *n.* kind of fruit अंजीर ।

fight[1] फ़ॉइट *n.* struggle लड़ाई, झगड़ा; fighting spirit लड़ने की चाह ।

fight[2] *v.t.* to engage in conflict with किसी के विरुद्ध लड़ना; to contend against विरोध क०; *v.i.* to strive प्रयत्न क० ।

figment **फ़िग्** मॅन्ट *n.* fabrication काल्पनिक वस्तु ।

figurative **फ़िग्** यु रॅ टिव *a.* metaphorical लाक्षणिक; full of figures of speech आलंकारिक ।

figure[1] **फ़ि** गॅ: *n.* a numerical symbol अंक; shape, form आकार, रूप; human shape मानव-आकृति; a diagram

रेखाचित्र; ornament of speech अलंकार ।

figure[2] *v.t.* to picture in the mind कल्पना क०; to appear in में प्रदर्शित होना ।

file[1] फ़ॉइल *n.* record संचिका; collection of data आँकड़ों का संग्रह ।

file[2] *v.t.* to put in a file फ़ाइल में रखना; to refer to a court मुक़दमा चलाना ।

file[3] *n.* a roughened tool for smoothing or shaping रेती ।

file[4] *v.t.* to apply file to रेती लगाना ।

file[5] *n.* row of people मनुष्यों की पंक्ति ।

file[6] *vi.* to march one behind the other पंक्ति में चलना ।

fill फ़िल *v.t.* to make full पूरा भरना; to furnish (an office) with an occupant (पद) ग्रहण करना; *v.i.* to become full भर जाना ।

film[1] फ़िल्म *n.* motion picture चलचित्र; membrane झिल्ली ।

film[2] *v.t.* to make a motion picture of चलचित्र का रूप देना ।

filter[1] **फ़िल्** टॅ: *n.* a device through which air, water etc. can pass in order to remove solid particles निस्यंदक, छन्ना ।

filter[2] *v.t.* to cause to pass through a filter छानना; *v.i.* to pass through a filter छनना ।

filth फ़िल्थ *n.* foul matter कचरा, गंदगी; obscenity अश्लीलता ।

filthy **फ़िल्** थि *a.* unclean अस्वच्छ; foul गंदा, मैला ।

fin फ़िन *n.* propelling organ of fish मीनपक्ष ।

final **फ़ॉइ** नॅल *a.* last अंतिम; definite सुनिश्चित; conclusive समापक ।

finance[1] फ़ॉइ **नैन्स**, फ़ि– *n.* revenue वित्त, अर्थ; money affairs अर्थ-व्यवस्था ।

finance[2] *v.t.* to manage financially (की) अर्थ-व्यवस्था क० ।

financial फ़ॉइ **नैन्** शॅल *a.* pertaining to finance वित्तीय, आर्थिक ।

financier फ़ॉइ **नैन्** सि अॅ:, फ़ि– *n.* one who administers public revenue वित्त-प्रबंधक ।

find फ़ॉइन्ड *v.t.* to come across प्राप्त क०; to discover खोजना; to experience अनुभव क० ।

fine[1] फ़ॉइन *n.* a sum of money to be paid as a penalty जुर्माना ।

fine[2] *v.t.* to impose a fine on जुर्माना क० ।

fine[3] *a.* of very good quality उत्तम, उत्कृष्ट; delicate, thin पतला, महीन; enjoyable आनंददायक; pleasant सुहावना; healthy स्वस्थ ।

finger[1] **फ़िङ्** गॅ: *n.* one of the five parts at the end of the hand उँगली ।

finger[2] *v.t.* to touch with fingers उँगलियों से छूना ।

finish[1] **फ़ि** निश *v.t.* to end समाप्त क०; to complete पूरा क०; to refine परिष्कृत क०; *v.i.* to come to an end समाप्त होना; to be completed पूरा होना ।

finish[2] *n.* the last part अंत; perfection पूर्णता; polish परिष्कार ।

finite **फ़ॉइ** नॉइट *a.* having an end or limit सीमित; *(gram.)* a form of verb एक प्रकार की क्रिया ।

fir फ़ॅ: *n.* kind of timber देवदारु ।

fire[1] फ़ॉइअॅ: *n.* state of burning अग्नि; conflagration अग्निकांड; ardour जोश; shooting of fire arms गोलाबारी ।

fire[2] *v.t.* to discharge (गोली) छोड़ना; to cause to burn जलाना; to bake सेंकना, पकाना ।

firm[1] फ़ॅ:म *a.* stable स्थायी; strong मज़बूत; steady दृढ़; hard कठोर; fixed

निश्चित ।

firm[2] *n.* a commercial house व्यवसाय-संघ ।

first[1] फ़ॅ:स्ट *a.* chief प्रमुख; foremost सबसे आगेवाला ।

first[2] *n.* first place प्रथम स्थान; first class प्रथम श्रेणी ।

first[3] *adv.* in the first place प्रथमतः ।

fiscal फ़िस् कॅल *a.* pertaining to the public treasury राजकोषीय; financial वित्तीय ।

fish[1] फ़िश *n.* a well-known aquatic vertebrate मछली; the flesh of this animal used as food मछली का मांस ।

fish[2] *v.i.* to catch fish मछली पकड़ना; to search for तलाश क० ।

fisherman फ़ि शॅ: मॅन *n.* one whose occupation is to catch fish मछुआरा ।

fissure फ़ि शॅ: *n.* a cleft, a cleavage दरार ।

fist फ़िस्ट *n.* closed and clenched hand घूँसा ।

fistula फ़िस् ट्यु लॅ *n.* a deep, narrow, sinuous ulcer नासूर, नाड़ी-व्रण ।

fit[1] फ़िट *(–tt–)v.t.* to be suited to के लिए उपयुक्त होना; to be properly adjusted to में ठीक से बैठ जाना; to arrange or adjust बैठाना; *v.i.* to be correctly adjusted ठीक से बैठना; to be of the right size उचित आकार का होना ।

fit[2] *a.* well-suited उपयुक्त; proper उचित; ready तैयार; in good condition अच्छी हालत में ।

fit[3] *n.* a sudden attack of illness दौरा; a passing state, mood लहर, तरंग, सनक ।

fitful फ़िट् फुल *a.* irregular अस्थिर ।

fitter फ़ि टॅ: *n.* one who assembles the parts of a machine मिस्तरी ।

five फ़ॉइव *n.* the number next after four पाँच (5) ।

fix[1] फ़िक्स *v.t.* to set जमा देना; to assign, to appoint निर्धारित क०, तय क०; *v.i.* to become firm or solidified पक्का या कड़ा हो जाना ।

fix[2] *n.* a difficult situation परेशानी ।

flabby फ़्लै बि *a.* weak दुर्बल; soft शिथिल ।

flag फ़्लैग *n.* bunting, piece of cloth with a design used as an emblem ध्वज, झंडा ।

flagrant फ़्ले ग्रॅन्ट *a.* enormous अति, घोर; outrageous दारुण ।

flame[1] फ़्लेम *n.* blaze of fire ज्वाला; beam of light तेज़ लपट; rage क्रोध ।

flame[2] *v.i.* to kindle प्रदीप्त होना; to take fire दहकना; to be angry क्रुद्ध होना ।

flannel फ़्लै नॅल *n.* kind of woollen cloth फ़लालेन ।

flare[1] फ़्लेंअॅ: *v.i.* to spread फैलना; to widen out चौड़ा होना; to blaze up भभक उठना ।

flare[2] *n.* sudden blaze भड़क, भभक ।

flash[1] फ़्लैश *n.* momentary gleam of light कौंध, दमक; sudden burst of feelings भाव- स्फुरण ।

flash[2] *v.t.* to cause to flash चमकाना; to send by sudden means तत्क्षण प्रसारित क०; *v.i.* to sparkle brilliantly कौंधना ।

flask फ़्लास्क *n.* narrow- necked bottle सुराही ।

flat[1] फ़्लैट *a.* smooth and level चौपट, चौरस; spread out फैला हुआ; dull नीरस; uniform एक समान; downright साफ़-साफ़, कोरा ।

flat[2] *n.* suite of rooms on one floor of a building भवन-खंड, कमरों का सैट; flat part of anything चपटा भाग ।

flatter फ़्लै टॅ: *v.t.* to overpraise चापलूसी क०; to coax फुसलाना ।

flattery फ़्लै टॅ रि *n.* insincere praise चापलूसी ।

flavour फ़्लै वॅ: *n.* sweet smell सुवास,

सुगंध; taste आस्वाद ।

flaw फ़्लौ *n.* defect दोष ।

flea फ़्ली *n.* a small blood-sucking insect पिस्सू ।

flee फ़्ली *v.i.* to run away रफ़ूचक्कर होना ।

fleece[1] फ़्लीस *n.* sheep's wool ऊन ।

fleece[2] *v.t.* to shear (की) ऊन कतरना; to plunder लूटना ।

fleet फ़्लीट *n.* a number of warships under one commander जहाज़ी बेड़ा; a number of vehicles working under one command जत्था, बेड़ा ।

flesh फ़्लैश *n.* soft part between skin and bone मांस; soft substance of fruit गूदा; the body शरीर; sensual appetite दुर्वासना ।

flexible फ़्लैक् सॅ ब्ल *a.* pliant लचीला; adaptable अनुकूलनीय ।

flicker[1] फ़्लिक: *n.* an unsteady light टिमटिमाहट, झिलमिलाहट ।

flicker[2] *v.i.* to burn unsteadily टिमटिमाना ।

flight फ़्लॉइट *n.* passing through the air उड़ान; fleeing पलायन; ladder सीढ़ी ।

flimsy फ़्लिम् ज़ि *a.* thin पतला, झीना; weak क्षीण ।

fling फ़्लिङ्ग *v.t.* to throw violently फेंकना ।

flippancy फ़्लि पॅन् सि *n.* undue levity छिछोरापन ।

flirt[1] फ़्लॅ:ट *n.* person who flirts चोचलेबाज़ व्यक्ति ।

flirt[2] *v.i.* to make a show of love दिखावटी प्रेम क० ।

float फ़्लोट *v.i.* to be borne on water उतराना, तैरना; to flow बहना; to hang around मँडराना; *v.t.* to cause to be conveyed on water प्रवाहित क० ।

flock[1] फ़्लौक *n.* company of animals or birds झुंड; group समूह ।

flock[2] *v.i.* to gather or go in crowds एकत्र होना ।

flog फ़्लौग *(-gg-)v.t.* to beat or strike पीटना, प्रहार क०; to lash कोड़े लगाना ।

flood[1] फ़्लड *n.* a great flow of water जलप्लावन; a deluge बाढ़; abundance प्रचुरता ।

flood[2] *v.t.* to overflow जलमग्न क०; to deluge बाढ़ग्रस्त क० ।

floor[1] फ़्लौ: *n.* surface तल; bottom of the room फ़र्श; storey in a building मंज़िल, तल्ला ।

floor[2] *v.t.* to furnish with a floor (में) फ़र्श बनाना ।

flora फ़्लौ रॅ *n.* vegetation in a region वनस्पति ।

florist फ़्लौ रिस्ट *n.* seller of flowers फूल-विक्रेता; producer of flowers पुष्पोत्पादक ।

flour फ़्लॉउअॅ: *n.* finely ground meal आटा ।

flourish फ़्ल रिश *v.i.* to thrive फलना-फूलना ।

flow[1] फ़्लो *n.* stream प्रवाह; rise of tide ज्वार ।

flow[2] *v.i.* to run (as water) प्रवाहित होना; to move in a stream घूमना ।

flower फ़्लॉउ अॅ: *n.* a blossom पुष्प; choicest part सर्वोत्तम भाग ।

flowery फ़्लॉउ अॅ रि *a.* full of flowers पुष्पमय; embellished with figurative language अलंकृत ।

fluent फ़्लु अॅन्ट *a.* flowing प्रवाह- युक्त ।

fluid[1] फ़्लु इड, फ़्लू- *a.* capable of flowing तरल; changeable परिवर्तनीय ।

fluid[2] *n.* substance capable of flowing द्रव्य ।

flush[1] फ़्लश *v.i.* to blush लज्जा से लाल हो जाना; to flow suddenly or violently तेज़ी से या अचानक बहना; to be excited उत्तेजित होना; *v.t.* to cleanse by rush of water पानी के बहाव-द्वारा साफ़ क०; to excite उत्तेजित क० ।

flush[2] *n.* sudden flow of blood to the face लज्जाभाव-जनित चेहरे की लाली; excitement उत्तेजना; flow of water प्रवाह; elation आनंदातिरेक ।

flute[1] फ़्लूट *n.* a small wind-instrument with holes and keys बाँसुरी ।

flute[2] *v.i.* to play on a flute बाँसुरी बजाना ।

flutter[1] फ़्लॅ टॅ: *n.* flapping movement फड़फड़ाहट ।

flutter[2] *v.t.* to flap rapidly फड़फड़ाना, फड़फड़ क० ।

fly[1] फ़्लॉइ *n.* a two-winged insect मक्खी ।

fly[2] *v.i.* to move through the air on wings उड़ना; to travel by an aircraft वायुयान-द्वारा यात्रा क०; to pilot an aircraft वायुयान उड़ाना; to move swiftly तेज़ी से गुज़रना ।

foam[1] फ़ोम *n.* froth फेन, झाग ।

foam[2] *v.i.* to froth झाग पैदा क० ।

focal फ़ो कॅल *a.* belonging to a focus नाभीय ।

focus[1] फ़ो कॅस *n.* point at which rays of light, heat, etc. meet किरण-केंद्र; centre of interest अभिरुचि-केंद्र, केंद्र-बिंदु ।

focus[2] *(–s– or –ss–)* *v.t.* to bring to focus फ़ोकस क०; to concentrate संकेंद्रित क० ।

fodder फ़ॉ डॅ: *n.* food for cattle चारा ।

foe फ़ो *n.* enemy शत्रु ।

fog फ़ॉग *n.* thick mist कोहरा ।

foil फ़ॉ इल *v.t.* to frustrate निष्फल क०; to baffle हरा देना ।

fold[1] फ़ोल्ड *n.* the doubling or doubled part of any flexible substance तह, परत; enclosure for sheep भेड़शाला, बाड़ा ।

fold[2] *v.t.* to double मोड़ना; to embrace बाँहों में भरना; *v.i.* to become folded मुड़ना ।

foliage फ़ो लि इज *n.* leaves collectively पर्णसमूह ।

folk फ़ोक *n.* people in general.

follow फ़ॉ लो *v.t.* to attend on अनुगमन क०; to conform to अनुसरण क०; to understand समझना; to engage in पेशे के रूप में क०; to result from (का) परिणाम होना; to pursue पीछा क०; to come after के बाद आना ।

follower फ़ॉ लो अॅ: *n.* disciple शिष्य; attendant अनुचर; imitator अनुकर्ता ।

folly फ़ॉ लि *n.* foolishness मूर्खता ।

foment फ़ो मैन्ट *v.t.* to apply warm lotions to सेंकना; to stir up भड़काना ।

fond फ़ॉन्ड *a.* having a liking शौक़ीन; doting चाहनेवाला; foolish मूर्खतापूर्ण ।

fondle फ़ॉन् ड्ल *v.t.* to caress दुलारना, पुचकारना ।

food फ़ूड *n.* what one feeds on भोजन ।

fool फ़ूल *n.* stupid person मूर्ख व्यक्ति; jester मसख़रा ।

foolish फ़ु लिश *a.* stupid मूर्ख; marked with folly मूर्खतापूर्ण ।

foolscap फ़ूल्ज़ कैप *n.* printing paper measuring 17" × 131/2" 17" × 131/2" नाप का काग़ज़ ।

foot फ़ुट *n.* part of the body used for standing पाँव, पैर; base आधार; lower end निचला सिरा; measure of 12 inches फ़ुट ।

for[1] फ़ौ: *prep.* with the purpose of के हेतु; in exchange for के बदले में; in support of के पक्ष में; because of के कारण; meant for के लिए; in respect of के उपलक्ष्य में; for the length or duration of की दूरी अथवा अवधि के

लिए; in spite of के बावजूद; in search of की तलाश में; towards की ओर ।

for[2] *conj.* because क्योंकि ।

forbid फ़ॅ: **बिड** *v.t.* to prohibit निषिद्ध क० ।

force[1] फ़ौ:स *n.* strength शक्ति; compulsion अनिवार्यता; body of troops सैन्य-बल; violence बल प्रयोग ।

force[2] *v.t.* to compel बाध्य क०; to break open तोड़ना ।

forceful **फ़ौ:स्** फुल *a.* full of force सशक्त, बलशाली ।

forcible **फ़ौ:** सॅ ब्ल *a.* done by force बलात संपादित ।

forearm[1] **फ़ौर:** आ: म *n.* arm between elbow and the wrist प्रबाहु ।

forearm[2] *v.t.* to arm beforehand पहले से शस्त्रसज्जित क० ।

forecast[1] **फ़ौ:** कास्ट *n.* prediction पूर्वानुमान ।

forecast[2] फ़ौ: **कास्ट** *v.t.* to foresee पूर्वानुमान क०; to predict भविष्यवाणी क० ।

forefather **फ़ौ:** फ़ा दॅं: *n.* ancestor पूर्वज ।

forefinger **फ़ौ:** फ़िङ् गॅं: *n.* finger next to thumb तर्जनी ।

forehead **फ़ौॅ** रिड *n.* forepart of the head माथा, मस्तक ।

foreign **फ़ौॅ** रिन *a.* belonging to another country विदेशीय; alien पराया; inappropriate असंगत; irrelevant अप्रासंगिक ।

foreigner **फ़ौ** रि नॅं: *n.* one who belongs to another country विदेशी व्यक्ति ।

foreknowledge फ़ौ: **नौॅ** लिज *n.* knowledge beforehand अग्रज्ञान, पूर्वज्ञान ।

foreleg **फ़ौ:** लैगॅ *n.* a quadruped's front leg अगली टाँग ।

forelock **फ़ौ:** लौकॅ *n.* lock of hair on the forehead माथे पर की अलक ।

foreman **फ़ौ:** मॅन *n.* workman in charge of other workers अग्रणी, अगुआ ।

foremost **फ़ौ:** मोस्ट *a.* first in rank or dignity सर्वोत्तम, सर्वोपरि ।

forenoon **फ़ौ:** नून *n.* morning पूर्वाह्न ।

forerunner **फ़ौ:** र नॅं: *n.* precursor अग्रदूत ।

foresee फ़ौ: **सी** *v.t.* to see or know beforehand पहले से ही देख या जान लेना ।

foresight **फ़ौ:** सॉइट *n.* act or power of foreseeing दूरदर्शिता; prudence अग्रदृष्टि ।

forest **फ़ौ:** रिस्ट *n.* wood, jungle जंगल, वन ।

forestall फ़ौ: **स्टौल** *v.t.* to guard against in advance रोकथाम क०; to anticipate पूर्व से ही देख या जान लेना ।

forester **फ़ौ** रिस् टॅं: *n.* one who watches a forest वनरक्षक ।

forestry **फ़ौ** रिस् ट्रि *n.* science of caring for forests वानिकी, वनविज्ञान ।

foretell फ़ौ: **टैलॅ** *v.t.* to predict भविष्यवाणी क० ।

forethought **फ़ौ:** थौॅट *n.* a thinking beforehand पूर्व विचार; foresight दूरदृष्टि ।

forever फ़ॅ **रै** वॅं: *adv.* for always सदैव के लिए ।

forewarn फ़ौ: **वौ:न** *v.t.* to warn beforehand पूर्व चेतावनी देना; to give previous notice to पूर्व सूचना देना ।

foreword **फ़ौ:** वॅं:ड *n.* preface भूमिका ।

forfeit[1] **फ़ौ:** फ़िट *v.t.* to lose by penalty ज़ब्त हो जाना ।

forfeit[2] *n.* penalty, fine जुरमाना; thing forfeited अपवर्तित वस्तु ।

forfeiture **फ़ौ:** फ़ि चॅं: *n.* act of forfeiting अपवर्तन, ज़ब्ती ।

forge[1] फ़ौ:ज *n.* place where metal is

worked मिस्तरी-ख़ाना; smithy लोहार की दुकान; furnace भट्ठी ।

forge[2] *v.t.* to shape (metal) by heating (धातु को) तपाकर गढ़ना; to make बनाना; to make a fraudulent copy of (की) जाली नक़ल क० ।

forgery फ़ौ: जॅ रि *n.* forging of a document etc. जालसाज़ी; forged document जालसाज़ी वाला दस्तावेज़ ।

forget फ़ॅ: **गैॅट** *v.t.* to lose the remembrance of भूल जाना; to neglect की उपेक्षा क० ।

forgetful फ़ॅ: **गैॅट् फुल** *a.* apt to forget भुलक्कड़; neglectful लापरवाह ।

forgive फ़ॅ: **गिव** *v.t.* to pardon क्षमा क० ।

forgo फ़ौ: **गो** *v.t.* to renounce त्याग देना; to do without के बिना काम चलाना ।

forlorn फ़ॅ: **लौःन** *a.* deserted परित्यक्त; miserable दुःखी, अभागा ।

form[1] फ़ौःम *n.* shape आकार; type, kind प्रकार; structure ढाँचा; style शैली; condition दशा; formality औपचारिकता, शिष्टाचार; printed paper with spaces to be filled in प्रपत्र; class कक्षा ।

form[2] *v.t.* to shape बनाना; to develop विकसित क०; to organise गठित क०; *v.i.* to take shape निर्मित होना, बनना ।

formal फ़ौः मॅल *a.* ceremonious औपचारिक; apparent दिखाऊ, ऊपरी; related to form आकारिक ।

format फ़ौः मैट *n.* get-up of a book ग्रंथ का आकार ।

formation फ़ौः मे शॅन *n.* forming निर्माण; thing formed निर्मित वस्तु; structure रचना, बनावट ।

former[1] फ़ौः मॅः *a.* earlier in time पूर्वकालिक; first named पहला ।

former[2] *pron.* first named thing or person पूर्वोक्त वस्तु या व्यक्ति ।

formerly फ़ौः मॅः लि *adv.* in time past गतकाल में ।

formidable फ़ौः मि डॅ ब्ल *a.* exciting fear or apprehension भयावह; difficult कठिन ।

formula फ़ौः म्यु लॅ *n.* rule नियम, सूत्र; recipe नुसख़ा ।

formulate फ़ौः म्यु लेट *v.t.* to express in a formula सूत्रबद्ध क०; to put into a precise and comprehensive statement निश्चित व शुद्ध रूप में प्रस्तुत क० ।

forsake फ़ॅ: **सेक** *v.t.* to abandon त्याग देना ।

forswear फ़ौः **स्वें अॅः** *v.t.* to renounce upon oath त्यागना; to deny on oath क़सम खाकर इनकार क० ।

fort फ़ौः ट *n.* a fortified place क़िला ।

forte फ़ौः टि *n.* something in which a person excels विशिष्टता ।

forth फ़ौःथ *adv.* forward आगे; out बाहर ।

forthcoming फ़ौःथ् **क** मिङ्ग *a.* coming forth आगामी; ready for use, available उपलब्ध ।

forthwith फ़ौःथ् **विद** *adv.* without delay तुरंत ।

fortify फ़ौः टि फ़ॉइ *v.t.* to strengthen मज़बूत क० ।

fortitude फ़ौः टि ट्यूड *n.* patient courage धैर्य ।

fortnight फ़ौःट् नॉइट *n.* two weeks पखवारा ।

fortress फ़ौः ट्रिस *n.* a fort क़िला ।

fortunate फ़ौः चॅ निट *a.* having good fortune भाग्यशाली; coming by good luck भाग्य-जनित ।

fortune फ़ौः चॅन *n.* luck, chance भाग्य, दैवयोग; wealth धन, संपत्ति ।

forty फ़ौः टि *n.* four tens चालीस (40) ।

forum फ़ौः रॅम *n.* a place for open discussion मंच ।

forward[1] **फ़ौ:** वॅ:ड *a.* lying in front अग्रिम; advanced अग्रवर्ती; impudent ढीठ।

forward[2] *adv.* onward आगे की ओर; towards the future भविष्य में; to the front आगे।

forward[3] *v.t.* to send forward अग्रसारित क०; to send भेजना।

fossil **फ़ौ** सिल *n.* remains of a prehistoric animal or plant जीवाश्म।

foster **फ़ौस्** टॅ: *v.t.* to encourage प्रोत्साहन देना; to bring up पोषण क०।

foul फ़ॉउल *a.* unfair नियमविरुद्ध; dishonest बेईमान; evil smelling बदबूदार; abusive गाली-भरा।

found फ़ॉउन्ड *v.t.* to establish स्थापित क०; to start building (की) बुनियाद रखना।

foundation फ़ॉउन् **डे** शॅन *n.* basis आधार; solid ground or base on which a building rests बुनियाद, नींव; act of founding संस्थापन।

founder **फ़ॉउन्** डॅ: *n.* one who lays a foundation stone संस्थापक।

foundry **फ़ॉउन्** ड्रि *n.* art of casting ढलाई की कला; the place of casting ढलाई-घर।

fountain **फ़ाउन्** टिन *n.* spring of water झरना; artificial jet of water फ़व्वारा।

four फ़ौ: *n.* the number next after three चार (4)।

fourteen फ़ौ: **टीन** *n.* the number next after thirteen चौदह (14)।

fowl फ़ॉउल *n.* domestic cock or hen पालतू मुर्ग़ा या मुर्ग़ी।

fowler **फ़ॉउ** लॅ: *n.* one who kills or traps birds चिड़ीमार।

fox फ़ौक्स *n.* a small animal of the dog family लोमड़ी।

fraction **फ़्रैक्** शॅन *n.* small part of a whole अंश; *(maths)* any part of a unit भिन्न।

fracture[1] **फ़्रैक्** चॅ: *n.* breaking of a bone अस्थिभंग।

fracture[2] *v.t.* to cause to break तोड़ना।

fragile **फ़्रै** जॉइल *a.* easily broken or damaged भंगुर।

fragment **फ़्रैग्** मॅन्ट *n.* piece broken off खंडित अंश; an incomplete part अंश।

fragrance **फ़्रैग्** रॅन्स *n.* sweet smell सुवास, खुशबू।

fragrant **फ़्रेग्** रॅन्ट *a.* sweet-smelling सुगंधित।

frail फ़्रेल *a.* weak, delicate कमज़ोर, सुकुमार।

frame[1] फ़्रेम *v.t.* to make बनाना; to surround with a frame (पर) चौखट लगाना।

frame[2] *n.* main structure of a building ढाँचा; human or animal shape पंजर; surrounding part चौखटा; part of spectacles फ़्रेम।

franchise **फ़्रैन्** चॉइज़ *n.* right to vote मताधिकार।

frank फ़्रैङ्क *a.* outspoken निष्कपट, स्पष्टवादी।

frantic **फ़्रैन्** टिक *a.* wildly excited उत्तेजित।

fraternal फ़्रॅ **टॅ:** नॅल *a.* brotherly भ्रात्रीय।

fraternity फ़्रॅ **टॅ:** नि टि *n.* brotherly feeling भ्रातृत्व; a body of men associated by a common interest भ्रातृसंघ।

fratricide **फ़्रै** ट्रि सॉइड *n.* the act of killing one's brother or sister भाई/बहिन की हत्या; one who does so भ्रातृहंता।

fraud फ़्रौड *n.* deceit धोखा; trickery चालबाज़ी।

fraudulent **फ़्रौ** ड्यु लॅन्ट *a.* using fraud कपटी, कपटपूर्ण।

fraught फ़्रौट *a.* full (of) भरा हुआ।

fray फ्रे *n.* a fight लड़ाई, मुक़ाबला।

free[1] फ़्री *a.* independent आत्मनिर्भर; not controlled by others स्वाधीन; not occupied ख़ाली, अव्यस्त; not subject to cost or tax मुफ़्त, निःशुल्क; unhindered निर्बाध; exempt मुक्त; not literal स्वतंत्र।

free[2] *v.t.* to set at liberty मुक्त क०।

freedom फ़्री डॅम *n.* state of being free स्वतंत्रता।

freeze फ़्रीज़ *v.i.* to be congealed by cold जम जाना; to be hardened into ice बर्फ़ बनना; *v.t.* to chill ठिठुराना; to change into ice बर्फ़ में बदलना; to fix स्थिर क०।

freight फ्रेट *n.* charge for the transportation of goods भाड़ा।

French[1] फ्रैन्च *a.* pertaining to France. फ्रॉस-संबंधी।

French[2] *n.* the language of France फ्रांस की भाषा।

frenzy फ्रैन् ज़ि *n.* violent agitation of the mind उन्माद।

frequency फ़्री क्वॅन् सि *n.* frequent occurrence बारंबारता।

frequent फ़्री क्वॅन्ट *a.* that takes place repeatedly बार-बार होने वाला।

fresh फ्रैश *a.* unused अप्रयुक्त; new नया, ताज़ा; full of health, not tired अश्रांत; additional अतिरिक्त; inexperienced अनुभवहीन।

fret[1] फ्रैट *n.* irritation चिड़चिड़ापन।

fret[2] *(–tt–)v.t.* to cause to worry चिंतित क०; *v.i.* to worry चिंतित होना।

friction फ्रिक् शॅन *n.* rubbing रगड़; disagreement मनमुटाव।

Friday फ्राइ डे, –डि *n.* sixth day of the week शुक्रवार।

fridge फ्रिज *n.* refrigerator प्रशीतित्र।

friend फ्रैन्ड *n.* intimate associate मित्र; an ally सहायक।

fright फ्राइट *n.* terror, sudden fear भीति, भय।

frighten फ्राइ ट्न *v.t.* to make afraid भयभीत क०।

frigid फ्रि जिड *a.* cold ठंडा; without feeling or spirit भावशून्य, उदासीन।

frill फ्रिल *n.* an ornamental edging झालर।

fringe[1] फ्रिन्ज *n.* an ornamental border of hanging threads झब्बेदार किनारा।

fringe[2] *v.t.* to furnish with frill झब्बा लगाना।

frivolous फ्रि वॅ लॅस *a.* trifling तुच्छ; not serious छिछोरा।

frock फ्रॉक *n.* a monk's robe चोग़ा, लबादा; a dress worn by a woman or a baby फ्रॉक।

frog फ्रौग *n.* an amphibious animal मेढक।

frolic[1] फ्रौ लिक *n.* gaiety प्रसन्नता; merry making उछलकूद।

frolic[2] *(–ck–) v.i.* to jump playfully उछलकूद क०।

from फ्रौम, फ्रॅम *prep.* expressing point of departure, source, distance, cause, change of state etc. से।

front[1] फ्रन्ट *n.* fore part अग्रभाग; position directly ahead अगवाड़ा, आगा; battle line or area मोरचा।

front[2] *a.* of, at, the front सामने का, सामनेवाला।

front[3] *v.t.* to face के सामने होना।

frontier फ्रन् टिअॅ: *n.* border of a country सीमांत।

frost फ्रौस्ट *n.* snow तुषार, हिम; cold शीत; frozen dew जमी ओस।

frown[1] फ्रॉउन *n.* stern look तेवर।

frown[2] *v.i.* to winkle eyebrows भौहें चढ़ाना।

frugal फ्रू गॅल *a.* economical मितव्ययी; cheap सस्ता।

fruit फ्रूट *n.* seed and its envelope फल; advantage लाभ ।

fruitful फ्रूट् फुल *a.* very productive फलोत्पादक profitable लाभकारी ।

frustrate फ्रस् ट्रेट *v.t.* to balk कुंठित क०; to make vain विफल क० ।

frustration फ्रस् ट्रे शॅन *n.* despondency हताशा ।

fry[1] फ्रॉइ *v.t.* to cook with fat घी आदि में छोंकना; *v.i.* to be cooked in fat छुंकना ।

fry[2] *n.* young fish पोना ।

fuel फ्यू अॅल *n.* material for burning ईंधन; something that feeds passion उद्दीपक वस्तु ।

fugitive[1] फ्यू जि टिव *a.* fleeting भगोड़ा; transitory क्षणभंगुर ।

fugitive[2] *n.* absconder भगोड़ा ।

fulfil फुल् फ़िल *v.t.* to complete पूर्ण क०; to comply with कार्यरूप में परिणत क० ।

fulfilment फुल् फ़िल् मॅन्ट *n.* completion पूर्ति; accomplishment निर्वाह ।

full[1] फुल *a.* filled up भरपूर, पूरा; entire समग्र, अशेष; abundant भरपूर ।

full[2] *adv.* fully पूर्णतया; very अत्यंत ।

fullness फुल् निस *n.* completion परिपूर्णता; abundance प्रचुरता ।

fully फु लि *adv.* entirely पूर्णरूप से ।

fumble फ़म् ब्ल *v.i.* to grope about awakwardly टटोलना; to attempt or handle something bunglingly गड़बड़ कर देना ।

fun फ़न *n.* merriment आमोद-प्रमोद ।

function[1] फ़ङ् क् शॅन *n.* performance उत्सव; duty, work कर्त्तव्य, कार्य ।

function[2] *v.i.* to operate, to work काम क० ।

functionary फ़ङ् क् शॅ नॅ रि *n.* an official अधिकारी ।

fund फ़न्ड *n.* treasure ख़ज़ाना, निधि; stock, supply भंडार, आपूर्ति ।

fundamental फ़न् डॅ मैन् टॅल *a.* basic आधारभूत; essential तात्त्विक ।

funeral फ़्यू नॅ रॅल *n.* disposal of the dead अंत्येष्टि; the procession taking a dead body to a cemetery शव-यात्रा ।

fungus फ़ङ् गॅस *n.* toadstool कवक, फफूँद ।

funny फ़ नि *a.* full of fun मज़ाक़िया ।

fur फ़ॅ: *n.* soft fine hair of certain animals पशुलोम ।

furious फ़्युअॅ रि अॅस *a.* wild, savage उग्र; enraged क्रोधोन्मत्त ।

furl फ़ॅ:ल *v.t.* to roll up लपेटना; to wind up समेटना ।

furlong फ़ॅ: लौ ङ् ग *n.* an eighth of a mile फर्लांग ।

furnace फ़ॅ: निस *n.* enclosed structure for producing great heat अग्निकुंड, भट्ठी ।

furnish फ़ॅ: निश *v.t.* to equip सुसज्जित क०; to supply उपलब्ध कराना ।

furniture फ़ॅ: नि चॅ: *n.* decorative household equipment साज- सज्जा, फ़र्नीचर ।

furrow फ़ रो *n.* trench made by a plough हलरेखा, कूँड़ ।

further[1] फ़ॅ: दॅ: *adv.* more और अधिक; in addition इसके अतिरिक्त; to a greater distance और आगे की ओर ।

further[2] *a.* additional अतिरिक्त, और अधिक; more distant और आगे स्थित ।

further[3] *v.t.* to help forward आगे बढ़ाना ।

fury फ़्युअॅ रि *n.* violent passion उन्माद ।

fuse[1] फ़्यूज़ *v.t.* to melt पिघला देना; to blend मिला देना; *v.i.* to be melted पिघल जाना ।

fuse[2] *n.* wire inserted in an electric circuit as a safety device फ़्यूज़ तार ।

fusion फ़्यू ज़ॅन *n.* blending, melting विलयन, संलयन ।

fuss[1] फ़स *n.* flurry गड़बड़ी ।

fuss[2] *v.i.* to make fuss गड़बड़ी क० ।

futile फ़्यू टॉइल *a.* worthless निरर्थक; serving no useful end व्यर्थ ।

futility फ़्यू टि लि टि *n.* quality of being futile निरर्थकता ।

future[1] फ़्यू चॅ: *a.* that is to be भावी; *(gram.)* pertaining to the time to come भविष्यत्कालिक ।

future[2] *n.* the time to come भविष्य ।

G

gabble गै ब्ल *v.i.* to talk fast or without meaning ऊलजलूल बातें क० ।

gadfly गैड् फ़्लॉइ *n.* a fly which stings cattle डाँस ।

gag[1] गैग *(–gg–)* *v.t.* to stop up (somebody's mouth) with cloth etc. (किसी के मुँह) में कपड़ा ठूँसना; to deprive of free speech अभिव्यक्ति की स्वतंत्रता से वंचित क० ।

gag[2] *n.* cloth etc. used to stop up somebody\s mouth कपड़ा आदि जो किसी के मुँह में ठूँसा जाय ।

gaiety गे अॅ टि *n.* cheerfulness, liveliness प्रफुल्लता, आमोद-प्रमोद, मौज-मस्ती ।

gain[1] गेन *v.t.* to obtain प्राप्त क० ; to get as advantage लाभ के रूप में प्राप्त क०; to earn कमाना; to reach पहुँचना ।

gain[2] *n.* profit लाभ; increase वृद्धि ।

gainsay गेन् से *v.t.* to deny प्रतिवाद क० ।

gait गेट *n.* manner of walking चाल ।

galaxy गै लॅक् सि *n.* milky way आकाश गंगा; an assemblage of splendid persons विशिष्ट व्यक्तियों की मंडली ।

gale गेल *n.* a strong wind तेज़ हवा, अंधड़ ।

gallant[1] गै लॅन्ट *a.* handsome सुंदर; brave बहादुर; attentive to ladies रमणीरंजक ।

gallant[2] *n.* lover प्रेमी; fashionable young man छबीला नौजवान ।

gallantry गै लॅन् ट्रि *n.* bravery बहादुरी; courtesy शिष्टता; attentiveness to ladies नारीभक्ति ।

gallery गै लॅ रि *n.* a covered passage दीर्घा; room for the exhibition of works of art चित्रशाला ।

gallon गै लॅन *n.* a liquid measure of four quarts or eight pints गैलन ।

gallop[1] गै लॅप *n.* fastest pace of horse चौकड़ी ।

gallop[2] *v.t.* to cause to move fast सरपट दौड़ाना; *v.i.* to move very fast सरपट दौड़ना ।

gallows गै लोज़ *n. sing.* wooden frame for hanging criminals फाँसी का तख़्ता; hanging फाँसी ।

galore गॅ लौः *adv.* in abundance प्रचुर मात्रा में ।

galvanize गैल् वॅ नॉइज़ *v.t.* to coat with zinc जस्ता या क़लई चढ़ाना; to stimulate प्रेरित क० ।

gamble[1] गैम् ब्ल *vi* to play for high stakes जुआ खेलना; to take a chance दाँव लगाना ।
gamble[2] *n.* game of chance for money जुआ, द्यूतक्रीड़ा ।
gambler गैम् ब्लॅं: *n.* one who gambles जुआरी ।
game[1] गेम *n.* sport of any kind खेल, क्रीड़ा; trick चाल , छल; animals or birds hunted शिकार ।
game[2] *v.i.* to gamble जुआ खेलना ।
gander गैन् डॅं: *n.* male of the goose हंस ।
gang गैङ्ग *n.* band of criminals गिरोह ।
gangster गैङ्ग् स्टॅं: member of a criminal gang लुटेरों के गिरोह का सदस्य ।
gaol जेल *n.* jail कारागार ।
gap गैप *n.* opening दरार; breach in continuity क्रमभंग; interval अंतराल ।
gape गेप *v.i.* to open the mouth wide मुँह फाड़ना; to yawn जम्हाई लेना; to stare with open mouth देखते रह जाना ।
garage गै राज़, –रिज *n.* building in which motor-vehicles are housed यानशाला, गैरेज ।
garb[1] गा:ब *n.* dress परिधान ।
garb[2] *v.t.* to clothe परिधान पहनाना ।
garbage गा: बिज *n.* refuse कूड़ा- कचरा ।
garden गा: ड्न *n.* park, ground on which flowers are cultivated उद्यान, बाग़ ।
gardener गा:ड् नॅं: *n.* one engaged in gardening माली ।
gargle गा: ग्ल *v.i.* to wash the throat ग़रारे क०; *v.t.* to wash (the throat) ग़रारे-द्वारा (गला) साफ़ क० ।
garland[1] गा: लॅन्ड *n.* wreath of flowers माला, हार ।
garland[2] *v.t.* to deck with garland माला पहनाना ।
garlic गा: लिक *n.* strongly flavoured onion-like bulb लहसुन ।
garment गा: मॅन्ट *n.* an article of clothing वस्त्र, परिधान ।
garter गा: टॅं: *n.* band used to support a stocking मोज़ाबंध ।
gas गैस *n.* any air-like substance गैस; gasoline पैट्रोल ।
gasket गैस् किट *n.* a piece of metal or rubber used for sealing गैसकेट, अवरोधक डोरी ।
gasp[1] गास्प *n.* a sudden, sharp intake of breath हाँफा ।
gasp[2] *vi.* to struggle for breath हाँफना ।
gassy गै सि *a.* full of gass गैस- युक्त ।
gastric गैस् ट्रिक *a.* belonging to the stomach जठर-संबंधी ।
gate गेट *n.* entrance द्वार; passage into a building, city or enclosure फाटक ।
gather गै दॅं: *v.t.* to collect एकत्र क०; to pick तोड़ना; to conclude निष्कर्ष निकालना; *v.i.* to assemble इकट्ठा होना ।
gaudy गौ डि *a.* showy दिखाऊ; gay भड़कीला ।
gauge गेज *n.* a measuring instrument पैमाना; a device for measuring rain वर्षामापी यंत्र ।
gauntlet गौन्ट् लिट *n.* iron glove of armour हस्तत्राण ।
gay गे *a.* gaudy भड़कीला; merry प्रफुल्लित; lively ज़िंदादिल ।
gaze[1] गेज़ *v.t.* to look fixedly एकटक देखना ।
gaze[2] *n.* fixed look टकटकी ।
gazette गॅ ज़ैट *n.* official newspaper containing list of government appointments etc. गज़ट , राजपत्र ।
gear गिअॅं: *n.* cogged wheel गरारी; equipment उपस्कर ।

geld गैल्ड *v.t..* to castrate बधिया क० ।
gem जैम *n.* any precious stone रत्न ।
gender जैन् डॅ: *n.* grammatical classification of sexes लिंग ।
general जैॅ नॅ रॅल *a.* ordinary साधारण; belonging to all सार्वजनिक ।
generally जैॅ नॅ रॅ लि *adv.* in a general or collective manner सामान्यत: ।
generate जैॅ नॅ रेट *v.t.* to produce पैदा क० ।
generation जैॅ नॅ रे शॅन *n.* descendents, race पीढ़ी; production उत्पादन ।
generator जैॅ नॅ रे टॅ: *n.* producer उत्पादक, जनित्र ।
generosity जैॅ नॅ रौॅ सि टि *n.* nobleness उदारता ।
generous जैॅ नॅ रॅस *a.* liberal उदार; ample प्रचुर ।
genius जी नि ॲस, जी न्यॅस *n.* special inborn faculty of any individual प्रतिभा; person endowed with natural talent प्रतिभाशाली व्यक्ति ।
gentle जैन् ट्ल *a.* noble कुलीन; refined भद्र; mild, moderate मंद ।
gentleman जैन् ट्ल् मॅन *n.* a man of good social position भद्रपुरुष ।
gentry जैन् ट्रि *n.* class of gentle people कुलीन लोग ।
genuine जैॅ न्यु इन *a.* original असली; natural अकृत्रिम; real यथार्थ ।
geographer जि औॅ ग्रॅ फॅ: *n.* person having knowledge of geography भूगोलवेत्ता ।
geographical जि ॲ ग्रै फ़ि कॅल *a.* pertaining to geography भौगोलिक ।
geography जि औॅ ग्रॅ फ़ि *n.* science of surface of the earth and its inhabitants भूगोल ।
geological जि ॲ लौॅ जि कॅल *a.* pertaining to geology भूविज्ञानीय ।
geologist जि औॅ लॅ जिस्ट *n.* person having the knowledge of geology भूविज्ञान-वेत्ता ।
geology जि औॅ लॅ जि *n.* science relating to the history and development of the earth's crust भूविज्ञान ।
geometrical जि ॲ मैॅ ट्रि कॅल *a.* relating to geometry रेखागणितीय ।
geometry जि औॅ मॅ ट्रि *n.* study of lines, angles and figures रेखाणित ।
germ जॅ:म *n.* origin स्रोत; microbe जीवाणु; bacillus रोगाणु ।
germicide जॅं: मि सॉइड *n.* substance that kills germs जीवाणु-नाशी ।
germinate जॅं: मि नेट *vi.* to sprout अंकुरित होना; to begin to grow as seeds बढ़ना ।
germination जॅ: मि ने शॅन *n.* act of germinating अंकुरण ।
gerund जैॅ रॅन्ड *n.* a kind of verbal noun क्रियावाचक संज्ञा ।
gesture जैस् चॅ: *n.* a posture or motion of the body or limbs चेष्टा, संकेत ।
get गैॅ ट *v.t.* to obtain प्राप्त क०; to earn कमाना; to catch ग्रहण क०; to receive प्राप्त क०; *v.i.* to become होना ।
ghastly गा:स्ट् लि *a.* hideous घिनावना; frightful भयानक ।
ghost गोस्ट *n.* the soul of man प्रेतात्मा; disembodied spirit भूत ।
giant जॉइ ॲन्ट *n.* demon दैत्य; man of extraordinary stature भीमकाय व्यक्ति ।
gibbon गि बॅन *n.* a type of ape लंगूर ।
gibe[1] जॉइब *v.i.* to scoff ताना मारना; to mock हँसी उड़ाना ।
gibe[2] *n.* a scoff उपहास; taunt ताना ।
giddy गि डि *a.* dizzy चक्कर से आक्रांत; causing giddiness चकरानेवाला; flighty अि र, चपल ।

gift गिफ़्ट *n.* present उपहार; talent प्रतिभा ।

gifted गिफ़् टिड *a.* talented प्रतिभाशाली ।

gigantic जॉइ गैन् टिक *a.* of immense size भीमकाय ।

giggle गि ग्ल *v.i.* to laugh in a silly manner फूहड़पन से हँसना ।

gild गिल्ड *v.t.* to cover with gold (पर) सोना चढ़ाना; to adorn with lustre चमकाना ।

gilt गिल्ट *a.* gold-coloured सुनहरा ।

ginger जिन् जॅ: *n.* the root of a tropical plant अदरक ।

gipsy जिप् सि *n. see* gypsy.

giraffe जि राफ़, –रैफ़ *n.* a ruminant animal with spotted coat and very long neck and legs जिराफ़ ।

gird गॅ:ड *v.t.* to put belt round पेटी से बाँधना; to encircle घेर लेना ।

girder गॅ: डॅ: *n.* beam of wood or steel शहतीर, गर्डर ।

girdle[1] गॅ: ड्ल *n.* waist belt मेखला, करधनी ।

girdle[2] *v.t.* to bind with girdle पेटी से बाँधना ।

girl गॅ:ल *n.* a female child कन्या, लड़की; maid servant सेविका ।

girlish गॅ: लिश *a.* like a girl बालिकावत् ।

gist जिस्ट *n.* summary सारांश, सार ।

give गिव *v.t.* to bestow प्रदान क०; to offer सौंपना; to present प्रस्तुत क०; to pay चुकाना; to donate दान क०; to communicate भेजना ।

glacier ग्लै स्यॅ: *n.* a mobile mass of ice or snow हिमनद ।

glad ग्लैड *a.* pleased प्रसन्न; cheerful प्रसन्नचित्त; giving pleasure आनंदकारी ।

gladden ग्लै ड्न *v.t.* to make glad प्रसन्न क० ।

glamour ग्लै मॅं: *n.* charm आकर्षण; fascination मोहकता ।

glance[1] ग्लान्स *n.* momentary look झाँकी, दृष्टिपात ।

glance[2] *v.i.* to look briefly दृष्टिपात क०; to allude संकेत क०; to fly off, to pass quickly तेज़ी से गुज़र जाना ।

gland ग्लैन्ड *n.* secreting structure in plant or animal ग्रंथि, गाँठ ।

glare[1] ग्लें अॅ: *n.* dazzling light दीप्ति, चमक; overpowering lustre चौंध ।

glare[2] *vi.* to give a very bright light चमकना, दमकना; to stare fiercely आँखें तरेरना ।

glass ग्लास *n.* a hard brittle substance काँच; drinking glass गिलास; mirror दर्पण; *(pl.)* spectacles चश्मा ।

glaucoma ग्लौ को मॅं *n.* an eye- disease सबलबाय ।

glaze[1] ग्लेज़ *v.t.* to furnish with glass शीशा लगाना; to cover with a glass-like substance चमकीला पदार्थ चढ़ाना ।

glaze[2] *n.* a glass like substance शीशे-जैसा पदार्थ ।

glazier ग्ले ज़्यॅं: *n.* one who glazes windows काँच का काम करनेवाला ।

glee ग्ली *n.* feeling of joy or delight उल्लास ।

glide ग्लॉइड *v.t.* to move along smoothly and slowly सरकना, फिसलना; (of an aircraft) to fly without use of engine विसर्पण क० ।

glider ग्लॉइ डॅ: *n.* motorless aircraft विसर्पक ।

glimpse ग्लिम्प्स *n.* a fleeting view झलक ।

glitter[1] ग्लि टॅ: *v.i.* to shine with bright light चमचमाना ।

glitter[2] *n.* lustre चमक ।

global ग्लो बॅल *a.* relating to the whole

world सार्वभौम, विश्वव्यापी; globe-shaped ग्लोब के आकार का ।

globe ग्लोब *n.* the earth पृथ्वी; something spherical or rounded गोलक; sphere with map of earth ग्लोब ।

gloom ग्लूम *n.* feeling of sadness उदासी, विषाद; darkness अंधकार ।

gloomy ग्लू मि *a.* dark अंधकारपूर्ण; dejected उदास, खिन्न ।

glorification ग्लौ रि फ़ि के शॅन *n.* exaltation to honour and dignity प्रशस्ति ।

glorify ग्लौ रि फ़ॉइ *v.t.* to make glorious महिमामंडित क०; to exalt गुणगान क० ।

glorious ग्लौ रि अॅस *a.* exalted कीर्तिकर; splendid तेजस्वी; magnificent शोभायुक्त ।

glory ग्लौ रि *n.* dignity महिमा; honour गौरव, यश ।

gloss ग्लौसॅ *n.* surface shine ऊपरी चमक; shiny surface चमकदार सतह; deceptive appearance झूठा दिखावा ।

glossary ग्लौ सॅ रि *n.* a list of words with their meanings शब्दावली ।

glossy ग्लौ सि *a.* smooth and shining चमकदार ।

glove ग्लव *n.* covering for the hand दस्ताना ।

glow[1] ग्लो *v.i.* to shine चमकना ।

glow[2] *n.* shining heat दीप्ति; brightness उज्ज्वलता ।

glucose ग्लू कोस *n.* sugar found in fruit etc. फल-शर्करा, ग्लूकोज़ ।

glue ग्लू *n.* a sticky substance सरेस ।

glut[1] ग्लट *(–tt–) v.t.* to feed to satiety छकाना, तृप्त क० ।

glut[2] *n.* surfeit आधिक्य ।

glutton ग्ल ट्न *n.* one who eats too much पेटू, खाऊ ।

gluttony ग्ल टॅ नि *n.* excessive eating पेटूपन ।

glycerine ग्लि सॅ रीन, –रिन *n.* a sweet liquid used in chemistry and industry ग्लिसरीन ।

go गो *v.i.* to proceed जाना; to depart विदा लेना; to function चलना, काम क०; to elapse गुज़र जाना; to reach पहुँचना; to start प्रस्थान क०; to become होना ।

goad[1] गोड *n.* sharp pointed stick अंकुश ।

goad[2] *v.t.* to drive with a goad अंकुश से हाँकना; to urge forward प्रेरित क० ।

goal गोल *n.* aim, end लक्ष्य, उद्देश्य ।

goat गोट *n.* a horned quadruped बकरी ।

gobble गौ ब्ल *n.* to swallow in lumps भकोसना ।

goblet गौबॅ् लिट *n.* large drinking cup without a handle चषक, पानपात्र ।

god गौ ड *n. (cap.)* The Creater परमात्मा; superhuman being देवता ।

goddess गौ डिस *n.* a female god देवी ।

godhead गौ ड् है ड *n.* state of being a god देवत्व ।

godly गौ ड् लि *a.* pious धार्मिक ।

godown गो डॉउन *n.* warehouse गोदाम ।

godsend गौ ड् सैन्ड *n.* a windfall वरदान ।

goggles गौ ग्ल्ज़ *n. pl.* protective spectacles धूप का चश्मा ।

gold गोल्ड *n.* a costly yellow metal स्वर्ण, सोना ।

golden गोल् डॅन *a.* of gold, of the colour of gold सुनहरा, स्वर्णिम ।

goldsmith गोल्ड् स्मिथ *n.* worker in gold स्वर्णकार ।

golf गौ ल्फ़ n. a game गॉल्फ़ ।

gong गौ ङ्ग *n.* a metal disc which sounds when struck घंटा, घड़ियाल ।

good[1] गुड *a.* commendable प्रशंसनीय; proper उचित; excellent उत्तम, श्रेष्ठ; well- behaved सदाचारी; adequate

पर्याप्त; virtuous गुणवान।

good[2] *n.* benefit लाभ, हित; *(pl.)* wares सामान; property संपत्ति।

good-bye गुड् **बॉइ** *interj.* farewell अलविदा।

goodness गुड् निस *n.* excellence उत्तमता; benevolence उदारता।

goodwill गुड् **विल** *n.* well- wishing सद्भावना; credit साख; reputation ख्याति।

goose गूस *n.* female swan हंसिनी; silly person मूर्ख व्यक्ति।

gooseberry गुज़् बैं रि *n.* a prickly bush एक झाड़ी।

gorgeous गौ: जॅस *a.* splendid भव्य।

gorilla गॅ रि लॅ *n.* great African ape वनमानुष।

gospel गौस् पॅल *n.* set of noble doctrinesसिद्धांतावलि; teaching of Christ ईसा के उपदेश।

gossip गौ सिप *n.* idle talk गपशप; rumour अफ़वाह; a person who talks idly गप्पी।

gourd गुअॅ: ड *n.* a large fleshy vegetable लौकी।

gout गॉउट *n.* disease of swelling of the joints गठिया, वातरोग।

govern ग वॅ:न *v.t.* to rule शासित क०; to direct निर्देशित क०; to control नियंत्रित क०।

governance ग वॅ: नॅन्स *n.* act or manner of governing शासन, शासन-विधि।

governess ग वॅ: निस *n.* female teacher teaching at home अध्यापिका।

government ग वॅ:न् मॅन्ट *n.* ruling or managing body शासन, सरकार; system of governing शासन-पद्धति।

governor ग वॅ: नॅ: *n.* head of state राज्यपाल; controller नियंत्रक।

gown गॉउन *n.* loose flowing outer garment चोग़ा, लबादा।

grab ग्रैब *(–bb–)v.t.* to seize or grasp suddenly छीनना।

grace[1] ग्रेस *n.* beauty सौंदर्य; charm आकर्षण; favour, mercy कृपा; delay, postponement विलंब, स्थगन; a short prayer before a meal भोजन से पहले की प्रार्थना।

grace[2] *v.t.* to add grace to (की) शोभा बढ़ाना।

gracious ग्रे शॅस *a.* charming रमणीय; kind दयालु।

gradation ग्रॅ **डे** शॅन *n.* degree श्रेणी; state of being arranged in ranks श्रेणी-व्यवस्था।

grade[1] ग्रेड *n.* degree श्रेणी; rank पदक्रम; class कक्षा।

grade[2] *v.t.* to arrange according to grade वर्गीकरण क०।

gradual ग्रै ड्यु अॅल *a.* advancing by degrees क्रमिक।

graduate[1] ग्रै ड्यु एट *v.i.* to receive a university degree स्नातक होना।

graduate[2] *n.* one who has obtained a university degree स्नातक।

graft[1] ग्राफ़्ट *n.* inserting of small piece of plant into another क़लम; planting रोपण।

graft[2] *v.t.* to insert a graft in (पर) क़लम लगाना।

grain ग्रेन *n.* seed of food plant अनाज; a tiny bit दाना।

grammar ग्रै मॅ: *n.* science of language व्याकरण।

grammarian ग्रॅ **मेअॅ** रि अॅन *n.* one who is versed in grammar व्याकरणवेत्ता।

gramme ग्रैम *n.* unit of mass in the metric system ग्राम।

gramophone ग्रै मॅ फ़ोन *n.* machine for reproducing music etc. recorded on flat discs ग्रामोफ़ोन (वाद्य)।

granary ग्रै नॅं रि *n.* store house for grain अन्नभंडार, कोठार।

grand ग्रैन्ड *a.* magnificent भव्य; great महान्।

grandeur ग्रैन् जॅ: *n.* splendour उत्कर्ष; dignity शान, वैभव।

grant[1] ग्रान्ट *v.t.* to bestow प्रदान क०; to admit स्वीकार क०; to consent अनुमति देना।

grant[2] *n.* something bestowed अनुदान।

grape ग्रेप *n.* fruit of vine अंगूर।

graph ग्रैफ़ *n.* a diagram रेखाचित्र।

graphic ग्रै फ़िक *a.* of graph आलेखी; pictorial चित्रात्मक; vivid स्पष्ट।

grapple[1] ग्रै प्ल *n.* a seizing पकड़; small anchor with several claws or arms काँटा।

grapple[2] *v.i.* to come to grips (with) भिड़ना; to cope (with) से निपटना।

grasp[1] ग्रास्प *v.t.* to seize and hold कसकर पकड़ लेना; to accept eagerly उत्सुकता से ग्रहण करना; to comprehend समझ लेना

grasp[2] *n.* grip पकड़; comprehension समझ, बोध।

grass ग्रास *n.* common herbage घास

grate[1] ग्रेट *n.* frame-work of bars जाली; frame-work for holding fire आतशदान।

grate[2] *v.t.* to rub hard घिसना; to grind (दाँत) पीसना; to irritate चिढ़ाना।

grateful ग्रेट् फुल *a.* thankful आभारी, कृतज्ञ; pleasing सुखद।

gratification ग्रे टि फ़ि के शॅन *n.* feeling of satisfaction संतोष; gift पारितोषिक।

gratis ग्रे टिस *adv.* without payment निःशुल्क।

gratitude ग्रै टि ट्यूड *n.* thankfulness कृतज्ञता।

gratuity ग्रॅ ट्यु इ टि *n.* something given in return for service उपदान; a tip मुक्त भेंट; donation दान।

grave[1] ग्रेव *n.* a hole dug to bury the dead क़ब्र।

grave[2] *a.* serious गंभीर; dignified, solemn महत्त्वपूर्ण।

gravitate ग्रै वि टेट *v.i.* to be attracted आकर्षित होना।

gravitation ग्रै वि टे शॅन *n.* force of attraction between bodies गुरुत्वाकर्षण।

gravity ग्रै वि टि *n.* gravitational attraction गुरुत्वाकर्षण; seriousness गंभीरता।

graze[1] ग्रेज़ *v.i.* to eat grass चरना; *v.t.* to eat or feed on (growing grass) चराना; to rub lightly हलका-सा रगड़ना।

graze[2] *n.* scratch खरोंच।

grease[1] ग्रीस *n.* oily matter ग्रीज़।

grease[2] *v.t.* to lubricate चिकना क०; to bribe घूस देना।

greasy ग्री सि, –ज़ि *a.* oily चिकना; fatty चर्बीदार।

great ग्रेट *a.* big, large विशाल; pre-eminent महान्; lofty उदात्त।

greed ग्रीड *n.* eager desire लोलुपता।

greedy ग्री डि *a.* eagerly desirous लालची।

Greek[1] ग्रीक *n.* language of Greece यूनानी भाषा; native of Greece यूनान-निवासी।

Greek[2] *a.* of Greece or Greek यूनान या यूनानी से संबंधित।

green[1] ग्रीन *a.* of the colour of leaves हरित, हरा-भरा; immature अनाड़ी; unripe अपक्व; fresh ताज़ा।

green[2] *n.* green colour हरा रंग; (*pl.*) green vegetables हरी सब्ज़ियाँ; area of grass घास का मैदान।

greenery ग्री नॅं रि *n.* vegetation वनस्पति की हरियाली।

greet ग्रीट *v.t.* to salute अभिवादन करना; to welcome स्वागत करना; to send good wishes शुभ कामनाएँ भेजना ।

grenade ग्रि नेड *n.* small bomb thrown by the hand हथगोला ।

grey ग्रे *a.* brown भूरा; dim धुँधला; aged वृद्ध ।

greyhound ग्रे हॉउन्ड *n.* swift, slender dog used for racing and hunting एक प्रकार का कुत्ता ।

grief ग्रीफ़ *n.* sorrow शोक; affliction व्यथा; distress विपत्ति ।

grievance ग्री वॅन्स *n.* cause for complaint शिकायत ।

grieve ग्रीव *v.t.* to make sorrowful दु:ख देना; *v.t.* to feel grief शोक मानना ।

grievous ग्री वॅस *a.* painful कष्टदायक; severe गहरा ।

grind ग्रॉइन्ड *v.i.* to be crushed or rubbed together पिसना; *v.t.* to reduce to powder by crushing पीसना; to oppress सताना ।

grinder ग्रॉइन् डॅः *n.* apparatus for grinding पीसने का उपकरण ।

grip[1] ग्रिप *(–pp–)* *v.t.* to hold fast पकड़ना ।

grip[2] *n.* firm hold जकड़न; understanding समझ; handle मूठ ।

groan[1] ग्रोन *v.i.* to utter deep rumbling sound in distress कराहना ।

groan[2] *n.* deep moan कराह ।

grocer ग्रो सॅः *n.* dealer in staple foods, general household supplies पंसारी ।

grocery ग्रो सॅ रि *n.* articles sold by grocer किराना, पंसारी का सामान; trade of a grocer पंसारी का व्यवसाय ।

groom[1] ग्रूम *n.* one incharge of horses साईस; bridegroom दूल्हा ।

groom[2] *v.t.* to feed and look after (घोड़ों को) चारा देना व देखभाल करना; to train प्रशिक्षित करना ।

groove[1] ग्रूव *n.* furrow नाली ।

groove[2] *v.t.* to cut grooves in नालीदार बनाना ।

grope ग्रोप *v.t.* to seek by groping टटोलकर तलाशना; *v.i.* to feel about टटोलना ।

gross[1] ग्रोस *n.* twelve dozen बारह दर्जन (144) ।

gross[2] *a.* bulky मोटा; solid ठोस; heavy भारी; not refined, vulgar अशिष्टतापूर्ण ।

grotesque ग्रों टैस्क *a.* deformed भोंडा, विकृत; absurd बेतुका ।

ground ग्रॉउन्ड *n.* earth, land पृथ्वी, भूमि; surface धरातल; basis आधार; reason कारण; bottom of sea समुद्रतल ।

group[1] ग्रूप *n.* number of perosns or things together समूह; section of a party समुदाय, टोली ।

group[2] *v.t.* to place in groups वर्गीकृत क० ।

grow ग्रो *v.t.* to cause to grow उगाना; to produce पैदा क०; to develop विकसित क०; *v.i.* to develop विकसित होना; to increase बढ़ना; to be produced उत्पन्न होना ।

grower ग्रो अँः *n.* cultivator कृषक, उत्पादक ।

growl[1] ग्रॉउल *v.i.* to make guttural sound of anger गुर्राना ।

growl[2] *n.* angry guttural sound गुर्राहट ।

growth ग्रोथ *n.* growing वर्धन; development विकास; increase वृद्धि; production उपज, उत्पादन ।

grudge[1] ग्रज *v.t.* to be unwilling to give देने को तैयार न होना ।

grudge[2] *n.* secret enmity वैमनस्य, द्रोह ।

grumble ग्रम् ब्ल *v.i.* to murmur बड़बड़ाना; to express discontent असंतोष प्रकट क० ।

grunt[1] ग्रन्ट *n.* pig's cry सूअर की आवाज़; gruff noise घुरघुर ।

grunt[2] *v.i.* to make a gruff sound घुरघुराना ।

guarantee[1] गै रॅन् टी *n.* assurance आश्वासन ।

guarantee[2] *v.t.* to give guarantee of का आश्वासन देना; to agree to be responsible for का दायित्व लेना ।

guard[1] गा:ड *v.i.* to be careful सतर्क रहना; to watch पहरा देना; *v.t.* to protect बचाना ।

guard[2] *n.* watchman पहरेदार; protection बचाव; caution सतर्कता; watchfulness रखवाली; sentry संतरी; weariness चौकसी; official in charge of train रेलगाड़ी का गार्ड ।

guardian गाः ड्यॅन *n.* one who guards or takes care अभिभावक ।

guava ग्वा वॅ *n.* kind of fruit अमरूद ।

guerilla गॅ रि लॅ *n.* one engaged in irregular warfare छापामार सैनिक ।

guess[1] गैस *n.* random surmise अनुमान, अटकल ।

guess[2] *v.i.* to make a conjecture अनुमान लगाना; *v.t.* to conjecture अनुमान से कहना ।

guest गैस्ट *n.* visitor received and entertained अतिथि ।

guidance गॉइ डॅन्स *n.* leadership नेतृत्व; direction निर्देशन ।

guide[1] गॉइड *v.t.* to direct पथप्रदर्शन क०; to lead नेतृत्व क० ।

guide[2] *n.* one who or that which guides पथप्रदर्शक; leader नेता; guide-book प्रदर्शिका ।

guild गिल्ड *n.* corporation संघ, निकाय ।

guile गॉइल *n.* deceit छल-कपट ।

guilt गिल्ट *n.* offence अपराध; sin पाप ।

guilty गिल् टि *a.* having done wrong अपराधी; showing guilt दोषमय ।

guise गॉइज़ *n.* external appearnce बाह्य वेश; manner शैली, ढंग; dress वेश ।

guitar गि टाः *n.* a musical instrument सितार, गिटार ।

gulf गल्फ़ *n.* indentation in coast खाड़ी; abyss खाई; a wide gap चौड़ा फ़ासला ।

gull[1] गल *n.* sea-bird जलमुर्ग़ी ।

gull[2] *n.* a dupe मूर्ख ।

gull[3] *v.t.* to dupe, to cheat ठगना ।

gulp गल्प *n.* quantity swallowed at a time कौर, ग्रास; mouthful घूँट ।

gum गम *n.* firm fleshy tissue surrounding the bases of teeth मसूढ़ा; sticky substance गोंद ।

gun गन *n.* firearm बंदूक़ ।

gust गस्ट *n.* sudden blast of wind झोंका; violent burst of passion भावावेग ।

gutter गॅ टॅः *n.* channel नाली, मोरी ।

guttural ग टॅ रॅल *a.* pertaining to the throat कंठ-संबंधी ।

gymnasium जिम् ने ज़्यॅम *n.* place or building for gymnastics व्यायामशाला ।

gymnast जिम् नैस्ट *n.* one skilled in gymnastics व्यायामी ।

gymnastic जिम् नैस् टिक *a.* pertaining to atheletic exercises व्यायाम-संबंधी ।

gymnastics जिम् नैस् टिक्स *n. pl.* atheletic exercises व्यायामविद्या ।

H

habeas corpus हे बि ॲस कौ: पॅस *n.* a writ issued to produce a prisoner in court बंदीप्रत्यक्षीकरण ।

habit है बिट *n.* custom आदत; dress पोशाक ।

habitable है बि टॅ ब्ल *a.* fit to live in निवास्य, रहने-योग्य ।

habitat है बि टैट *n.* natural dwelling (of plants, animals) प्राकृतिक वास ।

habitation है बि टे शॅन *n.* dwelling घर; act of living निवास ।

habituate हॅ बि ट्यु एट *v.t.* to accustom आदी बनाना ।

hack हैक *v.t.* to cut roughly बेरहमी से काटना ।

hag हैग *n.* an ugly old woman डायन ।

haggard है गॅ:ड *a.* exhausted थका-माँदा; wild-looking जंगली ।

haggle है ग्ल *v.i.* to argue about price सौदेबाज़ी क० ।

hail[1] हेल *n.* frozen rain ओला; intense shower बौछार ।

hail[2] *v.i.* to fall as hail ओला गिरना ।

hail[3] *v.t.* to greet अभिवादन क०; to call out to पुकारना; *v.i.* to come (from) आना ।

hair हेंॲ: *n.* filament issuing from the skin of an animal or human body बाल, केश ।

hale हेल *a.* robust, healthy भला-चंगा ।

half[1] हाफ़ *n.* one of two equal parts आधा भाग ।

half[2] *a.* forming half आधा ।

hall हौल *n.* large room बड़ा कमरा ।

hallmark हौल् मा:क *n.* mark of excellence विशिष्टता-चिह्न ।

hallow है लो *v.t.* to make holy पवित्र क० ।

halt[1] हौल्ट *v.t.* to bring to a halt रोकना; *v.i.* to stop marching रुकना ।

halt[2] *n.* short stop रुकाव, ठहराव; stopping place पड़ाव ।

halve हाव *v.t.* to divide into two equal parts आधा-आधा बाँटना ।

hamlet हैम् लिट *n.* small village खेड़ा, गाँवड़ी ।

hammer[1] है मॅ: *n.* a tool with a heavy head हथौड़ा; the part of a gun that explodes the charge बंदूक़ का घोड़ा ।

hammer[2] *v.t.* to beat with, or as with, a hammer पीटना ।

hand[1] हैन्ड *n.* part of the arm below the wrist हाथ; worker कार्यकर्त्ता; style of writing लिखने का ढंग; signature हस्ताक्षर; help सहायता; pointer on the dial घड़ी आदि की सूई; applause प्रशंसा ।

hand[2] *v.t.* to pass by hand देना, पहुँचाना ।

handbill हैन्ड् बिल *n.* a loose printed sheet etc. to be circulated विज्ञप्ति, इश्तहार ।

handbook हैन्ड् बुक *n.* manual, guide-book पुस्तिका, गुटका ।

handcuff[1] हैन्ड् कॅफ़ *n.* a pair of metal rings हथकड़ी ।

handcuff[2] *v.t.* to put handcuffs on हथकड़ी लगाना।

handful हैन्ड् फुल *n.* as much as the hand will grasp or hold मुट्ठीभर; small quantity or number अल्पमात्रा या संख्या।

handicap[1] हैन् डि कैप *(–pp–) v.t.* to place at a disadvantage बाधा डालना।

handicap[2] *n.* disadvantage बाधा; physical disability अपंगता।

handicraft हैन् डि क्राफ़्ट *n.* work performed by the hand हस्तशिल्प।

handiwork हैन् डि वें:क *n.* product of manual labour दस्तकारी।

handkerchief हैङ् कें: चिफ़ *n.* a small piece of cloth रूमाल।

handle[1] हैन् ड्ल *n.* that part of an object which is held in the hand हत्था।

handle[2] *v.t.* to control नियंत्रण क०; to feel, use or hold with the hand छूना, छेड़-छाड़ क०।

handsome हैन् सॅम *a.* good-looking सुंदर; generous उदार।

handy हैन् डि *a.* convenient for use सुविधाजनक; skilled in using the hands सिद्धहस्त।

hang हैङ्ग *v.t.* to suspend लटकाना; to put to death by suspending by the neck फाँसी देना।

hanker हैङ् कें: *v.i.* to crave लालायित होना।

haphazard हैप् है ज़ॅ:ड *a.* without order or planning अव्यवस्थित।

happen है पॅन *v.t.* to come by chance संयोगवश होना; to occur घटित होना।

happening है पॅ निङ्ग *n.* occurrence घटना।

happiness है पि निस *n.* state of being happy सुख; enjoyment of pleasure आनंद; good luck सौभाग्य।

happy है पि *a.* feeling pleasure प्रसन्न; feeling contentment संतुष्ट; lucky भाग्यशाली।

harass है रॅस *v.t.* to vex तंग क०; to fatigue with importunity थका देना।

harassment है रॅस् मॅन्ट *n.* act of harassing उत्पीड़न, परेशानी।

harbour[1] हा: बॅ: *n.* shelter आश्रम; a haven for ships बंदरगाह।

harbour[2] *v.t.* to shelter शरण देना; to maintain बनाए रखना।

hard हा:ड *a.* not soft कड़ा; solid ठोस; firm दृढ़; difficult to understand कठिन; difficult to do दुष्कर।

harden हा: ड्न *v.t.* to make hard कड़ा बनाना; to make unfeeling कठोर बनाना; *v.i.* to become hard कड़ा होना।

hardihood हा: डि हुड *n.* quality of being hardy साहसिकता।

hardly हा:ड् लि *adv.* scarcely मुश्किल से ही।

hardship हा:ड् शिप *n.* suffering मुसीबत; discomfort कष्ट।

hardy हा: डि *adj.* bold साहसी; tough, strong बलशाली।

hare हे ॲ: *n.* a swift rodent ख़रगोश।

harm[1] हा:म *n.* injury चोट; damage क्षति; evil बुराई।

harm[2] *v.t.* to hurt चोट पहुँचाना; to damage क्षति पहुँचाना।

harmonious हा: मो नि ॲस *a.* having harmony सामंजस्यपूर्ण; sweet sounding श्रुतिमधुर।

harmonium हा: मो नि ॲम *n.* a musical wind-instrument हारमोनियम।

harmony हा: मॅ नि *n.* concordance सामंजस्य; agreement in relation समरसता; pleasing combination of musical notes संगत, सुरीलापन; peace शांति।

harness[1] हा: निस *n.* equipment

साज-सज्जा; apparatus उपकरण ।

harness[2] *v.t.* to equip with armour साज़बद्ध क०; to utilise power or energy of का उपयोग क० ।

harp हा:प *n.* a musical instrument वीणा ।

harsh हा:श *a.* rough रूखा, कठोर; jarring कर्कश; cruel निर्दयतापूर्ण ।

harvest हा: विस्ट *n.* crops gathered in उपज; product of any act परिणाम ।

haverster हा: विस् टॅ: *n.* reaper फ़सल काटने-वाला; reaping machine फ़सल काटने की मशीन ।

haste हेस्ट *n.* quickness of movement, hurry शीघ्रता ।

hasten हे स्न *v.i.* to hurry शीघ्रता क०; v.t. to cause (something) to happen sooner जल्दी कराना ।

hasty हेस् टि *a.* characterised by haste शीघ्रतापूर्ण; quick- tempered हड़बड़िया ।

hat हैट *n.* covering for the head टोप ।

hatchet है चिट *n.* small axe कुल्हाड़ी ।

hate[1] हेट *n.* intense dislike घृणा ।

hate[2] *v.t.* to dislike intensely घृणा क० ।

haughty हौ टि *a.* proud दंभी, अभिमानी; arrogant उद्धत ।

haunt[1] हौन्ट *v.t.* to frequent (में, पर) प्राय: जाना; to vex परेशान क० ।

haunt[2] *n.* place frequently visited अड्डा ।

have हैव *v.t.* to own, to possess (का) स्वामी होना; to be affected with (से) ग्रसित होना; to be obliged (to do) (के लिए) बाध्य होना; to contain रखना; to get प्राप्त क० ।

haven हे व्न *n.* harbour बंदरगाह ।

havoc है वॅक *n.* destruction विध्वंस ।

hawk हौक *n.* a bird of falcon family बाज़ ।

hawker हौ कॅ: *n.* pedlar फेरीवाला ।

hawthorn हौ थौ:न *n.* a thorny tree वन-संजली ।

hay हे *n.* dried grass सूखी घास ।

hazard[1] है ज़ॅ:ड *n.* chance संयोग; risk जोखिम ।

hazard[2] *v.t.* to risk संकट में डालना; to venture (का) ख़तरा मोल लेना ।

haze हेज़ *n.* vapour or mist कुहरा ।

hazy हे ज़ि *a.* misty धुँधला; uncertain अनिश्चित; full of confusion उलझन-भरा ।

he ही *pron.* a male person or animal already named वह, उसने ।

head[1] हैं ड *n.* the topmost part of the body सिर; mind मस्तिष्क; chief, leader मुखिया, नेता; top चोटी; that part of a weapon which is used for striking नोक; front अग्रभाग; climax चरम बिंदु; topic विषय ।

head[2] *v.t.* to be the chief of का नेतृत्व क०; *v.i.* to move forward आगे बढ़ना ।

headache है डेक *n.* pain in the head सिरदर्द ।

heading हैं डिङ्ग *n.* title शीर्षक ।

headlong हैड् लौं ङ्ग *adv.* with the head foremost सिर के बल ।

headstrong हैड् स्ट्रौं ङ्ग *a.* self- willed स्वेच्छाचारी ।

heal हील *v.i.* to grow well ठीक होना; *v.t.* to make well स्वस्थ बनाना ।

health हैल्थ *n.* sound bodily and mental condition स्वास्थ्य; freedom from disease आरोग्य ।

healthy हैलॅ थि *a.* in good health स्वस्थ; wholesome स्वास्थ्यवर्धक ।

heap[1] हीप *n.* mass of things ढेर; collection संग्रह ।

heap[2] *v.t.* to amass संचय क०; to pile up ढेर लगाना ।

hear हिअॅ: *v.t.* to perceive by the ear सुनाई पड़ना; to listen ध्यान देना, कान

लगाना; to be told बताया जाना; to try (a case) (मुक़दमे की) सुनवाई क० ।

hearsay हिअँः से *n.* rumour अफ़वाह ।

heart हाःट *n.* organ which makes blood circulate हृदय; bosom उर; courage साहस; central part केंद्र; essence सार ।

hearth हाःथ *n.* part of room where fire is made चूल्हा; home घर ।

heartily हाः टि लि *adv.* sincerely हृदय से ।

heat[1] हीट *n.* warmth ऊष्मा, गर्मी; sensation of warmth हरारत; anger क्रोध; passion जोश ।

heat[2] *v.t.* to make hot गर्म क०; to agitate उत्तेजित क०; *v.i.* to become hot गर्म होना ।

heave हीव *v.t.* to lift उठाना; to throw फेंकना; to utter (a sigh) (आह) भरना ।

heaven हैं वन *n.* *(pl.)* sky आकाश; dwelling place of gods देवलोक ।

heavenly हैं वन् लि *a.* divine दिव्य; celestial स्वर्गीय ।

hedge[1] हैंज *n.* close row of bushes झाड़ी की बाड़ ।

hedge[2] *v.t.* to surround with hedge बाड़ लगाना; to obstruct रोकना ।

heed[1] हीड *v.t.* to keep in mind ध्यान में रखना ।

heed[2] *n.* care देखभाल; attention सावधानी ।

heel हील *n.* back part of human foot एड़ी; part of shoe supporting this जूते का पिछला भाग ।

hefty हैं फ़् टि *a.* heavy भारी; muscular हृष्ट-पुष्ट ।

height हॉइट *n.* state of highness ऊँचाई; top चोटी; extremity पराकाष्ठा; quality of being high उच्चता ।

heighten हॉइ ट्न *v.t.* to make higher ऊँचा क० ।

heinous ही नॅस *a.* odious घृणित, जघन्य; atrocious नृशंस ।

heir ऍअँः *n.* successor उत्तराधिकारी ।

hell हैं ल *a.* the abode of the damned नरक; misery दुर्दशा ।

helm हैं ल्म *n.* steering apparatus पतवार ।

helmet हैं ल् मिट *n.* covering of armour for the head शिरस्त्राण ।

help[1] हैल्प *v.t.* to assist सहायता क० ।

help[2] *n.* assistance सहायता; one who assists सहायक ।

helpful हैं ल्प् फुल *a.* giving help सहायक; useful लाभदायक ।

helpless हैं ल्प् लिस *a.* wanting assistance असहाय ।

helpmate हैं ल्प् मेट *n.* assistant सहायक; wife सहधर्मिणी ।

hemisphere हैं मि स्फ़िअँः *n.* half of the globe or map गोलार्ध ।

hemp हैम्प *n.* an intoxicating drug भाँग; jute जूट, सनई ।

hen हैंन *n.* female domestic fowl मुर्ग़ी ।

hence हैं न्स *adv.* from here यहाँ से; from now अब से; for this reason इसी कारण से, अत: ।

henceforth हैं न्स् फ़ौःथ *adv.* from now onwards अब से आगे; in future भविष्य में ।

henceforward हैं न्स् फ़ौः वॅःड *adv.* from now onwards अब से आगे ।

henchman हैंन्च् मॅन *n.* trusty follower विश्वसनीय अनुचर ।

henpecked हैं न् पैंक्ट *a.* governed by his wife जोरू का गुलाम ।

her[1] हॅः *pron.* objective and possissive case of 'she' उस (स्त्री) को; उस (स्त्री) का ।

her[2] *a.* belonging to her उसका ।

herald[1] हैं रॅल्ड *n.* forerunner अग्रदूत; proclaimer उद्घोषक ।

herald[2] *v.t.* to announce घोषित क०; to

proclaim approach of (के) आगमन की सूचना देना ।

herb हॅ:ब *n.* plant or shrub used in medicine जड़ी-बूटी ।

herculean हॅ: क्यु लि अॅन *a.* requiring extraordinary strength अत्यंत कठिन ।

herd हॅ:ड *n.* company of animals feeding or travelling together पशु-समूह ।

herdsman हॅ:इज़् मॅन *n.* keeper of a herd चरवाहा ।

here हिअॅ: in this place यहाँ, इधर; in this present life इस लोक में ।

hereabouts हिअॅ रॅ बॉउट्स *adv.* near this place आसपास ।

hereafter हिअॅर आफ़् टॅ: *adv.* after this time इसके बाद ।

hereditary हि रैॅ डि टॅ रि *n.* discending or coming by inheritance वंशानुगत ।

heredity हि रैॅ डि टि *n.* hereditary transmission of qualities आनुवंशिकता ।

heritable हैॅ रि टॅ ब्ल *a.* that may be inherited वंशागत ।

heritage हैॅ रि टिज *n.* that which is inherited विरासत ।

hermit हॅ: मिट *n.* saint संन्यासी; one who lives in solitude वानप्रस्थ, एकांतवासी ।

hermitage हॅ: मि टिज *n.* hermit's cell कुटी ।

hernia हॅ: न्यॅ *n.* a rupture in the weak spot in the stomach wall हर्निया, अंत्रवृद्धि ।

hero हिअॅ रो *n.* distinguished brave person योद्धा; illustrious person नायक ।

heroic हि रों इक *a.* befitting a hero वीरोचित; pertaining to hero नायक-संबंधी ।

heroine हैॅ रों इन *n.* principal female figure नायिका, वीरांगना ।

heroism हैॅ रों इज़्म *n.* bravery वीरता; boldness साहस ।

herring हैॅ रिङ्ग *n.* a common, edible, sea-water fish हिलसा ।

hesitant हैॅ ज़ि टॅन्ट *a.* inclined to hesitate संशयशील ।

hesitate हैॅ ज़ि टेट *v.i.* to hold back or delay in making a decision संकोच क०; to vacillate दुविधा में पड़ना ।

hesitation हैॅ ज़ि टे शॅन *n.* wavering संकोच, हिचकिचाहट; vacillation असमंजस ।

hew ह्यू *v.t.* to cut with an axe कुल्हाड़ी से काटना ।

heyday हे डे *n.* time of greatest prosperity and power सर्वोत्तम समय ।

hibernation हॉइ बॅ: ने शॅन *n.* passing winter in deep sleep शीतनिद्रा ।

hiccup हि कप *n.* spasm of the breathing organs with an abrupt cough-like sound हिचकी ।

hide[1] हॉइड *n.* skin of an animal पशुचर्म, चमड़ा ।

hide[2] *v.t.* to conceal छिपाना ।

hideous हि डि अॅस *a.* horrible भयंकर, भीषण; extremely ugly घिनौना ।

hierarchy हॉइ अॅ रा: कि *n.* system of persons arranged in graded order पदक्रम, अनुक्रम ।

high हॉइ *a.* tall, lofty ऊँचा ।

highly हॉइ लि *adv.* to a high degree अत्यधिक मात्रा में ।

highness हॉइ निस *n.* (cap.) title of honour महाराज; the state of being high उच्चता ।

highway हॉइ वे *n.* a public road राजपथ ।

hilarious हि लेॅअॅ रि अॅस *a.* gay, extravagantly merry उल्लसित ।

hilarity हि लै रि टि *n.* gaiety प्रफुल्लता ।

hill हिल *n.* small mountain पहाड़ी; mound टीला ।

hillock हि लॅक *n.* small hill टीला ।

him हिम *pron.* objective of 'he' उसे, उसको ।

hinder हिन् डॅ: *v.t.* to prevent, to keep back बाधा पहुँचाना, अड़चन डालना ।

hindrance हिन् ड्रॅन्स *n.* act of hindering अवरोध ।

hint[1] हिन्ट *n.* distant or indirect indication संकेत ।

hint[2] *v.i.* to indicate indirectly इशारा क० ।

hip हिप *n.* either side of body below waist and above thigh नितंब, कूल्हा ।

hire[1] हॉइअॅ: *n.* wages for service पारिश्रमिक; price paid for the use of anything भाड़ा ।

hire[2] *v.t.* to give on hire किराए पर देना ।

hireling हॉइअॅ: लिङ्ग *n.* one who serves for wages भाड़े से रोज़ी कमानेवाला ।

his हिज़ *pron.* belonging to him उसका ।

hiss[1] हिस *n.* sibilant sound सिसकारी, फुफकार ।

hiss[2] *v.i.* to make a sibilant sound फुफकारना ।

historian हिस् टौ रि अॅन *n.* writer of history इतिहासकार ।

historic हिस् टौँ रिक *a.* famous in history इतिहास-प्रसिद्ध ।

historical हिस् टौँ रि कॅल *a.* relating to history ऐतिहासिक ।

history हिस् टॅ रि *n.* knowledge of past events इतिहास; account of an event वृत्तांत; life-story इतिवृत्त ।

hit[1] हिट *(–tt–) v.t.* to strike प्रहार क०; to come against with force टकराना; to wound the feelings of चोट पहुँचाना; to find पा लेना; to score (रन) बनाना ।

hit[2] *n.* blow प्रहार; success सफलता; a taunting remark ताना, व्यंग्य ।

hitch हिच *n.* an impediment अड़चन; a knot गाँठ; a jerky movement झटकोला ।

hither हि दॅ: *adv.* to this place इस स्थान पर ।

hitherto हि दॅ: टू *adv.* to this time अब तक ।

hive हॉइव *n.* a colony of bees मधुमक्खी का छत्ता ।

hoarse हौ:स *a.* discordant, harsh कर्कश, बेसुरा ।

hoax[1] होक्स *n.* deceptive trick चकमा ।

hoax[2] *v.t.* to trick by a practical joke चकमा देना ।

hobby हौँ बि *n.* favourite pursuit followed as an amusement शौक़, अभिरुचि ।

hobby-horse हौँ बि हौ:स *n.* a wooden horse as a toy कठघोड़ा ।

hockey हौँ कि *n.* game played with a stick and ball हॉकी का खेल ।

hoist हौँ इस्ट *v.t.* to lift upward by means of a tackle फहराना; to heave up ऊपर उठाना ।

hold[1] होल्ड *n.* grasp पकड़; influence प्रभाव ।

hold[2] *v.t.* to grasp पकड़ना; to have capacity for (की) समाई रखना; to carry on चालू रखना; to detain रोकना; to celebrate मनाना; to believe विश्वास क०; to occupy धारण क० ।

hole[1] होल *n.* cavity छेद; hollow place ख़ाली स्थान; pit कुंड ।

hole[2] *v.t.* to put into a hole छेद में डालना; to make a hole in खोदना ।

holiday हौँ लि डे *n.* day of exemption from labour अवकाश का दिन; a festival त्योहार ।

hollow[1] हौँ लो *a.* having an empty space खोखला; empty ख़ाली; unreal निरर्थक ।

hollow[2] *n.* hole छेद; cavity गड्ढा ।

hollow[3] *v.t.* to make hollow खोखला क० ।

holocaust हौँ लॅ कौस्ट *n.* complete destruction सर्वनाश ।

holy हो लि *a.* sacred पावन, पवित्र; pure शुद्ध; saintly पुण्यात्मा ।

homage हौँ मिज *n.* tribute श्रद्धांजलि; reverence श्रद्धा ।

home होम *n.* residence निवास; house मकान; native place जन्मस्थान ।

homicide हौँ मि सॉइड *n.* manslaughter मानव-हत्या; killer हत्यारा ।

homoeopath हो मि ओँ पैथ *n.* one who practises homoeopathy समचिकित्सक ।

homoeopathy हो मि औँ पॅ थि *n.* a treastment of disease using drugs that in a healthy man would cause the disease समचिकित्सा ।

homogeneous हौँ मो जी नॅस *a.* of the same kind or nature सजातीय ।

honest औँ निस्ट *a.* upright, just ईमानदार; truthful सत्यवादी ।

honesty औँ निस् टि *n.* uprightness ईमानदारी; truthfulness सत्यवादिता ।

honey ह नि *n.* sweet thick fluid produced by bees शहद ।

honeycomb ह नि कोम *n.* mass of waxy cells formed by bees मुधकोश ।

honeymoon ह नि मून *n.* a holiday taken immediately after marriage प्रमोदकाल, सुहागरात ।

honorarium औँ नें रेंअॅ रि अॅम *n.* voluntary fees paid to a professional man for his services मानदेय ।

honorary औँ नॅ रॅ रि *a.* without salary अवैतनिक; conferring honour सम्मानार्थ ।

honour[1] औँ नॅः *n.* respect आदर ।

honour[2] *v.t.* to confer an honour on सम्मानित क०; to accept and pay when due भुगतान क० ।

honourable औँ नॅ रॅ ब्ल *a.* worthy of honour माननीय ।

hood हुड *n.* covering for the head शिरोवेष्टन, टोप ।

hoodwink हुड् विङ्क *v.t.* to deceive आँख में धूल झोंकना ।

hoof हूफ़ *n.* part of an animal's foot खुर ।

hook हुक *n.* an object of bent form अंकुश; curved cutting tool हँसिया ।

hooligan हू लि गॅन *n.* a violent noisy person आवारा, गुंडा ।

hoot[1] हूट *n.* owl's cry उल्लू की बोली; cry of disapproval or derision घृणासूचक शोर ।

hoot[2] *v.i.* to make a hoot घृणा- सूचक शोर क०; v.t. to make hoots at शोर करके भगाना ।

hop[1] हौॅप *(–pp–) v.i.* to leap on one leg फुदकना; to move in jumps कुलाच मारते हुए चलना1

hop[2] *n.* the action of hopping कूद, उछाल; a short jump कुलाच ।

hope[1] होप *v.t.* to expect and desire (की) आशा रखना; *v.i.* to entertain hope आशावान होना ।

hope[2] *n.* feeling of expectation and desire आशा; basis of hoping आशा का आधार ।

hopeful होप् फुल *a.* having hope आशावान्; giving hope आशापूर्ण ।

hopeless होप् लिस *a.* without hope निराश; worthless निकम्मा ।

horde हौःड *n.* multitude भीड़, झुंड ।

horizon हॅ रॉइ ज़न् *n.* circle in which

earth and sky seem to meet क्षितिज; limit of knowledge etc. ज्ञान आदि की सीमा ।

horn हौ:न *n.* outgrowth on the head सींग; funnel-shaped mouth piece शृंगी, तुरही ।

hornet हौ: निट *n.* kind of wasp भिड़, बर्रे ।

horrible हौं रि ब्ल *a.* terrible भीषण; dreadful भयंकर ।

horrify हौं रि फ़ॉइ *v.t.* to strike with horror भयभीत क० ।

horror हौं रॅ: *n.* fear भय; intense repugnance घृणा ।

horse हौ:स *n.* hoofed animal used for riding and draught घोड़ा ।

horticulture हौ: टि कल् चॅं: *n.* art of gardening बाग़बानी ।

hose होज़ *n.* covering for the legs or feet जुर्राब; flexible water pipe रबर का पाइप ।

hosiery हो ज़ॅ रि *n.* knitted goods होज़री ।

hospitable हौँस् पि टॅ ब्ल *a.* welcoming and generous towards guests अतिथि-सत्कार करने वाला ।

hospital हौँस् पि ट्ल *n.* institution for treatment चिकित्सालय ।

hospitality हौँस् पि टै लि टि *n.* welcome or entertainment of guests आतिथ्य, अतिथि-सत्कार ।

host होस्ट *n.* one who entertains a stranger or guest मेज़बान ।

hostage हौँस् टिज *n.* person held as a pledge until certain demands are met बंधक ।

hostel हौँस् टॅल *n.* residence for students छात्रावास ।

hostile हौँस् टॉइल *a.* opposed विरोधी; unfriendly शत्रुतापूर्ण ।

hostility हौँस् टि लि टि *n.* opposition विरोध; enmity शत्रुता ।

hot हौँट *a.* very warm गर्म, तप्त; violent उग्र, प्रचंड; excited उत्तेजित; angry क्रुद्ध ।

hotchpotch हौँच् पौँच *n.* jumble घालमेल ।

hotel हो टैॅल, ओ– *n.* commercial establishment providing lodging and meals होटल, विश्रामालय ।

hound हॉउन्ड *n.* dog used in hunting शिकारी कुत्ता ।

hour ऑउअँ: *n.* 60 minutes or 24th part of a day घंटा ।

house[1] हॉउस *n.* dwelling place मकान; family परिवार ।

house[2] *v.t.* to provide house for घर दिलाना; to shelter आश्रय देना ।

how हॉउ *adv.* in what way कैसे; in what condition किस रूप में ।

however[1] हॉउ ऐॅ वँ: *adv.* in whatever way चाहे जैसे ।

however[2] *conj.* nevertheless, all the same तथापि, फिर भी ।

howl[1] हॉउल *v.t.* to utter with outcry चिल्लाकर कहना; *v.i.* to cry चीख़ना ।

howl[2] *n.* a yell चीख़ ।

hub हब *n.* nave of a wheel नाभि ।

hubbub ह बब *n.* uproar कोलाहल; confused noise of many voices हुल्लड़ ।

huge ह्यूज *a.* enormous वृहत्, विशाल ।

hum[1] हम (*–mm–*) *v.i.* to make a sound like bees गुंजन क०; *v.t.* to sing with closed lips गुनगुनाना ।

hum[2] *n.* humming गुंजन ।

human ह्यू मॅन *a.* of man मानवीय ।

humane ह्यू मेन, ह्यु– *a.* benevolent, kind दयालु ।

humanitarian ह्यू मै नि टैॅ अँ रि अॅन *a.* benevolent लोकोपकारी ।

humanity ह्यू मै नि टि, ह्यु– *n.* human beings in general मानव जाति; human nature मानवता, मानव-स्वभाव; kindness दयाभाव ।

humanize हयू मॅ नाईज़ *v.t.* to make human मानवीय बनाना; to make humane दयावान बनाना; *v.i.* to become human मानवीय बनना; to become humane दयावान बनना ।

humble हम् ब्ल *a.* modest विनम्र ।

humdrum हम् ड्रम *a.* dull नीरस; commonplace घिसा-पिटा ।

humid हयू मिड *a.* damp, moist नम, गीला ।

humidity हयू मि डि टि *n.* moisture नमी, आर्द्रता ।

humiliate हयू मि लि एट, हयु– *v.t.* to mortify (का) मान-मर्दन क० ।

humiliation हयू मि लि ए शॅन, हयु– *n.* degradation मान-मर्दन ।

humility हयू मि लि टि *n.* modesty विनम्रता ।

humorist हयू मॅ रिस्ट *n.* humorous talker or writer विनोदी, हास्यकार ।

humorous हयू मॅ रॅस *a.* having a sense of humour विनोदपूर्ण, हास्यपूर्ण ।

humour हयू मॅ: *n.* amusement परिहास ।

hunch हन्च *n.* hump कूबड़ ।

hundred हन् ड्रॅड *n.* ten times ten सौ (100) ।

hunger हङ् गॅ: *n.* need for food भूख; strong desire लालसा ।

hungry हङ् ग्रि *a.* having desire for food भूखा; greedy लालची ।

hunt[1] हन्ट *v.t.* to seek out to kill or capture (का) शिकार क०; to try to find ढूँढना; *v.i.* to go for hunt शिकार के लिए जाना ।

hunt[2] *n.* the act of hunting आखेट; search तलाश ।

hunter हन् टॅ: *n.* one who hunts शिकारी ।

huntsman हन्ट्स् मॅन *n.* hunter आखेटक; man incharge of the hounds during a hunt शिकारी कुत्तों की देखरेख करनेवाला ।

hurdle[1] हः ड्ल *n.* obstacle बाधा ।

hurdle[2] *v.t.* to enclose with hurdles (में) बाधा खड़ी क० ।

hurl हॅ:ल *v.t.* to fling with violence उछालना ।

hurrah हु रा *interj.* exclamation of joy or applause आनंद या प्रशंसासूचक उद्घोष ।

hurricane ह रि कॅन, –केन *n.* cyclonic storm झंझावात ।

hurry[1] ह रि *v.t.* to hasten तेज़ी से क०; *v.i.* to move or act with impatient haste उतावली दिखाना ।

hurry[2] *n.* undue haste अतिशीघ्रता; agitation व्यग्रता ।

hurt[1] हॅ:ट *v.t.* to cause pain to चोट पहुँचाना; to damage क्षति पहुँचाना ।

hurt[2] *n.* injury चोट, आघात; damage क्षति ।

husband हज़् बॅन्ड man to whom a woman is married पति ।

husbandry हज़् बॅन् ड्रि *n.* business of a farmer काश्तकारी; careful management सुव्यवस्था ।

hush[1] हश *n.* silence निस्तब्धता ।

hush[2] *v.i.* to become silent शांत होना; *v.t.* to make silent शांत क० ।

husk हस्क *n.* dry thin covering of certain fruits भूसी, छिलका ।

husky हस् कि *a.* full of husks छिलकेदार; dry शुष्क ।

hut हट *n.* small temporary dwelling कुटीर ।

hyaena *n.* *see* hyena.

hybrid[1] हॉइ ब्रिड *a.* crossbred संकर जाति का ।

hybrid[2] *n.* mongrel संकर, दोग़ला ।

hydrogen हॉइ ड्रि जॅन *n.* a gas which

produces water when combined with oxygen उदजन।

hyena, hyaena हॉइ ई नें *n.* a wild animal related to dog लकड़बग्घा।

hygiene हॉइ जीन *n.* science or art of preserving health स्वास्थ्य-विज्ञान।

hygienic हॉइ जी निक *a.* pertaining to health स्वास्थ्यकर, स्वास्थ्य-संबंधी।

hymn हिम *n.* song of praise स्तुति; song of worship ईश-भजन।

hyperbole हॉइ पॅः बॅ लि *n.* exaggeration अतिशयोक्ति।

hypnotism हिप् नें टिज़्म *n.* a sleep-like condition caused by artificial means सम्मोहन।

hypnotize हिप् नें टॉइज़ *v.t.* to affect with hypnotism सम्मोहित क०।

hypocrisy हि पौ क्रॅ सि *n.* concealment of true character or belief मिथ्याचार, आडंबर।

hypocrite हि पॅ क्रिट *n.* one who practises hypocrisy पाखंडी।

hypocritical हि पॅ क्रि टि कॅल *a.* pertaining to hypocrisy पाखंडी।

hypothesis हॉइ पौ थि सिस *n.* supposition कल्पना; proposition परिकल्पना।

hypothetical हॉइ पॅ थॅ टि कॅल *a.* conjectural काल्पनिक।

hysteria हिस् टिअॅ रिअॅ *n.* mental disorder with emotional outbursts हिस्टीरिया, वातोन्माद।

hysterical हिस् टॅ रि कॅल *a.* suffering from hysteria हिस्टीरिया से प्रभावित; caused by hysteria हिस्टीरिया-जनित।

I

I ऑइ *pron.* *(pl. we)* first person singular in the subjective case मैं, मैंने।

ice ऑइस *n.* frozen water बर्फ़।

iceberg ऑइस् बॅःग *n.* floating mass of ice हिमशैल।

icicle ऑइ सि कुल *n.* pointed piece of ice formed by the freezing of dripping water हिमलंब।

icy ऑइ सि *a.* very cold बरफ़ीला।

idea ऑइ डि अॅ *n.* opinion, belief विचार, मत; plan योजना; conception अवधारणा।

ideal[1] ऑइ डि अॅल *a.* existing in idea or fancy आदर्श; existing only in idea काल्पनिक।

ideal[2] *n.* conception of something that is perfect आदर्श।

idealism ऑइ डिअॅ लिज़्म *n.* tendency to seek perfection in every thing आदर्शवाद।

idealist ऑइ डिअॅ लिस्ट *n.* one who holds the doctrine of idealism. आदर्शवादी।

idealistic ऑइ डिअॅ लिस् टिक *a.* pertaining to idealism आदर्शात्मक।

idealize ऑइ डिअॅ लॉइज़ *v.t.* to make ideal आदर्श बनाना; to embody in an ideal form आदर्शरूप देना।

identical ऑइ डैन् टि कॅल *a.* the same

वही; exactly alike बिल्कुल समान।

indentification ऑइ डैन् टि फ़ि के शॅन *n.* act of identifying अभिनिर्धारण; establishing identity पहचान।

identify ऑइ डैन् टि फ़ॉइ *v.t.* to make to be the same (से) तादात्म्य स्थापित क०; to establish the identity of पहचानना।

identity ऑइ डैन् टि टि *n.* sameness समरूपता; proof of who the person or thing really is पहचान।

ideocy इ डि ॲ सि *n.* state of being an idiot मूर्खता।

idiom इ डि ॲम *n.* language of a people or country बोली, भाषा; a group of words whose meaning must be taken together मुहावरा।

idiomatic इ डि ॲ मै टिक *a.* using idioms मुहावरेदार।

idiot इ डि ॲट *n.* a foolish person मूर्ख व्यक्ति।

idiotic इ डि औ टिक *a.* full of foolishness मूर्खतापूर्ण।

idle ऑइ ड्ल *a.* not working निष्क्रिय, बेकार; lazy आलसी; useless व्यर्थ का।

idleness ऑइ ड्ल् निस *n.* inaction निष्क्रियता; sloth आलस्य; uselessness व्यर्थता।

idler ऑइ ड्लॅ: *n.* one who idles निष्क्रिय व्यक्ति; lazy person आलसी व्यक्ति।

idol ऑइ डॅल *n.* image of a deity देव-प्रतिमा; object of devotion भक्तिभाजन।

idolater ऑइ डौ लॅ टॅ: *n.* a worshipper of idols मूर्तिपूजक।

if इफ़ *conj.* on condition that यदि; whether आया कि।

ignoble इग् नो बल *a.* shameful, dishonourable शर्मनाक।

ignorance इग् नॅ रॅन्स *n.* want of knowledge अज्ञान।

ignorant इग् नॅ रॅन्ट *a.* wanting knowledge or information अनजान।

ignore इग् नौ: *v.t.* to take no notice of (की) उपेक्षा क०।

ill[1] इल *a.* sick बीमार; bad बुरा।

ill[2] *adv.* badly ग़लत ढंग से; imperfectly अपूर्णरूप से; unfavourably बुराई करते हुए।

ill[3] *n.* evil बुराई; misfortune दुर्भाग्य, मुसीबत।

illegal इ ली गॅल *a.* not legal अवैध; contrary to law क़ानून- विरोधी।

illegibility इ लै जि बि लि टि *n.* being illegible अपठनीयता।

illegible इ लै जि ब्ल *a.* that connot be read अपठनीय।

illegitimate इ लि जि ट मिट *a.* not legitimate अवैध; not authorized by law ग़ैरक़ानूनी।

illicit इ लि सिट *a.* not permitted निषिद्ध; unlawful, lawless अवैध।

illiteracy इ लि टॅ रॅ सि *n.* inability to read and write निरक्षरता।

illiterate इ लि टॅ रिट *a.* not able to read and write निरक्षर।

illness इल् निस *n.* state of being ill रुग्णता; ailment रोग।

illogical इ लौ जि कॅल *a.* not logical तर्कविरुद्ध।

illuminate इ लू मि नेट *v.t.* to light up जगमगा देना; to decorate अलंकृत क०; to make clear स्पष्ट क०।

illumination इ लू मि ने शॅन *n.* act of illuminating प्रदीपन; the light provided प्रकाश; clarification व्याख्या, स्पष्टीकरण; (*pl.*) display of coloured lights for decoration प्रकाश-द्वारा सजावट।

illusion इ लू ज़ॅन *n.* false conception भ्रम; misleading appearance मरीचिका।

illustrate इ लॅस् ट्रेट *v.t.* to explain by

example उदाहरण देकर स्पष्ट क०; to furnish (books etc.) with pictures सचित्र बनाना ।

illustration इ लॅस् ट्रे शॅन *n.* act of illustrating चित्रण; an example उदाहरण; design to illustrate the text of a book चित्र ।

image इ मिज *n.* representation of a person or thing made in wood or stone मूर्ति; a close likeness प्रतिरूप ; a reflection बिंब, प्रतिबिंब ।

imagery इ मि जॅ रि *n.* use of images or figures of speech बिंब-विधान ।

imaginary इ मै जि नॅ रि *a.* existing only in imagination काल्पनिक; unreal अवास्तविक ।

imagination इ मै जि ने शॅन *n.* power of imagining कल्पनाशक्ति; what is imagined कल्पित वस्तु ।

imaginative इ मै जि नॅ टिव *a.* having or using imagination कल्पनाशील, कल्पनात्मक ।

imagine इ मै जिन *v.t.* to form a picture of in the mind कल्पना क० ।

imitate इ मि टेट *v.t.* to follow as a model or example अनुकरण क०; to copy नक़ल क०; to mimic नक़ल उतारना ।

imitation इ मि टे शॅन *n.* copy नक़ल; act of imitating अनुकरण; counterfeit नक़ली रूप ।

imitator इ मि टे टॅ: *n.* one who imitates अनुकरण करनेवाला ।

immaterial इ मॅ टिऑ रि ॲल *a.* unimportant महत्वहीन; not having physical substance अभौतिक, अमूर्त ।

immature इ मॅ ट्युऑ: *a.* not mature अपरिपक्व; not fully developed अविकसित ।

immaturity इ मॅ ट्युऑ रि टि *n.* state or quality of being immature अपरिपक्वता ।

immeasurable इ मै ज़ॅ रॅ ब्ल *a.* boundless अमित, असीमित ।

immediate इ मी डि ॲट *a.* without delay तात्कालिक; relating to the present time वर्तमान संबंधी; nearest निकटस्थ ।

immemorial इ मि मौ रि ॲल *a.* going back beyond the reach of memory अति प्राचीन ।

immense इ मैन्स *a.* very large विशाल ।

immensity इ मैन् सि टि *n.* vastness विशालता ।

immerse इ मॅ:स *v.t.* to put under the surface of liquid डुबाना; to involve, to engross तल्लीन क० ।

immersion इ मॅ: शॅन *n.* immersing or being immersed निमज्जन ।

immigrant इ मि ग्रॅन्ट *n.* one who immigrates into a country आप्रवासी ।

immigrate इ मि ग्रेट *v.i.* to come into a country for permanent residence आप्रवासन क० ।

immigration इ मि ग्रे शॅन *n.* act of removing into a country for settlement आप्रवासन ।

imminent इ मि नॅन्ट *a.* likely to come or happen soon निकटस्थ ।

immodest इ मॉ डिस्ट *a.* not modest अविनीत, निर्लज्ज; indecent अशिष्ट ।

immodesty इ मॉ डिस् टि *n.* want of modesty निर्लज्जता ।

immoral इ मॉ रॅल *a.* not moral अनैतिक; depraved भ्रष्ट, चरित्रहीन ।

immorality इ मॉ रै लि टि *n.* quality of being immoral अनैतिकता; immoral conduct अनैतिक आचरण ।

immortal इ मौ: टॅल *a.* not mortal अमर; imperishable अमिट; never forgotten अविस्मरणीय ।

immortality इ मौ: **टै** लि टि *n.* condition or quality of being immortal अमरता।

immortalize इ **मौ:** टॅ लॉइज़ *v.t.* to render immortal अमर बनाना।

immovable इ **मू** वॅ ब्ल *a.* motionless अचल; fixed (property) अडिग, स्थिर (संपत्ति)।

immune इ **म्यून** *a.* safe, secure प्रतिरक्षित।

immunity इ **म्यू** नि टि *n.* protection बचाव, प्रतिरक्षा।

immunize इ **म्यू** नॉइज़ *v.t.* to make immune प्रतिरक्षित क०।

impact **इम्** पैक्ट *n.* effect प्रभाव; the shock of a moving body that strikes against another संघात।

impart इम् **पा:ट** *v.t.* to give देना; to communicate बताना।

impartial इम् **पा:** शॅल *a.* not partial निष्पक्ष।

impartiality इम् पा: शि **ऐ** लि टि *n.* state or quality of being impartial निष्पक्षता।

impassable इम् **पा** सॅ ब्ल *a.* that cannot be passed अलंघ्य।

impasse इम् **पास**, ऐम्– *n.* deadlock गतिरोध।

impatience इम् **पे** शॅन्स *n.* condition or quality of being impatient अधीरता, व्यग्रता।

impatient इम् **पे** शॅन्ट *a.* eager, restless अधीर, व्यग्र।

impeach इम् **पीच** *v.t.* to charge with a crime अभियोग लगाना; to call in guestion संदेह क०।

impeachment इम् **पीच्** मॅन्ट *n.* impeaching अभियोग।

impede इम् **पीड** *v.t.* to obstruct, to hinder (में) बाधा डालना।

impediment इम् **पैं** डि मॅन्ट *n.* obstruction बाधा; a defect of speech हकलाहट।

impenetrable इम् **पैं** नि ट्रॅ ब्ल *a.* that cannot be penetrated अभेद्य।

imperative इम् **पैं** रॅ टिव *a.* urgent आत्यावश्यक, अनिवार्य; obligatory आदेशात्मक।

imperfect इम् **पॅ:** फ़िक्ट *a.* not perfect अपूर्ण, अधूरा।

imperfection इम् पॅ: **फ़ैक्** शॅन *n.* want of perfection अपूर्णता।

imperial इम् **पिऑ** रि ॲल *a.* royal शाही; concerned with an empire साम्राज्यिक, साम्राज्य-संबंधी।

imperialism इम् **पिऑ** रि ॲ लिज़्म *n.* policy of extending a country's empire and influence साम्राज्यवाद।

imperil इम् **पैं** रिल *(–ll–)* *v.t.* to put in danger संकट में डालना।

imperishable इम् **पैं** रि शॅ ब्ल *a.* that cannot perish अक्षय।

impersonal इम् **पॅ:** सॅ नॅल *a.* not personal अवैयक्तिक; having no existence as a person व्यक्तित्वहीन।

impersonate इम् **पॅ:** सॅ नेट *v.t.* to pretend to be (another person) (का) छद्म रूप धारण क०; to act the part of (का) अभिनय क०।

impersonation इम् पॅ: सॅ **ने** शॅन *n.* act of impersonating पररूप धारण।

impertinence इम् **पॅ:** टि नॅन्स *n.* rudeness गुस्ताख़ी।

impertinent इम् **पॅ:** टि नॅन्ट *a.* rude गुस्ताख़, ढीठ।

impetuosity इम् पैं ट्यु **औं** सि टि *n.* quality of being impetuous प्रचंड, जल्दबाज़।

impetuous इम् **पैं** ट्यु ॲस *a.* acting without consideration अविवेकी; rash जल्दबाज़; moving or acting energetically प्रचंड, तीव्र।

implement[1] **इम्** प्लि मॅन्ट *n.* tool उपकरण; instrument औज़ार।

implement[2] **इम्** प्लि मैन्ट *v.t.* to carry out कार्यान्वित क०।

implicate **इम्** प्लि केट *v.t.* to involve फँसाना।

implication इम् प्लि **के** शॅन *n.* being involved in a crime उलझाव; something suggested निहितार्थ।

implicit इम् **प्लि** सिट *a.* implied अंतर्निहित; unquestioning निर्विवाद।

implore इम् **प्लौ:** *v.t.* to beg प्रार्थना क०, याचना क०।

imply इम् **प्लॉइ** *v.t.* to involve (में) अंतर्निहित होना।

impolite इम् पॅ **लॉइट** *a.* discourteous, rude अशिष्ट, अभद्र।

import[1] इम् **पौ:ट** *v.t.* to bring (goods) into the country (माल) आयात क०।

import[2] **इम्** पौ:ट *n.* *(pl.)* goods imported आयात; importance महत्त्व।

importance इम् **पौ:** टॅन्स *n.* being important महत्त्व।

important इम् **पौ:** टॅन्ट *a.* of great consequence महत्त्वपूर्ण।

impose इम् **पोज़** *v.t.* to lay (penalties, tax etc.) लगाना; to enforce लागू क०।

imposing इम् **पो** ज़िङ्ग *a.* impressive प्रभावशाली।

imposition इम् पॅ **ज़ि** शॅन *n.* act of imposing आरोपण; that which is imposed लागू की गई वस्तु; deception धोखा।

impossibility इम् पौँ सॅ **बि** लि टि *n.* state of being impossible असंभवता।

impossible इम् **पौँ** सि ब्ल *a.* that cannot be done असंभव।

impostor इम् **पौसॅ्** टॅ: *n.* person pretending to be what he is not पाखंडी।

imposture इम् **पौसॅ्** चॅ: *n.* fraud committed by an impostor पाखंड।

impotence **इम्** पॅ टॅन्स *n.* state of being impotent नपुंसकता।

impotent **इम्** पॅ टॅन्ट *a.* unable to copulate नपुंसक; powerless दुर्बल।

impoverish इम् **पौँ** वॅ रिश *v.t.* to make poor निर्धन कर देना।

impracticability इम् प्रैक् टि कॅ **बि** लि टि *n.* state of being impracticable अव्यावहारिकता।

impracticable इम् **प्रैक्** टि कॅ ब्ल *a.* that cannot be put into effect अव्यवहार्य।

impress इम् **प्रैसॅ्** *v.t.* to influence deeply प्रभावित क० ; to make a mark on (पर) चिह्न लगाना।

impression इम् **प्रैँ** शॅन *n.* effect on mind प्रभाव; vague notion विचार, मत; mark made by pressing छाप, चिह्न; separate printing of a book संस्करण।

impressive इम् **प्रैँ** सिव *a.* effective प्रभावशाली।

imprint[1] इम् **प्रिन्ट** *v.t.* to mark by print or pressure छापना।

imprint[2] **इम्** प्रिन्ट *n.* lasting effect प्रभाव; mark छाप।

imprison इम् **प्रि** ज़न *v.t.* to put in prison बंदी बनाना।

improper इम् **प्रौँ** पॅ: *a.* not suitable अनुचित; indecent अभद्र; incorrect असंगत, ग़लत।

impropriety इम् प्रों **प्रॉइ** अॅ टि *n.* unsuitability अनौचित्य; incorrectness ग़लती।

improve इम् **प्रूव** *v.t.* to make better सुधारना; *v.t.* to become better सुधरना।

improvement इम् **प्रूव्** मॅन्ट *n.* state of being improved सुधार।

imprudence इम् **प्रू** डॅन्स *n.* state or quality of being imprudent अविवेक,

नासमझी।

imprudent इम् प्रू डॅन्ट *a.* unwise अविवेकी।

impulse इम् पल्स *n.* sudden inclination to act अंतःप्रेरणा; impelling force आवेग।

impulsive इम् पल् सिव *a.* acting on impulse आवेगशील।

impunity इम् प्यू नि टि *n.* exemption from punishment दंड-मुक्ति।

impure इम् प्युअॅः, –प्यौः *a.* adulterated, polluted मिलावटी, प्रदूषित; defiled अशुद्ध।

impurity इम् प्यूअॅ रि टि *n.* adulteration मिलावट; unholiness अपवित्रता।

impute इम् प्यूट *v.t.* to ascribe (पर) लांछन लगाना।

in इन *prep.* a preposition that expresses inclusion within limits of space, time, circumstance, sphere etc. में, के भीतर।

inability इन् अॅ बि लि टि *n.* incapability अक्षमता; being unable असमर्थता।

inaccurate इन् ऐ क्यु रिट *a.* not accurate अशुद्ध, ग़लत।

inaction इन् ऐक् शॅन *n.* idleness आलस्य; lack of action अकर्मण्यता।

inactive इन् ऐक् टिव *a.* inert निष्क्रिय; idle आलसी।

inadmissible इन् अॅड् मि सि ब्ल *a.* not acceptable अस्वीकार्य; not allowable अमान्य।

inanimate इन् ऐ नि मिट *a.* lifeless निर्जीव; senseless अचेतन; dull सुस्त।

inapplicable इन् ऐप् लि कॅ ब्ल *a.* not applicable अप्रयोज्य।

inattentive इन् अॅ टैन् टिव *a.* careless, neglectful असावधान।

inaudible इन् औ डि ब्ल *a.* not able to be heard अश्राव्य।

inaugural इन् औ ग्यु रॅल *a.* pertaining to inauguration उद्घाटन-संबंधी।

inauguration इन् औ ग्यु रे शॅन *n.* beginning, opening उद्घाटन।

inauspicious इन् औस् पि शॅस *a.* ill-omened अशुभ, अमांगलिक।

inborn इन् बौःन *a.* implanted by nature सहज; born in जन्मजात।

incalculable इन कैल् क्यु लॅ ब्ल *a.* too great to be calculated गणनातीत; that cannot be reckoned beforehand जिसका पहले से अनुमान न हो सके।

incapable इन् के पॅ ब्ल *a.* incompetent अक्षम, असमर्थ; not capable अशक्त।

incapacity इन् कॅ पै सि टि *n.* powerlessness शक्तिहीनता; inability असमर्थता।

incarnate[1] इन् काः निट *a.* invested with body देहयुक्त, अवतारी; personified मूर्तिमान।

incarnate[2] इन् काः नेट *v.t.* to give human form to साकार रूप में रखना।

incarnation इन् काः ने शॅन *n.* incarnate form अवतार; the taking of human shape अवतरण।

incense[1] इन् सैंन्स *v.t.* to make angry चिढ़ाना, क्रुद्ध क०।

incense[2] इन् सैन्स *n.* substance that gives off pleasant fumes when burnt सुगंध, हवन सामग्री।

incentive इन् सैंन् टिव *n.* encouragement प्रोत्साहन; stimulus उद्दीपन!

inception इन् सैप् शॅन *n.* beginning आरंभ।

inch इन्च *n.* one twelfth of a foot. इंच।

incident इन् सि डॅन्ट *n.* event घटना।

incidental इन् सि डैन् टॅल *a.* occasional आकस्मिक।

incite इन सॉइट *v.t.* to instigate उत्तेजित

क० ।

inclination इन् क्लि ने शॅन *n.* bent झुकाव; natural aptness अभिरुचि; desire इच्छा ।

incline इन् **क्लॉइन** *v.i.* to lean झुकना; to be disposed रुझान होना; *v.t.* to bend मोड़ना; to cause to lean झुकाना ।

include इन् **क्लूड** *v.t.* to add to, to take in सम्मिलित क० ।

inclusion इन् **क्लू** ज़ॅन *n.* act of including अंतर्वेशन, समावेश ।

inclusive इन् **क्लू** सिव *a.* including, enclosing सम्मिलित ।

incoherent इन् कों **हिअॅ** रॅन्ट *a.* inconsistent असंगत; irrelevant असंबद्ध ।

income **इन** कॅम् *n.* profit लाभ; revenue आय ।

incomparable इन् **कौमॅ्** पॅ रॅ ब्ल *a.* matchless अनुपम; unique अनोखा ।

incompetent इन् **कौमॅ्** पि टॅन्ट *a.* wanting adequate power अक्षम; unqualified अयोग्य ।

incomplete इन् कॅम् **प्लीट** *a.* not complete, imperfect अधूरा ।

inconsiderate इन् कॅन् **सि** डॅ रिट *a.* thoughtless अविवेकी; lacking in regard for the feelings of others दूसरों का ध्यान न रखने वाला ।

inconvenient इन कॅन् **वी** न्यॅन्ट *a.* causing uneasiness असुविधाजनक ।

incorporate[1] इन् **कौः** पॅ रेट *v.t.* to include सम्मिलित क०; to form into a corporation निगमित क० ।

incorporate[2] इन् **कौः** पॅ रिट *a.* included सम्मिलित; corporated निगमित ।

incorporation इन कौः पॅ **रे** शॅन *n.* act of incorporating संयोजन ।

incorrect इन कॅ **रैक्ट** *a.* not correct, faulty अशुद्ध, ग़लत ।

incorrigible इन् **कौं** रि जॅ ब्ल *a.* beyond correction असंशोधनीय ।

incorruptible इन् कॅ **रप्** टॅ ब्ल *a.* not capable of fault अदूषणीय; honest ईमानदार ।

increase[1] इन् **क्रीस** *v.t.* to make greater in size, number etc. बढ़ाना; *vi.* to grow in size etc. बढ़ना ।

increase[2] *n.* growth विस्तार, वृद्धि ।

incredible इन् **क्रैं** डॅ ब्ल *a.* that cannot be believed, difficult to believe in अविश्वसनीय ।

increment **इन्** क्रि मॅन्ट *n.* increase वृद्धि; increase in salary वेतन-वृद्धि ।

incriminate इन् **क्रि** मि नेट *v.t.* to charge with a crime (पर) अभियोग लगाना; to blame (पर) दोष लगाना ।

incubate **इन्** क्यु बेट *v.i.* to sit on eggs for hatching अंडे सेना; *v.t* to hatch (eggs) by sitting on them (अंडे) सेना ।

inculcate **इन्** कल् केट *v.t.* to impress on the mind मन में बैठाना ।

incumbent[1] इन् **कम्** बॅन्ट *n.* one who holds an office पदग्राही ।

incumbent[2] *a.* lying on आश्रित ।

incur इन **कॅः** *v.t.* to become liable to (का) दायित्व लेना; to bring upon oneself to suffer झेलना ।

incurable इन **क्युअॅ** रॅ ब्ल *a.* not admitting of cure अचिकित्स्य ।

indebted इन **डैं** टिड *a.* owing money ऋणी; grateful आभारी ।

indecency इन् **डी** सॅन् सि *n.* impudence अशिष्टता; unbecomingness अनौचित्य ।

indecent इन् **डी** सॅन्ट *a.* immodest अभद्र; unbecoming अनुचित; obscene अश्लील ।

indecision इन् डि **सि** ज़ॅन *n.* want of decision असमंजस ।

indeed इन् **डीड** *adv.* in fact वास्तव में; undoubtedly निस्संदेह ।

indefensible इन् डि फ़ैंन् सॅ ब्ल *a.* that cannot be excused or justified असमर्थनीय; that cannot be defended अरक्षणीय।

indefinite इन् डैं फ़ि निट *a.* uncertain, undetermined अनिश्चित।

indemnity इन् डैं म् नि टि *n.* security from damage or loss क्षति या हानि से सुरक्षा।

independence इन् डि पैंन् डॅन्स *n.* freedom स्वतंत्रता; self- reliance स्वावलंबन।

independent इन् डि पैंन् डॅन्ट *a.* free स्वतंत्र; self-governing स्वावलंबी।

indescribable इन् डि स्क्रॉइ बॅ ब्ल *a.* that cannot be described अवर्णनीय।

index इन् डैक्स *n.(pl. indexes)* pointer सूचक, संकेत; list सूची; the forefinger तर्जनी।

Indian इन् डि ॲन, इन् ड्यॅन *a.* residing in India भारतीय।

indicate इन् डि केट *v.t.* to point out संकेत क०; to make known सूचित क०।

indication इन् डि के शॅन *n.* act of indicating सूचन; hint संकेत।

indicative इन् डि कॅ टिव *a.* pointing out परिचायक।

indicator इन् डि के टॅ: *n.* that which or one who indicates सूचक।

indict इन् डॉइट *v.t.* to charge with crime अभियोग लगाना।

indictment इन् डॉइट् मॅन्ट *n.* formal charge अभियोग।

indifference इन् डि फ़ॅ रॅन्स *n.* unconcern उदासीनता।

indifferent इन् डि फ़ॅ रॅन्ट *a.* unconcerned उदासीन; neutral निष्पक्ष।

indigenous इन् डि जैं नॅस *a.* native born or produced देशज।

indigestible इन् डि जैसॅ् टॅ ब्ल *a.* not digestible अपचनीय।

indigestion इन् डि जैसॅ् चॅन *n.* want of digestion अपच, अजीर्ण।

indignant इन डिग् नॅन्ट *a.* feeling or showing justifiable anger क्रुद्ध।

indignation इन् डिग् ने शॅन *n.* anger क्रोध, क्षोभ।

indigo इन् डि गो *n.* violet blue dye नील।

indirect इन् डि रैक्ट *a.* not direct अप्रत्यक्ष; not straight to the point, round about घुमावदार; *(gram.)* reported (speech) प्रतिवेदित।

indiscipline इन डि सि प्लिन *n.* want of discipline अनुशासनहीनता।

indiscreet इन् डिस् क्रीट *a.* lacking in caution, not carefully considered असावधानीपूर्ण, नासमझी का।

indiscretion इन् डिस् क्रैं शॅन *n.* inattention अनवधान; want of discretion अविवेक।

indiscriminate इन् डिस् क्रि मि निट *a.* disorderly विश्रृंखल; lacking discrimination अंधाधुंध।

indispensable इन् डिस् पैंन् सॅ ब्ल *a.* absolutely necessary अपरिहार्य।

indisposed इन् डिस् पोज़्ड *a.* unwell अस्वस्थ; not inclined अनिच्छुक।

indisputable इन् डिस् प्यू टॅ ब्ल *a.* beyond dispute निर्विवाद।

indistinct इन् डिस् टिङ्क्ट *a.* not distinct अस्पष्ट।

individual इन् डि वि ड्यु ॲल *a.* personal व्यक्तिगत।

individualism इन् डि वि ड्यु ॲ लिज़्म *n.* principle of asserting one's independence व्यक्तिवाद।

individuality इन् डि वि ड्यु ऐ लि टि *n.* separate and distinct existence वैयक्तिकता।

indivisible इन् डि वि ज़ॅ ब्ल *a.* that

cannot be divided अविभाज्य।

indolent इन् डॅ लॅन्ट *a.* lazy, inactive आलसी, निष्क्रिय।

indomitable इन् डॉ मि टॅ ब्ल *a.* not to be overcome दुर्दमनीय, अदम्य।

indoor इन् डौः *a.* practised or used within a building भीतरी, आभ्यंतरिक।

indoors इन् डौःज़ *adv.* in or into a building भवन के अंदर।

induce इन् ड्यूस *v.t.* to motivate प्रेरित क०; to instigate भड़काना।

inducement इन् ड्यूस् मॅन्ट *n.* incentive अभिप्रेरण; persuation प्रलोभन।

induct इन् डक्ट *v.t.* to install प्रतिष्ठापित क०।

induction इन् डक् शॅन *n.* installation अधिष्ठापन।

indulge इन् डल्ज *v.t.* to please प्रसन्न क; to gratify तृप्त क०; *v.i.* to yield to a desire लिप्त रहना या होना।

indulgence इन् डल् जॅन्स *n.* favour अनुग्रह, कृपा; giving way to one's desires अतिभोग, लिप्तता।

indulgent इन् डल् जॅन्ट *a.* characterised by indulgence लिप्त; doing favour कृपालु।

industrial इन् डस् ट्रि अॅल *a.* relating to industry औद्योगिक।

industrious इन् डस् ट्रि अॅस *a.* hardworking मेहनती।

industry इन् डस् ट्रि *n.* any branch of trade or manufacture उद्योग; assiduity अध्यवसाय।

ineffective इन् इ फ़ैक् टिव *a.* not effective अप्रभावी; useless निष्फल।

inert इ नॅःट *a.* inactive निष्क्रिय; having no power of motion गतिहीन, स्थिर।

inertia इ नॅः श्यॅ *n.* motionlessness निश्चेष्टता।

inevitable इन् ऐं वि टॅ ब्ल *a.* unavoidable अपरिहार्य।

inexact इन् इग् ज़ैक्ट *a.* not exact अशुद्ध।

inexorable इन् ऐक् सॅ रॅ ब्ल *a.* hard-hearted निष्ठुर; unbending अनमनीय।

inexpensive इन् इक्स् पैं न् सिव *a.* economical मितव्ययी; cheap सस्ता।

inexperience इन् इक्स् पिॲ रि ॲन्स *n.* want of experience अनुभवहीनता।

inexplicable इन् ऐंक्स् प्लि कॅ ब्ल *a.* that cannot be explained अव्याख्येय।

infallible इन् फ़ै लॅ ब्ल *a.* not liable to fail अचूक; not able to make a mistake त्रुटिरहित।

infamous इन् फ़ॅ मॅस *a.* notorious बदनाम।

infamy इन् फ़ॅ मि *n.* being infamous अपकीर्ति; public dishonour बदनामी।

infancy इन् फ़ॅन् सि *n.* early childhood बचपन; early stage प्रारंभिक अवस्था।

infant इन् फ़ॅन्ट *n.* babe बच्चा, शिशु।

infanticide इन् फ़ैन् टि सॉइड *n.* the murder of a child शिशुबध।

infantile इन् फ़ॅन् टॉइल *a.* pertaining to infant शिशु-संबंधी; having characteristics of infancy बालोचित।

infantry इन् फ़ॅन् ट्रि *n.* soldiers fighting on foot पैदल सेना।

infatuate इन् फ़ै ट्यु एट *v.t.* to turn to folly मूढ़ बनाना; to inspire with shallow love मोहित क०।

infatuation इन् फ़ै ट्यु ए शॅन *n.* enchantment सम्मोह।

infect इन् फ़ैक्ट *v.t.* to corrupt भ्रष्ट क०; to taint संदूषित क०; to fill with disease germs रोगाणुयुक्त क०।

infection इन् फ़ैक् शॅन *n.* act of infecting संक्रमण; disease resutling from infection छूत की बीमारी।

infectious इन् फ़ैक् शॅस *a.* infecting with disease संक्रामक; quickly influencing others शीघ्र प्रभावी ।

infer इन् फ़ः *(–rr–) v.t.* to conclude निष्कर्ष निकालना; to estimate अनुमान क० ।

inference इन् फ़ रॅन्स *n.* that which is inferred or deduced अनुमान; conclusion निष्कर्ष ।

inferior इन् फ़िअॅ रि अॅः *a.* of poor quality घटिया; lower in rank अवर ।

inferiority इन् फ़िअॅ रि ऑ रि टि *n.* poorness in quality घटियापन; degradatron अपकर्ष ।

infernal इन् फ़ः नॅल *a.* belonging to lower regions नारकीय ।

infinite इन् फ़ि निट *a.* endless अनंत, असीम ।

infinity इन् फ़ि नि टि *n. (maths.)* countless or indefinite number (गणित) अनंत संख्या ।

infirm इन् फ़ःम *a.* physically weak कमज़ोर, अशक्त; irresolute अस्थिर ।

infirmity इन् फ़ः मि टि *n.* despondency अवसन्नता; unstability अदृढ़ता; weakness दुर्बलता ।

inflame इन् फ़्लेम *v.t.* to excite उत्तेजित क०; to cause to flame प्रज्वलित क०; *v.i.* to become excited उत्तेजित होना; to burst into flame जलना ।

inflammable इन् फ़्लै मॅ बल *a.* combustible ज्वलनशील; excitable उत्तेजनशील ।

inflammation इन फ़्लॅ मे शॅन *n.* state of being inflamed प्रज्वलन; kindling of passions उत्तेजन; swelling with heat and pain प्रदाह, सूजन ।

inflammatory इन् फ़्लै मॅ टॅ रि *a.* tending to inflame प्रज्वलनकारी; pertaining to swelling सूजन-संबंधी;

inflation इन् फ़्ले शॅन *n.* undue increase in the quantity of money मुद्रास्फीति, मुद्राप्रसार ।

inflexible इन् फ़्लैक् सॅ बल *a.* unbending अनमनीय; rigid कड़ा ।

inflict इन् फ़्लिक्ट *v.t.* to impose forcibly थोपना; to cause suffering to पीड़ा पहुँचाना ।

influence[1] इन् फ़्लु अॅन्स *n.* ability or power to affect others प्रभाव ।

influence[2] *v.t.* to affect प्रभाव डालना ।

influential इन फ़्लु ऐन् शॅल *a.* having much influence प्रभावशाली ।

influenza इन फ़्लु ऐन् ज़ॅ *n.* epidemic virus disease श्लेष्मा ज्वर ।

influx इन् फ़्लक्स *n.* flowing in अंतःप्रवाह ।

inform इन् फ़ौःम *v.t.* to give information to सूचना देना; to tell बताना ।

informal इन् फ़ौः मॅल *a.* unceremonious अनौपचारिक ।

information इन् फ़ॅः मे शॅन *n.* news ख़बर, समाचार; act of informing सूचना ।

informative इन फ़ॅः मॅ टिव *a.* affording information सूचनापूर्ण; instructive शिक्षाप्रद ।

informer इन फ़ौः मॅः *n.* one who informs against another मुख़बिर ।

infringe इन फ़्रिन्ज *v.t.* to violate उल्लंघन क० ।

infringement इन् फ़्रिन्ज् मॅन्ट *n.* violation अतिक्रमण, उल्लंघन ।

infuriate इन् फ़्युअॅ रि एट *v.t.* to enrage क्रुद्ध क० ।

infuse इन फ़्यूज़ v.t. to inspire अनुप्राणित क०; to moisten तर क०, भिगोना ।

infusion इन् फ़्यू ज़ॅन *n.* act of infusing निषेचन; liquid extract निषेक ।

ingrained इन् ग्रेन्ड *a.* inherent अंतर्निहित; deep-rooted गहरा ।

ingratitude इन् ग्रै टि ट्यूड *n.* unthankfulness कृतघ्नता ।

ingredient इन् ग्री ड्यॅन्ट *n.* component अवयव, घटक ।

inhabit इन् है बिट *v.t.* to dwell in (में) वास क० ।

inhabitable इन् है बि टॅ ब्ल *a.* that can be lived in आवास- योग्य ।

inhabitant इन् है बि टॅन्ट *n.* resident निवासी ।

inhale इन् हेल *v.i.* to breathe in साँस लेना *v.t.* to draw into the lungs साँस-द्वारा खींचना ।

inherent इन् हिअॅ रॅन्ट *a.* in-born जन्मजात ।

inherit इन् हैं रिट *v.t.* to get as heir उत्तराधिकार में पाना; to derive from ancestors पूर्वजों से प्राप्त क० ।

inheritance इन् हैं रि टॅन्स *n.* that which is or may be inherited उत्तराधिकार, विरासत ।

inhibit इन् हि बिट *v.t.* to prevent रोकना ।

inhibition इन् हि बि शॅन *n.* act of restraining अवरोध ।

inhospitable इन हौसॅ पि टॅ ब्ल *a.* not hospitable असत्कारशील ।

inhuman इन् ह्यू मॅन *a.* brutal अमानवीय ।

inimical इ नि मि कॅल *a.* unfriendly विरोधी; harmful हानिकर ।

inimitable इ नि मि टॅ ब्ल *a.* unmatched अद्वितीय; not worth imitating अननुकरणीय ।

initial[1] इ नि शॅल *a.* of or related to the beginning प्रारंभिक ।

initial[2] *n.* (usu. *pl.*) first letters of a person's name आद्याक्षर ।

initial[3] *(–ll–) v.t.* to put one's initials on आद्याक्षरित क० ।

initiate इ नि शि एट *v.t.* to start, to begin सूत्रपात क०, आरंभ क० ।

initiative इ नि शि अॅ टिव *n.* first step, lead पहल; ability to act independently स्वतंत्र रूप से कार्य करने की योग्यता ।

inject इन् जैक्ट *v.t.* to force in अंतःक्षिप्त क०, इंजेक्शन देना ।

injection इन् जैक् शॅन *n.* act of injecting अंतःक्षेप, इंजेक्शन ।

injudicious इन् जू डि शॅस, –जु– *a.* not judicious अविवेकी ।

injunction इन् जङ्क् शॅन *n.* judicial order आदेश ।

injure इन् जॅ: *v.t.* to damage क्षति क०; to inflict bodily hurt on घायल क० ।

injurious इन् जुअॅ रि अॅस *a.* hurtful, wrongful हानिकर, अनिष्टकर ।

injury इन् जॅ रि *n.* hurt क्षति, चोट ।

injustice इन् जस् टिस *n.* act of unfairness अन्यायपूर्ण कृत्य; want of justice अन्याय ।

ink इङ्क *n.* coloured liquid used for writing and printing स्याही ।

inkling इङ्क् लिङ्ग *n.* dim notion, slight hint आभास, संकेत ।

inland[1] इन् लॅन्ड, –लैन्ड *a.* confined to a country अंतर्देशीय; within a country आंतरिक ।

inland[2] इन् लैन्ड *adv.* in the interior of a country अंदर- अंदर ।

in-laws इन् लौज़ *n. (pl.)* relatives by marriage ससुरालवाले ।

inmate इन् मेट *n.* one of a number of persons living together संवासी ।

inmost इन् मोस्ट *a.* secret गुप्त; most inward अंतरतम ।

inn इन *n.* public house सराय ।

innate इ नेट *a.* inborn जन्मजात; inherent अंतर्भूत ।

inner इ नॅः *a.* internal अंदरूनी ।

innermost इ नॅः मोस्ट *a.* inmost अंतरतम ।

innings इ निङ्गज़ *n. (sing.) (cricket)* duration of batting पारी; period of power प्रभुत्व की अवधि ।

innocence इ नें सॅन्स *n.* freedom from legal guilt निरपराधता; blamelessness निर्दोषिता ।

innocent इ नें सॅन्ट *a.* ignorant of evil निर्दोष; knowing nothing of evil or wrong भोला-भाला ।

innovate इ नों वेट *v.t.* to renew नया बनाना; to improve सुधारना ।

innovation इ नों वे शॅन *n.* act of innovating नवोन्मेष ।

innovator इ नों वे टॅ: *n.* one who brings new changes प्रवर्तक ।

innumerable इ न्यू मॅं रॅं बल *a.* countless असंख्य ।

inoculate इ नौं क्यु लेट *v.t.* to vaccinate टीका लगाना ।

inoculation इ नौं क्यु ले शॅन *n.* vaccination टीकाकरण ।

inoperative इन् ऑं पॅं रॅं टिव *a.* not working निष्क्रिय; having no effect अप्रभावी ।

inopportune इन् ऑं पॅं: ट्यून *a.* unseasonable असामयिक ।

input इन् पुट *n.* amount of power put in लगाई गई शक्ति का परिमाण; data fed into a computer कंप्यूटर में भरी गई सामग्री ।

inquest इङ् क्वैस्ट *n.* judicial inquiry क़ानूनी जाँच ।

inquire इन् क्वॉइअॅ: *v.t.* to investigate जाँच क०; *v.i.* to make an examination अनुसंधान क० ।

inquiry इन् क्वाइअॅ रि *n.* investigation जाँच; act of enquiring पूछताछ ।

inquisition इन् क्वि ज़ि शॅन *n.* judicial inquiry न्यायिक जाँच; searching examination परीक्षण ।

inquisitive इन् क्वि ज़ि टिव *a.* eager to know जिज्ञासु ।

insane इन् सेन *a.* crazy उन्मादी; of unsound mind भ्रांतचित्त ।

insanity इन् सै नि टि *n.* mental disorder उन्माद, विक्षिप्तता ।

insatiable इन् से श्यॅ बल *a.* that cannot be satisfied अतोषणीय ।

inscribe इन् स्क्रॉइब *v.t.* to engrave उत्कीर्ण क०; to mark चिह्नित क० ।

inscription इन् स्क्रिप् शॅन *n.* act of inscribing उत्कीर्णन; record inscribed on stone etc. अभिलेख, शिलालेख ।

insect इन् सैक्ट *n.* small invertebrate creature कीट, कृमि ।

insecticide इन् सैं क टि सॉइड *n.* insect-killing substance कीटनाशी औषधि ।

insecure इन् सि क्युअॅ: *a.* unsafe अरक्षित ।

insecurity इन् सि क्युअॅ रि टि *n.* want of safety असुरक्षा ।

insensibility इन् सैन् सि बि लि टि *n.* lack of feeling असंवेदन; unconsciousness संज्ञाहीनता ।

insensible इन् सैन् सि बल *a.* unconscious बेसुध; without sensation संवेदन-शून्य ।

inseparable इन् सैं पॅं रॅं बल *a.* that cannot be separated अवियोज्य ।

insert इन् सॅ:ट *v.t.* to put in सन्निविष्ट क० ।

insertion इन् सॅ: शॅन *n.* act of putting in सन्निवेश ।

inside[1] इन् सॉइड *n.* the inner side भीतरी भाग ।

inside[2] *prep.* within के अंदर; into अंदर की ओर ।

inside[3] *a.* of, in, on the inside अंदरूनी ; secret गुप्त ।

inside[4] *adv.* indoors, within अंदर ।

insight इन् सॉइट *n.* imaginative penetration सूक्ष्मदृष्टि ।

insignificance इन् सिग् नि फ़ि कॅन्स *n.*

unimportance महत्वहीनता; meaninglessness निरर्थकता।

insignificant इन् सिग् नि फ़ि कॅन्ट *a.* unimportant महत्वहीन; meaningless निरर्थक।

insincere इन् सिन् सिअॅ: *a.* not sincere निष्ठाहीन।

insincerity इन् सिन् सैं रि टि *n.* faithlessness निष्ठाहीनता।

insinuate इन् सि न्यु एट *v.t.* to hint इशारा क०; to suggest indirectly परोक्ष रूप से अथवा चालाकी से सुझाना।

insinuation इन् सि न्यु ए शॅन *n.* sarcasm कटाक्ष; coaxing उकसावा; indirect hint परोक्ष संकेत।

insipid इन् सि पिड *a.* tasteless स्वादहीन; uninteresting अरुचिकर।

insipidity इन् सि पि डि टि *n.* tastelessness स्वादहीनता; spiritlessness उत्साहहीनता।

insist इन् सिस्ट *v.t.* to persist in pressing आग्रह क०; to emphasise ज़ोर देना।

insistence इन सिस् टॅन्स *n.* persistence अनुरोध, आग्रह; emphasis बल।

insistent इन सिस् टॅन्ट *a.* persistent आग्रहपूर्ण।

insolence इन् सॅ लॅन्स *n.* impudence गुस्ताख़ी, अविनय।

insolent इन् सॅ लॅन्ट *a.* impudent गुस्ताख़, अविनीत।

insoluble इन् सौ ल्यु बल *n.* that cannot be solved असाध्य, असमाधेय; that cannot be dissolved अघुलनशील।

insolvency इन् सौलॅ वॅन् सि *n.* bankruptcy दिवालियापन।

insolvent इन् सौलॅ वॅन्ट *a.* not able to pay one's debt दिवालिया।

inspect इन् स्पैॅक्ट *v.t.* to examine परीक्षण क०।

inspection इन् स्पैॅक् शॅन *n.* close examination निरीक्षण, परीक्षण।

inspector इन् स्पैॅक् टॅ: *n.* one who inspects निरीक्षक।

inspiration इन् स्पि रे शॅन *n.* stimulation प्रेरणा; source of inspiring प्रेरणा-स्रोत।

inspire इन् स्पाॅइअॅ: *v.t.* to induce प्रेरित क०।

instability इन् स्टॅ बि लि टि *n.* want of stability अस्थिरता।

install इन् स्टौल *v.t.* to put in a position or rank नियुक्त क०; to place in an office ceremoniously पदारूढ़ क०।

installation इन् स्टौ ले शॅन,–स्टॅ– *n.* act of installing अधिष्ठापन।

instalment इन् स्टौल् मॅन्ट *n.* one of a series of partial payments किस्त।

instance इन् स्टॅन्स *n.* example दृष्टांत।

instant[1] इन् स्टॅन्ट *n.* moment निमिष, क्षण।

instant[2] *a.* urgent आवश्यक; immediate तात्कालिक।

instantaneous इन् स्टॅन् टे न्यॅस *a.* immediate तात्कालिक।

instantly इन् स्टॅन्ट् लि *adv.* at once तुरंत।

instigate इन् स्टि गेट *v.t.* to provoke उकसाना, भड़काना।

instigation इन् स्टि गे शॅन *n.* instigating, being instigated भड़कावा, उकसाहट।

instil इन् स्टिल *(–ll–) v.t.* to drop in टपकाना; to infuse into the mind चित्त में बैठाना।

instinct इन् स्टिङ्क्ट *n.* inpulse प्रवृत्ति; intuition अंतःप्रेरणा।

instinctive इन् स्टिङ्क् टिव *a.* based on instinct प्रवृत्तिमूलक।

institute इन् स्टि ट्यूट *n.* organisation संस्था।

institution इन स्टि ट्यू शॅन *n.* act of

establishing प्रतिष्ठापन; organisation संस्था।

instruct इन स्ट्रक्ट *v.t.* to direct हिदायत क०; to teach शिक्षा देना।

instruction इन स्ट्रक् शॅन *n.* direction अनुदेश, हिदायत; act of teaching शिक्षण।

instructor इन् स्ट्रक् टॅ: *n.* teacher शिक्षक; one who instructs अनुदेशक।

instrument इन् स्ट्रु मॅन्ट *n.* tool औज़ार; apparatus उपकरण; document दस्तावेज़।

instrumental इन् स्ट्रु मैं न् टॅल *a.* serving as a means सहायक; relating to musical instrument वाद्य-विषयक।

instrumentalist इन् स्ट्रु मैंन् टॅ लिस्ट *n.* player of a musical instrument वादक।

insubordinate इन् सॅ बौ: डि निट *a.* disobedient अवज्ञाकारी।

insubordination इन् सॅ बौ: डि ने शॅन *n.* disobedience अवज्ञा।

insufficient इन् सॅ फ़ि शॅन्ट *a.* inadequate अपर्याप्त।

insular इन् स्यु लॅ: *a.* of an island द्वीपीय; narrow-minded संकीर्णमना।

insularity इन स्यु लै रि टि *n.* state of being insular द्वीपीयता; narrow-mindedness मानसिक संकीर्णता।

insulate इन् स्यु लेट *v.t.* to separate,to isolate पृथक् क०; to cover in order to prevent the passage of heat or electricity विद्युत्-ऊष्मारोधी बनाना।

insulation इन् स्यु ले शॅन *n.* act of separating पृथक्करण; resisting flow of heat or electricity तापावरोधन, विद्युत्‌रोधन।

insulator इन् स्यु ले टॅ: *n.* separator पृथक्कारी; non conductor विसंवाहक।

insult[1] इन् सल्ट *n.* dishonour अपमान, तिरस्कार।

insult[2] इन् सल्ट *v.t.* to dishonour अनादर क०।

insupportable इन् सॅ पौ: टॅ बल *a.* unbearable असहनीय।

insurance इन् शुअॅ रॅन्स,–शौ– *n.* act or system of insuring बीमा।

insure इन् शुअॅ:,–शौ: *v.t.* to make sure सुनिश्चित क०; to secure बीमा क०।

insurgent[1] इन सॅ: जॅन्ट *a.* rebellious विद्रोही।

insurgent[2] *n.* a rebel विद्रोही व्यक्ति।

insurmountable इन् सॅ: मॉउन् टॅ बल *a.* impassable दुस्तर, अलंघ्य।

insurrection इन् सॅ रैक् शॅन *n.* rebellion विद्रोह।

intact इन् टैक्ट *a.* undamaged अक्षुण्ण।

intangible इन् टैन् जि बल *a.* that cannot be grasped or touched अमूर्त।

integral इन् टि ग्रॅल *a.* necessary for completeness अनिवार्य, अविभाज्य।

integrity इन् टैग् रि टि *n.* unimpaired state समग्रता; wholeness संपूर्णता; honesty ईमानदारी।

intellect इन् टि लैक्ट *n.* intelligence प्रज्ञा, बुद्धि।

intellectual[1] इन् टि लैक् ट्यु अॅल *a.* of or relating to intellect बौद्धिक।

intellectual[2] *n.* intellectual person बुद्धिजीवी।

intelligence इन् टै लि जॅन्स *n.* intellectual skill प्रज्ञा; news, information सूचना।

intelligent इन् टै लि जॅन्ट *a.* having intellect बुद्धिमान्।

intelligentsia इन् टै लि जैन्ट् सि अॅ *n.* intellectuals as a class बुद्धिजीवी-वर्ग।

intelligible इन् टै लि जॅ बल *a.* easy to understand सुबोध।

intend इन् टैन्ड *v.t.* to fix the mind upon इरादा क०; to purpose प्रयोजन रखना।

intense इन् **टैन्स** *a.* high in degree अत्यधिक; ardent जोशीला; violent प्रचंड।

intensify इन् **टैन्** सि फ़ाइ *v.t.* to make intense घनीभूत क०; to become more intense घनीभूत होना।

intensity इन **टैन्** सि टि *n.* ardour उत्कंटता; acuteness तीव्रता; quality of being intense आधिक्य।

intensive इन् **टैन्** सिव *a.* dense सघन; sharp प्रखर।

intent[1] इन् **टैन्ट** *n.* purpose अभिप्राय।

intent[2] *a.* concentrating दत्तचित्त; eager उत्सुक।

intention इन् **टैन्** शॅन *n.* purpose आशय; aim लक्ष्य।

intentional इन् **टैन्** शॅ नॅल *a.* done on purpose सोद्देश्य, जानबूझकर किया गया।

intercept इन् टॅः **सैप्ट** *v.t.* to stop and seize in passage मार्ग में रोकना; to obstruct (में) बाधा डालना।

interception इन् टॅः **सैप्** शॅन *n.* act of intercepting अवरोधन।

interchange[1] इन् टॅः **चेन्ज** *n.* to give and take mutually परस्पर विनिमय क०; to exchange विनिमय क०।

interchange[2] **इन्** टॅः चेन्ज *n.* mutual exchange परस्पर विनिमय।

intercourse **इन्** टॅः कौःस *n.* copulation, coition संभोग; meeting समागम।

interdependence इन् टॅः डि **पैन्** डॅन्स *n.* mutual dependence परस्पर निर्भरता।

interdependent इन् टॅः डि **पैन्** डॅन्ट *a.* mutually dependent परस्पर निर्भर।

interest **इन्** ट्रिस्ट, – टॅ रॅस्ट *n.* right अधिकार; benefit हित; concern सरोकार; disposition towards a thing दिलचस्पी; sum paid for the use of money ब्याज।

interested **इन्** ट्रिस् टिड, **इन्** टॅ रॅस् टिड *a.* taking interest रुचि लेनेवाला; not impartial पक्षपातपूर्ण; having an interest हितबद्ध।

interesting **इन्** ट्रिस् टिङ्ग, **इन्** टॅ रॅस् टिङ्ग *a.* arousing interest रुचिकर।

interfere इन् टॅः **फ़िअॅः** *v.i.* to intervene हस्तक्षेप क०; to come in the way विघ्न डालना।

interference इन् टॅः **फ़िअॅ** रॅन्स *n.* act of interfering हस्तक्षेप।

interim **इन्** टॅ रिम *n.* provisional अंतरिम।

interior[1] इन् **टिअॅ** रिअॅः *a.* situated within आंतरिक।

interior[2] *n.* the inside आंतरिक भाग; inland areas भीतरी प्रदेश।

interjection इन् टॅः **जैक्** शॅन *n.* an exclamatory word or phrase विस्मयादिबोधक।

interlock इन् टॅः **लौक** *v.t.* to clasp in each other गूँथना; *v.i.* to be locked together गुँथ जाना।

interlude **इन्** टॅः ल्यूड *n.* interval अंतराल; short piece introduced between the acts of a drama विष्कंभक।

intermediary इन् टॅः **मी** ड्यॅ रि *n.* mediator मध्यस्थ।

intermediate इन् टॅः **मी** ड्यॅट *a.* happening between two others मध्यवर्ती।

interminable इन् **टॅः** मि नॅ ब्ल *a.* endless अनंत; very long बहुत लंबा।

intermingle इन् टॅः **मिङ्** गल *v.t.* to mix together परस्पर मिश्रित क०; v.i. to be mixed together परस्पर मिश्रित होना।

intern इन् **टॅःन** *v.t.* to confine within fixed bounds नज़रबंद कर देना।

internal इन् **टॅः** नॅल *a.* inner भीतरी, आंतरिक; of the home affairs of a country देशीय।

international इन् टॅः **नै** शॅ नॅल *a.*

transcending national limits अंतर्राष्ट्रीय ।

interplay इन् टॅ: प्ले *n.* mutual action अन्योन्य क्रिया ।

interpret इन् टॅः प्रिट *v.t.* to elucidate व्याख्या क०; to explain the meaning of (का) विवेचन क० ।

interpreter इन् टॅः प्रि टॅ: *n.* person who gives an immediate translation of words spoken in another language दुभाषिया ।

interrogate इन् टैं रॅ गेट *v.t.* to put question to प्रश्न क० ।

interrogation इन् टैं रॅ गे शॅन *n.* act of interrogating पूछताछ; question mark प्रश्नवाचक चिह्न ।

interrogative[1] इन् टॅ रौं गॅ टिव *a.* indicating a question प्रश्नात्मक; (gram.) expressed as a question प्रश्नवाचक ।

interrogative[2] *n.* word used in asking question प्रश्नवाचक शब्द ।

interrupt इन् टॅ रप्ट *v.t.* to break continuity of (का) क्रमभंग क०; to obstruct बाधा डालना ।

interruption इन् टॅ रप् शॅन *n.* hindrance बाधा, अवरोध; break in continuity क्रमभंग ।

intersect इन् टॅ: सैक्ट *v.t.* to divide by cutting or crossing काटना; *v.i.* to cut or cross each other एक-दूसरे को काटना ।

intersection इन् टॅ: सैक् शॅन *n.* intersecting प्रतिच्छेदन; crossroads चौराहा ।

interval इन् टॅ: वॅल *n.* intermission मध्यांतर ।

intervene इन् टॅ: वीन *v.i.* to interfere हस्तक्षेप क० ।

intervention इन् टॅ: वैन् शॅन *n.* interference हस्तक्षेप; interposition व्यवधान ।

interview[1] इन् टॅ: व्यू *n.* meeting of persons face to face साक्षात्कार ।

interview[2] *v.t.* to have an interview with (से) साक्षात्कार क० ।

intestinal इन् टैस् टि नॅल *a.* pertaining to the intestines आंत्र-संबंधी ।

intestine इन टैस् टिन *n. (usu. pl.)* lower part of alimentary canal आँत, आंत्र ।

intimacy इन् टि मॅ सि *n.* close familiarity घनिष्ठता ।

intimate[1] इन् टि मिट *a.* close घनिष्ठ; innermost आभ्यंतर; closely acquainted परिचित ।

intimate[2] इन् टि मेट *v.t.* to make known बताना; to show clearly स्पष्ट प्रदर्शित क० ।

intimation इन् टि मे शॅन *n.* announcement सूचना, घोषणा; hint संकेत ।

intimidate इन् टि मि डेट *v.t.* to frighten भयभीत क० ।

intimidation इन् टि मि डे शॅन *n.* act of intimidating संत्रास ।

into इन् टु *prep.* के अंदर, में ।

intolerable इन् टौं लॅ रॅ बॅल *a.* that cannot be endured असह्य ।

intolerance इन् टौं लॅ रॅन्स *n.* quality or state of being intolerant असहिष्णुता ।

intolerant इन् टौं लॅ रॅन्ट *a.* not tolerant असहिष्णु ।

intoxicant इन् टौक् सि कॅन्ट *n. & a.* intoxicating (agent) मादक (द्रव्य) ।

intoxicate इन् टौक् सि केट *v.t.* to make drunk मदोन्मत्त क०; to elate excessively अत्यधिक उल्लसित क० ।

intoxication इन् टौक् सि के शॅन *n.* drunkenness मादकता ।

intransitive इन् ट्रैन् सि टिव,– ट्रान्– *a.* (verb) not taking an object अकर्मक ।

intrepid इन् ट्रॅ पिड *a.* without fear निडर; brave बहादुर ।

intrepidity इन् ट्रि पि डि टि *n.* fearlessness निर्भीकता ।

intricate इन् ट्रि किट *a.* complicated जटिल; puzzling पेचीदा ।

intrigue[1] इन् ट्रीग *v.t.* to conspire षड्यंत्र क० ।

intrigue[2] *n.* secret plotting षड्यंत्र; secret love-affair गुप्त प्रेम-संबंध ।

intrinsic इन् ट्रिन् सिक *a.* inherent, essential अंतर्भूत, तात्त्विक ।

introduce इन् ट्रॅ इयूस *v.t.* to bring in (का) सूत्रपात क०; to preface (की) भूमिका लिखना; to make known परिचय कराना ।

introduction इन् ट्रॅ डक् शॅन *n.* act of introducing परिचय; preface भूमिका; thing introduced उपक्रम ।

introductory इन् ट्रॅ डक् टॅ रि *a.* serving to introduce परिचयात्मक ।

introspect इन् ट्रो स्पैक्ट *v.i.* to look into आत्मनिरीक्षण क० ।

introspection इन् ट्रो स्पै क् शॅन *n.* act of observing the process of one's own mind अंतर्दर्शन ।

intrude इन् ट्रूड *v.t.* to force in घुसेड़ना; *v.i.* to enter without invitation अनुचित रूप से घुस पड़ना ।

intrusion इन् ट्रू ज़ॅन *n.* encroachment अतिक्रमण ।

intuition इन् ट्यू इ शॅन, —ट्यु— *n.* instinctive understanding अंतर्बोध ।

intuitive इन् ट्यू इ टिव *a.* perceived by intuition अंतःप्रज्ञात्मक ।

invade इन् वेड *v.t.* to attack (पर) आक्रमण क०; to encroach upon (में) घुसपैठ क० ।

invalid[1] इन् वै लिड *a.* void, null अमान्य; not valid अप्रामाणिक ।

invalid[2] इन् वॅ लिड, —लीड *a.* disabled अपंग ।

invalid[3] *n.* an invalid person अपंग व्यक्ति ।

invalidate इन् वै लि डेट *v.t.* to make of no effect अमान्य क०; to render invalid अप्रामाणिक ठहराना ।

invaluable इन् वै ल्यु अॅ ब्ल *a.* priceless अमूल्य ।

invasion इन् वे ज़ॅन *n.* attack, assault हमला, चढ़ाई ।

invective इन् वैक् टिव *n.* abusive language गाली-गलौज ।

invent इन् वैन्ट *v.t.* to create (something) new आविष्कार क०; to make up गढ़ना ।

invention इन् वैन् शॅन *n.* that which is invented आविष्कार; act of inventing आविष्करण ।

inventive इन् वैन् टिव *a.* able to invent आविष्कारशील ।

inventor इन् वैन् टॅ: *n.* one who invents आविष्कारक ।

invert इन् वॅ:ट *v.t.* to turn upside down पलटना, औंधा क०; to change the order of (का) क्रम भंग क० ।

invest इन् वैस्ट *v.t.* to put (money) in (धन) लगाना; to decorate सजाना ।

investigate इन् वैस् टि गेट *v.t.* to search अनुसंधान क०; to inquire into (की) जाँच-पड़ताल क० ।

investigation इन् वैस् टि गे शॅन *n.* research अनुसंधान; act of examination जाँच-पड़ताल ।

investment इन् वैस्ट् मॅन्ट *n.* act of investing पूँजी-निवेश; money invested लगाया गया धन ।

invigilate इन् वि जि लेट *v.t.* to supervise निरीक्षण क० ।

invigilation इन् वि जि ले शॅन *n.* act of invigilating निरीक्षण ।

invigilator इन् वि जि ले टॅ: *n.* one who

invigilates निरीक्षक ।

invincible इन् **विन्** सि ब्‌ल *a.* unconquerable अपराजेय ।

inviolable इन् **वॉइ** अॅ लॅ ब्‌ल *a.* that cannot be violated अनुल्लंघनीय ।

invisible इन् **वि** ज़ॅ ब्‌ल *a.* not capable of being seen अंतर्धान; that cannot be seen अदृश्य ।

invitation इन् वि **टे** शॅन *n.* act of inviting आमंत्रण; written solicitation निमंत्रण-पत्र ।

invite इन् **वॉइट** *v.t.* to ask politely to come आमंत्रित क० ।

invocation इन् वों **के** शॅन *n.* prayer वंदना; invoking आह्वान ।

invoice **इन्** वौँ इस *n.* bill बीजक ।

invoke इन् **वोक** *v.t.* to call on (का) आह्वान क०; to ask earnestly for के लिए विनती क० ।

involve इन् **वौँल्व** *v.t.* to entangle फँसाना; to be necessary for (के लिए) आवश्यक होना ।

inward **इन्** वॅ:ड *a.* situated within आंतरिक ।

inwards **इन्** वॅ:ड्‌ज *adv.* towards the inside अंदर की ओर, अंदर को; into the mind or soul अंतरात्मा में ।

irate **ऑइ** **रेट** *a.* angry, enraged क्रुद्ध, नाराज़ ।

ire ऑइअॅ: *n.* anger, rage क्रोध, नाराज़ी ।

Irish[1] **ऑइअॅ** रिश *a.* of Ireland आयरलैंड का ।

Irish[2] *n.* the Irish language आयरलैंड की भाषा; the people of Iireland आयरलैंड के निवासी ।

irksome **अॅ:क्** सॅम *a.* tedious बोझिल, उबादेनेवाला ।

iron[1] **ऑइ** अॅन *n.* a common metal लोहा; appliance used for smoothing clothes इस्तरी ।

iron[2] *v.t.* to smooth with an iron (पर) इस्तरी क० ।

ironical ऑइ **रौँ** नि कॅल *a.* containing irony व्यंग्यात्मक; saying something meaning the opposite वक्रोक्तिपूर्ण ।

irony **ऑइअॅ** रॅ नि *n.* sarcastic use of words व्यंग्य ।

irradiate इ **रे** डि एट *v.i.* to shine प्रदीप्त होना; *v.t.* to light up प्रकाशित क० ।

irrational इ **रै** शॅ नॅल *a.* not rational तर्कशून्य ।

irreconcilable इ **रैँ** कॅन् **सॉइ** लॅ ब्‌ल *a.* inconsistent असंगत; unfit for agreement समझौते के अयोग्य ।

irrecoverable इ रि **क** वॅ: रॅ ब्‌ल *a.* that cannot be recovered or remedied अपूरणीय ।

irrefutable इ **रैँ** फ़्यु टॅ ब्‌ल *a.* that cannot be refuted अकाट्य ।

irregular इ **रैँ** ग्यु लॅ: *a.* not regular अनियमित; disorderly क्रमविरुद्ध ।

irregularity इ **रैँ** ग्यु **लै** रि टि *n.* the quality of being irregular अनियमितता ।

irrelevant इ **रैँ** लि वॅन्ट *a.* not to the point असंबद्ध; not relevant विसंगत ।

irrespective इ रि **स्पैँक्** टिव *a.* not having regard (of) निरपेक्ष ।

irresponsible इ रिस् **पौँन्** सॅ ब्‌ल *a.* without a sense of responsibility अनुत्तरदायी, लापरवाह ।

irrigate **इ** रि गेट *v.t.* to water by means of canals etc. सींचना ।

irrigation इ रि **गे** शॅन् *n.* act of irrigating सिंचाई ।

irritable **इ** रि टॅ ब्‌ल *a.* easily annoyed चिड़चिड़ा ।

irritant[1] **इ** रि टॅन्ट *a.* irritating उत्तेजक, प्रकोपक ।

irritant[2] *n.* irritant substance उत्तेजक पदार्थ; something that irritates the mind.

irritate इ रि टेट *v.t.* to provoke चिढ़ाना; to stimulate उकसाना ।

irritation इ रि टे शॅन *n.* act of irritating उत्तेजना; annoyance चिड़चिड़ाहट; burning sensation जलन ।

irruption इ रप् शॅन *n.* sudden increase अचानक वृद्धि; breaking in सेंध ।

island ऑइ लॅन्ड *n.* mass of land surrounded by water टापू ।

isle ऑइल *n.* island टापू ।

isobar ऑइ सॉ बाः *n.* line on map connecting places of equal barometric pressure समदाब रेखा ।

isolate ऑइ सॉ लेट,–सॅ–*v.t.* to separate from others पृथक् क० ।

isolation ऑइ सॅ ले शॅन *n.* separation अलगाव; segregation पार्थक्य ।

issue[1] इ स्यू, इ श्यू, इ शू *v.i.* to go out निकलना; to result परिणाम होना; *v.t.* to give or send out निकालना; to publish प्रकाशित क०; to distribute वितरित क० ।

issue[2] *n.* a going out निकास, निर्गमन; publication प्रकाशन; discharge स्राव; offspring संतान; topic of discussion विचार-विषय; question, dispute विवाद; outcome, result परिणाम ।

it इट *pron.* वह, यह ।

Italian[1] इ टैल् यॅन *a.* of Italy इटली का, इटली से संबद्ध ।

Italian[2] *n.* language of Italy इटली की भाषा; native of Italy इटली-निवासी ।

italic इ टै लिक *a.* sloping (letters, type) तिरछा (लेखन, मुद्रण) ।

italics इ टै लिक्स *n. pl.* letters in sltanting type तिरछा मुद्रण ।

itch[1] इच *n.* irritating sensation खुजली; constant teasing desire बेचैनी ।

itch[2] *v.i.* to have an itch खुजली होना ।

item ऑइ टॅम *n.* subject विषय; entry in account मद ।

ivory ऑइ वॅ रि *n.* hard substance of tusks of elephant हाथी-दाँत ।

ivy ऑइ वि *n.* climbing, clinging, evergreen plant आइवी लता ।

J

jab जैब *(–bb–)v.t.* to stab भोंक देना ।

jabber जै बॅः *v.i.* to utter indistinctly बड़बड़ क० ।

jack[1] जैक *n.* labourer मज़दूर; servant सेवक; machine for raising heavy weights उत्तोलक ।

jack[2] *v.t.* to lift with a jack जैक-द्वारा उठाना ।

jackal जै कौल *n.* wild dog-like animal सियार ।

jacket जै किट *n.* wrapper of a book पुस्तकावरण; short coat जाकेट ।

jade जेड *n.* worn-out horse मरियल घोड़ा; a green precious stone हरितमणि ।

jail जेल *n.* prison कारागृह, बंदीगृह ।

jailer जे लॅः *n.* officer incharge of a jail कारापाल ।

jam[1] जैम *n.* fruit preserved मुरब्बा; block or stoppage due to crowding अवरोध ।

jam[2] *(–mm–) v.t.* to press into a small space ठूँसना; to cause to stick together अटकाना, चिपकाना; to apply fiercely ज़ोर से लगाना; to squeeze भींचना, कुचलना; to block up by crowding भीड़ से रोकना; *v.i.* to become stuck अटक जाना; to become unworkable ठप हो जाना ।

jar जा: *n.* vessel of glass etc. जार, मर्तबान; conflict संघर्ष; shock झटका; harsh sound कर्कश ध्वनि ।

jargon जा: गॅन *n.* chatter अनर्गल वार्तालाप; language used by a particular group वर्ग-बोली ।

jasmine, jessamine जैस् मिन, जै सॅ मिन *n.* fragrant white flower चमेली ।

jaundice[1] जौन् डिस *n.* a disease marked by yellowness of eyes and skin पीलिया; bitterness कटुता; prejudice पक्षपात ।

jaundice[2] *v.t.* to affect with jaundice पीलियाग्रस्त क० ।

javelin जैव् लिन *n.* spear thrown in sports भाला, बरछा ।

jaw जौ *n.* bony part holding the teeth जबड़ा ।

jay जे *n.* a noisy bird of brilliant plumage नीलकंठ ।

jealous जै लॅस *a.* envious ईर्ष्यालु; distrustful, suspicious संशयशील, शंकालु; taking watchful care सतर्क, चौकन्ना ।

jealousy जै लॅ सि *n.* envy ईर्ष्या ।

jean जीन *n.* strong cotton cloth मज़बूत सूती कपड़ा, जीन; *(pl.)* trousers of strong cotton cloth, usu. blue नीले कपड़े का पाजामा ।

jeer जिअॅ: *v.i.* to laugh mockingly मज़ाक उड़ाना ।

jelly जै लि *n.* food made of fruit-syrup अवलेह, जेली ।

jeopardize जै पॅ: डॉइज़ *v.t.* to put in danger ख़तरे में डालना ।

jeopardy जै पॅ: डि *n.* danger ख़तरा ।

jerk जॅ:क *n.* jolt झटका ।

jerkin जॅ: किन *n.* a sleeveless jacket मिरज़ई ।

jerky जॅ: कि *a.* moving or coming by jerks झटकेदार ।

jersey जॅ: ज़ि *n.* close fitting woollen upper garment जर्सी ।

jest[1] जैस्ट *n.* joke हँसी; taunt ताना ।

jest[2] *v.i.* to make a jest व्यंग्य क० ।

jet जै ट *n.* stream of liquid gas etc. धारा, धार; small hole छेद, सूराख; spout टोटी; aircraft propelled by a jet engine जैट विमान; a black mineral संगमूसा, कृष्णाष्म ।

jew जू *n.* one of Hebrew race यहूदी ।

jewel[1] जू अॅल *n.* a precious stone रत्न, मणि ।

jewel[2] *(–ll–) v.t.* to adorn with jewels रत्नमंडित क० ।

jeweller जू अॅ लॅ: *n.* one who deals in or makes jewels जौहरी ।

jewellery जू अॅ लॅ रि *n.* jewels in general रत्न, रत्नाभूषण ।

jingle[1] जिङ् ग्ल *n.* a clinking sound झनकार; short rhyme used in advertising विज्ञापन-गीत ।

jingle[2] *v.i.* to produce clinking sound झनझनाना ।

job जॉब *n.* work काम; specific duty कर्तव्य; regular paid position नौकरी ।

jobber जौ बॅ: *n.* one who buys and sells as a broker दलाल, आढ़तिया; person who jobs ठेके पर काम करनेवाला व्यक्ति ।

jobbery जौ बॅ रि *n.* public business

done dishonestly भ्रष्टाचार ।

jocular जौं क्यु लॅः *a.* humorous विनोदप्रिय; given to jokes हँसी-मज़ाक़ करनेवाला ।

jog जौंग *(–gg–) v.t.* to shake धकेलना, हिलाना; to stimulate चेताना; *v.i.* to move by jogs इधर-उधर या ऊपर-नीचे हिलना; to trudge धीरे-धीरे दौड़ना ।

join जौ ॅइन *v.t.* to connect जोड़ना; to unite संबद्ध क०; to come into association with साथ देना; *vi* to be connected जुड़ना; to unite संबद्ध होना ।

joiner जौं इ नॅः *n.* maker of finished woodwork बढ़ई, मिस्तरी; one who joins योजक, जोड़नेवाला ।

joint जौं इन्ट *n.* joining जोड़; place where two things meet संधिस्थल ।

jointly जौं इन्ट् लि *adv.* together मिलजुलकर ।

joke[1] जोक *n.* jest परिहास ।

joke[2] *v.i.* to make jokes हँसी- मज़ाक़ क० ।

joker जो कॅः *n.* one who jokes विदूषक, जोकर; extra card in a pack ताश का अतिरिक्त पत्ता ।

jollity जौं लि टि *n.* merrymaking आमोद-प्रमोद, राग-रंग ।

jolly जौं लि *a.* merry प्रफुल्ल, प्रसन्न; expressing mirth विनोदशील ।

jolt[1] जौ ॅल्ट *n.* sudden jerk झटका; आघात ।

jolt[2] *vt.* to skake with a sudden jerk हिचकोले देना ।

jostle[1] जौं सल *n.* hustle and bustle धक्कमधक्का ।

jostle[2] *v.t.* to push (as in a crowd) धक्का देना ।

jot[1] जौ ॅट *n.* a tiny particle कण ।

jot[2] *(–tt–) v.t.* to make a quick written note संक्षेप में लिख देना ।

journal जॅः नॅल *n.* daily news- paper दैनिक समाचार-पत्र; diary दैनंदिनी; magazine पत्रिका ।

journalism जॅः नॅ लिज़्म *n.* profession of writing for public journals पत्रकारिता ।

journalist जॅः नॅ लिस्ट *n.* one who writes for public journals पत्रकार ।

journey[1] जॅः नि *n.* travel यात्रा; excursion सैर ।

journey[2] *v.i.* to travel यात्रा क० ।

jovial जो व्यॅल *a.* full of jollity उल्लासपूर्ण; joyous प्रसन्नचित्त ।

joviality जो वि ऐ लि टि *n.* liveliness ज़िंदादिली; humorousness विनोदप्रियता ।

joy जौं इ *n.* gladness हर्ष, आनंद ।

joyful, joyous जौं इ फुल जौं इ अॅस *a.* full of joy हर्षित, आनंदित ।

jubilant जू बि लॅन्ट *a.* shouting for joy उल्लसित ।

jubilation जू बि ले शॅन *n.* rejoicing आनंदोत्सव ।

jubilee जू बि ली *n.* an cccasion of rejoicing आनंदोत्सव का अवसर; a special anniversary of an event esp. the 50th पचासवीं वर्षगाँठ ।

judge[1] जज *n.* an officer appointed to try cases in a law court न्यायाधीश; one who decides in a dispute, contest etc. निर्णायक; an arbiter पंच ।

judge[2] *vi.* to act as a judge निर्णय क०; *v.t.* to form an opinion about आँकना; to decide तय क० ।

judgement जज् मॅन्ट *n.* verdict निर्णय; opinion धारणा; discrimination विवेक ।

judicature जू डि कॅ चॅः *n.* court न्यायालय; system of courts न्याय-व्यवस्था; jurisdiction न्यायाधिकार ।

judicial जु डि शॅल, जू– *a.* of or by a court of law न्याय-संबंधी, न्यायिक ।

judiciary जु **डि** शि अॅ रि, जू– *n.* system of courts and judges न्यायतंत्र ।

judicious जु **डि** शॅस, जू– *a.* possessing sound judgement विवेकशील ।

jug जग *n.* vessel with a handle जग ।

juggle **ज** ग्ल *v.i.* to conjure जादूगरी क० ।

juggler **जग्** लॅः *n.* one who practises jugglery बाज़ीगर ।

juice जूस *n.* sap of vegetables or fruits सूप, रस ।

juicy **जू** सि *a.* containing much juice रसदार ।

jumble[1] **जम्** ब्ल *n.* confused mixture घालमेल; confusion अस्तव्यस्तता ।

jumble[2] *v.t.* to mix confusedly गड्मड्ड क० ।

jump[1] जम्प *n.* leap छलाँग; sudden rise अकस्मात वृद्धि ।

jump[2] *v.i.* to spring upwards कूदना; *v.t.* to pass over with a jump लाँघना ।

junction **जङ्क्** शॅन *n.* joining संधि, संयोजन; place or point of union संधि-स्थल ।

juncture **जङ्क्** चॅः *n.* joining, union संधि-स्थल; a point of time समय, अवसर ।

jungle **जङ्** ग्ल *n.* land with dense growth of trees जंगल, वन ।

junior[1] **जू** न्यॅः *a.* lower in standing or rank अवर, कनिष्ठ ।

junior[2] *n.* a junior person अवर व्यक्ति ।

junk जङ्क *n.* rubbish कूड़ा-करकट, कचरा ।

Jupiter **जू** पि टॅः *n.* name of a planet बृहस्पति ग्रह ।

jurisdiction जुअॅ रिस् **डिक्** शॅन *n.* legal authority न्याय-सीमा; limits within which legal authority may be exercised अधिकार-क्षेत्र ।

jurisprudence जुअॅ रिस् **प्रू** डॅन्स *n.* science or knowledge of law न्यायशास्त्र ।

jurist **जुअॅ** रिस्ट *n.* an expert in law क़ानूनविद, विधिवेत्ता ।

juror **जुअॅ** रॅः *n.* member of a jury जूरी का सदस्य ।

jury **जुअॅ** रि *n.* a body of persons sworn to render a verdict on a law case न्यायपीठ ।

juryman **जुअॅ** रि मॅन *n.* member of a jury जूरी का सदस्य ।

just[1] जस्ट *a.* fair उचित; in accordance with facts युक्तिसंगत; according to justice न्यायोचित ।

just[2] *adv.* exactly वस्तुतः; merely केवल; quite recently अभी-अभी ।

justice **जस्** टिस *n.* judicial decision अदालती निर्णय; judge न्यायाधीश ।

justifiable **जस्** टि फ़ॉइ अॅ ब्ल *a.* that may be justified न्याय्य; reasonable तर्कसंगत ।

justification जस् टि फ़ि **के** शॅन *n.* rationality औचित्य; reasonableness तर्गसंगतता ।

justify **जस्** टि फ़ॉइ *v.t.* to make just न्यायसंगत बनाना; to prove to be just उचित प्रमाणित क० ।

justly **जस्ट्** लि *adv.* honestly, fairly न्यायतः, उचित रूप में ।

jute जूट *n.* a fibre जूट, पटसन ।

juvenile **जू** वि नॉइल *a.* pertaining to youth किशोर-संबंधी; having youth यौवनमय; suited to youth युवकोचित ।

K

keen कीन *a.* eager इच्छुक; sharp तेज़; enthusiastic उत्साही ।

keenness कीन् निस *n.* eagerness उत्सुकता, उत्कंठा; sharpness तीव्रता; zeal उत्साह ।

keep कीप *v.t.* to retain possession of पास रखना; to store सुरक्षित रखना; to maintain बनाए रखना; to fulfil पूरा क०, निभाना; to tend देख-रेख क० ।

keeper की पॅ: *n.* one who or that which keeps रक्षक; attendant देखभाल करनेवाला ।

keepsake कीप् सेक *n.* something kept in memory of the giver स्मृतिचिह्न ।

kennel कैं नॅल *n.* hut to shelter a dog कुत्ताघर ।

kerchief कॅं: चिफ़ *n.* head-cloth ओढ़नी; handkerchief रूमाल ।

kernel कॅं: नॅल *n.* seed within a hard shell गुठली; soft inner part of nut गिरी; the core सार ।

kerosene कैं रॅ सीन *n.* a thin oil used as fuel मिट्टी का तेल ।

ketchup कैं चॅप *n.* sauce of vinegar, potatoes etc. चटनी ।

kettle कै ट्ल *n.* a metal container पतीली, केतली ।

key[1] की *n.(pl. keys)* instrument for locking and unlocking चाबी; a book of answers कुंजी; solution समाधान ।

key[2] *v.t.* to lock with a key चाबी से बंद क०; to put a key into (lock) (ताले में) चाबी लगाना ।

kick[1] किक *n.* a hit with the foot ठोकर ।

kick[2] *v.t.* to hit with the foot ठोकर से मारना ।

kid किड *n.* young goat मेमना; child बच्चा ।

kidnap किड् नैप *(–pp–) v.t.* to steal (a human being) for ransom (मानव का) अपहरण क० ।

kidney किड् नि *n.* the organ which secretes urine गुरदा ।

kill[1] किल *v.t.* to put to death मारना, वध क०; to destroy नष्ट क०; to waste व्यर्थ खोना ।

kill[2] *n.* act of killing हत्या, वध; animals killed in hunt शिकार ।

kiln किल्न, किल *n.* large oven for baking or drying भट्टा ।

kin किन *n.* family, relatives परिजन, सगे-संबंधी ।

kind[1] कॉइन्ड *n.* sort क़िस्म, प्रकार ।

kind[2] *a.* benevolent कृपालु; gentle सज्जनतापूर्ण ।

kindergarten किन् डॅ: गा: ट्न *n.* infant school बाल-विहार ।

kindle किन् ड्ल *v.t.* to set fire to सुलगाना; to light चमकाना; to inflame भड़काना ।

kindly कॉइन्ड् लि *adv.* in a friendly, considerate way कृपया ।

king किङ्ग *n.* monarch सम्राट, राजा; (chess) the main piece बादशाह ।

kingdom किङ्ग् डॅम *n.* monarchial state साम्राज्य, राज्य ।

kinship किन् शिप *n.* blood relationship सगोत्रता; similarity समानता।

kiss[1] किस् *n.* a touch with the lips चुंबन।

kiss[2] *v.t.* to touch with the lips चूमना।

kit किट *n.* small wooden tub कठौता, लकड़ी का टब; material, tools etc. in a container साज़-सामान।

kitchen कि चिन *n.* place where food is cooked रसोईघर।

kite कॉइट *n.* light frame covered with paper for flying in the air पतंग; a bird of the hawk family चील।

kith किथ *n.* relatives रिश्तेदार।

kitten कि ट्न *n.* a young cat बिल्ली का बच्चा।

knave नेव *n.* a rogue दुष्ट, धूर्त; jack at cards (ताश) गुलाम।

knavery ने वॅ रि *n.* villainy, roguery धूर्तता, दुष्टता।

knee नी *n.* joint below thigh घुटना।

kneel नील *v.i.* to rest and fall on knees घुटने टेकना।

knife नॉइफ़ *n.* instrument for cutting चाकू।

knight[1] नॉइट *n.* warrior योद्धा।

knight[2] *v.t.* to confer kinghthood on नाइट की उपाधि देना।

knit निट *(–tt–) v.t.* to weave बुनना।

knock[1] नौंक *v.t.* to strike, to hit मारना, प्रहार क०; to rap खटखटाना।

knot[1] नौ ट *n.* tightened loop गाँठ।

knot[2] *(–tt–)v.t.* to tie बाँधना।

know नो *v.t.* to be informed about जानना; to be aware of से सचेत होना; to have under- standing of (की) जानकारी होना।

knowledge नौं लिज *n.* understanding जानकारी; learning ज्ञान; information सूचना; acquaintance परिचय।

L

label[1] ले ब्ल *n.* a card marked and attached to an object लेबिल, नाम-पत्र।

label[2] *(-ll-) v.t.* to attach a label to लेबिल लगाना।

labial ले ब्यॅल *a.* of the lips ओष्ठ-संबंधी।

laboratory लै बॅ रॅ टॅ रि, लॅ बौ *–n.* a building or room where scientific tests are carried out प्रयोगशाला।

laborious लॅ बौ रि अॅस *a.* hard-working परिश्रमी; tedious कठिन, श्रमसाध्य।

labour[1] ले बॅ: *n.* hard work परिश्रम; working class श्रमिक वर्ग; pain of child birth प्रसव-पीड़ा।

labour[2] *v.i.* to work hard कठिन परिश्रम क०।

laboured ले बॅ:ड *a.* showing signs of great effort यत्नसिद्ध; forced, not natural अस्वाभाविक।

labourer ले बॅ रॅ: *n.* working man

श्रमिक ।

labyrinth लै बि रिन्थ *n.* an intricate network of winding passages भूलभुलैया; complicated situation उलझन ।

lace[1] लेस *n.* a cord used for fastening shoe etc. फ़ीता, तस्मा; delicate ornamental work made of threads जाली ।

lace[2] *v.t.* to fasten with laces फ़ीतों से बाँधना ।

lack[1] लैक *n.* need, want कमी, अभाव ।

lack[2] *v.t.* to have less than enough of (का) अभाव होना ।

lackey लै कि *n.* a manservant or footman नौकर, टहलुआ ।

laconic लॅ कॉ निक *a.* (speech) terse अल्पाक्षरिक, संक्षिप्त ।

lacuna लॅ क्यू नॅ *n. (pl.–nas,– nae –नी)* missing part कमी; gap अंतराल ।

lad लैड *n.* boy लड़का ।

ladder लै डॅ: *n.* a narrow frame with steps or rungs for climbing up or down सीढ़ी ।

ladle[1] ले ड्ल *n.* spoon with long handle and big bowl करछुल ।

ladle[2] *v.t.* to serve with a ladle करछुल से देना ।

lady ले डि *n.* polite name for a woman महिला ।

lag लैग *v.i.* to walk or move too slowly धीरे-धीरे चलना; to hang back or linger पीछे रह जाना ।

lair लेंअँ: *n.* den माँद ।

lake लेक *n.* a large stretch of water surrounded by land झील ।

lama ला मॅ *n.* a Buddhist priest of Tibet लामा ।

lamb लैम *n.* a young sheep मेमना ।

lame[1] लेम *a.* limping, crippled in leg लँगड़ा; unconvincing असंतोषजनक, कच्चा ।

lame[2] *v.t.* to make lame पंगु बनाना ।

lament[1] लॅ मैंन्ट *v.i.* to feel or show great sorrow शोक प्रकट क०; *v.t.* to mourn for विलाप क० ।

lament[2] *n.* expression of grief विलाप, शोक ।

lamentable लै मॅन् टॅ ब्ल *a.* distressing शोचनीय; regrettable खेद-योग्य ।

lamentation लै मैंन् टे शॅन *n.* act of lamenting विलाप ।

lamp लैम्प *n.* a glass-covered light दीपक, लैंप ।

lampoon[1] लैम् पून *n.* a harsh satire कटाक्षपूर्ण रचना ।

lampoon[2] *v.t.* to satirise (पर) व्यंग्य क० ।

lance[1] लान्स *n.* a spear, a sharp-pointed weapon with a long handle बल्लम ।

lance[2] *v.t.* to pierce चुभाना ।

lancer लान् सॅ: *n.* soldier armed with a lance बल्लमधारी योद्धा ।

land[1] लैन्ड *n.* solid part of the earth भूमि; country देश; region क्षेत्र ।

land[2] *v.i.* to set on shore from a ship पोत से उतरना; *v.t.* to bring (an aeroplane) to surface from the air (जहाज़ को) उतारना ।

landing लैन् डिङ्ग *n.* the flat space at the top of a flight of stairs चौकी; coming ashore from a ship अवतरण ।

landscape लैन्ड् स्केप *n.* natural inland scenery परिदृश्य; a picture of landscape प्राकृतिक दृश्य-चित्र ।

lane लेन *n.* a narrow road गली; area of road for one stream of traffic एक ही प्रकार के यातायात-हेतु निर्दिश्ट पथ ।

language लैङ् ग्विज *n.* human speech भाषा ।

languish लैङ् ग्विश *v.i.* to become dispirited मुरझाना, क्षीण होना ।

lantern लैन् टं:न *n.* a container with glass sides for holding a light लालटेन ।

lap लैप *n.* front part from the waist to the knees of a sitting person गोदी ।

lapse[1] लैप्स *v.i.* to fall to bad ways पतित हो जाना; to end from disuse कालातीत हो जाना ।

lapse[2] *n.* a slight mistake त्रुटि, भूल ।

large ला:ज *a.* big बड़ा; generous उदार ।

lark ला:क *n.* a small bird that sings clearty and sweetly and flies very high भरत, भरुहि ।

lascivious लॅ सि वि अॅस *a.* lustful कामुक ।

lash[1] लैश *a.* to strike with a lash कोड़ा मारना ।

lash[2] *n.* a whip-stroke कोड़े का आघात; a whip चाबुक, कोड़ा ।

lass लैस *n.* girl लड़की, किशोरी ।

last[1] लास्ट *a.* coming at the end अंतिम; most recent गत, पिछला ।

last[2] *adv.* after all others सबके अंत में; on the last occasion पिछली बार ।

last[3] *v.i.* to remain in good condition टिकना, बना रहना ।

last[4] *n.* that which comes at the end अंतिम वस्तु ।

lastly लास्ट् लि *adv.* finally अंतिम तौर से ।

lasting लास् टिङ्ग *a.* durable टिकाऊ ।

latch लैच *n.* a fastening for a door or gate कुंडी, डंडाला ।

late[1] लेट *a.* coming after the appointed time विलंबित; delayed पिछेता; recent पिछला, हाल का; deceased स्वर्गीय; that was recently but now is not भूत-पूर्व ।

late[2] *adv.* after proper time विलंब से; recently हाल ही में ।

lately लेट् लि recently हाल ही में ।

latent ले टॅन्ट *a.* hidden गुप्त, अंतर्निहित ।

lathe लेद *n.* a machine for shaping wood or metal खराद मशीन ।

lather ला दॅ:, लै दॅ: *n.* froth made by soap and water झाग ।

latitude लै टि ट्यूड *n.* the distance north or south of the equator, measured in degrees अक्षांश; freedom from narrow restrictions छूट ।

latrine लॅ ट्रीन *n.* lavatory शौचालय ।

latter लै टॅ: *a.* the second of two पिछला; later बाद वाला ।

lattice लै टिस *n.* a network of bars crossed diagonally जाल, जालक ।

laud[1] लौड *v.t.* to praise प्रशंसा क० ।

laud[2] *n.* praise प्रशंसा ।

laudable लौ डॅ ब्ल *a.* worthy of praise प्रशंसनीय ।

laugh[1] लाफ़ *n.* act or sound expressing delight हँसी ।

laugh[2] *v.i.* to express delight हँसना ।

laughable ला फ़ॅ ब्ल *a.* ridiculous हास्यास्पद; comical, amusing हास्यकर, मनोरंजक ।

laughter लाफ़् टॅ: *n.* act or sound of laughing हँसी, हास्य ।

launch[1] लौन्च *v.t.* to set (a newly built vessel) afloat (नया पोत) समुद्र में उतारना; to send off (a rocket) (प्रक्षेपास्त्र) छोड़ना ।

launch[2] *n.* act of launching जलावतरण; a power-driven boat नाव ।

launder लौन् डॅ: *v.t.* to wash and iron (clothes) (कपड़े) धोना और प्रेस क० ।

laundress लौन् ड्रिस *n.* woman who washes the dresses धोबिन ।

laundry लौन् ड्रि *n.* a place where clothes are washed धुलाईघर ।

laurel लौ रॅल *n.* a shrub with glossy

evergreen leaves जयपत्र ।

lava ला वें *n.* rock-matter that flows in a molten state from volcanoes लावा ।

lavatory लै वॅ टॅ रि *n.* a room where one can wash one's hands and face प्रक्षालन-कक्ष; flush toilet शौचालय ।

lavish [1] लै विश *a.* abundant प्रचुर; extravagant अपव्ययी ।

lavish[2] *v.t.* to spend abundantly दिल खोलकर ख़र्च क० ।

law लौ *n.* any regulation which people must obey क़ानून ।

lawful लौ फुल *a.* legal वैध; rightful उचित; agreeable to law न्यायसम्मत ।

lawless लौ लिस *a.* illegal अवैध; contrary to law न्याय-विरुद्ध ।

lawn लौन *n.* a piece of ground covered with grass घास का मैदान ।

lawyer लौ यें: *n.* someone who is expert in matters connected with the law विधिवक्ता, वकील ।

lax लैक्स *a.* not strict ढीला; negligent बेपरवाह ।

laxative[1] लैक् सॅ टिव *n.* a mild purgative रेचक औषधि ।

laxative[2] *a.* causing easy bowel movement रेचक ।

laxity लैक् सि टि *n.* state or quality of being lax रेचन; looseness ढिलाई, शिथिलता ।

lay[1] ले *v.t.* to put (something) down रखना ।

lay[2] *a.* not expert अविशेषज्ञ; relating to persons who are not priests अयाजकीय ।

lay[3] *n.* a short narrative poem गीत ।

layer ले अें: *n.* single thickness of some substance spread over another परत, तह ।

layman ले मॅन *n.* a person who is not expert साधारण व्यक्ति ।

laziness ले ज़ि निस *n.* state or quality of being lazy आलस्य ।

lazy ले ज़ि *a.* indolent आलसी, सुस्त ।

lead[1] लैं ड *n.* a metal सीसा; thin stick of graphite (पेंसिल का) सुरमा ।

lead[2] लीड *v.t.* to guide मार्गदर्शन क०; to be the head or leader of (की) अगुवाई क० ।

lead[3] *n.* guidance मार्गदर्शन ।

leaden लैँ ड्न *a.* heavy बोझिल; made of lead सीसे का ।

leader ली डें: *n.* person that leads अगुआ; guiding head नेता ।

leaf लीफ़ *n.* (*pl. leaves* लीव्ज़) broad green part on the stem of a plant पत्ती; a sheet of paper पन्ना; a thin sheet of metal वर्क़ ।

leaflet लीफ़् लिट *n.* a small pamphlet पत्रक, पुस्तिका ।

leafy ली फ़ि *a.* full of leaves पत्तियों से भरा हुआ ।

league लीग *n.* association of nations, groups, individuals संघ ।

leak[1] लीक *n.* creak दरार; leacking रिसाव ।

leak[2] *v.i.* to escape out through opening रिसना; *v.t.* to give out (information) (रहस्य) प्रकट कर देना ।

leakage ली किज *n.* a leaking रिसन ।

lean[1] लीन *a.* thin पतला, दुबला ।

lean[2] *v.i.* to bend झुकना; to rest in a sloping position तिरछा होना; *v.t.* to cause to rest against झुकाना ।

leap[1] लीप *v.i.* to jump कूदना; to pass over or jump लाँघना ।

leap[2] *n.* act of leaping कूद, उछाल ।

learn लें:न *v.i.* to get knowledge सीखना; *v.t.* to come to know जानना; to memorize रटना ।

learned लें: निड *a.* having much

knowledge विद्वान; scholarly पंडित ।

learner लॅः नॅः *n.* a pupil शिष्य; a beginner नौसिखिया ।

learning लॅः निङ्ग *n.* education शिक्षा; erudition विद्वत्ता ।

lease[1] लीस *n.* contract for a specified time and fixed payment पट्टा ।

lease[2] *v.t.* to give or get by a lease पट्टे पर देना या पाना ।

least[1] लीस्ट *a.* smallest possible अल्पतम ।

least[2] *adv.* to the smallest extent कम-से-कम मात्रा में ।

leather लैॅ दॅः *n.* animal skin prepared for use चमड़ा ।

leave[1] लीव *n.* absence from duty अवकाश; period of such absence अवकाश-अवधि; departure विदा ।

leave[2] *v.t.* to go away from छोड़ना; to abandon त्यागना; to let remain रहने देना; *v.i.* to depart विदा होना, प्रस्थान क० ।

lecture[1] लैॅक् चॅः *n.* discourse व्याख्यान; reproof फटकार ।

lecture[2] *v.i.* to deliver lecture भाषण देना; *v.t.* to scold फटकारना ।

lecturer लैॅक् चॅ रॅः *n.* a college or university teacher प्रवक्ता, व्याख्याता ।

ledger लैॅ जॅः *n.* book containing accounts खाता-बही ।

leech लीच *n.* a blood-sucking worm जोंक ।

left[1] लैॅफ़्ट *a.* denoting the part opposed to the right of the body बायाँ ।

left[2] *n.* the side opposite to the right वाम, वामपक्ष ।

leg लैॅग *n.* a limb of the body टाँग; support of a table, chair etc. पाया; a stage of a journey मंज़िल ।

legacy लैॅ गॅ सि *n.* bequest वसीयत ।

legal ली गॅल *a.* permitted by law क़ानूनी, वैध ।

legality ली गै लि टि *n.* condition or character of being legal वैधता ।

legalize ली गॅ लॉइज़ *v.t.* to make legal क़ानूनी बनाना ।

legend लैॅ जॅन्ड *n.* a story handed down from the past किंवदंती ।

legendary लैॅ जॅन् डॅ रि *a.* famous प्रसिद्ध; known only in legends पौराणिक ।

legible लैॅ जॅ ब्ल, –जि– *a.* readable सुपाठ्य ।

legibly लैॅ जि ब्लि *adv.* so as to be read सुपाठ्य रूप में ।

legion ली जॅन *n.* division of an army सैन्य-टुकड़ी; a vast number भीड़, विशाल संख्या ।

legislate लैॅ जिस् लेट *v.i.* to make or enact a law or laws क़ानून बनाना ।

legislation लैॅ जिस् ले शॅन *n.* act of making a law or laws विधि-निर्माण; laws or statutes enacted विधान ।

legislative लैॅ जिस् लॅ टिव *a.* capable of or pertaining to the enacting of laws विधायी ।

legislator लैॅ जिस् ले टॅः *n.* one who makes laws क़ानून-निर्माता ।

legislature लैॅ जिस् ले चॅः *n.* law-making body विधानमंडल ।

legitimacy लि जि टि मॅ सि *n.* state or quality of being legitimate, legality वैधता ।

legitimate लि जि टि मिट *a.* accordant with law न्यायसंगत; following by logical or natural sequence तर्कसंगत; born of legally married parents वैध ।

leisure[1] लैॅ ज़ॅः *n.* freedom from occupation अवकाश; vacant time ख़ाली समय ।

leisure[2] *a.* vacant ख़ाली; फुरसत का ।

leisurely[1] लै` ज़ं: लि *a.* unhurried मंथर ।

leisurely[2] *adv.* without haste or hurry धीरे-धीरे ।

lemon लै` मॅन *n.* an acid fruit of the orange kind नीबू ।

lemonade लै` मॅ नेड *n.* a drink made from lemon juice, sugar and water शिकंजी ।

lend लैन्ड *v.t.* to furnish on condition of the thing being returned उधार देना ।

length लै`ङ्ग्थ *n.* state or quality of being long लंबाई, विस्तार; duration of time अवधि ।

lengthen लै`ङ्ग् थॅन *v.t.* to make longer लंबा क०; *v.i.* to become longer लंबा होना ।

lengthy लै`ङ्ग् थि *a.* somewhat long विस्तृत, बहुत लंबा ।

lenience, leniency लीन् यॅन्स, –यॅन् सि *n.* quality of being lenient उदारता ।

lenient लीन् यॅन्ट *a.* acting without rigour, mild उदार, कोमल ।

lens लैन्ज़ *n.* glass लैंस ।

lentil लैन् टिल *n.* a kind of bean plant मसूर का पौधा; seed of this plant मसूर ।

leonine ली अॅ नॉइन, लि– *a.* of a lion सिंह-विषयक; like a lion सिंह जैसा ।

leopard लै` पॅ:ड *n.* a large carnivorous animal of the cat genus, with a spotted skin तेंदुआ ।

leper लै` पॅ: *n.* one affected with leprosy कोढ़ी, कुष्ठरोगी ।

leprosy लैप् रॅ सि *n.* a foul contagious disease कोढ़, कुष्ठ ।

leprous लैप् रॅस *a.* affected with leprosy कुष्ठ-पीड़ित ।

less[1] लैसॅ *a.* smaller in quantity अपेक्षाकृत कम ।

less[2] *n.* smaller quantity, part or amount अपेक्षाकृत कम मात्रा या भाग ।

less[3] *adv.* to a smaller extent अपेक्षाकृत कम सीमा तक; not so much इतना नहीं ।

less[4] *prep.* with the deduction of, minus को निकालकर ।

lessee लै` सी *n.* the person to whom a lease is given पट्टेदार ।

lessen लै` स्न *v.t.* to make less कम क०, घटाना; *v.i.* to become less कम होना, घटना ।

lesser लै` सॅ: *a.* not so great as the other लघुतर ।

lesson लै` स्न *n.* portion which a pupil learns at one time पाठ; example उदाहरण ।

lest लैस्ट: *conj.* for fear that इस डर से कि; in order that not ताकि नहीं ।

let लै`ट *v.t.* to allow अनुमति देना; to lease पट्टे पर देना ।

lethal ली थॅल *a.* fatal प्राणघातक ।

lethargic लै` था: जिक *a.* drowsy निश्चेष्ट; dull सुस्त; wanting in energy शक्तिहीन ।

lethargy लै` थॅ: जि *n.* morbid drowsiness तंद्रा; dullness सुस्ती ।

letter लै` टॅ: *n.* a mark used as the representative of sound वर्ण; a written message पत्र; *(pl.)* literature and learning साहित्य व विद्या ।

level[1] लै` व्ल *n.* plane सतह; standard स्तर; rank in a scale of values दरजा ।

level[2] *a.* perfectly flat and even समतल; equal in importance or rank समस्तर ।

level[3] *(-ll-)* *v.t.* to make level समतल क०; to demolish गिरा देना; to equalize एकबराबर क० ।

lever[1] ली वॅ: *n.* a bar used for raising weights etc. उत्तोलक ।

lever[2] *v.t.* to move (something) with a lever उत्तोलक से हटाना ।

leverage ली वॅ रिज *n.* action or power

of a lever उत्तोलन, उत्तोलक की शक्ति ।

levity लैं वि टि *n.* lack of seriousness छिछोरापन ।

levy[1] लैं वि *v.t.* to raise वसूल क०; to collect एकत्र क० ।

levy[2] *n.* act of levying करारोपण; collection, realisation उगाही; amount levied आरोपित राशि; enrolment of troops भरती ।

lewd लूड, ल्यूड *a.* indecent अशिष्ट, भद्दा; lustful कामुक ।

lexicography लैक् सि **कॉग्** रॅ फ़ि *n.* dictionary-writing कोश- रचना ।

lexicon **लैक्** सि कॅन *n.* a dictionary शब्दकोश ।

liability लॉइ अॅ **बि** लि टि *n.* state of being liable ज़िम्मेदारी, दायित्व; *(pl.)* debts देयधन ।

liable **लॉइ** अॅ बल *a.* answerable उत्तरदायी, ज़िम्मेदार; subject (to) संभाव्य ।

liaison लि **ए** ज़ॅन, ली– *n.* an illicit intimacy between a man and a woman जार संबंध; connection संबंध ।

liar **लॉइ** अॅ: *n.* one who utters falsehood झूठा, असत्यवादी ।

libel[1] **लॉइ** बॅल *n.* a defamatory writing निंदालेख; written accusation अभियोग-पत्र; defamation परिवाद ।

libel[2] *(-ll-)* *v.t.* to defame falsely झूठ के सहारे बदनाम क० ।

liberal **लि** बॅ रॅल *a.* generous उदार; bountiful दानशील; broad-minded उदारचेता ।

liberalism **लि** बॅ रॅ लिज़्म *n.* the principles and views of liberals उदारवाद ।

liberality लि बॅ **रै** लि टि *n.* generosity उदारता ।

liberate **लि** बॅ रेट *v.t.* to free मुक्त क०, स्वाधीन क० ।

liberation लि बॅ **रे** शॅन *n.* act of liberating विमुक्तिकरण; being liberated मुक्ति-प्राप्ति ।

liberator **लि** बॅ रे टॅ: *n.* one who liberates मुक्तिदाता ।

libertine **लि** बॅ: टॉइन, –टीन,–टिन *n* morally dissolute person नैतिक रूप से पतित व्यक्ति ।

liberty **लि** बॅ: टि *n.* state or condition of one who is free स्वतंत्रता ।

librarian लॉइ **ब्रे** अॅ रि अॅन *n.* the keeper of a library or collection of books पुस्तकालयाध्यक्ष ।

library **लॉइ** ब्रॅ रि *n.* a collection of books पुस्तक-संचय; building for a collection of books पुस्तकालय ।

licence **लॉइ** सॅन्स *n.* authority or liberty given to do something अनुज्ञा-पत्र; wrong use of freedom स्वच्छंदता ।

license **लॉइ** सॅन्स *v.t.* to give a licence to अनुज्ञा देना ।

licensee लॉइ सॅन् **सी** *n.* one to whom a licence is granted अनुज्ञापत्रधारी ।

licentious लॉइ **सैन्** शॅस *a.* sexually immoral व्यभिचारी; dissolute पतित ।

lick[1] लिक *v.t.* to pass the tongue over the surface of जीभ से चाटना; to touch lightly हलका स्पर्श क० ।

lick[2] *n.* act of licking चाटने की क्रिया ।

lid लिड *n.* a movable cover of a vessel or box ढक्कन; eyelid पलक ।

lie[1] लॉइ *v.i.* to be or put oneself flat in a resting position लेटना; to be resting flat पड़ा रहना; to remain रहना; to exist अस्तित्व रखना; to consist (in) निहित होना ।

lie[2] *v.i.* to make an untrue statement झूठ बोलना ।

lie[3] *n.* untruth असत्य; false statement असत्य भाषण ।

lien लिअॅन *n.* legal claim वैध अधिकार ।

lieu ल्यू n. place स्थान ।

lieutenant लैफ़् टै नॅन्ट *n.* a junior officer in the army or navy लैफ़्टिनेन्ट ।

life लॉइफ़ *n.* time from birth to death जीवनकाल; animate existence जीवन, प्राण; spirit आत्मा; way of living जीवन-शैली; vigour जोश, उत्साह; a biography जीवनी ।

lifeless लॉइफ़् लिस *a.* deprived of life जीवन-रहित; dead मृत ।

lifelong लॉइफ़् लौ ङ्ग *a.* lasting through life आजीवन ।

lift[1] लिफ़्ट *n.* lifter उत्तोलक, उत्थापक; raising उत्थान; ride in car etc. सवारी ।

lift[2] *v.t.* to raise to a higher position उन्नत बनाना; to raise उठाना; to steal चुराना; to remove हटाना ।

light[1] लॉइट *n.* that by which objects are rendered visible प्रकाश; brightness चमक; enlightenment ज्ञानोदय; flame लपट; way of viewing दृष्टिकोण ।

light[2] *a.* bright चमकीला, ज्योतिर्मय, not heavy हलका; easy सरल; easy to digest सुपाच्य; easy to endure सहनीय; gentle मंद ।

light[3] *v.t.* to set burning जलाना, to give light to प्रकाशित क०; *v.i.* to take fire जलना; to brighten चमकना, प्रकाशित होना ।

lighten लॉइ ट्न *v.i.* to become brighter चमकदार होना; to become light हलका होना; *v.t.* to illuminate प्रकाशित क०; to make lighter हलका क० ।

lighter लॉइ टॅ: *n.* device for lighting cigarettes etc. लाइटर ।

lightly लॉइट् लि *adv.* in a light way हलके से, धीरे से; slightly मामूली सी मात्रा में; with little consideration बिना सोचे-विचारे ।

lightning लॉइट् निङ्ग *n.* the sudden and vivid flash that precedes thunder, produced by a discharge of atmospheric electricity आकाशीय विद्युत् ।

like[1] लॉइक *a.* similar अनुरूप ।

like[2] *n.* liking पसंद; something similar समान प्रकार ।

like[3] *v.t.* to be pleased with पसंद क०; to wish चाहना; to choose चयन क० ।

like[4] *prep.* similar to के समान ।

likelihood लॉइक् लि हुड *n.* probability संभाव्यता ।

likely[1] लॉइक् लि *a.* probable संभाव्य; suitable उपयुक्त ।

liken लॉइ क्न *v.t.* to compare तुलना क० ।

likeness लॉइक् निस *n.* similarity अनुरूपता ।

likewise लॉइक् वॉइज़ *adv.* in like manner उसी तरह ।

liking लॉइ किङ्ग *n.* inclination पसंद, रुचि; fondness शौक़ ।

lily लि लि *n.* a bulbous flowering plant कुमुदिनी ।

limb लिम *n.* organ अवयव; branch शाखा ।

lime[1] लॉइम *n.* any viscous substance चूना; a sticky substance लासा ।

lime[2] *v.t.* to treat with lime चूना लगाना ।

lime[3] *n.* a tree of the lemon family चकोतरा ।

limelight लॉइम् लॉइट *n.* an intense white light used for lighting the stage तीव्र प्रकाश; great publicity लोकप्रसिद्धि ।

limit[1] लि मिट *n.* boundary सीमा, पारसीमा; restriction प्रतिबंध ।

limit[2] *v.t.* to bound सीमित क०; to restrain रोक लगाना।

limitation लि मि **टे** शॅन *n.* act of limiting परिसीमन; restriction बाधा, रुकावट।

limited लि मि टिड *a.* narrow संकुचित; restricted नियंत्रित।

limitless लि मिट् लिस *a.* boundless, having no limits असीम।

line[1] लॉइन *n.* thread-like marking रेखा; route मार्ग, पथ; row of soldiers etc. पंक्ति; method पद्धति; series श्रेणी, क्रम; field of activity पेशा, कार्य-क्षेत्र; railway track रेल-मार्ग; advice सलाह।

line[2] *v.t.* to mark out with lines (रेखा) खींचना; to sketch रेखांकन क०; to put in line पंक्तिबद्ध क०; *v.i.* to take a place in a line पंक्ति में खड़ा होना।

line[3] *v.t.* to provide with an inside covering अस्तर लगाना।

lineage लि नि इज *n.* descendents in a line from a common progenitor वंशावली।

linen लि नॅन *n.* cloth made of flax क्षोमवस्त्र।

linger लिङ् गॅ: *vi.* to delay विलंब क०; to remain long ठहरना; *v.t.* to spend wearily जैसे-तैसे बिताना।

lingua franca लिङ् ग्वॅ **फ्रैङ्** कॅ *n.* language used for communication between people of different mother tongues सामान्य भाषा, लोकभाषा।

lingual लिङ् ग्वॅल *a.* pertaining to the tongue or language जिह्वा अथवा भाषा-संबंधी।

linguist लिङ् ग्विस्ट *n.* person skilled in languages भाषाविद्।

linguistic लिङ् **ग्विस्** टिक *a.* relating to language भाषा-संबंधी, भाषा-वैज्ञानिक।

linguistics लिङ् **ग्विस्** टिक्स *n.* the science of language भाषा-विज्ञान।

lining लॉइ निङ्ग *n.* the covering of the inner surface of any thing अस्तर।

link[1] लिङ्क *n.* anything connected शृंखला, संपर्क; ring of a chain ज़ंजीर की कड़ी।

link[2] *v.t.* to join, to connect जोड़ना।

linseed लिन् सीड *n.* seed of flax plant अलसी।

lintel लिन् ट्ल *n.* top piece of door or window सरदल।

lion लॉइ अॅन *n.* a carnivorous animal of the cat family शेर।

lioness लॉइ अॅ निस *n.* female lion शेरनी, सिंहनी।

lip लिप *n.* one of the two fleshy parts covering the front teeth अधर, ओठ।

liquefy लिक् वि फ़ॉइ *v.t.* to make liquid द्रव बनाना; *v.i.* to become liquid द्रव बनना।

liquid[1] **लिक्** विड *a.* fluid तरल; not solid जो ठोस न हो; clear स्पष्ट।

liquid[2] *n.* fluid द्रवपदार्थ।

liquidate लिक् वि डेट *v.t.* to pay or settle (a debt) (ऋण) चुकाना; to arrange affairs of and dissolve (a company) परिसमाप्त क०; to wipe out, to kill मिटा देना, नष्ट क०।

liquidation लिक् वि **डे** शॅन *n.* act of liquidating परिशोधन; dissolution विघटन; bankruptcy दिवालियापन।

liquor लि कॅ: *n.* spirituous fluid आसव, मदिरा; beverage पेय पदार्थ।

lisp[1] लिस्प *v.t.* to speak with faulty pronunciaton of 's' and 'z' तुतलाना।

lisp[2] *n.* a lisping manner of speeh तुतलाहट।

list[1] लिस्ट *n.* a roll or catalogue सूचीपत्र।

list[2] *v.t.* to enlist सूचीबद्ध क०।

listen लि सन *v.i.* to hearken सुनना; to

follow advice ध्यान देना ।

listener लिस् नें: *n.* one who listens श्रोता ।

listless लिस्ट् लिस *a.* having no wish इच्छा-रहित; indifferent उदासीन ।

lists लिस्ट्स *n. pl.* field for combat अखाड़ा ।

literacy लि टॅ रॅ सि *n.* condition of being literate साक्षरता ।

literal लि टॅ रॅल *a.* according to the letter शब्दश: ; connected with letters आक्षरिक; taking words in their usual sense शाब्दिक ।

literary लि टॅ रॅ रि *a.* pertaining to literature साहित्यिक ।

literate लि टॅ रिट *a.* able to read and write साक्षर ।

literature लि टॅ रि चॅ: *n.* collective writings of a country or period साहित्य, साहित्यिक रचना ।

litigant लि टि गॅन्ट *n.* person engaged in a law-suit विवादी, मुक़दमेबाज़ ।

litigate लि टि गेट *v.t.* to contest in law (पर) मुक़दमेबाज़ी क०; *v.i.* to carry on a lawsuit वाद क० ।

litigation लि टि गे शॅन *n.* a lawsuit वाद, मुक़दमा; going to law मुक़दमेबाज़ी ।

litre ली टॅ: *n.* metric unit of capacity लीटर (माप) ।

litter[1] लि टॅ: *n.* rubbish left scattered about बिखरा हुआ कूड़ा-करकट; young of an animal produced at one birth पशु के एक ब्याँत के बच्चे; portable couch पालकी; straw etc. as bedding for animals तृणशैय्या ।

litter[2] *v.t.* to strew with litter कूड़े-करकट से गंदा क०; to bring forth (young) जन्म देना ।

little[1] लि ट्ल *a.* small in size or extent लघु, छोटा; small in extent or quantity अनधिक; petty नगण्य; mean तुच्छ ।

little[2] *adv.* slightly थोड़ा-सा ।

little[3] *n.* a small quantity अल्प मात्रा ।

little

live[1] लिव *v.i.* to exist अस्तित्व रखना; to be alive जीवित रहना; to dwell निवास क०; to have life प्राणधारी होना; *v.t.* to lead बिताना ।

live[2] लॉइव *a.* having life जीवंत; alive जीवित; energetic ओजस्वी; carrying electric current विद्युन्मय; flaming सुलगता हुआ; (of broadcast) transmitted during the actual performance सीधा (प्रसारण) ।

livelihood लॉइव् लि हुड *n.* means of living आजीविका ।

lively लॉइव् लि *a.* active सक्रिय; vigorous ओजस्वी; vivid स्पष्ट ।

liver लि वॅ: *n.* the organ which secretes the bile यकृत, जिगर ।

livery लि वॅ रि *n.* uniform provided for servants नौकरों की वरदी ।

living[1] लि विङ्ग् *a.* having life जीवंत ; existing वर्तमान; alive सप्राण ।

living[2] *n.* means of subsistence जीविका ।

lizard लि ज़ॅ:ड *n.* a four-footed tailed reptile छिपकली ।

load[1] लोड *n.* burden बोझ, भार; amount carried at a time बोझ, खेप; grievous weight शोक- भार ।

load[2] *v.t.* to put a load on लादना; to charge (gun) (बंदूक़ में) गोली भरना; to put a length of film into (a camera) (कैमरे में) रील भरना ।

loaf[1] लोफ़ *n.* a mass of bread formed by the baker पावरोटी ।

loaf[2] *v.i.* to lounge आवारागर्दी क०; to pass time idly आलस्य में समय बिताना ।

loafer लो फ़ॅ: *n.* a lounger आवारा आदमी ।

loan[1] लोन *n.* lending उधार ; sum of

money lent ऋण राशि ।

loan[2] *v.t.* to lend उधार देना ।

loath लोथ *a.* not inclined, reluctant अनिच्छुक ।

loathe लोद *v.t.* to feel disgust at (से) घृणा रखना ।

loathsome लोद् सॅम *a.* exciting disgust घिनौना, वीभत्स; disgusting घृणास्पद ।

lobby लॉ बि *n.* an appartment giving admission to others उपांतिका; an entrance-hall प्रवेश-कक्ष; waiting room प्रतीक्षा-कक्ष ।

local लो कॅल *a.* pertaining to a particular place स्थानीय, देशीय ।

locale लों काल *n.* the scene of a particular event घटना-स्थल ।

locality लों कै लि टि *n.* area, district, place स्थान ।

localize लो कॅ लॉइज़ *v.t.* to make local स्थानीय बनाना ।

locate लों केट *v.t.* to attribute to a place स्थान से जोड़ना; to find the place of के स्थान का पता लगाना; to establish in a place स्थापित क० ।

location लों के शॅन *n.* situation स्थिति; place स्थान; act of locating स्थान-निर्धारण ।

lock[1] लौक *n.* a tuft or ringlet of hair लट ।

lock[2] *v.t.* to fasten (door, chest etc.) (का) ताला लगाना; to close fast बंद क०; *v.i.* to become locked बंद हो जाना ।

lock[3] *n.* a device for fastening door, lid etc. ताला; the mechanism which fires a gun बंदूक़ का घोड़ा; a condition which makes movement impossible अवरोध ।

locker लौ कॅः *n.* small cupboard that may be locked तालेदार अलमारी ।

locket लौ किट *n.* a little case worn as an ornament सोने या चाँदी का कुंडा, लॉकेट ।

locomotive लो कॅ मो टिव *n.* a steam engine वाष्प इंजिन; automatic machine or engine स्वचालित यंत्र या इंजिन ।

locust लो कॅस्ट *n.* a destructive winged insect टिड्डी ।

lodge[1] लौ ज *n.* abode आवास; tent ख़ेमा, तंबू ।

lodge[2] *v.t.* to furnish with a dwelling ठहराना; to place रखना; to infix बैठा देना; *v.t.* to live रहना ।

lodging लौ जिङ्ग *n.* temporary habitation अस्थायी आवास ।

loft लौफ़्ट *n.* upper room अटारी, मचान; gallery in a hall or church दीर्घा ।

lofty लौफ़् टि *a.* high in position उन्नत; haughty अभिमानी ।

log लौग *n.* bulky piece of wood लट्ठा, कुंदा; detailed record of voyages of ship, aircraft etc यात्रा-दैनिकी ।

logic लौ जिक *n.* science and art of reasoning तर्कशास्त्र ।

logical लौ जि कॅल *a.* of or according to logic तर्कसम्मत; proved by logic तर्कसिद्ध ।

logician लौ जि शॅन *n.* person skilled in logic तर्कशास्त्री ।

loin लौ इन *n.* lower part of the back कटि, नितंब ।

loiter लौ इ टॅः *v.i.* to dawdle आवारागर्दी क० ।

lollipop लौ लि पौप् *n.* a large sweet on a stick for sucking चूसने की मिठाई ।

lone लोन *a.* solitary अकेला, एकाकी ।

loneliness लोन् लि निस *n.* state of being lonely निर्जनता, एकाकीपन ।

lonely लोन् लि *a.* unaccompanied एकाकी; uninhabited निर्जन ।

lonesome लोन् सॅम *a.* solitary निर्जन; feeling lonely एकाकी ।

long[1] लौ ड्ग *a.* not short लंबा; extended दीर्घ ।

long[2] *adv.* for a long time लंबे समय तक; at a distant time बहुत दिन पूर्व अथवा पश्चात् ।

long[3] *v.i.* to yearn लालायित होना ।

longevity लौन् जै वि टि *n.* great length of life दीर्घायुता ।

longing लौ ड् गिड्ग *n.* yearning तीव्र इच्छा ।

longitude लौन् जि ट्यूड *n.* distance measured in degrees east or west of the standard meridian देशांतर ।

look[1] लुक *vi.* to seem प्रतीत होना; to give attention अभिमुख होना ।

look[2] *a.* appearance रूप, आकृति; view दृष्टिपात ।

loom[1] लूम *n.* machine for weaving करघा ।

loom[2] *v.i.* to appear indistinctly धुँधला दिखाई देना; to seem ominously close पास ही मँडराना ।

loop लूप *n.* coil कुंडली ; snare फंदा; branch of a railway line रेलवे-शाखा ।

loop-hole लूप् होल *n.* a narrow vertical opening in a wall for defence रंध्र; means of escape बचाव का रास्ता ।

loose[1] लूस *a.* unbound बंधनमुक्त; slack शिथिल; unrestrained अव्यवस्थित; vague अस्पष्ट; dissolute लंपट ।

loose[2] *v.t.* to set free मुक्त क०; to make loose ढीला क०; to relax शिथिल क० ।

loosen लू स्न *v.t.* to set free रिहा क०; to make loose ढीला क०; *v.i.* to become loose ढीला होना; to open खुलना ।

loot[1] लूट *n.* plunder लूटमार ।

loot[2] *v.i.* to plunder लूटपाट क०; *v.t.* to plunder लूटना ।

lop[1] लौप (*-pp-*) *v.t.* to cut off the top or ends of छाँटना; to cut away छिन्न-भिन्न कर डालना ।

lop[2] *n.* act of lopping काट-छाँट ।

lord लौ:ड *n.* master स्वामी; (cap.)God प्रभु ।

lordly लौ:ड् लि *a.* like or becoming of a lord राजोचित; haughtly घमंडी ।

lordship लौ:ड् शिप *n.* state of being a lord आधिपत्य, स्वामित्व ।

lore लौ:, लौ: *n.* learning विद्या ।

lorry लौ रि *n.* a wagon without sides or with low sides ठेला ।

lose लूज़ *v.t.* to miss खो देना; to fail to keep गँवा देना; to waste व्यर्थ व्यय क०; to be defeated in (में) हार जाना; *v.i.* to suffer loss हानि उठाना; to fail असफल होना ।

loss लौ स *n.* losing हानि; diminution ह्रास; defeat पराजय ।

lot[1] लौ ट *n.* destiny भाग्य; item at auction बोली के लिए वस्तु; an area of land भूभाग; share भाग ।

lot[2] *n.* large quantity or number बड़ी मात्रा या संख्या; collection ढेर ।

lotion लो शॅन *n.* medicinal or cosmetic liquid लोशन ।

lottery लौ टॅ रि *n.* a competition at which prizes are awarded by drawing lots लॉटरी ।

lotus लो टॅस *n.* water lily कमल ।

loud लॉउड *a.* noisy कोलाहलपूर्ण; making a great sound उच्चस्वर युक्त ।

lounge[1] लॉउन्ज *v.i.* to loll मटरगश्ती क०; to idle मौज क० ।

lounge[2] *n.* state or act of lounging पर्यटन-प्रवृत्ति; entrance or sitting room बरामदा ।

louse लॉउस *n.* a parasitic insect living in the hair and skin जूँ ।

lovable ल वॅ ब्ल *a.* worthy of love प्रीतिकर, प्रेम-योग्य ।

love[1] लव *n.* fondness प्रणय; affection

वात्सल्य ।

love[2] *v.t.* to be fond of प्रेम क०; *v.i.* to be in love प्यार होना ।

lovely लव् लि *a.* loving प्रिय, प्रियकर; beautiful सुंदर, मनोरम ।

lover ल वँ: *n.* one who loves प्रेमी ।

loving ल विङ्ग *a.* affectionate अनुरागशील ।

low[1] लो *a.* not of high rank निम्न; contemptible घृणित; not loud मंद (स्वर); below the surface निचला; depressed उदास; cheap सस्ता ।

low[2] *adv.* in a low position निम्न स्थिति में ।

low[3] *v.i.* to make the noise of oxen रंभाना ।

low[4] *n.* sound made by cows रंभाहट ।

lower लो अँ: *v.t.* to make lower झुकाना; to lessen कम क०; to dilute अपकृष्ट क०; to degrade गिराना; to weaken कमज़ोर क०; *v.i.* to become lower or less कम होना, नीचा होना ।

lowliness लो लि निस *n.* humility दीनता; simplicity सादगी; modesty विनम्रता ।

lowly लो लि *a.* modest विनयशील; humble दीन; simple सरल, सादा ।

loyal लौँ इ अॅल *a.* faithful निष्ठावान ।

loyalist लौँ इ अँ लिस्ट *n.* one who supports the government in times of revolt राजभक्त ।

loyalty लौँ इ अॅल् टि *n.* faithfulness निष्ठा; loyal conduct निष्ठापूर्ण आचरण ।

lubricant लू ब्रि कॅन्ट *n.* lubricating substance चिकनाई ।

lubricate लू ब्रि केट *v.t.* to apply a lubricant to चिकनाना ।

lubrication लू ब्रि के शॅन *n.* act of lubricating स्नेहन ।

lucent लू सन्ट *a.* bright, shining चमकदार ।

lucerne लू सँ:न *n.* clover-like plant used for feeding animals रिजका ।

lucid लू सिड, ल्यू– *a.* shining चमकदार; easily understood सुबोधगम्य ।

lucidity लू सि डि टि, ल्यू– *n.* brightness चमक; clearness स्पष्टता; quality of being lucid सुबोधगम्यता ।

luck लक *n.* fortune भाग्य; chance संयोग ।

luckily ल कि लि *adv.* fortunately सौभाग्य से ।

luckless लक् लिस *a.* unfortunate अभागा, दुर्भाग्यपूर्ण ।

lucky ल कि *a.* fortunate भाग्यशाली; auspicious मंगलप्रद ।

lucrative लू क्रॅ टिव *a.* profitable लाभप्रद; bringing in money अर्थकर ।

lucre लू कॅ: *n.* money, weaith धन, दौलत ।

luggage ल गिज *n.* traveller's belongings असबाब, सामान ।

lukewarm लूक् वौ:म, ल्यूक्– *a.* tepid गुनगुना; indifferent उदासीन ।

lull[1] लल *v.t.* to make (one) sleep by patting थपकियाँ देकर सुलाना; to quiet शांत क०; *v.i.* to become calm शांत होना ।

lull[2] *n.* interval of calm शांति-काल ।

lullaby ल लॅ बॉइ *n.* song to lull children to sleep लोरी ।

luminary लू मि नॅ रि, ल्यू– *n.* a body that gives off light ज्योति-नक्षत्र; a person distinguished for his learning महान विद्वान् ।

luminous लू मि नॅस, ल्यू– *a.* giving light प्रकाशमान; easily understood सुबोधगम्य ।

lump[1] लम्प *n.* mass पिंड; heap ढेर; swelling सूजन ।

lump[2] *v.t.* to throw into a confused mass ढेर लगाना; *v.i.* to gather in lump एकत्र होना ।

lunacy लू नॅं सि, **ल्यू–** *n.* insanity पागलपन; mad behaviour पागलपन का व्यवहार।

lunar **लू** नॅं:, **ल्यू–** *a.* of the moon चंद्रमा-संबंधी, चांद्र।

lunatic[1] **लू** नॅं टिक *n.* a mad man पागल व्यक्ति।

lunatic[2] *a.* mad पागल।

lunch[1] **(-eon)** लन्च, **लन्** शॅन *n.* mid-day meal मध्याह्न-भोजन।

lunch[2] *v.i.* to take lunch भोजन क०; *v.t.* to provide lunch for भोजन देना।

lung लङ्ग respirating organ in animals फेफड़ा।

lunge[1] लन्ज *n.* a sudden movement forward झपट्टा; a sword-thrust तलवार का वार।

lunge[2] *v.i.* to thrust with a sword तलवार घोंपना; to move forward suddenly झपट्टा मारना।

lurch[1] लॅं:च *n.* a sudden roll to one side अचानक एक ओर को लड़खड़ाहट।

lurch[2] *v.i.* to move in an awkward manner लड़खड़ाना।

lure[1] ल्युअॅ: *n.* enticement प्रलोभन; bait चारा, चुग्गा।

lure[2] *v.t.* to entice प्रलोभित क०; to attract आकर्षित क०।

lurk लःक *v.i.* to be concealed दुबकना; to lie in wait घात में होना।

luscious **ल** शॅस *a.* most pleasing in taste सुस्वाद।

lush लश *a.* juicy रसीला; luxuriant प्रचुर।

lust लस्ट *n.* sexual desire काम-वासना; strong desire लालसा।

lustful **लस्ट्** फुल *a.* full of lust कामुक।

lustre **लस्** टॅं: *n.* glow चमक, द्युति; beauty सौंदर्य।

lustrous **लस्** ट्रॅस *a.* bright, shining चमकदार।

lusty **लस्** टि *a.* healthy and strong हृष्ट-पुष्ट।

lute लूट, ल्यूट *n.* a stringed musical instrument वीणा।

luxuriance लग् **ज़ुअॅ** रि अॅन्स, लक् **सुअॅ–** *n.* abundance प्रचुरता।

luxuriant लग् **ज़ुअॅ** रि अॅन्ट, लक् **सुअॅ–** *a.* abundant प्रचुर; richly ornamented (style) अत्यलंकृत (शैली)।

luxurious लग् **ज़ुअॅ** रि अॅस, लक् **सुअॅ–** *a.* furnished with luxuries विलासमय; fond of luxuries विलासप्रिय।

luxury **लक्** शॅ रि *n.* enjoyment of the best and costliest विलासिता; *(pl.)* things giving such enjoyment विलास-साधन।

lynch लिन्च *v.t.* to put to death without trial बिना मुक़दमे मार डालना।

lyre लॉइअॅ: *n.* an instrument like the harp वीणा।

lyric[1] **लि** रिक *a.* intended for singing गेय।

lyric[2] *n.* short peom for singing गीतिकाव्य।

lyrical **लि** रि कॅल *a.* of lyric poetry गेय काव्य से संबंधित; having the qualities of a lyric गेय।

lyricist **लि** रि सिस्ट *n.* writer of lyrics प्रगीतकार, गीतिकाव्यकार।

M

macabre मॅं का बॅं: *a.* horrible भयानक ।

mace मेस *n.* a club with a spiked head कीलदार गदा; a staff of office सोंटा ।

machine मॅं **शीन** *n.* an apparatus consisting of inter-related parts कल, यंत्र ।

machinery मॅं **शी** नॅं रि *n.* machines in general यंत्र-प्रणाली; moving parts of a machine किसी यंत्र के चलनेवाले भाग ।

mad मैड *a.* insane पागल; very enthusiastic अति उत्साहपूर्ण; excited उत्तेजित; angry क्रुद्ध ।

madam **मै** डॅम *n.* courteous form of address to a lady महोदया ।

madden **मै** डॅन *v.t.* to make mad पागल क० ।

maestro मा **ऐॅस्** ट्रो *n.* out- standing musician संगीतज्ञ; master of any art कलाविद ।

magazine मै गॅ **ज़ीन** *n.* periodical publication पत्रिका; a place for storing explosives बारूदख़ाना, शस्त्रागार; appliance for supplying cartridges automatically to gun मैगज़ीन ।

magic[1] **मै** जिक *n.* enchantment इंद्रजाल, जादू ।

magic[2] *a.* done by magic ऐंद्रजालिक; possessing magic जादूभरा ।

magical **मै** जि कॅल *a.* pertaining to magic जादू-संबंधी ।

magician मॅं **जि** शॅन *n.* one versed in magic जादूगर ।

magisterial मै जिस् **टिॲ** रि ॲल *a.* pertaining to a magistrate दंडाधिकारी-संबंधी ।

magistracy **मै** जिस् ट्रॅ सि *n.* body of magistrates दंडाधिकारिगण; office of a magistrate दंडाधिकरण ।

magistrate **मै** जिस् ट्रिट, –ट्रेट *n.* one who has power of putting the law in force दंडाधिकारी ।

magnanimity मैग् नॅं **नि** मि टि *n.* quality of being magnanimous उदारहृदयता ।

magnanimous मैग् **नै** नि मॅस *a.* generous उदारहृदय, विशाल- हृदय ।

magnate **मैग्** नेट *n.* a noble महापुरुष ।

magnet **मैग्** निट *n.* lode-stone चुंबक; person or thing that attracts आकर्षक व्यक्ति या वस्तु ।

magnetic मैग् **नैं** टिक *a.* pertaining to magnet चुंबकीय; able to attract आकर्षक ।

magnetism **मैग्** नि टिज़्म *n.* cause of the attractive power of the magnet चुंबकत्व; personal charm and attraction व्यक्तिगत सौंदर्य व आकर्षण ।

magnificent मैग् **नि** फ़ि सॅन्ट *a.* pompous भव्य, शानदार ।

magnify **मैग्** नि फ़ॉइ *v.t.* to enlarge विस्तीर्ण क०; to exaggerate बढ़ा-चढ़ाकर कहना; to give praise to प्रशंसा क० ।

magnitude **मैग्** नि ट्यूड *n.* importance महत्ता; size आकार; greatness विशालता, महानता ।

magpie **मैग्** पॉइ *n.* a black- and-white bird related to the crow मुटरी; person who chatters much बातूनी व्यक्ति ।

mahogany मॅ **हौँ** गॅ नि *n.* a tree yielding reddish brown wood तून ।

mahout मॅ **हॉउट** *n.* a man who drives an elephant महावत ।

maid मेड *n.* virgin कुमारी; female-servant सेविका ।

maiden[1] **मे** ड्न *n.* girl कन्या; a young unmarried woman अविवाहित युवती ।

maiden[2] *a.* unmarried अविवाहित; first प्रथम; (cricket) (an over) scoring no runs (ओवर) जिसमें कोई रन न हो ।

mail[1] मेल *n.* post डाक; train carrying mail डाक-गाड़ी ।

mail[2] *v.t.* to post डाक में डालना; to send by post डाक-द्वारा भेजना ।

mail[3] *n.* armour made of rings or plates of metal कवच ।

main[1] मेन *a.* chief प्रधान ।

main[2] *n.* principal pipe-line carrying water, electricity etc. मुख्य पाइप लाइन अथवा विद्युत् परिपथ; chief part मुख्य भाग; strength, power शक्ति ।

mainly **मेन्** लि *adv.* chiefly मुख्य रूपसे; for the most part अधिकांशतः ।

mainstay **मेन्** स्टे *n.* chief support मुख्य सहारा ।

maintain मेन् **टेन**, मैं न्–, मॅन्– *v.t.* to keep in existence बनाए रखना; to keep up, to continue जारी रखना; to preserve सुरक्षित रखना; to assert, to affirm दृढ़तापूर्वक कहना; to support पालन क० ।

maintenance **मेन्** टि नॅन्स *n.* supporting निर्वाह; keeping in working order अनुरक्षण; means of support भरण-पोषण का साधन ।

maize मेज़ *n.* staple cereal मक्का ।

majestic मॅ **जैँस्** टिक *a.* stately राजसी; sublime तेजस्वी ।

majesty **मै** जिस् टि *n.* grandeur भव्यता; royal state प्रभुसत्ता ।

major[1] **मे** जॅः *a.* main, chief मुख्य; significant महत्त्वपूर्ण; serious गंभीर; greater बड़ा ।

major[2] *n.* army officer next above captain मेजर; one who has come of age वयस्क ।

majority मॅ **जौँ** रि टि *n.* the great number बहुमत; coming of age वयस्कता; excess of votes on one side मतों की बढ़त ।

make[1] मेक *v.t.* to construct निर्माण क०; to produce उत्पादन क०; to prepare तैयार क०; to persuade प्रेरित क० ।

make[2] *n.* brand मार्का; structure बनावट; type प्रकार ।

maker **मे** कॅः *n.* one who makes निर्माता; (cap.) The Creator स्रष्टा, विधाता ।

maladjustment **मैल्** अॅ **जस्ट्** मॅन्ट *n.* improper adjustment कु-समायोजन ।

maladministration **मैल्** अॅड् मि नि **स्ट्रे** शॅन *n.* bad administration दुर्व्यवस्था, कुशासन ।

malady **मै** लॅ डि *n.* illness बीमारी ।

malaria मॅ **लेँअॅ** रि अॅ *n.* a fever passed on by mosquitoes मलेरिया ।

malcontent[1] **मैल्** कॅन् टैँन्ट *a.* dissatisfied असंतुष्ट ।

malcontent[2] *n.* a person who is discontented असंतुष्ट व्यक्ति ।

male[1] मेल *a.* masculine पुंलिंग; pertaining to male sex पुरुषजातीय ।

male[2] *n.* male person or animal पुरुष अथवा नर पशु ।

malice **मै** लिस *n.* ill-will द्वेष-भावना ।

malicious मॅ **लि** शॅस *a.* bearing ill-will विद्वेषपूर्ण; moved by ill-intention विद्वेषी ।

malign[1] मॅ **लॉइन** *v.t.* to speak evil of निंदा क०; to defame बदनाम क०; to tell lies about के विषय में झूठ बोलना ।

malign[2] *a.* evil in influence अनिष्टकर; harmful हानिकर ।

malignancy मॅ **लिग्** नॅन् सि *n.* malice विद्वेष; ill-will दुर्भावना ।

malignant मॅ **लिग्** नॅन्ट *a.* disposed to do harm अहितकर; ill-intentioned दुर्भावनापूर्ण ।

malignity मॅ **लिग्** नि टि *n.* deep rooted ill-will गहन द्वेषभाव; malignant character विषालुता ।

malleable **मै** लि ॲ ब्ल *a.* capable of being hammered into shape जिसे पीट-पीट कर कोई आकार दिया जा सके; easily trained शिक्षणीय ।

malnutrition **मैल्** न्यू ट्रि शॅन्, —न्यु— *n.* imperfect or faulty nutrition कुपोषण ।

malpractice **मैल्** **प्रैक्** टिस *n.* misconduct दुराचार; corruption भ्रष्टाचार; neglect of duty कर्तव्य-विमुखता ।

malt **मौ**ॅल्ट, मौल्ट *n.* barley grain prepared for brewing यव्य, माल्ट ।

mal-treatment मैल् **ट्रीट्** मॅन्ट *n.* ill-treatment दुर्व्यवहार ।

mamma मॅ **मा** *n.* mother माता ।

mammal **मै** मॅल *n.* class of animals that suckle their young स्तनपायी ।

mammon **मै** मॅन *n.* wealth संपत्ति; (cap.) god of greed कुबेर ।

mammoth[1] **मै** मॅथ *n.* large sized elephant विशालकाय हाथी ।

mammoth[2] *a.* collosal विशालकाय ।

man मैन *n.* human being नर मनुष्य; person व्यक्ति; human race मानव-जाति; adult male पुरुष; piece used in chess (चैस) पैदल ।

man[2] *(-nn-)v.t.* to supply with men for service or defence सेवा अथवा रक्षा-हेतु मनुष्य प्रदान क० ।

manage **मै** निज *v.t.* to administer प्रबंध क०; to control नियंत्रित क०; to conduct संचालित क०; *v.i.* to conduct affairs काम चलाना ।

manageable **मै** नि जॅ ब्ल *a.* governable नियंत्रण-योग्य; that can be managed जिसकी व्यवस्था की जा सके ।

management **मै** निज् मॅन्ट *n.* body of managers प्रबंध-समिति; act or art of managing प्रबंधन ।

manager **मै** नि जॅ: *n.* one who manages प्रबंधक ।

managerial मै नॅ **जिॲ** रिॲल *a.* of managers प्रबंधकों से संबंधित ।

mandate **मैन्** डेट *n.* command अधिदेश; order आदेश; authority given to representatives by voters जनादेश ।

mandatory **मैन्** डॅ टॅ रि *a.* containing a mandate, अधिदेश-प्राप्त; compulsory अनिवार्य ।

mane मेन *n.* long hair on the back of the neck (of horse etc.) अयाल ।

manes **मे** नीज़, **मा**— *n. pl.* spirits of the dead पितृ, पितर ।

manful **मैन्** फुल *a.* brave, energetic पराक्रमी ।

manganese **मैङ्** गॅ नीज़, मैङ् गॅ **नीज़** *n.* a metallic element मैंगनीज़ ।

manger **मेन्** जॅ: *n.* trough for food of horses and cattle नाँद ।

mangle **मैङ्** ग्ल *v.t.* to cut up badly, to hack क्षत-विक्षत क०; to spoil विकृत क० ।

mango **मैन्** गो *n. (pl. - oes)* a pear-shaped fruit आम; the tree bearing this fruit आम का पेड़ ।

manhandle **मैन्** हैन् ड्ल *v.t.* to treat roughly (से) मार-पीट क०; to move by physical strength शारीरिक शक्ति से

हटाना।

manhood मैन् हुड *n.* manly quality पुरुषत्व; human nature मनुष्यत्व।

mania मे न्यॅ *n.* violent madness उन्माद; craze सनक; extreme enthusiasm धुन, अति उत्साह।

maniac मे नि ऐक *n.* a mad man पागल व्यक्ति।

manifest[1] मै नि फ़ैॅस्ट *a.* perceptible व्यक्त, स्पष्ट।

manifest[2] *v.t.* to make clear प्रकट क०; to show clearly स्पष्ट दिखा देना।

manifestation मै नि फ़ैॅस् टे शॅन *n.* clarification स्पष्टीकरण; demonstration प्रदर्शन।

manifesto मै नि फ़ैॅस् टो *n.* public written declaration of intentions, opinion and motives of a party or body घोषणापत्र।

manifold मै नि फ़ोल्ड *a.* various in kind बहुविध, विविध।

manipulate मॅ नि प्यु लेट *v.t.* to falsify झुठलाना; to handle with skill सावधानी से चलाना; to manage (की) व्यवस्था क०।

manipulation मॅ नि प्यु ले शॅन *n.* act of manipulating छल-साधन।

mankind मैन् कॉइन्ड *n.* human race मानव-जाति; (मैन् कॉइन्ड) the male sex पुरुष-जाति।

manliness मैन् लि निस *n.* manhood पुरुषत्व; bravery पौरुष।

manly मैन् लि *a.* having a man's qualities पुरुषोचित।

manna मै नॅ *n.* food of Israelites in the wilderness दिव्यान्न।

manner मै नॅः *n.* good behaviour शिष्टाचार; method रीति, ढंग; *(pl.)* habits and customs रीति-रिवाज; *(pl.)* social behaviour सामाजिक आचरण; style शैली।

mannerism मै नॅ रिज़्म *n.* artificiality कृत्रिमता; peculiarity of style or manner शैली-वैशिष्ट्य।

mannerly मै नॅः लि *a.* well-behaved शिष्ट।

manoeuvre[1] मॅ नू वॅः *n.* startagem चालाकी; piece of dexterous management विदग्धता; planned movement (of armed forces) युक्तिचालन; *(pl.)* training exercises प्रशिक्षण- अभ्यास।

manoeuvre[2] *v.i.* to perform a manoeuvre चालाकी का व्यवहार क०; *v.t.* to cause to perform a manoeuvre चालाकी कराना; to make by manoeuvre चालाकी से बनाना; to manage with skill होशियारी से साधना।

manor मै नॅः *n.* land belonging to a lord जागीर, ज़मींदारी।

mansion मैन् शॅन *n.* a large house विशाल भवन।

mantel मैन् ट्ल *n.* ornamental structure over and in front of fire place कार्नस, अँगीठी।

mantle[1] मैन् ट्ल *n.* a loose cloak लबादा; covering आवरण; a hood for a gas jet गैस लालटेन की बत्ती।

mantle[2] *v.t.* to cover ढक लेना; to conceal छिपाना।

manual[1] मैन् यु अॅल *a.* of the hand हाथका, दस्ती; physical शारीरिक।

manual[2] *n.* hand book or handy compendium of large subject नियमावली, गुटका।

manufacture[1] मैन् यु फ़ैक् चॅः *v.t.* to produce, to make निर्माण क०; to invent गढ़ना।

manufacture[2] *n.* act or process of manufacturing औद्योगिक निर्माण; anything manufactured निर्मित वस्तु।

manufacturer मैन् यु फ़ैक् चॅ रॅ: one who manufactures things उत्पादक, निर्माता ।

manure[1] मॅ न्युअॅ: *n.* fertilizer खाद ।

manure[2] *v.t.* to enrich with fertilizing substance खाद देना ।

manuscript मैन् यु स्क्रिप्ट *n.* book etc. written by hand पांडुलिपि ।

many मैं नि *a.* numerous अनेक ।

map[1] मैप *n.* representation of the surface of the earth or of any part of it मानचित्र ।

map[2] *(-pp-) v.t.* to make a map of (का) मानचित्र बनाना ।

mar मा: *(-rr-) v.t.* to damage क्षति पहुँचाना ।

marathon मै रॅ थॅन *n.* long distance race लंबी दौड़; test of endurance धैर्य की परीक्षा ।

marble मा: ब्ल *n.* granular crystalline lime stone संगमरमर; *(pl.)* works of art in marble संगमरमर की कलाकृतियाँ; small ball of glass, clay etc. used in children's game गोली ।

march[1] मा:च *n.* border सीमांत; border district सीमांत प्रांत; departure प्रस्थान, कूच; (cap.) the third month of the year मार्च का महीना ।

march[2] *v.i.* to walk in rhythmical military manner क़दम से क़दम मिलाकर चलना; *v.t.* to force to go जाने के लिए बाध्य क० ।

mare मेंअॅ: *n.* female horse घोड़ी ।

margin मा: जिन *n.* space round the page of a book हाशिया; edge किनारा; border सीमांत; difference between selling and buying prices क्रय-विक्रय मूल्य का अंतर ।

marginal मा: जि नॅल *a.* pertaining to margin सीमावर्ती; barely sufficient मामूली-सा ।

marigold मै रि गोल्ड *n.* plant with yellow flowers गेंदा ।

marine मॅ रीन *a.* pertaining to navy जलसेना-संबंधी; concerned with the sea समुद्रीय ।

mariner मै रि नॅ: *n.* sailor पोतवाहक ।

marital मै रि ट्ल, मॅ रॉइ ट्ल *a.* pertaining to marriage वैवाहिक, दांपत्य-संबंधी; relating to husband पति-विषयक ।

maritime मै रि टॉइम *a.* pertaining to the sea समुद्री; bordering on the sea तटीय ।

mark[1] मा:क *n.* traget लक्ष्य, निशाना; stamp मुहर; spot धब्बा; sign चिह्न; fame प्रसिद्धि ।

mark[2] *v.t.* to make a mark on अंकित क०; to indicate लक्षित क० ।

market[1] मा: किट *n.* place for buying and selling बाज़ार ।

market[2] *v.t.* to buy and sell in a market क्रय-विक्रय क० ।

marketable मा: कि टॅ ब्ल *a.* fit for the market विक्रेय ।

marksman मा:क्स् मॅन *n.* one who shoots well निशानेबाज़ ।

maroon[1] मॅ रून *n.* brownish red colour भूरा लाल रंग ।

maroon[2] *a.* brownish red भूरे लाल रंग का ।

maroon[3] *v.t.* to leave (someone) on deserted island or coast (किसी को) निर्जन द्वीप अथवा समुद्रतट पर छोड़ना; to isolate अलग-थलग कर देना ।

marriage मै रिज *n.* wedding विवाह, शादी ।

marriageable मै रि जॅ ब्ल *a.* fit for marriage विवाह-योग्य ।

marry मै रि *v.t.* to wed (से) शादी क०, विवाह क०; *v.i.* to be wedded विवाह क० ।

Mars मा:स *n.* the god of war युद्ध का देवता; a planet मंगल ग्रह ।

marsh मा:श *n.* swamp दलदल ।

marshal[1] मा: शॅल *n.* chief military officer सेनापति ।

marshal[2] *(-ll-)v.t.* to arrange in order क्रमबद्ध क० ; to conduct (somebody) with ceremony (किसी को) विधिपूर्वक ले चलना ।

marshy मा: शि *a.* swampy दलदली ।

mart मा:ट *n.* market बाज़ार; centre of commerce वाणिज्य- केंद्र ।

martial मा: शॅल *a.* brave, warlike रणप्रिय, बहादुर; of or belonging to war सामरिक, जंगी ।

martyr मा: टॅ: *n.* one suffering death for his faith शहीद; one who suffers in some cause कष्ट-भोगी ।

martyrdom मा: टॅ: डॅम *n.* self-sacrifice आत्मबलिदान ।

marvel[1] मा: व्ल *n.* a wonder कौतुक, a wonderful example अद्‌भुत उदाहरण ।

marvel[2] *(-ll-)v.i.* to wonder विस्मित हो जाना ।

marvellous मा: वि लॅस *a.* wonderful आश्चर्यजनक, अद्‌भुत ।

masculine मैस् क्यु लिन, मास्– *a.* relating to males पुरुषोचित; denoting male gender (व्या०) पुंलिंग ।

mash[1] मैश *n.* grain, bran etc. cooked for animals दलिया; any substance softened and crushed मसला हुआ पदार्थ ।

mash[2] *v.t.* to crush मसलना ।

mask[1] मास्क *n.* face-cover मुखौटा; disguise छद्मवेश ।

mask[2] *v.t.* to disguise छद्मवेश धारण क० ; to cover (face) with a mask (चेहरा) मुखौटे से ढँकना ।

mason मे स्न *n.* brick and stone layer राजगीर ।

masonry मे स्न् रि *n.* stone-work, brick-work चिनाई; art of mason राजगीरी ।

mass[1] मैस *n.* lump of matter पदार्थ पिंड; quantity मात्रा ।

mass[2] *v.t.* , *v.i.* to gather जमा क०, जमा होना ।

massacre[1] मै सॅ कॅ: *n.* indiscriminate slaughter जनसंहार ।

massacre[2] *v.t.* to slaughter indiscriminately जनसंहार क० ।

massage[1] मै साज़ *n.* rubbing of the body मालिश ।

massage[2] *v.t.* to apply massage to (की) मालिश क० ।

masseur मै सॅ: *n.* one who gives massage अंगमर्दक ।

massive मै सिव *a.* large, heavy and solid विशाल, भारी व ठोस; impressive प्रभावशाली ।

massy मै सि *a.* solid ठोस; heavy भारी ।

mast मास्ट *n.* sail-pole मस्तूल ।

master[1] मास् टॅ: *n.* teacher शिक्षक; owner स्वामी; husband पति; expert विशेषज्ञ; employer नियोक्ता; captain of ship कप्तान ।

master[2] *v.t.* to overcome वशीभूत क० ; to become expert in (की) विशेष योग्यता प्राप्त क० ।

masterly मास् टॅ: लि *a.* like a master स्वामिजनोचित; most excellent अद्वितीय ।

masterpiece मास् टॅ: पीस *n.* outstanding creation or work सर्वोत्कृष्ट कृति ।

mastery मास् टॅ रि *n.* authority प्रभुत्व; masterly skill and knowledge दक्षता ।

mat मैट *n.* a floor covering चटाई; a piece of material used to wipe shoes पायंदाज़ ।

match[1] मैच *n.* pairing जोड़; contest प्रतियोगिता; an equal सदृश व्यक्ति; union by marriage विवाह-संबंध ।

match[2] *v.i.* to be alike समान होना; to encounter मुक़ाबला क०; *v.t.* to be equal to (के) समान होना; to treat as equal समान मानना ।

match[3] *n.* a short stick tipped with material that ignites when rubbed दियासलाई ।

matchless **मैच्** लिस *a.* unique, having no equal अद्वितीय, बेजोड़ ।

mate[1] मेट *n.* companion साथी, मित्र; husband or wife जीवनसंगी; an officer on a ship सहायक पोताधिकारी; one of a pair of mated animals पशुओं के जोड़े में से एक ।

mate[2] *v.t.* to come together for the purpose of having sexual intercourse जोड़ा खाना; *v.t.* to cause to unite for this purpose जोड़ा खिलाना ।

mate[3] *n.* checkmate शहमात ।

mate[4] *v.t.* to checkmate शहमात देना ।

material[1] मॅ **टिऑ** रि ॲल *a.* physical भौतिक; corporal दैहिक; essential तात्त्विक ।

material[2] *n.* substance from which something can be made पदार्थ; facts, happenings तथ्य, घटना ।

materialism मॅ **टिऑ** रि ॲ लिज़्म *n.* theory that only material things exist भौतिकवाद; love of material things सांसारिकता, मायाजाल ।

materialize मॅ **टिऑ** रि ॲ लॉइज़ *v.t.* to cause to assume bodily form मूर्तरूप देना; to execute कार्यान्वित क०; *v.i.* to take a material form कार्यान्वित होना ।

maternal मॅ **टॅः** नॅल *a.* of a mother मातृक; motherly मातृवत् ।

maternity मॅ **टॅः** नि टि *n.* state or relation of mother मातृत्व ।

mathematical मै थि **मै** टि कॅल *a.* pertaining to or done by mathematics गणितशास्त्रीय ।

mathematician मै थि मॅ **टि** शॅन *n.* one versed in mathematics गणितशास्त्री ।

mathematics मै थि **मै** टिक्स *n.(pl. or sing)* science of magnitude and numbers गणित ।

matinee **मै** टि ने *n.* public entertainment held in the afternoon अपराह्नकालीन लोकमनोरंजन ।

matricide **मे** ट्रि सॉइड *n.* murder of mother मातृवध; murderer of mother मातृहंता ।

matriculate मॅ **ट्रि** क्यु लेट *v.t.* to be enrolled in a college or university महाविद्यालय अथवा विश्वविद्यालय में भरती होना ।

matriculation मॅ ट्रि क्यु **ले** शॅन *n.* entrance examination प्रवेशिका-परीक्षा ।

matrimonial मै ट्रि **मोन्** यॅल *a.* pertaining to marriage वैवाहिक ।

matrimony **मै** ट्रि मॅ नि *n.* wedlock, marriage परिणय, विवाह ।

matron **मे** ट्रॅन *n.* married woman विवाहिता; one in-charge of nursing and domestic arrangements कार्याधीक्षिका ।

matter[1] **मै** टॅः *n.* material पदार्थ; goods सामान; subject विषय; importance महत्त्व; affair मामला ।

matter[2] *v.i.* to be of importance महत्त्वपूर्ण होना ।

mattock **मै** टॅक *n.* a digging tool like a pickaxe गैंती, फावड़ा ।

mattress **मै** ट्रिस *n.* bed made of stuffed bag गद्दा ।

mature[1] मॅ **ट्युऑः** *a.* fully developed परिपक्व; grown up प्रौढ़; due for payment देय ।

mature[2] *v.i.* to develop विकसित होना; to come to ripeness परिपक्व होना; *v.t.* to bring to full development विकसित क० ।

maturity मॅ ट्युअॅ रि टि *n.* state of being mature परिपक्वता ।

maul[1] मौल *n.* heavy wooden hammer मूसल ।

maul[2] *v.t.* to handle roughly (से) बुरा व्यवहार क०; to beat or injure पीटना, चोट पहुँचाना ।

mausoleum मौ सॅ लि अॅम *n.* a magnificent tomb मक़बरा, समाधि ।

mawkish मौ किश *a.* insipid रूखा; sentimental भावुक ।

maxim मैक् सिम *n.* proverb उक्ति, कहावत; rule of conduct नियम; general truth सूक्ति ।

maximize मैक् सि मॉइज़ *v.t.* to raise to the highest degree उच्चतम सीमा तक बढ़ाना ।

maximum[1] मैक् सि मॅम *a.* greatest अधिकतम, उच्चतम ।

maximum[2] *n.* greatest quantity, degree etc. अधिकतम मात्रा, सीमा आदि ।

may मे *v. aux.* expresses possibility, permission, opportunity, wish, request etc. संभावना, अनुमति, अवसर, इच्छा, प्रार्थना आदि की अभिव्यक्ति करता है ।

mayor मेंअॅ: *n.* the head of a corporation नगरप्रमुख ।

maze मेज़ *n.* an area of intricate pathways टेढ़े-मेढ़े मार्गोंवाला प्रदेश; labyrinth भूलभुलैया ।

me मी, मि *pron.* first personal objective pronoun मुझको, मुझे ।

meadow मैं डो *n.* pasture land चरागाह ।

meagre मी गॅ: *a.* scanty, thin थोड़ा, अल्प; insufficient अपर्याप्त ।

meal मील *n.* ground grain आटा; food भोजन; occasion for eating भोजन का समय ।

mealy मी लि *a.* meal-covered आटे से ढका; soft कोमल ।

mean[1] मीन *a.* average माध्य, औसत; intermediate मझला; low in rank or birth नीच ।

mean[2] *n.* an average मध्यमान; middle position मध्यस्थिति; *(pl.)* medium माध्यम, साधन ।

mean[3] *v.t.* to intend अभिप्राय रखना; to purpose उद्देश्य रखना ।

meander मि ऐन् डॅ: *v.i.* to wind about चक्कर लगाना ।

meaning मी निङ्ग *n.* sense intended अभिप्राय ।

means मीन्ज़ *n. (pl.)* resources साधन; money धन; medium माध्यम ।

meanwhile मीन् वॉइल, –ह्वॉइल *adv.* in the intervening time इसी बीच में

measles मी ज़्ल्ज़ *n. sing.* a contagious disease in man खसरा ।

measurable मैं ज़ॅ रॅ ब्ल *a.* that may be measured परिमेय ।

measure[1] मैं ज़ॅ: *n.* size नाप; unit इकाई; extent सीमा; plan योजना ।

measure[2] *v.t.* to find length or quantity of नापना; *v.i.* to take measurements नाप लेना; to be of a specified measure नाप में कुछ होना ।

measureless मैं ज़ॅ: लिस *a.* boundless असीमित ।

measurement मैं ज़ॅ: मॅन्ट *n.* dimension नाप; act of measuring नपाई ।

meat मीट *n.* the flesh of animals used as food मांस ।

mechanic[1] मि कै निक *n.* skilled workman मिस्त्री ।

mechanic[2] *a.* mechanical यांत्रिक ।

mechanical मि कै नि कॅल *a.* pertaining to machines यांत्रिक; machine like यंत्रवत् ।

mechanics मि कै निक्स *n.* science of machinery यांत्रिकी ।

mechanism मैं कॅ निज़्म *n.* way in which something works क्रियाविधि; system तंत्र ।

medal मैं ड्ल *n.* piece of metal in the form of coin given as reward पदक ।

medallist मैं डॅ लिस्ट *n.* one who has gained a medal पदक-प्राप्त व्यक्ति ।

maddle मैं ड्ल *v.i.* to interfere unnecessarily बाधा डालना ।

media मी डि अॅ *n. pl. see* medium.

mediaeval, medieval मैं डि ई वॅल *a.* of Middle Ages मध्ययुग का ।

mediate मी डि एट *v.i.* to act as intermediary मध्यस्थता क०; *v.t.* to settle through mediation मध्यस्थता-द्वारा निपटाना ।

mediation मी डि ए शॅन *n.* act of mediating मध्यस्थता ।

mediator मी डि ए टॅ: *n.* one who mediates मध्यस्थ ।

medical मैं डि कॅल *a.* relating to the art of physician आयुर्वैज्ञानिक ।

medicament मैं डि कॅ मॅन्ट, मैं डि– *n.* औषध तत्त्व ।

medicinal मैं डि सि न्ल *a.* having medical properties औषधीय, औषधगुणयुक्त ।

medicine मैं ड् सिन *n.* substance used for treatment of disease औषधि; study of the science of healing चिकित्साशास्त्र ।

medico मैं डि को *n.* medical practitioner चिकित्सक; student of medical science चिकित्सा विज्ञान का विद्यार्थी ।

mediocre मी डि ओ कॅ:, मी डि ओ कॅ: *a.* ordinary सामान्य; average औसत दर्जे का ।

mediocrity मी डि ऑ क्रि टि *n.* middling degree सामान्य अवस्था ।

meditate मैं डि टेट *v.t.* to consider deeply (पर) विचार क०; *v.i.* to be occupied in contenplation मनन क० ।

meditation मैं डि टे शॅन *n.* deep thought ध्यान, मनन ।

meditative मैं डि टॅ टिव, –टे– *a.* given to meditation मननशील ।

medium[1] मी ड्यॅम *n. (pl. media* मी डि अॅ, –ms) a middle state मध्यस्थिति; something intermediate in nature or degree मध्यवर्ती वस्तु; an intervening substance माध्यम; an agency, means साधन; means of communicating news संचार-साधन ।

medium[2] *a.* about halfway between extremes मँझला, मझोला ।

meek मीक *a.* mild, submissive विनम्र, सौम्य ।

meet[1] मीट *n.* meeting बैठक ।

meet[2] *v.t.* to come face to face with (से) मिलना ; to satisfy पूरा क०; *v.i.* to come together भेंट होना ।

meeting मी टिङ्ग *n.* an assembly, a gathereing सभा; coming together मुलाक़ात, भेंट ।

megaphone मैं गॅ फ़ोन *n.* device for increasing volume of sound ध्वनिप्रवर्धी ।

melancholia मैं लॅन् को ल्यॅ *n.* morbid melancholy विषाद- रोग ।

melancholic मैं लॅन् कौं लिक *a.* disordered by melancholy विषादग्रस्त ।

melancholy[1] मैं लॅन् कौं लि *n.* dejection खिन्नता, अवसाद ।

melancholy[2] *a.* sad खिन्न, दुखी; low-spirited निराश; causing sadness दु:खद।

mellow मैँ लो *a.* soft मृदु; well matured परिपक्व, समझदार।

melodious मि लो ड्यॅस *a.* sweet-sounding सुरीला।

melodrama मैँ लो ड्रा मॅ *n.* an exciting and sensational play उत्तेजक व सनसनीख़ेज़ नाटक; over dramatic behaviour अतिनाटकीय व्यवहार।

melodramatic मैँ लोँ ड्रॅ मै टिक *a.* pertaining to melodrama अतिनाटकीय; sensational सनसनीख़ेज़; emotional भावुकतापूर्ण।

melody मैँ लॅ डि *n.* tune लय, राग; sweetness मधुरता।

melon मैँ लॅन *n.* juicy guard तरबूज़।

melt मैँ ल्ट *v.i.* to become liquid from solid पिघलना, गलना; *v.t.* to cause to melt गलाना, पिघलाना।

member मैँम् बॅ: *n.* any of the individuals making up a body or society सदस्य; limb अंग, अवयव।

membership मैँम् बॅ: शिप *n.* state of being a member सदस्यता; number of members सदस्य- संख्या।

memento मि मैँन् टो *n.* something kept or given as a reminder स्मृतिचिह्न।

memo मैँ मो *n.* short for 'memorandum'.

memoir मैँ म् वा: *n.* short life history संक्षिप्त जीवनवृत्त; record of events इतिहास; *(pl.)* a person's written account of his own life आत्मचरित।

memorable मैँ मॅ रॅ ब्ल *a.* deserving to be remembered स्मरणीय; remarkable विलक्षण।

memorandum मैँ मॅ रैन् डॅम *n.* *(pl.–da, –dums)* something to be remembered स्मरण-पत्र; representation ज्ञापन-पत्र।

memorial[1] मॅ मौ रि ॲल *n.* monument स्मारक।

memorial[2] *a.* pertaining to memory स्मरण- विषयक।

memory मैँ मॅ रि *n.* remembrance स्मृति; faculty of remembering स्मरण-शक्ति; commemoration यादगार।

menace[1] मैँ नॅस *n.* threat धमकी; apprehension भीति; curse अभिशाप।

menace[2] *v.t.* to threaten धमकी देना।

mend मैन्ड *v.t.* to repair मरम्मत क०; to correct ठीक क०; to improve सुधारना।

menial[1] मी न्यॅल, मी नि ॲल *a.* degrading तुच्छ; suitable for domestic servants दासोचित।

menial[2] *n.* domestic servant सेवक।

menses मैँन् सिज़ *n. pl.* monthly discharge from the uterus ऋतुस्राव।

menstrual मैँन् स्ट्रु ॲल *a.* of the menses ऋतुस्राव-विषयक।

menstruation मैन् स्ट्रु ए शॅन *n.* periodic discharge from the uterus ऋतुस्राव।

mental मैँन् ट्ल *a.* pertaining to mind मानसिक; done in the mind मनोगत।

mentality मैँन् टै लि टि *n.* way of thinking मनोवृत्ति; mental power बौद्धिक शक्ति।

mention[1] मैँन् शॅन *n.* reference उल्लेख।

mention[2] *v.t.* to make mention of चर्चा क०।

mentor मैँन् टॅ: *n.* counsellor सलाहकार।

menu मैँ न्यू *n.* list of dishes भोज्य- सूची।

mercantile मॅ: कॅन् टॉइल *a.* pertaining to merchants वाणिज्य-संबंधी· commercial व्यापारिक।

mercenary मॅ: सॅ नॅ रि *a.* working only

for money धनार्थी; influenced by greed लालची।

mercerise मॅं: सॅ रॉइज़ *v.t.* to give lustre (to cotton fabrics) by treating with chemicals (सूती कपड़ों को) रसायनों-द्वारा चमकीला बनाना।

merchandise मॅं: चॅन् डॉइज़ *n.* goods bought and sold माल, सौदा।

merchant मॅं: चॅन्ट *n.* trader व्यापारी।

merciful मॅं: सि फुल *a.* kind, full of mercy दयालु, कृपालु।

merciless मॅं: सि लिस pitiless, cruel क्रूर, निष्ठुर।

mercury मॅं: क्यु रि *n.* silvery metallic element पारद; (cap.) the planet nearest the sun बुद्ध।

mercy मॅं: सि *n.* clemency दया; compassion अनुकंपा।

mere मिअॅ: *a.* only केवल; not more than मात्र।

merge मॅं:ज *v.t.* to absorb मिला लेना; *v.i.* to be absorbed मिल जाना।

merger मॅं: जॅं: *n.* absorption विलयन; joining together एकीकरण।

merit[1] मॅ रिट *n.* good quality सद्‌गुण; worth योग्यता; desert अर्हता।

merit[2] *v.t.* to deserve के योग्य होना।

meritorious मॅ रि टौ रि अॅस *a.* qualified गुणी; worthy योग्य; praiseworthy प्रशंसनीय।

mermaid मॅं: मेड *n.* a woman with a fish's tail in place of legs जलपरी।

merman मॅं: मैन *n.* man with a fish's tail in place of legs जलपुरुष।

merriment मॅ रि मॅन्ट *n.* joy आनंद आमोद-प्रमोद।

merry मॅ रि *a.* joyous, cheerful सानंद, प्रसन्न।

mesh[1] मॅश *n.* net, network जाली; one of the open spaces in a net जाल या जाली का छिद्र।

mesh[2] *v.t.* to catch in a mesh जाल मे पकड़ना या फँसाना।

mesmerism मॅज़् मॅ रिज़्म *n.* hypnotism सम्मोहन।

mesmerize मॅज़् मॅ रॉइज़ *v.t.* to hypnotize सम्मोहित क०; to hold spell-bound मंत्रमुग्ध क०।

mess[1] मॅस *n.* hotel भोजनालय; confusion गड़बड़झाला; trouble परेशानी; dirt गंदगी।

mess[2] *v.i.* to eat meals भोजन क०; *v.t.* to spoil बिगाड़ देना; to put into disorder अस्त-व्यस्त क०।

message मॅ सिज *n.* errand समाचार, सूचना; teaching संदेश।

messenger मॅ सिन् जॅं: *n.* message-bearer संदेशवाहक।

messiah मि सॉइ अॅ *n.* Christ ईसामसीह; Saviour मोक्षदाता, रक्षक।

metabolism मॅ टै बॅ लिज़्म *n.* chemical process of living body शरीर की रासायनिक प्रक्रिया।

metal मॅ ट्ल *n.* opaque elementary substance धातु; broken stone for making roads रोड़ी, गिट्टी।

metallic मि टै लिक *a.* consisting of metal धातुमय; like metal धातुवत्।

metallurgy मॅ टै लॅं: जि *n.* science applied to metals (रसा०) धातुकर्म विज्ञान।

metamorphosis मॅ टॅ मौः फ़ॅ सिस *n.* transformation रूपांतरण।

metaphor मॅ टॅ फ़ॅः *n.* a figure of speech based on comparison रूपक।

metaphysical मॅ टॅ फ़ि ज़ि कॅल *a.* pertaining to metaphysics तात्त्विक; abtruse गूढ़, सूक्ष्म।

metaphysics मॅ टॅ फ़ि ज़िक्स *n. sing.* branch of philosophy concerned with nature of existence, truth and know- ledge तत्त्वमीमांसा।

meteor मी ट्यें: *n.* shooting star उल्का ।

meteorology मी ट्यें रौँ लॅ जि *n.* study of weather and climate मौसमविज्ञान ।

meter मी टॅ: *n.* apparatus for measuring मापक ।

method मैँ थॅड *n.* mode ढंग, विधि; manner कार्यविधि; procedure पद्धति ।

methodical मि थौँ डि कॅल *a.* systematic सुव्यवस्थित ।

metre मी टॅ: *n.* unit of length in the metric system मीटर; verse rhythm छंद ।

metric मैँ ट् रिक *a.* pertaining to metre मीटर-संबंधी ।

metrical मैटॅ् रि कॅल *a.* of metre छंद-संबंधी; composed in verse छंदोबद्ध; connected with measurement मापीय ।

metropolis मि ट्रौँ पॅ लिस *n.* capital of a country राजधानी ।

metropolitan[1] मैँ ट्रॅ पौँ लि टॅन *a.* of a metropolis राजधानी का अथवा उससे संबंधित ।

metropolitan[2] *n.* person living in a metropolis राजधानी-निवासी ।

mew[1] म्यू *v.i.* to cry as a cat म्याऊँ-म्याऊँ क० ।

mew[2] *n.* cat's cry म्याऊँ ।

mica मॉइ कॅ *n.* a glittering scaly metal अबरख ।

microphone मॉइ क्रॅ फ़ोन *n.* sound amplifier ध्वनिविस्तारक ।

microscope मॉइ क्रॅ स्कोप *n.* instrument for magnifying minute objects सूक्ष्मदर्शी यंत्र ।

microscopic मॉइ क्रॅस् कौँ पिक *a.* very minute अति सूक्ष्म ।

mid मिड *a.* middle मध्यवर्ती ।

midday मिड् डे *n.* noon मध्यांह्न ।

middle[1] मि ड्ल *a.* intermediate मध्यवर्ती ।

middle[2] *n.* middle position मध्यस्थिति; waist कमर ।

middleman मि ड्ल् मैन *n.* intermediary बिचौलिया ।

midnight मिड् नॉइट *n.* 12 o' clock at night अर्द्धरात्रि ।

midst मिड्स्ट *n.* middle मध्य ।

midsummer मिड् स मॅ: *n.* middle of summer मध्यग्रीष्म ऋतु ।

midwife मिड् वॉइफ़ *n.* woman who assists in child birth दाई, धात्री ।

might मॉइट *n.* strength, power पराक्रम, शक्ति ।

mighty मॉइ टि powerful शक्तिशाली; brave, बहादुर; very great अति महान ।

migraine मी ग्रेन *n.* severe headache on one side आधासीसी ।

migrate मॉइ ग्रेट *v.i.* to change one's abode to another country प्रव्रजन क० ।

migration मॉइ ग्रे शॅन *n.* state or act of migrating प्रव्रजन ।

mike मॉइक *n. see* microphone.

milch मिल्च *a.* milk-giving दुधारू ।

mild मॉइल्ड *a.* gentle शांत; soft हलका; calm शांत ।

mile मॉइल *n.* measure of distance (1760 yards) मील ।

mileage मॉइ लिज *n.* allowance per mile प्रतिमील भत्ता; miles travelled यात्रा की हुई मीलें; distance in miles मीलों में दूरी ।

militant[1] मि लि टॅन्ट *a.* bellingerant युद्धप्रिय; using violence हिंसाकारी ।

militant[2] *n.* a person disposed to fight युद्धकर्त्ता ।

military[1] मि लि टॅ रि *a.* pertaining to soldiers सैन्य; warlike सामरिक ।

military[2] *n.* army सेना ।

militate मि लि टेट *v.i.* to fight युद्ध क० ।

militia मि लि शॅ *n.* military force of

citizens for home service नागरिक सेना ।

milk[1] मिल्क *n.* white fluid with which mammals feed their young दूध ।

milk[2] *v.t.* to draw milk from दुहना; *v.i.* to yield milk दूध देना, दुधारू होना ।

milky मिल् कि *a.* like milk दूधिया ।

mill[1] मिल *n.* machine for grinding चक्की ।

mill[2] *v.t.* to pass through a mill पीसना ।

millennium मि लैँ नि अॅम *n.* a period of a thousand years सहस्राब्दि; period of peace and happiness स्वर्ण युग ।

miller मि लॅं: *n.* owner of a mill चक्कीवाला, आटा पीसनेवाला ।

milliner मि लि नॅं: *n.* one who makes head-dresses, hats etc. for females स्त्रियों के शिरोवस्त्रों का निर्माता ।

millinery मि लि नॅं रि *n.* occupation of a milliner महिला वस्त्र-निर्माण ।

million मिल् यॅन *n.* a thousand thousand दस लाख (1, 000, 000) ।

millionaire मिल् यॅ नेॅअॅ: *n.* very rich person धनपति ।

mimic[1] 'मि मिक *a.* imitative अनुकरणात्मक ।

mimic[2] *n.* one who imitates नक़लची, नक़्क़ाल ।

mimic[3] *v.t.* *(–cked, –cking)* to imitate (की) नक़ल उतारना ।

mimicry मि मिक् रि *n.* imitation (often for sport or ridicule) नक़ल ।

minaret मि नॅ रैॅट *n.* tall, slender tower of a mosque मीनार ।

mince मिन्स *v.t.* to cut or chop (meat) into very small pieces (मांस) काटना; to soften or moderate (words) (बात को) हलका या कम करके बताना ।

mind[1] मॉइन्ड *n.* memory स्मृति; remembrance स्मरण; thought, idea विचार; opinion मत; intention इरादा; purpose उद्देश्य; intellect बुद्धि; understanding समझ; attention ध्यान ।

mind[2] *v.t.* to take offence at (का) बुरा मानना; to care for (की) चिंता क०; to attend to (पर) ध्यान देना; to be cautious about के बारे में सतर्क रहना; to be concerned about के विषय में चिंतित रहना; *v.i.* to be careful सावधान या सतर्क रहना ।

mindful मॉइन्ड् फुल *a.* careful सावधान ।

mine[1] मॉइन *pron.* belonging to me मेरा ।

mine[2] *n.* deep hole from which minerals are dug out खान; hidden deposit of explosive बारूदी सुरंग ।

miner मॉइ नॅं: *n.* one who works in a mine खनिक ।

mineral[1] मि नॅ रॅल *n.* matter got by mining खनिज ।

mineral[2] *a.* of minerals खनिज-संबंधी ।

mineralogist मि नॅ रै लॅ जिस्ट *n.* one who is versed in the science of minerals खनिज- विज्ञानी ।

mineralogy मि नॅ रै लॅ जि *n.* science of the properties of mineral substances खनिज शास्त्र ।

mingle मिङ् ग्ल *v.t.* to mix मिलाना; *v.i.* to be mixed मिल जाना ।

miniature[1] मि न्यॅ चॅं:, मि नि अॅ चॅं: *n.* small picture, book or model सूक्ष्म चित्र, पुस्तक या मूर्ति ।

miniature[2] *a.* minute लघु, छोटा ।

minimal मि नि मॅल *a.* least अल्पतम ।

minimize मि नि मॉइज़ *v.t.* to reduce to the minimum घटाना, कम क० ।

minimum[1] मि नि मॅम *n.(pl. –ms, minima)* smallest amount न्यूनतम मात्रा ।

minimum[2] *a.* least possible अल्पतम ।

minion मिन् यॅन *n.* favourite कृपापात्र; servile follower ख़ुशामदी टट्टू ।

minister[1] मि निस् टॅः *n.* departmental administrator in a state मंत्री ।

minister[2] *v.i.* to give care or aid ध्यान या सहायता देना; to give service सेवा क० ।

ministry मि निस् ट्रि *n.* a body of ministers मंत्रिमंडल; act of ministering मंत्रित्व ।

minor[1] मॉइ नॅः *a.* lesser छोटा, लघु; not risky or serious हलका; under age नाबालिग़, अवयस्क ।

minor[2] *n.* person under the age of 18 अवयस्क व्यक्ति ।

minority मॉइ नौं रि टि *n.* minor's state अवयस्कता; lesser number अल्प संख्या; a class or section numbering less than the one in majority अल्पसंख्यक ।

mint[1] मिन्ट *n.* an aromatic plant पुदीना ।

mint[2] *n.* place where money is coined टकसाल ।

mint[3] *v.t.* to coin (money) (सिक्के) ढालना ।

minus[1] मॉइ नॅस *prep.* without के बिना ।

minus[2] *a.* indicating subtraction ऋणात्मक; negative नकारात्मक ।

minus[3] *n.* the sign of subtraction ऋण का चिह्न (—) ।

minute[1] मॉइ न्यूट *a.* very small बहुत छोटा ।

minute[2] मि निट *n.* 60th part of an hour मिनट; *(pl.)* record of proceedings of a meeting विवरण ।

minutely मॉइ न्यूट् लि *adv.* closely, carefully सूक्ष्मता से, ध्यानपूर्वक; attending to small details बारीकी से ।

miracle मि रॅ कुल *n.* marvel चमत्कार; supernatural event अलौकिक घटना ।

miraculous मि रै क्यु लॅस *a.* marvellous चमत्कारिक; surprising आश्चर्यजनक ।

mirage मि राज़ *n.* deceptive sight of water in a desert मृगमरीचिका; illusion भ्रम ।

mire[1] मॉइअॅः *n.* swampy ground दलदल; mud कीचड़ ।

mire[2] *v.t.* to cause to stick in mire दलदल में फँसाना; to soil with mud सानना, कीचड़ लगाना; *v.i.* to sink in mire कीचड़ या दलदल में पड़ना ।

mirror[1] मि रॅः *n.* looking glass दर्पण ।

mirror[2] *v.t.* to reflect प्रतिबिंबित क० ।

mirth मॅःथ *n.* joy, merriment आनंद, आमोद-प्रमोद ।

mirthful मॅःथ् फुल *a.* full of mirth आनंदपूर्ण ।

misadventure मिस् अॅड् वैन् चॅः *n.* mishap दुर्घटना; ill-luck दुर्भाग्य ।

misanthrope मिस् अॅन् थ्रोप *n.* hater of mankind मानवद्वेषी ।

misappropriate मिस् अॅ प्रो प्रि एट *v.t.* to take and use wrongfully दुरुपयोग क०; to embezzle ग़बन क०. ।

misappropriation मिस् अॅ प्रो प्रि ए शॅन *n.* act of misappropriating दुरुपयोग; embezzlement ग़बन ।

misbehave मिस् बि हेव *v.i.* to behave ill बुरा व्यवहार क० ।

misbehaviour मिस् बि हेव् यॅः *n.* bad behaviour, misconduct बुरा व्यवहार ।

miscalculate मिस् कैल् क्यु लेट *v.t.* to reckon (amounts etc.) wrongly ग़लत गणना क० ।

miscalculation मिस् कैल् क्यु ले शॅन *n.* erroneous calculation अशुद्ध गणना ।

miscarriage मिस् कै रिज *n.* abortion गर्भपात; failure असफलता, विफलता ।

miscarry मिस् कै रि *v.i.* (of plan, etc.)

to fail (योजना आदि का) विफल होना; (of letters, etc.) not to reach the right destination अपवाहित होना; to bring forth young prematurely गर्भपात होना।

miscellaneous मि सि **लेन्** यॅस *a.* mixed मिश्रित; diverse कई तरह का, विविध।

miscellany मि **सै** लॅ नि, **मि** सि– *n.* mixture of various kinds, medley विविधतापूर्ण संग्रह।

mischance मिस् **चान्स** *n.* bad luck दुर्भाग्य।

mischief **मिस्** चिफ़ *n.* misconduct दुर्व्यवहार, शरारत; harm हानि; hurt चोट।

mischievous **मिस्** चि वॅस *a.* full of pranks शरारतपूर्ण; having harmful effect हानिप्रद।

misconception मिस् कॅन् **सैप्** शॅन *n.* wrong idea ग़लत धारणा।

misconduct मिस् **कौन्** डॅक्ट *n.* misbehaviour दुराचरण।

miscreant **मिस्** क्रि अॅन्ट *n.* a scoundrel, a rascal धूर्त, बदमाश।

misdeed मिस् **डीड** *n.* evil deed दुष्कर्म।

misdirect **मिस्** डि **रैक्ट** *v.t.* to give the wrong information गुमराह क०।

misdirection **मिस्** डि **रैक्** शॅन *n.* wrong direction बहकावा, अपनिदेशन।

miser **मॉइ** ज़ॅ: *n.* money- hoarder कंजूस।

miserable **मि** ज़ॅ रॅ ब्ल *a.* very unhappy अति दु:खपूर्ण; causing misery दु:खदायी; worthless निकम्मा; squalid घिनौना।

misery **मि** ज़ॅ रि *n.* distress मुसीबत; great unhappiness तकलीफ़, विपत्ति; poverty कंगाली।

misfire मिस् **फ़ॉइअॅ:** *v.i.* (of a gun) to fail to go off (बंदूक़) न दग़ना; (of a motor engine) to fail to ignite (इंजन) चालू न होना।

misfit **मिस्** फ़िट *n.* an improper thing or person अनुपयुक्त वस्तु या आदमी।

misfortune मिस् **फ़ौ:** चॅन *n.* ill- luck दुर्भाग्य।

misgiving मिस् **गि** विङ्ग *n.* doubt संदेह।

misguide मिस् **गॉइड** *v.t.* to mislead गुमराह क०।

mishap **मिस्** हैप *n.* minor accident दुर्घटना।

misjudge मिस् **जज** *v.t.* to judge wrongly ग़लत निर्णय क०।

mislead मिस **लीड** *v.t.* to lead into error बहकाना; to lead astray भटका देना; to give false information to ग़लत सूचना देना।

mismanagement मिस् **मै** निज् मॅन्ट *n.* bad management कुप्रबंध।

misnomer मिस् **नो** मॅ: *n.* wrong name मिथ्या नाम।

misplace मिस् **प्लेस** *v.t.* to put in a wrong place ग़लत जगह रखना।

misprint[1] मिस् **प्रिन्ट** *n.* mistake in printing छापे की भूल।

misprint [2] *v.t.* to print wrongly ग़लत छापना।

misrepresent **मिस्** रैप् रि **ज़ैन्ट** *v.t.* to give a false account of (का) अयथार्थ विवरण देना।

misrule मिस् **रूल** *n.* bad government कुशासन।

miss[1] मिस *n.* unmarried girl कुमारी।

miss[2] *v.t.* to fail to hit चूकना; to lose खोना; to omit छोड़ना।

missile **मि** सॉइल *n.* a weapon that is thrown or shot प्रक्षेपास्त्र।

mission **मि** शॅन *n.* special work विशेष कार्य; party of persons sent for special work विशेष कार्यदल; political message राजनीतिक संदेश।

missionary मि शॅ नॅ रि *n.* religious instructor धर्म- प्रचारक ।

mist मिस्ट *n.* water vapour in fine drops कुहासा, कुहरा ।

mistake[1] मिस् टेक *n.* an error भूल ।

mistake[2] *v.t.* to understand or do wrongly ग़लत समझना या क० ।

mister मिस् टॅः *n.* title of courtesy to man श्री, श्रीमान, महोदय ।

mistress मिस् ट्रिस *n.* female head of a house गृहस्वामिनी; lady teacher शिक्षिका; beloved प्रेयसि; woman living with a man as a wife उपपत्नी, रखैल ।

mistrust[1] मिस् ट्रस्ट *n.* disbelief अविश्वास ।

mistrust[2] *v.t.* to disbelieve अविश्वास क० ।

misty मिस् टि *a.* full of mist कुहासे वाला ।

misunderstand मिस् अॅन् डॅः स्टैन्ड *v.t.* to understand wrongly ग़लत समझना ।

misunderstanding मिस् अॅन् डॅः स्टैन् डिङ्ग *n.* mistaken idea ग़लतफ़हमी ।

misuse[1] मिस् यूस *n.* improper use or treatment दुरुपयोग ।

misuse[2] मिस् यूज़ *v.t.* to use badly (का) दुरुपयोग क० ।

mitigate मि टि गेट *v.t.* to lessen कम क० ।

mitigation मि टि गे शॅन *n.* act of mitigating अल्पीकरण ।

mix मिक्स *v.i. & v.t.* to mingle मिलना, मिलाना ।

mixture मिक्स् चॅः *n.* mixed product मिश्रित वस्तु; act of mixing मिश्रण ।

moan[1] मोन *v.i.* to lament विलाप क० ।

moan[2] *n.* a lament विलाप; low sound of pain कराह ।

mob[1] मौॅब *n.* disorderly crowd भीड़; the common people जनसाधारण ।

mob[2] *(–bb–)v.t.* to crowd round के चारों ओर भीड़ लगाना ।

mobile मो बॉइल, –बिल *a.* movable चल, गतिशील; often changing परिवर्तनशील ।

mobility मोॅ बि लि टि *n.* being mobile गतिशीलता ।

mobilize मो बि लॉइज़ *v.t.* to collect (troops) for active service युद्ध के लिए (सेना) एकत्रित क०; to organise संगठित क०; *v.i.* to become organised संगठित होना ।

mock[1] मौॅक *v.i.* to scoff (at) हँसी उड़ाना; *v.t.* to ridicule उपहास क० ।

mock[2] *a.* sham, imitation दिखावटी, कृत्रिम ।

mockery मौॅ कॅ रि *n.* ridicule मज़ाक़; travesty स्वाँग, दिखावा ।

mode मोड *n.* method विधि; prevailing fashion चालू रिवाज ।

model[1] मौॅ ड्ल *n.* pattern नमूना; ideal आदर्श ।

model[2] *(-ll-)* *v.t.* to mould गढ़ना, ढालना; to make a model of का नमूना बनाना ।

moderate[1] मौॅ डॅ रिट *a.* temperate मध्यम; limited सीमित; mild नरम ।

moderate[2] मौॅ डॅ रेट *v.t.* to pacify शांत क०; to lessen कम क० ।

moderation मौॅ डॅ रे शॅन *n.* quality of being moderate संयम, संतुलन; freedom from excess अतिहीनता ।

modern मौॅ डॅःन *a.* new नया; of the present times आधुनिक ।

modernity मौॅ डॅः नि टि *n.* being modern आधुनिकता ।

modernize मौॅ डॅः नॉइज़ *v.t.* to adapt to modern ideas, style or language आधुनिकीकरण क० ।

modest मौॅ डिस्ट *a.* mild नरम; bashful शर्मीला; moderate मामूली, मर्यादित ।

modesty **मौँ** डिस् टि *n.* politeness नरमी; shyness संकोच ।

modificatin मौँ डि फ़ि **के** शॅन *n.* change परिवर्तन ।

modify **मौँ** डि फ़ाँइ *v.t.* to change बदलना; to make less severe (की) कठोरता कम क०; (*gram.*) to qualify the sense of के अर्थ को संयत क० ।

modulate **मौँ** ड्यु लेट *v.t.* to adjust ठीक क०; to regulate व्यवस्थित क० ।

moist मौँइस्ट *a.* damp नम, गीला ।

moisten **मौँइ** स्न *v.t.* to make moist नम क०; *v.i.* to become moist नम होना ।

moisture **मौँइस्** चॅ: *n.* dampness नमी, गीलापन ।

molar[1] **मो** लॅ: *n.* a grinding tooth दाढ़ ।

molar[2] *a.* relating to the grinding teeth दाढ़-विषयक ।

molasses मॅ **लै** सिज़ *n.* treacle शीरा ।

mole मोल *n.* a small burrowing animal छछूँदर; small, dark spot on the skin तिल ।

molest मोँ **लैस्ट**, मॅ– *v.t.* to vex तंग, क०; छेड़खानी क० ।

molestation मो लैँस् **टे** शॅन *n.*act of molesting छेड़खानी ।

moment **मो** मॅन्ट *n.* instant क्षण ।

momentary **मो** मॅन् टॅ रि *a.* lasting for a moment क्षणिक ।

momentous मोँ **मैँन्** टॅस, मॅ– *a.* weighty महत्त्वपूर्ण; important आवश्यक ।

momentum मोँ **मैँन्** टॅम, मॅ– *n.* force of a moving body or machine गति-मात्रा ।

monarch **मौँ** नॅ:क *n.* supreme ruler राजा ।

monarchy **मौँ** नॅ: कि *n.* government in which the supreme power is lodged in a single person एकतंत्र ।

monastery **मौँ** नॅस् टॅ रि *n.* monk-house मठ ।

Monday **मन्** डे, –डि *n.* second day of the week सोमवार ।

monetary **म** नि टॅ रि *a.* relating to money आर्थिक ।

money **म** नि *n.* currency मुद्रा; wealth संपत्ति ।

mongoose **मौँन्** गूस *n.* a small animal noted for killing snakes नेवला ।

monitor **मौँ** नि टॅ: *n.* senior pupil in a school appointed to instruct and look after juniors छात्रनायक; a screen in a television studio टेलिविज़न का पर्दा ।

monk मङ्क *n.* male inhabitant of a monastery मठवासी ।

monkey **मङ्** कि *n.* long tailed quadrumanous animal बंदर ।

monogamy मौँ **नौँ** गॅ मि, मॅ– *n.* the marrying of only one at a time एकविवाह-प्रथा ।

monogram **मौँ** नॅ ग्रैम *n.* a design of letters interwoven नाम-चिह्न ।

monograph **मौँ** नॅ ग्राफ़ *n.* scholarly writing on a single subject प्रबंध ।

monolith **मौँ** नौँ लिथ, *n.* single large block of stone एकाश्म ।

monologue **मौँ** नॅ लौँग *n.* a speech by one person एकालाप ।

monopolist मॅ **नौँ** पॅ लिस्ट *n.* person who has a monopoly एकाधिकारी ।

monopolize मॅ **नौँ** पॅ लाँइज़ *v.t.* to hold the monopoly of पर एकाधिकार क० ।

monopoly मॅ **नौँ** पॅ लि *n.* sole trading power or privilege एकाधिकार ।

monosyllable **मौँ** नॅ सि लॅ ब्ल *n.* word of a single syllable एकाक्षर ।

monosyllabic मौँ नॅ सि **लै** बिक *a.* having only one syllable एकाक्षरीय ।

monotheism **मौँ** नोँ थी इज़्म *n.* belief in only one God एकेश्वरवाद ।

monotheist **मौँ** नोँ थी इस्ट *n.* a believer

in only one God एकेश्वरवादी ।

monotonous मॅ नौँ टॅ नॅस *a.* dull नीरस; lacking in variety एकरस; wearisome उबा देनेवाला ।

monotony मॅ नौँ टॅ नि *n.* dullness नीरसता; absence of variety एकरसता ।

monsoon मौन् सून *n.* seasonal wind मौसमी हवा; season marked by heavy rains बरसात का मौसम ।

monster मौन् स्टॅः *n.* giant राक्षस, दैत्य; very cruel person अत्यंत क्रूर व्यक्ति; huge person, animal or thing विशालकाय व्यक्ति, पशु आदि ।

monostrous मौन् स्ट्रॅस *a.* huge विशालकाय; horrible डरावना ।

month मन्थ *n.* any of the twelve divisons of a year माह , महीना ।

monthly[1] मन्थ् लि *a.* done or happening once a month or every month मासिक ।

monthly[2] *adv.* once a month प्रतिमाह ।

monthly[3] *n.* a magazine published every month मासिक पत्रिका ।

monument मौँ न्यु मॅन्ट *n.* statue, memorial स्मारक ।

monumental मौँ न्यु मैं न् ट्ल *a.* serving as a monument स्मारकीय; of lasting value स्थायी महत्त्व का; very great अति महान ।

mood मूड *n.* mental state or feeling मनोदशा, मनःस्थिति ।

moody मू डि *a.* bad tempered बदमिज़ाज; gloomy उदास; changeable in mood चंचल मनोदशा वाला ।

moon मून *n.* earth's satellite चंद्रमा ।

moor[1] मुअॅः, मौः *n.* tract of open, uncultivated land बंजर प्रदेश ।

moor[2] *v.t.* to secure (ship) with chains or ropes (जलयानको) बाँधना ।

moorings मू रिङ्ग्ज़ *n. pl.* chains, ropes etc. by which a ship is moored लंगर; something providing stability टिकने या रुकने का साधन ।

mop[1] मौँ प *n.* broom झाड़ू ।

mop[2] *(-pp-)v.t.* to wipe or clean झाड़पोंछ क० ।

moral[1] मौँ रॅल *a.* relating to morality नैतिक; virtuous सदाचार-पूर्ण ।

moral[2] *n.* practical lesson सीख, शिक्षा; *(pl.)* moral principles नैतिक नियम ।

morale मौँ राल, मॅ–*n.* temper or state of mind as expressed in action हौसला, मनोबल ।

moralist मौँ रॅ लिस्ट *n.* one who teaches morals नैतिक शिक्षक; one who inculcates or practises moral duties नैतिकतावादी ।

morality मॅ रै लि टि *n.* moral principles and conduct सदाचार; moral quality नैतिकता; a kind of drama teaching moral lesson नीति-नाटक ।

moralize मौँ रॅ लॉइज़ *v.t.* to give a moral interpretation of नैतिक व्याख्या क०; *vi.* to deal with moral aspects नीतिगत बात क० ।

morbid मौः बिड *a.* diseased बीमार, रुग्ण; gruesome घिनावना ।

morbidity मौः बि डि टि *n.* diseased state रुग्णता; state of being gruesome घिनावनापन ।

more[1] मौः, मौँः *a.* greater in number or quantity अधिक ।

more[2] *adv.* to a greater extent अधिक मात्रा में ।

moreover मौः रो वॅः *adv.* besides इसके अतिरिक्त ।

morning मौः निङ्ग *n.* the first part of the day सुबह ।

morphia मौः फ़्यॅ *n.* narcotic extract of opium अफ़ीम का सत्त्व ।

morrow मौँ रो *n.* next day आगामी दिन ।

morsel मौः सॅल *n.* tiny piece टुकड़ा; mouthful ग्रास ।

mortal[1] मौः ट्ल *a.* subject to death नाशवान, नश्वर; deadly घातक ।

mortal[2] *n.* human being मानव-प्राणी ।

mortality मौः टै लि टि *n.* state of being mortal नश्वरता; number of deaths मृतकों की संख्या; death-rate मृत्यु-दर ।

mortgage[1] मौः गिज *n.* pledge of property as security for debt बंधक, गिरवी ।

mortgage[2] *v.t.* to pledge as security बंधक रखना ।

mortgagee मौः गॅ जी *n.* receiver of pledge गिरवीदार ।

mortgagor मौः गॅ जौः *n.* one who pledges गिरवी रखने वाला ।

mortify मौः टि फ़ॉइ *v.t.* to humiliate अपमानित क०; to subdue by self denial आत्म- त्याग-द्वारा दमन क०; *v.i.* to be affected with gangrene (मांस का) सड़ जाना ।

mosaic मों ज़े इक *n.* pattern made by coloured bits of stone पच्चीकारी; this process of decoration पच्चीकारी की विधि ।

mosque मौस्क *n.* muslim temple मसजिद ।

mosquito मॅस् की टो, मौस्– *n.* *(pl. –toes)* stinging gnat मच्छड़ ।

most[1] मोस्ट *a.* greatest सबसे अधिक ।

most[2] *adv.* in the greatest degree सर्वाधिक मात्रा में ।

most[3] *n.* greatest number, amount or degree सर्वाधिक संख्या या मात्रा ।

mother[1] म दॅः *n.* female parent माता ।

mother[2] *v.t.* to act as mother to (की) माँ होना ।

motherhood म दॅः हुड *n.* state of being a mother मातृत्व ।

motherly म दॅः लि *a.* like mother माँ-जैसा ।

motif मों टीफ़ *n.* theme मूल भाव ।

motion[1] मो शॅन *n.* a proposal formally made in an assembly प्रस्ताव; gesture चेष्टा; moving from place to place गति ।

motion[2] *v.i.* to make a gesture इशारा क०; *v.t.* to direct (somebody) by gesture संकेत-द्वारा बताना ।

motionless मो शॅन् लिस *a.* still स्थिर ।

motivate मो टि वेट to provide with an incentive प्रेरित क० ।

motivation मो टि वे शॅन *n.* act of motivating प्रेरणा ।

motive मो टिव *n.* intention इरादा; that which causes somebody to act प्रेरणा, उद्देश्य ।

motley मौट् लि *a.* multi- coloured बहुरंगी; of various sorts पंचमेल ।

motor[1] मो टॅः *n.* that which imparts motion गति देनेवाला; machine to suppey motive power मोटर; motorcar कार ।

motor[2] *v.i.* to travel by car मोटरगाड़ी से यात्रा क०; *v.t.* to equip with motor मोटर लगाना; to carry by motor car कार से ले जाना ।

motorist मो टॅ रिस्ट *n.* person who drives a car मोटर-चालक; person who travels in a car कार-यात्री ।

motto मौ टो *n.* *(pl. -es)* a word, phrase or sentence expressing ideals of a group आदर्श-वाक्य ।

mould[1] मोल्ड *n.* a hollow object in which metal etc. is cast साँचा; pattern for shaping नमूना; character चरित्र; shape, form आकार ।

mould[2] *v.t.* to shape आकार देना ।

mould[3] *n.* fungoid growth caused by dampness फफूँदी ।

mould[4] *n.* loose or surface earth ढीली

मिट्टी, बारीक मिट्टी ।

mouldy मोल् डि *a.* covered with mould फफूँदीदार; stale बासी; old fashioned पुराना, घिसा-पिटा ।

mound मॉउन्ड *n.* small hill टीला; heap of earth ढेर ।

mount[1] मॉउन्ट *n.* hill पहाड़ी ।

mount[2] *v.t.* to climb चढ़ना; to get on to (a horse etc.) पर सवार होना; to supply with a horse घोड़ा देना; to put and fix in position (पर) चौखटा चढ़ाना; *v.i.* to increase बढ़ना ।

mount[3] *n.* that on which a thing is supported or fitted धारक, आधार; a horse घोड़ा ।

mountain मॉउन् टिन *n.* high hill पहाड़ ।

mountaineer माउन् टि निअॅ: *n.* mountain-climber पहाड़ पर चढ़ने वाला, पर्वतारोही ।

mountainous मॉउन् टि नॅस *a.* of a mountain पहाड़ी, पर्वतीय ।

mourn मौ:न *v.i.* to lament, to bewail विलाप क०; *v.t.* to feel sorrow for (पर) विलाप क० ।

mourner मौ: नें: *n* one who mourns विलाप करनेवाला ।

mournful मौ:न् फुल *a.* sad, sorrowful दु:खी, शोकाकुल

mourning मौ: निङ्ग *n.* lamentation मातम, विलाप ।

mouse मॉउस *n. (pl. mice)* small rodent चूहा ।

moustache मस् टाश *n.* hair on upper lip मूँछ ।

mouth[1] मॉउथ *n.* facial opening मुँह ।

mouth[2] *v.t.* to speak (words) with too much movement of the jaws (शब्दों को) जबड़ों को बहुत घुमाकर बोलना; to utter pompously कृत्रिमता के साथ बोलना; to take (food) into the mouth (भोजन) मुँह में रखना; to touch with the mouth मुँह से छूना ।

mouthful मॉउथ् फुल *n.* morsel कौर, निवाला ।

movable मू वॅ ब्ल *a.* capable of being moved सर्पी; (property) that can be shifted चल (संपत्ति) ।

movables मू वॅ ब्ल्ज़ *n.pl.* goods, commodities, furniture चल संपत्ति ।

move[1] मूव *n.* change of place and position स्थान-परिवर्तन; something done to achieve purpose कार्यवाही; (chess) player's turn चाल, बारी ।

move[2] *v.t.* to change position of हटाना, खिसकाना; to stir emotions of द्रवित क०; to incite भड़काना; to propose for consideration प्रस्तावित क०; *v.i.* to change place or posture हटना; to shake हिलना; to take action कार्यवाही क० ।

movement मूव् मॅन्ट *n.* act of moving गति; agitation to bring about some desired result आंदोलन ।

mover मू वें: *n.* peson who puts a proposal प्रस्तावक ।

movies मू विज़ *n. pl.* cinema pictures चलचित्र ।

mow मो *v.t.* to cut down (grass) (घास) काटना ।

much[1] मच *a.* great in quantity अधिक ।

much[2] *adv.* greatly, to a great extent अधिक मात्रा में ।

mucous म्यू कॅस *a.* like mucus कफ़ जैसा; covered with mucus श्लेष्मा-युक्त ।

mucus म्यू कॅस *n.* sticky substance produced by the mucous membrane श्लेष्मा ।

mud मड *n.* mire कीचड़ ।

muddle[1] म ड्ल *n.* confusion, disorder अव्यवस्था, गड़बड़ी ।

muddle[2] *v.t.* to confuse भ्रम में डालना;

to bewilder घबरा देना; to mismanage अव्यवस्थित क० ।

muffle म फ़्ल *v.t* to wrap, to cover लपेटना, ढकना ।

muffler मफ़् लॅ: *n.* scarf worn round the neck गुलूबंद ।

mug मग *n.* cup or jug जलपात्र ।

mulberry मल् बॅ रि *n.* a juicy fruit शहतूत ।

mule म्यूल *n.* offspring of an ass and a mare खच्चर ।

multifarious मॅल् टि फ़ेंअॅ रि अॅस *a.* many and varied विभिन्न प्रकार के ।

multiple[1] मल् टि प्ल *a.* having many parts बहुखंडीय ।

multiple[2] *n.* quantity which contains another an exact number of times गुणज, अपवर्त्य ।

multiplication मल् टि प्लि के शन *n.* process of multiplying गुणन ।

multiplicity मल् टि प्लि सि टि *n.* state of being great in number बहुलता ।

multiply मल् टि प्लॉइ *v.t.* to increase many times गुणा क० ।

multitude मल् टि ट्यूड *n.* crowd भीड़; the common people जनसाधारण; state of being many बहुलता, आधिक्य ।

mum[1] मम *a.* silent चुप ।

mum[2] *n.* silence चुप्पी ।

mumble मम् ब्ल *v.i.* to speak indistinctly बुदबुदाना ।

mummy[1] म मि *n.* embalmed dead body ममी, परिरक्षित शव ।

mummy[2] *n.* mother माँ, मम्मी ।

mumps मम्प्स *n. sing.* disease with painful swellings in the neck कनपेड़ा, गलसुआ ।

mundane मन् डेन *a.* worldly सांसारिक ।

municipal म्यू नि सि पॅल, म्यु– *a.* belonging to the local self-government of a town नगरपालिका-संबंधी ।

municipality म्यू नि सि पै लि टि, म्यु– *n.* local self-government of a town नगरपालिका ।

munitions म्यू नि शॅन्स *n. pl.* military stores युद्ध-सामग्री ।

mural[1] म्युअॅ रॅल *a.* having to do with a wall भित्तीय ।

mural[2] *n.* a wall-painting भित्तिचित्र ।

murder[1] मॅ: डॅ: *n.* unlawful man-slaughter हत्या ।

murder[2] *v.t.* to kill मारना, हत्या क०; to spoil बिगाड़ देना ।

murderer मॅ: डॅ रॅ: *n.* killer हत्यारा, ख़ूनी ।

murderous मॅ: डॅ रॅस *a.* capable of murder प्राणघातक ।

murmur[1] मॅ: मॅ: *n.* low utterance, grumble गुनगुनाहट, बड़बड़ाहट ।

murmur[2] *v.t.* to utter in low tone गुनगुनाना; *v.i.* to grumble बड़बड़ाना ।

muscle म सल *n.* contractile tissue मांसपेशी ।

muscular मस् क्यु लॅ: *a.* strong शक्तिशाली; of or relating to the muscles मांसपेशीय ।

muse[1] म्यूज़ *v.i.* to ponder ध्यान लगाना, मनन क० ।

Muse[2] *n.* the goddess of poetry सरस्वती ।

museum म्यू ज़ि अॅम, म्यु– *n.* repository of wonderful things अजायबघर ।

mushroom मश् रुम *n.* edible fungus कुकुरमुत्ता ।

music म्यू ज़िक *n.* art of harmonious sounds संगीत ।

musical म्यू ज़ि कॅल *a.* belonging to music सांगीतिक ।

musician म्यू ज़ि शॅन्, म्यु– *n.* one skilled in music संगीतकार ।

musk मस्क *n.* strong perfume

secreted by musk-deer कस्तूरी ।

musket मस् किट *n.* hand-gun बंदूक़ ।

musketeer मस् कि **टिअ:** *n.* soldier armed with musket बंदूक़धारी सिपाही ।

muslin **मस्** लिन *n.* thin, fine, cotton cloth मलमल ।

must[1] मस्ट *aux.v.* to be obliged आवश्यक होना, अनिवार्य होना; to be certain निश्चित होना ।

must[2] *n.* something one must do अनिवार्यता ।

must[3] *n.* newly pressed grape juice द्राक्षारस ।

mustard **मस्** टॅ:ड *n.* an oil plant सरसों ।

muster[1] **मस्** टॅ: *v.t.* to collect (as troops) एकत्र क० ; *v.i.* to assemble एकत्र होना ।

muster[2] *n.* assembling of troops सैनिक-सभा ।

musty **मस्** टि *a.* mouldy फफूँददार; stale बासी ।

mutation म्यू **टे** शन *n.* change परिवर्तन ।

mute[1] म्यूट *a.* dumb गूँगा; silent शांत, चुप ।

mute[2] *n.* one who cannot speak गूँगा व्यक्ति ।

mutilate **म्यू** टि लेट *v.t.* to injure or disfigure by cutting a piece from अंगभंग क०, विकृत क० ।

mutilation म्यू टि **ले** शॅन, म्यु– *n.* removal of some essential part अंगच्छेद ।

mutinous **म्यू** टि नॅस *a.* rebellious विद्रोही, बाग़ी ।

mutiny[1] **म्यू** टि नि *n.* revolt against constituted authority ग़दर, बग़ावत ।

mutiny[2] *v.i.* to rise against lawful authority बग़ावत क० ।

mutter म टॅ: *v.i.* to utter words with compressed lips बड़बड़ाना; *v.t.* to utter with a low murmuring voice बड़बड़ाकर कहना ।

mutton म ट्न *n.* flesh of sheep भेड़ का मांस ।

mutual **म्यू** ट्यु अॅल *a.* reciprocal पारस्परिक, आपसी ।

muzzle[1] म ज़्ल *n.* mouth and nose of an animal थूथन; cover for mouth and nose मोहरा, छींका; open end of gun नालमुख ।

muzzle[2] *v.t.* to put muzzle on (पर) छींका लगाना; to prevent from expressing opinion प्रतिबंधित क० ।

my मॉइ *a.* belonging to me मेरा, मेरी ।

myopia मॉइ **ओ** पि अॅ *n.* short-sightedness अल्पदृष्टि ।

myopic मॉइ **औ** पिक *a.* short sighted निकटदृष्टिक ।

myriad[1] **मि** रि अॅड *n.* very great number विशाल संख्या ।

myriad[2] *a.* innumerable असंख्य ।

myrrh मॅ: *n.* an aromatic gum गंधरस ।

mysterious मिस् **टिअ** रि अॅस *a.* containing mystery रहस्यमय ।

mystery **मिस्** टॅ रि *n.* something above human intelligence रहस्य; anything inexplicable रहस्यपूर्ण वस्तु ।

mystic[1] **मिस्** टिक *a.* of hidden meaning or spiritual power रहस्यवादी ।

mystic[2] *n.* one who seeks union with God and realization of truth रहस्यवादी ।

mysticism **मिस्** टि सिज़्म *n.* belief that knowledge of God is obtainable through prayer and contemplation रहस्यवाद ।

mystify **मिस्** टि फ़ॉइ *v.t.* to perplex intentionally भ्रमित क० ।

myth मिथ *n.* a tale with supernatural

characters or events पौराणिक कथा; invented story कल्पित कथा; imaginary person or object काल्पनिक व्यक्ति या वस्तु ।

mythical मि थि कॅल *a.* relating to myth पुराणकथा-संबंधी; existing only in myth पौराणिक; fictitious कल्पित ।

mythological मि थॅ लॉ जि कॅल *a.* relating to or proceeding from mythology पौराणिक; unreal अयथार्थ ।

mythology मि थॉ लॅ जि *n.* science or doctrine of myths पुराणविद्या; myths collectively पुराण-संग्रह ।

N

nab नैब (*–bb–*) *v.t. to arrest* बंदी बनाना; to seize छीनना ।

nadir ने डिअॅ: *n.* point opposite zenith अधोबिंदु, पादबिंदु; lowest point निम्नतम बिंदु ।

nag[1] नैग *n.* a small horse टट्टू ।

nag[2] (*–gg–*)*v.t.* to scold constantly बुरा-भला कहना; to cause pain to कष्ट देना ।

nail[1] नेल *n.* the horny substance at the end of the human fingers नाखून; a sharp metal peg कील ।

nail[2] *v.t.* to fasten or stud with nails कीलों से जड़ना ।

naive ना ईव, नॉइ– *a.* artless भोला-भाला; ingenious निष्कपट ।

naivete, naivety ना ईव् टे, नॉइ– *n.* artlessness भोला-भालापन ।

naked ने किड *a.* bare अनावृत; nude नंगा; evident स्पष्ट ।

name[1] नेम *n.* that by which a person or thing is designated नाम; reputation ख्याति; famous person ख्याति प्राप्त व्यक्ति ।

name[2] *v.t.* to give name to नाम रखना; to call by name नाम से पुकारना; to mention का उल्लेख क०; to appoint नियुक्त क०; to entitle शीर्षक देना; to nominate मनोनीत क०; to specify निश्चित क० ।

namely नेम् लि *adv.* that is to say अर्थात्; for example उदाहरण के तौर पर ।

namesake नेम सेक *n.* person or thing with the same name as another नामराशि ।

nap[1] नैप (*-pp-*)*v.i.* to have a short sleep झपकी लेना ।

nap[2] *n.* a short sleep झपकी ।

nap[3] *n.* a card game ताश का एक खेल ।

napkin नैप् किन *n.* handkerchief रूमाल ।

narcotic ना: कॉ टिक *n.* a substance which relieves pain and produces sleep नशीली औषधि ।

narrate नै रेट, नॅ– *v.t.* to tell or relate बताना, सुनाना ।

narration नै रे शॅन, नॅ– *n.* the telling of a story कथन ।

narrative[1] नै रॅ टिव *n.* story कथा; account वर्णन ।

narrative[2] *a.* in the form of a story कथात्मक ।

narrator नै रे टॅ:, नॅ– *n.* one who narrates वाचक, वर्णनकर्त्ता ।

narrow[1] नै रो *a.* not wide or broad संकीर्ण, परिमित; small लघु, छोटा; not liberal अनुदार ।

narrow[2] *v.t.* to make narrow सँकरा क॰; *v.i.* to become narrow सँकरा होना ।

nasal[1] ने ज़ॅल *a.* of the nose, for the nose नाक का, नाकार्थ ।

nasal[2] *n.* nasal sound नासिक्य ।

nascent नै स्न्ट *a.* coming into being उदीयमान ।

nasty नास् टि *a.* dirty गंदा; filthy गर्हित, घिनौना; obscene अश्लील; dangerous ख़तरनाक ।

nation ने शॅन *n.* body of people inhabiting the same country राष्ट्र ।

national नै शॅ नॅल *a.* pertaining to a nation राष्ट्रीय ।

nationalism नै शॅ नॅ लिज़्म *n.* strong devotion to one's own nation राष्ट्रप्रेम, राष्ट्रीयता ।

nationalist नै शॅ नॅ लिस्ट *n.* one who is attached to one's country राष्ट्रवादी ।

nationality नै शॅ नै लि टि *n.* quality of being national राष्ट्रीयता; national quality or feeling राष्ट्रीय गुण या भावना ।

nationalization नै शॅ नॅ लॉइ ज़े शॅन *n.* act of nationalizing राष्ट्रीयकरण ।

nationalize नै शॅ नॅ लॉइज़ *v.t.* to make national राष्ट्रीय बनाना; to bring under national control (का) राष्ट्रीयकरण क॰ ।

native[1] ने टिव *a.* inborn जन्मजात; born in a particular place स्थान-विशेष पर जन्मा; found in pure state शुद्ध रूप में प्राप्त; pertaining to the place of one's birth जन्मस्थानीय ।

native[2] *n.* one born in a place मूल निवासी ।

nativity नॅ टि वि टि *n.* birth जन्म ।

natural नै च् रॅल *a.* pertaining to nature प्राकृतिक; provided by nature प्रकृतिप्रदत्त; not artificial अकृत्रिम; inborn जन्मजात, स्वाभाविक; normal सामान्य; illegitimate अवैध ।

naturalist नै च् रॅ लिस्ट *n.* one versed in natural science or natural history प्रकृतिविज्ञानी ।

naturalize नै च् रॅ लॉइज़ *v.t.* to admit to citizensbip नागरिकता प्रदान क॰; to accustom to new climate नई जलवायु का अभ्यस्त बनाना ।

naturally नै च् रॅ लि *adv.* in a natural manner सहजत:; according to nature स्वभावत: ।

nature ने चॅ: *n.* inborn quality जन्मजात गुण; disposition प्रवृत्ति; kind, sort प्रकार; the universe with all its phenomena प्रकृति- जगत्; life force जीवनशक्ति; natural scenery प्राकृतिक दृश्य; temperament स्वभाव ।

naughty नौ टि *a.(–tier, –tiest)* mischievous उद्दंड; hurtful अनिष्टकारी ।

nausea नौ स्यँ *n.* feeling or inclination to vomit मतली, वमनेच्छा ।

naval ने वॅल *a.* pertaining to ships जहाज़ी, नौचालन-संबंधी; pertaining to navy नौसेना-संबंधी ।

navigable नै वि गॅ ब्ल *a.* that may be navigated नौगम्य ।

navigate नै वि गेट *v.i.* to sail नौचालन क॰; *v.t.* to direct the course of (का) संचालन क॰ ।

navigation नै वि गे शॅन *n.* act of navigating नौचालन; art of conducting ships नौचालन-विद्या; sea-voyage नौ-यात्रा ।

navigator नै वि गे टॅ: *n.* one who directs the course of a ship

दिक्चालन-निर्देशक; one who navigates or sails नाविक ।

navy नै वि *n.* all the ships of war belonging to a nation जहाज़ी बेड़ा, नौसेना ।

near[1] निअॅ: *a.* not distant in place, time or degree समीपी; intimate घनिष्ठ ।

near[2] *prep.* close to के पास ।

near[3] *adv.* at or to a short distance पास ही, थोड़ी दूरी पर ।

near[4] *v.i.* to approach, to come near पास आना ।

nearly **निअॅ:** लि *adv.* closely घनिष्ट रूप से; almost लगभग ।

neat नीट *a.* pure शुद्ध; clean निर्मल; without water added अमिश्र ।

necessary[1] नै सि सॅ रि *n.* anything indispensably requisite आवश्यक वस्तु ।

necessary[2] *a.* such as must be अवश्यंभावी; essential आवश्यक; indispensable अनिवार्य ।

necessitate नि **सैं** सि टेट *v.t.* to make necessary आवश्यक बनाना ।

necessity नि **सैं** सि टि *n.* condition of being necessary आवश्यकता; something that is necessary आवश्यक वस्तु; poverty निर्धनता ।

neck नैक् *n.* part of an animal's body between the head and the trunk गर्दन, ग्रीवा ।

necklace **नैक्** लिस *n.* string of beads, precious stones etc. worn round the neck कंठहार ।

nectar **नैकॅ** टॅ: *n.* the fabled drink of the gods अमृत ।

need[1] नीड *n.* poverty निर्धनता; misfortune दुर्भाग्य; necessity आवश्यकता ।

need[2] *vt.* to want आकांक्षा क॰; to require(की) आवश्यकता होना ।

needful **नीड्** फुल *a.* necessary, requsite आवश्यक ।

needle **नी** ड्ल *n.* an instrument for inter-weaving thread सुई, सुआ ।

needs नीड्ज़ *adv.* of necessity अनिवार्यत: ।

needy **नी** डि *a.* being in need ज़रूरतमंद; poor निर्धन ।

nefarious नि **फ़ेॅअॅ** रि अॅस *a.* wicked in the extreme दुष्टतापूर्ण ।

negation नि **गे** शॅन *n.* a denial इंकार; contradiction विरोध ।

negative[1] **नैं** गॅ टिव *a.* implying denial or negation निषेधात्मक; not positive नकारात्मक ।

negative[2] *n.* a proposition by which something is denied नकारात्मक कथन ।

negative[3] *v.t.* to reject अस्वीकार क॰; to prove to be untrue ग़लत सिद्ध क॰; to neutralize निष्प्रभावी कर देना ।

neglect[1] निग् **लैक्ट** *v.t.* to treat with no regard उपेक्षा क॰; to overlook पर ध्यान न देना; to leave undone अनकिया छोड़ देना ।

neglect[2] *n.* want of care or attention उपेक्षा, अवहेलना ।

negligence **नैग्** लि जॅन्स *n.* quality of being negligent लापरवाही; neglect उपेक्षा ।

negligent **नैग्** लि जॅन्ट *a.* lacking in care लापरवाह ।

negligible **नैं ग्** लि जॅ ब्ल *a.* too small तुच्छ; unimportant महत्त्वहीन ।

negotiable नि **गो** शि अॅ ब्ल *a.* that may be negotiated संधि-वार्ता योग्य ।

negotiate नि **गो** शि एट *v.t.* to arrange by conference बात- चीत-द्वारा व्यवस्था क॰; to bargain or discuss सौदा या वार्ता क॰ ।

negotiation नि गो शि **ए** शॅन *n.*

discussion विचार-विमर्श, वार्ता ।

negotiator नि गो शि ए टॅ: *n.* one who negotiates वार्ताकार ।

Negress नी ग्रिस *n.(pl.–es)* a Negro woman or girl हबशिन ।

Negro नी ग्रो *n.(pl.–es)* member of the black African race हबशी ।

neigh[1] ने *v.i.* to utter the cry of a horse हिनहिनाना ।

neigh[2] *n.* cry of a horse हिनहिनाहट ।

neighbour ने बॅं: *n.* one who lives or dwells near another पड़ोसी ।

neighbourhood ने बॅं: हुड *n.* condition of being neighbours पड़ोस ।

neighbourly ने बॅं: लि *a.* friendly मित्र-जैसा; helpful सहायक; befitting a good neighbour अच्छे पड़ोसी-जैसा ।

neither नॉइ दॅं:, नी– *a., conj. & pron.* not either कोई भी नहीं (दो में से) ।

nephew नैव् यु *n.* son of a brother or sister भतीजा या भांजा ।

nepotism नैं पॅ टिज़्म *n.* undue patronage of relations भाई-भतीजावाद ।

Neptune नैंप ट्यून *n.* god of the sea वरुण; name of a planet एक ग्रह का नाम ।

nerve नॅं:व *n.* one of the fibrous threads in bodies, whose function is to convey sensation and originate motion स्नायु; *pl.* condition of being easily worried or irritated घबराहट, चिड़चिड़ाहट; boldness साहस ।

nerveless नॅं:व् लिस *a.* wanting strength of will शक्तिहीन, संकल्पहीन ।

nervous नॅं: वॅस *a.* pertaining to nerves स्नायविक; easily agitated अधीर; timid डरपोक ।

nestle नैं सल *v.i.* to settle oneself comfortably चैन से बैठना ।

nestling नैस्ट् लिङ्ग *n.* a bird too young to leave the nest घोंसलावासी बच्चा ।

net[1] नैं ट *n.* a fabric of wire जाली; a fabric of string and cord जाल; trap जाल ।

net[2] *(–tt–)v.t.* to take in a net जाल में फँसाना; to cover with a net जाल या जाली से ढँकना ।

net[3] *a.* remaining after all deductions शुद्ध; final अंतिम ।

net[4] *(–tt–)v.t.* to gain as a net profit शुद्ध लाभ के रूप में कमाना ।

neurologist न्युअॅ रौं लॅ जिस्ट *n.* one expert in neurology तंत्रिका- विज्ञानी ।

neurology न्युअॅ रौं लॅ जि *n.* science and study of nerves तंत्रिका-विज्ञान ।

neuter[1] न्यू टॅ: *a.* neither masculine nor feminine नपुंसक (लिंग) ।

neuter[2] *n.* a neuter word नपुंसक लिंग का शब्द; neuter gender नपुंसक लिंग ।

neutral न्यू ट्रॅल *a.* indifferent उदासीन; helping neither side in war or quarrel तटस्थ ।

neutralize न्यू ट्रॅ लॉइज़ *v.t.* to render neutral or inoperative तटस्थ बनाना ।

never नैं वॅ: *adv,* at no time कभी नहीं; not at all बिल्कुल नहीं ।

nevertheless नैं वॅ: दॅ लैसॅ *conj.* however, in spite of that तिस पर भी, तथापि ।

new न्यू *a.* recent in origin नया; fresh ताज़ा; modern आधुनिक; novel नये ढंग का; inexperienced अनुभवरहित; not familiar अनजान ।

news न्यूज़ *n. (sing.)* recent or new information ख़बर, समाचार ।

next[1] नैं क्स्ट *a.* nearest in place, time, rank or degree दूसरा, अगला ।

next[2] *adv.* after this इसके उपरांत ।

nib निब *n.* pen-point निब ।

nibble[1] नि बल *v.t.* to take little bites of

कुतरकर खाना ।

nibble[2] *n.* act of nibbling कुतरने की क्रिया ।

nice नॉइस *a.* agreeabe बढ़िया; satisfactory संतोषजनक; friendly मैत्रीपूर्ण; kind दयालु; fine उत्तम; careful सावधानीपूर्ण; subtle सूक्ष्म, बारीकी का ।

niche निच *n.* a recess in a wall ताक़, आला; a suitable place or job in life उचित स्थान या कार्य ।

nickel नि क्ल *n.* a valuable metal of a white colour गिलट, निकल ।

nickname[1] **निक्** नेम *n.* a name given in contempt or jest उपनाम ।

nickname[2] *v.t.* to give a nickname to उपनाम देना ।

nicotine नि कॅ टीन *n.* poisonous substance in tobacco निकोटीन ।

niece नीस *n.* daughter of one's brother or sister भतीजी, भांजी ।

niggard नि गॅ:ड *n.* a mean, stingy person कमीना, कंजूस व्यक्ति ।

niggardly नि गॅ:ड् लि *a.* miserly कंजूस ।

night नॉइट *n.* time of darkness between sunset and sunrise रात्रि, रात ।

nightingale **नॉइ** टिङ् गेल *n.* small migratory bird that sings at night बुलबुल ।

nightly **नाइट्** लि *a. & adv.* (done) by night or every night रात का, रात के समय ।

nightmare **नॉइट्** मेंअॅ: *n.* frightening dream दुःस्वप्न ।

nil निल *n.* nothing कुछ नहीं ।

nimble **निम्** ब्ल *a.* quick moving चपल, फुरतीला; sharp (mind) तीव्र (बुद्धि) ।

nine नॉइन *n., a.* (the number) next after eight नौ (9) ।

nineteen नॉइन् टीन *n., a.* (the number) next after 18 उन्नीस (19) ।

ninety **नॉइन्** टि *n., a.* (the number) next after 89 नब्बे (90) ।

nip निप *(–pp.–)v.t.* to press hard दबाना, कुचलना; to stop the growth of (का) विकास रोकना ।

nipple **नि** प्ल *n.* point of a breast, teat स्तनाग्र ।

nitrogen **नॉइ** ट्रि जॅन, –ट्रॅ– *n.* one of the gases making up the air नत्रजन ।

no[1] नो *a.* not any कोई नहीं, कुछ नहीं, not at all बिल्कुल नहीं ।

no[2] *adv.* not नहीं ।

no [3] *n.* refusal, denial मना, इंकार ।

nobility नोॅ **बि** लि टि *n.* state or quality of being noble भलमनसाहत; the nobles as a class कुलीन वर्ग ।

noble[1] **नो** ब्ल *a.* free from meanness उत्तम; belonging to aristocracy अभिजात्य वर्ग का ।

noble[2] *n.* a person of noble birth कुलीन व्यक्ति ।

nobody **नो** बॅ डि *pron.* no person कोई नहीं; a person of no importance महत्त्वहीन व्यक्ति ।

nocturnal नौक् **टॅ:** नॅल *a.* of, in, by night रात का, रात में; active by night रात में क्रियाशील ।

nod नौ ॅड *(–dd–) v.i.* to make a slight bow (सहमति में) सिर हिलाना; to move up and down ऊपर-नीचे हिलना; *v.t.* to indicate by a nod गर्दन के संकेत से बताना ।

noise नौ ॅइज़ *n.* sound of any kind शोर ।

noisy **नौ ॅइ** ज़ि *a.(–sier,–siest)* full of noise कोलाहलपूर्ण; making much noise कोलाहलकारी ।

nomad **नौ ॅ** मॅड, नो **मैड** *n.* one who leads a wandering or pastoral life यायावर, ख़ानाबदोश ।

nomadic नौ ॅ **मै** डिक *a.* of nomads भ्रमणशील ।

nomenclature नौ मैंन् क्लॅ चॅ:, नो मैंन् क्ले चॅ: *n.* system of names नामावली, नामपद्धति ।

nominal नौ मि न्‌ल *a.* existing only in name जिस का अस्तित्व केवल नाम का हो; inconsiderable अविचारणीय, बहुत थोड़ा ।

nominate नौ मि नेट *v.t.* to designate or propose for an office नामांकित क० ।

nomination नौ मि ने शॅन *n.* state of being nominated नामांकन; act of nominating नामांकन की क्रिया ।

nominee नौ मि नी *n.* person nominated नामांकित व्यक्ति ।

nonchalance नौंन् शॅ लॅन्स *n.* indifference उदासीनता ।

nonchalant नौंन् शॅ लॅन्ट *a.* indifferent उदासीन ।

none[1] नन *pron.* not any, not one कोई नहीं, एक भी नहीं ।

none[2] *adv.* in no way किसी रूप में नहीं; in no degree लेशमात्र नहीं ।

nonentity नौ नैंन् टि टि *n.* non-existent thing अस्तित्वहीन वस्तु; person of no importance तुच्छ व्यक्ति ।

nonetheless नन् दॅ लैसॅ *adv.* nevertheless फिर भी; however तो भी ।

nonpareil[1] नौंन् पॅ रैल *a.* unequalled, matchless अद्वितीय ।

nonpareil[2] *n.* person or thing unrivalled अद्वितीय व्यक्ति या वस्तु ।

nonplus नौंन् प्लस, नौंन् प्लस *v.t.* to confound, to bewilder completely हक्का-बक्का कर देना, कर्त्तव्यविमूढ़ क० ।

nonsense नौंन् सॅन्स *n.* words without meaning बकवास; things of no importance महत्त्वहीन बात ।

nonsensical नौंन् सैंन् सि कॅल *a.* destitute of sense अर्थहीन; absurd बेहूदा ।

nook नुक *n.* out of the way place अलग का स्थान ।

noon नून *n.* midday दोपहर ।

noose[1] नूस *n.* a running loop फंदा ।

noose[2] *v.t.* to catch in a noose फंदे में फँसाना; to make a noose of का फंदा बनाना ।

nor नौ: *conj* and not और न ।

norm[1] नौ:म *n.* standard मानक; model नमूना ।

norm[2] *n.* rule नियम; required standard मानक, प्रतिमान ।

normal नौ: मॅल *a.* regular नियमित; usual सामान्य ।

normalcy नौ: मॅल् सि *n.* state of being normal सामान्यता, सामान्य स्थिति ।

normalize नौ: मॅ लॉइज़ *v.t.* to make normal सामान्य बना देना ।

north[1] नौ:थ *n.* a region opposite to the south उत्तर ।

north[2] *a.* in, of or from, the north उत्तरी ।

north[3] *adv.* to or towards the north उत्तर की ओर ।

northerly[1] नौ: दॅ: लि *a.* coming from the north उत्तरी ।

northerly[2] *adv.* towards the north उत्तर की ओर ।

northern नौ: दॅ:न *a.* of the north उत्तरी ।

nose[1] नोज़ *n.* the organ of smell नाक, नासिका; sense of smell सूँघने की शक्ति ।

nose[2] *v.t.* to discover by smell सूँघ कर पता लगाना ।

nostalgia नौसॅ् टैल् जिअॅ *n.* homesickness घर की याद; wistful longing for something of the past बीते दिनों की याद ।

nostril नोंस् ट्रिल *n.* one of the two apertures of the nose नथुना ।

not नौट *adv.* a word that expresses

negation ना, नहीं ।

notable नो टॅ बल *a.* worthy of note ध्यातव्य; remarkable उल्लेखनीय, प्रशंसनीय ।

note[1] नोट *n.* a mark, sign, or token चिह्न; brief record of facts टिप्पणी; a communication in writing पत्र; bank note काग़ज़ी मुद्रा; (*pl.*) short annotation व्याख्या; fame प्रसिद्धि; notice सूचना ।

note[2] *v.t.* to notice ध्यान देना; to record अंकित कर लेना ।

noteworthy **नोट्** वॅ: दि *a.* worthy of observation or notice उल्लेखनीय, ध्यातव्य ।

nothing[1] **न** थिङ्ग *n.* not anything कुछ नहीं ।

nothing[2] *adv.* not at all बिल्कुल नहीं ।

notice[1] **नो** टिस *n.* information सूचना; intimation, warning चेतावनी; heed or attention ध्यान ।

notice[2] *v.t.* to give attention to पर ध्यान देना; to observe देख लेना ।

notification नो टि फ़ि **के** शॅन *n.* act of notifying सूचना; announcement विज्ञप्ति, घोषणा ।

notify **नो** टि फ़ॉइ *v.t.* to make known ज्ञापित क०; to inform सूचना देना ।

notion **नो** शॅन *n.* idea, opinion mental conception धारणा, विचार ।

notoriety नोँ टॅ **रॉइ** अॅ टि *n.* state of being notorious कुख्याति ।

notorious नोँ **टौँ** रि अॅस *a.* widely known (esp. in a bad sense) कुख्यात ।

notwithstanding[1] नौँट् विद् **स्टैन्** डिङ्ग *prep.* in spite of के बावजूद ।

notwithstanding[2] *adv.* nevertheless, all the same फिर भी ।

notwithstanding[3] *conj.* although यद्यपि ।

nought नौँट *n.* not anything कुछ नहीं; cipher शून्य (0).

noun नॉउन *n.* a person, thing or idea संज्ञा ।

nourish **न** रिश *v.t.* to feed खिलाना-पिलाना; to supply with nutriment पोषण क०; to encourage बढ़ाना, प्रोत्साहित क० ।

nourishment **न** रिश् मॅन्ट *n.* act of nourshing पोषण; nutrition पोषण आहार ।

novel[1] **नौँ** वॅल *a.* new नया; strange अद्भुत ।

novel[2] *n.* a fictitious prose narrative उपन्यास ।

novelette, नौँ वॅ **लैँ ट** *n.* short novel लघु उपन्यास ।

novelist **नौँ** वॅ लिस्ट *n.* writer of novels उपन्यासकार ।

novelty **नौँ** वॅल् टि *n.* quality of being novel नवीनता; something new कोई नयी वस्तु ।

November नोँ **वैँ म्** बॅ: *n.* eleventh month of the year नवंबर ।

novice **नौँ** विस *n.* one who is new in any business नौसिखुआ ।

now[1] नॉउ *adv.* at the present time अब, इस समय; immediately तुरंत ।

now[2] *conj* . since क्योंकि ।

nowhere **नो** वेँअॅ:,– ह्वेँअॅ: *adv.* not in any place कहीं नहीं ।

nozzle **नौँ** ज़्ल *n.* pointed spout टोंटी ।

nuclear **न्यू** क्लि अॅ: *a.* relating to nucleus परमाण्वीय; constituting a nucleus नाभिकीय ।

nucleus **न्यू** क्लि अॅस *n.* centre केंद्र; core of the atom अणु का केंद्र ।

nude[1] न्यूड *a.* naked नग्न, निर्वस्त्र ।

nude[2] *n.* a naked figure नग्न मानव-चित्र ।

nudity **न्यू** डि टि *n.* state of being nude

नग्नता ।

nuisance न्यू स्न्स *n.* that which annoys or is offensive परेशानी का कारण ।

null नल *a.* of no force or validity रद्द, अमान्य ।

nullification न लि फ़ि के शॅन *n.* act of nullifying निष्प्रभावीकरण ।

nullify न लि फ़ॉइ *v.t.* to make null and void निष्प्रभावी क०, रद्द क० ।

number[1] नम् बॅः *n.* symbol saying how many संख्या; one issue of a periodical or newspaper पत्रिका का अंक; *(gram.)* classification as to singular or plural (व्या०) वचन ।

number[2] *v.t.* to give a number to पर अंक डालना; to include as part of a total में जोड़ना ।

numerator न्यू मॅ रे टॅः *n.* number above the line in a vulgar fraction अंश ।

numerical न्यू मैं रि कॅल, न्यु– *a.* belonging to numbers संख्यात्मक ।

numerous न्यू मॅ रॅस *a.* great in number, many अनेक, बहुत ।

nun नन *n.* a female monk ईसाई भिक्षुणी ।

nunnery न नॅ रि *n.* a convent of nuns भिक्षुणियों का मठ ।

nuptial नप् शॅल *a.* of marriage वैवाहिक ।

nuptials नप् शॅल्ज़ *n.pl.* marriage विवाह ।

nurse[1] नॅःस *n.* woman attendant in a hospital परिचारिका ।

nurse[2] *v.t.* to act as a nurse to (की) परिचारिका का कार्य क०; to look after carefully ढंग से देखभाल क० ।

nursery नॅः सॅ रि *n.* place in which children are nursed and taken care of शिशु-सदन; place where trees, plants etc. are propagated पौधशाला ।

nurture[1] नॅः चॅः *n.* education शिक्षा; training प्रशिक्षण; nourishment भोजन, पोषण ।

nurture[2] *v.t.* to bring up पालन-पोषण क०; to educate शिक्षित क० ।

nut नट *n.* fruit containing a seed or kernel within a covering गिरीदार मेवा; hollow metal collar into which a screw fits ढिबरी ।

nutrition न्यु ट्रि शॅन, न्यू– *n.* receiving foods भोजन-ग्रहण; act of nourishing पोषण ।

nutritious न्यु ट्रि शॅस, न्यू– *a.* serving to nourish पोषक (भोजन); promoting growth वृद्धिकारक ।

nutritive न्यू ट्रि टिव *a.* pertaining to nutrition पोषण-संबंधी ।

nymph निम्फ़ *n.* goddess of the mountains, forests, meadows, or waters परी ।

O

oak ओक *n.* a valuable tree of many species शाहबलूत ।

oar औ:, औॅ: *n.* a long piece of timber used to propel a boat चप्पू ।

oarsman औ:ज़् मॅन *n.* one who rows at the oar नाविक, मल्लाह ।

oasis ओ ए सिस *n.* (*pl.*-ses ओ ए सीज़) fertile spot where there is water in a desert नख़लिस्तान ।

oat ओट *n.* a cereal plant valuable for its grain जई ।

oath ओथ *n.* solemn declaration शपथ ।

obduracy औॅब् ड्यु रॅ सि *n.* state or quality of being obdurate हठ, ज़िद ।

obdurate औॅब् ड्यु रिट *a.* stubborn हठी, ज़िद्दी ।

obedience अॅ बी ड्यॅन्स *n.* quality of obeying आज्ञाकारिता ।

obedient अॅ बी ड्यॅन्ट *a.* submissive to authority आज्ञाकारी ।

obeisance ओॅ बे सॅन्स *n.* a bow or courtesy to show respect श्रद्धापूर्ण नमन ।

obesity ओॅ बी सि टि *n.* opulence, fatness मोटापा ।

obey अॅ बे, ओॅ बे *v.t.* to comply with की आज्ञा मानना; *v.i.* to submit to authority आज्ञाकारी होना ।

obituary अॅ बि ट्यु अॅ रि *a.* printed notice or account of somebody's death निधन-सूचना ।

object[1] औॅब् जिक्ट *n.* end लक्ष्य; person or thing to which feeling or action is directed पात्र, विषय; purpose उद्देश्य; material thing वस्तु; *(gram.)* objective case (व्या०) कर्मकारक ।

object[2] अॅब् जैक्ट *v.t.* to state in opposition विरोधस्वरूप कहना; *v.i.* to make a protest विरोध क० ।

objection अॅब् जैक् शॅन *n.* act of objecting आपत्ति ।

objectionable अॅब् जैक् शॅ नॅ ब्ल *a.* justly liable to objections आपत्तिजनक ।

objective[1] अॅब् जैक् टिव, औॅब्– *n.* goal लक्ष्य; purpose उद्देश्य; the objective case कर्मकारक ।

objective[2] *a.* having existence outside the mind वस्तुगत; real वास्तविक; uninfluenced by personal feelings or opinions तटस्थ, निष्पक्ष; *(gram.)* of the object (व्या०) कर्मवाची ।

oblation ओॅब् ले शॅन *n.* offering made to God or a god नैवेद्य, चढ़ावा, बलि ।

obligation ओॅब् लि गे शॅन *n.* that which morally obliges बंधन, आभार; duty कर्तव्य; responsibility उत्तरदायित्व ।

obligatory अॅब् लि गॅ टॅ रि *a.* imposing an obligation बाध्यकर, अनिवार्य ।

oblige अॅ ब्लाइज *v.t.* to compel विवश क०; to help or gratify with a small service उपकृत क० ।

oblique अॅब् लीक, ओॅब्– *a.* slanting तिरछा ।

obliterate अॅब् लि टॅ रेट, औॅब् लि– *v.t.* to

destroy entirely पूर्णत: विनष्ट क० ।

obliteration अॅब् लि टॅ रे शॅन *n.* act of obliterating विनाश, विलोपन ।

oblivion अॅ ब्लि वि अॅन *n.* state of being forgotten विस्मरण ।

oblivious अॅ ब्लि वि अॅस *a.* having no memory (of) स्मृतिहीन ।

oblong[1] **औबॅ्** लौ ङ्ग *a.* of rectangular shape आयताकार ।

oblong[2] *n.* a rectangle more long than broad आयत ।

obnoxious औबॅ् **नौक्** शॅस, अॅब्– *a.* extremely unpleasant अप्रिय ।

obscene औबॅ् **सीन** *a.* normally repugnant अश्लील ।

obscenity औबॅ् **सैं** नि टि *n.* state or quality of being obscene अश्लीलता ।

obscure[1] अॅब् **स्क्युअॅ:**, औबॅ्– *a.* not easily understood गूढ़; hidden गुप्त; faint धुँधला ।

obscure[2] *v.t.* to conceal छिपाना ।

obscurity अॅब् **स्कुअॅ** रि टि, औबॅ्– *n.* state or quality of being obscure गूढ़ता; something that is obscure गूढ़ विचार, भाव आदि ।

observance अॅब् **ज़ॅ:** वॅन्स *n.* the keeping of a law, custom, festival etc. अनुपालन; a custom or ceremony रिवाज, रीति, प्रथा ।

observant अॅब् **ज़ॅ:** वॅन्ट *a.* carefully attentive सावधान, सतर्क; mindful of laws, customs etc. अनुपालक ।

observation औबॅ् ज़ॅ: **वे** शॅन *n.* watching and noting निरीक्षण; ability to notice अवलोकन-क्षमता; *(usu. pl.)* comment, remark टिप्पणी ।

observatory अॅब् **ज़ॅ:** वॅ टॅ रि *n.* a place for astronomical observations वेधशाला ।

observe अॅब् **ज़ॅ:व** *v.t.* to take notice of अवलोकन क०; to celebrate मनाना; to keep, to follow पालन क०; to comment टिप्पणी-स्वरूप कहना ।

obsess अॅब् **सैस** *v.t.* to occupy the mind continually अभिभूत क०, परेशान क० ।

obsession अॅब् **सैं** शॅन *n.* state of being obsessed परेशानी; something that obsesses परेशानी का कारण ।

obsolete **औं ब्** सॅ लीट *a.* out of date पुराना; no longer in use अप्रचलित ।

obstacle **औबॅ्** स्टॅ क्ल *n.* hindrance, impediment बाधा, रुकावट ।

obstinacy **औबॅ्** स्टि नॅ सि *n.* state or quality of being obstinate हठ, ज़िद ।

obstinate **औबॅ्** स्टि निट *a.* stubborn हठी, ज़िद्दी ।

obstruct अॅब् **स्ट्रक्ट** *v.t.* to block up अवरुद्ध क० ।

obstruction अॅब् **स्ट्रक्** शॅन *n.* act of obstructing अवरोध; obstacle बाधा ।

obstructive अॅब् **स्ट्रक्** टिव *a.* hindering बाधक ।

obtain अॅब् **टेन** *v.t.* to acquire प्राप्त क०; *v.i.* to be customary प्रचलित होना ।

obtainable अॅब् **टे** नॅ ब्ल *a.* available प्राप्य ।

obtuse अॅब् **ट्यूस** *a.* dull मंदबुद्धि; (an angle) of more than 90 degrees अधिक (कोण); blunt, not pointed भोथरा; stupid मूर्ख, भौंदू ।

obvious **औबॅ्** वि अॅस *a.* evident स्पष्ट; manifest प्रकट ।

occasion[1] अॅ **के** ज़ॅन *n.* opportunity अवसर; cause, reason कारण; need आवश्यकता ।

occasion[2] *v.t.* to be the cause of का कारण बनना ।

occasional अॅ **के** ज़ॅ न्ल *a.* happening only now and then यदा-कदा होनेवाला; produced for some special event अवसर विशेष के लिए ।

occasionally अॅ **के** ज़ॅ नॅ लि *adv.* not

regularly यदा-कदा ।

occident **औॅक्** सि डॅन्ट *n.* the west पश्चिम ।

occidental औॅक् सि **डॅन्** ट्ल *a.* western पाश्चात्य ।

occult औॅ **कल्ट** *a.* hidden गुप्त, छिपा हुआ; supernatural अलौकिक ।

occupancy **औॅ** क्यु पॅन् सि *n.* fact of occupying दख़ल; residing निवास ।

occupant **औॅ** क्यु पॅन्ट *n.* an occupier दख़लकार ।

occupation औॅ क्यु **पे** शॅन *n.* act of taking possession क़ब्ज़ा, अधिकार; employment रोज़गार; vocation व्यवसाय ।

occupier **औॅ** क्यु पॉइ अं: *n.* tenant दख़लदार ।

occupy **औॅ** क्यु पॉइ *v.t.* to take possession of अधिकार में क०; to inhabit में रहना; to take up (time) (समय) लेना ।

occur अॅ **कॅ:** *(-rr-)v.i.* to happen घटित होना; to come into the mind ध्यान में आना ।

occurrence अॅ **क** रॅन्स *n.* happening, event घटना ।

ocean **ओ** शॅन *n.* the sea सागर ।

oceanic ओ शि **ऐ** निक *a.* of the ocean समुद्री, महासागरीय ।

octagon **औॅक्** टॅ गॅन *n.* a plane figure having eight angles and sides अष्टकोण ।

octangular औॅक् **टैङ्** ग्यू लॅ: *a.* having eight angles अष्टकोणीय ।

octave **औॅक्** टिव *n.* a stanza of eight lines अष्टपदी ।

October औॅक् **टो** बॅ: *n.* tenth month of the year अक्टूबर ।

octogenarian[1] औॅक् टोॅ जि **ने** **ॲ** रि ॲन *a.* of an age from 80 to 89 अस्सी से नवासी वर्षीय ।

octogenarian[2] *n.* person of an age from 80 to 89 अस्सी से नवासी वर्षीय व्यक्ति ।

octroi **औॅक्** ट्र्वा *n.* local tax चुंगी ।

ocular **औॅक्** यु लॅ: *a.* of eye or sight आँखों या दृष्टि से संबंधित ।

oculist **औॅक्** यु लिस्ट *n.* specialist in eye-diseases नेत्ररोग-विशेषज्ञ ।

odd औॅड *a.* not even विषम (संख्या); strange अद्भुत; unpaired अयुग्म; extra अतिरिक्त ।

oddity **औॅ** डि टि *n.* singularity अनोखापन; odd person or thing अनोखा व्यक्ति या वस्तु ।

odds औॅड्ज़ *n. pl.* inequalities असमानताएँ; difference in favour of one फ़र्क़; chances संभावनाएँ ।

ode ओड *n.* a lyric poem in the form of addressसंबोध गीत ।

odious **ओ** डि ॲस *a.* hateful, repulsive घृणास्पद ।

odium **ओ** ड्यॅम *n.* widespread dislike घृणा-भाव ।

odorous **ओ** डॅ रॅस *a.* fragrant सुगंधित ।

odour **ओ** डॅ: *n.* smell गंध ।

offence औॅ **फ़ॅन्स,** अॅ– *n.* illeagal act अपराध; transgression of law क़ानून का उल्लंघन; displeasure अप्रसन्नता; attacking आक्रमण; insult अपमान ।

offend अॅ **फ़ॅन्ड** *v.t.* to displease नाराज़ क०; to insult अपमानित क०; *v.i.* to do wrong, to commit an offence अपराध क० ।

offender अॅ **फ़ॅन्** डॅ: *n.* one who offends अपराधी ।

offensive[1] अॅ **फ़ॅन्** सिव *a.* causing offence अपमानजनक; causing displeasure or annoyance अप्रसन्नताजनक; aggerssive आक्रामक ।

offensive[2] *n.* act of attacking वार, आक्रमण; a sustained effort अनवरत

प्रयत्न ।

offer[1] **औं** फ़ः *v.t.* to present (for acceptance or rejection) प्रस्तुत क०; to tender देना; to propose प्रस्तावित क०; *v.i.* to occur घटित होना, प्रस्तुत होना ।

offer[2] *n.* act of offering प्रस्ताव; something offered भेंट, बलि ।

offering औं फ़ रिङ्ग *n.* gift उपहार; oblation भेंट, चढ़ावा ।

office औं फ़िस *n.* place where official or professional work is done कार्यालय; a government department सरकारी विभाग; position पद; duty कर्त्तव्य, कार्य ।

officer औं फ़ि सं: *n.* person invested with an office अधिकारी ।

official[1] अँ **फ़ि** शॅल *a.* authoritative आधिकारिक; pertaining to office पदीय ।

official[2] *n.* one holding office पदाधिकारी ।

officially अँ **फ़ि** शॅ लि *adv.* in an official manner or capacity अधिकृत रूप से ।

officiate अँ **फ़ि** शि एट *v.i.* to perform official duties किसी पद पर काम क० ।

officious अँ **फ़ि** शॅस *a.* too eager to serve सेवा के लिए उतावला ।

offing औं फ़िङ्ग *n.* the distant part of the sea visible from the shore दृष्टि क्षितिज ।

offset[1] **औफ़्** सैं ट, **औफ़्**– *v.t.* *(-tt-)* to compensate क्षतिपूर्ति क०; to counterbalance संतुलित क० ।

offset[2] *n.* a method of printing ऑफ़सैट छपाई ।

offshoot औं फ़् शूट *n.* shoot of a plant प्रशाखा ।

offspring औं फ़् स्प्रिङ्ग *n.* child or children संतति ।

oft औं फ़्ट *adv.* often प्रायः ।

often औं फ़्न, **औ**– *adv.* frequently प्रायः ।

ogle[1] **ओ** ग्ल *v.t.* & *v.i.* to look amorously (at) प्रेम-भरी दृष्टि से देखना, घूरना, तकना ।

ogle[2] *n.* amorous stare प्रेम-भरी चितवन ।

oil[1] औं इल *n.* easily burning liquid तेल ।

oil[2] *v.t.* to apply oil to तेल लगाना ।

oily औं इ लि *a.* (–lier,–liest) like oil तेल जैसा; greasy चिकना; too smooth and fawning चापलूसीपूर्ण ।

ointment औं इन्ट् मॅन्ट *n.* a grease applied to the skin मरहम ।

old ओल्ड *a.* aged बूढ़ा; not new or fresh पुराना; antiquated प्राचीन ।

oligarchy औं लि गाँ: कि *n.* government in which the supreme power is in a few hands अल्पतंत्र ।

olive औं लिव *n.* an evergreen tree जैतून ।

olympiad ओं **लिम्** पि ऐड *n.* period of four years between olympic games ओलिंपिक खेलों के बीच की चार वर्ष की अवधि ।

omega ओ मि गॅ *n.* a letter of the Greek alphabet ग्रीक वर्णमाला का अंतिम अक्षर; end अंत ।

omelet (te) औम् लिट *n.* dish of eggs beaten and fried with seasoning आमलेट ।

omen ओ मैं न *n.* a sign of a future event (good or bad) शकुन ।

ominous औं मि नॅस *a.* suggesting future trouble, inauspicious अमंगलकारी ।

omission ओं **मि** शॅन *n.* act of omitting अकरण, अनाचरण; something omitted चूक, त्रुटि ।

omit ओं **मिट** *(-tt-)* *v.t.* to pass over or

neglect पर ध्यान न देना; to fail to include छोड़ देना।

omnipotence औ ॅम् नि पॅ टॅन्स *n.* almighty or unlimited power सर्वशक्तिमत्ता।

omnipotent औमॅ् नि पॅ टॅन्ट *a.* all-powerful सर्वशक्तिमान।

omnipresence औमॅ् नि प्रैॅ ज़ॅन्स *n.* presence in every place at the same time सर्वव्यापकता।

omnipresent औमॅ् नि प्रैॅ ज़ॅन्ट *a.* present in all places at the same time सर्वव्यापी।

omniscience औमॅ् नि सि अॅन्स *n.* universal knowledge सर्वज्ञता।

omniscient औमॅ् नि सि अॅन्ट *a.* having universaal knowledge सर्वज्ञ।

on[1] औनॅ *prep.* above and touching ; at पर; near के पास; towards की ओर; concerning के विषय में; during के दौरान।

on[2] *adv.* forward आगे की ओर; continuously अनवरत रूप से; in action चालू हालत में।

once वन्स *adv.* for one time एक बार; formerly पहले; ever कभी।

one[1] वन *a.* single एक; the same वही, समान; united एक जुट।

one[2] *pron.* a person कोई व्यक्ति; a thing कोई वस्तु।

oneness वन् निस *n.* unity एकता; uniformity एकरूपता।

onerous औ नॅ रॅस *a.* burdensome भारी।

onion अन् यॅन *n.* an edible bulb of pungent flavour प्याज़।

on-looker औनॅ् लु कॅ: *n.* spectator दर्शक।

only[1] ओन् लि *a.* single अकेला; alone मात्र।

only[2] *adv.* for one purpose alone मात्र।

only[3] *conj.* but then, however किंतु, तथापि।

onomatopoeia औ नॅ मै टॉ पि अॅ *n.* formation of a word by using sounds that suggest the object to be named ध्वनि अनुकरणात्मक शब्द।

onrush औनॅ् रश *n.* strong onward rush or flow प्रवाह।

onset औनॅ् सैं ट *n.* assault हमला, चढ़ाई।

onslaught औनॅ् स्लौट *n.* fierce attack भीषण आक्रमण।

onus ओ नॅस *n.* burden भार; responsibility उत्तरदायित्व।

onward[1] औनॅ् वॅ:ड *a.* advanced अग्रवर्ती; forward, progressive प्रगतिशील।

onward, onwards औनॅ् वॅ:ड्ज़ *adv.* forward आगे की ओर।

ooze[1] ऊज़ *n.* soft liquid mud कीचड़, पंक।

ooze[2] *v.i.* to pass out slowly रिसना; *v.t.* to emit रिसाना, बाहर फेंकना।

opacity ओं पै सि टि *n.* quality of being opaque अपारदर्शिता।

opal ओ पॅल *n.* a precious stone displaying variegated colours ओपल, दूधिया पत्थर।

opaque ओं पेक *a.* not transparent अपारदर्शी।

open[1] ओ पॅन *a.* not covered खुला; not closed खुला।

open[2] *v.t.* to cause to be open खोलना; to unfold खोलना; to start चालू क०; to establish स्थापित क०; to spread out फैलाना; *v.i.* to become open खुलना; to be started चालू होना।

opening ओ पॅ निङ्ग *n.* opportunity अवसर; beginning आरंभ; first performance प्रारंभिक प्रदर्शन; open space खुली जगह।

openly ओ पॅन् लि *adv.* in an open

manner खुले रूप में ।

opera औं पॅ रॅ *n.* a dramatic composition set to music and sung and acted on the stage संगीत-नाटक ।

operate औं पॅ रेट *v.t.* to cause to function चलाना, चालू क०; to manage (का) संचालन क०; *v.i.* to function काम क०, चलना; to carry out a surgical operation शल्यक्रिया क०; to carry out military movements सैनिक कार्यवाही क० ।

operation औं पॅ रे शॅन *n.* act of surgery शल्यक्रिया; strategic military movement सैनिक अभियान; act or method of operating संचालन ।

operative औं पॅ रॅ टिव *a.* in operation चालू; effective लागू; of surgical operations शल्य-क्रियात्मक ।

operator औं पॅ रे टॅः *n.* one who operates प्रचालक ।

opine ओं **पॉइन** *v.t.* to have the opinion that मानना, सोचना ।

opinion अॅ **पिन्** यॅन *n.* belief विश्वास; view, judgement मत, धारणा; estimation अनुमान ।

opium **ओ** प्यॅम *n.* a narcotic drug अफ़ीम ।

opponent अॅ **पो** नॅन्ट *n.* one who opposes विरोधी व्यक्ति, प्रतिद्वंद्वी ।

opportune औं पॅः ट्यून *a.* timely अवसरोचित; suitable उचित ।

opportunism औं पॅः ट्यु निज़्म *n.* policy of doing what is expedient अवसरवादिता ।

opportunity औं पॅः **ट्यू** नि टि *n.* favourable time or chance सुअवसर ।

oppose अॅ **पोज़** *v.t.* to offer resistance to विरोध क० ।

opposite औं पॅ ज़िट *a.* contrary विरोधी; facing सामनेवाला; adverse प्रतिकूल ।

opposition औं पॅ **ज़ि** शॅन *n.* act of opposing विरोध; resistance प्रतिरोध; party opposing that in power विरोधी दल; contrast प्रतिकूलता ।

oppress अॅ **प्रैस** *v.t.* to harass तंग क०; to govern with tyranny क्रूरतापूर्वक शासन क०; to weigh down दबाना, दमन क० ।

oppression अॅ **प्रै** शॅन *n.* act of oppressing दमन ।

oppressive अॅ **प्रै** सिव *a.* hard to endure दमनकारी, असहनीय; unjustly severe अत्याचारी ।

oppressor अॅ **प्रै** सॅः *n.* one who oppresses दमनकर्त्ता; cruel ruler क्रूर शासक ।

opt औप्ट *v.i.* to make a choice चयन क०, विकल्प छाँटना ।

optic **औप्** टिक *a.* pertaining to sight दृष्टि-संबंधी; relating to the science of optics प्रकाशकीय ।

optician औप् **टि** शॅन *n.* person skilled in optics चश्मे का निर्माता ।

optimism **औं प्** टि मिज़्म *n.* hopeful view of things आशावाद ।

optimist **औप्** टि मिस्ट *n.* one who believes in optimism आशावादी ।

optimistic औप् टि **मिस्** टिक *a.* relating to or characterized by optimism आशान्वित, आशावादी ।

optimum[1] **औप्** टि मॅम *n.* the most favourable condition अनुकूलतम परिस्थिति ।

optimum[2] *a.* most favourable अनुकूलतम, सर्वोत्तम ।

option **औप्** शॅन *n.* choice विकल्प; right to choose चयनाधिकार; thing that is or may be chosen चयन की गई या की जानेवाली वस्तु ।

optional **औं प्** शॅ नॅल *a.* depending on choice वैकल्पिक; not compulsory

ऐच्छिक ।

opulence ऑ`प् यु लॅन्स *n.* wealth धन-संपत्ति; abundance प्रचुरता, बाहुल्य ।

opulent ऑ`प् यु लॅन्ट *a.* wealthy धनाढ्य, समृद्ध; luxuriant प्रचुर , भरपूर ।

oracle ऑ` रॅ क्ल *n.* prophetic wisdom देववाणी; person regarded as a source of wisdom आप्तपुरुष; shrine देवस्थल, तीर्थ-मंदिर ।

oracular औ रै क्यु लॅ: *a.* of or like an oracle देववाणीय, देववाणीसदृश; with a hidden meaning रहस्यपूर्ण, गूढ़ार्थक ।

oral औ रॅल *a.* spoken rather than written मौखिक; of or administered through the mouth मुखीय या मुख से दी जाने वाली (औषधि) ।

orally औ रॅ लि *adv.* in an oral manner मौखिक रूप से; through the mouth मुखद्वार से ।

orange[1] ऑ` रिन्ज *n.* a citrus fruit संतरा; the tree bearing this fruit संतरे का पेड़; reddish yellow colour नारंगी रंग ।

orange[2] *a.* reddish yellow नारंगी ।

oration औ रे शॅन *n.* formal speech भाषण, व्याख्यान ।

orator ऑ` रॅ टॅ: *n.* skilled or eloquent speaker कुशल वक्ता ।

oratorical ऑ` रॅ टॉ` रि कॅल *a.* of orator or oration भाषण-संबंधी, व्याख्यानीय ।

oratory ऑ` रॅ टॅ रि *n.* the art of public speaking भाषणकला ।

orb औ:ब *n.* globe पृथ्वी-मंडल; sphere गोला ।

orbit औ: बिट *n.* the path of a planet or comet परिक्रमापथ, कक्षा ।

orchard औ: चॅ:ड *n.* piece of ground with fruit-trees फलोद्यान ।

orchestra औ: किस् ट्रॅ *n.* body of musicians वादकवृंद ।

orchestral औ: कैस् ट्रॅल *a.* of, for, by an orchestra वाद्यवृंदीय ।

ordeal औ: डील *n.* severe test, trial by fire and water अग्नि-परीक्षा ।

order[1] औ: डॅ: *n.* command आदेश; request to supply goods आदेश, आदेश-पत्र; way in which things are placed in relation to one another अनुक्रम; obedience to the laws प्रशासनिक व्यवस्था; rank or class in society श्रेणी ।

order[2] *vt.* to command आदेश देना; to arrange व्यवस्थित क०; to direct निर्देशित क० ।

orderly[1] औ: डॅ: लि *a.* in accordance with good order सुव्यवस्थित; regular नियमित ।

orderly[2] *n.* an officer's messenger in the army अर्दली ।

ordinance औ: डि नॅन्स *n.* order given by authority अध्यादेश ।

ordinarily औ: डि नॅ रि लि *adv.* in an ordinary manner साधारणत: ।

ordinary औ: डि नॅ रि *a.* average, common सामान्य ।

ordnance औ:ड् नॅन्स *n.* artillery तोपखाना; ammunition गोला-बारूद; military department in charge of ammunition आयुध-विभाग ।

ore औ: *n.* a metal bearing mineral कच्ची धातु ।

organ औ: गॅन *n.* instrument or means माध्यम; a musical instrument with sounding pipes वाद्यराज; part of an animal अवयव, अंग ।

organic औ: गै निक *a.* pertaining to or acting as an organ आंगिक; pertaining to the animal and vegetable world जैव; having a systematic arrangement of parts संगठित ।

organism औ: गॅ निज़्म *n.* organic structure शरीर-रचना; a body exhibiting organic life जीव ।

organization औ: गॅ नॉइ ज़े शॅन *n.* act or process of organizing संघटन, व्यवस्थापन ।

organize औ: गॅ नॉइज़ *v.t.* to establish and systematize संघटित क०; to put into working order सुव्यवस्थित क०; to make preperations for (की) तैयारी क० ।

orient[1] औ रि ॲन्ट *n.* East पूर्व ।

orient[2] *v.t.* to orientate (भवन आदि) का मुँह पूर्व की ओर करके बनाना ।

oriental[1] औ रि ऐॅन् ट्ल *a.* eastern प्राच्य, पूर्वी ।

oriental[2] *n.* a native of some eastern country पूर्ववासी ।

orientate औ रि ऐॅन् टेट *v.t.* to orient (भवन आदि) पूर्व की ओर मुँह करके बनाना ।

origin ऑ रि जिन *n.* source स्रोत, मूल; beginning उद्गम ।

original[1] ॲ रि जॅ न्ल *a.* pertaining to origin मूल, मौलिक; first, earliest प्रारंभिक ।

original[2] *n.* origin , source मूल रूप ।

originality ॲ रि जि नै लि टि *n.* quality or state of being original मौलिकता ।

originate ॲ रि जि नेट *v.t.* to give origin to उद्भूत क०; to produce निर्मित क०; *v.i.* to have origin उद्भूत होना ।

originator ॲ रि जि ने टॅ: *n.* one who or that which originates प्रवर्तक, जन्मदाता ।

ornament[1] औ: नॅ मॅन्ट *n.* that which adorns or embellishes आभूषण, अलंकरण ।

ornament[2] औ: नॅ मैॅन्ट *v.t.* to decorate अलंकृत क० ।

ornamental औ: नॅ मैॅन् ट्ल *a.* pertaining to ornament शोभाकारी, आलंकारिक ।

ornamentation औ: नॅ मैॅन् टे शॅन *n.* ornaments or decorations सजावट; beautification अलंकरण ।

orphan[1] औ: फ़ॅन *n.* child bereaved of father or mother, or of both अनाथ बालक ।

orphan[2] *v.t.* to cause to be an orphan अनाथ बनाना ।

orphanage औ: फ़ॅ निज *n.* home for orphans अनाथालय ।

orthodox औ: थॅ डॉक्स *a.* conventional परंपरागत; holding accepted views रूढ़िवादी ।

orthodoxy औ: थॅ डॉक् सि *n.* quality or state of being orthodox रूढ़िवादिता ।

oscillate ऑ सि लेट *v.i.* to swing दोलन क०; *v.t.* to cause to swing दोलन कराना ।

oscilation ऑ सि ले शॅन *n.* act of oscillating दोलन ।

ossify ऑ सि फ़ाइ *v.t.* to make hard like bone अस्थिवत् बनाना; to change into bone अस्थि का रूप देना; to make rigid कठोर बनाना; *v.i.* to become hard like bone अस्थिवत् बनना; to be changed into bone अस्थि का रूप लेना; to become rigid कठोर बनना ।

ostracize औसॅ ट्रॅ सॉइज़ *v.t.* to banish by ostracism, to expel निर्वासित क० ।

ostrich औसॅ ट्रिच *n.* a large running bird of Africa शुतुरमुर्ग़ ।

other[1] अ दॅ: *a.* not the same दूसरा; remaining शेष; different भिन्न; more अन्य, और ।

other[2] *pron.* other person or thing अन्य व्यक्ति या वस्तु ।

otherwise[1] अ दॅ: वॉइज़ *adv.* in another way भिन्न प्रकार से; in other conditions अन्य दशाओं में; in other respects अन्य मामलों में ।

otherwise[2] *conj.* if not, or else अन्यथा, नहीं तो ।

otter **औँ** टॅः *n.* a fish-eating aquatic mammal ऊदबिलाव ।

ottoman **औँ** टॅ मॅन *n.* a cushioned seat without back or arms, used as a box दिवान ।

ounce ऑउन्स *n.* twelfth part of a pound troy औंस ।

our ऑउअॅः *pron.* of or belonging to us हमारा, हमारे, हमारी ।

oust ऑउस्ट *v.t.* to drive out of office or power निकाल देना, हरा देना ।

out ऑउट *adv.* away from home घर से दूर; in the open air खुले में; away from बाहर; no longer in office अपदस्थ; on strike हड़ताल पर; no longer alight बुझी स्थिति में ।

outbalance ऑउट् **बै** लॅन्स *v.t.* to outweigh से भारी या महत्त्वपूर्ण होना ।

outbid ऑउट् **बिड** *v.t.* to offer a higher price than (से) बढ़कर बोली बोल देना ।

outbreak **ऑउट्** ब्रेक *n.* sudden beginning (of war or disease) आरंभ, प्रकोप ।

outburst **ऑउट्** बॅःस्ट *n.* bursting out (of anger, cheers etc.) प्रस्फोटन ।

outcast[1] **ऑउट्** कास्ट *n.* one driven out from society जातिच्युत व्यक्ति ।

outcast[2] *a.* driven out from home or society बहिष्कृत ।

outcome **ऑउट्** कम *n.* result or effect of an event परिणाम, नतीजा ।

outcry **ऑउट्** क्रॉइ *a.* loud shout चीख़, चिल्लाहट; protest विरोध ।

outdated ऑउट् **डे** टिड *a.* made out of date पुराना ।

outdo ऑउट **डू** *v.t.* to do more or better than से अच्छा होना, पछाड़ना ।

outdoor **ऑउट्** डौः *a.* existing or being done out of doors बाह्य, बाहरी ।

outer **ऑउ** टॅः *a.* concerning the outside बाह्य ।

outfit[1] **ऑउट्** फ़िट *n.* set of garments worn together कपड़ों का जोड़ा ।

outfit[2] (–*tt*–)v.t. to equip सज्जित क० ।

outgrow ऑउट् **ग्रो** *v.t.* to grow too large for से अधिक बढ़ जाना ।

outhouse **ऑउट्** हॉउस *n.* an out building उपभवन ।

outing **ऑउ** टिङ्ग *n.* short pleasure trip सैर-सपाटा ।

outlandish ऑउट् **लैन्** डिश *a.* seeming odd and out of place अजीब, विदेशी ।

outlaw[1] **ऑउट्** लौ *n.* fugitive from law अपराधी ।

outlaw[2] *v.t.* to ban (पर) प्रतिबंध लगाना; to make illegal अवैध घोषित क० ।

outline[1] **ऑउट्** लॉइन *n.* rough sketch रूपरेखा; general plan सामान्य योजना ।

outline[2] *v.t.* to sketch चित्रित क०; to summarize संक्षेप में प्रस्तुत क० ।

outlive ऑउट् **लिव** *v.i.* to live longer than से अधिक समय तक जीवित रहना ।

outlook **ऑउट्** लुक *n.* attitude दृष्टिकोण; future prospect भावी संभावना ।

outmoded ऑउट् **मो** डिड *a.* out of fashion अप्रचलित, पुराना ।

outnumber ऑउट् **नम्** बॅः *v.t.* to be greater in number than (से) संख्या में अधिक होना ।

outpatient **ऑउट्** पे शॅन्ट *n.* person visiting a hospital for treatment बहिरोंगी ।

outpost **ऑउट्** पोस्ट *n.* observation post at a distance दूरवर्ती चौकी ।

output **ऑउट्** पुट *n.* quantity of goods produced or work done उत्पादन ।

outrage[1] **ऑउट्** रेज, –रिज *n.* injurious violence नृशंसता ।

outrage[2] *v.t.* to offend grossly का घोर अपमान क०; to injure चोट पहुँचाना; to violate भंग क०; to ravish का शील भंग क० ।

outright[1] **ऑउट्** रॉइट *adv.* entirely पूर्णतया; openly स्पष्टरूप से ।

outright[2] *a.* thorough पूरा, समग्र; open, plain स्पष्ट ।

outrun ऑउट् **रन** *v.t.* to run faster than से तेज़ दौड़ना; to go beyond से आगे निकल जाना ।

outset **ऑउट् सै ट** *n.* start प्रारंभ ।

outshine ऑउट् **शॉइन** *v.t.* to surpass (को) मात कर देना; to shine more brightly than (से) बढ़कर चमकना ।

outside[1] **ऑउट्** सॉइड *a.* external बाह्य ।

outside[2] *n.* the external surface बाहरी सतह ।

outside[3] *adv.* on or to the outside बाहर की ओर ।

outside[4] *prep.* at or on the outside of के बाहर; beyond the limits of की सीमा से परे ।

outsider ऑउट् **सॉइ** डॅ: *n.* person outside a specific group बाहरी व्यक्ति ।

outsize **ऑउट्** सॉइज़ *a.* larger than usual अधिमाप, सामान्य से बड़ा ।

outskirts **ऑउट्** स्कॅ:ट्स *n.pl.* outlying parts of a town बाह्यांचल, नगरोपांत ।

outspoken ऑउट् **स्पो** कॅन *a.* frank in saying what one thinks स्पष्टवादी ।

outstanding ऑउट् **स्टैन्** डिङ्ग *a.* eminent विशिष्ट; unresolved अनिर्णीत; still to be paid बक़ाया ।

outward[1] **ऑउट्** वॅ:ड *a.* situated outside बाह्य; apparent ऊपरी ।

outward[2], **outwards** *adv.* towards the outside बाहर की ओर ।

outwardly **ऑउट्** वॅ:ड् लि *adv.* in appearance देखने में ।

outweigh ऑउट् **वे** *v.t.* to exceed in weight or importance से अधिक भारी या महत्त्वपूर्ण होना ।

outwit ऑउट् **विट** *(-tt-)* *v.t.* to get the better of by cunning से अधिक चालबाज़ होना ।

oval[1] **ओ** वॅल *a.* egg-shaped अंडाकार ।

oval[2] *n.* something egg-shape अंडाकार वस्तु ।

ovary **ओ** वॅ रि *n.* female egg-producing organ अंडाशय ।

ovation ओं **वे** शॅन *n.* expression of popular acclaim जयजयकार ।

oven **अ** वॅन *n.* small furnace चूल्हा ।

over[1] **ओ** वॅ: *prep.* above के ऊपर; on, upon पर; more than से अधिक; across के आर-पार ।

over[2] *adv.* above ऊपर की ओर; in excess अधिक; too much हद से ज़्यादा ।

over[3] *n.* (cricket) delivery of six balls from one end ओवर ।

overact ओ वॅ: **रैक्ट** *v.t.* to act (something) in an exaggerated way अत्यभिनय क० ।

overall[1] **ओ** वॅ रौल *n.* loose fitting garment लबादा ।

overall[2] *a.* including everything, total कुल ।

overawe ओ वॅ: **रौ** *v.t.* to fill with fear and subdue आतंकित क० ।

overboard **ओ** वॅ: बौ:ड़ *adv.* over the side of a ship into the water (जहाज़) पर से ।

overburden **ओ** वॅ: बॅ: ड्न *v.t.* to load with excessive weight भाराक्रांत क०, अधिक बोझ डालना ।

overcast **ओ** वॅ: कास्ट *a.* covered over by clouds मेघाच्छन्न ।

overcharge[1] ओ वॅ: **चा:ज** *v.t.&i.* to charge higher price (from) (से) अधिक मूल्य वसूलना ।

overcharge[2] *n.* excessive charge अधिमूल्य ।

overcoat **ओ** वॅ: कोट *n.* heavy coat ओवरकोट ।

overcome ओ वँ: **कम** *v.t* to overwhelm अभिभूत कर देना; to be victorious over पर विजयी होना ।

overdo ओ वँ: **डू** *v.t.* to do too much (की) अति क०; to cook too much बहुत अधिक पका देना ।

overdose[1] ओ वँ: डोस *n.* excessive dose of medicine (औषधि की) अतिमात्रा ।

overdose[2] *v.t.* to give too large a dose औषधि की अति मात्रा देना ।

overdraft ओ वँ: **ड्राफ़्ट** *n.* amount of money drawn in excess of deposit जमा से अधिक निकाली राशि ।

overdraw ओ वँ: **ड्रौ** *v.t.* to exaggerate अतिरंजित क०; to draw a sum in excess of (one's credit balance in a bank) (खाते में जमा) से अधिक धन निकालना ।

overdue ओ वँ: **ड्यू** *a.* beyond the time fixed विलंबित ।

overhaul[1] ओ वँ: **हौल** *v.t.* to repair मरम्मत क०; to examine and set in order निरीक्षण करके ठीक क०; to overtake से आगे निकलना ।

overhaul[2] *n.* thorough repairing पूरी मरम्मत ।

overhear ओ वँ: **हिअँ:** *v.t.* to hear secretly चुपके से सुनना; to hear by chance संयोग से सुनना ।

overjoyed ओ वँ: **जौँइड** *a.* greatly delighted अति प्रसन्न ।

overlap[1] ओ वँ: **लैप** *(-pp-) v.t.* to go over and beyond the edge of कुछ अंश तक ढक लेना ।

overlap[2] *n.* the overlapping part ढकने वाला भाग ।

overleaf ओ वँ: **लीफ़** *adv.* on the other side of the leaf पन्ने के दूसरी ओर ।

overload[1] ओ वँ: **लोड** *v.t.* to put too great a load on अधिक भार से लादना ।

overload[2] *n.* too great a load क्षमता से अधिक भार ।

overlook ओ वँ: **लुक** *v.t.* to ignore (की) अनदेखी क०; to have a view of from above ऊपर से देखना ।

overnight[1] ओ वँ: **नॉइट** *adv.* during the night रात के समय; throughout the night रात-भर ।

overnight[2] *a.* lasting a night, done at night रात्रि-भर का ।

overpower ओ वँ: **पॉउ** अँ: *v.t.* to overcome by superior force पराजित क० ।

overrate ओ वँ: **रेट** *v.t.* to have too high an opinion of को अनावश्यक महत्त्व देना ।

overrule ओ वँ: **रूल** *v.t.* to disallow रद्द क० ।

overrun ओ वँ: **रन** *v.t.& i.* to spread over and occupy रौंद डालना; to go beyond in time से अधिक समय तक चलना ।

oversee ओ वँ: **सी** *v.t.* to supervise पर्यवेक्षण क० ।

overseer ओ वँ: सिअँ: *n.* one who supervises पर्यवेक्षक ।

overshadow ओ वँ: **शै** डो *v.t.* to throw a shadow over पर छाया डालना; to cause to seem less important का महत्त्व कम क० ।

oversight ओ वँ: सॉइट *n.* failure to notice something दृष्टिभ्रम, चूक ।

overt ओ वँ:ट, ओँ **वँ:ट** *a.* manifest प्रकट ।

overtake ओ वँ: **टेक** *v.t.* to catch up and pass in the same direction (से) आगे निकल जाना ।

overthrow[1] ओ वँ: **थ्रो** *v.t.* to cause the fall of (का) तख़्ता उलट देना ।

overthrow[2] *n.* defeat पराजय; ruin विनाश ।

overtime[1] ओ वँ: टॉइम *adv.* after the

usual hours सामान्य समय के पश्चात ।

overtime[2] *n.* time spent at work after the usual hours अधिसमय ।

overture ओ वँः ट्युअँः *n.* piece of orchestral music वाद्यसंगीत; proposal initiating negotiations संधि-प्रस्ताव ।

overwhelm ओ वँः हैल्म *v.t.* to overpower अभिभूत क०; to overcome by force पराजित क० ।

overwork[1] ओ वँः वँःक *v.i.* to work too hard and too long अतिश्रम क०; *v.t.* to cause to work too hard अतिश्रम कराना ।

overwork[2] ओ वँः वँःक *n.* working too much or too long अतिश्रम ।

owe ओ *v.t. & i.* to be under obligation to pay क़र्ज़दार होना; to have duty to render कर्तव्य से बँधा होना ।

owl ऑउल *n.* a nocturnal bird उल्लू ।

own[1] ओन *a.* belonging or relating to oneself अपना, निजी ।

own[2] *v.t.* to possess का स्वामी होना; to admit स्वीकार क० ।

owner ओ नँः *n.* person who owns something स्वामी ।

ownership ओ नँः शिप *n.* the state of being an owner स्वामित्व ।

ox ऑक्स *n.(pl. oxen)* castrated bullock बैल ।

oxygen ऑक् सि जॅन *n.* gas necessary for life आक्सीजन ।

oyster ऑ इस् टॅः *n.* kind of shellfish शुक्ति ।

P

pace[1] पेस *n.* step पग; walk, gait चाल; rate of movement गति ।

pace[2] *v.i.* to step, to walk चलना; *v.t.* to cross by walking चलकर तय क० ।

pacific पॅ सि फ़िक *a.* calm, tranquil शांत, स्थिर; pacifying शांतिप्रद ।

pacify पै सि फ़ाँइ *v.t.* to allay शांत करना; to give peace to शांति लाना ।

pack[1] पैक *n.* bundle, bale गठरी,बोझ; set of playing cards ताश की गड्डी; band of animals शिकारी कुत्तों, भेड़ियों इत्यादि का समुदाय ।

pack[2] *v.t.* to stuff माल से भरना; to make into a bundle गठरी बाँधना; *v.i.* to make up bundles गठरी बनाना ।

package पै किज *n.* bundle, packet छोटी गठरी; charge for packing गठरी बनाने का भाड़ा ।

packet पै किट *n.* small parcel or pack, bundle छोटा पार्सल या पुलिंदा ।

packing पै किङ्ग *n.* material used in making a packet बाँधने की सामग्री; act of one who packs बाँधने का कार्य ।

pact पैक्ट *n.* agreement बंधेज; इक़रारनामा; contract ठेका, संधि ।

pad[1] पैड *n.* cushion गद्दी; soft saddle काठी; block of blotting paper सोख़्ता या काग़ज़ की गड्डी; sole of animals पशुओं के पैर के नीचे का कोमल भाग ।

pad[2] *(-dd-) v.t.* to make soft with pad गद्देदार बनाना ।

padding पै डिङ्ग *n.* material used for

stuffing गद्दी।

paddle[1] पै ड्ल *v.i.* to move feet in water पानी में पैर मारना; to row नाव चलाना।

paddle[2] *n.* a short oar छोटा डाँड़ा।

paddy पै डि *n.* rice in the husk धान।

page[1] पेज *n.* boy servant छोकरा, लड़का; one side of a leaf of a book पुस्तक के पत्र का एक ओर का भाग।

page[2] *v.t.* to number the pages of (पुस्तक आदि के) पन्ने में अंक डालना।

pageant पै जॅन्ट *n.* pomp आडंबर, लीला; show तमाशा।

pageantry पैं जॅन् ट्रि *n.* pompous spectacle आडंबर, तड़क-भड़क; show (collectively) तमाशा।

pagoda पॅ गो डॅ *n.* pyramidal temple पगोड़ा, मेरु-मंदिर।

pail पेल *n.* bucket बाल्टी।

pain[1] पेन *n.* anguish दु:ख; suffering पीड़ा; distress क्लेश; (*pl.*)trouble, exertion, throes of child birth कष्ट, परेशानी, प्रसव-वेदना।

pain[2] *v.t.* to cause pain to पीड़ा देना, दु:ख देना।

painful पेन् फुल *a.* distressing, full of pain दु:खदायी।

painstaking पेन्स् टे किङ्ग *a.* diligent, laborious परिश्रमी, उद्यमी।

paint[1] पेन्ट *n.* pigment, colouring matter रंग।

paint[2] *v.t.* to colour रँगना; to portray चित्र बनाना; to describe वर्णन करना।

painter पेन् टः *n.* picture-maker, portrayer चित्रकार।

painting पेन् टिङ्ग *n.* picture in paint रँगा हुआ चित्र; art of representing objects by colours चित्रकला।

pair[1] पेंअ: *n.* set of two जोड़ा; man and his wife दंपती।

pair[2] *v.t.* to join in pairs जोड़ा लगाना या मिलाना; *v.i.* to be grouped in twos जोड़ों का रूप लेना।

pal पै ल *n.* friend मित्र।

palace पै लिस *n.* king's residence राजभवन, महल।

palanquin पै लॅन् कीन *n.* men- borne covered conveyance शिविका, पालकी।

palatable पै लॅ टॅ ब्ल *a.* tasteful, savoury स्वादिष्ट।

palatal पै लॅ ट्ल *a.* pertaining to the palate तालु-संबंधी।

palate पै लिट *n.* roof of the mouth तालु; taste स्वाद।

palatial पॅ ले शॅल *a.* like a palace भवन-जैसा; magnificent भव्य।

pale[1] पेल *n.* enclosure बाड़ा।

pale[2] *a.* wan पीला; dim, not bright धुँधला।

pale[3] *v.i.* to turn pale पीला होना।

palette पै लिट *n.* artist's flat board to mix colours on चित्रकार की रंग मिलाने की पटिया।

palm[1] पाम *n.* inner surface of hand हथेली।

palm[2] *v.t.* to conceal in the palm of hand हथेली में छिपाना।

palm[3] *n.* a tropical tree ताड़ का पेड़; symbol of victory विजय-चिह्न।

palmist पा मिस्ट *n.* one who deals in palmistry हस्तरेखा-सामुद्रिक विद्या में निपुण।

palmistry पा मिस् ट्रि *n.* art of telling fortune by the hand हस्तरेखा-सामुद्रिक विद्या।

palpable पैल् पॅ ब्ल *a.* plain, obvious स्पष्टगोचर, स्पष्ट, प्रत्यक्ष।

palpitate पैल् पि टेट *v.i.* to pulsate, to throb धड़कना, काँपना।

palpitation पैल् पि टे शॅन *n.* pulsation, beating of heart धड़कन।

palsy पौल् ज़ि *n.* paralysis पक्षाघात।

paltry **पौल्** ट्रि *a.* trivial, worthless तुच्छ; mean नीच।

pamper **पैम्** पॅ: *v.t.* to gratify the wishes of संतुष्ट क०; to indulge too much बहुत अधिक लाड़ क०।

pamphlet **पैम्फ़्** लिट *n.* thin unbound book पैम्फ़लेट, पर्चा; a short treatise छोटी पत्रिका।

pamphleteer **पैम्फ़्** लि टिअॅ: *n.* writer of pamphlets पर्चा लिखने वाला, पत्रिकाकार।

panacea पै नॅ **सि** अॅ *n.* cure for all ills रामबाण।

pandemonium पैन् डि **मो** न्यॅम *n.* abode of evil spirits पिशाच-निवास; disorderly place अव्यवस्थित स्थान; din and uproar बड़ा उपद्रव।

pane पेन *n.* piece of glass in a window काँच की पट्टी।

panegyric पै नि **जि** रिक *n.* eulogy स्तुति; laudation प्रशंसा।

panel[1] **पै** न्‌ल *n.* raised or sunk portion in a door द्वारफलक, दिलहा; a piece of wood on which a picture is painted तैलचित्र बनाने की तख़्ती group of persons forming a teamमंडल।

panel[2] *(–tt–)v.t.* to form with panels दिलहा या चौखटा लगाना।

pang पैङ्ग *n.* sharp pain व्यथा, संताप, वेदना।

panic **पै** निक *n.* terror त्रास, आतंक; sudden fear अकस्मात् भय।

panorama पै नॅ **रा** मॅ *n.* extensive view निरंतर दृष्टिगत दृश्य; a picture of objects in all directions चित्रमाला; wide view इर्द-गिर्द का दृश्य।

pant[1] पैन्ट *v.i.* to gasp हाँफना; to yearn तीव्र इच्छा क०।

pant[2] *n.* gasp धड़कन।

pantaloons पॅन् टॅ **लूनज़** *n. pl.* tightly fitting trousers पतलून।

pantheism **पैन्** थी इज़्म *n.* the docrine that the universe is God. विश्वदेवतावाद, सर्वेश्वरवाद।

pantheist **पैन्** थी इस्ट *n.* one who believes in pantheism सर्वेश्वरवादी।

panther **पैन्** थॅं: *n.* a variety of leopard चीता, तेंदुआ।

pantomime **पैन्** टॅ मॉइम *n.* dumb-show मूकाभिनय; a theatrical show स्वाँग।

pantry **पैन्** ट्रि *n. (pl.* pantries) room for storing food or utensils. भंडारघर।

papacy **पे** पॅ सि *n.* office of the Pope पोप (रोम के सबसे बड़े पादरी) का पद; authority or jurisdiction of the Pope पादरी का अधिकार अथवा कार्यक्षेत्र।

papal **पे** प्‌ल *a.* relating to the Pope पोप-संबंधी।

paper **पे** पॅ: *n.* thin flat sheet used for writing काग़ज़; newspaper समाचारपत्र; article, essay लेख; documents चिट्ठी-पत्री; set of examination questions प्रश्नपत्र।

par पा: *n.* equality of value सममूल्य; state of equality समता, बराबरी।

parable **पै** रॅ ब्‌ल *n.* story with a moral lesson नीतिकथा।

parachute **पै** रॅ शूट *n.* umbrella- like apparatus used to retard the descent of a falling body पैराशूट, हवाई छतरी।

parachutist **पै** रॅ शू टिस्ट *n.* one who uses a parachute हवाई छतरी से उतरनेवाला सैनिक।

parade[1] पॅ **रेड** *n.* military display परेड, क़वायद; show, ostentation आडंबर; military exercise सैन्य-व्यायाम; public walk टहलने का मार्ग।

parade[2] *v.t.* to display प्रदर्शित क०; *v.i.* to go about in military procession

परेड क० ।

paradise पै रॅ डॉइस heaven स्वर्ग; a place of bliss परम आनंद का सुंदर स्थान ।

paradox पै रॅ डौक्स *n.* a seeming contradiction असत्याभास, परस्पर विरुद्ध मत ।

paradoxical पै रॅ डौ क् सि कल *a.* of the nature of a paradox असत्याभास रूप का ।

paraffin पै रॅ फ़िन *n.* wax like hydrocarbon mixture used in candles. मोमबत्ती बनाने का एक प्रकार का पदार्थ, मृद्धसा ।

paragon पै रॅ गॅन *n.* a perfect example of excellence, a model आदर्श या अत्युत्तम पदार्थ ।

paragraph पै रॅ ग्राफ़ *n.* section of chapter or book अनुच्छेद, प्रकरण ।

parallel[1] पै रॅ लैॅल *a.* continuously at equal distances समानांतर; equal in all essential parts सदृश ।

parallel[2] *v.t.* to represent as similar समानांतर क०; to compare तुल्य क० ।

parallelism पै रॅ लैॅ लिज़्म *n.* resemblance, comparison. समानता ।

parallelogram पै रॅ लैं लॅ ग्रैम *n.* a quadrilateral with opposite sides parallel. समानांतर चतुर्भुज ।

paralyse पै रॅ लॉइज़ *v.t.* to affect with paralysis लकवा मारना; to make ineffectal शक्तिहीन क० ।

paralysis पॅ रै लि सिस *n.* a disease with damaged nervous system पक्षाघात, लकवा रोग ।

paralytic पै रॅ लि टिक *a.* affected with paralysis लकवा मारा हुआ ।

paramount पै रॅ मॉउन्ट *a.* superior to all others सर्वश्रेष्ठ, सर्वोत्तम ।

paramour पै रॅ मुअॅ: *n.* an illicit lover अवैध प्रेमी; mistress प्रेमिका ।

paraphernalia पै रॅ फ़ॅ: ने ल्यॅ *n. pl.* odds and ends सामग्री; equipment साज़-सामान ।

paraphrase[1] पै रॅ फ्रेज़ *n.* meaning of a passage in other words टीका; free translation अन्वय ।

paraphrase[2] *v.t.* to put into other words संक्षिप्त व्याख्या क० ।

parasite पै रॅ सॉइट *n.* animal or plant living on another परोपजीवी जंतु या पौधा ।

parcel[1] पा: स्ल *n.* a packet पार्सल; a portion खंड; a bundle पोटली, गठरी ।

parcel[2] *(-ll-)* *v.t.* to divide into portions खंड क०, बाँटना ।

parch पा:च *v.t.* to roast भूनना; to scorch झुलसाना ।

pardon[1] पा: ड्न *v.t.* to forgive, to excuse क्षमा क० ।

pardon[2] *n.* forgiveness क्षमा ।

pardonable पा: डॅ नॅ ब्ल *a.* excusable क्षमा के योग्य ।

parent पेॅअॅ रॅन्ट *n.* father or mother माता या पिता; origin उद्गम ।

parentage पेॅअॅ रॅन् टिज *n.* lineage जाति, कुल; parenthood वल्दियत ।

parental पॅ रैॅन् ट्ल *a.* pertaining to parents पैतृक; affectionate प्रिय ।

parenthesis पॅ रैॅन् थि सिस *n.* *(pl. –ses)* sentence inserted into another निक्षेपवाक्य, अप्रधान वचन; brackets कोष्ठक ( ) का चिह्न ।

parish पै रिश *n.* district under one clergyman पादरी का प्रदेश ।

parity पै रि टि *n.* analogy समानता; equality बराबरी ।

park पा:क *n.* large enclosed piece of ground पार्क; ground in a town for recreation क्रीड़ावन, सर्व-सामान्य के घूमने का बग़ीचा ।

park[2] *v.t.* to inclose in a park पार्क बनाना; to leave (vehicle) for a short time (मोटर आदि) मोटर चौक में खड़ा क० ।

parlance पाः लॅन्स *n.* way of speaking संभाषण की शैली; conversation वार्ता ।

parley[1] पाः लि *n.* mutual discourse बातचीत; conference संभाषण-सभा ।

parley[2] *v.i.* to hold discussion सभा क० ।

parliament पाः लॅ मॅन्ट *n.* legislative assembly संसद ।

parliamentarian पाः लॅ मैंन् टे ॲ रि ॲन *n.* one skilled in parliamentary matters संसत्पंडित; member of parliament संसद-सदस्य ।

parliamentary पाः लि मैंन् टॅ रि *a.* pertaining to parliament संसदीय ।

parlour पाः लॅः *n.* sitting room बैठक ।

parody[1] पै रॅ डि *n.* burlesque imitation हास्यानुकृति ।

parody[2] *v.t.* to imitate in parody (की) पैरोडी लिखना ।

parole[1] पॅ रोल *n.* conditional release of a prisoner पैरोल, सावधि मुक्ति, कारावकाश ।

parole[2] *v.t.* to place on parole कारा से मुक्त क० ।

parricide पै रि सॉइड *n.* murderer of a parent पिता की हत्या करने वाला; murder of a parent पितृहत्या ।

parrot पै रॅट *n.* bird with short hooked beak तोता ।

parry[1] पै रि *v.t.* to turn aside रोकना; to evade छेकना ।

parry[2] *n.* act of parrying छेकान ।

parson पाः स्न *n.* clergyman पादरी ।

part[1] पा:ट *n.* share अंश; portion भाग; section खंड; role of an actor नाटक के पात्र का नियोग ।

part[2] *v.t.* to divide बाँटना; to separate अलग क०;*v.i.* to depart विदा होना ।

partake पाः टेक *v.i.* *(p.t.–took, p.p. –taken)* to share भाग लेना, साझी होना ।

partial पाः शॅल *a.* forming only a part आंशिक; incomplete अपूर्ण; biased पक्षपाती ।

partiality पा: शि ऐ लि टि *n.* bias पक्षपात; fondness स्नेह ।

participate पा: टि सि पेट *v.i.* to take part हिस्सा लेना; to share साझी होना ।

participant पा: टि सि पॅन्ट *n.* partaker भाग लेनेवाला ।

participation पा: टि सि पे शॅन *n.* act of participating हिस्सेदारी, शिरकत ।

particle पाः टि क्ल *a.* atom कण; very small quantity लेश ।

particular[1] पॅः टि क्यु लॅः *a.* distinct पृथक्; special विशिष्ट; private व्यक्तिगत; careful सावधान; exact निश्चित ।

particular[2] *n. (pl.)* detailed account विस्तृत वर्णन ।

partisan[1] पा: टि ज़ैन *n.* a partyman पक्षधर ।

partisan[2] *a.* prejudiced पक्षपातपूर्ण ।

partition[1] पा: टि शॅन *n.* division into parts बँटवारा; section हिस्सा; dividing wall अलगानेवाली दीवार ।

partition[2] *v.t.* to divide into sections बँटवारा क०, बाँटना ।

partner पा:ट् नॅः *n.* companion साथी; associate in business सहकारी, साझीदार; husband or wife जीवन-साथी ।

partnership पा:ट् नॅः शिप *n.* state of being a partner सहकारिता, साझा; joint business सम्मिलित धंधा ।

party पाः टि *n. (pl. parties)* a body of individuals दल; company समुदाय, समाज; one of two litigants मुक़दमा करनेवाला; side पक्ष ।

pass[1] पास *v.i.* to go by चले जाना; to die मर जाना; to get success परीक्षा में उत्तीर्ण

होना; to cease समाप्त हो जाना; to elapse बीत जाना; to happen घटित होना; to be enacted पारित होना; to be current फैलना; *v.t.* to cross पार क०; to undergo with success उत्तीर्ण क०; to circulate घुमाना; to spend बिताना; to hand over देना; to enact पारित क० ।

pass[2] *n.* a narrow way दर्रा; permission पास, पार-पत्र; success (in examination) सफलता (परीक्षा में); condition दशा, हालत; thrust वार ।

passage पै सिज *n.* act of going past गमन; voyage यात्रा; way through मार्ग; part of a book or speech अवतरण; enactment पारण ।

passenger पै सिन् जॅ: *n.* one who travels by public conveyance यात्री, मुसाफ़िर ।

passion पै शॅन *n.* strong emotion चित्त का आवेग; ardour भावावेग; love प्रेम ।

passionate पै शॅ निट *a.* vehement तीव्र, तीक्ष्ण; irascible क्रोधी; lustful कामुक; moved by passion आवेशपूर्ण ।

passive पै सिव *a.* inactive निष्क्रिय; unresisting निश्चेष्ट ।

passport पास् पो:ट *n.* license to travel abroad पार-पत्र ।

past[1] पास्ट *a.* gone by बीता हुआ; belonging to an earlier period पहले का ।

past[2] *n.* bygone times भूतपूर्व काल ।

past[3] *prep.* beyond के आगे; out of reach of की पहुँच के बाहर; after के बाद ।

paste[1] पेस्ट *n.* mixture of flour and water used as an adhesive आटे की लेई, साना हुआ आटा; soft composition लुगदी ।

paste[2] *v.t.* to stick with paste लेई से चिपकाना ।

pastel पैस् टै ॅल, पैस् टै ॅल *n.* coloured chalk रंगीन खड़िया ।

pastime पास् टॉइम *n.* game क्रीड़ा, खेल; recreation मन-बहलाव ।

pastoral पास् टॅ रॅल *a.* relating to a bishop or shepherd पादरी या गड़रिये से संबंधित; relating to country life ग्रामीण जीवन- संबंधी ।

pasture[1] पास् चॅ: *n.* grass for food of cattle चारा, घास; grazing ground चरागाह ।

pasture[2] *v.t.* to feed on grazing चराना; *v.i.* to graze चरना ।

pat[1] पैट *(-tt-)v.t.* to tap थपथपाना, ठोकना ।

pat[2] *n.* light quick blow, tap थपकी ।

pat[3] *adv.* exactly निश्चित रूप से; at a proper time उचित समय पर ।

patch[1] पैच *v.t.* to repair, to mend मरम्मत क० ।

patch[2] *n.* piece of cloth sewed on garment चिप्पड़, पैवंद ।

patent[1] पे टॅन्ट *a.* evident स्पष्ट; manifest प्रत्यक्ष ।

patent[2] *n.* writing granting exclusive right to invention पेटेन्ट, एकस्व ।

patent[3] *v.t.* to secure a patent for. (आविष्कार की) रजिस्ट्री कराना ।

paternal पॅ टॅ: न्‌ल *a.* fatherly, hereditary पैतृक ।

path पाथ *n.* way मार्ग; footway पगडंडी ।

pathetic पॅ थै ॅ टिक *a.* heart- touching हृदयस्पर्शी; full of pathos कारुणिक ।

pathos पे थौ ॅस *n.* power of exciting pity करुणा ।

patience पे शॅन्स *n.* endurance सहनशीलता; forbearance धैर्य ।

patient[1] पे शॅन्ट *a.* having endurance सहनशील; full of patience धैर्ययुक्त; not hasty जल्दी न करनेवाला ।

patient[2] *n.* a person under medical treatment रोगी ।

patricide पैट् रि सॉइड *n.* murder of

father पितृहत्या; murderer of father पितृहंता।

patrimonty पैट् रि मॅ नि *n.* property inherited from ancestors पैतृक धन, विरासत।

patriot पै ट्रि अॅट, पे– *n.* person who loves his country देशभक्त।

patriotic पै ट्रि ऑ टिक *a.* inspired by the love of one's country देशभक्तिपूर्ण।

partiotism पै ट्रि अॅ टिज़्म, पे– *n.* love of one's country देशभक्ति।

patrol[1] पॅ ट्रोल *(-ll-)v.i.* to go the rounds as a patrol पहरा देना, रक्षा क०; *v.t.* to pass round as a guard (का) पहरा देना।

patrol[2] *n.* marching round by a guard रक्षा के निमित्त चक्कर लगाने की क्रिया; patrolling person or persons पहरेदार।

patron पे ट्रॅन *n.* supporter पोषक; protector संरक्षक।

patronage पैट् रॅ निज *n.* support सहायता; act of patronising संरक्षकत्व।

patronize पैट् रॅ नॉइज़ *v.t.* to act as a partron towards आश्रय देना, सहायता देना।

pattern पै टॅःन *n.* a model साँचा; design नमूना।

paucity पौ सि टि *n.* scarcity कमी; smallness of quantity न्यूनता।

pauper पौ पॅः *n.* a poor person दरिद्र।

pause[1] पौज़ *n.* short interval or stop विराम, ठहराव।

pause[2] *v.i.* to cease for a time विश्राम क०, ठहरना।

pave पेव *v.t.* to form (surface) with stone or brick (पर) पत्थर या ईंट बैठाना, मार्ग बनाना।

pavement पेव् मॅन्ट *n.* paved floor पत्थर या ईट का फ़र्श; footpath सड़क की पटरी।

pavilion पॅ वि ल्यॅन *n.* tent तंबू, ख़ेमा; ornamental building for concerts etc. मंडप।

paw[1] पौ *n.* animal's foot with claws पंजा, चंगुल।

paw[2] *v.t.* to scratch with the paw or paws. पंजे से खुरचना।

pay[1] पे *v.t.* *(p.t. paid)* to discharge (debt) ऋण चुकाना; to reward बदला देना; to give salary वेतन देना।

pay[2] *n.* salary वेतन।

payable पे अॅ ब्ल *a.* justly due देय; that may or ought to be paid शोधनीय।

payee पे ई *n.* person to whom money is paid or is due रुपया पानेवाला।

payment पे मॅन्ट *n.* act of paying भुगतान; discharge of debt चुकौता; amount paid अदा की गई राशि।

pea पी *n.* plant with seeds in pods मटर।

peace पीस *n.* state of quiet शांति; freedom from war अविरोध; harmony मैत्री।

peaceable पी सॅ ब्ल *a.* disposed to peace शांतिप्रिय; calm, unworried अव्याकुल।

peaceful पीस् फुल *a.* free from war, noise, disturbance शांत।

peach पीच *n.* आड़ू।

peacock पी कॉ क *n.* a large bird with rich plumage मोर।

peahen पी हैॅन *n.* female of the peacock मयूरी।

peak पीक *n.* pointed top शिखर; hill's sharp top पहाड़ की चोटी।

pear पेअॅः *n.* a well known fruit नाशपाती।

pearl पॅःल *n.* a whitish gem मोती।

peasant पैॅ ज़ॅन्ट *n.* countryman working on land किसान, खेतिहर।

peasantry पैँ ज़ॅन् ट्रि *n.* peasants as a class किसान-वर्ग ।

pebble पैँ ब्ल *n.* small roundish stone पत्थर की गोली, कंकड़ ।

peck[1] पैंक *n.* measure of two gallons दो गैलन की तौल ।

peck[2] *v.i.* to strike (at) with the beak चोंच मारना ।

peculiar पि **क्यू** ल्यें: *a.* unusual असाधारण; strange, odd विलक्षण ।

peculiarity पि क्यु लि **ऐ** रि टि *n.* distinguishing feature विशेषता; oddity विलक्षणता ।

pecuniary पि **क्यू** न्यें रि *a.* relating to money धन-संबंधी, आर्थिक ।

pedagogue पैँ डॅ गौँग *n.* teacher of children बाल-शिक्षक; school master बाल-अध्यापक ।

pedagogy पैँ डॅ गौँ गि, –जि *n.* science of teaching शिक्षणशास्त्र ।

pedal[1] पैँ ड्ल *n.* lever to be pressed by the foot पैडल, किसी यंत्र का पैर से चलाने का भाग ।

pedal[2] *(–ll–) v.t.* to move with the pedal पैडल से चलाना; *v.i.* to use a pedal पैडल का प्रयोग क० ।

pedant पैँ डॅन्ट *n.* one who makes a display of his learning विद्याडंबरी ।

pedantic पि **डैँ न्** टिक *a.* making a vain display of learning पांडित्य दिखलाने वाला ।

pedantry पैँ डॅन् ट्रि *n.* vain display of learning विद्याडंबर ।

pedestal पैँ डिस् ट्ल *n.* base of a column पाद-पीठ, चौकी; pillar भवन का स्तंभपाद ।

pedestrian पि **डैँ स्** ट्रि ॲन *n.* one who walks on foot पादचारी या पैदल चलनेवाला यात्री ।

pedigree पैँ डि ग्रि *n.* lineage, line of ancestors वंशावली ।

peel[1] पील *v.t.* to strip off (skin, bark) (से) छिलका या छाल उतारना ।

peel[2] *n.* skin of fruit or vegetables छिलका, छाल ।

peep[1] पीप *v.i.* to look through a crevice चोरी से देखना, झांकना ।

peep[2] *n.* a look through a small opening झाँकी ।

peer पिॲ: *n.* a nobleman शिष्टजन ।

peerless **पिॲ:** लिस *a.* matchless अनुपम ।

peg[1] पैँग *n.* nail, pin कील, खूँटी ।

peg[2] *(-gg-) v.t.* to fasten with pegs खूँटियों से बाँधना, खूँटे से बाँधना, स्थिर क० ।

pelf पैँल्फ़ *n.* money, riches धन-दौलत ।

pell-mell **पैँल्** मैँल *adv.* in utter confusion व्याकुलता से ।

pen[1] पैँन *n.* a writing instrument लेखनी ।

pen[2] *(-nn-) v.t.* to write लिखना ।

penal **पी** न्ल *a.* relating to punishment दंडविषयक ।

penalize **पी** नॅ लॉइज़ *v.t.* to impose penalty on दंड देना ।

penalty **पैँ** नॅल् टि *n.* self-imposed suffering तपस्या; repentance प्रायश्चित्त; punish- ment दंड ।

pencil[1] **पैँन्** स्ल *n.* an instrument of black lead for writing पेंसिल ।

pencil[2] *(-ll-) v.t.* to write with a pencil पेंसिल से लिखना अथवा चित्र बनाना ।

pending[1] **पैँन्** डिङ्ग *prep.* during के दौरान ।

pending[2] *a.* undecided अनिर्णीत; awaiting settlement विचाराधीन ।

pendulum **पैँन्** ड्यु लॅम *n.* suspended body swinging to and fro. पेंडुलम, दोलक ।

penetrate **पैँ** नि ट्रेट *v.t.* to pierce चुभाना; to understand (का) अर्थ

समझना; *v.i.* to spread व्याप्त होना ।

penetration पैं नि ट्रें शॅन *n.* act of penetrating प्रवेशन; act of piercing बेधन ।

penis पैं निस *n.* male organ of copulaton शिश्न, लिंग ।

penniless पैं नि लिस *a.* poor निर्धन; having no money दरिद्र ।

penny पैं नि *n.* a coin worth one twelfth of a shilling अँग्रेज़ी सिक्का जो प्राय: एक आने के बराबर होता है ।

pension[1] पैंन् शॅन *n.* allowance paid to retired people पेंशन, पूर्व सेवावृत्ति ।

pension[2] *v.t.* to grant pension पेंशन देना ।

pensioner पैंन् शॅ नॅ: *n.* person receiving pension पेंशन पाने वाला व्यक्ति ।

pensive पैंन् सिव *a.* sadly thoughtful चिंताग्रस्त ।

pentagon पैंन् टॅ गॅन *n.* figure having five angles पंचकोण, पंचभुज ।

peon पी ॲन *n.* office messenger चपरासी ।

people[1] पी पुल *n.* persons in general जन; persons forming a state जनता; *(pl.)* race, tribe जाति ।

people[2] *v.t.* to fill with people, to populate बसाना, मनुष्यों से पूर्ण क० ।

pepper[1] पैं पॅ: *n.* a plant and its pungent seed गोल मिर्च ।

pepper[2] *v.t.* to put pepper on मिर्च मिलाना ।

per पॅ: *prep.* by से, द्वारा; for प्रति ।

perambulator पॅ रैं म् ब्यु ले टॅ: *n.* baby carriage बच्चागाड़ी ।

perceive पॅ: सीव *v.t.* to know through senses जानना; to understand समझना; to observe देखना ।

perceptible पॅ: सैंप् टि बल *a.* perceivable देखने या समझने योग्य ।

percent पॅ: सैंन्ट *adv.* in each hundred प्रति सैकड़ा ।

percentage पॅ: सैंन् टिज *n.* rate per hundred फ़ीसदी, फ़ी सैकड़ा ।

perception पॅ: सैंप् शॅन *n.* discernment बोध; knowledge through the senses अनुभव ।

perceptive पॅ: सैंप् टिव *a.* having perception प्रत्यक्ष ज्ञानशील ।

perch[1] पॅ:च *n.* a fresh water fish मीठे जल की मछली; bird's resting place चिड़ियों के बैठने का अड्डा; measure of 5½ yards 5½ गज़ की नाप ।

perch[2] *v.i.* to sit on a perch अड्डे पर बैठना; *v.t.* to place on a perch ऊँचे पर रखना ।

perennial[1] पॅ रैंन् यॅल *a.* lasting through the whole year वर्ष-भर रहने वाली; perpetual, everlasting चिरस्थायी ।

perennial[2] *n.* a plant lasting more than two years बारहमासी पौधा ।

perfect[1] पॅ: फ़िक्ट *a.* complete संपूर्ण; faultless निर्दोष; unspoilt उत्तम; whole अखंड ।

perfect[2] पॅ: फ़िक्ट, पॅ: फ़ैंक्ट *v.t.* to accomplish पूर्ण क०; to make faultless निर्दोष बनाना ।

perfection पॅ: फ़ैंक् शॅन *n.* the state of being perfect परिपूर्णता, निर्दोषता, उत्तमता ।

perfidy पॅ: फ़ि डि *n.* treachery, violation of trust विश्वासघात ।

perforate पॅ: फ़ॅ रेट *v.t.* to make holes in छेद क० ।

perforce पॅ: फ़ौ:स *adv.* by force बलपूर्वक, हठ से ।

perform पॅ: फ़ौ:म *v.t.* to do क०; to accomplish पूर्ण क०; to act नाटक क०; *v.i.* to play on a musical instrument बाजा बजाना

performance पॅ: फ़ौ: मॅन्स *n.* act of

performing पूर्ति; acting अभिनय; deed कार्य; achievement उपलब्धि ।

performer पॅ: **फ़ौ** मॅ: *n.* one who accomplishes कार्य करनेवाला; one who performs as an actor or musician नाटक करनेवाला ।

perfume[1] **पॅ:** फ़्यूम *n.* fragrance सुगंध; scent इत्र ।

perfume[2] पॅ: **फ़्यूम** *v.t.* to put perfume on सुगंधित क० ।

perhaps पॅ: **हैप्स** *adv.* possibly कदाचित्, संयोगवश ।

peril[1] **पै** रिल *n.* hazard विपत्ति; risk आशंका; danger ख़तरा ।

peril[2] *(-ll-) v.t.* to expose to danger विपत्ति में डालना ।

perilous पै रि लॅस *a.* dangerous, risky संकटमय ।

period पिॲ रि ॲड *n.* a portion of time समय, कालावधि; era युग; full stop पूर्ण विराम; sentence वाक्य ।

periodical[1] पिॲ रि **औ** डि कॅल *n.* magazine published at regular intervals पत्रिका, नियतकालिक पत्रिका, सावधिक पत्र ।

periodical[2] *a.* recurring at regular intervals नियतकालिक ।

periphery पॅ **रि** फ़ रि *n.* boundary बाहरी सीमा; circumference परिधि ।

perish पै रिश *v.i.* to die मरना; to decay सड़ना; to be destroyed नाश होना ।

perishable पै रि शॅ ब्ल *a.* liable to perish नाश होने-योग्य ।

perjure पॅ: जॅ: *v.i.* to make a false statement झूठी गवाही देना; to forswear प्रतिज्ञा भंग क० ।

perjury पॅ: जॅ रि *n.* false swearing झूठी गवाही या शपथ ।

permanence, –cy पॅ: मॅ नॅन्स, –नॅन् सि *n.* state or quality of being permanent स्थिरता, नित्यता ।

permanent पॅ: मॅ नॅन्ट *a.* fixed स्थिर; stable स्थायी; abiding नित्य; lasting टिकाऊ ।

permissible पॅ: **मि** सि ब्ल *a.* allowable आज्ञा पाने-योग्य ।

permission पॅ: **मि** शॅन *n.* act of permitting आज्ञा; authorisation अनुमति ।

permit[1] पॅ: **मिट** *(-tt-) v.t.* to allow आज्ञा देना ।

permit[2] **पॅ:** मिट *n.* writteen permission or license परमिट, प्रानुमति-पत्र ।

permutation पॅ: म्यु **टे** शॅन *n.* interchange परिवर्तन, उलट-पुलट ।

pernicious पॅ: **नि** शॅस *a.* injurious अपकारक; deadly, destructive नाशक ।

perpendicular[1] पॅ: पैन् **डि** क्यु लॅ: *a.* at right angles लंबरूप; vertical खड़े बल का ।

perpendicular[2] *n.* perpendicular line समकोणिक रेखा ।

perpetual पॅ: **पै** ट्यु ॲल *a.* lasting for ever नित्य; permanent सतत; continuous लगातार ।

perpetuate पॅ: **पै** ट्यु एट *v.t.* to make perpetual जारी रखना ।

perplex पॅ: **प्लैक्स** *v.t.* to bewilder व्याकुल क०, घबराना; to puzzle चक्कर में डालना ।

perplexity पॅ: **प्लैक्** सि टि *n.* bewilderment व्यग्रता; intricacy झंझट ।

persecute पॅ: सि क्यूट *v.t.* to oppress पीड़ा देना, कष्ट देना; to harass सताना; to treat cruelly चोट पहुँचाना ।

persecution पॅ: सि **क्यू** शॅन *n.* oppression, harassment उत्पीड़न ।

perseverance पॅ: सॅ **विॲ** रॅन्स *n.* continued diligence अध्यवसाय; steadfastness दृढ़ता ।

persevere पॅ: सि **विअॅ:** *v.i.* to proceed diligently अध्यवसाय में लगा रहना; to make constant effort निरंतर प्रयत्न क० ।

persist **पॅ:** सिस्ट *v.i.* to continue steadily दृढ़ रहना ।

persistence **पॅ:** सिस् टॅन्स *n.* perseverance अध्यवसाय; steadiness दृढ़ता ।

persistent **पॅ:** सिस् टॅन्ट *a.* steady दृढ़; persevering आग्रही ।

person **पॅ:** सॅन *n.* individual human being मनुष्य, व्यक्ति; human body मानव-शरीर ।

personage **पॅ:** सॅ निज *n.* notable person श्रेष्ठ पुरुष, संभ्रांत जन ।

personal पॅ: सॅ न्‌ल *a.* individual व्यक्तिगत; private निजी ।

personality पॅ: सॅ **नै** लि टि *n.* distinctive character व्यक्तित्व; a well-known person संभ्रांत व्यक्ति ।

personification पॅ: सौ नि फ़ि **के** शॅन *n.* act of personifying मानवीकरण; embodiment मूर्तीकरण ।

personify पॅ: **सौ** नि फ़ाइ *v.t.* to represent as a person मानवीकरण क०; to be a model of (का) मूर्तरूप होना ।

personnel पॅ: सॅ **नैलॅ** *n.* staff employed in a service कार्यकर्ता वर्ग, कर्मचारी-दल ।

perspective पॅ: **स्पैक्** टिव *n.* apparent relation between two aspects परिप्रेक्ष्य; view, prospect दृश्य ।

perspiration पॅ: स्पॅ **रे** शॅन *n.* sweat पसीना ।

perspire **पॅ:** स्पॉइअॅ: *v.i.* to sweat पसीना निकलना ।

persuade पॅ: **स्वेड** *v.t.* to influence by argument फुसलाना; to prevail on मनाना; to induce उकसाना ।

persuasion पॅ: **स्वे** शॅन *n.* act of persuading प्रतीतीकरण; inducement प्रोत्साहन ।

pertain पॅ: **टेन** *v.i.* to belong उपांग होना; to have reference (to) संदर्भ रखना; to concern संबद्ध होना ।

pertinent **पॅ:** टि नॅन्ट *a.* proper योग्य, ठीक; relevant उचित ।

perturb पॅ: **टॅ:ब** *v.t.* to disquiet, to disturb व्याकुल क०; to agitate घबराना ।

perusal पि **रू** ज़ॅल *n.* reading carefully अध्ययन, वाचन, पठन ।

peruse पॅ **रूज़** *v.t.* to read carefully चित्त लगाकर पढ़ना ।

pervade पॅ: **वेड** *v.t.* to permeate (में) व्याप्त होना ।

perverse पॅ: **वॅ:स** *a.* perverted विकृत; stubborn दुराग्रही; wicked दुष्ट; intractable उद्दंड ।

perversion पॅ: **वॅ:** शॅन *n.* being perverted विकृति; moral corruption आचारभ्रष्टता ।

perversity पॅ: **वॅ:** सि टि *n.* being perverse दुःशीलता; stubbornness दुराग्रह ।

pervert पॅ: **वॅ:ट** *v.t.* to lead astray, to mislead सन्मार्ग से हटाना; to debase, to corrupt दूषित क० ।

pessimism **पै** सि मिज़्म *n.* tendency to see the worst side of things निराशावाद ।

pessimist **पै** सि मिस्ट *n.* one who believes in pessimism निराशावादी ।

pessimistic पै सि **मिस्** टिक *a.* pertaining to pessimism निराश, निराशावादी ।

pest पैस्ट *n.* plague महामारी; harmful thing नाशकारक वस्तु ।

pestilence **पैस्** टि लॅन्स *n.* plague प्लेग; epidemic महामारी ।

pet[1] पै ट *n.* animal kept with affection प्यारा, पालतू जानवर ।

pet[2] *(-tt-) v.t.* to treat with affection प्यार क०, पोसना ।

petal पैॅ ट्ल *n.* leaf-like part of a flower फूल की पँखुरी, दलपत्र ।

petition[1] पि टि शॅन *n.* entreaty, request याचिका, अर्ज़ी, प्रार्थना ।

petition[2] *v.t.* to present petition to (को) प्रार्थना-पत्र भेजना ।

petitioner पि टि शॅ नॅः *n.* one who petitions निवेदक, अभ्यर्थी ।

petrol पैॅ ट् रॅल *n.* refined petroleum पेट्रोल ।

petroleum पि ट्रो ल्यॅम *n.* mineral oil खनिज तैल ।

petticoat पैॅ टि कोट *n.* woman's undergrament पेटीकोट ।

petty पैॅ टि *a.* small छोटा; on a small scale अल्प; unimportant तुच्छ, क्षुद्र; mean नीचतापूर्ण ।

petulance पैॅ ट्यु लॅन्स *n.* peevishness दु:शीलता ।

petulant पैॅ ट्यु लॅन्ट *a.* peevish कर्कश; irritable चिड़चिड़ा ।

phantom फ़ैन् टॅम *n.* apparition प्रेत की छाया; spectre, ghost प्रेत ।

pharmacy फ़ाः मॅ सि *n.* preparation and dispensing of drugs औषधि बनाने की विद्या; dispensary औषधालय, दवाख़ाना ।

phase फ़ेज़ *n.* stage अवस्था; state स्थिति; aspect पहलू ।

phenomenal फ़ि नौॅ मि न्ल *a.* relating to phenomena प्रकृतिविषयक; remarkable अद्‌भुत ।

phenomenon फ़ि नौॅ मि नौॅन *n.* *(pl. phenomena)* anything remarkable अद्‌भुत पदार्थ; scene दृश्य ।

phial फ़ॉइ ॲल *n.* small bottle शीशी, छोटी बोतल ।

philanthropic फ़ि लॅन् थ्रौॅ पिक *a.* loving mankind सर्वजन-उपकारी, लोकानुरागी; benevodent उदार ।

philanthropist फ़ि लैन् थ्रॅ पिस्ट *n.* one devoted to philanthropy मनुष्यमात्र से प्रेम करनेवाला व्यक्ति, जन-हितैषी, समाजसेवी ।

philanthropy फ़ि लैन् थ्रॅ पि *n.* love of mankind विश्वप्रेम, लोकोपकार ।

philological फ़ि लॅ लौॅ जि कॅल *a.* of philology भाषाशास्त्रीय ।

philologist फ़ि लौॅ लॅ जिस्ट *n.* one expert in philology भाषाविद् ।

philology फ़ि लौॅ लॅ जि *n.* linguistic science भाषाविज्ञान ।

philosopher फ़ि लौॅ सॅ फ़ॅः *n.* a person versed in philosophy तत्त्वज्ञानी, दार्शनिक ।

philosophical फ़ि लॅ सौॅ फ़ि कॅल *a.* given to philosophy दार्शनिक; pertaining to philosophy तत्त्वज्ञान-संबंधी ।

philosophy फ़ि लौॅ सॅ फ़ि *n.* search for knowledge दर्शनशास्त्र; study of realities and general principles तत्त्व विज्ञान ।

phone फ़ोन *n.* telephone फ़ोन, 'टेलीफ़ोन' शब्द का छोटा रूप ।

phonetic फ़ॅ नैॅ टिक *a.* retating to vocal sounds ध्वनि-संबंधी ।

phonetics फ़ॅ नैॅ टिक्स *n. sing.* science of vocal sounds ध्वनि-विज्ञान, स्वर-शास्त्र ।

phosphate फ़ौॅस् फ़ेट *n.* any salt of phosphoric acid फ़ॉस् फ़ोरस तत्त्व से बना हुआ लवण, भास्वीय लवण ।

phosphorus फ़ौॅस् फ़ॅ रॅस *n.* inflammable element appearing luminous in the dark फ़ास् फ़ोरस, एक जलनेवाला तत्त्व जो अँधेरे में चमकता है, भास्वर ।

photo फ़ो टो *n.* *(pl. –s)* photograph फ़ोटो ।

photograph[1] **फ़ो** टॅ ग्राफ़, –ग्रैफ़ *v.t.* to take photo of फ़ोटो उतारना ।

photograph[2] *n.* picture obtained by photography फ़ोटोचित्र ।

photographer फ़ॅ **टौ**ॅ ग्रॅ फ़ॅ: *n.* one who takes photographs फ़ोटो उतारने वाला ।

photographic फ़ो टॅ **ग्रै** फ़िक *a.* relating to photography फ़ोटो-संबंधी ।

photography फ़ॅ **टौ**ॅ ग्रॅ फ़ि *n.* art of taking photographs फ़ोटो खींचने की कला ।

phrase[1] फ्रेज़ *n.* group of words शब्दावली; expression उक्ति; mode of expression वाक्यशैली ।

phrase[2] *v.t.* to express in words शब्दों में व्यक्त क० ।

phraseology फ्रे ज़ि **औ**ॅ लॅ जि *n.* choice of words शब्दचयन; manner of expression कथनशैली ।

physic[1] **फ़ि** ज़िक *n.* science of medicine औषधि-शास्त्र; medicine औषधि ।

physic[2] *(-ck-) v.t.* to remedy इलाज क०, दवा देना ।

physical **फ़ि** ज़ि कॅल *a.* material पदार्थ विज्ञान-संबंधी; bodily शारीरिक; earthly पार्थिव ।

physician फ़ि **ज़ि** शॅन *n.* medical practitioner डाक्टर, वैद्य, चिकित्सक ।

physicist **फ़ि** ज़ि सिस्ट *n.* one skilled in physics भौतिकशास्त्री ।

physics **फ़ि** ज़िक्स *n. sing.* science dealing with matter and energy भौतिक विज्ञान, पदार्थ-विज्ञान ।

phsiognomy फ़ि ज़ि **औ**ॅ नॅ मि *n.* science of reading the face आकृति देखकर चरित्र बतलाने की विद्या; face मुख की आकृति ।

physique फ़ि **ज़ीक** *n.* bodily structure शरीर-रचना, डीलडौल ।

pianist **पिअॅ** निस्ट *n.* performer on piano पियानोवादक ।

piano **प्यै** नो, **प्या–** *n.* *(pl.* -s) a musical instrument पियानो ।

pick[1] पिक *v.t.* to pluck तोड़ना; to gather इकट्ठा क०; to select carefully चुनना; to peck at चोंच मारना ।

pick[2] *n.* a pick-axe फावड़ा; selection चुनाव; the best thing सबसे उत्तम पदार्थ ।

picket[1] **पि** किट *n.* pointed stake नोकदार छड़; small group of men on police duty सैन्य दल ।

picket[2] *v.t.* to station (men) as pickets पहरे पर तैनात क० ।

pickle[1] **पि** क्ल *n.* things preserved in brine, vinegar etc. अचार, मुरब्बा; vinegar सिरका ।

pickle[2] *v.t.* to preserve in pickle अचार या मुरब्बा बनाना ।

picnic[1] **पिक्** निक *n.* pleasure excursion पिकनिक, वनभोजन, घर के बाहर का आमोद ।

picnic[2] *(-ck-) v.i.* to take part in picnic पिकनिक में भाग लेना ।

pictorical पिक् **टौ** रि अॅल *a.* forming pictures, graphic सचित्र, चित्रमय ।

picture[1] **पिक्** चॅ: *n.* painting चित्र; mental image दृश्य; beautiful object अति सुंदर पदार्थ; cinema चलचित्र ।

picture[2] *v.t.* to represent in a picture (का) चित्र खींचना, स्पष्ट वर्णन क०; to describe graphically चित्रात्मक वर्णन क० ।

picturesque पिक् चॅ **रैस्क्** *a.* graphic (का) चित्र के समान सुंदर; vivid स्पष्ट ।

piece[1] पीस *n.* portion भाग; part खंड; coin मुद्रा; gun बंदूक़; small composition रचना; a single object एक अकेली वस्तु ।

piece[2] *v.t.* to mend by patching (पर) चिप्पड़ लगाना; to put together, to join जोड़ना ।

pierce पिअॅःस *v.t.* to perforate छेदना; to make a way through घुसाना; *v.i.* to enter प्रवेश क० ।

piety **पॉइ** अॅ टि *n.* devotion to God ईश्वरभक्ति; religiosity धर्म- परायणता; devotion भक्ति ।

pig पिग *n.* a swine सुअर; a young swine सुअर का बच्चा; mass of unforged metal बिना ढाली हुई धातु ।

pigeon **पि** जिन *n.* a bird of the dove family कबूतर ।

pigmy **पिग्** मि *n.* pygmy बौना ।

pile[1] पॉइल *n.* beam लट्ठा; heap ढेर; pyre चिता ।

pile[2] *v.t.* to heap (up) ढेर लगाना; to amass इकट्ठा क० ।

piles पॉइल्ज़ *n.* a rectum disease, haemorrhoids बवासीर ।

pilfer **पिल्** फ़ॅः *v.t.* to steal in small quantities थोड़ा-थोड़ा करके चुराना ।

pilgrim **पिल्** ग्रिम *n.* a traveller to a sacred place तीर्थयात्री ।

pilgrimage **पिल्** ग्रि मिज *n.* journey to holy place तीर्थयात्रा ।

pill पिल *n.* small ball of medicine गुटिका, गोली ।

pillar **पि** लॅः *n.* column स्तंभ, खंभा, आधार ।

pillow[1] **पि** लो *n.* cushion for the head तकिया ।

pillow[2] *v.t.* to lay on a pillow, to use as a pillow तकिया लगाना ।

pilot[1] **पॉइ** लॅट *n.* one who flies an aircraft पाइलट, विमान-चालक ।

pilot[2] *v.t.* to guide मार्ग दिखलाना; to act as pilot to (का) चालक होना ।

pimple **पिम्** प्ल *n.* small pus-filled spot on the skin मुँहासा ।

pin[1] पिन *n.* short, thin sharp pointed stiff wire with a round head आलपीन; peg खूँटी ।

pin[2] *(-nn-)* *v.t.* to fasten with a pin आलपीन से नत्थी क० ।

pinch[1] पिन्च *v.t.* to nip, to squeeze between thumb and finger चिकोटी काटना; to steal बलपूर्वक धन लेना; to afflict दुःख देना ।

pinch[2] *n.* painful squeeze चिकोटी; nip कोंचन, चुभन; amount that can be taken between thumb and finger चुटकी-भर ।

pine[1] पॉइन *n.* an evergreen tree चीड़ का वृक्ष, देवदार ।

pine[2] *v.i.* to languish विलाप क०; to yearn लालायित होना ।

pine-apple **पॉइन्** ऐ प्ल *n.* a juicy fruit अनन्नास; tree bearing this fruit उसका पेड़ ।

pink[1] पिङ्क *n.* a garden flower एक सुगंधित फूल; light rose colour प्याज़ी रंग ।

pink[2] *a.* of light rose colour हलके गुलाबी रंग का ।

pinkish **पिङ्** किश *a.* rather pink हलका गुलाबी ।

pinnacle **पि** नॅ क्ल *n.* pointed turret on roof अटारी, कलश; highest point चरम सीमा; mountain peak पर्वतशिखा ।

pioneer[1] पॉइ अॅ **निअॅः** *n.* path maker मार्ग-निर्माता; explorer प्रथम अन्वेषक; leader अगुआ, नेता ।

pioneer[2] *v.t.* to lead, to guide मार्ग दिखलाना, मार्ग बतलाना ।

pious **पॉइ** अॅस *a.* holy पवित्र; godly धार्मिक; devout भक्तिमान ।

pipe[1] पॉइप *n.* a flute, wind instrument बाँसुरी; tube नली; note of a bird पक्षी का गायन; smoking pipe पाइप; windpipe श्वासनली ।

pipe[2] *v.i.* to play on a pipe बाँसुरी या सीटी बजाना ।

piquant **पी** कॅन्ट *a.* sharp तीख़ा; lively

सरस; interesting रुचिकर; pungent चटपटा; stimulating उत्तेजक ।

piracy **पॉइअॅ** रॅ सि *n.* sea-robbery समुद्री डकैती ।

pirate[1] **पॉइअॅ** रिट *n.* sea-robber समुद्री डाकू ।

pirate[2] *v.t.* to rob on the high seas जहाज़ पर डाका डालना ।

pistol **पिस्** ट्ल *n.* small firearm पिस्तौल ।

piston **पिस्** टॅन *n.* a sort of plunger पिस्टन, पिचकारी का डंडा ।

pit[1] पिट *n.* deep hole in ground गड्ढा; depression शरीर पर छोटे गर्त; covered hole as a trap for wild animals पशुओं को फँसाने का गड्ढा ।

pit[2] *(-tt-) v.t.* to mark with small dents or scars छोटे गड्ढे बनाना ।

pitch[1] पिच *n.* black sticky substance made from coaltar तारकोल; elevation ऊँचाई; elevation of note in music स्वरमान; slope ढाल; throw फेंक; (cricket) ground between the wickets विकटों के बीच का भूभाग ।

pitch[2] *v.t.* to throw फेंकना; to set up भूमि पर गाड़ना, स्थिर क० ।

pitcher पि चॅः *n.* large earthen jug घड़ा, मटका ।

piteous पि टि अॅस *a.* arousing pity दीन, दयनीय ।

pitfall **पिट्** फ़ौल *n.* covered pit for catching animals फँसाने का जाल; hidden danger गुप्त संकट ।

pitiable पि टि अॅ ब्ल *a.* deserving pity दया का पात्र, दीन ।

pitiful पि टि फुल *a.* full of pity, compassionate दयापूर्ण, करुणामय ।

pitiless पि टि लिस *a.* hard-hearted, merciless निर्दय, कठोर ।

pitman **पिट्** मॅन *n.* a miner खान में काम करनेवाला श्रमिक ।

pittance **पि** टॅन्स *n.* small allowance क्षुद्र वेतन; inadequate wages अल्प पारिश्रमिक ।

pity[1] पि टि *n.* sympathy दया; compassion करुणा ।

pity[2] *v.t.* to feel pity for (पर) दया क०, तरस खाना ।

pivot[1] पि वॅट *n.* pin on which some thing turns चूल या कील जिस पर कोई यंत्र घूमता है; main basis प्रधान आधार ।

pivot[2] *v.t.* to furnish with pivot चूल लगाना; to turn on a pivot चूल पर घुमाना ।

placard **प्लै** काःड *n.* poster विज्ञापन-पत्र ।

place[1] प्लेस *n.* spot स्थल; portion of land भूमि; stage स्थिति; rank श्रेणी; calling उद्यम; room स्थान; office पद ; residence निवास ।

place[2] *v.t.* to appoint नियुक्त क०; to invest लगाना; to put रखना ।

placid **प्लै** सिड *a.* quiet शांत; mild नम्र; gentle सौम्य ।

plague[1] प्लेग *a.* pestilence प्लेग, महामारी; serious trouble उत्पात; calamity विपत्ति ।

plague[2] *v.t.* to cause trouble पीड़ा देना, कष्ट देना ।

plain[1] प्लेन *a.* smooth चौरस; level सपाट; ordinary सामान्य; obvious प्रत्यक्ष; simple सीधा ।

plain[2] *n.* a piece of level land मैदान ।

plaintiff **प्लेन्** टिफ़ *n.* person who brings an action at law अभियोगी, वादी, मुद्दई ।

plan[1] प्लैन *n.* scheme योजना; diagram मानचित्र; sketch ढाँचा ।

plan[2] *(-nn-) v.t.* to make plan of योजना बनाना ।

plane[1] प्लेन *n.* smooth surface चौरस भूमि; stage जीवन-स्थिति; carpenter's tool for smoothing wood बढ़ई का

रंदा ।

plane[2] *v.t.* to make smooth with a plane चौरस क० ।

plane[3] *a.* perfectly level चौरस ।

plane[4] *n.* wing of an aeroplane वायुयान का पंख; aeroplane वायुयान ।

planet प्लै निट *n.* heavenly body revolving round the sun नक्षत्र, ग्रह ।

planetary प्लै नि टॅ रि *a.* relating to a planet ग्रह-संबंधी ।

plank[1] प्लैङ्क *n.* long flat piece of sawn timber लकड़ी का तख़्ता ।

plank[2] *v.t.* to cover with planks तख़्ते लगाना ।

plant[1] प्लान्ट *n.* a young or small tree पौधा; establishment equipped with machinery कारख़ाना ।

plant[2] *v.t.* to put (plants) in the ground to grow जमाना; to put firmly स्थिर क० ।

plantain प्लैन् टिन *n.* banana tree केले का वृक्ष ।

plantation प्लैन् टे शॅन *n.* act of planting रोपाई, वृक्षारोपण; planting खेत; grove उद्यान; colony नवउपनिवेश, बस्ती ।

plaster[1] प्लास् टॅ: *n.* mixture of lime, water etc. for coating walls भीत पर लगाने का पलस्तर; piece of cloth spread with medicinal substance औषधि का लेप ।

plaster[2] *v.t.* to cover (a wall) with plaster पलस्तर लगाना; to put a plaster on लेप लगाना ।

plate[1] प्लेट *n.* a shallow dish प्लेट; a thin sheet of metal पत्तर, चद्दर ।

plate[2] *v.t.* to cover with thin coating of some metal मुलम्मा क० ।

plateau प्लै टो *n.* *(pl.–s)* tableland पठार ।

platform प्लैट् फ़ौ:म *n.* raised level floor मंच; a structure for speakers at public meetings चबूतरा, मचान ।

platonic प्लॅ टौँ निक *a.* pertaining to Plato तत्वज्ञानी प्लेटो-संबंधी ।

platoon प्लॅ टून *n.* body of soldiers पलटन, पैदल सेना ।

play[1] प्ले *n.* movement गति; activity क्रियाशीलता; amusement हँसी, विनोद; sport खेल, क्रीड़ा; dramatic piece नाटक; dramatic performance अभिनय; gambling जुआ ।

play[2] *v.i.* to sport खेलना; to perform a play नाटक क०; to gamble जुआ खेलना; to frolic कूद-फाँद मचाना; to perform on an instrument of music बाजा बजाना; *v.t.* to execute क०; to employ oneself in the game of (कोई खेल) खेलना ।

player प्ले अॅ: *n.* one who plays a game खिलाड़ी; actor अभिनेता; person who plays a musical instrument वादक ।

plea प्ली *n.* defendant's statement तर्क; reason, cause हेतु, कारण; excuse बहाना; request प्रार्थना ।

plead प्लीड *v.i.* to argue in support of a claim वकालत क०, पक्ष-समर्थन क०; to make earnest appeal निवेदन क०; plead *v.t.* to bring forward as a plea तर्क के रूप में प्रस्तुत क० ।

pleader प्ली डॅ: *n.* advocate अभिवक्ता, वकील ।

pleasant प्लैँ ज़ॅन्ट *a.* giving pleasure मनोहर, सुहावना ।

pleasantry प्लैँ ज़ॅन् ट्रि *n.* gaiety आनंद; humour हँसी ।

please प्लीज़ *v.t.* to be agreeable to प्रसन्न क०; to delight आनंदित क०; to gratify संतुष्ट क०; to seem good to रुचिकर या अच्छा लगना ।

pleasure प्लैँ ज़ॅ: *n.* enjoyment आनंद; delight सुख; choice रुचि; will

अभिलाषा ।

plebiscite प्लैँ बि सिट, –सॉइट *n.* vote by all citizns जनमत-संग्रह ।

pledge[1] प्लैजॅ *n.* promise प्रतिज्ञा; hostage, pawn बंधक ।

pledge[2] *v.t.* to pawn बंधक रखना; to promise वचन देना; to vow प्रतिज्ञा क० ।

plenty प्लैंन् टि *n.* abundance बहुतायत; sufficiency प्रचुरता ।

plight प्लॉइट *n.* distressing state दुर्दशा ।

plod प्लॉ ड *(–dd–) v.i.* to walk wearity थके क़दमों से चलना; to work slowly धीरे-धीरे काम क० ।

plot[1] प्लॉ ट *n.* piece of ground भूमि; secret plan गुप्त योजना; conspiracy कूट-प्रबंध; outline उपन्यास या नाटक का कथानक ।

plot[2] *(-tt-) v.t.* to make a diagram or plan of रूपरेखा या ख़ाका बनाना *v.i.* to make secret plans कपट प्रबंध क० ।

plough[1] प्लॉउ *n.* an instrument for turning up soil हल; *v.t.* break up (land) with a plough हल से (भूमि) जोतना ।

plough [2] *v.i.* to use a plough हल से जुताई क० ।

ploughman प्लॉउ मॅन *n.* man who guides a plough हलवाहा ।

pluck[1] प्लक *v.t.* to pick off तोड़ना; to snatch छीनना; to gather इकट्ठा क०; to twitch ऐंठना ।

pluck[2] *n.* courage साहस; short sharp pull झटका ।

plug[1] प्लग *n.* stopper डाट; tobacco pressed hard गुल्ली; an electricity device प्लग ।

plug[2] *(-gg-)v.t.* to stop with a plug डाट लगाकर बंद क० ।

plum प्लम *n.* a stone fruit आलूबुखारा, आलूचा, बेर; tree bearing it आलूबुखारे का पेड़ ।

plumber प्लम् बॅ: *n.* workman who fits pipes for water पानी का नल बैठानेवाला, नलकार ।

plunder[1] पलन् डॅ: *v.t.* to take by force, to rob लूटना ।

plunder[2] *n.* booty लूट का माल; act of plundering लूटमार ।

plunge[1] प्लन्ज *v.t.* to immerse डुबाना; to dive ग़ोता लगाना ।

plunge[2] *n.* act of plunging, immession डुबकी ।

plural प्लुअॅ रॅल *a.* more than one, denoting plurality अनेक, बहुवचन ।

plurality प्लुअॅ रै लि टि *n.* state of being plural अनेकता; majority अधिकता ।

plus[1] प्लस *a.* to be added अधिक ।

plus[2] *n.* the sign + जोड़ने का चिह्न (+) ।

ply[1] प्लॉइ *v.t.* to wield काम में लाना; to work at पर काम क०; to supply आपूर्ति क०; to urge अनुरोध क०; to keep busy व्यस्त रखना ; *v.i.* to run चालू रहना ।

ply[2] *n.* layer परत; strand लड़ ।

pneumonia न्यू मो न्यॅं *n.* inflammation of lungs न्यूमोनिया, फेफड़ों की सूजन ।

pocket[1] पौँ किट *n.* small bag inserted in garment पाकिट, जेब; pouch खलीता; cavity कोटरिका ।

pocket[2] *v.t.* to put into one's pocket जेब-में रखना; to appropriate अपने काम में लाना ।

pod पौँ ड *n.* long seed vessel फली ।

poem पो इम *n.* composition in verse पद्यकाव्य; piece of poetry कविता ।

poesy पो इ ज़ि *n.* poetic composition काव्य-रचना; poetic art काव्य-कला ।

poet पो इट *n.* writer of poems कवि ।

poetaster पॉ इ टैस् टॅ: *n.* petty poet क्षुद्र कवि; rhymer तुक्कड़ ।

poetess पो इ टिस *n. fem.* female poet कवयित्री ।

poetic पो ऐ॑ टिक *a.* pertaining to poetry कविता-संबंधी ।

poetics पो ऐ॑ टिक्स *n.* theory of poetry काव्यशास्त्र ।

poetry पो॑ इ ट्रि *n.* poem कविता; poetic composition काव्य-रचना; versifed composition पद्य, काव्य ।

poignacy **पौ॑ इ** नॅन् सि *n.* sharpness तीखापन; keenness तीक्ष्णता; quality of being poignant मार्मिकता ।

poignant **पौ॑ इ** नॅन्ट *a.* sharp तीखा; moving मर्मवेधी; pungent उत्कट ।

point[1] पौ॑ इन्ट *n.* dot बिंदु; sharp end यंत्र की नोक; cape अंतरीप; occasion अवसर; punctuation mark विरामचिह्न; unit of scoring अंक; argument तर्क; meaning अर्थ; hint संकेत; moment क्षण; purpose उद्देश्य; stage स्थिति ।

point[2] *v.t.* to make pointed नोकदार बनाना; to aim निशाना लगाना; to indicate संकेत क०; to show दिखाना; to fill with mortar सीमेंट से भरना ।

poise[1] पौ॑ इज़ *v.t.* to balance in weight तौलना; to hold in equilibrium संतुलित रखना; *v.i.* to be balanced संतुलित होना ।

poise[2] *n.* equilibrium संतुलन; indecision असमंजस ।

poison[1] **पौ॑ इ** ज़्न *n.* substance causing death विष, गरल; something harmful हानिकारक वस्तु ।

poison[2] *v.t.* to give poison to ज़हर देना; to kill with poison मारना, नष्ट क०; to currupt दूषित क० ।

poisonous **पौ॑ इ** ज़ॅ नॅस *a.* venomous विषैला, ज़हरीला ।

poke[1] पोक *v.t.* to push ढकेलना; to jab कोचना; to stir up कुरेदना ।

poke[2] *n.* nudge धक्का ।

polar पो लॅ: *a.* pertaining to the pole or poles ध्रुवीय; close to the poles ध्रुव के समीप का ।

pole पोल *n.* long piece of wood लंबा डंडा; a measure of 5 1/2 yards 5 1/2 गज़ की नाप; either of the two ends of a magnet ध्रुव चुंबक के दोनों छोर ।

police पॅ **लीस** *n.* body of civil officers for enforcing order पुलिस, आरक्षी ।

policeman पॅ **लीस्** मॅन *n.* a member of police force पुलिस का सिपाही ।

policy **पौ॑** लि सि *n.* line of conduct नीति; dexterity युक्ति; statecraft राज्य-शासन-पद्धति; contract of insurance बीमा-पत्र ।

polish[1] **पौ॑** लिश *v.t.* to make glossy चमकाना; to refine स्वच्छ क०; *v.i.* to become glossy चमकना ।

polish[2] *n.* substance for polishing पॉलिश; shine चमक; elegance शोभा; refinement शिष्टता ।

polite पॅ **लॉइट** *a.* refined शिष्ट; polished in manners विनीत ।

politeness पॅ **लॉइट्** निस *n.* refinement शिष्टता; courtesy विनय ।

politic **पौ॑** लि टिक *a.* showing policy नीति-चतुर; sagacious बुद्धिमान ।

political पॅ **लि** टि कॅल *a.* pertaining to the state राजनीतिक ।

politician पौ॑ लि **टि** शॅन *n.* one versed or engaged in politics राजनीतिज्ञ ।

politics **पौ॑** लि टिक्स *n.pl. (used as sing.)* science of government राजनीतिशास्त्र ।

polity **पौ॑** लि टि *n.* system of government राज्यशासनपद्धति, राज्यतंत्र ।

poll[1] पोल *n.* head मस्तक; list of voters निर्वाचकों की नामावली; voting मतदान ।

poll[2] *v.t.* to shear बाल काटना; to receive (votes) वोट पाना; *v.i.* to vote वोट देना ।

pollen **पौ॑** लिन *n.* fertilizing dust of

flowers पराग ।

pollute पॅ ल्यूट *v.t.* to corrupt, to desecrate दूषित क०, भ्रष्ट क० ।

pollution पॅ ल्यू शॅन *n.* act of polluting प्रदूषण; defilement अपवित्रीकरण ।

polo पो लो *n.* game played on horseback पोलो, चौगान ।

polygamous पौॅ लि गॅ मॅस *a.* practising polygamy एक से अधिक पत्नीवाला ।

polygamy पौॅ लि गॅ मि *n.* custom of marrying several persons बहुविवाह ।

polyglot[1] पौॅ लि ग्लौॅट *n.* person knowing several languages बहुभाषी, बहुभाषाविद् ।

polyglot[2] *a.* knowing several languages बहुभाषाविद् ।

polytechnic[1] पौॅ लि टैॅक् निक *a.* dealing with various arts and crafts पॉलीटेकनीक, विविधकला-विषयक ।

polytechnic[2] पौॅ लि टैॅक् निक् *n.* college dealing with various arts and crafts विविधकला विद्यालय ।

polytheism पौॅ लि थि इज़्म *n.* belief in many gods बहुदेववाद ।

polytheist पौॅ लि थि इस्ट *n.* person believing in many gods बहुदेवपूजक ।

polytheistic पौॅ लि थि इस् टिक *a.* pertaining to polytheism बहुदेववादी ।

pomp पौॅम्प *n.* splendid display आडंबर, विभव, ठाटबाट ।

pomposity पौॅम् पौॅ सि टि *n.* being pompous आडंबर ।

pompous पौॅम् पॅस *a.* displaying pomp आडंबरी, विभवयुक्त ।

pond पौॅन्ड *n.* pool छोटा तालाब ।

ponder पौॅन् डॅ: *v.t.* to weigh in the mind मन में तौलना to consider विचार क० ।

pony पो नि *n.* small horse टट्टू, छोटा घोड़ा ।

poor पुअॅ: *a.* wretched दीन; paltry तुच्छ; indigent दरिद्र; mean अधम; luckless अभागा; humble विनीत; infertile अनुपजाऊ ; needy ज़रूरतमंद; weak निर्बल ।

pop[1] पौॅप *(–pp–) v.i.* to make a small smart sound फट होना, धमाका होना; to enter suddenly अचानक आ धमकना; to issue forth at once बाहर निकलना; *v.t.* to put suddenly पटक देना; to offer with a quick sudden motion फुरती से प्रस्तुत क० ।

pop[2] *n.* small smart sound फट, फटाक ।

pope पोप *n.* head of Roman Catholic Church पोप, रोम का बड़ा पादरी ।

poplar पौॅप् लॅ: *n.* name of a tree चिनार ।

poplin पौॅप् लिन *n.* shiny cotton cloth पॉपलीन कपड़ा ।

populace पौॅ प्यु लॅस *n.* the common people साधारण लोग, जन-समूह ।

popular पौॅ प्यु लॅ: *a.* pertaining to the masses लौकिक; liked by the people सर्वप्रिय; prevalent प्रचलित ।

popularity पौॅ प्यु लै रि टि *n.* quality of being popular लोकप्रियता; social fame प्रसिद्धि ।

popularize पौॅ प्यु लॅ रॉइज़ *v.t.* to make popular लोकप्रिय या प्रसिद्ध बनाना ।

populate पौॅ प्यु लेट *v.t.* to fill with inhabitants जनपूर्ण क०, बसाना ।

population पौॅ प्यु लें शॅन *n.* people living in a place or country जनसंख्या, आबादी ।

populous पौॅ प्यु लॅस *a.* thickly populated जनपूर्ण, घना आबाद ।

porcelain पौ:स् लिन, –लेन् *n.* fine earthenware चीनी के बर्तन ।

porch पौ:च *n.* portico ड्योढ़ी, ओसारा ।

pore पौ: *n.* tiny opening in the skin रोमकूप ।

pork पौ:क *n.* pig's flesh as food सुअर का मांस।

porridge पौँ रिज *n.* food of oatmeal boiled in water लपसी, हलुआ।

port पौ:ट *n.* harbour बंदरगाह।

portable पौ: टॅ ब्ल *a.* that may be easily carried ले जाने-योग्य, वहनीय।

portage पौ: टिज *n.* act of carrying ढुलाई ; transport charges ले जाने का भाड़ा।

portal पौ: ट्ल *n.* imposing doorway सदर दरवाज़ा।

portend पौ: टॅन्ड *v.t.* to be an omen of शकुन बतलाना; to foretell पहिले से सूचना देना।

porter पौ: टॅ: *n.* doorkeeper द्वारपाल, दरबान; a carrier कुली।

portfolio पौ:ट् फ़ोँ ल्यो *n.(pl.–s)* flat portable case for loose papers खुले पत्र, मानचित्र आदि रखने का बस्ता; office of a minister मंत्री का विभाग।

portico पौ: टि को *n. (pl. –es)* a covered walk at the entrance of a building, porch द्वार-मंडप, बरसाती।

portion[1] पौ: शॅन *n.* part, share अंश, भाग; dowry दहेज; fate भाग्य।

portion[2] *v.t.* to divide into shares बाँटना।

portrait पौँ ट्रिट *n.* picture of a person छविचित्र, व्यक्तिचित्र।

portraiture पौ: ट्रि चॅ: *n.* art of portraying चित्रण, आलेखन, चित्रकारी; portrait चित्र।

portray पौ: ट्रे *v.t.* to make a picture of (का) चित्र बनाना; to describe vividly वर्णन क०।

portrayal पौ: ट्रे ॲल *n.* act of portraying चित्रलेखन; description वर्णन।

pose[1] पोज़ *v.i.* to asssume attitude मुद्रा बनाना, विशेष स्थिति में बैठना; to affect or pretend बनना, दिखावा क०; *v.t.* to puzzle स्तंभित क०, चक्कर में डालना।

pose[2] *n.* position मुद्रा, स्थिति; artistic posture छवि।

position[1] पॅ ज़ि शॅन *n.* place स्थान; situation स्थिति; status पदवी; attitude अंगस्थिति।

position[2] *v.t.* to place in position रखना।

positive पौँ ज़ि टिव़ *a.* definite निश्चित, sure, certian पक्का, greater than zero धनराशि का; affirmative सकारात्मक; constructive रचनात्मक।

possess पॅ ज़ैस *v.t.* to own अधिकार में रखना; to have and hold धारणा क०; to be full of (से) युक्त होना; to have possession of अधिकार में लेना; to influence प्रभावित क०।

possession पॅ ज़ै शॅन *n.* ownership अधिकार; something possessed अधीन पदार्थ; occupancy आधिपत्य।

possibility पौँ सि बि लि टि *n.* state or quality of being possible संभावना।

possible पौँ सि ब्ल *a.* practicable, probable होने-योग्य, संभाव्य।

post[1] पोस्ट *n.* upright piece of wood, metal etc. खंभा, थूनी।

post[2] *v.t.* to stick on some post खंभे पर लगाना; to fix up in some public place (पर) सार्वजनिक विज्ञापन लगाना।

post[3] *n.* office पद; power, authority अधिकार; postal department. डाक विभाग; place where soldier is stationed चौकी।

post[3] *v.t.* to station (soldiers) in a particular spot नियुक्त क०; to place (letter) in the post office (चिट्ठी) छोड़ना; *v.i.* to hasten on वेग से यात्रा क०।

post[5] *adv.* in haste शीघ्रता से।

postage पोस् टिज *n.* charge for the

carrying of letters डाक-महसूल ।

postal पोस् ट्ल *a.* relating to the carrying of mails डाक-संबंधी ।

post-date पोस्ट् डेट *v.t.* to put (on a letter, cheque etc.) a date later than the actual one उत्तरदिनांकित क० ।

poster पोस् टॅ: *n.* large advertising bill पोस्टर, विज्ञापन; one who posts bills विज्ञापन चिपकानेवाला ।

posterity पौ स् टै रि टि *n.* descendants संतति, वंश; future generations भावी पीढ़ी ।

posthumous पौ स् थ्यु मॅस *a.* coming or happening after death मरणोत्तर ।

postman पोस्ट् मॅन *n.* letter-carrier डाकिया, पत्रवाहक ।

postmaster पोस्ट् मास् टॅ: *n.* official-in-charge of a post-office पत्रपाल, डाकपति ।

post-mortem[1] पोस्ट् मौ: टॅम *a.* taking place after death मृत्यु के पश्चात् ।

post-mortem[2] *n.* medical examination made after death शव-परीक्षा ।

post-office पोस्ट् औ फ़िस *n.* office in-charge of postal service डाकघर ।

postpone पोस्ट् पोन *v.t.* to put off to a later time स्थगित क०, टालना ।

postponement पोस्ट पोन् मॅन्ट *n.* act of postponing स्थगन, विलंबन ।

postscript पोस् स्क्रिप्ट *n.* addition to letter, book etc. अनुलेख, पत्र समाप्त करने पर लिखा हुआ अंश, पुनश्च ।

posture पौसॅ् चॅ: *n.* way of holding the body मुद्रा; attitude of the body आसन; position of the body अंग-विन्यास; condition, state दशा ।

pot[1] पौ ट *n.* a metallic or earthenware vessel पात्र, भांड, गमला ।

pot[2] *(-tt-)v.t.* to put in a pot पात्र में रखना ।

potash पौ टैश *n.* alkali used in soap etc. पोटाश, सज्जी, खार ।

potassium पॅ टै श्यॅम *n.* white metallic element पोटैशियम, पोटाश का आधारभूत तत्त्व, दहातु ।

potato पॅ टे टो *n.* *(pl.* –es) plant with tubers आलू का पौधा; one of the tubers आलू ।

potency पो टॅन् सि *n.* power, might शक्ति; efficacy प्रभावशीलता ।

potent पो टॅन्ट *a.* powerful, mighty प्रबल, बलवान ।

potential[1] पों टैन् शॅल *a.* possible शक्य; latent प्रच्छन्न ।

potential[2] *n.* possibility संभावना ।

pontentiality पों टैन् शि ऐ लि टि *n.* possibility संभावना; latent capacity शक्यता ।

potter पौ टॅ: *n.* maker of earthenware vessels कुम्हार ।

pottery पौ टॅ रि *n.* earthenware मिट्टी के पात्र; business of the potter कुम्हार का व्यापार ।

pouch पॉउच *n.* small bag थैली ।

poultry पोल् ट्रि *n.* domestic fowls घरेलू मुर्ग़ी, बत्तख़ इत्यादि ।

pounce[1] पॉउन्स *v.i.* to make a downward swoop झपटना, आक्रमण क० ।

pounce[2] *n.* sudden attack झपट्टा ।

pound[1] पॉउन्ड *n.* unit of weight पौंड, आध सेर तौल; monetary unit एक मुद्रा-विशेष ।

pound[2] *v.t.* to beat to pieces कूटना; to crush to powder पीसना ।

pour पौ: *v.i.* to flow or issue forth बहना, निकलना; to rain heavily ज़ोरदार वर्षा होना; *v.t.* to let flow out बहाना; to emit उगलना ।

poverty पौ वॅ: टि *n.* state of being

poor दरिद्रता; want कमी; scarcity अभाव।

powder[1] पॉउ डॅ: *n.* solid matter in dry fine particles पाउडर; dust बुकनी; gunpowder बारूद।

powder[2] *v.t.* to reduce to dust बुकनी क०; to sprinkle with powder छिड़कना।

power पॉउ अॅ: *n.* strength शक्ति; energy ऊर्जा; force बल; authority अधिकार; influence प्रभाव; state राज्य; government शासन।

powerful पॉउ अॅ: फुल *a.* having power, strong शक्तिशाली; forceful बलशाली; influential प्रभावशाली।

practicability प्रैक् टि कॅ बि लि टि *n.* quality or state of being practicable करणीयता, साध्यता।

practicable प्रैक् टि कॅ ब्ल *a.* that may be done or effected करने योग्य; feasible संभव।

practical प्रैक् टि क्ल *a.* given to action व्यावहारिक; relating to practice अभ्यास-संबंधी, प्रायोगिक; useful उपयोगी; virtual वास्तविक।

practice प्रैक् टिस *n.* habit अभ्यास; exercise of any profession व्यवसाय; actual performance क्रिया, कार्य; custom प्रथा।

practise प्रैक् टिस *v.t.* to do repeatedly अभ्यास क०; to put into practice कार्यान्वित क०।

practitioner प्रैक् टि शॅ नॅ: *n.* professional man व्यवसायी।

pragmatic प्रैग् मै टिक *a.* concerned with practical consequence व्यवहारमूलक।

pragmatism प्रैग् मॅ टिज़्म *n.* pedantry पांडित्य का अभिमान; matter of factness व्यवहारवाद।

praise[1] प्रेज़ *n.* commendation प्रशंसा, स्तुति।

praise[2] *v.t.* to commend, to admire प्रशंसा क०, स्तुति क०।

praiseworthy प्रेज़् वॅ: दि *a.* deserving praise सराहने-योग्य।

prank प्रैङ्क *n.* playful trick क्रीड़ा, खेल।

prattle[1] प्रै ट्ल *v.i.* to talk like a child बचकानी बातें क०।

prattle[2] *n.* childish talk बचकानी बात।

pray प्रे *v.i.* to offer prayers to God प्रार्थना क०; to entreat विनती क०।

prayer प्रेॲ: *n.* act of praying to God प्रार्थना; worship स्तुति, भजन।

preach प्रीच *v.i.* to deliver sermon धर्म का उपदेश क०; to give moral advice to नैतिक शिक्षा देना।

preacher प्री चॅ: *n.* one who preaches धर्मोपदेशक।

preamble प्री ऐम् ब्ल *n.* introduction भूमिका।

precaution प्रि कौ शॅन *n.* care taken in advance चौकसी, सावधानी।

precautionary प्रि कौ शॅ नॅ रि *a.* for the sake of precaution सतर्कता के तौर पर किया गया।

precede प्रि सीड to go before आगे होना, पूर्वकालीन होना।

precedence प्रि सी डॅन्स, प्रैं सि डॅन्स *n.* act of preceding पूर्व आगमन; priority प्राथमिकता; superiority श्रेष्ठता।

precedent प्रैं सि डॅन्ट *n.* some previous case taken as a rule दृष्टांत, पूर्वोदाहरण, नज़ीर।

precept प्री सैप्ट *n.* rule नियम; maxim नीतिवचन; direction निर्देश; moral instruction उपदेश।

preceptor प्रि सैप् टॅ: *n.* moral teacher उपदेशक, गुरु।

precious प्रैं शॅस *a.* of great value मूल्यवान; costly महँगा; dear प्रिय।

precis प्रे सी *n.* summary संक्षेप;

abstract सार।

precise प्रि **सॉइस** *a.* difinite निश्चित; exact यथार्थ।

precision प्रि **सि** ज़ॅन *n.* exactness यथार्थता; accuracy शुद्धता।

precursor प्रि **कः** सॅः, प्री— *n.* forerunner अग्रदूत, पूर्वगामी।

predecessor **प्री** डि सैॅ सॅः *n.* previous occupant of a position पूर्वाधिकारी; a thing that has been replaced by another of its kind पूर्ववर्ती वस्तु।

predestination प्री डैस् टि **ने** शॅन *n.* the doctrine that God has ordained everything पूर्वनियति; destiny भाग्य।

predetermine प्री डि **टः** मिन *v.t.* to decide in advance पहले से निर्णय कर लेना।

predicament प्रि **डि** कॅ मॅन्ट *n.* difficult or awkward situation कठिन परिस्थिति।

predicate **प्रैॅ** डि किट *n.* *(gram.)* what is said about the subject in the sentence (व्या०) विधेय।

predict प्रि **डिक्ट** *v.t.* to foretell भविष्यवाणी क०।

prediction प्रि **डिक्** शॅन *n.* prophecy भविष्यवाणी।

predominance प्रि **डौॅ** मि नॅन्स *n.* superiority प्रबलता, प्रभुता।

predominant प्रि **डौॅ** मि नॅन्ट *a.* chief प्रमुख; prevailing प्रबल।

predominate प्रि **डौॅ** मि नेट *v.i.* to be the main or controlling element प्रमुख होना, प्रबल होना।

pre-eminence प्री **ऐॅ** मि नॅन्स *n.* superiority श्रेष्ठता, उत्कृष्टता।

pre-eminent प्री **ऐॅ** मि नॅन्ट *a.* outstanding श्रेष्ठ, उत्कृष्ट।

preface[1] **प्रैॅ** फ़िस *n.* introduction प्रस्तावना।

preface[2] *v.t.* to provide with a preface (की) भूमिका लिखना।

prefect **प्री** फ़ैक्ट *n.* student who helps a teacher in maintaining discipline अनुशासनपालक छात्र।

prefer प्रि **फ़ः** *v.t.* to like better अपेक्षाकृत अधिक पसंद क०।

preference **प्रैॅ** फ़ॅ रॅन्स *n.* act of preferring पसंद; that which is preferred पसंद की वस्तु; liking something more than another तरजीह।

preferential प्रैॅ फ़ॅ **रैन्** शॅल *a.* giving preference, relating to preference तरजीही।

prefix[1] **प्री** फ़िक्स *n.* syllable placed before another to form a new compound word उपसर्ग।

prefix[2] प्री **फ़िक्स** *v.t.* to add a prefix to उपसर्ग लगाना।

pregnancy **प्रैग्** नॅन् सि *n.* state of being pregnant गर्भावस्था; the period of remaining pregnant गर्भावस्था की अवधि।

pregnant **प्रैग्** नॅन्ट *a.* containing unborn young within the body गर्भवती।

prehistoric प्री हिस् **टौॅ** रिक *a.* of the period before recorded history प्रागैतिहासिक।

prejudice **प्रैॅ** जु डिस *n.* preconceived opinion पूर्वधारणा; bias पक्षपात; injury, harm हानि, क्षति, चोट।

prelate **प्रैॅ** लॅट, –लिट *n.* bishop or other churchman of equal or higher rank धर्माधिकारी।

preliminary[1] प्रि **लि** मि नॅ रि *a.* introductory प्राथमिक।

preliminary[2] *n. (pl.-ries)* *(usu pl.)* preliminary action, measures etc. प्रारंभिक कार्यवाही।

prelude[1] **प्रैॅ** ल्यूड *n.* introductory

piece of poetry मंगलाचरण; something preparatory प्रस्तावना ।

prelude[2] *v.t.* to introduce परिचित कराना; to preface प्रस्तावना लिखना ।

premarital प्री मै रि टॅल *a.* occurring before marriage विवाह से पूर्व का ।

premature प्रैॅ मॅ ट्युअॅ: *a.* happening or done before the proper time कालपूर्व ।

premeditate प्रि मै ॅडि टेट, प्री– *v.t.* to consider or plan in advance पूर्वयोजन क० ।

premeditation प्रि मै ॅडि टे शॅन, प्री– *n.* consideration or planning in advance पूर्वचिंतन ।

premier[1] प्रैॅ म्यॅ:, प्री– *a.* first in position or importance सर्वप्रथम, प्रमुख ।

premier[2] *n.* prime minister प्रधानमंत्री ।

premiere प्रैॅ मि एॅअॅ: *n.* first performance of a play, film, etc. प्रथम प्रदर्शन ।

premium प्री म्यॅम *n.* instalment paid for an insurance policy बीमा शुल्क ।

premonition प्री मॅ नि शॅन *n.* foreboding पूर्वबोध ।

preoccupation प्री ऑ ॅक्यु पे शॅन, प्रि– *n.* mental concentration or absorptionमानसनिक व्यस्तता ।

preoccupy प्री ऑ ॅक्यु पॉइ, प्रि– *v.t.* to engross attention of तल्लीन क० ।

preparation प्रैॅ पॅ रे शॅन *n.* act of preparing तैयारी; something prepared तैयार की गई वस्तु ।

preparatory प्रि पै रॅ टॅ रि *a.* introductory प्रारंभिक; serving as a preparation उपक्रमात्मक ।

prepare प्रि पेॅअॅ: *v.t.* to make ready तैयार क०; to make बनाना; *v.i.* to get ready तैयार होना ।

preponderance प्रि पॉन्‌ डॅ रॅन्स *n.* quality of being greater in number, strength, influence, etc. प्रधानता, प्राबल्य, प्रमुखता ।

preponderate प्रि पॉन्‌ डॅ रेट *v.i.* to be of greater power, influence or importance प्रबल, प्रमुख, प्रधान होना ।

preposition प्रैॅ पॅ ज़ि शॅन *n.* word used with a noun or pronoun to show its relation with another word पूर्वसर्ग ।

prerequisite[1] प्री रैॅक् वि ज़िट *a.* required as a prior condition पूर्वापेक्षित ।

prerequisite[2] *n.* something required as prior condition पूर्वापेक्षा ।

prerogative प्रि रौॅ गॅ टिव *n.* exclusive right परमाधिकार, विशेषाधिकार ।

prescience प्रैॅ शि अॅन्स *n.* foreknowledge पूर्वबोध ।

prescribe प्रि स्क्रॉइब *v.t.* to lay down as a rule निर्धारित क०; to advise (a medicine) for treatment नुसख़े में लिखना ।

prescription प्रि स्क्रिप् शॅन *n.* act of prescribing निर्धारण; thing prescribed निर्धारित वस्तु; doctor's written direction नुसख़ा; medicine prescribed निर्धारित औषधि ।

presence प्रैॅ ज़ॅन्स *n.* state of being present उपस्थिति ।

present[1] प्रैॅ ज़ॅन्ट *a.* now existing विद्यमान; being in the place in question उपस्थित ।

present[2] *n.* present time वर्तमान समय ।

present[3] प्रि ज़ैन्ट *v.t.* to offer for show or approval प्रस्तुत क०; to make a gift of उपहारस्वरूप देना ।

presentation प्रैॅ ज़ॅन् टे शॅन *n.* act of offering a present उपहार प्रदान; the gift which is presented भेंट, उपहार; act of presenting प्रस्तुतीकरण ।

presently प्रैॅ ज़न्ट् लि *adv.* soon शीघ्र ।

preservation प्रैॅ ज़: वे शॅन *n.* act of

preserving परिरक्षण ।

preservative[1] प्रि ज़ॅः वॅ टिव *n.* something which preserves परिरक्षक ।

preservative[2] *a.* tending to preserve, having the quality of preserving परिरक्षी ।

preserve[1] प्रि ज़ॅःव *v.t.* to keep safe सुरक्षित रखना; to make a preserve (fruits) (फलों का) मुरब्बा बनाना; to maintain बनाए रखना ।

preserve[2] *n.* something that is preserved परिरक्षित वस्तु ।

preside प्रि ज़ॉइड *v.i.* to be chairman or president of a meeting सभापति होना ।

president प्रैॅ ज़ि डॅन्ट *n.* head of a republic राष्ट्रपति; one who presides सभापति; chief officer of an organisation अध्यक्ष ।

presidential प्रैॅ ज़ि डैन् शॅल *a.* of or concerned with the president अध्यक्षीय ।

press[1] प्रैॅस *v.t.* to push against दबाना; to force (पर) दबाव डालना; to squeeze out निचोड़ना; to make smooth by ironing इस्त्री क० ; to compel बाध्य क० ; to insist ज़ोर देना; to emphasize बल देना; *v.i.* to throng भीड़ लगाना; to hasten जल्दी क० ।

press[2] *n.* a printing machine छपाई की मशीन; printing house छापाख़ाना; newspapers collectively समाचार-पत्र; reporters, journalists संवाददाता, पत्रकार; crowd भीड़; stress बल; cupboard आलमारी ।

pressure प्रैॅ शॅः *n.* act of pressing दबाव; moral force नैतिक दबाव; distress or difficulty कष्ट, परेशानी; compulsion बाध्यता ।

pressurize प्रैॅ शॅ रॉइज़ *v.t.* to put pressure on (पर) दबाव डालना ।

prestige प्रैसॅ् टीज़ *n.* esteem प्रतिष्ठा ।

prestigious प्रैसॅ् टि जॅस *a.* relating to prestige प्रतिष्ठा-संबंधी ।

presume प्रि ज़्यूम *v.t.* to take for granted मानना; to suppose to be true सत्य समझना; to venture (का) साहस क० ।

presumption प्रि ज़म्प् शॅन *n.* something presumed कल्पना; something which seems likely अनुमान, संभावना; arrogance घमंड, अकड़ ।

presuppose प्री सॅ पोज़ *v.t.* to imply (का) अभिप्राय होना; to take for granted मान लेना; to require के लिए आवश्यक होना ।

presupposition प्री सॅ पो ज़ि शॅन *n.* presupposing पूर्वधारणा ।

pretence प्रि टैंन्स *n.* act of pretending बहाना; simulation दिखावा, ढोंग; pretext बहाना ।

pretend प्रि टैन्ड *v.t.* to feign का बहाना क०; to simulate का ढोंग क० ।

pretension प्रि टैन् शॅन *n.* claim true or false दावा; pretext बहाना ।

pretentious प्रि टैन् शॅस *a.* full of pretension मिथ्याभिमानी, मिथ्या दावेदार ।

pretext प्री टैक्स्ट *n.* an ostensible reason or motive बहाना ।

prettiness प्रि टि निस *n.* attractiveness सुंदरता, रम्यता ।

pretty[1] प्रि टि *a.(–tier, –tiest)* pleasing सुंदर; attractive आकर्षक ।

pretty[2] *adv.* fairly, quite बहुत कुछ, काफ़ी हद तक ।

prevail प्रि वेल *v.i.* to gain the victory or superiority विजय अथवा श्रेष्ठता प्राप्त क०; to be in force लागू होना; to succeed सफल होना; to predominate प्रबल होना, हावी होना ।

prevalance प्रैॅ वॅ लॅन्स *n.* being

prevalent प्रचलन, व्यापकता ।

prevalent **प्रैं** वॅ लॅन्ट *a.* prevailing व्याप्त, फैला हुआ; predominant प्रबल ।

prevent प्रि **वैन्ट** *v.t.* to stop or intercept रोकना; to impede में बाधा डालना ।

prevention प्रि **वैन्** शॅन *n.* the act of preventing निवारण, रोकथाम ।

preventive प्रि **वैन्** टिव़ *a.* tending to prevent निवारक ।

previous **प्री** व्यॅस *a.* preceding पूर्ववर्ती, पहला ।

prey[1] प्रे *n.* a bird or animal hunted by another शिकार; victim पीड़ित, बलि ।

prey[2] *v.i.* (with *'on'* or *'upon'*) to seize and devour prey शिकार क०; to make attacks for plunder धावा बोलना; to exert a harmful pressure on mind मस्तिष्क के लिए हानिप्रद होना ।

price[1] प्रॉइस *n.* cost मूल्य; worth महत्त्व ।

price[2] *v.t.* to fix the price of (का) मूल्य निर्धारित क०; to mark the price of मूल्यांकित क० ।

prick[1] प्रिक *n.* slender pointed thing that can pierce काँटा; sharp point नोक; being pricked चुभन; puncture by a prick छेद; sting डंक; remorse पीड़ा ।

prick[2] *v.t.* to pierce with a prick चुभाना; to spur प्रेरित क०; to fill with remorse पीड़ा पहुँचाना ।

pride[1] प्रॉइड *n.* state or quality of being proud अभिमान; inordinate self-esteem दंभ, घमंड, अहंकार; cause of pride अभिमान का आधार ।

pride[2] *v.t.* to indulge (oneself) in pride अभिमान क० ।

priest प्रीस्ट *n.* clergyman पुरोहित ।

priestess **प्रीस्** टिस *n.* a female clergy पुजारिन ।

priesthood **प्रीस्ट्** हुड *n.* office of a priest पौरोहित्य; the whole body of priests पुरोहित-वर्ग ।

prima facie **प्रॉइ** मॅ **फ़े** शि *adv.* at first view or appearance प्रथम द्रष्टया ।

primarily **प्रॉइ** मॅ रि लि *adv.* in the first place प्रथमतः ; originally मूलतः ।

primary **प्रॉइ** मॅ रि *a.* first प्रथम; chief प्रधान; original मूल; elementary प्राथमिक ।

prime[1] प्रॉइम *a.* foremost मुख्य ; first प्रथम; original मूल; fundamental आधारभूत; first in rank or importance etc. सर्वश्रेष्ठ ।

prime[2] *n.* the best part उत्कर्ष; youth यौवन; full health पूर्ण स्वास्थ्य ।

primer **प्रॉइ** मॅः *n.* an elementary education book प्रवेशिका ।

primeval प्रॉइ **मी** वॅल *a.* of the earliest age or time आदि युगीन ।

primitive **प्रि** मि टिव *a.* of the earliest time आदिम, पुरातन; crude अपरिष्कृत; uncivilized असभ्य ।

prince प्रिन्स *n.* son of a king राजकुमार ।

princely **प्रिन्स्** लि *a.* splendid शानदार; generous उदार; stately राजसी ।

princess प्रिन् **सैसॅ** *n.* daughter of a king or emperor राजकुमारी ।

principal[1] **प्रिन्** सि पॅल *n.* head प्रधान व्यक्ति; head of an educational institution प्रधानाचार्य; sum of money lent मूलधन ।

principal[2] *a.* first प्रथम; chief प्रधान; most important अत्यधिक महत्त्वपूर्ण ।

principle **प्रिन्** सॅ पल *n.* fundamental law सिद्धांत; uprightness ईमानदारी; element विशिष्ट तत्त्व ; rule of conduct आचार, नियम ।

print[1] प्रिन्ट *v.t.* to reproduce in ink छापना; to cause to be reproduced in ink छपवाना; to make a positive picture from (a negative) (नैगेटिव) से फ़ोटो तैयार क०; to stamp (fabric) with coloured design (कपड़े) की छपाई क० ।

print[2] *n.* mark made by pressure छाप, निशान; printed calico छींट; printed matter मुद्रित सामग्री ।

printer प्रिन् टॅः *n.* one who prints मुद्रक ।

prior[1] **प्राइ** अॅः *a.* earlier पूर्ववर्ती ।

prior[2] *n.* chief of a religious house मठाध्यक्ष ।

prioress **प्रॉइ** अॅ रिस *n.* female prior मठाध्यक्षा ।

priority प्रॉइ **औँ** रि टि *n.* being prior प्रथमता; precedence पूर्वता ।

prison **प्रि** ज़न *n.* place of confinement बंदीगृह, कारागार; confinement क़ैद ।

prisoner **प्रि** ज़् नॅः *n.* one shut up in a prison बंदी ।

privacy **प्रॉइ** वॅ सि *n.* state of being private एकांत ।

private **प्रॉइ** विट *a.* confidential गुप्त; personal व्यक्तिगत; not open to the public असार्वजनिक; not having official character ग़ैर सरकारी ।

privation प्रॉइ **वे** शॅन *n.* lack of the necessaries of life अभाव, असुविधा; hardship कठिनाई; act of depriving वंचन ।

privilege **प्रि** वि लिज *n.* personal favour सुविधा; separate and personal advantage विशेषाधिकार ।

prize[1] प्रॉइज़ *n.* reward पुरस्कार, पारितोषिक ।

prize[2] *v.t.* to value highly क़द्र क० ।

probability प्रौँ बॅ **बि** लि टि *n.* likelihood संभावना ।

probable **प्रौँ** बॅ बल *a.* likey संभावित ।

probably **प्रौँ** बॅब् लि *adv.* possibly संभवतया ।

probation प्रॉ **बे** शॅन, प्रॅ— *n.* period of trial परिवीक्षा काल ; proof प्रमाण; trial परिवीक्षा ।

probationer प्रॉ **बे** शॅ नॅः, प्रॅ— *n.* one on probation परिवीक्षार्थी ।

probe[1] प्रोब *v.t.* to investigate thoroughly जाँच-पड़ताल क० ।

probe[2] *n.* thorough in- vestigation जाँच-पड़ताल ।

problem **प्रौब्** लॅम *n.* question proposed for solution प्रश्न; matter difficult to deal with समस्या ।

problematic प्रौब् लॅ **मै** टिक *a.* of the nature of a problem समस्यात्मक ।

procedure प्रॅ **सी** जॅः *n.* an established method of doing things कार्यपद्धति ।

proceed प्रो **सीड**, प्रॅ— *v.i.* to go forward अग्रसर होना; to continue in an activity कार्य जारी रखना ।

proceeding प्रॅ **सी** डिङ्ग, प्रो— *n.* course of action कार्यवाही; *(pl.)* official record कार्यवाही की अधिकृत रपट; *(pl.)* legal action क़ानूनी कार्यवाही ।

proceeds **प्रो** सीड्ज़ *n.pl.* price or profit मूल्य अथवा मुनाफ़ा ।

process **प्रो** सैसॅ *n.* series of action or changes प्रक्रिया; growth, progress प्रगति, विकास; method of operation कार्यविधि; action of law क़ानूनी कार्यवाही ।

procession प्रॅ **सैँ** शॅन *n.* train of persons in formal order जुलूस ।

proclaim प्रॅ **क्लेम** *v.t.* to announce publicly घोषणा क० ।

proclamation प्रौक् लॅ **मे** शॅन *n.* an official public announcement घोषणा ।

proclivity प्रॅ **क्लि** वि टि *n.* tendency, inclination प्रवृत्ति, झुकाव ।

procrastinate प्रॉ **क्रैस्** टि नेट *v.i.* to delay action टालमटोल क० ।

procrastination प्रॉ क्रैस् टि **ने** शॅन *n.* procrastinating टालमटोल ।

proctor **प्रौक्** टॅः *n.* an official of the

college who maintains discipline अनुशासन-अधिकारी।

procure प्रॅ **क्युअॅ:** *v.t.* to obtain प्राप्त क० ।

procurement प्रॅ **क्युअॅ:** मॅन्ट *n.* act of obtaining प्राप्ति ।

prodigal **प्रौँ** डि गॅल *a.* extravagant, wasteful अपव्ययी

prodigality प्रौँ डि गै लि टि *n.* extravagance अपव्ययिता; generosity उदारता ।

produce[1] प्रॅ **ड्यूस** *v.t.* to manufacture उत्पादन क०; to supply पूर्ति क०; to exhibit प्रदर्शित क०;to give birth to पैदा क० ।

produce[2] **प्रौँ** ड्यूस *n.* what is produced उत्पादन; agricultural products कृषि-उत्पादन ।

product **प्रौँ** डॅक्ट *n.* that what is produced उत्पाद; result परिणाम; number resulting from multiplication गुणनफल ।

production प्रॅ **डक्** शॅन *n.* product उत्पाद; act or process of producing उत्पादन ।

productive प्रॅ **डॅक्** टिव *a.* having the power of producing उत्पादक ।

productivity प्रो डक् **टि** वि टि *n.* being productive उत्पादकता ।

profane[1] प्रॅ **फ़ेन** *a.* vulgar अश्लील; not sacred अपवित्र ।

profane[2] *v.t.* to pollute, to desecrate अपवित्र क० ।

profess प्रॅ **फ़ैस** *v.t.* to confess publicly खुले-आम स्वीकार क०; to assert दावे के साथ कहना; to pretend ढोंग क०; to declare belief in आस्था दिखलाना; to declare openly खुलेआम दावा क० ।

profession प्रॅ **फ़ै** शॅन *n.* occupation पेशा, व्यवसाय; avowal घोषणा ।

professional प्रॅ **फ़ै** शॅ नॅल *a.* pertaining to a profession व्यवसाय-संबंधी ।

professor प्रॅ **फ़ैं** सॅ: *n.* teacher of the highest rank in a university प्राध्यापक ।

proficiency प्रॅ **फ़ि** शॅन् सि *n.* skill प्रवीणता, निपुणता ।

proficient प्रॅ **फ़ि** शॅन्ट *a.* skilled, expert प्रवीण , निपुण ।

profile[1] **प्रो** फ़ील, –फ़ॉइल *n.* character sketch रेखाचित्र ; side view पार्श्वचित्र ।

profile[2] *v.t.* to draw in profile (का) रेखाचित्र बनाना ।

profit[1] **प्रौँ** फ़िट *n.* advantage, benefit लाभ; financial gain मुनाफ़ा ।

profit[2] *v.t.* to benefit लाभ पहुँचाना; *v.i.* derive profit लाभ प्राप्त क० ।

profitabe **प्रौँ** फ़ि टॅ ब्ल *a.* yielding profit लाभकारी ।

profiteer[1] प्रौँ फ़ि **टिअॅ:** *n.* one who makes excessive profits in times of scarcity मुनाफ़ाख़ोर ।

profiteer[2] *v.i.* to make excessive profits मुनाफ़ाख़ोरी क० ।

profligacy **प्रौफ़्** लि गॅ सि *n.* immorality अनैतिकता, दुश्चरित्रता; wastefulness अपव्ययिता, उड़ाऊपन ।

profligate **प्रौफ़्** लि गिट *a.* shamelessly immoral अनैतिक, दुश्चरित्र; reckless लापरवाह; wasteful उड़ाऊ, अपव्ययी ।

profound प्र **फ़ॉउन्ड** *a.* deep अथाह; deep in skill or knowledge गहन; abstruse गूढ़, दुर्बोध ।

profundity प्रॅ **फ़न्** डि टि *n.* depth गहराई; being profound गांभीर्य ।

profuse प्रॅ **फ़्यूज़** *a.* lavish प्रचुर ।

profusion प्रॅ **फ़्यू** ज़ॅन *n.* abundance प्रचुरता ।

progeny **प्रौँ** जि नि *n.* offspring संतान; descendants वंशज; children बच्चे ।

programme[1] **प्रो** ग्रैम *n.* plan of proceedings योजना; broadcast on radio or television कार्यक्रम ।

programme[2] *v.t.* to make a programme of (का) कार्यक्रम बनाना ।
progress[1] **प्रो** ग्रैॅस *n.* development विकास, प्रगति ।
progress[2] प्रॅ **ग्रैॅस,** प्रॉ– *v.i.* to improve सुधार होना; to move forward प्रगति क० ।
progressive प्रॅ **ग्रै** सिव, प्रॉ– *a.* advocating progress प्रगतिशील; progressing by degrees उन्नतिशील ।
prohibit प्रॅ **हि** बिट, प्रॉ– *v.t.* to forbid रोकना, मना क० ।
prohibition प्रॉ इ **बि** शॅन *n.* act of prohibiting निषेध; the banning of alcoholic drinks मद्यनिषेध ।
prohibitive प्रॉ **हि** बि टिव, प्रॅ– *a.* implying prohibition निषेधक; (of prices) very high अति ऊँचे (मूल्य) ।
prohibitory प्रॉ **हि** बि टॅ रि, प्रॅ– *a.* designed to prohibit something निषेधात्मक ।
project[1] **प्रौ** जैक्ट *n.* scheme योजना; plan परियोजना ।
project[2] प्रौ **जैक्ट** *v.t.* to plan योजना बनाना; to throw फेंकना; to cause (a shadow, picture, etc.) to fall (on a surface) डालना; *v.i.* to stick out, to jut out बाहर निकला होना ।
projectile[1] प्रॅ **जैक्** टाइल, **प्रौ** जिक्– *n.* heavy missile प्रक्षेपणास्त्र ।
projectile[2] *a.* that can be sent forward or thrown प्रक्षेप्य ।
projection प्रॅ **जैक्** शॅन, प्रॉ– *n.* act of projecting प्रक्षेपण; something that juts out बाहर निकला भाग ।
projector प्रॉ **जैक्** टॅ:, प्रॅ– *n.* that which casts something forward प्रक्षेपित्र ।
proliferate प्रॅ **लि** फ़ॅ रेट, प्रो– *v.i.* to grow rapidly प्रचुर मात्रा में उत्पन्न होना; *v.t.* to reproduce rapidly प्रचुर मात्रा में उत्पन्न क० ।
proliferation प्रॅ लि फ़ॅ **रे** शॅन, प्रॉ– *n.* rapid growth तीव्र वृद्धि ।
prolific प्रॅ **लि** फ़िक, प्रॉ– *a.* fruitful फलदायक; producing much बहुत उपज देनेवाला ।
prologue **प्रो** लौग *n.* preface, introduction भूमिका; introductory part of a poem मंगलाचरण ।
prolong प्रॅ **लौङ्ग**, प्रॉ– *v.t.* to make longer लंबा क० ।
prolongation प्रो लौङ् **गे** शॅन *n.* making longer दीर्घीकरण ।
prominence **प्रौ** मि नॅन्स *n.* state of being prominent विशिष्टता ।
prominent **प्रौ** मि नॅन्ट *a.* eminent विशिष्ट; important महत्त्वपूर्ण; standing out बाहर निकला हुआ ।
promise[1] **प्रौ** मिस *n.* pledge, undertaking वादा, प्रतिज्ञा; hope or likelihood of success प्रत्याशा ।
promise[2] *v.t.* to give one's word वचन देना; to give cause for expecting आशान्वित क० ।
promising **प्रौ** मि सिङ्ग *a.* giving promise or grounds for good hopes आशाजनक, होनहार ।
promissory **प्रौ** मि सॅ रि *a.* containing a promise or binding declaration वचनात्मक, प्रतिज्ञात्मक ।
promote प्रॅ **मोट** *v.t.* to help forward बढ़ावा देना; to encourage प्रोत्साहित क०; move up to higher rank पदोन्नत क० ।
promotion प्रॅ **मो** शॅन *n.* act of promoting पदोन्नयन; encouragement प्रोत्साहन; advancement विकास ।
prompt[1] **प्रौम्प्ट** *a.* ready तत्पर; done without delay त्वरित ।
prompt[2] *v.t.* to urge प्रेरित क०; to remind (an actor) of forgotten

words अनुबोधन क० ।

prompter प्रॉम्प् टॅ: *n.* one who prompts actors अनुबोधक ।

prone प्रोन *a.* lying face downwards अधोमुख; inclined इच्छुक, प्रवृत्त ।

pronoun प्रो नॉउन *n.* word used instead of a noun सर्वनाम ।

pronounce प्रॅ नॉउन्स *v.t.* to declare or affirm घोषणा क०; to utter उच्चारण क०; to give one's opinion अपना मत व्यक्त क० ।

pronunciation प्रॅ नॅन् सि ए शॅन *n.* act or mode of pronouncing something उच्चारण, उच्चारण-शैली ।

proof[1] प्रूफ़ *n.* evidence प्रमाण ; trial परीक्षण; *(print.)* an impression in printing for correction प्रूफ़ ।

proof[2] *a.* impenetrable अभेद्य; able to resist प्रतिरोध करने-योग्य ।

prop[1] प्रॉप *n.* pole or beam used as a support टेक, थूनी ।

prop[2] *(-pp-) v.t.* to support सहारा देना ।

propaganda प्रॉ पॅ गैन् डॅ *n.* spreading of information or ideas to advance a cause प्रचार ।

propagandist प्रॉ पॅ गैन् डिस्ट *n.* one who actively spreads propaganda प्रचारक ।

propagate प्रॉ पॅ गेट *v.t.* to spread widely प्रसारित क०; to multiply by generation or reproduction उपजाना, बढ़ाना; to diffuse फैलाना ।

propagation प्रॉ पॅ गे शॅन *n.* act of propagating प्रसारण; diffusion फैलाव ।

propel प्रॅ पैॅल, प्रॉ— *(-ll-) v.t* to drive forward ठेलना ।

proper प्रॉ पॅ: *a.* correct, suitable उपयुक्त; appropriate उचित; decent समुचित; *(gram.)* denoting individual person or place (व्या०) व्यक्तिवाचक ।

property प्रॉ पॅ: टि *n.* possession संपत्ति; attribute गुणधर्म; special quality विशेषता ।

prophecy प्रॉ फ़ि सि *n.* prediction भविष्यकथन ।

prophesy प्रॉ फ़ि सॉइ *v.t.* to predict पहले से बता देना; *v.i.* to make a prophecy भविष्यकथन क० ।

prophet प्रॉ फ़िट *n.(fem. prophetess)* a devinely inspired religious leader पैग़ंबर; a person who predicts the future भविष्यद्रष्टा ।

prophetic प्रॅ फ़ैॅ टिक *a.* pertaining to a prophet पैग़ंबरी; unfolding future events भविष्यसूचक ।

proportion[1] प्रॅ पौ: शॅन *n.* comparative relation अनुपात; comparison तुलना; symmetry सममिति; just or equal share अंश ।

proportion[2] *v.t.* to adjust in due proportion समानुपातन क० ।

proportional प्रॅ पौ: शॅ न्ल *a.* see proportionate

proportionate प्रॅ पौ: शॅ निट *a.* having a due proportion समानुपाती, सापेक्ष ।

proposal प्रॅ पो ज़ॅल *n.* that which is proposed प्रस्ताव; offer of marriage विवाह-प्रस्ताव; suggestion सुझाव ।

propose प्रॅ पोज़ *v.t.* to offer for consideration प्रस्तावित क०; to nominate मनोनीत क०; *v.i.* to make a proposal प्रस्ताव क०; to offer onself in marriage विवाह के लिए प्रस्ताव रखना ।

proposition प्रॉ पॅ ज़ि शॅन *n.* proposal प्रस्ताव; a statement कथन; a theorem साध्य ।

propound प्रॅ पॉउन्ड *v.t.* to put forward for consideration or solution प्रस्तावित क० ।

proprietary प्रॅ प्रॉइ अॅ टॅ रि *a.* belonging

to a proprietor मालिकाना ।

proprietor प्रॅ **प्रॉइ** अॅ टॅ: *n.* an owner स्वामी ।

propriety प्रॅ **प्रॉइ** अॅ टि *n.* state of being proper उपयुक्तता; justness औचित्य; proper behaviour मर्यादा ।

prorogue प्रॅ **रोग**, प्रॉ – *v.t.* to suspend (a legislative session) (सत्र का) अवसान क० ।

prosaic प्रॉ **ज़े** इक *a.* uninteresting नीरस; commonplace सामान्य ।

prose प्रोज़ *n.* speech or language not in verse गद्य ।

prosecute **प्रौँ** सि क्यूट *v.t.* to pursue at law (पर) मुक़दमा चलाना ।

prosecution प्रौँ सि **क्यू** शॅन *n.* act of prosecuting अभियोजन ।

prosecutor **प्रौँ** सि क्यू टॅ: *n.* one who prosecutes अभियोक्ता ।

prosody **प्रौँ** सॅ डि *n.* the rules of metre or versification छंदशास्त्र ।

prospect **प्रौसॅ्** पैक्ट *n.* outlook दृष्टिकोण; reasonable hope आशा; expectation अपेक्षा; a distant view परिदृश्य ।

prospective प्रॅस् **पैक्** टिव *a.* hoped for प्रत्याशित; future भावी ।

prospsectus प्रॅस् **पैक्** टॅस *n.* *(pl. –es)* a printed statement of some enterprise proposed विवरण-पुस्तिका ।

prosper **प्रौसॅ्** पॅ: *v.i.* to increase in wealth समृद्ध होना; to succeed सफल होना ।

prosperity प्रौसॅ् **पैँ** रि टि *n.* flourishing state समृद्धि; success सफलता; good fortune सौभाग्य ।

prosperous **प्रौसॅ्** पॅ रॅस *a.* flourishing समृद्ध; successful सफल; fortunate भाग्यशाली ।

prostitute[1] **प्रौसॅ्** टि ट्यूट *n.* a woman who offers sexual intercourse in return for payment वेश्या ।

prostitute[2] *v.t.* to put to wrong use (को) भ्रष्ट क०, दुरुपयोग क० ।

prostitution प्रौसॅ् टि **ट्यू** शॅन *n.* practice of prostituting oneself वेश्यावृत्ति; misuse दुरुपयोग ।

prostrate[1] **प्रौ स्** ट्रेट, –ट्रिट *a.* lying flat दंडवत् पड़ा हुआ; overcome पराजित; overthrown गिराया हुआ ।

prostrate[2] प्रौसॅ् **ट्रेट** *v.t.* to throw flat on ground गिरा देना; to render helpless असहाय कर देना ।

prostration प्रौसॅ् **ट्रे** शॅन *n.* act of lying flat दंडवत् अवस्था; complete exhaustion पूर्ण श्रांति ।

protagonist प्रॉ **टै** गॅ निस्ट *n.* supporter पक्षपोषक; chief character नायक; principal actor मुख्य अभिनेता ।

protect प्रॅ **टैक्ट** *v.t.* to shield from danger ख़तरे से रक्षा क० ।

protection प्रॅ **टैक्** शॅन *n.* defence रक्षा; shelter शरण, आश्रय; act of protecting बचाव; that which protects रक्षक ।

protective प्रॅ **टैक्** टिव *a.* giving protection संरक्षी; serving as protection रक्षात्मक ।

protector प्रॅ **टैक्** टॅ: *n.* one who protects रक्षक ।

protein **प्रो** टीन *n.* an organic substance found in some foods प्रोटीन ।

protest[1] **प्रो** टैस्ट *n.* formal declaration of dissent प्रतिवाद, विरोध ।

protest[2] प्रॅ **टैस्ट** *v.i.* to make a formal declaration of opposition प्रतिवाद क०; to raise an objection आपत्ति क०; v.t. to assert firmly दृढ़तापूर्वक कहना ।

protestation प्रॉ टैस् **टे** शॅन *n.* a solemn declaration गंभीर घोषणा; an act of protest विरोध ।

prototype **प्रो** टॅ टॉइप *n.* an original type or model आदिरूप ।

proud प्रॉउड *a.* feeling proper pride स्वाभिमानी; boastful घमंडी, दंभी; arrogant अक्खड़; self respecting आत्मसम्मानपूर्ण; stately शानदार ।

prove प्रूव *v.t.* to try by experiment प्रमाणित क०; to establish the truth or reality of सिद्ध क०; *v.i.* to be found by experience or trial प्रमाणित होना ।

proverb प्रौ॑ वॅ:ब *n.* a popular saying लोकोक्ति; maxim कहावत ।

proverbial प्रॅ वॅ: ब्यॅल *a.* widely known सर्वविदित; of the nature of a proverb लोकोक्तीय ।

provide प्रॅ वॉइड *v.i.* to make preparation तैयारी क०; *v.t.* to supply मुहैया क०; to equip सुसज्जित क०; to stipulate शर्त लगाना; to give प्रदान क० ।

providence प्रौ॑ वि डॅन्स *n.* foresight दूरदृष्टि; (cap.) the care which God exercises over His creatures ईश-कृपा; (cap.) God ईश्वर ।

provident प्रौ॑ वि डॅन्ट *a.* thrifty मितव्ययी; showing foresight दूरदर्शी ।

providential प्रौ वि डॅन् शॅल *a.* accomplished by divine providence दैवकृत; lucky शुभ ।

province प्रौ॑ विन्स *n.* state प्रांत; sphere of action कार्यक्षेत्र ।

provincial प्रॅ विन् शॅल *a.* of a province प्रांतीय; narrow- minded संकीर्णतापूर्ण ।

provincialism प्रॅ विन् शॅ लिज़्म *n.* the quality of being provincial प्रांतीयता; narrow-mindedness संकीर्णता ।

provision प्रॅ वि ज़ॅन *n.* act of providing व्यवस्थापन; stores provided भंडार; clause in any statute धारा ।

provisional प्रॅ वि ज़ॅ न्‌ल *a.* temporary अस्थायी ।

proviso प्रॅ वॉइ ज़ो *n. (pl. –s)* condition शर्त ।

provocation प्रौ॑ वॅ के शॅन *n.* act of provoking उत्तेजन; cause of resentment चिढ़ने का कारण ।

provocative प्रॅ वौ॑ कॅ टिव *a.* exciting उत्तेजक ।

provoke प्रॅ वोक *v.t.* to irritate चिढ़ाना; to stimulate प्रदीप्त क०; to incite भड़काना ।

prowess प्रॉउ इस *n.* bravery वीरता; gallantry शौर्य; boldness and dexterity in war निर्भीकता ।

proximate प्रौक् सि मॅट *a.* nearest समीपी; in closest relationship निकट संबंधी ।

proximity प्रॉक् सि मि टि *n.* state of being proximate निकटता ।

proxy प्रौक् सि *n.* authorised agent or substitute अधिकृत कार्यकर्ता अथवा स्थानापन्न व्यक्ति ।

prude प्रूड *n.* a person of extreme propriety अति औचित्यवादी व्यक्ति ।

prudence प्रू डॅन्स *n.* quality of being prudent विवेक, सावधानी ।

prudent प्रू डॅन्ट *a.* sensible and wise विवेकी; careful सावधान ।

prudential प्रु डॅन् शॅल, प्रु– *a.* marked by prudence विवेकपूर्ण ।

prune प्रून *v.t.* to cut away parts of (tree, etc.) छँटाई क०; to take out unnecessary parts from अनावश्यक अंश निकाल देना ।

pry प्रॉइ *v.i.* to peep narrowly ताक-झाँक क० ।

psalm साम *n.* sacred song धार्मिक भजन ।

pseudonym स्यू डो निम, –डॅ– *n.* false or feigned name छद्‌नाम ।

psyche सॉइ कि *n.* human soul आत्मा; human mind मानव-मस्तिष्क; mentality मानसिकता ।

psychiatrist सॉइ कॉइ अॅ ट्रिस्ट *n.* expert

in psychiatry मनश्चिकित्सक ।

psychiatry सॉइ **कॉइ** अॅ ट्रि *n.* treatment of mental illness मनश्चिकित्सा ।

psychic **सॉइ** किक *a.* belonging to the soul आध्यात्मिक; psychological मनोवैज्ञानिक ।

psychological सॉइ कॅ **लौं** जि कॅल *a.* pertaining to psychology or science of mind मनोवैज्ञानिक ।

psychologist सॉइ **कौं** लॅ जिस्ट *n.* one who is conversant with psychology मनोविज्ञानी ।

psychology सॉइ **कौं** लॅ जि *n.* that branch of knowledge which deals with the mind मनोविज्ञान ।

psychopath **सॉइ** कों पैथ *n.* a patient of mental disorder मनोरोगी ।

psychosis सॉइ **को** सिस *n.* severe mental disorder मनोविकृति ।

psychotherapy सॉइ कों **थै** रॅ पि *n.* treatment of disease by psychological methods मनश्चिकित्सा ।

puberty **प्यू** बॅ: टि *n.* sexual maturity तारुण्य ।

public[1] **पब्** लिक *a.* pertaining to a whole community सार्वजनिक; for the use or benefit of all सर्वोपयोगी ।

public[2] *n.* people as a whole जनता ।

publication पब् लि **के** शॅन *n.* act of publishing प्रकाशन; announcement घोषणा; something published प्रकाशित सामग्री (पुस्तक आदि) ।

publicity पब् **लि** सि टि *n.* business of advertising प्रचार ।

publicize **पब्** लि सॉइज़ *v.t.* to give publicity to प्रचारित क० ।

publish **पब्** लिश *v.t.* to cause to be printed and offered for sale प्रकाशित क०; to make public सार्वजनिक बनाना ।

publisher **पब्** लि शॅ: *n.* one who publishes (especially books) प्रकाशक ।

pudding **पु** डिङ्ग *n.* a sweet dish पुडिंग ।

puddle[1] **प** ड्ल *n.* small, dirty pool डबरा, पोखर ।

puddle[2] *v.t.* to make muddy गँदला क० ।

puerile **प्यु** अॅ रॉइल *a.* trivial तुच्छ; suitable only for a child बचकाना ।

puff[1] पफ़ *n.* sudden emission of breath फूँक; a whiff कश; short blast of wind झोंका; pad गदिया; swelling सूजन ।

puff[2] *v.i.* to breathe hard after exertion तेज़ी से साँस लेना; to take puffs in smoking कश मारना; *v.t.* to drive with a blast फूँकना; to inflate फुलाना; to inflate with pride घमंड से भरना; to praise extravagantly अति प्रशंसा क० ।

pull[1] पुल *v.t.* to draw or move towards oneself खींचना; to remove by drawing out उखाड़ना; to pluck खींचना ।

pull[2] *n.* act of pulling खिंचाई; effort परिश्रम; influence प्रभाव, दबाव ।

pulley **पु** लि *n.* grooved wheel घिरनी ।

pullover **पुल्** ओ वॅ: *n.* sweater, jersey स्वेटर, जरसी ।

pulp[1] पल्प *n.* soft juicy part of a fruit गूदा; soft mass of rags or wood लुग़दी ।

pulp[2] *v.t.* to crush into pulp लुग़दी बनाना ।

pulpit **पुल्** पिट *a.* raised platfrom in temple प्रवचन-मंच ।

pulpy **पल्** पि *a.* full of pulp गूदेदार ।

pulsate **पल्** सेट, पल् **सेट** *v.i.* to beat or throb धड़कना ।

pulsation पल् **से** शॅन *n.* single beat or throb धड़कन; throb फड़कन ।

pulse[1] पल्स *n.* regular beat of arteries नब्ज़, नाड़ी-स्पंदन ।

pulse[2] *v.i.* to beat or throb स्पंदित होना ।

pulse[3] *n.* edible seeds of pod-bearing plants दाल ।

pump[1] पम्प *n.* machine for raising water or extracting air पंप ।

pump[2] *v.t.* to raise, put in, take out with pump पंप से उठाना, रखना, निकालना; *v.i.* to work a pump पंप चलाना ।

pumpkin पम्प् किन *n.* a variety of gourd कद्दू ।

pun[1] पन *n.* play on words यमक, श्लेष ।

pun[2] *(-nn-) v.i.* to make a pun यमक या श्लेष का प्रयोग क० ।

punch[1] पन्च *n.* an instrument for driving holes in metal etc. पंच, छेदक; blow or thrust मुक्का ।

punch[2] *v.t.* to perforate with a punch पंच से छेद क०; to hit with the fist मुक्का मारना ।

punctual पङ्क् ट्यु ॲल *a.* made or done at the exact time समयानुकूल; observant of appointed time समय का पाबंद ।

punctuality पङ्क् ट्यु ऐ लि टि *n.* quality of being punctual समय की पाबंदी ।

punctuate पङ्क् ट्यु एट *v.t.* to insert punctuation marks in में विराम-चिह्न लगाना; to interrupt में रुकावट पैदा क० ।

punctuation पङ्क् ट्यु ए शॅन *n.* practice of punctuating विराम-चिह्न-विधान ।

puncture[1] पङ्क् चॅः *n.* act of pricking छेदन; small hole thus made छिद्र ।

puncture[2] *v.t.* to pierce with a small point नोक से छेद क० ।

pungency पन् जॅन् सि *n.* sharpness तीव्रता; bitterness तीखापन ।

pungent पन् जॅन्ट *a.* biting तीक्ष्ण; sharp तीव्र ।

punish प निश *v.t.* to inflict penalty on दंड देना; to cause to suffer कष्ट पहुँचाना ।

punishment प निश् मॅन्ट *n.* penalty दंड ।

punitive प्यू नि टिव *a.* inflicting punishment दंडात्मक ।

puny प्यू नि *a.* small and weak छोटा व दुर्बल ।

pupil प्यू प्ल *n.* disciple शिष्य; aperture in the iris through which the rays of light pass पुतली ।

puppet प पिट *n.* a small figure in human form mechanically worked पुतली; person who is a mere tool अधीन व्यक्ति ।

puppy प पि *n.* young dog पिल्ला ।

purblind पॅः ब्लॉइन्ड dim-sighted चुंधा ।

purchase[1] पॅः चॅस *n.* thing bought ख़रीदी गई वस्तु; buying क्रय, ख़रीद ।

pruchase[2] *v.t.* to buy ख़रीदना ।

pure प्युॲः *a.* unmixed अमिश्रित; clear स्पष्ट; clean साफ़; chaste पवित्र; genuine असली ।

purgation पॅः गे शॅन *n.* purification शुद्धि; purging of the bowels विरेचन ।

purgative[1] पॅः गॅ टिव *n.* substance having the power to purge विरेचक पदार्थ ।

purgative[2] *a.* having the power to purge शोधक, विरेचक ।

purgatory पॅः गॅ टॅ रि *n.* place of temporary suffering for the purification of soul शुद्धि का स्थान ।

purge पॅःज *v.t.* to make pure or clean पवित्र क०; to evacuate the bowels of रेचन क० ।

purification प्युॲ रि फ़ि के शॅन *n.* act of purifying शुद्धिकरण ।

purify प्युॲ रि फ़ॉइ *v.t.* to make pure or clear पवित्र क०; to free from admixture शुद्ध क०; to free from guilt or sin पापरहित क० ।

purist **प्युअॅ** रिस्ट *n.* one excessively nice in the use of words etc. शुद्धिवादी ।

puritan **प्युअॅ** रि टॅन *n.* person strict in morals नियमनिष्ठ व्यक्ति ।

puritanical प्युअॅ रि **टै** नि कॅल *a.* very strict in morals नैतिकतावादी ।

purity **प्युअॅ** रि टि *n.* state or quality of being pure शुद्धता, शुचिता ।

purple **पॅ:** प्ल *a., n.* (colour) produced by mixing red and blue बैंगनी (रंग) ।

purport[1] **पॅ:** पॅ:ट *n.* general intention or meaning सामान्य आशय अथवा अर्थ ।

purport[2] *v.t.* to signify, to imply आशय या अभिप्राय रखना; to claim to be दावा क० ।

purpose[1] **पॅ:** पॅस *n.* end, aim उद्देश्य; intention आशय, प्रयोजन; determination निश्चय ।

purpose[2] *v.t.* to have as one's purpose उद्देश्य रखना ।

purposely **पॅ:** पॅस् लि *adv.* intentionally जानबूझकर, सोद्देश्य ।

purr[1] पॅ: *n.* pleased noise which a cat makes म्याऊँ; vibrating sound (as that of a car engine) घुरघुर ।

purr[2] *v.i.* (of a cat) to make a pleased noise म्याऊँ क०; (of a car-engine) to make a vibrating sound घुरघुर क० ।

purse[1] पॅ:स *n.* small money bag बटुआ; money धन ।

purse[2] *v.t.* to put in a purse बटुए में रखना ।

pursuance पॅः **स्यु** अॅन्स, **–स्यू–** *n.* carrying out पालन ।

pursue पॅ: **स्यू** *v.t.* to chase पीछा क०; to continue जारी रखना; to have as an aim or purpose (का) लक्ष्य रखना ।

pursuit पॅ: **स्यूट** *n.* chase पीछा; attempt to obtain लक्ष्य; occupation धंधा ।

purview **पॅ:** व्यू *n.* scope क्षेत्र; limit सीमा; sphere परिधि ।

pus पस *n.* yellowish matter produced by supuration पीव, मवाद ।

push[1] पुश *v.t.* to press against with force धकेलना; to enforce (पर) ज़ोर देना; to urge प्रोत्साहित क०; to extend बढ़ाना; to press दबाना ।

push[2] *n.* act of pushing धक्का; determination निश्चय; vigorous effort or enterprise घोर प्रयत्न ।

put पुट *(–tt–) v.t.* to place in any position or situation रखना; to apply लगाना; to propose प्रस्तावित क०; to express अभिव्यक्त क० ।

puzzle[1] **प** ज़्ल *n.* problem समस्या, पहेली; state of bewilderment उलझन ।

puzzle[2] *v.t.* to perplex उलझन में डालना ।

pygmy (pigmy) **पिग्** मि *n.* dwart बौना ।

pyorrhoea पॉइ अॅ **रि** अॅ *n.* a disease of the gums पायरिया ।

pyramid **पि** रॅ मिड *n.* solid structure built in ancient Egypt पिरामिड ।

pyre **पॉइ** अॅ: *n.* large pile of wood for burning a dead body चिता ।

python **पॉइ** थॉन, –थॅन *n.* a large snake that crushes its prey अजगर ।

Q

quack[1] क्वैक *v.i.* to make the cry of a duck बतख़ की तरह टर्राना ।

quack[2] *n.* cry of a duck बतख़ का शब्द; pretending physician ठगविद्या करनेवाला, नीमहकीम ।

quackery क्वै कॅ रि *n.* pretension to medical skill नीमहकीमी ।

quadrangle क्वौॅ ड्र रैङ् ग्ल *n.* open four-sided court चौकोर आँगन; a figure with four angles चतुर्भुज ।

quadrangular क्वौॅ ड्रैङ् ग्यु लॅः *a.* four-sided चतुष्कोणीय ।

quadrilateral क्वौॅ ड्रि लैॅ टॅ रॅल *a.* & *n.* four-sided (figure) चार भुजा की (आकृति) ।

quadruped क्वौॅ ड्रु पैॅ ड *n.* four-footed animal चौपाया, चतुष्पद ।

quadruple[1] क्वौॅ ड्रु प्ल *a.* four-fold चौगुना ।

quadruple[2] *v.t.* to make four-fold चौगुना क० ।

quail क्वेल *n.* a small bird like partridge बटेर ।

quaint क्वेन्ट *a.* strange, unusual, old-fashioned विचित्र, विलक्षण, पुराने ढंग का ।

quake[1] क्वेक *v.i.* to shake, to tremble काँपना, थर्राना ।

quake[2] *n.* quaking कँपकँपी, थर्राहट ।

qualification क्वौॅ लि फ़ि के शॅन *n.* ability योग्यता; restriction मर्यादा, विशिष्टता ।

qualify क्वौॅ लि फ़ाइ *v.i.* to become fit to do a particular thing योग्य बनना; to pass a test or examination परीक्षा या प्रतियोगिता में उत्तीर्ण होना; *v.t.* to moderate, to limit सीमित क०; to make fit योग्य बनाना ।

qualitative क्वौॅ लि टॅ टि व *a.* relating to quality जाति, स्वभाव या गुण-संबंधी ।

quality क्वौॅ लि टि *n.* nature or worth of anything गुण, जाति; rank पद; nature स्वभाव, लक्षण ।

quandary क्वौन् डॅ रि *n.* perplexity दुविधा, व्याकुलता, घबराहट ।

quantitative क्वौॅन् टि टॅ टिव *a.* relating to quantity परिणाम संबंधी ।

quantity क्वौॅन् टि टि *n.* amount परिमाण, विस्तार, मात्रा, अंश ।

quantum क्वौॅन् टॅम *n.* desired amount आवश्यक परिमाण या मात्रा ।

quarrel[1] क्वौॅ रॅल *n.* angry dispute कलह, झगड़ा; disagreement विवाद ।

quarrel[2] *(-ll-)* *v.i* to argue or disagree angrily with somebody झगड़ना ।

quarrelsome क्वौॅ रॅल् सॅम *a.* fond of quarrels झगड़ालू, लड़ाका ।

quarry[1] क्वौॅ रि *n.* place where stone, slate etc. is got out of ground खदान, खान, ।

quarry[2] *v.i.* to work in a quarry खान से पत्थर निकालना ।

quarter[1] क्वौः टॅः *n.* fourth of any thing चतुर्थ भाग; post स्थान;, direction दिशा; lodgings ठहरने का स्थान ।

quarter[2] *v.t.* to divide into four equal

parts चार भाग क॰; to lodge ठहराना ।

quarterly[1] **क्वौः** र्टः लि *a.* coming each quarter तीसरे महीने, होनेवाला, त्रैमासिक ।

quarterly[2] *n.* three-monthly magazine त्रैमासिक पत्रिका ।

queen क्वीन *n.* wife of a king राजपत्नी; woman who rules a country महारानी, रानी; a piece in chess (शतरंज में) वज़ीर; card with the picture of queen (ताश में) बेग़म ।

queer क्विअँः *a.* strange, very unusual अनूठा, विलक्षण ।

quell क्वैलॅ *v.t.* to overcome वश में क॰; to suppress दबाना; to allay शांत क॰ ।

quench क्वैन्च *v.t.* to damp down or put out (fire) (आग या प्यास) बुझाना, दबाना, to put an end to (something) शांत क॰, चुप कर देना ।

query[1] **क्विअॅ** रि *n.(pl. querises)* question प्रश्न, पूछताछ ।

query[2] *v.t.* to ask questions प्रश्न क॰ ।

quest[1] क्वैॅस्ट *n.* search अन्वेषण, खोज, अनुसंधान ।

quest[2] *v.i.* to search खोज क॰ ।

question[1] **क्वैसॅ्** चॅन *n.* enquiry प्रश्न, जाँच; point of debate विवाद या विचार का विषय ।

question[2] *v.t.* to ask for information प्रश्न पूछना, जाँचना; to interrogate पूछताछ क॰; to doubt संदेह क॰ ।

questionable **क्वैसॅ्** चॅ नॅ ब्ल *a.* doubtful संदेहयुक्त, अनिश्चित ।

questionnaire क्वैसॅ् चॅ नॅेअँः *n.* a list of questions प्रश्नमाला ।

queue क्यू *n.* line of people waiting their turn पंक्ति , क़तार ।

quibble[1] **क्वि** ब्ल *n.* evasive answer वाक्छल, वक्रोक्ति, शब्द- श्लेष ।

quibble[2] *v.i.* to indulge in quibble वाक्छल क॰, टेढ़ा बोलना, शब्द-श्लेष का प्रयोग क॰ ।

quick[1] क्विक *a.* swift, hasty फुरतीला, प्रस्तुत, तीव्र ।

quick[2] *n.* sensitive flesh शरीर का जीवित (मर्म) भाग ।

quicksand **क्विक्** सैन्ड *n.* loose, wet sand नदी या समुद्र का- धसकनेवाला बालू का किनारा ।

quicksilver **क्विक सिल्** वॅः *n.* mercury पारद, पारा ।

quiet[1] **क्वॉइ** अॅट *a.* calm, silent निश्चल, शांत, सौम्य, चुपचाप ।

quiet[2] *n.* calmness शांति, स्थिरता ।

quiet[3] *v.t.* to make calm स्थिर क॰; *v.i.* to be calm शांत होना ।

quilt क्विल्ट *n.* padded coverlet रज़ाई, तोषक, गद्दा, तोषक की खोली ।

quinine क्वि **नीन** *n.* bitter drug for malaria कुनैन ।

quintessence क्विन् **टै** सॅन्स *n.* purest form शुद्धतम रूप, essential feature मुख्य लक्षण, embodiment मूर्तरूप ।

quit क्विट *(-tt-) v.t.* to leave छोड़ना, त्यागना ।

quite क्वॉइट *adv.* wholly सर्वथा, पूरी तरह से, बिलकुल ।

quiver[1] **क्वि** वॅः *n.* arrow case तरकस ।

quiver[2] *v.i.* to tremble काँपना, थर्राना ।

quixotic क्विक् **सौ** टिक *a.* idealistic आदर्शपूर्ण; chivalrous वीरतापूर्ण ।

quiz[1] क्विज़ *n.* general knowledge test सामान्य ज्ञान-परीक्षा ।

quiz[2] *v.t.* to question, to interrogate प्रश्न पूछना ।

quorum **क्वौ** रॅम *n.* minimum number for a meeting कोरम, किसी सभा के कार्य के लिए सभासदों की निर्दिष्ट संख्या ।

quota **क्वो** टॅ *n.* assigned share कोटा, अंश, स्थिर भाग ।

quotation **क्वो** टे शॅन *n.* citation उद्धरण; market rate प्रचलित मूल्य ।

quote क्वोॅट *v.t.* to cite किसी के शब्द का उद्धरण क०; to state (price) मूल्य बतलाना।

quotient क्वो शॅन्ट *n.* number obtained by dividing one number by another भागफल।

R

rabbit रै बिट *n.* burrowing rodent allied to the hare ख़रगोश।

rabies रे बीज़ *n.* viral disease transmitted by dogs जलातंक।

race[1] रेस *n.* descendant वंश; class वर्ग; sect जाति; running दौड़; contest प्रतिस्पर्धा।

race[2] *v.i.* to run swiftly तेज़ दौड़ना।

racial रे शॅल *a.* pertaining to race or lineage कुल या वंश-संबंधी।

racialism रे शॅ लिज़्म *n.* characteristics of a race किसी जाति की विशिष्टता।

rack[1] रैक *v.t.* to distort मरोड़ना; to torture सताना।

rack[2] *n.* an instrument of torture शिकंजा।

racket रै किट *n.* a confused din शोरगुल; the bat used in tennis टेनिस का बल्ला; dishonest way of getting money तिकड़म, चालाकी।

radiance रे डि ॲन्स, –ड्यॅन्स *n.* lustre कांति; brilliancy चमक।

radiant रे डि ॲन्ट, –ड्यॅन्ट *a.* issuing rays किरणें फैलानेवाला; beaming चमकीला।

radiate रे डि एट *v.t.* to emit rays of (light) विकीर्ण क०; to spread out प्रसारित क०; *v.i.* to sparkle जगमगाना।

radiation रे डि ए शॅन *n.* beamy brightness रश्मि-प्रकाश; spreading out प्रसारण; emission of rays विकिरण।

radical रै डि कॅल *a.* essential तत्त्वरूप; original असली; fundamental मौलिक; drastic उग्र।

radio[1] रे डि ओ *n.* wireless telegraphy or telephony बिना तार का यंत्र, रेडियो।

radio[2] *v.t.* to transmit by wireless telegraphy बिना तार के (समाचार) भेजना।

radish रै डिश *n.* salad plant with a white or red edible root मूली।

radium रे ड्यॅम, रे डि ॲम *n.* an intensely radio-active element रेडियम धातु।

radius रे डि ॲस,रे ड्यॅस *n.* (*pl. radii* रे डि आइ) a straight line from the centre of a circle to the circumference अर्द्धव्यास, त्रिज्या।

rag[1] रैग *n.* rough separate fragment चिथड़ा; torn piece of woven material वस्त्रखंड; roofing stone or tile खपरैल।

rag[2] *(-gg-) v.t.* to tease कष्ट देना; to play rough jokes upon भद्दी हँसी क०।

rage[1] रेज *n.* violent anger क्रोध; violence उत्पात; enthusiasm उत्साह।

rage[2] *v.i.* to be furious with anger क्रोध क०।

raid[1] रेड *n.* hostile incursion आक्रमण, धावा; sudden visit by authorities

छापा ।

raid[2] *v.t.* to make a raid on पर छापा मारना या धावा बोलना *v.i.* to carry out a raid छापा मारना ।

rail[1] रेल *n.* horizontal bar of wood or metal छड़; railing घेरा; a railway रेलमार्ग ।

rail[2] *v.t.* to inclose with rails छड़ों से घेरना *v.i.* to use abusive language गाली देना ।

raling रे लिङ्ग *n.* a fence घेरा, कठघरा ।

raillery रे लॅ रि *n.* good humoured teasing दिल्लगी, परिहास, मज़ाक़ ।

railway रेल् वे *n.* road having iron rails laid in parallel lines on which carriages run रेलपथ ।

rain[1] रेन *v.i.* to fall in drops from the clouds वर्षा होना, बरसना; *v.t.* to send down बरसाना ।

rain[2]*n.* cloud-water वर्षा ।

rainy रे नि *a.* having much rain वर्षावाला ।

raise रेज़ *v.t.* to lift उठाना; to construct निर्माण क०; to elevate ऊपर उठाना; to increase बढ़ाना; to bring forward प्रस्तुत क०; to collect एकत्र क० ।

raisin रे ज़न *n.* dried grape किशमिश ।

rally[1] रै लि *v.t.* to re-unite समेटना, फिर से जोड़ना; to attack with raillery दिल्लगी क०; *v.i.* to recover strength or vigour शक्ति जुटाना; to come together एकत्र होना ।

rally[2]*n.* coming together संगठन; recovery of strength शक्ति-संचय; improvement during illness स्वास्थ्य-लाभ; (tennis etc.) long exchange of continuous strokes लंबी भिड़ंत; gathering or assembly जमघट ।

ram[1] रैम *n.* uncastrated male sheep मेढ़ा, भेड़ा ।

ram[2] *(–mm–) v.t.* to strike against with force टक्कर मारना; to stuff भर देना ।

ramble[1] रैम् ब्ल *v.t.* to roam carelessly about घूमना ।

ramble[2] *n.* irregular excursion पर्यटन, भ्रमण ।

rampage[1] रैम् पेज *v.i.* to dash about violently क्रोध में इधर-उधर दौड़ना ।

rampage[2] *n.* angry or violent behaviour क्रोधपूर्ण व हिंसात्मक आचरण ।

rampant रैम् पॅन्ट *a.* unrestrained अनियंत्रित; violent तीक्ष्ण; aggressive आक्रामक ।

rampart रैम् पाःट, –पॅःट *n.* parapet or bulwark क़िले की दीवार; defence सुरक्षा ।

rancour रैङ् कॅः *n.* deep-seated enmity गहरी शत्रुता; malignity विद्वेष ।

random रैन् डॅम *a.* done without definite object एकाएक किया हुआ ।

range[1] रेन्ज *v.t.* to place in order क्रम से रखना; *v.i.* to move, to wander घूमना; to vary within limits सीमाओं के बीच होना ।

range[2] *n.* scope कार्यक्षेत्र; extent सीमा; series of mountains पर्वत-श्रेणी; reach पहुँच ; limit सीमा; variety विभिन्नता; distance covered by a shot गोली की मार; place where shooting is carried on चाँदमारी ।

ranger रेन् जॅः *n.* official connected with a forest or park वनपाल ।

rank[1] रैङ्क *n.* row, line पंक्ति; official grade पद; a social class वर्ग; high position in society प्रतिष्ठा ।

rank[2]*v.t.* to classify वर्गीकृत क०; to put in a class किसी श्रेणी में रखना; *vi.* to have a place स्थान रखना ।

rank[3] *a.* (of plants) growing too

luxuriantly अत्यधिक बढ़नेवाला; foul smelling बदबूदार; coarse अशिष्ट, गँवारू; extreme नितांत ।

ransack रैन् सैक *v.t.* to search thoroughly छान मारना, खोजना; to plunder लूटना ।

ransom[1] रैन् सॅम *n.* release from captivity by payment रिहाई; price paid for redemption or pardon निष्कृतिधन ।

ransom[2] *v.t.* to pay ransom for धन देकर छुड़ाना; to set free in exchange for ransom धन लेकर छोड़ना ।

rape[1] रेप *n.* sexual assault on बलात्कार; violation उल्लंघन ।

rape[2] *v.t.* to make sexual assualt on (से) बलात्कार क० ।

rapid रै पिड *a.* quick, swift तीव्र ।

rapidity रै पि डि टि *n.* quickness तीव्रता ।

rapier रे पिअॅ: *n.* a light sword हलकी तलवार ।

rapport रै पौः *n.* harmony मेल, घनिष्ठता ।

rapt रैप्ट *a.* wholly absorbed तन्मय ।

rapture रैप् चॅ: *n.* extreme joy or pleasure हर्षातिरेक ।

rare रॅअॅ: *a.* not frequent यदाकदा होनेवाला; uncommon असाधारण; very valuable मूल्यवान; thin विरल ।

rascal रास् कॅल *n.* a scoundrel धूर्त व्यक्ति ।

rash रैश *a.* hasty जल्दबाज़; overbold दुस्साहसी ।

rat रैट *n.* a small rodent चूहा ।

rate[1] रेट *v.t.* to appraise मूल्यांकन क०; to consider मानना; to fix the value of का मूल्य निर्धारित क० ।

rate[2] *n.* proportion अनुपात; price मूल्य; degree of speed गति की मात्रा; reckoning दर ।

rather रा दॅ: *adv.* more readily अधिक तत्परता से; somewhat कुछ-कुछ ।

ratify रै टि फ़ॉइ *v.t.* to confirm पुष्टि क० ।

ratio रे शिओ *n.(pl. ratios)* relation or proportion अनुपात ।

ration रै शॅन *n.* daily allowance of provisions रसद, राशन ।

rational रै शॅ नॅल *a.* endowed with reason बुद्धिसंपन्न; reasonable तर्कसंगत; sensible विवेकशील, समझदार ।

rationale रै शिअॅ ना लि *n.* logical basis तर्कसम्मत आधार ।

rationality रै शॅ नै लि टि *n.* the quality of being rational तर्कसंगतता; the power of reasoning तर्कशक्ति ।

rationalize रै शॅ नॅ लॉइज़ *v.t.* to justify by plausible reasoning तार्किक आधार पर उचित बताना ।

rattle[1] रै ट्ल *v.i* to clatter खड़खड़ाना; *v.t.* to say or repeat (something quickly) जल्दी-जल्दी कहना या दुहराना ।

rattle[2] *n.* short sharp sound खड़खड़ ।

ravage[1] रै विज *n.* devastation विध्वंस ।

ravage[2] *v.t.* to cause violent destruction to तहस-नहस क० ।

rave रेव *v.i.* to be delirious बड़बड़ाना ।

raven रे व्न *n.* a black bird like crow काला कौआ ।

ravine रॅ वीन *n.* a deep narrow valley कंदरा ।

raw रौ *a.* not manufactured अनिर्मित; uncooked अपक्व; inexperienced अनुभवरहित; untrained अप्रशिक्षित; crude फूहड़; cold and damp ठंडा और नम ।

ray रे *n.* line of light किरण ।

raze रेज़ *v.t.* to scratch out खुरचना, मिटाना; to lay level with the ground भूमिसात क० ।

razor रे ज़ॅ: *n.* knife for shaving off hair उस्तुरा ।

reach रीच *v.t.* to extend फैलाना, बढ़ाना; to gain प्राप्त क०; to attain to पर पहुँचना ।

react रि ऐक्ट, री– *v.i.* to act upon the doer प्रतिकार क०, प्रतिक्रिया क० ।

reaction रि ऐक् शॅन, री– *n.* reciprocal action प्रतिक्रिया; counteraction विरुद्ध क्रिया ।

reactinary रि ऐक् शॅ नॅ रि, री– *a.* implying reaction प्रतिकार करने वाला ।

read रीड *v.t.(pt. & p.p. read* रैॅड*)* to look at and understand (written matter) पढ़ना; to learn by reading शिक्षा प्राप्त क०; to utter बोलना; to interpret व्याख्या क०; to study अध्ययन क०; *v.i.* to be able to understand what is written पढ़ने की क्षमता रखना ।

reader री डॅ: *n.* one who reads पाठक; teacher in university रीडर; textbook for reading in class पाठमाला ।

readily रैॅ डि लि *adv.* promptly शीघ्रता से ; cheerfully सुख से ।

readiness रैॅ डि निस *n.* quickness तत्परता; willingness इच्छा ।

ready रैॅ डि *a.* prepared तैयार ; willingly disposed उद्यत; present at hand उपस्थित ।

real रिॲल *a.* actual वास्तविक; genuine असली ।

realism रिॲ लिज़्म *n.* regarding things as they are यथार्थ ।

realist रिॲ लिस्ट *n.* person who believes in realism यथार्थवादी ।

realistic रिॲ लिस् टिक *a.* pertaining to realism यथार्थवादी ।

reality रि ऐ लि टि, री– *n.* state or quality of being real वास्तविकता; acruality सच्चाई ।

realization रि ॲ लॉइ ज़े शॅन *n.* full awareness अनुभूति, अहसास; obtaining प्राप्ति; collection वसूली ।

realize रि ॲ लॉइज़ *v.t.& i.* to make real वास्तविक बनाना; to convert into money रुपये में बदलना; to acquire प्राप्त क०; to be fully conscious of अनुभव क०; to collect वसूल क० ।

really रिॲ लि *adv.* actually वास्तव में; in truth वस्तुतः ।

realm रैॅल्म *n.* kingdom राज्य; region क्षेत्र ।

ream रीम *n.* 480 sheets of paper रिम (काग़ज़ का) ।

reap रीप *v.t.* to cut with a scythe काटना; to gather (harvest) (फ़सल) एकत्र क०; to receive as fruit of previous activity कर्म के फल के रूप में पाना ।

reaper री पॅ: *n.* a person who reaps लुनेरा; a reaping machine फ़सल कट ।

rear[1] रिॲ: *n.* back part पिछला भाग; last part of army, fleet etc. सेना, बेड़े आदि का सबसे अंतिम भाग ।

rear[2] *v.t.* to bring up पालन-पोषण क०; to raise, to lift up उठाना; *v.i.* to rise on hind legs पिछली टाँगों पर खड़ा होना ।

reason[1] री ज़्न *n.* justification औचित्य; cause कारण; sanity विवेक; rational ground तर्क ।

reason[2] *v.i.* to make use of one's reason बुद्धि से काम लेना; to argue तर्क क०; *v.t.* to say by way of argument तर्कस्वरूप कहना; to persuade by argument समझाना ।

reasonable री ज़ॅ नॅ ब्ल *a.* logical तर्कसंगत; able to reason तर्कशील; moderate यथोचित ।

reassure री ॲ शुॲ: *v.t.* to assure anew पुनः विश्वास दिलाना ।

rebate री बेट *n.* deduction छूट ।

rebel[1] रि बैॅल *(-ll-) v.i.* to revolt विद्रोह क० ।

rebel[2] रै ब्ल *n.* one who rebels

विद्रोही।

rebellion रि **बैलॅ्** यॅन *n.* act of rebelling, revolt बग़ावत।

rebellious रि **बैल्** यॅस *a.* pertaining to rebellion विद्रोहमूलक; mutinous बाग़ी।

rebirth **री बॅ:थ** *n.* being born again पुनर्जन्म; revival पुनरुत्थान।

rebound[1] रि **बॉउन्ड** *v.i.* to spring or bound back प्रतिक्षिप्त होना; to come back upon oneself स्वयं पर प्रतिघात क०।

rebound[2] **री** बॉउन्ड *n.* act of rebounding प्रतिक्षेप, उच्छलन।

rebuff[1] रि **बफ़** *n.* snubbing झिड़की; defeat पराजय।

rebuff[2] *v.t.* to check रोकना; to snub झिड़कना।

rebuke[1] रि **ब्यूक** *v.t.* to reprove sharply फटकारना, डाँटना।

rebuke[2] *n.* reproof फटकार।

recall[1] रि **कौल** *v.t.* to call or bring back, to summon back वापस बुलाना; to recollect स्मरण क०।

recall[2] *n.* a call to return वापस बुलावा; ability to remember स्मरण-क्षमता।

recede रि **सीड** *v.i.* to go back or away पीछे या दूर जाना; to become distant दूरी पर होना।

receipt रि **सीट** *n.* act of receiving प्राप्ति; a written acknowledgement of something received पावती।

receive रि **सीव** *v.t.* to accept स्वीकार क०; to take लेना; to get प्राप्त क०; to greet स्वागत क०।

receiver रि **सी** वॅं: *n.* one who accepts stolen goods चोर- हटिया; earpiece of telephone चोग़ा; official taking public money गृहीता, रिसीवर; person who takes something पानेवाला।

recent **री** सन्ट *a.* new नया, ताज़ा; that has lately happened हाल का।

recently **री** सन्ट् लि *adv.* lately, not long ago हाल ही में।

reception रि **सैप्** शॅन *n.* welcome स्वागत; formal social gathering स्वागत-समारोह; signals received अभिग्रहण।

receptive रि **सैप्** टिव *a.* such as to receive readily शीघ्र-ग्रहणकारी।

recess रि **सैस** *n.* period of retirement अवकाश; vacation अनध्याय; niche ताक़, आला; hollow कोटरिका; hidden place गुप्त स्थान।

recession रि **सैं** शॅन *n.* withdrawal वापसी; period of reduced economic activity व्यापारिक मंदी।

recipe **रैं** सि पि *n.* medical prescription नुसखा; direction for preparing a dish पाक-विधि; expedient उपाय।

recipient रि **सि** पि ॲन्ट *n.* one who receives प्रापक।

reciprocal रि **सि** प्रॅ कॅल *a.* mutual पारस्परिक।

reciprocate रि **सि** प्रॅ केट *v.t.* to exchange आदान-प्रदान क०; to give and take mutually अदल-बदल क०।

recital रि **सॉइ** ट्ल *n.* narration विवरण, वृत्तांत; a programme of music संगीत का कार्यक्रम; act of reciting गायन-प्रस्तुति।

recitation रैं सि **टे** शॅन *n.* recital from memory पाठ।

recite रि **सॉइट** *v.t.* to repeat aloud सुनाना।

reckless **रैक्** लिस *a.* heedless, careless लापरवाह; rash जल्दबाज़।

reckon **रैं** कॅन *v.t.* to count गिनती क०; to consider मानना; to include सम्मिलित क०; to estimate अनुमान लगाना; to calculate गणना क०।

reclaim रि **क्लेम** *v.t. & i.* to claim back वापिस माँगना; to make fit for cultivation कृषि-योग्य बनाना; to recover पुनः प्राप्त क०; to reform सुधारना।

reclamation रैॅ क्लॅ **मे** शॅन *n.* reform सुधार; making fit for cultivation भूमि-सुधार।

recluse रि **क्लूस** *n.* person who lives alone एकांतवासी।

recognition रैॅ कॅग् **नि** शॅन *n.* acknowledgement मान्यता; formal identification पहचान।

recognize **रैॅ** कॅग् नॉइज़ *v.t.* to know again पहचान लेना; to acknowledge formally मान्यता देना; to indicate appreciation of मानना।

recoil[1] रि **कौ इल** v.i. to move or start back पीछे हटना; to rebound वापस धिकल जाना।

recoil[2] *n.* a starting or falling back वापसी, प्रतिक्षेप।

recollect रैॅ कॅ **लैक्ट** *v.t.* to remember स्मरण क०।

recollection रैॅ कॅ **लैक्** शॅन *n.* remembrance स्मरण।

recommend रैॅ कॅ **मैन्ड** *v.t.* to praise प्रशंसा क०; to speak well of, to make acceptable संस्तुति क०; to advise सलाह देना।

recommendation रैॅ कॅ मैन् **डे** शॅन *n.* favourable representation संस्तुति।

recompense[1] **रैॅ** कॅम् पैन्स *v.t.* to compensate क्षतिपूर्ति क०; to make amends for प्रतिफल देना।

recompense[2] *n.* reward पुरस्कार; compensation क्षतिपूर्ति।

reconcile **रैॅ** कॅन् सॉइल *v.t.* to make friendly again से मेलमिलाप कराना; to harmonize में सामंजस्य क०; to accept स्वीकार क०।

reconciliation रैॅ कॅन् सि लि **ए** शॅन *n.* renewal of friendship मित्रता का नवीनीकरण।

record[1] रि **कौःड** *v.t.* to preserve in writing अंकित क०; to register पंजीकृत क०।

redcord[2] **रै** कौःड *n.* an unbeaten performance कीर्तिमान; official report अभिलेख; facts known ज्ञात तथ्य; a disc for a gramophone ग्रामोफ़ोन रिकार्ड।

recorder रि **कौः** डॅः *n.* one who records लेखक, कार्यालय का रिकार्ड रखनेवाला।

recount रि **कॉउन्ट** *v.t.* to tell in detail ब्योरा देना।

recoup रि **कूप** *v.t.* to compensate क्षतिपूर्ति क०।

recourse रि **कौःस** *n.* resort to a possible help आश्रय।

recover रि **क** वॅः *v.t.* to get back वापिस पाना; *v.i.* to grow well स्वस्थ होना।

recovery रि **क** वॅ रि *n.* act of recovering वसूली; regaining health स्वास्थ्य-लाभ।

recreation रैॅ क्रि **ए** शॅन *n.* entertainment मनोरंजन; source of recreation मनोरंजन का साधन।

recruit[1] रि **क्रूट** *n.* newly enlisted soldier रँगरूट; a new member नया सदस्य।

recruit[2] *v.t.* to enlist in the army भर्ती क०; to engage नियुक्त क०।

rectangle **रैक्** टैङ् ग्ल *n.* a quadrilateral with right angles आयत।

rectangular रैक् **टैङ्** ग्यु लॅः *a.* shaped like a ractangle आयताकार।

rectification रैक् टि फ़ि **के** शॅन *n.* act of rectifying समाधान, शुद्धि।

rectify **रैक्** टि फ़ॉइ *v.i.* to correct सही क०; to purify शुद्ध क०।

rectum रैक्‌टॅम *n.* the lowest part of the large intestine opening at the anus गुदा, मलद्वार ।

recur रि कॅः *(-rr-) v.i.* to happen again पुनरावृत्ति होना ।

recurrence रि क रॅन्स *n.* return पुनरागमन; repetition पुनरावृत्ति ।

recurrent रि क रॅन्ट *a.* recurring from time to time आवर्तक ।

red[1] रैंड *a.* of a colour resembling that of arterial blood लाल रंग का ।

red[2] *n.* colour resembling that of arterial blood लाल रंग ।

redden रै ड्न *v.t.* to make red; *v.i.* to become red लाल होना ।

reddish रै डिश *a.* somewhat red ललछौहाँ ।

redeem रि डीम *v.t.* to rescue मुक्त क०; to ransom धन देकर छुड़ाना; to free from sin पाप से मुक्त क०;to make up for की कमी पूरी क० ।

redemption रि डैम्प्‌ शॅन *n.* deliverance from sin, atonement प्रायश्चित्त-द्वारा पाप- मुक्ति; release छुटकारा ।

redouble रि ड बॅल, री– *v.t.* to increase बढ़ाना; to intensify घनीभूत क०; *v.t.* to be increased बढ़ना, अधिक होना ।

redress[1] रि ड्रैस *v.t.* to remedy उपाय क०; to readjust दुबारा दुरुस्त क०; to rectify शुद्ध क०; to compensate क्षतिपूर्ति क० ।

redress[2] *n.* act of redressing सुधार, शुद्धि; compensation क्षतिपूर्ति ।

reduce रि ड्यूस *v.t.* to decrease कम क०; to change बदलना; to slim पतला क० ।

reduction रि डक् शॅन *n.* act of reducing न्यूनन; diminution कमी; subjugation पराभव ।

redundance रि डन्‌ डॅन्स *n.* being redundant फालतूपन ।

redundant रि डन्‌ डॅन्ट *a.* superfluous फ़ालतू; not needed अनावश्यक ।

reel[1] रील *n.* a bobbin for thread चर्खी; (cinema) length of film रील; a staggering motion लड़खड़ाहट ।

reel[2] *v.i.* to stagger लड़खड़ाना ।

refer रि फ़ॅः *v.t.* to send भेजना; to assign सौंपना; to submit प्रस्तुत क०; to ascribe से संबद्ध क०; *v.i.* to allude हवाला देना ; to make mention ज़िक्र क० ।

referee रैं फ़ॅ री *n.* an umpire निर्णयकर्त्ता ।

reference रैं फ़ॅ रॅन्स *n.* act of referring निर्देशन; mention ज़िक्र, चर्चा; connection संदर्भ, प्रसंग; testimonial प्रमाण-पत्र; citation उद्धरण ।

referendum रैं फ़ॅ रैन्‌ डॅम *n.* the referring of a question to the people for final approval जनमत-संग्रह ।

refine रि फ़ाइन *v.t.* to purify शुद्ध क०; to free form defects सुधारना ।

refinement रि फ़ाइन्‌ मॅन्ट *n.* act of refining शुद्धता; fineness of taste or feeling शिष्टता ।

refinery रि फ़ाइ नॅ रि *n.* place and apparatus for refining sugar, metals, etc. परिशोधनशाला ।

reflect रि फ़्लैक्ट *v.t.* to throw back (heat, light etc.) परावर्तित क०; to send back an image of प्रतिबिंबित क०; to express प्रकट क०; *v.i.* to meditate चिंतन क० ।

reflection रि फ़्लैक्‌ शॅन *n.* act of reflecting परावर्तन; censure निंदा; consideration विचार; meditation ध्यान ।

reflective रि फ़्लैक्‌ टिव *a.* throwing back परावर्तक; contemplative चिंतनशील ।

reflector रि फ़्लैक्‌ टॅः *n.* one who reflects प्रतिक्षेपक ।

reflex[1] री फ़्लैक्स *n.* an involuntary action अनैच्छिक क्रिया ।

reflex[2] *a.* involuntary अनैच्छिक; reflected परावर्तित ।

reflexive रि **फ़्लैक्** सिव *a.* reflective कर्त्ता-संबंधी ।

reform[1] रि **फ़ौःम** *v.t.* to make better सुधारना; to correct दोष हटाना ।

reform[2] *n.* improvement सुधार; removal of defects दोषनिवृत्ति ।

reformation रैं फ़ः **मे** शॅन *n.* act of reforming सुधार ।

reformatory[1] रि **फ़ौः** मॅ टॅ रि *n.* an institution for reclaiming young criminals सुधार-गृह ।

reformatory[2] *a.* tending to produce reform सुधारात्मक ।

reformer रि **फ़ौः** मॅः *n.* one who reforms सुधारक ।

refrain[1] रि **फ्रेन** *v.i.* to abstain (from) (से) अलग रहना ।

refrain[2] *n.* burden of a song or poem टेक, स्थायी ।

refresh रि **फ्रैंश** *v.t.* to revive नया क॰; to freshen ताज़ा क॰ ।

refreshment रि **फ्रैंश्** मॅन्ट *n.* act of refreshing ताज़गी; light food, drink etc जलपान ।

refrigerate रि **फ़्रि** जॅ रेट *v.t.* to cool शीतल क॰ ।

refrigeration रि फ़्रि जॅ **रे** शॅन *n.* freezing, cooling प्रशीतन ।

refrigerator रि **फ़्रि** जॅ रे टॅः *n.* an apparatus for cooling or for making ice शीतक यंत्र, प्रशीतित्र ।

refuge **रैं** फ़्यूज *n.* shelter शरण; place of shelter शरणस्थल ।

refugee रैं फ़्यू **जी** *n.* one who seeks refuge शरणार्थी ।

refulgence रि **फ़ल्** जॅन्स *n.* brightness चमक, दीप्ति ।

refulgent रि **फ़ल्** जॅन्ट *a.* shining, bright देदीप्यमान ।

refund[1] रि **फ़न्ड** *v.t.* to pay back लौटाना ।

refund[2] री फ़न्ड *n.* repayment धन की वापसी ।

refusal रि **फ़्यू** ज़ॅल *n.* denial of something offered अस्वीकृति; rejection प्रतिषेध ।

refuse[1] रि **फ़्यूज़** *v.t.* to make refusal of अस्वीकार क॰; to deny मना क॰; to reject प्रतिषेध क॰ ।

refuse[2] **रैं** फ़्यूस *n.* rubbish, useless matter अवशिष्ट, मल ।

refutation रैं फ़्यु **टे** शॅन, –फ़्यू– *n.* disproof खंडन ।

refute रि **फ़्यूट** *v.t.* to disprove खंडन क॰; to rebut by argument तर्क से असत्य ठहराना ।

regal **री** गॅल *a.* royal राजकीय, शाही ।

regard[1] रि **गाःड** *v.t.* to notice carefully ध्यान से देखना; to respect आदर क॰; to take into account विचार क॰; to consider मानना; to relate to से संबद्ध होना ।

regard[2] *n.* look दृष्टि; attention ध्यान; respect सम्मान; point, matter मामला ।

regenerate री **जैं** नॅ रेट *v.t.* to generate anew फिर से उत्पन्न क॰; to bring into a better state सुधारना; to reform morally (में) नैतिक सुधार लाना; *v.i.* to grow again पुनः विकसित होना ।

regeneration रि जैं नॅ **रे** शॅन *n.* act of regenerating सुधार, उत्थान; reproduction पुनर्जन्म ।

regicide **रैं** जि सॉइड *n.* murder of a king राजहत्या; murderer of a king राजहंता ।

regime रे **ज़ीम** *n.* administration प्रशासन; system व्यवस्था ।

regiment[1] **रैं** जि मॅन्ट *n.* unit of army commanded by a colonel सैन्यदल ।

regiment[2] रैं जि मैंन्ट *v.t.* to organize, to discipline संगठित क०, नियंत्रित क० ।

region री जॅन *n.* area, territory भूभाग; part of the body शरीरांग; tract of land मंडल; sphere क्षेत्र ।

regional री जॅ नॅल *a.* pertaining to a region क्षेत्रीय, मंडलीय ।

register[1] रैं जिस् टॅः *n.* list सूची; record book पंजिका; written record लेखा; range of voice स्वर-विस्तार ।

register[2] *v.t.* to enter in register पंजीकृत क०; to record दर्ज क०; to show दर्शाना; to set down in writing लिपिबद्ध क० ।

registrar रैं जिस् ट्राः, रैं जिस् ट्राः *n.* officer charged with keeping registers पंजीयक, कुलसचिव ।

registration रैं जिस् ट्रे शॅन *n.* act of registering पंजीकरण; getting registered पंजीयन ।

registry रैं जिस् ट्रि n. registration पंजीयन, पंजीकरण; place where registers are kept लेखागार ।

regret[1] रि ग्रैं ट *(-tt-) v.i.* to be sorry for दुःखी होना ।

regret[2] n. sorrow, feeling of sadness खेद ।

regular रैं ग्यु लॅः *a.* formal औपचारिक; usual सामान्य; systematic यथारीति; orderly यथाक्रम; recurring uniformly नियमित; fixed नियत ।

regularity रैं ग्यु लै रि टि *n.* state or character of being regular नियमितता ।

regulate रैं ग्यु लेट *v.t.* to adjust by rule नियमित क०; to direct निर्देश क०; to put in order क्रम में रखना ।

regulation रैं ग्यु ले शॅन *n.* act of regulating व्यवस्थापन ; rule नियम ।

regulator रैं ग्यु ले टॅः *n.* one who or that which regulates प्रबंधकर्त्ता, नियंत्रक ।

rehabilitate री अॅ बि लि टेट *v.t.* to restore to a former capacity or position पूर्व अवस्था में लाना ।

rehabilitation री अॅ बि लि टे शॅन *n.* act of restoring forfeited rights or privileges पुनर्निवेशन ।

rehearsal रि हॅः सॅल *n.* preparatory perpormance of a play पूर्व-प्रयोग, नाटक का प्रारंभिक अभिनय ।

rehearse रि हॅःस *v.t.* to repeat दुहराना; to practise अभ्यास क०; to say over again पुनः कहना ।

reign[1] रेन *v.i.* to govern राज्य क०; to be supreme सर्वोपरि होना ।

reign[2] *n.* period of a king's rule राज्यकाल ।

reimburse री इम् बॅःस *v.t.* to repay लौटाना ।

rein[1] रेन *n.* narrow strap to guide a horse लगाम; means of restraint नियंत्रण ।

rein[2] *v.t.* to restrain रोकना ; to control नियंत्रित क० ।

reinforce री इन् फ्रौःस v.t. to strenghten by new assistance सुदृढ बनाना ।

reinforcement री इन् फ्रौःस् मॅन्ट *n.* act of reinforcing सुदृढ़ीकरण ।

reinstate री इन् स्टेट *v.t.* to restore to a former position बहाल क०; to replace पुनः स्थापित क० ।

reinstatement री इन् स्टेट् मॅन्ट *n.* restoration to former position बहाली; re-establishment पुनः स्थापन का कार्य ।

reiterate री इ टॅ रेट *v.t.* to epeat again and again बार-बार दुहराना ।

reiteration री इ टॅ रे शॅन *n.* repetition पुनरावृत्ति ।

reject रि जैक्ट *v.t.* to discard अस्वीकार

क०; to forsake त्यागना ।

rejection रि जैक् शॅन *n.* refusal to accept or grant अस्वीकार ।

rejoice रि जॉइस *v.i.* to be glad प्रसन्न होना; to gladden आनंदित होना; *v.t.* to make joyful आनंदित क० ।

rejoin रि जॉइन *v.t.* to join again फिर से जोड़ना; to answer to a reply प्रत्युत्तर देना ।

rejoinder रि जॉइन् डॅः *n.* an answer to reply प्रत्युत्तर ।

rejuvenate रि जू वि नेट *v.t.* to restore to youth पुनः युवा बनाना; *v.i.* to become young again पुनः तरुण बनना ।

rejuvenation रि जू वि ने शॅन *n.* act of rejuvenating नई जवानी ।

relapse[1] रि लैप्स *v.i.* to return to a former state पहली दशा में आना ।

relapse[2] *n.* falling back, either in health or morals पतन ,पलटा ।

relate रि लेट *v.t.* to tell, to recount बताना, विवरण देना; to bring into relation with से संबद्ध क०; to refer to से संबद्ध होना ।

relation रि ले शॅन *n.* act of relating संबंध; act of describing वर्णन; reference संदर्भ; connection संबंध, रिश्ता ।

relative[1] रॅ लॅ टिव *a.* having relation or reference सापेक्ष; *(gram.)* showing relation संबंधसूचक ।

relative[2] *n.* one allied by blood संबंधी, रिश्तेदार ।

relax रि लैक्स *v.t.* to loosen or weaken शिथिल क०; *v.i.* to become loosened or slack शिथिल होना ।

relaxation री लैक् से शॅन *n.* act of relaxing शिथिलीकरण; state of being relaxed शिथिलता ।

relay[1] रि ले *n.* fresh team or group नई टोली; a broadcast from one station transmitted by another प्रसारण ।

relay[2] *v.t.* to transmit (a broadcast) from another station प्रसारित क० ।

release[1] रि लीस *v.t.* to liberate मुक्त क०; to allow to be published, seen or known प्रकाशित या प्रदर्शित क० ।

release[2] *n.* liberation मुक्ति; releasing प्रकाशन, प्रदर्शन ।

relent रि लॅन्ट *v.i.* to soften in temper नरम पड़ना ।

relentless रि लॅन्ट् लिस *a.* pitiless, unmerciful दयाहीन ।

relevance रॅ लि वॅन्स *n.* state or quality of being relevant प्रासंगिकता ।

relevant रॅ लि वॅन्ट *a.* to the purpose प्रासंगिक ।

reliable रि लॉइ अॅ बॅल *a.* trustworthy विश्वसनीय ।

reliance रि लॉइ अॅन्स *n.* trust विश्वास; confidence भरोसा ।

relic रॅ लिक *n.* remaining fragment निशानी; memento स्मारक-चिह्न; *(pl.)* remains अवशेष ।

relief रि लीफ़ *n.* lessening or ending of pain आराम, चैन; help सहायता; release from duty भारमुक्ति; one who relieves another एवज़, भारग्राही; prominence प्रमुखता; reinforcements कुमुक ।

relieve रि लीव *v.t.* to remove or lessen हटाना या कम क० ; to release from duty कर्तव्यमुक्त क०; to assist सहायता क० ।

religion रि लि जॅन *n.* any system of faith and worship धर्म ।

religious रि लि जॅस *a.* pertaining to religion धार्मिक; devout धर्मात्मा ।

relinquish रि लिङ् क्विश *v.t.* to renounce, to leave छोड़ना, त्याग देना ।

relish[1] रॅ लिश *v.t.* to enjoy the taste of स्वाद लेना; to like पसंद क० ।

relish[2] *n.* taste, flavour स्वाद, सुवास; liking पसंद ।

reluctance रि लक् टॅन्स *n.* unwillingness अनिच्छा ।

reluctant रि लक् टॅन्ट *a.* unwilling अनिच्छुक ।

rely रि लॉइ *v.i.* to depend (upon) निर्भर होना; to trust विश्वास क० ।

remain रि मेन *v.i.* to continue in a place or condition रहना; to last टिकना; to exist बच जाना ।

remainder रि मेन् डॅ: *n.* that which remains बचा हुआ अंश; residue शेष ।

remains रि मेन्ज़ *n.(pl.)* what remains over अवशेष; ruins खंडहर; dead body मृत शरीर ।

remand[1] रि मान्ड *v.t.* to send back to jail पुन: जेल भेजना ।

remand[2] *n.* being remanded जेल-वापसी ।

remark[1] रि मा:क *n.* notice निरीक्षण; comment टिप्पणी ।

remark[2] *v.t.* to observe, to notice ध्यान से देखना या सुनना; to utter by way of comment टिप्पणीस्वरूप कहना ।

remarkable रि मा: कॅ ब्ल *a.* worthy of remark विलक्षण; extraordinary असाधारण ।

remedial रि मी ड्यॅल *a.* intended to cure उपचारी ।

remedy रैॅ मि डि *n.* that which cures a disease चिकित्सा; means of redress उपाय ।

remedy[2] *v.t.* to cure चिकित्सा क०; to repair ठीक क० ।

remember रि मैम् बॅ: *v.t.* to have in the memory स्मरण रखना; to have (something) in remembrance याद क०; to convey greetings नमस्ते कहना ।

remembrance रि मैम् ब्रॅन्स *n.* memory स्मृति; memorial स्मारक; token चिह्न ।

remind रि मॉइन्ड *v.t.* to put in mind याद दिलाना; to cause to remember याद कराना ।

reminder रि मॉइन् डॅ: *n.* something that helps somebody to remember something स्मरणपत्र ।

reminiscence रैॅ मि नि सॅन्स *n.* recollection स्मरण ।

reminiscent रैॅ मि नि सॅन्ट a. reminding (of) स्मृति रखने या जगानेवाला ।

remission रि मि शॅन *n.* abatement कमी, घटाव; pardon क्षमा; remitting of debt ऋण-भुगतान ।

remit रि मिट *(-tt-) v.t* to relax शिथिल क०; to send (money etc.) by post डाक-द्वारा (पैसा आदि) भेजना; to forgive क्षमा क० ।

remittance रि मि टॅन्स *n.* act of remitting प्रेषण; the sum or thing remitted भेजा हुआ धन ।

remorse रि मौ:स n. reproach of conscience पश्चात्ताप, ग्लानि ।

remote रि मोट *a.* distant in place or time दूरस्थ, दूरवर्ती; widely separated असंबद्ध; slight अल्प ।

removable रि मू वॅ ब्ल *a.* that may be removed हटाने-योग्य ।

removal रि मू वॅल *n.* act of removing हटाने का कार्य; dismissal पदच्युति; elimination निराकरण ।

remove रि मूव *v.t.* to displace हटाना; to dismiss पदच्युत क० ।

remunerate रि म्यू नॅ रेट *v.t.* to reward for service मज़दूरी देना ।

remuneration रि म्यू नॅ रे शॅन *n.* reward पुरस्कार, पारितोषिक; compensation प्रतिफल ।

remunerative रि म्यू नॅ रॅ टिव *a.* profitable लाभकारी ।

renaissance रॅ ने सॅन्स *n.* rebirth, revival पुनर्जन्म, पुनरुत्थान ।

render रैन्‌ डॅ: *v.t.* to give in return लौटाना; to deliver up सौंपना; to present प्रस्तुत क०; to cause to become बनाना; to translate अनुवाद क० ।

rendezvous रौन्‌ डि · वू *n* place of meeting मिलन-स्थल; appointment पूर्वनिश्चित भेंट ।

renew रि न्यू *v.t.* to make new again नया क०; to replace पूर्व अवस्था में लाना; to grow or begin again पुन: प्रारंभ क०; to make valid again नवीकरण क० ।

renewal रि न्यू ॲल *n.* renewing नवीकरण; being renewed नवीभवन ।

renounce रि नॉउन्स *v.t.* to give up छोड़ना; to disown अपनाने से इनकार क० ।

renovate रैं नों वेट, —नँ— *v.t.* to renew नया क०; to restore to freshness अच्छी अवस्था में लाना ।

renovation रैं नों वे शॅन *n.* renovating नवीकरण ।

renown रि नॉउन *n.* reputation, fame यश, कीर्ति ।

renowned रि नॉउन्ड *a.* eminent, famous प्रसिद्ध ।

rent[1] रैन्ट *n.* money payable yearly for the use of land etc. मालगुजारी; payment for hire किराया ।

rent[2] *v.t.* to occupy or use for rent किराये पर लेना; to allow to be used for rent किराये पर देना ।

renunciation रि नन्‌ सि ए शॅन *n.* self-denial आत्मत्याग; act of renouncing त्याग ।

repair[1] रि पेॲ: *v.t.* to refit मरम्मत क०; to put right again ठीक क० ।

repair[2] *n.* repairing मरम्मत ।

reparable रैं पॅ रॅ ब्‌ल *a.* that can be made good क्षतिपूर्ति-योग्य ।

repartee[1] रैं पा: टी *n.* smart, ready and witty reply व्यंग्य-उक्ति, क्षिप्र उत्तर ।

repatriate[1] री पैट्‌ रि एट *v.t.* to restore to one's own country स्वदेश भेजना ।

repatriate[2] *n.* repatriated person प्रत्यावर्तित व्यक्ति ।

repatriation री पैट्‌ रि ए शॅन *n.* act of returning to one's own country देश-प्रत्यावर्तन ।

repay रि पे *v.t.* to pay back or again वापस क०, चुका देना; to pay in return प्रतिदानस्वरूप देना ।

repayment रि पे मॅन्ट *n.* act of repaying money वापसी; the sum repaid वापस की हुई राशि ।

repeal[1] रि पील *v.t.* to revoke निरस्त क० ।

repeal[2] *n.* act of repealing निरसन ।

repeat रि पीट *v.t.* to do or utter again फिर से करना या कहना, दुहराना; *v.i.* to recur आवृत्ति क० ।

repel रि पैल *(-ll-) v.t.* to drive back पीछे को हटाना; to cause a feeling of dislike in (में) घृणा उत्पन्न क० ।

repellent[1] रि पैं लॅन्ट *a.* tending to repel विकर्षक; disgusting घृणास्पद ।

repellent[2] *n.* something that repels विकर्षक वस्तु ।

repent रि पैन्ट *v.i.* to feel regret for something done or left undone पश्चात्ताप क० ।

repentance रि पैन्‌ टॅन्स *n.* contrition पश्चात्ताप ।

repentant रि पैन्‌ टॅन्ट *a.* repenting पछतावा करनेवाला ।

repercussion री पॅ: क शॅन *n.* reverberation प्रतिध्वनि; act of driving behind प्रतिघात; effect प्रभाव ।

repetition रैं पि टि शॅन *n.* that which is repeated आवृत्ति; act of doing or uttering a second time पुनरुक्ति, दुहराव ।

replace रि प्लेस *v.t.* to put again in the

former place पुनः स्थापित क०; to take the place of (का) स्थान लेना ।

replacement रि प्लेस् मॅन्ट *n.* replacing प्रतिस्थापन; substitution प्रतिस्थापन; substitute स्थानापन्न ।

replenish रि प्लैं निश *v.t.* to fill again फिर से भरना ।

replete रि प्लीट *a.* filled परिपूर्ण, भरपूर ।

replica रैपॅ लि कॅ *n.* facsimile प्रतिकृति ।

reply[1] रि प्लॉइ *v.i.* to answer उत्तर देना *v.t.* to say by way of answer उत्तर में कहना ।

reply[2] *n.* response, answer उत्तर ।

report[1] रि पौःट *v.t.* to give an account of का विवरण देना; to relate कहना, बयान क०; to complain about शिकायत क०; *v.i.* to act as a reporter संवाददाता का कार्य क०; to present oneself उपस्थित या प्रस्तुत होना ।

report[2] *n.* an account विवरण; statement बयान; rumour अफ़वाह; repute नाम; sound of an explosion धमाका ।

reporter रि पौः टॅः *n.* one who reports to the newspaper संवाददाता ।

repose[1] रि पोज़ *n.* peace शांति; composure आराम; sleep नींद ।

repose[2] *v.i.* to rest आराम क०; *v.t.* to lay at rest आराम से लिटा देना; to place रखना; to lean झुकाना, टेकना ।

repository रि पौं ज़ि टॅ रि *n.* warehouse भंडार-गृह ।

represent रैपॅ रि ज़ैन्ट *v.t.* to describe वर्णन क०; to show प्रदर्शित क०; to denote द्योतित क०; to be substitute for (का) प्रतिनिधित्व क०; to symbolize (का) प्रतीक होना ।

representation रैपॅ रि ज़ैन् टे शॅन *n.* act of representing प्रतिनिधित्व; likeness प्रतिरूप; a polite protest विरोध-पत्र ।

representative[1] रैपॅ रि ज़ैन् टॅ टिव *n.* one who or that which represents प्रतिनिधि ।

representative[2] *a.* showing प्रदर्शक, द्योतक; acting for others प्रतिनिधिक ।

repress रि प्रैस *v.t.* to suppress शमन क०; to restrain रोकना ।

repression रि प्रैं शॅन *n.* check नियंत्रण; restraint दबाव ।

reprimand[1] रैपॅ रि मान्ड *n.* severe reproof for a fault घुड़की, लताड़ ।

reprimand[2] *v.t.* to administer a sharp rebuke to निंदा क०, झिड़कना ।

reprint[1] री प्रिन्ट *v.t.* to print again पुनः मुद्रित क० ।

reprint[2] री प्रिन्ट *n.* a second or new edition पुनर्मुद्रण ।

reproach[1] रि प्रोच *v.t.* to charge severely with a fault धिक्कारना ।

reproach[2] *n.* censure धिक्कार; disgrace तिरस्कार ।

reproduce री प्रॅ ड्यूस *v.t.* to produce copy of की प्रतिलिपि प्रस्तुत क०; to bring forth as offspring संतान के रूप में जन्म देना; to grow again पुनः विकसित क०; to create again पुनः बनाना ।

reproduction री प्रॅ डक् शॅन *n.* process of reproducing पुनरुत्पादन; copy प्रतिकृति; bringing forth offspring प्रजनन ।

reproductive री प्रॅ डक् टिव *a.* reproducing पुनरुत्पादक ।

reproof रि प्रूफ़ *n.* blame निंदा; rebuke फटकार ।

reptile रैपॅ टॉइल *n.* an animal that moves on its belly, or by means of small short legs रेंगनेवाला जंतु ।

republic रि पब् लिक *n.* state in which the supreme power is vested in elected representatives प्रजातंत्र राज्य ।

republican[1] रि पब् लि कॅन *a.* pertaining to or consisting of a republic

लोकतंत्र-संबंधी ।

republican[2] *n.* one who favours republican government लोकतंत्रवादी ।

repudiate रि प्यू डि एट *v.t.* to reject अस्वीकार क०; to disown परित्याग क० ।

repudiation रि प्यू डि ए शॅन *n.* rejection अस्वीकृति, तिरस्कार; disowning परित्याग ।

repugnance रि पग् नॅन्स *n.* aversion घृणा ।

repugnant रि पग् नॅन्ट *a.* distasteful अरुचिकर, घृणास्पद ।

repulse[1] रि पल्स *v.t.* to repel खदेड़ना; to resist successfully प्रतिशोध क० ।

repulse[2] *n.* driving back खदेड़ने की क्रिया; rebuff पराजय ।

repulsion रि पल् शॅन *n.* feeling of aversion घृणा, अरुचि; act of repulsing हटाने की क्रिया, पराजय ।

repulsive रि पल् सिव *a.* repellent प्रतिकारक, पीछे हटानेवाला; forbidding निषेधक ।

reputation रैॅ प्यु टे शॅन *n.* repute प्रसिद्धि, ख्याति; good name नेकनामी; fame यश ।

repute[1] रि प्यूट *v.t.* to estimate गणना क०; to consider मानना ।

repute[2] *n.* reputation यश, कीर्ति ।

request[1] रि क्वैस्ट *v.t.* to petition, to demand for प्रार्थना क० ।

request[2] *n.* asking प्रार्थना; demand माँग, आकांक्षा; thing asked for माँगी गई वस्तु ।

requiem रैॅक् वि ऐम *n.* a service for the dead मृतकों की शांति के लिए प्रार्थना ।

require रि क्वॉइअॅ: *v.t.* to need की आवश्यकता रखना; to demand माँगना ।

requirement रि क्वॉइअॅ: मॅन्ट *n.* demand माँग, आवश्यकता; something necessary आवश्यक वस्तु ।

requisite[1] रैॅक् वि ज़िट *a.* necessay आवश्यक ।

requisite[2] *n.* thing needed for some purpose आवश्यक वस्तु ।

requisition[1] रैॅक् वि ज़ि शॅन *n.* demand माँग ।

requisition[2] *v.t.* to make a demand upon or for माँगना, प्रार्थना क० ।

requite रि क्वॉइट *v.t.* to repay, to give in return लौटाना, बदले में देना ।

rescue[1] रैॅस् क्यू *v.t.* to deliver from confinement, danger or evil मुक्त क० ।

rescue[2] *n.* deliverance निस्तार; liberation मुक्ति ।

research[1] रि सॅ:च *v.i.* to carry out investigation अनुसंधान क० ।

research[2] *n.* critical investigation अनुसंधान, अन्वेषण ।

resemblance रि ज़ैम् ब्लॅन्स *n.* likeness सादृश्य ।

resemble रि ज़ैम् बल *v.t.* to be like के सदृश होना ।

resent रि ज़ैन्ट *v.t.* to feel indignation for बुरा मानना; to be angry at (पर) क्रोध क० ।

resentment रि ज़ैन्ट् मॅन्ट *n.* deep sense of insult अपमान; indignation नाराज़गी, अप्रसन्नता ।

reservation रैॅ ज़ॅ: वे शॅन *n.* concealment छिपाव, दुराव; doubt संदेह; act of reserving आरक्षण ।

reserve रि ज़ॅ:व *v.t.* to keep in store बचा रखना; to set apart अलग क० ।

reservoir रैॅ ज़ॅ: व्वा: *n.* a place where anything is kept in store संग्रह, कोश; an artificial lake to supply a town with water जलाशय ।

reside रि ज़ॉइड *v.i.* to have one's abode, to dwell निवास क० ।

residence रैॅ ज़ि डॅन्स *n.* abode

निवासस्थान।

resident[1] रें ज़ि डॅन्ट *a.* residing निवासी।

resident[2] *n.* one who resides रहने वाला।

residual रि ज़ि इयु अॅल *a.* left after a part is taken शेष (भाग)।

residue रें ज़ि इयू *n.* remainder अवशेष।

resign रि ज़ॉइन *v.t.* to give up छोड़ना; to surrender सौंपना; to renounce त्यागना; *v.i.* to give up office त्यागपत्र देना।

resignation रें ज़िग् ने शॅन *n.* act of resigning परित्याग; state of being resigned समर्पण।

resist रि ज़िस्ट *v.t.* to withstand रोकना; to struggle against संघर्ष क०; to oppose विरोध क०।

resistance रि ज़िस् टॅन्स *n.* opposition विरोध; hindrance बाधा।

resistant रि ज़िज़् टॅन्ट *a.* making resistance बाधक।

resolute रें ज़ॅ ल्यूट *a.* determined कृतसंकल्प; steadfast दृढ़।

resolution रें ज़ॅ ल्यू शॅन *n.* determination निश्चय, संकल्प; solution समाधान; formal expression of opinion प्रस्ताव।

resolve रि ज़ॉल्व *v.t.* to analyse विश्लेषण क०; to determine निश्चय क०; to divide into parts विभक्त क०; to solve का समाधान क०।

resonance रें ज़ॅ नॅन्स *n.* state or quality of being resonant प्रतिध्वनि; prolongation of sound by vibrations गूँज।

resonant रेंज़ॅ नॅन्ट *a.* resounding गुंजायमान।

resort[1] रि ज़ौःट *v.i.* to have recourse सहारा लेना; to go frequently प्रायः जाना।

resort[2] *n.* recourse आश्रय; act of resorting गमन; haunt गमन-स्थान।

resound रि ज़ॉउन्ड *v.i.* to echo गूँजना।

resource रि सौःस *n.* any source of aid or support साधन, संबल; means of support उपाय, सहारा।

resourceful रि सौःस् फुल *a.* quick at finding resources उपाय- कुशल; having resources साधन-संपन्न।

respect[1] रिस् पैक्ट *v.t.* to regard आदर क०; to have consideration for का ध्यान रखना।

respect[2] *n.* regard आदर; estimation सम्मान, मान्यता; reference संदर्भ; *(pl.)* regards अभिवादन।

respectful रिस् पैक्ट् फुल *a.* showing respect श्रद्धालु।

respective रिस् पैक् टिव *a.* relating severally each to each अपने-अपने, निजी।

respiration रैस् पि रे शॅन *n.* breathing श्वसन।

respire रिस् पॉइअॅः *v.i.* to breathe साँस लेना।

resplendent रिस् प्लैन् डॅन्ट *a.* very bright देदीप्यमान।

respond रिस् पॉन्ड *v.i.* to answer उत्तर देना; to react प्रतिक्रिया दिखाना; to act in answer to some action प्रत्युत्तर-स्वरूप कुछ क०।

respondent रिस् पॉन् डॅन्ट *n.* one who responds, defendant प्रतिवादी।

response रिस् पॉन्स *n.* answer, reply उत्तर; reaction प्रतिक्रिया।

responsibility रिस् पॉन् सि बि लि टि *n.* state of being responsible उत्तरदायित्व।

responsible रिस् पॉन् सॅ बॅल *a.* answerable उत्तरदायी।

rest[1] रै स्ट *v.i.* to be still स्थिर होना; to lie in sleep सोना; to die मरना; to be satisfied संतुष्ट होना; to take rest आराम क०; *v.t.* to give rest to आराम देना; to place on support सहारा देना ।

rest[2] *n.* repose विश्राम; remainder अवशेष; ease शांति; faith विश्वास; (with pl. verb) others अन्य ।

restaurant रैस् टॅ रॅन्ट *n.* establishment for the sale of refreshments भोजनालय ।

restive रैस् टिव *a.* stubborn अड़ियल; restless बेचैन; impatient अधीर ।

restoration रैस् टॅ रे शॅन *n.* bringing back वापसी; recovery पूर्वावस्था की प्राप्ति; repairing मरम्मत ।

restore रिस् टौः *v.t.* to repair मरम्मत क०; to cure स्वस्थ क०; to renew नवीकरण क०; to give back लौटाना ।

restrain रिस् ट्रेन *v.t.* to hold back नियंत्रित क०; to restrict प्रतिरोध क०, सीमित क० ।

restrict रिस् ट्रिक्ट *v.t.* to limit सीमाबद्ध क०; to curb दबाना ।

restriction रिस् ट्रिक् शॅन *n.* limitation सीमा, बंधन; restraint संयम ।

restrictive रिस् ट्रिक् टिव *a.* tending to restrict प्रतिबंधक ।

result[1] रि ज़ल्ट *v.i.* to rise as a consequence परिणाम होना ।

result[2] *n.* consequence परिणाम; effect प्रभाव ।

resume[1] रि ज़्यूम *v.t.* to take up again पुनः प्राप्त क०; to begin again दुबारा आरंभ क०; *v.i.* to continue after interruption पुनः चालू होना ।

resume[2] रैं ज़्यू मे, –ज़्यु– *n.* summary सार, संक्षेप ।

resumption रि ज़म्प् शॅन *n.* act of resuming पुनर्ग्रहण; fresh start पुनरारंभ ।

resurgence रि सॅः जॅन्स *n.* rising again पुनरुत्थान ।

resurgent रि सॅः जॅन्ट *a.* reviving पुनरुत्थानशील ।

retail[1] री टेल *v.t. & i.* to sell in small quantities फुटकर बिक्री क० या होना ।

retail[2] री टेल *n.* the sale of commodities in small quantities फुटकर बिक्री ।

retail[3] *adv.* by retail खुदरा द्वारा ।

retail[4] *a.* connected with or engaged in retail खुदरा ।

retailer री टे लॅः *n.* one who retails फुटकर विक्रेता ।

retain रि टेन *v.t.* to hold back रोक रखना; to engage services of नौकर रखना ।

retaliate रि टै लि एट *v.i.* to revenge प्रतिकार क०; to return injury for injury बदले में चोट क० ।

retaliation रि टै लि ए शॅन *n.* return of like for like प्रतिकार ।

retard रि टाःड *v.t.* to render slower धीमा क०; to keep back रोकना; to impede development of (का) विकास अवरुद्ध क० ।

retardation रि टाः डे शॅन *n.* diminution in speed गतिरोध; obstruction बाधा ।

retention रि टैन् शॅन *n.* maintenance अवधारण; memory स्मृति; power of retaining धारणा-शक्ति ।

retentive रि टैन् टिव *a.* having power to retain धारणा-शक्ति वाला ।

reticence रैं टि सॅन्स *n.* being reticent अल्पभाषिता ।

reticent रैं टि सॅन्ट *a.* reserved in speech अल्पभाषी ।

retina रैं टि नॅ *n.* one of the coats of the eye, where visual impressions are received आँख के पिछले भाग का चित्रपट ।

retinue रैं टि न्यू *n.* train of attendants नौकर-चाकर, सेवकवृंद ।

retire रि टॉइअॅः *v.i.* to withdraw from business or active life व्यापार या सक्रिय जीवन को त्यागना; *v.t.* to remove from service सेवामुक्त क० ।

retirement रि टॉइअॅः मॅन्ट *n.* act of retiring कार्यमुक्ति; retired life अवकाशप्राप्त जीवन ।

retort[1] रि टॉःट *v.t.* to repay in kind जैसे को तैसा लौटाना; to answer back quickly मुँहतोड़ जवाब देना ।

retort[2] *n.* retorting answer मुँह तोड़ जवाब ।

retouch री टच *v.t.* to improve by new touches परिष्कृत क०, सुधारना ।

retrace रि ट्रेस *v.t.* to go over again पर वापस जाना ।

retread[1] री ट्रैड *v.t.* to put a new tread on (a worn tyre) (पुराने टायर पर) नई रबर चढ़ाना ।

retread[2] n. renovated tyre रबर चढ़ा टायर ।

retreat रि ट्रीट *v.i.* to draw back पीछे हटना ।

retrench रि ट्रैन्च *v.t.* to cut down (expenditure) (व्यय) घटाना; *v.i.* to economize अल्पव्यय क० ।

retrenchment रि ट्रैन्च् मॅन्ट *n.* economy व्यय में कमी ।

retrieve रि ट्रीव *v.t.* to recover पुनः प्राप्त क०; to repair सुधारना; to rescue बचाना ।

retrospect रैं ट्रों स्पैक्ट *n.* backward view पश्चात दृष्टि; review of past time सिंहावलोकन; survey of past events बीती बातों की जाँच ।

retrospection रि ट्रौ स् पैक् शॅन *n.* looking back सिंहावलोकन, पश्चदर्शन ।

retrospective रि ट्रौ स् पैक् टिव *a.* looking back पश्चदर्शी; applying to the past पूर्वप्रभावी ।

return[1] रि टॅःन *v.i.* to go or come back लौटना; *v.t.* to give or send back लौटाना; to elect चुनना; to reply उत्तर देना ।

return[2] *n.* returning वापसी ; profit लाभ; official report विवरणी; recurrence आवृत्ति ।

revel[1] रैं व्ल *(-ll-) v.i* to feast with noisy jollity मद्यपान का उत्सव मनाना; to delight आनंद लेना ।

revel[2] *n.* merriment आमोद-प्रमोद ।

revelation रैं वि ले शॅन *n.* revealing प्रकटन ।

reveller रैं वॅ लॅः *n.* one who revels मौज उड़ाने वाला ।

revelry रैं वॅल् रि *n.* noisy festivity, jollity रंगरलियाँ ।

revenge[1] रि वैन्ज *v.t.* to avenge बदला लेना ।

revenge[2] *n.* retaliation for wrong done प्रतिकार ।

revengeful रि वैन्ज् फुल *a.* vindictive प्रतिशोधी ।

revenue रैं वि न्यू *n.* income आय; the annual income of a state राज्य की वार्षिक आय ।

revere रि विअॅः *v.t.* to have deep respect for सम्मान क०; to regard as sacred पुनीत मानना ।

reverence रैं वॅ रॅन्स *n.* act of respect सत्कार; veneration आदर ।

reverend रैं वॅ रॅन्ड *a.* worthy of reverence माननीय ।

reverent रैं वॅ रॅन्ट *a.* showing reverence श्रद्धालु ।

reverential रैं वॅ रैं न् शॅल *a.* marked by reverence श्रद्धापूर्ण ।

reverie रैं वि रि *n.* day-dream दिवास्वपन ।

reversal रि वॅः सॅल *n.* act of reversing उलटाव, विपर्यय ।

reverse[1] रि वॅःस *a.* opposite विपरीत;

inverted उलटा।

reverse[2] *n.* the contrary विपर्यय, उलटा; the back surface पीछे का भाग; misfortune दुर्भाग्य; defeat पराजय।

reverse[3] *v.t.* to turn the other way अधोमुख क०; to invert उलटना; to annul रद्द क०; to do the opposite of के विपरीत क०; *v.i.* to go in the opposite direction विपरीत दिशा में जाना।

reversible रि वँः सि बल *a.* that can be reversed उलटने अथवा पलटने-योग्य।

revert रि वँःट *v.i.* to return to the original person लौट आना; to return to former state पूर्वस्थिति में लौटना।

review[1] रि व्यू *v.t.* to reconsider पुनर्विचार क०; to inspect निरीक्षण क०; to write reviews of (की) समीक्षा क०।

review[2] *n.* re-examination पुनर्परीक्षण; revision पुनर्निरीक्षण; a critical account समीक्षा।

revise रि वॉइज़ *v.t.* to look over again दुबारा विचार क०; to re-examine दुबारा जाँचना; to reconsider and amend faults of पुनः संशोधन क०।

revision रि वि ज़ँन *n.* act of revising संशोधन; what is revised संशोधित वस्तु।

revival रि वॉइ वँल *n.* act of reviving पुनरुत्थान; restoration to life or vigour पुनरुज्जीवन; restoration to use पुनः प्रचलन।

revive रि वॉइव *v.i.* to return to life पुनर्जीवित होना; to come back into use पुनः प्रचलित होना; to recover new vigour उत्प्राणित होना; *v.t.* to bring again to life पुनर्जीवित क०।

revocable रै॑ वौ॑ कँ बल *a.* capable of being revoked खंडन करने-योग्य।

revocation रै॑ वँ के शँन *n.* repeal निरसन।

revoke रि वोक *v.t.* to repeal रद्द क०; to withdraw हटाना, वापस लेना।

revolt[1] रि वोल्ट *v.i.* to cast off allegiance राजद्रोह क०; to rise against a ruler राजशासन के विरुद्ध उठना; to rise to rebellion बलवा क०।

revolt[2] *n.* rebellion बलवा, राजद्रोह।

revolution रै॑ वँ ल्यू शँन *n.* act of revolving चक्कर; rotation परिभ्रमण; overthrow of existing political institutions क्रांति।

revolutionary[1] रै॑ वँ ल्यू शँ नँ रि *a.* pertaining to or tending to produce a revolution क्रांतिकारी।

revolutionary[2] *n.* an instigator of a revolution क्रांतिकारी।

revolve रि वौल्व *v.i.* to turn round चक्कर खाना, घूमना; *v.t.* to rotate घुमाना।

revolver रि वौल् वँः *n.* pistol with revolving mechanism रिवाल्वर।

reward[1] रि वौःड *n.* return for services or for merit पारितोषिक, पुरस्कार; sum of money offered for some service इनाम।

reward[2] *v.t.* to give a reward to इनाम देना।

rhetoric रै॑ टँ रिक *n.* art of effective speech वाक्पटुता।

rhetorical रि टौ॑ रि कँल *a.* high flown, showy शब्दाडंबरपूर्ण।

rheumatic रू मै टिक *a.* relating to rheumatism गठिया-संबंधी; caused by rheumatism गठिया-ग्रस्त।

rheumatism रू मँ टिज़्म *n.* a painful disease with swollen joints गठिया।

rhinoceros रॉइ नौ सँ रँस *n.* *(pl. -es)* a large thick-skinned animal with one or two horns on the nose गैंडा।

rhyme[1] रॉइम *n.* sameness of sounds of the endings of two or more words

तुक ।

rhyme[2] *v.i.* to make verses पद्य लिखना ।

rhymester रॉइम् स्टं: *n.* one who makes rhymes पद्यकार, तुक्कड़ ।

rhythm रि द्म *n.* measured flow of words ताल, लय ।

rhythmic,–al रिद् मिक, –मि कॅल *a.* pertaining to rhythm तालबद्ध ।

rib रिब *n.* one of the curved bones in chest पसली; hinged rod of umbrella frame छाते की तीली ।

ribbon रि बॅन *n.* narrow woven band of silk or satin साटन या रेशम का पतला फ़ीता ।

rice रॉइस *n.* a cereal plant धान, मूँजी; its seeds as food चावल ।

rich रिच *a.* wealthy धनी; valuable बहुमूल्य; costly क़ीमती; ample प्रचुर ।

riches रि चिज़ *n. pl.* wealth धन ।

richness रिच् निस *a.* quality or state of being rich धनाढ्यता; abundance प्रचुरता ।

rick रिक *n.* stack of hay etc. गरी, पोरौटी ।

rickets रि किट्स *n.* a disease of childhood causing softening of the bone सूखा रोग ।

rickety रि कि टि *a.* suffering from rickets सूखा रोगी ।

rickshaw रिक् शौ *n.* a light two-wheeled carriage drawn by man रिक्शा ।

rid रिड *v.t.* to make free मुक्त क० ।

riddle[1] रि ड्ल *n.* puzzle पहेली ।

riddle[2] *v.i.* to use riddles पहेली कहना ।

ride[1] रॉइड *(p.t. rode रोड; p.p. ridden रि ड्न) v.t.* sit on and control पर सवारी क०; to be carried on पर ले जाया जाना; *v.i.* to go on horseback or in vehicle घोड़ा या गाड़ी से जाना ।

ride[2] *n.* journey on horseback or in a vehicle घोड़ा या गाड़ी से यात्रा; a riding track पथ, मार्ग ।

rider रॉइ डं: *n.* one who rides सवार; supplementry clause अनुवृद्धि ।

ridge रिज *n.* mountain range पर्वतपृष्ठ; rough top of anything चोटी; any narrow elevation सँकरा ऊँचा भाग ।

ridicule[1] रि डि क्यूल *v.t.* to make fun of उपहास क०; to mock ठिठोली क० ।

ridicule[2] *n.* mockery उपहास ।

ridiculous रि डि क्यु लॅस *a.* deserving to be ridiculed हास्यास्पद; absurd बेहूदा ।

rifle[1] रॉइ फ़ल *v.t.* to search and rob खोजकर लूटना; to make spiral grooves in में झिरी काटना ।

rifle[2] *n.* a gun wih grooved barrel राइफ़ल ।

rift रिफ़्ट *n.* cleft, fissure दरार, फटन ।

right[1] रॉइट *a.* just न्याय्य; true सच्चा; correct सही; of the right hand दाहिनी ओर का ।

right[2] *adv.* rightly उचित रीति से; correctly सही प्रकार से; to the right side दाहिनी ओर को ।

right[3] *n.* justice न्याय; authority अधिकार; truth सत्यता; right hand side दायाँ भाग ।

right[4] *v.t.* to do justice to न्याय क०; to put in a proper position उचित स्थान में रखना ।

righteous रॉइ चॅस *a.* just न्याय-परायण; holy पवित्र; honest ईमानदार ।

rigid रि जिड *a.* not flexible कड़ा; harsh कठोर; strict दृढ़; severe कर्कश ।

rigorous रि गॅ रॅस *a.* severe कर्कश; strict दृढ़ ।

rigour रि गॅ: *n.* hardship कठिनता; strictness दृढ़ता; harshness कठोरता ।

rim रिम *n.* edge, border किनारा; outer ring of a wheel नेमि ।

ring[1] रिङ्ग *n.* circlet of metal अँगूठी; circular course चक्रपथ; enclosure for circus performance घेरा, रिंग; ringing sound घंटी ।

ring[2] *(rang रैङ्ग; rung रङ्ग) v.t.* to cause (bell) to sound (घंटी) बजाना; to telephone टेलिफ़ोन क०; *v.i.* to give a resonant sound बजना; to resound गूँजना ।

ringlet रिङ्ग् लिट *n.* curly lock of hair अलक, बालों का लच्छा ।

ringworm रिङ्ग् वं:म *n.* a skin disease दाद ।

rinse रिन्स *v.t.* to wash out धो डालना; to remove soapy water from खँगालना ।

riot[1] रॉइ अॅट *n.* violent public disturbance दंगा; disorder अव्यवस्था, उपद्रव ।

riot[2] *v.t.* to take part in a riot बलवा क० ।

rip रिप *(-pp-) v.t.* to cut or tear apart फाड़ना; *v.i.* to become torn फटना ।

ripe रॉइप *a.* mature पक्व, पका हुआ; fully developed पूर्ण विकसित ।

ripen रॉइ पॅन *v.i.* to become ripe पकना; *v.t.* to make ripe पकाना ।

ripple[1] रि प्ल *n.* small wave on the surface of water लहर ।

ripple[2] *v.t.* to move slightly in waves लहराना ।

rise[1] रॉइज़ *v.i. (p.t. rose* रोज़ *p.p. risen* रि ज़्न *)* to get up उठना; to stand erect सीधा खड़ा होना; to ascend चढ़ना; to appear above the horizon उगना, निकलना; to come to life जीवित होना; to revolt बलवा क० ।

rise[2] *n.* upslope, ascent चढ़ाव; upward progress उन्नति; rising उठान; increase वृद्धि; coming up उदय; origin उद्‌गम, विकास ।

risk[1] रिस्क *v.t.* to take the chance of जोख़िम उठाना; to put in danger ख़तरे में डालना ।

risk[2] *n.* possibility of loss or injury जोख़िम; possibility of danger ख़तरा ।

risky रिस् कि *a.* hazardous संकटमय, ख़तरनाक ।

rite रॉइट *n.* religious ceremony धार्मिक उत्सव, अनुष्ठान ।

ritual[1] रि ट्यु अॅल, –चु– *n.* prescribed order of rites धार्मिक संस्कार ।

ritual[2] *a.* concerning rites धार्मिक रीति-संबंधी ।

rival[1] रॉइ वॅल *n.* competitor प्रतिस्पर्धी, प्रतिद्वंद्वी ।

rival[2] *(-ll-) v.t.* to be a rival of का प्रतिद्वंद्वी होना ।

rivalry रॉइ वॅल् रि *n.* keen competition होड़, प्रतिस्पर्धा ।

river रि वॅ: *n.* large natural flow of water नदी ।

rivet[1] रि विट *n.* a metal pin कीलक, रिपट ।

rivet[2] *v.t.* to fasten with rivets कीलक से जोड़ना; to concentrate केंद्रित क० ।

rivulet रि व्यु लिट *n.* small stream नाला ।

road रोड *n.* open paved way सड़क ।

roam रोम *v.i.* to wander about aimlessly घूमना-फिरना ।

roar[1] रौ: *n.* loud deep sound as of a lion गर्जन ।

roar[2] *v.i.* to make loud deep sound as of a lion गर्जन क० ।

roast[1] रोस्ट *v.t.* to cook by exposing directly to heat भूनना; *v.i.* to be cooked in this way भुनना ।

roast[2] *a.* that has been roasted भुना हुआ ।

roast[3] *n.* joint of roasted meat भुना हुआ मांस; operation of roasting भूनने की क्रिया ।

rob रौ ब *(-bb-) v.t.* to deprive by force लूटना ।

robber रौ बॅ: *n.* one who robs लुटेरा, डाकू ।

robbery रौ बॅ रि *n.* act of robbing लूटपाट, डकैती ।

robe[1] रोब *n.* loose outer garment लबादा ।

robe[2] *v.t.* to dress कपड़े पहनाना; *v.i.* to put on robes कपड़े पहनना ।

robot रो बौ ट *n.* a man-like mechanical being यंत्र-मानव ।

robust रो बस्ट *a.* strong and healthy हृष्ट-पुष्ट ।

rock[1] रौक *v.t.* to sway strongly झुलाना, हिलाना; *v.i.* to be swayed हिलना, झोंटे खाना ।

rock[2] *n.* large mass of stone चट्टान ।

rocket[1] रौ किट *n.* missile प्रक्षेपास्त्र; projectile राकेट ।

rod रौ ड *n.* bar of wood or metal छड़ ।

rodent रो डॅन्ट *n.* a gnawing animal कृंतक ।

roe रो *n.* a small deer छोटा हिरन ।

rogue रोग *n.* a knave, a scoundrel दुष्ट ।

roguery रो गॅ रि *n.* conduct of a rogue दुष्टता ।

roguish रो गिश *a.* of the nature of a rogue दुष्टतापूर्ण ।

role रोल *n.* part that an actor plays भूमिका; part played in any job कार्य, योगदान ।

roll[1] रोल *n.* rolling motion लुढ़काव; piece of paper etc. rolled up कागज़ आदि, बेलनाकार लिपटा हुआ; anything rolled round टिकिया; list सूची; official list of people उपस्थिति-पंजिका ।

roll[2] *v.i.* to move in the same direction घूमना, लुढ़कना; to go round चक्कर खाना; to revolve on its axis धुरे पर घूमना; *v.t.* to wind round लपेटना; to smooth out with roller पर बेलन फेरना ।

roll-call रोल् कौल *n.* calling of names हाज़िरी, उपस्थिति ।

roller रो लॅ: *n.* a cylinder-shaped object for smoothing or flattening बेलन, रोलर ।

romance रोँ मैन्स, रॅ– *n.* a love affair प्रेम-लीला; tale of chivalry शौर्य-गाथा; idealized tale अयथार्थपूर्ण कथा ।

romantic रोँ मैन् टिक, रॅ– *a.* characterised by romance रोमानी; dealing with love प्रेम-प्रसंगयुक्त; unpractical, remote from reality अव्यावहारिक ।

romp[1] रौम्प *v.i.* to play boisterously प्रगल्भता से खेलना ।

romp[2] *n.* a noisy game उछल-कूद, हुड़दंगी खेल-कूद ।

rood रूड *n.* cross of Christ ईसामसीह के सूली पर चढ़ने का चित्र; quarter of an acre चौथाई एकड़ ।

roof[1] रूफ़ *n.* upper covering of a building supported by its walls छत, पाटन; top of anything ऊपर का भाग ।

roof[2] *v.t.* to cover with a roof छत से पाटना ।

rook[1] रुक *n.* a bird of crow family कौआ; cheat धोखेबाज़, ठग ।

rook[2] *v.t.* to swindle ठगना ।

room रूम *n.* apartment in a house कमरा; space स्थान; opportunity अवसर ।

roomy रू मि *a.* spacious विस्तीर्ण, विशाल ।

roost[1] रूस्ट *n.* pole on which a bird rests at night अड्डा, बसेरा ।

roost[2] *v.i.* to perch बसेरा लेना, बैठना ।

root[1] रूट *n.* underground part of a plant जड़; origin आधार, कारण; basis from which a word is derived धातु ।

root[2] *v.i.* to become established जड़ जमना; *v.t.* to cause to take root की जड़ जमाना ।

rope[1] रोप *n.* strong thick cord रस्सी ।

rope[2] *v.t.* to bind with a rope रस्सी से बाँधना ।

rosary रो ज़ँ रि *n.* a string of beads for counting prayers सुमिरनी, माला; rose garden गुलाब-उद्यान ।

rose रोज़ *n.* a prickly bush bearing beautiful fragrant flower गुलाब का पौधा; its flower गुलाब; pink colour गुलाबी रंग ।

roseate रो ज़ि अँट, –इट *a.* rose-coloured गुलाबी ।

rostrum रौसॅ् ट्रॅम *n.* public platform मंच ।

rosy रो ज़ि *a.* rose-coloured गुलाबी; hopeful उज्ज्वल ।

rot[1] रौँ ट *n.* decay दुर्गंध, सड़न ।

rot[2] *(–tt–) v.i.* to undergo decay सड़ना; to perish gradually नाश होना ।

rotary रो टँ रि *a.* acting by rotation, revolving घूमनेवाला ।

rotate रोँ टेट *v.i.* to revolve चक्कर खाना; to move round an axis धुरी पर घूमना; *v.t.* to cause to move round घुमाना ।

rotation रोँ टे शँन *n.* act of rotating चक्कर; regular succession नियमित आवर्तन ।

rote रोट *n.* repetition दुहराव mechanical performance यंत्रवत् क्रिया ।

rouble रू बल *n.* Russian silver coin रूस का सिक्का, रूबल ।

rough रफ़ *a.* of uneven or irregular surface ऊबड़खाबड़; harsh रूखा, कठोर; ill-mannered अशिष्ट; unfinished अपरिष्कृत; approximate लगभग ।

round[1] रॉउन्ड *a.* cylindrical बेलनाकार; full, complete पूर्ण; roughly correct लगभग सही ।

round[2] *adv.* circularly चक्रवत्; on all sides चारों ओर ।

round[3] *n.* round object गोल वस्तु; circumference परिधि; series क्रम; stage स्थिति ।

round[4] *v.t.* to make circular गोल क॰; to move round के चारों ओर चक्कर लगाना; *v.i.* to become round गोल होना ।

rouse रॉउज़ *v.i.* to wake from sleep जगाना; to provoke temper of उत्तेजित क॰ ।

rout[1] रॉउट *v.t.* to put to disorderly flight भगदड़ क॰ ।

rout[2] *n.* assembly of revellers हुड़दंगी भीड़; utter defeat घोर पराजय; disorderly retreat भगदड़ ।

route रूट *n.* passage taken for a journey मार्ग ।

routine[1] रू टीन *n.* regular course of action नियमित कार्यक्रम ।

routine[2] *a.* regular, ordinary नैत्य, सामान्य ।

rove रोव *v.i.* to wander aimlessly भटकना, घूमना ।

rover रो वँ: *n.* wanderer घुमंतू ।

row[1] रो *n.* a line of things or persons पंक्ति ।

row[2] *v.t.* to move (a boat) by using oars (नाव) खेना; to carry in a boat नाव से ले जाना; *v.i.* to be an oarsman खेवनहार होना ।

row[3] *n.* journey or outing in a boat नाव-द्वारा यात्रा अथवा भ्रमण; distance rowed खेयी हुई दूरी ।

row[4] रॉउ *n.* uproar हुल्लड़; quarrel झगड़ा; disturbance उपद्रव ।

rowdy रॉउ डि *a.* turbulent, noisy उपद्रवी, कोलाहलपूर्ण ।

royal रौइँ अँल *a.* kingly राजसी ।

royalist रौँ इ अँ लिस्ट *n.* supporter of a king or queen राजभक्त ।

royalty रौँ इ अँल् टि *n.* royal persons राजघराने के सदस्य; royal dignity or power राजसी गौरव अथवा सत्ता; sum paid to the owner of copyright रॉयल्टी ।

rub[1] रब *(-bb-) v.t.* to move (one thing) on the surface (of another) घिसना, रगड़ना; to clean or polish साफ़ या चमकदार क०; to massage मालिश क०; to chafe रगड़ना; to remove by friction मिटाना; *v.i.* to come into contact with friction रगड़ खाना; to be worn by friction मिट जाना ।

rub[2] *n.* rubbing रगड़; impediment बाधा; difficulty कठिनाई ।

rubber र बॅ: *n.* an elastic substance रबड़; person who rubs घिसने या रगड़नेवाला व्यक्ति ।

rubbish र बिश *n.* worthless material कूड़ा-करकट; nonsense बकवास ।

rubble र ब्ल *n.* fragments of stone etc. मलबा ।

ruby रू बि *n.* a precious stone माणिक; deep red colour गहरा लाल रंग ।

rude रूड *a.* impolite असभ्य; coarse भद्दा; vulgar गँवारू; uneducated अशिक्षित ।

rudiment रू डि मॅन्ट *n. (pl.)* basic principles मूल तत्व; an elementary fact प्रारंभिक तथ्य ।

rudimentary रू डि मैंन् टॅ रि *a.* basic प्रारंभिक, मूल ।

rue रू *v.t.* to grieve for पर दु:खी होना; to repent of (पर) पश्चात्ताप क० ।

rueful रू फुल *a.* feeling regret दु:खी, उदास ।

ruffian रफ़ यॅन *n.* violent lawless person गुंडा ।

ruffle र फ्ल *v.t.* to annoy चिढ़ाना ।

rug रग *n.* floor-mat ग़लीचा; a coverlet आच्छादन ।

rugged र गिड *a.* rough खुरदरा, ऊबड़-खाबड़; not refined अशिष्ट; wrinkled (face) झुर्रीदार ।

ruin[1] रू इन *n.* destruction विनाश; downfall पतन; *(pl.)* remains of a building or city खँडहर ।

ruin[2] *v.t.* to destroy नष्ट क०; to spoil बिगाड़ना ।

rule[1] रूल *n.* principle सिद्धांत; set of regulations नियम; government शासन; measuring stick पैमाना ।

rule[2] *v.t.* to govern शासन क०; to give a decision निर्णय देना ।

ruler रू लॅं: *n.* one who rules शासक, राजा; stick for measuring or ruling lines पैमाना ।

ruling रू लिङ्ग *n.* decision made by an authority व्यवस्था, आदेश, निर्णय ।

rum[1] रम *n.* a spirit शराब ।

rum[2] *a.* strange विलक्षण; queer भद्दा ।

rumble[1] रम् ब्ल *v.i.* to make a sound like thunder गड़गड़ाहट का शब्द क० ।

rumble[2] *n.* rumbling sound गड़गड़ाहट ।

ruminant[1] रू मि नॅन्ट *a.* (animal) that chews the cud जुगाली करने वाला ।

ruminant[2] *n.* cud-chewing animal जुगाली वाला पशु ।

ruminate रू मि नेट *v.i.* to chew the cud जुगाली क०; to meditate चिंतन क० ।

rumination रू मि ने शॅन *n.* chewing the cud जुगाली; meditation चिंतन, मनन ।

rummage[1] र मिज *v.i.* to turn things over for search ढूँढ मचाना; *v.t.* to search thoroughly (का) चप्पा-चप्पा छान मारना ।

rummage[2] *n.* search छान-बीन ।

rummy र मि *n.* a card game ताश का रमी

खेल।

rumour[1] रू मँः *n.* unverified statement अफ़वाह।

rumour[2] *v.t.* to circulate by way of rumour अफ़वाह फैलाना।

run[1] रन *(p.t. ran* रैन; *p.p. run) v.i.* to move quickly on foot दौड़ना; to rush शीघ्रता क०; to escape बच भागना; to move from one place to another चलना; to function काम क०; to spread फैलना; to flow बहना; to revolve घूमना; to continue चालू रहना; *v.t.* to cross by running दौड़कर पार क०; to expose oneself (to risk) (ख़तरा) मोल लेना; to cause to run दौड़ाना; to manage चलाना।

run[2] *n.* act of running दौड़; rush झपट्टा; tendency प्रवृत्ति; period अवधि; sequence क्रम; score of one at cricket क्रिकेट का एक 'रन'।

rung रङ्ग *n.* crossbar of a ladder सीढ़ी का डंडा।

runner र नँः *n.* one who runs धावक; messenger संदेशवाहक, हरकारा।

rupee रू पी *n.* coin of India रुपया।

rupture[1] रप् चँः *n.* breach of relation संबंध-विच्छेद; fracture टूटन।

rupture[2] *v.t.* to break तोड़ना; to burst फोड़ना; *v.i.* to break टूटना; to burst फूटना।

rural रूअँ रॅल *a.* pertaining to the countryside देहाती, ग्रामीण।

ruse रूज़ *n.* a trick चाल, धोखा।

rush[1] रश *n.* period of great activity व्यस्तता का समय; sudden attack झपट्टा।

rush[2] *v.t.* to carry along rapidly तेज़ी से ले जाना; to attack suddenly अचानक हमला क०; to cause to move violently तेज़ी से दौड़ाना; *v.i.* to move violently झपटना।

rush[3] *n.* a plant that grows in marshes जलबेंत।

rust[1] रस्ट *n.* reddish-brown coating on iron ज़ंग, मोरचा; a disease of plants रतुआ।

rust[2] *v.i.* to become rusty मोरचा खा जाना; *v.t.* to affect with rust ज़ंग लगाना।

rustic[1] रस् टिक *a.* unsophisticated ग्राम्य, गँवारू।

rustic[2] *n.* a country man गँवार।

rusticate रस् टि केट *v.t.* to expel (a student) from college as punishment (छात्र को) दंडस्वरूप निष्कासित क०।

rustication रस टि के शॅन *n.* act of rusticating निष्कासन।

rusticity रस् टि सि टि *n.* being rustic गँवारूपन।

rusty रस् टि *a.* covered with rust ज़ंग खाया हुआ।

rut रट *n.* deep groove made by passage of wheels लीक; settled habit पक्की आदत।

ruthless रूथ् लिस *a.* pitiless, cruel निर्दय।

rye रॉइ *n.* a grain used for fodder and bread राई; plant bearing it राई का पौधा।

S

sabbath सै बॅथ *n.* day of rest and worship विश्राम और पूजा का दिन ।

sabotage[1] सै बॅ टाज़ *n.* willful destruction तोड़फोड़ ।

sebotage[2] *v.t.* to perform an act of sabotage against से तोड़-फोड़ क० ।

sabre[1] से बॅं: *n.* sword with curved blade कृपाण, तलवार ।

sabre[2] *v.t.* to strike a sabre कृपाण से घायल क० ।

saccharin सै कॅ रिन *n.* an artifficial sweetener सैकरिन

saccharine सै कॅ रॉइन *a.* resembling sugar शर्करा-जैसा; very sweet अति मधुर ।

sack[1] सैक *n.* large bag of hemp बोरी, बोरा; dismissal बरख़ास्तगी; plunder लूट ।

sack[2] *v.t.* to rob लूटना; to dismiss from a job बरख़ास्त क० ।

sacrament सैक् रॅ मॅन्ट *n.* religious ceremony धार्मिक उत्सव, धार्मिक संस्कार ।

sacred से क्रिड *a.* holy पवित्र; divine अलौकिक; religious धार्मिक; adorable पूजनीय ।

sacrifice[1] सैक् रि फ़ॉइस *n.* offering अर्पण; abandonment त्याग; surrender समर्पण ।

sacrifice[2] *v.t.* to offer to a god on an alter बलिदान क०, भेंट चढ़ाना; *v.i.* to make a sacrifice त्याग क० ।

sacrificial सैक् रि फ़ि शॅल *a.* pertaining to sacrifice बलिदान-संबंधी

sacrilege सैक् रि लिज *n.* profanation of sacred things अपवित्रीकरण ।

sacrilegious सैक् रि लि जॅस *a.* profane देवत्व का अपहारी

sacrosanct सैक् रों सैङ्क्ट *a.* sacred पवित्र; worthy of protection रक्षणीय ।

sad सैड *a.* unhappy दु:खी;sorrowful उदास ।

sadden सै ड्न *v.t.* to make sorrowful दु:खी क० ।

saddle[1] सै ड्ल *n.* rider's seat to be placed on a horse's back काठी ।

saddle[2] *v.t.* to put a saddle on (घोड़े) की पीठ पर ज़ीन कसना ।

sadism से डिज़्म, सा–, सै– *n.* delight in cruelty परपीड़न-रति ।

sadist से डिस्ट *n.* person guilty of sadism पर पीड़न कामुक ।

safe[1] सेफ़ *a.* free from danger निरापद; involving no risk सुरक्षित ।

safe[2] *n.* chest for keeping valuables तिजोरी ।

safeguard[1] सेफ़् गा:ड *n.* defence, protection बचाव, रक्षा ।

safeguard[2] *v.t.* to protect रक्षा क०

safety सेफ़् टि *n.* security, freedom from danger सुरक्षा ।

saffron[1] सैफ़् रॅन *n.* purple flowered crocus केसर, जाफ़रान; orange colour केसरिया रंग ।

saffron[2] *a.* of the colour of saffron

केसरिया।

sagacious सॅ गे शॅस *a.* gifted with acute discernment समझदार, बुद्धिमान।

sagacity सॅ गै सि टि *n.* quickness of discernment चतुराई; farsightedness दूरदर्शिता।

sage सेज *n.* venerable man ऋषि, संत; a wise man मनीषी।

sage[2] *a.* wise बुद्धिमान।

sail[1] सेल *n.* canvas spread to catch wind and propel a boat पाल; act of sailing खेवन; journey upon the water जल-यात्रा।

sail[2] *v.i.* to travel by water जलयात्रा क०; to move smoothly शांत रूप से चलना; *v.t.* to voyage across नाव से पार क०।

sailor से लॅ: *n.* seaman नाविक, मल्लाह।

saint सेन्ट *n.* a holy person संत।

saintly सेन्ट् लि *a.* befitting a saint पुण्यात्मा।

sake सेक *n.* cause कारण; purpose उद्देश्य।

salable से लॅ बल *a.* fit for sale विक्रेय।

salad सै लॅड *n.* dish of uncooked vegetables सलाद।

salary सै लॅ रि *n.* pay वेतन।

sale सेल *n.* act of selling बिक्री।

salesman सेल्स् मॅन *n.* one who sells विक्रेता।

salient सेल् यॅन्ट *a.* chief, prominent मुख्य।

saline से लॉइन *a.* salty नमकीन, खारा।

salinity सॅ लि नि टि *n.* quality of being saline खारापन।

saliva सॅ लॉइ वॅ *n.* spittle लार।

sally[1] सै लि *n.* leap छलाँग; sudden rush झपट्टा; excursion विहार।

sally[2] *v.i.* to make a sally झपट्टा मारना।

saloon सॅ लून *n.* large public room बैठक; a large reception room स्वागत-कक्ष।

salt[1] सौल्ट, सॉ ल्ट *n.* chloride of sodium नमक; pungency तीखापन; wit बुद्धि।

salt[2] *v.t.* to sprinkle with salt नमक छिड़कना।

salty सौल् टि *a.* tasting of salt नमकीन।

salutary सै ल्यु टॅ रि *a.* wholesome, having a good result लाभकारी, स्वास्थ्यप्रद।

salutation सैल् यु टे शॅन *n.* greeting अभिवादन।

salute[1] सॅ ल्यूट *v.t.* to make salutation to नमस्कार क०; to honour आदर क०।

salute[2] *n.* a gesture of respect अभिवादन, नमन; firing of guns as a mark of honour सलामी।

salvage[1] सैल् विज *n.* rescue of property from loss at sea, or from fire नाशरक्षण; property so saved रक्षित संपत्ति।

salvage[2] *v.t.* to protect from loss क्षति से बचाना।

salvation सैल् वे शॅन *n.* deliverance from sin पापों से मुक्ति, उद्धार।

same सेम *a.* uniform अभिन्न, वही, तुल्य; unchanged अपरिवर्तित; identical वही; aforesaid पूर्वोक्त।

sample[1] साम् प्ल *n.* speciman नमूना।

sample[2] *v.t.* to take or give sample of की बानगी लेना या देना; to try, to test जाँच क०; to select छाँटना, चुनना।

sanatorium सै नॅ टौ रि ॲम *n.* health-resort आरोग्यआश्रम।

sanctification सैङ्क् टि फ़ि के शॅन *n.* act of sanctifying पवित्रीकरण।

sanctify सैङ्क् टि फ़ॉई *v.t.* to purify from sin पाप से मुक्त क०।

sanction[1] सैङ्क् शॅन *n.* approval अनुमोदन; penalty for breaking law प्रतिबंध।

sanction[2] *v.t.* to authorise आज्ञा देना,

अधिकृत क० ।

sanctity सैङ्क् टि टि *n.* holiness पवित्रता; purity पवित्रता ।

sanctuary सैङ्क् ट्यु अॅ रि *n.(pl.-ries)* holy place मंदिर; place of refuge शरणस्थल; a reservation where animals may not be hunted पशुविहार ।

sand सैन्ड *n.* minute fragments of stone बालू , रेत ।

sandal सैन् ड्ल *n.* shoe consisting of sole attached by straps चप्पल, खड़ाऊँ ।

sandalwood सैन् ड्ल् वुड *n.* a kind of fragrant wood चंदन ।

sandwich[1] सैन् विज *n.* thin slices of bread सैंडविच ।

sandwich[2] *v.t.* to place (something) between two objects दो पदार्थों के बीच में (कुछ) रखना ।

sandy सैन् डि *a.* like sand बालू जैसा; consisting of sand रेतीला ।

sane सेन *a.* of sound mind स्वस्थ चित्त का ।

sanguine सैङ् ग्विन *a.* of the colour of blood रक्त वर्ण का; hopeful आशायुक्त; confident विश्वासयुक्त ।

sanaitry सै नि टॅ रि *a.* hygienic आरोग्यकर; pertaining to health स्वास्थ्य-संबंधी ।

sanity सै नि टि *n.* state of being sane स्थिरबुद्धिता; health of mind मानसिक स्वास्थ्य ।

sap[1] सैप *n.* the juice that circulates in plants रस; vigour, energy शक्ति ।

sap[2] *(-pp-) v.t.* to weaken निर्बल बनाना; to drain away the life and strength of शक्तिहीन क० ।

sapling सैप् लिङ्ग *n.* young tree छोटा पौधा ।

sapphire सै फ़ॉइअॅ: *n.* a blue precious stone नीलम; deep blue गहरा नीला रंग ।

sarcasm सा: कैज़्म *n.* ironical remark व्यंग्य-कथन; taunt ताना ।

sarcastic सा: कैस् टिक *a.* ironical व्यंग्यपूर्ण, कटु; taunting ताने-भरा ।

sardonic सॉ: डौ निक *a.* scornful निंदापूर्ण ।

satan से टॅन *n.* the Devil शैतान ।

satchel सै चॅल *n.* a small bag थैला, झोला ।

satellite सै टॅ लॉइट *n.* planet revolving round another उपग्रह; hanger on पिछलगू ।

satiable से श्यॅ ब्ल *a.* that can be satisfied तृप्य ।

satiate सै शि एट *v.t.* to gratify to the full तृप्त कर देना ।

satiety सॅ टॉइ अॅ टि *n.* being satiated तृप्ति, अघाव ।

satire सै टॉइअॅ: *n.* irony, sarcasm उपहास, व्यंग्य; work using satire व्यंग्यपूर्ण कृति ।

satirical सॅ टि रि कॅल *a.* containing satire व्यंग्यपूर्ण; characterized by satire व्यंग्यात्मक; fond of satire व्यंग्यप्रिय ।

satirist सै टॅ रिस्ट *n.* one who writes a satire व्यंग्य-लेखक ।

satirize सै टि रॉइज़ *v.t.*to ridicule in a satirical manner व्यंग्य क० ।

satisfaction सै टिस् फ़ैक् शॅन *n.* gratification of desire संतोष, तृप्ति ।

satisfactory सै टिस् फ़ैक् टॅ रि *a.* satisfying संतोषजनक ।

satisfy सै टिस् फ़ॉइ *v.t.* to gratify fully संतुष्ट क०; to convince क़ायल क०; to fulfil पूरा क० ।

saturate सै चॅ रेट *v.t.* to impregnate thoroughly with परिपूर्ण क०; to wet thoroughly तरबतर कर देना ।

saturation सै चें रे शॅन *n.* act of saturating संतुष्टि, संतृप्ति ।

Saturday सै टॅ: डे,–डि *n.* last day of the week शनिवार ।

sauce सौस *n.* chutney चटनी; impudence धृष्टता ।

saucer सौ सॅ: *n.* shallow vessel for placing a cup of tea on तश्तरी ।

saunter सौन् टॅ: *v.i.* to stroll बेकार घूमना; to walk in a leisurely manner टहलना ।

savage[1] सै विज *a.* wild जंगली; uncivilized अशिष्ट; cruel निर्दय ।

savage[2] *n.* member of a savage tribe वहशी ।

savagery सै वि जें रि *n.* cruelty क्रूरता; barbarity वहशीपन ।

save[1] सेव *v.t.* to make or keep safe सुरक्षित रखना; to keep or store for future बचत क०; to hoard (money) (धन) संचित क०; to defend रक्षा क० ।

save[2] *prep.* except के सिवाय, के अलावा ।

saviour से व्यॅ: *n.* one who saves from destruction रक्षक, उद्धारक ।

savour[1] से वॅ: *n.* taste स्वाद; flavour रस; smell गंध ।

savour[2] *v.i.* to have a particular smell or taste सुगंधित अथवा स्वादिष्ट होना; to suggest the presence (of) का आभास देना; *v.t.* to give flavour to स्वादिष्ट बनाना; to have flavour of की गंध रखना ।

saw[1] सौ *n.* a cutting tool आरा ।

saw[2] *v.t.* to cut with a saw आरे से काटना ।

say[1] से *v.t.* to speak, to utter बोलना, कहना; to assume कल्पना क० ।

say[2] *n.* speech व्याख्यान, कथन; share in decision निर्णय में भागीदारी ।

scabbard स्कै बॅ:ड *n.* sheath for a sword or a dagger म्यान ।

scabies स्कै बीज़ *n.* a skin disease causing itching खुजली ।

scaffold स्कै फ़ॅल्ड *n.* temporary platform for building workmen पाड़; gallows फाँसी का तख़्ता ।

scale[1] स्केल *n.* hard flake on a fish, reptile, etc. शल्क; thin layer पपड़ी; a graduated measure मापक; ratio of size between a thing and a model or map of it पैमाना; dish of a balance पलड़ा; extent सीमा; *(pl.)* an instrument for measuring weight तराज़ू ।

scale[2] *v.t.* to weigh in scales तराज़ू में तोलना; to have weight of का वज़न रखना; to climb पर चढ़ना; to remove scales from से शल्क हटाना; *v.i.* to come off in scales पपड़ी के रूप में उतरना ।

scalp स्कैल्प *n.* skull खोपड़ी; skin and hair of head सिर की त्वचा और बाल ।

scamper[1] स्कैम् पॅ: *v.i* to run about इधर-उधर दौड़ना ।

scamper[2] *n.* short, quick run छोटी, तेज़ दौड़ ।

scan स्कैन *(-nn-)* *v.t.* to examine minutely सूक्ष्म परीक्षण क०; to scrutinize जाँचना ।

scandal स्कैन् ड्ल *n.* defamation बदनामी, मानहानि; back-biting चुगुली; malicious talk अपवाद ।

scandalize स्कैन् डॅ लॉइज़ *v.t.* to defame बदनाम क०; to shock आघात पहुँचाना ।

scant स्कैन्ट *a.* not sufficient अपर्याप्त, स्वल्प ।

scanty स्कैन् टि *a.* small in size or amount कम, न्यून ।

scapegoat स्केप् गोट *n.* person blamed for other's faults बलि का बकरा ।

scar[1] स्का: *n.* mark of a sore or wound घाव का निशान ।

scar[2] *(-rr-) v.t.* to mark with scar धब्बा लगाना ।
scarce स्कैंअें:स *a.* not plentiful अल्प; rare विरल; uncommon दुर्लभ ।
scarcely स्कैंअें:स् लि *adv.* not quite, almost not मुश्किल से ही ।
scarcity स्कैंअें: सि टि *n.* state of being scarce विरलता, न्यूनता, अल्पता, दुर्लभता ।
scare[1] स्कैंअें: *n.* sudden alarm अकारण भय ।
scare[2] *v.t.* to terrify डराना; to drive away by frightening डराकर भगाना ।
scarf स्का:फ़ *n.* a strip of fabric worn over the shoulders, round the neck or over the hair गुलूबंद, दुपट्टा ।
scatter स्कै टॅ: *v.t.* to throw here and there फैलाना, छितराना; *v.i.* to go in different directions बिखरना, फैलना ।
scavenger स्कै विन् जॅ: *n.* person employed to keep the streets clean by removing refuse सफ़ाई कर्मचारी, मेहतर ।
scene सीन *n.* place of action घटना-स्थल; subdivision of a play नाटक का दृश्य; view दृश्य; episode घटना; display of strong emotion तमाशा, प्रदर्शन; a stage set for a performance of a play मंचसज्जा ।
scenery सी नॅ रि *n.* landscape representation of a scene दृश्यभूमि; the backcloth etc. used on the stage of a theatre मंच-सज्जा ।
scenic सी निक *a.* of the stage नेपथ्य-संबंधी; picturesque सुंदर, चित्रात्मक ।
scent[1] सैन्ट *n.* agreeable odour सुगंध; perfume इत्र; trail खोज; clue सुराग़ ।
scent[2] *v.t.* to smell सूँघना; to fill with fragrance सुगंधित क॰; to discover by smelling गंध-द्वारा पता लगाना; to suspect संदेह क॰ ।
sceptic स्कैप् टिक *n.* atheist नास्तिक; one who maintains doubt or disbelief संदेहवादी ।
sceptical स्कैप् टि कल *a.* incredulous संशयात्मक ।
scepticism स्कैप् टि सिज़्म *n.* a disbelieving state of mind संदेहवाद, संशयात्मकता ।
sceptre सैप टॅ: *n.* ornamental staff as symbol of royal power राजदंड ।
schedule[1] शैड् यूल *n.* programme कार्यक्रम; time-table सारणी; table of details or appended table अनुसूची ।
schedule[2] *v.t.* to make a list of अनुसूची बनाना ।
scheme[1] स्कीम *n.* system पद्धति; plan योजना; contrivance उपाय ।
scheme[2] *v.i.* to form a plan योजना बनाना; *v.t.* to contrive उपाय क॰ ।
schism सिज़्म *n.* faction फूट; group resulting from faction विच्छिन्न संप्रदाय ।
scholar स्कॉ लॅ: *n.* learned person विद्वान् ; pupil शिष्य ।
scholarly स्कॉ लॅ: लि *a.* learned विद्वान् विद्वत्तापूर्ण ।
scholarship स्कॉ लॅ: शिप *n.* erudition पांडित्य; allowance given to a student छात्रवृत्ति ।
scholastic स्कॅ लैस् टिक *a.* pertaining to a scholar विद्वान्-संबंधी; educational शिक्षा-विषयक; academic शास्त्रीय ।
school स्कूल *n.* educational institution विद्यालय, पाठशाला; branch of study शिक्षा की शाखा; group of artists, thinkers etc. with common beliefs संप्रदाय ।
science सॉइ अॅन्स *n.* systematic knowledge विज्ञान ।
scientific सॉइ अॅन् टि फ़िक *a.* pertaining

to science वैज्ञानिक ।

scientist **सॉइ** अॅन् टिस्ट *n.* one who is versed in science वैज्ञानिक ।

scintillate **सिन्** टि लेट *v.i* to sparkle चमकना ।

scintillation सिन् टि **ले** शॅन *n.* lustre, glitter चमक ।

scissors **सि** जॅ:ज़ *n. pl.* a cutting instrument क़ैंची ।

scoff[1] स्कौफ़ *n.* taunt ताना ।

scoff[2] *v.i.* to jeer (at) उपहास क० ।

scold स्कोल्ड *v.t.* to find fault with दोष निकालना; to rebuke, to reprimand फटकारना ।

scooter **स्कू** टॅ: *n.* light motorcycle स्कूटर ।

scope स्कोप *n.* sphere of action or observation क्षेत्र; opportunity for action गुंजाइश ।

scorch स्कौ:च *v.t.* to burn or discolour (surface) with heat झुलसाना ।

score[1] स्कौ:, स्कौं: *n.* set of twenty एक कोड़ी (बीस); reckoning गणना; number of points made by a player in certain games खेल के अंक ; reason कारण; scratch खरौंच ।

score[2] *v.t.* to gain (points) in a game खेल में (अंक या रन) बनाना; to cross out काटना; to mark चिह्नित क०; *v.i.* to keep tally of points अंकों या रनों का हिसाब रखना ।

scorer **स्कौ** रॅ: *n.* person who keeps a record of points, goals, runs, etc, scored in a game गणक; player who scores goals, runs etc. गोल या रन बनानेवाला खिलाड़ी ।

scorn[1] स्कौ:न *n.* extreme contempt तिरस्कार; derision घृणा ।

scorn[2] *v.t.* to hold in contempt तिरस्कार क०, घृणा क० ।

scorpion **स्कौ:** प्यॅन *n.* a small animal with a poisonous sting in its long tail बिच्छू ।

Scot स्कॉट *n.* native of Scotland स्कॉटलैंड का निवासी ।

Scotch[1] स्कौचॅ *a.* of Scotland स्कॉटलैंड-संबंधी ।

Scotch[2] *n.* people of Scotland स्कॉटलैंड निवासी; a kind of whiskey एक प्रकार की शराब ।

scot-free **स्कॉट्** **फ़्री** *a.* unharmed सुरक्षित, निरापद ।

scoundrel **स्कॉउन्** ड्रॅल *n.* rogue rascal दुष्ट ।

scourge[1] स्कॅ:ज *n.* whip कोड़ा; severe affliction महान् कष्ट; calamity विपत्ति ।

scourge[2] *v.t.* to flog कोड़े मारना; to punish severely कड़ा दंड देना ।

scout[1] स्कॉउट *n.* boy scout बालचर; spy गुप्तचर ।

scout[2] *v.i.* to act as a scout बालचर के रूप में काम क०; to act as spy गुप्तचर्या क० ।

scowl[1] स्कॉउल *v.i.* to frown त्योरी चढ़ाना ।

scowl[2] *n.* a bad-tempered look भ्रूभंग, त्योरी चढ़ी दृष्टि ।

scramble[1] **स्क्रैम्** ब्ल *v.i.* to climb ऊपर चढ़ना; to struggle for something संघर्ष क०; *v.t.* to mix up मिला देना; to cook (eggs) beaten up with milk दूध के साथ फेंटकर (अंडे) पकाना ।

scramble[2] *n.* scrambling संघर्ष; rough climb ऊबड़- खाबड़ चढ़ाई; disorderly proceeding अव्यवस्थित कार्यवाही ।

scrap स्क्रैप *n.* rejected metal pieces रद्दी धातु; smallest piece छोटा टुकड़ा ।

scratch[1] स्क्रैच *n.* mark of injury खरोंच ।

scratch[2] *v.t.* to mark (surface) with something sharp खुरचना, खरोंचना; to draw along घसीटना; to rub घिसना; to cancel रद्द क०; to withdraw वापस लेना;

v.i. to use the nail or claws नाखूनों या पंजों का प्रयोग क० ।

scrawl[1] स्क्रौल *v.t.* to write or draw hastily तेज़ी से लिखना या घसीटना ।

scrawl[2] *n.* poor writing घसीट ।

scream[1] स्क्रीम *v.i.* to make a sudden cry चीख़ना; *v.t.* to utter in a scream चीख़ कर कहना ।

scream[2] *n.* shrill cry चीख़ ।

screen[1] स्क्रीन *n.* surface on which films are shown चित्रपट; device to shelter from light etc. परदा ।

screen[2] *v.t.* to shelter, to hide बचाना, छिपाना; to show (film) चित्रपट पर दिखाना; to scrutinize परखना, जाँचना ।

screw[1] स्क्रू *n.* metal peg पेच ।

screw[2] *v.t.* to fasten (with a screw) पेच से कसना ।

scribble[1] स्क्रि ब्ल *v.t.* to write or draw carelessly घसीट में लिखना या खींचना; *v.i.* to make meaningless marks उलटी-सीधी लकीरें खींचना ।

scribble[2] *n.* careless writing घसीट ।

script स्क्रिप्ट *n.* handwriting लिखावट; manuscript पांडुलिपि ।

scripture स्क्रिप् चं: *n.* sacred writings of a religion धर्मग्रंथ ।

scroll स्क्रोल *n.* roll of paper used for writing काग़ज का खर्रा; ornamental design कटावदार डिज़ाइन ।

scrutinize स्क्रू टि नॉइज़ *v.t.* to make thorough examination of सावधानी से जाँच क० ।

scrutiny स्क्रू टि नि *n.* thorough examination सूक्ष्म जाँच; critical investigation समीक्षा; offficial examination of votes मतपत्रों की जाँच ।

scuffle[1] स्क फ़्ल *n.* confused brief fight हाथापाई ।

scuffle[2] *vi.* to take part in a confused fight हाथापाई क० ।

sculptor स्कल्प् टं: *n.* one who carves on wood or stone पत्थर या लकड़ी पर नक़्क़ाशी करनेवाला, मूर्तिकार ।

sculptural स्कल्प् चं रॅल *a.* pertaining to sculpture प्रतिमा-निर्माण-संबंधी ।

sculpture स्कल्प् चं: *n.* art of carving in relief on stone, wood or clay मूर्तिकला ।

scythe[1] सॉइद *n.* a manual reaping implement दाँती, दराँती ।

scythe[2] *v.t.* to cut with scythe दराँती से काटना ।

sea सी *n.* the ocean सागर; large quantity विशाल मात्रा; vast expanse दीर्घ विस्तार ।

seal[1] सील *n.* impression attached to a document, significant mark मुहर ।

seal[2] *n.* an aquatic flesh-eating mammal मांसाहारी समुद्री स्तनधारी जंतु ।

seal[3] *v.t.* to stamp with seal मुहर लगाना; to close up tightly अच्छी तरह बंद क०; to decide तय क० ।

seam[1] सीम *n.* the line of sewing where pieces of cloth are joined सीवन; line of junction of two planks संधिरेखा; thin layer परत ।

seam[2] *v.t.* to join by a seam सिलाई से जोड़ना ।

seamy सी मि *a.* marked with seams सीवनदार; sordid घिनौना ।

search[1] सॅ:च *n.* act of searching खोज; inquiry जाँच ।

search[2] *v.t.* to seek out खोजना; to probe जाँच क० ।

season[1] सी ज़न *n.* period of the year marked by different climatic conditions ऋतु; time when something is plentiful किसी वस्तु की प्रचुरता का समय; proper time उचित समय ।

season[2] *v.t.* to render mature and fit for use परिपक्व बनाना; to add flavouring to स्वादिष्ट बनाना; to make experienced अभ्यस्त बनाना ।

seasonable सी ज़ॅ नॅ ब्ल *a.* opportune उचित समय पर होने वाला ।

seasonal सी ज़ॅ नॅल *a.* happening only at a particular season मौसमी ।

seat[1] सीट *n.* thing to sit on बैठने का आसन, गद्दी; location स्थिति, स्थान; legislative constituency निर्वाचन-क्षेत्र; buttocks चूतड़; base आधार ।

seat[2] *v.t.* to cause to sit बैठाना; to fix firmly जमाना; to provide seats बैठने का स्थान देना ।

secede सि सीड *v.i* to withdraw formally from a larger body पृथक् हो जाना ।

secession सि सैँ शॅन *n.* act of seceding अपगमन, अलगाव ।

secessionist सि सैँ शॅ निस्ट *n.* one favouring secession अलगाववादी ।

seclude सि क्लूड *v.t.* to separate from society समूह से अलग क० ; to keep aloof अलग रखना ।

secluded सि क्लू डिड *a.* separated from society एकांत, अकेला, निर्जन ।

seclusion सि क्लू ज़ॅन *n.* privacy एकांतता ।

second[1] सैँ कॅन्ड *a.* next after first दूसरा ।

second[2] *n.* one who follows another अनुयायी; sixtieth part of a minute मिनट का साठवाँ भाग; inferior goods घटिया माल ।

second[3] *v.t.* to support अनुमोदित क० ।

secondary सैँ कॅन् डॅ रि *a.* next in importance गौण; supplementary अनुपूरक ।

seconder सैँ कॅन् डॅः *n.* one who supports a resolution प्रस्ताव का अनुमोदक ।

secrecy सी क्रॅ सि *n.* privacy एकांतता; concealment गुप्तता ।

secret[1] सी क्रिट *a.* concealed छिपा हुआ; remote, quiet शांत ।

secret[2] *n.* something kept from view or knowledge गुप्त भेद; the real source मुख्य स्रोत या कारण; something mysterious रहस्यपूर्ण वस्तु ।

secretariat (e) सैक् रॅ टे ॲ रि ॲट *n.* secretarys' department सचिवालय ।

secretary सैक् रि ट्रि *n.* an administrative or executive officer of an organization सचिव, मंत्री ।

secrete सि क्रीट *v.t.* to conceal छिपाना; to produce by secretion स्रावित क० ।

secretion सि क्री शॅन *n.* process of secreting स्रवण; matter secreted स्राव ।

secretive सीक् रि टिव *a.* habitually keeping things secret गोपनशील ।

sect सैक्ट *n.* religious party or faction पंथ, संप्रदाय, मत ।

sectarian सैक् टे ॲ रि ॲन *a.* pertaining to a particular sect किसी विशेष मत या पंथ-संबंधी ।

section सैक् शॅन *n.* division अनुभाग, भाग; subdivision of a book अनुच्छेद; part of a whole खंड, अंश ।

sector सैक् टॅः *n.* field of business activity व्यावसायिक क्षेत्र; military area of operation सैन्य कार्यवाही का क्षेत्र ।

secure[1] सि क्युॲः *a.* safe सुरक्षित; firmly fixed सुदृढ़ ।

secure[2] *v.t.* to free from anxiety सुरक्षित क०; to obtain प्राप्त क०; to make strong दृढ़ क० ।

security सि क्युॲ रि टि *n.* safety सुरक्षा; undertaking to obtain release of a prisoner ज़मानत; thing pledged as guarantee प्रतिभूति ।

sedan सि डैन *n.* a covered chair carried by two men पालकी ।

sedate[1] सि डेट *a.* serious गंभीर; calm शांत ।

sedate[2] *v.t.* to soothe by drugs दवा से आराम पहुँचाना ।

sedative[1] सैं डॅ टिव *a.* having a soothing effect शामक ।

sedative[2] *n.* sedative drug शामक औषध ।

sedentary सैं डॅन् टॅ रि *a.* sitting आसीन, बैठा हुआ; accustomed to sitting बैठे रहने का आदी ।

sediment सैं डि मॅन्ट *n.* matter which settles at the bottom of a liquid तलछट ।

sedition सि डि शॅन *n.* conduct or speech tending to breach of public piece विद्रोह, विप्लव ।

seditious सि डि शॅस *a.* inclined to sedition विप्लवकारी ।

seduce सि ड्यूस *n.* to lead astray बहकाना; to tempt लुभाना; to attract आकर्षित क० ।

seduction सि डक् शॅन *n.* act of seducing सतीत्व-हरण; tempting to an evil action दुष्प्रेरणा ।

seductive सि डक् टिव *a.* alluring लुभावना ।

see सी *v.t.* to perceive देखना; to be cognizant of पर ध्यान देना; to find out मालूम क०, ढूँढना; to make sure आश्वस्त क०; to visit भेंट क०; to consult परामर्श क०; to reflect विचार क०; to accompany के साथ जाना; *v.i.* to have the power of sight दृष्टि रखना ।

seed[1] सीड *n.* plant's element of life बीज; prime cause मूल कारण; semen वीर्य ।

seed[2] *v.t.* to sow with seed बोना; *v.i.* to produce seed बीज उगाना ।

seek सीक *v.t. (p.t. & p.p. sought)* to ask for माँगना; to try प्रयास क०; *v.i.* to search खोज क० ।

seem सीम *v.i.* to appear जान पड़ना; to look दिखाई पड़ना ।

seemly सीम् लि *a.* proper, befitting उपयुक्त, उचित ।

seep सीप *v.i.* to tickle through slowly रिसना ।

seer सिअॅ: *n.* prophet सिद्धपुरुष, दृष्टा ।

seethe सीद *v.i.* to boil उबलना; to be agitated उत्तेजित होना ।

segment[1] सैंग् मॅन्ट *n.* part cut off from something भाग, खंड ।

segment[2] *v.t.* to divide into segments विभाजित क०; *v.i.* to be divided into segments विभक्त होना ।

segregate सैंग् रि गेट *v.t.* to isolate पृथक् क० ।

segregation सैग् रि गे शॅन *n.* separation अलगाव, वियोग ।

seismic सॉइज़् मिक *a.* pertaining to earthquakes भूकंप-संबंधी ।

seize सीज़ *v.t.* to take possession of by force छीनना; to grasp पकड़ना ।

seizure सी ज़ॅ: *n.* act of seizing पकड़; possession by force ज़ब्ती ।

seldom सैल् डॅम *adv.* not often यदा-कदा, कभी-कभार ।

select[1] सि लैक्ट *v.t.* to choose as the best चुनना ।

select[2] *a.* choice चुनिंदा; excellent उत्कृष्ट ।

selection सि लैक् शॅन *n.* act of selecting चयन ।

selective सि लैं क् टिव *a.* capable of selection चयन-योग्य ।

self[1] सैं ल्फ *n. (pl. selves)* person's own individuality व्यक्तित्व; one's own interest स्वार्थ; sameness एकता ।

selfish सैं ल् फ़िश *a.* devoted to

personal profit स्वार्थी ।

selfless सैॅल्फ़ लिस *a.* unselfish स्वार्थरहित ।

sell सै ॅल *v.t. (p.t. & p.p. sold)* to dispose of in exchange for money बेचना; to deal in (की) दुकान क०; *v.i.* to be sold बिकना ।

seller सैॅ लॅं: *n.* one who sells विक्रेता; something that is sold बिकने वाली वस्तु ।

semblance सैॅम् ब्लॅन्स *n.* likeness सादृश्य; false appearance दिखावा ।

semen सी मैॅन *n.* male generative fluid of animals वीर्य, शुक्र ।

semester सि मैॅ स् टॅ: *n.* a half year term अर्द्धवार्षिक सत्र ।

seminal सी मि न्ल *a.* of semen वीर्य-संबंधी ।

seminar सैॅ मि ना: *n.* meeting for discussion गोष्ठी ।

senate सैॅ निट *n.* legislative body प्रबंधकारिणी समिति; governing body of a university विश्वविद्यालय की प्रशासनिक समिति ।

senator सैॅ नॅ टॅ: *n.* member of a senate समिति-सदस्य ।

senatorial[1] सैॅ नॅ टौ रि अॅल *a.* of a senate or senator प्रशासनिक समितीय अथवा समिति-सदस्यीय ।

senatorial[2] *a.* pertaining to senate प्रशासनिक समिति-संबंधी ।

send सैॅन्ड *v.t.* to cause to go भेजना; to dispatch प्रेषित क० ।

senile सी नॉइल *a.* pertaining to old age वृद्धावस्था-संबंधी ।

senility सि नि लि टि *n.* weakness in old age बुढापे की दुर्बलता ।

senior[1] सी न्यॅं: *a.* superior in age वयोवृद्ध; of a higher rank बड़े पद का ।

senior[2] *n.* superior उच्च व्यक्ति; elder person वयोवृद्ध व्यक्ति ।

senoirity सी नि ऑ रि टि *n.* condition of being senior वरीयता ।

sensation सैॅन् से शॅन *n.* feeling अनुभूति; excitement उत्तेजना, सनसनी; strong impression संवेदना ।

sensational सैॅन् से शॅ नॅल *a.* pertaining to the sense of perception संवेदनात्मक; producing excited interest सनसनीख़ेज़ ।

sense[1] सैॅन्स *n.* facutty of perception इंद्रिय; mental alertness चेतना; consciousness होश; meaning अर्थ; judgment विवेक, समझ ।

sense[2] *v.t.* to perceive, to understand अनुभव क०, समझना ।

senseless सैॅन्स् लिस *a.* foolish मूर्ख, मूर्खतापूर्ण; unconscious बेहोश ।

sensibility सैॅन् सि बि लि टि *n.* sensitiveness संवेदनशीलता ।

sensible सैॅन् सि ब्ल *a.* reasonable, wise समझदार; aware जागरूक, अवगत; perceptible by the senses इंद्रिय-ग्राह्य ।

sensitive सैॅन् सि टिव *a.* quick to receive impressions संवेदनशील; easily offended तुनकमिज़ाज; emotional भावुक; easily affected नाज़ुक; responsive to slight changes सूक्ष्मग्राही ।

sensual सैॅन् स्यु अॅल *a.* lustful कामुक, कामुकतापूर्ण ।

sensualist सैॅन् स्यु अॅ लिस्ट *n.* a lustful person भोगवादी, कामी ।

sensuality सैॅन् स्यु ऐ लि टि *n.* indulgence of sensual pleasures कामुकता ।

sensuous सैॅन् स्यु अॅस *a.* appealing to the senses इंद्रिय-संबंधी ।

sentence[1] सैॅन् टॅन्स *n.* group of words giving complete meaning वाक्य; penalty imposed by the court दंड ।

sentence[2] *v.t.* to pass sentence on दंड देना।

sentience सैॅन् शॅन्स *n.* quality of being sentient संवेदन, चेतना।

sentient सैॅन् शॅन्ट *a.* capable of feeling संवेदनशील।

sentiment सैॅन् टि मॅन्ट *n.* tendency to be moved by feeling भावुकता; emotion भाव; opinion मत, विचार।

sentimental सैॅन् टि मैॅन् ट्ल *a.* having a tendency to be moved by feeling भावुक; full of emotion भावुकतापूर्ण।

sentinel सैॅन् टि न्ल *n.* sentry संतरी, पहरेदार।

sentry सैॅन् ट्रि *n.* soldier on watch संतरी।

separable सैॅ पॅ रॅ ब्ल *a.* capable of being separated वियोज्य, पृथक्करणीय।

separate[1] सैॅ पॅ रेट *v.t.* to divide अलग क०; to put apart हटाना; *v.i.* to withdraw अलग होना, हटना।

separate[2] सैॅ पॅ रिट *a.* divided विभक्त; existing apart अलग।

separation सैॅ पॅ रे शॅन *n.* disconnection पृथक्करण; being disconnected पृथक्‌भवन; division विभाजन।

sepsis सैॅप् सिस *n.* pus forming bacteria पूति, पूतिता।

September सॅप् टैॅम् बॅः *n.* ninth month of the year सितंबर।

septic सैॅप् टिक *a.* caused by sepsis पूतिक, विषाक्त।

sepulchre सैॅ पॅल् कॅः *n.* tomb समाधि, मक़बरा।

sepulture सैॅ पॅल् चॅः *n.* burial दफ़न।

sequel सी क्वॅल *n.* consequence परिणाम; continuation, remaining part शेष।

sequence सी क्वॅन्स *n.* succession अनुक्रम; successive order क्रम।

sequester सि क्वैॅस् टॅः *v.t.* to seclude अलग क०।

serene सि रीन *a.* calm, tranquil शांत; unclouded मेघरहित।

serenity सि रैॅ नि टि *n.* quality of being serene शांति।

serf सॅःफ *n.* a land-worker कृषि-मज़दूर।

serge सॅःज *n.* a strong wollen cloth सर्ज, एक प्रकार का कपड़ा।

sergeant साः जॅन्ट *n.* non-commissioned army- officer सारजेंट।

serial[1] सिॲ रि ॲल *a.* belonging to a series क्रमिक, आनुक्रमिक; published in instalments धारावाहिक।

serial[2] *n.* periodical publication or presentation धारावाहिक।

series सिॲ रीज़ *n.* *(sing. & pl.)* sequence क्रम, अनुक्रम; *(maths.)* a set of numbers forming a progression माला, श्रेणी, शृंखला।

serious सिॲ रि ॲस *a.* sincere गंभीर; of importance महत्त्वपूर्ण; causing conern चिंताजनक; thoughtful विचारशील।

sermon सॅः मॅन *n.* moral or religious discourse नीतिवचन, धर्मोपदेश।

sermonize सॅः मॅ नॉइज़ *v.i.* to talk like a preacher धर्मोपदेशक होना; *v.t.* to preach धार्मिक शिक्षा देना।

serpent सॅः पॅन्ट *n.* snake सर्प; a treacherous person धूर्त, धोखेबाज़ व्यक्ति।

serpentine सॅः पॅन् टॉइन *a.* winding like a serpent सर्पिल; sly धूर्त, चालाक।

servant सॅः वॅन्ट *n.* one who serves सेवक; employee कर्मचारी।

serve[1] सॅःव *v.t.* to work for (की) नौकरी क०; to perform duties for (की) सेवा क०; to place (food, etc.) on the table (भोजन आदि) परोसना; to be satisfactory for के लिए उपयुक्त होना; to undergo भुगतना; to deliver (a summons, etc.) (समन) तामील क॰; to meet the needs of (की) आवश्यकता पूरी क; *v.i.* to put the ball into play सर्विस क॰ ।

serve[2] *n.* act of serving ball सर्विस ।

service[1] **सॅ:** विस *n.* being a servant नौकरी; act of service सेवा; *(pl.)* armed forces सेना; help सहायता; system, organization व्यवस्था; attendance ख़िदमत, टहल; use प्रयोग; maintenance of vehicle रख-रखाव; a set of dishes, cups, etc. बरतन; *(tennis)* serving सर्विस; legal notification तामील; serving of food खाना परोसने की क्रिया ।

service[2] *v.t.* to overhaul पूरी तरह से जाँच करके सुधारना ।

serviceable सॅ: वि सॅ बल *a.* in working order चालू हालत में; durable टिकाऊ ।

servile सॅ: वॉइल *a.* slavish दासतापूर्ण; cringing लल्लो-चप्पो करनेवाला, ख़ुशामदी ।

servility सॅ: **वि** लि टि *n.* servile behaviour or attitude दासता, जी-हुज़ूरी ।

session सैं शॅन *n.* meeting of court न्यायालय की बैठक; meeting of Parliament संसद-सत्र; academic term शिक्षण-सत्र ।

set[1] *(-tt-) v.t,* to put रखना; to fix बैठाना, जमाना; to apply लगाना; to make ready तैयार क॰; to establish स्थापित क॰; to allot नियत क॰; to arrange (a table) व्यवस्थित क॰; to start चालू क॰; to settle निश्चित क॰; *v.i.* to sink डूबना, छिपना; to become firm कड़ा होना, जमना ।

set[2] *a.* fixed स्थिर; prescr'bed निर्धारित; conventional रूढ़िगत; formal औपचारिक ।

set[3] *n.* a group of people with common qualities एक-जैसे लोगों का समूह, गुट; a group of things श्रेणी; receiver for radio or televison सैट ।

settle सैं ट्ल *v.i.* to come to rest बैठना; to subside नीचे जाना, बैठना; to take up residence बसना; *v.t.* to arrange व्यवस्थित क॰; to decide तय क॰; to pay अदा क॰ ।

settlement सैं ट्ल् मॅन्ट *n.* act of settling निपटारा; agreement समझौता; payment भुगतान; decison निर्णय; determination निर्धारण; colony उपनिवेश; subsidence धँसन ।

settler सैं ट् लॅ: *n.* colonist उपनिवेशी ।

seven[1] **सैं** व्न *n.* the number next to six सात की संख्या (7) ।

seven[2] *a.* one more than six सात ।

seventeen सैं व्न् **टीन** *n., a.* (the number) next after sixteen सत्रह (17) ।

seventeenth सैं व्न् **टीन्थ** *a.* next after the 16th सत्रहवाँ ।

seventh सैं व्न्थ *a.* next ater the 6th सातवाँ ।

seventieth सैं व्न् टीथ *a.* next after 69th सत्तरवाँ ।

seventy सैं व्न् टि *n., a.* (the number) next after 69 सत्तर (70) ।

sever सैं वॅं: *v.t.* to cut off काट देना; to break off तोड़ देना; *v.i.* to come apart टूटना, अलग होना ।

several सैं वॅं रॅल *a.* a few, some कई; separate अलग; individual व्यक्तिगत; various विभिन्न; different भिन्न ।

severance सैं वॅं रॅन्स *n.* severing पृथक्ता; disconnection विच्छेद ।

severe सि **विअॅ:** *a.* strict कड़ा;hard to do कठिन; rigorous कठोर; harsh सख़्त, कठोर ।

severity सि वैं रि टि *n.* quality of being severe कठोरता, कठिनता ।

sew सो *v.t.* *(p.t. sewed सोड; p.p. sewn सोन)* to fasten with stitches टाँकना, सिलना; to make (garment) by stitching (कपड़ा) सिलना; *v.i.* to work with needle सिलाई क० ।

sewage स्यू इज *n.* refuse conveyed in sewer गंदा पानी, मलजल ।

sewer स्यु अॅः *n.* underground drain for refuse मलप्रणाल, नाला ।

sewerage स्यु अॅ रिज *n.* system of drains मलव्यवस्था ।

sex सैक्स *n.* state of being male or female लिंग; sexual activity यौन-क्रिया ।

sexual सैक्स्यु अॅल *a.* pertaining to sex लैंगिक ।

sexuality सैक्स्यु ऐ लि टि *n.* the quality of being sexual लैंगिकता; sexual desire काम- वासना ।

sexy सैं क् सि *a.* inclined to sexual indulgence कामुक; much concerned with sexuality कामोत्तेजक ।

shabby शै बि *a.* worn and torn फटा-पुराना, जीर्ण-शीर्ण; poorly dressed फटेहाल; disgraceful घृणित, घिनौना ।

shackle[1] शै कल *n.* metal ring for prisoner's wrist or ankle बेड़ी ।

shackle[2] *v.t.* to fasten with shackles बेड़ी डालना ।

shade[1] शेड *n.* slight darkness छाया; the darker part of a picture चित्र का काला भाग; a slight amount थोड़ी मात्रा; covering for a lamp दीपक का ढकना; ghost भूत, प्रेत ।

shade[2] *v.t.* to shield from light ओट में क०; to mark (a picture) with different degrees of shade छायित क० ।

shadow[1] शै डो *n.* dark projection of something छाया, परछाईं; slight trace आभास; indistinct image अस्पष्ट बिंब; gloom विषाद; inseparable companion अविभाज्य साथी ।

shadow[2] *v.t.* to cast shadow over आच्छादित क०; to follow closely के पीछे लगा रहना ।

shadowy शै डो इ *a.* having shadow or shade छायादार; like a shadow छायावत् ।

shaft शाफ़्ट *n.* handle of a tool or weapon दस्ता, मूठ; a ray of light किरण; pole कड़ी; arrow तीर ।

shake[1] शेक *v.i.* *(p.t. shook शुक, p.p. shaken शेकन)* to move to and fro or up and down हिलना; to shudder काँपना; *v.t.* to cause to move हिलाना; to dismay भयभीत क० ।

shake[2] *n.* act of shaking झटका; tremor कंपन ।

shaky शे कि *a.* unsteady अस्थिर, कंपायमान; unreliable अविश्वसनीय ।

shallow शै लो *a.* not deep उथला; superficial सतही ।

sham[1] शैम *(-mm-)* *v.i.* to pretend बहाना क० ।

sham[2] *n.* pretence दिखावा, बहाना ।

sham[3] *a.* pretended दिखावटी ।

shame[1] शेम *n.* feeling of guilt शरम, हया; public disgrace कलंक ।

shame[2] *v.t.* to cause to feel shame लज्जित क० ।

shameful शेम् फुल *a.* disgraceful लज्जाजनक ।

shameless शेम् लिस *a.* with no sense of shame निर्लज्ज ।

shampoo[1] शैम् पू *n.* a lotion for washing hair केशमार्जक; act of washing hair with shampoo केशमार्जन ।

shampoo[2] *v.t.* to wash with shampoo

शैंपू से धोना ।

shanty शैन् टि a roughly built hut झोंपड़ी, कुटी ।

shape[1] शेप *n.* outward form आकार; a pattern नमूना; condition दशा ।

shape[2] *v.t.* to form आकार देना, बनाना; *v.i.* to develop विकसित होना ।

shapely शेप् लि *a.* of pleasing shape सुघड़, सुंदर ।

share[1] शेंॲ: *n.* portion हिस्सा, भाग; contribution योगदान; unit of ownership in a public company शेयर ।

share[2] *v.t.* to distribute बाँटना; to have in common में सहभागी होना ।

share[3] *n.* blade of a plough फाल ।

shark शा:क *n.* a large, ferocious fish हाँगर, सोर; a swindler ठग, धूर्त ।

sharp[1] शा:प *a.* able to cut पैना; keen तेज़; pointed नुकीला; abrupt, sudden तीव्र; pungent चरपरा; clever चतुर; crafty चालाक; shrill तीखा; brisk फुरतीला; steep खड़ा ।

sharp[2] *adv.* promptly ठीक समय से ।

sharpen शा: पॅन *v.t.* to make sharp तेज़ क०; to become sharp तेज़ होना ।

sharpener शा: पॅ नॅ: *n.* something that sharpens धार तेज़ करने का साधन ।

sharper शा: पॅ: *n.* a swindler ठग, बेईमान ।

shatter शै टॅ: *v.t.* to break in pieces चूर-चूर कर देना; to destroy नष्ट क०; *v.i.* to be damaged नष्ट होना ।

shave[1] शेव *v.t.* to cut close मूँड़ना, हजामत बनाना; to pare away काटना; *v.i.* to remove hair with a razor हजामत क० ।

shave[2] *n.* act of shaving or being shaved हजामत ।

shawl शौल *n.* piece of fabric to cover woman's shoulders or to wrap a body शॉल ।

she शी *pron.* third person singular feminine pronoun वह (स्त्री) ।

sheaf शीफ़ *n.* *(pl. sheaves शीव़्ज़)* a bundle of corn पूला, पूली ।

shear शिॲ: *v.t.* to cut the wool off (a sheep) (भेड़) मूँड़ना ।

shears शिॲ:ज़ *n. pl.* large pair of scissors क़ैंचा ।

shed[1] शैड *(-dd-) v.t.* to let fall गिरा देना; to cause to flow बहाना ।

shed[2] *n.* roofed shelter सायबान, छप्पर ।

sheep शीप *n.* *(pl. sheep)* a grass-eating animal भेड़ ।

sheepish शी पिश *a.* shy संकोची; timid दब्बू; stupid भौंदू ।

sheer शिॲ: *a.* complete, thorough निरा, कोरा; absolute परिपूर्ण; very thin महीन ।

sheet[1] शीट *n.* a large piece of cloth or any thin material चादर; wide expanse विस्तार ।

sheet[2] *v.t.* to cover with a sheet (पर) चादर डालना ।

shelf शैल्फ़ *n.* *(pl. shelves शैल्वज़)* a horizontal board fixed to a wall टाँड, ताक ।

shell[1] शैॅल *n.* hard outer case खोल; husk छिलका; explosive projectile गोला ।

shell[2] *v.t.* to take shell from छीलना; to take out of shell छीलकर निकालना; to fire at with shells (पर) गोले बरसाना ।

shelter[1] शैल् टॅ: *n.* protection बचाव, पनाह; refuge शरणस्थल ।

shelter[2] *v.t.* to give protection to पनाह देना; *v.i.* to take shelter पनाह लेना ।

shelve शैल्व *v.t.* to put on shelf ताक़ पर रखना; to postpone dealing with टालना; to cease to employ नौकरी से हटा देना ।

shepherd शैॅ पॅ:ड *n.* man who tends sheep गड़ेरिया ।

shield[1] शील्ड *n.* a piece of armour carried on arm ढाल; protective plate कवच; any protective device रक्षा का साधन ।

shield[2] *v.t.* to protect, to save बचाना, रक्षा क० ।

shift[1] शिफ़्ट *v.t.* to cause to move हटाना; to transfer स्थानांतरित क०; *v.i.* to move हटना; to be transferred स्थानांतरित होना ।

shift[2] *n.* change परिवर्तन; a group of workmen who start work as another group finishes पाली; time of the working of this group पाली की अवधि; dodge चकमा ।

shifty शिफ़् टि *a.* deceitful धोखेबाज़; evasive बहानेबाज़ ।

shilling शि लिङ्ग *n.* a former British coin शिलिंग ।

shilly-shally[1] शि लि शै लि *v.i.* to waver हिचकिचाना ।

shilly-shally[2] *n.* wavering, indecision हिचकिचाहट, अनिर्णय ।

shin शिन *n.* front of lower leg टाँग के नीचे का अगला भाग ।

shine[1] शॉइन *v.i. (p.t. & p.p. shone शौंन)* to give out light चमकना ।

shine[2] *n.* brightness चमक ।

shiny शॉइ नि *a.* bright, glossy चमकदार ।

ship[1] शिप *n.* a large sea-going vessel जहाज़ ।

ship[2] *(-pp-) v.t.* to put on, or send by, ship जहाज़ पर लादना या भेजना; *v.i.* to embark जहाज़ पर चढ़ना; to take service in ship जहाज़ पर नौकरी क० ।

shipment शिप् मॅन्ट *n.* act of shipping जहाज़ पर लदान; quantity of goods shipped नौभार ।

shire शॉइअॅ: *n.* county प्रांत ।

shirk शॅ:क *v.t.* to avoid (से) जी चुराना ।

shirker शॅ: कॅ: *n.* one who avoids work कामचोर ।

shirt शॅ:ट *n.* garment for upper part of body कमीज़ ।

shiver शि वॅ: *v.i.* to tremble काँपना ।

shoal[1] शोल *n.* a large number of fish swimming together मछलियों का झुंड ।

shoal[2] *n.* a shallow place in the sea समुद्र में उथला स्थान ।

shock[1] शौकॅ *n.* violent impact झटका; emotional disturbance सदमा; collision टक्कर; effect of electric current on nerves बिजली का झटका; nervous weakness दहशत ।

shock[2] *v.t.* to horrify भयभीत क०; to disgust (में) घृणा-भाव उत्पन्न क०; to cause shock to (में) दहशत उत्पन्न क० ।

shoe[1] शू *n.* an outer covering for the foot जूता; metal rim put on horse's hoof नाल; metal tip शाम ।

shoe[2] *v.t.* to provide with shoes जूते पहनाना, नाल लगाना ।

shoot[1] शूट *v.t.* to kill with a missile गोली से मारना; to send (missile) (गोली) छोड़ना या दागना; *v.i.* to sprout अँकुरना; to photograph फ़ोटो लेना ।

shoot[2] *n.* a young branch टहनी; shooting competition अस्त्र प्रतियोगिता; hunting expedition शिकार ।

shop[1] शौपॅ *n.* place where goods are sold दुकान ।

shop[2] *(-pp-) v.i.* to visit shops to buy ख़रीदारी क० ।

shore शौ: *n.* coast समुद्रतट ।

short[1] शौ:ट *a.* not long छोटा; not tall नाटा; not enough अपर्याप्त, कम; brief अल्पकालीन ।

short[2] *adv.* abruptly अचानक; not far enough पास ही ।

shortage शौ: टिज *n.* lack अभाव, कमी ।
shortcoming शौ:ट् कॅ मिङ्ग *n.* failure, defect दोष, अवगुण ।
shorten शौ: ट्न *v.t.* to make short छोटा या कम क०; to become short कम या छोटा होना ।
shortly शौ:ट् लि *adv.* soon शीघ्र ही ।
shorts शौ:ट्स *n. pl.* short trousers निकर, हाफ़पैन्ट ।
shot शॉट *n.* act of shooting मार; sound made by a fire-arm बंदूक़ की आवाज़; range पहुँच; marksman निशानेबाज़; photograph फ़ोटो ।
shoulder[1] शोल् डॅ: *n.* part of the body next to head कंधा ।
shoulder[2] *v.t.* to undertake (का) दायित्व लेना; to take on one's shoulders कंधों पर लेना ।
shout[1] शॉउट *n.* loud cry चीख़, चिल्लाहट ।
shout[2] *v.i.* to cry in a loud voice चिल्लाना, चीख़ना; *v.t.* to say loudly चिल्लाकर कहना ।
shove[1] शव *v.t.* to push धकेलना ।
shove[2] *n.* a strong push ठेला, धक्का ।
shovel[1] श व्ल *n.* a spade-like instrument बेलचा ।
shovel[2] *(-ll-)* *v.t.* to move with a shovel बेलचे से हटाना ।
show[1] शो *v.t.* *(p.t. showed, p.p.shown)* to expose to view दिखाना; to display प्रदर्शित क०; to explain समझाना; to prove सिद्ध क० ।
show[2] *n.* display प्रदर्शन; exhibition प्रदर्शनी; spectacle दृश्य; entertainment तमाशा; ostentation तड़क-भड़क; pretence दिखावा, बहाना ।
shower[1] शॉउ अॅ: *n.* short fall of rain बौछार; outpouring झड़ी; a kind of bath फुहारा-स्नान ।
shower[2] *v.t.* to bestow liberally बरसाना; *v.i.* to take bath in shower फुहारा-स्नान क० ।
shrew श्रू *n.* an animal like a mouse छछूँदर; a bad tempered woman कर्कशा, लड़ाका स्त्री ।
shrewd श्रूड *a.* intelligent बुद्धिमान, समझदार; crafty चालाक ।
shriek[1] श्रीक *n.* a shrill cry चीख़ ।
shriek[2] *v.i.* to scream चीख़ना; *v.t.* to utter in a scream चीख़कर कहना ।
shrill श्रिल *a.* sharp in tone तेज़, तीक्ष्ण (आवाज़) ।
shrine श्रॉइन *n.* holy place, place of worship पवित्र स्थान, मंदिर ।
shrink श्रिङ्क *v.i.* *(p.t. shrank, p.p. shrunk)* to become smaller सिकुड़ना; to draw back पीछे हटना; *v.t.* to make smaller सिकोड़ना ।
shrinkage श्रिङ् किज *n.* process of shrinking सिकुड़न ।
shroud[1] श्रॉउड *n.* cloth in which a dead body is wrapped कफ़न; a covering आवरण, परदा ।
shroud[2] *v.t.* to cover, to hide ढकना, छिपाना ।
shrub श्रब *n.* a bushy plant झाड़ी ।
shrug[1] श्रग *(-gg-)* *v.t.* to raise (shoulders) as sign of indifference (कंधे) उचकाना; *vi.* to raise shoulders thus कंधे उचकाना ।
shrug[2] *n.* shrugging कंधे उचकाने की क्रिया ।
shudder[1] श डॅ: *v.i.* to tremble with horror काँप उठना ।
shudder[2] *n.* shuddering कँपकँपी ।
shuffle[1] श फ़्ल *v.i.* to move feet without lifting them पैर घसीटना; to act evasively टाल-मटोल क०; *v.t.* to mix (cards) (पत्ते) फेंटना; to mingle मिलाना; to evade टालना ।
shuffte[2] *n.* shuffling घसीट्न; change

फेर-बदल; mixing मिश्रण ।

shun शन *(-nn-) v.t.* to avoid (से) बचना; to keep away from (से) दूर रहना ।

shunt शन्ट *v.t.* to push aside अलग धकेलना; to divert दूसरी ओर मोड़ना; to move (train) to another line (गाड़ी को) दूसरी पटरी पर हटाना ।

shut शट *(-tt-) v.t.* to close बंद क०; *v.i.* to be closed बंद होना ।

shutter श टॅः *n.* movable window screen झिलमिली; device controlling entry of light to the lens of a camera कैमरा-कपाट ।

shuttle[1] श ट्ल *n.* a device used to pass thread of weft through the warp ढरकी, भरनी; holder of the lower thread in a sewing machine शटल; train running to and fro over short distance शटल गाड़ी ।

shuttle[2] *v.t., v.i.* to move back- wards and forwards like a shuttle आगे-पीछे, इधर-उधर चलना-फिरना या चलाना-फिराना ।

shuttlecock श ट्ल् कौक *n.* article used as a ball in badminton चिड़िया ।

shy[1] शॉइ *a. (shyer, shyest)* bashful संकोची, लज्जालु; (of animals) easily scared बिदकने या भड़कने वाले (पशु); reluctant अनिच्छुक ।

shy[2] *v.i.* to start back in fear बिदकना, भड़कना ।

sick सिक *a.* inclined to vomit मिचलीग्रस्त; not well or healthy अस्वस्थ; wearied थका हुआ, तंग आया हुआ ।

sickle सि कल *n.* reaping hook हँसिया, दराँती ।

sickly सिक् लि *a.* unhealthy अस्वस्थ, रुग्ण ।

sickness सिक् निस *n.* illness बीमारी; vomiting मचली ।

side[1] सॉइड *n.* surface सतह; part of body right or left पार्श्व; region क्षेत्र; aspect पहलू; party पक्ष; faction गुट, दल; extremity सिरा; direction दिशा ।

side[2] *v.i.* to take up cause (of) पक्ष लेना ।

siege सीज *n.* besieging घेराबंदी ।

siesta सि ऐसॅ् टॅ *n.* short sleep after midday meal दोपहर की झपकी ।

sieve[1] सीव *n.* device for sifting छलनी ।

sieve[2] *v.t.* to sift, to strain छानना ।

sift सिफ़्ट *v.t.* to pass through a sieve छानना; to examine closely बारीकी से जाँच क० ।

sigh[1] सॉइ *n.* long audible breath आह ।

sigh[2] *v.i.* to heave a sigh आह भरना; *v.t.* to utter with a sigh आह भरकर कहना ।

sight[1] सॉइट *n.* faculty of seeing दृष्टि; seeing दर्शन; thing seen दृश्य; *(pl.)* places of interest दर्शनीय स्थान; range of vision दृष्टि-क्षेत्र ।

sight[2] *v.t.* to catch sight of देखना, दिखाई पड़ना ।

sightly सॉइट् लि *a.* pleasant to look at रमणीय, सुंदर ।

sign[1] सॉइन *n.* gesture संकेत; mark चिह्न, निशान; symbol प्रतीक ।

sign[2] *v.t.* to put signature on (पर) हस्ताक्षर क०; *v.i.* to make gesture संकेत क० ।

signal[1] सिग् नॅल *n.* token, sign संकेत ।

signal[2] *a.* remarkable उल्लेखनीय ।

signal[3] *(-ll-) v.t.* to make signals to (को) संकेत क०; *v.i.* to send information by signals संकेत का प्रयोग क० ।

signatory सिग् नॅ टॅ रि *n.* one who signs a document हस्ताक्षरकर्ता ।

signature सिग् नॅ चॅः *n.* person's name written by himself हस्ताक्षर ।

significance सिग् नि फ़ि कॅन्स *n.*

importance महत्त्व ।

significant सिग् नि फ़ि कॅन्ट *a.* meaningful अर्थपूर्ण; important महत्वपूर्ण ।

signification सिग् नि फ़ि **के** शॅन *n.* meaning अर्थ, तात्पर्य ।

signify **सिग्** नि फ़ॉइ *v.t.* *(p.t. signified)* to mean अर्थ रखना; to indicate द्योतित क०; to imply तात्पर्य रखना ।

silence[1] **सॉइ** लॅन्स *n.* absence of noise शांति; lack of speech मौन ।

silence[2] *v.t.* to make silent चुप क०; to repress दबाना, दमन क० ।

silencer **सॉइ** लॅन् सॅ: *n.* device to reduce noise of engine exhaust etc. साइलैंसर ।

silent **सॉइ लॅन्ट** *a.* making no sound शांत; not pronounced अनुच्चरित ।

silhouette सि ल्यु **ऐ ॅट** *n.* outline of an object seen against light पार्श्व छायाचित्र ।

silk सिल्क *n.* fibre made by silkworms रेशम ।

silken **सिल्** कॅन *a.* made of silk रेशमी; like silk रेशम-जैसा; soft कोमल ।

silky **सिल्** कि *a.* like silk रेशम-जैसा; soft कोमल; smooth चिकना ।

silly **सि** लि *a.* foolish, stupid मूर्ख; indicating folly मूर्खतापूर्ण ।

silt[1] सिल्ट *n.* fine sediment deposited by water रेग, गाद ।

silt[2] *v.t.* to fill with silt रेगयुक्त क०; to be choked with silt रेग से अवरुद्ध हो जाना ।

silver **सिल्** वॅं: *n.* white precious metal चाँदी; silverware चाँदी का सामान; silver-coins चाँदी के सिक्के ।

silver[2] *a.* made of silver चाँदी से बना; of the colour of silver श्वेत, चाँदी जैसा; bright चमकदार ।

silver[3] *v.t.* to coat with silver (पर) चाँदी चढ़ाना ।

similar **सि** मि लॅं: *a.* of the same kind सदृश, तुल्य ।

similarity सि मि **लै** रि टि *n.* likeness समानता; resemblance समरूपता ।

simile **सि** मि लि *n.* a figure of speech involving comparison between two things उपमा ।

similitude सि **मि** लि ट्यूड *n.* likeness समानता; comparison तुलना ।

simmer **सि** में: *v.i.* to boil gently खदकना; to be in a state of suppressed anger अंदर-अंदर उबलना, नाराज़ होना ।

simple **सिम्** प्ल *a.* plain सादा; not complicated सरल; mere निरा, खालिस; guileless सीधा-सादा; stupid मूर्ख; ordinary सामान्य ।

simpleton **सिम्** प्ल् टॅन *n.* foolish person बुद्धू, भोंदू ।

simplicity सिम् **प्लि** सि टि *n.* simpleness सादगी; artlessness निष्कपटता ।

simplification सिम् प्लि फ़ि **के** शॅन *n.* act of simplifying सरलीकरण ।

simplify **सिम्** प्लि फ़ॉइ *v.t.* to make simple सरल बनाना ।

simultaneous सि मल् **टे** न्यॅस *a.* happening at the same time समकालिक ।

sin[1] सिन *n.* violation of moral or divine law पाप-कर्म ।

sin[2] *(-nn-)* *v.i.* to commit sin पाप क० ।

since[1] सिन्स *prep.* after से, के बाद ।

since[2] *conj.* from the time when के बाद से; because क्योंकि ।

since[3] *adv.* from then till now तब से अब तक; ago पहले ।

sincere सिन् **सिअॅ**: *a.* honest ईमानदार; genuine सच्चा; unaffectad अकृत्रिम ; straight- forward निष्कपट ।

sincerity सिन् **सैॅ** रि टि *n.* honesty

सच्चाई, ईमानदारी; quality of being sincere निष्कपटता ।

sinful सिन् फुल *a.* wicked पापी; tending to sin पापमय ।

sing सिङ्ग *v.i.* to utter musical sounds गाना; *v.t.* to utter musically गाकर सुनाना ।

singe[1] सिन्ज *v.t.* to burn surface of झुलसाना ।

singe[2] *n.* a slight burn झुलसन ।

singer सिङ् गॅः *n.* one who sings गायक ।

single[1] सिङ् ग्ल *a.* one only केवल एक; unmarried अविवाहित; for one person only एक व्यक्ति-हेतु ; for a journey in one direction एक ओर की यात्रा-हेतु ।

single[2] *n.* a single ticket एकतरफ़ा टिकट; a single run at cricket एक रन; *(pl.)* match between two players only इकहरा मैच ।

single[3] *v.t. (with 'out')* to pick चुनना, छाँटना ।

singular सिङ् ग्यु लॅः *a.* remarkable अद्वितीय, उल्लेखनीय; unusual असाधारण; *(gram.)* denoting one person or thing एकवचन ।

singularity सिङ् ग्यु लै रि टि *n.* strangeness अनोखापन

singularly सिङ् ग्यु लॅः लि *adv.* peculiarly, strangely अनोखे ढंग से ।

sinister सि निस् टॅः *a.* ominous अशुभ, अनिष्टकारी; threatening भयावह; unlucky दुर्भाग्यपूर्ण ।

sink[1] सिङ्क *v.i. (sank, sunk)* to be submerged डूबना; to go down below the horizon अस्त होना, छिपना; to decline in value मूल्य में कमी आना; *v.t.* to cause to sink डुबोना; to make by digging खोदकर बनाना (कुआँ, आदि) ।

sink[2] *n.* a basin in kitchen चहबच्चा ।

sinner सि नॅः *n.* one who sins पापी ।

sinuous सि न्यु अँस *a.* winding टेढ़ा- मेढ़ा, घुमावदार ।

sip[1] सिप *(-pp-) v.t* to drink bit by bit चुस्की लगाकर पीना ।

sip[2] *n.* act of sipping चुस्की ।

sir सॅः *n.* a respectful form of address to a man श्रीमान, महोदय ।

siren सॉइअँ रिन, –रॅन *n.* loud hooter used as a warning or as a time-signal भोंपू; mythical nymph who lured sailors to destruction जलपरी; an alluring woman मोहिनी ।

sister सिस् टॅः *n.* daughter of same parents बहन; a senior nurse उपचारिका, नर्स; nun मठवासिनी ।

sisterhood सिस् टॅः हुड *n.* relation of sister बहनापा; society of women महिला संघ ।

sisterly सिस् टॅः लि *a.* like a sister भगिनीवत् ।

sit सिट .*(-tt-) v.i* to be seated बैठना; to incubate अंडे सेना; to be in session अधिवेशन होना; to take examination परीक्षा देना; to fit ठीक बैठना; *v.t.* to cause to sit बैठाना ।

site सॉइट *n.* location स्थान; space for a building निर्माण-स्थल ।

situation सि ट्यु ए शॅन *n.* a site, a position स्थान, स्थल; state of affairs परिस्थिति; employment, post नौकरी, पद ।

six सिक्स *n., a.* (the number) next after five छः (6) ।

sixteen सिक्स् टीन *n* , *a.* six more than ten सोलह (16) ।

sixteenth सिक्स् टीन्थ *a.* the last of sixteen सोलहवाँ ।

sixth सिक्स्थ *a.* the last of six छठा, छठवाँ ।

sixtieth सिक्स् टि अँथ *a.* the last of sixty साठवाँ ।

sixty सिक्स् टि *n., a.* ten times six साठ (60) ।

sizable सॉइ ज़ॅ ब्ल *a.* of considerable size विशाल, बड़ा ।

size[1] सॉइज़ *n.* degree of largeness आकार; dimension लंबाई-चौड़ाई, विस्तार ।

size[2] *v.t.* to arrange according to size आकार-क्रम में रखना ।

sizzle[1] सि ज़्ल *v.i.* to make a hissing sound छुन-छुन की ध्वनि क० ।

sizzle[2] *n.* hissing sound छुन-छुन की ध्वनि ।

skate[1] स्केट *n.* steel blade attached to boot for gliding over ice स्केट ।

skate[2] *v.t.* to glide on skates स्केटों पर फिसलना ।

skein स्केन *n.* length of yarn coiled into a bundle लच्छी, अंटी ।

skeleton स्कैॅ लि ट्न *n.* bony framework of an animal body कंकाल, अस्थिपंजर; any frame-work or outline ढाँचा, रूपरेखा ।

sketch[1] स्कैॅच *n.* rough drawing कच्चा ख़ाका ; brief account संक्षिप्त वर्णन; a short humorous play हास्य नाटिका ।

sketch[2] *v.t.* to make a sketch of (का) नक़्शा बनाना; to give a brief account of (का) संक्षिप्त वर्णन क०; *v.i.* to practise the art of making sketches नक़्शे बनाना ।

sketchy स्कैॅ चि *a.* omitting detail संक्षिप्त; incomplete अधूरा ।

skid[1] स्किड *(-dd-) v.i.* to slide or slip फिसलना ।

skid[2] *n.* act of skidding फिसलने की क्रिया; a piece of wood fixed to a wheel to act as a brake उड़ीक, आँट ।

skilful स्किल् फुल *a.* expert निपुण, कुशल; showing skill कौशलपूर्ण ।

skill स्किल *n.* dexterity, expertness निपुणता, कौशल ।

skin[1] स्किन *n.* the natural outer covering of an animal body त्वचा, खाल; the outer layer of a fruit फल का छिलका; thin film on the top of a liquid पपड़ी, मलाई ।

skin[2] *(-nn-) v.t.* to remove skin of (की) खाल या छिलका उतारना ।

skip[1] स्किप *(-pp-) v.i.* to leap slightly फुदकना, कुदकना; to practise rope jumping रस्सी कूदना; *v.t.* to pass over or omit छोड़ जाना ।

skip[2] *n.* act of skipping उछाल, कूद ।

skipper स्कि पॅ: *n.* captain of a ship or team कप्तान ।

skirmish[1] स्कॅ: मिश *n.* small battle झड़प ।

skirmish[2] *v.t.* to take part in a skirmish झड़प में भाग लेना ।

skirt[1] स्कॅ:ट *n.* woman's garment hanging from waist घाघरा; lower part of woman's dress पल्ला; outlying part, border किनारा, बाहरी भाग ।

skirt[2] *v.t.* to move along the edge of (के) किनारे-किनारे चलना ।

skit स्किट *n.* a slight amusing play प्रहसन ।

skull स्कल *n.* the bony covering of brain खोपड़ी, कपाल ।

sky[1] स्कॉइ *n.(pl. skies)* the upper atmosphere of the earth आकाश ।

sky[2] *v.t.* to hit (a cricket ball) high (गेंद) ऊँची उछालना ।

slab स्लैब *n.* a thick broad piece पटिया ।

slack स्लैक *a.* loose ढीला; sluggish सुस्त; careless असावधान, लापरवाह; not busy निष्क्रिय ।

slacken स्लै कॅन *v.t.* to make slack ढीला क०; to make idle सुस्त क०; *v.i.* to become slack ढीला होना; to become idle सुस्त होना ।

slacks स्लैक्स *n. (pl.)* loose trousers ढीला-ढाला पाजामा ।

slake स्लेक *v.t.* to satisfy, to quench (thirst) (प्यास) बुझाना ।

slam[1] स्लैम *(-mm-) v.t.* to shut noisily ज़ोर से बंद क० ; to put down violently पटकना ।

slam[2] *n.* noisy shutting धम ।

slander[1] स्लान् डः *n.* false statement meant to damage a person's reputation झूठी निंदा ।

slander[2] *v.t.* to utter slander about (की) झूठी निंदा क० ।

slanderous स्लान् डॅ रॅस *a.* tending to slander निंदात्मक ।

slang स्लैङ्ग *n.* colloquial language बोलचाल की भाषा, अपरिष्कृत भाषा ।

slant[1] स्लान्ट *v.t.* to tilt तिरछा क०, झुकाना; *v.i.* to move obliquely मुड़ना, घूमना ।

slant[2] *n.* a tilt झुकाव, तिरछापन; slope ढाल ।

slap[1] स्लैप *n.* a blow with an open hand चाँटा, तमाचा ।

slap[2] *(-pp-) v.t* to strike with an open hand तमाचा मारना ।

slash[1] स्लैश *v.t.* to make a long cut चीर देना; to strike at पीटना; to reduce in length छोटा क०; to criticise severely कड़ी आलोचना क० ।

slash[2] *n.* act of slashing अल्पीकरण; long cut चीरा ।

slate स्लेट *n.* stone which splits in flat sheets परतदार पत्थर; piece of this stone स्लेट, पटिया ।

slattern स्लै टःन *n.* a slut फूहड़ स्त्री ।

slatternly स्लै टॅःन् लि *a* slovenly, untidy फूहड़, बेशऊर ।

slaughter[1] स्लौ टॅः *n.* killing of animals पशुबध; massacre नर-संहार ।

slaughter[2] *v.t.* to kill बध क० ।

slave[1] स्लेव *n.* a person without freedom or personal rights दास; one dominated by another or some crazy idea किसी व्यक्ति या सनक आदि का गुलाम ।

slave[2] *v.i.* to work like a slave दासता में काम क० ।

slavery स्ले वॅ रि *n.* condition of a slave दासता; practice of owning slaves दास-प्रथा ।

slavish स्ले विश *a.* servile दासतापूर्ण ।

slay स्ले *v.t.* to kill बध क० ।

sleek स्लीक *a.* glossy चिकना; shiny चमकदार ।

sleep[1] स्लीप *v.i.* to slumber सोना ।

sleep[2] *n.* slumber नींद ।

sleeper स्ली पॅः *n.* one who sleeps सोने वाला; a berth in a sleeping car शयनिका; a heavy beam स्लीपर, सिलीपट ।

sleepy स्ली पि *a.* drowzy उनींदा; inactive निष्क्रिय; apt to make one sleep निद्राकारी ।

sleeve स्लीव *n.* part of a garment that covers the arm (वस्त्र की) आस्तीन; cover आवरण ।

sleight स्लॉइट *n.* dexterity कौशल; trickery चाल, करतब ।

slender स्लैन् डः *a.* slim, narrow पतला; feeble कमज़ोर; slight अल्प थोड़ा ।

slice[1] स्लॉइस *n.* thin, flat piece cut off फाँक, कतला; share अंश, भाग ।

slice[2] *v.t.* to cut into slices फाँकों या कतलों के रूप में काटना ।

slick स्लिक *a.* sleek चिकना; sly चालाक, शरारती; smooth- tongued मिठबोला ।

slide[1] स्लॉइड *v.i.* to slip smoothly सरकाना; to glide फिसलना; *v.t.* to cause to glide फिसलाना; to pass imperceptibly चुपके से खिसकाना ।

slide[2] *n.* act of sliding सरकन, फिसलन; smooth surface चिकनी सतह; piece of glass to be viewed under microscope स्लाइड ।

slight[1] स्लॉइट *a.* slim, frail पतला, कमज़ोर; small थोड़ा, अल्प ।

slight[2] *n.* insult अपमान ।

slight[3] *vt* to disregard अपमानित क० ।

slim[1] स्लिम *a.* slender, thin पतला, छरहरा ।

slim[2] *(-mm-) v.i.* to become slim पतला होना, वज़न कम क० ।

slime स्लॉइम *n.* greasy, thick liquid mud कीचड़ ।

slimy स्लॉइ मि *a.* consisting of mud पंकयुक्त; like mud पंकवत्; covered with slime पंकिल ।

sling स्लिङ्ग *n.* a leather loop used for throwing stones गोफन; bandage for supporting wounded limb गलपट्टी ।

slip[1] स्लिप *(-pp-) v.i.* to slide फिसलना; to move away quietly खिसक जाना; to make a small error साधारण ग़लती क० ।

slip[2] *n.* act of slipping सर्पण, सरक; a slight error साधारण ग़लती; pillow-cover खोल; a narrow strip of paper परची ।

slipper स्लि पं: *n.* a light shoe for indoor use घरेलू प्रयोग की चप्पल ।

slippery स्लि पॅ रि *a.* apt to cause slipping फिसलन वाला; hard to hold पकड़ में न आनेवाला ।

slipshod स्लिप शौॅड *a.* slovenly फूहड़िया; careless असावधानीपूर्ण ।

slit[1] स्लिट *n.* a long, narrow opening दरार ।

slit[2] *(-tt-) v.t.* to make a slit in (में) दरार क० ।

slogan स्लो गॅन *n.* distinctive phrase (in advertising or electioneering) नारा ।

slope[1] स्लोप *n.* a slant, an inclination up or down ढाल ।

slope[2] *v.i.* to have a slope ढालू होना; *v.t.* to cause to slope ढालू बनाना ।

sloth स्लोथ *n.* laziness, indolence आलस्य, काहिली; idleness निष्क्रियता ।

slothful स्लोथ् फुल *a.* lazy आलसी; inactive निष्क्रिय, निठल्ला ।

slough[1] स्लॉउ *n.* swamp, marsh दलदल ।

slough[2] स्लफ़ *n.* cast-off skin of snake केंचुली ।

shough[3] *v.t.* to shed (skin) (केंचुली) गिराना; *vi.* to fall off गिरना, अलग हटना ।

slovenly स्ल् वॅन् लि *a.* unitdy मैला-कुचैला; careless लापरवाह ।

slow[1] स्लो *a.* lasting a long time धीमा; moving at less than normal speed मंद गतिवाला; dull-witted मंदबुद्धि ।

slow[2] *v.i.* to get slow धीमा होना; *v.t.* to make slow धीमा क० ।

slowly स्लो लि *adv.* at a slow speed धीमी गति से ।

slowness स्लो निस *n.* quality of being slow धीमापन ।

sluggard स्ल गॅ:ड *n.* a slow lazy person सुस्त आलसी व्यक्ति ।

sluggish स्ल गिश *a.* lazy सुस्त, आलसी; slow मंदगति; inactive निष्क्रिय ।

sluice स्लूस *n.* a gate or door to control flow of water जलद्वार; flow of water through a sluice- gate जलद्वार से जल-प्रवाह ।

slum स्लम *n.* part of a town with dirty, poor unhygienic condition गंदी बस्ती ।

slumber[1] स्लम् बॅ: *v.i.* to sleep सोना ।

slumber[2] *n.* sleep नींद ।

slump[1] स्लम्प *n.* sudden decline (of

prices) मंदी; sudden fall अकस्मात पतन ।

slump[2] *v.i.* to collapse गिर पड़ना ।

slur स्लॅ: *n.* a stain कलंक, धब्बा; stigma बद्‌नामी ।

slush स्लश *n.* mud कीचड़ ।

slushy स्ल शि *a.* muddy कीचड़दार ।

slut स्लट *n.* a dirty woman of bad reputation गंदी, बदनाम स्त्री ।

sly स्लाइ *a.* *(slyer, slyest)* deceitful धोखेबाज़; playful, mischievous शरारती ।

smack[1] स्मैक *n.* taste, flavour स्वाद; heroin अफ़ीम ।

smack[2] *v.i.* to taste स्वाद देना; to give suggestion आभास देना ।

smack[3] *n.* a small fishing vessel मत्स्य नौका ।

smack[4] *n.* a slap चाँटा; sound of a blow चटाक-पटाक ।

smack[5] *v.t.* to slap चाँटा मारना; *v.i.* to make a sound like a blow चपत की ध्वनि उत्पन्न क० ।

small[1] स्मौल *a.* little छोटा; unimportant तुच्छ, महत्वहीन ।

small[2] *n.* slender part of the back कमर का पतला भाग ।

smallness स्मौल् निस quality of being small छोटापन ।

smallpox स्मौल् पौक्स *n.* a contagious disease चेचक ।

smart[1] स्मा:ट *a.* brisk, active फुरतीला; clever, witty चतुर, हाज़िर-जवाब; well-dressed बना-ठना; severe कड़ा, कठोर ।

smart[2] *v.i.* to feel pain टीस लगना ।

smart[3] *n.* sharp pain टीस ।

smash[1] स्मैश *v.t.* to break violently झटके से तोड़ना; to strike hard कड़ी चोट क०; to destroy नष्ट क०; *v.i.* to break टूटना; to dash (aganist) टकराना ।

smash[2] *n.* heavy blow भारी प्रहार; collision टक्कर ।

smear[1] स्मिअ: *v.t.* to cover or mark with something oily सानना, पोतना; defame बदनाम क० ।

smear[2] *n.* an oily mark दाग़, धब्बा; defamation बदनामी ।

smell[1] स्मै ल *n.* faculty of perceiving odour घ्राणशक्ति; odour गंध ।

smell[2] *v.t.* to perceive by nose सूँघना; to suspect शंका क०; *v.i.* to give out odour महकना, गंध देना; to use the nose गंध का अनुभव क० ।

smelt स्मैल्ट *v.t.* to melt (ore) पिघलाना, गलाना; to separate (metal) from ore (धातु) अलग क० ।

smile[1] स्माइल *n.* expression of pleasure on the face मुस्कान ।

smile[2] *v.i.* to wear a smile मुस्काना; to be favourable प्रसन्न होना; *v.t.* to show by smile मुस्कान-द्वारा प्रदर्शित क० ।

smith स्मिथ *n.* worker in iron, gold, etc. धातु-कर्मी ।

smock स्मॉक *n.* loose outer garment लबादा, लंबा कुरता ।

smog स्मौग *n.* fog mixed with smoke धूम-कोहरा ।

smoke[1] स्मोक *n.* cloudy mass of carbon rising from anything burning धुआँ; act of smoking tobacco धूम्रपान ।

smoke[2] *v.i.* to give off smoke धुआँ छोड़ना; to inhale the fumes of tobacco धूम्रपान क०; *v.t.* to use for smoking (बीड़ी, हुक़्क़ा आदि) पीना ।

smoky स्मो कि *a.* giving out much smoke धुँधुआता; like smoke धुआँ-जैसा; filled with smoke धुआँयुक्त ।

smooth[1] स्मूद *a.* not rough चिकना; even of surface हमवार; free from obstacles निर्विघ्न; calm शांत ।

smooth[2] *v.t.* to make smooth चिकना क०; to quieten शांत क० ।

smother स्म दॅ: *v.t.* to suffocate दम घोंटना; to suppress दबाना; to cover thickly ढकना ।

smoulder स्मोल् डॅ: *v.i.* to burn slowly without flame सुलगना; (of feelings) to exist in suppressed state घुटन होना ।

smug स्मग *a.* self-satisfied आत्म-संतुष्ट, दंभी ।

smuggle स्म ग्ल *v.t.* to import or export without paying customs duties तस्करी क०; to take secretly चोरी से लेना ।

smuggler स्मग् लॅ: *n.* one who smuggles तस्कर ।

snack स्नैक *n.* light hasty meal हलका भोजन ।

snag स्नैग *n.* difficulty कठिनाई; obstacle रोड़ा, बाधा ।

snail स्नेल *n.* a slow-moving small animal with a shell घोंघा ।

snake[1] स्नेक *n.* serpent सर्प ।

snake[2] *v.i.* to move like a serpent रेंगना ।

snap[1] स्नैप *(-pp-) v.t.* to break तोड़ना; to take a quick photograph of (का) एकाएक फ़ोटो लेना; to bite काटना; to take eagerly झपट लेना; *v.i.* to break टूटना; to make a sharp sound कड़कना; to speak sharply कड़क कर बोलना ।

snap[2] *n.* act of snapping तड़क; snapshot आशुचित्र; sound of breaking कड़क; a bite काट, कर्तन; spell (of cold) (ठंड का) दौर ।

snap[3] *a.* sudden आकस्मिक; without planning अनियोजित ।

snare[1] स्नेंअॅ: *n.* trap with a slip-knot जाल, फंदा; temptation ललचाव ।

snare[2] *v.t.* to catch in a snare फँसाना ।

snarl[1] स्नाःल *n.* a growl गुर्राहट; a tangle उलझन; confusion गड़बड़झाला ।

snarl[2] *v.i.* to growl गुर्राना ।

snatch[1] स्नैच *v.t.* to seize quickly छीनना; to take ग्रहण क० ।

snatch[2] *n.* grab बलपूर्वक ग्रहण; fragment टुकड़ा; short spell दौर ।

sneak[1] स्नीक *v.i.* to slink आँख बचाकर आना-जाना; to act in a mean, underhand manner चालाकी का व्यवहार क० ।

sneak[2] *n.* a pettly thief उचक्का; an informer मुख़बिर ।

sneer[1] स्निअॅ: *v.i.* to express contempt अवहेलना दिखाना ।

sneer[2] *n.* expression of contempt तिरस्कार, अवहेलना ।

sneeze[1] स्नीज़ *v.i.* to make a sneeze छींकना ।

sneeze[2] *n.* sudden outburst of air through the nose and mouth छींक ।

sniff[1] स्निफ़ *v.i.* to inhale with a sharp hiss सूँ-सूँ क०; *(with 'at')* to express disappoval अस्वीकृति अभिव्यक्त क०; *v.t.* to smell सूँघना ।

sniff[2] *n.* act or sound of sniffing सुड़क ।

snob स्नौबॅ *n.* person whose basis of respect and contempt is social and financial status वर्गदंभी ।

snobbery स्नौ बॅ रि *n.* quality of being snobbish वर्गदंभ ।

snobbish स्नौ बिश of or like a snob दंभपूर्ण ।

snore[1] स्नौः, स्नौः *v.i.* to breathe noisily when asleep ख़र्राटे लेना ।

snore[2] *n.* noisy breath in sleep ख़र्राटा ।

snort[1] स्नौःट *v.i.* to make contemptuous ncise by driving breath through nostrils फुंकारना, फुफकारना ।

snort[2] *n.* act or sound of snorting फुफकार ।

snout स्नॉउट *n.* animal's projecting nose थूथन, थूथनी ।

snow[1] स्नो *n.* frozen vapour बरफ़, तुषार ।

snow[2] *v.i.* to fall as snow बरफ़ गिरना ।

snowy स्नो इ *a.* covered with snow बरफ़ीला; as white as snow बरफ़ जैसा सफ़ेद ।

snub[1] स्नब (*-bb-*) *v.t.* to treat with contempt or neglect झिड़कना, अनदेखी क०, कोई महत्व न देना ।

snub[2] *n.* snubbing words or behaviour झिड़की, अपमान ।

snuff स्नफ़ *n.* powdered tobacco for inhaling through the nose सुँघनी ।

snug स्नग *a.* warm, comfortable गर्म, आरामदायक; neat and tidy साफ़-सुथरा ।

so[1] सो *adv.* to such an extent इतना; in such a manner ऐसे, इस प्रकार; very अत्यंत ।

so[2] *conj.* therefore अतः ।

soak[1] सोक *v.t.* to drench भिगोना; to absorb सोखना; to steep डुबोना; *v.i.* to lie in liquid भीगना ।

soak[2] *n.* soaking शुष्कन ।

soap[1] सोप *n.* a detergent compound साबुन ।

soap[2] *v.t.* to apply soap on साबुन लगाना ।

soapy सो पि *a.* like soap साबुन जैसा; containing soap साबुनयुक्त ।

soar सौः, सौः *v.i.* to fly high ऊँची उड़ान भरना, ऊँचा उड़ना; to increase बढ़ना ।

sob[1] सॉब (*-bb-*) *v.i.* to weep with short catches of breath सुबकना ।

sob[2] *n.* act or sound of sobbing सुबकी ।

sober सो बॅः *a.* not drunk अमत्त; temperate संयमी; serious गंभीर; not showy सादा ।

sobriety सो **ब्रॉइ** अॅ टि *n.* state of being sober गांभीर्य, सादगी, संयम ।

sociability सो शॅ **बि** लि टि *n.* quality of being sociable मिलनसारी ।

sociable सो शॅ ब्ल *a.* friendly, ready to mix with other people मिलनसार ।

social सो शॅल *a.* relating to society सामाजिक; gregarious संघचारी; sociable मिलनसार ।

socialism सो शॅ लिज़्म *n.* system of state ownership of the wealth of a country समाजवाद ।

socialist[1] सो शॅ लिस्ट *n.* an advocate of socialism समाजवादी ।

socialist[2] *a.* concerned with socialism समाजवादी ।

society सॅ **सॉइ** अॅ टि *n.* social community समाज; a group formed for a specific purpose संस्था; companionship संग-साथ ।

sociology सो सि **औं** लॅ जि *n.* study of growth and behaviour of human societies समाजशास्त्र ।

sock सॉक *n.* a short stocking मौज़ा; removable inner sole of a shoe पैतावाँ, भीतरी तल्ला ।

socket सौँ किट *n.* a hollow into which something fits गर्तिका, साकेट ।

sod सौँ ड *n.* a lump of earth with grass तृणभूमि ।

sodomite सौँ डॅ मॉइट *n.* one who practises sodomy लौंडेबाज़ ।

sodomy सौँ डॅ मि *n.* sexual intercourse between males लौंडेबाज़ी ।

sofa सो फ़ॅ *n.* a long padded seat with raised back and arms सोफ़ा ।

soft सॉफ़्ट *a.* not hard कोमल, मुलायम; mild विनम्र; subdued धीमा, मंद; quiet

शांत; lenient नरम, ढीला; oversentimental अति भावुक; (water) containing few mineral salts मृदु; non-alcoholic अमादक; compassionate दयालु ।

soften **सौँ** फ़न *v.t.* to make soft कोमल बनाना; to make mild विनम्र क०; to mollify शांत क०; to lighten हलका क०; to mitigate कम क०; to make less loud धीमा या मंद क०; *v.i.* to become soft मुलायम होना; to become lenient नरम होना ।

soil[1] सौँइल *n.* earth, ground मिट्टी; country देश ।

soil[2] *v.t.* to make dirty गंदा क०; *v.i.* to become dirty गंदा होना ।

sojourn[1] **सौँ** जॅ:न, **स** जॅ:न *v.i.* to stay for a time ठहरना, कुछ समय के लिए रुकना ।

sojourn[2] *n.* short stay ठहराव, प्रवास ।

solace[1] **सौँ** लॅस *v.t.* to console सांत्वना देना ।

solace[2] *n.* consolation सांत्वना ।

solar **सो** लॅ: *a.* of the sun सौर, सूर्य का ।

solder[1] **सौल्** डॅ: *n.* easily melted alloy used to join metals राँगा, टाँका ।

solder[2] *v.t.* to join by means of solder झालना, टाँके से जोड़ना ।

soldier[1] **सोल्** जॅ: *n.* one serving in army सैनिक ।

soldier[2] *v.i.* to serve in army सैनिक के रूप में काम क० ।

sole[1] सोल *n.* underside of foot पैर का तलवा; under part of boot तल्ला ।

sole[2] *v.t.* to fit with sole (में) तल्ला लगाना ।

sole[3] *a.* single, only एकमात्र, अकेला ।

solemn **सौँ** लॅम *a.* earnest, grave गंभीर; formal औपचारिक; impressive प्रभावशाली ।

solemnity सॅ **लैम्** नि टि *n.* quality of being solemn गंभीरता ।

solemnize **सौँ** लॅम् नॉइज़ *v.t.* to celebrate स-समारोह मनाना; to make solemn गंभीर बनाना ।

solicit सॅ **लि** सिट *v.t.* to request earnestly विनती क० ।

solicitation सॅ लि सि **टे** शॅन *n.* soliciting विनती, प्रार्थना ।

solicitor सॅ **लि** सि टॅ: *n.* a lawyer confined to lower courts only न्यायाभिकर्त्ता ।

solicitous सॅ **लि** सि टॅस *a.* anxious चिंतित; eager उत्कंठित ।

solicitude सॅ **लि** सि ट्यूड *n.* anxiety चिंता; eagerness उत्कंठा ।

solid[1] **सौँ** लिड *a.* not hollow ठोस; compact सुगठित; firm दृढ़, कड़ा; cubic घनाकार; unmixed ख़ालिस, शुद्ध; reliable विश्वसनीय; massive भारी ।

solid[2] *n.* a body of three dimensions पिंड; solid substance ठोस पदार्थ ।

solidarity सौँ लि **डै** रि टि *n.* unity in support of common interests एकता, एकजुटता ।

soliloquy सॅ **लि** लॅ क्वि *n.* thoughts spoken by a person when alone स्वगत ।

solitary **सौँ** लि टॅ रि *a.* alone, single अकेला; remote दूरस्थ ।

solitude **सौँ** लि ट्यूड *n.* state of being alone अकेलापन; loneliness एकाकीपन; seclusion एकांत; lonely place एकांत स्थान ।

solo[1] **सो** लो *n. (pl. -s-)* music for one performer एकल संगीत-रचना ।

solo[2] *a.* performed by one person एकल ।

solo[3] *adv.* by oneself अकेले ।

soloist **सो** लोँ इस्ट *n.* person who gives a solo एकल गायक या वादक ।

solubility सौँ ल्यु **बि** लि टि *n.* quality of being soluble घुलनशीलता, समाधेयता ।

soluble सौ ल्यु ब्‌ल *a.* capable of being dissolved in liquid घुलनशील; that can be solved or explained समाधेय।

solution सॅ ल्यू शॅन *n.* answer to a problem समाधान; dissolving विलयन; liquid with something dissolved in it घोल।

solve सौ ल्व *v.t.* to work out हल क०; to find answer to समाधान क०।

solvency सौलॅ् वॅन् सि *n.* ability to pay all one's debts ऋण-शोध- क्षमता।

solvent[1] सौलॅ् वॅन्ट *a.* able to pay all one's debts ऋणशोधक्षम; able to dissolve विलायक।

solvent[2] *n.* liquid with power of dissolving विलायक द्रव।

sombre सौम् बॅ: *a.* dark-coloured कालिमामय; gloomy निराशाजनक, विषादपूर्ण।

some[1] सॅम *a.* one or other कोई; unspecified in number or quantity कुछ।

some[2] *pron.* an indefinite number or quantity कुछ।

somebody[1] सम् बॅ डि *pron.* some person कोई (व्यक्ति)।

somebody[2] *n.* a person of importance विशिष्ट व्यक्ति।

somehow सम् हॉउ *adv.* in some way or the other जैसे-तैसे।

someone सम् वॅन *pron.* somebody कोई (व्यक्ति)।

somersault[1] स मॅ: सौल्ट *n.* tumbling head over heels कलाबाज़ी।

somersault[2] *v.i.* to turn a somersault कलाबाज़ी खाना।

something[1] सम् थिङ्ग *pron.* an unexpected thing or event कुछ।

something[2] *adv.* somewhat कुछ-कुछ, कुछ सीमा तक।

sometime सम् टॉइम *adv.* at some time कभी-कभी, किसी समय।

sometimes सम् टॉइम्ज़ *adv.* occasionally कभी-कभी।

somewhat सम् व्हौ ट *adv.* slightly, to some degree कुछ-कुछ।

somewhere सम् व्हेॅअॅ: *adv.* in some place कहीं, किसी जगह।

somnambulism सौमॅ् नैम् ब्यु लिज़्म *n.* sleep-walking निद्राभ्रमण।

somnambulist सौमॅ् नैम् ब्यु लिस्ट *n.* sleep-walker निद्राचारी।

somnolence सौमॅ् नॅ लॅन्स *n.* drowsiness निद्रालुता।

somnolent सौमॅ् नॅ लॅन्ट *a.* drowsy उनींदा; causing sleep निद्राजनक।

son सॅन *n.* male child पुत्र।

song सौ ङ्ग *n.* act of singing गायन; a musical composition गाना।

songster सौ ङ्ग् स्टॅ: *n.* a singer गायक।

sonic सौ निक *a.* relating to sound ध्वनि-संबंधी।

sonnet सौ निट *n.* a fourteen-line poem चतुर्दश-पदी।

sonority सॅ नौ रि टि *n.* quality of being sonorous निनादिता; being melodious सुरीलापन।

soon सून *adv.* in a short time जल्दी, शीघ्र; early सवेरे; quickly शीघ्रता से, जल्दी से।

soot[1] सूट *n.* a black substance deposited by smoke काजल, कालिख।

soot[2] *v.t.* to cover with soot काजल लगाना।

soothe सूद *v.t.* to make calm शांत क०; to make (pain etc.) less sharp (पीड़ा) कम क०।

sophism सौ फ़िज़्म *n.* false reasoning intended to deceive, specious argument कुतर्क, भ्रामक तर्क, हेत्वाभास।

sophist सौ फ़िस्ट *n.* falacious reasoner कुतर्की, भ्रामक तार्किक।

sophisticate सॅ फ़िस् टि केट *v.t.* to make artificial कृत्रिम बनाना; to spoil बिगाड़ना, भ्रष्ट क० ।

sophisticated सॅ फ़िस् टि के टिड *a.* comlicated जटिल; artificial कृत्रिम; experienced in worldy ways दुनियादारी में निपुण ।

sophistication सॅ फ़िस् टि के शॅन *n.* artificiality कृत्रिमता; worldly wisdom दुनियादारी ।

sorcerer सौ: सॅ रॅ: *n.* magician जादूगर ।

sorcery सौ: सॅ रि *n.* witchcraft, magic जादू ।

sordid सौ: डिड *a.* mean, squalid नीच, घिनौना; ignoble base पतित, निम्नकोटि का ।

sore[1] सौ:, सौं: *a.* painful पीड़ादायक; sad, grieved दु:खी; resentful नाराज़ ।

sore[2] *n.* ulcer, boil फोड़ा ।

sorrow[1] सौं रो *n.* grief दु:ख, पीड़ा ।

sorrow[2] *v.i.* to grieve दु:खी होना ।

sorry सौं रि *a.* feeling grief दु:खी; feeling regret खेदपूर्ण ।

sort[1] सौ:ट *n.* kind, class प्रकार ।

sort[2] *v.t.* to arrange in groups श्रेणी के अनुसार रखना ।

soul सोल *n.* the spirit आत्मा; example, model नमूना, आदर्श ।

sound[1] सॉउन्ड *a.* in good condition अच्छा-खासा, सही-सलामत; healthy स्वस्थ; correct सही; undamaged अक्षत ।

sound[2] *v.i.* to make sound ध्वनि क०; to seem प्रतीत होना; *v.t.* to cause to sound बजाना; to convey (some impression) (आभास) देना; to pronounce, to utter उच्चारण क०, बोलना; to find depth of (की) गहराई नापना; to ascertain views of (के) विचार जानना ।

sound[3] *n.* what is heard ध्वनि ।

soup सूप *n.* liquid food made by boiling meat, vegetables etc. शोरबा ।

sour[1] सॉउअॅ: *a.* acid खट्टा; ill-tempered चिड़चिड़ा; disagreeable अप्रिय; bitter कटु ।

sour[2] *v.t.* to make sour खट्टा क०; *v.i.* to become sour खट्टा होना ।

source सौ:स *n.* origin उद्‌गम, स्रोत; the starting point of a river निकास; primary cause मूल कारण; means साधन ।

south[1] सॉउथ *n.* the direction opposite to north दक्षिण ।

south[2] *a.* lying in the south दक्षिण में स्थित; (wind) blowing from south दक्षिणी ।

south[3] *adv.* towards the south दक्षिण की ओर ।

southerly स दॅ: लि *a.* (of winds) blowing from the south दक्षिणी ।

southern स दॅ:न *a.* pertaining to the south दक्षिणी ।

souvenir सू वॅ निअॅ: *n.* a keepsake, memento यादगार, स्मारिका, स्मृति-चिह्न ।

sovereign[1] सौवॅ् रिन *n.* king, queen राजा, रानी; a gold coin worth 20 shillings (20 शिलिंग के बराबर) एक स्वर्ण मुद्रा ।

sovereign[2] *a.* supreme सर्वश्रेष्ठ; excellent उत्तम; highest सार्वभौम ।

sovereignty सौवॅ् रिन् टि *n.* supreme power प्रभुसत्ता; dominion राज्य; indepedent state स्वतंत्र राज्य ।

sow[1] सो *v.t. (sowed सोड; sown सोन)* to place (seed) in the ground बोना; *v.i.* to do sowing बुआई क० ।

sow[2] सॉउ *n.* a female pig सूअरी ।

space[1] स्पेस *n.* distance दूरी; area, room जगह; period अवधि, समय; expanse विस्तार; region beyond earth's atmosphere अंतरिक्ष ।

space[2] *v.t.* to place at intervals फ़ासले से रखना ।

spacious स्पे शॅस *a.* wide, extensive विस्तृत ।

spade[1] स्पेड *n.* a tool for digging फावड़ा, कुदाल ।

spade[2] *v.t.* to dig with a spade फावड़े से खोदना ।

span[1] स्पैन *n.* the distance between the tips of the thumb and the little finger when stretched बालिश्त, बित्ता; the distance between the arches of a bridge पुल के मेहराबों के बीच की दूरी; the full width of anything चौड़ाई; extent सीमा ।

span[2] *(-nn-) v.t.* to stretch over के ऊपर फैला होना; to measure with hand बालिश्त से नापना ।

Spaniard स्पैन् यॅःड *n.* a native of Spain स्पेन का निवासी ।

spaniel स्पैन् यॅल *n.* a breed of dog with long silky hair and large ears कुत्ते की एक नस्ल ।

Spanish[1] स्पै निश *a.* of Spain, pertaining to Spain स्पेन का, स्पेन देश से संबंधित ।

Spanish[2] *n.* the language of Spain स्पेन की भाषा; *(pl.)* the people of Spain स्पेन के लोग ।

spanner स्पै नॅः *n.* a tool for gripping nut etc. रिंच, पाना ।

spare[1] स्पे ॲः *v.t.* to leave unhurt बख़्श देना; to show mercy (पर) दया क०; to abstain from using प्रयोग में न लाना; to do without के बिना काम चलाना; to give away दे देना ।

spare[2] *a.* additional अतिरिक्त, फालतू; in reserve सुरक्षित; thin, lean पतला-दुबला; scanty अल्प, अपर्याप्त ।

spare[3] *n.* spare part फ़ालतू पुरज़ा ।

spark[1] स्पाःक *n.* a small glowing particle चिनगारी; a small flash caused by an electric discharge स्फुलिंग, बिजली के तारों की चिनगारी; vigour उत्साह; a trace लेश ।

spark[2] *v.i.* to give out sparks चमकना, चिनगारी निकलना ।

spark[3] *n.* gay and elegant fellow बाँका, छैला ।

sparkle[1] स्पाः कल *v.i.* to give out flashes of light चमकना, चिनगारी देना ।

sparkle[2] *n.* act of sparkling चमक; a small spark छोटी चिनगारी; glitter चमक ।

sparrow स्पै रो *n.* a small brownish bird गौरैया ।

sparse स्पाःस *a.* scanty अपर्याप्त, कम; thinly scattered छितराया हुआ ।

spasm स्पैज़्म *n.* sudden convulsive (muscular) contraction ऐंठनयुक्त जकड़न; sudden burst of activity क्रिया-कलाप का दौरा ।

spasmodic स्पैज़् मॉ डिक *a.* occurring in spasms रुक-रुक कर झटके से होनेवाला ।

spate स्पेट *n.* flood बाढ़; a sudden rush आधिक्य, प्रचुरता ।

spatial स्पे शॅल *a.* pertaining to space, of space स्थान-विषयक ।

spawn[1] स्पौन *n.* eggs of fish or frog जलजीवों के अंडे ।

spawn[2] *v.i* (of fish or frog) to cast eggs अंडे देना ।

speak स्पीक *(spoke, spoken) v.i.* to utter words बोलना; to talk बातचीत क०; to address an audience भाषण देना; to be able to use a language कोई भाषा बोलने की योग्यता रखना; to express अभिव्यक्त क० ।

speaker स्पी कॅः *n.* one who speaks वक्ता; an orator भाषण देनेवाला ।

spear[1] स्पिअॅ: *n.* a long pointed weapon भाला ।

spear[2] *v.t.* to pierce or wound with a spear भाले से बींधना या घायल क० ।

spearhead[1] **स्पिअॅ:** हैं ड *n.* the pointed head of a spear भाले की नोक; leader, main force नेता, मुख्य शक्ति ।

spearhead[2] *v.t.* to act as a spearhead for नेतृत्व क० ।

special **स्पै** शॅल *a.* beyond the usual असाधारण; particular विशिष्ट; distinct स्पष्ट; limited सीमित ।

specialist **स्पै** शॅ लिस्ट *n.* an expert in some field विशेषज्ञ ।

speciality स्पै शि **ऐ** लि टि *n.* special quality विशेषता; subject on which one has special knowledge विशेष योग्यतावाला विषय ।

specialization स्पै शॅ लॉइ **ज़े** शॅन *n.* act of specializing विशिष्टीकरण; state of being specialized विशेषज्ञता ।

specialize **स्पै** शॅ लॉइज़ *v.i.* to become a specialist विशेषज्ञ बनना; v.t. to make special विशिष्ट बनाना ।

species **स्पी** शीज़ *n.* a group having some common characteristics जाति, वर्ग; sort क़िस्म, भेद ।

specific स्पि **सि** फ़िक *a.* definite निश्चित; particular विशिष्ट ।

secification स्पै सि फ़ि **के** शॅन *n.* act of specifying विशिष्ट निर्देशन ;detailed description of something विशेष उल्लेख ।

specify **स्पै** सि फ़ॉइ *v.t.* to state definitely or in detail निश्चित रूप से अथवा विस्तार से कहना ।

specimen **स्पै** सि मिन, –मॅन *n.* a sample नमूना; an item in a collection बानगी ।

speck स्पैक *n.* a tiny spot or particle धब्बा, दाग़ ।

spectacle **स्पैक्** टॅ क्‌ल *n.* a sight दृश्य; a public display प्रदर्शन, प्रदर्शनी; *(pl.)* eye-glasses चश्मा, ऐनक़ ।

spectacular स्पैक् **टै** क्यु लॅ: *a.* impressive भव्य, प्रभावशाली; showy दिखाऊ, भड़कीला; magnificent शानदार ।

spectator स्पैक् **टे** टॅ: *n.* on-looker दर्शक ।

spectre **स्पैक्** टॅ: *n.* ghost भूत; image of something unpleasant काली छाया ।

speculate **स्पै** क्यु लेट *v.i.* to conjecture अटकल लगाना; to engage in risky commercial transactions सट्टेबाज़ी क०, सट्टा लगाना ।

speculation स्पै क्यु **ले** शॅन *n.* act of speculating अटकलबाज़ी; meditation चिंतन, मनन; risky commercial transaction सट्टे बाज़ी ।

speech स्पीच *n.* faculty of speaking वाणी; language भाषा; conversation वार्तालाप; discourse भाषण; way of speaking बोली ।

speed[1] स्पीड *n.* swiftness तेज़ी, शीघ्रता; rate of progress गति, चाल ।

speed[2] *v.i.* to move quickly तेज़ी से चलना, जल्दी क०; *v.t.* to increase the speed of (की) गति बढ़ाना ।

speedily **स्पी** डि लि *adv.* with speed, quickly तेज़ी से ।

speedy **स्पी** डि *a.* quick, rapid तीव्र; nimble चपल, फुरतीला; prompt तात्कालिक ।

spell[1] स्पैलॅ *n.* magic formula मंत्र; enchantment जादू; fascination सम्मोहन ।

spell[2] *v.t.* to name or write the letters of (a word) in their proper order हिज्जे क०; to indicate संकेत क० ।

spell[3] *n.* period of time अवधि, समय; period of activity or duty पारी ।

spend स्पैन्ड *v.t.* to pay out व्यय क०; to pass (time) (समय) बिताना; to use up completely ख़त्म क० ।

spendthrift स्पैन्ड् थ्रिफ़्ट *n.* wasteful person अपव्ययी व्यक्ति ।

sperm स्पॅ:म *n.* the seminal fluid of a male animal, semen शुक्राणु, वीर्य ।

sphere स्फ़िअॅ: *n.* a globe, a ball गोला; range क्षेत्र; status स्तर ।

spherical स्फ़ै रि क्ल *a.* shaped like a sphere गोलाकार ।

spice[1] स्पॉइस *n.* aromatic pungent vegetable substance मसाला; anything that adds flavour or interest etc.चटपटी सामग्री ।

spice[2] *v.t.* to season with spices मसालों से छोंकना; to flavour स्वादिष्ट बनाना ।

spicy स्पॉइ सि *a.* flavoured with spices मसालेदार; interesting रुचिकर ।

spider स्पॉइ डॅ: *n.* a small eight-legged creature which spins web मकड़ी ।

spike[1] स्पॉइक *n.* a sharp point नोक; a rod with a sharp point नोकदार छड़; a large nail कील; an ear of corn अनाज की बाल ।

spike[2] *v.t.* to pierce with a spike कील से बींधना; to put spikes on (पर) कील लगाना ।

spill[1] स्पिल *v.i.* to flow over, to fall out छलकना; *v.t.* to cause or allow to flow over छलकाना; to upset, to cause to fall गिरा देना; to shed (blood) (ख़ून) बहाना ।

spill[2] *n.* fall गिराव, पतन; amount spilt छलकन; a thin strip of wood, twisted paper etc. for lighting fire, candle etc. बत्ती, शलाका ।

spin[1] स्पिन *(-nn-)* *v.i.* to revolve rapidly घूमना; to twist thread सूत कातना; to produce a web जाला बुनना; *v.t.* to make (yarn) from fibres (सूत) कातना; to produce (a web) (जाला) बनाना; to cause to revolve घुमाना; to narrate सुनाना ।

spin[2] *n.* spinning motion चक्रण, घुमाव; turning movement of a diving aircraft वायुयान का घुमावदार उतार ।

spinach स्पि निज *n.* a leafy vegetable पालक ।

spinal स्पॉइ न्ल *a.* of the spine मेरुदंडीय ।

spindle स्पिन् ड्ल *n.* the rod by which thread is twisted in spinning तकला ।

spine स्पॉइन *n.* the backbone मेरुदंड, रीढ़; a spiky growth on a plant or on the body of an animal काँटा; a ridge कटक; back of a book पीठ, पुश्त ।

spinner स्पि नॅ: *n.* person who spins कातनेवाला; the machine that spins कताई-मशीन ।

spinster स्पिन् स्टॅ: *n.* unmarried woman अविवाहिता स्त्री ।

spiral[1] स्पॉइ रॅल *n.* continuous curve सर्पिल आकार; circular motion सर्पिल गति; coil कुंडली ।

spiral[2] *a.* formed like or running in a spiral घुमावदार, पेचदार; coiling around a fixed line in constantly changing series of planes कुंडलित ।

spirit स्पि रिट *n.* the soul आत्मा; a ghost प्रेत; courage साहस; disposition स्वभाव; alcoholic drink मद्यसार; meaning अर्थ, भाव ।

spirited स्पि रि टिड *a.* vigorous उत्साही; lively सजीव, उत्प्राणित ।

spiritual स्पि रि ट्यु अॅल, –चु– *a.* pertaining to the spirit आत्मिक; relating to the higher soul आध्यात्मिक ।

spiritualism स्पि रि ट्यु अॅ लिज़्म, –चु– *n.* doctrine of the existence of spirit distinct from matter अध्यात्मवाद ।

spiritualist **स्पि** रि ट्यु अॅ लिस्ट, –चु– *n.* one who believes in spiritualism अध्यात्मवादी ।

spirituality स्पि रि ट्यु **ऐ** लि टि, –चु– *n.* quality of being spiritual आध्यात्मिकता ।

spit[1] स्पिट *(-tt-) v.i.* to eject saliva थूकना; v.t. to eject from the mouth थूक कर निकालना ।

spit[2] *n.* act of spitting थूकने की क्रिया; spittle, saliva थूक ।

spite स्पॉइट *n.* malice द्वेष ।

spittle **स्पि** ट्ल *n.* saliva थूक ।

spittoon स्पि **टून** *n.* vessel to spit into पीकदान ।

splash[1] स्प्लैश *v.i.* (of a liquid) to fall about in drops छिड़का जाना; to throw water etc. about पानी आदि इधर-उधर उलीचना या फेंकना; *v.t.* to cause to fall about in drops छिड़कना, उलीचना; to scatter बखेरना; to display prominently प्रदर्शित क०, दिखावा क० ।

splash[2] *n.* act of splashing छिड़काव; sound of splashing छप-छप; liquid thrown about छींटा, छपाका; a noticeable patch धब्बा; extravagant display दिखावा ।

spleen स्प्लीन *n.* an organ in the abdomen तिल्ली; morose temper उदासी, अनमनापन ।

splendid **स्प्लैॅन्** डिड *a.* magnificent शानदार, भव्य; excellent उत्तम, उत्कृष्ट ।

splendour **स्प्लैॅन्** डॅ: *n.* magnificence भव्यता, वैभव; brightness चमक, दीप्ति ।

splinter[1] **स्प्लिन्** टॅ: *n.* a thin fragment किरच, छिपटी ।

splinter[2] *v.t.* to break into splinters किरचों या छिपटियों में तोड़ना; *v.i.* to come off as splinters किरचों या छिपटियों में टूटना ।

split[1] स्प्लिट *(-tt-) v.i.* to come apart lengthwise चिरना, फटना; to become disunited विभाजित होना; *v.t.* to break lengthwise चीरना, फाड़ना; to divide into shares हिस्सों में बाँटना; to make disunited विभाजित क० ।

split[2] *n.* act of splitting चीरने या फाड़ने का कार्य; a crack दरार, झिरी; division विभाजन ।

spoil[1] स्पौॅइल *v.t.* to damage, to ruin नष्ट कर देना; to plunder लूटना; to harm the character of बिगाड़ देना; *v.i.* to be damaged बिगड़ जाना ।

spoil[2] *n.* booty लूट, लूट का माल; profit लाभ ।

spoke स्पोक *n.* the radial bar of a wheel अर, आरा ।

spokesman **स्पोक्स्** मॅन *n.* one deputed to speak for others प्रवक्ता ।

sponge[1] स्पन्ज *n.* a synthetic substance absorbing liquids स्पंज ।

sponge[2] *v.t.* to wipe with sponge स्पंज से पोंछना या सोखना ।

sponsor[1] **स्पौॅन्** सॅ: *n.* an advertiser who pays for a radio or television programme प्रायोजक; one promoting something उन्नायक ।

sponsor[2] *v.t.* to act as a sponsor for प्रायोजित क० ।

spontaneity स्पौॅन् टॅ **नी** इ टि *n.* quality of being spontaneous स्वाभाविकता, स्वत: प्रवृत्ति ।

spontaneous स्पौॅन् **टे** न्यॅस *a.* voluntary स्वैच्छिक; natural स्वाभाविक स्वत:स्फूर्त ।

spoon[1] स्पून *n.* a utensil with a shallow bowl at the end of a handle चम्मच ।

spoon[2] *v.t.* to lift with a spoon चम्मच से उठाना ।

spoonful **स्पून्** फुल *n.* the quantity contained by a spoon चम्मच-भर मात्रा ।

sporadic स्पॅ रै डिक, स्पौ॑– *a.* scattered, ocurring here and there छुट-पुट ।

sport[1] स्पौ:ट *n.* fun, amusement मनोरंजन; athletic games खेल-कूद; mockery मज़ाक़; enjoyment आनंद ।

sport[2] *v.i.* to play about, to amuse oneself खिलवाड़ क०, मन बहलाना ।

sportive स्पौ: टिव *a.* playful क्रीड़ा- शील, विनोदी ।

sportsman स्पौ:ट्स् मॅन *n.* one who engages in sport खिलाड़ी ।

spot[1] स्पौ॑ट *n.* a tiny mark or stain निशान, धब्बा; blemish दोष; pimple मुँहासा; place स्थान ।

spot[2] *(-tt-) v.t.* to mark with spots धब्बे डालना; to detect खोजना, पता लगाना; to observe देखना ।

spotless स्पौ॑ट् लिस *a.* unblemished दोषरहित; pure शुद्ध, साफ़-सुथरा ।

spousal स्पॉउ ज़ॅल *n.* marriage विवाह ।

spouse स्पॉउज़ *n.* husband or wife पति अथवा पत्नी ।

spout[1] स्पॉउट *n.* a narrow tube on a vessel through which liquid is poured out टोंटी; a pipe that takes water down from a roof पनाला; strong jet of water धारा ।

spout[2] *v.i.* to gush, to pour out तेज़ी से बाहर निकलना ।

sprain[1] स्प्रेन *n.* injury caused by wrenching मोच ।

sprain[2] *v.t.* to injure by twisting violently मुड़काना, मोच क० ।

spray[1] स्प्रे *n.* fine drops of liquid फुहार; a device for producing fine drops of liquid फुहारा ।

spray[2] *n.* a branch, a twig टहनी; floral ornament फूलों का आभूषण ।

spray[3] *v.t.* to sprinkle with shower of fine drops छिड़कना ।

spread[1] स्प्रैॅड *v.i.* to stretch फैलना; to become known प्रचारित होना; *v.t.* to apply a thin layer of लगाना; to open out बिछाना; to scatter बिखेरना ।

spread[2] *n.* extent विस्तार; increase वृद्धि; a cloth covering for a bed or table पलंगपोश, मेज़पोश ।

spree स्प्री *n.* a frolic, a romp मौज-मस्ती, उछल-कूद ।

sprig स्प्रिग *n.* a small twig टहनी; offshoot शाखा ।

sprightly स्प्रॉइट् लि *a.* lively, brisk उत्साहपूर्ण, फुरतीला ।

spring[1] स्प्रिङ्ग *v.i.* to leap उछलना; to come into being अस्तित्व में आना; to appear प्रकट होना; to grow उगना; *v.t.* to develop विकसित क० ।

spring[2] *n.* a leap उछाल; a source of water सोता, जल-स्रोत; elasticity लचक; piece of metal with much resistance कमानी; the first season of the year बसंत ऋतु ।

sprinkle स्प्रिङ् क्ल *v.t.* to scatter in small drops छिड़कना ।

sprint[1] स्प्रिन्ट *v.i.* to run a short distance at full speed ख़ूब तेज़ी से दौड़ना ।

sprint[2] *n.* a short fast run थोड़ी दूरी की तेज़ दौड़ ।

sprout[1] स्प्रॉउट *v.i.* to put forth shoots अंकुरित होना; to spring up, to begin to grow उगना ।

sprout[2] *n.* a new shoot अंकुर ।

spur[1] स्पॅ: *n.* a pricking instrument attached to a horseman's heel महमेज़; the spike on a cock's leg कंट, खाँग; stimulus प्रेरणा; a projecting part of a mountain range पर्वत-स्कंध ।

spur[2] *(-rr-) v.t.* to prick with spurs एड़ लगाना ।

spurious **स्प्यूअॅ** रि अॅस *a.* not genuine नक़ली ।

spurn स्पॅ:न *v.t.* to reject with scorn ठुकरा देना, अस्वीकार क० ।

spurt[1] स्पॅ:ट *v.i.* to gush out फूट निकलना; to make a sudden effort झपट्टे से काम क० ।

spurt[2] *n.* a gush, a jet तेज़ धार; a short sudden effort झपट्टा ।

sputnik **स्पुट्** निक *n.* an artificial satellite कृत्रिम उपग्रह ।

sputum **स्प्यू** टॅम *n.* saliva, spittle लार, थूक ।

spy[1] स्पॉइ *n.* one who watches and reports secretly जासूस, गुप्तचर ।

spy[2] *v.i.* to act as a spy जासूसी क०; *v.t.* to catch sight of देखना ।

squad स्क्वौॅड *n.* a small party दस्ता, टुकड़ी ।

squadron **स्क्वौॅड्** रॅन *n.* a division of cavalry regiment, fleet or aircraft स्क्वाड्रॅन, दस्ता ।

squalid **स्क्वौॅ** लिड *a.* dirty, uncared-for गंदा, घिनावना ।

squalor **स्क्वौॅ** लॅ: *n.* squalid state गंदगी, घिनावनापन ।

squander **स्क्वौॅन्** डॅ: *v.t.* to spend or use wastefully उड़ा देना, अपव्यय क०, गँवाना ।

square[1] स्क्वेॅअॅ: *n.* an equilateral rectangle वर्ग; anything of such a shape चौकोर टुकड़ा; open space मैदान, चौक; product of a number multiplied by itself वर्गफल; instrument for drawing right angles गुनिया ।

square[2] *a.* of the shape of a square वर्गाकार; honest ईमानदार; even, quits बराबर; level समतल ।

square[3] *v.t.* to make square वर्गाकार बनाना; to find square of (का) वर्ग निकालना; to tally मिलान क०; to pay चुकता क०; to bribe घूस देना ।

squash[1] स्क्वौॅश *v.t.* to crush into a pulp भुरता बना देना; to press or squeeze दबाना, भींचना; to repress (का) दमन क० ।

squash[2] *n.* juice of crushed fruit फल-रस-पेय; crowd भीड़ ।

squat स्क्वौॅट *v.i.* to sit on heels उकड़ूँ बैठना; to sit बैठना; to sit with the legs crossed पालथी मारना ।

squeak[1] स्क्वीक *v.i.* to make short shrill sound चूँ-चूँ क० ।

squeak[2] *n.* a short shrill sound चूँ-चूँ की ध्वनि ।

squeeze स्क्वीज़ *v.t.* to press दबाना, भींचना; to press moisture from निचोड़ना; to pack tightly ठूँसकर भरना; to obtain by extortion तंग क०, विवश क० ।

squint[1] स्क्विन्ट *v.i.* to have eyes looking different ways भेंगा होना; to glance side ways कनखी मारना ।

squint[2] *n.* squinting position of eye-balls भेंगापन; sideways glance कनखी ।

squire स्क्वॉइअॅ: *n.* the chief landowner जमींदार; a young gentleman attending on a knight अनुचर; one who escorts a lady अनुरक्षक ।

squirrel **स्क्वि** रॅल *n.* a small rodent with a bushy tail गिलहरी ।

stab[1] स्टैब *(-bb-)* *v.t.* to wound with a sharp pointed weapon छुरे से घायल क०; to push (a knife etc.) into somebody (छुरा) भोंकना ।

stab[2] *n.* act of stabbing धार-दार हथियार से प्रहार ।

stability स्टॅ **बि** लि टि *n.* quality of being stable स्थायित्व ।

stabilization स्टे बि लॉइ ज़े शॅन *n.* making stable स्थिरीकरण; being stable स्थिरीभवन ।

stabilize स्टे बि लॉइज़, स्टै– *v.t.* to make stable स्थिर बनाना ।

stable[1] स्टे ब्ल *a.* firm, steady स्थिर, दृढ़ ।

stable[2] *n.* building for horses अस्तबल ।

stable[3] *v.t.* to put into a stable अस्तबल में रखना ।

stadium स्टे ड्यॅम *n.* a sports ground स्टेडियम , क्रीड़ा-स्थल ।

staff[1] स्टाफ़ *n.* a stick, a pole सोंटा, लाठी, डंडा; personnel कर्मचारीगण ।

staff[2] *v.t.* to provide with personnel कर्मचारी प्रदान क० ।

stag स्टैग *n.* a male deer हिरण ।

stage[1] स्टेज *n.* a platform मंच; platform of theatre रंगमंच; dramatic art or profession नाट्यकला अथवा व्यवसाय; a step in development अवस्था, स्थिति, चरण; stopping place of a journey पड़ाव; distance between stopping places मंज़िल ।

stage[2] *v.t.* to put (a play) on the stage (का) मंचन क०; to arrange in a dramatic manner नाटकीय ढंग से आयोजित क० ।

stagger[1] स्टै गॅ: *v.i.* to walk unsteadily लड़खड़ाकर चलना; *v.t.* to astound, to startle चौंका देना; to shock धक्का पहुँचाना; to cause to walk or move unsteadily लड़खड़ा देना ।

stagger[2] *n.* a reeling movement लड़खड़ाहट ।

stagnant स्टैग् नॅन्ट *a.* not moving स्थिर; foul, impure गंदा; sluggish मंद, गतिहीन ।

stagnate स्टैग् नेट *v.i.* to be stagnant स्थिर या गतिहीन होना; to cease to develop विकसित न होना ।

stagnation स्टैग् ने शॅन *n.* state or quality of being stagnant गतिहीनता, विकासहीनता ।

staid स्टेड *a.* sober, sedate गंभीर, शांतमना ।

stain[1] स्टेन *n.* spot, mark धब्बा, निशान; staining material अभिरंजक ।

stain[2] *v.t.* to mark, to spot (पर) धब्बे लगाना; to apply staining material to अभिरंजक लगाना; to bring disgrace upon कलंकित क० ।

stainless स्टेन् लिस *a.* free from stain बेदाग़; so made that it will not stain जंगरोधी ।

stair स्टे`अॅ: *n.* one of a series of steps पैडी; *(pl.)* set of steps ज़ीना, सोपान ।

stake[1] स्टेक *n.* sharpened stick or post खूँटा; execution by burning अग्निदंड; money risked in gambling बाज़ी की रक़म ।

stake[2] *v.t.* to risk (का) जोख़िम लेना; to support with stakes खूँटों का सहारा देना; to wager (की) बाज़ी लगाना ।

stale[1] स्टेल *a.* not fresh बासी; hackneyed घिसापिटा, पुराना; dull अरुचिकर; tired थका हुआ ।

stale[2] *v.t.* to make stale बासी क०; *v.i.* to become stale बासी होना ।

stalemate स्टेल् मेट *n. (chess)* position from which no further move is possible ज़िच; deadlock गतिरोध ।

stalk[1] स्टौक *n.* a plant's stem डंठल ।

stalk[2] *v.i.* to walk in a stiff and stately manner शान से अकड़कर चलना; to follow stealthily चोरी-चोरी पीछा क० ।

stalk[3] *n.* stiff manner of walking गर्वीली चाल; act of stalking game लुक-छिप कर शिकार ।

stall[1] स्टौल *n.* a compartment for one animal in a cattle-shed थान;

erection for display and sale of goods छोटी दुकान; a seat in a cathedral आसन; front seat in a theatre अग्रिम आसन; a finger sheath अंगुली-त्राण ।

stall[2] *v.t.* to put in a stall थान पर रखना; to delay टालना; to hinder रोकना; *v.i.* (of a motor engine) to stop unintentionally अचानक रुक जाना; (of an aircraft) to lose flying speed (वायुयान की) उड़ने की गति समाप्त होना ।

stallion स्टैल् यॅन *n.* uncastrated horse बिना बधिया किया घोड़ा ।

stalwart[1] **स्टॉल्** वॅ:ट *a.* strong, sturdy मजबूत, हृष्ट-पुष्ट; staunch, loyal निष्ठावान ।

stalwart[2] *n.* a stalwart person पक्का समर्थक ।

stamina स्टै मि नॅं *n.* power of endurance दम-ख़म, शक्ति ।

stammer[1] **स्टै** मॅ: *v.i.* to speak haltingly हकलाना ।

stammer[2] *n.* halting speech हकलाहट ।

stamp[1] स्टैम्प *n.* stamping with the foot पैर की थाप; imprinted mark छाप; appliance for marking मोहर, मुद्रा; a printed piece of paper stuck on letters etc. डाक टिकट; characteristic mark लक्षण ।

stamp[2] *v.i.* to put down foot with force पैर पटकाना; *v.t.* to impress mark on मुद्रांकित क०; to affix postage stamp on (पर) टिकट लगाना; to fix in memory स्मृति में बिठाना ।

stampede[1] स्टैम् **पीड** *n.* sudden rush of panic-stricken animals or people भगदड़ ।

stampede[2] *v.i.* to run in panic भगदड़ मचना; *v.t.* to cause stampede (में) भगदड़ मचाना ।

stand[1] स्टैन्ड *v.i.* to remain upright खड़ा होना या रहना; to rise to one's feet उठ खड़ा होना; to remain मौजूद होना; to be situated स्थित होना; to cease to move स्थिर रहना; to offer oneself as a candidate चुनाव में खड़ा होना; to be symbol (of) प्रतीक होना; *v.t.* to set in upright position खड़ा क०; to endure सहन क० ।

stand[2] *n.* stopping of motion ठहराव; position taken up मोरचा; a piece of furniture used as support धानी; a stall on which goods are displayed दुकान; place for vehicles to stand अड्डा ।

standard[1] **स्टैन्** डॅ:ड *n.* a model by which other things are judged मानक; level स्तर; a banner, flag झंडा; a measure माप; class कक्षा ।

standard[2] *a.* usual सामान्य; of recognized authority प्रामाणिक ।

standardization स्टैन् डॅ: डॉइ **ज़े** शॅन *n.* act of standardizing मानकीकरण ।

standardize स्टैन् डॅ: डॉइज़ *v.t.* to regulate by a standard (का) मानकीकरण क० ।

standing स्टैन् डिङ्ग *n.* rank or position दरजा या स्थान; reputation ख्याति; duration अवधि ।

standpoint स्टैन्ड् पॉइन्ट *n.* point of view दृष्टिकोण ।

standstill स्टैन्ड् स्टिल *n.* stoppage विराम ।

stanza स्टैन् ज़ॅ *n.* a group of lines of verse forming a unit बंद, छंद ।

staple[1] **स्टे** प्ल *n.* main product मुख्य उपज; fibre रेशा; raw material कच्चा माल; a bent piece of wire for fastening sheets of paper स्टेपल ।

staple[2] *a.* chief, basic मुख्य, प्रधान ।

star[1] स्टा: *n.* a twinkling heavenly body तारा; asterisk तारक; an outstanding actor or actress प्रसिद्ध अभिनेता अथवा अभिनेत्री; luck भाग्य; a star shaped badge सितारा ।

star[2] *(-rr-) v.t.* to mark with a star or stars तारांकित क०; *v.i.* to be a famous actor or actress प्रसिद्ध अभिनेता अथवा अभिनेत्री होना ।

starch[1] स्टा:च *n.* a white food substance found esp. in grain and potatoes श्वेत सार; a powdered form of this substance used for stiffening linen कलफ़ ।

starch[2] *v.t.* to stiffen with starch (पर) कलफ़ लगाना ।

stare[1] स्टे अँ: *v.i.* to look fixedly घूरना; to be obvious or visible स्पष्ट दिखाई देना ।

stare[2] *n.* a fixed gaze टकटकी ।

stark[1] स्टॉ:क *a.* bleak फीका, निरानंद; absolute निरा, कोरा ।

stark[2] *adv.* completely सरासर, पूर्ण रूप से ।

starry **स्टा** रि *a.* full of stars तारामय; consisting of stars तारों से जड़ा; bright चमकदार ।

start[1] स्टा:ट *v.t.* to begin प्रारंभ क०; to set going चालू क०; *v.i.* to begin प्रारंभ होना; to make sudden movement चालू होना; to be set up स्थापित होना ।

start[2] *n.* beginning प्रारंभ; abrupt movement प्रस्थान; act of setting up शुभारंभ, स्थापना; advantage conceded रिआयत; a sudden movement due to surprise चौंक ।

startle **स्टा:** ट्ल *v.t.* to alarm, to give a fright to चौंकाना ।

starvation स्टा: **वे** शॅन *n.* suffering or death caused by lack of food भूखमरी ।

starve स्टा:व *v.i.* to suffer or die from hunger भूखों मरना; *v.t.* to cause to suffer or die from hunger भूखों मारना ।

state[1] स्टेट *n.* condition अवस्था, दशा; place, situation स्थिति; politically organized people राज्य; government सरकार; rank पद; pomp शान, ठाठ-बाट ।

state[2] *v.t.* to express in words कहना ।

stateliness **स्टेट्** लि निस *n.* splendour, pomp शान ।

stately **स्टेट्** लि *a.* splendid imposing शानदार, भव्य ।

statement **स्टेट्** मॅन्ट *n.* act of stating कथन; expression in words अभिव्यक्ति; account विवरण ।

statesman **स्टेट्स्** मॅन *n.* an eminent politician राजनेता ।

static **स्टै** टिक *a.* motionless स्थिर, गतिहीन ।

statics **स्टै** टिक्स *n. sing.* science dealing with bodies at rest स्थैतिकी, स्थिति-विज्ञान ।

station[1] **स्टे** शॅन *n.* a stopping place for railway trains स्टेशन; rank or social position स्थिति, पद ।

station[2] *v.t.* to put in position रखना, तैनात क० ।

stationary **स्टे** शॅ नॅ रि *a.* not moving स्थिर, अचल ।

stationer **स्टे** शॅ नॅ: *n.* one who sells stationery लेखन-सामग्री-विक्रेता ।

stationery **स्टे** शॅ नॅ रि *n.* writing materials लेखन-सामग्री ।

statistical स्टॅ **टिस्** टि कॅल *a.* pertaining to statistics सांख्यिकीय ।

statistician स्टै टिस् **टि** शॅन *n.* one expert in statistics सांख्यिकीविद् ।

statistics स्टॅ **टिस्** टिक्स *n.* facts shown in numbers आँकड़े; science that studies such facts सांख्यिकी ।

statue **स्टै** ट्यू *n.* a figure cast in stone or metal मूर्ति, प्रतिमा ।

stature स्टै चॅ: *n.* bodily height क़द, ऊँचाई; greatness महानता, उच्चता ।

status स्टे टॅस *n.* position, rank पद, स्थान; prestige प्रतिष्ठा ।

statute स्टै ट्यूट *n.* written law संविधि, क़ानून ।

statutory स्टै ट्यु टॅ रि *a.* defined or authorized by statute वैधानिक, क़ानूनी ।

staunch स्टौन्च *a.* reliable, trustworthy विश्वसनीय, निष्ठावान ।

stay[1] स्टे *v.i.* to remain रहना; to sojourn ठहरना, टिकना; to pause रुकना, थमना; to wait प्रतीक्षा क०; to endure चलना, बना रहना; *v.t.* to stop रोकना; to hinder बाधित या अवरुद्ध क०; to postpone स्थगित क० ।

stay[2] *n.* sojourning ठहराव; check रोक; restraint बंधन; postponement स्थगन; support टेक, सहारा ।

steadfast स्टैं ड् फ़ास्ट *a.* firm, resolute दृढ़, अटल ।

steadiness स्टैं डि निस *n.* quality of being steady दृढ़ता, तत्परता ।

steady[1] स्टैं डि *a.* firm दृढ़; regular नियमित; temperate धीर, संतुलित ।

steady[2] *v.t.* to make firm दृढ़ बनाना; *v.i.* to become steady दृढ़ बनना ।

steal स्टील *v.i.* to commit theft चोरी क०; to move silently चोरी-चोरी आना या जाना; *v.t.* to take unlawfully चुराना ।

stealthily स्टील् थि लि *adv.* secretly चोरी-छुपे ।

steam[1] स्टीम *n.* vapour of boiling water भाप; the power of steam वाष्प-शक्ति ।

steam[2] *v.i.* to give off steam भाप छोड़ना; to rise in vapour भाप निकलना; to move by steam power वाष्प-शक्ति से चलना; *v.t.* to cook or treat with steam भाप से पकाना या भाप देना ।

steamer स्टी मॅ: *n.* a steamship स्टीमर; vessel in which food is cooked by being steamed भापतापी पात्र ।

steed स्टीड *n.* a horse घोड़ा ।

steel स्टील *n.* a hard alloy of iron and carbon इस्पात; a weapon of steel, esp. a sword लोहे का शस्त्र, विशेषतया तलवार ।

steep[1] स्टीप *a.* sloping sharply तीव्र ढलान वाला ।

steep[2] *v.t.* to soak, to saturate भिगोना, तर क० ।

steeple स्टी प्ल *n.* church tower with spire मीनार ।

steer स्टिअॅ: *v.t.* to guide or direct the course of (का) मार्गदर्शन क०; *v.i.* to respond to guidance दिशानिर्देशन को मानना ।

stellar स्टैं लॅ: *a.* relating to stars तारकीय, नक्षत्रीय ।

stem[1] स्टैम *n.* stalk डंठल; trunk तना; a long slender part पतली डंडी; the front part of a ship जलयान का अग्र भाग; the unchanging part of a word धातु, मूल शब्द ।

stem[2] *(-mm-) v.i.* to arise पैदा होना, उठना ।

stench स्टैन्च *n.* unpleasant smell दुर्गंध, बदबू ।

stencil[1] स्टैन् सिल *n.* a thin sheet with letters or patterns cut in it स्टैंसिल; the pattern made from it इससे बनी छाप ।

stencil[2] *(-ll-) v.i.* to make a pattern by means of a stencil स्टैंसिल से नमूना या चित्र बनाना ।

stenographer स्टैं नौं ग्रॅ फ़ॅ: *n.* a writer of shorthand आशुलिपिक ।

stenography स्टैं नौं ग्रॅ फ़ि *n.* shorthand writing आशुलिपि ।

step[1] स्टैप *n.* act of stepping क़दम;

sound made by stepping पद-चाप; mark made by foot पदचिह्न; manner of walking चाल; distance covered by stepping once डग, पग; a rung, a stair सीढ़ी का डंडा, पैड़ी; measure उपाय ।

step[2] *(-pp-) v.i.* to move and set down foot चलना; *v.t.* to measure in paces डगों से नापना ।

steppe स्टैप *n.* a large treeless plain घास का मैदान ।

stereotype[1] स्टैं रि ॲ टॉइप *n.* a metal plate for printing cast from set up type मुद्रण-फलक; a fixed pattern घिसा-पिटा, स्थिर नमूना ।

stereotype[2] *v.t.* to make stereotype of (को) घिसा-पिटा रूप देना ।

stereotyped स्टैं रि ॲ टाइप्ट *a.* conventional परंपरागत, रूढ़िबद्ध ।

sterile स्टैं रॉइल *a.* (woman) not able to produce offspring बाँझ; (land) not able to produce any crop बंजर, ऊसर; free from germs जीवाणुरहित ।

sterility स्टैं रि लि टि *n.* inability to produce offspring बाँझपन; inability to produce any crop बंजरपना; being without germs जीवाणुहीनता ।

sterilization स्टैं रि लॉइ ज़े शॅन *n.* rendering a woman unable to produce offspring बंध्यीकरण; freeing from germs जीवाणु-नाशन ।

sterilize स्टैं रि लॉइज़ *v.t.* to render (a woman) unable to produce offspring बाँझ बनाना; to make free from germs जीवाणुरहित बनाना ।

sterling[1] स्टॅः लिङ्ग *a.* genuine, true खरा, असली; of solid worth पक्का; dependable विश्वसनीय ।

sterling[2] *n.* genuine British money खरी ब्रिटिश मुद्रा ।

stern[1] स्टॅःन *a.* severe, strict कठोर, कड़ा ।

stern[2] *n.* rear part of a ship जलयान का पिछला भाग ।

stethoscope स्टैं थॅस् कोप *n.* an instrument for listening to heart-beats and breath-sounds etc. स्टैथौस्कोप, परिश्रावक ।

stew[1] स्ट्यू *n.* a dish of meat and vegetables cooked slowly धीमी आँच में पकाया भोजन; state of excitement उत्तेजना ।

stew[2] *v.t.* to cook slowly in a closed vessel बंद बरतन में धीरे-धीरे पकाना; *v.i.* to be cooked gently धीरे-धीरे पकना ।

steward स्ट्यु ॲःड *n.* one who manages another's property प्रबंधक; one who organizes the catering in a club etc. खाद्य-प्रबंधक; one who helps to run functions समारोह-संचालक ; one who waits on passengers in a ship or aircraft खिदमतगार ।

stick[1] स्टिक *n.* a long thin piece of wood लाठी, लकड़ी, डंडा; a wand छड़ी ।

stick[2] *v.t.* to stab, to pierce चुभोना, घोंपना; to fasten with gum चिपकाना; to push into or through आर-पार निकालना; *v.i.* to adhere चिपकना; to come to stop अटक जाना, रुक जाना; to be fastened लगना, अटकना ।

sticker स्टि कॅः *n.* an adhesive label चिप्पी, स्टिकर ।

stickler स्टिक् लॅः *n.* a person who insists on something आग्रही ।

sticky स्टि कि *a.* adhesive चिपचिपा; difficult जटिल ।

stiff स्टिफ़ *a.* not easily bent अनम्य; rigid कठोर; difficult कठिन, जटिल; not easily moved कड़ा; thick, viscous गाढ़ा; excessive अत्यधिक ।

stiffen स्टि फ़ॅन *v.t.* to make stiff कड़ा या कठोर बनाना; *v.i.* to become stiff कड़ा या कठोर बनना ।

stifle स्टि फ़ल *v.t.* to suffocate (का) दम

घोटना; to suppress दबाना; *v.i.* to feel suffocated दम घुटना ।

stigma स्टिग् मॅं *n.* a mark of shame कलंक, लांछन ।

still[1] स्टिल *a.* motionless स्थिर, अचल; noiseless चुप, शांत ।

still[2] *adv.* to this time अब तक; yet तथापि; motionlessly स्थिर अवस्था में; noiselessly शांत रूप में ।

still[3] *v.t.* to silence, to make quiet शांत क० ।

still[4] *n.* a single picture from a cinema film अचल चित्र; deep silence नीरवता, सन्नाटा; an apparatus for distilling भभका ।

stillness स्टिल् निस *n.* the state or quality of being still शांति, स्थिरता ।

stilt स्टिल्ट *n.* a pole with footrest for walking, raised from ground पैरबाँसा ।

stimulant स्टि म्यु लॅन्ट *n.* drug etc. acting as a stimulus प्रेरक पदार्थ ।

stimulate स्टि म्यु लेट *v.t.* to rouse up, to stir up उभारना, उद्दीप्त क०, प्रेरित क० ।

stimulus स्टि म्यु लॅस *n.* that which stimulates प्रेरणा, प्रोत्साहन ।

sting[1] स्टिङ्ग *v.t.* to wound with a sting डंक मारना; to inflict sharp pain तीव्र पीड़ा पहुँचाना; *v.i.* to feel sharp pain तीव्र पीड़ा होना ।

sting[2] *n.* pointed tail of insects like wasps etc. डंक; a cause of mental pain मानसिक वेदना का कारण ।

stingy स्टिन् जि *a.* niggardly, miserly कंजूस, मक्खीचूस ।

stink[1] स्टिङ्क *v.i.* to give out offensive smell बदबूदार होना ।

stink[2] *n.* stench, unpleasant smell बदबू, दुर्गंध ।

stipend स्टॉइ पैन्ड *n.* a salary esp. of a clergyman वृत्ति, वज़ीफ़ा ।

stipulate स्टि प्यु लेट *v.t.* to put forward as a necessary condition शर्त लगाना ।

stipulation स्टि प्यु ले शॅन *n.* provision व्यवस्था; condition शर्त ।

stir स्टॅ: *(-rr-) v.i.* to move हिलना; to be roused उमड़ना; *v.t.* to cause to move हिलाना; to rouse भड़काना ।

stirrup स्टि रॅप *n.* a support hung from a saddle for the rider's feet रक़ाब ।

stitch[1] स्टिच *n.* movement of a needle in sewing सीवन; the amount of thread left by such a movement टाँका; sharp pain हूक, पार्श्वशूल ।

stitch[2] *v.t.* to sew सिलना; *v.i.* to do needlework सिलाई क० ।

stock[1] स्टौक *n.* material stored माल, सामान; reserve भंडार; farm animals पशुधन; reputation प्रतिष्ठा; ancestry वंश; capital of a company मूलधन, पूँजी; tree trunk तना; money lent to the government सरकारी ऋण ।

stock[2] *v.t.* to keep, to store (का) भंडारण क०; to supply with livestock पशुधन की आपूर्ति क०; to keep (goods) in readiness for sale बिक्री के लिए रखना ।

stock[3] *a.* kept in store for sale बिक्री के लिए उपलब्ध; hackneyd घिसा-पिटा ।

stocking स्टौँ किङ्ग *n.* a close fitting covering for leg and foot मौज़ा ।

stoic स्टो इक *n.* one who endures pain without complaining वैरागी, तापस, साधु ।

stoke स्टोक *v.t.* to feed with fuel (में) ईंधन झोंकना; *v.i.* to act as stoker ईंधन झोंकने का काम क० ।

stoker स्टो कॅ: *n.* one who feeds the fire with fuel ईंधन झोंकने वाला ।

stomach[1] स्ट मॅक *n.* abdomen पेट; appetite भूख; desire इच्छा ।

stomach[2] *v.t.* to endure, to put up with बरदाश्त क० ।

stone[1] स्टोन *n.* a piece of rock पत्थर; gem रत्न, नगीना; hard seed of fruit गुठली; hard deposit formed in kidneys पथरी, अश्मरी; a unit of weight, 14 pounds 14 पाउंड का बट्टा ।

stone[2] *v.t.* to throw stones at (पर) पत्थर फेंकना; to take the stones out of (fruit) (फल से) गुठली निकालना ।

stony **स्टो** नि *a.* full of stones, covered with stones पथरीला; hard कठोर; cold भावशून्य ।

stool स्टूल *n.* a backless chair स्टूल, चौकी; excrement विष्टा ।

stoop[1] स्टूप *v.i.* to lean forward or down झुकना; to lower oneself morally नैतिक रूप से गिरना; *v.t.* to bend forwards and downwards झुकाना ।

stoop[2] *n.* stooping position of the body झुकाव ।

stop[1] स्टॉप *(-pp-)v.t.* to bring to halt रोकना; to prevent न करने देना; to interrupt (में) रुकावट पैदा क०; to suspend रोक देना; to fill up (an opening) (छेद आदि) भर देना; to bring to an end बंद क०, समाप्त क०; *v.i.* to come to a halt रुकना; to stay ठहरना ।

stop[2] *n.* stopping विराम; punctuation mark विरामचिह्न; a fixed point at which buses etc. stop बस-स्टॉप; (music) a device for regulating pitch खूँटी ।

stoppage **स्टॉ** पिज *n.* ceasing to work रुकावट; state of being stopped अवरोध ।

storage **स्टौ** रिज *n.* a place for storing गोदाम, भंडार; act of storing भंडारण, संचयन ।

store[1] स्टौ:, स्टौ: *n.* a stock of things भंडार; abundance प्रचुरता; shop दुकान; place for keeping goods गोदाम ।

store[2] *v.t.* to lay up बचा रखना; to put in a godown or warehouse गोदाम में रखना ।

storey **स्टौ** रि *n.* horizontal division of a building मंज़िल, खंड ।

stork स्टौ:क *n.* a large wading bird सारस ।

storm[1] स्टौ:म *n.* violent weather with wind, rain, hail etc. झंझावात, तूफ़ान; an assault on a fortress धावा; violent outbreak उपद्रव, हुल्लड़ ।

storm[2] *v.i.* to shout angrily (at) ग़ुस्से से चीख़ना; *v.t.* to capture अधिकार में क०; to force an entry into (में) ज़बरदस्ती घुस जाना ।

stormy **स्टौ:** मि *a.* like storm, characterised by storm तूफ़ानी; violent प्रचंड ।

story **स्टौ** रि *n.* a narrative कहानी ।

stout स्टॉउट *a.* strong, tough मज़बूत, कड़ा; brave, resolute बहादुर, संकल्पशील; fat स्थूलकाय ।

stove स्टोव *n.* an apparatus for cooking, heating etc. स्टोव, अंगीठी ।

stow स्टो *v.t.* to pack, put away carefully बाँधकर रख देना ।

straggle **स्ट्रै** गल *v.i.* to spread in an irregular manner तितर-बितर हो जाना, बिखर जाना; to drop behind while on the march पिछड़ जाना; to stray away from the main group भटक जाना ।

straggler **स्ट्रैग्** ग्लॅ: *n.* one who straggles भटकैया ।

staight[1] स्ट्रेट *a.* without bend सीधा, ऋजु; honest ईमानदार; neat, tidy साफ़-सुथरा; outspoken स्पष्टवादी ।

straight[2] *adv.* in a straight line सीधे; without delay तुरंत ।

straighten **स्ट्रे** टॅन *v.t.* to make straight सीधा क० ।

straightforward स्ट्रेट् **फ़ौ:** वॅ:ड *a.*

honest ईमानदार; without evasion स्पष्ट, सीधा-सादा; easy to understand सरल ।

straightway स्ट्रेट् वे *adv.* immediately तुरंत ।

strain[1] स्ट्रेन *v.t.* to stretch tightly कसकर तानना; to weaken by over-exertion अधिक श्रम से थकाना; to filter छानना; *v.i.* to make great effort ज़ोरदार प्रयत्न क० ।

strain[2] *n.* great effort ज़ोरदार प्रयास; stretching force तनाव, खिंचाव, fatigue थकान; great demand माँग; injury from being sprained मोच; over-work घोर परिश्रम ।

strait स्ट्रेट *n.* a channel of water connecting two seas जल- डमरुमध्य ।

straiten स्ट्रे टॅन *v.t.* to make narrow संकीर्ण बनाना; to press with poverty ग़रीबी से दबाना ।

strand[1] स्ट्रैन्ड *v.i.* to run aground भूग्रस्त होना; to be left in difficulties परेशानी में छूटना; *v.t.* to cause to run aground भूग्रस्त क०; to leave in difficulties परेशानी में छोड़ना ।

strand[2] *n.* one single string or wire of rope लड़; shore समुद्र-तट ।

strange स्ट्रेन्ज *a.* odd अनोखा, अटपटा; uncommon असामान्य; wonderful अद्भुत, आश्चर्यजनक; foreign विदेशी; singular अद्वितीय ।

stranger स्ट्रेन् जॅ: *n.* an unknown person अजनबी; foreigner विदेशी; one unaccustomed अनुभवहीन अथवा नौसिखिया व्यक्ति ।

strangle स्ट्रैङ् गल *v.t.* to kill by throttling गला घोंटकर मारना; to suppress दबाना ।

strangulation स्ट्रैङ् ग्यु ले शॅन *n.* strangling श्वास-अवरोधन ।

strap[1] स्ट्रैप *n.* a strip of leather or other material पट्टा ।

strap[2] *(-pp-) v.t.* to hit with a strap पट्टे से मारना; to fasten with a strap पट्टे से बाँधना ।

stratagem स्ट्रै टि जॅम *n.* a plan, a trick चाल, छल ।

strategic स्ट्रॅ टी जिक *a.* pertaining to strategy युद्धनीति-विषयक; of value for strategy युद्धनीति की दृष्टि से महत्वपूर्ण ।

strategist स्ट्रै टि जिस्ट *n.* one skilled in strategy युद्धनीतिज्ञ ।

strategy स्ट्रै टि जि *n.* art of war युद्ध-कौशल ; overall plan समूची योजना ।

stratum स्ट्रे टॅम , स्ट्रा टॅम *n.(pl.-ta)* layer of rock स्तर ।

straw स्ट्रौ *n.* stalks of grain भूसा; a single stalk तिनका ।

strawberry स्ट्रौ बॅ रि *n.* a creeping plant with red fruit झरबेरी ; its fruit झरबेर ।

stray[1] स्ट्रे *v.i.* to wander घूमना ; to digress भटकना; to get lost खो जाना ।

stray[2] *a.* strayed भटका हुआ; occasional बिरला, कोई-कोई ।

stray[3] *n.* a lost child or animal भटका हुआ बच्चा या पशु; an isolated example इक्का-दुक्का मामला ।

stream[1] स्ट्रीम *n.* a river, a brook नदी, नाला; steady flow प्रवाह ताँता ।

stream[2] *v.i.* to flow बहना; to float on air लहराना ।

streamer स्ट्री मॅ: *n.* a long, narrow flag पताका ।

streamlet स्ट्रीम् लिट *n.* a small stream, brook नदिया, नाला ।

street स्ट्रीट *n.* a road in town or village गली, सड़क ।

strength स्ट्रैं ङ्थ *n.* quality of being strong शक्ति, बल; toughness मज़बूती, कड़ापन; vehemence प्रचंडता; full number of people लोगों की पूरी संख्या ।

strengthen स्ट्रैंङ् थॅन *v.t.* to make stronger मज़बूत बनाना; *v.i.* to become stronger शक्तिशाली बनना ।

strenuous स्ट्रैं न्यु अॅस *a.* energetic ज़ोरदार; using great effort अध्यवसायी ।

stress[1] स्ट्रैस *n.* emphasis बल;tension तनाव; strain घोर श्रम;fatigue थकान; pressure दबाव;effort प्रयत्न; accent बलाघात ।

stress[2] *v.t.* to emphasize (पर) बल देना; to put accent on (पर) बलाघात क० ।

stretch[1] स्ट्रैचॅ *v.t.* to extend फैलाना; to exert to utmost (पर) पूरा ज़ोर लगाना; to tighten कसना; to reach out आगे बढ़ाना; *v.i.* to extend फैलना; to have elasticity नम्य होना ।

stretch[2] *n.* act of stretching तनाव, खिंचाव; expanse विस्तार; spell दौर, वार ।

stretcher स्ट्रैं चॅः *n.* an appliance on which a disabled person is carried मरीज़ को ले जाने का चौखटा, स्ट्रेचर ।

strew स्ट्रु *v.t.* to scatter बिखेरना ।

strict स्ट्रिक्ट *a.* severe कठोर, सख़्त; without exception अपवादरहित; accurate, precise विशुद्ध ।

stricture स्ट्रिक् चॅः *n.* severe criticism कटु आलोचना; constriction निकोचन ।

stride[1] स्ट्रॉइड *v.i.* to walk with long steps लंबे डग मारना ।

stride[2] *n.* a long step लंबा डग ।

strident स्ट्रॉइ डॅन्ट *a.* harsh in tone कर्कश; loud कर्णभेदी ।

strife स्ट्रॉइफ़ *n.* conflict संघर्ष, झगड़ा ।

strike[1] स्ट्रॉइक *v.t.* to deal a blow to मारना; to attack आक्रमण क०; to produce (fire) by friction घर्षण-द्वारा (अग्नि) उत्पन्न क०; to hit against टकराना; to enter the mind of (के) मन में आना; to arrive at (पर) पहुँचना; to affect प्रभावित क०; to discover खोज निकालना; to cancel, to cross out काट देना; to indicate (the hour) by strokes बजाना; *v.i.* to deal a blow घूँसा मारना; to make an attack आक्रमण क०; to sound बजना; to cease work हड़ताल क० ।

strike[2] *n.* act of stopping work हड़ताल; discovery of oil etc. by drilling तेल की खोज; a sudden attack by aircraft हवाई हमला ।

striker स्ट्रॉइ कॅः *n.* one who is on strike हड़तालकर्ता ।

string[1] स्ट्रिङ्ग *n.* a thin cord रस्सी, डोरी; length of wire in violins, guitars etc. तंत्री, तार; series शृंखला, ताँता ।

string[2] *v.t.* to supply with strings तार या तंत्री से सज्जित क०; to put on a string धागे में गूँथना; to hang on a string डोरी पर लटकाना ।

stringency स्ट्रिन् जॅन् सि *n.* severity सख़्ती, कड़ाई ।

stringent स्ट्रिन् जॅन्ट *a.* strict, rigid कठोर, सख़्त ।

strip[1] स्ट्रिप *n.* a long narrow piece पट्टी ।

strip[2].*(-pp-) v.t.* to lay bare नंगा क०; to remove outer covering of उघाड़ना; to deprive वंचित क०; *v.i.* to undress कपड़े उतारना, नंगा होना ।

stripe[1] स्ट्रॉइप *n.* a narrow mark, band धारी; mark on a uniform to show rank फ़ीता ।

stripe[2] *v.t.* to mark with stripes (पर) धारी बनाना ।

strive स्ट्रॉइव *v.i.* to try hard, to struggle भरसक प्रयत्न क०, संघर्ष क० ।

stroke[1] स्ट्रोक *n.* blow प्रहार; sudden action, occurrence घटना; mark of pen घसीट; mark of brush स्पर्श;

chime of clock टनटन; single movement of the hand or hands हाथ का घुमाव ।

stroke[2] *v.t.* to pass hand lightly over (पर) हाथ फेरना ।

stroke[3] *n.* a stroking movement हाथ फेरने की क्रिया ।

stroll[1] स्ट्रोल *v.i.* to walk in a leisurely manner टहलना, चहलक़दमी क० ।

stroll[2] *n.* a leisurely walk चहलक़दमी ।

strong स्ट्रौ ड्ग *a.* powerful शक्तिशाली; robust हृष्ट-पुष्ट; firm दृढ़; difficult to break पक्का, मज़बूत; intense गहन; emphatic ज़ोरदार; not diluted गाढ़ा; ardent प्रगाढ़ ।

stronghold स्ट्रौ ड्ग् होल्ड *n.* a fort क़िला, गढ़; a centre of some beliefs or activities केंद्र ।

structural स्ट्रक् चॅ रॅल *a.* pertaining to structure संरचनात्मक ।

structure स्ट्रक् चॅ: *n.* manner of construction संरचना, बनावट; something constructed निर्माण ।

struggle[1] **स्ट्र** ग्ल *v.i.* to contend resolutely संघर्ष क०; to make great effort भरसक प्रयत्न क० ।

struggle[2] *n.* violent effort संघर्ष ।

strumpet स्ट्रम् पिट *n.* a prostitute वेश्या ।

strut[1] स्ट्रट *(-tt-) v.i.* to walk in a conceited manner इठलाना, अकड़कर चलना ।

strut[2] *n.* conceited walk गर्वीली चाल; a rigid support टेक ।

stub स्टब *n.* a tree stump ठूँठ; a short piece of pencil पेंसिल का टुकड़ा; a short remaining part of a cigarette सिगरेट का बचा हुआ भाग ।

stubble स्ट ब्ल *n.* stumps of cut grain after reaping खूँटी, ठूँठी; short growth of beard दाढ़ी के छोटे बाल ।

stubborn स्ट बॅ:न *a.* obstinate हठीला, ज़िद्दी ।

stud[1] स्टड *n.* a nail with a large head गुलमेख; a double-headed button दुहरा बटन ।

stud[2] *(-dd-) v.t.* to set with studs जड़ना ।

student स्ट्यू डॅन्ट *n.* one who studies at a college etc. विद्यार्थी, छात्र; a studious person अध्येता ।

studio स्ट्यू डि ओ *n.* the work, room of an artist, photographer etc. शिल्पशाला;building where film, television or radio shows are made or broadcast प्रसारण-कक्ष, प्रसार-भवन ।

studious स्ट्यू ड्यॅस *a.* devoted to study अध्ययनशील ।

study[1] **स्ट** डि *v.i.* to be engaged in learning अध्ययन क०; *v.t.* to examine carefully (का) गूढ़ निरीक्षण क०; to make study of (का) अध्ययन क०; to show concern for के विषय में चिंतित होना ।

study[2] *n.* devotion to gaining knowledge अध्ययन; subject studied अध्ययन का विषय; a room for studying in अध्ययनकक्ष; scrutiny जाँच ।

stuff[1] स्टफ़ *n.* material पदार्थ; raw material कच्चा माल; any substance कोई पदार्थ ।

stuff[2] *v.t.* to fill tightly ठूँसकर भरना; to fill (animal's skin) with material (पशु-चर्म में) कुछ भरना; to fill with seasoned mixture (में) मसाला भरना ।

stuffy स्ट फ़ि *a.* lacking fresh air घुटन-भरा; dull उबाऊ; conventional परंपरागत ।

stumble[1] **स्टम्** ब्ल *v.i.* to trip and nearly fall ठोकर खाना; to falter लड़खड़ाना ।

stumble[2] *n.* act of stumbling ठोकर ।

stump[1] स्टम्प *n.* ramnant of a tree ठूँठ; what is left after cutting or breakage अंश, टुकड़ा; (cricket) one of the three upright sticks that form the wicket डंडा, स्टंप ।

stump[2] *v.t.* to puzzle चकरा देना; to strike the vicket of (को) आउट क०; *v.i.* to walk clumsily पैर पटककर चलना ।

stun स्टन (*-nn-*) *v.t.* to knock senseless चोट मारकर अचेत क०; to amaze आश्चर्यचकित क० ।

stunt[1] स्टन्ट *v.t.* to check growth of (का) विकास रोकना ।

stunt[2] *n.* a feat of dexterity or daring करतब; a sensational idea for gaining publicity प्रचार-साधन ।

stupefy स्ट्यू पि फ़ॉइ *v.t.* to make stupid मूर्ख बनाना ।

stupendous स्ट्यू पैन् डॅस *a.* amazing आश्चर्यजनक; huge विशाल ।

stupid स्ट्यू पिड *a.* foolish, silly मूर्ख, बुद्धू; slow-witted मंदबुद्धि ।

stupidity स्ट्यू पि डि टि *n.* foolishness मूर्खता ।

sturdy स्टॅ: डि *a.* strong, vigorous तगड़ा, हृष्ट-पुष्ट; strongly built मज़बूत ।

sty, stye स्टॉइ *n.* inflammation on the edge of eye-lid अंजनहारी ।

style स्टॉइल *n.* manner of writing, speaking etc. शैली; sort प्रकार; fashion in dress फ़ैशन; manner ढंग, तरीक़ा; design बनावट ।

subdue सॅब् ड्यू *v.t.* to bring under control वश में क०; to make quieter, softer, gentler धीमा क० ।

subject[1] सब् जिक्ट *n.* theme, topic विषयवस्तु; a branch of knowledge as a course of study विषय; *(gram.)* person or thing about which something is said कर्त्ता; one under power of another अधीन व्यक्ति; *(pl.)* citizens प्रजा ।

subject[2] *a.* owing allegiance पराधीन; subordinate अधीन; dependent निर्भर, आधारित; liable (to) संभाव्य ।

subject[3] सब् जैक्ट *v.t.* to cause to undergo के लिए बाध्य क०; to subdue अधीन क० ।

subjection सब् जैक् शॅन *n.* subjecting or being subjected आधिपत्य ।

subjective सब् जिक् टिव *a.* based on personal feelings आत्मपरक, व्यक्तिनिष्ठ; *(gram.)* of the subject कर्तृपदीय ।

subjudice सब् जू डि सि under judicial consideration विधि-विचाराधीन ।

subjugate सब् जु गेट *v.t.* to subdue अधीन क०; to overecome पराभूत क० ।

subjugation सब् जु गे शॅन *n.* act of subjugating आधिपत्य ।

sublet सब् लैंट (*-tt-*) *v.t.* to let (property) which is already rented शिकमी देना, उप पट्टे पर देना ।

sublimate सब् लि मेट *v.t.* to direct (low instincts and energies) into more desirable channels (का) उदात्तीकरण क०; to refine परिशुद्ध क० ।

sublime[1] सॅब् लॉइम *a.* elevated उदात्त; eminent उत्कृष्ट; majestic भव्य ।

sublime[2] *n.* that which fills one with reverence उदात्तता ।

sublimity सब् लि मि टि *n.* sublime quality उदात्तता, भव्यता ।

submarine[1] सब् मॅ रीन *n.* a vessel designed to stay under water पनडुब्बी ।

submarine[2] *a.* existing under the surface of the sea अंतःसागरी ।

submerge सॅब् मॅ:ज *v.i.* to go under water डूबना, ग़ोता लगाना; *v.t.* to place under water डुबोना ।

submission सॅब् **मि** शॅन *n.* yielding समर्पण; obedience आज्ञापालन; humility विनम्रता ।

submissive सॅब् **मि** सिव *a.* willing to obey आज्ञाकारी; meek विनीत, विनम्र ।

submit सॅब् मिट *v.t.* to put forward प्रस्तुत क०; to put (oneself) under the control of another (की) अधीनता स्वीकार क०; to suggest सुझाव देना; *v.i.* to surrender झुकना, हार मानना ।

subordinate[1] सॅ **बौ:** डि निट *a.* of lower rank मातहत; less important गौण, कम महत्त्व का; *(gram.)* dependent अधीन, आश्रित ।

subordinate[2] *n.* one who is lower in rank अधीनस्थ कर्मचारी ।

subordinate[3] सॅ **बौ:** ड़ि नेट *v.t.* to treat as subordinate गौण समझना, कम महत्त्व देना ।

subordination सॅ बौ: डि **ने** शॅन *n.* act of subordinating अधीनीकरण; state of being subordinate अधीनता ।

subscribe सॅब् **स्क्रॉइब** *v.t.* to pay (a sum of money) to a cause चंदे के रूप में देना; to write (one's name) at the foot of a document दस्तावेज़ के नीचे (अपना नाम) लिखना ।

subscription सॅब् **स्क्रिप्** शॅन *n.* act of subscribing अंशदान; the money raised by subscribing चंदा, चंदे की राशि ।

subsequent सॅब् **सि** क्वॅन्ट *a.* later,following उत्तरवर्ती, आगामी ।

subservience सॅब् **सॅ:** व्यॅन्स *n.* quality of being subservient उपयोगिता; servile submissiveness चापलूसी, दासतापूर्ण विनीतता ।

subservient सॅब् **सॅ:** व्यॅन्ट *a.* giving too much respect (to), servile श्रद्धापूर्ण; useful सहायक ।

subside सॅब् **सॉइड** *v.i.* to sink down धँसना, धसकना; to settle नीचे बैठ जाना; to lessen, to abate कम होना; to come to an end समाप्त होना ।

subsidiary सॅब **सि** ड्यॅ रि *a.* supplementary पूरक; secondary गौण; auxiliary सहायक ।

subsidize **सब्** सि डॉइज़ *v.t.* to give a subsidy to आर्थिक सहायता देना ।

subsidy **सब्** सि डि *n.* money granted as help आर्थिक सहायता ।

subsist सब् **सिस्ट**, सॅब्– *v.i.* to exist, to sustain life बना रहना, जीवित रहना ।

subsistence सब् **सिस्** टॅन्स *n.* the means by which one supports life जीवन-यापन का साधन; livelihood जीविका ।

substance **सब्** स्टॅन्स *n.* matter पदार्थ; essence सार; wealth धन-संपत्ति; a particular kind of matter तत्त्व; meaning, gist अर्थ, भावार्थ ।

substantial सॅब् **स्टैन्** शॅल *a.* of ample amount पर्याप्त; of a material nature भौतिक; firm, solid दृढ़, ठोस basic, essential तात्त्विक; of real worth वास्तविक; financially sound संपन्न, धनी ।

substantially सब् **स्टैन्** शॅ लि *adv.* considerably पर्याप्त मात्रा में; essentially तत्त्वत: ।

substantiate सॅब् **स्टैन्** शि एट *v.t.* to establish by proof प्रमाणित क० ।

substantiation सॅब् स्टैन् शि **ए** शॅन *n.* act of substantiating प्रमाणीकरण ।

substitute[1] **सब्** स्टि ट्यूट *n.* person or thing acting for another स्थानापन्न ।

substitute[2] *v.t.* to put as a substitute for (की) एवज़ में रखना; *v.i.* to serve as a substitute (for) एवज़ के रूप में काम क० ।

substitution सॅब् स्टि **ट्यू** शॅन *n.* act of substituting प्रतिस्थापन ।

subterranean सॅब् टॅ रे न्यॅन *a.* underground भूमिगत ।

subtle स ट्ल *a.* elusively thin or tenuous सूक्ष्म; fine or delicate in meaning बारीक; mysterious रहस्यपूर्ण; mentally acute कुशाग्र-बुद्धि; crafty चालाक; complicated जटिल ।

subtlety स ट्ल् टि *n.* tenuousness सूक्ष्मता; fineness बारीकी; complicacy जटिलता; mental acuteness विलक्षणता; craftiness चालाकी ।

subtract सॅब् ट्रैक्ट *v.t.* to take away from, to deduct घटाना ।

subtraction सॅब् ट्रैक् शॅन *n.* act of subtracting घटाव ।

suburb सब् अॅ:ब *n.* outlying area of a city उपनगरीय क्षेत्र ।

suburban सॅ बॅ: बॅन *a.* belonging to the suburbs उपनगरीय; narrow minded संकीर्णतापूर्ण ।

subversion सब् वॅ: शॅन *n.* act of subverting or being subverted समाप्ति, विनाश ।

subversive सब् वॅ: सिव *a.* tending to subvert विनाशक, उपद्रवकारी ।

subvert सॅब् वॅ:ट *v.t.* to overthrow उलट देना, पलट देना; to corrupt विकृत क० ।

succeed सॅक् सीड *v.i.* to get success सफल होना; to take over a position, rank etc. उत्तराधिकारी होना; *v.t.* to come after के पश्चात् घटित होना ।

success सॅक् सैसॅ *n* a favourable result सफलता; attainment of wealth संपन्नता; a successful person or thing सफल व्यक्ति अथवा वस्तु ।

successful सॅक् सैसॅ् फुल *a.* having success सफल; having attained wealth etc. संपन्न ।

succession सॅक् सैं शॅन *n.* coming of one thing after another अनुक्रमण; a series सिलसिला, ताँता a succeeding पदारोहण, राज्यारोहण; line of those entitled to succeed one another वंशक्रम ।

successive सॅक् सैं सिव *a.* following one after another क्रमिक, आनुक्रमिक

successor सॅक् सैं सॅ: *n.* person who succeeds another in position or rank उत्तराधिकारी ।

succour[1] स कॅ: *n.* help in distress परेशानी में सहायता ।

succour[2] *v.t.* to help in distress परेशानी में सहायता क० ।

succumb सॅ कम *v.i.* to yield हार मानना; to die मर जाना ।

such[1] सच *a.* of the kind indicated ऐसा, इस प्रकार का; like, similar समान प्रकार की; so very इतना ।

such[2] *pron.* such persons or things ऐसे व्यक्ति अथवा वस्तुएँ ।

suck[1] सक *v.t.* to draw into the mouth चूसना; to hold and dislove in mouth पपोलना; to draw in सोखना ।

suck[2] *n.* sucking चूषण; breast-feeding स्तनपान ।

suckle स कल *v.t.* to feed from the breast स्तनपान कराना ।

sudden स ड्न *a.* abrupt आकस्मिक; hurried शीघ्रतापूर्ण ।

suddenly स ड्न् लि *adv.* abruptly, unexpectedly अचानक, अकस्मात् ।

sue स्यू , सू *v.t.* to prosecute (पर) मुक़दमा चलाना; to seek justice from(से) न्याय की प्रार्थना क०; *v.i.* to make an entreaty विनती क० ।

suffer स फ़ॅ: *v.t.* to undergo भुगतना, झेलना; to tolerate सहना; *vi* to be damaged हानि होना; to be unwell अस्वस्थ होना ।

suffice सॅ फ़ॉइस *v.i.* to be sufficient पर्याप्त होना ।

sufficiency सॅ फ़ि शॅन् सि *n.* sufficient

quantity पर्याप्त मात्रा; quality of being sufficient प्रचुरता ।

sufficient सॅ फ़ि शॅन्ट *a.* enough, adequate पर्याप्त ।

suffix[1] स फ़िक्स *n.* a letter or letters added at the end of a word प्रत्यय ।

suffix[2] *v.t.* to add, to annex to the end जोड़ना, प्रत्यय लगाना ।

suffocate स फ़ॅ केट *v.t.* to kill by deprivation of oxygen दम घोटकर मारना; to cause difficulty in breathing दम घोटना; *v.i.* to be killed by suffocation दम घुटकर मरना; to have difficulty in breathing दम घुटना ।

suffocation स फ़ॅ के शॅन *n.* state of being suffocated घुटन ।

suffrage सफ़् रिज *n.* right to vote मताधिकार ।

sugar[1] शु गॅ: *n.* a sweet vege -table- substance चीनी, शकर ।

sugar[2] *v.t.* to sweeten or mix with sugar (में) चीनी डालना, मीठा क० ।

suggest सॅ जैस्ट *v.t.* to propose प्रस्तावित क०; to bring into the mind जताना, लक्षित क०; to hint संकेत क० ।

suggestion सॅ जैस् चॅन *n.* proposal प्रस्ताव; hint संकेत; idea or plan suggested सुझाव; hypnosis सम्मोहन ।

suggestive सॅ जैस् टिव *a.* productive of ideas विचारोत्तेजक; evocative उद्दीपक; tending to suggest something improper अश्लीलतापूर्ण ।

suicidal स्यु इ सॉइ ड्ल *a.* of suicide आत्महत्या-संबंधी; harmful to one's own interests आत्मघाती ।

suicide स्यु इ सॉइड *n.* self murder आत्महत्या; action destructive to one's interests आत्मघात ।

suit[1] स्यूट *n.* a set of clothing सूट; action at law मुक़दमा; a formal request प्रार्थना, विनती; a pack at cards ताश का रंग; asking a woman's hand in marriage विवाह-प्रस्ताव ।

suit[2] *v.t.* to make appropriate to उपयुक्त बनाना; to match (से) मेल खाना; to be fitting अनुकूल होना; to satisfy संतुष्ट क० ।

suitability स्यू टॅ बि लि टि *n.* quality of being suitable उपयुक्तता ।

suitable स्यू टॅ ब्ल *a.* fitting, proper उपयुक्त; becoming उचित, शोभनीय; convenient सुविधाजनक ।

suite स्वीट *n.* a set of matching furniture मेल खाता हुआ फर्नीचर; a set of rooms कमरों का सैट; a number of attendants नौकर-चाकर; a musical composition in several parts वाद्य संगीत-रचना ।

suitor स्यू टॅ: *n.* one who sues वादी; wooer प्रेमी; petitioner प्रार्थी, आवेदक; one asking for marriage विवाह-प्रस्तावक ।

sullen स लॅन *a.* unwilling to talk or be sociable रूठा हुआ; morose उदास, दुःखी dismal निरानंद; dull नीरस ।

sulphur सल् फ़ॅ: *n.* light yellow nonmetallic element गंधक ।

sulphuric सल् फ़्युअॅ रिक *a.* containing sulphur गंधक-युक्त ।

sultry सल् ट्रि *a.* hot and humid उमसदार ।

sum[1] सम *n.* amount of money धनराशि; total योग, जोड़; a summary सारांश; an arithmetical problem गणित का प्रश्न ।

sum[2] *(-mm-) v.t.* to add up जोड़ना, योग निकालना; to summarize (का) संक्षिप्त विवरण देना ।

summarily स मॅ रि लि *adv.* speedily शीघ्रतापूर्वक; abruptly तुरंत ।

summarize स मॅ रॉइज़ *v.t.* to make summary of संक्षिप्त क०; to present briefly संक्षेप में प्रस्तुत क० ।

summary[1] **स** मॅ रि *n.* a brief account संक्षेप, संक्षिप्त विवरण ।

summary[2] *a.* brief संक्षिप्त; done quickly शीघ्रतापूर्ण; without attention to small matters सरसरे ढंग से किया हुआ ।

summer स मॅ: *n.* the warmest season ग्रीष्म ऋतु ।

summit स मिट *n.* top, peak चोटी ।

summon स मॅन *v.t.* to demand attendance of बुला भेजना; to call on पुकारना; to bid (witness) appear in court गवाही के लिए सम्मन देना; to gather up बटोरना ।

summons स मॅन्ज़ *n.* an order to appear in court सम्मन, अदालत का बुलावा ।

sumptuous सम्प् ट्यु ॲस *a.* lavish महँगा, ख़र्चीला; magnificent वैभवशाली, शानदार ।

sun[1] सन् *n.* the luminous body round which the planets move सूर्य; light and warmth from the sun धूप; any fixed star नक्षत्र ।

sun[2] *(-nn-) v.t.* to expose to sun's rays धूप में रखना ।

Sunday सन् डि, –डे *n.* the first day of the week रविवार ।

sunder सन् डॅ: *v.t.* to separate अलग क० ।

sundry सन् डि *a.* various विभिन्न ।

sunny स नि *a.* like the sun सूर्यवत्; warm गर्म; bright उजला; cheerful प्रसन्नचित्त ।

sup सप *(-pp-) v.i.* to take supper रात्रि का भोजन क०; *v.t.* to take by sips सुड़कना ।

superabundance स्यू पॅ: रॅ **बन्** डॅन्स *n.* very great quantity आधिक्य, प्रचुरता ।

superabundant स्यू पॅ: रॅ **बन्** डॅन्ट *a.* very abundant प्रचुरतापूर्ण, भरपूर ।

superb स्यू **पॅ:ब** *a.* excellent, splendid उत्तम, शानदार ।

superficial स्यू पॅ: **फ़ि** शॅल *a.* of the surface ऊपरी, पृष्ठीय; not thorough अगंभीर, छिछला ।

superficiality स्यू पॅ: फ़ि शि **ऐ** लि टि *n.* the quality of being superficial छिछलापन, पल्लवग्राहिता ।

superfine स्यू पॅ: **फ़ाइन** *a.* very fine अति उत्तम; over-refined अति परिष्कृत ।

superfluity स्यू पॅ: **फ़्लु** इ टि *n.* excess आधिक्य; unnecessary amount फ़ालतू मात्रा ।

superfluous स्यू **पॅ:** फ़्लु ॲस *a.* unnecessary फ़ालतू ; excessive अति अधिक ।

superhuman स्यू पॅ: **ह्यू** मॅन *a.* beyond ordinary human size or capacity अतिमानवीय; supernatural अलौकिक ।

superintend स्यू पॅ: इन् **टॅन्ड** *v.t.* to have charge of (का) अधीक्षण क०; to supervise (की) देखभाल क०; to direct (का) संचालन क० ।

superintendence स्यू पॅ: इन् **टॅन्** डॅन्स *n.* superintending देख-रेख, संचालन ।

superintendent स्यू पॅ: इन् **टॅन्** डॅन्ट *n.* a senior police officer अधीक्षक; a manager, controller प्रबंधक, नियंत्रक ।

superior स्यु **पिॲ** रि ॲ: *a.* higher in rank, quality or position उच्च, वरिष्ठ; greater in quality or quantity श्रेष्ठतर, बेहतर ।

superiority स्यु पिॲ रि **ऑ** रि टि *n.* quality of being superior श्रेष्ठता, उच्चता ।

superlative[1] स्यु **पॅ:** लॅ टिव *a.* of the highest quality सर्वश्रेष्ठ; *(gram.)* denoting the quality of being the best or the highest श्रेष्ठतासूचक ।

superlative[2] *n.* *(gram.)* the

superlative form उत्तमावस्था ।

superman स्यू पॅः मैन *n.* a man of abnormal mental and physical ability अतिमानव ।

supernatural स्यु पॅः नै च् रॅल *a.* beyond physical laws अलौकिक ।

supersede स्यु पॅः सीड *v.t.* to take the place of (का) स्थान लेना; to set aside, to discard हटा देना, निकाल फेंकना ।

supersonic स्यू पॅः सौँ निक *a.* moving faster than sound पराध्वनिक ।

superstition स्यू पॅः स्टि शॅन *n.* an unreasoning belief in magic, charms etc. अंधविश्वास ।

superstitious स्यू पॅः स्टि शॅस *a.* based on or involving superstition अंधविश्वासी ।

supertax स्यू पॅः टैक्स *n.* additional tax अधिकर ।

supervise स्यू पॅः वॉइज़ *v.t.* to direct निर्देशित क०; to superintend अधीक्षण क०, संचालन क० ।

supervision स्यू पॅः वि ज़ॅन *n.* act of supervising देख-रेख, निरीक्षण ।

supervisor स्यू पॅः वॉइ ज़ॅः *n.* one who supervises पर्यवेक्षक, निरीक्षक ।

supper स पॅः *n.* the last meal of the day रात्रि का भोजन ।

supple स प्ल *a.* pliable सुनम्य; flexible लचीला, ढीला ।

supplement[1] सप् लि मॅन्ट *n.* something added to fill up deficiency परिशिष्ट; extra and separate addition to a periodical परिशिष्ट ।

supplement[2] सप् लि मैन्ट *v.t.* to add to जोड़ देना; to supply deficiency of पूरा क० ।

supplementary सप् लि मैन् टॅ रि *a.* additional पूरक ।

supplier स प्लॉइ अँः *n.* person or firm supplying goods प्रदायक, संभरक ।

supply[1] सॅ प्लॉइ *v.t.* to furnish आपूर्ति क०; to make available उपलब्ध कराना; to provide प्रदान क० ।

supply[2] *n.* stock, store भंडार; supplying आपूर्ति ।

support[1] सॅ पौःट *v.t.* to hold up सँभालना; to sustain पालना, भरण-पोषण क०; to help, to encourage सहारा या प्रोत्साहन देना; to advocate समर्थन क० ।

support[2] *n.* favour पक्ष, सहारा; person or thing that supports सहारे का साधन ।

suppose सॅ पोज़ *v.t.* to assume मान लेना, कल्पना क०; to imagine, to think समझना, सोचना; to accept as likely (की) संभावना समझना ।

supposition स पॅ ज़ि शॅन *n.* assumption कल्पना; conjecture अनुमान ।

suppress सॅ प्रैस *v.t.* to crush कुचलना; to put down (का) दमन क०; to conceal छिपाना ।

suppression सॅ प्रैँ शॅन *n.* suppressing or being suppressed दमन; concealment गोपन ।

supremacy स्यु प्रैँ मॅ सि *n.* position of being supreme उच्चता, सर्वश्रेष्ठता ।

supreme स्यु प्रीम *a.* highest in authority or rank सर्वोच्च; the greatest possible अधिकतम ।

surcharge[1] सॅः चाःज *n.* an additional charge अधिशुल्क; additional load अधिभार ।

surcharge[2] *v.t.* to overload अधिभार लगाना; to make an additional charge अधिशुल्क लगाना ।

sure शुअँः, शौः, शौँः *a.* certain निश्चित; trustworthy विश्वसनीय; without doubt असंदिग्ध ।

surely शुअँः लि, शौः –, शौँः – *adv.* certainly निश्चित रूप से; undoubtedly

निःसंदेह ।

surety **शुअॅ** टि, **शौः** टि *n.* security ज़मानत; one who makes himself responsible for another's obligations ज़मानतदार ।

surf सॅःफ़ *n.* waves breaking on the shore समुद्र की तटीय लहरें ।

surface[1] **सॅः** फ़िस *n.* exterior बाह्य भाग; the top of a liquid सतह, तल; outward appearance ऊपरी दिखावा ।

surface[2] *v.i.* to come to the surface ऊपर आना, उजागर होना; *v.t.* to cause to come to the surface ऊपर लाना; to put a surface on (पर) सतह या परत चढ़ाना ।

surfeit **सॅः** फ़िट *n.* excess अतिरेक, आधिक्य; disgust caused by excess परितृप्ति, ऊब ।

surge[1] सॅःज *n.* a large wave महोर्मि, हिलोरा; a rush of emotion आवेश; sudden increase रेला ।

surge[2] *v.i.* to move in large waves हिलोरे मारना; to swell उमड़ना ।

surgeon **सॅः** जॅन *n.* a doctor who performs operations शल्यचिकित्सक, शल्यकार ।

surgery **सॅः** जॅ रि *n.* medical treatment by operation शल्य-चिकित्सा; science of treating diseases by operation शल्य-विज्ञान; a room for surgical operation शल्य-कक्ष ।

surmise[1] सॅः **मॉइज़** *n.* guess, conjecture अनुमान ।

surmise[2] *v.t. & v.i.* to guess, to conjecture अनुमान क०, अंदाज़ा लगाना ।

surmount सॅः **मॉउन्ट** *v.t.* to overcome, to get over (पर) विजय पाना ।

surname **सॅः** नेम *n.* family name कुलनाम ।

surpass सॅः **पास** *v.t.* to go beyond (से) बढ़चढ़कर होना; to excel (से) श्रेष्ठ होना; to exceed (से) अधिक होना ।

surplus **सॅः** प्लॅस *n.* what remains over in excess अधिशेष, आवश्यकता से अधिक वस्तु ।

surprise[1] सॅः **प्रॉइज़** *n.* something unexpected अप्रत्याशित घटना या तथ्य; what takes unawares आश्चर्यजनक बात; astonishment आश्चर्य, अचरज ।

surprise[2] *v.t.* to cause surprise to आश्चर्यचकित क०; to astonish अचरज में डालना; to come upon unexpectedly अचानक आ पहुँचना ।

surrender[1] सॅ **रै न्** डॅः *v.t.* to yield, to give in to (से) हार मानना, समर्पण क०; to give up possession of छोड़ देना, त्याग देना; *v.i.* to cease resistance घुटने टेकना ।

surrender[2] *n.* act of surrendering आत्मसमर्पण, हार ।

surround सॅ **रॉउन्ड** *v.t.* to encompass घेरना ।

surroundings सॅ **रॉउन्** डिङ्ग्ज़ *n. pl.* environment पास-पड़ोस, प्रतिवेश ।

surtax **सॅः** टैक्स *n.* additional tax अधिकर ।

surveillance सॅः **वे** लॅन्स *n.* close watch, supervision निगरानी ।

survey[1] **सॅः** वे *n.* a general view सर्वेक्षण; a map or record नक़्शा, आलेख ।

survey[2] सॅः **वे** *v.t.* to look at as a whole सर्वेक्षण क०; to measure in order to make a map नक़्शा बनाने-हेतु भूमापन क०; to examine the condition of (का) निरीक्षण क० ।

survival सॅः **वॉइ** वॅल *n.* continuation of existence उत्तरजीविता, उत्तरजीवन; an old-fashioned person पुराने तौर-तरीक़ों वाला व्यक्ति ।

survive सॅः **वॉइव** *v.i.* to continue to live बना रहना, जीवित बचना; *v.t.* to outlive के

बाद तक जीवित रहना; to come alive through से बच जाना।

suspect[1] सॅस् पैक्ट *v.t.* to doubt the innocence of (पर) संदेह क०; to mistrust (पर) अविश्वास क०; to feel, to believe समझना, महसूस क०।

suspect[2] सस् पैक्ट *a.* of suspected character संदिग्ध।

suspect[3] *n.* suspected person संदिग्ध व्यक्ति।

suspend सॅस् पैन्ड *v.t.* to hang up लटकाना; to cause to cease for a time बंद क०, रोक देना; to debar from an office निलंबित क०; to keep inoperative बंद रखना, स्थगित रखना।

suspense सॅस् पैन्स *n.* state of uncertainty अनिश्चय की स्थिति; anxiety, worry चिंता, दुविधा।

suspension सॅस् पैन् शॅन *n.* state of being suspended प्रलंबन; something suspended लटकी वस्तु; debarring from an office निलंबन; ceasure for a time आस्थगन।

suspicion सॅस् पि शॅन *n.* suspecting संदेह, शक; slight trace पुट, रमक।

suspicious सॅस् पि शॅस *a.* full of suspicion शक्की, शंकालु; arousing suspicion संदेहजनक।

sustain सॅस् टेन *v.t.* to keep, to hold up सँभालना, थामना; to keep going बनाए रखना; to keep alive जीवित रखना; to undergo भुगतना, झेलना।

sustenance सस् टि नॅन्स *n.* that which sustains, food भोजन, जीवनाधार।

swagger[1] स्वै गॅं: *v.i.* to boast डींग मारना; to strut इठलाना।

swagger[2] *n.* strutting gait इठलाती चाल; boastful manner डींग, अकड़।

swallow[1] स्वौ लो *v.t.* to pass (food or drink) down the throat निगलना; to engulf सटक लेना; to endure सहन क०; to accept credulously आँख मूँदकर विश्वास क०।

swallow[2] *n.* act of swallowing निगरण, निगलने की क्रिया; amount swallowed निगली हुई मात्रा।

swallow[3] *n.* a migratory bird अबाबील।

swamp[1] स्वौम्प *n.* boggy land दलदल।

swamp[2] *v.t.* to entangle in swamp दलदल में फँसाना; to overwhelm अभिभूत क०; to flood आप्लावित क०।

swan स्वौन *n.* a large white- necked water-bird हंस।

swarm[1] स्वौ:म *n.* a large cluster of insects दल, झुंड; a vast crowd भीड़, जमघट।

swarm[2] *v.i.* to form a swarm झुंड में होना; to gather in large numbers भीड़ लगाना।

swarthy स्वौ: दि *a.* dark-complexioned साँवला।

sway[1] स्वे *v.i.* to swing unsteadily डोलना, हिलना-डुलना; to incline to one side एक ओर झुकना; to fluctuate घटना-बढ़ना; *v.t.* to cause to sway हिलाना; to influence प्रभावित क०।

sway[2] *n.* swaying movement दोलन; rule, dominion शासन, influence प्रभाव।

swear स्वेंअँ: *v.t.* to promise on oath सशपथ वचन देना; to cause to take an oath क़सम खिलाना; *v.i.* to take an oath सौगंध खाना।

sweat[1] स्वैॅट *n.* perspiration पसीना।

sweat[2] *v.i.* to perspire पसीना आना; to toil कड़ा परिश्रम क०।

sweater स्वैॅ टॅं: *n.* a knitted jersey स्वेटर।

sweep[1] स्वीप *v.i.* to effect cleaning with broom झाड़ू लगाना; to pass swiftly तेज़ी से निकल जाना; to extend

फैलना; *v.t.* to clean with a broom झाड़ू से साफ़ क०; to carry away उड़ा ले जाना ।

sweep[2] *n.* act of sweeping झाड़ू-बुहारी, साफ़-सफ़ाई; sweeping motion घुमाव; wide curve मोड़; range प्रभाव-क्षेत्र, मार; a chimney-sweeper चिमनी साफ़ करनेवाला; a long oar लंबा डाँड ।

sweeper स्वी पँ: *n.* a person who sweeps झाड़ू लगानेवाला; a thing that sweeps अपमार्जक ।

sweet[1] स्वीट *a.* tasting like sugar मीठा; agreeable रुचिकर, सुहावना; charming आकर्षक; fresh ताज़ा; fragrant सुगंधित; tuneful मधुर; beloved प्यारा ।

sweet[2] *n.* a small piece of sweet food मिष्टान्न; sweet course भोजनोपरांत मिष्टान्न का दौर ।

sweeten स्वी ट्न *v.t.* to make sweet मीठा क० ।

sweetmeat स्वीट् मीट *n.* sweetened delicacy मिष्टान्न ।

sweetness स्वीट् निस *n.* the quality of being sweet मिठास ।

swell[1] स्वैॅल *v.i.* to increase in volume बढ़ना; to expand सूजना, फूलना; to bulge out उभरना; to be puffed up प्रफुल्लित होना; *v.t.* to cause to grow in volume बढ़ाना; to puff up प्रफुल्लित क० ।

swell[2] *n.* act of swelling फुलाव, बढ़ाव; bulging उभार; an increase in amount वृद्धि; a long and unbroken wave महातरंग ।

swift स्विफ़्ट *a.* rapid, quick तीव्र; prompt तत्पर ।

swim[1] स्विम *(-mm-) v.i.* to move and support oneself in water तैरना; to float उतराना; to glide smoothly विसर्पण क०; to feel dizzy चकराना ।

swim[2] *n.* act of swimming तैराकी ।

swimmer स्वि में: *n.* one who swims तैराक ।

swindle[1] स्विन् ड्ल *v.t.* to cheat ठगना ।

swindle[2] *n.* fraud, act of swindling ठगी, झाँसा ।

swindler स्विन्ड् लें: *n.* one who swindles झाँसिया, ठग ।

swine स्वॉइन *n.* a pig सूअर; a contemptible person घृणित व्यक्ति ।

swing[1] स्विङ्ग *v.i.* to move to and fro झूलना, डोलना; to turn घूम जाना; to hang लटकना; to move to and fro in a swing झूले पर झूलना; *v.t.* to cause to move to and fro झुलाना, डोलाना; to cause to turn घुमाना; to brandish घुमाना ।

swing[2] *n.* act of swinging दोलन; seat hung to swing on झूला, हिंडोला; fluctuation अस्थिरता, उतार-चढ़ाव; rhythm लय ।

Swiss[1] स्विस *n.* a native of Switzerland स्विटज़रलैंड का निवासी ।

Swiss[2] *a.* of Switzerland, pertaining to Switzerland स्विटज़रलैंड का या उससे संबंधित ।

switch[1] स्विच *n.* a device for turning electric current on and off स्विच, बटन; a sudden change भारी परिवर्तन; a flexible twig टहनी; a tress of false hair कृत्रिम बालों की लट ।

switch[2] *v.t.* to shift or change बदलना; to affect (current) with switch स्विच-द्वारा (विद्युत्) चालू क०; to change abruptly अचानक परिवर्तित क०; *v.i.* to shift बदलना ।

swoon[1] स्वून *n.* a faint मूर्च्छा, बेहोशी ।

swoon[2] *v.i.* to faint मूर्च्छित होना ।

swoop[1] स्वूप *v.i.* to dive as a hawk झपट्टा मारना ।

swoop[2] *n.* act of swooping झपट्टा ।

sword सौ:ड *n.* a weapon with a long

blade and hilt तलवार ।

sycamore सि कॅ मौ: *n.* a kind of fig tree गूलर ।

sycophancy सि कॅ फ़ॅन् सि *n.* the quality of being a sycophant चाटुकारिता, चापलूसी ।

sycophant सि कॅ फ़ॅन्ट *n.* one using flattery to gain favour चापलूस ।

syllabic सि लै बिक *n.* in, of, or in syllables उच्चारण की इकाई से संबंधित ।

syllable सि लै ब्‌ल *n.* a separate unit of sound in speech उच्चारण-इकाई ।

syllabus सि लॅ बॅस *n.* the outline of a course of study पाठ्यक्रम ।

sylph सिल्फ़ *n.* a spirit of the air परी; a slender graceful woman सुंदर तरुणी ।

sylvan सिल् वॅन *a.* of forests or trees वृक्षीय, वनीय ।

symbol सिम् बॅल *n.* sign चिह्न; a thing representing something प्रतीक ।

symbolic सिम् बौँ लिक *a.* using or used as a symbol प्रतीकात्मक ।

symbolism सिम् बॅ लिज़्म *n.* use of symbols in art and literature प्रतीकवाद ।

symbolize सिम् बॅ लॉइज़ *v.t.* to be a symbol of (का) प्रतीक होना; to use a symbol or symbols for प्रतीक-द्वारा प्रस्तुत क० ।

symmetrical सि मैं ट्रि कॅल *a.* having symmetry सममित ।

symmetry सि मि ट्रि *n.* proportion between parts सममिति; balance संतुलन ।

sympathetic सिम् पॅ थैं टिक *a.* showing sympathy, having sympathy सहानुभूतिपूर्ण ।

sympathize सिम् पॅ थॉइज़ *v.i.* to feel or express sympathy सहानुभूति रखना ।

sympathy सिम् पॅ थि *n.* feeling for another in pain etc. सहानुभूति; compassion दया ।

symphony सिम् फ़ॅ नि *n.* a composition for full orchestra वाद्यवृंद रचना; harmony of sounds सुरीलापन ।

symposium सिम् पो ज़्यॅम *(pl. –ms, –sia) n.* conference, meeting विचार-गोष्ठी; a book of contributions by several authors on one topic निबंध-संग्रह ।

symptom सिम्प् टॅम *n.* a change in physical or mental condition indicating illness or healthiness लक्षण; sign, token चिह्न, आसार ।

symptomatic सिम्प् टॅ मै टिक *a.* serving as a symptom (of) लक्षणसूचक ।

synonym सि नॅ निम *n.* a word with the same meaning as another पर्याय ।

synonymous सि नौँ नि मॅस *a.* (word) having the same meaning as another पर्यायवाची, समानार्थी ।

synopsis सि नौँप् सिस *n.* summary संक्षेप; outline रूपरेखा ।

syntax सिन् टैक्स *n.* *(gram.)* arrangement of words in a sentence वाक्य-रचना ।

synthesis सिन् थैं सिस *(pl.–theses) n.* putting together, combination संश्लेषण ।

synthetic[1] सिन् थैं टिक *a.* produced by synthesis संश्लेषणात्मक; artificial कृत्रिम ।

synthetic[2] *n.* a product of synthesis कृत्रिम उत्पाद ।

syringe[1] सि रिन्ज *n.* a device for taking up fluids from or injecting them into the body पिचकारी ।

syringe[2] *v.t.* to clean or treat with a syringe पिचकारी से धोना या फुहारना ।

syrup सि रॅप *n.* a solution of sugar and water or sugar and fruit juice चाशनी, शरबत ।

system सिस् टॅम *n.* a complex, whole organization तंत्र; method तरीक़ा; classification वर्गीकरण; plan योजना; order क्रम, व्यवस्था ।

systematic सिस् टॅ मै टिक *a.* methodical पद्धतिबद्ध; based on a system व्यवस्थित ।

systematize सिस् टि में टॉइज़ *v.t.* to reduce to system सुव्यवस्थित क० ; to arrange methodically क्रमबद्ध क० ।

T

table[1] टे बल *n.* a piece of furniture मेज़; food भोजन; an arrangement of facts or figures in columns तालिका ।

table[2] *v.t.* to lay on the table for discussion प्रस्तुत क० ।

tablet टैब् लिट *n.* a pill टिकिया, गोली; a small pad of wirting paper पटिया, तख़्ती; slab पट्टी, फलक ।

taboo[1] टॅ बू *n.* prohibition निषेध; thing prohibited वर्जित वस्तु ।

taboo[2] *a.* forbidden निषिद्ध ।

taboo[3] *v.t.* to place under taboo निषिद्ध क० ।

tabular टै ब्यु लॅः *a.* arranged in tables तालिकाबद्ध ।

tabulate टै ब्यु लेट *v.t.* to arrange in tables तालिकाबद्ध क० ।

tabulation टै ब्यु ले शॅन *n.* act of tabulating सारणीयन ।

tabulator टै ब्यु लें टॅः *n.* person or machine that tabulates सारणीयक ।

tacit टै सिट *a.* silent, implied मौन, अनकहा ।

taciturn टै सि टॅःन *a.* saying very little अल्पभाषी ।

tackle[1] टै कल *n.* equipment साज़-सामान; set of ropes, pulleys etc. रस्से, घिरनी आदि; (football) act of stopping an apponent विरोधी पर क़ाबू ।

tackle[2] *v.t.* to grapple (से) भिड़ना; to take in hand हाथ में लेना; to challenge चुनौती देना ।

tact टैक्ट *n.* skill in dealing with people or situations व्यवहार-कौशल, सूझ-बूझ ।

tactful टैक्ट् फुल *a.* showing tact व्यवहारकुशल ।

tactician टैक् टि शॅन *n.* an expert on tactics रणनीतिज्ञ; one who can manage a situation skilfully कार्य-संपादन में निपुण व्यक्ति ।

tactics टैक् टिक्स *n. (with sing v.)* art of handling troops, ships, in battle रणनीति; adroit management of a situation युक्ति, नीति-कौशल ।

tactile टैक् टॉइल *a.* relating to the sense of touch स्पर्श-योग्य ।

tag[1] टैग *n.* metal tip to a shoe-lace फ़ीते की घुंडी; a label tied to something लेबुल; much quoted saying घिसा-पिटा कथन ।

tag *(-gg-) v.t.* to append संलग्न क०; to trail behind (के) पीछे-पीछे चलना ।

tail टेल *n.* flexible prolongation of animal's spine पूँछ; portion at the back of something पिछला भाग; lowest part निचला भाग; *(pl.)* reverse side of a coin सिक्के का पृष्ठ भाग ।

tailor[1] टे लॅं: *n.* maker of garments दरज़ी ।

tailor[2] *v.t.* to make (garments) (कपड़े) सिलना ।

taint[1] टेन्ट *n.* defect, flaw दोष; infection छूत ।

taint[2] *v.t.* to infect दूषित क०; सड़ाना; *v.i.* to be infected दूषित होना, सड़ना ।

take टेक *v.t.* to grasp पकड़ना, लेना; to get प्राप्त क०; to carry ले जाना; to eat or drink ग्रहण क० ।

tale टेल *n.* story कहानी; report विवरण; malicious rumour अफ़वाह ।

talent टै लॅन्ट *n.* natutral abiligy प्रतिभा, ancient weight or money प्राचीन तौल या मुद्रा ।

talisman टै लिज़् मॅन *n.* amulet तावीज़ ।

talk[1] टौक *v.i.* to speak बोलना; *v.t.* to express in speech कहना; to discuss (पर) विचार-विमर्श क० ।

talk[2] *n.* speech, lecture भाषण; conversation वार्तालाप; rumour अफ़वाह ।

talkative टौ कॅ टिव *a.* fond of talking बातूनी ।

tall टौल *a.* above average in height लंबा, ऊँचा ।

tallow टै लो *n.* animal fat चरबी ।

tally[1] टै लि *n.* account लेखा, हिसाब; a duplicate प्रतिरूप ।

tally[2] *v.t.* to correspond अनुरूप होना; to keep record लेखा रखना ।

tamarind टै मॅ रिन्ड *n.* a tropical tree इमली का वृक्ष; its fruit इमली ।

tame[1] टेम *a.* subdued शांत, सौम्य; lacking in energy निस्तेज; domesticated पालतू; uninteresting नीरस; submissive दब्बू ।

tame[2] *v.t.* to make tame पालतू बनाना, पालना; to subdue वश में क० ।

tamper टैम् पॅ: *v.i.* to meddle, to interfere हस्तक्षेप क०, छेड़-छाड़ क० ।

tan[1] टैन *(-nn-)* *v.i.* to go brown भूरा होना; *v.t.* to cause to go brown भूरा क०; to convert (animal hide) to leather (खाल को) चमड़े का रूप देना ।

tan[2] *a,n. (of)* brown colour of skin भूरे रंग की त्वचा (वाला) ।

tangent टैन् जॅन्ट *n.* line that just touches a curve स्पर्शज्या ।

tangible टैन् जॅ बल *a.* that can be touched स्पर्शनीय; definite निश्चित ; concrete ठोस ।

tangle[1] टैङ् ग्ल *n.* confused mass उलझन ; muddle गुत्थी, जटिल स्थिति ।

tangle[2] *v.t.* to twist together उलझाना ।

tank टैङ्क *n.* a large container टंकी; a big reservoir तालाब; an armoured fighting vehicle टैंक ।

tanker टैङ् कॅ: *n.* ship or lorry for carrying liquids तेल-पोत, टंकी-ट्रक ।

tanner टै नॅ: *n.* one who tans hides चर्म-शोधक ।

tannery टै नॅ रि *n.* place where leather is made चर्म-शोधनशाला ।

tantalize टैन् टॅ लॉइज़ *v.t.* to tease by keeping something just out of reach तरसाना, ललचाना ।

tantamount टैन् टॅ मॉउन्ट *a.* equal, equivalent in value or significance समान, तुल्य ।

tap[1] टैप *n.*valve with handle to ragulate flow of fluid टोंटी; slight blow थपकी ।

tap[2] *(-pp-)* *v.t.* to draw liquid from (से) द्रव निकालना; to put tap in टोंटी लगाना; to strike gently थपकी देना ।

tape[1] टेप *n.* a narrow long strip फ़ीता, पट्टी, टेप ।

tape[2] *v.t.* to record on magnetic tape टेप क०, अभिलेखन क० ।

taper[1] **टे** पँ: *v.i.* to become gradually thin towards one end एक सिरे की ओर पतला होता जाना ।

taper[2] *n.* a very thin candle पतली मोमबत्ती; a narrowing पतलापन ।

tapestry टै पिस् ट्रि *n.* cloth into which a design is woven दीवार दरी, चित्र कंबल ।

tar[1] **टा:** n. thick black liquid distilled from coal डामर, तार- कोल ।

tar [2] *(-rr-) v.t.* to coat with tar (पर) तार-कोल पोतना ।

target टा: गिट *n.* mark to be shot at निशाना; thing aimed at लक्ष्य, उद्देश्य; object of criticism आलोचना का विषय; butt उपहास का पात्र ।

tariff टै रिफ़ *n.* tax levied on imports सीमा-शुल्क ।

tarnish टॉ: निश *v.t.* to make discoloured बदरंग क०; to discredit बट्टा लगाना; *v.i.* to become discoloured बदरंग होना ।

task[1] टास्क *n.* a piece of work set or undertaken कार्य ।

task[2] *v.t.* to assign task to कार्य सौंपना ।

taste[1] टेस्ट *n.* flavour स्वाद; sense of tasting ज़ायक़ा; preference पसंद; judgment समझ, निर्णयशक्ति ।

taste[2] *v.t.* to find the taste of चखना; *v.i.* to have specific flavour विशिष्ट स्वाद रखना ।

tasteful टेस्ट् फुल *a.* showing good taste रुचिकर ।

tasty टेस् टि *a.* pleasant to taste स्वादिष्ट ।

tatter[1] **टै** टॅ: *n.* ragged piece चिथड़ा ।

tatter[2] *v.t.* to make ragged चिथड़े क०; *v.i.* to become ragged चिथड़ा होना ।

tattoo[1] टॅ **टू** *n.* beat of drum and bugle call ढोल व बिगुल का नाद; military spectacle सेना का प्रदर्शन; mark of tattooing लीला गोदे का चिह्न ।

tattoo[2] *vi.* to mark skin with pricks and colours लीला गोदना ।

taunt[1] टौन्ट *v.t.* to reproach contemptuously ताना मारना ।

taunt[2] *n.* an insulting reproach ताना, कटाक्ष ।

tavern टै वॅ:न *n.* an inn, a public house सराय, मधुशाला ।

tax[1] **टैक्स** *n.* compulsory payment imposed by government कर ।

tax[2] *v.t.* to impose tax on (पर) कर लगाना ।

taxable टैक् सॅ ब्ल *a.* liable to tax कर-योग्य ।

taxation टैक् **से** शॅन *n.* levying of taxes करारोपण ।

taxi[1] **टैक्** सि *n.* motor car that may be hired with driver टैक्सी ।

taxi[2] *v.i.* to go in a taxi टैक्सी में जाना !

tea टी *n.* dried leaves of a shrub चाय की पत्ती; a drink made from them चाय (पेय) ।

teach टीच *v.t.* to instruct शिक्षा देना; to educate पढ़ाना ।

teacher टी चॅ: *n.* one who teaches शिक्षक ।

teak टीक *n.* a tree and its timber सागौन का पेड़ व लकड़ी ।

team टीम *n.* a set of players टीम; a set of people working together टोली ; two or more animals working together जोड़ी ।

tear[1] टॅअॅ: *v.t.* to pull apart, to rend फाड़ना, चीरना; *v.i.* to become split फट जाना ।

tear[2] *n.* a hole, a cut, a split खोंच, चीरा ।

tear[3] टिअॅ: *n.* drop of fluid coming from the eye आँसू ।

tearful टिअॅ: फुल *a.* inclined to weep

रोंआसा; with tears अश्रुपूर्ण ।

tease टीज़ *v.t.* to irritate, to annoy चिढ़ाना, परेशान क०; to pull apart fibres of (का) रोआँ उठाना ।

teat टीट *n.* nipple स्तनाग्र ।

technical टैक् नि कॅल *a.* involving technique तकनीकी ।

technicality टैक् नि कै लि टि *n.* a technical quality or state प्राविधिकता ।

technician टैक् नि शॅन *n.* one skilled in a particular technique तकनीक जाननेवाला ।

technique टैक् नीक *n.* method of performance प्रविधि; skill required by a performer कौशल, निपुणता ।

technological टैक् नॅ लौ जि कॅल *a.* relating to technology प्रौद्योगिकीय ।

technologist टैक् नौ लॅ जिस्ट *n.* one skilled in technology प्रौद्योगिकी विद् ।

technology टैक् नौ लॅ जि *n.* science applied to practical needs प्रौद्योगिकी ।

tedious टी ड्यॅस *a.* causing fatigue or boredom उबाने या थकानेवाला, नीरस ।

tedium टी ड्यॅम *n.* monotony नीरसता, ऊब ।

teem टीम *v.i.* to abound प्रचुरता में होना; to swarm उमड़ना, बड़ी संख्या में आना ।

teenager टीन् ए जॅ: *n.* one in his (her) teens किशोर, किशोरी ।

teens टीन्ज़ *n. pl.* years of life from 13 to 19 किशोरावस्था ।

teethe टीद *v.i.* (of baby) to grow first teeth दूध के दाँत निकलना ।

teetotal टी टो ट्ल *a.* pledged to abstain from alcohol मद्यत्यागी ।

teetotaller टी टो टॅ लॅ: *n.* one who abstains from alcoholic drinks मद्यत्यागी ।

telecast[1] टैं लि कास्ट *n.* a television programme दूरदर्शन-कार्यक्रम ।

telecast[2] *v.t.* to broadcast by television दूरदर्शन से प्रसारित क० ।

telecommunications टैं लि कॅ म्यू नि के शॅन्ज़ *n.* communications by cable, telegraph, telephone, etc. दूरसंचार ।

telegram टैं लि ग्रैम *n.* message sent by telegraph तार-संदेश ।

telegraph[1] टैं लि ग्राफ़, —ग्रैफ़ *n.* apparatus for sending messages speedily तार-यंत्र ।

telegraph[2] *v.t.* to communicate by telegraph तार-द्वारा भेजना ।

telegraphic टैं लि ग्रै फ़िक sent by telegraph तार-द्वारा प्रेषित; suitable for telegraph तार-योग्य ।

telegraphist टि लैं ग्रै फ़िस्ट *n.* one who works telegraph तार-यांत्रिक ।

telegraphy टि लैं ग्रॅ फ़ि, टैं— *n.* science of telegraph तारसंचार ।

telepathic टैं लि पै थिक *a.* relating to telepathy दूर-संवेदी ।

telepathist टि लैं पॅ थिस्ट, टैं— *n.* one who studies or practises telepathy दूरसंवेदनविद् ।

telepathy टि लैं पॅ थि *n.* action of one mind on another at a distance दूरसंवेदन ।

telephone[1] टैं लि फ़ोन *n.* apparatus for communicating sound to hearer at a distance दूरभाष ।

telephone[2] *v.t.* to communicate by telephone दूरभाष से कहना; *v.i.* to speak by telephone दूरभाष का प्रयोग क० ।

telescope टैं लि स्कोप *n.* optical instrument for magnifying distant objects दूरबीन ।

telescopic टैं लि स्कौ पिक *a.* pertaining to telescope दूरबीनी;

acting as a telescope दूरबीन जैसा ।
televise टैʼ लि वॉइज़ *v.t.* to transmit by television दूरदर्शन से प्रसारित क० ।
television टैʼ लि वि ज़ॅन *n.* system of producing on screen images of distant objects, events etc. दूरदर्शन ।
tell टैलॅ *v.t.* to let know बताना; to inform सूचित क०; to order आदेश देना; to count गिनना ।
teller टैʼ लॅ: *n.* narrator कथक; bank cashier ख़ज़ांची ।
temper[1] टैम्ॅ पॅ: *n.* frame of mind मानसिकता; anger क्रोध; degree of hardness of steel इस्पात की कठोरता ।
temper[2] *v.t.* to moderate कम क०, मंद क०; to harden कठोर बनाना; to bring to proper condition उचित दशा में लाना ।
temperament टैमॅ पॅ रॅ मॅन्ट *n.* natural disposition स्वभाव, प्रकृति ।
temperamental टैम्ॅ पॅ रॅ मैन्ॅ टॅल *a.* caused by temperament स्वाभाविक ।
temperance टैम्ॅ पॅ रॅन्स *n.* moderation संयमन; abstinence, esp. from alcohol मद्यत्याग ।
temperate टैम्ॅ पॅ रिट *a.* showing moderation संयमी; neither too hot nor too cold शीतोष्ण ।
temperature टैम्ॅ पॅ रि चॅ: *n.* degree of heat or cold तापमान ।
tempest टैम्ॅ पिस्ट *n.* violent storm तूफ़ान ।
tempestuous टैमॅ पैस्ॅ ट्यु ॲस *a.* stormy तूफ़ानी ।
temple[1] टैम्ॅ प्ल *n.* building for worship मंदिर, देवालय ।
temple[2] *n.* flat side on either side of forehead कनपटी ।
temporal टैम्ॅ पॅ रॅल *a.* concerned with time कालिक; earthly, worldly सांसारिक ।
temporary टैम्ॅ पॅ रॅ रि *a.* not permanent अस्थायी, अल्पकालिक ।
tempt टैम्प्ट *v.t.* to attract, to allure लुभाना; to induce प्रेरित क०, उकसाना ।
temptation टैम्प् टे शॅन *n.* act of tempting प्रलोभन; thing that tempts प्रलोभन-विषय ।
tempter टैम्प् टॅ: *n.* one who tempts लुभानेवाला ।
ten टैन् *n.,a.* (number) next after nine दस (10) ।
tenable टैʼ नॅ ब्ल *a.* that can be defended समर्थनीय, प्रतिपाद्य ।
tenacious टि ने शॅस, टैʼ– *a.* holding firmlly मज़बूत पकड़ वाला; (of memory) retentive तीव्र (स्मृति) ।
tenacity टि नै सि टि *n.* quality of being tenacious तीव्रता ।
tenancy टैʼ नॅन् सि *n.* use of house, building or land in return for rent किरायेदारी, काश्तकारी ।
tenant टैʼ नॅन्ट *n.* one who holds house, land etc. on rent or lease किरायेदार, काश्तकार ।
tend टैन्ड *v.i.* to be inclined प्रवृत्त होना ।
tendency टैन्ॅ डॅन् सि *n.* inclination, bent झुकाव, प्रवत्ति ।
tender[1] टैन्ॅ डॅ: *n.* an offer to do work according to a contract निविदा ।
tender[2] *v.t.* to make an offer प्रस्तुत क० ।
tender[3] *n.* one who tends सेवक, टहलुआ ।
tender[4] *a.* not tough or hard मुलायम; easily injured सुकुमार, कोमल; loving स्नेहशील; gentle सौम्य ।
tenet टैʼ निट्, टी नैʼ ट *n.* doctrine belief सिद्धांत, मत ।
tennis टैʼ निस *n.* game played with ball and racket टैनिस ।
tense[1] टैन्स *n.* modification of verb to

show time of action काल ।

tense[2] *a.* stretched tight कसा हुआ, तना हुआ; emotionally strained तनावग्रस्त ।

tension टैन् शॅन *n.* state of being stretched कसाव, तनाव; mental strain मानसिक उद्विग्नता ।

tent टैन्ट *n.* movable shelter of canvas तंबू, डेरा ।

tentative टैन् टॅ टिव *a.* done as a trial, experimental आज़माइशी ।

tenure टै न्युअॅ: *n.* holding of an office or property धारण; length of time of holding an office कार्यकाल ।

term[1] टॅ:म *n.* word, expression शब्द; limited period of time अवधि; period during which courts sit, schools are open etc. सत्र; *pl.* relationship संबंध; *pl.* conditions शर्तें ।

term[2] टॅ:म *v.t.* to name, to describe पुकारना, वर्णन क० ।

terminable टॅ: मि नॅ बल *a.* that can be terminated समाप्य ।

terminal[1] टॅ: मि नल *a.* forming an end अंतिम; occurring each term सात्रिक, अवधिक ।

terminal[2] *n.* end of a wire used to make an electrical connection सिरा; end of a railway line, bus line etc. अंतिम स्टेशन ।

terminate टॅ: मि नेट *v.t.* to bring to an end समाप्त क०; *v.i.* to come to an end समाप्त होना ।

termination टॅ: मि ने शॅन *n.* ending समाप्ति ।

terminological टॅ: मि नॅ लौं जि कॅल *a.* of terminology पारिभाषिक शब्दावली से संबंधित ।

terminology टॅ: मि नौं लॅ जि *n.* terms used in a particular science पारिभाषिक शब्दावली ।

terminus टॅ: मि नॅस *n.* *(pl. termini)* the last station of a railway, bus or air journey अंतिम स्टेशन ।

terrace टै रॅस *n.* raised level place चबूतरा; level cut out of a hill पहाड़ी से काटकर बनाया गया चौरस भाग; a row of similar houses joined together भवन-पंक्ति ।

terrible टै रि ब्ल *a.* causing great fear भयानक; serious गंभीर; excessive घोर, भारी ।

terrier टै रि अॅ: *n.* a breed of dog कुत्ते की एक नस्ल ।

terrific टॅ रि फ़िक *a.* terrible भयावह; very great अति अधिक ।

terrify टै रि फ़ॉइ *v.t.* to frighten, to fill with fear भयभीत क०, आतंकित क० ।

territorial टै रि टौ रि अॅल *a.* of territory क्षेत्रीय, प्रादेशिक ।

territory टै रि टॅ रि *n.* region क्षेत्र; area of knowledge ज्ञान-क्षेत्र ।

terror टै रॅ: *n.* great fear आतंक ; cause of fear भय का कारण ।

terrorism टै रॅ रिज़्म *n.* use of terror to achieve an end आतंकवाद ।

terrorist टै रॅ रिस्ट *n.* person who uses violence for an end आतंकवादी ।

terrorize टै रॅ रॉइज़ *v.t.* to force or oppress by terror or violence आतंकित क० ।

terse टॅ:स *a.* concise, expressed in a few words संक्षिप्त ।

test[1] टैस्ट *v.t.* to put to the proof जाँचना, परखना ।

test[2] *n.* trial परीक्षण, जाँच; examination परीक्षा; criterion कसौटी ।

testament टैस् टॅ मॅन्ट *n.* a will वसीयत; one of the two main parts of the Bible बाईबिल के दो भागों में से एक ।

testicle टैस् टि कल *n.* either of two male reproductive glands अंडग्रंथि ।

testify टैस्‌ टि फ़ॉइ *v.i.* to give evidence प्रमाण देना; *v.t.* to serve as proof of प्रमाणित क० ।

testimonial टैस्‌ टि **मो** न्यॅल *n.* certificate of character, ability etc. प्रमाणपत्र ।

testimony **टैस्‌** टि मॅ नि *n.* a statement of proof साक्ष्य, गवाही; affirmation कथन, घोषणा ।

tete-a-tete टे टा **टेट** *n.* private conversation व्यक्तिगत वार्तालाप ।

tether[1] **टै** दॅ: *n.* a rope or chain for fastening a grazing animal रस्सी, पगहा ।

tether[2] *v.t.* to tie up with a tether पगहे से बाँधना ।

text टैक्स्ट *n.* the main part of a book मूल पाठ; a short quotation from the Bible बाइबिल से उद्‌धृत पाठ ।

textile[1] **टैक्स्‌** टॉइल *a.* concerned with weaving वस्त्र-उद्योग-संबंधी ।

textile[2] *n.* woven cloth or fabric वस्त्र, कपड़ा ।

textual **टैक्स्‌** ट्यु अॅल *n.* of a text मूल पाठ-विषयक ।

texture **टैक्स्‌** चॅ: *n.* way in which a cloth is woven बुनावट; structure गठन; tissue तंतु ।

thank[1] थैङ्क *v.t.* to say thanks to धन्यवाद देना; to express gratitude to के प्रति आभार व्यक्त क० ।

thank[2] *n. (used as pl.)* words of gratitude आभार-प्रदर्शन ।

thankful **थैङ्क्‌** फुल *a.* grateful कृतज्ञ, आभारी ।

thankless **थैङ्क्‌** लिस *a.* unrewarding, unprofitable व्यर्थ, अलाभकारी; ungrateful कृतघ्न ।

that[1] दैट *a.* वह ।

that[2] *dem. pron.* वह, उसने ।

that[3] *rel. pron.* जो, जिसने, जिसे ।

that[4] *adv.* ताकि

that[5] *conj.* कि ।

thatch[1] थैच *n.* roofing made of straw छप्पर ।

thatch[2] *v.t.* to roof (a house) with straw, reeds etc. (पर) छप्पर डालना ।

thaw[1] थौ *v.i.* to melt पिघलना; (of person) to become warmer or more genial पसीजना, प्रभावित होना; *v.t.* to cause to melt पिघलाना; to make more genial दयाद्रवित क० ।

thaw[2] *n.* melting द्रवण, पिघलन, गलन ।

theatre **थि** अॅ टॅ: *n.* place where plays etc. are performed नाट्‌यशाला; dramatic works नाट्‌य-कृतियाँ; large room with tiered seats व्याख्यान-कक्ष; surgical operating room शल्य-कक्ष ।

theatrical थि **ऐट्‌** रि कॅल *a.* of, for the theatre नाट्‌यशाला-विषयक, नाट्‌यशाला-हेतु; exaggerated अतिरंजित; showy दिखावटी, कृत्रिम ।

theft थैफ़्ट *n.* stealing चोरी ।

their देॲ: *a.* of them उनका ।

theirs देॲ:ज़ *pron.* belonging to them उनका ।

theism **थी** इज़्म, **थि**– *n.* belief in the existence of one God आस्तिकता ।

theist **थी** इस्ट्, **थि**– *n.* a believer in God आस्तिक ।

them दैम *pron.* to those (persons or things) उनको, उन्हें ।

thematic थि **मै** टिक *a.* relating to theme विषयगत ।

theme थीम *n.* subject विषय ।

then[1] दैन *adv.* at that time उस समय; next तत्पश्चात्‌; in that case ऐसी स्थिति में; also, moreover साथ ही ।

then[2] *a.* existing, in office at that time तत्कालीन ।

thence दैन्स *adv.* from there वहाँ से; for that reason अतः, उस कारण से ।

theocracy थि ऑ क्रॅ सि *n.* government by a deity or priesthood धर्मतंत्र, पुरोहिततंत्र ।
theologian थि अँ लो ज्यॅन *n.* advanced student of theology धर्मविज्ञानी, धर्मतत्त्वज्ञ ।
theological थि अॅ लॉ जि कॅल *a.* concerned with theology धर्मविज्ञान-विषयक ।
theology थि ऑ लॅ जि *n.* study of God and religion धर्मविज्ञान, ईश्वरमीमांसा ।
theorem थि अॅ रॅम *n.* proposition which can be demonstrated by argument प्रमेय ।
theoretical थि अॅ रै टि कॅल *a.* concerned with theory only सैद्धांतिक; speculative विचारात्मक ।
theorist थि अॅ रिस्ट *n.* person who forms theories सिद्धांतशास्त्री ।
theorize थि अॅ रॉइज़ *v.i.* to form theories, to speculate सिद्धांत स्थापित क० ।
theory थि अॅ रि *n.* system of rules and principles सैद्धांतिक ज्ञान; rules and reasoning सिद्धांत ।
therapy थै रॅ पि *n.* medical treatment उपचार, चिकित्सा ।
there दें अॅ: *adv.* at that place वहाँ ।
thereabouts दें अॅ रॅ बॉउट्स *adv.* near that place, number, quantity etc. वहीं कहीं, लगभग उतना ।
thereafter दें अॅ राफ़् टॅ: *adv.* after that तदनंतर ।
thereby दें अॅ: बॉइ *adv.* by that means उसके द्वारा ।
therefore दें अॅ: फ़ौ: *adv.* for that reason अत: ।
thermal थॅं: मॅल *a.* pertaining to heat ऊष्मीय ।
thermometer थॅ: मौ मि टॅ: *n.* an instrument for measuring temperature तापमापी ।
thermos (flask) थॅ: मौसॅ् (फ़्लास्क) *n.* vacuum flask थर्मस ।
thesis थी सिस *n.(pl. theses)* written work submitted for degree or diploma शोध-ग्रंथ ।
thick[1] थिक *a.* not thin मोटा; dense घना; viscous गाढ़ा; throaty (voice) भर्राई हुई (आवाज़) ।
thick[2] *n.* most crowded part सर्वाधिक भीड़वाला भाग ।
thick[3] *adv.* abundantly प्रचुर मात्रा में; rapidly and in large numbers अंधाधुंध, लगातार ।
thicken थि कॅन *v.i.* to grow thick मोटा होना; *v.t.* to make thick मोटा बनाना ।
thicket थि किट *n.* thick growth of small trees झुरमुट ।
thief थीफ़ *n.* one who steals चोर ।
thigh थॉइ *n.* upper part of leg जंघा, रान ।
thimble थिम् ब्ल *n.* cap protecting end of finger when sewing अंगुश्ताना ।
thin[1] थिन *a.* of little thickness पतला; lacking density; छितराया हुआ; not fat दुबला ।
thin[2] *(-nn-)* *v.t.* to make thin पतला क०; *v.i.* to become thin पतला होना ।
thing थिङ्ग *n.* a material वस्तु; *(pl.)* belongings सामान; a fact तथ्य; topic विषय; matter मामला ।
think थिङ्क *v.t.* to consider मानना; to believe विश्वास क०; *v.i.* to reflect विचारना; to imagine कल्पना क०; to hold opinion मत रखना ।
thinker थिङ् कॅ: *n.* a person who thinks विचारक ।
third[1] थॅ:ड *a.* the last of three तीसरा ।
third[2] *n.* one of three equal parts तिहाई भाग ।

thirdly **थॅ:ड्** लि *adv.* in the third place तीसरे स्थान पर ।

thirst[1] थॅ:स्ट *n.* desire to drink प्यास; craving, yearning तीव्र इच्छा ।

thirst[2] *v.i.* to have thirst प्यासा होना; to be eager इच्छुक होना ।

thirsty **थॅ:स्** टि *a.* wanting some thing to drink प्यासा; eager, desirous इच्छुक ।

thirteen[1] **थॅ: टीन** *n.* the number above twelve तेरह की संख्या (13) ।

thirteen[2] *a.* one more than twelve तेरह ।

thirteenth[1] **थॅ: टीन्थ** *a.* the last of thirteen तेरहवाँ ।

thirtieth[1] **थॅ:** टि इथ *a.* the last of thirty तीसवाँ ।

thirtieth[2] *n.* one of thirty equal parts तीसवाँ भाग ।

thirty[1] **थॅ:** टि *n.* the number three times ten तीस की संख्या (30) ।

thirty[2] *a.* three times ten तीस ।

thistle **थि** सल *n.* a prickly wild plant ऊँटकटारा ।

thither **दि** दॅ: *adv.* in that direction उस ओर; to that place वहाँ को ।

thorn थौ:न *n.* a prickle काँटा ।

thorny **थौ:** नि *a.* full of thorns कंटकमय; troublesome कष्टप्रद ।

thorough **थ** रॅ *a.* complete पूर्ण ।

thoroughfare **थ** रॅ फ़ेंअॅ: *n.* a road that the public has the right to use आम रास्ता ।

though[1] दो *conj.* in spite of the fact that यद्यपि ।

though[2] *adv.* nevertheless, however तथापि ।

thought थौट *n.* process of thinking मनन; consideration सोच-विचार; an idea विचार; intention इरादा, मंतव्य ।

thoughtful **थौट्** फुल *a.* considerate लिहाज़ करनेवाला; engaged in meditation मननशील ।

thousand[1] **थाँउ** ज़ॅन्ड *n.* the number ten times a hundred हज़ार की संख्या (1000) ।

thousand[2] *a.* ten times a hundred हज़ार ।

thrall **थ्रौल** *n.* slave दास ।

thralldom **थ्रौल्** डॅम *n.* bondage, slavery दासता ।

thrash **थ्रैश** *v.t.* to beat soundly पीटना, छेतना; to defeat soundly बुरी तरह हरा देना ।

thread[1] **थ्रै** ड *n.* fine cord धागा; yarn सूत; a spiral ridge on a screw पेंच की चूड़ी; theme, meaning कथावस्तु, अर्थ ।

thread[2] *v.t* to put thread in to (में) धागा डालना; to put (beads pearls, etc.) on a thread (मनके, मोती आदि) धागे में पिरोना ।

threadbare **थ्रै ड्** बेंअॅ: *a.* worn thin जीर्ण, फटा-पुराना; hackneyed, much used घिसा-पिटा ।

threat **थ्रै** ट *n.* declaration of intention to harm or injure धमकी; a warning of danger ख़तरे की चेतावनी ; a source of danger ख़तरे का कारण ।

threaten **थ्रै** ट्न *v.t.* to use threats to or towards धमकी देना; to utter a threat of (की) धमकी देना; *v.i.* to be a source of danger ख़तरा होना ।

three[1] थ्री *n.* the number next above two तीन की संख्या (3) ।

three[2] *a.* one more than two तीन ।

thresh **थ्रैशॅ** *v.t.* to beat the grain out कूट-छेत कर दाना निकालना; *v.i.* to beat wheat etc. to take out grain कूटने-पीटने का काम क० ।

thresher **थ्रै** शॅ: *n.* threshing machine गहाई की मशीन ।

threshold **थ्रै** शोल्ड *n.* stone or plank

under a door way दहलीज़; entrance प्रवेश-द्वार; start प्रारंभ ।

thrice थ्राँइस *adv.* three times तीन बार ।

thrift थ्रिफ़्ट *n.* economy, frugality मितव्ययिता ।

thrifty थ्रिफ़् टि *a.* economical, frugal मितव्ययी ।

thrill[1] थ्रिल *n.* a sudden feeling of excitement पुलक, सिहरन ।

thrill[2] *v.t.* to cause to feel a thrill पुलकित क० ; *v.i.* to feel a thrill पुलकित होना ।

thrive थ्राँइव *v.i.* to grow well, to flourish फलना-फूलना, समृद्ध होना ।

throat थ्रोट *n.* front part of the neck गला, कंठ; gullet हलक़ ।

throaty थ्रो टि *a.* (of voice) hoarse, guttural भर्राई हुई, बैठी हुई (आवाज़)

throb[1] थ्रौब (-bb-) *v.i.* to quiver strongly, to pulsate धड़कना, स्पंदित होना ।

throb[2] *n.* pulsation, vibration स्पंदन, कंपन ।

throe थ्रो *n. (usu pl.)* sharp pain, esp. of child-birth तीव्र पीड़ा, विशेषतया प्रसव-पीड़ा । ·

throne[1] थ्रोन *n.* the seat of a king or queen राजगद्दी, सिंहासन ।

throne[2] *v.t.* to place on throne, to declare king राजगद्दी पर बिठाना, अभिषेक क० ।

throng[1] थ्रौँङ्ग *n.* crowd भीड़ ।

throng[2] *v.t.* to fill with crowd ठसाठस भर देना, भीड़ से भरना; *v.i.* to crowd इकट्ठा होना, भीड़ लगाना ।

throttle[1] थ्रौँ ट्ल *n.* device to control flow of fuel to an engine उपरोधक ।

throttle[2] *v.t.* to strangle गला घोंटना; to suppress दबाना; to control नियंत्रित क० ।

through[1] थ्रू *prep.* from end to end of के आर-पार; from one side to the other of से होकर; from beginning to end of के प्रारंभ से अंत तक; by means of के द्वारा; as a result of के परिणाम स्वरूप ।

through[2] *adv.* from end to end आद्योपांत; to the end अंत तक ।

through[3] *a.* going non stop बिना रुके जानेवाला ।

throughout[1] थ्रू ऑउट *adv.* in every part सर्वत्र; all through सदैव, आद्योपांत ।

throughout[2] *prep.* in every part of के प्रत्येक भाग में ।

throw[1] थ्रो *v.t.* to fling फेंकना; to cause to fall गिरा देना ।

throw[2] *n* act of throwing फेंक; distance to which something is thrown फेंक की दूरी ; a chance (of dice) चाल ।

thrust[1] थ्रस्ट *v.t.* to push violently धक्का देना; to stab घोंपना ।

thrust[2] *n.* a violent push ज़ोरदार धक्का; lunge, stab प्रहार, घोंप; propulsive force or power उछाल; stress बल; cutting remark कटु कथन ।

thud[1] थड *n.* dull, heavy sound धम,धड़ाम का स्वर ।

thud[2] *(-dd-) v.i.* to make a dull sound धम की आवाज़ क० ।

thug थग *n.* a brutal violent person गुंडा ।

thumb[1] थम *n.* short thick finger of the human hand अंगूठा ।

thumb[2] *v.t.* to dirty with the thumb अंगूठे से गंदा क०; to signal for lift in a vehicle (अंगूठे से) संकेत क० ।

thump[1] थम्प *n.* dull, heavy blow मुक्का, प्रहार; sound of a heavy blow धम का स्वर ।

thump[2] *v.t.* to strike with a heavy

blow मुक्का मारना ; *v.i.* to fall heavily धम से गिरना ।

thunder[1] थन् डॅ: *n.* loud noise accompanying lightning गरज, गड़गड़ाहट ।

thunder[2] *v.i.* to rumble with thunder गरजना; to make noise like thunder बादल की तरह गड़गड़ाना; *v.t.* to utter loudly कड़क कर कहना ।

thunderous थन् डॅ रॅस *a.* giving out thunder गर्जनशील ।

Thursday थॅ:ज़् डे, –डि *n.* fifth day of the week गुरुवार ।

thus दस *adv.* in this way इस प्रकार; therefore अत: ।

thwart थ्वौ:ट *v.t.* to prevent रोकना ।

tiara टि आ रॅ *n.* a jewelled head ornament, coronet मुकुट ।

tick[1] टिक *n.* a light sound as made by a watch टिक-टिक की ध्वनि; a tiny creature that sucks the blood of animals चिचड़ी; a small mark (√) सही का चिह्न (√) ।

tick[2] *v.i.* to make a light sound like that of a watch टिक-टिक क० ; *v.t.* to mark with a tick (पर) सही का चिह्न लगाना ।

ticket टि किट *n.* card or paper entitling holder to admission, travel etc. टिकट; label लेबुल ।

tickle टि क्ल *v.t.* to touch, poke (part of body) to produce laughter गुदगुदाना; to amuse (का) मन बहलाना, हँसाना ।

ticklish टिक् लिश *a.* sensitive to tickling गुदगुदी अनुभव करनेवाला; tricky, difficult जटिल ।

tidal टॉइ डॅल *a.* of a tide or tides ज्वारीय ।

tide टॉइड *n.* the regular rise and fall of the sea ज्वार ।

tidings टॉइ डिङ्ग्ज़ *n. pl.* news समाचार ।

tidiness टॉइ डि निस *n.* neatness स्वच्छता; orderliness सुव्यवस्था ।

tidy[1] टॉइ डि *a.* neat साफ़-सुथरा; orderly सुव्यवस्थित ।

tidy[2] *v.t.* to put in order सुव्यवस्थित क० ।

tie[1] टॉइ *v.t.* to fasten बाँधना; to restrict सीमित क०; *v.i.* to score the same number of points in a game खेल में बराबर-बराबर अंक प्राप्त क० ।

tie[2] *n.* a neck-tie टाई, कंठबंध; a knot गाँठ; something used for fastening बँधनी; equal score in a game अंकों की समानता; connecting link कड़ी ।

tier टिअॅ: *n.* a row of seats placed one behind and above another पीछे की ओर क्रमश: उठती हुई कुर्सियों की पंक्ति ।

tiger टॉइ गॅ: *n.* a large carnivorous feline animal बाघ ।

tight टॉइट *a.* firmly stretched कसा हुआ, तना हुआ; firmly fastened मज़बूत बँधा हुआ; fitting too closely तंग ।

tighten टॉइ ट्न *v.t.* to make tight कसना, तानना; *v.i.* to become tight तनना, तंग होना ।

tigress टॉइ ग्रिस *n.* a female tiger बाघनी ।

tile[1] टॉइल *n.* a piece of baked clay used for covering roofs, floors, walls etc. खपरा, खपरैल ।

tile[2] *v.t.* to cover with tiles खपरों से पाटना ।

till[1] टिल *prep.* upto the time of के समय तक ।

till[2] *n. conj.* to the time that जब तक कि ।

till[3] *v.t.* to cultivate, to plough जोतना, जुताई क० ।

tilt[1] टिल्ट *v.i.* to come into a sloping position झुकना, तिरछा होना; *v.t.* to incline, to cause to slope झुकाना ।

tilt[2] *n.* sloping position झुकाव ।

timber **टिम् बॅं:** *n.* wood used in building इमारती लकड़ी ।

time[1] टॉइम *n.* duration including past, present and future समय; a period अवधि; era, age युग; moment क्षण; occasion मौक़ा; opportunity अवसर; leisure अवकाश ।

time[2] *v.t.* to measure the duration of का समय नापना; to choose the proper moment for के लिए उचित समय का चयन क० ।

timely **टॉइम्** लि *a.* opportune समयोचित ।

timid **टि** मिड *a.* easily frightened भीरु, डरपोक ।

timidity टि **मि** डि टि *n.* quality of being timid भीरुता ।

timorous **टि** में रॅस *a.* timid भीरु ।

tin[1] टिन *n.* a malleable metal टिन, टीन; a can, a canister टिन का डिब्बा, कनस्तर ।

tin[2] *(-nn-)* *v.t.* to pack in tins डिब्बों में रखना ।

tincture[1] **टिङ्क्** चें: *n.* a slight suggestion of taste or colour झलक; a substance dissolved in alcohol घोल ।

tincture[2] *v.t.* to colour, to tint (पर) हलका रंग चढ़ाना, (का) पुट देना ।

tinge[1] टिन्ज *n.* slight trace, flavour आभा, झलक ।

tinge[2] *v.t.* to colour, flavour slightly का पुट देना ।

tinker **टिङ्** कें: *n.* mender of kettles and pans ठठेरा, कसेरा ।

tinsel **टिन्** सॅल *n.* glittering metallic substance for decoration पन्नी; anything sham and showy भड़कीली वस्तु ।

tint[1] टिन्ट *n.* colour रंग, वर्ण; shade of colour, tinge आभा, झलक ।

tint[2] *v.t.* to colour, to tinge रँगना ।

tiny **टॉइ** नि *a.* very small बहुत छोटा ।

tip[1] टिप *n.* thin, pointed end of something नोक, पतला सिरा ।

tip[2] *(-pp-)* *v.t.* to put a point on नोकदार बनाना; to cover a tip with something सिरे पर शाम चढ़ाना ।

tip[3] *n.* gratuity for personal service बख़्शिश; hint संकेत, सुझाव, युक्ति ।

tip[4] *(-pp-)* *v.t.* to give a tip to बख़्शिश देना ।

tip[5] *n.* place where rubbish is dumped घूरा ।

tip[6] *(-pp-)* *v.t.* to tilt उलट देना; to touch lightly हलका-सा छूना; *v.i.* to topple over उलट जाना ।

tipsy **टिप्** सि *a.* slightly drunk हलके नशे में ।

tirade टॉइ **रेड** *n.* a long outburst of scolding फटकार-भरा भाषण ।

tire टॉइअॅ: *v.t.* to make weary थका देना; *v.i.* to become weary थक जाना; (with *'of'*) to lose interest or liking for something ऊबना ।

tiresome **टॉइअॅ:** सॅम *a.* wearysome थकाऊ ।

tissue **टि** स्यू, –श्यू *n.* a finely woven fabric महीन कपड़ा; substance of animal body, plant, etc. ऊतक; fine, soft paper used as handkerchief पतला, मुलायम काग़ज़ ।

titanic टॉइ **टै** निक *a.* immense विशाल, भीमकाय ।

tithe टाइद *n.* tenth part of a farmer's produce paid as tax for the upkeep of the clergy दशमांश कर ।

title **टॉइ** ट्ल *n.* name of a book पुस्तक का नाम; heading शीर्षक; appellation उपाधि; legal right अधिकार ।

titular टि ट्यु लॅं: *a.* held by virtue of a title औपाधिक; pertaining to title उपाधि-संबंधी; nominal नामधारी, नाम का।

toad टोड *n.* animal like large frog भेक, टोड।

toast[1] टोस्ट *n.* a slice of bread browned by heat डबल रोटी का सिका हुआ टुकड़ा; act of toasting शुभकामना।

toast[2] *v.t.* to drink to the health or success of (के) स्वास्थ्य या सफलता के लिए पीना; to make brown by heating सेंकना; *v.i.* to become brown by heat सिकना।

tobacco टॅ बै को *n.* a plant and its leaves used for smoking, chewing or snuff तंबाकू।

today[1] टॅ डे *adv.* on this day आज; now a days आजकल।

today[2] *n.* this day यह दिन।

toe[1] टो *n.* a digit of foot पैर की उँगली; the front of an animal's foot खुर, सुम; front of a shoe or sock जूते या मौज़े का पंजा।

toe[2] *v.t.* to touch with the toe पैर से छूना।

toffee टॉ फ़ि *n.* a sticky sweet made of sugar and butter टॉफी।

toga टो गॅ *n.* loose outer garment चोग़ा।

together टॅ गै दॅ: *adv.* in company साथ-साथ; in one place एक जगह; at the same time एक ही समय; continuously लगातार।

toil[1] टॉइल *n.* hard work कठिन परिश्रम।

toil[2] *v.i.* to work hard कठिन परिश्रम क०।

toilet टॉइ लिट *n.* a lavatory शौचघर; process of washing, dressing प्रसाधन; articles used for this प्रसाधन-सामग्री।

toils टॉइल्ज़ *n. pl.* snares, nets जाल, चंगुल।

token टो कॅन *n.* a symbol प्रतीक; a metal tag used as a coin or ticket सांकेतिक मुद्रा, सिक्का।

tolerable टॉ लॅ रॅ ब्ल *a.* bearable सहनीय; fairly good संतोषजनक, कामचलाऊ।

tolerance टॉ लॅ रॅन्स *n.* ability to endure opinions or behaviour different from one's own सहनशीलता, सहिष्णुता।

tolerant टॉ लॅ रॅन्ट *a.* having tolerance सहिष्णु, सहनशील।

tolerate टॉ लॅ रेट *v.t.* to endure सहन क०; to allow, to permit होने देना, अनुमति देना।

toleration टॉ लॅ रे शॅन *n.* practice of allowing religious freedom धार्मिक सहिष्णुता।

toll[1] टोल *n.* tax paid for the use of a road or a bridge पथकर; loss, damage हानि, क्षति।

toll[2] *n.* sound of bell घंटा-नाद।

toll[3] *v.t.* to ring (a bell) at regular intervals (घंटा) बजाना; *v.i.* to ring with regular strokes बजना।

tomato टॅ मा टो *n.* *(pl. –es)* a red, juicy fruit टमाटर।

tomb टूम *n.* grave क़ब्र।

tomboy टॉम् बॉइ *n.* a girl who likes rough, boyish games मरदानी लड़की।

tomcat टॉम् कैट *n.* a male cat बिलाव, विडाल।

tome टोम *n.* a large, heavy book विशाल ग्रंथ।

tomorrow[1] टॅ मॉ रो *n.* the day after today (आने वाला) कल।

tomorrow[2] *adv.* on the day after today कल को।

ton टन *n.* a measure of weight टन।

tone[1] टोन *n.* quality of voice स्वर, ध्वनि; quality of musical sound तान, सुर;

intonation लहज़ा, स्वर-शैली; healthy condition स्वस्थ स्थिति ।

tone[2] *v.t.* to give a particular tone of sound तानबद्ध क०; *v.i.* to be in harmony मेल खाना ।

tongs टौँङ्ग्ज़ *n. pl.* large pincers चिमटा, सँड़सी ।

tongue टङ्ग *n.* the muscular organ inside mouth जीभ; language भाषा ।

tonic[1] टौँ निक *a.* concerned with tone तान-विषयक; invigorating शक्तिवर्धक ।

tonic[2] *n.* medicine that increases general health स्वास्थ्यवर्धक औषधि; keynote मूलस्वर ।

to-night[1] टॅ नॉइट *n.* this night आज की रात ।

tonight[2] *adv.* on this night आज रात को ।

tonne टन *n.* a metric ton मीटरी टन ।

tonsil टौँन् सिल *n.* gland in throat गुलतुंडिका, टॉन्सिल ।

tonsure टौँन् शॅ: *n.* the shaving of the top of the head of a person मुंडन ।

too टू *adv.* excessively बहुत अधिक; also भी ।

tool टूल *n.* an instrument or appliance औज़ार; means to an end साधन; a servile helper कठपुतली, गुलाम ।

tooth टूथ *n.* bone-like projection in gums दाँत; cog, prong दाँता ।

toothache टूथ् एक *n.* pain in a tooth दाँत-दर्द ।

toothsome टूथ् सॅम *a.* pleasant to eat स्वादिष्ट ।

top[1] टौँप *n.* summit चोटी; highest rank सर्वोच्च पद; lid ढक्कन; the upper surface ऊपरी तल ।

top[2] *(-pp-) v.t.* to provide a top for (पर) चोटी लगाना; to reach the top of (की) चोटी पर पहुँचना; to surpass (से) श्रेष्ठ होना; to cut the tops off (के) सिरे काटना ।

top[3] *n.* a child's spinning toy लट्टू ।

topaz टो पैज़ *n.* a transparent yellow mineral पुखराज ।

topic टौँ पिक *n.* subject for discussion विषय ।

topical टौँ पि कॅल *a.* of present interest सामयिक ।

topographer टॅ पौँ ग्रॅ फ़ॅ: *n.* an expert in topography स्थलाकृति-विशेषज्ञ ।

topographical टौँ पॅ ग्रै फ़ि कॅल *a.* pertaining to topography स्थलाकृतिक ।

topography टॅ पौँ ग्रॅ फ़ि *n.* surface features of a place स्थलाकृति; description of these features स्थलाकृति का वर्णन ।

topple टौँ पल *v.i.* to fall over उलट जाना, गिर जाना; *v.t.* to cause to fall over उलट देना, गिरा देना ।

topsy turvy[1] टौँप् सि टॅ: वि *a.* upside down औंधा, उलटा-पुलटा; confused, disordered अस्तव्यस्त ।

topsy turvy[2] *adv.* upside down उलट-पुलट स्थिति में ।

torch टौ:च *n.* burning brand मशाल; a small portable electric lamp टॉर्च ।

torment[1] टौ: मैन्ट *n.* intense suffering यातना ।

torment[2] टौ: मैन्ट *v.t.* to torture यातना देना ।

tornado टौ: ने डो *n. (pl. –es)* a violent storm तूफ़ान ।

torpedo[1] टौ: पी डो *n.* *(pl. –es)* an under-water missile पनडुब्बी ।

torpedo[2] *v.t.* to strike or sink with torpedo पनडुब्बी से आक्रमण क० या डुबोना ।

torrent टौँ रॅन्ट *n.* a rushing stream प्रचंड धारा ।

torrential टौ॑ रैन् शॅल *a.* resembling a stream प्रचंड धारा जैसा ।

torrid टौॅ रिड *a.* very hot अति उष्ण ।

tortoise टौ: टॅस *n.* a slow-moving reptile with four legs and a hard shell कछुआ ।

tortuous टौ: ट्यु अॅस, –चु– *a.* winding टेढ़ा-मेढ़ा ।

torture[1] टौ: चॅ: *n.* severe pain यातना, संताप ।

torture[2] *v.t.* to subject to torture यातना देना, सताना ।

toss[1] टौसॅ *v.t.* to throw up उछालना; to jerk झटका देना; *v.i.* to throw a coin into the air to decide something सिक्का उछालना ।

toss[2] *n.* tossing movement उछाल ।

total[1] टो ट्ल *a.* complete, whole, entire संपूर्ण, समूचा ।

total[2] *n.* whole amount पूर्ण मात्रा ।

total[3] *(-ll-) v.t.* to find the total जोड़ना; *v.i.* to amount to कुल जोड़ होना ।

totality टों टै लि टि *n.* entirety संपूर्णता ।

touch[1] टच *v.t.* to come into contact with (के) संपर्क में आना; to put hand on स्पर्श क०, छूना; to reach तक पहुँचना; to affect emotions of (का) हृदय छूना; to deal with (का) ज़िक्र क०; to interfere with के साथ छेड़-छाड़ क० ।

touch[2] *n.* act of touching स्पर्श; contact संपर्क; slight stroke हलकी थपकी ।

touchy ट चि *a.* easily offended, sensitive नाराज़, उत्तेजित, संवेदनशील ।

tough टफ़ *a.* strong मज़बूत, दृढ़; stiff कड़ा, कठोर; difficult कठिन ।

toughen ट फ़ॅन *v.t.* to make tough कड़ा बनाना; *v.i.* to become tough कड़ा होना ।

tour[1] टुअॅ: *n.* travelling round, excursion भ्रमण, यात्रा ।

tour[2] *v.i.* to go on excursion भ्रमण क०; *v.t.* to make tour of का भ्रमण क० ।

tourism टुअॅ रिज़्म *n.* business of organising tours पर्यटन ।

tourist टुअॅ रिस्ट *n.* a person travelling for pleasure पर्यटक ।

tournament टुअॅ: नॅ मॅन्ट, टौ: –*n.* a contest decided by a series of matches खेलकूद-प्रतियोगिता ।

towards टॅ वौ:ड्ज़ *prep.* in the direction of की ओर; in relation to के संबंध में; near के लगभग; for the purpose of के हेतु ।

towel[1] टॉउ अॅल *n.* cloth for drying something तौलिया, गमछा ।

towel[2] *(-ll-) v.t.* to dry or rub with a towel तौलये से पोंछना ।

tower[1] टॉउ अॅ: *n.* a tall narrow building मीनार; fortress क़िला ।

tower[2] *v.i.* to rise to a great height ऊँचा उठना ।

town टॉउन *n.* centre of population larger than a village क़सबा ।

township टॉउन् शिप *a.* small town क़सबा ।

toy[1] टौॅइ *n.* a child's plaything खिलौना ।

toy[2] *v.i.* to trifle खिलवाड़ क० ।

trace[1] ट्रेस *n.* track left by something खोज, निशान; indication संकेत; minute quantity अल्प मात्रा ।

trace[2] *v.t.* to draw out खींचना; to copy by means of tracing paper अनुरेखित क०; to find, to discover ज्ञात क०; to find the track of (का) सुराग़ पा लेना; to describe वर्णन क०, (के) विकास की रूपरेखा प्रस्तुत क० ।

traceable ट्रे सें ब्ल *a.* capable of being trac d खोजने-योग्य ।

track[1] ट्रैक *n.* a path made by use मार्ग; direction दिशा; a set of railway lines रेलपथ; a path laid out for races दौड़-पट्टी, दौड़-मार्ग; trail खोज ।

track[2] *v.t.* to follow trail of खोज पर चलना;to find by following trail खोज निकालना, ढूँढ लेना ।

tract[1] ट्रैक्ट *n.* a wide expance विस्तृत भूभाग ।

tract[2] *n.* pamphlet, treatise पुस्तिका ।

traction ट्रैक् शॅन *n.* action of drawing, pulling कर्षण, खिंचाव ।

tractor ट्रैक् टॅ: *n.* a motor vehicle for pulling ट्रैक्टर ।

trade[1] ट्रेड *n.* commerce व्यापार; buying and selling क्रय-विक्रय; any profitable pursuit लाभकारी धंधा ।

trade[2] *v.i.* to engage in trade व्यापार क०; to buy and sell क्रय-विक्रय क०; *v.t.* to exchange (की) अदला-बदली क० ।

trader ट्रे डॅ: *n.* a merchant व्यापारी ।

tradesman ट्रेड्ज़् मॅन *n.* shopkeeper दुकानदार; a skilled worker कुशल कारीगर ।

tradition ट्रॅ डि शॅन *n.* the handing down from generation to generation of ideas, beliefs, customs, etc. परंपरा ।

traditional ट्रॅ डि शॅ नॅल *a.* pertaining to tradition परंपरागत, पारंपरिक ।

traffic[1] ट्रै फ़िक *n.* the movement of vehicles on roads and streets यातायात; illicit trade अवैध व्यापार ।

traffic[2] *(-ck-) v.i.* to trade in illicit goods अवैध वस्तुओं का व्यापार क० ।

tragedian ट्रॅ जी ड्यॅन *n.* writer of tragedy त्रासदीकार; actor in tragedy त्रासदी-अभिनेता ।

tragedy ट्रै जि डि *n.* a play concerned with suffering and having a sad ending दु:खांत नाटक; a sad or calamitous event दु:खद घटना ।

tragic ट्रै जिक *a.* of tragedy दु:खांत; calamitous अनर्थकारी, विपत्तिपूर्ण ।

trail[1] ट्रेल *n.* track मार्ग; trace खोज, चिह्न; thing that trails पुछल्ला; a rough path पगडंडी ।

trail[2] *v.t.* to drag behind one घसीटना; to hunt by following tracks खोज के आधार पर पीछा क०; *v.i.* to be drawn behind घिसटना; to move wearily धीरे-धीरे चलना ।

trailer ट्रे लॅ: *n.* a vehicle pulled by another यान के पीछे लगा यान; extracts from a film shown to advertise it in advance फ़िल्म की झलकियाँ ।

train[1] ट्रेन *n.* line of railway coaches joined to locomotive रेलगाड़ी; a series, succession क्रम, ताँता; attendants following an important person परिकर ।

train[2] *v.t.* to give teaching and practice प्रशिक्षण देना; to cause (plants) to grow in a particular way (पौधों को) विशेष ढंग से बढ़ाना; to aim (gun, etc.) (बंदूक़ से) निशाना लगाना ।

trainee ट्रे नी *n.* one who is being trained प्रशिक्षणार्थी ।

training ट्रे निङ्ग *n.* practical education प्रशिक्षण ।

trait ट्रेट *n.* a distinguishing feature विशेषता, लक्षण ।

traitor ट्रे टॅ: *n.* one guilty of treason विश्वासघाती, देशद्रोही ।

tram ट्रैम *n.* vehicle running on rails laid on roadway ट्रामगाड़ी ।

trample ट्रैम् पल *v.t.* to tread heavily on कुचलना, रौंदना ।

trance ट्रान्स *n.* unconsciousness बेहोशी; ecstasy आत्मविस्मृति ।

tranquil ट्रैङ् क्विल *a.* calm, quiet शांत ।

tranquility ट्रैङ् क्वि लि टि *n.* tranquil

state शांति ।

tranquillize ट्रैङ् क्वि लॉइज़ *v.t.* to make calm शांत क० ।

transact ट्रैन् ज़ैक्ट, ट्रान्– *v.t.* to carry through संपादित क० ।

transaction ट्रैन् ज़ैक् शॅन, ट्रान्– *n.* the act of transacting संपादन; business transacted संपादित कार्य ।

transcend ट्रैन् सैंन्ड, ट्रान्– *v.t.* to go beyond the range of (human experience, understanding, etc.) (मानव के अनुभव, समझ आदि) से बढ़कर होना ।

transcendent ट्रैन् सैंन् डॅन्ट, ट्रान्– *a.* surpassing, excelling (human experience, etc.) अनुभवातीत ।

transcribe ट्रैन् स्क्राॅइब, ट्रान्– *v.t.* to copy in writing की लिखित प्रतिलिपि तैयार क० ।

transcription ट्रैन् स्क्रिप् शॅन, ट्रान्– *n.* transcribing प्रतिलिपि-लेखन; something transcribed प्रतिलिपि ।

transfer[1] ट्रैन्स् फ़ॅः, ट्रान्स्– *n.* movement from one situation to another स्थानांतरण ।

transfer[2] *(-rr-) v.t.* to move or send from one situation to another स्थानांतरित क० ।

transferable ट्रैन्स् फ़ॅ रॅ बल, ट्रान्स्– *a.* that can be transferred स्थानांतरणीय ।

transfiguration ट्रैन्स् फ़ि ग्यु रे शॅन, ट्रान्स्– *n.* transfiguring रूपांतरण ।

transfigure ट्रैन्स् फ़ि गॅः, ट्रान्स्– *v.t.* to alter the appearance of रूपांतरित क० ।

transform ट्रैन्स् फ़ौःम, ट्रान्स्– to change in appearance or nature (का) रूप बदल देना ।

transformation ट्रैन्स् फ़ॅ मे शॅन, ट्रान्स्– *n.* being transformed रूपांतरण ।

transgress ट्रैन्स् ग्रैसॅ, ट्रान्स्– *v.t.* to go beyond अतिक्रमण क०; to break (law, agreement, etc.) भंग क०; *v.i.* to sin पाप क० ।

transgression ट्रैन्स् ग्रैॅ शॅन, ट्रान्स्– *n.* transgressing अतिक्रमण, उल्लंघन; sin पाप ।

transit ट्रैन् सिट, ट्रान्– *n.* the passing of something from one place to another परिवहन; conveying or being conveyed प्रेषण ।

transition ट्रैन् सि ज़ॅन, ट्रान्– *n.* change from one state to another परिवर्तन ।

transitive ट्रैन् सि टिव, ट्रान्– *a.* (of a verb) having an object सकर्मक (क्रिया) ।

transitory ट्रैन् सि टॅ रि, ट्रान्– *a.* not lasting long अस्थायी ।

translate ट्रैन्स् लेट, ट्रान्स्– *v.t.* to turn from one language into another अनुवाद क० ।

translation ट्रैन्स् ले, ट्रान्स्– *n.* act of translating अनुवाद; something translated अनूदित अंश ।

transmigration ट्रैन्ज़् मॉइ ग्रे शॅन, ट्रान्ज़्– *n.* passage (of soul) into another body देहांतरण, पुनर्जन्म ।

transmission ट्रैन्ज़् मि शॅन, ट्रान्ज़्– *n.* transference संचारण, प्रेषण ।

transmit ट्रैन्ज़् मिट, ट्रान्ज़्– *(-tt-) v.t.* to pass on. प्रेषित क०; to communicate पहुँचाना ।

transmitter ट्रैन्ज़् मि टॅः, ट्रान्ज़्– *n.* somebody or something that transmits प्रेषक ।

transparent ट्रैन्स् पेंॲं रॅन्ट, ट्रान्स्– *a.* that can be seen through पारदर्शी; obvious स्पष्ट ।

transplant ट्रैन्स् प्लान्ट, ट्रान्स्– *v.t.* to move and plant in another place

प्रतिरोपित क० ।

transport[1] ट्रैन्स् पौःट, ट्रान्स्– *v.t.* to carry from one place to another ले जाना; to enrapture आनंदविभोर क० ।

transport[2] *n.* conveying or being conveyed परिवहन; means of carrying परिवहन-साधन ।

transportation ट्रैन्स् पौः टे शॅन *n.* transporting परिवहन ।

trap[1] ट्रैप *n.* device for catching animals ढका हुआ गड्ढा; U shapd section of a drain pipe पाइप का U के आकार का मोड़ ।

trap[2] *(-pp-) v.t.* to take in a trap जाल में फँसाना; to capture by trick धोखा देकर पकड़ना ।

trash ट्रैश *n.* worthless material कूड़ा-करकट ।

travel[1] ट्रै व्ल *(-ll-) v.i.* to make a journey यात्रा क०; to move, to go चलना ।

travel[2] *n.* travelling यात्रा ।

traveller ट्रै वॅ लॅः *n.* person on a journey यात्री ।

tray ट्रे *n.* a flat receptacle of wood, metal, etc. used for carrying small articles ट्रे ।

treacherous ट्रै चॅ रॅस *a.* disloyal विश्वासघाती; unreliable अविश्वसनीय; deceitful धोखेबाज़ ।

treachery ट्रै चॅ रि *n.* betrayal विश्वासघात; deceit धोखा ।

tread[1] ट्रॅड *v.t.* to set foot on (पर) पैर रखना या चलना; to trample कुचलना, रौंदना; to oppress दमन क० ।

tread[2] *n.* act or manner of stepping पदचाप; treading गमन, चलने की क्रिया; upper surface of step पैड़ी का ऊपरी तल; part of rubber tyre in contact with ground टायर का बाहरी भाग ।

treason ट्री ज़न *n.* disloyalty निष्ठाहीनता; betrayal of trust विश्वासघात ।

treasure[1] ट्रॅ ज़ॅः *n.* stored wealth भंडार, ख़ज़ाना; riches धन-दौलत ।

treasure[2] *v.t.* to store up संचित क०; to prize बहुमूल्य समझना; to cherish सँजोना ।

treasurer ट्रॅ ज़ॅ रॅः *n.* official in charge of funds कोषाध्यक्ष ।

treasury ट्रॅ ज़ॅ रि *n.* place for treasure ख़ज़ाना; government department in charge of finance राजकोष ।

treat[1] ट्रीट *v.t.* to deal with बरताव क०, पेश आना; to regard समझना, मानना; to give medical care to इलाज क०; (with *'of'*) to discourse on विवेचन क०; to entertain at one's expense (की) आवभगत क० ।

treat[2] *n.* a special pleasure मनोरंजन, आनंद; feast दावत ।

treatise ट्री टिज़ *n.* a long essay dealing with a particular subject प्रबंध, विस्तृत निबंध ।

treatment ट्रीट् मॅन्ट *n.* act or manner of treating व्यवहार; manner of handling संपादन; a doctor's dealing with an illness इलाज ।

treaty ट्री टि *n.* a signed contract between states संधि, समझौता ।

tree ट्री *n.* a large plant पेड़; a diagram showing the descent of a family वंशवृक्ष ।

trek[1] ट्रॅक *(-kk-) v.i.* to make a long, difficult journey on foot पैदल लंबी व कठोर यात्रा क०, पैदल चलना ।

trek[2] *n.* a long, difficult journey on foot लंबी, कठोर पैदल यात्रा ।

tremble ट्रॅम् ब्ल *v.i.* to shiver काँपना; to shake हिलना; to feel anxiety चिंतित होना ।

tremendous ट्रि मैंन् डॅस *a.* vast,

immense विशाल; amazing आश्चर्यजनक ।

tremor ट्रैॅ मॅं: *n.* shaking कंपन; minor earthquake भूकंप का हलका झटका ।

trench[1] ट्रैन्च *n.* a long, narrow ditch खाई, ख़ंदक़ ।

trench[2] *v.t.* to surround with a trench के चारों ओर खाई खोदना; to cut grooves in में खाँचा बनाना ।

trend ट्रैन्ड *n.* direction, tendency रुख़, प्रवृत्ति ।

trespass[1] ट्रैस् पॅस *v.i.* to intrude on property of another अनधिकार प्रवेश क०; to encroach अतिक्रमण क० ।

trespass[2] *n.* act of trespassing अतिक्रमण ।

trial ट्रॉइ ॲल *n.* act of testing जाँच, परीक्षण; severe affliction मुसीबत, संकट; court-hearing मुक़दमा ।

triangle ट्रॉइ ऐङ् ग्ल *n.* a figure with three angles त्रिभुज ।

triangular ट्राइ ऐङ् ग्यु लॅं: *a.* in the shape of a triangle त्रिभुजाकार ।

tribal ट्रॉइ ब्ल *a.* of a tribe or tribes जनजातीय ।

tribe ट्रॉइब *n.* a primitive race जनजाति; a large family descended from one ancestor वंश ।

tribulation ट्रि ब्यु ले शॅन *n.* misery, trouble, affliction मुसीबत, संकट ।

tribunal ट्रॉइ ब्यू न्ल, ट्रि– *n.* a court of justice न्यायालय; body appointed to inquire into and decide a specific matter न्यायाधिकरण ।

tributary[1] ट्रि ब्यु टॅ रि *n.* stream flowing into another सहायक नदी ।

tributary[2] *a.* anxiliary सहायक; contributory सहयोगी, सहकारी; paying tribute करदायी ।

trick[1] ट्रिक *n.* deception धोखा; feat of skill चाल, चालाकी; illusion भ्रम; knack तरीक़ा ।

trick[2] *v.t.* to cheat, to deceive धोखा देना ।

trickery ट्रि कॅ रि *n.* deception धोखा ।

trickle ट्रि क्ल *v.i.* to flow gently or in small drops टपकना; *v.t.* to cause to flow in small drops टपकाना ।

trickster ट्रिक् स्टॅ: *n.* a cheat, one who practises trickery कपटी, धोखेबाज़ ।

tricky ट्रि कि *a.* crafty चालाक; difficult, involved जटिल ।

tricolour[1] ट्रि कॅ लॅं: *a.* three coloured तिरंगा ।

tricolour[2] *n.* tricolour flag तिरंगा झंडा ।

tricycle ट्रॉइ सि क्ल *n.* three-wheeled cycle तिपहिया साइकिल ।

trifle[1] ट्रॉइ फ़्ल *n.* something insignificant नगण्य वस्तु; small amount अल्पमात्रा ।

trifle[2] *v.i.* to toy खिलवाड़ क०; not to treat seriously मज़ाक़ में लेना ।

trigger ट्रि गॅ: *n.* catch or lever of a gun लिबलिबी, घोड़ा ।

trim[1] ट्रिम *a.* neat, tidy साफ़-सुथरा ।

trim[2] *n.* decoration सज्जा; state of being trim साफ़-सुथरापन ।

trim[3] *(-mm-) v.t.* to prune छाँटना; to decorate सजाना; to adjust सँवारना; to put in good order सुव्यवस्थित क० ।

trinity ट्रि नि टि *n.* a group of three त्रिक, त्रयी; state of being three त्रित्व ।

trio ट्री ओ *n.* a set of three त्रिक, त्रयी ।

trip[1] ट्रिप *(-pp-) v.t.* to cause to stumble गिरा देना; to cause to mistake ग़लती कराना; *v.i.* to skip फुदकना; to dance नाचना; to stumble ठोकर खाना; to mistake चूक जाना ।

trip[2] *n.* a short journey for pleasure सैर; stumble लड़खड़ाहट; nimble step फुदकन; error भूल-चूक ।

tripartite ट्रॉइ पा: टॉइट *a.* having three

parts त्रिपक्षीय, त्रिभागी ।

triple[1] ट्रि प्ल *a.* threefold तिगुना ।

triple[2] *v.t., v.i.* to treble तिगुना क० या होना ।

triplicate[1] ट्रिप् लि किट *a.* threefold तिगुना ।

triplicate[2] *n.* one of a set of three copies तीन प्रतियों में से एक ।

triplicate[3] ट्रिप् लि केट *v.t.* to make threefold तिगुना क० ।

triplication ट्रिप् लि के शॅन *n.* making threefold त्रिगुणन ।

tripod ट्रॉइ पौँ ड *n.* stool, stand, etc. with three legs तिपाई ।

triumph[1] ट्रॉइ ॲम्फ़ *n.* victory, success विजय, सफलता; joy in a victory विजयोल्लास ।

triumph[2] *v.i.* to achieve victory or success विजय या सफलता प्राप्त क०; to exult खुशी मनाना ।

triumphal ट्रॉइ अम् फ़ॅल *a.* of victory विजय-संबंधी; for victory विजय-हेतु ।

triumphant ट्रॉइ अम् फॅन्ट *a.* having triumphed विजयी; showing joy in victory विजयोल्लसित ।

trivial ट्रि वि ॲल *a.* trifling नगण्य; slight हलका ।

troop[1] ट्रूप *n.* a group of persons or animals दल, टोली; a unit of cavalry रिसाला; *(pl.)* soldiers सैनिक ।

troop[2] *v.i.* to move in a troop टोली में चलना ।

trooper ट्रू पॅ: *n.* a horse-soldier घुड़सवार सैनिक ।

trophy ट्रो फि *n.* prize, award पुरस्कार, पारितोषिक; memorial of victory विजय-स्मारक ।

tropic ट्रौँ पिक *n.* one of the two imaginary circles between the equator and the poles कर्क अथवा मकर रेखा ।

tropical ट्रौँ पि कॅल *a.* pertaining to the tropics उष्णकटिबंधीय; very hot अति उष्ण ।

trot[1] ट्रौँ ट *(–tt–) v.i.* (of a horse) to move at medium pace दुलकी चलना; *v.t.* to cause a horse to move thus दुलकी चलाना ।

trot[2] *n.* the pace between a walk and a canter दुलकी ।

trouble[1] ट्र ब्ल *n.* disturbance व्यवधान; worry चिंता; a difficulty कठिनाई ।

trouble[2] *v.t.* to cause worry to चिंतित क०; to annoy परेशान क०; *v.i.* to take pains कष्ट उठाना ।

troublesome ट्र ब्ल् सॅम *a.* causing trouble कष्टप्रद, चिंताजनक, असुविधाजनक ।

troupe ट्रूप *n.* a company of performers मंडली ।

trousers ट्रॉउ ज़ॅ: स *n. pl.* two legged outer garment covering the body from waist to ankles पतलून, पायजामा ।

trowel ट्रॉउ ॲल *n.* flat-bladed tool for spreading mortar करनी ।

truce ट्रूस *n.* temporary cessation of fighting युद्धविराम ।

truck ट्रक *n.* a wheeled vehicle for moving goods ट्रक ।

true ट्रू *a.* in accordance with facts तथ्यात्मक; faithful निष्ठावान; exact, correct सही, शुद्ध; genuine खरा, असली ।

trump[1] ट्रम्प *n.* card of suit temporarily ranking above others तुरुप ।

trump[2] *v.t.* to play a trump card on (पर) तुरुप मारना ।

trumpet[1] ट्रम् पिट *n.* a brass wind instrument तुरही ।

trumpet[2] *v.i.* to blow a trumpet तुरही

बजाना; to make a noise like a trumpet तुरही जैसा शोर क०; *v.t.* to advertise loudly ज़ोर-ज़ोर से प्रचार क० ।

trunk ट्रङ्क *n.* main stem of a tree पेड़ का तना; a person's body excluding head and limbs धड़; box for clothes बक्स, संदूक़; the snout of an elephant हाथी की सूँड ।

trust[1] ट्रस्ट *n.* confidence विश्वास; firm belief आस्था; reliance भरोसा; responsibility दायित्व; combination of producers for mutual benefit न्यास; property held for another धरोहर ।

trust[2] *v.t.* to rely on (पर) भरोसा क०; to believe in (का) विश्वास क०; to expect, to hope आशा क०; to entrust सौंपना ।

trustee ट्रस् **टी** *n.* a person who holds property in trust for another न्यासी ।

trustful **ट्रस्ट्** फुल *a.* inclined to trust विश्वासी ।

trustworthy **ट्रस्ट्** वॅ: दि *a.* reliable भरोसे का; dependable निर्भर करने-योग्य; honest ईमानदार ।

trusty **ट्रस्** टि *a.* faithful निष्ठावान; reliable विश्वसनीय ।

truth ट्रूथ *n.* state of being true सच्चाई; something that is true वास्तविकता ।

truthful **ट्रूथ्** फुल *a.* accustomed to speak the truth सत्यवादी; accurate, exact सही, सच ।

try[1] ट्रॉइ *v.i.* to attempt, to endeavour प्रयत्न क०; *v.t.* to test जाँचना, परखना; to strain दबाव डालना; to put on trial in a law court मुक़दमा चलाना ।

try[2] *n.* effort प्रयत्न ।

trying **ट्राइ** इङ्ग *a.* upsetting चिंताजनक; annoying परेशान करनेवाला; difficult दुष्कर ।

tryst ट्रिस्ट *n.* appointment to meet पूर्व निश्चित भेंट; place appointed मिलन-स्थल ।

tub टब *n.* open, wooden vessel like bottom half of barrel टब, नाँद; small, round container गोल बरतन; bath स्नान ।

tube ट्यूब *n.* a long, hollow cylinder नली; flexible cylinder with cap to hold paste etc. ट्यूब; underground railway भूमिगत रेल-प्रणाली ।

tuberculosis ट्यु बॅ: क्यु **लो** सिस *n.* a wasting disease of the lungs क्षय रोग, तपेदिक़ ।

tubular **ट्यू** ब्यु लॅ: *a.* like a tube नलिकाकार ।

tug टग *(-gg-)v.t.* to pull hard ज़ोर से खींचना; to drag घसीटना ।

tuition ट्यु **इ** शॅन *n.* private teaching अनुशिक्षण ।

tumble[1] **टम्** ब्ल *v.i.* to fall गिर जाना; to roll about लुढ़कना, करवटें बदलना; *v.t.* to cause to fall गिरा देना; to throw carelessly फेंक देना ।

tumble[2] *n.* a fall गिराव, पतन; state of disorder अव्यवस्था ।

tumbler **टम्ब्** लॅ: *n.* a flat bottomed drinking glass गिलास; acrobat कलाबाज़ ।

tumour **ट्यू** मॅ: *n.* an abnormal growth in or on the body अर्बुद ।

tumult **ट्यू** मल्ट *n.* violent uproar तीव्र कोलाहल, शोर ।

tumultuous ट्यु **मल्** ट्यु ॲस *a.* noisy कोलाहलपूर्ण ।

tune[1] ट्यून *n.* melody धुन; correctness of pitch स्वरसंगति; harmony सामंजस्य, ताल-मेल ।

tune[2] *v.t.* to put in tune समस्वरित क०; to adjust the mechanism of (की) ट्यूनिंग क० ।

tunnel[1] **ट** न्ल *n.* underground

passage सुरंग ।

tunnel[2] *(-ll-) v.i.* to make a tunnel सुरंग बनाना; *v.t.* to make a tunnel throngh के आर-पार सुरंग बनाना ।

turban टॅः बॅन *n.* man's headdress पगड़ी, साफ़ा ।

turbine टॅः बॉइन, –बिन *n.* an engine driven by a stream of water, steam or gas टरबाइन ।

turbulence टॅः ब्यु लॅन्स *n.* disorder गड़बड़ी, अशांति; violence उग्रता, उपद्रव ।

turbulent टॅः ब्यु लॅन्ट *a.* disturbed अशांत; disorderly अस्त-व्यस्त; violent उग्र ।

turf टॅ:फ *n.* top layer of soil matted with grass तृणभूमि ।

turkey टॅः कि *n.* a large bird reared for food पीरू ।

turmeric टॅः मॅ रिक *n.* हल्दी ।

turmoil टॅः मौँ इल *n.* confusion घबराहट; commotion खलबली; agitation हलचल ।

turn[1] टॅ:न *v.i.* to revolve घूमना; to change direction मुड़ना; to change बदल जाना; *v.t.* to cause to go round घुमाना; to alter direction of मोड़ना; to convert परिवर्तित क०; to shape on lathe गढ़ना, खरादना ।

turn[2] *n.* act of turning घुमाव; revolution चक्कर; a change in direction मोड़; a bend मोड़; a change of state परिवर्तन; period, spell पारी ।

turner टॅः नॅः *n.* person who works with a lathe ख़रादी ।

turnip टॅः निप *n.* a plant with an edible root शलजम ।

turpentine टॅः पॅन् टॉइन *n.* an oil used in painting तारपीन ।

turtle टॅः ट्ल *n.* sea tortoise समुद्री कच्छप ।

tusk टस्क *n.* long side tooth sticking out from the closed mouth गजदंत, खाँग ।

tussle[1] **ट** स्ल *n.* a struggle संघर्ष ।

tussle[2] *v.i.* to struggle संघर्ष क० ।

tutor **ट्यू** टॅः *n.* private teacher निजी शिक्षक ।

tutorial[1] ट्यु **टौ** रि ॲल *a.* pertaining to a tutor शिक्षकीय ।

tutorial[2] *n.* a period of instruction by a tutor निजी शिक्षक के शिक्षण का समय ।

twelfth[1] ट्वैल्फ़्थ *a.* the last of twelve बारहवाँ ।

twelfth[2] *n.* one of twelve equal parts बारहवाँ भाग ।

twelve[1] ट्वैल्व *n.* the number next above eleven बारह की संख्या (12) ।

twelve[2] *a.* one more than eleven बारह ।

twentieth[1] **ट्वैन्** टि इथ *a.* last of twenty बीसवाँ ।

twentieth[2] *n.* one of twenty equal parts बीसवाँ भाग ।

twenty[1] **ट्वैन्** टि *a.* twice ten बीस (20) ।

twenty[2] *n.* the number twice ten बीस की संख्या ।

twice ट्वॉइस *adv.* two times दो बार ।

twig ट्विग *n.* a small branch टहनी ।

twilight **ट्वॉइ** लॉइट *n.* faint light before sunrise or after sun-set धुँधला प्रकाश ।

twin[1] ट्विन *n.* one of two born together जुड़वाँ जोड़े में से एक ।

twin[2] *a.* being a twin जुड़वाँ ।

twinkle[1] **ट्विङ्** क्ल *v.i.* to shine with a wavering light झिलमिलाना; to sparkle चमकना ।

twinkle[2] *n.* act of twinkling झिलमिलाहट, चमक ।

twist[1] ट्विस्ट *v.t.* to wind together गूथना; to bend out of shape ऐंठ या

मरोड़ देना; to wrench मुड़काना; to distort विकृत क०; to wind ऐंठना; *v.i.* to curve मुड़ना, घूमना ।

twist[2] *n.* act of twisting ऐंठन; a wrench मरोड़; distortion विरूपण ।

twitter[1] **ट्वि** टॅ: *n.* chirping चहक, चहचहाहट ।

twitter[2] *v.i.* to chirp चहकना ।

two[1] टू *n.* the number next above one दो की संख्या (2) ।

two[2] *a.* next above one दो ।

twofold टू फ़ोल्ड *a.* double दोगुना ।

type[1] टॉइप *n.* class श्रेणी; sort प्रकार; pattern नमूना; block bearing a letter used for printing टाइप ।

type[2] *v.t.* to print with type-writer टंकित क० ।

typhoid टॉइ फ़ौ इड *n.* acute fever affecting intestines आंत्रज्वर, मियादी बुख़ार ।

typhoon टॉइ **फ़ून** *n.* violent storm प्रचंड तूफ़ान ।

typhus टॉइ फ़ॅस *n.* fever with dark spots on body तंद्रिक ज्वर ।

typical टि पि कॅल *a.* true to type प्रारूपिक; characteristic विशिष्ट ।

typify टि पि फ़ॉइ *v.t.* to serve as type/model of (का) प्रारूप होना ।

typist टॉइ पिस्ट *n.* one who operates type-writer टंकक ।

tyranny टि रॅ नि *n.* harsh and unjust rule तानाशाही, निरंकुशता; oppression अत्याचार, नृशंसता ।

tyrant टॉइ रॅन्ट *n.* a cruel, harsh ruler तानाशाह, निरंकुश शासक ।

tyre टॉइअॅ: *n.* rubber ring over rim of road vehicle टायर ।

U

udder अ डॅ: *n.* milk-secreting organ of a cow etc. अयन ।

uglify अग् लि फ़ॉइ *v.t.* to make ugly कुरूप बनाना, बिगाड़ना ।

ugliness अग् लि निस *n.* quality of being ugly कुरूपता ।

ugly अग् लि *a.* unpleasant to look at कुरूप, भद्दा; dangerous ख़तरनाक ।

ulcer अल् सॅ: *n.* an infected spot on the body फोड़ा, व्रण ।

ulcerous अल् सॅ रॅस *a.* of ulcer व्रणीय; having an ulcer व्रणयुक्त ।

ulterior अल् **टिअॅ:** रि अॅ: *a.* concealed, hidden गुप्त; situated beyond बाह्य; remote दूरस्थ; undisclosed परोक्ष ।

ultimate अल् टि मिट *a.* last अंतिम; most significant सर्वोच्च महत्त्व का ।

ultimately अल् टि मिट् लि *adv.* finally अंततः ।

ultimatum अल् टि **मे** टॅम *n.* final terms offered अंतिमेत्थम, अंतिम शर्त ।

umbrella अम् **ब्रै** लॅ *n.* a covered light framework used to give protection against rain, sun, etc. छाता ।

umpire[1] **अम्** पॉइअॅ: *n.* referee

निर्णायक।

umpire[2] *v.t., v.i.* to act as umpire (in) (में) निर्णायक होना।

unable अन् **ए** ब्ल *a.* not able असमर्थ।

unanimity यू नॅ **नि** मि टि *n.* state of being unanimous मतैक्य, सर्वसम्मति।

unanimous यु **नै** नि मॅस *a.* in complete agreement सर्वसम्मत।

unaware अन् ॲ **वे`ॲ** *a.* not knowing, ignorant अनभिज्ञ, अनजान।

unawares अन् ॲ **वे`ॲ:ज़** *adv.* unknowingly अनजाने में; unexpectedly अकस्मात्।

unburden अन् **बॅ:** ड्न *v.t.* to relieve of a load का बोझ उतारना।

uncanny अन् **कै** नि *a.* weird, mysterious अलौकिक, रहस्यमय।

uncertain अन् **सॅ:** ट्न *a.* changing constantly परिवर्तनशील; doubtful अनिश्चित, संदिग्ध; irresolute ढुलमुल।

uncle **अङ्** क्ल *n.* brother of father ताऊ, चाचा; brother of mother मामा।

uncouth अन् **कूथ** *a.* rough, clumsy भद्दा; boorish गँवार; vulgar असभ्य।

under[1] **अन्** डॅ: *prep.* below के नीचे; less than से कम; subordinate to के मातहत; included in में शामिल; in the time of के समय में; known by की जानकारी में।

under[2] *adv.* in lower place or condition नीचे, नीचे की ओर।

under[3] *a.* lower नीचे वाला।

undercurrent **अन्** डॅ: क रॅन्ट *n.* current running under the surface अंतर्धारा।

underdog **अन्** डॅ: डौग *n.* one who is ill-used दलित व्यक्ति।

undergo **अन्** डॅ: गो, अन् डॅ: **गो** *v.t.* to experience, to pass through भुगतना, सहना, से गुज़रना।

undergraduate अन् डॅ: **ग्रै** ड्यु इट *n.* a student who has not yet taken a degree पूर्वस्नातक।

underhand अन् डॅ: **हैन्ड** *a.* sly, secret चालाकीपूर्ण, गुप्त।

underline अन् डॅ: **लॉइन** *v.t.* to put line under रेखांकित क०; to emphasize पर बल देना।

undermine अन् डॅ: **मॉइन** *v.t.* to make a tunnel under के नीचे सुरंग बनाना; to weaken gradually दुर्बल या क्षीण क०।

underneath[1] अन् डॅ: **नीथ** *adv.* below नीचे।

underneath[2] *prep.* under के नीचे।

understand अन् डॅ: **स्टैन्ड** *v.t.* to grasp the meaning of (का) अर्थ समझना; to take for granted मानना।

undertake अन् डॅ: **टेक** *v.t.* to make oneself responsible for (का) दायित्व लेना; to enter upon चालू क०; to promise वचन देना।

undertone **अन्** डॅ: टोन *n.* low tone मंद स्वर; underlying quality आंतरिक गुण।

underwear **अन्** डॅ: वेंॲ: *n.* underclothing अधोवस्त्र, अंतरीय।

underworld **अन्** डॅ: वॅ:ल्ड *n.* criminals and their associates अपराधी वर्ग, निम्नवर्ग; abode of the dead अधोलोक।

undo अन् **डू** *v.t.* to ruin नष्ट क०; to unfasten, to open खोलना।

undue अन् **ड्यू** *a.* improper अनुचित; excessive बहुत अधिक।

undulate **अन्** ड्यू लेट *v.i.* to move up and down like waves लहराना, लहरदार होना।

undulation अन् ड्यू **ले** शॅन *n.* act of undulating तरंगण, लहराने की क्रिया।

unearth अन् **ॲ:थ** *v.t.* to dig up खोदकर निकालना; to discover खोजना।

uneasy अन् **ई** ज़ि *a.* restless बेचैन, अशांत; anxious चिंतित।

unfair अन् **फ़ेंॲ:** *a.* unjust अनुचित,

अन्यायपूर्ण ।

unfold अन् फ़ोल्ड *v.t.* to open, to spread out खोलना, फैलाना; to reveal प्रकट क० ।

unfortunate अन् फ़ौ: चॅ निट *a.* unlucky दुर्भाग्यपूर्ण; regrettable खेदजनक ।

ungainly अन् गेन् लि. *a.* awkward, clumsy भद्दा ।

unhappy अन् है पि *a.* sorrowful दु:खद, दु:खपूर्ण; not suitable अनुपयुक्त ।

unification यू नि फ़ि के शॅन *n.* act of unifying एकीकरण; state of being unified एकीभवन ।

union यू न्यॅन *n.* joining into one संयोजन; state of being joined एकता; federation संघ ।

unionist यू न्यॅ निस्ट *n.* supporter of union संघवादी ।.

unique यू नीक *a.* having no equal अद्वितीय ।

unison यू नि ज़्न *n.* the same pitch स्वरैक्य; harmony सामंजस्य ।

unit यू निट *n.* single thing or person इकाई; standard quantity मात्रक; group of people or things with one purpose श्रेणी ।

unite यू नॉइट *v.t.* to join into one एक क०, मिलाना; to connect जोड़ना; to associate से मिलना; *v.i.* to become one एक होना; to combine जुड़ जाना, मिलना ।

unity यू नि टि *n.* state of being one एकता; harmony सामंजस्य; uniformity एकरूपता ।

universal यू नि वॅं: सॅल *a.* relating to all things or all people विश्वव्यापी ।

universality यू नि वॅं: सै लि टि *n.* quality of being universal विश्वव्यापकता ।

universe यू नि वॅं:स *n.* the whole of creation, sun, stars and everything that exists विश्व, ब्रह्मांड ।

university यू नि वॅं: सि टि *n.* an educational institution for higher studies विश्वविद्यालय ।

unjust अन् जस्ट *a.* unfair अन्यायी, अन्यायपूर्ण ।

unless अन् लैसॅ *conj.* if not यदि नहीं ।

unlike[1] अन् लॉइक *a.* not similar असमान ।

unlike[2] *prep.* different from से भिन्न ।

unlikely अन् लॉइक् लि *a.* improbable असंभाव्य ।

unmanned अन् मैन्ड *a.* not provided with a crew कर्मीदलरहित ।

unmannerly अन् मै नॅ: लि *a.* rude, ill-bred अशिष्ट, असभ्य ।

unprincipled अन् प्रिन् सि प्ल्ड *a.* dishonest बेईमान; without any principles सिद्धांतहीन ।

unreliable अन् रि लॉइ अॅ ब्ल *a.* that cannot be relied upon अविश्वसनीय ।

unrest अन् रैस्ट *n.* disturbed condition अशांति; restlessness बेचैनी ।

unruly अन् रू लि *a.* badly behaved, disorderly उपद्रवी, उच्छृंखल; uncontrolled अनियंत्रित ।

unsettle अन् सै ट्ल *v.t.* to upset, to distress अशांत क०; to disturb अस्तव्यस्त क० ।

unsheathe अन् शीद *v.t.* to take out of the sheath म्यान से निकालना ।

until[1] अन् टिल *prep.* upto the time of तक ।

until[2] *conj.* to the time that जब तक कि ।

untoward अन् टॉ अॅ:ड *a.* inconvenient असुविधाजनक; unfortunate दुर्भाग्यपूर्ण ।

unwell अॅन् वैलॅ *a.* not well अस्वस्थ ।

unwittingly अन् वि टिङ्ग् लि *adv.*

unknowingly अनजाने में।

up[1] अप *adv.* to a higher position ऊपर की ओर; completely पूर्ण रूप से; finished समाप्त।

up[2] *prep.* to a higher level of के ऊपर; along के साथ-साथ।

upbraid अप् **ब्रेड** *v.t.* to reproach फटकारना।

upheaval अप् **ही** वॅल *n.* a violent disturbance उथल-पुथल।

uphold अप् **होल्ड** *v.t* to support सँभालना; to maintain क़ायम रखना।

upkeep **अप्** कीप *n.* act, process or cost of keeping something in good repair अनुरक्षण, मरम्मत।

uplift[1] अप् **लिफ़्ट** *v.t.* to lift up ऊपर उठाना; to improve सुधारना।

uplift[2] **अप्** लिफ़्ट *n.* lifting up उत्थान; improvement सुधार, विकास।

upon अॅ **पॉन** *prep.* on पर, के ऊपर

upper **अ** पॅ: *a.* higher, situated above ऊपरी, ऊपर वाला।

upright **अप्** रॉइट *a.* erect, खड़ा, सीधा; honest सच्चा, ईमानदार।

uprising अप् **रॉइ** ज़िङ्ग, **अप्** रॉइ – *n.* a revolt उपद्रव।

uproar **अप्** रौ: *n.* tumult कोलाहल; disturbance गुलगपाड़ा।

uproarious अप् **रौ** रि अॅस *a.* very noisy कोलाहलपूर्ण।

uproot अप् **रूट** *v.t.* to pull out by the roots उखाड़ना।

upset अप् **सैॅट** *(–tt–)* *v.t.* to turn upside down उलटना; to distress परेशान या चिंतित क०।

upshot **अप्** शॉट *n.* outcome, result परिणाम।

upstart **अप्** स्टा:ट *n.* one who has gained power or wealth quickly कल का नवाब।

up-to-date अप् टॅ **डेट** *a.* of the present time सामयिक; of the newest sort आधुनिकतम, नवीनतम।

upward **अप्** वॅ:ड *a.* moving up ऊर्ध्वगामी।

upwards **अप्** वॅ:ड्ज़ *adv.* towards a higher place ऊपर की ओर।

urban **अॅ:** बॅन *a.* concerned with a town नगरीय।

urbane अॅ: **बेन** *a.* civilized, refined सुसभ्य, शिष्ट।

urbanity अॅ: **बै** नि टि *n.* refinement सौम्यता; politeness सुसभ्यता, विनम्रता।

urchin **अॅ:** चिन *n.* a mischievous young boy नटखट लड़का।

urge[1] अॅ:ज *v.t.* to exhort earnestly समझाना; to entreat विनती क०; to drive on प्रेरित क०।

urge[2] *n.* strong desire तीव्र इच्छा अथवा हाजत।

urgency **अॅ:** जॅन् सि *n.* quality or state of being urgent अत्यावश्यकता।

urgent **अॅ:** जॅन्ट *a.* pressing अत्यंत महत्त्वपूर्ण; needing attention at once अति आवश्यक।

urinal **युअॅ** रि न्‌ल *n.* place for urination मूत्रालय; a vessel into which urine may be passed मूत्रपात्र।

urinary **युअॅ** रि नॅ रि *a.* of urine मूत्रीय।

urinate **युअॅ** रि नेट *v.i.* to discharge urine लघुशंका क०।

urination युअॅ रि **ने** शॅन *n.* act of urinating मूत्र-त्याग।

urine **युअॅ** रिन *n.* the waste fluid that is passed out of the body मूत्र।

urn अॅ:न *n.* a metal vessel for serving tea and other liquids कलश; a vessel for the ashes of the dead भस्म-कलश, अस्थि-कलश।

usage **यू** ज़िज *n.* act of using प्रयोग; custom प्रथा; method of using प्रयोग का ढंग।

use[1] यूस *n.* value उपयोगिता; ability to use प्रयोग करने की क्षमता; right to use प्रयोगाधिकार; profit लाभ ।

use[2] यूज़ *v.t.* to employ काम में लाना; to consume प्रयोग-द्वारा समाप्त क०; to treat (से) व्यवहार क० ।

useful यूस् फुल *a.* of use उपयोगी; helpful सहायक; serviceable प्रयोज्य ।

usher[1] अ शॅ: *n.* one showing people to seats प्रवेशक ।

usher[2] *v.t.* to act as an usher to अंदर ले जाना; to introduce (का) सूत्रपात क०; to announce घोषित क० ।

usual यू ज़ु अॅल *a.* normal, ordinary सामान्य ।

usually यू ज़ु अॅ लि *adv.* as a rule नियमतः; generally सामान्यतः ।

usurer यू ज़ॅ रॅ: *n.* person whose business is usury सूदख़ोर ।

usurp यू ज़ॅ:प *v.t.* to seize wrongfully हड़पना, हथियाना ।

usurpation यू जॅ: पे शॅन *n.* act of usurping अनधिकार ग्रहण ।

usury यू ज़ु रि, –ज़ॅ:– *n.* lending of money at excessive interest सूदख़ोरी; excessive interest ब्याज की ऊँची दर ।

utensil यू टैॅन् सल, –सिल *n.* vessel बरतन; implement in domestic use घरेलू उपकरण ।

uterus यू टॅ रॅस *n. (pl. uteri)* womb गर्भाशय ।

utilitarian यू टि लि टेॅ अॅ रि अॅन *a.* useful rather than beautiful उपयोगी ।

utility यू टि लि टि *n.* usefulness उपयोगिता; benefit लाभ; something useful उपयोगी वस्तु ।

utilization यू टि लॉइ ज़े शॅन *n.* act of utilising उपयोग, प्रयोग ।

utilize यू टि लॉइज़ *v.t.* to make use of प्रयोग क० ।

utmost[1] अद् मोस्ट *a.* farthest दूरतम; greatest अधिकतम ।

utmost[2] *n.* greatest possible amount अधिकतम मात्रा ।

utopia यू टो प्यॅ *n.* an imaginary state where everything is perfect आदर्श राज्य ।

utopian यू टो पि अॅन *a.* ideally perfect आदर्श; impracticable अव्यावहारिक ।

utter[1] अ टॅ: *v.t.* to make (sound) with the mouth मुँह से (ध्वनि) उत्पन्न क०; to say कहना; to put (false money, etc.) into circulation (जाली मुद्रा) चलाना ।

utter[2] *a.* complete, absolute पूर्ण, निरा ।

utterance अ टॅ रॅन्स *n.* way of speaking बोली; something said कथन; expression अभिव्यक्ति ।

utterly अ टॅ: लि *adv.* completely पूर्णतया ।

V

vacancy वे कॅन् सि *n.* emptiness ख़ालीपन; unfilled post रिक्त पद ।

vacant वे कॅन्ट *a.* unoccupied ख़ाली, रिक्त; showing lack of understanding समझ-रहित ।

vacate वें केट *v.t.* to leave empty ख़ाली क॰; to give up (a job, a house etc.) (पद, मकान आदि) त्यागना ।

vacation वॅ के शॅन *n.* a holiday अवकाश; act of vacating परित्याग ।

vaccinate वैक् सि नेट *v.t.* to inject with a vaccine टीका लगाना ।

vaccination वैक् सि ने शॅन *n.* inocculation with a vaccine टीकाकरण ।

vaccinator वैक् सि ने टॅ: *n.* one who inocculates with a vaccine टीका लगाने वाला ।

vaccine वैक् सीन *n.* substance used for inocculation टीका-द्रव्य ।

vacillate वै सि लेट *v.i.* to waver डावाँडोल होना; to hesitate हिचकिचाना ।

vacuum वै क्यु अॅम *n.* (*pl. vacuums, vacua)* space completely empty of substance or gas शून्य, निर्वात ।

vagabond[1] वै गॅ बौन्ड *n.* person with no fixed home आवारा, घुमक्कड़ व्यक्ति ।

vagabond[2] *a.* roving घुमंतू ।

vagary वे गॅ रि *n.* whim, eccentricity सनक, मौज ।

vagina वॅ जॉइ नॅ passage from womb to exterior योनि ।

vague वेग *a.* not clear अस्पष्ट ।

vagueness वेग् निस *n.* quality of being vague अस्पष्टता ।

vain वेन *a.* useless व्यर्थ; foolish मूर्ख, मूर्खतापूर्ण; conceited दंभी, अहंकारी ।

vainglorious वेन् ग्लौ रि अॅस *a.* boastful दंभी ।

vainglory वेन् ग्लौ रि *n.* boastfulness दंभ, अहंकार ।

vainly वेन् लि *adv.* fruitlessly व्यर्थ ।

vale वेल *n.* valley घाटी ।

valiant वैल् यॅन्ट *a.* brave दिलेर, वीरतापूर्ण ।

valid वै लिड *a.* sound उचित; acceptable according to law वैध ।

validate वै लि डेट *v.t.* to make valid मान्य बनाना ।

validity वॅ लि डि टि *n.* soundness ठोसपना; legal force वैधता; reasonableness तर्कसंगतता ।

valley वै लि *n.* river-basin घाटी ।

valour वै लॅ: *n.* bravery शौर्य, वीरता, साहस ।

valuable वै ल्यु अॅ ब्ल *a.* of great value उपयोगी, मूल्यवान ।

valuation वै ल्यु ए शॅन *n.* estimating the worth of something मूल्यांकन; estimated worth अनुमानित मूल्य ।

value[1] वै ल्यू *n.* worth महत्त्व; utility उपयोगिता; price मूल्य; *(pl.)* principles सिद्धांत ।

value[2] *v.t.* to estimate value of (का) मूल्य आँकना; to hold in respect सम्मान

क० ।

valve वाल्व *n.* वाल्व ।

van वैन *n.* a covered vehicle for goods बंद गाड़ी; a railway carriage बंद माल डिब्बा ।

vanish वै निश *v.i.* to disappear लुप्त हो जाना ।

vanity वै नि टि *n.* excessive pride, conceit मिथ्याभिमान; worthlessness सारहीनता ।

vanquish वैङ् क्विश *v.t.* to overcome पराजित क० ।

vaporize वे पॅ रॉइज़ *v.t.* to convert into vapour वाष्प में बदल देना; *v.i.* to be converted into vapour वाष्प में बदल जाना ।

vaporous वे पॅ रॅस *a.* like vapour वाष्प जैसा; containing vapour वाष्पमय ।

vapour वे पॅ: *n.* gaseous form of a substance वाष्प ।

variable वेॅअॅ रि अॅ ब्ल *a.* changeable परिवर्तनीय, परिवर्तनशील ।

variance वेॅअॅ रि अॅन्स *n.* disagreement अनबन; difference of opinion मतभेद ।

variation वेॅअॅ रि ए शॅन *n.* alteration परिवर्तन; extent of change विभिन्नता ।

varied वेॅअॅ रिड *a.* diverse विभिन्न; modified परिवर्तित ।

variety वॅ रॉइ अॅ टि *n.* diversity विविधता; sort, kind प्रकार ।

various वेॅअॅ रि अॅस *a.* of several kinds विविध; different विभिन्न ।

varnish[1] वा: निश *n.* a liquid applied to wood to make it glossy रोग़न ।

varnish[2] *v.t.* to cover with varnish रोग़न क० ।

vary वेॅअॅ रि *v.t.* to make different बदल देना; *v.i.* to become different बदल जाना ।

vasectomy वै सैक् टॉ मि *n.* operation performed on men to cause sterility नसबंदी ।

vaseline वै सि लीन *n.* a jelly-like petrolium-product वैसलीन ।

vast वास्ट *a.* immense विशाल ।

vault[1] वौल्ट *n.* an arched ceiling मेहराबी छत; cellar तहख़ाना ।

vault[2] *n.* a leap aided by hands हाथों की सहायता से कूद ।

vault[3] *v.i.* to make a vault कूदना ।

vegetable[1] वैॅ जि टॅ ब्ल *n.* edible plant साग, शाक; part of plant used as food सब्जी, तरकारी ।

vegetable[2] *a.* having to do with plants शाकसंबंधी; made from plants वनस्पति से निर्मित ।

vegetarian[1] वैॅ जि टेॅअॅ रि अॅन *n.* one who does not eat meat शाकाहारी ।

vegetarian[2] *a.* of vegetables निरामिष ।

vegetation वैॅ जि टे शॅन *n.* plants collectively पेड़-पौधे, वनस्पति ।

vehemence वी अॅ मॅन्स *n.* quality of being vehement तीव्रता; vigour उत्साह, जोश ।

vehement वी अॅ मॅन्ट *a.* vigorous ओजपूर्ण; impetuous प्रचंड, उग्र; forceful प्रबल ।

vehicle वी इ क्ल *n.* means of conveying वाहन, सवारी; means of expression अभिव्यक्ति का माध्यम ।

vehicular वि हि क्यु लॅ: *a.* related to vehicles यानीय; consisting of vehicles यानयुक्त ।

veil[1] वेल *n.* light material to cover face or head ओढ़नी, दुपट्टा; mask, cover परदा, नक़ाब ।

veil[2] *v.t.* to cover with a veil ढकना, छिपाना, (पर) परदा डालना ।

vein वेन *n.* tube in body taking blood to heart शिरा; a rib in a leaf शिरा; a seam of mineral in rock धारी, पट्टी;

mood मनोदशा।

velocity वि लॉ सि टि *n.* speed गति, वेग।

velvet वैलॅ् विट *n.* soft silky fabric with a thick short pile मख़मल।

velvety वैलॅ् वि टि *a.* of or like velvet मख़मली; soft मुलायम।

venal वी नॅल *a.* guilty of taking or willing to take, bribes घूसख़ोर; corrupt भ्रष्ट।

venality वी नै लि टि *n.* quality of being venal घूसख़ोरी, भ्रष्टता।

vender, vendor वैन् डः *n.* one who sells विक्रेता।

venerable वैं नें रें ब्ल *a.* worthy of reverence आदरणीय, श्रद्धेय।

venerate वैं नें रेट *v.t.* to regard with great respect आदर क०, श्रद्धाभाव रखना।

veneration वैं नें रे शॅन *n.* deep respect श्रद्धा, समादर।

vengeance वैन् जॅन्स *n.* revenge प्रतिशोध।

venial वी नि अॅल *a.* excusable क्षम्य; not serious, minor लघु, गौण, छोटी-मोटी (त्रुटि)।

venom वैं नॅम *n.* poison विष; spite, malice विद्वेष, बैर।

venomous वैं नें मॅस *a.* poisonous विषैला; spiteful द्वेषपूर्ण।

vent वैन्ट *n.* a narrow hole छेद, सूराख़; outlet (for feelings) निकास।

ventilate वैन् टि लेट *v.t.* to supply with fresh air हवादार बनाना; to bring into discussion प्रकाश में लाना, अभिव्यक्त क०।

ventilation वैन् टि ले शॅन *n.* ventilating or being ventilated वातापूर्ति, हवादारी।

ventilator वैन् टि ले टॅः *n.* a device for ventilating वातायनी, हवाकश।

venture[1] वैन् चॅः *n.* risky undertaking जोखिम।

venture[2] *v.t.* to risk जोखिम में डालना; *v.i.* to dare साहस क०।

venturesome वैन् चॅः सॅम *a.* ready to take risks साहसिक; risky जोखिम-भरा।

venturous वैन् चॅ रॅस *a.* adventurous साहसी।

venue वैं न्यू *n.* meeting-place सभा-स्थल; location स्थान।

veracity वॅ रै सि टि *n.* truthfulness सच्चाई, वास्तविकता।

verandah वॅ रैन् डॅ *n.* open partly enclosed porch on outside of house दालान, बरामदा।

verb वॅःब *n.* *(gram.)* part of speech expressing action or being (व्या०) क्रिया।

verbal वॅः बॅल *a.* concerning words शाब्दिक; spoken (rather than written) मौखिक; relating to a verb क्रिया-संबंधी।

verbally वॅः बॅ लि *adv.* orally मौखिक रूप में।

verbatim[1] वॅः बे टिम *a.* literal शाब्दिक।

verbatim[2] *adv.* word for word शब्दशः।

verbose वॅः बोस *a.* wordy, having more words than needed शब्दबहुल, शब्दाडंबरपूर्ण।

verbosity वॅः बॉ सि टि *n.* quality of being verbose शब्दाडंबर, शब्दबहुलता।

verdant वॅः डॅन्ट *a.* green and fresh हरा-भरा।

verdict वॅः डिक्ट *n.* decision of a jury अभिनिर्णय; opinion मत।

verge वॅःज *n.* edge किनारा; grass-border घासदार किनारा; brink सीमा, छोर।

verification वैं रि फ़ि के शॅन *n.* act of verifying सत्यापन; search for proof प्रमाणन।

verify वैं रि फ़ॉइ *v.t.* to check the truth of सत्यापित क०; to test the accuracy of जाँच क० ।

verisimilitude वैं रि सि मि लि ट्यूड *n.* lifelikeness सत्याभास ।

veritable वैं रि टॅ ब्ल *a.* real, genuine वास्तविक, सच्चा ।

vermillion[1] वॅः मिल् यॅन *n.* bright red colour गहरा लाल रंग ।

vermillion[2] *a.* bright red गहरा लाल ।

vernacular[1] वॅः नै क्यु लॅः *n.* language of a country or district सामान्य भाषा, जनसाधारण की भाषा ।

vernacular[2] *a.* native देशी; of vernacular भाषागत ।

vernal वॅः नॅल *a.* of spring वासंतिक, वसंतकालीन ।

versatile वॅः सॅ टॉइल *a.* clever at many different things बहुमुखी ।

versatility वॅः सॅ टि लि टि *n.* quality of being versatile बहुमुखी प्रतिभा-संपन्नता ।

verse वॅःस *n.* stanza छंद; poetry काव्य; line of poetry पद्यपंक्ति ।

versed वॅःस्ट *a.* skilled, expert निष्णात, प्रवीण ।

versification वॅः सि फ़ि के शॅन *n.* art of versifying पद्यरचना; metre छंद ।

versify वॅः सि फ़ॉइ *v.t.* to turn into verse पद्यबद्ध क०; *v.i.* to write verse पद्यरचना क० ।

version वॅः शॅन *n.* account from one person's point of view कथन, बयान; translation अनुवाद ।

versus वॅः सॅस *prep.* against बनाम, विरुद्ध ।

vertical वॅः टि कॅल *a.* upright खड़ा, ऊपर सीधा ।

verve वॅःव *n.* enthusiasm उत्साह; vigour ओज ।

very वैं रि *a.* identical वही; truly such यही; extreme बिल्कुल ।

vessel वैं सॅल *n.* a container for holding a liquid बरतन; a ship जहाज़, जलयान; duct वाहिका ।

vest[1] वैस्ट *n.* undergarment for the trunk फतूही ।

vest[2] *v.t.* to furnish (से) संपन्न क०; to endow प्रदान क०; to clothe (को) कपड़े पहनाना ।

vestige वैस् टिज *n.* a small trace अवशेष, निशानी ।

vestment वैस्ट् मॅन्ट *n.* robe worn by clergy परिधान, चोग़ा ।

veteran[1] वैं टॅ रॅन *n.* a person with long experience अनुभवी व्यक्ति ।

veteran[2] *a.* old and experienced अनुभवी, पुराना ।

veterinary वैं टॅ रि नॅ रि *a.* of, concerning, the health of animals पशुचिकित्सा-संबंधी ।

veto[1] वी टो *n.* (*pl.* –*es*) power to reject or disallow something निषेधाधिकार ।

veto[2] *v.t.* to enforce veto against निषिद्ध क०, (की) मनाही क० ।

vex वैक्स *v.t.* to annoy तंग क०; to distress परेशान क० ।

vexation वैक् से शॅन *n.* annoyance परेशानी; source of annoyance परेशानी का कारण ।

via वॉइअॅ *prep.* by way of के मार्ग से, से होकर ।

viable वॉइ अॅ ब्ल *a.* workable व्यवहार्य; capable of surviving and growing जीवन-क्षम ।

vial वॉइ अॅल *n.* small bottle शीशी ।

vibrate वॉइ ब्रेट *v.i.* to move to and fro rapidly कंपायमान होना; (of sounds) to quiver (आवाज़ का) काँपना; *v.t.* to cause to move to and fro rapidly कंपायमान क०; to cause to quiver कँपाना ।

vibration वॉइ ब्रे शॅन *n.* act of

vibrating कंपन।

vicar वि का: *n.* clergyman in charge of a parish पुरोहित।

vicarious वि **कें**अँ रि अँस *a.* performed, suffered, etc. in place of another प्रतिनिधि मूलक; taking the place of another स्थानापन्न; felt by imagining oneself in another's place परानुभूतिमूलक।

vice वाइस *n.* an immoral habit व्यसन; immoral conduct अनैतिक आचरण; sexual immorality चरित्रहीनता; a fault दोष, बुराई।

viceroy **वॉइस्** रौँ इ *n.* (*fem. vicereine*) ruler on behalf of a sovereign वाइसराय।

vice-versa **वॉइ** सि **वँ:** सँ *adv.* the other way round विलोमत:।

vicinity वि **सि** नि टि *n.* closeness समीपता; neighbourhood पड़ोस।

vicious **वि** शॅस *a.* wicked दुष्ट, धूर्त; spiteful द्वेषपूर्ण; ferocious ख़तरनाक।

vicissitude वि **सि** सि ट्यूड *n.* change of fortune भाग्य का फेर; ups and downs उतार-चढ़ाव।

victim **विक्** टिम *n.* one harmed or killed शिकार; animal or person slain as a sacrifice बलिभाजन।

victimize **विक्** टि मॉइज़ *v.t.* to make a victim of (को) शिकार बनाना, हानि पहुँचाना; to punish unfairly अकारण दंडित क०।

victor **विक्** टॅ: *n.* conqueror, winner विजेता।

victorious विक् **टौ** रि अँस *a.* triumphant विजयी।

victory **विक्** टॅ: रि *n.* sucess in a contest or battle विजय।

victuals **वि** ट्लज़ *n. pl.* food, provisions खाद्य, खाद्य-सामग्री।

vie वॉइ *v.i.* to compete होड़ लगाना, मुक़ाबला क०।

view[1] व्यू *n.* act of seeing अवलोकन; scene, prospect दृश्य; picture चित्र, तस्वीर; opinion मत, धारणा।

view[2] *v.t.* to look at देखना; to survey पर्यवलोकन क०; to consider विचार क०, मानना।

vigil **वि** जिल *n.* wakefulness through the night रतजगा; watchfulness रखवाली।

vigilance **वि** जि लॅन्स *n.* watchfulness निगरानी, रखवाली।

vigilant **वि** जि लॅन्ट *a.* watchful सतर्क, चौकस।

vigorous **वि** गॅ रॅस *a.* strong शक्तिशाली; energetic ओजस्वी।

vile वॉइल *a.* shameful, disgusting घिनावना, नीचतापूर्ण; despicable घृणित, घृणा-योग्य।

vilify **वि** लि फ़ॉइ *v.t.* to speak ill of (की) निंदा क०; to slander बदनाम क०।

villa **वि** लॅ *n.* large, luxurious, country house देहाती बँगला; a detached suburban house उपनगरीय भवन।

village **वि** लिज *n.* a small group of houses in country area गाँव, देहात।

villager **वि** लि जॅ: *n.* village-dweller देहाती, ग्रामीण।

villain **वि** लॅन *n.* a wicked person खल, दुष्ट; chief wrong-doer (in drama or novel) खलनायक।

vindicate **विन्** डि केट *v.t.* to clear of blame दोषमुक्त क०; to justify उचित बताना; to establish the truth of सच सिद्ध क०।

vindication विन् डि **के** शॅन *n.* act of vindicating दोष-मुक्ति।

vine वॉइन *n.* climbing plant bearing grapes अंगूर की बेल।

vinegar **वि** नि गॅ: *n.* acid liquor सिरका।

vintage विन् टिज *n.* the grape harvest द्राक्षा-संचयन; wine अंगूरी शराब ।

violate वॉइ अॅ लेट *v.t.* to break (law agreement, etc.) भंग क०; उल्लंघन क०; to commit rape on (से) बलात्कार क०; to profane अपवित्र क० ।

violation वॉइ अॅ ले शॅन *n.* act of violating उल्लंघन; rape बलात्कार; desecration अपवित्रीकरण ।

violence वॉइ अॅ लॅन्स *n.* state of being violent हिंसा; intensity तीव्रता, उग्रता; use of force बल-प्रयोग ।

violent वॉइ अॅ लॅन्ट *a.* marked by violence हिंसात्मक; involving physical attack आक्रामक; intense तीव्र, उग्र ।

violet वॉइ अॅ लिट *n.* a small plant with bluish-purple or white flowers बनफ़्शा; purple blue colour बैंगनी रंग ।

violin वॉइ अॅ लिन *n.* a four stringed musical instrument वायलिन ।

violinist वॉइ अॅ लि निस्ट *n.* a violin-player वायलिन-वादक ।

virgin[1] वॅ: जिन *n.* a girl who has not had sexual intercourse कुँआरी, अक्षत यौवना ।

virgin[2] *a.* without experience of sexual intercourse अक्षत; pure पवित्र; untilled (land) बिना जोती हुई (भूमि) ।

virginity वॅ: जि नि टि *n.* state of being virgin कौमार्य; chastity शुचिता, पवित्रता ।

virile वि रॉइल *a.* (man) capable of copulation संभोग-शक्तियुक्त; strong, forceful शक्तिशाली ।

virility वि रि लि टि *n.* sexual power संभोग-क्षमता; masculine strength पौरुष ।

virtual वॅ: ट्यु अॅल *a.* so in effect, though not in appearance or name वास्तविक ।

virtue वॅ: चू, –ट्यू *n.* moral goodness नैतिकता; a specific good quality सद्गुण; merit योग्यता ।

virtuous वॅ: ट्यु अॅस, –चु– *a.* morally good नेक, सद्गुणी; chaste पावन, शुद्ध ।

virulence वि रु लॅन्स, –र्‌यु– *n.* quality of being virulent विषाक्तता; harmfulness हानिप्रदता; malice द्वेषभाव ।

virulent वि रु लॅन्ट, –र्‌यु– *a.* poisonous विषाक्त; malicious द्वेषपूर्ण ।

virus वॉइ रॅस *n.* poisonous element causing infectious diseases विषाक्त तत्व ।

visage वि ज़िज *n.* the human face चेहरा ।

visibility वि ज़ि बि लि टि *n.* degree of clarity of atmosphere दृश्यता; distance at which something can be seen दृष्टिसीमा ।

visible वि ज़ि ब्‌ल *a.* that can be seen दृश्यमान, दृष्टिगोचर ।

vision वि ज़ॅन *n.* sight दृष्टि; imagination कल्पना; dream स्वप्न; insight अंतर्दृष्टि ।

visionary[1] वि ज़ॅ नॅ रि *a.* belonging to a vision काल्पनिक, अवास्तविक; impractical अव्यावहारिक; dreamy स्वप्निल; idealistic आदर्शवादी ।

visionary[2] *n.* a dreamer स्वप्न- दृष्टा; impractical person अव्यावहारिक व्यक्ति ।

visit[1] वि ज़िट *n.* act of visiting भेंट; stay ठहराव; official call दौरा ।

visit[2] *v.t.* to go to see (से) मिलने जाना; to stay as a guest with के यहाँ ठहरना; *v.i.* to make a visit दौरा क० ।

visitor वि ज़ि टॅ: *n.* a guest मेहमान; a tourist पर्यटक; one who comes for a visit भेंटकर्त्ता ।

vista विस् टॅ *n.* view दृश्य ।

visual वि ज़्यु अॅल *a.* concerned with seeing दृष्टि-विषयक; visible दृश्य ।

visualize वि ज़्यु अॅ लॉइज़ *v.t.* to form mental image of (की) सजीव कल्पना क० ।

vital वॉइ ट्ल *a.* necessary for life प्राणाधार; of great importance अति आवश्यक; animated सजीव ।

vitality वॉइ टै लि टि *n.* liveliness, energy जीवन-शक्ति ।

vitalize वॉइ टॅ लॉइज़ *v.t.* to give life to जीवन प्रदान क०; to lend vigour to शक्ति देना ।

vitamin वॉइ टॅ मिन, वि– *n.* विटामिन ।

vitiate वि शि एट *v.t.* to spoil बिगाड़ना; to corrupt भ्रष्ट क० ।

vivacious वि वे शॅस *a.* gay आनंदपूर्ण; sprightly फुरतीला ।

vivacity वि वै सि टि *n.* quality of being vivacious ज़िंदादिली; gaiety आनंदमयता ।

viva-voce[1] वॉइ वॅ वो सि *adv.* by word of mouth मौखिक रूप में ।

viva-voce[2] *a.* oral मौखिक ।

viva-voce[3] *n.* oral examination मौखिक परीक्षा ।

vivid वि विड *a.* bright चमकदार; lively सजीव; clear स्पष्ट ।

vixen विक् सॅन *n.* a female fox लोमड़ी; a spiteful woman कर्कशा ।

vocabulary वॅ कै ब्यु लॅ रि, वॉ– *n.* list of words शब्द-सूची; stock of words शब्द-भंडार ।

vocal वो कॅल *a.* of voice वाणी-विषयक; spoken कथित; expressive of feelings by speaking मुखर, मुखरित ।

vocalist वो कॅ लिस्ट *n.* a singer गायक ।

vocation वॉ के शॅन *n.* profession, trade व्यवसाय; special aptilude विशेष रुझान ।

vogue वोग *n.* fashion प्रचलन ।

voice[1] वौ ̆इस *n.* sound that comes from the mouth आवाज़; quality of sound स्वर; expression अभिव्यक्ति; opinion मत, विचार ।

voice[2] *v.t.* to express अभिव्यक्ति क० ।

void[1] वौ ̆इड *a.* empty रिक्त, ख़ाली; not legally bound रद्द ।

void[2] *v.t.* to make invalid रद्द क०; to empty out ख़ाली क० ।

void[3] *n.* empty space शून्य, रिक्ति ।

volcanic वौलॅ् कै निक *a.* of or like a volcano ज्वालामुखीय ।

volcano वौलॅ् के नो *n.* *(pl. –es)* a mountain discharging lava, gases, ashes etc. ज्वालामुखी ।

volition वों लि शॅन *n.* power of willing संकल्प-शक्ति; act of willing संकल्प ।

volley[1] वौं लि *n.* simultaneous discharge of a number of missiles बौछार; rush of oaths, questions, etc. झड़ी; act of volleying उड़ती गेंद पर मार ।

volley[2] *v.t.* to discharge दाग़ना; (tennis) to return (ball) before it hits ground टप्पा लगने से पहले (गेंद को) लौटाना; *v.i.* to be discharged दग़ना, बौछार होना ।

volt वोल्ट *n.* unit of electric potential वोल्ट ।

voltage वोल् टिज *n.* electric force measured in volts वोल्टता ।

volume वौं ल्युम *n.* a large amount ढेर, राशि; loudness ध्वनि की तीव्रता; space occupied आयतन; bulk, mass मात्रा; book पुस्तक; part of book bound in one cover जिल्द ।

voluminous वॅ ल्यू मि नॅस *a.* extensive विशाल, भारी ।

voluntarily वौ ̆ लॅन् टॅ रि लि *adv.* in a voluntary manner स्वेच्छा से ।

voluntary वौ ̆ लॅन् टॅ रि *a.* done by free will स्वैच्छिक ।

volunteer[1] वौ ̆ लॅन् टिअॅ: *n.* one who

offers to do something of his own free will स्वयंसेवक ।

volunteer[2] *v.t.* to give or offer voluntarily स्वेच्छा से देना; *v.i.* to offer oneself of one's own free will स्वयं को प्रस्तुत क० ।

voluptuary वॅ लप् ट्यु अॅ रि *n.* one given to luxury and sexual pleasures विषयासक्त, भोगी ।

voluptuous वॅ लप् ट्यु अॅस *a.* full of sexual pleasure भोगपूर्ण; giving sexual pleasure विलासप्रद; seeking sexual pleasure विलासप्रिय; sexually attractive कामोत्तेजक; showing sexual desire कामुक ।

vomit[1] वॉ मिट *v.t.* to eject through the mouth मुँह से उलट देना; *v.i.* to eject contents of stomach through the mouth उलटी क० ।

vomit[2] *n.* act of vomiting वमन-क्रिया; matter vomited उलटी, वमन ।

voracious वॅ रे शॅस *a.* greedy लालची; very hungry अति भूखा; desiring much तीव्र इच्छावाला ।

votary वो टॅ रि *n.* *(fem. votaress)* a person devoted to some pursuit, service or cause भक्त, अनुयायी ।

vote[1] वोट *n.* formal expression of choice मतदान; right to express this choice मताधिकार; ballot मतपत्र; decision reached by voting चुनाव का निर्णय ।

vote[2] *v.i.* to express choice by ballot मत देना; *v.t.* to grant by vote स्वीकृत क० ।

voter वो टॅ: *n.* person who votes मतदाता; one who has the right to vote मताधिकारी ।

vouch वॉउच *v.i.* (with '*for*') to guarantee आश्वासन देना; to make oneself responsible दायित्व लेना ।

voucher वॉउ चॅ: *n.* a documentary record of an expense paid व्यय की रसीद ।

vouchsafe वॉउच् सेफ़ *v.t.* to condescend to grant or do (something) देने या करने की कृपा क० ।

vow[1] वॉउ *n.* pledge or solemn promise व्रत, प्रतिज्ञा ।

vow[2] *v.t.* to promise solemnly, to take a vow for का व्रत लेना ।

vowel वॉउ अॅल, –इल *n.* a speech sound made without contact of tongue, teeth or lips स्वर ।

voyage[1] वॉ इ इज *n.* a journey by sea समुद्र-यात्रा ।

voyage[2] *v.i.* to make a voyage समुद्र-यात्रा क० ।

voyager वॉ इ इ जॅ: *n.* one who undertakes a voyage समुद्र-यात्री ।

vulgar वल् गॅ: *a.* coarse, ill-mannered भद्दा, अशिष्ट; obscene अश्लील; common सामान्य ।

vulgarity वल् गै रि टि *n.* coarseness गँवारपन, अभद्रता; obscenity अश्लीलता ।

vulnerable वल् नॅ रॅ ब्ल *a.* liable to be hurt or wounded छेद्य; open to attack जिस पर वार किया जा सके ।

vulture वल् चॅ: *n.* a large bird that feeds on carrion गिद्ध ।

W

wade वेड *v.i.* to walk through water or something that hinders progress पानी आदि में होकर गुज़रना; to walk with difficulty कठिनाई से चलना ।

waft[1] वौफ़्ट, वॉफ़्ट, वाफ़्ट *v.t.* to carry lightly and smoothly through air or over water हवा या पानी-द्वारा फैलाना ।

waft[2] *n.* breath or puff of air महक, गमक ।

wag[1] वैग *(-gg-) v.i.* to move rapidly from side to side हिलना; *v.t.* to cause to move rapidly from side to side हिलाना ।

wag[2] *n.* wagging movement दोलन, हिलने की क्रिया ।

wage[1] वेज *v.t.* to engage in में लगना; to carry on चालू रखना ।

wage[2] *n. (usu. pl.)* payment for work done मज़दूरी ।

wager[1] वे जॅ: *n.* a bet शर्त ।

wager[2] *v.i.* to bet शर्त लगाना, बाज़ी लगाना ।

waggon वै गॅन *n.* a four-wheeled vehicle for heavy loads चौपहिया गाड़ी; railway freight-truck मालडिब्बा ।

wail[1] वेल *v.i.* to mourn, to cry out in grief or pain बिलखना, रोना, विलाप क० ।

wail[2] *n.* mournful cry विलाप ।

waist वेस्ट *n.* part of the body between hips and ribs कमर ।

wait[1] वेट *v.i.* to stay in one place प्रतीक्षा क०; to delay acting थोड़ी देर रुकना; to act as attendant सेवा-टहल क०; *v.t.* to postpone टालना ।

wait[2] *n.* act of waiting प्रतीक्षा; period of waiting प्रतीक्षाकाल ।

waiter वे टॅ: *n.* attendant on guests at a hotel बैरा ।

waive वेव *v.t.* to forgo छोड़ देना; not to insist on पर ज़ोर न देना; to put aside हटा देना ।

wake[1] वेक *v.t.* to rouse from sleep जगाना; to rouse from inactivity सचेत क०; *v.i.* to stop sleeping जगना; to rise into action सचेत होना, क्रियाशील होना ।

wake[2] *n.* vigil जागरण; all night watch beside corpse शव की पूरी रात की रखवाली ।

wake[3] *n.* track left behind in water by a moving ship अनुजल ।

wakeful वेक् फुल *a.* sleepless निद्रा-रहित; on the watch सजग, चौकन्ना ।

walk[1] वौक *v.i.* to move on foot at ordinary pace चलना; *v.t.* to cause to move on foot चलाना; to go over on foot चलकर पार क० ।

walk[2] *n.* act of walking सैर, भ्रमण; gait चाल; journey on foot पदयात्रा; path मार्ग; profession पेशा, व्यवसाय ।

wall[1] वौल *n.* solid upright erection of brick, stone, etc. दीवार; barrier रोक ।

wall[2] *v.t.* to surround with a wall दीवार से घेरना; to block up with a wall दीवार से रोकना ।

wallet वौॅ लिट *n.* a small folding case that fits the pocket or handbag थैली ।

wallow वौॅ लो *v.i.* to roll around (in mud) लोटना; to revel मस्ती लूटना, गुलछर्रे उड़ाना ।

walnut **वौल्** नट *n.* an edible nut with a hard shell अखरोट; the tree bearing this अखरोट का पेड़; its wood अखरोट की लकड़ी ।

wan वौॅन *a.* pale, looking ill पीला, विवर्ण ।

wand वौॅन्ड *n.* a thin rod छड़ी ।

wander **वौॅन्** डॅः *v.i.* to roam, to ramble घूमना; to go astray भटकना; to deviate विषय से हट जाना ।

wane[1] वेन *v.i.* (of the moon) to decrease in size घटना, छोटा होना; to decline ह्रास होना ।

wane[2] *n.* decline, decrease ह्रास, अवनति ।

want[1] वौॅन्ट *v.t.* to need (की) आवश्यकता होना; to desire (की) इच्छा रखना; to lack (का) अभाव होना ।

want[2] *n.* need आवश्यकता; deficiency अभाव; desire इच्छा ।

wanton **वौॅन्** टॅन *a.* dissolute लंपट; without motive उद्देश्यहीन; unrestrained संयमहीन ।

war[1] वौः *n.* fighting between nations युद्ध; state of hostility शत्रुता; conflict संघर्ष ।

war[2] *(-rr-) v.i.* to make war लड़ना, युद्ध क० ।

warble[1] **वौः** ब्ल *v.i.* to sing with a trilling sound कूजना ।

warble[2] *n.* trilling sound कूजन ।

warbler **वौः** ब्लॅः *n.* bird that warbles गायक पक्षी ।

ward[1] वौःड *n.* one who is under the care of a guardian आश्रित; a division (of city, hospital etc.) वार्ड; guardianship संरक्षकत्व ।

ward[2] *v.t.* to protect रक्षा क० ।

warden **वौः** ड्न *n.* a person in charge of a hostel, college etc. वार्डन, रक्षक ।

warder **वौः** डॅः *n.* jailer जेलर, कारापाल ।

wardrobe **वौःड्** रोब *n.* piece of furniture for hanging clothes in कपड़ों की अलमारी; a person's supply of clothes वस्त्र, कपड़े ।

ware वेॅअॅः *n. (pl.)* goods, articles सामान, वस्तुएँ ।

warfare **वौः** फ़ेॅअॅः *n.* making war संग्राम condition of being at war युद्ध की स्थिति ।

warlike **वौः** लॉइक *a.* fond of war युद्धप्रिय; ready for war युद्ध के लिए तत्पर; valiant बहादुर ।

warm[1] वौःम *a.* moderately hot गुनगुना; (of clothing) serving to maintain heat गरम (कपड़े); affectionate स्नेहपूर्ण; enthusiastic उत्साहपूर्ण; hearty हार्दिक; sympathetic सहानुभूतिपूर्ण ।

warm[2] *v.t.* to make warm गरम क०; *v.i.* to become warm गरम होना ।

warmth वौःम्थ *n.* mild heat गरमी, गरमाहट; cordiality हार्दिकता; emotion भावुकता ।

warn वौःन *v.t.* to put on guard सचेत क०; to admonish चेतावनी देना; to give advance information to पूर्वसूचना देना ।

warning **वौः** निङ्ग *n.* notice of danger etc. पूर्वसूचना; admonition चेतावनी ।

warrant[1] **वौॅ** रॅन्ट *n.* authority अधिकार; document giving authority आज्ञापत्र ।

warrant[2] *v.t.* to guarantee का ज़िम्मा लेना; to authorize अधिकार देना ।

warrantee वौॅ रॅन् **टी** *n.* person given a warranty व्यक्ति जिसे आश्वस्त किया गया हो ।

warrantor वौँ रॅन् टॅः *n.* person giving warranty आश्वासनदाता ।

warranty वौँ रॅन् टि *n.* authority अधिकार; assurance आश्वासन ।

warrior वौँ रि अॅः *n.* fighter योद्धा ।

wart वौःट *n.* small hard growth on skin मस्सा ।

wary वेॅअॅ रि *a.* watchful, cautious सतर्क, चौकस ।

wash[1] वौशॅ *v.t.* to clean with water धोना; *v.i.* to be washable पानी में धुलने-योग्य होना ।

wash[2] *n.* act of washing धुलाई; clothes washed at one time धुलाई के कपड़े; bath स्नान; thin coating पतला लेप ।

washable वौँ शॅ ब्ल *a.* that can be washed without damage धुलाई-सह ।

washer वौँ शॅः *n.* washing machine धुलाई की मशीन; a flat ring of metal, rubber, etc. that fits under a nut वाशर ।

wasp वौँस्प *n.* a winged stinging insect भिड़, ततैया ।

wastage वेस् टिज *n.* amount wasted छीजन; loss हानि ।

waste[1] वेस्ट *a.* worthless, useless निरर्थक, व्यर्थ; barren (land) बंजर (भूमि) ।

waste[2] *n.* act of wasting बरबादी; what is wasted नष्ट पदार्थ; desert ऊसर ।

waste[3] *v.t.* to use extravagantly नष्ट क०, व्यर्थ उड़ाना; to fail to take advantage of (का) लाभ न उठाना; to lay desolate उजाड़ देना; *v.i.* to dwindle क्षीण होना, घटना; to pine away घुलना, दुर्बल होना, सूख जाना ।

wasteful वेस्ट् फुल *a.* extravagant अपव्ययी; causing waste विनाशकारी ।

watch[1] वौचॅ *v.t.* to observe closely निरीक्षण क०, अवलोकन क०; to guard रखवाली क०; *v.i.* to be on watch पहरे पर होना; to keep awake जागते रहना ।

watch[2] *n.* close observation अवलोकन; wakefulness चौकसी; guard चौकीदार; spell of duty पहरा; portable time-piece for the wrist घड़ी ।

watchful वौचॅ् फुल *a.* wide awake सतर्क, चौकस ।

watchword वौचॅ् वॅःड *n.* a slogan or rallying cry नारा, संकेतशब्द ।

water[1] वौ टॅः *n.* liquid found in rivers, lakes, seas etc. पानी; body of water जलाशय; tear आँसू; urine मूत्र ।

water[2] *v.t.* to put water on or into पर या में पानी डालना; to irrigate सींचना; to give water (to an animal) (पशु को) पानी पिलाना; to add water to (में) पानी मिलाना; *v.i.* to salivate मुँह में पानी भर आना; (of eyes) to fill with tears (आँखों में) आँसू आ जाना ।

waterfall वौ टॅः फ़ौल *n.* perpendicular descent of water of river जल-प्रपात ।

water-melon वौ टॅः मैॅ लॅन *n.* a large fruit with juicy flesh तरबूज़ ।

waterproof[1] वौ टॅः प्रूफ़ *a.* not letting water through जलसह ।

waterproof[2] *n.* waterproof garment जलसह वस्त्र ।

waterproof[3] *v.t.* to make waterproof जलसह बनाना ।

watertight वौँ टॅः टॉइट *a.* made in such a way that water cannot penetrate जलरोधी; flawless दोषहीन, त्रुटिरहित ।

watery वौँ टॅ रि *a.* like water जलवत्; of water जलीय; (of eyes) running with water अश्रुमय ।

watt वौँट *n.* unit of electric power वाट ।

wave[1] वेव *n.* a ridge on the surface of water लहर; a waving movement संकेत, इशारा; vibration तरंग ।

wave[2] *v.t.* to move to and fro हिलाना;

to signal by waving हाथ हिलाकर संकेत क०; *v.i.* to be in curves घुँघराले होना ।

waver वे वँ: *v.i.* to hesitate हिचकिचाना; to be unsteady अस्थिर होना ।

wax[1] वैक्स *n.* soft material made by bees मौम; substance used for sealing लाख ।

wax[2] *v.t.* to put wax on मोम लगाना; *v.i.* to increase बढ़ना ।

way वे *n.* path मार्ग; manner ढंग, तरीक़ा; means साधन; direction दिशा; progress प्रगति; condition दशा ।

wayfarer वे फ़ॅअॅ रँ: *n.* traveller on foot राही, पथिक ।

waylay वे ले *v.t.* to ambush (की) घात में बैठना; to wait for and stop (की) तलाश में होना व रोकना ।

wayward वे वॅःड *a.* wilful हठी, ज़िद्दी; capricious तरंगी, मौजी ।

weak वीक *a.* not strong कमज़ोर, निर्बल; lacking in ability अयोग्य, अक्षम; irresolute ढुलमुल ।

weaken वी कॅन *v.t. & i.* to make or become weak कमज़ोर बनाना या बनना ।

weakling वीक् लिङ्ग *n.* a feeble creature कमज़ोर प्राणी ।

weakness वीक् निस *n.* state of being weak कमज़ोरी; fault or defect of character चारित्रिक दोष; fondness, special liking शौक़, चस्का ।

weal वील *n.* well-being कल्याण, हित, सुख-शांति ।

wealth वैल्थ *n.* riches धन-दौलत; abundance प्रचुरता, बाहुल्य ।

wealthy वैल् थि *a.* having wealth धनी, धनाढ्य ।

wean वीन *v.t.* to accustom (a baby or a young animal) to food other than its mother's milk माँ का दूध छुड़ाना; to cause (somebody) to turn away (from bad habit) किसी से बुरी आदत छुड़ाना ।

weapon वैँ पॅन *n.* an implement to fight with हथियार ।

wear वेॅअॅ: *v.t.* to have on the body पहनना; to show प्रदर्शित क०; *v.i.* to last चलना ।

weary[1] विअॅ रि *a.* tired थका-माँदा; tiring थकाऊ ।

weary[2] *v.t. & i* to make or become weary थकाना या थकना ।

weather[1] वैँ दॅ: *n.* day-to-day climatic condition of a place मौसम ।

weather[2] *v.t.* to expose to open air खुली हवा में रखना; to endure झेलना, सहना ।

weave वीव *v.t.* to interlace (threads) to make fabric बुनना; *v.i.* to work at a loom बुनाई का काम क० ।

weaver वी वॅ: *n.* a person who weaves at a loom बुनकर, जुलाहा ।

web वैब *n.* woven fabric कपड़ा; net spun by spider मकड़ी का जाला; membrane between toes of ducks, bats, etc. पदजाल ।

wed वैँ ड *(-dd-)v.t.* to marry (से) विवाह क०; to unite जोड़ना, मिलाना; *v.i.* to get married शादी क० ।

wedding वैँ डिङ्ग *n.* marriage ceremony विवाहोत्सव, विवाह ।

wedge[1] वैजॅ *n.* a v shaped piece of wood or metal फन्नी, पच्चर ।

wedge[2] *v.t.* to fasten with a wedge (में) पच्चर लगाना ।

wedlock वैँड् लौंक *n.* marriage विवाह ।

Wednesday वैन्ज़् डे, –डि *n.* fourth day of the week बुधवार ।

weed[1] वीड *n.* a wild plant अपतृण; a thin sickly person or animal पतला-दुबला व्यक्ति या पशु ।

weed[2] *v.t.* to clear of weeds निराना; (with '*out*') to remove (something undesirable) (अनावश्यक वस्तु को) निकाल फेंकना।

week वीक *n.* period of seven days सप्ताह।

weekly[1] **वीक्** लि *a.* happening once a week साप्ताहिक।

weekly[2] *adv.* once a week प्रत्येक सप्ताह।

weekly[3] *n.*a periodical published once a week साप्ताहिक पत्रिका।

weep वीप *v.i.* *(wept)* to shed tears रोना; to grieve दु:खी होना, विलाप क०।

weevil **वी** विल *n.* small beetle harmful to grain etc. घुन।

weigh वे *v.t.* to find weight of तोलना; to consider सोचना, विचारना; *v.i.* to have weight वज़नदार होना।

weight वेट *n.* heaviness वज़न; piece of metal of known weight बाट; something heavy बोझा; importance महत्व।

weighty **वे** टि *a.* of great weight भारी; important महत्वपूर्ण

weird विअॅ:ड *a.* uncanny अलौकिक; strange अनोखा।

welcome[1] **वैलॅ** कॅम *a.* received gladly सुखद; freely permitted अनुमत।

welcome[2] *n.* friendly greeting अभिनंदन; reception स्वागत।

welcome[3] *v.t.* to greet with pleasure स्वागत क०।

weld[1] वैल्ड *v.t.* to unite (metal) by fusion वैल्ड क०; to unite closely जोड़ना, मिलाना; *v.i.* to be capable of being welded जुड़ने योग्य होना।

weld[2] *n.* welded joint जोड़।

welfare **वैलॅ्** फ़ेंअॅ: *n.* well-being कल्याण।

well[1] वैलॅ *a.* in good health स्वस्थ; suitable उपयुक्त।

well[2] *adv.* in a satisfactory manner भली-भाँति; skilfully निपुणता से; intimately घनिष्टतापूर्वक; suitably औचित्यपूर्वक; fully पूर्ण रूप से; to a considerable degree पर्याप्त रूप में।

well[3] *n.* a hole sunk into the earth for water कुआँ; source स्रोत।

well[4] *v.i.* to flow, to spring बहना, उमड़ना।

west[1] वैस्ट *n.* the direction of the setting sun पश्चिम; part of country etc. lying to this side पश्चिमी भाग; occident पाश्चात्य जगत।

west[2] *a.* of the west पश्चिमी; coming from the west पछुवाँ।

west[3] *adv.* towards the west पश्चिम की ओर।

westerly[1] **वैसॅ्** टॅ: लि *a.* situated towards the west पश्चिमी; coming from the west पछुवाँ।

westerly[2] *adv.* towards the west पश्चिम की ओर।

western **वैसॅ्** टॅ:न *a.* of, in the west पश्चिमी; characteristic of the west पाश्चात्य।

wet[1] वैॅट *a.* having water or other liquid on a surface गीला; soaked in liquid तर; rainy बरसाती।

wet[2] *(-tt-)* *v.t.* to make wet गीला क०।

wetness **वैॅट्** निस *n.* quality of being wet गीलापन।

whale **ह्वेल**, वेल *n.* a large fish-shaped sea-animal ह्वेल।

what[1] **ह्वॉ**ॅट, वॉॅट *a.* which कौनसा, कौनसे; how much कितना ? how great, how much कितना अधिक; as much as जितना।

what[2] *pron.* which thing जो वस्तु; that which जो; which thing क्या, कौन वस्तु।

what[3] *interj.* exclamation of surprise, anger etc. क्या !, उफ़ !, अरे !

whatever **ह्वॉॅट्** ऐँ वॅ:, वॉॅट्— *pron.*

anything which जो कुछ भी; no matter what कुछ भी ।

wheat ह्वीट, वीट *n.* (plant producing) grain from which flour in made गेहूँ (का पौधा) ।

wheedle वी ड्ल *v.t.* to coax, to flatter फुसलाना, चापलूसी क० ।

wheel[1] ह्वील, वील *a.* circular frame or disc पहिया; act of turning चक्र, घुमाव ।

wheel[2] *v.t.* to cause to turn घुमाना; to cause to move लुढ़काना; to cause to change course मोड़ना; *v.i.* to turn घूमना; to go on a wheel लुढ़कना; to change course मुड़ना ।

when[1] ह्वैन, वैन *adv.* at which time कब; at the time that जब ।

when[2] *conj.* at the time that जिस समय; although यद्यपि; since क्योंकि ।

whence ह्वैन्स, वैन्स *adv.* from where जहाँ से, कहाँ से ।

whenever ह्वैन् ऐ वें:, वैन्– *adv. conj.* at whatever time जब कभी ।

where[1] ह्वेँअं:, वेँअं: *adv.* at what place कहाँ; at or to the place in which जहाँ ।

where[2] *conj.* in or at what place जहाँ ।

whet ह्वै ट, वै ट *(-tt-) v.t.* to sharpen तेज़ क०; to stimulate उकसाना, उत्तेजित क०, प्रोत्साहित क० ।

whether ह्वै दें:, वै– *conj.* if यदि; even if भले ही ।

which[1] ह्विच, विच *pron.* कौनसा; जो ।

which[2] *a.* कौनसा ।

while[1] ह्वॉइल, वॉइल *n.* period of time समय ।

while[2] *conj.* during the time that जिस समय, जब for as long as जब तक; whereas जबकि; althongh यद्यपि ।

while[3] *v.t.* (with '*away*') to spend (time) idly (समय) गँवाना, मस्ती में काटना ।

whim ह्विम, विम *n.* sudden passing fancy सनक, झक, मौज ।

whimsical ह्विम् ज़ि कॅल, विम्– *a.* quaint अनोखा; full of whims झक्की, सनकी ।

whine[1] ह्वॉइन, वॉइन *v.i.* to make a thin complaining cry क्याऊँ-क्याऊँ क०, रोना-चिल्लाना; *v.t.* to utter with a whine रोते हुए कहना ।

whine[2] *n.* long drawn complaining cry चिल्लाहट ।

whip[1] ह्विप, विप *(-pp-) v.t.* to thrash छेतना; to beat फेंटना; to strike with a whip कोड़े मारना ।

whip[2] *n.* lash attached to a handle कोड़ा ।

whirl[1] ह्वँ:ल, वँ:ल *v.i.* to turn around rapidly घूमना; to move rapidly in a circular course चक्कर खाना; *v.t.* to cause to turn around घुमाना; to cause to move in a circular course चक्कर खिलाना ।

whirl[2] *n.* whirling movement घुमाव, चक्कर; giddiness चकराहट, घबराहट ।

whirligig ह्वँ: लि गिग, वँ:– *n.* spinning top लट्टू; merry-go-round चक्रदोला ।

whirlpool ह्वँ:ल् पूल, वँ:ल्– *n.* eddy भँवर ।

whirlwind ह्वँ:ल् विन्ड, वँ:ल्– *n.* violent current of air with a spiral motion चक्रवात, बगूला ।

whisk[1] विस्क *v.t.* to brush lightly झाड़ना; to remove quickly तेज़ी से उठा ले जाना; to beat to a froth फेंटना ।

whisk[2] *n.* light brush कूँचा; egg-beating implement फेंटनी ।

whisker विस् कॅः *n.* the stiff hair at the side of an animal's mouth पशु की मूँछ; *(pl.)* hair allowed to grow on the sides of a man's face गलमुच्छे ।

whisky ह्विस् कि, विस्– *n.* an alcoholic

drink distilled from malted grain ह्विस्की ।

whisper[1] **ह्विस्** पॅं:, **विस्–** *v.t.* to speak or say (something) softly फुसफुसा कर कहना; *v.i.* to make a murmuring sound मर मराना; to rustle सरसराना ।

whisper[2] *n.* a sound made softly फुसफुस; a low rustling sound सरसराहट ।

whistle[1] **ह्वि** स्ल, **वि–** *v.i.* to produce a shrill sound सीटी बजाना; *v.t.* to summon by whistle सीटी-द्वारा बुलाना; to signal by whistling सीटी से संकेत क० ।

whistle[2] *n.* a shrill sound सीटी की आवाज़; instrument to make such sound सीटी ।

white[1] ह्वाइट, वॉइट *a.* of the colour of snow सफ़ेद; pale पीला; having a light coloured skin गोरा ।

white[2] *n.* colour of snow सफ़ेद रंग; clothing of thin colour सफ़ेद पोशाक; clear fluid round the yolk of an egg अंडे की सफ़ेदी; white man गोरा ।

whiten **ह्वॉइ** ट्न्, **वॉइ–** *v.t.* to make white सफ़ेद क०; *v.i.* to become white सफ़ेद होना ।

whitewash[1] **ह्वॉइट्** वौशॅ, **वॉइट्–** *n.* substance for whitening walls etc. सफ़ेदी, क़लई ।

whitewash[2] *v.t.* to coat with whitewash सफ़ेदी क०; to cover up छिपाना ।

whither **ह्वि** दॅ:, **वि–** *adv.* where कहाँ ।

whitish **वॉइ** टिश, **ह्वॉइ–** *a.* almost white सफ़ेद-सा ।

who हू *interr., pron.* कौन, किसने; *rel. pron.* जो , जिसने ।

whoever हू ऐं वॅं: *pron.* anyone who जो कोई , जो भी ।

whole[1] होल *a.* complete, entire संपूर्ण; not broken साबुत, समूचा ।

whole[2] *n.* complete thing or system संपूर्ण वस्तु अथवा व्यवस्था ।

wholesale[1] **होल्** सेल *n.* selling of goods in large quantities थोक बिक्री ।

wholesale[2] *a.* relating to bulk-selling थोक-संबंधी, थोक का; extensive व्यापक, विशाल ।

wholesale[3] *adv.* in large quantities थोक में, बहुत अधिक ।

wholesaler **होल्** से लॅं: *n.* one who trades on wholesale basis थोक व्यापारी ।

wholesome **होल्** सॅम *a.* producing good effect हितकारी; favourable to health स्वास्थ्यकर ।

wholly **हो** लि *adv.* entirely पूर्णतया ।

whom हूम *pron.* किसे, किसको; जिसे, जिसको ।

whore हौ:, हौॅ: *n.* a prostitute वेश्या ।

whose हूज़ *pron.* किसका, जिसका ।

why **ह्वॉइ** , वॉइ *adv.* for what reason क्यों; for which reason, because of which जिस लिए, जिस कारण से ।

wick विक *n.* strip of thread feeding flame of lamp or candle with oil (दीपक की) बत्ती ।

wicked **वि** किड *a.* evil, sinful दुष्ट, पापी; very bad धूर्त, बदमाश; mischievous नटखट, शरारती ।

wicker **वि** कॅं: *n.* flexible twigs that can be woven into baskets etc. खपची, लचीली टहनी ।

wicket **वि** किट *n.* small gate छोटा फाटक; (cricket) set of three stumps and bails विकिट ।

wide[1] वॉइड *a.* broad चौड़ा; spacious विस्तृत; liberal उदार ।

wide[2] *adv.* to the full extent पूर्णरूप से; far from the intended target लक्ष्य से दूर; to a great distance दूर तक ।

widen वॉइ ड्न *v.t.* to make wide or wider चौड़ा क०; *v.i.* to become wide or wider चौड़ा होना ।

widespread वॉइड् स्प्रैं ड *a.* extending over a wide area व्यापक, दूर तक फैला हुआ ।

widow[1] वि डो *n.* a woman whose husband is dead विधवा ।

widow[2] *v.t.* to make a widow of विधवा बनाना ।

widower वि डो अँ: *n.* man whose wife is dead विधुर ।

width विड्थ *n.* breadth चौड़ाई ।

wield वील्ड *v.t.* to hold and use प्रयोग में लाना; to brandish घुमाना, चलाना; to manage सँभालना, नियंत्रित क० ।

wife वॉइफ़ *n.* *(pl. wives)* a man's partner in marriage पत्नी ।

wig विग *n.* artificial hair for the head बालों की टोपी, विग ।

wild वॉइल्ड *a.* not tamed जंगली; uncivilized असभ्य; excited उत्तेजित ।

wilderness विल् डॅ: निस *n.* desert, waste place बीहड़; state of desolation उजाड़ ।

wile वॉइल *n.* trick चाल, छल-कपट ।

will[1] विल *n.* mental faculty of making decision संकल्पशक्ति; purpose उद्देश्य; volition संकल्प-व्यापार; determination संकल्प; wish इच्छा; legal document for disposal of property after death वसीयत- नामा ।

will[2] *v.t.* to have a wish इच्छा रखना; *v.t.* to wish चाहना ।

willing वि लिङ्ग *a.* ready तत्पर; given or done freely स्वैच्छिक ।

willingness वि लिङ्ग् निस *n.* readiness तत्परता ।

willow वि लो *n.* a tree with long thin, flexible branches भिसा; its wood इसकी लकड़ी ।

win[1] विन *(-nn-)* *v.t.* to get by labour or effort प्राप्त क०; to reach पहुँचना; to allure लुभाना, ललचाना; to be successful in में सफल होना; *v.i.* to be victorious विजयी होना; to be successful सफल होना ।

win[2] *n.* victory विजय ।

wind[1] विन्ड *n.* air in motion समीर; breath साँस; gas formed in the stomach अफारा ।

wind[2] *v.t.* to cause to be breathless (का) साँस फुलाना; to get the scent of (की) गंध पा लेना ।

wind[3] वॉइन्ड *v.t.* to twist लपेटना; to make into a ball or coil (का) गोला या लच्छी बनाना; to move in a spiral manner घुमाना; to tighten the spring of (a watch) (घड़ी में) चाबी या कूक देना ।

window विन् डो *n.* an opening in a wall to admit light, air etc. खिड़की ।

windy विन् डि *a.* with much wind तूफ़ानी ।

wine वॉइन *n.* fermented juice of grape etc. अंगूरी शराब ।

wing विङ्ग *n.* either of the two organs of a bird by which it flies पंख; the surface supporting an aircraft in the air वायुयान का पंख ।

winner वि नें: *n.* one who wins विजेता ।

winnow वि नो *v.t.* to separate (grain) from chaf by means of a stream of air ओसाना, बरसाना ।

winsome विन् सॅम *a.* charming आकर्षक ।

winter[1] विन् टें: *n.* the coldest season शीत ऋतु ।

winter[2] *v.i.* to pass the winter जाड़ा बिताना ।

wintry विन् ट्रि *a.* cold, chilly शीतल, ठंडा; of winter शीतकालीन; lacking warmth भावशून्य ।

wipe[1] वॉइप *v.t.* to rub so as to clean पोंछना ।

wipe[2] *n.* act of wiping पोंछन ।

wire[1] वॉइअॅ: *n.* metal drawn into thin strand तार; telegram तार ।

wire[2] *v.t.* to fasten with wire तार से बाँधना; to provide with wire तार लगाना; to send by telegraph तार द्वारा भेजना ।

wireless[1] **वॉइअॅ:** लिस *a.* without the use of wires बेतार का ।

wireless[2] *n.* radio, radio set रेडियो ।

wiring वॉइअॅ रिङ्ग *n.* system of wires for electric current बिजली के तार ।

wisdom विज़् डॅम *n.* quality of being wise समझदारी, बुद्धिमानी ।

wise वॉइज़ a. sensible, having intelligence and knowledge समझदार, बुद्धिमान ।

wish[1] विश *n.* desire इच्छा; thing desired इच्छित वस्तु ।

wish[2] *v.t.* to desire चाहना; *v.i.* to have a desire इच्छुक होना ।

wishful विश् फुल *a.* desirous आकांक्षी, इच्छुक ।

wistful विस्ट् फुल *a.* longing, yearning उत्कंठित; sadly pensive उदासीपूर्ण ।

wit विट *n.* alertness of mind बुद्धि की प्रखरता; clever and humorous expression of ideas वाग्विदग्धता; person gifted with quickness of mind हाज़िर-जवाब व्यक्ति ।

witch विच *n.* a woman having evil supernatural powers जादूगरनी; a hag डाइन; an alluring girl or woman मोहिनी ।

witchcraft विच् क्राफ़्ट *n.* sorcery, use of magic जादू-टोना ।

witchery वि चॅ रि *n.* witchcraft जादू-टोना; fascination, charm आकर्षण ।

with विद *prep.* in the company of के साथ; as a means of के द्वारा; in the care of की देखरेख में; against के विरुद्ध ।

withdraw विद् **ड्रौ** *v.t.* to draw back खींच लेना, पीछे हटाना; to take back वापस लेना; to take out निकालना; *v.i.* to move back पीछे हटना, वापस जाना ।

withdrawal विद् **ड्रौ** अॅल *n.* taking out निकासी; moving back वापसी; taking back वापसी ।

wither वि दॅ: *v.i.* to fade मुरझाना; *v.t.* to cause to fade मुरझा देना ।

withhold विद् **होल्ड** *v.t.* to keep back रोक रखना; to refrain from giving देने से इनकार क० ।

within[1] विद् **इन** *prep.* inside of, not beyond के अंदर, से अधिक नहीं ।

within[2] *adv.* indoors घर में; inside अंदर ।

within[3] *n.* inner side, inner part भीतरी भाग ।

without[1] विद् **ऑउट** *prep.* not with, lacking से रहित, के बिना ।

without[2] *adv.* outside बाहर की ओर ।

without[3] *n.* outer side or part बाह्य भाग ।

withstand विद् **स्टैन्ड** *.vt.* to resist, to oppose (का) विरोध क० to hold out against का सामना क० ।

witness[1] **विट्** निस *n.* one who sees something प्रत्यक्ष-दर्शक; testimony गवाही; one who gives testimony गवाह; one attesting signature प्रमाण कर्ता ।

witness[2] *v.i.* to give testimony गवाही देना; *v.t.* to see देखना; to attest प्रमाणित क० ।

witticism वि टि सिज़्म *n.* witty remark चुटीला कथन ।

witty वि टि *a.* clever and amusing (person) वाग्विदग्ध, हाज़िरजवाब; characterized by wit चुटीला, मज़ेदार ।

wizard वि ज़ॅ:ड *n.* a magician जादूगर ।

wobble वौँ ब्ल *v.i.* to rock हिलना, लड़खड़ाना; to be uncertain अस्थिर होना; *v.t.* to cause to rock हिलाना, लड़खड़ा देना ।

woe वो *n.* grief, sorrow शोक, विषाद ।

woeful वो फुल *a.* sorrowful शोकपूर्ण; miserable दु:खी ।

wolf वुल्फ़ *n.* a wild predatory dog-like animal भेड़िया ।

woman वु मॅन *n.* adult human female नारी, स्त्री; the female sex स्त्री-जाति ।

womanhood वु मॅन् हुड *n.* state of being woman नारीत्व ।

womanish वु मॅ निश *a.* effeminate ज़नाना, स्त्रैण ।

womb वूम *n.* female organ of conception गर्भाशय ।

wonder[1] वन् डॅ: *n.* astonishment आश्चर्य; a marvel अजूबा; a miracle चमत्कार ।

wonder[2] *v.i.* to marvel आश्चर्य क०; *v.t.* to be doubtful about के विषय में अनिश्चित होना ।

wonderful वन् डॅ: फुल *a.* causing wonder आश्चर्यजनक; remarkable, very fine अत्युत्तम

wont[1] वौन्ट *a.* accustomed आदी ।

wont[2] *n.* custom, habit रिवाज, आदत ।

woo वू *v.t.* to court, to seek the love of (से) प्रणय-निवेदन क०; to coax फुसलाना ।

wood वुड *n.* timber लकड़ी; firewood ईंधन; *(pl.)* a tract of land with growing trees जंगल ।

wooden वु डॅन *a.* made of wood लकड़ी का ।

woof वूफ़ *n.* the threads that cross the warp in weaving बाना ।

wool वुल *n.* soft hair of sheep, goat etc. ऊन; yarn made from this ऊनी धागा ।

woollen[1] वु लॅन *a.* made of wool ऊनी ।

woollen[2] *n.* fabric made of wool ऊनी कपड़ा; *(pl.)* clothes made of wool ऊनी वस्त्र ।

word[1] वॅ:ड *n.* a meaningful unit of speech शब्द; message संदेश; brief remark टिप्पणी, कथन; a promise वचन, वादा; information सूचना; command आदेश ।

word[2] *v.t.* to express in words शब्दों में व्यक्त क० ।

wordy वॅ: डि *a.* verbose शब्दाडंबरपूर्ण ।

work[1] वॅ:क *n.* labour श्रम; employment व्यवसाय; activity कार्य; task नियत कार्य; thing done कृत्य; production of art कृति; *(pl.)* factory कारख़ाना ।

work[2] *v.t.* to cause to operate चालू क०, चलाना; to make, to shape बनाना, ढालना; *v.i.* to labour श्रम क०; to operate चलना; to engage in some activity काम क०; to be occupied in business धंधे में लगना ।

workable वॅ: कॅ ब्ल *a.* that can be made to work व्यवहार्य ।

workaday वॅ: कॅ डे *a.* plain, ordinary सादा, सामान्य ।

worker वॅ: कॅ: *n.* a wage-earner मज़दूर, कार्यकर्ता ।

workman वॅ:क् मॅन *n.* manual worker मज़दूर ।

workmanship वॅ:क् मॅन् शिप *n.* skill of a workman शिल्प, कारीगरी ।

workshop वॅ:क् शौंप *n.* place where things are made कारख़ाना ।

world वॅ:ल्ड *n.* the universe विश्व; the planet earth भूलोक; mankind मानव-जाति; human society जगत्, दुनिया; society समाज; an area of interest रुचि-क्षेत्र ।

worldly वॅ:ल्ड् लि *a.* earthly पार्थिव; mundane सांसारिक; materialistic

भौतिक।

worm वॅ:म *n.* small limbless creeping creature कीड़ा, कृमि; a weak spineless person कमीना आदमी; the spiral part of a screw पेंच की चूड़ी।

wormwood वॅ:म् वुड *n.* a bitter herb नागदौन; bitterness कटुता।

worry[1] व रि *n.* anxiety चिंता; a cause of anxiety चिंता का कारण।

worry[2] *v.i.* to be concerned चिंतित होना; *v.t.* to trouble परेशान क०।

worsen वॅ: सॅन *v.t.* to make worse बिगाड़ना; *v.i.* to become worse बिगड़ना।

worship[1] वॅ: शिप *n.* act of worshipping पूजा, उपासना; admiration प्रशंसा; a title of respect श्रीमन्।

worship[2] *(-pp-) v.t.* to adore पूजा क०; to love and admire के प्रति प्रेम व प्रशंसा का भाव रखना।

worshipper वॅ: शि पॅ: *n.* adorer, devotee पुजारी, उपासक।

worsted वु स्टिड *n.* woollen yarn ऊनी धागा; cloth made from this yarn ऊनी कपड़ा।

worth[1] वॅ:थ *n.* value, merit गुण; virtue गुणवत्ता; usefulness उपयोगिता; excellence उत्कृष्टता।

worth[2] *a.* having a certain value निश्चित मूल्य का; deserving of के लायक़; possessing का स्वामी।

worthless वॅ:थ् लिस *a.* of no use व्यर्थ, निरर्थक।

worthy वॅ: दि *a.* deserving (of) के योग्य; deserving respect सम्मान्य।

wound[1] वुन्ड *n.* injury, hurt from cut, stab etc. घाव, ज़ख्म; a hurt to feelings ठेस।

wound[2] *v.t.* to hurt, to injure घायल क०; to pain ठेस पहुँचाना।

wrangle[1] रैङ् ग्ल *v.i.* to quarrel noisily लड़ना-झगड़ना; to dispute बहस क०।

wrangle[2] *n.* noisy quarrel लड़ाई-झगड़ा; dispute बहस, वाद-विवाद।

wrap[1] रैप *(-pp-) v.t.* to cover by putting something round लपेटना; to conceal छिपाना।

wrap[2] *n.* a loose garment आवरण; a shawl शाल, चादर।

wrapper रैॅ प: *n.* a loose cover for a book आवरण; a strip of paper wrapped round a periodical for sending by post काग़ज़ की लपेटन।

wrath रौथ, रौॅथ *n.* anger क्रोध।

wreath रीथ *n.* a circle of interwoven flowers माला।

wreathe रीद *v.t.* to form into a wreath गूथना; to surround घेरना; to wind round लपेटना।

wreck[1] रैॅक *n.* destruction of ship पोतभंग; wrecked ship पोतावशेष; ruin भग्नावशेष, विनाश।

wreck[2] *v.t.* to cause the wreck of भग्न क०, नष्ट क०।

wreckage रैॅ किज *n.* the remains of something wrecked पोतावशेष, भग्नावशेष।

wren रैॅन *n.* a small song bird पिटपिटी, फुदकी।

wrench[1] रैॅन्च *n.* a violent twist मरोड़; sprain मोच; spanner रिन्च; grief of parting बिछुड़ने की पीड़ा।

wrench[2] *v.t.* to twist violently मरोड़ना, ऐंठना; to distort तोड़-मरोड़ देना; to sprain मोच देना।

wrest रैॅस्ट *v.t.* to take by force छीनना; to twist मरोड़ना।

wrestle रैॅ सल *v.i.* to struggle with an opponent so as to throw him to the ground कुश्ती लड़ना; to strive संघर्ष क०।

wrestler रैस्‌ लॅ: *n.* one who wrestles कुश्ती लड़नेवाला, पहलवान ।

wretch रैचॅ *n.* a poor miserable person अभागा व्यक्ति ।

wretched रैं चिड *a.* miserable, unhappy दुःखी, अभागा ।

wriggle[1] रि ग्ल *v.i.* to move with twisting action रेंगना; to squim कुलबुलाना ।

wriggle[2] *n.* twisting movement रेंगने की क्रिया; squim कुलबुलाहट ।

wring रिङ्ग *v.t.* to twist ऐंठना; to squeeze out निचोड़ना; to extort ऐंठ लेना ।

wrinkle[1] रिङ्‌ क्ल *n.* crease in the skin झुर्री; fold सिलवट; pucker शिकन ।

wrinkle[2] *v.t.* to cause wrinkles in में सिलवट डालना, झुर्री पैदा क०; *v.i.* to become wrinkled झुर्री या शिकन पड़ना ।

writ रिट *n.* a written command from law court हुक्मनामा ।

write रॉइट *v.t.* to set down in words लिखना; to compose (की) रचना क०; to communicate in writing लिखकर भेजना; *v.i.* to form words on paper लिखना; to be an author लेखन-कार्य क०; to send a letter पत्र भेजना ।

writer रॉइ टॅ: *n.* one who writes लिखनेवाला; an author लेखक ।

writhe रॉइद *v.i.* to twist the body in pain छटपटाना, तड़पना ।

wrong[1] रौ ङ्ग *a.* incorrect ग़लत, अशुद्ध; not suitable अनुपयुक्त; unjust अन्यायपूर्ण; illegal अवैध; not moral अनैतिक; sinful पापपूर्ण ।

wrong[2] *adv.* in the wrong way ग़लत ढंग से ।

wrong[3] *v.t.* to do wrong to से अन्याय क० ।

wrongful रौङ्ग्‌ फुल *a.* unjust अन्यायपूर्ण; unlawful अवैध ।

wry रॉइ *a.* twisted, contorted टेढ़ा, तोड़ा-मरोड़ा; sardonic व्यंग्यपूर्ण ।

X

xerox[1] ज़ी रौक्स *n.* a photocopy छायाप्रति ।

xerox[2] *v.t.* to photocopy (की) छायाप्रति बनाना ।

Xmas क्रिस्‌ मॅस *n.* Christmas बड़ा दिन ।

x-ray[1] ऐक्स्‌ रे *n.* एक्स किरण ।

x-ray[2] *a.* pertaining to x-ray एक्स-किरणीय ।

x-ray[3] *v.t.* to photograph by x-rays एक्सकिरण फ़ोटो लेना ।

xylophagous ज़ाइ लौ फ़ॅ गॅस *a.* wood-eating काष्ठ-भक्षी ।

xylophilous ज़ाइ लौ फ़ि लॅस *a.* fond of eating wood काष्ठ-प्रेमी ।

xylophone ज़ॉइ लॅ फ़ोन *n.* a musical instrument of wooden bars which sound when struck काष्ठ-तरंग ।

Y

yacht[1] यौ ॅट *n.* a light sailing boat हलकी नौका ।

yacht[2] *v.i.* to travel in a yacht नौका-विहार क० ।

yak यैक *n.* a long-haired ox of Central Asia सुरागाय, चमर ।

yap[1] यैप *(-pp-) v.i.* (of small dogs etc.) to utter sharp short barks भौं-भौं क०; to talk idly बकवास क० ।

yap[2] *n.* a shrill bark भौं-भौं ।

yard याःड *n.* a unit of length (36 inches) गज़; enclosed area अहाता ।

yarn याःन *n.* spun thread सूत, तागा; a tale कहानी, क़िस्सा ।

yawn[1] यौन *v.i.* to open the mouth wide in sleepiness जम्हाई लेना; to be wide open चौड़ा होना ।

yawn[2] *n.* act of yawning जम्हाई ।

year यिअ॓:, यॅ: *n.* twelve months वर्ष ।

yearly[1] यिअ॓: लि, यॅः— *a.* taking place every year वार्षिक ।

yearly[2] *adv.* every year , once a year प्रतिवर्ष ।

yearn यॅ:न *v.i.* to feel longing लालायित होना ।

yearning यॅः निङ्ग *n.* longing , desire लालसा, इच्छा ।

yeast यीस्ट *n.* substance used as fermenting agent ख़मीर ।

yell[1] यैलॅ *v.i.* to cry out in loud shrill tone चिल्लाना; *v.t.* to say in loud shrill tone चिल्लाकर कहना ।

yell[2] *n.* a loud shrill cry चिल्लाहट, पुकार ।

yellow[1] यैॅ लो *a.* of the colour of lemons पीला ।

yellow[2] *n.* the colour of lemons पीला रंग ।

yellow[3] *v.t.* to cause to become yellow पीला क० ; *v.i.* to become yellow पीला होना ।

yellowish यैॅ लो इश *a.* rather yellow पीला-सा, कुछ-कुछ पीला ।

yen यैॅन *n.* Japanese monetary unit यैन, जापानी मुद्रा ।

yeoman यो मॅन *n.* a small farmer छोटा ज़मींदार ।

yes यैसॅ *adv.* an expression of agreement or consent हाँ, सचमुच ।

yesterday[1] यैसॅ् टॅः डे, —डि *n.* the day just past बीता हुआ दिन ।

yesterday[2] *adv.* on the day just past कल; recently हाल में ।

yet[1] यै ॅट *adv.* upto the present time अब तक; in addition इसके अतिरिक्त; still अभी तक ।

yet[2] *conj.* nevertheless तथापि ।

yield[1] यील्ड *v.t.* to produce पैदा क० ; to provide प्रदान क० ; to give up , to surrender समर्पित क०, त्याग देना; *v.i.* to submit आत्मसमर्पण क० ; to surrender हार मानना ।

yield[2] *n.* amount produced उपज, पैदावार; profit लाभ; result परिणाम ।

yoke[1] योक *n.* a wooden bar put across the necks of oxen pulling a cart etc.

जुआ; bond or tie बंधन, संबंध; a mark of servitude दासता; a pair of oxen बैलों की जोड़ी; part of a garment that fits the shoulders वस्त्र का कंधोंवाला भाग।

yoke[2] *v.t.* to put a yoke on (पर) जुआ रखना, जोतना; to join together जोड़ना, युग्मित क०।

yolk योक *n.* the yellow part of an egg अंडे की ज़रदी।

yonder[1] **यौँन्** डः *a.* that can be seen over there वहाँ का, वह वाला।

yonder[2] *adv.* over there, in that direction वहाँ, उस ओर।

young[1] यङ्ग *a.* not old छोटा; immature अपरिपक्व, अनाड़ी; at an early stage of growth नवोदित।

young[2] *n.* offspring संतान, बच्चे।

youngster यङ्ग् स्टः *n.* a young person not yet mature enough छोकरा, लौंडा।

youth यूथ *n.* state or time of being young यौवन, तरुणाई; young man जवान, युवक; young people नौजवान लोग।

youthful यूथ् फुल *a.* young युवा, तरुण।

Z

zany ज़े नि *a.* funny in an unusual way बेहूदा, हास्यपूर्ण।

zeal ज़ील *n.* great enthusiasm जोश, उत्साह।

zealot ज़ै लॅट *n.* enthusiast उन्मादी; fanatic supporter कट्टर समर्थक।

zealous ज़ै लॅस *a.* full of zeal, ardent जोशपूर्ण, उत्साही।

zebra ज़ी ब्रॅ *n.* striped African animal like a horse ज़ेबरा।

zenith ज़ै निथ *n.* point of the sky exactly overhead शिरोबिंदु; the highest point चरम बिंदु, पराकाष्ठा।

zephyr ज़ै फ़ः *n.* west wind पछुवाँ हवा; gentle breeze मंद समीर।

zero ज़िऑ रो *n.* the figure 0 शून्य; nothing कुछ नहीं; freezing point हिमांक।

zest ज़ैस्ट *n.* enjoyment मज़ा, आनंद; enthusiasm उत्साह, जोश।

zigzag[1] **ज़िग्** ज़ैग *n.* line or course with sharp turns in alternate directions टेढ़ी-मेढ़ी रेखा।

zigzag[2] *a.* formed in a zigzag टेढ़ा-मेढ़ा।

zigzag[3] *(-gg-) v.i.* to go in a zigzag टेढ़ा-मेढ़ा जाना।

zinc ज़िङ्क *n.* a bluish-white metal जस्ता।

zip[1] ज़िप *n.* a whizzing sound सनसनाहट; a kind of fastener ज़िप।

zip[2] *(-pp-) v.t.* to open or close by means of a zip ज़िप से बंद क० या खोलना।

zodiac ज़ो डि ऐक *n.* राशिचक्र।

zonal ज़ो नॅल *a.* of or pertaining to a zone मंडलीय।

zone ज़ोन *n.* one of the five climatic belts into which the earth is divided कटिबंध; any belt-like area क्षेत्र,

मंडल ।

zoo ज़ू *n.* place where live animals are kept for exhibition चिड़ियाघर, जंतुशाला ।

zoological ज़ों अॅ लौं जि कॅल, ज़ु— *a.* of zoology प्राणि-विज्ञान विषयक ।

zoologist ज़ो ऑ लॅ जिस्ट, ज़ु– *n.* an expert in zoology प्राणि-विज्ञानी ।

zoology ज़ों औं लॅ जि, ज़ु– *n.* scientific study of animals प्राणि-विज्ञान ।

zoom[1] ज़ूम *n.* sudden upward flight of an aircraft वायुयान की तेज़ ऊर्ध्व उड़ान; the humming sound made by such a flight ऐसी उड़ान की गूँज ।

zoom[2] *v.i.* (of an aircraft) to rise steeply (वायुयान का) तेज़ी से ऊपर उठना; to move with a fast roaring noise शोर करते हुए तेज़ी से गुज़रना; to soar ऊँचा उठना ।

हिन्दी–अंग्रेजी

HINDI-ENGLISH

HINDI ALPHABETS

and their romanised transliterations

a	ã	i	i	u	ü	r
अ	आ	इ	ई	उ	ऊ	ऋ

e	ai	o	au	am	ah
ए	ऐ	ओ	औ	अं	अः

ka	kha	ga	gha	
क	ख	ग	घ	ङ
c	ch	ja	jha	
च	छ	ज	झ	ञ
ta	tha	da	dha	
ट	ठ	ड	ढ	ण
ta	tha	da	dha	na
त	थ	द	ध	न
pa	fa/pha	ba	bha	ma
प	फ	ब	भ	म
ya	ra	la	va	s
य	र	ल	व	श

ṣ/s̄/sh	sa	ha
ष	स	ह

संयुक्त व्यअन

ksha	tra	gna
क्ष	त्र	ज्ञ

Abbreviations used :

अ. Arabic
फ./फा. Persian
स्त्री. Feminine
पु. Masculine
क्रि. Verb

अ

अ *(a)* the first letter and vowel of Devnagri alphabet.

अंक *(ank)* पु० digit, mark; issue, number; act (drama); embrace; lap.

अंकगणित *(ankganit)* पु० arithmetic.

अंकन *(ankan)* पु० numbering; notation; brand; tagging; imprinting; making; description; writing; drawing.

अंकित्त *(ankit)* वि० marked; labelled; tagged; written, described; numbered; drawn; painted.

अंकुर *(ankur)* पु० villus (pl. villi); shoot, off-shoot; sign.

अंकुरण *(ankuran)* पु० germination; sprouting.

अंकुरित *(ankurit)* वि० sprouted; germinated; budded.

अंकुश *(ankuṡ)* पु० elephant goad; hook; uncus; prod; restraint, control.

अंकेक्षक *(ankeksak)* पु० auditor.

अंकेक्षण *(ankeksan)* पु० audit.

अंग *(ang)* पु० organ, limb; body; division; department; part; branch; area; side; aspect.

अँगड़ाई *(angrāi)* स्त्री० stretching of limbs, twisting of body.

अँगना, आँगन *(angana)* पु० courtyard.

अँगरखा *(angarkha)* पु० loose upper male garment.

अंगराग *(amgarāg)* पु० cosmetics.

अंगार, अँगारा *(angâra)* पु० ember; cinder.

अंगीकार *(angikāra)* पु० acceptance (as one's own).

अँगीठी *(amgithi)* स्त्री० brazier; ingle, fire place; grate.

अंगुल *(angul)* पु० (स्त्री० उँगली) digit; a finger's breadth.

अंगुलत्राण *(angultrān)* पु० thimble.

अंगुली, अँगुली *(amguli)* स्त्री० finger; digit.

अंगुश्ताना *(angustāna)* पु० (फा०) thimble.

अँगूठा *(amguthā)* पु० thumb.

अँगूठी *(amguthi)* स्त्री० finger-ring.

अंगूर *(angur)* पु० grape.

अँगोछा *(amgochā)* पु० towel.

अंचल *(ancal)* पु० circle, zone, region.

अंजन *(anjan)* पु० collyrium, eyesalve.

अंजर–पंजर *(anjar-panjar)* पु० physical frame, skeleton; joints of the body; parts of a machine.

अंजलि *(anjali)* स्त्री० hollow of the palm.

अंजाम *(anjām)* पु० (फ़ा०) result, consequence; end, completion.

अंजीर *(anjir)* पु० (फ़ा०) fig.

अंट-शंट *(ant-śant)* वि० absurd; incoherent irrelevant; inconsistent; random.

अंड–बंड *(andband)* वि० miscellaneous; meaningless, nonsense; incoherent; irrelevant.

अंडा *(andā)* पु० egg.

अंडाकार *(andākār)* वि० oval; oviform.

अंतःकरण *(antahkaran)* पु० conscience.

अंत:पुर *(antahpur)* पु० harem.

अंत:प्रेरणा *(antahprernā)* स्त्री० urge; inspiration.

अंत *(ant)* पु० end; fall; destruction; edge; result; death.

अँतड़ी *(amtri)* स्त्री० intestine.

अंततः *(antatah)* क्रि० वि० at long last, finally; ultimately, eventually.

अंततोगत्वा *(antatogatvā)* क्रि० वि० at long last, finally; ultimately, eventually.

अंतरंग *(antarang)* वि० internal, inner; intimate; private.

अंतर *(antar)* पु० difference; distance.

अंतरात्मा *(antarātma)* स्त्री० conscience. soul.

अंतराल *(antarāl)* पु० interval; space.

अंतरिक्ष *(antariks)* पु० space, sky.

अंतरिक्ष यात्री *(antariksh-yātri)* पु० astronaut.

अंतरिक्ष यान *(antariksh-yān)* पु० spaceship.

अंतरिक्ष विज्ञान *(antariksh-vignān)* पु० meteorology.

अंतरिम *(antarim)* वि० interim.

अंतरीकरण *(antikaran)* पु० stagger (archit.)

अंतरीप *(antarip)* पु० cape.

अंतर्गत *(antargat)* वि० included.

अंतर्जात *(antarjāt)* वि० innate.

अंतर्जातीय *(antarjātiya)* वि० inter-cast.

अंतर्दृष्टि *(antar-drsti)* स्त्री० insight.

अंतर्देशीय *(antardeśiya)* वि० interstate; inland, (inland letter).

अंतर्द्वंद्व *(antardvand)* पु० inner conflict.

अंतर्धान *(antardhān)* पु० disappearance.

अंतर्ध्वंस *(antardhavas)* पु० sabotage.

अंतर्निहित *(antarnihit)* वि० implicit, inherent.

अंतर्मुखी *(antarmukhi)* वि० introvert.

अंतर्यामी *(antaryāmi)* वि० pervading the innerself.

अंतर्राष्ट्रीय *(antarrāśtriya)* वि० international, global.

अंतर्वस्त्र *(antarvastra)* पु० underwear, undergarment.

अंतर्विरोध *(antarvirodh)* पु० self-contradiction.

अंतर्हित *(antarhit)* वि० latent, concealed; rendered invisible.

अंतस्तल *(antastal)* पु० heart of hearts; mind.

अंतिम *(antim)* वि० final, last; ultimate; terminal.

अंतेवासी *(antevasi)* पु० resident pupil.

अंदर *(andar)* क्रि० पु० (फ़ा०) within, in, inside.

अंदरूनी *(andaruni)* वि० (फ़ा०) internal; inward.

अंदाज़ *(andāz)* पु० (फ़ा०) estimate, guess; style, mode; gesture.

अंदाज़न *(andāzan)* क्रि० पु० (फ़ा०) roughly, approximately.

अंदाज़ा *(andāzā)* पु० (फ़ा०) estimate, guess; conjecture, surmise.

अंधाकार *(andhākar)* पु० darkness.

अंधड़ *(andhar)* पु० violent duststorm.

अंधता *(andhata)* स्त्री० blindness.

अंधाविश्वास *(andhviśvās)* पु० superstition; orthodoxy.

अंधा *(andhā)* पु० a blind person.

अंधाधुंध *(andhādhund)* क्रि वि० indiscriminately; racklessly, excessively.

अंधनुकरण *(andhanukarn)* पु० blind

imitation.

अंधापन *(andhāpan)* पु० blindness.

अँधियारा *(amdhiyārā)* see अंधाकार

अंधेर *(amdher)* पु० complete lawlessness.

अँधेरा *(amdherā)* पु० darkness.

अंबर *(ambar)* पु० sky; clund; garment.

अंबार *(ambàr)* पु० (फ़ा०) heap, bulk.

अंबुधि अंबुनिधि *(ambudhi)* पु० ocean.

अंश *(ams)* पु० share; part, portion; degree (of an angle); division; fragment; fraction; ingrdient; contribution; passge.

अंशकालिक *(amsakalik)* वि० part-time.

अंशतः *(amstah)* क्रि० वि० partly.

अंशदान *(amsadān)* पु० contribution.

अंशदायी *(amsadāi)* वि० contributory

अकड़ *(akar)* स्त्री० rigidity; stiffness; intractibility; strut; conceit; haughtiness.

अकड़बाज़ *(akurbāz)* वि० haughty, arrogant.

अकथनीय *(a-kathaniya)* वि० indescribable, ineffable; unutterable.

अकर्मक *(a-karmak)* वि० intransitive.

अकर्मण्य *(a-karmanya)* वि० indolent, idle.

अकर्मण्यता *(a-karmanyatā)* स्त्री० indolence, inertness, idleness, inactivity.

अकल्पनीय *(a-kalpaniya)* वि० unimaginable; inconceivable.

अकल्पित *(aklpit)* वि० unimagined.

अकसर *(aksar)* क्रि वि० (अ०) often, usually.

अकस्मात् *(aksmāt)* क्रि वि० accidentally; suddenly.

अकाट्य *(akātya)* वि० indisputable; irrefutable.

अकादमी *(akādmi)* स्त्री० academy.

अकारण *(akāran)* वि० without any pretext; groundless, causeless; unsprovoked.

अकाल[1] *(akāl)* पु० famine.

अकाल[2] *(akāl)* वि० untimely.

अकिंचन[1] *(akincan)* पु० poor man, pauper.

अकिंचन[2] *(akincan)* वि० poor, destitute.

अकुलाना *(akulāna)* अ० क्रि० to feel restless or uneasay.

अकुलाहट *(Akulāhat)* स्त्री० uneasiness, restlessness.

अकुशल *(akushal)* वि० unskilled.

अकुशलता *(akushaltā)* स्त्री० inefficiency; incompetence.

अकृतज्ञ *(akritgna)* वि० ungrateful, thankless.

अकृत्रिम *(akritrim)* वि० natural; genuine; unsophisticated; unaffected.

अकेला *(akelā)* वि० single; lonely, lonesome; solitary; sole.

अकेले *(akele)* क्रि० वि० alone, without a companion

अक्खड़ *(akkhar)* वि० contumacious, rude and rough; headstrong, fearless.

अक्खड़पन *(akkharpan)* पु० contumacy; haughtiness; fearlessness; rudeness, incivility.

अक़्ल *(akal)* स्त्री० (अ०) wisdom; intellect, intelligence;

अक़्लमंद *(akalmand)* वि० (अ०) sagacious; intelligent; wise.

अक़्लमंदी *(akalmandi)* स्त्री० (अ०) sagacity; intelligence.

अक्षम्य *(akshamya)* वि० inexcusable, unforgivable, unpardonable.

अक्षय *(akshay)* वि० everlasting, endless;

inexhaustible; imperishable, eternal.

अक्षर[1] *(akshar)* पु० syllable; character, sort (print); letter.

अक्षर[2] *(akshar)* वि० undecaying; imperishable.

अक्षरशः *(aksharśa)* क्रि० वि० in toto; literaly; verbatim.

अक्षांश *(akshāmś)* पु० latitude.

अक्षुण्ण *(akshun)* वि० unbroken, unimpaired, intact, whole, undiminished.

अखंड *(akhand)* वि० undivided, unbroken; whole, complete; indivisible; non-stop; irrevocable.

अख़बार *(akhbār)* पु० (अ०) newspaper.

अख़बारनवीस *(akhbārnavis)* पु० (अ०) journalist.

अख़बारनवीसी *(akhbārnavisi)* स्त्री० (अ०) journalism.

अखरना *(akharnā)* अ० क्रि० to be unpleasant, to be disagreeable; to make one feel sore; to be troublesome, to be oppressive.

अखरोट *(akhrot)* पु० walnut.

अखाड़ा *(aakhārā)* पु० arena; place for exercise; congregation or abode of sadhus.

अखिल *(akhil)* वि० entire, whole, complete.

अगम *(agam)* वि० unattainable, inaccessible; imcomprehensible.

अगम्य *(agamya)* वि० impassable, beyond reach, inapproachable; incomprehensible.

अगर *(agar)* क्रि० वि० (फ़ा०) if.

अगरबत्ती *(agarbatti)* स्त्री० incense-stick.

अगला *(agalā)* वि० following, next, forthcoming; approaching, coming.

अगवानी *(agavāni)* स्त्री० welcome, reception.

अगाध *(agādh)* वि० profound; unfathomable; immense.

अगुआ *(aguā)* पु० leader, pioneer; forerunner.

अगोचर *(agocar)* वि० imperceptible.

अग्नि *(agni)* स्त्री० fire.

अग्निकांड *(agnikānd)* पु० arson, conflagration.

अग्निदाह *(agnidāh)* पु० cremation.

अग्र *(agra)* वि० pre-eminent, top-most; chief; front; first; best.

अग्रगण्य *(agraganya)* वि० leading, prominent.

अग्रगामी *(agragāmi)* वि० pioneering, foregoing; preceding.

अग्रजा *(agrajā)* स्त्री० elder sister.

अग्रणी *(agrani)* वि० foremost; leading; outstanding; prominent.

अग्रदूत *(agradut)* पु० herald; pioneer; forerunner, harbinger.

अग्रलेख *(agralakh)* पु० editorial (journ.).

अग्रसर *(agrasar)* वि० going ahead, leading.

अग्रसारण *(agrasāran)* पु० forwarding.

अग्रसारित *(agrasārit)* वि० forwarded.

अग्राह्य *(agrāhaya)* वि० unacceptable, inadmissible; ineligible; invalid; unentertainable; unbelievable; incomprehensible.

अग्रिम *(agrim)* वि० advance; first, foremost; superioer.

अग्रेषण *(agreśan)* पु० forwarding.

अघ *(agha)* पु० sin, misdeed.

अघाना *(aghāna)* अ० क्रि० to be satisfied.

अचंभा *(acambhā)* पु० astonishment, wonder, surprise.

अचंभित *(acambhit)* वि० astonished, amazed, wonder-struck.

अचरज *(acaraj)* पु० astonishment, surprise.

अचल *(a-cal)* वि० constant, firm; stable; immobile, stationary.

अचलता *(a-calata)* स्त्री० firmness; immovability.

अचानक *(acānak)* क्रि० वि० suddenly.

अचार *(acār)* पु० pickles.

अचिंत *(a-cint)* वि० thoughtless, carefree.

अचिंत्य *(a-cintya)* वि० inconceivable, unknowable, beyond imagination; beyond hope; sudden.

अचिर[1] *(a-cir)* वि० prompt; recent, new; momentary.

अचूक *(a-cuk)* वि० effective; unfailing.

अचेत *(a-cet)* वि० unconscious.

अचेतन[1] *(a-cetan)* पु० lifeless object.

अचेतन[2] *(a-cetan)* वि० inanimate.

अच्छा[1] *(acchā)* वि० good, nice, fine; excellent; pleasant, pleasing; genuine, pure; righteous; agreeable; proper, suitable, befitting; satisfactory, favourable.

अच्छा[2] *(achā)* क्रि० वि० well, nicely; excellently.

अच्छाई *(acchāi)* स्त्री० goodness; virture; merit; excellence; advantage.

अच्छापन *(acchāpan)* पु० see अच्छाई.

अच्युत *(a-cyut)* वि० infallible; unerring; immutable.

अछूत[1] *(a-chut)* वि० untouchable.

अछूत[2] *(a-chut)* पु० man of low caste.

अछूता *(a-chutā)* वि० unpolluted; untouched; fresh; unused; unharnessed; unexplored.

अजगर *(ajagar)* पु० python, a huge snake.

अजनबी[1] *(ajnabi)* वि० (फ़ा०) exotic; unknown, unfamiliar; alien.

अजनबी[2] *(ajnabi)* पु० (फ़ा०) stranger.

अजब *(ajab)* वि० (अ०) wonderful; strange, peculiar, marvellous.

अजर *(a-jar)* वि० ever young, undecaying, free from old age.

अजा *(azā)* स्त्री० she-goat; goddess Durga.

अजायबघर *(ajāyb-ghar)* पु० museum.

अजिर *(ajir)* पु० courtyard; arena; wind; body; matter of senses.

अज़ीज़ *(aziz)* पु० (फ़ा०) dear.

अजीब *(ajib)* वि० (अ०) peculiar, marvellous, strange; wonderful.

अजीर्ण *(a-jirn)* पु० constipation, indigestion, dyspepsia.

अजूबा *(ajubā)* पु० (अ०) wonder.

अजेय *(ajey)* वि० invincible, unconquerable.

अज्ञात *(a-jnāt)* वि० unknown; incognito.

अज्ञान *(a-jnān)* पु० ignorance.

अज्ञानता *(a-jnānata)* स्त्री० ignorance.

अज्ञानी *(a-jnāni)* वि० unwise; ignorant.

अज्ञेय *(a-jney)* वि० unknowable, unfit to be know.

अटकना *(ataknā)* अ० क्रि० to get stuck up, to be held up; to quarrel.

अटकल *(atkal)* स्त्री० conjecture, guess, speculation.

अटकाना *(atkānā)* स० क्रि० to detain; to hinder, to prevent; to delay; to connect, to link; to obstruct.

अटखेली *(atakheli)* see अठखेली.

अटपटा *(atpatā)* वि० incongruous, absurd; unpleasant; unsavoury.

अटल *(a-tal)* वि० resolute; steadfast, firm, unwavering, immovable; irrevocable, unalterable.

अटूट *(a-tut)* वि० unbreakable; unbroken, continuous; firm.

अट्टहास,–हास्य *(attahās)* पु० horse laugh; guffaw.

अठखेली *(athkheli)* स्त्री० frolic, merriment.

अड़ंगा *(arangā)* पु० impediment, obstacle.

अड़चन *(arcan)* स्त्री० hitch; hindrance, obstacle; difficulty.

अड़ना *(arnā)* अ० क्रि० to be obstinate; to stick; to insist; to halt, to be restive.

अड़ाना *(arānā)* स० क्रि० to cause to obstruct; to press forward.

अडिग *(a-dig)* वि० steady, unflinching.

अड़ियल *(ariyal)* वि० stubborn; inflexible; mulish.

अड़ोस–पड़ोस *(aros-paros)* पु० neighbourhood.

अड्डा *(adda)* पु० meeting place; stand (for vehicles); base.

अणु *(anu)* पु० atom; molecule.

अणुबम *(anu-bam)* पु० atom bomb.

अतः, अतएव *(atah, at-ev)* अ० therefore; hence;

अतल *(a-tal)* वि० bottomless; fathomless, unfathomable.

अता–पता *(atā-patā)* पु० clue; whereabout; trace.

अति *(ati)* वि० excessive, too much, very much; etreme, absolute.

अतिकर *(ati-kar)* पु० surtax.

अतिक्रम, *(ati-kram)* **अतिक्रमण** पु० transgression; violation; infringement.

अतिचार *(ati-cār)* पु० trespass; profanation; outrage, violation.

अतिचारी *(ati-cāri)* वि० outrageous; inrusive; profane.

अतिथि *(atithi)* पु० guest.

अतिथिपरायण *(atithi-parāyan)* वि० hospitable.

अतिथि–सत्कार *(atithi-satkār)* पु० hospitality.

अतिमानव *(ati-mānav)* पु० superman.

अतिमानवीय *(atithi-mānaviya)* वि० super human.

अतिरंजना *(ati-ranjanā)* स्त्री० exaggeration.

अतिरंजित *(ati-ranjit)* वि० exaggerated.

अतिरिक्त *(ati-rikt)* वि० additional, accessory, extra; superfluous, surplus; auxiliary.

अतिरेक *(ati-rek)* पु० superfluity; excess, exuberance; plenty, abundance; surplus; redundancy.

अतिवादी *(ati-vādi)* पु० extremist.

अतिशय *(ati-šay)* पु० excessive.

अतिशयता *(ati-šayatā)* स्त्री० surplusage, excessiveness.

अतिशयोक्ति *(ati-šayokti)* स्त्री० hyperbole.

अतिसार *(ati-sār)* पु० dysentry; diarrhoea.

अतींद्रिय *(atindriya)* वि० imperceptible; supersensible, super-sensuous; extrasensory; transcendental.

अतीत *(atit)* वि० past.

अतीव *(ativ)* पु० excessive.

अतुल, *(a-tul)* **अतुलनीय, अतुलित, अतुल्य** वि० unequalled, unparalleled, matchless; immeasurable, immense; unique.

अतृप्त *(a-trpt)* वि० unsatiated, unsatisfied.

अत्यंत *(aty-ant)* वि० much, immense.

अत्यधिाक *(aty-adhik)* वि० very much, too much.

अत्यल्प *(aty-alp)* वि० very little, meagre.

अत्याचार *(aty-â-cār)* पु० tyranny, atrocity; excess; outrage; oppression.

अत्याचारी *(aty-a-cari)* वि० atrocious, tyrannous; outrageous; oppressive.

अत्यावश्यक *(aty-āvaŝyak)* वि० urgent.

अत्युक्ति *(aty-ukti)* स्त्री० hyperbole.

अथक *(a-thak)* वि० untiring; unceasing, ceaseless; indefatigible.

अथवा *(athavā)* वि० either; or.

अथाह *(a-thāh)* वि० very deep; unfathomable, bottomless.

अदक्ष *(adaksh)* वि० inefficient; incompetent.

अदद *(adad)* पु० (अ०) piece; number; article; item.

अदना *(adnā)* वि० (अ०) low, inferior; insignificant; worthless, trifling, trivial.

अदब *(adab)* पु० (अ०) respect, regard; civility, etiquette; politeness, courtesy; literature.

अदम्य *(a-damya)* वि० irresistible; irrepressible.

अदरक *(adrak)* पु० ginger.

अदल–बदल *(adal-badal)* स्त्री० barter; interchange.

अदा *(adā)* स्त्री० (अ०) blandishment; coquetry; posture, graceful manner.

अदाकार *(adākār)* पु० actor, performer.

अदायगी *(adāygi)* स्त्री० payment; performance.

अदालत *(adâlat)* स्त्री० court of law.

अदालती *(adâlati)* वि० judicial; legal.

अदावत *(adâvat)* स्त्री० (अ०) animosity, enmity; hostility; rivalry.

अदूरदर्शिता *(adurdarŝitā)* स्त्री० short-shightedness.

अदूरदर्शी *(adurdarŝi)* वि० wanting in foresight; unwise; ignorant.

अदृश्य *(a-drŝya)* वि० invisible.

अदृष्ट *(a-drst)* पु० fate, fortune; calamity; unforseen trouble

अदृष्ट *(a-drst)* वि० unforeseen, unseen.

अद्धा *(addhā)* पु० half of a bottle; half of any measure; counterfoil.

अद्भुत *(adbhut)* वि० marvellous, fantastic, wonderful.

अद्यतन *(adyatan)* वि० modern.

अद्वितीय *(a-dvitiya)* वि० unique, matchless.

अधाःपतन, *(adhâh-patan)* **अधाःपात** पु० degeneration, degradation; downfall; deterioration.

अधाकचरा *(adhākacrā)* वि० half-ripe; immature; incomplete, half-baked; unassimilated.

अधखिला *(adh-khilā)* वि० half-bloomed.

अधखुला *(adh-khulā)* वि० half-uncovered, half-open.

अधम[1] *(adham)* वि० vile, mean; base.

अधम[2] *(adham)* पु० miscreant; villain.

अधमरा *(adh-marā)* वि० half-dead.

अधर *(a-dhar)* पु० lip; empty space.

अधर्म *(a-dharm)* पु० sinful; unrighteousness, immorality; irreligion; injustice.

अधर्मी *(a-dharmi)* वि० irreligious, sinful.

अधार्मिक *(a-dhārmik)* वि० irreligious; profane, unrighteous, sacrilegeous.

अधिक *(adhik)* वि० much; extra; additional; surplus; abundant.

अधिकतम *(adhikatam)* वि० maximum, utmost.

अधिकतर *(adhikatar)* क्रि० वि० mostly.

अधिकता *(adhikatà)* स्त्री० excess; sufficiency; profusion.

अधिकरण *(adhi-karan)* पु० tribunal locative case (grammar); organ; agency; organization.

अधिकांश *(adhikàns)* वि० most; more than half.

अधिकाधिक *(adhikādhik)* वि० utmost; maximum; more and more.

अधिकार *(adhi-kār)* पु० right; mastery; claim; power, authority; command; jurisdiction; entitlement.

अधिकारी *(adhi-kāri)* पु० officer; owner, proprietor; authority.

अधिकृत *(adhi-krt)* वि० authorised, occupied; accredited; official.

अधिकोष *(adhikoṡ)* पु० bank.

अधिक्रम, अधिक्रमण *(adhikram)* पु० supersession; encroachment.

अधिक्षेत्र *(adhiksetra)* पु० jurisdiction.

अधिगत *(adhi-gat)* वि० attained, acquired; gained, obtained; achieved.

अधिग्रहण *(adhi-grahan)* पु० acquisition.

अधिदेश *(adhi-deṡ)* पु० mandate.

अधिनायक *(adhināyak)* पु० dictator; leader.

अधिनायकत्व *(adhi-nàyakatva)* पु० dictatroship.

अधिनायकवाद *(adhi-nàyakvad)* पु० dictatorism.

अधिनायकीय *(adhi-nâyakiya)* वि० dictatorial.

अधिनियम *(adhi-ni-yam)* पु० act of legislature.

अधिनिर्णय *(adhi-nirnay)* पु० award.

अधिपत्र *(adhi-patra)* पु० warrant.

अधिप्रभार *(adhi-prabhār)* पु० surcharge.

अधिभार *(adhi-bhār)* पु० surcharge; incumbrance; overweight.

अधिमानव *(adhi-mānav)* पु० superman.

अधिमास *(adhi-mās)* पु० leap month.

अधियाचन *(adhi-yācan)* पु० requistion.

अधियुक्त *(adhi-yukta)* वि० employed.

अधियोद्धा, *(adhi-yodhā)* **अधियोजक** पु० employer.

अधियोजन *(adhi-yojan)* पु० employment.

अधिराज्य *(adhi-rājya)* पु० suzerian state.

अधिलाभ *(adhi-lâbh)* पु० super profit; bonus.

अधिवक्ता *(adhi-vaktā)* पु० advocate.

अधिवर्ष *(adhi-varṡa)* पु० leap year.

अधिवेशन *(adhi-veṡan)* पु० session.

अधिशासी *(adhi-ṡāsi)* पु० executive.

अधिशुल्क *(adhi-ṡulk)* पु० premium.

अधिशोषण *(ashi-ṡoṡan)* पु० absorption.

अधिष्ठाता *(adhi-ṡthàtā)* पु० president; chief; presiding deity; dean.

अधिष्ठान *(adhi-ṡthān)* पु० abode; establishment; installation.

अधिष्ठापन *(adhi-ṡthāpan)* पु० installation.

अधिसंख्यक *(adhi-san-khyak)* वि० supernumerary.

अधिसूचना *(adhi-sucanà)* स्त्री० notification.

अधीक्षक *(adhiksak)* पु० superintendent.

अधीक्षण *(adhiksan)* पु० superintendence.

अधीन *(adhin)* वि० subordinate.

अधीनता *(adhinatā)* पु० subjection, subordinating; dependence.

अधीनस्थ *(adhinasth)* वि० subordinate; dependent.

अधीर *(a-dhir)* वि० fidgety, restive; nervous; impatient; anxious.

अधीरता *(a-dhiratā)* स्त्री० impatience; perplexity; anxiety; petulance; nervousness.

अधूरा *(adhurā)* वि० incomplete; imperfect.

अधूरापन *(adhurāpan)* पु० incompleteness; imperfection.

अधेड़ *(adher)* वि० middle-aged.

अधोगति *(adhogati)* स्त्री० downfall, degradation; decline, decay; degeneration.

अधोगामी *(adhogāmi)* वि० descending, going downwards.

अधोमुख, *(adhomukh)* वि० facing downwards; dejected, downcast; depressed; drooped; prone.

अध्यक्ष *(adhy-aks)* पु० chairman, president

अध्यात्म *(Adhy-ātm)* पु० spiritual contemplation.

अध्यादेश *(adhy-ā-des)* पु० ordinance.

अध्यापक *(adhy-āpak)* पु० teacher.

अध्यापन *(adhy-āpan)* पु० teaching.

अध्यापिका *(adhy-āpika)* स्त्री० lady-teacher.

अध्याय *(adhy-āy)* पु० chapter.

अध्येता *(adhy-eta)* पु० student; scholar.

अनंत *(an-ant)* वि० infinite; unending; eternal; unlimited, infinity; eternity.

अनंतर *(an-antar)* क्रि० वि० afterwards; later on.

अनगढ़ *(an-garh)* वि० crude; grotesque.

अनगिनत *(an-ginat)* वि० countless; innumerable; untold.

अनचाहा *(an-cāhā)* वि० undesired, unwanted.

अनजान *(an-jān)* वि० unacquainted, unknown; ignorant.

अनदेखा *(an-dekhā)* वि० unseen.

अनधिकार *(an-adhi-kār)* वि० unauthorised.

अनधिकृत *(anadhikrt)* वि० unauthorised; unoccupied.

अनन्नास *(anannās)* पु० pine-apple.

अनन्य *(an-anya)* वि० exclusive, matchless, unique.

अनन्यता *(an-anyatā)* स्त्री० uniqueness; exclusiveness.

अनपच *(an-pac)* **अपच** पु० indigestion.

अनपचा *(an-pacā)* वि० undigested; unassimilated.

अनपढ़ *(an-parh)* वि० illiterate, uneducated.

अनपेक्षित *(an-pêksit)* वि० not expected, not required, unwanted.

अनबन *(anban)* स्त्री० estrangement, rift, discord.

अनबूझ *(an-bujh)* **अबूझ** वि० unintelligible.

अनभिज्ञ *(an-abhi-jna)* वि० unacquainted; ignorant; unaware.

अनभिज्ञता *(an-abhi-jnatā)* स्त्री० ignorance; unawareness; unacquaintedness.

अनभ्यस्त *(anbhyast)* वि० unaccustomed.

अनमना *(an-manā)* वि० absent minded; unattentive, indifferent; indisposed.

अनमेल *(an-mel)* वि० incommensurate,

discordant, inharmonious; heterogeneous; ill-matched.

अनमोल *(an-mol)* वि० invaluable, priceless.

अनम्य *(anamya)* वि० stiff, unbending; rigid; inflexible.

अनम्र *(anamra)* वि० impertinent, impudent; disrespectful, immodest.

अनर्गल *(an-argal)* वि० unrestrained; incoherent; absurd, meaningless.

अनर्थ *(an-arth)* पु० calamity; absurdity; absolutely, contrary meaning.

अनल *(anal)* पु० fire.

अनवरत *(an-ava-rat)* वि० continuous, incessant.

अनशन *(an-aśan)* पु० fast, hunger strike.

अनश्वर *(a-naśvar)* वि० everlasting, immortal.

अनसुना *(an-sunā)* वि० unheard.

अनहोनी *(an-honi)* वि० improbable, impossible; miraculous.

अनागत *(an-ā-gat))* वि० yet to come, future; not attained; unknown.

अनाचार *(an-ā-cār)* पु० licentiousness, misconduct; malpractice; immorality; corruption.

अनाज *(anāj)* पु० corn, grain, cereal.

अनाड़ी *(anāri)* वि० unskilful.

अनाथ *(a-nāth)* पु० orphan.

अनाथ *(a-nāth)* वि० helpless; orphaned.

अनाथालय *(anāthālaya)* **अनाथाश्रम** पु० orphanage.

अनादर *(an-ā-dar)* पु० disrespect, disregard; insult.

अनादि *(an-ādi)* वि० eternal, everlasting.

अनाप – शनाप *(anāp-sanāp)* वि० absurd, slipslop, irrelevant.

अनाम *(a-nām)* **अनामक** वि० anomymous; nameless.

अनामिका *(a-nāmika)* स्त्री० ring finger.

अनायास *(an-ā-yās)* क्रि० वि० suddenly; spontaneously, involuntarily.

अनार *(anār)* पु० pomegranate.

अनावरण *(an-ā-varan)* पु० exposure; unveiling.

अनावर्तक, अनावर्ती *(an-ā-varti)* वि० non-recurring.

अनावश्यक *(a-nāvaśyak)* वि० unnecessary; unimportant; useless; redundant.

अनावृत *(an-ā-vrt)* वि० non-recurring, unrepeated; uncovered; unveiled.

अनावृष्टि *(anāvriṡti)* स्त्री० drought, want of rain.

अनासक्त *(anāsakt)* वि० unattached; detached.

अनासक्ति *(anāsakti)* स्त्री० detachment.

अनास्था *(anāstha)* स्त्री० lack of devotedness.

अनिंद्य *(a-nindya)* **अनिंदनीय** वि० flawless; irreproachable; unimpeachable.

अनिच्छा *(an-ichā)* स्त्री० unwillingness, reluctance.

अनित्य *(a-nitya)* वि० ephemeral, transient.

अनिद्रा *(a-nidrā)* वि० insomnia, sleeplessness.

अनियंत्रित *(aniyantrit)* वि० unrestrained, uncontrolled.

अनियत *(aniyat)* वि० indeterminate, indefinite.

अनियमित *(a-ni-yamit)* वि० irregular.

अनिर्णीत *(a-nir-nit)* वि० pending; inconclusive; undecided.

अनिर्दिष्ट *(anirdiṡta)* वि० unspecified;

unprescribed.

अनिर्वचनीय *(a-nirvacaniya)* वि० indescribable, inexpressible; ineffable.

अनिवार्य *(a-ni-vārya)* वि० compulsory, unavoidable; inevitable; obligatory; mendatory.

अनिवार्यत्ता *(a-ni-vāryatā)* स्त्री० inevitablility.

अनिश्चय *(a-niś-cay)* पु० uncertainty; indecision; incertitude.

अनिश्चित *(a-niś-cit)* वि० undecided, uncertain; unsettled; indefinite.

अनिष्ट *(an-iśt)* पु० calamity.

अनीति *(a-niti)* स्त्री० impropriety; immorality, high-handedness.

अनुकंपा *(anu-kampā)* स्त्री० kindness, mercy.

अनुकरण *(anu-karan)* पु० imitation; emulation; mimicry; copy

अनुकरणशील *(anukaransil)* वि० imitative.

अनुकरणीय *(anu-karaniya)* वि० imitable.

अनूकूलता *(anu-kulata)* स्त्री० favourableness, agreeability; suitability; befittingness; conformity; congeniality.

अनुकृति *(anu-krti)* स्त्री० emulation; imitation, copy.

अनुक्रम *(anu-kram)* पु० sequence, succession.

अनुगामी *(anu-gāmi)* पु० follower.

अनुगूँज *(anu-gumj)* स्त्री० re-echo.

अनुग्रह *(anu-grah)* पु० favour, grace; benignity; obligation, kindness.

अनुचर *(anu-car)* **अनुचारी** पु० follower; attendant.

अनुचित *(anu-cit)* वि० unbecoming; improper; unjustified, undue.

अनुज *(anuj)* पु० younger brother.

अनुजा *(anujā)* स्त्री० younger sister.

अनुज्ञा *(anu-jnā)* स्त्री० licence; permission.

अनुज्ञापत्र *(anugnāpatra)* पु० licence, permit.

अनुत्तरदायित्व *(anuttardāyitva)* पु० irresponsibility.

अनुत्तरित *(anutarit)* वि० unreplied, unresponded, unanswered.

अनुत्तीर्ण *(anutirna)* वि० unsuccessful.

अनुदान *(anu-dān)* पु० grant.

अनुदार *(anu-dār)* वि० illiberal; conservative.

अनुदारता *(anudārta)* स्त्री० conservatism.

अनुनय *(anu-nay)* पु० persuation; entreaty; mollification.

अनुपाद *(anu-pād)* पु० resonance; echo.

अनुनासिक *(anu-nāsik)* वि० nasal.

अनुपजाऊ *(anupjāu)* वि० unproductive, barren.

अनुपम *(an-upam)* वि० unparalleled; matchless; incomparable; unique.

अनुपमता *(anupamatā)* स्त्री० matchlessness; uniqueness.

अनुपयुक्त *(anupayukt)* वि० unsuitable, unfit; improper.

अनुपयुक्ता *(anupayuktā)* स्त्री० unsuitability, unfitness; impropriety.

अनुपयोग *(anupayog)* पु० without use.

अनुपयोगी *(anupayogi)* वि० unavailing, useless; unserviceable.

अनुपस्थित *(anupasthit)* वि० absent.

अनुपस्थिति *(anupasthiti)* स्त्री० absence.

अनुपात *(anu-pāt)* पु० proportion, ratio.

अनुपालन *(anupālan)* पु० compliance; adherence; obedience.

अनुपूरक *(anu-purak)* वि० supplementary.

अनुप्राणित *(anu-prānit)* वि० inspired; animated; enlivened.

अनुप्रास *(anu-prās)* पु० alliteration.

अनुबंध *(anu-bandh)* पु० annexure; contract; addendum.

अनुभव *(anu-bhav)* पु० experience.

अनुभवहीन *(anubhav-hina)* वि० inexperienced.

अनुभवहीनता *(anubhav-hinta)* स्त्री० lack of experience.

अनुभवी *(anu-bhavi)* वि० experienced.

अनुभूत *(anu-bhut)* वि० tried; proven; experimented.

अनुभूति *(anu-bhuti)* स्त्री० perception, feeling; realisation; sensibility.

अनुमति *(anu-mati)* स्त्री० permission.

अनुमान *(anu-mān)* पु० estimate, surmise, guess; supposition; presumption.

अनुमानित *(anu-mānit)* वि० approximate; estimated.

अनुमोदक *(anu-modak)* पु० seconder.

अनुयायी *(anu-yāyi)* पु० follower, adherent; disciple.

अनुरक्त *(anu-rakt)* वि० infatuated; enamoured.

अनुरक्ति *(anu-rakti)* स्त्री० infatuation.

अनुराग *(anu-rāg)* पु० affection, attachment.

अनुरागी *(anu-rāgi)* वि० affectionate, devoted.

अनुरूप *(anu-rup)* वि० conformable; resemblant; analogous; similar.

अनुरोध *(anu-rodh)* पु० entreaty; solicitation; earnest request.

अनुर्वर *(anur-var)* वि० unproductive, infertile; sterile, barren.

अनुवाद *(anu-vād)* पु० translation.

अनुवादित *(anu-vādit)* **अनूदित** वि० translated.

अनुशंसा *(anuśamsā)* स्त्री० recommendation.

अनुशासक *(anu-śāsak)* पु० disciplinarian.

अनुशासन *(anu-śāsan)* पु० discipline.

अनुशासनहीनता *(anu-śāsan-hintā)* स्त्री० indiscipline.

अनुशासित *(anu-śāsit)* वि० disciplined.

अनुष्ठान *(anu-ṣthān)* पु० ceremony, ritual, rite; religious performance.

अनुसंधान *(anu-san-dhān)* पु० research; investigation.

अनुसंधानकर्ता *(anusandhān-kartā)* पु० researcher, investigator.

अनुसरण *(anu-saran)* पु० pursuance.

अनुसूचित *(anu-sucit)* वि० scheduled.

अनुसूची *(anu-suci)* स्त्री० schedule.

अनुस्वार *(anu-svār)* पु० nasal sound.

अनूठा *(anuthā)* वि० unique; unprecedented; wonderful; extraordinary, uncommon.

अनूदित *(anudit)* see अनुवादित

अनूप *(anup)* वि० unique, unequalled.

अनेक *(an-ek)* वि० numerous, many.

अनेकता *(anekatā)* स्त्री० ब्दपु० अनेकत्वत्र diversity; plurality.

अनैतिक *(a-naitik)* वि० depraved, immoral.

अनैतिकता *(a-naitiktā)* स्त्री० depravity; immorality.

अनोखा *(anokhā)* वि० peculiar, queer;

unique; novel; marvellous.

अनोखापन *(anokhāpan)* पु० peculiarity, queerness; novelty; uniqueness.

अनौचित्य *(anaucitya)* पु० indecency; impropriety.

अनौपचारिक *(a-naupcārik)* वि० unofficial; informal, unceremonious.

अन्न *(ann)* पु० corn, grain.

अन्नदाता *(anna-dátá)* पु० bread-giver.

अन्य *(anya)* वि० other, different, another.

अन्यत्र *(anyatra)* क्रि० वि० elsewhere.

अन्यथा *(anyathā)* क्रि० वि० otherwise.

अन्यमनस्क *(anya-manask)* वि० out of sorts; absent-minded.

अन्यमनस्कता *(anya-manaskatā)* स्त्री० absent-mindedness.

अन्याय *(a-ny-āy)* पु० injustice.

अन्यायपूर्ण *(anyāypuran)* **अन्यायमूलक** वि० unjust.

अन्यायी *(a-ny-āyi)* unjust, unfair.

अन्योक्ति *(anyokti)* स्त्री० allegory.

अन्वय *(anv-ay)* पु० concordance, accord, agreement; natural order or sequence of words in a sentence; logical connection of cause and effect or proposition and conclusion; lineage; prose order, paraphrase.

अन्वीक्षण *(anv-iksan)* पु० microscopic examination; investigation.

अन्वेषक *(anv-eṡak)* **अन्वेषी** पु० explorer; enquirer; researcher.

अन्वेषण *(anv-eṡan)* पु० exploration; research; investigation.

अन्वेषित *(anv-eṡit)* वि० enquired, explored; investigated.

अपंग *(apang)* वि० crippled; disabled.

अपकर्ष *(apa-karṡ)* पु० deterioration; downfall, degeneration.

अपकार *(apa-kār)* पु० disservice.

अपकीर्ति *(apa-kirti)* स्त्री० disrepute; disgrace; infamy, ignominy.

अपक्व *(a-pakva)* वि० raw, unripe; immature.

अपच *(a-pac)* पु० dyspepsia, indigestion.

अपटु *(a-patu)* वि० unskilled, inexpert, incompetent, inefficient.

अपठित *(apathit)* वि० unread, unseen.

अपढ़ *(a-parh)* वि० uneducated, unlettered.

अपथ्य *(a-pathya)* वि० unwholesome.

अपदस्थ *(a-padasth)* वि० deposed, dismissed.

अपनत्व *(apanatva)* see **अपनापन**.

अपना *(apnā)* वि० one's own; personal; private.

अपनाना *(apnānā)* स० क्रि० to treat as one's own; to adopt, to own.

अपनापन *(apnāpan)* **अपनत्त्व** पु० feeling of ownness, affinity, cordiality.

अपमान *(apa-mān)* पु० insult, disrespect, disgrace, affront; derogation.

अपमानकारी *(apamānkāri)* **अपमानजनक** वि० libellous, insulting, humiliating, derogatory.

अपमानित *(apa-mānit)* वि० disgraced, insulted, disrespected, humiliated.

अपमिश्रण *(apmiṡran)* पु० adulteration.

अपमिश्रित *(apmiṡrit)* वि० adulterated.

अपयश *(apa-yaṡ)* पु० disrepute, infamy, disgrace.

अपराजित *(a-parā-jit)* वि० undefeated, unvanquished.

अपराजेय *(a-parā-jey)* वि० invincible.

अपराध *(apa-rādh)* पु० guilt; crime; offence.

अपराधपूर्ण *(aprādh-purna)* वि० criminal; offensive; guilty.

अपराध – विज्ञान *(aprādh-vijnan)* पु० criminology.

अपराधी *(apa-rādhi)* पु० culprit; offender; criminal.

अपराहं *(aparâhna)* पु० afternoon.

अपरिग्रह *(aparigrah)* पु० non-possession, possessionlessness; renounciation.

अपरिचित *(a-pari-cit)* वि० unacquainted.

अपरिपक्व *(aparipakva)* वि० immature, unripe.

अपरिमित *(apari-mit)* वि० limitless, enormous.

अपरिवर्तनीय *(aparivartaniya)* वि० inconvertible; unchangeable.

अपरिवर्तित *(aparivartit)* वि० unchanged, unmodified, unaltered.

अपरिष्कृत *(apariškrt)* वि० unrefined, crude; unsophisticated; coarse.

अपरिहार्य *(apari-hārya)* वि० indispensable; inevitable; unavoidable.

अपरोक्ष *(aproksh)* वि० direct; overt.

अपर्याप्त *(a-paryāpta)* वि० inadequate, insufficient.

अपर्याप्तता *(aparyāptatā)* स्त्री० inadequacy, insufficiency.

अपलक *(a-palak)* वि० unwinking; sleepless.

अपवाद *(apa-vād)* पु० exception.

अपवाह *(apa-vāh)* पु० drainage.

अपविचार *(apavicār)* पु० bad idea.

अपवित्र *(a-pavitra)* वि० unholy, impious, desecrated, profane.

अपवित्रता *(a-pavitratā)* स्त्री० unholiness, impiety; desecratedness.

अपवृद्धि *(apa-vridhi)* स्त्री० unnatural growth; aggravation.

अपव्यय *(apa-vyay)* पु० extravagance.

अपव्ययी *(apa-vyayi)* वि० extravagant, prodigal.

अपशकुन *(apa-šakun)* पु० ill-omen.

अपशब्द *(apa-šabd)* पु० abusive language.

अपस्मार *(apa-smār)* पु० epilepsy.

अपहरण *(apa-haran)* पु० kidnapping; abduction.

अपहर्ता *(apa-hartā)* पु० kidnapper; abductor.

अपहृत *(apa-hrt)* वि० abducted; kidnapped.

अपाच्य *(apācya)* वि० indigestible.

अपाठ्य *(apāthya)* वि० illegible.

अपात्र *(a-pātr)* वि० undeserving, inworthy; ineligible.

अपार *(a-pār)* वि० boundless; immense.

अपार्दर्शक *(a-pārdaršak)* वि० opaque.

अपारदर्शिता *(apārdaršitā)* स्त्री० opacity.

अपारदर्शी *(apārdarši)* see अपारदर्शक

अपार्थिव *(a-pārthiva)* वि० spiritual; celestial, unearthy.

अपाहिज *(apāhij)* वि० crippled, disabled.

अपितु *(api-tu)* क्रि० वि० but.

अपुष्ट *(a-pušt)* वि० unconfirmed; unauthenticated.

अपूर्ण *(a-purn)* वि० incomplete; imperfect; inconclusive.

अपूर्णता *(a-purnatā)* स्त्री० incompleteness; imperfection.

अपूर्व *(a-purv)* वि० unprecedented.

अपेक्षा *(apêksā)* स्त्री० expectation.

अपेक्षाकृत *(apekshākrt)* क्रि० वि० comparatively, relatively.

अपेक्षित्त *(apêksit)* वि० expected; required, requisite.

अप्रकाशित *(apra-kāšit)* वि० unpublished; unlighted; undisclosed.

अप्रकाश्य *(apra-kāšya)* वि० unfit for publication or disclosure.

अप्रचलन *(apra-calan)* पु० non-currency; obsolescence.

अप्रचलित *(apra-calit)* वि० out-dated, obsolete; out-moded.

अप्रतिम *(apratim)* वि० matchless, unequalled.

अप्रत्यक्ष *(apraty-aks)* वि० indirect, covert.

अप्रत्याशित *(apraty-āsit)* वि० unexpected.

अप्रधान *(apra-dhān)* वि० secondary, subsidiary; minor.

अप्रयुक्त *(aprayukta)* वि० unused; unconsumed.

अप्रसन्न *(a-pra-sann)* वि० displeased; unhappy.

अप्रसन्नता *(a-pra-sannatā)* स्त्री० displeasure; unhappiness.

अप्राप्त *(a-prâpt)* वि० unachieved, unobtained.

अप्राप्य *(a-prâpya)* वि० unobtainable, unattainable; not available.

अप्रामाणिक *(a-pramānik)* वि० unauthentic; unauthoritative.

अप्रासंगिक *(a-prāsangik)* वि० out of context, irrelevant.

अप्रिय *(a-priya)* वि० unpleasant; disagreeable; undesirable.

अप्सरा *(apsarā)* स्त्री० fairy, nymph.

अफरा *(aphrā)* पु० indigestion; accumulation of wind in stomach.

अफ़वाह *(afvāh)* पु० rumour.

अफ़सर *(afsar)* पु० officer.

अफ़साना *(afsāna)* पु० tale, story.

अफ़सोस *(afsos)* पु० sorrow, grief.

अफ़ीम *(afim)* स्त्री० opium.

अफ़ीमची *(afimci)* पु० opium addict.

अब *(ab)* क्रि० वि० now.

अबद्ध *(a-baddh)* वि० free, not in bondage.

अबरक *(abrak)* पु० mica.

अबला *(a-balā)* स्त्री० woman.

अबूझ *(a-bujh)* वि० insolvable; unintelligible.

अबोध *(a-bodh)* वि० ignorant; innocent.

अभद्र *(a-bhadra)* वि० indecorous, indecent; undignified.

अभय *(a-bhay)* वि० fearless, undaunted.

अभागा *(a-bhāgā)* वि० unlucky, unfortunate.

अभाव *(a-bhāv)* पु० dearth, want, deficiency; scarcity; absence.

अभावग्रस्त *(abhāvgrast)* वि० scarcity-stricken; scarcity.

अभिकथन *(abhi-kathan)* पु० allegation; assertion.

अभिकर्ता *(abhi-kartā)* पु० agent.

अभिचार *(abhi-cār)* पु० exorcism, black magic, sorcery; incantation

अभिजात *(abhi-jāt)* पु० aristocrat, noble.

अभिजात्य *(abhi-jātya)* वि० aristocratic; victorious.

अभिज्ञ *(abhi-jna)* वि० well-versed.

अभिज्ञता *(abhi-jnatā)* स्त्री० familiarity, conversance, awareness.

अभिज्ञात *(abhi-jnāt)* वि० recognised.

अभिज्ञान *(abhignān)* पु० recognition, recollection; identification.

अभिज्ञापन *(abhignāpan)* पु० announcement.

अभिनंदन *(abhi-nandan)* पु० reception, greeting, ceremonious welcome; ovation; commemoration.

अभिनंदित *(abhi-nandit)* वि० honoured, greeted.

अभिनय *(abhi-nay)* पु० stage performance, acting.

अभिनव *(abhi-nav)* वि० novel, quite new.

अभिनिर्णय *(abhinirnay)* पु० verdict.

अभिनीत *(abhi-nit)* वि० enacted, staged.

अभिनेता *(abhi-netā)* पु० actor.

अभिनेत्री *(abhi-netri)* स्त्री० actress.

अभिनेय *(abhi-neya)* वि० stageable.

अभिनेयता *(abhi-nayatā)* स्त्री० stageability.

अभिन्न *(a-bhinn)* वि० intimate, close; identical; integral.

अभिन्नता *(a-bhinnatā)* स्त्री० sameness, oneness; identity

अभिपुष्टि *(abhi-pusti)* स्त्री० confirmation, affirmance.

अभिप्राय *(abhi-prây)* पु० intention; motive; motif; implication; purport.

अभिभावक *(abhi-bhāvak)* पु० guardian.

अभिभाषण *(abhi-bhāsan)* पु० address.

अभिभूत *(abhi-bhut)* वि० overpowered; overwhelmed.

अभिमान *(abhi-mān)* पु० vanity, pride.

अभिमानी *(abhi-māni)* वि० arrogant; proud.

अभियंता *(abhi-yantā)* पु० engineer.

अभियान *(abhi-yān)* पु० drive, campaign; expedition.

अभियुक्त *(abhi-yukt)* पु०, वि० accused.

अभियोक्ता *(abhi-yoktā)* पु० accuser.

अभियोग *(abhi-yog)* पु० accusation; charge; impeachment.

अभियोगी *(abhi-yogi)* पु० accuser.

अभियोजक *(abhi-yojak)* पु० prosecutor.

अभियोजन *(abhi-yojan)* पु० prosecution.

अभिराम *(abhi-rām)* वि० lovely, beautiful; delightful; charming.

अभिरुचि *(abhi-ruci)* स्त्री० taste, liking; interest.

अभिलाषित *(abhi-lāsit)* वि० desired, cherished.

अभिलाषा *(abhi-lāsa)* स्त्री० wish; desire

अभिलाषी *(abhi-lāsi)* वि० desirous, wishing.

अभिलेख *(abhi-lekh)* पु० record.

अभिलेखागार *(abhi-lekhāgār)* पु० archives.

अभिवादन *(abhi-vādan)* पु० salutation; felicitation.

अभिव्यंजक *(abhi-vyanjak)* वि० expressive.

अभिव्यंजना *(abhi-vyanjanā)* स्त्री० manifestation; expression.

अभिव्यंजित *(abhi-vyanjit)* वि० expressed.

अभिव्यक्त *(abhi-vy-akt)* वि० expressed; manifested.

अभिव्यक्ति *(abhi-vy-akti)* स्त्री० manifestation; expression.

अभिशाप *(abhi-sāp)* पु० calumny, curse; anathema.

अभिषेक *(abhi-sek)* पु० consecration; coronation.

अभिसार *(abhi-sār)* पु० rendezvous.

अभिसारिका *(abhi-sārikā)* स्त्री० a woman who meets her lover chandestinely.

अभी *(abhi)* क्रि० वि० just now; yet; still, beginning.

अभीप्सा *(abhipsā)* स्त्री० aspiration.

अभीप्सित *(abhipsit)* वि० aspried, desired.

अभीष्ट *(abhîṣt)* वि० cherished, desired.

अभूतपूर्व *(abhut-purva)* वि० unprecedented.

अभेद्य *(a-bhed)* वि० impenetrable, impregnable.

अभ्यंतर *(abhy-antar)* वि० interior, inner, internal.

अभ्यर्थन *(abhy-arthan)* पु० solicitation, prayer; welcome, reception.

अभ्यर्थी *(abhy-arthi)* पु० candidate.

अभ्यस्त *(abhy-ast)* वि० habituated, accustomed.

अभ्यागत *(abhy-ā-gat)* पु० guest, visitor.

अभ्यास *(abhy-ās)* पु० practice, drill.

अभ्युदय *(abhy-uday)* पु० prosperity advent; rise.

अभ्र *(abhra)* पु० sky; cloud.

अभ्रक *(abhrak)* पु० mica.

अमंगल *(a-mangal)* पु० evil; inauspiciousness; disaster.

अमंगलकारी *(amangal-kāri)* वि० inauspicious; disastrous.

अमर *(a-mar)* पु० immortal, eternal

अमरूद *(amrud)* पु० guava.

अमर्यादित *(a-maryādit)* वि० improper, intemperate; undignified; unlimited.

अमल पु० *(a-mal)* execution, action; application, enforcement; practice.

अमला *(amlā)* पु० staff; retinue; paraphernalia.

अमली *(amali)* वि० practical.

अमानत *(amānat)* स्त्री० deposit; something given in trust.

अमानतदार *(amānat-dār)* पु० trustee.

अमानवीय *(amānāviya)* वि० cruel, inhuman.

अमानुषिक *(a-mānusik)* वि० beastly; inhuman.

अमान्य *(a-mānya)* वि० invalid; unacceptable.

अमावस, अमावस्या *(amāvas, amāvasya)* स्त्री० the last day of the dark fortnight.

अमिट *(a-mit)* वि० indelible.

अमित *(a-mit)* वि० enormous, immense; boundless, limitless.

अमीन *(amin)* पु० a junior officer appointed for land survey and revenue collection, bailiff.

अमीर *(amir)* वि० wealthy; noble.

अमीरी *(amiri)* स्त्री० richness, wealthness; nobility.

अमुक *(amuk)* वि० so and so, such and such.

अमूर्त *(a-murt)* वि० abstract; intangible, incorporeal.

अमूल्य *(a-mulya)* वि० valuable, precious, invaluable.

अमृत *(a-mrt)* पु० nectar.

अमोघ *(a-mogh)* वि० sure, unfailing; infallible.

अम्मा *(ammā)* स्त्री० mother.

अम्ल *(amla)* पु० acid.

अम्लता *(amlata)* स्त्री० sourness; acidity.

अम्लान *(a-mlān)* वि० unfaded; bright, clear, fresh.

अयश *(a-yaś)* पु० infamy, disgrace.

अयोग्य *(a-yogya)* वि० unqualified, ineligible; unworthy, unfit; incompetent; unable.

अयोग्यता *(a-yogyatā)* स्त्री० disqualification; unworthiness; unfitness; inability; incompetence.

अरक़, अर्क़ *(araq)* पु० distilled extract, essence.

अरण्य *(aranya)* पु० forest, jungle.

अरमान *(armān)* पु० aspiration.

अरसिक *(a-rasik)* वि० inaesthetic.

अराजक *(a-rājak)* वि० anarchical; chaotic.

अराजकता *(a-rājakatā)* स्त्री० anarchy; chaos, lawlessness.

अराजकतावाद *(arājaktāvad)* पु० anarchism.

अराजपत्रित *(arāj-patrit)* वि० non-gazetted.

अरारूट, अरारोट *(arārut, arārota)* पु० arrow-root.

अरि *(ari)* पु० enemy, foe.

अरिष्ट *(a-rist)* पु० misfortune, disaster.

अरुचि *(a-ruci)* स्त्री० disinterestedness; dislike, aversion.

अरुचिकर *(aruci-kar)* वि० uninteresting; disagreeable; tasteless.

अरुणिमा *(arunimā)* स्त्री० reddish glow.

अरुणोदय *(arunodaya)* पु० dawn, daybreak.

अर्क़ *(arq)* see अरक़

अर्गल *(argal)* अर्गला स्त्री० drawbar.

अर्चन *(arcan)* पु० worship, adoration.

अर्चना *(arcanā)* स्त्री० see अर्चन.

अर्ज़ *(arz)* स्त्री० (अ०) request, supplication; width.

अर्जन *(arjan)* पु० earning, acquisition.

अर्जित *(arjit)* वि० acquired, earned.

अर्ज़ी *(arzi)* स्त्री० (अ०) application, petition.

अर्थ *(arth)* पु० meaning; wealth, money.

अर्थदंड *(arth-dand)* पु० fine, penalty.

अर्थव्यवस्था *(arth-vyavastha)* स्त्री० economy.

अर्थशास्त्र *(arth-šāstra)* पु० economics.

अर्थशास्त्री *(arth-šāstri)* पु० economist.

अर्थहीन *(arth-hin)* वि० meaningless.

अर्थी *(arthi)* स्त्री० bier.

अर्दली *(ardali)* पु० orderly, attendant.

अर्ध *(ardh)* वि० half.

अर्धविराम *(ardh-viram)* पु० semi-colon.

अर्धचंद्र *(ardh-candra)* पु० half-moon, crescent.

अर्धवृत्त *(ardh-vrt)* पु० semi-circle

अर्धसाप्ताहिक *(ardh-saptahik)* वि० biweekly.

अर्धांगिनी *(ardh-āngini)* स्त्री० wife.

अर्पण *(arpan)* पु० surrender; offer.

अर्पित *(arpit)* वि० surrendered; offered.

अर्ह *(arha)* वि० competent; qualified.

अर्हता *(arhata)* स्त्री० qualification, competence.

अलंकरण *(alan-karan)* पु० decoration; ornamentation, adornment.

अलंकार *(alan-kār)* पु० ornament; embellishment; figure of speech; rhetoric.

अलंकृत *(alan-krt)* वि० decorated; ornamented.

अलख[1] *(a-lakh)* वि० imperceptible, invisible.

अलख[2] *(a-lakh)* पु० God

अलग *(a-lag)* वि० different, aloof.

अलगाव *(algāv)* पु० segregation; separation; isolation.

अलबेला *(albelā)* वि० frivolous, foppish.

अलभ्य *(a-labhya)* वि० rare, unattainable.

अलमारी *(almāri)* स्त्री० almirah; cupboard.

अलविदा *(alvidā)* स्त्री० (अ०) good bye.

अलस *(alas)* वि० idle, sluggish, lazy.

अलसता *(alsatā)* स्त्री० lethargy.

अलसाना *(alsānā)* अ० क्रि० to feel lazy, to be slack or sluggish.

अलसी *(alsi)* स्त्री० linseed.

अलाप, आलाप *(alāp)* पु० augmentation, tuning the voice for singing.

अलाभकर *(alābh-kar)* वि० unprofitable; uneconomical; unremunerative.

अली *(ali)* स्त्री० female friend.

अलिखित *(alikhit)* वि० unrecorded, unscripted, unwritten.

अलौकिक *(a-laukik)* वि० unworldly, supernatural.

अलौकिकता *(alauktita)* स्त्री० supernaturalness, unworldliness.

अल्प *(alpa)* वि० small, little; minute.

अल्पकालिक *(alpa-kālik)* वि० temporary; short-lived; ephemeral.

अल्पतम *(alpatam)* वि० minimal, minimum.

अल्पता *(alpata)* स्त्री० minuteness, smallness; insignificance.

अल्पबुद्धि *(alpabudhi)* वि० silly; idiotic.

अल्पभाषी *(alp-bhāshi)* वि० reserved; taciturn.

अल्पमत *(alp-mat)* पु० minority.

अल्पायु *(alpāyu)* स्त्री० young age.

अल्पाहार *(alpāhār)* पु० abstemiousness. abstinence; meagre diet.

अल्पाहारी *(alpāhāri)* वि० abstemious, abstinent.

अल्लाह *(allāh)* पु० (अ०) God.

अल्हड़ *(alhar)* वि० childishly carefree.

अल्हड़पन *(alharpan)* पु० carefree disposition.

अवकाश *(ava-kās)* पु० leave; vacation; holiday; leisure.

अवगत *(ava-gat)* वि० informed; apprised.

अवगाहन *(ava-gāhan)* पु० bathing, immersion; profound study.

अवगुंठन *(ava-gunthan)* वि० veil, concealment.

अवगुण *(ava-gun)* पु० demerit, defect; vice; fault.

अवचेतन *(ava-cetan)* वि० subconscious.

अवज्ञा *(avajna)* स्त्री० disobedience.

अवतरण *(ava-taran)* पु० descent, landing; passage; incarnation.

अवतरित *(ava-tarit)* वि० descended; incarnated.

अवतार *(ava-tār)* पु० incarnation.

अवतीर्ण *(ava-tirn)* वि० incarnated; descended.

अवधारण *(ava-dhāranā)* स्त्री० conception.

अवधि *(ava-dhi)* स्त्री० period; duration; term; tenure.

अवनत *(ava-nat)* वि० bent; depressed.

अवनति *(avanati)* स्त्री० degradation, decadence; downfall; degeneration.

अवनि, अवनी *(avani)* स्त्री० earth.

अवमान *(avamān)* पु० humiliation, disrespect; contempt.

अवमूल्यन *(ava-mulyan)* पु० devaluation.

अवयव *(ava-yav)* पु० portion, part; limb; component, ingredient; constituent; organ.

अवयस्क *(avyasak)* वि० minor.

अवयस्कता *(avyasaktā)* स्त्री० minority.

अवर *(avar)* वि० junior, inferior.

अवरु) *(ava-ruddh)* वि० hindered, obstructed, impeded; closed; frozen; stalled; muffled; blocked.

अवरोध *(ava-rodh)* पु० hindrance, obstruction, impediment; restraint; obstacle.

अवरोधक *(ava-rodhak)* वि० arresting; censorious.

अवरोह *(ava-roh)* पु० descension.

अवरोही *(avarohi)* वि० falling, descending; regressive.

अवर्णनीय *(avarnaniya)* वि० ineffable, indescribable.

अवलंब *(ava-lamb)* **अवलंबन** पु० support; dependence.

अवलि, अवली *(avali)* स्त्री० row, line.

अवलेह *(ava-leh)* पु० jelly; confection.

अवलोकन *(ava-lokan)* पु० observation; scanning; examination.

अवशिष्ट *(ava-śiṣt)* वि० remaining; residuary, residual.

अवशेष *(ava-śeṣ)* पु० residue, remainder; remains, remnant; vestige.

अवशोषक *(avśoshak)* वि० absorbent.

अवशोषण *(avśoshan)* पु० absorption.

अवश्यंभावी *(avaśyambhāvi)* वि० inevitable.

अवश्य *(a-vaśya)* **अवश्यमेव** क्रि० वि० certainly; necessarily; definitely, surely.

अवसर *(ava-sar)* पु० chance, opportunity; occasion.

अवसाद *(avsād)* पु० gloom; languor, lassitude; dejection; melancholy; depression.

अवसान *(avasān)* पु० end; termination; terminal; death.

अवस्था *(ava-sthā)* स्त्री० state, condition.

अवस्थिति *(ava-sthiti)* स्त्री० location.

अवहेलना *(ava-helanā)* **अवहेला** स्त्री० neglect; desiregard; contempt.

अवांछनीय *(avānchniya)* वि० unwanted, unwelcome; undesired.

अवाक् *(avåk)* वि० stunned, wonderstruck; speechless; tongue-tied.

अवास्तविक *(avāstavik)* वि० unreal, fake.

अविकल *(avikal)* वि० unabridged; intact; indentical.

अविकसित *(avikasit)* वि० undeveloped.

अविचल *(avi-cal)* वि० motionless; steady; firm, resolute.

अविचारित *(avi-chārit)* वि० not well thought out; off hand; hasty.

अविचारी *(avi-cāri)* वि० injudicious; thoughtless.

अविजित *(avi-jit)* वि० unconquered, unvanquished.

अविद्यमान *(avidyamān)* वि० non-existent.

अविद्या *(a-vidyā)* स्त्री० ignorance; nescience.

अविनय *(avi-nay)* स्त्री० impolite, immodest, impertinent.

अविनयी *(avi-nayi)* वि० impolite, immodest, impertinent.

अविनाशी *(avi-nåśi)* वि० immortal; indestructible, imperishable.

अविनीत *(avi-nit)* वि० impolite, impertinent.

अविभक्त *(avi-bhakt)* **अविभाजि** वि० undivided.

अविरल *(avi-ral)* वि० continuous; uninterrupted, incessant.

अविराम *(aviråm)* वि० non-stop, incessant; continuous.

अविलंब *(avi-lamb)* क्रि० वि० without delay, at once, forthwith.

अविवाहित *(avi-våhit)* वि० unmarried;

celibate.

अविवेक *(avi-vek)* पु० indiscretion, imprudence; indiscrimination.

अवश्विसनीय *(avi-švasaniya)* वि० unreliable, untrustworthy; unbelievable, incredible.

अविश्वास *(avi-švas)* पु० distrust, disbelief; lack of confidence.

अविस्मरणीय *(a-vismarniya)* वि० unforgettable.

अवैतनिक *(avaitnik)* वि० honorary.

अवैध *(a-vaidh)* वि० illegal, unlawful; illegitimate, illicit.

अवैधानिक *(a-vaidhānik)* वि० unconstitutional.

अव्यक्त *(a-vyakt)* वि० imperceptible; indistinct, obscure; not apparent or manifest; latent.

अव्यवस्था *(a-vyavasthā)* स्त्री० disorder lawlessness; disarray, confusion; chaos.

अव्यवस्थित *(a-vyavasthit)* वि० disorderly; unsystematic; chaotic.

अव्यावसायिकक *(avyavsāyik)* वि० non-professional.

अव्यावहारिक *(a-vyavāharik)* वि० not feasible; impractical, impracticable.

अशक्त *(a-šakt)* वि० feeble, weak; invalid.

अशक्तता *(ašaktatā)* स्त्री० disability; infirmity; invalidity.

अशर्फ़ी *(ašrafi)* स्त्री० (फ़ा०) a gold coin.

अशांत *(a-šānt)* वि० agitated, restless; unquiet, disturbed.

अशांति *(a-šānti)* स्त्री० unrest, agitation; disturbance, turbulence.

अशासकीय *(ašāskiya)* वि० non-official.

अशिक्षा *(a-šiksa)* स्त्री० illiteracy, absence of education.

अशिक्षित *(a-šiksit)* वि० illiterate, uneducated.

अशिष्ट *(a-šist)* वि० ill-mannered, rude; impolite, immodest; vulgar.

अशिष्टता *(a-šistatā)* स्त्री० impoliteness, rudeness, indecency; ill-manners; vulgarity.

अशुद्ध *(a-šuddh)* वि० impure; incorrect.

अशुद्धि *(a-šuddhi)* पु० mistake, error, inaccuracy.

अशुभ *(a-šubh)* वि० inauspicious, evil-omened.

अशोभनीय *(a-šobhaniya)* वि० undignified, unseemly, unbecoming.

अश्क *(ašk)* पु० (फ़ा०) tears.

अश्मरी *(ašmari)* स्त्री० calculas.

अश्रु *(ašru)* पु० tear.

अश्लील *(a-šlil)* वि० obscene; vulgar.

अश्लीलता *(a-šlilatā)* स्त्री० obscenity; vulgarity.

अश्व *(ašva)* पु० horse.

अश्वशाला *(ašvašālā)* स्त्री० stable.

अश्वारोहण *(asvārohan)* पु० horseman, cavalier.

अष्टपाद *(aštapād)* वि० octopus.

अष्टबाहु *(ašt-bāhu)* पु० octopus.

अष्टभुज *(ašt-bhuj)* पु० octagon.

असंगठित *(asangathit)* वि० unorganised.

असंगत *(a-sangat)* वि० inconsistent; irrelevant; incoherent; anomalous; incompatible; discordant, incongruous.

असंगति *(a-sangati)* स्त्री० incoherence; irrelevnace; anomaly; inconsistency; incongruity; incompatibility.

असंतुलन *(asantulan)* पु० disequilibrium;

imbalance.

असंतुलित *(asantulit)* वि० erratic; unablanced.

असंतुष्ट *(a-san-tust)* वि० discontented, dissatified; aggrieved.

असंतोष *(a-san-toš)* पु० discontentment; dissatisfaction; unrest.

असंदिग्ध *(a-san-digdh)* वि० definite, certain; doubtless; indubitable.

असंबद्ध *(a-sam-baddh)* वि० incoherent; irrelevant; disconnected.

असंभव *(a-sam-bhav)* वि० impossible.

असंयत *(a-sam-yat)* वि० immoderate, intemperate; unrestrained.

असंयमित *(a-sam-yamit)* वि० unrestrained.

असत्य *(a-sata)* वि० false, untrue.

असत्यता *(a-satyatā)* स्त्री० falsehood, untruth.

असफल *(a-safal)* वि० unsuccessful.

असफलता *(a-safaltā)* स्त्री० failure.

असबाब *(asbāb)* पु० (अ०) luggage, baggage; goods and chattles; belongings.

असभ्य *(a-sabhya)* वि० uncivilized, savage; discourteous; iil-bred.

असभ्यता *(a-sabhyatā)* स्त्री० uncivility, savageness; indecency, vulgarity.

असमंजस *(a-sam-anjas)* पु० dilemma, fix.

असम *(a-sam)* वि० uneven; unequal; unmatching, dissimilar.

असमता *(a-samatā)* स्त्री० inequality; disparity; unevenness.

असमय *(a-samay)* क्रि० वि० untimely; out of season; inopportunely.

असमर्थ *(a-sam-arth)* वि० incompetent, incapable, unable; disabled.

असमर्थता *(a-sam-arthatā)* स्त्री० incompetence, incapability; inability.

असमान *(a-samān)* वि० uneven; unequal: dissimilar.

असमानता *(a-samānata)* स्त्री० disparity, inequality; dissimilarity.

असम्मत *(a-sam-mat)* वि० dissenting.

असम्मति *(a-sam-mati)* स्त्री० disagreement; discordance.

असर *(asar)* पु० (अ०) effect; influence; impression.

असल *(asl)* वि० (अ०) original; pure; real; genuine.

असलियत *(asliyat)* स्त्री० (अ०) reality; bonafides; fact.

असली *(asli)* वि० real; true, pure; genuine.

असह *(asah)* वि० unbearable, intolerable.

असहनशील *(a-shansil)* वि० intolerant.

असहनीय *(a-sahniya)* वि० intolerable, unbearable, unendurable.

असहमत *(a-sahmat)* वि० disagreeing, dissenting.

असहमति *(a-sahmati)* स्त्री० disagreement.

असहयोग *(a-sahyog)* पु० non-cooperation.

असहिष्णु *(a-sahasnu)* वि० intolerant, unenduring.

असह्य *(a-sahya)* वि० intolerable, unbearable.

असांसद *(asāmsad)* वि० unparliamentary.

असाधारण *(a-sādhāran)* वि० unusual; extra-ordinary, exceptional, uncommon.

असाधारणता *(a-sadhrantā)* स्त्री० unusualness; uncommonness.

असाधय *(a-sādhya)* वि० incurable; impracticable; incorrigible.

असाध्यता *(asādhyatā)* स्त्री० incorrigibility; incurability.

असामाजिक *(a-sāmājik)* वि० unsocial; unsociable; anti-social.

असामान्य *(a-sāmānya)* वि० uncommon; exceptional; extra-ordinary.

असार *(a-sār)* वि० unsubstantial; worthless; immaterial.

असावधान *(a-sāvadhān)* वि० careless; negligent.

असावधानी *(a-sāvadhāni)* स्त्री० negligence; carelessness.

असि *(asi)* स्त्री० sword.

असीम *(a-sim)* वि० boundless, limitless; infinite.

असीमित *(a-simit)* वि० boundless, unlimited, infinite.

असुंदर *(a-sundar)* वि० ugly, charmless.

असुर *(asur)* पु० demon, devil.

असुरक्षा *(a-suraksha)* स्त्री० insecurity.

असुरक्षित *(a-surakshit)* वि० insecure, unsafe.

असुविधा *(a-suvidhā)* स्त्री० inconvenience.

अस्त *(ast)* वि० set, sunk.

अस्तबल *(astabal)* पु० (अ०) stable.

अस्तर *(astar)* पु० lining of a garment; inner coating or colour or varnish.

अस्तव्यस्त *(asta-vyast)* वि० scattered; confused; helter-skelter.

अस्तव्यस्तता *(astavyastatā)* स्त्री० disorderliness; confusion

अस्ताचल *(astācal)* पु० the western mountain behind which the sun is supposed to set.

अस्तित्व *(astitva)* पु० existence, entity, being.

अस्त्र *(astra)* पु० weapon; missile.

अस्त्र–शस्त्र *(astra-sastra)* पु० arms and weapons; weaponary, armament.

अस्त्रशाला *(astr-śālā)* स्त्री० arsenal, armoury.

अस्त्रगार *(astrāgār)* पु० see अस्त्रशाला.

अस्थायी *(a-sthāyi)* वि० temporary.

अस्थि *(asthi)* स्त्री० bone.

अस्थि–पंजर *(asthi-pinjar)* पु० skeleton of bones.

अस्थिर *(a-sthir)* वि० instable, unsteady; fickle, wavering; variable.

अस्थिरता *(a-sthiratā)* स्त्री० instability; inconstancy; fickleness.

अस्पताल *(aspatāl)* पु० hospital.

अस्पताल गाड़ी *(aspatāl-gāri)* स्त्री० ambulance.

अस्पष्ट *(a-spaṡt)* वि० obscure; vague; ambiguous; indistinct, blurred; confusing.

अस्पष्टता *(a-spaṡtatā)* स्त्री० ambiguity; vagueness; indistinctness.

अस्पृश्य *(a-sprśya)* वि० untouchable.

अस्पृश्यता *(a-sprśyatā)* स्त्री० untouchability.

अस्मिता *(asmitā)* स्त्री० pride, vanity.

अस्वस्थ *(asvasth)* वि० unhealthy; indisposed.

अस्वस्थता *(asvasthatā)* स्त्री० illness, indispositon.

अस्वाभाविक *(asvabhāvik)* वि० unnatural.

अस्वाभाविकता *(asvabhāviktā)* स्त्री० unnaturalness.

अस्वीकृत *(a-svikrt)* वि० refused, rejected.

अस्वीकृति *(a-svikrti)* स्त्री० non-acceptance; rejection.

अहंकार *(ahankār)* पु० egotism.

अहंकारी *(ahankāri)* वि० egoistical; vain,

अहमियत *(ahmiyat)* स्त्री० importance, significance.

अहलकार *(ahlkār)* पु० (अ०) clerk; functionary.

अहस्तांतरणीय *(a-hastātantarniya)* वि० non-transferable.

अहस्तांतरित *(a-hastāntrit)* वि० not transferred.

अहाता *(ahāta)* पु० (अ०) enclosure; compound; precincts; premises.

अहिंसा *(a-himsā)* स्त्री० non-violence.

अहिंसात्मक *(ahimsātmak)* वि० non-violent.

अहित *(a-hit)* पु० damage, harm, injury.

अहितकर *(ahitkar* वि० harmful, injurious.

अहेर *(aher)* पु० hunting.

अहेरी *(aheri)* पु० hunter, stalker.

आ *(ā)* the second letter and second vowel of Devnagri alphabet.

आँकड़े *(āmkre)* पु० data, statistics, figures.

आँकना *(āmkanā)* स० क्रि० to assess, to estimate; to evaluate, to appraise.

आँख *(āmkh)* स्त्री० eye.

आँगन *(āmgan)* पु० courtyard.

आँच *(āmc)* स्त्री० fire; harm.

आँचल *(āmcal)* पु० the extreme part of sari; region; border.

आंचलिक *(āmcalik)* वि० regional, zonal.

आँत *(āmt)* स्त्री० intestine.

आंतरिक *(āntarik)* वि० internal; domestic.

आंदोलन *(āndolan)* पु० movement, agitation, campaign, drive.

आँधी *(āmdhi)* स्त्री० dust storm, windstorm.

आँवला *(āmvla)* पु० emblic myrobalan.

आंशिक *(āmśik)* वि० partial; fractional; fragmentary.

आँसू *(āmsu)* पु० tear.

आइंदा *(āindā)* क्रि० वि (फ़ा०) in future.

आईना *(āinā)* पु० (फ़ा०) mirror, looking glass.

आकर *(ā-kar)* पु० treasure.

आकर्षक *(ā-karsak)* वि० attractive, charming.

आकर्षण *(ā-karsan)* पु० attraction, charm.

आकर्षित *(ā-karsik)* वि० attracted, charmed.

आकलन *(ā-kalan)* पु० estimate; calculation.

आकस्मिक *(ākasmik)* वि० sudden, abrupt; accidental.

आकस्मिकता *(ākasmikatā)* स्त्री० contingency, suddenness.

आकांक्षा *(ā-kanksā)* स्त्री० aspiration.

आकांक्षी *(ā-kānksi)* वि० aspirant.

आकार *(ā-kār)* पु० size; form, shape.

आकाश *(ā-kās)* पु० sky, space.

आकाशगंगा *(ākās-gangā)* स्त्री० milky way.

आकाशवाणी *(ākāśvāni)* स्त्री० oracle; radio voice from sky,

आकुल *(ākul)* वि० uneasy, restless; distressed.

आकुलता *(ākulatā)* स्त्री० worry; uneasiness, restlessness.

आकृति *(ā-krti)* स्त्री० figure, shape, form.

आक्रमण *(ā-kraman)* पु० attack, invasion, aggression, assault.

आक्रमणकारी *(ākrmankāri)* वि० aggressor, invador.

आक्रामक[1] *(ā-krāmak)* पु० invader, aggressor.

आक्रामक[2] *(ā-krāmak)* वि० aggressive.

आक्रामकता *(ākrāmakta)* स्त्री० aggressiveness.

आक्रोश *(ā-kroś)* पु० wrath, anger, resentment.

आक्षेप *(ā-ksep)* पु० accusation; allegation; charge.

आख़िरकार *(ākhirkār)* क्रि० वि० (फ़ा०) after all, in the end; at last; ultimately.

आख़िरी *(ākhiri)* वि० (अ०) ultimate, last, final.

आखेट *(ā-khet)* पु० hunting.

आख्या *(ā-khyā)* स्त्री० remark; report.

आगंतुक *(āgantuk)* पु० visitor.

आग *(āg)* स्त्री० fire; passion, lust.

आगज़नी *(āgzani)* स्त्री० arson.

आगमन *(ā-gaman)* स्त्री० arrival.

आगा *(āgā)* पु० forntage, front; face.

आगामी *(ā-gāmi)* वि० forthcoming, ensuing; next; future; subsequent.

आगार *(ā-gār)* पु० depository, treasury, store nouse.

आगाह *(āgāh)* वि० (फ़ा०) apprised, warned, cautioned.

आगे *(āge)* क्रि० वि० forward, onward, ahead, in front; in future.

आग्नेयास्त्र *(āgneyastr)* पु० fire-arms, fire-emitting missile.

आग्रह *(ā-grah)* पु० insistence, pertinance.

आघात *(ā-ghāt)* पु० accent (ling.); shock; blow, stroke, hit; impact.

आचमन *(ā-caman)* पु० sipping water from the palm of the hand.

आचरण *(ā-caran)* पु० conduct, behaviour; practice.

आचार *(ā-cār)* पु० moral conduct; behaviour.

आचार–विचार *(ācār-vicār)* पु० manners and morals.

आचारसंहिता *(ācār-samhitā)* स्त्री० moral code.

आचार्य *(ā-cārya)* पु० professor; teacher, preceptor.

आच्छादन *(ā-chādan)* पु० covering roof.

आच्छादित *(ā-cchādit)* वि० covered.

आज *(āj)* क्रि० वि० today; at present.

आजकल *(ājkal)* क्रि० वि० now-a-days.

आजन्म *(ā-janm)* क्रि० वि० since birth; as long as one is alive.

आज़माइश *(āzmāiś)* स्त्री० (फ़ा०) test, trial.

आज़ाद *(āzād)* वि० (फ़ा०) independent, free.

आज़ादी *(āzādi)* स्त्री० (फ़ा०) freedom, independence.

आजीवन *(ā-jivan)* वि० lifelong.

आजीविका *(ā-jivikā)* स्त्री० livelihood.

आज्ञा *(ā-jnā)* स्त्री० order, command.

आज्ञाकारिता *(ājnākāritā)* स्त्री० obedience.

आज्ञाकारी *(ājnākāri)* वि० obedient.

आज्ञापालक *(agnā-pālak)* वि० obedient.

आटा *(ātā)* पु० flour.

आडंबर *(ādambar)* पु० imposture, affection.

आड़ *(ār)* स्त्री० screen, cover; coverage; barricade.

आड़ा *(ārā)* वि० transverse; horizontal; oblique.

आड़ू *(āru)* पु० peach.

आढ़तिया *(ārhatiyā)* पु० commission agent; broker.

आतंक *(ā-tank)* पु० terror, panic.

आतंकवाद *(ātank-vād)* पु० terrorism.

आतंकित *(ā-tankit)* वि० terrorised, panic-stricken; panicky.

आततायी *(ā-tatāyi)* पु० tyrant; oppressor.

आतशबाज़ी *(ātasbāzi)* स्त्री० (फ़ा०) fire works; display of fire works.

आतिथेय *(ātitheya)* पु० host.

आतिथ्य *(ātithya)* पु० hospitality.

आतुर *(ā-tur)* वि० eager, impatient; rash, hasty; restless.

आतुरता *(ā-turatā)* स्त्री० impatience, eagerness; rashness, hastiness; restlessness.

आत्म *(ātm)* वि० pertaining to the soul; own; personal.

आत्मकथा *(ātm-kathā)* स्त्री० autobiography.

आत्मकेंद्रित *(ātm-kendrit)* वि० autocentric, egocentric.

आत्मगौरव *(ātm-gaurav)* पु० self-dignity.

आत्मघात *(ātm-ghāt)* पु० suicide.

आत्मचरित *(ātm-carit)* autobiography.

आत्मनिरीक्षण *(ātm-nirikshan)* पु० introspection, self-analysis.

आत्मनिर्भर *(ātm nirbhar)* वि० self-reliant; self-sufficient.

आत्म -- प्रशंसा *(ātm-prasamsā)* स्त्री० self-praise.

आत्मबल *(ātm-bal)* पु० will power.

आत्मरक्षा *(ātm-rakshā)* स्त्री० self-defence.

आत्मविश्वास *(ātm-visvās)* पु० self-confidence.

आत्मशुद्धि *(ātm-śudhi)* स्त्री० self-purification.

आत्मसंयम *(ātm-samyam)* पु० self-restraint.

आत्मसमर्पण *(ātm-samarpan)* पु० resignation; capitualtion, surrender.

आत्महत्या *(ātm-hatyā)* स्त्री० suicide.

आत्मा *(ātmā)* स्त्री० soul; spirit.

आत्माभिमान *(ātmā-bhimān)* पु० self-respect.

आत्मानुभूति *(ātmānubhuti)* स्त्री० self-realisation.

आत्मिक *(ātmik)* वि० spiritual.

आत्मीय *(ātmiya)* पु० relatives, kith and kin.

आत्मीयता *(ātmiyatā)* स्त्री० intimacy, close affinity; cordiality.

आत्मोत्कर्ष *(ātmotkarśa)* पु० eudaemonia; self- elevation.

आत्मोन्नति *(ātmonnati)* स्त्री० sefl-elevation.

आदत *(ādat)* स्त्री० (अ०) habit; custom.

आदम *(ādam)* पु० (अ०) Adam; man.

आदमख़ोर *(ādamkhor)* पु० (अ०) man-eater, cannibal.

आदमी *(ādmi)* पु० (अ०) man, person, adult; husband.

आदमीयत्त *(ādmiyat)* स्त्री० humanity.

आदर *(ā-dar)* पु० regard; esteem, honour, respect; reverence.

आदरणीय *(ā-daraniya)* वि० respectable, honourable.

आदर–सत्कार *(ādar-satkar)* पु० hospitality.

आदर्श *(ā-darś)* पु० ideal, model.

आदर्शवाद *(ādarś-vād)* पु० idealism.

आदान *(ā-dān)* पु० receiving, taking, accepting; borrowing.

आदाब *(ādāb)* पु० (फ़ा०) salutation; compliment.

आदि *(ādi)* पु० beginning; origin, source.

आदिक *(ādik)* वि० initial.

आदिम *(ādim)* वि० primitive; aboriginal.

आदिवासी[1] *(ādivasi)* पु० aborigine.

आदिवासी[2] *(ādivasi)* वि० aboriginal.

आदी *(adi)* वि० (अ०) habituated, accustomed.

आदेश *(ā-deś)* पु० command, behest; order.

आद्यक्षर *(ādyakshar)* पु० initials.

आद्योपांत *(ādyopānt)* क्रि० वि० from beginning to end.

आधा *(ādhā)* वि० half.

आधार *(ā-dhār)* पु० base; basis, ground, foundation.

आधारभूत *(ā-dhār-bhut)* वि० fundamental, basic.

आधार–स्तंभ *(ādhār-stambh)* पु० main support.

आधारित *(ā-dhārit)* वि० based, founded.

आधिकारिक *(ādhikārik)* वि० authoritative, official.

आधिक्य *(ādhikya)* पु० excess, surplus; abundance; plenty.

आधिपत्य *(ādhipatya)* पु० supremacy; dominion, sovereignty.

आधुनिक *(ādhunik)* वि० modern.

आधुनिकता *(ādhunikatā)* स्त्री० modernity.

आधुनिकीकरण *(ādhunikaran)* पु० modernisation.

आध्यात्मिक *(ādhyātmik)* वि० spiritual.

आनंद *(ā-nand)* पु० bliss, happiness; pleasure, joy, delight.

आनंदमय *(ānand-maya)* वि० blissful, delightful.

आनंदित *(ā-nandit)* वि० happy, delighted.

आन *(ān)* स्त्री० prestige, honour, dignity.

आनन *(ānan)* पु० face, mouth.

आनन–फानन *(ānan-fānan)* क्रि० वि० instantaneously, at once.

आना *(ānā)* अ० क्रि० to come, to reach, to arrive.

आना–कानी *(ānakāni)* स्त्री० evasion; hesitation.

आनुपातिक *(ānupātik)* वि० proportionate.

आनुवंशिक *(ānuvamśik)* वि० hereditary.

आनुवंशिकता *(ānuvanśikta)* स्त्री० heredity.

आप *(āp)* सर्व० you; one's self.

आपत्काल *(āpatkāl)* पु० emergency.

आपत्ति *(ā-patti)* स्त्री० objection.

आपत्तिजनक *(āpatijanak)* वि० objectionable.

आपदा *(ā-padā)* स्त्री० calamity; peril; suffering; distress, adversity.

आपसदारी *(āpasdāri)* स्त्री० mutuality; brotherhood, fraternity.

आपसी *(āpasi)* वि० reciprocal, mutual.

आपा *(āpā)* पु० ego, vanity, arrogance;

consciousness; one's own entity; self.

आपात *(ā-pāt)* पु० catastrophe; emergency.

आपातिक *(āpātik)* वि० emergent; contingent.

आपूर्ति *(ā-purti)* स्त्री० supply.

आपेक्षिक *(āpêksik)* वि० relative.

आप्लावन *(ā-plāvan)* पु० inundation; immersion.

आप्लावित *(ā-plāvit)* वि० inundated, immersed.

आफ़त *(āfat)* स्त्री० (अ०) trouble, distress, calamity, misfortune.

आफ़ताब *(āftāb)* पु० (फ़ा०) the sun.

आब *(āb)* स्त्री० brilliance; water.

आबकारी *(ābkāri)* स्त्री० (फ़ा०) excise; distillery.

आबद्ध *(ā-baddh)* वि० bound; enclosed.

आबनूस *(ābnus)* पु० ebony.

आबपाशी *(āb-pāsi)* स्त्री० (फ़ा०) irrigation.

आबरू *(ābru)* स्त्री० (फ़ा०) chastity; honour, dignity.

आबहवा *(āb-hawā)* स्त्री० (फ़ा०) climate.

आबाद *(ābād)* वि० (फ़ा०) populated, inhabited; flourishing, prosperous.

आबादी *(ābādi)* स्त्री० population; habitation; colony.

आभा *(ā-bhā)* स्त्री० splendour, lustre; tint, tinge.

आभार *(ā-bhār)* पु० obligation, gratitude; thankfulness.

आभारी *(ā-bhāri)* वि० grateful, obliged; thankful.

आभास *(ā-bhās)* पु० glimpse; inkling; semblance.

आभूषण *(ā-bhusan)* पु० ornament, jewellery; decoration, embellishment.

आभूषित *(ā-bhusit)* वि० ornamented; decorated, embellished.

आमंत्रण *(āmantran)* पु० invitation.

आमंत्रित *(ā-mantrit)* वि० invited.

आम[1] *(ām)* पु० mango.

आम[2] *(ām)* वि० (अ०) common; general; public.

आमद *(āmad)* स्त्री० (फ़ा०) approach; arrival; income.

आमदनी *(āmdani)* स्त्री० (फ़ा०) income.

आमना–सामना *(āmnā-sāmnā)* पु० confrontation, encounter; coming face to face.

आमरण *(āmaran)* क्रि० वि० till death.

आमादा *(āmāda)* वि० (फ़ा०) bent upon, intent, adamant, determined.

आमाशय *(āmāsaya)* पु० stomach.

आमिष *(āmis)* पु० meat.

आमुख *(ā-mukh)* पु० preamble; preface.

आमूल[1] *(ā-mul)* वि० fundamental; radical.

आमूल[2] *(ā-mul)* क्रि० वि० completely.

आमोद *(ā-mod)* पु० joy, pleasure, delight; amusement, merriment.

आय *(āy)* स्त्री० income, earning; receipt; proceeds; revenue

आयकर *(āyekar)* पु० income tax.

आयत *(āyāt)* पु० rectangle.

आयतन *(ā-yatan)* पु० volume, bulk, capacity.

आयताकार *(āyatākār)* वि० rectangular.

आय–व्ययक *(āye-vyayak)* पु० budget.

आया *(āyā)* स्त्र० nurse.

आयात *(ā-yāt)* पु० import.

आयातित *(ā-yātit)* वि० imported.

आयाम *(ā-yām)* पु० amplitude; width; extension, expansion.

आयु *(āyu)* स्त्री० age.

आयुक्त *(ā-yukt)* पु० commissioner.

आयुध *(ā-yudh)* पु० armament; arms, weapon.

आयुधशाला *(āyudhśālā)* **आयुधागार** *(ayudhagar)* पु० arsenal, armoury.

आयुर्विज्ञान *(āyurvignān)* पु० medical science.

आयुर्वेद *(āyurved)* पु० the Indian medical system; medical science.

आयोग *(ā-yog)* पु० commission.

आयोजक *(ā-yojak)* पु० sponsor; convener, organiser.

आयोजन *(ā-yojan)* पु० sponsoring; convening; planning; organising; arrangement.

आयोजित *(ā-yojit)* वि० arranged, convened; sponsored; organised.

आरंभ *(ā-rambh)* पु० beginning, start; outset; commencement; inception; origin.

आरंभिक *(ā-rambhik)* वि० preliminary, initial, elementary.

आरक्षक *(ā-raksak)* पु० guard.

आरक्षण *(ā-rakśan)* पु० reservation; protection.

आरक्षित *(ā-rakśit)* वि० reserved.

आरती *(ārati)* स्त्री० ceremonial adoration with kindled lamps.

आरसी *(ārsi)* स्त्री० mirror, looking glass.

आरा *(ārā)* पु० saw.

आराधाक *(ā-rādhak)* पु० worshipper, adorer, devotee.

आराधाना *(ā-rādhanā)* पु० worship; adoration.

आराम *(ārām)* पु० (फ़ा०) rest; relief; comfort; ease.

आरामतलब *(ārāmtalab)* वि० (फ़ा०) indolent; easy going, slothful.

आरामदेह *(ārāmdeh)* वि० comfortable.

आरी *(āri)* स्त्री० small saw, table-saw.

आरूढ़ *(ā-rurh)* वि० ascended; mounted.

आरेख *(ārekh)* पु० diagram.

आरेखन *(ārekhan)* पु० drawing.

आरोग्य *(ārogya)* पु० health, freedom from disease.

आरोग्यशाला *(ārogyaśālā)* स्त्री० nursing home, sanitorium.

आरोप *(ā-rop)* पु० allegation, charge; projection; impo ition, superimposition.

आरोपण *(ā-ropan)* पु० superimposition; imposition; transplantation.

आरोहण *(ā-rohan)* पु० ascent; embarkation, progression.

आरोही *(ā-rohi)* पु० rider.

आर्थिक *(ārthik)* वि० economic; pecuniary, financial.

आर्द्र *(ārdra)* वि० damp; wet; moist; humid.

आर्द्रता *(ārdrata)* स्त्री० dampness; humidity; wetness.

आलंकारिक *(ālankarik)* वि० ornamental, decorative; figurative; rhetorical.

आलंबन *(ā-lamban)* पु० dependence, support; foundation, base.

आलय *(ālay)* पु० house, abode, dwelling place; assylum.

आलस, आलस्य *(ālas)* पु० laziness, sloth, lethargy.

आलसी *(ālsi)* वि० lazy, lethargic.

आला *(ālā)* पु० niche, recess.

आलाप *(ā-lāp)* पु० preliminary modulation of vioce for singing conversation, dialogue.

आलिंगन *(ā-lingan)* पु० embrace; clasp; hug.

आलीशान *(ālisān)* वि० (अ०) grand, magnificent, stately, superb, imposing.

आलू *(ālu)* पु० potato.

आलूचा *(ālucā)* पु० plum.

आलू बुख़ारा *(ālubukhārā)* पु० dried plum.

आलेख *(ā-lekh)* पु० sketch; graph; treatise; plan; dictation; script; document, record.

आलेखन *(ālekhan)* पु० graphic representation; writing; painting; sketching; dictation.

आलोक *(ā-lok)* पु० light; lustre; enlightenment.

आलोकित *(ālokit)* वि० lit, lighted; illuminated.

आलोचक *(ālocak)* पु० critic, reviewer.

आलोचना *(ā-locanā)* स्त्री० criticism, observation, review.

आलोचनात्मक *(ālocanātmak)* वि० critical.

आलोड़न *(ā-loran)* पु० act of shaking, stirring, churning.

आलोड़ित *(ā-lorit)* वि० stirred, shaken; agitated.

आवंटन *(ā-vantan)* पु० allotment.

आवक *(āvak)* पु० arrival, incoming goods.

आवभगत *(āvbhagat)* स्त्री० hospitality, reception, welcome.

आवरण *(ā-varan)* पु० cover; wrapper; sheath; mask; coat; screen.

आवर्तक *(ā-vartak)* वि० recurring.

आवर्त्तन *(ā-vartan)* पु० recurrence; rotation; revolution; repetition.

आवर्ती *(ā-varti)* वि० recurring; recurrent; recursive.

आवश्यक *(āvasyak)* वि० necessary; important; essential; obligatory; inevitable.

आवश्यकत्ता *(āvasyakatā)* स्त्री० want; need; inevitability, necessity; requirement.

आवागमन *(āvāgaman)* पु० transmigration; coming and going; transport.

आवाज़ *(āvāz)* स्त्री० (फ़ा०) voice, sound; report; call.

आवारगी *(āvāragi)* **आवारागर्दी** स्त्री० (फ़ा०) profligacy; loafing; vagrancy.

आवारा *(āvāra)* पु० (फ़ा०) vagabond, vagrant, loafer.

आवास *(ā-vās)* पु० dwelling place; residence, abode.

आवासी *(ā-vāsi)* वि० residential.

आवाहन *(ā-vāhan)* पु० call; summoning; invocation.

आविर्भाव *(āvir-bhāv)* पु० emergency, advent, appearance; manifestation.

आविर्भूत *(āvir-bhut)* वि० emerged; manifested; risen.

आविष्करण *(āvis-karan)* **आविष्कार** पु० invention.

आविष्कर्त्ता *(āvis-kartā)* **आविष्कार** पु० inventor.

आविष्कृत *(āvis-krt)* वि० invented.

आवृत्ति *(ā-varti)* स्त्री० frequency; repetition; recurrence, reversion; reprint.

आवेग *(ā-veg)* पु० impetus; impluse; passion; emotion.

आवेदक *(ā-vedak)* पु० applicant; petitioner.

आवदेन *(ā-vedan)* पु० application.

आवेश *(ā-veś)* पु० intense emotion; frenzy; passion; agitation

आशंका *(ā-śanka)* स्त्री० apprehension, fear; doubt.

आशंकित *(ā-śankit)* वि० apprehensive.

आशय *(ā-śay)* पु० meaning, purport, intention, intent.

आशा *(āśā)* स्त्री० hope, aspiration.

आशाजनक *(āśājanak)* वि० hopeful.

आशातीत *(āśātit)* वि० beyond hope or expectation, unexpected.

आशावान *(āśāvān)* वि० soptionistic, hopeful.

आशाहीन *(āśāhin)* वि० disappointed, disgusted, hopeless.

आशिक़ *(āśiq)* पु० (अ०) lover.

आशिक़ी *(āśiqi)* स्त्री० (अ०) love-making, amorousness.

आशीर्वचन *(ā-śirvacan)* **आशीर्वाद** पु० blessing, words of benediction.

आशु *(āśu)* वि० quick, prompt, speedy; extempre.

आशुलिपि *(āśulipi)* स्त्री० shorthand, stenography.

आश्चर्य *(āścarya)* पु० surprise, astonishment, wonder.

आश्चर्यचकित *(āścaryacakit)* वि० surprised; wonder-struck; astonished.

आश्चर्यजनक *(āścaryajanak)* वि० wonderful, surprising.

आश्रम *(ā-śram)* पु० hermitage, convent.

आश्रय *(ā-śray)* पु० shelter; patronage.

आश्रित *(ā-śrit)* पु० refugee, dependant; protege.

आश्वस्त *(ā-śvast)* वि० assured; convinced.

आश्वासन *(ā-śvasan)* पु० assurance; guarantee.

आसक्त *(ā-sakt)* वि० attached; addicted, fascinated, charmed; infatuated.

आसक्ति *(ā-sakti)* स्त्री० attachment; fascination; infatuation.

आसन *(āsan)* पु० posture; seat.

आसन्न *(ā-sann)* वि० impending, imminent; proximate; adjacent.

आसपास *(ās-pās)* क्रि० वि० near about, in the vicinity, all around, on all sides.

आसमान *(āsmān)* पु० sky, firmament.

आसमानी *(āsmāni)* वि० azure, sky-blue.

आसरा *(āsrā)* पु० shelter, reliance; support.

आसान *(āsān)* वि० (फ़ा०) easy; convenient; simple, facile.

आसानी *(āsāni)* स्त्री० convenience; facility, ease.

आसार *(āsār)* पु० (अ०) sign, symptom; breath of a wall.

आसीन *(āsin)* वि० seated.

आसुरी *(āsuri)* वि० devilish, diabolic, demonic.

आस्तिक *(āstik)* वि० theistic, devout.

आस्तीन *(āstin)* स्त्री० (फ़ा०) sleeve.

आस्था *(ā-sthā)* स्त्री० belief; faith.

आस्वादन *(ā-svādan)* पु० relishing, tasting.

आह *(āh)* स्त्री० sigh.

आहट *(āhat)* स्त्री० light sound.

आहत *(ā-hat)* वि० injured, wounded, hurt; offended; punch marked.

आहार *(ā-hār)* पु० food, meal; diet.

आहार–विज्ञान *(āhār-vijnān)* पु० dietetics.

आहिस्ता *(āhistā)* क्रि० वि० (फ़ा०) gently, slowly.

आहुति *(ā-huti)* स्त्री० oblation offered to god.

आहूत *(āhut)* वि० invited, summoned, called.

आह्वान *(ā-hvān)* पु० invocation; summon.

इ

इ *(i)* the third letter and vowel of Devnagri alphabet.

इंगित *(ingit)* पु० indication, hint, sign; gesture; beckoning.

इंतक़ाम, इंतिक़ाम *(intaqām)* पु० (अ०) revenge.

इंतज़ाम, इंतिज़ाम *(intazām)* पु० (अ०) arrangement.

इंद्रजाल *(indrájál)* पु० white magic, jugglery, conjuration.

इंद्रधानुष *(indra-dhanuśa)* पु० rainbow.

इंद्रलोक *(indralok)* पु० heaven.

इंद्रिय *(indriya)* स्त्री० sense.

इंद्रियगोचर *(indriyagocar)* वि० perceptible, capable of being ascertained through senses.

इंसान *(insān)* पु० (अ०) man, human being.

इंसानियत *(insāniyat)* स्त्री० (अ०) humanity, gentlemanliness.

इंसानी *(insāni)* वि० (अ०) human.

इंसाफ़ *(imsāf)* पु० (अ०) fair deal, justice.

इकट्ठा *(ikatthā)* वि० collected, gathered; united.

इकतरफ़ा *(iktarfā)* वि० ex-parte; unilateral, one sided.

इकतारा *(iktārā)* पु० one-stringed musical instrument.

इकरार *(iqrār)* पु० (अ०) agreement; promise; bond.

इकरारनामा *(iqrār-nāmā)* पु० (अ०) deed of agreement, written agreement

इकलौता *(iklautā)* वि० only, single.

इकाई *(ikāi)* स्त्री० unit.

इच्छा *(icchā)* स्त्री० desire, wish; will.

इच्छाचारी *(ichācāri)* वि० libertine; self-willed.

इच्छापत्र *(ichāpatra)* पु० will, testament.

इच्छाशक्ति *(ichā-śakti)* स्त्री० will power.

इच्छित *(icchit)* वि० willed; desired; aspired, wished for.

इच्छुक *(icchuk)* वि० desirous; willing, wishing.

इजलास *(ijlās)* पु० (अ०) court; session.

इज़हार *(izhār)* पु० (अ०) manifestation, expression; demonstration.

इजाज़त *(ijāzat)* स्त्री० (अ०) permission.

इजाफ़ा *(izāfā)* पु० (अ०) addition, augmentation; increase, enhancement.

इज़्ज़त *(izzat)* स्त्री० (अ०) prestige; honour; respect; dignity.

इज़्ज़तदार *(izzatdār)* वि० (अ०) reputed, esteemed, respectable.

इठलाना *(ithlānā)* अ० क्रि० to strut, to act affectedly; to assume swaggering airs.

इतना[1] *(itnā)* वि० this much, so much as this.

इतना[2] *(itnā)* क्रि० वि० too much, so much.

इतमीनान *(itminān)* पु० (अ०) assurance, conviction; trust, confidence; relief.

इति *(iti)* स्त्री० end, conclusion, termination.

इतिहास *(iti-hâs)* पु० history.

इतिहासकार *(itihâskâr)* पु० historian.

इत्तिफ़ाक़ *(ittafaq)* पु० (अ०) coincidence; chance; unity.

इत्तला, इत्तिला *(ittilā)* स्त्री० (अ०) intimation; information; notice.

इत्यादि *(ity-ādi)* अ० etcetera, so on and so forth.

इत्र *(itr)* पु० (अ०) perfume; scent; essence.

इत्रदान *(itr-dān)* पु० cassolette, scent-case.

इधर *(idhār)* क्रि० वि० this side, this way, here; these days, at present.

इन *(in)* वि० these.

इनक़लाब *(inqalāb)* पु० (अ०) revolution.

इनक़लाबी *(inqalābi)* वि०, पु० revolutionary.

इनकार *(inkār)* पु० (अ०) refusal; denial.

इनाम *(inām)* पु० (अ०) prize, reward.

इनायत *(ināyat)* स्त्री० (अ०) obligation, favour, grace; bestowal.

इबादत *(ibādat)* स्त्री० (अ०) worship, adoration.

इबारत *(ibārat)* स्त्री० (अ०) text; writing style, mode of writing.

इमदाद *(imdād)* स्त्री० (अ०) aid, help.

इमला *(imlā)* पु० dictation.

इमली *(imli)* स्त्री० tamarind.

इमाम *(imām)* पु० (अ०) Muslim high priest.

इमारत *(imārat)* स्त्री० (अ०) building.

इमारती *(imārati)* वि० (अ०) pertaining to building.

इम्तहान, इम्तिहान *(imtahān)* पु० (अ०) examination, test, trial.

इरादा *(irāda)* पु० (अ०) idea, intention.

इलज़ाम *(ilzām)* पु० (अ०) allegation, accusation, charge.

इलाक़ा *(ilāqā)* पु० (अ०) circle; territory; sphere; district, zone, region; locality; area.

इलाज *(ilāj)* पु० (अ०) treatment; remedy, cure.

इलायची *(ilāyci)* स्त्री० cardamon.

इल्तिजा *(iltijā)* स्त्री० (अ०) request, entereaty.

इल्म *(ilm)* पु० (अ०) knowledge, learning; skill.

इशारा *(isārā)* पु० (अ०) signal, sign, hint, indication; gesture.

इश्क *(isq)* पु० (अ०) love; amour.

इश्तहार, इश्तिहार *(istahār)* पु० (अ०) poster; hand-bill; advertisement.

इष्ट *(ist)* वि० adored; favourite, favoured.

इस *(is)* सर्व० this, it.

इसरार *(isrār)* पु० (अ०) insistence; entreaty.

इसलाम *(islām)* पु० (अ०) Muslim religion

इस्तग़ासा, इस्तिगासा *(istagāsa)* पु० (अ०) prosecution, criminal proceedings.

इस्तरी, इस्तिरी *(istri)* स्त्री० press, smoothing iron.

इस्तीफ़ा *(istifâ)* पु० (अ०) resignation.

इस्तेमाल *(istemāl)* पु० (अ०) use; application; consumption.

इस्पात *(ispāt)* पु० steel.

ई *(i)* the fourth letter and the fourth vowel of the Devnagri alphabet.

ईंट *(imt)* स्त्री० brick.

ईंधान *(indhan)* पु० fuel, firewood, tinder.

ईख *(ikh)* स्त्री० sugarcane.

ईजाद *(ijād)* स्त्री० (अ०) invention.

ईमान *(imān)* पु० (अ०) faith, belief; honesty, integrity, fairplay.

ईमानदार *(imāndār)* वि० (अ०) honest; faithful; upright; just; sincere.

ईमानदारी *(imāndāri)* स्त्री० honesty, integrity; faithfulness; sincerity.

ईर्ष्या *(irs̄yā)* स्त्री० jealousy, envy.

ईर्ष्यालु *(irs̄yālu)* वि० jealous, envious.

ईश्वर *(is̄var)* पु० God.

ईश्वरनिष्ठ *(is̄varnistha)* वि० theistical.

ईश्वरवाद *(is̄var-vād)* पु० theism.

ईश्वरीय *(is̄variya)* वि० Godly; divine.

ईसवी *(isvi)* वि० pertaining to Christ.

ईसा *(isā)* पु० Jesus Christ.

ईसाई *(isāi)* पु० Christian.

उ

उ *(u)* the fifth letter and vowel of the Devnagri alphabet.

उँगली *(umgli)* स्त्री० finger.

उँडेलना *(umdelnā)* स० क्रि० to pour.

उ;ण *(urin)* वि० free from debt, debt-free.

उकताना *(uktānā)* अ० क्रि० to be fed up, to be tired (of); to get bored.

उकसाना *(uksānā)* स० क्रि० to incite, to instigate, to provoke; to raise.

उकसाहट *(uksāhat)* स्त्री० instigation, excitement, provocation.

उक्त *(ukt)* वि० stated above, mentioned above, aforesaid; spoken, said.

उक्ति *(ukti)* वि० saying, statement, expression; utterance, remark; dictum.

उखड़ना *(ukharnā)* अ० किo to be uprooted; to be dislodged; to be dislocated.

उखाड़ना *(ukhārnā)* स० क्रि० to uproot; to eradicate; to dig out; to dislodge.

उगना *(ugnā)* अ० क्रि० to grow; to germinate; to rise (of sun).

उगाना *(ugānā)* स० क्रि० to grow, to cause to germinate; to raise, to produce.

उगाहना *(ugāhnā)* स० क्रि० to collect; to realise; to raise.

उगाही *(ugāhi)* स्त्री० collection, realization; levy; recovery.

उग्र *(ugra)* वि० fierce, violent; aggressive.

उग्रता *(ugratā)* स्त्री० aggressiveness.

उग्रवाद *(ugravād)* पु० extremism, radicalism.

उग्रवादी *(ugravādi)* पु० extremist, radicalist.

उघड़ना *(ugharnā)* अ० किo to be uncovered, to be exposed, to be disclosed.

उघाड़ना *(ughārnā)* स० क्रि० to uncover; to expose; to disclose.

उचकना *(ucaknā)* अ० क्रि० to stand on tip-toe.

उचकाना *(uckānā)* स० क्रि० to raise up, to lift up.

उचक्का *(ucakkā)* पु० sneak-thief; pilferer, swindler; shop-lifter.

उचक्कापन *(ucakkāpan)* पु० swindling.

उचटना *(ucatnā)* अ० क्रि० to be weary; to feel dejected; to be interrupted; to come off.

उचित *(ucit)* वि० proper, right; appropriate, suitable; fair, reasonable; advisable.

उच्च *(ucc)* वि० tall, high; superior; lofty, elevated; noble.

उच्चतम *(ucctam)* वि० highest; best; supreme.

उच्चता *(uccatā)* स्त्री० elevation; loftiness; superiority.

उच्चारण *(uc-cāran)* पु० pronunciation.

उच्छृंखल *(uc-chrankhal)* वि० unrestrained, licentious, wanton; impertinent; disorderly, undisciplined.

उच्छ्वास *(uc-chvās)* पु० exhalation, expiration; sigh.

उछलना *(uchalnā)* अ० क्रि० to jump, to leap, to spring; to rebound.

उछाल *(uchāl)* स्त्री० leap, jump; rebound; throw; toss.

उछालना *(uchālna)* स० क्रि० to toss.

उजड़ना *(ujarnā)* अ० क्रि० to be ruined or destroyed; to be deserted; to lie waste.

उजड्ड *ujadd)* वि० ill-mannered, boorish; rude, rough, uncivilised; clumsy.

उजड्डता *(ujaddata)* स्त्री० see उजड्डपन.

उजड्ड–पनं *(ujaddpan)* पु० rudeness; boorishness; incivility; roughness.

उजरत *(ujrat)* स्त्री० (अ०) remuneration.

उजला *(ujla)* वि० bright; clean; white.

उजाड़ *(ujar)* वि० desolate, deserted, devastated; barren.

उजाड़ना *(ujārnā)* स० क्रि० to destroy, to ruin, to render desolate; to devastate; to spoil; to root up.

उजाला *(ujālā)* पु० light, brightness, splendour.

उज्जवल *(uj-jval)* वि० splendid; bright; radiant; clear; luminous, beautiful; white.

उज्ज्वलता *(uj-jvalatā)* स्त्री० splendour; brightness; shine, lustre.

उठना *(uthnā)* अ० वि० to rise; to get up; to be rented out; to expire, to pass away; to stand up; to be ready; to grow, to develop.

उठाईगीरी *(uthāigiri)* स्त्री० pilferage.

उठाऊ *(uthāu)* वि० portable.

उठान *(uthān)* पु० ascent, elevation; rise; height: blossoming youth.

उठाना *(uthāna)* स० क्रि० to lift up, to raise; to wake up, to bear; to remove; to erect, to pick up; to take up.

उड़द *(urad)* see उरद.

उड़नखटोला *(urankhatolā)* पु० legendary flying cot.

उड़नतश्तरी *(urantaśtri)* स्त्री० flying saucer.

उड़नदस्ता *(urandastā)* पु० flying squad.

उड़ना *(urnā)* अ० क्रि० to fly;.to get dim, to fade; to vanish; to explode.

उड़ान *(urān)* स्त्री० flight.

उड़ाना *(urānā)* स० क्रि० to squander; to fly, to let fly; to steal; to kidnap.

उतना *(utnā)* वि०, क्रि० वि० that much, to that extent.

उतरन *(utran)* स्त्री० old, worn out clothes; cast off clothes.

उतरना *(utarnā)* अ० क्रि० to get down, to alight; to go down; to fall or diminish; to be dislocated.

उतार *(utār)* पु० descent; fall, depreciation.

उतार–चढ़ाव *(utār-carhāv)* पु० fluctuations, rise and fall; ups and downs; variation.

उतारना *(utārna)* स० क्रि० to unload; to bring down; to dislocate; to cause to disembrak; to copy; to take across.

उतावला *(utàvlā)* वि० impatient, excessively eager; head strong.

उतावलापन *(utāvlāpan)* पु० impatience, rashness; hastiness, haste.

उत्कंठा *(ut-kanthā)* स्त्री० curiosity; eagerness; longing; craving.

उत्कट *(ut-kat)* वि० intense, excessive, gigantic; richly endowed.

उत्कर्ष *(ut-kars̄)* पु० crescendo; apotheosis; ascendence; exaltation, excellence; prosperity; eminence.

उत्कीर्ण *(ut-kirn)* वि० engraved, carved.

उत्कृष्ट *(ut-krs̀t)* वि० excellent, outstanding, paramount; superior, highest.

उत्कृष्टता *(ut-krs̀tatā)* स्त्री० eminence; superiority; excellence.

उत्कोच *(utkoc)* पु० bribe, graft.

उत्खनन *(ut-khanan)* पु० excavation.

उत्तम *(uttam)* वि० best, excellent.

उत्तमता *(uttamatā)* स्त्री० excellence, fineness.

उत्तर *(uttar)* पु० north; reply, answer; defence.

उत्तरदायित्व *(utardāyitva)* पु० accountability; responsibility; obligation.

उत्तरदायी *(uttar-dāyi)* वि० responsible; accountable; answerable

उत्तराधिकार *(uttarādhikār)* पु० inheritance; succession.

उत्ताप *(uttāp)* पु० excessive hat; distress; affliction; ferment.

उत्ताल *(ut-tāl)* वि० violent; high.

उत्तीर्ण *(ut-tirn)* वि० passed, successful, crossed.

उत्तुंग *(tu-tung)* वि० lofty, high.

उत्तेजक *(ut-tejak)* वि० provocative; stimulating, inciting.

उत्तेजना *(ut-tejanā)* स्त्री० provocation; excitement, agitation; stimulation.

उत्तेजनाप्रद *(uttejnāprad)* वि० provocative; stimulating; exciting.

उत्तेजित *(ut-tejit)* वि० excited; provoked.

उत्तोलक *(ut-tolak)* पु० lift; lever; crane.

उत्थान *(ut-than)* पु० rise; uplift.

उत्पत्ति *(ut-pati)* स्त्री० production; creation, origin; birth.

उत्पन्न *(ut-pann)* वि० produced; born; originated.

उत्पात *(ut-pat)* पु० mischief, nuisance:

riot, violence.

उत्पाती *(ut-pāti)* वि० mischievous; naughty.

उत्पाद *(ut-pād)* पु० produce, yield; product, output.

उत्पादक *(ut-pādak)* पु० producer; originator.

उत्पादकता *(ut-pādakatā)* स्त्री० productivity; fertility.

उत्पादन *(ut-pādan)* पु० production; output; produce, yield; generation.

उत्पीड़क *(ut-pirak)* पु० oppressor; persecutor.

उत्पीड़न *(ut-piran)* पु० oppression; pesecution, harassment.

उत्पीड़ित *(ut-pirit)* वि० oppressed; persencuted; harassed.

उत्प्रेरित *(utprerit)* वि० catalysed, activated; indued.

उत्फुल्ल *(ut-phull)* वि० blossomed; delighted, buoyant.

उत्फुल्लता *(utphulta)* स्त्री० delightfulness; blossoming; buoyancy.

उत्सर्ग *(ut-sarg)* पु० abandonment, sacrifice.

उत्सव *(ut-sav)* पु० festival; celebration; festivity.

उत्साह *(ut-sāh)* पु० enthusiasm, zeal.

उत्साहवर्धाक *(utsāhvardhank)* वि० encouragning, inspiring.

उत्साहवर्धान *(utsāhvardhan)* पु० encouragement, inspiration.

उत्साही *(ut-sāhi)* पु० enthusiast.

उत्सुक *(ut-suk)* वि० eager, curious; keen, anxious.

उत्सुकता *(ut-sukatā)* स्त्री० curiosity, eagerness; anxiousness.

उथल–पुथल *(uthal-puthal)* स्त्री० turmoil, upheaval.

उथला *(uthlā)* वि० shallow.

उदधि *(uda-dhi)* पु० ocean, sea.

उदय *(ud-ay)* पु० rise; emergence.

उदर *(udar)* पु० stomach, abdomen.

उदात्त *(ud-ātt)* वि० sublime, lofty; noble.

उदार *(ud-ār)* वि० liberal, generous; magnificent; tolerant.

उदारता *(ud-āratā)* स्त्री० generosity; magnanimity; liberality, leniency.

उदास *(ud-ās)* वि० sad, gloomy; dejected.

उदासी *(ud-āsi)* स्त्री० sadness, dejection, gloom, melancholy; sullenness.

उदासीन *(ud-āsin)* वि० indifferent; disinterested, apathetic.

उदासीनता *(ud-āsinatā)* स्त्री० indifference; disinterestedness; apathy.

उदाहरण *(ud-ā-haran)* पु० illustration; example, instance; precedent.

उदित *(udit)* वि० ascended, risen; emerged.

उदीयमान *(udiyamān)* वि० promising; rising, ascending.

उद्गम *(ud-gam)* पु० source, fountainhead; origin; rising, coming up.

उद्गार *(ud-gār)* पु० expression of inner feelings; effusion.

उद्घाटन *(ud-ghātan)* पु० inauguration; uncovering, revelation.

उद्घोष *(ud-ghoṡa)* पु० proclamation.

उद्दंड *(ud-dand)* वि० insolent, impertinentt; rude; rebellious.

उद्दीपक *(ud-dipak)* पु० stimulant, stimulus.

उद्दीपन *(ud-dipan)* पु० stimulation, stimulus; provocation.

उद्देश *(uddeś)* पु० subject of discussion;

purpose; example; clarification; determination.

उद्देश्य *(ud-deśya)* पु० end, purpose, aim; subject; object; motive.

उद्धारण *(ud-dhāran)* पु० quotation, excerpt; citation; extract.

उद्धार *(ud-dhār)* पु० salvation; deliverance, rescue; riddance, redemption; restoration; unplift.

उद्धृत *(ud-dhrit)* वि० quoted, cited.

उद्बोध *(ud-bodh)* पु० enlightenment.

उद्बोधन *(ud-bodhan)* पु० awakening, consciousness; evocation.

उद्भव *(ud-bhav)* पु० origin, birth; descent.

उद्भूत *(udbhut)* वि० born; produced; emerged.

उद्यत *(ud-yat)* वि० ready, prepared.

उद्यम *(ud-yam)* पु० enterprise; venture; business, pursuit; diligence.

उद्यमी *(ud-yami)* वि० enterprising; diligent; industrious.

उद्यान *(ud-yān)* पु० park, garden, orchard.

उद्योग *(ud-yog)* पु० industry; labour, effort, endeavour.

उद्योगपति *(ud-yogpati)* पु० industrialist.

उद्विग्न *(ud-vign)* वि० agitated, perturbed; unquiet, troubled.

उद्वेग *(ud-veg)* पु० uneasiness, restlessness; perturbation, agitation.

उद्वेलन *(udvelan)* पु० perturbation, agitation; surgency; turmoil.

उधाड़ना *(udhārna)* अ० क्रि० to be unsewn; to be ripped; to be untwisted; to be unrolled; to be unravelled.

उधार *(udhār)* क्रि० वि० on that side, that way; there.

उधार *(udhār)* पु० credit; loan, debt.

उधेड़ना *(udhernā)* स० क्रि० to unsew; to open up; to excoriate; to unroll.

उन्नत *(un-nat)* वि० elevated; developed; high; lofty; improved; advanced.

उन्नति *(un-nati)* स्त्री० progress, rise; promotion; improvement; advancement; elevation; uplift; betterment.

उन्नयन *(un-nayan)* पु० progress; development; upliftment.

उन्मत्त *(un-matt)* वि० intoxicated, drunk; delirious.

उन्माद *(un-mād)* पु० mania; lunacy; intoxication; insanity; hysteria.

उन्मादी *(un-mādi)* वि० insance; frenzied; hysterical; intoxicated.

उन्मुक्त *(un-mukt)* वि० unrestrained; liberated, free; open.

उन्मूलन *(un-mulan)* पु० uprooting; eradication; abolition; extermination.

उपकरण *(upa-karan)* पु० equipment, apparatus; appliance; paraphernalia.

उपकार *(upa-kār)* पु० good, benefaction.

उपकारी *(mpa-kāri)* वि० beneficial; favourable; obliging, helping; benevolent.

उपकुलपति *(upkulpati)* पु० vice-chancellor.

उपकृत *(upkrt)* वि० grateful, obliged.

उपग्रह *(upa-grah)* पु० satellite.

उपचार *(upa-cār)* पु० treatment, remedy.

उपज *(upaj)* स्त्री० output, yield; produce, product; harvest.

उपजाऊ *(upjāu)* वि० fertile, productive.

उपजाऊपन *(upajāupan)* पु० fertility, productivity.

उपदेश *(upa-deś)* पु० precept, sermon;

preaching, teaching.

उपद्रव *(upa-drav)* पु० riot, disturbance; mischief.

उपद्रवी *(upa-dravi)* वि० riotous, rowdy; mischievous; naughty; unruly.

उपनगर *(upa-nagar)* पु० suburb.

उपनगरीय *(upa-nagariya)* वि० suburban.

उपनाम *(upa-nām)* पु० pen-name; nickname.

उपनियम *(up-niyam)* पु० bye-law.

उपनिवेश *(upa-nives)* पु० colony.

उपन्यास *(upa-nyās)* पु० novel.

उपन्यासकार *(upa-n̄yāskar)* पु० novelist.

उपपति *(upapati)* पु० paramour; lover.

उपपत्नी *(upa-patni)* स्त्री० mistress, keep; concubine.

उपभुक्त *(upbhukta)* वि० used; consumed.

उपभोक्ता *(upa-bhoktā)* पु० consumer; user.

उपभोग *(upabhog)* पु० consumption, use.

उपमंत्री *(up-mantri)* पु० deputy-minister.

उपमहाद्वीप *(upa-mahàdvip)* पु० subcontinent.

उपमा *(upa-mā)* स्त्री० simile; comparison; analogy.

उपयुक्त *(upa-yukt)* वि० appropriate; proper, suitable.

उपयुक्तता *(upa-yuktatā)* स्त्री० appropriateness; suitability.

उपयोग *(mpa-yog)* पु० use; utilisation; utility; exploitation; consumption.

उपयोगिता *(upa-yogitā)* स्त्री० utility; usefulness.

उपयोगी *(upa-yogi)* वि० useful; helpful; serviceable.

उपरांत *(uparânt)* क्रि० वि० after, afterwards.

उपराज्यपाल *(up-rājyapāl)* पु० deputy-governor.

उपराष्ट्रपति *(upa-rāstrapati)* पु० vice-president.

उपरिलिखित *(upari-likhit)* वि० above mentioned.

उपर्युक्त *(uparyukt)* वि० above-mentioned, aforesaid.

उपलक्ष्य *(upa-laks)* पु० object, occasion.

उपलब्धा *(upa-abdh)* वि० available.

उपलब्धि *(upa-labdhi)* स्त्री० achievement; accomplishment; realization; attainment, finding.

उपला *(uplā)* पु० dung-cake.

उपवन *(upa-van)* पु० garden, park, park land.

उपवाक्य *(up-vākya)* पु० fast.

उपविभाग *(up-vibhāg)* पु० sub-division; subordinate department.

उपशाखा *(up-sākhā)* स्त्री० sub-branch, subsidiary branch.

उपसंपादक *(up-sa̧mpādak)* पु० sub-editor.

उपसंहार *(up-samhār)* पु० epilogue; conclusion; finale.

उपसभापति *(up-sabhāpati)* पु० vice-president; vice-chairman.

उपसमिति *(up-samiti)* स्त्री० sub-committee.

उपसर्ग *(upa-sarg)* पु० prefix.

उपस्थित *(upa-sthit)* वि० present.

उपस्थिति *(upa-sthiti)* स्त्री० presence, attendance, roll-call.

उपहार *(upa-hār)* पु० present, gift.

उपहास *(upa-hās)* पु० mockery, derision, ridicule.

उपहासास्पद *(upa-hāsāspad)* वि० ridiculous, ludicrous, laughable.

उपादान *(upâdân)* पु० ingredient; matter; factor.

उपादेय *(upâdeya)* वि० useful, beneficial.

उपाधि *(upâdhi)* स्त्री० degree; epithet; title.

उपाय *(upây)* पु० means; measure, way; device; remedy, cure.

उपार्जन *(upârjan)* पु० earning, acquisition.

उपालंभ *(upâlambh)* पु० reproach; complaint.

उपासक *(upâsak)* पु० worshipper; adorer.

उपासना *(upâsana)* स्त्री० worship; devotion; service.

उपास्य *(upâsya)* वि० adorable, worth worshipping.

उपेक्षा *(upêksā)* स्त्री० neglect; negligence; disregard.

उपेक्षित *(upêksit)* वि० neglected, ignored; discarded, disregarded.

उफनना *(uphannā)* अ० क्रि० to boil over; to express distress.

उफान *(uphān)* पु० boiling up, tumoil.

उबकाई *(ubkāi)* स्त्री० nausea, feeling of vomiting.

उबटन *(ubtan)* पु० a cosmetic paste annointed over the body.

उबरना *(ubarnā)* अ० क्रि० to get riddance; to be liberated, to be free.

उबलना *(ubalnā)* अ० क्रि० to boil, to simmer.

उबारना *(ubārnā)* स० क्रि० to emancipate, to liberate, to salvage.

उबाल *(ubāl)* पु० simmering, boiling, seething.

उबालना *(ubālnā)* स० क्रि० to boil.

उबासी *(ubāsi)* स्त्री० yawn.

उभय *(ubhay)* वि० both; the two.

उभयचर *(ubhayacar)* पु० amphibious.

उभरना *(ubharnā)* अ० क्रि० to emerge; to bulge out; to protrude.

उभार *(ubhār)* पु० bulging, bulge; projection, protrusion.

उभारना *(ubhārnā)* स० क्रि० to raise up; to provoke.

उमंग *(umamg)* स्त्री० zeal, aspiration.

उमड़ना *(umarnā)* अ० क्रि० to swell; to burst; to flood, to overflow.

उमस *(umas)* स्त्री० sultriness, sultry weather.

उम्मीद *(ummid)* स्त्री० (फ़ा०) expectation, hope.

उम्मीदवार *(ummidvār)* पु० candidate.

उम्र *(umr)* स्त्री० (अ०) age; lifetime.

उरद *(urad)* पु० a kind of pulse, black gram.

उर्वर *(urvar)* उर्वर वि० productive, fertile.

उर्वरक *(urvarak)* पु० fertiliser.

उर्वरता *(urvaratā)* स्त्री० productivity, fertility.

उलझन *(uljhan)* स्त्री० complication; fix, perplexity; entanglement.

उलझाना *(uljhānā)* स० क्रि० to complicate, to entagle; to involve.

उलझाव *(uljhāv)* पु० involvement; entanglement; complication.

उलटना *(ulatnā)* स० क्रि० to overturn, to capsize; to reverse; to subvert; to turn over.

उलट-फेर *(ulat-pher)* पु० upsetting, shuffling; changes.

उलटा *(ultā)* वि० reverse; topsy-turvy; opposite, contrary; inverted.

उलटी *(ulti)* स्त्री० vomit, vomiting.

उलाहना *(ulāhna)* पु० complaint; reproach.

उल्का *(ulkā)* स्त्री० falling star, meteor, shooting star.

उल्लंघन *(ul-langhan)* पु० violation; transgression.

उल्लसित *(ul-lasit)* वि० joyous, jubilant; radiant.

उल्लास *(ul-lās)* पु० jubliation, joy, delight, meriment.

उल्लू *(ullu)* पु० owl; idiot.

उल्लेख *(ul-lekh)* पु० mention, reference.

उल्लेखनीय *(ul-lekhaniya)* उल्लेख वि० remarkable; worthy of being mentioned.

उस *(us)* सर्व०, वि० he or she; that, it.

उसाँस *(usāms)* स्त्री० sigh.

उसूल *(usul)* पु० (अ०) principle.

उस्तरा *(ustrā)* पु० (फ़ा०) razor.

ऊ *(ū)* the sixth letter and vowel of the Devnagri alphabet.

ऊँघ *(ūmgh)* स्त्री० drowsiness.

ऊँघना *(ūmghnā)* अ० क्रि० to doze; to be sleepy.

ऊँच-नीच *(ūmc-nic)* स्त्री० pros and cons; ups and downs, good and evil; high and low.

ऊँचा *(ūmcā)* वि० elevated; lofty, high; loud; tall; great, eminent.

ऊँचाई *(ūmcāi)* स्त्री० height, altitude; elevation, loftiness.

ऊँट *(ūmt)* पु० camel.

ऊटपटांग *(ūtpatāmg)* वि० absurd; incoherent; ridiculous; slipslop; senseless; meaningless.

ऊत *(ūt)* वि० idiot, stupid; issueless.

ऊतक *(ūtak)* पु० tissue.

ऊधाम *(ūdhām)* पु० clamour, row, uproar, hurly-burly; mischief.

ऊधामी *(ūdhāmi)* वि० mischievous, naughty, rowdy.

ऊन *(ūn)* स्त्री० wool.

ऊपर *(ūpar)* अ० on, upon, above; upward, over; on the top.

ऊपरी *(ūpari)* वि० upper; superficial; showy, insincere; extra.

ऊब *(ūb)* स्त्री० boredom, monotony, disgust.

ऊबड़-खाबड़ *(ūbar-khābar)* वि० uneven, rough and rugged.

ऊबना *(ūbnā)* अ० क्रि० to feel bored, to feel irked.

ऊर्जा *(ūrjā)* ;ी० energy; vigour and vitality; power.

ऊर्मि *(ūrmi)* स्त्री० wave, ripple; flow.

ऊलजलूल *(ūl-jalul)* वि० slipslop, absurd; irrelevant; ridiculous, foolish.

ऊष्मा *(ūṣmā)* स्त्री० warmth; heat.

ऊसर *(ūsar)* वि० barren on fallow land.

ऊहापोह *(ūhāpoh)* पु० consideration of the pros and cons.

ऋ *(r)* the seventh letter and vowel of the Devnagri alphabet.

ऋजु *(rju)* वि० straight; simple.

ऋण *(rn)* पु० debt.

ऋणग्रस्त *(rn-grast)* वि० indebted.

ऋणपत्र *(rn-patr)* पु० bond, pronote.

ऋतु *(rtu)* स्त्री० season; menstruation.

ऋषि *(rsi)* पु० sage, seer, hermit.

ए *(e)* the eighth letter and vowel of the Devnagri alphabet.

एक *(ek)* वि० one, single, lone.

एकक *(ekak)* पु० unit; singlet.

एकछत्र *(ekchatr)* वि० having absolute authority, autocratic.

एकजान *(ekjān)* वि० complete union, completely identified.

एकतरफ़ा *(ek-tarfā)* वि० ex-parte; one-sided, unilateral.

एकता *(ekatā)* स्त्री० unity, oneness; solidarity; integrity.

एकतारा *(ekatārā)* पु० one-stringed musical instrument.

एकत्र *(ekatr)* क्रि० वि० together, collected in one place.

एकत्रित *(ekatrit)* वि० accumulated, gathered, collected; assembled.

एकत्त्व *(ekatva)* पु० unity, oneness.

एकदम *(ekdam)* क्रि० वि० immediately, instantly; suddenly; in one breath.

एकमंज़िला *(ek-mnjilā)* वि० having only one storey, single storeyed.

एकमत *(ek-mat)* वि० unanimous.

एकरस *(ekras)* वि० monotonous; constant; similar.

एकरसता *(ekrastā)* स्त्री० monotony; constancy.

एकरूप *(ekrup)* वि० uniform; identical.

एकरूपता *(ekruptā)* स्त्री० uniformity; identity.

एकल *(ekal)* वि० lone, solitary; singular, single.

एकलिंगता *(ek-lingtā)* स्त्री० unisexualism.

एकलिंगी *(ek-lingi)* वि० unisexual.

एकवचन *(ek-vachan)* वि० singular.

एकसमान *(ek-samān)* वि० uniform; constant.

एकसमानता *(ek-samāntā)* स्त्री० uniformity; constancy.

एकसूत्रता *(ek-sutrtā)* स्त्री० co-ordination; integration.

एकस्वरता *(ek-svartā)* स्त्री० unison, monotony.

एकांकी *(ekânke)* पु० one-act play.

एकांगी *(ekângi)* वि० one-sided; biased; partial.

एकांत[1] *(ekânt)* पु० seclusion, isolation; solitude; privacy.

एकांत[2] *(ekânt)* वि० lonely; exclusive.

एकांतता *(ekântatā)* स्त्री० seclusion, secludedness; privacy; solitude.

एकांश *(ekânś)* पु० unit; item.

एका *(ekâ)* पु० unity, solidarity; oneness.

एकाएक *(ekâ-ek)* क्रि० वि० suddenly, unexpectedly, unawared, all of a sudden.

एकाकी *(ekāki)* वि० lonely, solitary; single.

एकाकीपन *(ekākipan)* पु० feeling of loneliness.

एकाग्र *(ekāgr)* वि० concentrated.

एकाग्रता *(ekāgrta)* स्त्री० concentration.

एकाधिक *(ekādhik)* वि० more than one, very few.

एकाधिकार *(ekādhikār)* पु० monopoly.

एकाधिपत्य *(ekādhiptya)* पु० autocracy; monopoly.

एकार्थक *(ekārthk)* वि० synonymous.

एकीकरण *(ekikaran)* पु० unification.

एकीकृत *(ekikrt)* वि० unified, integrated.

एकीभूत *(ekibhut)* वि० unified; collected, together; consolidated.

एड़ *(er)* स्त्री० spur.

एड़ी *(eri)* स्त्री० heel.

एतबार *(etbār)* पु० (अ०) confidence, trust, faith.

एतराज़ *(etrāz)* पु० (अ०) objection, protest, opposition.

एलान *(elān)* पु० (अ०) announcement, declaration.

एवं *(evam)* अ० and; also.

एवज़ *(evaz)* पु० (अ०) substitution, substitute.

एहसान *(ehsān)* पु० (अ०) obligation.

एहसास *(ehsās)* पु० (अ०) feeling, consciousness, realisation.

ऐ *(ai)* the ninth letter and vowel of the Devnāgri alphabet.

ऐंचातानी *(aincātāni)* स्त्री० tugging and pulling; manipulation and manoeuvring struggle inspired by selfish motive.

ऐंठ *(aimth)* स्त्री० twist, ply; convolution; conceit, vanity; stiffness; perk; obsitnacy.

ऐंठन *(aimthan)* स्त्री० twist, contortion; torsion, convolution.

ऐंठना *(aimthna)* स० क्रि० to contort, to twist; to extort; to fleece; अ० क्रि० to cramp; to be conceited.

ऐंठू *(aimthu)* वि० arrogant; perky; obstinate; conceited.

ऐच्छिक *(aicchik)* वि० voluntary, optional.

ऐतिहासिक *(aitihāsik)* वि० historic, historical.

ऐतिहासिकता *(aitihāsiktā)* स्त्री० historicity.

ऐनक *(ainak)* पु० (अ०) spectacles, eyeglasses.

ऐब *(aib)* पु० (अ०) defect; vice; flaw; fault.

ऐयाश *(aiyāś)* वि० (अ०) voluptuous; debauch.

ऐयाशी *(aiyāśi)* स्त्री० debauchery, lewdness; sensualily

ऐरा-ग़ैरा *(airā-gairā* वि० alien; rabble; inferior, having no status; insignificant.

ऐश *(aiś)* पु० (अ०) sensuous pleasure; merriment; luxury.

ऐश्वर्य *(aiśvarya)* पु० glory and grandeur, prosperity; opulence.

ऐसा *(aisā)* क्रि० वि०, वि० such, of this type, so.

ऐहिक *(aihik)* वि० mundane, secular, temporal.

ओ *(o)* the ninth letter and vowel of the Devnagri alphabet.

ओंठ *(omth)* पु० lip.

ओकाई *(okāi)* स्त्री० nausea, feeling of vomiting.

ओखली *(okhli)* स्त्री० mortar.

ओछा *(ochā)* वि० mean, petty; trifling; short, small; shallow.

ओछापन *(ochāpan)* पु० meanness, pettiness.

ओज *(oj)* पु० lustre, splendour; prowess; vigour.

ओजस्विता *(ojasvitā)* स्त्री० virility.

ओजस्वी *(ojasvi)* वि० virile, vigorous.

ओझल *(ojhal)* वि० out of sight; evanescent.

ओझा *(ojhā)* पु० exorcist.

ओट *(ot)* स्त्री० cover, shelter; screen.

ओठ *(oth)* पु० lip

ओढ़ना *(orhnā)* स० क्रि० to cover oneself with; to own up.

ओढ़ना[2] *(orhnā)* पु० covering, covering sheet.

ओढ़नी *(orhni)* स्त्री० woman's mantle.

ओर *(or)* स्त्री० side, direction.

ओला *(olā)* पु० hailstone, hail.

ओस *(os)* स्त्री० dew.

ओहदा *(ohdā)* पु० (अ०) post, designation, rank.

औ *(au)* the tenth letter and vowel of the Devnagri alphabet.

औंधा *(aumdhā)* क्रि० वि० upside down, with the face downward.

औक़ात *(auqāt)* स्त्री० (अ०) capability; status.

औचित्य *(aucitya)* पु० appropriateness. propriety; validity, justification.

औज़ार *(auzār)* पु० (अ०) instrument, tool.

औटाना *(autānā)* स० क्रि० to boil.

औद्योगीकरण *(audyogikaran)* वि० industrialisation.

औपचारिक *(aupacārik)* वि० formal; ceremonial.

औपचारिकता *(aur-cārikta)* स्त्री० formality, ceremony, ceremonialism.

और *(aur)* वि० different, other; else.

औरत *(aurat)* स्त्री० (अ०) woman; wife; maid servant.

औलाद *(aulād)* स्त्री० (अ०) offspring, descendants, children.

औषध, औषधि *(auśadh)* स्त्री० medicine, drug.

औषधाशाला *(auśadh-śālā)* स्त्री० pharmacy.

औषधालय *(ausdhalaya)* पु० dispensary.

औसत *(ausat)* वि० (अ०) average.

औसान *(ausān)* पु० (फ़ा०) presence of mind, wits.

क

क *(ka)* the first consonants in Devnagri alphabet

कंकड़ *(kankar)* पु० small piece of stone; pebble

कंकण *(kankan)* पु० bangle, a bracelet

कंकरीट *(kankrit)* पु० mixture of gravel, lime, cement and sand; concrete

कंकाल *(kankāl)* पु० skeleton

कंगन *(kangan)* पु० bracelet

कंगाल *(kangāl)* पु० poor, miserable

कंगाली *(kangāli)* स्त्री० misery, poverty

कँगूरा *(kamgurā)* पु० tower; parapet wall; ornament on crowns

कंघा *(kanghā)* पु० comb

कंचन *((kancan)* पु० wealth; gold

कंचुक *(kancuk)* पु० brassieres; skin of a snake

कंजूस *(kanjus)* अ० parsimonious, miserly.

कँटीला *(kamtilā)* अ० prickly, thorny

कंठ *(kanth)* पु० neck, the throat.

कंठस्थ *(kanthasth)* अ० learnt by heart

कंठाग्र *(kanthagra)* अ० learnt by heart

कंद *(kand)* पु० esculent tuber root; sugar candy

कंदरा *(kandarā)* स्त्री० cave

कंधा *(kandhā)* पु० shoulder

कंपन *(kampan)* पु० shiver, thrill

कंपायमान *(kampāyamān)* अ० oscillating, quivering
कंबल *(kambal)* पु० rug, blanket
ककड़ी *(kakri)* स्त्री० cucumber
कक्ष *(kaks)* पु० chamber, room
कक्षा *(kaksā)* स्त्री० class room; orbit
कचरा *(kacrā)* पु० sweepings, rubbish
कचहरी *(kacahri)* स्त्री० court of justice; assembly
कचूमर *(kacumar)* पु० anything well-crushed
कचोट *(kacot)* स्त्री० lingering agony
कच्चा *(kaccā)* अ० unripe, immature
कछुआ *(kachuā)* पु० tortoise, turtle
कटकटाना *(katkatānā)* वि० to grind teeth
कटना *(katnā)* वि० to be cut; to pass away time; to be ashamed; to complete; to die in battle.
कटाई *(katāi)* स्त्री० act of cutting, harvesting
कटाक्ष *(katāks)* पु० ogling, a side-look; taunt
कटार *(katār)* स्त्री० large knife, dagger
कटु *(katu)* अ० sharp; unpleasant; bitter
कटोरदान *(katordān)* पु० brass lid for keeping articles of food
कटोरा *(katorā)* पु० big bowl, cup
कटौती *(katauti)* स्त्री० deduction; reduction
कट्टर *(kattar)* अ० strict, fanatic.
कठिन *(kathin)* अ० hard, difficult.
कठोर *(kathor)* अ० rough, hard; unkind
कड़वा *(karvā)* अ० unpleasant; bitter
कड़ा *(karā)* अ० पु० stiff; hard; stony; a ring of metal
कड़ाही *(karāhi)* पु० big boiling pan
कढ़ाई *(karhāi)* स्त्री० the art of embroidery
कण *(kan)* पु० jot, particle; a small fragmen of rice or wheat
क़त्तई *(qatai)* क्रि० अ० altogether, wholly, completely
कतरना *(katarnā)* वि० to cut; to clip, to chip
कतरा *(katrā)* पु० drop, fragment
कतराना *(katrānā)* वि० to cause to be cut out; to avoid an encounter
कताई *(katāi)* स्त्री० spinning
कतार *(qatār)* स्त्री० row, line
कत्ल *(qatl)* पु० slaughter; murder
कथन *(kathan)* पु० mention, statement; saying
कथनी *(kathani)* स्त्री० speech, narration
कथा *(kathā)* स्त्री० tale, fable; religious discourse
कथानक *(kathāṇak)* पु० small story, the plot
कथोपकथन *(kathopakathan)* पु० conversation; dialogue
कथ्य *(kathya)* पु० subject matter
कद *(kad)* पु० height; size
कदम *(qadm)* पु० footstep; step, pace
कदाचित *(kadâcit)* अ० may be, possible, by chance
कदापि *(kadâpi)* अ० seldom
कद्दावर *(kaddāvar)* क्रि० tall staturee, giant like
कद्दू *(kaddu)* पु० pumpkin
कद्र *(qadr)* स्त्री० merit; appreciation; respect
कनखी *(kankhi)* स्त्री० glance of the eye, ogle, leer
कनस्तर *(kanastar)* पु० canister
कनात *(qanāt)* स्त्री० screen of canvas,

walls of a tent

कनी *(kani)* स्त्री० small particle; uncooked grain of rice

कन्नी *(kanni)* स्त्री० edge; border; ends of kite; tool of a mason

कन्या *(kanyā)* स्त्री० girl; virgin; daughter

कपट *(kapat)* पु० guile; fraud; hypocrisy

कपड़ा *(kaprā)* पु० cloth, fabric

कपाट *(kapàt)* पु० screen, door leaf .

कपाल *(kapāl)* पु० the head, skull; begging bowl

कपास *(kapās)* स्त्री० cotton

कपूत *(kaput)* पु० son of bad character, undutiful son

कपूर *(kapur)* पु० camphor

कप्तान *(kaptān)* पु० captain

कफ़ *(kaf)* पु० a cuff

कफ़न *(kafan)* पु० coffin, pall, shroud

कब *(kab)* अ० at what time, when

कबड्डी *(kabaddi)* पु० Indian outdoor game

कबाड़ *(kabār)* पु० worthless articles; rubbish

कबाड़ी *(kabāri)* पु० one who sells old and broken articles

कबीला *(qabilā)* पु० tribe

कबूतर *(kabutar)* पु० pigeon

कबूल *(qabul)* पु० agreement, consent; confession

कब्ज़ *(qabz)* पु० constipation

कब्जा *(qabzā)* पु० grip, possession

कब्र *(qabr)* स्त्री० grave

कब्रिस्तान *(qabaristān)* पु० cemetery, graveyard

कभी *(kabhi)* पु० seldom, sometimes

कमजोर *(kamzor)* वि० feeble, weak

कमबख्त *(kambakht)* वि० unlucky, illfated, cursed

कमनीय *(kamaniya)* वि० desirable, beautiful

कमर *(kamar)* स्त्री० waist

कमल *(kamal)* पु० lotus flower

कमाई *(kamāi)* स्त्री० earnings, wages

कमाऊ *(kamāu)* वि० laborious, earning member

कमान *(kamān)* पु० bow; arch; command

कमाना *(kamānā)* स० क्रि० to earn; to process

कमानी *(kamāni)* स्त्री० spring of steel

कमाल *(kamāl)* पु० perfection, excellence

कमी *(kami)* स्त्री० decline, deficiency, shortage

कमीज़ *(qamiz)* स्त्री० shirt

कमीन *(kamin)* अ० क्रि० low-born; mean

कमीना *(kaminā)* अ० क्रि० mean, wicked

कयामत *(qayāmat)* स्त्री० day of resurrection, last day of judgement

कर *(kar)* पु० tusk of an elephant; hand; tax;

करतब *(kartab)* पु० work, performance, skill, jugglery

करतार *(kartār)* पु० master, husband, the creator

करतूत *(kartut)* स्त्री० misdeed, evil doing

करना *(karnā)* स० क्रि० to act; to perform;

करनी *(karni)* स्त्री० action, deed

करवट *(karvat)* स्त्री० sleeping on the side, turning from one side to the other side

करामात *(karāmát)* स्त्री० wonderful feat, miracle

करार *(qarār)* पु० contract, agreement;

करारा *(karārā)* अ० क्रि० hard; rigid; crisp; befitting (reply)

कराहना *(karāhnā)* स० क्रि० to cry in pain, to moan
करिश्मा *(karišmā)* पु० magic, miracle
करीना *(qarinā)* पु० manner, mode, orderliness
करीब *(qarib)* क्रि० close by, near
करुण *(karun)* अ० क्रि० merciful, touching
करुणा *(karunā)* स्त्री० mercy, pity, tenderness of feeling
करोड़ *(karor)* अ० क्रि० ten million
कर्कश *(karkas)* अ० क्रि० husky, cruel
क़र्ज़ *(qarz)* पु० debt; loan
कर्ण *(karn)* पु० ear, hypotenuse, helm of a ship
कर्तव्य *(kartavya)* पु० duty
कर्ता *(kartā)* पु० the creator
कर्म *(karm)* पु० act, work, occupation, fate, grammatical object
कर्मठ *(karmath)* अ० क्रि० active, energetic;
कर्मण्य *(karmanya)* अ० क्रि० hard working, laborious
कलंक *(kalank)* पु० aspersion, blame
कलंकित *(kalankit)* अ० क्रि० blemished, defamed
कल *(kal)* अ० क्रि० melodious; yesterday; tomorrow; comfort; machine or its part
कलई *(qalai)* स्त्री० tin; white wash; external grandeur
कलपना *(kalapnā)* स० क्रि० to grieve, to lament
कलफ़ *(kalaf)* पु० starch; pimple or spot on the face
कलम *(kalam)* स्त्री० pen
कलसा *(kalsā)* पु० waterpot, jar
कलह *(kalah)* पु० scramble, quarrel
कला *(kalā)* स्त्री० division, moon's phase;
कलाई *(kalài)* पु० fore-arm, wrist
कली *(kali)* स्त्री० bud, gusset
कलुष *(kaluš)* पु० impurity, sin; dirty, sinful
कलूटा *(kalutā)* अ० क्रि० of black complextion; sun-burnt
कलेजा *(kalajā)* पु० heart; liver
कल्पना *(kalpanā)* स्त्री० supposition; imagination
कल्पनातीत *(kalpanātit)* अ० क्रि० beyond imagination, unimaginable
कल्याण *(kalyān)* पु० welfare, good fortune
कल्लोल *(kallol)* पु० forlic, play
कवच *(kavac)* पु० armour, helmet
कवयित्री *(kavayitri)* स्त्री० poetess
कवायद *(qavāyd)* पु० military exercise, drill
कवि *(kavi)* पु० poet
कविता *(kavitā)* स्त्री० poem; poetry
कवित्त्व *(kavitva)* पु० poetic genius
कश *(kaš)* पु० lash, whip, pulling, flogging
कशमकश *(kašmakaš)* स्त्री० tension
कशीदा *(kašidā)* पु० embroidery
कष्ट *(kašt)* पु० distress; pain; trouble
कसक *(kasak)* स्त्री० griping pain, strain
कसकना *(kasakanā)* स० क्रि० to cause a pain (or strain)
कसना *(kasanā)* स० क्रि० to tighten, to fix firmly
कसबा *(qasbā)* पु० town
कसम *(qasam)* स्त्री० oath
कसर *(kasr)* स्त्री० deficiency; draw back
कसरत *(kasrat)* स्त्री० physical exercise

कसाई *(kasāi)* पु० butcher
कसाव *(kasāv)* पु० astringency, tightness
कसूर *(qasur)* पु० error, fault
कसैला *(kasailā)* अ० क्रि० pungent, astringent
कसौटी *(kasauti)* स्त्री० touch stone trial
कहकहा *(qahqahā)* पु० a boisterous laugh
कहना *(kahnā)* स० क्रि० to say, to utter
कहा *(kahā)* पु० order, precept, saying
कहानी *(kahāni)* स्त्री० tale, story
कहावत *(kahāvat)* स्त्री० saying, proverb
काँच *(kāmc)* पु० glass
काँटा *(kāmta)* पु० thorn; fishing hook
काँटेदार *(kantedār)* अ० क्रि० prickly; thorny
कांड *(kāmd)* पु० sectional division; chapter, incident
कांत *(kānt)* पु० lover; husband; pleasing; lovely
कांति *(kānti)* स्त्री० beauty, loveliness; lustre
काँपना *(kāmpnā)* स० क्रि० to shiver, to shudder
काँसा *(kāmsā)* पु० bronze
काइयाँ *(kāiyān)* अ० क्रि० shrewd, cunning
काई *(kāi)* स्त्री० lichen, moss
काक *(kāk)* पु० crow; cunning fellow
काग़ज़ *(kāgaz)* पु० paper; written document
काग़ज़ी *(kāgazi)* अ० क्रि० made of paper; paper-dealer
काजल *(kājal)* पु० lampblack for use on eyes, soot
काजू *(kāju)* पु० cashew-nut
काट *(kāt)* पु० act of cutting, cut; bite, wound
काटना *(kātna)* स० क्रि० to cut; to bite; to reap; to trim
काठ *(kāth)* पु० timber; wood
काठी *(kāthi)* स्त्री० structure; frame; saddle
काढ़ना *(kārhna)* स० क्रि० to embroider
कातना *(kātna)* स० क्रि० to spin
कार्तिक *(kartik)* पु० the eighth month of Hindu calender
कातिल *(qātil)* पु० murderer
कान *(kān)* पु० ear
काना *(kānā)* अ० क्रि० one eyed; partly rotten (fruit)
कानून *(qānun)* पु० law
कापी *(kāpi)* स्त्री० exercise book
काफ़िर *(kāfir)* पु० disbeliever in Mohammedanism; cruel; pitiless
काफिला *(qāfila)* पु० caravan
काफ़ी *(kāfi)* अ० क्रि० sufficient, enough; coffee
काबिल *(qābil)* अ० क्रि० qualified; able
काबू *(qābu)* पु० possession, control
काम *(kām)* पु० task; employment; job; desire
कामकाजी *(kāmkāji)* अ० क्रि० busy; active, laborious
कामगार *(kāmgār)* पु० labourer, worker
कामचलाऊ *(kāmcālāu)* अ० क्रि० ad hoc
कामचोर *(kamcor)* अ० क्रि० inactive, lazy; shirker
कामधंधा *(kām-dhandhā)* पु० occupation; work; μ/kke work
कामना *(kāmanā)* स्त्री० wish, desire
कामयाब *(kāmyāb)* अ० क्रि० successful
कामिनी *(kāmini)* स्त्री० beautiful lady, lustful woman

कामी *(kāmi)* अ० क्रि० loving, lustful
कामुक *(kāmuk)* अ० क्रि० sensual, amorous
कायदा *(qāyda)* पु० regulation, practice
कायम *(qāym)* अ० क्रि० settled; established
कायर *(kāyar)* अ० क्रि० timid, coward
कायल *(qāyl)* अ० क्रि० convinced by argument
काया *(kāya)* स्त्री० the body, person
कारखाना *(kārkhānā)* पु० mill; factory; workshop
कारगर *(kārgar)* अ० क्रि० effective
कार *(kār)* पु० cause, purpose, reason
कारतूस *(kārtus)* पु० cartridge
कारनामा *(kārnāmā)* पु० deed, doing
कारबार *(kārbār)* पु० business; profession; occupation
कारवाँ *(kārvām)* पु० caravan
कारागृह *(kārāgreh)* पु० jail; prison
कारावास *(kārāvās)* पु० imprisonment, captivity
कारिंदा *(kārindā)* पु० one who works for some one, an agent
कारिस्तानी *(kāristāni)* स्त्री० trickery, cunningness
कारीगर *(kārigar)* पु० mechanic, craftsman, artisan
कारोबार *(kārobār)* पु० occupation; business
कार्य *(kārya)* पु० work; vocation; job
कार्यकर्ता *(kārya-kartā)* पु० employee; worker
कार्यकुशल *(kāryakuśal)* अ० क्रि० efficient
कार्यक्रम *(kārya-kram)* पु० programme
कार्यवाहक *(kārya-vāhak)* अ० क्रि० officiating; acting
कार्यवाही *(kāryavāhi)* स्त्री० proceedings
कार्यसूची *(kārya-suci)* स्त्री० agenda
कार्यान्वित *(kāryānvit)* अ० क्रि० executed
कार्यालय *(kāryālay)* पु० office
कालकोठरी *(kāl-kothri)* स्त्री० solitary cell
काला *(kālā)* अ० क्रि० dark, black
कालिख *(kālikh)* स्त्री० lampblack, stain, soot; blackness
कालिमा *(kālimā)* स्त्री० blemish; blackness
क़ालीन *(qālin)* पु० carpet
काल्पनिक *(kālpanik)* अ० क्रि० unreal, imaginary
काव्य *(kāvya)* पु० poetry
काश *(kāś)* पु० Had God willed thus! May it happen!
काश्त *(kāśt)* स्त्री० tenancy, cultivation
काहिल *(kāhil))* अ० क्रि० indolent; lazy
किंचित *(kiñcit)* अ० क्रि० somewhat, perhaps
किंतु *(kin-tu)* पु० but
किंवदंती *(kimvadanti)* स्त्री० false report, rumour
किचकिच *(kic-kic)* स्त्री० useless prattling, quarrel
कितना *(kitnā)* अ० क्रि० how much
कितने *(kitne)* अ० क्रि० how many
किधर *(kidhar)* अ० क्रि० where
किनारा *(kinārā)* पु० side, edge; bank
किफ़ायत *(kifāyat)* स्त्री० thrift, economy
किरण *(kiran)* स्त्री० ray of light, beam
किरायेदार *(kirayedār)* पु० hirer, tenant
किराना *(kirānā)* पु० grocery
किराया *(kirāyā)* पु० hire, rent, fare
किलकना *(kilaknā)* स० क्रि० to shout in joy

किलकारी *(kilkāri)* स्त्री० sound of joy
किला *(qilā)* पु० castle; fort, tower
किवाड़ *(kivār)* स्त्री० a door-leaf
किशमिश *(kiśmiś)* स्त्री० small stoneless raisins, currants
किशोर *(kiśor)* अ० क्रि० youthful; adolescent
किश्ती *(kiśti)* स्त्री० boat
किसान *(kisān)* पु० peasant, farmer, cultivator
किस्त *(qist)* स्त्री० portion of debt, instalment
किस्म *(qism)* स्त्री० kind; sort; type
किस्सा *(qissā)* पु० tale, story
कीचड़ *(kicar)* पु० clay, mud
कीटाणु *(kitānu)* पु० germ
कीड़ा *(kirā)* पु० worm, insect
कीमत *(qimat)* स्त्री० cost, price; worth
कीर्ति *(kirti)* स्त्री० fame, reputation
कील *(kil)* स्त्री० pin, peg, nail
कुँआरा *(kun-ārā)* अ० क्रि० unmarried, bachelor
कुंकुम *(kunkum)* स्त्री० saffron
कुंजड़ा *(kumjrā)* पु० vegetable vendor
कुंजी *(kumji)* स्त्री० key
कुंठा *(kunthā)* स्त्री० frustration
कुंडल *(kundal)* पु० large ring worn on the ears
कुंद *(kund)* पु० lotus flower
कुआँ *(kuām)* पु० well
कुकरे *(kukre)* पु० trachoma
कुकर्म *(ku-karm)* पु० sin, misdeed
कुख्यात *(ku-khyāt)* अ० क्रि० defamed, of bad repute
कुचलना *(kucalnā)* स० क्रि० to tread, to crush
कुछ *(kuch)* पु० क्रि० some, a little, anything
कुटनी *(kutni)* स्त्री० procuress, a bawd
कुटिल *(kutil)* अ० क्रि० cruel, crooked
कुटी *(kuti)* स्त्री० hut, cottage
कुटीर *(kutir)* पु० cottage
कुटुंब *(kutumb)* पु० family
कुढ़ना *(kurhnā)* स० क्रि० to grudge, to be angry
कुतरना *(kutarnā)* स० क्रि० to nibble; to gnaw
कुतूहल *(kutuhal)* पु० eagerness, curiosity
कुत्ता *(kuttā)* पु० dog
कुत्सित *(kutsit)* अ० क्रि० shabby, contemptible
कुदरत *(qudrat)* स्त्री० the nature, power, God
कुनबा *(kunbā)* पु० household, family
कुपित *(kupit)* अ० क्रि० angry, offended, irate
कुबड़ा *(kubrā)* अ० क्रि० crook-backed; bent
कुमक *(kumak)* स्त्री० reinforcement; aid; assistance
कुमार *(kumār)* पु० boy; son; unmarried
कुमुद *(kumud)* पु० lily, red lotus
कुम्हलाना *(kumhlānā)* स० क्रि० to wither, to shrivel, to fade
कुम्हार *(kumhār)* पु० potter
कुरबानी *(qurbāni)* स्त्री० sacrifice
कुरेदना *(kurednā)* स० क्रि० to scratch, to scrape
कुर्सी *(kursi)* स्त्री० chair
कुल *(kul)* अ० क्रि० all, entire, complete; lineage; dynasty
कुलटा *(kulatā)* स्त्री० unchaste woman
कुलबुलाना *(kulbulānā)* स० क्रि० to

rumble, to creep; to be restless
कुली *(quli)* पु० labourer, coolie
कुलीन *(kulin)* अ० क्रि० well born, of noble descent, of gentle blood
कुल्ला *(kullā)* पु० rinsing and washing of mouth, gargle
कुल्हाड़ा *(kulhārā)* पु० axe, hatchet
कुशल *(kuśal)* अ० क्रि० expert, skilful; safety, prosperity
कुशाग्र *(kuśāgr)* अ० क्रि० sharp; penetrating
कुशासन *(kuśāsan)* पु० maladminstration
कुश्ती *(kuśti)* स्त्री० duel, wrestling
कुष्ठ *(kuśth)* पु० leprosy
कुसुम *(kusum)* पु० flower
कुसूर *(qusur)* पु० omission, fault
कुहकना *(kuhakanā)* स० क्रि० to twiter; to coo
कुहरा *(kuhrā)* पु० damp, fog, mist
कुहराम *(kuhrām)* पु० uproar, lamentation
कुहासा *(kuhāsā)* पु० fog, mist
कूकना *(kuknā)* स० क्रि० to sob; cry of a pea cock
कूच *(kuc)* पु० departure; march
कूचा *(kucā)* पु० a narrow path, lane
कूट *(kut)* अ० क्रि० false; counterfeit
कूटना *(kutnā)* स० क्रि० to pound; to crush; to beat
कूड़ा *(kurā)* पु० sweepings; rubbish
कूढ़ *(kurh)* अ० क्रि० dull-headed, stupid
कूदना *(kudnā)* स० क्रि० to leap; to jump
कूबड़ *(kubar)* पु० hunch, hump
कूल्हा *(kulhā)* पु० bones of the hip; hip
कृतकृत्य *(krt-krtya)* अ० क्रि० successful, happy
कृतघ्न *(krtaghna)* अ० क्रि० thankless, ungrateful
कृतज्ञ *(krtagya)* अ० क्रि० indebted, grateful
कृतार्थ *(krtárth)* अ० क्रि० satisfied, gratified; obliged
कृति *(krti)* स्त्री० a work
कृती *(krti)* अ० क्रि० creative, creator
कृत्य *(krtya)* पु० duty, performance, work
कृत्रिम *(krtrim)* अ० क्रि० bogus, artificial, fictitious
कृदंत *(krdant)* पु० participle
कृपण *(krpan)* अ० क्रि० stingy, miser
कृपया *(krpayā)* पु० favourably, kindly, please
कृपा *(krpā)* स्त्री० grace, kindness; pity
कृपालु *(krpālu)* अ० क्रि० compassionate, kind
कृश *(krś)* अ० क्रि० thin, lean
कृषक *(krśak)* पु० peasant, farmer
कृषि *(krśi)* स्त्री० agriculture, farming
कृष्ण *(krsn)* अ० क्रि० dark, black; Lord Krishna
केंचुआ *(kemcuā)* पु० earthworm
केंचुली *(kemculi)* स्त्री० slough of a snake
केंद्र *(kendra)* पु० centre
केंद्र 'क *(kendrak)* पु० a nucleus
केंद्रित *(kendrit)* अ० क्रि० concentrated; centralised
कें द्रीकरण *(kendrikaran)* पु० centralisation
केंद्रीय *(kendriya)* अ० क्रि० central
केतली *(ketli)* पु० kettle
केला *(kelā)* पु० banana
केलि *(keli)* स्त्री० frolic, pastime, spor
केवट *(kevat)* पु० boat man
केवड़ा *(kevrā)* पु० the fragrance flower

of screnpine
केवल *(keval)* अ० क्रि० alone, only, mere
केसर *(kesar)* स्त्री० the tendrils of a flower, saffron
केसरी *(kesari)* पु० lion
कैंची *(qaimci)* स्त्री० scissors, shears
कैंसर *(kensar)* पु० cancer
कै *(qai)* स्त्री० vomiting, nausea
कैद *(qaid)* स्त्री० imprisonment
कैफियत *(kaifiyat)* स्त्री० statement; description; remarks
कैसा *(kaisā)* अ० क्रि० of what sort; how
कोंपल *(kompal)* स्त्री० new sprout, tender leaf
कोई *(koi)* क्रि० anybody; a few; someone
कोख *(kokh)* स्त्री० womb
कोट *(kot)* पु० fort, citadel; a coat
कोटा *(kotā)* पु० quota
कोटि *(koti)* स्त्री० rank; category; ten million
कोठरी *(kothri)* स्त्री० small room, cabin
कोठा *(kothā)* पु० big room; ware house
कोठी *(kothi)* पु० mansion, bungalow
कोड़ा *(korā)* पु० lash, whip
कोढ़ *(korh)* पु० leprosy
कोण *(kon)* पु० corner; angle
कोतवाली *(kotvāli)* स्त्री० main police station
कोताही *(kotāhi)* स्त्री० want, deficiency
कोप *(kop)* पु० anger, wrath
कोफ्त *(koft)* स्त्री० tedium
कोमल *(komal)* अ० क्रि० tender, mild; soft
कोयल *(koyl)* स्त्री० cuckoo
कोयला *(koylā)* पु० coal
कौल *(qaul)* पु० agreement; contract; promise
कौशल *(kāuśal)* पु० art, welfare, skill
क्या *(kyā)* वि० what
क्यों *(kyom)* पु० why
क्रम *(kram)* पु० system; chain, series
क्रमशः *(kramshah)* क्रि० by degrees, respectively
क्रमांक *(kramānk)* पु० roll number
क्रमिक *(kramik)* अ० क्रि० serial, successive
क्रांति *(krānti)* स्त्री० revolution
क्रिया *(kriyā)* स्त्री० activity, action, work
क्रियात्मक *(kriyātmak)* पु० ié active; functional
क्रियान्वित *(kriyānvit)* स्त्री० implementation
क्रियाविधि *(kriyāvidhi)* स्त्री० procedure
क्रियाशील *(kriyāśil)* अ० क्रि० active
क्रिस्तान *(kristān)* पु० christian
क्रीड़ा *(krirā)* स्त्री० amusement, sport
क्रुद्ध *(kruddh)* अ० क्रि० infuriated, angry, wrathful
क्रूर *(krur)* अ० क्रि० unkind, ruthless, cruel
क्रोध *(krodh)* पु० fret, anger
क्रोधित *(krodhit)* अ० क्रि० resentful, ..ty, angry
क्रोधी *(krodhi)* अ० क्रि० wrathful, high-tempered
क्लांति *(klanti)* स्त्री० fatigue, weariness
क्लिष्ट *(kliśt)* अ० क्रि० difficult
क्लेश *(kleś)* पु० trouble, suffering, pain
क्षण *(ksan)* पु० an instant, moment
क्षणिक *(ksanik)* अ० क्रि० momentary
क्षत *(ksat)* अ० क्रि० hurt, wounded
क्षति *(ksati)* स्त्री० harm; injury; wastage
क्षतिपूर्ति *(ksatipurti)* स्त्री० reimbursement; compensation

क्षमता *(ksamatā)* स्त्री० fitness, ability; competence

क्षमा *(ksamā)* स्त्री० forgiveness; mercy

क्षम्य *(ksamya)* अ० क्रि० forgivable

क्षय *(ksay)* पु० decrease, loss; erosion

क्षार *(ksār)* पु० alkali, alkaline, salty

क्षितिज *(ksitig)* पु० horizon

क्षीण *(ksin)* अ० क्रि० weak, feeble

क्षुद्र *(ksudra)* अ० क्रि० contemptible; small

क्षुब्ध *(ksubdh)* अ० क्रि० impatient, angry

क्षेत्र *(ksetr)* पु० ground, field

क्षेत्रफल *(ksetra-phal)* पु० area

क्षेम *(ksem)* स्त्री० protection, welfare

क्षोभ *(ksobh)* पु० excitement; agitation, distress

ख *(kha)* the second consonants in Devnagri alphabets.

खँखारना *(khamkhārnā)* स० क्रि० to hawk; to make effort before spitting

खंजर *(khañjar)* पु० poniard, dagger

खंड *(khand)* पु० part, section

खंडन *(khandan)* पु० denial, repudiation

खँडहर *(khandhar)* पु० debris, the ruins

खंडित *(khandit)* अ० क्रि० destroyed; broken

खंदक *(khandaq)* पु० a moat round a fort, a deep ditch

खंभा *(khambhā)* पु० post, pillar

खचाखच *(khacā-khac)* अ० क्रि० वि० overcrowded

खच्चर *(khaccar)* पु० mule

खज़ांची *(khazānci)* पु० treasurer

खज़ाना *(khazāna)* पु० treasury; treasure

खटकना *(khataknā)* स० क्रि० to throb; to feel disgusted

खटका *(khatkā)* पु० fear; doubt; knocking

खटखटाना *(khatkhatānā)* स० क्रि० to knock, to tap

खटपट *(khatta-pat)* स्त्री० strife, wrangling, quarrel

खटमल *(khatt-mal)* पु० a bed bug

खटाई *(khatāi)* स्त्री० sourness; tartness

खटाखट *(khatā-khat)* स्त्री० sound of beating, constant clicking; quickly

खटास *(khatās)* स्त्री० tartness, sourness

खट्टा *(khattā)* अ० क्रि० tart, sour

खड़ा *(kharā)* अ० क्रि० erect, standing; upright

खड्ड *(khadd)* पु० deep pit

खत *(khat)* पु० letter; handwriting

खतरनाक *(khatarnāk)* अ० क्रि० risky, dangerous

खतरा *(khatrā)* पु० risk, danger

खता *(khatā)* स्त्री० error, mistake

खत्म *(khatm)* अ० क्रि० end, complete, finished

खदेड़ना *(khadernā)* स० क्रि० to drive away

खद्दर *(khaddar)* पु० hand-spun cloth.

खनकना *(khanaknā)* स० क्रि० to clink,

to jingle
खनिक *(khanik)* पु० miner
खनिज *(khanij)* अ० क्रि० पु० mineral substance
खपत *(khapat)* स्त्री० consumption; sale
खपना *(khapnā)* स० क्रि० to be used, to be consumed
खफा *(khafā)* अ० क्रि० angry, enraged, displeased
खबर *(khabar)* स्त्री० information; news
खबरदार *(khabardār)* अ० क्रि० careful, cautious
खब्त *(khabt)* पु० madness, mania
ख़मियाज़ा *(khamiyāzā)* पु० compensution, loss
खरगोश *(khargoś)* पु० hare, rabbit
खरबूज़ा *(kharbuzā)* पु० melon
खरा *(kharā)* अ० क्रि० pure, sincere, candid
खराब *(kharāb)* अ० क्रि० spoiled; bad; wicked; defected
खरीद *(kharid)* स्त्री० purchase, buying
खरीदना *(kharidnā)* स० क्रि० to purchase, to buy
खरीदार *(kharidār)* पु० purchaser
खरीफ *(kharif)* स्त्री० crop which is reaped in autumn
खरोंचना *(kharomcnā)* स० क्रि० to scrape, to scratch
खर्च *(kharc)* पु० expenditure, expense
खर्चीला *(kharcilā)* अ० क्रि० extravagant, lavish; costly, expensive
खर्रा *(kharrā)* पु० genuine pure
खर्राटा *(kharrāta)* पु० snoring
खलबली *(khalbali)* स्त्री० alarm, agitation, commotion
खलल *(khalal)* पु० confusion, interruption
खलिहान *(khalihān)* पु० grainary, barn
खसखस *(khas-khas)* पु० mawseed, poppy seed
ख़सम *(khasm)* पु० husband, master
खसरा *(khasrā)* पु० measles
खसोटना *(khasotnā)* स० क्रि० to pull out, to scratch
खस्ता *(khastā)* अ० क्रि० very brittle; crisp
खाँड *(khānd)* स्त्री० unrefined sugar
खाँसना *(khāmsanā)* स० क्रि० to cough
खाँसी *(khāmsi)* स्त्री० cough
खाई *(khāi)* स्त्री० dike, ditch; trench
खाक *(khāk)* स्त्री० dirt; ashes; anything trivial
खाका *(khākā)* पु० map; diagram, sketch
खाकी *(khāki)* अ० क्रि० dusky, brown
खाट *(khāt)* स्त्री० bedstead; cot
खाड़ी *(khāri)* स्त्री० bay; gulf
खाता *(khātā)* पु० ledger; account
खातिर *(khātir)* स्त्री० hospitality; for
खातिरी *(khātiri)* स्त्री० hospitality
खाद *(khād)* स्त्री० manure; fertilizer
खाद्य *(khādya)* पु० food; eatable
खान *(khān)* स्त्री० mine
खान दान *(khāndān)* पु० family
खाना *(khānā)* स० क्रि० to eat, eatable
ख़ाना *(khānā)* पु० house; compartment; shelf
खानाबदोश *(khānā-badoś)* पु० rover, an idle scamp
खामी *(khāmi)* स्त्री० defect
खामोश *(khāmos)* अ० क्रि० taciturn, silent
खारा *(khārā)* अ० क्रि० salty, brackish
खारिज *(khārij)* अ० क्रि० expelled,

dismissed, discharged
खारिश (khāris) स्त्री० itch, scab
खाल (khāl) स्त्री० skin; hide
खालिस (khālis) अ० क्रि० unmixed; pure
खाली (khāli) अ० क्रि० void, empty, vacant
खास (khās) अ० क्रि० peculiar; special; proper
खासा (khāsā) अ० क्रि० good, noble
खासियत (khāsiyat) स्त्री० quality; characteristic
खिंचना (khimcnā) स० क्रि० to be drawn; to be pulled
खिंचाव (khimcāv) पु० tightness; attraction
खिचड़ी (khicri) स्त्री० a dish prepared from rice and pulse boiled together; a mixture; hotch-potch
खिड़की (khirki) स्त्री० window
खिताब (khitab) पु० title
खिदमत (khidmat) स्त्री० duty, service
खिन्न (khinn) अ० क्रि० wearied, sad, glum, gloomy
खिलखिलाना (khilkhilanā) स० क्रि० to laough loudly
खिलना (khilnā) स० क्रि० to blow; to blossom
खिलवाड़ (khilvār) स्त्री० pastime, frolic
खिलाड़ी (khilāri) पु० player, sportsman
ख़िलाफ (khilāf) अ० क्रि० contrary, opposite, against
खिलौना (khilaunā) पु० toy
खिल्ली (khilli) स्त्री० jest, joke
खिसकना (khisaknā) स० क्रि० to slip away, to move slowly
खिसियाना (khisiyanā) स० क्रि० to grin, to giggle; µgV giggle
खींचना (khimcnā) स० क्रि० to wrest; to pull; to haul
खीज/खीझ (khijh) स्त्री० anger, vexation
खीरा (khirā) पु० cucumber
खुजली (khujli) स्त्री० itch, eczema
खुजाना (khujānā) स० क्रि० to scratch
खुद (khud) क्रि० self; of one's own accord
खुदगरज़ (khudgarz) अ० क्रि० selfseeking, selfish
खुदरा (khudrā) अ० क्रि० small coins; retail
खुदा (khudā) पु० God, the Almighty
खुदाई (khudāi) स्त्री० providence, digging
खुफिया (khufiyā) अ० क्रि० secret; a spy
खुरचना (khuracnā) स० क्रि० to scrape to scratch
खुरदरा (khurdarā) अ० क्रि० coarse, rough
खुराक (khurāk) स्त्री० diet; dose
खुर्दबीन (khurd-bin) स्त्री० microscope
खुलना (khulnā) स० क्रि० to be unravelled; to be opened; to be untied
खुलासा (khulāsā) पु० brief, summary, gist; brief
खुल्लम–खुल्ला (khulam-khulā) अ० क्रि० without reservation, publicly
खुश (khus) अ० क्रि० pleased, merry, happy
खुशकिस्मत (khus-kismat) अ० क्रि० fortunate
खुशखबरी (khus-khabri) स्त्री० glad findings, happy news
खुशनसीब (khus-nasib) अ० क्रि० fortunate
खुशबू (khusbu) स्त्री० odour, fragrance
खुशमिज़ाज (khus-mijāz) अ० क्रि० cheer-

ful, good-tempered

खुशहाल *(khuś-hāl)* अ० क्रि० prosperous, in good circumstances

खुशामद *(khuśāmad)* स्त्री० false praise, flattery

खुशी *(khuśi)* स्त्री० delight, cheerfulness, happiness

खुश्क *(khuśk)* अ० क्रि० withered; dry

खुश्की *(khuśki)* स्त्री० drought; dryness

खूँख्वार *(khūmkhvār)* अ० क्रि० ferocious, cruel

खूँटी *(khūmti)* स्त्री० stubble

खून *(khūn)* पु० murder; blood

खूनी *(khūni)* पु० murderer, assassin

खूबसूरत *(khūbsūrat)* अ० क्रि० handsome; beautiful

खूबी *(khū)* स्त्री० goodness; speciality; merit

खेत *(khet)* पु० field, farm

खेतिहर *(khetihar)* पु० peasant, farmer

खेती *(kheti)* स्त्री० agriculture; farming

खेद *(khed)* पु० sorrow, gloominess; regret

खेमा *(khemā)* पु० tent, pavilion

खेल *(khel)* पु० fun, game, sport

खेलना *(khelnā)* स० क्रि० to sport, to play; to stage

खैर *(khair)* स्त्री० welfare, happiness; all right, well

खैरात *(khairāt)* स्त्री० alms, charity

खैरियत *(khairiyat)* स्त्री० safety; welfare

खोखला *(khokhlā)* अ० क्रि० empty, hollow

खोज *(khoj)* स्त्री० search, investigation; discovery

खोजना *(khojnā)* अ० क्रि० to seek, to search, to investigate, to discover

खोटा *(khotā)* अ० क्रि० faulty, defective

खोदना *(khodnā)* स० क्रि० to scratch, to dig

खोना *(khonā)* स० क्रि० to lose, to squander,

खोपड़ी *(khopri)* स्त्री० the pate, skull

खोलना *(kholnā)* अ० क्रि० to unfold; to open; to unbind

खौफ *(khauf)* पु० dread, fear

खौलना *(khaulnā)* स० क्रि० to bubble; to boil

ख्याति *(khyāti)* स्त्री० renown, fame, repute

ख्याल *(khyāl)* पु० attention; thought, idea, opinion

ख्वाब *(khvāb)* पु० dream

ख्वाहमख्वाह *(khāvm-kháh)* पु० without any purpose, uselessly

ख्वाहिश *(khvāhiś)* स्त्री० desire; wish

ग *(ga)* the third consonants in Devnagri alphabet

गंज *(gañj)* स्त्री० pile; bladness

गंजा *(gañjā)* अ० क्रि० scald-headed, bald

गठबंधन *(gatha-bandhan)* पु० a custom in marriage ceremony in which the skirts of bridegroom's and bride's mantles are tied together

गंदगी *(gandagi)* स्त्री० impurity, dirtiness

गंदा *(ganda)* अ० क्रि० filthy, dirty, nasty

गंदला *(gandalā)* अ० क्रि० dirty, muddy
गंध *(gandh)* स्त्री० odour, smell, scent
गंभीर *(gambhir)* अ० क्रि० sober; grave, reserved
गँवाना *(gamvānā)* स० क्रि० to waste; to lose
गँवार *(gamvār)* अ० क्रि० vulgar, ill-bred
गँवारू *(gamvāru)* अ० क्रि० rude, rustic
गऊ *(gau)* पु० cow; gentle
गज *(gaj)* पु० elephant, yard; yardstick
गजब *(gazab)* स्त्री० calamity
गटकना *(gataknā)* स० क्रि० to eat, to swallow, to gulp
गट्ठर *(gatthar)* पु० big bundle; package
गठन *(gathan)* स्त्री० construction
गठरी *(gathri)* स्त्री० parcel, bundle
गठिया *(gathiyā)* स्त्री० sack; pains in the joints, rheumatism
गठीला *(gathilā)* अ० क्रि० full of knots, robust
गड़गड़ाना *(gargarānā)* स० क्रि० to rumble, to gurgle
गड़पना *(garapanā)* स० क्रि० to glut, to swallow
गड़बड़ *(garbar)* स्त्री० confusion; hinddle
गड्डी *(gaddi)* स्त्री० pack, bundle
गड्ढा *(gaddhā)* पु० ditch; hollow
गढ़ *(garh)* पु० castle; stronghold
गढ़ना *(garhnā)* स० क्रि० to form, to mould
गण *(gan)* पु० multitude, union
गणतंत्र *(ganatantra)* पु० Republic
गणना *(gananā)* स्त्री० calculation, counting
गणराज्य *(ganarājya)* पु० a government by the people
गणिका *(ganikā)* स्त्री० dancing girl, prostitute
गणित *(ganit)* पु० mathematics
गति *(gati)* स्त्री० movement; speed; condition
गतिमान *(gatimān)* अ० क्रि० on the move, moving
गदर *(gadr)* पु० rebellion
गदगद *(gadgad)* अ० क्रि० overwhelmed, very happy, greatly delighted
गद्दा *(gaddā)* पु० bed cushion
गद्दार *(gaddār)* पु० अ० क्रि० traitor
गद्दी *(gaddi)* स्त्री० stuffed pad, cushion
गद्य *(gadya)* पु० prose
गधा *(gadhā)* पु० donkey; stupid fellow
गन्ना *(gannā)* पु० sugarcane
गप *(gap)* स्त्री० a gossip, chat
गपोड़ *(gapor)* पु० a gossiper
गफ *(gaf)* अ० क्रि० thick, dense, compact
ग़फ़लत *(gaflat)* स्त्री० mistake, carelessness
गबन *(gabn)* पु० misappropriation of money; embezzlement
गम *(gam)* पु० woe, sorrow
गमला *(gamla)* पु० flower-pot
गमी *(gami)* स्त्री० the period of observing mourning; death
गरज *(garaj)* स्त्री० thunder; roar
गरज़ *(garz)* स्त्री० concern; need
गरजना *(garajnā)* स० क्रि० to bluster, to roar
गरदन *(gardan)* स्त्री० neck
गरम *(garm)* अ० क्रि० burning, warm, hot; woollen (cloth)
गरमागरम *(garmā-garam)* अ० क्रि० heated; hot; fresh
गरमागरमी *(garmā-garmi)* स्त्री० exchange of hot words

गरमाना *(garmānā)* स० क्रि० to heat up; to be in excitement
गरमी *(garmi)* स्त्री० heat; anger; summer
गरिमा *(garimā)* स्त्री० grace, dignity
गरिष्ठ *(garisth)* अ० क्रि० indigestibel, heavy
गरीब *(garib)* अ० क्रि० humble, poor
गरुर *(garur)* पु० pride, vanity
गर्त *(gart)* पु० pit, crack in a wall
गर्द *(gard)* स्त्री० dust, dirt
गर्दन *(gardan)* स्त्री० neck
गर्दिश *(gardis)* स्त्री० circulation;
गर्भ *(garbha)* पु० pregnacy; the womb
गर्भाधान *(garbā-dhān)* पु० conception, impregnation
गर्भाशय *(garbhāsay)* पु० uterus; womb
गर्भिणी *(garbhini)* अ० क्रि० pregnant
गर्व *(garv)* पु० conceit, pride; vanity
गर्हित *(garhit)* अ० क्रि० wicked, detestable
ग़लत *(galat)* अ० क्रि० incorrect, wrong, untrue
ग़लतफहमी *(galat-fahmi)* स्त्री० misunderstanding
ग़लती *(galti)* स्त्री० error, mistake
गलना *(galnā)* स० क्रि० to be dissolved;to decay
गला *(galā)* पु० throat, neck
गली *(gali)* स्त्री० lane, street
गलीचा *(galicā)* पु० carpet
गल्प *(galp)* स्त्री० small tale
गल्ला *(gallā)* पु० cash-box; daily income of a shop kept in a chest
गँवाना *(ganvānā)* स० क्रि० to waste; to suffer
गवाह *(gavāh)* पु० deponent, witness
गवाही *(gavāhi)* स्त्री० testimony, evidence
गवैया *(gavaiyā)* पु० singer
गश्त *(gast)* स्त्री० beat, patrol
गहन *(gahan)* अ० क्रि० deep; profound
गहना *(gahnā)* पु० ornament; jewellery; to handle
गहरा *(gahrā)* अ० क्रि० profound; deep
गहराई *(gahrāi)* स्त्री० depth, profoundity
गहराना *(gahrānā)* स० क्रि० to be deep; to excavate
गाँठ *(gāmth)* स्त्री० knob, knot, tie
गांभीर्य *(gāmbhirya)* पु० gravity; depth; importance
गाँव *(gāmv)* पु० village
गाज *(gāj)* स्त्री० roar; thunderbolt; lighting
गाजर *(gājar)* स्त्री० carrot
गाड़ना *(gārnā)* स० क्रि० to lay; to bury; to pitch
गाड़ी *(gāri)* स्त्री० car, cart, carriage
गाढ़ा *(gārhā)* अ० क्रि० dense; thick; close; hand woven cloth
गाना *(gānā)* स० क्रि० to chant, to sing; song
गाफिल *(gāfil)* अ० क्रि० careless, stupid, negligent
गाय *(gāy)* स्त्री० cow; meek and humble
गायक *(gāyak)* पु० singer
गायन *(gāyan)* पु० chant, singing
गायब *(gāyb)* अ० क्रि० lost; vanished
गाल *(gāl)* पु० cheek
गाली *(gāli)* स्त्री० rebuke, abuse
गावदी *(gāvdi)* अ० क्रि० dull headed, stupid
गाहक *(gāhak)* पु० client, purchaser, customer
गिचपिच *(gic-pic)* अ० क्रि० not clearly written; illegible

गिड़ड़िाना *(girgiranā)* स० क्रि० to implore, to whine
गिद्ध *(giddh)* पु० vulture
गिनती *(ginti)* स्त्री० calculation; reckoning
गिनना *(ginnā)* स० क्रि० to count; regard to estimate
गिरगिट *(girgit)* पु० chameleon; opportunist
गिरजाघर *(girjāghar)* पु० church
गिरना *(girnā)* स० क्रि० to come down, to fall, to drop
गिरफ्तार *(giraftār)* अ० क्रि० seized, arrested
गिरवी *(girvi)* अ० क्रि० pledged, mortgaged
गिरावट *(girāvat)* स्त्री० lapse, spill
गिरोह *(giroh)* पु० gang
गिला *(gilā)* पु० accusation, complaint
गिलाफ *(gilāf)* पु० pillow-cover
गीत *(git)* पु० song
गीदड़ *(gidar)* पु० jackal; coward
गीला *(gilā)* अ० क्रि० wet
गुंजन *(guñjna)* पु० humming sound
गुंजाइश *(guñjâis)* स्त्री० capacity; accommodation
गुंजार *(guñjār)* पु० buzzing
गुंडा *(gundā)* पु० arogue; wicked
गुंबद *(gumbad)* पु० vault, dome
गुच्छा *(gucchā)* पु० bunch; tuft
गुज़र *(guzar)* स्त्री० passing of time
गुज़रना *(guzarnā)* स० क्रि० to cross over; to pass away
गुज़ारना *(guzārnā)* स० क्रि० pass time
गुज़ारा *(guzārā)* पु० livlihood; subsistence
गुट *(gut)* पु० group; faction
गुड़ *(gur)* पु० raw sugar; jaggery
गुड़िया *(guriyā)* स्त्री० doll
गुड्डी *(guddi)* स्त्री० kite doll
गुण *(gun)* पु० quality; attainment
गुणन *(gunan)* पु० calcualtion, multiplication
गुणा *(gunā)* पु० multiplication
गुत्थमगुत्था *(guttham-guthā)* पु० entanglement, scuffle
गुत्थी *(gutthi)* स्त्री० entanglement, knot
गुदगुदा *(gudgudā)* अ० क्रि० fleshy, soft
गुदगुदाना *(gudgudānā)* स० क्रि० to titillate, to tickle
गुनगुना *(gungunā)* अ० क्रि० slightly warm
गुनगुनाना *(gungunānā)* स० क्रि० to buzz, to hum
गुनहगार *(gunahgār)* अ० क्रि० guilty, sinful, criminal
गुना *(gunā)* multiple quantity
गुनाह *(gunāh)* पु० gilt; sin, fault
गुप्त *(gupt)* अ० क्रि० hidden, concealed, confidential
गुप्तचर *(guptacar)* पु० a spy detective
गुफा *(gupphā)* स्त्री० cave
गुबार *(gubār)* पु० dust; vexation
गुब्बारा *(gubbārā)* पु० balloon
गुम *(gum)* अ० क्रि० hidden; missing; lost
गुमान *(gumān)* पु० imagination, doubt; pride
गुमाश्ता *(gumāsta)* पु० manager, agent
गुर *(gur)* पु० simplified method; formula
गुरदा *(gurdā)* पु० kidney
गुरु *(guru)* पु० teacher; spiritual guide
गुरुता *(gurutā)* स्त्री० weight, heaviness, greatness, gravity
गुरुत्वाकर्षण *(gurutvā-karsan)* पु० gravitation

गुरुघंटाल *(gurughantāl)* अ० क्रि० very crafty, great knave
गुर्गा *(gurgā)* पु० servant, spy; low fellow
गुर्राना *(gurrānā)* स० क्रि० to snarl, to roar, to growl
गुलछर्रे *(gulchhare)* पु० revelry, merry-making
गुलाब *(gulāb)* पु० rose
गुलाबी *(gulābi)* अ० क्रि० pink, rosy, light red colour
गुलाम *(gulām)* पु० slave
गुसलखाना *(gusal-khānā)* पु० a bath-room
गुस्ताख *(gustākh)* अ० क्रि० rude, arrogant
गुस्सा *(gussā)* पु० rage; anger
गुस्सैल *(gussail)* अ० क्रि० choleric, furious
गूँगा *(gūmgā)* अ० क्रि० dumb
गूँज *(gūmj)* स्त्री० buzzing, echo
गूँजना *(gūmjna)* स० क्रि० to buzz, to resound; to echo
गूंधना *(gūmdhnā)* स० क्रि० to knead
गूढ़ *(gūrh)* अ० क्रि० obscure, secret
गूदड़ *(gūdar)* पु० bundle of old tattered clothes, rags
गूदा *(gūdā)* पु० pulp; essential portion of a thing
गृह *(grh)* पु० house; residence
गृहस्थ *(grhasth)* पु० householder
गृहस्थी *(grhasthi)* स्त्री० household; family
गृहिणी *(grhini)* स्त्री० wife
गेरुआ *(geruā)* अ० क्रि० red brown
गेहुआँ *(gehuām)* अ० क्रि० of the colour of wheat
गेहूँ *(gehum)* पु० wheat
गैर *(gair)* अ० क्रि० alien, other
ग़ैरत *(gairat)* स्त्री० modesty, emulation
गोंद *(gomd)* पु० gum, wood-gum
गो *(go)* स्त्री० a cow
गो *(go)* पु० though
गोचर *(gochar)* अ० क्रि० visible
गोता *(gotā)* पु० immersion, dive
गोद *(god)* स्त्री० lap;
गोदना *(godnā)* स० क्रि० to puncture
गोदाम *(godām)* पु० storehouse, warehouse
गोदी *(godi)* स्त्री० the lap; dock
गोपी *(gopi)* स्त्री० cowherd's wife
गोबर *(gobar)* पु० cow-dung
गोया *(goyā)* पु० as if
गोरा *(gorā)* अ० क्रि० fair-skinned, white
गोलंदाज़ *(golandāz)* पु० marksman, gunner
गोल *(gol)* अ० क्रि० globular; round;
गोला *(golā)* पु० ball; connon ball
गोलार्ध *(golārdh)* पु० hemisphere
गोली *(goli)* पु० pill; bullet; tablet
गोशाला *(gośālā)* स्त्री० cow-shed, enclosure cattle
गोश्त *(gost)* पु० flesh;
गोष्ठी *(gosthi)* स्त्री० assembly, discourse
गौ *(gau)* अ० क्रि० a cow
गौण *(gaun)* अ० क्रि० secondary, inferior
गौर *(gaur)* अ० क्रि० white, fair
गौर *(gaur)* पु० considration; pondering
गौरव *(gaurav)* पु० heaviness, pride, glory
ग्रंथ *(granth)* पु० book, volume
ग्रीष्म *(grisma)* पु० the summer
ग्लानि *(glāni)* स्त्री० lassitude; repentance
ग्वाला *(gvāla)* पु० cowkeeper, milkman

घ *(gha)* the forth consonants in Devnagri alphabet

घंटा *(ghantā)* पु० gong, bell; hour

घंटी *(ghanti)* स्त्री० small bell

घटक *(ghatak)* पु० intermediary, messenger

घटना *(ghatanā)* स्त्री० happening, incident; to decrease, to decline

घटा *(ghatā)* स्त्री० gathering of clouds

घटिया *(ghatiyā)* अ० क्रि० low in price, cheap, of bad quality

घड़ा *(gharā)* पु० an earthen pot, jug

घड़ी *(ghari)* स्त्री० time; space of 24 minutes; watch

घन *(ghan)* पु० cloud; sledgehammer, assembly

घना *(ghanā)* अ० क्रि० thick; close

घनिष्ठ *(ghanisth)* अ० क्रि० most intimate; close

घपला *(ghaplā)* पु० bungling

घबराना *(ghabrānā)* स० क्रि० to be confused, to be nervous

घमंड *(ghamand)* पु० pride; conceit

घमासान *(ghamāsān)* अ० क्रि० fierce

घर *(ghar)* house; home

घराना *(gharāna)* पु० family

घरेलू *(gharelū)* अ० क्रि० domestic; private

घसीटना *(ghasitnā)* स० क्रि० to trail; to drag

घहरना *(gharanā)* स० क्रि० to thunder

घाघ *(ghāgh)* अ० क्रि० shrewd, cunning

घाटा *(ghātā)* पु० deficit; loss

घात *(ghāt)* स्त्री० killing; ambush; opportunity;

घातक *(ghātak)* अ० क्रि० fatal, savage; murderer

घायल *(ghāyal)* अ० क्रि० hurt; wounded

घाव *(ghāv)* पु० injury; wound

घास *(ghās)* स्त्री० grass

घासलेट *(ghāslet)* पु० vegetable oil; inferior stuff

घिनौना *(ghinaunā)* अ० क्रि० hateful, odious

घिसना *(ghisnā)* स० क्रि० to be worn out; to rub

घुँघराले *(ghumghrāle)* अ० क्रि० curly

घुग्घू *(ghugghu)* पु० owl; fool

घुटना *(ghutnā)* स० क्रि० to be suffocated, knee

घुट्टी *(ghutti)* स्त्री० a medicine which is given to infants to clear out the bowels

घुड़ *(ghur)* horse

घुड़की *(ghurki)* स्त्री० reprimand, threat, rebuking

घुन *(ghun)* पु० wood-worm

घुन्ना *(ghunnā)* अ० क्रि० one who conceals his emotions, malicious

घुप्प – अंधोरा *(ghupp-andherā)* अ० क्रि० pitch dark

घुमक्कड़ *(ghumakkar)* अ० क्रि० rover, wanderer

घुमड़ना *(ghumarnā)* स० क्रि० gathering

of clouds in the sky

घुमाव *(ghumāv)* पु० curvature; a turning; twist

घुलना *(ghulnā)* स० क्रि० to be lean and thin; to be dissolved in a liquid; to be melted

घुसना *(ghusnā)* स० क्रि० to pierce; to enter; to thrust into.

घुसपैठ *(ghus-paith)* स्त्री० access; entrance; infiltration

घुसाना *(ghusānā)* स० क्रि० to pile; to poke; to penetrate

घुसेड़ना *(ghusernā)* स० क्रि० to pierce; to thrust in; to stuff in

घूँसा *(ghumsā)* पु० blow with the fist; boxing

घूँघट *(ghumghat)* पु० veil which conceals woman's face

घूँघर *(ghumghar)* पु० curl of hair; curly

घूँट *(ghumt)* पु० a sip, draught

घूमना *(ghūmnā)* स० क्रि० to wander; to roam, to stroll

घूरना *(ghūrnā)* स० क्रि० to ogle; to stare; to frown

घूरा *(ghūrā)* पु० rubbish, sweepings

घूस *(ghūs)* स्त्री० emolument; bride

घृणा *(ghrnā)* स्त्री० hatered, dislike

घृणित *(ghrnit)* अ० क्रि० despicable, one who is hated

घृत *(ghrt)* पु० clarified butter; ghee

घेरना *(ghernā)* स० क्रि० to encircle, to ecompass, to enclose

घेरनी *(gherni)* स्त्री० handle of a spinning wheel

घेरा *(gherā)* पु० circumference; enclosure; fence

घेवर *(ghevar)* पु० a kind of sweetmeat

घोंघा *(ghomghā)* पु० conch, slug, snail, foolish; worthless

घोंसला *(ghomslā)* पु० a nest

घोटना *(ghotnā)* स० क्रि० to rub for smoothening; to cream up; to earm to memory

घोटाला *(ghotālā)* पु० turmoil; bungling; confusion

घोड़ा *(ghorā)* पु० horse; hammer of a gun

घोड़ी *(ghori)* स्त्री० a mare; a song sung at the time of marriage

घोर *(ghor)* अ० क्रि० horrible, terrible; awful

घोल *(ghol)* पु० solution

घोलना *(gholnā)* स० क्रि० to mix; to dissolve

घोषणा *(ghoṣanā)* स्त्री० announcement; a declaration

च *(ca)* the first consonants in Devnagri alphabet

चंगा *(cangā)* अ० क्रि० healthy, sound, healed

चंगुल *(cangul)* पु० grasp, claw

चंचरीक *(cañcarik)* पु० buzzing bee

चंचल *(cañcal)* अ० क्रि० restless; unsteady; flickering

चंचलता *(cañcalatā)* स्त्री० unsteadiness; inconsistancy
चंट *(cant)* अ० क्रि० willy, cunning; cheat,
चंड *(cand)* अ० क्रि० violent, fierce; powerful
चंडाल *(candāl)* पु० low born; outcaste; cruel
चंडालिका *(candālikā)* स्त्री० an epithet of Hindu Goddes Durga
चंदन *(candan)* पु० sandalwood
चंदराना *(candrānā)* स० क्रि० to deceive, to beguile
चँदला *(camdlā)* अ० क्रि० bald-headed
चंदा *(candā)* पु० moon; contribution, subscription
चंद्र *(candra)* पु० the moon
चंद्रमा *(candramā)* पु० the moon
चंद्रिका *(candrikā)* स्त्री० moonlight, moonbeams
चंपत *(campat)* अ० क्रि० disappearing, vanishing
चंपा *(campā)* पु० the tree *Michelia champacca* which bears fragrant yellow flowers
चंपू *(campū)* पु० a literary work which is composed in prose and verse
चँवर *(camvar)* पु० whisk, flapper made of the tail of a yak
चक *(cak)* पु० plot of land
चकई *(cakai)* स्त्री० whirling toy like pulley; female of a ruddy goose
चकती *(cakti)* स्त्री० patch of leather; a round plate of metal
चकता *(caktā)* पु० blotch on the skin
चकनाचूर *(caknācur)* अ० क्रि० broken into fragments; much weary
चकबंदी *(cakbandi)* स्त्री० marking the boundaries of land
चकमक *(caqmaq)* पु० a kind of hard stone, flint
चकमा *(cakmā)* पु० deception; trick
चकराना *(cakrānā)* स० क्रि० to revolve; to feel dizzy; to be confused
चकल्लस *(cakallas)* स्त्री० turnoil, fust
चकाचौंध *(cakācaumdh)* स्त्री० dazzling effects of light on the eyes
चकित *(cakit)* अ० क्रि० surprised, astonished, amazed
चक्कर *(cakkar)* पु० multitude, circle, whirl; wheel; vertigo
चक्की *(cakki)* स्त्री० mill, grinding mill
चक्र *(cakr)* पु० wheel, circulon object
चक्राकार *(cakrākār)* अ० क्रि० circular
चक्षु *(caksu)* पु० eye
चखना *(cakhnā)* स० क्रि० to taste
चखाना *(cakhānā)* स० क्रि० to cause to taste
चचा *(cacā)* पु० paternal uncle
चची *(caci)* स्त्री० paternal aunt
चचेरा *(cacerā)* अ० क्रि० descended from the paternal uncle, cousin brother
चचोड़ना *(cacornā)* स० क्रि० to sip by pressing under the teeth
चट *(cat)* अ० क्रि० quickly, instantly;
चटक *(catak)* स्त्री० splendour, brilliance; sharp, bright
चटकना *(catkanā)* स० क्रि० to snap, to make a sound of breaking up
चटकनी *(catkani)* स्त्री० click, bolt of a door.
चटक–मटक *(catak-matak)* स्त्री० gaudiness; wantonness; ornamentation
चटकीला *(catkilā)* अ० क्रि० of rich colour; shining, brilliant; glittering

चटचट *(catcat)* स्त्री० a cracking sound
चटखनी *(catkhani)* स्त्री० tower bolt, a bolt
चटनी *(catni)* स्त्री० sauce
चटपटा *(catpatā)* अ० क्रि० delicious, saucy
चटाई *(catāi)* स्त्री० act of licking; mat
चटाक *(catāk)* स्त्री० a crackling sound
चटुल *(catul)* अ० क्रि० agile; fickle; clever
चटोरा *(catorā)* अ० क्रि० fond of spicy food greedy
चट्टान *(cattān)* स्त्री० cliff, rock,
चट्टा–बट्टा *(cattā-battā)* पु० toy for children
चढ़ना *(carhnā)* स० क्रि० to ascend; to rise; to go up; to attack
चढ़ाई *(carhāi)* स्त्री० invasion; ascent; assult; attack
चढ़ावा *(carhāvā)* पु० offering to a god; religious gift
चणक *(canak)* पु० gram
चतुरंग *(caturang)* पु० chess; an army consisting of pedestrians chariots horses and elephants
चतुरंगिणी *(caturangini)* अ० क्र० having four divisions of an ancient Indian army
चतुर *(catur)* अ० क्रि० dexterous, ingenious, expert, clever
चतुर्दिक *(caturdik)* पु० four quarters; on all sides
चतुर्भुज *(caturbhuj)* अ० क्रि० quadrilateral; four sided figure
चतुर्भुजी *(caturbhuji)* स्त्री० the four armed female; Vaishnava cult
चतुर्मास *(catur-mās)* पु० four months of the rainy season
चतुर्मुख *(catur-mukh)* अ० क्रि० four faced; god Brahma
चतुर्विधि *(catur-vidhi)* अ० क्रि० of four types, four-fold
चतुराई *(caturāi)* स्त्री० ingenuity, cleverness
चना *(canā)* पु० gram
चपटा *(captā)* अ० क्रि० flat
चपड़ा *(caprā)* पु० shellac, kind of red insect
चपत *(capat)* पु० slap; push; loss
चपर नाती *(capar-nāti)*' पु० foolish, stupid
चपरासी *(caprāsi)* पु० peon
चपल *(capal)* अ० क्रि० variable; unsteady; clever
चपलता *(capalatā)* स्त्री० variability, nimbleness, unsteadiness
चपला *(capalā)* स्त्री० goddess Lakshmi; lighting
चपाती *(capāti)* स्त्री० a thin cake or bread (of the Indian style)
चपेट *(capet)* स्त्री० blow, slap; sudden misfortune
चप्पल *(cappal)* अ० क्रि० a sandal, a slipper
चप्पा *(cappā)* पु० fourth part; small portion;
चप्पू *(cappu)* पु० oar, paddle
चबाना *(cabānā)* स० क्रि० to masticate; to chew; to munch
चबारा *(cabārā)* पु० room in the upper most storey of a house
चबूतरा *(cabutrā)* पु०. stand; platform; stage; dais
चमक *(camak)* पु० brilliancy, shining

flash
चमकना *(camaknā)* स० क्रि० to flash; to sparkle, to giltter
चमकनी *(camakni)* स्त्री० irritable woman
चमकाना *(camakānā)* स० क्रि० to burnish, to varnish; to sparkle
चमकीला *(camkila)* अ० क्रि० glittering, glossy, clear, spelndid
चमगादड़ *(camgādar)* पु० bat; vampire
चमचम *(cam-cam)* स्त्री० kind of Bengali sweetmeat; glittering, bright
चमचमाना *(camcamānā)* स० क्रि० to giltter, to shine, to brighten
चमचमाहट *(camcamāhat)* पु० brightness, glow, glitter
चमचा *(camcā)* पु० large spoon; flatterer
चमड़ा *(camrā)* पु० skin; leather
चमत्कार *(camatkār)* पु० wonder; marvel; surprise
चमन *(caman)* पु० bed of a garden, small garden
चमर *(camar)* पु० tail of a yak used as a flapper to whisk off flies.
चमाचम *(camācam)* क्रि० brightly, shining
चमार *(camār)* पु० shoemaker; skinner; cobbler
चमेली *(cameli)* स्त्री० the jasmine plant, fragrant flower
चम्मच *(cammac)* पु० spoon
चयन *(cayan)* पु० work of collecting or picking; selection
चयनिका *(cayanikā)* स्त्री० collection
चर *(car)* पु० secret messenger, spy; sound made when tearing cloth
चरई *(carai)* स्त्री० manger
चरक *(carak)* पु० spy, a secret messenger; a traveller; white leprosy on Indian system of medicine
चरकटा *(carkatā)* पु० chaff-cutter; non entity
चरका *(carkā)* पु० a slight wound; loss; trick, fraud
चरख़ *(carkh)* पु० revolving wheel, lathe
चरख़ा *(carkhā)* पु० revolving wheel, spinning wheel
चरख़ी *(carkhi)* स्त्री० winch; reel
चरचराना *(carcarānā)* स० क्रि० to crackle, to sputter
चरण *(caran)* पु० foot; the line of poetry; root
चरणामृत *(carnāmrit)* पु० ambrosia of the feet
चरपरा *(carparā)* अ० क्रि० hot, pungent, acrid
चरबी *(carbi)* स्त्री० grease; fat; tallow
चरम *(caram)* अ० क्रि० final, last, ultimate
चरमराना *(carmarānā)* स० क्रि० to produce a creaking sound
चरवाई *(carvāi)* स्त्री० job wages paid for grazing cattle
चरवाना *(carvānā)* स० क्रि० to cause to graze
चरवाहा *(carvāhā)* पु० shepherd, herdsman
चरस *(caras)* पु० large bucket of leather used in irrigation; intoxicating drug prepared from the flowers of hemp
चरसी *(carsi)* पु० one who smokes
चरागाह *(carāgah)* पु० pasturage; meadow
चराचर *(carācar)* अ० क्रि० sentient and lifeless, movable and immovable
चराना *(carāna)* स० क्रि० to graze; to

make a fool of

चरित *(carit)* पु० conduct; character; biography

चरितार्थ *(caritārth)* अ० क्रि० gratified, successful

चरित्र *(caritr)* पु० conduct; custom; character

चरित्रांकन *(caritrānkan)* पु० characterisation

चर्चा *(carcā)* स्त्री० discussion; mention;

चर्चरी *(carcari)* स्त्री० song sung in the spring season; clapping of hands

चर्पटी *(carpati)* स्त्री० a kind of thin cake

चर्म *(carm)* पु० skin; leather

चलन *(calan)* पु० motion; use; method; custom

चलना *(calnā)* स० क्रि० to go, to walk, to proceed

चलनी *(calni)* स्त्री० a sieve

चलाऊ *(calāu)* अ० क्रि० lasting, durable

चलायमान *(calāyamān)* अ० क्रि० movable, wavering, unsteady

चश्मा *(caśmā)* पु० spectacles, eyeglasses; fountain; spring

चसका *(caskā)* पु० ardent desire, relish; habit

चस्पाँ *(caspām)* अ० क्रि० stuck, fixed, affixed

चहकना *(cahaknā)* स० क्रि० to warble, to be talkative, to chirp

चहचहाना *(cahcahānā)* स० क्रि० to warble, to chirp

चहलकदमी *(cahalqadmi)* स्त्री० walking of a person at a slow pace

चहलपहल *(cahal-pahal)* स्त्री० mirth, merriment, hustle-bustle

चहारदीवारी *(cahār-divāri)* स्त्री० four surrounding walls of a house

चहेता *(cahetā)* अ० क्रि० dear, beloved

चहेती *(caheti)* स्त्री० beloved

चाँटा *(camtā)* पु० slap, blow

चांडाल *(cāndāl)* पु० sinful person

चाँद *(cāmd)* पु० moon

चाँदनी *(cāmdni)* स्त्री० moonlight, bedsheet

चाँदी *(cāmdi)* स्त्री० silver

चाँप *(cāmp)* स्त्री० pressure; thrust; lock of a gun

चांसलर *(cānsalar)* पु० the highest officer of a University, Chancellor

चाक *(cāk)* पु० wheel; potter's wheel; circular mark

चाकर *(cākar)* पु० servant, menial; waiter

चाकरनी *(cākrani)* स्त्री० house maid, female servant

चाकरी *(cākri)* स्त्री० service, atendance

चाकू *(cāqu)* पु० knife

चाचा *(cācā)* पु० paternal unlce

चाट *(cāt)* स्त्री० spicy preparation of fruits, vegetables etc.

चाटना *(cātnā)* स० क्रि० to lap, to lick

चाटु *(cātu)* पु० favourable conversation

चाणक्य *(cānakya)* पु० famous statesman of ancient India

चातक *(cātak)* पु० kind of cuckoo which is supposed to drink drops of rain

चातुरी *(cāturi)* स्त्री० cleverness, art

चातुर्य *(cāturya)* पु० skill, cleverness

चादर *(cādar)* स्त्री० sheet; plate; bedsheet

चान्द्रायण *(cāndrāyan)* पु० Hindu fast which is observed for one month

चाप *(cāp)* पु० bow; semi-circle; pressure sound of stepping

चापना *(cāpnā)* स० क्रि० to press

चापलूस *(cāplus)* अ० क्रि० servile; flat-

tering; obsequious
चापलूसी *(cāplusi)* स्त्री० adulation, flattery
चापी *(cāpi)* पु० archer; the god Shiva
चाबना *(càbnā)* स० क्रि० to masticate, to chew
चाबी *(cābi)* स्त्री० key
चाबुक *(cābuk)* पु० whip, lash
चाम *(cām)* पु० skin; hide; leather
चामुंडा *(cāmundá)* स्त्री० apithet of Hindu Goddess Durga
चाय *(cāy)* स्त्री० tea
चारखाना *(cārkhānā)* पु० chequered cloth
चारण *(cāran)* पु० bard, panogyrist, wandering minstrel
चारदीवारी *(cār-divāri)* स्त्री० enclosure
चारपाई *(cārpāi)* स्त्री० bedstead, cot, bed
चारपाया *(cārpāyā)* पु० quadruped
चारा *(cārā)* पु० food for cattle, fodder, pasture
चारु *(cāru)* अ० क्रि० attractive, elegant, beautiful
चारुता *(cārutā)* स्त्री० beauty
चारों ओर *(cārun-or)* क्रि० about, around, on all sides
चाल *(cāl)* स्त्री० walk; movement; step
चालक *(cālak)* अ० क्रि० driver
चालाक *(cālāk)* अ० क्रि० sharp, clever, cunning
चालान *(cālān)* पु० invoice; a challan
चालू *(cālu)* अ० क्रि० tenable; current; prevalent; cunning
चाव *(cāv)* पु० ardent desire; eagerness
चावल *(cāval)* पु० rice
चाशनी *(cāśni)* स्त्री० syrup; taste
चाह *(cāh)* पु० desire, will; love, liking
चाहत *(càhat)* स्त्री० longing, fondness; affection
चाहना *(càhnā)* स० क्रि० to desire; to love; to need, to want
चाहे *(càhe)* पु० either or
चिउँटा *(ciumtā)* पु० black ant of bigger species
चिऊँटी *(ciumti)* स्त्री० ant
चिंघाड़ *(cinghār)* स्त्री० shrillery
चिंघाड़ना *(cinghārnā)* स० क्रि० to scream, to trumpet like an elephant
चिंतक *(cintak)* अ० क्रि० musing, thinker
चिंतन *(cintan)* पु० study; thinking, reflection
चिंता *(cintā)* स्त्री० anxiety; worry; care
चिंत्य *(cintya)* अ० क्रि० reflective; thinkable
चिकन *(cikan)* स्त्री० embroidered fine muslin
चिकना *(ciknā)* अ० क्रि० smooth; glossy; clean, slippery
चिकनाई *(ciknāi)* स्त्री० gloss; smoothness; oiliness
चिकनापन *(ciknàpan)* पु० greasiness; smoothness
चिकित्सक *(cikitsak)* पु० doctor; physician
चिकित्सा *(cikitsā)* स्त्री० treatment; medication
चिकित्सालय *(cikistālay)* पु० dispensary, hospital
चिकोटी *(cikoti)* स्त्री० pinch; twitch
चिट्ठा *(citthā)* पु० detailed report; account book
चिट्ठी *(citthi)* स्त्री० letter
चिड़चिड़ा *(circirá)* अ० क्रि० peevish, irritable

चिड़िया *(ciriya)* स्त्री० bird, sparrow
चिढ़ *(cirh)* स्त्री० vexation, irritation; hatred
चिढ़ना *(cirhnā)* स० क्रि० to be irritated
चिढ़ाना *(cirhānā)* स० क्रि० to tease, to huff
चित *(cit)* अ० क्रि० supine; attention; mind
चितकबरा *(citkabrā)* अ० क्रि० spotted
चितवन *(citvan)* स्त्री० glance, look
चिता *(citā)* स्त्री० funeral pyre
चितेरा *(citerā)* पु० painter
चित्त *(citt)* पु० mind; supine
चित्ती *(citti)* स्त्री० scar, spot
चित्र *(citr)* पु० painting; picture
चित्रण *(citran)* पु० drawing; portrayal
चिथड़ा *(cithrā)* पु० rag, shred
चिथाड़ना *(citharnā)* स० क्रि० to tear to pieces
चिनगारी *(cingāri)* स्त्री० spark, ember
चिनाई *(cināi)* स्त्री० bilge and cantline, brick-laying
चिपकना *(cipaknā)* स० क्रि० to stick, to cling
चिपचिपा *(cipcipā)* अ० क्रि० waxy, limy, gummy
चिपचिपाना *(cipcipānā)* स० क्रि० to feel sticky
चिपटना *(cipatnā)* स० क्रि० to stick, to adhere to
चिपटा *(ciptā)* अ० क्रि० stuck, flat
चिबुक *(cibuk)* पु० chin
चिमटना *(cimatnā)* स० क्रि० to embrace, to cling, to hold fast
चिमटा *(cimtā)* पु० tongs, pincers
चिमनी *(cimni)* स्त्री० chimney, funnel
चिरंजीव *(ciranĩv)* अ० क्रि० blessed with longevity; son.
चिरंतन *(cirantan)* अ० क्रि० ever lasting perpetual
चिर *(cir)* अ० क्रि० lasting for a long time; ever
चिरना *(cirnā)* स० क्रि० to be sawed
चिराग़ *(cirāg)* पु० light; lamp
चिरौंजी *(ciraunji)* स्त्री० name of a tree, edible nut
चिलगोज़ा *(cilgozā)* पु० fruit of the pine tree
चिलचिलाना *(cilcilānā)* स० क्रि० to shine scorchingly
चिलम *(cilam)* स्त्री० part of a hubble-bubble which contains the fire
चिलमची *(cilmaci)* स्त्री० metal basin to wash hands.
चिल्ल–पों *(cillpom)* स्त्री० scream, cry, noise
चिल्लाना *(cillana)* स० क्रि० to cry out, to shout
चिल्लाहट *(cillāhat)* स्त्री० clamour, scream
चिह्न *(cihn)* पु० sign; mark
चिह्नित *(cihnit)* अ० क्रि० marked, stained, spotted
चीं *(cim)* स्त्री० chirp
चींटी *(cimti)* स्त्री० ant
चीख *(cikh)* स्त्री० scream, shreek
चीख़ना *(cikhnā)* अ० क्रि० to shreek, to scream
चीज़ *(ciz)* स्त्री० commodity; thing
चीता *(citā)* पु० panther; leopard
चीत्कार *(citkār)* स्त्री० shouting; uproar
चीथड़ा *(cithrā)* पु० rag
चीनी *(cini)* स्त्री० chinese (language); sugar; a chinese
चीर *(cir)* पु० cloth; bark of tree; rag

चीरना *(cirnā)* स० क्रि० to rip, to cleave, to tear
चीरा *(cirā)* पु० surgical operation
चील *(cil)* स्त्री० kite, eagle
चुंगल *(cungal)* पु० claw, talon, handful
चुंगी *(cungi)* स्त्री० cess, octroi
चुंधियाना *(cumdhiyānā)* स० क्रि० to see dimly; to be dazzled
चुंबक *(cumbak)* पु० loadstone; magnet
चुंबन *(cumban)* पु० kissing, kiss
चुंबित *(cumbit)* अ० क्रि० kissed, loved
चुकंदर *(cuqandar)* पु० beet root, beet, sugar beet
चुकाना *(cukānā)* स० क्रि० to settle; to pay off
चुगना *(cugnā)* स० क्रि० to pick up food with beak
चुग़ल-ख़ोर *(cugalkhor)* पु० tell tale, back biter
चुगली *(cugli)* स्त्री० whispering, back-biting
चुगाई *(cugāi)* स्त्री० act of picking
चुगाना *(cugānā)* स० क्रि० to cause to peck
चुटकी *(cutki)* स्त्री० pinch
चुटकुला *(cutkulā)* पु० joke
चुड़ैल *(curail)* स्त्री० hag, witch
चुनना *(cunnā)* स० क्रि० to extract, to pick, to gather
चुनरी *(cunri)* स्त्री० a piece of coloured cloth worn by women
चुनाँचे *(cunāmce)* फा० thus, therefore
चुनाव *(cunāv)* पु० pick; choice; election; selection
चुनिंदा *(cunindā)* अ० क्रि० selected
चुनौती *(cunauti)* स्त्री० a challenge
चुप *(cup)* अ० क्रि० quiet, silent
चुपचाप *(cup-cāp)* क्रि० quietly, silently
चुपड़ना *(cuparnā)* स० क्रि० to besmear, to flatter
चुप्पा *(cuppā)* अ० क्रि० secretive
चुप्पी *(cuppi)* स्त्री० silence
चुभना *(cubhnā)* स० क्रि० to be pierced; to feel pain
चुमकारना *(cumkārnā)* स० क्रि० to coax, to fondle, to produce a kissing sound
चुराना *(curānā)* स० क्रि० to steal, to pinch
चुलबुला *(culbulā)* अ० क्रि० restless, gay, fidgeting; µiu fickleness
चुल्ली *(culli)* स्त्री० fire place; chimney of stove
चुल्लू *(cullu)* पु० hollowed palm, handful of liquid
चुस्की *(cuski)* स्त्री० suck, sip
चुसना *(cusnā)* स० क्रि० to be sucked
चुसनी *(cusni)* स्त्री० a child's coral, feeding bottle
चुसाना *(cusānā)* स० क्रि० to cause to be sucked
चुस्त *(cust)* अ० क्रि० tight, narrow, active, smart
चुस्ती *(custi)* स्त्री० agility, smartness
चुहटना *(cuhatnā)* स० क्रि० to crush with feet, to trample
चुहल *(cuhal)* स्त्री० merriment, jollity
चुहिया *(cuhiyā)* स्त्री० small mice
चूँ *(cum)* पु० chirping of a small bird
चूँकि *(cūmki)* फा० for this, because
चूकना *(cūknā)* स० क्रि० to slip, to err, to miss
चूज़ा *(cūzā)* पु० chicken
चूड़ा *(cūrā)* स्त्री० top, crest, bracelet
चूड़ी *(cūri)* स्त्री० ring; bangle
चून *(cūn)* पु० wheat-meal, flour

चूना *(cūnā)* स० क्रि० to drap; to leak; mortar, lime

चूमना *(cūmnā)* स० क्रि० to kiss

चूरन *(cūran)* पु० digestive powder

चूरमा *(cūrmā)* पु० sweetmeat made of crushed bread

चूरा *(cūrā)* पु० sawdust, broken part

चूर्ण *(cūrn)* पु० digestive powder, powder

चूल्हा *(cūlhā)* पु० stove, fire place

चूसना *(cūsnā)* स० क्रि० to sip, to suck, to drink

चूहा *(cūhā)* पु० mouse; rat;

चूहेदानी *(cūhedāni)* स्त्री० rat trap

चेचक *(cecak)* स्त्री० small-pox

चेट *(cet)* पु० a servant

चेटी *(ceti)* स्त्री० female servant

चेतना *(cetanā)* स्त्री० feeling, consciousness; to understand; to think

चेताना *(cetānā)* स० क्रि० to acquaint; to awaken; to tease

चेतावनी *(cetāvni)* स्त्री० warning; alarm

चेरी *(ceri)* स्त्री० female slave

चेला *(celā)* पु० disciple; pupil

चेष्टा *(cesṭā)* स्त्री० bodily action, spirit; effort

चेहरा *(cehrā)* पु० face; countenance; front part of a thing

चैत *(cait)* पु० first month of the Hindu calender

चैतन्य *(caitanya)* अ० क्रि० perceiving, sensitive, conscious; intelligence

चैन *(cain)* पु० rest; tranquillity; relief

चोंगा *(comgā)* पु० funnel, telephone's receiver

चोंच *(comc)* स्त्री० neb, bill, beak

चोखा *(cokhā)* अ० क्रि० pure; clear; keen; fine

चोगा *(cogā)* पु० long coat, gown

चोचला *(coclā)* स्त्री० coquettishness, playfulness

चोट *(cot)* स्त्री० hurt; stroke; blow; attack

चोटी *(coti)* स्त्री० braided hair of a woman; crown; braid

चोर *(cor)* पु० burglar; thief

चोरी *(cori)* स्त्री० burglary, theft

चोली *(coli)* स्त्री० blouse, bodice, brassieres

चौंकना *(caumknā)* स० क्रि० to start up in sleep, to be alarmed

चौंकाना *(caumkānā)* स० क्रि० to alarm, to startle

चौंगा *(caungā)* पु० wheedling, bait

चोंधियाना *(caumdhiyānā)* स० क्रि० to flash, to daze

चौ *(cau)* an allomorph of four.

चौक *(cauk)* पु० square plot of ground, courtyard, centre of for road.

चौकी *(cauki)* स्त्री० stool; bench for sitting; police station

चौकीदार *(cauki-dār)* पु० sentry, guard, watchman

चौकीदारी *(cauki-dāri)* स्त्री० the business of watchman

चौगान *(caugān)* पु० game of polo

चौड़ा *(caurā)* अ० क्रि० wide, broad

चौथा *(cauthā)* अ० क्रि० the fourth; fourth lunar day; fourth day of somebody's death

चौथाई *(cauthāi)* अ० क्रि० fourth part

चौथापन *(cauthā-pan)* पु० fouth stage of life, old age

चौदस *(caudas)* स्त्री० fourteenth day of a lunar month according to Hindu calendar

चौधरी *(caudhri)* पु० headman of a village, foreman

चौपड़ *(caupar)* पु० a game which is played with three long dices

चौपाई *(caupāi)* स्त्री० metre or verse consisting of four lines

चौबाइन *(caubāin)* स्त्री० the wife of a choube

चौबारा *(caubārā)* पु० open room built on the roof of a house

चौबे *(caube)* पु० a subcaste among Brahmans

चौमंज़िला *(cau-manzilā)* अ० क्रि० built of four storeys

चौसर *(causar)* पु० game played with long dices,

चौहान *(cauhān)* पु० caste among Rajputs

च्यवन *(cyavan)* पु० dripping, oozing, the name of a sage

च्यवनप्राश *(cyavn-parāś)* पु० an Ayurvedic medicine

च्युत *(cyut)* अ० क्रि० dropped, fallen, degraded

च्युति *(cyuti)* स्त्री० falling, perishing

छ *(cha)* member of the second pentad of consonants in Devnagri alphabet

छँटना *(chamtnā)* स० क्रि० to be separated on being cut, to be removed, to be lean and thin

छँटा हुआ *(chamtà huā)* अ० क्रि० selected; cunning

छँटाई *(chamtāi)* स्त्री० retrenchment the work or wages for cleaning

छँटनी *(chamtani)* स्त्री० retrenchment

छंद *(chand)* पु० metre, stanza

छदाबद्ध *(chando-badh)* अ० क्रि० in the iorm of a verse

छकड़ा *(chakrā)* पु० wooden car; cart

छकना *(chaknā)* स० क्रि० to be stisfied; to be intoxicated

छकाना *(chakānā)* स० क्रि० to satiate, to intoxicate, to cheat

छक्का *(chakkā)* पु० a group of six, the sixth at cards; a six in cricket

छगन *(chagan)* पु० baby, darling

छछूँदर *(chachumdar)* स्त्री० mole, musk-rat

छछूंदरी *(chachumdari)* स्त्री० a vole

छज्जा *(chajjā)* पु० terrace; balcony

छटंकी *(chatamki)* स्त्री० a weight of one small portion

छटकना *(chataknā)* स० क्रि० to slip off, to keep aloof

छटपटाना *(chatpatana)* स० क्रि० to toss; to struggle; to be restless

छटपटी *(chatpati)* स्त्री० restlessness, struggling

छटाँक *(chatāmk)* स्त्री० one sixteenth of approximately a kilogram

छटा *(chatā)* स्त्री० brilliance, glory, sixth

छटाव *(chatāv)* पु० separation

छठ *(chath)* स्त्री० the sxith day of fort-

night in a lunar month
छठी (chathi) स्त्री० ceremony performed on the sxith day after child birth
छड़ी (chari) स्त्री० rod, cane, stick
छत (chat) स्त्री० roof; ceiling
छतरी (chatri स्त्री० umbrella
छत्ता (chattā) पु० a covered footpath, carridor, bee hive
छत्र (chatr) पु० umbrella, parasol
छत्रक (chatrak) पु० temple, pavilion
छत्रधारी| (chatradhāri) अ० क्रि० carrying an umbrella; prince
छद्‌म (chadma) पु० pretext, trick, fraud
छद्‌मी (chadmi) अ० क्रि० crafty, impersonating
छनकना (chanakanā) स० क्रि० to emit a hissing sound
छनना (channā) पु० filter
छनाई (chanāi) स्त्री० percolation
छपाई (chapi) स्त्री० stamping, printing
छपाका (chapākā) पु० the sound produced by striking against water
छपाना (chapānā) स० क्रि० to cause to be printed
छप्पर (chappar) पु० booth, thatched roof
छबड़ा (chabrā) पु० a shallow basket
छवि (chabi) स्त्री० aspect, beauty
छबीला (chabilā) अ० क्रि० handsome, graceful
छरहरा (charahrā) अ० क्रि० light, swift, slim and smart
छर्रा (charrā) पु० small shot
छल (chal) पु० deception
छलकना (chalaknā) स० क्रि० to spill out, to overflow
छलनी (chalni) स्त्री० strainer; sieve
छलाँग़ (chalamg) स्त्री० spring, vault, jumping
छलावा (chalāvā) पु० shadow of a ghost, magic
छलिया (chaliyā) अ० क्रि० पु० artful, crafty, cunning
छल्ला (challā) पु० ring worn on the fingers; bangle
छवि (chavi) स्त्री० features; beauty; brilliance
छाँटना (chāmtnā) स० क्रि० to sort out, to select; to cut
छांदोग्य (chāndogya) पु० an Upanishad of (Hindi classic) Samaveda
छाँव (chāmv) स्त्री० shadow; shade
छाँह (chāmh) स्त्री० reflection, shadow; shade
छाछ (chāch) स्त्री० butter-milk
छाज (chāj) पु० winnowing basket, thatch
छाजन (chājan) पु० covering, cloth
छाता (chātā) पु० umbrella
छाती (chāti) स्त्री० chest, breast; bosom
छात्र (chātr) पु० pupil, scholar, student
छात्रावास (chātrāvās) पु० boarding house, hostel
छान (chān) स्त्री० frame work for thatching with straw
छानना (chānnā) स० क्रि० to strain, to filter, to investigate
छान–बीन (chān-bin) search, investigation, critical research
छाना (chānā) स० क्रि० to thatch, to cover; to spread; to dominate
छाप (chāp) स्त्री० stamp; print; impression; brand
छापना (chāpnā) स० क्रि० to stamp; to imprint; to impress

छापा *(chāpā)* पु० impression; stamp; seal
छापाख़ाना *(chāpākhānā)* पु० printing press
छाया *(chāya)* स्त्री० shade; shadow
छार *(chār)* पु० ashes; dirt
छाल *(chāl)* स्त्री० rind, bark, skin
छाला *(chālā)* पु० blister; pimple
छालिया *(chāliyā)* स्त्री० betel nut
छावनी *(chāvni)* स्त्री० thatch, encampment, cantonment
छावा *(chāvā)* पु० boy, son
छिः *(chi)* स्त्री० a word used to express contempt
छिंकाना *(chimkānā)* स० क्रि० to cause someone to sneeze
छिछला *(chichlā)* अ० क्रि० thin, shallow
छिछली *(chichli)* स्त्री० play of ducks and drakes
छिछोरा *(chichorā)* स० क्रि० trivial, petty
छिटकना *(chitaknā)* स० क्रि० to be scattered, to be dispersed
छिटकाना *(chitkānā)* स० क्रि० to spread all round, to scatter
छिटकी *(chitki)* स्त्री० speck
छिड़कना *(chiraknā)* स० क्रि० to spill, to sprinkle, to patter
छिड़काव *(chirkāv)* पु० act of sprinkling
छिड़ना *(chirnā)* स० क्रि० to begin, to commence
छितरना *(chitarnā)* स० क्रि० to be scattered
छिद्र *(chidra)* पु० hole, gap, slot; defect
छिनना *(chinnā)* स० क्रि० to be snatched away; to be taken by force
छिनाल *(chināl)* अ० क्रि० स्त्री० adulterous, sluttish
छिन्न *(chinn)* अ० क्रि० cut; divided
छिपकली *(chipkali)* स्त्री० lizard
छिपना *(chipnā)* स० क्रि० to be concealed, to be hidden
छिपाना *(chipānā)* स० क्रि० to cover; to hide, to conceal
छिपाव *(chipāv)* पु० hiding, secrecy
छिलका *(chilkā)* पु० rind, crust, peel
छिलना *(chilnā)* स० क्रि० to be rubbed away, to be excoriated
छींक *(chimk)* स्त्री० a sneeze
छींकना *(chimknā)* स० क्रि० to sneeze
छींट *(chimt)* स्त्री० drops of water
छींटना *(chimtnā)* स० क्रि० to scatter, to diffuse
छींटा *(chimtā)* पु० slap, casual glance, spot made by a drop water
छीका *(chikā)* पु० net of strings for hanging.
छीछड़ा *(chichrā)* अ० क्रि० tough flesh of an animal
छीछालेदर *(chichaledār)* स्त्री० embarrassment
छीज *(chij)* स्त्री० diminution, waste
छीनना *(chinnā)* स० क्रि० to take possession, to extort, to snatch
छीना–झपटी *(chinā-jhapati)* स्त्री० extortion, forcible seizing
छीबर *(chibar)* स्त्री० thick calico
छीलना *(chilnā)* स० क्रि० to peel; to pare; to scrap
छुआछूत *(chuāchut)* स्त्री० untouchability
छुईमुई *(chui-mui)* स्त्री० sensitive, mimosa plant
छुगनू *(chuganu)* पु० small bells attached to an ornament
छुटकारा *(chutkārā)* पु० escape; exemption; riddance

छुटपन *(chutpan)* पु० infancy, childhood

छुट्टा *(chuttā)* अ० क्रि० free, alone, not bound

छुट्टी *(chutti)* स्त्री० leave, vacation; holiday

छुड़वाना *(chrvānā)* स० क्रि० to cause someone freed, to leave

छुड़ाव *(churāv)* पु० discharge

छुपना *(chupnā)* स० क्रि० to hide oneself

छुरा *(churā)* पु० razor; dagger

छुरी *(churi)* स्त्री० knife; small dagger

छुहारा *(chuhārā)* पु० dry date palm

छू *(chu)* पु० the act of blowing or uttering, an incantation; µearj gksuk to disappear from sight, to fly away, to vanish

छूट *(chut)* स्त्री० remission, discount; rebate

छूटना *(chūtnā)* अ० क्रि० to lag; to be dismissed; to get rid of

छूत *(chūt)* स्त्री० touch, infection, contagion

छूना *(chūnā)* स० क्रि० to touch, to feel,

छेक *(chek)* पु० hole, division

छेड़खानी *(cherkhāni)* स्त्री० act of provoking, teasing

छेड़छाड़ *(cherchār)* स्त्री० teasing; provocation

छेड़ना *(chernā)* स० क्रि० to irritate, to excite, to tease

छेद *(ched)* पु० aperture, breach, hole

छेदक *(chedak)* अ० क्रि० boring or cutting, divisor

छेदना *(chednā)* स० क्रि० to perforate, to drill, to bore.

छैला *(chailā)* पु० fap, spark, dandy

छोकरा *(chokrā)* पु० boy, lad

छोकरी *(chokri)* स्त्री० girl

छोटा *(chotā)* अ० क्रि० little; narrow; junior

छोटी इलायची *(choti-ilāici)* स्त्री० cardamom

छोड़ना *(choranā)* स० क्रि० to relinquish, to remit, to let go; to leave

छोर *(chor)* पु० border; end; the edge

छोरा *(chorā)* पु० boy, lad

छोला *(cholā)* पु० gram

छौंकना *(chumknā)* पु० to fry

छौना *(chaunā)* पु० young one

ज *(ja)* the third of the second pentad of the consonants in Devnagri alphabet

जंग *(jang)* स्त्री० battle, fight

जंग *(zang)* पु० rust

जंगम *(jangam)* अ० क्रि० movable; moving; living

जंगल *(jangal)* पु० forest; woods, wilderness

जंगली *(jangli)* अ० क्रि० wild; savage; uncivilised

जंगी *(jangi)* अ० क्रि० military, warlike, martial

जंघा *(janghā)* स्त्री० thing

जंजाल *(janjāl)* पु० perplexity, embarrassment; entanglement
ज़ंजीर *(zañjira)* स्त्री० shackle; chain
जंतु *(jantu)* पु० animal, creature
जंभाई *(jambhāi)* स्त्री० yawning
जकड़ना *(jakarnā)* स० क्रि० to tighten, to grasp
ज़ख़ीरा *(zakhirā)* पु० a treasure; collection; store-house
ज़ख्म *(zakhm)* पु० injury, wound
ज़ख्मी *(zakhmi)* अ० क्रि० injured, wounded, hurt
जग *(jag)* पु० the universe, world
जगत *(jagat)* पु० the universe, world
जगदंबा *(jagdambā)* स्त्री० Hindu goddess Durga
जगदीश *(jagadiśa)* पु० Hindu Lord of the universe.
जगना *(jagnā)* स० क्रि० to be awakened; to be careful
जगमगाना *(jagmagānā)* स० क्रि० to glitter, to shine, to twinkle
जगह *(jagah)* स्त्री० place, locality; space
जगाना *(jagānā)* स० क्रि० to raise; to awake
जघन्य *(jaghanya)* अ० क्रि० abominable; detested; low
जच्चा *(jaccā)* स्त्री० woman in maternity
जज़्ब *(jazb)* अ० क्रि० assimilated; absorbed
जज़्बा *(jazbā)* पु० feeling, emotion
जटिल *(jatil)* अ० क्रि० very difficult, intricate
जठर *(jathar)* पु० womb, stomach
जड़ *(jar)* स्त्री० root; senseless, material
जड़ता *(jaratā)* स्त्री० immovableness, stiffness
जड़ना *(jarnā)* स० क्रि० to fit, to join; to set with jewels
जड़ाऊ *(jarāu)* अ० क्रि० studded or set with jewels
जड़ाना *(jarānā)* स० क्रि० to cause to be set
जड़ी *(jari)* स्त्री० a medicinal plant
जताना *(jatānā)* स० क्रि० to make known, to remind
जत्था *(jatthā)* पु० gang; a band
जन *(jan)* पु० mankind, a person, people
जनक *(janak)* पु० father; originator; the father of Sita
जनजाति *(janājāti)* पु० a tribe
जनता *(janatā)* पु० public, masses
जननी *(janani)* स्त्री० mother
जनाना *(zanānā)* अ० क्रि० female; female ward
जनाब *(janāb)* अ० क्रि० पु० your honour, your highness; mister
जर्नादन *(janārdan)* पु० an epithet of Hindu Lord Vishnu
जनेऊ *(janeu)* पु० sacred thread of Hindu religion.
जनोक्ति *(janokti)* स्त्री० proverb
जन्म *(janm)* पु० birth; production; origin
जन्मोत्सव *(janamotsav)* पु० birthday celebration
जप *(jap)* पु० prayer
जपना *(japnā)* स० क्रि० to repeat silently name of any deity, to mutter prayers
जपमाला *(japmālā)* स्त्री० a rosary for counting prayers
जब *(jab)* क्रि० when, at whatever time;
जबड़ा *(jabrā)* पु० jaw
जबरदस्त *(zabardast)* अ० क्रि० strong, powerful, violent

जबरन *(jabran)* क्रि० forcibly, with force
ज़बह *(zabah)* पु० slaughter
ज़बहा *(zabahā)* पु० spirit, courage
ज़बान *(zabān)* स्त्री० tongue, language
ज़बानी *(zabāni)* अ० क्रि० by word of mouth, vocal
जवाब *(javāb)* पु० answer
जवाबदेह *(javābdeh)* अ० क्रि० accountable, liable; subject to
ज़बून *(zabun)* अ० क्रि० bad, wicked
ज़ब्त *(zabt)* अ० क्रि० confiscated, forfeited
ज़ब्ती *(zabti)* स्त्री० forfeiture, forfeit
जब्र *(jabra)* पु० oppression, force
जमघट *(jamghat)* पु० throng, crowd, assembly
जमदग्नि *(jamdagni)* पु० the name ot a sage
जमना *(jamnā)* स० क्रि० to be coagulated, to be frozen, to be fixed
जमवट *(jamavat)* स्त्री० the wooden foundation of a well
जमहाई *(jamahāi)* स्त्री० gaping, yawning
जमा *(jamā)* अ० क्रि० accumulated, collected, stored
जमाई *(jamāi)* पु० son-in-law
जमात *(jamāt)* पु० assembly; class
जमादार *(jamādār)* पु० head of soldiers, person on guard
ज़मानत *(zamānat)* स्त्री० bond; surety; bail
ज़मानती *(zamanati)* पु० surety, guarantor
जमाना *(zamana)* पु० time; world, age, period
जमाव *(jamāv)* पु० crowd, accumulation
ज़मींकन्द *(zamimkand)* पु० the yam
ज़मींदार *(zamindār)* पु० cultivator; landlord
ज़मीन *(zamin)* स्त्री० land, the earth; soil; ground
ज़मीनी *(zamini)* अ० क्रि० earthly, pertaining to the earth
जम्बुक *(jambuk)* पु० jackal
जम्बूद्वीप *(jambudvip)* पु० one of the seven divisions of the world as described in the Hindu Puranas
जम्बूरा *(jambu, ā)* पु० swivel, small pliers
जम्हाई *(jamhāi)* स्त्री० yawning
जयंत *(jayant)* अ० क्रि० victorious, triumphant
जयंती *(jayanti)* स्त्री० jubilee; goddess Durga
जय *(jay)* स्त्री० victory, conquest
जयकार *(jayakār)* स्त्री० cheers, rejoicings
जयघोषणा *(jaya-ghosanā)* स्त्री० declaration of victory
जयद्रथ *(jayadrath)* पु० brother-in-law of king Duryodhana
जयध्वज *(jayadhvaj)* पु० name of an ancient king of Avanti; flag of victory
जयपत्र *(jayapatra)* पु० bond of victory
जयमंगल *(jaya-mangal)* पु० the elephant on which a king mounts
जयश्री *(jaysri)* स्त्री० goddess of victory
जयस्तंभ *(jaya-stambha)* पु० the monument erected to commemorate a victory
जया *(jayā)* स्त्री० epithet of goddess Durga; green grass
ज़र *(zar)* पु० riches, wealth
जरा *(jarā)* स्त्री० senility, old age
ज़रा *(zarā)* अ० क्रि० little, less
जराग्रस्त *(jara-grast)* अ० क्रि० aged, old

जराभीरु *(jarā-bhiru)* पु० cupid

जरासंध *(jarāsandh)* पु० name of an ancient king of an Inran state

ज़रिया *(zariyā)* पु० connection, means, agnecy

ज़री *(zari)* स्त्री० cloth woven with gold thread

ज़रूर *(zarur)* क्रि० of course, certainly, necessarily

ज़रूरत *(zarurat)* स्त्री० need, want, necessity

ज़रूरी *(zaruri)* अ० क्रि० necessary, needful; important

ज़र्क–बर्क *(zarq-barq)* अ० क्रि० shining, brilliant

जर्जर *(jarjar)* अ० क्रि० old, decrepit, worn out

जर्जरित *(jarjarit)* अ० क्रि० tattered, crushed

ज़र्दी *(zardi)* स्त्री० yellowness, paleness

ज़र्रा *(zarrā)* पु० particle, an atom

जर्राह *(jarrāh)* पु० surgeon, anatomist

जर्राही करना *(jarrāhi karnā)* स० क्रि० to operate

जलंधर *(jalandhar)* पु० the name of a demon, dropsy

जल *(jal)* पु० water, aqua

ज़लज़ला *(zalzalā)* पु० earthquake

जलन *(jalan)* स्त्री० inflammation, burning sensation; jealousy

जलना *(jalnā)* स० क्रि० to flame, to burn

जलनिधि *(jal-nidhi)* पु० sea, ocean

जलपक्षी *(jal-paksi)* पु० aquatic bird

जलपात्र *(jal-pātra)* पु० urn, flagon

जलपान *(jal-pān)* पु० breakfast; light refreshment

जलप्रणाली *(jal-pranāli)* स्त्री० device of water

जलप्रपात *(jal-prapāt)* पु० waterfall

जलप्रवाह *(jal-pravāh)* पु० torrent; act of throwing something into water

जलप्रलय *(jal-pralay)* पु० destruction by water

जलप्लावन *(jal-plāvan)* पु० flood

जलबेंत *(jal-bent)* पु० water-cane

जलभँवर *(jal-bhanvar)* पु० water bee

जलमय *(jal-maya)* अ० क्रि० watery

जलमानुष *(jal-mānuś)* पु० merman

जलयन्त्र *(jal-yantra)* पु० an appliance to raise water, water wheel

जलवायु *(jal-vāyu)* स्त्री० climate

जलशास्त्र *(ja-śāstra)* पु० hydromechanics

जलसा *(jalsā)* पु० meeting; function; social gathering

जलसेना *(jal-senā)* स्त्री० navy

जलस्तंभ *(jal-stambh)* पु० lighthouse; water-sprout

जलाना *(jalānā)* स० क्रि० to light, to kindle; to burn; to scold

ज़लालत *(zalālat)* स्त्री० meanness

जला–भुना *(jalā-bhunā)* अ० क्रि० hot-tempered

जलार्द्र *(jalā-radr)* अ० क्रि० moist, wet

जलाल *(jalāl)* पु० splendour, glory; power

जलावतन *(jalā-vatan)* पु० exile; exiled

जलाशय *(jalāśaya)* पु० tank; lake

ज़लील *(zalil)* अ० क्रि० wretched, base, mean

जलूस *(jalus)* पु० procession

जलेबी *(jalebi)* स्त्री० a kind of sweetmeat

जल्दी *(jaldi)* स्त्री० quickness, hurry

जल्प *(jalp)* पु० babbling

जल्पना *(jalpanā)* स० क्रि० to brag, to boast

जल्लाद *(jallād)* पु० executioner, cruel person

जवनिका *(javanikā)* स्त्री० theatrical screen

जवाँमर्द *(javām-mard)* स्त्री० gallantry, brave, hero

जवान *(javān)* अ० क्रि० young, youthful; brave, soldier or sepoy

जवानी *(javāni)* स्त्री० youth

जवाब *(javāb)* पु० answer; reply; retaliation

जवाबी *(javābi)* अ० किं० requiring a reply; pertaining to answer

जवाहर *(javāhar)* पु० jewel, gem

जश्न *(jaśan)* पु० merriment, festivity, festival

जस्ता *(jastā)* पु० zinc

जहन्नुम *(jahannum)* पु० hell

ज़हमत *(zahmat)* स्त्री० afflication, trouble; injury

ज़हर *(zahr)* पु० venom, poison

ज़हरमोहरा *(zahar-mohrā)* पु० the bezoar, a kind of green stone supposed to be and antidote to poison

ज़हरीला *(zahrilā)* अ० क्रि० poisonous, venomous

जहाँ *(jahām)* क्रि० wherever

जहाँगीरी *(jahāngiri)* स्त्री० kind of bracelet

जहाँपनाह *(jahām-panāh)* पु० the protector of the world, His Imperial Majesty

जहाज़ *(jahāz)* पु० ship; vessel, sail

जहाज़ी *(jahāzi)* अ० क्रि० marine, nautical; sailor

जहान *(jahān)* पु० the world

जहानी *(jahāni)* अ० क्रि० worldly, terrestrial

जहालत *(jahālat)* स्त्री० ignorance, barbarity, stupidity

जहीं *(jahim)* क्रि० wherever, at whatsoever place

ज़हीन *(zahin)* अ० क्रि० intelligent, sagacious, wise

जहेज़ *(jahez)* पु० dowry, gift in marriage;

जाह्नु *(jahnu)* पु० name of sage who adopted the river Ganges as his daughter

जाँघ *(jāmgh)* स्त्री० thigh

जाँघिया *(jāmghiya)* पु० lower underwear, short drawers

जाँच *(jāmc)* पु० trial, investigation

जाँचना *(jāmcnā)* स० क्रि० to ascertain; to examine; to try; to investigate

जागना *(jāgnā)* स० क्रि० to get up from bed, to awake; to be careful

जागता हुआ *(jāgtā-huā)* क्रि० vigilant unwinking

जागरण *(jāgaran)* पु० watch, vigil, wakefulness

जागरित *(jāgarit)* अ० क्रि० wide-awake, watchful, alert

जागरूक *(jāgaruk)* अ० क्रि० wakeful, vigilant

जागीर *(jāgir)* स्त्री० rent-free grant given as a reward property

जागृति *(jāgrti)* स्त्री० wakefulness, and awakening

जाज्वल्यमान *(jajvalyamān)* अ० क्रि० shining, lustrous

जाट *(jāt)* पु० a tribe in India

जाड़ा *(jārā)* पु० winter; cold

जाड्य *(jādya)* पु० lack of sensation,

जातक *(jātak)* पु० child, newborn baby

जात-पात *(jāt-pāt)* स्त्री० caste and community

जाता *(jātā)* स्त्री० girl, daughter

जाति *(jāti)* स्त्री० race; sex; caste; community

ज़ाती *(jāti)* अ० क्रि० personal, individual

जातीय *(jātiya)* अ० क्रि० pertaining to tribe or caste

जातीयता *(jātiyatā)* स्त्री० communal feeling

जादू *(jādu)* पु० juggiing, magic, spell; charm;

जादूगर *(jādugar)* पु० juggler, magician; conjurer

जादूगरनी *(jādugarni)* स्त्री० witch

जादूगरी *(jādugri)* स्त्री० magic, sorcery, a charm

जान *(jān)* स्त्री० understanding; life; spirit

जानकार *(jānkār)* अ० क्रि० conversant; knowing; experienced

जानकी *(jānaki)* स्त्री० daughter, Sita

जानदार *(jāndār)* अ० क्रि० animate, having life

जानना *(jānanā)* स० क्रि० to know; to understand

जान-पहचान *(jān-pehcān)* स्त्री० acquaintance

जानवर *(jānvar)* पु० animal, beast

जाना *(jānā)* स० क्रि० to go; to depart

जानु *(jānu)* पु० the knee

जानी *(jāni)* अ० क्रि० dear, beloved

जाप *(jāp)* पु० rosary for prayers

जापक *(jāpak)* पु० one who repeats the names of a deity

जाफ़रान *(zāfrān)* पु० saffron

जाबालि *(jā-bāli)* पु० the preceptor of Hindu king Dasharatha

ज़ाब्ता *(zābta)* पु० regulation, rule

जाम *(jām)* अ० क्रि० jammed; jam; a peg

जामन *(jāman)* पु० rennet used in coagulating milk;

जामा *(jāmā)* पु० garment, raiment, robe

जामाता *(jāmātā)* पु० son-in-law

जामुन *(jāmun)* पु० black plum, jambo

जाम्बवती *(jāmb-vati)* स्त्री० one of the wives of Lord Krishna

जाम्बवंत *(jāmb-vant)* पु० minister of ancient Hindu King Sugreeva

ज़ायका *(zāyqa)* पु० relish, taste

जायदाद *(jaydād)* स्त्री० property

ज़ाया *(jāyā)* अ० क्रि० waste, ruined

जार *(jār)* पु० a lover, and adulterer

जारण *(jāran)* पु० burning, reducing to ashes

जारी *(jāri)* अ० क्रि० proceeding, running,

जाल *(jāl)* पु० mesh, net, network; plot

जाला *(jālā)* पु० net, cobweb

ज़ालिम *(zālim)* अ० क्रि० tyrannical, cruel, oppressive.

जाली *(jāli)* स्त्री० net, frandulant, unanthentic

जासूस *(jāsus)* पु० emissary, spy

ज़ाहिर *(zāhir)* अ० क्रि० obvious, clear, plain, manifest

जाहिल *(jāhil)* अ० क्रि० foolish; ignorant; illiterate; rude.

ज़िंदगी *(zindagi)* स्त्री० फा० life, span of life.

ज़िंदा *(zindā)* वि० फा० alive, living.

जिंस *(jims)* स्त्री० अ० commodity, cereals.

जिगर *(jigar)* पु० फा० liver; spirit, courage.

जिज्ञासा *(jijñāsā)* स्त्री० curiosity, inquisitiveness.

जिज्ञासु *(jijñāsu)* वि० inquisitive, curious.

जिठानी *(jithāni)* स्त्री० wife of husband's elder brother.

जितना *(jitnā)* वि० as much.

जितने *(jitne)* वि० as many.

ज़िदी *(ziddi)* स्त्री० अ० obstinacy, stubbornness.

जिधर *(jidhar)* क्रि० वि० in whichever direction, wherever.

जिन, जिन्न *(jin, jinn)* पु० अ० ghost, one of the spirits of lower type.

ज़िम्मेदार *(zimmedār)* वि० अ० responsible, answerable.

ज़िम्मेदारी *(zimmedāri)* स्त्री० अ० responsibility.

ज़िम्मेवार *(zimmevār)* वि० अ० responsible.

जिरह *(jirah)* स्त्री० अ० cross-examination, cross-question.

ज़िरहबक्तर *(zirahbaktar)* पु० अ० armour.

ज़िला *(zilā)* पु० अ० district.

ज़िलाधीश *(zilādhiš)* पु० district magistrate of collector.

जिलाना *(jilānā)* स० क्रि० to restore to life, to give life to; to revive.

जिल्द *(jild)* स्त्री० अ० binding of book cover; a volume; skin, hide.

जिल्दबंदी *(jildbandi)* स्त्री० अ० book-binding.

जिल्दसाज़ *(jild-sāz)* पु० अ० book-binder.

जिल्दसाज़ी *(jild-sāzi)* स्त्री० अ० book-binding.

जिस *(jis)* सर्व० an oblíue form of, which who.

जिसका *(jiskā)* सर्व० whose.

जिसको *(jisko)* सर्व० whom.

जिस जगह *(jis-jagah)* क्रि० वि० where.

जिसमें *(jis-men)* क्रि० वि० wherein.

जी *(ji)* पु० mind, heart.

जीजा *(jijā)* पु० brother-in-law (sister's husband).

जीजी *(jiji)* स्त्री० elder sister.

जीत *(jit)* स्त्री० victory, success, triumph, conquest, advantage.

जीतना *(jitnā)* स० क्रि० to win, to conquer.

जीना *(jinā)* अ० क्रि० to live, to be alive.

ज़ीना *(zinā)* पु० फा० staircase.

जीभ *(jibh)* स्त्री० tongue.

जीमना *(jimnā)* स० क्रि० to eat, to take (food).

जीर्णता *(jirnatā)* स्त्री० senescence, senility.

जीर्णशीर्ण *(jirn-širn)* वि० tattered, worn out, ruined.

जीव *(jiv)* पु० life, soul, creature, living being, organism.

जीवन *(jivan)* पु० life.

जीवनचरित *(jivan-carit)* पु० biography.

जीवनदायक *(jivandāyak)* वि० life-giving.

जीवनी *(jivani)* स्त्री० biography.

जीवनीकार *(jivani-kār)* पु० biographer.

जीवरसायन *(jiv-rasāyan)* पु० biochemistry.

जीवविज्ञान *(jiv-vigān)* पु० biology.

जीवाणु *(jivānu)* पु० bacteria.

जीवाणुनाशक *(jivānu-nāšak)* वि० bectericidal.

जीवाणु विज्ञान *(jivānu-vignān)* पु० bacteriology.

जीवात्मा *(jivātmā)* पु० individual soul enshrined in the human body.

जीविका *(jivikā)* स्त्री० livelihood; subsistence.

जीवित *(jivit)* वि० living, alive.

ज़ुकाम *(zukām)* पु० cold, catarrh.

जुग – जुग *(jug-jug)* क्रि० वि० for ages, for ever.

जुगत *(jugat)* स्त्री० means, device, measure, contrivance; skill.

जुगल *(jugal)* पु० pair, couple.

जुगलबंदी *(jugal-bandi)* स्त्री० duet.

जुगाड़ *(jugār)* पु० improvisation, manipulation; procurement.

जुगाली *(jugāli)* स्त्री० rumination.

जुगुप्सा *(jugupsā)* स्त्री० dislike, aversion, disgust, abhorrence.

जुझारू *(jujharu)* वि० combatant; berserk.

जुटना *(jutnā)* अ० क्रि० to unite; to flock; to be engaged in work; to assemble.

जुटाना *(jutānā)* स० क्रि० to collect; to unite closely together, to combine.

जुड़ना *(jurnā)* अ० क्रि० to be attached or added; to collect (as gathering).

जुड़वाँ *(jurvām)* वि० twin.

जुतना *(jutnā)* अ० क्रि० to be yoked; to be tilled; to be engaged in a drudgery.

जुताई *(jutāi)* स्त्री० ploughing, tillage.

जुदा *(judā)* वि० फा० separate, distinct.

जुदाई *(judāi)* स्त्री० separation, parting.

जुर्म *(jurm)* पु० अ० crime, offence.

जुर्माना *(jurmānā)* पु० अ० fine, penalty.

जुर्रत *(jurrat)* स्त्री० अ० courage; audacity, effrontery.

जुर्राब *(jurrāb)* स्त्री० socks, stockings.

जुलाब *(julāb)* पु० purgative.

जुलाहा *(julāhā)* पु० weaver.

जुलूस *(julus)* पु० अ० procession.

ज़ुल्म *(zulm)* पु० अ० injusticee, oppression, tyranny.

जूँ *(jum)* स्त्री० louse.

जूझना *(jujhnā)* अ० क्रि० to fight, to combat, to struggle.

जूठन *(juthan)* स्त्री० leavings (of food, drink etc.).

जूठा *(juthā)* वि० defiled by eating or drinking.

जूड़ी *(juri)* स्त्री० ague, malarial fever.

जूता *(jutā)* पु० a pair of shoes, shoes; slippers; sandals.

जूही *(juhi)* स्त्री० jasmine.

जेठ *(jeth)* पु० husband's elder brother; third month of the Indian calendar.

जेठानी *(jethāni)* स्त्री० wife of husband's elder brother.

जेब *(jeb)* पु० अ० pocket.

जेबकतरा *(jeb-qatrā)* पु० pick-pocket.

जेल *(jel)* पु० prison, gaol, jail.

जैसा *(jaisā)* क्रि० वि० as, like, such as.

जैसे *(jaise)* क्रि० वि० as, as if, according as; for example, for instance.

जोंक *(jomk)* स्त्री० leech.

जो *(jo)* सर्व० who, which, what, that.

जोखिम *(jokhim)* पु० risk, danger.

जोगी *(jogi)* पु० ascetic, mendicant.

जोड़ *(jor)* पु० addition; total, sum; joint; patch; match; seam.

जोड़ना *(jornā)* स० क्रि० to join, to unite, to bind; to connect, to attach; to add; to collect, to amass; to assemble; to hoard.

जोड़ा *(jorā)* पु० pair; couple; suit.

जोड़ी *(jori)* स्त्री० pari, couple.

जोत *(jot)* स्त्री० tillage, land-holding; right to till a land; yoke strap.

जोतना *(jotnā)* स० क्रि० to plough, to till; to yoke; to harness, to work.

जोताई *(jotāi)* स्त्री० act or wages of tilling etc.

ज़ोर *(zor)* पु० फा० strength, prowess; force, stress, strain; emphasis.

ज़ोरदार *(zordār)* वि० फा० powerful, strong, influential.

जोरू *(joru)* स्त्री० wife.

जोश *(joś)* पु० फा० zeal, fervour, vigour enthusiasm.

जोशीला *(jośilā)* वि० zealous, spirited, vigorous, enthusiastic.

जौ *(jau)* पु० barley.

जौहर *(jauhar)* पु० valour; skill; valiance.

जौहरी *(jauhri)* पु० jeweller.

ज्ञात *(jñāt)* वि० known.

ज्ञातव्य *(jñātavya)* वि० knowable, worth knowing.

ज्ञाता *(jñātā)* पु० one who knows, scholar, learned person.

ज्ञान *(jñāna)* पु० knowledge, learning.

ज्ञानी *(jñāni)* वि० wise, learned, scholarly.

ज्ञानेंद्रिय *(jñānendriya)* पु० sense organ.

ज्ञापन *(jñāpan)* पु० memorandum; act or state of giving information or instruction.

ज्ञापित *(jñāpit)* वि० made known, informed, notified.

ज्ञेय *(jñeya)* वि० perceptible, knowable.

ज्या *(jyā)* स्त्री० bow-string; (in geom.) the chord of an arc; sine.

ज़्यादती *(zyādati)* स्त्री० excess, high-handedness, injustice.

ज़्यादा *(zyādā)* वि० more; many; much; abundant; excessive; extra.

ज्यामिति *(jyāmiti)* स्त्री० geometry.

ज्येष्ठ[1] *(jyeśth)* वि० eldest, senior most.

ज्येष्ठ[2] *(jyeśth)* पु० third lunar month.

ज्येष्ठता *(jyeśthatā)* स्त्री० state of being eldest, seniority.

ज्येष्ठा *(jyeśthā)* स्त्री० elder sister; dearest wife; Ganges; middle finger; lizard.

ज्यों *(jyom)* क्रि० वि० as, as if.

ज्योति *(jyoti)* स्त्री० light, flame, lustre; vision; luminosity.

ज्योतिष *(jyotiś)* पु० astrology.

ज्योतिषी *(jyotiśi)* पु० astrologer.

ज्योत्स्ना *(jyotsnā)* स्त्री० moonlight.

ज्वर *(jvar)* पु० fever.

ज्वलंत *(jvalant)* वि० brilliant, shinin; apparent, evident.

ज्वार *(jvār)* स्त्री० millet; tide.

ज्वार–भाटा *(jvār-bhātā)* पु० flood tide and ebb-tide.

ज्वालामुखी *(jvālā-mukhi)* पु० volcano.

झ *(jha)* the fourth letter of Devnagri alphabet.

झंकार *(jhaṁkār)* पु० tinkling, jingling, clinking sound.

झंकारना *(jhaṁkārnā)* अ० क्रि० to produce tinkling, jingling sound.

झंकृत *(jhaṁkṛt)* वि० tinkled, jingled.

झंझट *(jhanjhaṭ)* पु० botheration, annoying situation; mess, trouble, imbroglio.

झंझावात *(jhanjhāvat)* पु० storm.

झंडा *(jhaṇḍā)* पु० flag, banner, standard.

झंडी *(jhaṇḍī)* स्त्री० bunting.

झक *(jhak)* स्त्री० whim, craze, eccentricity.

झकझक *(jhak-jhak)* स्त्री० higgling; dispute, long-drawn discussion.

झकझोरना *(jhakjhornā)* स० क्रि० to shake violently.

झकोरना *(jhakornā)* स० क्रि० to shake, to put in motion; to drive or beat (as wind or rain); to gush through.

झक्की *(jhakkī)* पु० crazy, eccentric, whimsical.

झक्की[2] *(jhakkī)* पु० crazy person, whimsical person, crack.

झक्कीपन *(jhakkīpan)* पु० craziness, whimsicality, eccentricity.

झगड़ना *(jhagaṛnā)* अ० क्रि० to quarrel; to dispute, to argue; to altercate; to scramble.

झगड़ा *(jhagṛā)* पु० quarrel, dispute, altercation; strife.

झगड़ालू *(jhagṛālū)* वि० quarrelsome, contankerous, disputatious.

झटका *(jhaṭkā)* पु० jerk, jolt.

झटपट *(jhatpat)* क्रि० वि० speedily, quickly, promptly.

झड़ना *(jharṇā)* अ० क्रि० to drop, to fall, to fall. off

झड़प *(jharap)* स्त्री० skirmish, brawl; contention, altercation, wordy duel.

झड़पना *(jharapnā)* अ० क्रि० to fight, to contend.

झड़बेरी *(jhārberi)* स्त्री० wild plum, bush.

झड़ी *(jhaṛī)* स्त्री० continuous or incessant downpour; uninterrupted occurrence.

झनक *(jhanak)* स्त्री० tinkling/ clinking/jingling sound.

झनझनाना *(jhanjhanānā)* अ० क्रि० to clang, jingle, tinkle, clink; to be benumbed or cramped.

झनझनाहट *(jhanjhanāhaṭ)* स्त्री० jingling, tinkling; numbness.

झपकाना *(jhapkānā)* स० क्रि० to wink, to blink.

झपकी *(jhapkī)* स्त्री० nap or doze, blink.

झपटना *(jhapaṭnā)* अ० क्रि० to dash, to run, to make a sudden swoop, to pounce; to snatch or snap (at), to grab.

झपट्टा *(jhapaṭṭā)* पु० swoop; pounce.

झबरा *(jhabrā)* वि० having long hair, hairy, shaggy.

झमेला *(jhamelā)* पु० botheration; mess; entanglement; imbroglio; complicated affair.

झरझर *(jharjhar)* स्त्री० sound produced by the flow of water, murmur.

झरना *(jharnā)* पु० fall; spring, streamlet.

झरोखा *(jharokhā)* पु० small window, aperture, latticed screen.

झलक *(jhalak)* स्त्री० glimpse; glance; semblance; tinge.

झलकना *(jhalaknā)* अ० क्रि० to be reflected; to appear faintly; to carry a semblance.

झलाई *(jhalāī)* स्त्री० soldering, welding; charges for soldering.

झल्लाना *(jhallānā)* अ० क्रि० to be annoyed, to be enraged; to shout peevishly; to be irritated; to fret and fume.

झल्लाहट *(jhallāhat)* स्त्री० fretting and fuming; tantrums.

झाँकना *(jhāṁknā)* अ० क्रि० to peep, to peer.

झाँकी *(jhāṁkī)* स्त्री० tableau, pageant; scene; glance, glimpse; public display of decorated idols of Hindu gods.

झाँझ *(jhāṁjh)* स्त्री० cymbal; sistrum.

झाँसा *(jhāṁsā)* पु० deception, hoax, trickery; dodge; hoodwink.

झाड़[1] *(jhār.)* पु० bush, shrub.

झाड़[2] *(jhār.)* स्त्री० dusting; reprimand; rebuke; exorcism.

झाड़न *(jhāraṇ)* स्त्री० duster; sweepings, rubbish.

झाड़ना *(jhārṇā)* स० क्रि० to dust, to clean, to sweep; to extort; to reprimand, to scold; to exorcise; to shake off; to knock off, to show off.

झाड़–फ़ानूस *(jhār fanus)* पु० chandelier.

झाड़ू *(jhāṛū)* स्त्री० broom.

झाबा *(jhābā)* पु० a big basket; pannier.

झालर. *(jhālar)* स्त्री० flounce, frill, festoon.

झिकझिक *(jhik-jhik)* स्त्री० useless wrangling, discussion.

झिझक *(jhijhak)* स्त्री० hitch, hesitation; shyness.

झिझकना *(jhijhaknā)* अ० क्रि० to hesitate, to feel shy.

झिड़कना *(jhiṛaknā)* स० क्रि० to rebuke, to reprimand, to scold, to snub.

झिड़की *(jhiṛkī)* स्त्री० rebuke, reproof, snub.

झिरी *(jhirī)* स्त्री० aperture, small hole, cleft, fissure, slit, recess, chink.

झिलमिलाना *(jhilmilānā)* अ० क्रि० to flicker, to shimmer, to twinkle.

झिलमिलाहट *(jhilmilāhaṭ)* स्त्री० twinkle, shimmer, flicker.

झिल्ली *(jhillī)* स्त्री० thin skin, pellicle, membrane, film.

झींगुर *(jhīṁgur)* पु० cricket.

झीना *(jhīnā)* वि० thin, sparasely woven.

झुँझलाना *(jhuṁjhalānā)* अ० क्रि०

to be irritated or annoyed, to be peevish or fretful.

झुँझलाहट *(jhuṁjhalāhaṭ)* स्त्री० irritation, annoyance, peevishness, fretfulness.

झुँड *(jhuṇḍ)* पु० flock, herd; crowd; group; horde.

झुकना *(jhuknā)* स० क्रि० to bend; to hang down, to droop; to be bent down, to stoop; to lean, to incline; to bow, to submit; to yield.

झुकाना *(jhukānā)* स० क्रि० to bend; to cause to droop; to tilt, to cause to stoop; to force to accept defeat, to force to yield; to cause to lean.

झुकाव *(jhukāv)* पु० stoop, bowing down; bent, inclination; twist; tilt; trend.

झुठलाना *(jhuṭhlānā)* स० क्रि० to belie, to falsify.

झुमका *(jhumkā)* पु० pendant of an ear-ring; a kind of ear-ring.

झुरमुट *(jhurmuṭ)* पु० clump of trees etc.; cluster of shrubs; shadowy grove, shrubbery.

झुर्री *(jhurrī)* स्त्री० wrinkle.

झुलसना *(jhulasnā)* अ० क्रि० to be scorched, to be charred.

झुलसाना *(jhulsānā)* स० क्रि० to scorch; to singe, to sear.

झुलाना *(jhulānā)* स० क्रि० to swing, to rock.

झूठ *(jhūṭh)* पु० lie, falsehood, misrepresentation, untruth.

झूठा *(jhūṭhā)* वि० telling lies; untrue; false, fictitious; faithless.

झूमना *(jhūmnā)* अ० क्रि० to sway to and fro; to nod the head in a gay mood or intoxication.

झूमर *(jhūmar)* पु० ornament worn on head and ear, a kind of folk dance, rocking toy; ring of people, boats etc.

झूलना *(jhūlnā)* अ० क्रि० to swing, to dangle, to oscillate.

झेंप *(jheṁp)* स्त्री० blush, shyness, bashfulness.

झेंपना *(jheṁpnā)* अ० क्रि० to feel abashed, to blush, to feel embarrassed.

झोंकना *(jhoṁkanā)* स० क्रि० to throw; to thrust or pour (something) into furnace; to spend blindly.

झोंका *(jhoṁkā)* पु० gust, breeze, current (of wind); wave, undulation.

झोंपड़ी *(jhoṁpṛī)* स्त्री० hut, cottage.

झोला *(jholā)* पु० wallet; bag, kit; knapsack.

ट

ट *(ṭa)* the first letter of the third pentad of the Devnagri alphabet.

टंकक *(ṭaṅkak)* पु० typist.

टंकण *(ṭaṅkaṇ)* पु० typewriting, typing; soldering; mintage, coinage.

टंकणयंत्र *(ṭankan-yantra)* पु० type-writer.

टंकशाला *(ṭankśāla)* पु० mint.

टँकाई *(ṭankāi)* स्त्री० work or state of stitching or soldering; charges for stitiching; pecking.

टंकित *(ṭankit)* वि० typed.

टंकित्र *(ṭankitra)* पु० typewriter.

टंकी *(ṭaṅkī)* स्त्री० cistern, reservoir; tank.

टँगना *(ṭaṁgnā)* अ० क्रि० to hang, to be hung; to be suspended; to be in a state of uncertainty or indecision.

टंटा *(ṭaṇṭā)* पु० quarrel, wrangling, altercation; meaningless complication; botheration, trouble; disturbance.

टकटकी *(ṭakṭakī)* स्त्री० gaze, stare, fixed look.

टकराना *(ṭakrānā)* अ० क्रि० to collide, to be knocked; to clash, to quarrel, to encounter; स० क्रि० to bring into collision, to dash against, to knock (against).

टकसाल *(ṭaksāl)* स्त्री० mint, mint-house.

टकसाली *(ṭaksālī)* वि० of or pertaining to a mint.

टका *(ṭakā)* पु० an old Indian copper coin equal to two pice or paises.

टक्कर *(ṭakkar)* स्त्री० collision; clash, quarrel, encounter.

टखना *(ṭajhanā)* पु० ankle.

टटोलना *(ṭaṭolnā)* स० क्रि० to grope; to feel; to sound (somebody).

टट्टी *(ṭaṭṭī)* स्त्री० latrine; stool, faeces; screen (made of bamboo parings, straw or reeds etc.).

टट्टू *(ṭaṭṭū)* स्त्री० undersized horse, pony.

टन *(ṭan)* पु० tinkling sound; peal, chime; ton (measure of weight).

टनटन *(ṭantan)* स्त्री० thinkling sound, sound of bells; chime.

टपकन *(ṭapkan)* स्त्री० dripping.

टपकना *(ṭapaknā)* अ० क्रि० to fall as drops, to trickle, to drip; to leak.

टपका *(ṭapkā)* पु० mango fallen from the tree when ripe; drop; continuous dropping, dripping; leakage.

टपरा *(ṭaprā)* पु० hut, cottage; thatch.

टप्पर *(ṭappar)* पु० thatch; shed, canopy, awning.

टप्पा *(ṭappā)* पु० bound, range (of a ball, bullet etc.); spring, leap, jump; a form of light classical Hindustani music employing very quick movements.

टमटम *(ṭamṭam)* स्त्री० (अ०) a tumtum, an open horse-carriage.

टरकाना *(ṭarkānā)* स० क्रि० to put off, to evade; to dispose of summarily; to parry.

टर्रटर्र *(ṭarr-ṭarr)* स्त्री० croak; deep hoarse sound.

टर्राना *(ṭarrānā)* अ० क्रि० to croak; to grumble haughtily.

टलना *(ṭalnā)* अ० क्रि० to move, to stir, to be displaced; to slip away, to make off, to get out of the way; to be postponed, to be disobeyed.

टसुआ *(ṭasuā)* पु० tear.

टहल *(ṭahal)* स्त्री० drudgery; menial sevice, attendance.

टहलना *(ṭahalnā)* अ० क्रि० to stroll, to walk.

टहलुआ *(ṭahluā)* टहलुवा, टहलू पु० drudge, menial worker, lackey.

टाँकना *(ṭāṁknā)* पु० to stitch, to cobble; to solder; to roughen (the surface of a stone mill); to jot down; to record, to write down.

टाँका *(ṭāṁkā)* पु० stitch; solder; patch.

टाँग *(ṭāṁg)* स्त्री० leg.

टाँगना *(ṭāṁgnā)* स० क्रि० to hang, to suspend.

टाट *(ṭāṭ)* पु० sackcloth, gunny.

टाप *(ṭāp)* स्त्री० hoof (of a horse); tramp (of a horse); a bamboo frame for catching fish; hood (of tonga etc.)

टापना *(ṭāpnā)* अ० क्रि० to paw, to trample; to be left helpless; to be impatient, restless, or agitated; to repent.

टापू *(ṭāpū)* पु० island, isle.

टालना *(ṭālnā)* स० क्रि० to postpone, to put off; to evade by subterfuge, to prevaricate; to avert, to avoid; to ignore, to fail to observe.

टिकट *(ṭikaṭ)* स्त्री० ticket; postage stamp.

टिकट-घर *(ṭikaṭ-ghar)* पु० booking office.

टिकट-बाबू *(ṭikaṭ-bābu)* पु० booking clerk.

टिकना *(ṭiknā)* अ० क्रि० to stick fast, to remain firm; to stay, to stop, to halt; to last, to continue.

टिकाउ *(ṭikāu)* वि० lasting, durable.

टिकाऊपन *(ṭikāūpan)* पु० durability.

टिकाना *(ṭikānā)* स० क्रि० to cause to stand; to station, to encamp; to put (one) up, to lodge.

टिकिया *(ṭikyā)* स्त्री० pill, tablet; small cake.

टिड्डी *(ṭiḍḍī)* स्त्री० locust.

टिपाई *(ṭipāi)* स्त्री० copying; jotting down.

टिप्पण *(ṭippan)* पु० note, annotation; gloss; commentary.

टिप्पणी *(ṭippaṇī)* स्त्री० annotation, note; remark, comment.

टिप्पस *(ṭippas)* पु० manipulation, device to fulfil one's ends.

टिमटिमाना *(ṭimṭimānā)* अ० क्रि० to glimmer, to twinkle.

टीका[1] *(ṭīkā)* पु० mark put on the forehead; inoculation, vaccination; ceremony before marriage; an ornament worn on the forehead.

टीका[2] *(ṭīkā)* स्त्री० commentary; annotation.

टीकाकार *(ṭīkākār)* पु० commentator; annotator.

टीन *(ṭina)* स्त्री० a malleable white metal, tinplate, tin.

टीम-टाम *(ṭīm-ṭām)* स्त्री० ostentation, frippery; finishing touches; dressing.

टीस *(ṭīs)* स्त्री० shooting pain; mental agony, anguish.

टुंडी *(tuṇḍī)* स्त्री० navel.

टुकड़ा *(ṭukkṛā)* पु० piece, fragment; part, portion, division; a bit of bread.

टुकड़ी *(ṭukṛī)* स्त्री० troop, a corps (of an army); group, party, band.

टुच्चा *(ṭuccā)* वि० low, mean, ignoble; worthless, petty, insignificant.

टूटन *(ṭūṭan)* स्त्री० twisting pain.

टूटना *(ṭūṭnā)* अ० क्रि० to be broken, fractured, cracked, damaged etc; to break, to be severed or sundered; to be dissolved (as partnership), closed, abolished etc.; to have twisting pain; to be changed (as money).

टूट–फूट *(ṭūt-phūt)* स्त्री० breakage, damage; wear and tear, damages.

टूटा–फूटा *(ṭūtā-phutā)* वि० broken to pieces, damaged; demolished, worn out.

टेक *(ṭek)* स्त्री० prop, stay, support; resolve, determination; burden of a song, refrain.

टेकना *(ṭekanā)* स० क्रि० to support, to prop; to set down, to rest, to place.

टेढ़ा *(ṭeṛhā)* वि० bent, curved; crooked; difficult, intricate; oblique, slanting, skew.

टेढ़ापन *(ṭeṛhāpan)* पु० crookedness; intricacy.

टेर *(ṭer)* स्त्री० loud call; cry for help; high pitch (music).

टेरना *(ṭernā)* स० क्रि० to call aloud, to summon; to sing loudly, to produce a sound; to call for help.

टेसू *(ṭesū)* पु० the tree butea frondosa and its flower.

टोंटी *(ṭoṁṭī)* स्त्री० spout, tap, nozzle.

टोकना *(ṭoknā)* स० क्रि० to object, to question, to interrogate; to intervene, interrupt; to challenge, to accost.

टोकरा *(ṭokrā)* पु० a large basket, coop.

टोकरी *(ṭokrī)* स्त्री० basket.

टोटका *(ṭoṭkā)* पु० totem, witchcraft, sorcery.

टोटा *(ṭoṭā)* पु० loss, damage; want, deficiency, scarcity; butt end (of a cigarette etc.)

टोना *(ṭonā)* पु० totem, witchcraft, sorcery, spell.

टोपा *(ṭopā)* पु० large-size headwear (worn during winter).

टोपी *(ṭopī)* स्त्री० cap; cover.

टोली *(ṭolī)* स्त्री० band, batch, troupe; herd, group.

टोह *(ṭoh)* स्त्री० search, reconnaissance; whereabouts; sounding; hunt-out.

टोहना *(ṭohnā)* स्त्री० क्रि० to grope, to search, to trace; to feel for, to touch; to reconnoitre.

ठ *(ṭha)* the second letter of the third pentad of the Devnagri alphabet.

ठंड *(ṭhanḍ)* स्त्री० cold, chill.

ठंडा *(ṭhanḍā)* वि० cold, cool; soothed; extinguished; passionless; unresponsive.

ठंडाई *(ṭhanḍāī)* स्त्री० cooling drink.

ठक-ठक *(ṭhak-ṭhak)* स्त्री० repeated knock or tapping sound.

ठकुराई *(ṭhakurāī)* ठाकुरी स्त्री० rank or status of thakur; the region or land which is under a thakur; lordliness; supremacy; haughtiness.

ठग *(ṭhag)* पु० cheat, swindler.

ठगई *(ṭhagai)* स्त्री० cheating, dupery.

ठगना *(ṭhagnā)* स० क्रि० to cheat, to swindle.

ठगी *(ṭhagī)* स्त्री० cheating, trickery, swindling.

ठटरी *(ṭhathri)* स्त्री० skeleton; bier.

ठट्ठा *(ṭhaṭṭhā)* पु० banter; fun, joke, jest.

ठठेरा *(ṭhaṭherā)* पु० tinker, brazier.

ठठोली, ठिठोली *(ṭhaṭholī)* स्त्री० jesting, fun.

ठनना *(ṭhananā)* अ० क्रि० to be determined or resolved; to come to hostilities.

ठप *(ṭhapp)* क्रि० वि० at a stand still, reduced to a state of inactivity.

ठप्पा *(ṭhappā)* पु० die; stamp, impression; broad silver lace; mould.

ठमक *(ṭhamak)* स्त्री० halt; gait with thumping steps.

ठर्रा *(ṭharrā)* पु० country liquor.

ठलुआ *(ṭhaluā)* वि० out of employment, idle.

ठसक *(ṭhasak)* स्त्री० swagger; coquetry; dignity, vanity, affectation; uppishness.

ठसका *(ṭhaskā)* पु० kind of dry cough; push, shock.

ठसाठस *(ṭhasā-thas)* वि० packed, filled to capacity.

ठहरना *(ṭhaharnā)* अ० क्रि० to stop; to stay; to wait; to stabilise.

ठहराना *(ṭhaharānā)* स० क्रि० to cause to stand or stay, to stop; to cause to lodge.

ठाँये *(ṭhāṁy)* स्त्री० sound of a gun shot.

ठाँव *(ṭhāṁv)* पु० place, station, residence.

ठाकुर *(ṭhākur)* पु० deity, god; lord, master; chief, leader; landlord; highly honoured person.

ठाट, ठाठ *(ṭhāṭ)* पु० pomp, splendour, maginficence; joy, luxury; style, fashion.

ठाट-बाट *(ṭhāt-bāt)* पु० pomp and show.

ठाठदार *(ṭhāth-dār)* वि० pompous,

gorgeous, magnificent; glorious.

ठानना *(ṭhānanā)* सo क्रिo to resolve, to determine.

ठिकाना *(ṭhikānā)* पुo abode; place.

ठिठकना *(ṭhiṭhaknā)* अo क्रिo to stop short; to stand amazed.

ठीक[1] *(ṭhīk)* क्रिo properly; correctly; truly; rightly; well; suitably; usefully.

ठीक[2] *(ṭhīk)* विo right; true; correct; accurate; fit, good (health); proper; suitable; useful.

ठीक–ठाक *(ṭhik-thāk)* विo fit; proper; accurate.

ठीकरा *(ṭhīkrā)* पुo broken piece of earthen ware.

ठुकराना *(ṭhukrānā)* सo क्रिo to kick away; to put aside contemptuously; to reject, to turn down.

ठुड्डी *(ṭhuḍḍī)* स्त्रीo chin; parched grain that does not expand or swell.

ठुमकना *(ṭhumaknā)* अo क्रिo to strut, to walk with dancing gait; to take steps in such a manner in dancing that the bells may give systematic jingling sound.

ठुमका *(ṭhumkā)* पुo delicate or slow jerk of the feet.

ठूँठ *(ṭhūṁṭh)* पुo stump (of a tree); an amputated hand or arm.

ठूँसना *(ṭhūṁsnā)* सo क्रिo to stuff; to thrust in; to eat greedily.

ठेंगा *(ṭheṁgā)* पुo thumb (used only to show contempt).

ठेका *(ṭhekā)* पुo contract.

ठेकेदार *(ṭheke-dār)* पुo contractor.

ठेकेदारी *(ṭheke-dāri)* स्त्रीo contractorship.

ठेलना *(ṭhelnā)* सo क्रिo to push and move.

ठेला *(ṭhelā)* पुo bullock cart; wheel barrow; trolley; violent push.

ठेस *(ṭhes)* स्त्रीo knock; emotional shock; blow.

ठोंकना *(ṭhoṁknā)* स्त्रीo to beat; to hammer, to drive (a nail); to pat.

ठोकर *(ṭhokar)* स्त्रीo stumbling; knock.

ठोस *(ṭhos)* विo solid; sound.

ठौर *(ṭhaur)* पुo place; opportunity.

ड

ड *(ḍa)* the third letter of the pentad of Devnagri alphabet.

डंक *(ḍaṅk)* पुo sting; nib (of a pen).

डंका *(ḍaṅkā)* पुo kettle drum.

डंगर[1] *(ḍaṅgar)* पुo quadruped, cattle.

डंगर[2] *(ḍaṅgar)* विo lean and thin; stupid, foolish.

डंठल *(ḍaṇṭhal)* पुo stem, stalk.

डंड *(ḍaṇḍ)* पुo rod; an athletic exercise.

डंडा *(ḍaṇḍā)* पुo stick, staff, club, bar.

डंडी *(ḍaṇḍī)* स्त्री० pole or shaft (of a vehicle), lever, handle; beam of a scale; stem, stalk; branch.

डकराना *(ḍakrānā)* अ० क्रि० to bellow (as an ox); to weep loudly.

डकार *(ḍakār)* पु० belch, burp.

डकारना *(ḍakāranā)* अ० क्रि० to belch; to swallow down; to embezzle.

डकैत *(ḍakait)* पु० dacoit, robber.

डकैती *(ḍakaitī)* स्त्री० dacoity, robbery, piracy.

डग *(ḍag)* पु० pace, step in walking.

डगमग *(ḍagmag)* वि० tottering, trembling, staggering; unsteady, wavering.

डगमगाना *(ḍagmagānā)* अ० क्रि० to falter, to stagger, to waver; to lurch.

डगर *(ḍagar)* स्त्री० path; track.

डटना *(ḍaṭnā)* अ० क्रि० to stand firmly.

डढ़ियल *(ḍaṛhiyal)* वि० having a long beard.

डपट *(ḍapaṭ)* स्त्री० reprimand.

डपटना *(ḍapaṭnā)* स० क्रि० to rebuke, to reprimand.

डफली *(ḍaphlī)* स्त्री० tabor, tambourine.

डबडबाना *(ḍabḍabānā)* अ० क्रि० to be tearful, to be filled with tears.

डब्बा *(ḍabbā)* पु० a tiny box.

डर *(ḍar)* पु० terror; fear, fright; scare; doubt; apprehension.

डरना *(ḍarnā)* अ० क्रि० to be afraid, to fear; to apprehend.

डराना *(ḍarānā)* स० क्रि० to frighten, to terrify; to scare, to threaten.

डरावना *(ḍarāvnā)* वि० terrible, horrible, frightful, dreadful.

डलिया *(ḍaliyā)* स्त्री० small open basket.

डली *(ḍalī)* स्त्री० lump, piece.

डसना *(ḍasnā)* स० क्रि० to bite; to sting.

डाँट *(ḍāṁṭ)* स्त्री० reprimand, scolding.

डायन *(ḍāin)* स्त्री० witch; quarrelsome ugly woman; hag, sorceress.

डाक *(ḍāk)* स्त्री० mail, post.

डाकखाना *(ḍāk-khānā)* पु० post office.

डाकपाल पु० postmaster.

डाका पु० robbery, dacoity.

डाकिया *(ḍākiyā)* पु० postman.

डाक्टर *(ḍākṭar)* पु० (अं०) doctor, a medical practitioner; doctorate in any subject.

डांटना *(ḍānṭnā)* स० क्रि० to stuff; to stop up, to scold, to reprimand.

डाढ़ *(ḍāṛh)* स्त्री० molar.

डाढ़ी *(ḍāṛhī)* स्त्री० beard.

डायरी *(ḍāyrī)* स्त्री० diary.

डाल *(ḍāl)* स्त्री० branch.

डालना *(ḍālnā)* स० क्रि० to put in, to pour; to thrust upon; to put on.

डाली *(ḍālī)* स्त्री० small branch, twig; small basket; basket in which presents are kept.

डाह *(dāh)* **स्त्री०** envy, jealousy; malice.

डिगाना *(digānā)* **स० क्रि०** to cause to stumble; to shake (from faith etc.); to remove, to shift; to cause to budge.

डिबिया *(dibiyā)* **स्त्री०** small box or casket, case.

डिब्बा *(dibbā)* **पु०** box, chest; railway compartment.

डींग *(dīṁg)* **स्त्री०** bragging, boasting.

डीलडौल *(dila-daul)* **पु०** stature, size, shape, physique; body.

डुगडुगी *(dugdugī)* **स्त्री०** small kettle-drum.

डुबकी *(dubkī)* **स्त्री०** dip; dive, act of diving, plunge.

डुबाना *(dubānā)* **स० क्रि०** to plunge, to drown, to dip; to ruin.

डुलाना *(dulānā)* **स० क्रि०** to cause to move; to shake, to swing; to make unsteady or shaky; to take out for a walk etc.

डूबना *(dūbnā)* **अ० क्रि०** to sink; to be drowned; to set (as sun); to be destroyed, to be ruined; to be absorbed, be engrossed, be lost (in business or study or thought etc.); to sink, to faint.

डेरा *(derā)* **पु०** camp; temporary abode; encampment.

डैना *(dainā)* **पु०** wing (of bird).

डोंगी *(doṁgī)* **स्त्री०** a small boat, dugout.

डोर *(dor)* **स्त्री०** string, thread; the kite-flying thread; support.

डोरा *(dorā)* **पु०** cord, string for sewing or stitching.

डोरी *(dorī)* **स्त्री०** string, cord.

डोल *(dol)* **पु०** bucket, round shallow pail.

डोलना *(dolnā)* **अ० क्रि०** to swing, to oscillate; to walk about, to move about; to waver, to swerve.

डौल *(daul)* **पु०** shape, form; build; appearance; method, device; type.

ड्योढ़ी *(dyoṛhī)* **स्त्री०** main gate of a house, vestibule, threshold.

ढ *(dha)* the fourth letter of the third pentad of the Devnagri alphabet.

ढंग *(dhaṅg)* **पु०** manner, procedure; mode, method; sign; demeanour.

ढँढोरची *(dhaṁdhorcī)* **पु०** drummer.

ढँढोरा *(dhaṁdhorā)* **पु०** proclamation by beat of drum.

ढकना[1] *(dhaknā)* **पु०** cover, lid.

ढकना[2] *(dhaknā)* to cover.

ढकेलना *(dhakelnā)* **स० क्रि०** to push, to thrust forward; to shove.

ढकोसला *(ḍhakoslā)* पु० hypocrisy; sham; humbug; imposture.

ढर्रा *(ḍharrā)* पु० method, mode, style; attitude, behaviour.

ढलकना *(ḍhalaknā)* अ० क्रि० to flow down; to roll, to trickle down.

ढलकाना *(ḍhalkānā)* स० क्रि० to shed; to pour; to cause to roll down; to spill (milk etc.).

ढलना *(ḍhalnā)* अ० क्रि० to be moulded or cast.

ढलाई *(ḍhalāī)* स्त्री० casting, moulding; the cost of casting; mintage, brassage.

ढलान *(ḍhalān)* पु० slope, descent.

ढहना *(ḍhahnā)* अ० क्रि० to fall or tumble down; to be destroyed or razed; to be reduced to ruins; to crash down; to collapse.

ढाँचा *(ḍhāṁcā)* पु० frame-work, set-up; frame; plan; skeleton; carcass.

ढाढ़स *(ḍhāṛhas)* पु० solace, consolation.

ढाना *(ḍhānā)* स० क्रि० to knock down, to pull down, to raze (a building etc.) to demolish; to topple down.

ढाबा *(ḍhābā)* पु० thatched roofing of hut; kind of hotel.

ढाल *(ḍhāl)* स्त्री० slope; style, fashion, mode; shield.

ढालना[1] *(ḍhālnā)* स० क्रि० to pour out; to drink.

ढालना[2] *(ḍhālnā)* स० क्रि० to mould or cast.

ढाली *(ḍhālī)* पु० soldier wearing armour.

ढालू *(.dh?lū)* वि० sloping, declivous.

ढिंढोरची *(ḍhindorči)* पु० one who proclaims by beat of drum.

ढिंढोरा *(ḍhiṁḍhorā)* पु० public proclamation by beat of drum.

ढिठाई *(ḍhiṭhāī)* स्त्री० impudence, obduracy; audacity; temerity.

ढिलाई *(ḍhilāī)* स० क्रि० the state of sluggishness; relaxation; looseness; sloth, indolence, idleness; leniency.

ढीठ *(ḍhīṭh)* वि० obstinate, stubborn; impudent, impertinent; bold, daring, fearless; shameless.

ढीठता *(ḍhīṭhātā)* स्त्री० (पु० ढीठपन) imperinence, obduracy.

ढील *(ḍhīl)* स्त्री० laxity, slackness; leniency; undue delay; looseness.

ढीला *(ḍhīlā)* वि० loose, slack; not strict, lenient.

ढीलापन *(ḍhīlāpan)* पु० act or state of looseness; sluggishness.

ढुलकना *(ḍhulaknā)* अ० क्रि० to roll down; to spill; to be inclined.

ढुलना *(ḍhulnā)* अ० क्रि० to be carried (load etc.).

ढुलमुल *(ḍhulmul)* वि० shaking, tottering; wavering; unsteady.

ढेर *(ḍher)* पु० heap, pile, accumulation, bulk.

ढेला *(ḍhelā)* पु० clod, lump of earth; piece of brick, stone etc.

ढोंग *(ḍhoṁg)* पु० hypocrisy, imposture, dissimulation.

ढोंगी[1] *(ḍhoṁgī)* पु० hypocrite, impstor.

ढोंगी² *(dhomgī)* वि० hypocritical, fraudulent.

ढोना *(ḍhonā)* स० क्रि० to carry, to bear on shoulder or head.

ढोर *(ḍhor)* पु० cattle.

ढोल *(ḍhol)* पु० drum.

ढोलक *(ḍholak)* स्त्री० small drum, kettle drum.

ढोलकिया¹ *(ḍholkiyā)* पु० one who plays on a small drum, drummer.

ढोलकी *(ḍholkī)* स्त्री० small drum.

त *(ta)* the first letter of the fourth pentad of Devnagri alphabet.

तंग *(tang)* वि० (फ़ा०) strait, narrow; tight; distracted, troubled, vexed, fed up; distressed, poor, badly off.

तंगदस्त वि० (फ़ा०) short of money.

तंगदस्ती स्त्री० (फ़ा०) shortage of money.

तंगहाल वि० (फ़ा०) distressed, destitute.

तंगी *(tangī)* स्त्री० straitness, narrowness; tightness, closeness; distress, difficulty; scarcity, poverty.

तंतु *(tantu)* पु० thread, cord, rope, string; fibre; cobweb; filament; tissue.

तंतुवाद्य *(tantu-vādya)* पु० stringed musical instrument.

तंत्र *(tantrā)* पु० model, type, system, frame work; charm, spell, sorcery.

तंत्रिका *(tantrikā)* स्त्री० kind of creeper; nerve; fibre, wire; string of a musical instrument.

तंत्रिका विज्ञान *(tantrika-vigyan)* पु० neurology.

तंत्री *(tantrī)* पु० one who plays on a stringed instrument; practitioner of enchantments.

तंदुरूस्त *(tandurust)* वि० sound in body, healthy, vigorous.

तंदुरूस्ती *(tandurustī)* स्त्री० health, bodily vigour.

तंद्रा *(tandrā)* स्त्री० lassitude, weariness, exhaustion; drowsiness, sleepiness, sluggishness.

तंद्रालु *(tandrālu)* वि० sleepy, drowsy; lethargic.

तंद्रिल *(tandril)* वि० drowsy, sleepy.

तंबाकू *(tambākū)* पु० tobacco.

तंबूरा *(tambūrā)* पु० a four-stringed musical instrument.

तक़दीर *(taqdīr)* स्त्री० (अ०) luck, fortune, fate, destiny, lot.

तकना *(taknā)* स० क्रि० to stare, to look.

तकनीक *(taknīk)* स्त्री० technique.

तकनीकी *(tanīkī)* वि० technical.

तक़रार *(takrār)* स्त्री० (अ०) contention, dispute, controversy; altercation, quarrel, wrangling.

तक़रीर *(taqrīr)* स्त्री० (अ०) speech;

lecture.

तकली *(taklī)* स्त्री० small spindle.

तकलीफ़ *(taklīf)* स्त्री० (अ०) pain, agony; difficulty, trouble, distress, inconvenience; suffering, ailment.

तकल्लुफ़ *(takalluf)* पु० (अ०) formality.

तकिया *(takiyā)* पु० (फ़ा०) pillow, cushion; abode of a faqir.

तकुआ *(takuā)* पु० spindle.

तख़्त *(takht)* पु० (फ़ा०) throne; seat made of planks.

तख़्ता *(takhtā)* पु० (फ़ा०) plank, board.

तख़्ती *(takhtī)* स्त्री० small wooden plate; school boy's small board for writing.

तगड़ा *(tagṛa)* वि० robust, stout; strong, powerful.

तचना *(tacnā)* अ० क्रि० to be scorched, to be exposed to severe heat; to be grieved.

तट *(taṭ)* पु० bank (of a river), coast, shore; beach.

तटबंध *(taṭbandh)* पु० embankment, dike.

तटवर्ती *(taṭvartī)* पु० coastal; pertaining to a coast or bank, littoral.

तटस्थ *(taṭtasthā)* वि० neutral, non-aligned.

तटस्थता *(taṭtasthā)* स्त्री० non-alignment, neutrality.

तटीय *(taṭīyā)* वि० pertaining to a bank, coastal.

तड़क *(taṛak)* स्त्री० cracking, snapping; crack-mark.

तड़क-भड़क *(taṛak-bhṛāk)* स्त्री० pomp and show, pageantry, glitter; pompousness, ostentation, tawdriness.

तड़का *(taṛkā)* पु० early morning, dawn; browning spices in heated oil or ghee.

तड़प *(taṛap)* स्त्री० tossing or rolling about in agony, restlessness, restivity; anxious eagerness or ardent desire, yearning, longing; smart.

तड़पना *(taṛapnā)* अ० क्रि० to toss or roll about in agony, to be restless, to writhe in pain; to be anxiously eager (for), to be eagerly desirous, to long (for).

तड़पाना *(taṛpānā)* स० क्रि० to render restless, to torment; to cause writhing pain.

तड़ाग *(taṛāg)* पु० pond, tank.

तड़ातड़ *(taṛātaṛ)* क्रि० वि० with successive reports, with promptitude, instantaneously.

तड़ित् *(taṛit)* स्त्री० lightning.

तड़ी *(taṛī)* स्त्री० braggadocio; slap, blow; fraud, deceit, bluff; ascendancy, overbearing conduct; show of superiority.

ततैया *(tataiyā)* स्त्री० wasp; chilli.

तत्काल *(tatkāl)* क्रि० वि० at once, immediately, instantaneously.

तत्कालीन *(tatkālin)* वि० the then, contemporary.

तत्त्व *(tattvā)* पु० element; essence; substance; reality, truth.

तत्त्वज्ञान *(tatva-gyān)* पु० knowledge of the truth or reality, philosophy.

तत्त्वतः *(tattvatah)* क्रि० वि० essentially, materially.

तत्पर *(tatpar)* वि० ready, prepared; exclusively engaged (in).

तत्परता *(tatpartā)* स्त्री० readiness, preparedness; devotion, concentration; alacrity, promptness.

तत्पश्चात् *(tatpaścāt)* क्रि० वि० thereafter, hence-forth.

तथा *(tathā)* क्रि० वि० so, and, also, as well as; so, thus, in that manner.

तथाकथित *(tathā-kathit)* वि० so called.

तथ्य *(tathyā)* पु० truth, reality; fact; data; substance.

तदनंतर *(tadanantar)* क्रि० वि० immediately after that, thereupon, then, thereafter.

तदनुकूल *(tadanukul)* क्रि० वि० conforming to that, consistent with that, accordingly.

तदनुसार *(tadanusēr)* क्रि० वि० accordingly.

तदबीर *(tadbīr)* स्त्री० (अ०) device, contrivance, way, means, plan.

तन *(tan)* पु० (अ०) body.

तनख़्वाह *(tankhāh)* स्त्री० (फ़ा०) pay, salary.

तनना *(tannā)* अ० क्रि० to be pulled tight; to be stretched; to stand erect in an affected manner; to be tense, to run into temper.

तनया *(tanayā)* स्त्री० daughter.

तनाव *(tanāv)* पु० tension, tautness; hostility, rivalry; state or quality of being stretched, tenseness.

तनुज *(tanuj)* पु० son.

तन्मय *(tanmay)* वि० completely engrossed or absorbed (in).

तन्मयता *(tanmayatā)* स्त्री० state of being fully engrossed or absorbed (in), trance; concentration.

तप *(tap)* पु० religious austerity; bodily mortification, penance asceticism; tenacity, perseverance.

तपन *(tapan)* स्त्री० warming, heating, burning; mental distress, grieving, pining; heat, warmth, burning sensation.

तपना *(tapnā)* अ० क्रि० to be heated; to burn with pain or grief; to be angry, to be irritated; to pass through experience, to be seasoned; to practise self, mortification.

तपस *(tapas)* पु० sun; ascetic, hermit.

तपस्या *(tapasyā)* स्त्री० penance, austerity, self-mortification.

तपस्विनी *(tapasvinī)* स्त्री० female devotee, female ascetic.

तपस्वी *(tapasvī)* पु० ascetic, hermit.

तपाना *(tapānā)* स० क्रि० to heat; to warm; to tease, to irritate; to inflict suffering (on one's body).

तपेदिक *(tapediq)* स्त्री० (फ़ा०) tuberculosis.

तप्त *(tapt)* वि० heated, burnt, red-hot; flushed with rage; distressed, pained, afflicted.

तफ़रीह *(tafrīh)* स्त्री० (अ०) amusement, merriment, recreation.

तफ़सील *(tafsīl)* स्त्री० (अ०) details, particulars.

तबदील *(tabdīl)* वि० (अ०) changed, altered; exchanged.

तबदीली *(tabdīlī)* स्त्री० (अ०) change, alteration; exchange.

तबला *(tablā)* पु० (अ०) small tambourine, a percussion instrument.

तबादला *(tabādlā)* पु० (अ०) transfer; exchange, barter.

तबाह *(tabāh)* वि० (फ़ा०) ruined, destroyed, undone.

तबीयत *(tabīyat)* स्त्री० (अ०) state of mental or physical health; nature, disposition, temperament.

तम *(tam)* पु० darkness, gloom.

तमक *(tamak)* स्त्री० rage, passion.

तमतमाना *(tamtamānā)* अ० क्रि० to redden with anger or heat, to become or grow red (in the face); to glow, to sparkle.

तमन्ना *(tamannā)* स्त्री० (अ०) wish, desire, longing, aspiration.

तमाचा *(tamācā)* पु० (फ़ा०) slap, thump.

तमाम *(tamām)* वि० (अ०) all, whole, entire; finished, ended.

तमाशा *(tamāśā)* पु० (अ०) entertainment, show, sight, spectacle; anything strange or curious; fun, jest, joke (fig.).

तमीज़ *(tamīz)* स्त्री० (अ०) etiquette, decorum; discrimination; sense or ability to do a particular work; discernment, discretion.

तय *(tay)* वि० decided, settled; fixed.

तरंग *(taraṅg)* स्त्री० wave, billow, ripple; emotion, ecstasy; fancy, whim, caprice; melody.

तरंगित *(taraṅgit)* वि० wavy, tossing with waves, rippling; overflowing, tremulous, waving; high spirited, ecstatic.

तर *(tar)* वि० (फ़ा०) moist, damp; wet, soaked; fresh.

तरकश *(tarkaś)* पु० (फ़ा०) quiver.

तरकारी *(tarkārī)* स्त्री० vegetable.

तरकीब *(tarkīb)* स्त्री० (अ०) means, device, contrivance; mode, method.

तरक़्क़ी *(taraqqī)* स्त्री० (अ०) progress, improvement, advancement; elevation, promotion; increase, increment.

तरजीह *(tarjīh)* स्त्री० (अ०) preference, precedence, priority.

तरतीब *(tartīb)* स्त्री० (अ०) order, arrangement, system.

तरना *(tarnā)* अ० क्रि० to be ferried, to pass; to attain salvation.

तरफ़ *(taraf)* स्त्री० (अ०) side, direction; party, group.

तरफ़दारी *(tarafdārī)* स्त्री० (फ़ा०) partiality, partisanship, bias.

तरबूज़ *(tarbūz)* पु० (फ़ा०) watermelon.

तरमीम *(tarmim)* स्त्री० (अ०) amendment, modification.

तरल *(taral)* वि० liquid, fluid.

तरलता *(taralātā)* **तरलाई** स्त्री० fluidity, liquidity; tremulousness, unsteadiness, fickleness.

तरस *(taras)* पु० pity, compassion, mercy.

तरसना *(tarasnā)* अ० क्रि० to pine, to long or desire eagerly.

तरह *(tarah)* स्त्री० sort, kind; manner, mode.

तराई *(tarāī)* स्त्री० land lying at the foot of a watershed or on the banks of a river, foothill; act of wetting or soaking (a plastered wall or roof etc.).

तराज़ू *(tarāzu)* स्त्री० (फ़ा०) scales, balance.

तराना *(tarānā)* पु० (फ़ा०) song; mode of singing.

तरावट *(tarāvaṭ)* स्त्री० moisture; freshness; coolness.

तराशना *(tarāśnā)* स० क्रि० to trim, to pare, to chisel, to cut; to carve, to shape, to fashion.

तरी *(tarī)* स्त्री० (फा०) moisture, dampness, humidity, wetness.

तरीक़ा *(tarīqā)* पु० (अ०) means, device, method; mode, manner.

तरू *(taru)* पु० tree.

तरुण *(taruṇ)* वि० young, youthful, juvenile; newly-born or produced (tree etc.).

तरुणी *(taruṇī)* स्त्री० young or youthful woman.

तरेड़ *(tarer)* स्त्री० crack, crevice.

तरेरना *(tarernā)* स० क्रि० to look in oblique manner.

तरोताज़ा *(tarotaža)* वि० (फ़ा०) fresh, refreshed, revived.

तर्क *(tark)* पु० argument, contention, plea; science of reasoning, logic; discussion, disputation.

तर्कशास्त्र *(tarkšāstra)* पु० logic, science of reasoning.

तर्कसंगत *(tark-sangat)* वि० logical, justifiable; appropriate.

तर्कहीन *(tark-hinā)* वि० illogical.

तर्ज़ *(tarz)* स्त्री० (अ०) manner, mode, style; form, shape, fashion; tune.

तर्पण *(tarpaṇ)* पु० state of being pleased or satisfied, gratification; presenting libations to the gods, or to the names of deceased ancestors.

तल *(tal)* पु० bottom, base; surface.

तलछट *(talchat)* स्त्री० sediment, dregs; silt.

तलवा *(talvā)* पु० sole of shoe.

तलवार *(talvār)* स्त्री० sword, sabre.

तलहटी *(talhaṭī)* स्त्री० sub-mountian region.

तला *(talā)* पु० bottom, lowest part, base; sole of a shoe.

तलाक़ *(talāq)* पु० (अ०) divorce.

तलाक़नामा *(talāqnamā)* पु० divorce deed.

तलाश *(talāś)* स्त्री० (तु०) search, quest.

तलाशना *(talāśnā)* स० क्रि० to search, to investigate.

तलाशी *(talāśi)* पु० तु० search.

तली *(talī)* स्त्री० bottom.

तलैया *(talaiyā)* स्त्री० small tank or pond.

तल्लीन *(tallin)* वि० absorbed, engrossed, immersed.

तल्लीनता *(tallinata)* स्त्री० concentration, deep devotion; deep involvement; absorption.

तवा *(tavā)* पु० iron plate for baking bread, frying pan; gramophone record.

तवायफ़ *(tavāyaf)* स्त्री० (अ०) prostitute, harlot.

तशरीफ़ *(taśrāf)* वि० (अ०) honour, prestige, elderliness.

तश्तरी *(taśtārī)* स्त्री० (फ़ा०) plate, saucer.

तसल्ली *(tasallī)* स्त्री० (अ०) consolation, comfort, solace; contentment, satisfaction.

तसवीर *(tasvīr)* स्त्री० (अ०) picture, painting; photograph.

तस्करी *(taskarī)* स्त्री० smuggling; theft, robbery.

तह *(tah)* स्त्री० (फ़ा०) layer, stratum; fold, plait; bottom.

तहक़ीक़ात *(tahqīqāt)* स्त्री० (अ०) inquiry, investigation.

तहख़ाना *(tahkhānā)* पु० (फ़ा०) cellar, cell.

तहज़ीब *(tahzīb)* स्त्री० (अ०) etiquette; civilization, culture.

तहलका *(tahalhā)* पु० (अ०) commotion, excitement, stir.

तहस–नहस *(tahs-nahs)* वि० destroyed, ruined, devastated.

तहसील *(tahsīl)* स्त्री० (अ०) subdivision of a district; office or court of a tahsildar.

ताँता *(tāṁtā)* पु० series, influx, succession.

ताई *(tāī)* स्त्री० wife of father's elder brother, aunt.

ताईद *(tāīd)* स्त्री० confirmation, support.

ताऊ *(tāū)* father's elder brother, uncle.

ताक *(tāk)* पु० look, glance, gaze; watch, look-out.

ताक़ *(tāq)* पु० (अ०) niche, shelf.

ताक़त *(tāqat)* स्त्री० (अ०) capability, ability; power, strength, might, force.

ताक़तवर *(tāqatvar)* वि० (अ०) forceful, strong, mighty, vigorous.

ताकना *(tāknā)* स० क्रि० to look at, to stare at; to watch for.

ताज *(tāj)* पु० (अ०) crown, diadem, tiara; crest, tuft, plume.

ताज़गी *(tāzgī)* स्त्री० (फ़ा०) freshness, newness.

ताजपोशी *(tājposhī)* स्त्री० coronation, crowning.

ताज़ा *(tāzā)* वि० (फ़ा०) fresh, new; raw, green; recent.

ताज्जुब *(tājjub)* पु० (अ०) wonder, astonishment, amazement, surprise.

ताड़ *(tāṛ)* पु० palm-tree or fan palm.

ताड़ना[1] *(tāṛnā)* स० क्रि० to conjecture, to guess; to understand, to perceive, to discover, to find out; to chide, to reprimand.

ताड़ना[2] *(tāṛnā)* स्त्री० reprimand, admonition, rebuke.

ताड़ी *(tāṛī)* स्त्री० fermented juice of palm-tree, toddy.

तात्कालिक *(tātkālik)* वि० instantaneous, immediate; simultaneous, contemporary.

तात्पर्य *(tātparyā)* पु० object, intent; import, sum and substance.

तात्त्विक *(tāttvik)* पु० elemental, fundamental; essential; substantial.

तानना *(tānanā)* स० क्रि० to tighten; to pitch (as tent); to string up.

ताना *(tānā)* पु० warp; taunt, sarcastic remark.

ताना–बाना *(tānā-bānā)* पु० warp and woof.

तानाशाह *(tānāśāh)* पु० (फ़ा०) dictator, tyrant.

तानाशाही *(tānāśāhi)* स्त्री० (फ़ा०) dictatorship, dictatorial rule; arbitrariness.

ताप *(tāp)* पु० warmth, temperature;

fever; affliction, pain, agony; heat.

तापना *(tāpnā)* अ० क्रि० to warm oneself (at or over a fire), to bask (in the sun or before fire).

तापमान *(tāpmān)* पु० temperature.

तापस *(tāpas)* पु० ascetic.

तापसी *(tāpāsī)* वि० pertaining to asceticism.

ताबड़–तोड़ *(tābaṛ-toṛ)* क्रि० वि० in quick succession; immediately.

ताबूत *(tābut)* पु० (अ०) bier, coffin; cist.

ताबेदार *(tābedār)* वि० (अ०) dependent, obedient; subservient, servile.

ताबेदारी *(tābedārī)* स्त्री० (फ़ा०) subservience, servility.

तामसिक *(tāmasik)* वि० dark; pertaining to ignorance.

तामीर *(tāmīr)* पु० (अ०) construction, building.

तामील *(tāmīl)* स्त्री० (अ०) execution, service.

ताम्र *(tāmr)* पु० copper.

तार *(tār)* पु० wire, chord; te raphic message, te ram; uninterrupted series.

तारक *(tārak)* पु० liberator, deliverer, saviour, protector; star, planet.

तारघर *(tārghār)* पु० telegraph office.

तारतम्य *(tārātamyā)* पु० sequence; compatibility of values, harmony.

तारना *(tārnā)* स० क्रि० to enable (one) to cross; to free, to rid, to deliver.

तारपीन *(tārpīn)* पु० turpentine.

तारांकित *(tārānkit)* वि० marked with an asterisk, starred.

तारा *(tārā)* पु० star; luck; pupil of the eye; pearl.

तारिका *(tārikā)* स्त्री० film star, actress; star.

तारीख़ *(tārīkh)* स्त्री० (अ०) date, history, chronicle.

तारीफ़ *(tārīf)* स्त्री० (अ०) praise, commendation; speciality or significant quality; introduction (of a person).

तारुण्य *(tāruṇyā)* पु० youth, youthfulness.

तार्किक[1] *(tārkik)* पु० dialectician, logician.

तार्किक[2] *(tārkik)* वि० logical, rational, logistic.

ताल *(tāl)* पु० pond, tank.

ताल–मेल *(tāl-mal)* पु० harmony, coordination, adjustment.

ताला *(tālā)* पु० lock.

तालाबंदी *(tālābandī)* स्त्री० lock-out.

तालाब *(tālāb)* पु० pond, pool, tank.

ताली *(tālī)* स्त्री० key; clapping (of hands), applause.

तालीम *(tālīm)* स्त्री० (अ०) education, instruction.

तालू *(tālū)* पु० palate.

ताव *(tāv)* पु० heat; anger; sheet of paper.

तावीज़ *(tāvīz)* पु० (अ०) amulet.

ताश *(tāś)* पु० playing cards; game of cards.

तासीर *(tāsir)* स्त्री० (अ०) impression, effect.

तिकड़म *(tikṛam)* पु० manipulation, manoeuvre, device; expedient.

तिकड़ी *(tikṛī)* स्त्री० three of cards; trio, group of three.

तिकोना *(tikonā)* वि० three-cornered, triangular.

तिक्त *(tikt)* वि० bitter, pungent, acrid.

तिगुना *(tigunā)* वि० three fold, three times, triple.

तिजारत *(tijārat)* पु० (अ०) trade, commerce, business.

तिजारती *(tijāratī)* वि० commercial, pertaining to trade, mercantile.

तिजोरी *(tijorī)* स्त्री० (अ०) iron safe, chest.

तितर-बितर *(titar-bitar)* वि० scattered, dispersed.

तितली *(titlī)* स्त्री० butterfly.

तिथि *(tithi)* स्त्री० date.

तिनका *(tinkā)* स्त्री० grass, straw.

तिपाई *(tipāī)* स्त्री० tripod.

तिबारा *(tibārā)* क्रि० वि० for the third time.

तिमाही *(timāhi)* वि० quarterly.

तिमिर *(timir)* पु० darkness, gloom.

तिरंगा *(tiraṅgā)* वि० tri-coloured.

तिरछा *(tirchā)* वि० slanting; oblique; awry; askew.

तिरछापन *(tirchāpan)* पु० slant, skewness, obliquity, obliqueness.

तिरना *(tirnā)* अ० क्रि० to float.

तिरपाल *(tirpāl)* terpaulin.

तिरस्कार *(tiras-kār)* पु० contempt, opprobrium; disregard.

तिरस्कार्य *(tiraskārya)* वि० contemptible.

तिरस्कृत *(tiras-kṛt)* वि० disregarded, insulted; condemned.

तिराहा *(tirāhā)* पु० junction of three roads or paths.

तिरोहित *(tirôhit)* वि० vanished, disappeared, removed or withdrawn from sight; covered, concealed, hidden.

तिल *(til)* पु० the sesamum plant; mole; pupil of the eye.

तिलक *(tilak)* पु० mark on the forehead; ornament worn on forehead.

तिलचटा *(tilcaṭṭā)* पु० cockroach.

तिलमिलाना *(tilmilānā)* अ० क्रि० to writhe in agony, to be dazzled; to fret and fume.

तिलमिलाहट *(tilmilāhat)* स्त्री० restlessness, tossing about; rage.

तिलांजलि *(tilānjalī)* स्त्री० a handful of water mixed with sesamum seeds offered to the deceased ancestors; abandonment, giving up once and for all.

तिलिस्म *(tilism)* वि० (अ०) talisman; mystery; a structure based on a spell.

तिलिस्मी *(tilismī)* वि० (अ०) magical, mystical; talismanic.

तिल्ली *(tillī)* स्त्री० spleen; spleenitis; kernel of sesamum.

तिहरा *(tihrā)* वि० triple, triplicate; threefold.

तिहाई *(tihāī)* वि० third part, one-third.

तीक्ष्ण *(tīkṣṇ)* वि० sharp; pungent, violent, vehement; quick, keen, intelligent, penetrating.

तीक्ष्णता *(tīkṣṇātā)* स्त्री० sharpness;

pungency.

तीखा *(tīkhā)* वि० biting, sharp.

तीखापन *(tīkhāpan)* स्त्री० bitterness; sharpness.

तीतर *(tītar)* पु० partridge.

तीमारदार *(tīmārdar)* पु० (फ़ा०) attendant, a person attending on a patient.

तीमारदारी *(tīmārdārī)* स्त्री० (फ़ा०) attandance or nursing (of a patient).

तीरंदाज़ *(tīrandāz)* पु० (फ़ा०) bowman, archer.

तीरंदाज़ी *(tīrandāzi)* स्त्री० (फ़ा०) archery, bowmanship.

तीर[1] *(tīr)* पु० shore; bank.

तीर[2] *(tīr)* पु० (फ़ा०) arrow, shaft.

तीर्थ *(tīrth)* पु० place of pilgrimage.

तीर्थयात्रा *(tīrthyatrā)* स्त्री० pilgrimage.

तीर्थयात्री *(tīrth-yāatri)* पु० pilgrim.

तीर्थाटन *(tīrthātan)* पु० pilgrimage.

तीली *(tīlī)* स्त्री० (फ़ा०) match stick; skewer; wooden or iron bar or wire (as of a bird-cage, etc.), spoke.

तीव्र *(tīvrā)* वि० much, exceeding, excessive; sharp, keen, acute, intense; fast.

तीव्रता *(tīvrātā)* स्त्री० violence; sharpness; fastness; acuteness; intensity.

तीसरा *(tīsrā)* वि० third.

तुक *(tuk)* स्त्री० rhyme; harmony, coordination; propriety, suitability.

तुकबंदी *(tukbandi)* स्त्री० rhyming; versification; crude-poetry.

तुकांत *(tukānt)* वि० having terminal alliteration; rhymed.

तुच्छ *(tucch)* वि० petty, worthless, insignificant, contemptible; small, little, trivial.

तुच्छता *(tucchātā)* स्त्री० pettiness, worthlessness, despicableness; insignifcance; meanness; triviality.

तुड़ाना *(tuṛānā)* स० क्रि० to cause to break; to break, rend, tear; to change (a coin or currency note in to smaller ones).

तुतलाना *(tutlānā)* अ० क्रि० to lisp.

तुतलाहट *(tutlāhaṭ)* स्त्री० lisping.

तुनकना *(tunaknā)* अ० क्रि० to be petulant or pettish; to get into temper.

तुनक-मिज़ाज *(tunak-mizāj)* वि० fretful, peevish, touchy, irritable, petulant.

तुम *(tum)* सर्व० you.

तुम्हारा *(tumhārā)* सर्व० your, yours.

तुम्हीं *(tumahī)* सर्व० you alone, you only.

तुम्हें *(tumhā)* सर्व० to you, unto you.

तुरंग *(turaṅg)* पु० horse.

तुरंगशाला *(turaṅgshalā)* स्त्री० stable.

तुरंगी *(turaṅgī)* पु० horse-rider.

तुरंत *(turant)* क्रि० वि० at once, quickly, forthwith, instantly.

तुलना[1] *(tulnā)* स्त्री० comparison.

तुलना[2] *(tulnā)* अ० क्रि० to be weighed.

तुलनात्मक *(tulnātmak)* वि० comparative.

तुलवाई *(tulvāi)* स्त्री० act of weighing; the price paid for weighment.

तुलवाना *(tulvānā)* स० क्रि० to have (a thing) weighed.

तुला *(tulā)* स्त्री० balance or scale, pair of scales; libra, the seventh sign of the zodiac.

तुल्य *(tulyā)* वि० equal (to), equivalent; resembling, similar, analogous (to).

तुषार *(tuṣār)* वि० frost.

तुष्ट *(tuṣṭ)* वि० satisfied, contented; pleased, glad.

तुष्टता *(tuṣṭātā)* वि० satisfaction; appeasement; gratification.

तुष्टि *(tuṣṭi)* स्त्री० satisfaction, gratification, contentment; pleasure, delight.

तुष्टीकरण *(tuṣṭikaraṇ)* पु० placation, appeasement.

तू *(tū)* सर्व० thou.

तू-तड़ाक *(tū-tarāk)* स्त्री० uncivil and rude language.

तू-तू, मैं-मैं *(tū-tū, main-main)* स्त्री० altercation, squabble.

तूती *(tūtī)* स्त्री० a kind of musical instrument resembling a flute or clarionet.

तूफ़ान *(tūfān)* पु० (अ०) storm, tempest, hurricane.

तूफ़ानी *(tūfānī)* वि० (अ०) stormy, tempestuous; (fig.) riotous, boisterous, violent.

तूल *(tūl)* पु० cotton cloth of red colour; dark red colour; length; prolixity; heap.

तूलिका *(tūlikā)* स्त्री० painter's brush.

तृण *(tṛn)* पु० grass, blade of grass, straw.

तृप्त *(tṛpt)* वि० satiated, satisfied.

तृप्ति *(tṛpti)* स्त्री० satisfaction, satiety.

तृषा *(tṛṣā)* स्त्री० thirst.

तृष्णा *(tṛṣṇā)* स्त्री० thirst; strong desire, eagerness, longing; greed, craving.

तेंदुआ *(tenduā)* पु० leopard.

तेग़ *(teg)* स्त्री० (फ़ा०) sword, scimitar.

तेज़ *(tez)* पु० splendour, glory, refulgence.

तेज़ *(tej)* वि० (फ़ा०) sharp, acute; fast; violent, fiery; pungent, acrid; swift, quick; smart, intelligent, quick-witted; effective, efficacious (as medicine); dear, costly.

तेजपात *(tajpāt)* पु० leaf of the laurus cassia.

तेजवंत *(tajvanta)* वि० virile; glorious; strong, mighty; shining, brilliant.

तेजवान् *(tajvān)* वि० luminous, refulgent, brilliant; impressive, glorious.

तेजस्वी *(tejasvā)* वि० brilliant, splendid, bright.

तेज़ाब *(tezāb)* पु० (फ़ा०) acid.

तेज़ाबी *(tezābī)* वि० (फ़ा०) acidic.

तेज़ी *(tezī)* स्त्री० (फ़ा०) sharpness; haste, quickness; pungency; dearness; intensity.

तेरा *(terā)* सर्व० thy, thine, yours.

तेल *(tel)* पु० oil.

तेवर *(tevar)* पु० oilman.

तेवर *(tevar)* पु० angry look, frown; eyebrow.

तैनात *(taināt)* वि० (अ०) appointed, posted; engaged.

तैनाती *(tainātī)* स्त्री० appointment,

posting, deployment; engagement.

तैयार *(taiyār)* वि० (अ०) willing, prepared; ready; finished, completed.

तैयारी *(taiyārī)* स्त्री० (अ०) preparation; preparedness, readiness; arrangement.

तैरना *(tairnā)* अ० क्रि० to swim; to float.

तैराक *(tairāk)* पु० swimmer.

तैराकी *(tairākī)* स्त्री० swimming.

तैल *(tail)* पु० oil.

तैश *(taiś)* पु० (अ०) rage, wrath.

तैसा *(taisā)* वि० of that manner, of like manner, similar.

तोंद *(toṁd)* स्त्री० protuberant belly, potbelly, paunch, tummy.

तोंदल *(toṁdal)* वि० pot-bellied.

तोड़ *(toṛ)* पु० breaking, breach; fracture; rupture; antidote, countermeasure.

तोड़ना *(toṛnā)* स० क्रि० to break, to tear, to rend; to pluck (fruit etc.); to fracture; to violate (a vow or law etc.); to disband; to sever, to sunder (a tie, or friendship etc.).

तोड़-फोड़ *(toṛ-foṛ)* स्त्री० breaking and smashing; sabotage.

तोतला *(totlā)* वि० lispring, lisper.

तोता *(totā)* पु० parrot; matchlock (of a gun).

तोप *(top)* स्त्री० (तु०) cannon.

तोपख़ाना *(topkhanā)* पु० (तु०) artillery.

तोपची *(topcī)* पु० (तु०) gunner.

तोबा *(tobā)* स्त्री० (अ०) vow to sin no more, vow to desist from doing something again.

तोरण *(toraṇ)* पु० arch, gateway; decorations of a gateway; festoon.

तोलना *(tolnā)* स० क्रि० to weigh.

तोहफ़ा *(tohfā)* पु० (अ०) gratuitous gift, present.

तौर *(taur)* पु० (अ०) manner, mode; conduct, demeanour.

तौर-तरीक़ा *(taur-tarikā)* पु० way of acting, manner, deportment.

तौल *(taul)* स्त्री० weight or quantity measured by the balance; standard weight or measure of weight.

तौलना *(taulnā)* स० क्रि० to weigh, to balance; to judge, to estimate.

तौलाई *(taulāī)* स्त्री० weighment; price paid for having (a thing) weighed.

त्यक्त *(tyakt)* वि० left, abandoned, forsaken, deserted.

त्याग *(tyāg)* पु० abandonment; deserting, parting; renunciation; sacrifice; abdication, resignation.

त्यागना *(tyāgnā)* स० क्रि० to abandon, to give up, to relinquish, to renounce.

त्यागी *(tyāgī)* पु० renouncer, recluse.

त्याज्य *(tyājyā)* वि० abandonable, worth abandoning.

त्यों *(tyoṁ)* क्रि० वि० thus, so; then, at the same time.

त्योरी *(tyorī)* स्त्री० eye-brow; frown, angry look.

त्योहार *(tyohār)* पु० festival; festivity.

त्रसित, त्रस्त *(trast)* वि० harrowed, oppressed, tormented.

त्राण *(trāṇ)* पु० protection, defence; salvation; deliverance; shelter, help; protection for the body, guard, armour.

त्राणकर्ता *(trān-kartā)* पु० protector, saviour.

त्राता *(trātā)* पु० protector, defender, saviour.

त्रास *(trās)* स्त्री० alarm, fear, dread, terror, scare; afflication, pain; torment, torture.

त्रासदी *(trāsadī)* स्त्री० tragedy.

त्राहि *(trāhi)* अ० save ! deliver ! mercy !.

त्राहिमाम *(trāhimān)* अ० protect me, save me.

त्रिकोण *(trikon)* पु० triangular object; triangle.

त्रिज्या *(trijya)* स्त्री० radius.

त्रिदोष *(tridosh)* पु० disorder of the three humours of the body.

त्रिभुज *(tribhuj)* पु० triangle.

त्रिभुवन *(tribhuvan)* पु० three worlds (heaven, earth and the lower region).

त्रिमूर्ति *(trimūrti)* स्त्री० trinity, the Hindu triad (Brahma, Vishnu and Shiva).

त्रिया *(triyā)* स्त्री० woman.

त्रिलोक *(trilok)* पु० three worlds (heaven, earth and the lower region).

त्रुटि *(truṭi)* स्त्री० error, mistake; flaw, defect.

त्रुटिपूर्ण *(truṭipuran)* वि० erroneous, defective.

त्रेता *(tretā)* पु० the second yug or silver age of the Hindus (comprising 1,296,000 years).

त्रैलोक्य *(trailokya)* वि० pertaining to the three-worlds.

त्वक् *(tvak)* पु० the skin; bark.

त्वचा *(tvacā)* स्त्री० skin, hide; bark, rind.

त्वरित *(tvarit)* वि० quick, swift, speedy; accelerated.

थ *(tha)* the second letter of the fourth pentad of the Devnagri alphabet.

थकना *(thaknā)* अ० क्रि० to be tired, to be wearied, ot be fatigued; to be fed up; to be exhausted.

थकान *(thakān)* स्त्री० weariness, fatigue, exhaustion; lassitude.

थकाना *(thakānā)* स० क्रि० to weary, to tire, to fatigue; to exhaust, to enervate.

थकावट *(thakāvaṭ)* स्त्री० fatigue, weariness, exhaustion.

थक्का *(thakkā)* पु० anything congealed or conglomerated, clot, lump.

थन *(than)* पु० udder; teat.

थपकना *(thapaknā)* स० क्रि० to pat; to strike or pat gently with the palm.

थपकी *(thapkī)* **स्त्री०** pat, tap.

थपथपाना *(thapthapānā)* **अ० क्रि०** to pat with the palm.

थपेड़ा *(thaperā)* **पु०** blow, stroke, buffet.

थप्पड़ *(thappar)* **पु०** slap.

थमना *(thamnā)* **अ० क्रि०** to stop.

थमाना *(thamānā)* **स० क्रि०** to entrust; to recline.

थरथराना *(thartharānā)* **अ० क्रि०** to vibrate; to tremble, to shudder.

थरथराहट *(thartharāhaṭ)* **स्त्री०** vibration, quivering, trembling.

थर्राना *(tharrānā)* **अ० क्रि०** to tremble, to shudder; to vibrate, to quiver.

थल *(thal)* **पु०** dry ground, land.

थलचर *(thalchar)* **पु०** terrestrial animal.

थाती *(thātī)* **स्त्री०** anything given in charge, trust; accumulated wealth, riches.

थान *(thān)* **पु०** full length of cloth; place, stall, abode, residence.

थाना *(thānā)* **पु०** police station.

थानेदार *(thānedar)* **पु०** officer in charge of police station, police sub-inspector.

थानेदारी *(thāmedarī)* **स्त्री०** the office or functions of a police-inspector.

थामना *(thāmnā)* **स० क्रि०** to hold, to grasp; to clutch, to seize, to catch; to prop, to support.

थाल *(thāl)* **पु०** large round flat plate or dish of metal.

थाली *(thālī)* **स्त्री०** small Indian metal plate.

थाह *(thāh)* **स्त्री०** depth; bottom.

थिगली *(thiglā)* **स्त्री०** patch stitched on clothes to cover holes.

थिरकना *(thiraknā)* **(अ०) क्रि०** to dance nimbly; to move or dance with expressive action and gesture.

थू *(thū)* **(अ०)** fie !, pooh !, damn !.

थूक *(thūk)* **पु०** spit, saliva, sputum.

थूकना *(thūknā)* **(अ०) क्रि०** to spit; to expel from mouth.

थूथनी *(thūthnī)* **स्त्री०** snout of an animal; muzzle.

थैला *(thailā)* **पु०** large bag, sack.

थैली *(thailī)* **स्त्री०** small bag, sack; purse or money bag.

थोक *(thok)* **वि०** wholesale.

थोक विक्रेता *(thokvikretā)* **पु०** wholesaler.

थोड़ा *(thorā)* **वि०** little, scanty, small.

थोथा *(thothā)* **वि०** unsubstantial, immaterial; hollow, empty; worthless, meaningless, senseless.

थोपना *(thopnā)* **स० क्रि०** to plaster; to impose.

द

द *(da)* the third letter of the fourth pentad of the Devnagri alphabet.

दंग *(dang)* वि० (फा०) wonderstruck, astonished, amazed.

दंगल *(dangal)* पु० (फ़ा०) a wrestling tournament.

दंगा *(dangā)* पु० disturbance, riot, row.

दंगेबाज़ *(danga-bāz)* वि० riotous; rowdy.

दंड *(danḍ)* पु० stick, staff, rod; sceptre, wand; fine, penalty, punishment.

दंडनीय *(danḍ.nīya)* वि० punishable; culpable.

दंड–विधान *(danḍ-vidhān)* पु० penal code.

दंड–विधि *(danḍ-vidhi)* स्त्री० criminal law.

दंडात्मक *(danḍātmak)* वि० punitive, penal.

दंडित *(danḍit)* वि० punished, fined.

दंत *(dant)* पु० tooth.

दंतकथा *(dant-katha)* स्त्री० legend; anecdote; fable.

दंत–चिकित्सक *(dant-cikitsak)* पु० dentist, dental surgeon.

दंत–चिकित्सा *(dant-cikitsā)* स्त्री० dentistry.

दंपती *(dampati)* पु० couple, husband and wife.

दंभ *(dambh)* पु० conceit, vainglory, vanity.

दंभी *(dambhī)* वि० conceited, vainglorious.

दक़ियानूस[1] *(daqiyānūs)* वि० (अ०) old-fashioned, conservative, obscurant.

दक़ियानूस[2] *(daqiyānūs)* पु० (अ०) obscurantist, conservative.

दक़ियानूसी *(daqiyānūsī)* वि० (अ०) obscurantist, conservative.

दक्खिन *(dakkhin)* पु० south; right.

दक्ष *(daks)* वि० expert; dexterous, adroit, skilful.

दक्षता *(dakṣatā)* स्त्री० competence; efficiency; dexterity.

दक्षिण *(dakṣiṇ)* पु० south; right.

दक्षिणा *(dakṣiṇā)* स्त्री० fee or present to the officiating priest.

दख़ल *(dakhl)* पु० (अ०) access; possession, occupation, intervention.

दग़ा *(dagā)* पु० (फ़ा०) deceit, deception; treachery, perfidy; cheating.

दग़ाबाज़ *(dagābaz)* वि० (फ़ा०) deceitful; treacherous; fraudulent.

दग़ाबाज़ी *(dagābazi)* स्त्री० treachery; deceitfulness; fraud.

दग्ध *(dagdh)* वि० burnt, scorched; tormented, pained, distressed.

दढ़ियल *(daṛhiyal)* वि० bearded.

दत्तक *(dattak)* पु० adopted son.

दत्तचित्त *(datt-cit)* वि० fully attentive, concentrated.

ददौरा *(dadauṛā)* पु० bump.

दधि *(dadhi)* पु० curd.

दधिसुत *(dadhisut)* पु० lotus; moon; pearl; poison.

दनदनाना *(dandanānā)* अ० क्रि० to go as fast as a shot; to shoot forth.

दनादन *(danādan)* क्रि० वि० non-stop, incessantly.

दफ़न *(dafan)* पु० (अ०) burial.

दफ़नाना *(dafnānā)* स० क्रि (अ०) to bury.

दफा *(dafā)* स्त्री० time, turn; section in a code of law.

दफ़्तर *(daftar)* पु० (फ़ा०) office.

दफ़्तरी *(daftarī)* पु० (फ़ा०) book-binder; one who keeps office and office papers in order.

दफ़्ती *(daftī)* स्त्री० (अ०) board, cardboard, mill-board.

दबंग *(dabang)* वि० fearless, bold, domineering.

दबना *(dabnā)* (अ०) क्रि० to be pressed down; to be buried; to bend (under pressure of weight); to be subdued, to yield; to be pacified; to be concealed, to be hushed up.

दबाना *(dabānā)* स० क्रि० to press down; to stroke (the limb); to suppress, to repress; to subdue, to dominate; to hush up; to restrain, to curb, to check.

दबाव *(dabāv)* पु० suppression; influence; restraint; compulsion, pressure, duress.

दबोचना *(dabocanā)* स० क्रि० to seize suddenly, to grasp.

दब्बू *(dabbū)* वि० tame; of meek or submissive nature.

दब्बूपन *(dabbūpan)* पु० submissiveness, tameness.

दम *(dam)* पु० breath; moment; life; stamina, endurance; puff.

दमक *(damak)* स्त्री० glow, brilliance, flash, glimmer.

दमकना *(damaknā)* (अ०) क्रि० to shine, to glimmer, to glitter.

दमकल *(damkal)* पु० fire engine, fire extinguisher.

दमदार *(damdar)* वि० strong, forceful.

दमन *(daman)* पु० suppression, repression; subjugation; self-restraint.

दमनकारी *(damankārī)* वि० oppressive, suppressive, repressive.

दमनात्मक *(damanātmak)* वि० coercive, oppressive, suppressive.

दमा *(damā)* पु० (फ़ा०) asthma.

दया *(dayā)* स्त्री० mercy, pity, compassion.

दयामय *(dayāmay)* वि० merciful, kind, compassionate.

दयालु *(dayālu)* वि० merciful, compassionate, kind-hearted, generous.

दयालुता *(dayālutā)* स्त्री० kindness, mercy, compassion.

दयावान् *(dayāvān)* दयाशील वि० compassionate, merciful, kind, generous.

दरख़्वास्त *(dar-khāst)* स्त्री० (फ़ा०) request, application, petition.

दरगाह *(dar-gāh)* स्त्री० (फ़ा०) shrine.

दरजा *(darjā)* पु० (अ०) rank, standard; class.

दरबान *(darbān)* पु० (फ़ा०) door-keeper, gate-keeper, porter.

दरबार *(dar-bār)* पु० (फ़ा०) royal

court, hall of audience.

दरबारी *(dar-bārī)* पु० (फ़ा०) courtier.

दरवाज़ा *(darvāzā)* पु० (फ़ा०) door, gate.

दराज़ *(darāz)* स्त्री० (फ़ा०) drawers.

दरार *(darār)* स्त्री० crevice, crack; breach; rift; fissure, cleavage.

दरिंदा *(darindā)* पु० (फ़ा०) flesh eating animal, carnivore.

दरिद्र *(daridra)* वि० poor; wretched.

दरिद्रता *(daridratā)* स्त्री० penury, poverty, misery, destitution.

दरिद्री *(daridrī)* वि० poor, wretched.

दरिया *(dariyā)* स्त्री० (फ़ा०) river.

दरियादिल *(dariyādil)* वि० (फ़ा०) liberal, large-hearted, magnanimous.

दरियादिली *(dariyādilī)* स्त्री० largeheartedness, magnanimity, liberality.

दरी *(darī)* स्त्री० cotton carpet.

दर्जन *(darjan)* पु० dozen.

दर्जा *(darjā)* पु० (अ०) degree; class, category; grade, status.

दर्जिन *(darjin)* स्त्री० (फ़ा०) female tailor; wife of a tailor.

दर्ज़ी *(darzī)* पु० (फ़ा०) tailor.

दर्द *(dard)* पु० (फ़ा०) pain, ache; affliction.

दर्दनाक *(dardnāk)* वि० (फ़ा०) painful, piteous, tragic.

दर्प *(darp)* पु० pride, arrogance, vanity, haughtiness.

दर्पण *(darpaṇ)* पु० mirror, looking glass.

दर्रा *(darrā)* पु० (फ़ा०) mountain pass.

दर्शक *(darśak)* पु० spectator; visitor.

दर्शन *(darśan)* पु० visit; sight, view, appearance; meeting; philosophical system.

दर्शनशास्त्र *(darśan-śastra)* पु० philosophy.

दर्शनीय *(darśanīya)* वि० worth seeing.

दल *(dal)* पु० petal, leaf; team, party, faction, batch; swarm, herd, group.

दलदल *(daldal)* पु० marsh, swamp, bog.

दलना *(dalnā)* स० क्रि० to grind coarsely, to mill; to crush.

दलबंदी *(dalbandī)* स्त्री० party formation; groupism; party-politics, factionalism.

दलबदलू *(dalbadlū)* पु० defectionist, defector.

दलाल *(dalāl)* पु० (अ०) broker, commission-agent.

दलाली *(dalālī)* स्त्री० (फ़ा०) business of a broker, commission of a broker, brokerage.

दलित *(dalit)* वि० crushed; downtrodden, oppressed.

दलील *(dalīl)* स्त्री० (अ०) plea, argument.

दवा *(davā)* स्त्री० (अ०) medicine, drug.

दवाख़ाना *(davākhānā)* पु० (अ०) dispensary; hospital.

दवात *(davāt)* स्त्री० ink-pot.

दशक *(daśak)* पु० a group of ten; decade.

दशमलव *(daśamlav)* पु० decimal.

दशा *(daśā)* स्त्री० state, condition.

दशाब्द *(daśābda)* पु० decade.

दशाब्दी *(daśābdi)* स्त्री० see दशाब्द

दस्त *(dast)* पु० (फ़ा०) loose stools; hand.

दस्तक *(dastak)* स्त्री० knock or rap.

दस्तकार *(dastakār)* पु० (फ़ा०) handicraftman, artisan.

दस्तकारी *(dastakārī)* स्त्री० (फ़ा०) handicraft, craftsmanship.

दस्तख़त *(dastakhat)* पु० (फ़ा०) signature.

दस्ता *(dastā)* पु० (फ़ा०) handle, helve, haft; quire of paper; a squad (of troops etc).

दस्ताना *(dastānā)* पु० (फ़ा०) hand-glove.

दस्तावर *(dastāvar)* वि० (फ़ा०) purgative, laxative.

दस्ती *(dastī)* वि० (फ़ा०) carried or delivered by hand.

दस्तूर *(dastūr)* पु० (फ़ा०) custom, fashion; system; routine.

दस्यु *(dasyu)* पु० thief, robber, bandit, pirate.

दस्युता *(dasyutā)* स्त्री० robbery, dacoity, banditry.

दहकना *(dahaknā)* (अ०) to burn with red hot flame, to blaze.

दहकाना *(dahkānā)* स० क्रि० to cause to blaze.

दहन *(dahan)* पु० burning; combustion, inflammation.

दहनशील *(dahanśīla)* वि० combustible, inflammable.

दहना *(dahnā)* स० क्रि० to burn; to persecute; to torture; अ० क्रि० to be burnt.

दहलना *(dahalnā)* (अ०) क्रि० to tremble with fear, to be alarmed or terrified.

दहला *(dahlā)* पु० (फ़ा०) playing card with ten pips.

दहलाना *(dahlānā)* स० क्रि० to overawe, to terrify.

दहलीज़ *(dahlīz)* स्त्री० (फ़ा०) doorsill, threshold.

दहशत *(dahśat)* स्त्री० (फ़ा०) fear, fright, terror, dismay, alarm.

दहाड़ *(dahār)* स्त्री० roar; loud cry.

दहाड़ना *(dahārnā)* (अ०) क्रि० to roar; to cry or shout aloud.

दही *(dahī)* पु० curds.

दहेज़ *(dahez)* पु० dowry.

दाँत *(dāṁt)* पु० tooth.

दाँता *(dāṁtā)* पु० notch; cog or tooth (of a wheel or saw etc.).

दाँती *(dāṁtī)* स्त्री० sickle, scythe.

दाँपत्य[1] *(dāmpatya)* पु० matrimonial relationship.

दांपत्य[2] *(dāmpatya)* वि० conjugal, marital.

दाँव *(dāṁv)* पु० opportunity, chance; time, turn; trick (wrestling); trick, stratagem.

दाँव-पेच *(dāṁv-penc)* पु० manoeuvres, tactics.

दाई *(dāī)* स्त्री० nurse; midwife.

दाख़िल *(dākhil)* वि० (फ़ा०) admitted, entered, inserted.

दाख़िल-ख़ारिज *(dākhil-khārij)* पु० mutation, change of name of owner.

दाख़िला *(dākhilā)* पु० (फ़ा०) entry, admission.

दाग़ *(dāg)* पु० (फ़ा०) spot, stain;

stigma, blemish.

दाग *(dag)* पु० cremation, lighting the pyre.

दाग़दार *(dāgdār)* वि० specked; scarred, carked, branded; stained.

दाग़ना *(dāgnā)* स० क्रि० to brand; to canterize, to fire (a gun etc.).

दाग़ी *(dāgī)* वि० (फ़ा०) marked, spotted, stained; branded, dis graced.

दाड़िम *(dāṛim)* पु० pomegranate.

दाढ़ *(dāṛh)* स्त्री० molar.

दाढ़ी *(dāṛhī)* स्त्री० beard.

दाता *(dātā)* पु० giver; donor.

दादा *(dādā)* पु० paternal grandfather; elder brother; leader of a gang, gangster, hoodlum.

दादागीरी *(dādāgiri)* स्त्री० gangsterism, hooliganism, heroship.

दान *(dān)* पु० act of giving; donation, charity.

दानव *(dānav)* पु० giant, demon.

दाना *(dānā)* पु० (फ़ा०) corn; seed.

दानी[1] *(dānī)* पु० donor, benefactor.

दानी[2] *(dānī)* वि० munificent, generous, charitable.

दानेदार *(dāne-dār)* वि० (फ़ा०) granular, granulated.

दाब *(dāb)* पु० pressure, suppression; dominance.

दाबना *(dābnā)* स० क्रि० to press; to keep under control; to bury.

दाम *(dām)* पु० price, value; money.

दामाद *(dāmād)* पु० son-in-law.

दामिनी *(dāminī)* स्त्री० lightning.

दायरा *(dāyrā)* पु० (अ०) circle, ring; range, jurisdiction, scope.

दायाँ *(dāyāṁ)* वि० right.

दायित्व *(dāyitva)* पु० responsibility; onus.

दारिद्रय *(dāridrya)* पु० poverty, indigence.

दारुण *(dāruṇ)* वि० severe, frightful; horrible, terrible, dire.

दारू *(dārū)* स्त्री० (फ़ा०) alcohol, liquor.

दार्शनिक[1] *(dārśanik)* पु० philosopher.

दार्शनिक[2] *(dārśanik)* वि० philosophical pertaining to philosophy.

दार्शनिकता *(dārśanikta)* स्त्री० philosophical attitude.

दाल *(dāl)* स्त्री० pulse.

दालान *(dālān)* पु० verandah.

दाँव *(dāv)* पु० attempt; wrestling bout; opportune time; remedy; trick; winning move.

दाँव-पेच *(dāv-pach)* पु० trickery.

दावत *(dāvat)* स्त्री० (अ०) feast, banquet; invitation.

दावतनामा *(dāvatnama)* पु० written invitation.

दावा *(dāvā)* पु० (अ०) lawsuit claim contention; assertion.

दास *(dās)* पु० slave, servant, vassal.

दासता *(dāsatā)* स्त्री० slavery; vassalage.

दास-प्रथा *(dās-prathā)* स्त्री० slavery.

दासी *(dāsī)* स्त्री० female or maid servant, chambermaid.

दाह *(dāh)* पु० burning; sensation of burning, heat; cremation.

दाहक *(dāhak)* वि० burning, causing heat, inflammatory.

दाह – कर्म *(dāh-karm)* पु० cremation.

दाह – क्रिया *(dāh-kriya)* स्त्री० cremation.

दाहना *(dāhnā)* स० क्रि० to burn; to torture, to torment.

दाह – संस्कार *(dāh-saṁskār)* पु० funeral rites.

दाहिना *(dāhinā)* वि० situated at the right hand.

दाहिने *(dāhine)* क्रि० वि० to the right.

दिक़्क़त *(diqqat)* स्त्री० (अ०) difficulty, trouble.

दिखना *(dikhnā)* (अ०) क्रि० to be seen, to appear, to be visible.

दिखलाना *(dikhlānā)* स० क्रि० to show; to demonstrate; to exhibit, to display.

दिखाना *(dikhānā)* स० क्रि० to show; to display, to exhibit; to demonstrate.

दिखावट *(dikhāvaṭ)* स्त्री० mere show, ostentation.

दिखावटी *(dikhāvaṭī)* वि० showy, pretentious; artificial.

दिखावा *(dikhāvā)* पु० show, ostentation; pretension; imposture.

दिग्दर्शन *(digdarśan)* पु० a general outline cr survey of the subject; direction, guidance.

दिग्विजय *(digvijay)* स्त्री० universal conquest.

दिग्सूचक *(digsučak)* स्त्री० compass.

दिठौना *(diṭhaunā)* पु० a patch or a black mark put on the forehead of a child to guard against the influence of a malignant eye.

दिन *(din)* पु० day, day time.

दिनकर *(dinkar)* पु० the sun.

दिनचर्या *(din-čarya)* स्त्री० daily routine.

दिनांक *(dinānk)* पु० date.

दिनांकित *(dinānkit)* वि० dated.

दिमाग़ *(dimāg)* पु० (अ०) brain, mind; intellect.

दिमाग़ी *(dimāgī)* वि० (अ०) mental; related to the mind.

दिया *(diyā)* पु० earthen lamp.

दियासलाई *(diyāsalāi)* स्त्री० match-stick.

दिल *(dil)* पु० (फ़ा०) heart; courage.

दिलकश *(dilkaś)* वि० (फ़ा०) attractive.

दिलखुश *(dil-khuś)* वि० (फ़ा०) pleasant.

दिलचस्प *(dilčaspa)* वि० (फ़ा०) interesting.

दिलचस्पी *(dilčaspi)* वि० (फ़ा०) interest.

दिलजोई *(diljoi)* स्त्री० (फ़ा०) consolation, solace.

दिलदार *(dildār)* वि० (फ़ा०) of a good heart and loving nature; amorous; large-hearted.

दिलपसंद *(dilpasand)* वि० (फ़ा०) favourite.

दिलफेंक *(dilphenk)* वि० (फ़ा०) of romantic disposition, flirtacious.

दिलरुबा *(dilrubā)* वि० (फ़ा०) charming, bewitching, enchanting.

दिलासा *(dilāsā)* पु० consolation, solace,

दिली *(dilī)* वि० hearty, cordial.

दिलेर *(diler)* स्त्री० (फ़ा०) courageous, daring, brave.

दिलेरी *(dilerī)* स्त्री० (फ़ा०) courageousness, bravery.

दिल्लगी *(dillagī)* स्त्री० jest, joke, fun.

दिल्लगीबाज़ *(dillagībāz)* वि० jocular, jocose.

दिवंगत *(divaṁgat)* वि० deceased, late.

दिवस *(divas)* पु० day.

दिवाकर *(divākar)* पु० the sun.

दिवाला *(divālā)* पु० bankruptcy, insolvency.

दिवालिया *(divāliyā)* पु० bankrupt, insolvent.

दिवास्वप्न *(divāsvapna)* पु० day dreaming; reverie.

दिव्य *(divya)* वि० celestial; supernatural, divine; brilliant; charming, beautiful.

दिशा *(diśā)* स्त्री० direction; side; trend.

दिसावर *(disāvar)* पु० foreign country; foreign mart.

दिसावरी *(disāvarī)* वि० imported; belonging to another country.

दिहाड़ी *(dihāṛī)* स्त्री० work-day; daily working hours of a labourer; daily wages of a labourer.

दीक्षांत *(dikshānt)* पु० conclusion of a phase of education.

दीक्षांत – समारोह *(dikshānt-samāroh)* पु० convocation.

दीक्षा *(dīkṣā)* स्त्री० initiation.

दीक्षार्थी *(dīkṣārthi)* पु० catechumen; postulant.

दीक्षित *(dīkṣit)* वि० initiated.

दीखना *(dikhanā)* (अ०) क्रि० to be visible, to appear, to be in sight.

दीदी *(dīdī)* स्त्री० elder sister.

दीन *(dīn)* वि० poor; miserable; humble.

दीनता *(dīnatā)* स्त्री० misery; poverty; humility, meekness.

दीप *(dīp)* पु० lamp, lantern; light.

दीपक *(dīpak)* पु० lamp, lantern.

दीपावलि, दीपावली *(dipāvali)* स्त्री० Hindu festival of lights; row of lights.

दीपिका *(dīpikā)* स्त्री० small lamp; moonlight.

दीप्त *(dīpt)* वि० blazing, flaming; shining, bright, brilliant; acute; gorgeous; illuminated.

दीप्ति *(dīpti)* स्त्री० brightness, splendour, brilliance, lustre; luminosity, glow.

दीमक *(dīmak)* स्त्री० white ant, termite.

दीया *(dīyā)* पु० lamp.

दीयासलाई *(dīyāsalaī)* स्त्री० match stick.

दीर्घ *(dīrgh)* वि० long; big, large.

दीर्घकाय *(dīrghkāya)* वि० gigantic, tall and bulky.

दीर्घता *(dīrghatā)* स्त्री० length; largeness, bigness.

दीर्घसूत्री *(dīrghsutri)* वि० slow, dilatory, procrastinating.

दीर्घा *(dīrghā)* स्त्री० corridor; gallery.

दीर्घायु *(dīrghāyu)* वि० long-living.

दीर्घायुता *(dīrghāyuta)* स्त्री० longevity.

दीवट *(divaṭ)* स्त्री० lamp-stand.

दीवान *(dīvān)* पु० (फ़ा०) royal court; court minister; collected works of a poet.

दीवाना *(dīvānā)* वि० (फ़ा०) mad, insane; nympholeptic, crazy.

दीवानापन *(dīvānāpan)* पु० nympholepsy, craziness; insanity.

दीवानी *(dīvānī)* वि० (फ़ा०) pertaining to a civil court as opposed to the criminal one, mad (female).

दीवार *(dīvār)* स्त्री० (फ़ा०) wall.

दीवाली *(diwali)* see दीपावली

दुःख *(dukh)* पु० trouble; pain, grief; distress; suffering.

दुःखद *(dukhad)* वि० painful, grievous; troublesome; unfortunate; sorrowful.

दुःखी *(dukhī)* वि० sad; aggrieved; troubled; afflicted.

दुःसाध्य *(dussādhya)* वि० difficult to be performed or accomplished; difficult to be managed or dealt with; arduous.

दुःसाहस *(dussāhas)* पु० audacity, temerity.

दुःस्वप्न *(dusvapna)* पु० nightmare.

दुआ *(duā)* स्त्री० (अ०) prayer; blessing, benediction.

दुकान *(dukān)* स्त्री० (फ़ा०) shop.

दुकानदार *(dukāndār)* पु० (फ़ा०) shopkeeper.

दुकानदारी *(dukāndārī)* स्त्री० (फ़ा०) shopkeeping.

दुखड़ा *(dukhṛā)* पु० tale of woes, sorrowful story.

दुखना *(dukhnā)* (अ०) क्रि० to pain, to ache.

दुखाना *(dukhānā)* स० क्रि० to trouble, to cause pain; to torment; to hurt.

दुखित *(dukhit)* वि० distressed, grief-stricken.

दुखिया *(dukhiyā)* वि० afflicted, in pain or distress.

दुग्ध *(dugdh)* पु० milk; milky juice of plants, sap.

दुग्धशाला *(dugdhśāla)* स्त्री० dairy.

दुतकार *(dutkār)* स्त्री० reproof, reprimand, upbraiding.

दुतकारना *(dutkārnā)* स० क्रि० to reprimand, to rebuke slightingly.

दुतरफ़ा *(dutarfā)* वि० bilateral, two-sided.

दुधमुँहा[1] *(dudhmuṁhā)* वि० suckling.

दुधमुँहा[2] *(dudhmuṁhā)* पु० suckling baby, infant.

दुधार, दुधारू *(dudhār, dudhārū)* वि० milch, giving milk.

दुनिया *(duniyā)* स्त्री० (अ०) world.

दुनियादार *(duniyādar)* वि० (अ०) absorbed in worldly affairs, worldly; worldly wise.

दुनियादारी *(duniyādarī)* स्त्री० (अ०) worldly wisdom, worldliness.

दुपट्टा *(dupaṭṭā)* पु० a kind of mantle or piece of linen in which there are two layers; a cloth loosely worn over the shoulders.

दुपहर *(dupahr)* पु० noon, mid-day.

दुबकना *(dubaknā)* (अ०) क्रि० to cower, to crouch, to be concealed, to lurk.

दुबला *(dublā)* वि० slim, lean, thin.

दुभाषिया *(dubhāśiya)* पु० interpreter; one who knows two languages.

दुम *(dum)* स्त्री० (फ़ा०) tail; hindmost part.

दुमदार *(dumdār)* वि० (फ़ा०) having

a tail; pointed at the back.

दुरभिसंधि *(durabhi-sandhi)* स्त्री० conspiracy, secret plot.

दुराग्रह *(durāgreh)* पु० contumacy, importunity, obduracy, pertinacity, undue insistence; fanaticism.

दुराग्रही *(durāgrehi)* वि० obdurate, pertinacious, mulish, importunate, unduly insistent.

दुराचार *(durācār)* पु० misconduct, moral-turpitude, depravity.

दुराचारी *(durācāri)* वि० wicked, immoral, licentious.

दुराव *(durāv)* पु० concealment.

दुराशा *(durāsā)* स्त्री० hoping against hope, false hope.

दुरुपयोग *(durupyog)* पु० misuse, abuse.

दुरूस्त *(durust)* वि० (फ़ा०) proper, sound; mended, repaired; fit, correct.

दुरूह *(dur-ūh)* वि० abstruse, recondite, unintelligible.

दुरूहता *(dur-ūhtā)* स्त्री० abstruseness, unintelligibility.

दुर्गंध *(durgandh)* स्त्री० bad smell, stench, stink, obnoxious smell, bad odour.

दुर्ग *(dur-g)* पु० fort, castle, citadel.

दुर्गति *(dur-gati)* स्त्री० distress, misery; poverty.

दुर्गम *(dur-gam)* वि० difficult to be traversed or travelled over, impassable; hard to be understood.

दुर्गुण *(dur-gun)* पु० defect, fault, flaw, vice.

दुर्घटना *(dur-ghatnā)* स्त्री० accident, mishap.

दुर्जन *(dur-jan)* पु० bad man, villain, scoundrel.

दुर्जनता *(dur-jantā)* स्त्री० wickedness, villainy, rascality.

दुर्जेय *(dur-jeya)* वि० invincible, difficult to be conquered or won.

दुर्दम *(dur-dam)* वि० indomitable, irrepressible; unyielding, difficult to subdue.

दुर्दम्य *(dur-damya)* वि० impregnable, invincible; recalcitrant.

दुर्दशा *(durdasā)* स्त्री० sad plight, misery, adversity.

दुर्दांत *(dur-dānt)* वि० invincible, impregnable.

दुर्बल *(durbal)* वि० of little strength, weak, feeble; thin, slender, emaciated, lean.

दुर्बलता *(durbaltā)* स्त्री० weakness, feableness, thinness; debility.

दुर्बुद्धि *(durbudhi)* वि० evil minded, wicked; silly, foolish, stupid.

दुर्बोध *(dur-bo<u>d</u>h)* वि० unintelligible, abstruse, obscure.

दुर्भावना *(durbhāvanā)* स्त्री० evil thought, bad inclination.

दुर्भिक्ष *(durbhiksh)* पु० famine.

दुर्लंघ्य *(durlanghya)* वि० impassable, difficult to cross, insurmountable.

दुर्लभ *(durlabh)* वि० difficult to be obtained or found, scarce, rare.

दुर्लभता *(durlabhtā)* स्त्री० scarcity, unavailability; rarity.

दुर्वचन *(dur-vačan)* पु० bad or harsh language; abuse.

दुर्विनीत *(dur-vinita)* वि० ill-mannered, impudent.

दुर्वृत्त *(dur-vrit)* वि० depraved, wicked, evil-minded.

दुर्व्यवस्था *(dur-vyavsthā)* स्त्री० mismanagement.

दुर्व्यवहार *(dur-vyavahar)* पु० ill-treatment, misconduct, misbehaviour.

दुर्व्यसन *(dur-vyasan)* पु० bad propensity, vice, addiction.

दुलत्ती *(dulatti)* स्त्री० kick with the two hind legs (as by an ass or a horse).

दुलराना *(dularaña)* स० क्रि० to fondle, to caress.

दुलहन, दुलहिन *(dulhan)* स्त्री० bride.

दुलहा *(dulhā)* पु० bridegroom.

दुलहिन *(dulhin)* see दुलहन

दुलार *(dulār)* पु० fondling affection.

दुलारना *(dulārnā)* स० क्रि० to fondle, to show affection to, to love, to pet, to caress.

दुलारा *(dulārā)* वि० beloved, darling.

दुविधा *(duvidhā)* स्त्री० dilemma, fix.

दुशाला *(dušāla)* पु० shawl, double shawl.

दुश्चरित्र[1] *(duś-čaritra)* पु० misdoing, ill conduct, depravity, profligacy.

दुश्चरित्र[2] *(duś-čaritra)* वि० degenerate, profligate.

दुश्चिंता *(duś-cinta)* स्त्री० anxiety.

दुश्मन *(duśman)* पु० (फ़ा०) enemy, foe.

दुष्कर *(duśkar)* वि० difficult to be performed or accomplished; hard to be done.

दुष्कर्म *(duśkarm)* पु० evil act, misdeed; sin, vice.

दुष्ट[1] *(dušṭ)* वि० wicked, bad, vile; knavish; malevolent.

दुष्ट[2] *(dušṭ)* पु० scoundrel, rascal, scamp.

दुष्टता *(dušṭatā)* स्त्री० badness, wickedness, viciousness, knavery, malevolence, mischievousness.

दुष्टात्मा *(duśtātmā)* वि० of bad nature, evil-minded, wicked, malicious.

दुस्सह *(dussah)* वि० unbearable, intolerable.

दुस्साध्य *(dussādhya)* वि० hardened, difficult to treat.

दुस्साहस *(dussāhas)* पु० recklessness.

दुहत्था *(duhatha)* वि० provided with two handles.

दुहना *(duhnā)* स० क्रि० to milk; to squeeze; to exploit.

दुहरा *(duhrā)* वि० two-fold, double folded.

दुहराना *(duhrānā)* स० क्रि० to repeat; to revise.

दुहाई *(duhāī)* स्त्री० cry for help or mercy or justice; complaint, appeal; invocation.

दूत *(dūt)* पु० courier, messenger; emissary, ambassador, envoy.

दूतावास *(dūtāvās)* पु० embassy, consulate.

दूध *(dūdh)* पु० milk; milky juice of certain plants.

दूधिया[1] *(dūdhiyā)* वि० milk white, milky; containing or abounding in milk; juicy.

दूधिया[2] *(dūdhiyā)* पु० milk-vendor; white ash colour.

दून *(dūn)* स्त्री० valley.

दूना *(dūnā)* वि० double, twice as much.

दूभर *(dūbhar)* वि० onerous, burdensome; difficult to be borne; difficult, arduous.

दूरंदेश *(dūrandeś)* वि० (फ़ा०) far-sighted.

दूरंदेशी *(dūrandeśī)* स्त्री० (फ़ा०) far-sightedness.

दूर *(dūr)* क्रि० वि० away, beyond, far off.

दूरगामी *(dūrgamī)* वि० far-reaching.

दूरदर्शक *(dūdarśak)* पु० telescope.

दूरदर्शन *(dūrdarśan)* पु० television.

दूरदर्शिता *(dūrdaśitā)* स्त्री० farsightedness, farsight, sagacity, prudence.

दूरदृष्टि *(dūr-drṣṭi)* स्त्री० farsightedness.

दूरबीन *(dūrbina)* स्त्री० telescope, field-glass.

दूरभाष *(dūrbhaś)* पु० telephone.

दूरमुद्रक *(dūrmudrak)* पु० teleprinter.

दूरमुद्रण *(dūrmudran)* पु० teleprinting.

दूरलेख *(dūrlekh)* पु० telegram.

दूरलेखी *(dūrlekhi)* वि० telegraphic.

दूरवर्ती *(dūr-varti)* वि० far removed, remote, distant.

दूरवीक्षक *(dūrvikshak)* पु० telescope.

दूरसंचार *(dūr-sančar)* पु० tele-communication.

दूरी *(dūrī)* स्त्री० distance, remoteness.

दूल्हा *(dūlhā)* पु० bridegroom.

दूषण *(dūṣaṇ)* पु० fault, blemish, defect; contamination, pollution; stigma; defilement; prostitution.

दूषित *(dūṣit)* वि० blemished, defiled, spoiled; contaminated, polluted; stigmatic; defective; corrupted; vitiated, sullied.

दूसरा *(dūsrā)* वि० second, next; another, different.

दूहना *(dūhnā)* स० क्रि० to milk.

दृढ़ *(dirḥ)* वि० fixed, firm; tough, strong; irrevocable, confirmed; firmly fastened, shut fast; tense, fortis.

दृढ़ता *(diṛatā)* स्त्री० firmness, strength, resoluteness; toughness.

दृश्य[1] *(drśyā)* वि० visible; spectacular, visual.

दृश्य[2] *(drśyā)* पु० scene, spectacle; scenery, sight.

दृश्यता *(drśyāta)* स्त्री० visuality, visibility.

दृष्टांत *(drāstānt)* पु० example, instance, illustration;. (in rhet.) a figure of speech in which an assertion or statement is illustrated by example.

दृष्टा *(drāsta)* पु० seer.

दृष्टि *(drṣti)* स्त्री० eye-sight, vision.

दृष्टिकोण *(drṣṭi)* पु० point of view.

दृष्टिगत *(drṣṭigat)* वि० seen, perceived, viewed.

दृष्टिगोचर *(drṣṭi-gočar)* वि० visible, perceptible.

दृष्टिपात *(drṣṭi-pāt)* पु० look, glance, act of seeing.

दृष्टिहीन *(drṣṭi-hin)* वि० nerve blind.

देखना *(dekhnā)* स० क्रि० to see, to look, to observe, to perceive; to search; to feel (as pulse); to supervise; to manage; to weigh well, to consider.

देखभाल, देखरेख (*dekh-bhāl*) स्त्री० care, supervision, observation.

देदीप्यमान (*dedīpyamān*) वि० shining intensely, resplendent, brilliant.

देन (*den*) स्त्री० act of giving; gift, contribution.

देनदार (*dendār*) पु० debtor.

देनदारी (*dendārī*) स्त्री० liability, indebtedness.

देना (*denā*) स० क्रि० to give, to grant; to lay (eggs); to pay (a debt etc.); to confer, to bestow; to entrust, to assign.

देय[1] (*dey*) पु० worth-giving; to be paid, payable, due.

देय[2] (*dey*) पु० dues.

देयता (*deyatā*) स्त्री० indebtedness, liability.

देर (*der*) स्त्री० delay; period of time; a long while.

देरी (*derī*) स्त्री० delay.

देव (*dev*) पु० deity, god; a respectable person; a huge fellow or thing.

देवता (*devatā*) पु० deity, a god, divinity; image of a deity, idol.

देवत्व (*devatvā*) पु० godhood, godliness, divinity.

देवदार (*devdār*) पु० devdar, cedar.

देवदासी (*devdāsī*) स्त्री० temple dancer, dancing girl dedicated to a deity.

देवदूत (*devdūt*) पु० angel.

देवर (*devar*) पु० husband's younger brother.

देवरानी (*devrānī*) स्त्री० wife of husband's younger brother.

देवलोक (*devlok*) पु० abode of gods.

देववाणी (*dev-vani*) स्त्री० oracle; Sanskrit, language of gods.

देवसभा (*dev-sabhā*) स्त्री० pantheon.

देवस्थान (*devasthān*) पु० abode of gods, temple.

देवांगना (*devāmganā*) स्त्री० god's spouse; a celestial damsel, goddess.

देवालय (*devālay*) पु० temple, pagoda.

देवी (*devī*) स्त्री० a female deity; a respectful title applied to a lady.

देश (*deś*) पु० place, region, country, part, portion, province; portion of a body or region.

देशत्याग (*deś-tyāg*) पु० expatriation.

देशद्रोह (*deś-droh*) पु० treason.

देशद्रोही (*deś-drohi*) पु० traitor, fifth columnist.

देश – निकाला (*deś-nikāla*) पु० expatriation; exile, banishment.

देशप्रेम (*deś-prem*) पु० patriotism.

देशप्रेमी[1] (*deś-premī*) पु० patriot.

देशप्रेमी[2] (*deś-premī*) वि० patriotic.

देशभक्त (*deś-bhakt*) पु० patriot.

देशभक्ति (*deś-bhakti*) स्त्री० patriotism.

देशवासी (*deś-vāsi*) पु० compatriot.

देशांतर (*deśāntar*) पु० another country; longitude.

देशांतरण (*deśāntran*) पु० migration, transmigration.

देशांतरित (*deśāntarit*) वि० transmigrated.

देशाटन *(deśātan)* पु० roaming or wandering through a country, touring in a country or countries.

देशी *(deśī)* वि० belonging to a province, local; indigenous.

देशीय *(deśīya)* वि० domestic, native.

देसावर *(desāvar)* पु० foreign country; place from which goods are sent for.

देसावरी *(desāvarī)* वि० of or belonging to a foreign country; imported.

देह *(deh)* स्त्री० body.

देहांत *(dehānt)* पु० death.

देहात *(dehāt)* पु० village.

देहाती[1] *(dehātī)* वि० rural, pertaining to a village; rustic, uncivilized.

देहाती[2] *(dehātī)* पु० villager.

देहावसान *(dehāvasān)* पु० death, demise.

दैत्य *(daityā)* पु० demon, evil spirit.

दैनिक *(dainik)* वि० daily, diurnal.

दैनिकी *(dainikī)* स्त्री० daily diary.

दैन्य *(dainyā)* पु० poverty, indigence; humbleness, meekness; depression, miserable state.

दैव *(daiv)* पु० fate, destiny, luck, fortune.

दैवयोग *(daivyog)* पु० accident, chance.

दैशिक *(daiśik)* वि० relating to the country; indigenous.

दैहिक *(daihik)* वि० physical, corporeal.

दोआब *(doāb)* पु० tract of country between two rivers.

दोग़ला *(doglā)* वि० cross-bred, hybrid.

दोज़ख़ *(dozakh)* पु० (फ़ा०) hell.

दो तरफ़ा *(do-tarfa)* see दुतरफ़ा

दोनों *(donoṁ)* सर्व० वि० both.

दोमट *(domat)* स्त्री० loam.

दोयम *(doyam)* वि० (फ़ा०) second rate; second (in order of merit).

दोलक *(dolak)* पु० pendulum, oscillator.

दोष *(doś)* पु० defect; fault, demerit; crime, sin, guilt; blame; blemish, weak-point; error.

दोषपूर्ण *(dośpurna)* वि० defective, faulty.

दोषमुक्त *(doś-mukta)* वि० guiltless, acquitted.

दोषमुक्ति *(doś-mukti)* स्त्री० acquittal.

दोषारोपण *(dośāropan)* पु० accusation, charge.

दोषी[1] *(doṣī)* वि० faulty, defective; wicked, guilty.

दोषी[2] *(doṣī)* पु० sinner; guilty person; one who is at fault.

दोस्त *(dost)* पु० (फ़ा०) friend.

दोस्ताना[1] *(dostānā)* पु० (फ़ा०) friendship, friendliness.

दोस्ताना[2] *(dostānā)* पु० (फ़ा०) friendly; worthy of a friend.

दोस्ती *(dostī)* स्त्री० (फ़ा०) friendship, amity.

दोहरा *(dohrā)* वि० double, having two folds; dual.

दोहा *(dohā)* पु० couplet.

दौड़ *(dauṛ)* स्त्री० race.

दौड़ना *(dauṛanā)* (अ०) क्रि० to run, to run about.

दौड़ाना *(dauṛānā)* स० क्रि० to cause to run; to run (brush etc.).

दौर *(daur)* पु० going round, moving in a circle; round (of wine etc.)

दौरा *(daurā)* पु० going round, a revolution, a turn; tour; fit, attack of a disease.

दौरान *(daurān)* पु० (अ०) duration, period.

दौलत *(daulat)* स्त्री० wealth, riches; opulence; good fortune, prosperity, happiness.

दौलतख़ाना *(daulatkhāna)* पु० (अ०) residence.

दौलतमंद *(daulatmand)* वि० (अ०) wealthy, opulent, rich, prosperous.

दौहित्र *(douhitrā)* पु० daughter's son, grandson.

द्युति *(dyuti)* स्त्री० light, brightness; splendour, radiance, lustre.

द्युत *(dyūt)* पु० gambling.

द्युतक्रीड़ा *(dyūt-krirā)* स्त्री० gambling.

द्योतक *(dyotak)* वि० bringing into light, making clear, significant; indicative; exponent.

द्योतन *(dyotan)* पु० indication, signification.

द्रव *(drav)* पु० fluid, liquid, liquid substance.

द्रवण *(dravaṇ)* पु० melting.

द्रवणांक *(dravanānk)* पु० melting point.

द्रवता *(dravatā)* स्त्री० liquidity, fluidity.

द्रवित *(dravit)* वि० melted, liquified; moved (by emotion).

द्रव्य *(dravya)* पु० thing, material; matter; elementary substance, any possession, wealth, goods, property, money.

द्रष्टव्य *(draśṭavya)* वि० visible, perceptible; pleasing to sight, lovely, beautiful.

द्रष्टा *(draśṭā)* पु० spectator, witness; viewer.

द्राक्षा *(drākṣā)* स्त्री० grape; vine.

द्रुत *(drut)* वि० quick, swift, speedy; dissolved, melted.

द्रुतगामी *(drutgāmi)* वि० fast moving, quick, light-footed.

द्रोह *(droh)* पु० malice, hostility.

द्रोही *(drohī)* वि० hostile, disloyal, treacherous, perfidious.

द्वंद्व *(dvandva)* पु० pair, couple; duel; pair of conflicting ideas, thoughts and tendencies; struggle, strife.

द्वंद्व युद्ध *(dvandva-yudh)* पु० duel fighting.

द्वंद्वात्मक *(dvandvātmak)* वि० conflicting.

द्वार *(dvār)* पु० door, gate, entrance; an aperture of the human body, opening.

द्वारपाल *(dvārpāl)* पु० porter, gatekeeper.

द्वारा *(dvārā)* क्रि० वि० through, through the medium or agency (of).

द्विगुणित *(dvigunit)* वि० doubled.

द्विज *(dvija)* पु० Brahman religious man.

द्वित्व *(dvitva)* पु० duplication; repetition; duplication of a consonant in a word.

द्विपक्षी, द्विपक्षीय *(dvi-pakshi)* वि० bilateral, bipartite.

द्विरूक्ति *(dvi-rukti)* स्त्री० repetition,

reiteration.

द्विवार्षिक *(dvi-varśik)* वि० biennial.

द्विविध *(dvi-vidh)* वि० of two kinds or types.

द्विविधा *(dvi-vidhā)* स्त्री० dilemma, suspense, uncertainty, quandary.

द्वीप *(dvip)* पु० island, isle.

द्वेष *(dveś)* पु० malice, spite, malignity hostility, hatred, malevolence.

द्वेषपूर्ण *(dveś-puran)* वि० malicious.

द्वेषी *(dveśī)* वि० malicious, hostile, inimical.

द्वैत *(dvait)* पु० duality, duplicity; discrimination; pair, couple; dualism.

ध

ध *(dha)* the fourth letter of the fourth pentad of the Devnagri alphabet.

धंधा *(dhandhā)* पु० occupation, vocation; business, trade; work in general.

धँसना *(dhaṁsnā)* (अ०) क्रि० to sink; to pierce, to stick; to enter, to run (into), to penetrate.

धँसाना *(dhaṁsānā)* स० क्रि० to cause to sink; to pierce, to stick; to thrust.

धक *(dhak)* स्त्री० palpitation.

धकापेल[1] *(dhakāpel)* स्त्री० shoving and pushing; jostling.

धकापेल[2] *(dhakāpel)* क्रि० वि० vigorously, vehemently.

धकियाना *(dhakiyānā)* स० क्रि० to push about; to thrust ahead.

धकेलना *(dhakelnā)* स० क्रि० to shove, to push, to jostle.

धक्कमधक्का *(dhakkamdhakkā)* पु० shoving and pushing; jostling.

धक्का *(dhakkā)* पु० push; shock; jog, jolt; loss, damage; setback.

धज्जी *(dhajjī)* स्त्री० strip, shred, rag, tatter.

धड़ *(dhaṛ)* पु० trunk (of the body), body, stem, trunk (of the tree).

धड़कन *(dhaṛkan)* स्त्री० palpitation, throb, pulsation.

धड़कना *(dharkānā)* (अ०) क्रि० to throb, to palpitate.

धड़काना *(dhaṛkānā)* स० क्रि० to frighten, to alarm, to terrify; to cause to beat or palpitate.

धड़धड़ाना *(dhaṛdhaṛānā)* (अ०) क्रि० to make a rattling or banging sound; to knock at the door violently.

धड़ल्ले से *(dhaṛalle-se)* क्रि० वि० fearlessly; without hesitation or hitch.

धड़ा *(dhaṛā)* पु० counter-balance, counter balancing weight; tare; weight of five seers; faction, block, bloc.

धड़ाधड़ *(dhaṛādhaṛ)* क्रि० वि० one after another, in quick succession, incessantly; with the quick succession of rattling sounds, quickly with loud report, with a crash.

धड़ाबंदी *(dhaṛābandi)* स्त्री० counterpoise, counterbalancing; factionalism.

धड़ाम *(dhaṛām)* स्त्री० crash, thud.

धतूरा *(dhatūrā)* पु० stramonium.

धधकना *(dhadhakanā)* (अ०) क्रि० to burn fiercely, to flare up.

धधकाना *(dhadhakānā)* स० क्रि० to cause to blaze or flare up.

धन *(dhan)* पु० property, wealth, money; capital; plus.

धनराशि *(dhanraśi)* स्त्री० amount, sum.

धनवान *(dhan-vān)* वि० rich, wealthy.

धनाढ्य *(dhanādhya)* वि० opulent, rich, wealthy.

धनादेश *(dhanādeś)* पु० money-order; draft (issued by bank).

धनिक *(dhanik)* वि० rich, wealthy.

धनिकतंत्र *(dhaniktantra)* पु० plutocracy.

धनिया *(dhaniyā)* पु० coriander seed.

धनी *(dhanī)* वि० rich, opulent, wealthy.

धनु *(dhanu)* पु० bow; ninth sign of the zodiac.

धनुर्धर *(dhanudhar)* पु० archer, bowman.

धनुष *(dhanus)* पु० bow, arch.

धन्य[1] *(dhanya)* (अ०) 'well done', 'bravo'; fortunate ! what happiness !.

धन्य[2] *(dhanya)* वि० blessed, fortunate, lucky; happy; praise-worthy.

धन्यवाद *(dhanyavād)* पु० expression of gratitude; thanks.

धब्बा *(dhabbā)* पु० stain, blot; stigma, slur, blemish.

धम *(dham)* स्त्री० thud.

धमकाना *(dhamkānā)* (अ०) क्रि० to threaten, to menace, to intimidate.

धमकी *(dhamkī)* स्त्री० threat, menace.

धमन–भट्ठी *(dhaman-bhāṭī)* स्त्री० blast furnace.

धमाका *(dhamākā)* पु० explosion; crack; crash; blast.

धमाचौकड़ी *(dhamācaukṛī)* स्त्री० noise, tumult, bustle, turmoil, gambol; frolic.

धरती *(dhartī)* स्त्री० the earth, ground, land, soil.

धरना[1] *(dharnā)* स० क्रि० to place, to put, to keep; to catch, to seize, to apprehend, to hold; to pledge.

धरना[2] *(dharnā)* पु० sitting doggedly to enforce compliance of a demand.

धरपकड़ *(dhar-pakar)* स्त्री० mass arrests.

धरा *(dharā)* स्त्री० the earth.

धरातल *(dharātal)* पु० surface of the earth; surface.

धराशायी *(dharāsāyi)* वि० fallen on the ground; razed to the ground; fallen flat.

धरित्री *(dharitrī)* स्त्री० the earth.

धरोहर *(dharohar)* स्त्री० deposit, trust (money or article); inheritance, inherited property etc.

धर्म *(dharm)* पु० essential or inherent quality; attribute; duty, prescribed course of conduct; religion.

धर्मग्रंथ *(dharm-granth)* पु० sacred book or scripture.

धर्मच्युत *(dharm-cyut)* वि० deviated from religion or duty.

धर्मज्ञ *(dharmagna)* वि० well-versed in theology.

धर्म – तंत्र *(dharmtantra)* पु० theocracy.

धर्मनिंदा *(dharm-nindā)* स्त्री० blasphemy.

धर्मनिरपेक्ष *(dharm-nirpeksha)* वि० secular.

धर्मनिरपेक्षता *(dharm-nirpekstā)* स्त्री० secularism.

धर्मनिष्ठ *(dharm-nisth)* वि० religious minded, devout.

धर्मनिष्ठा *(dharm-nisthā)* स्त्री० piety, devotedness, religious faith.

धर्मपत्नी *(dharm-patni)* स्त्री० lawful wife.

धर्मपरायण *(dharm-parāyan)* वि० religious, religious-minded, devout.

धर्मपरायणता *(dharm-parīyantā)* स्त्री० religiosity.

धर्मभीरू *(dharm-bhiru)* वि० god-fearing, scrupulous.

धर्मयुद्ध *(dharm-yudh)* पु० religious war, crusade.

धर्मशाला *(dharmsālā)* स्त्री० inn; hostelry.

धर्मशास्त्र *(dharm-śistra)* पु० theology.

धर्मांध *(dharmāndh)* वि० fanatic.

धर्मांधता *(dharmāndhatā)* स्त्री० fanaticism, bigotry.

धर्माडंबर *(dharmīdambar)* पु० religiosity.

धर्मात्मा[1] *(dharmātma)* वि० religious, pious, righteous; saintly.

धर्मात्मा[2] *(dharmātma)* पु० good or noble person, virtuous man; saint.

धर्मार्थ *(dharmārtha)* वि० charitable.

धर्मिणी *(dharmini)* स्त्री० wife

धर्मोपदेश *(dharmopadeśa)* पु० sermon, religious discourse; catechesis.

धर्मोपदेशक *(dharmopodesāk)* पु० religious preacher, ecclesiast.

धवल *(dhaval)* वि० white; clean, unsullied, bright.

धवलता *(dhavaltā)* स्त्री० whiteness; brightness, clearness; fairness.

धसक *(dhasak)* स्त्री० depression, sagging, sinking; pungent smell emitted by dry leaf, chillies etc.

धसकन *(dhaskan)* स्त्री० depression, sagging, sinking.

धसकना *(dhaskanā)* अ० क्रि० to be depressed, to sag; to feel jealous.

धसका *(dhaskā)* पु० a disease of lungs (in animals); dry cough, bronchitis.

धसना *(dhasanā)* अ० क्रि० to be ruined or destroyed; to sink; to penetrate.

धाँधली *(dhāṁdhlī)* स्त्री० chaotic condition, disorder; trick, cheating; arbitrary conduct,arbitrariness.

धाक *(dhāk)* स्त्री० sway, control; awe.

धाकड़ *(dhākaṛ)* वि० daring, dashing, bold; dauntless; influential, commanding.

धागा *(dhāgā)* पु० thread.

धातु *(dhātu)* स्त्री० metal; constituent element or essential ingredient of the body; verbal root.

धातु-विज्ञान *(dhātu-vignān)* पु० metallurgy.

धान *(dhān)* पु० rice in the husk; paddy, rice-plant.

धानी *(dhānī)* वि० light green.

धान्य *(dhānya)* पु० cereal.

धान्यागार *(dhānyāgār)* पु० granary, barn.

धाम *(dhām)* पु० a dwelling place, abode, residence; seat of a deity, place of pilgrimage, sacred place.

धार *(dhār)* स्त्री० flow, stream, current; sharp edge.

धारक *(dhārak)* पु० holder, bearer; debtor.

धारण *(dhāraṇ)* पु० holding, bearing, wielding; wearing; keeping, maintenance; retention.

धारणा *(dhāraṇā)* स्त्री० idea, view, concept, notion, impression, power of retention; receptive power of mind.

धारदार *(dhārdar)* वि० sharp.

धारा *(dhārā)* स्त्री० stream, current; line of descending fluid; flow; continuous line or series.

धाराप्रवाह *(dhārāpravāh)* वि० fluent, non-stop, incessant.

धारी *(dhārī)* स्त्री० stripe, line.

धारीदार *(dhārīdār)* वि० lined, streaked, striped.

धार्मिक *(dhārmik)* वि० religious, pious; pertaining to religion; scriptural; theological.

धावा *(dhāvā)* पु० sortie, attack, assault, raid, charge.

धिक्कार *(dhikkār)* पु० reproach, censure; curse, condemnation.

धिक्कारना *(dhikkārnā)* स० क्रि० to reproach, to censure; to curse; to damn.

धींगामुश्ती *(dhīṁgā-miśtī)* स्त्री० dealing; high handedness.

धीमा *(dhīmā)* वि० slow; faint, dim, dull; tardy, slow, lazy, inactive; gentle, mild, soft.

धीमे *(dhīme)* क्रि० वि० slowly; mildly; in a low tone.

धीर[1] *(dhīr)* वि० patient, firm; grave, sober; strongminded, steady, resolute.

धीर[2] *(dhīr)* पु० consolation, solace; patience.

धीरज *(dhīraj)* पु० patience; fortitude, steadiness, consolation; composure.

धीरता *(dhiratā)* स्त्री० patience, fortitude; composure.

धीरे *(dhīre)* क्रि० वि० slowly; mildly.

धीरे-धीरे *(dhīre-dhīre)* क्रि० वि० slowly; mildly.

धुंध *(dhundh)* स्त्री० haze, dimness; mist, fog; dust cloud; dimsightedness, purblindness.

धुँधलका *(dhuṁdhalkā)* पु० twilight, darkishness.

धुँधला *(dhuṁdhalā)* वि० hazy, misty, foggy; darkish, smoky; blurred; vague; dull, dim.

धुँधुलाना *(dhuṁdhlānā)* (अ०) क्रि० to be hazy, misty or foggy; to become dull or dim; to be blurred.

धुँधलापन *(dhuṁdhlāpan)* पु० haziness; dimness.

धुआँ *(dhuāṁ)* पु० smoke.

धुआँधार *(dhuīṁdar)* वि० torrential, violent; fluent, eloquent; incessant and excessive.

धुकर–पुकर *(dhukar-pukar)* स्त्री० suspense; palpitation.

धुत *(dhut)* वि० steeped; stupefied; besotted; intoxicated.

धुन *(dhun)* स्त्री० assiduity, application perseverance; ardent desire, ardour; mania, fad, craze.

धुनना *(dhunnā)* स० क्रि० to card or comb; to beat thoroughly.

धुनाई *(dhunāī)* स्त्री० carding, combing; wages of carding; beating, thrashing.

धुरंधर *(dhurandhar)* वि० pre-eminent, learned; leading, foremost, chief.

धुरा *(dhurā)* पु० axle.

धुलना *(dhulnā)* (अ०) क्रि० to be washed or cleansed; to become free of blemishes.

धुलवाना *(dhulvānā)* स० क्रि० to get washed, to have cleansed.

धुलवाई *(dhulvāī)* स्त्री० work of getting something washed; charges paid for washing.

धुलाई *(dhulāī))* स्त्री० washing, a wash; washing charges.

धुलाना *(dhulānā)* स० क्रि० to cause to be washed or cleaned, to get (a thing) washed.

धूनी *(dhūnī)* स्त्री० fire lit by a Hindu ascetic; burning of incense; fumigation.

धूप[1] *(dhūp)* स्त्री० sunlight, sunshine, heat of the sun.

धूप[2] *(dhūp)* स्त्री० incense, a fragrant substance.

धूप–घड़ी *(dhūp-ghaṛi)* स्त्री० sundial.

धूपदान *(dhūpdan)* पु० incense pot, incensory.

धूपदानी *(dhūpdānī)* स्त्री० small censer, incensory.

धूम *(dhūm)* स्त्री० bustle, tumult; celebrity, display, pomp, fanfare; fame, eclat, boom.

धूमकेतु *(dhūm-ketu)* पु० leg comet.

धूमधाम *(dhūm-dhām)* स्त्री० pomp and show, eclat, fanfare.

धूमिल *(dhūmil)* वि० dim, blurred, vague; smoky, smoke-coloured.

धूम्र *(dhūmra)* पु० smoke.

धूम्रपान *(dhūmrapān)* पु० smoking.

धूर्त[1] *(dhūrt)* पु० cheat, knave; rascal, rogue.

धूर्त[2] *(dhūrt)* वि० deceitful; roguish.

धूर्तता *(dhūrtatā)* स्त्री० knavery; fraudulence, cunningness, cheating; rascality, roguery.

धूल *(dhūl)* स्त्री० dust.

धूसर *(dhūsar)* वि० dust-coloured, grey; dusty.

धृष्ट *(dhṛṣṭ)* वि० impudent, shameless, insolent, arrogant.

धृष्टता *(dhṛṣṭatā)* स्त्री० impudence, insolence, arrogance, audacity.

धैर्य *(dhairya)* पु० patience, fortitude, steadiness, firmness.

धैर्यवान *(dhairyvān)* वि० patient.

धोखा *(dhokhā)* पु० fraud, cheating, deception; delusion; blunder, mistake; false appearance.

धोखा – धड़ी *(dhokhā-dhari)* स्त्री० fraud, deception, sharp practice.

धोखेबाज़ *(dhokhe-bāz)* वि० deceitful.

धोखेबाज़ी *(dhokhe-bāzi)* स्त्री० deceit, fraud; imposture; cheating.

धोती *(dhotī)* स्त्री० loose garment for legs cotton saree.

धोना *(dhonā)* स० क्रि० to wash, to cleanse, to launder; to remove.

धोबिन *(dhobin)* स्त्री० washerwoman, launderess, washerman's wife.

धोबी *(dhobī)* पु० washerman, launderer.

धौंकनी *(dhauṁkanī)* स्त्री० bellows, blower; blow-pipe.

धौंस *(dhauṁs)* स्त्री० threat, bluster, awesome demeanour, browbeating; over-whelming influence, awe, sway.

धौल – धप्पड़, *(dhaul-dhapper)* पु० slapping and boxing, exchange of blows.

ध्यान *(dhyān)* पु० attention, advertency, heed; thinking, reflection, consideration; care; meditation, contemplation; concentration of mind.

ध्रुव *(dhruv)* वि० firm, resolute.

ध्रुवतारा *(dhruv-tārā)* पु० pole star.

ध्रुवीकरण *(dhruvīkaraṇ)* पु० polarisation.

ध्रुवीय *(dhruvīya)* वि० polar.

ध्वंस *(dhvaṃs)* पु० destruction, demolition, ruin, devastation; sabotage.

ध्वंसक *(dhvaṃsak)* पु० destroyer, devastator.

ध्वंसन *(dhvaṃsan)* पु० destruction, devastation.

ध्वंसात्मक *(dhvaṃsātmak)* वि० destructive.

ध्वंसावशेष *(dhvansāvśeśa)* पु० wreckage, rubble; ruins, remains; debris.

ध्वज *(dhvaj)* पु० flag, banner.

ध्वजा *(dhvajā)* स्त्री० flag, banner.

ध्वजारोहण *(dhvajārohan)* पु० hoisting of a flag.

ध्वनि *(dhvani)* स्त्री० sound, echo, voice; implied meaning, suggested sense.

ध्वनित *(dhvanit)* वि० sounded; implied, suggested, hinted.

ध्वनिरोधी *(dhvanirodhi)* वि० soundproof.

ध्वनि – विज्ञान *(dhvani-vignān)* पु० phonetics, phonology, acoustics.

ध्वन्यात्मक *(dhvanayātmak)* वि० phonetic

ध्वन्यार्थ *(dhvanyārtha)* पु० suggested meaning, implied sense.

ध्वस्त *(dhvast)* वि० fallen, ruined, dilapidated; destroyed, devastated.

न *(na)* the fifth letter of the fourth pentad of the Devnagri alphabet.

नंग – धड़ग *(nang-dharang)* **वि०** stark naked, nude.

नंगा *(naṅgā)* **वि०** naked, nude; bare, uncovered; without ornament.

नंगापन *(naṅgāpan)* **पु०** shamelessness, nakedness.

नंदलाल *(nand-lāl)* **पु०** Lord Krishna.

नंदिनी *(nandinī)* **स्त्री०** daughter, goddess Durga, the Ganges.

नंदी *(nandī)* **वि०** speaker of a prelude or benediction in drama; name of the door-keeper of Shiva, his chief attendant, or of the bull which he rides.

नंदोई *(nandoī)* **पु०** the husband of husband's sister.

नंबरी *(nambarī)* **वि०** notorious; bearing a number, numbered.

नककटा, नकटा *(nakkaṭā)* **वि०** noseclipt, noseless; flatnosed, snubnosed; shameless.

नकचढ़ा *(nakcaṛhī)* **वि०** fastidious, peevish, illtempered.

नक़द *(naqad)* **पु०** cash money.

नक़दी *(naqdī)* **स्त्री०** cash money; ready money, hard cash.

नक़ब *(naqab)* **स्त्री०** **(अ०)** house-breaking, burglary.

नक़ल *(naql)* **स्त्री०** **(अ०)** imitation; copy, duplicate transcript; mimcry.

नक़लची *(naqalcī)* **पु०** **(अ०)** one who copies by unfair means; imitator; mimic.

नक़ली *(naqlī)* **वि०** **(अ०)** imitated, imitation; fabricated, spurious; artificial, counterfeit, false, fake, dummy.

नक़ाब *(naqāb)* **स्त्री०** mask; veil; visor, vizard.

नकारना *(nakīrnā)* **स० क्रि०** to negate, to deny, to refuse, to reject; to dishonour (a cheque.).

नकारात्मक *(nakārātmak)* **वि०** negative, implying refusal or denial.

नकेल *(nakel)* **स्त्री०** nose-string, nose halter.

नक़्क़ारख़ाना *(naqqārkhānā)* **पु०** **(फ़ा०)** kettle-drum chamber.

नक़्क़ारची *(naqqārcī)* **पु०** **(फ़ा०)** kettle-drummer.

नक़्क़ाल *(naqqāl)* **पु०** **(अ०)** cheat; imitator; mimic, mimicker.

नक़्क़ाशी *(naqqāśī)* **स्त्री०** .**(अ०)** carving, engraving.

नक़्शा *(naqśā)* **पु०** **(अ०)** map; mode, pattern; structure, design,; plan, sketch, draft; chart.

नक़्शानवीस *(naqśā-navij)* **पु०** draftsman.

नक़्शानवीसी *(naqśā-naviji)* **स्त्री०** draftmanship.

नक्षत्र *(nakṣatr)* **पु०** star.

नक्षत्र – विद्या *(nakṣatra-vidya)* **स्त्री०** astronomy.

नख *(nakh)* **पु०** nail; a pear-like

fruit.

नख़रा *(nakhrā)* पु० (फ़ा०) coquetry, feminine airs and graces; unwillingness.

नख़रेबाज़ *(nakhrebāz)* वि० (फ़ा०) coquettish.

नख़लिस्तान *(nakhalistān)* वि० (फ़ा०) oasis.

नग *(nag)* पु० precious stone, gem, jewel; mountain; piece, article.

नगर *(nagar)* पु० city, town.

नगर–निगम *(nagar-nigam)* पु० municipal corporation.

नगर–निगमाध्यक्ष *(nagar-nigamādhyaksh)* पु० mayor.

नगर–निवासी *(nagar-nivāsi)* पु० citizen.

नगरपालिका *(nagar-pālikā)* स्त्री० municipality.

नगर–प्रमुख *(nagar-pramukh)* पु० mayor.

नगरवासी *(nagar-vāsi)* पु० inhabitant of a city, citizen.

नगरीकरण *(nagarīkaran)* पु० urbanisation.

नगरीय *(nagarīya)* वि० urban, of or pertaining to the city.

नगाड़ा *(nagāra)* पु० kettle drum.

नगीना *(nagīnā)* पु० precious stone, gem, jewel.

नग्न *(nagna)* वि० naked, nude; bare, uncovered.

नग्नता *(nagnatā)* स्त्री० nakedness, nudeness; shamelessness.

नचाना *(nacānā)* स० क्रि० to cause to dance, to make (one) dance; to spin (a top, etc.).

नज़दीक *(nazdīk)* क्रि० वि० near, in the vicinity.

नज़र *(nazar)* स्त्री० (अ०) sight, eyesight, vision, look, glance.

नज़रबंद[1] *(nazarband)* वि० (अ०) under detention.

नज़रबंद[2] *(nazarband)* पु० (अ०) internee, detenu.

नज़रबंदी *(nazarbandi)* स्त्री० (अ०) detention, internment.

नज़राना *(nazarānā)* पु० gift, present.

नज़रिया *(nazariyā)* पु० view point.

नज़ला *(nazlā)* पु० (अ०) catarrah, cold.

नज़ाकत *(nazākat)* स्त्री० (फ़ा०) tenderness, delicacy; elegance, grace.

नजात *(najāt)* स्त्री० (फ़ा०) liberation, riddance, deliverance, salvation.

नज़ारा *(nazārā)* पु० (अ०) scene, sight, view, spectacle.

नज़्म *(nazm)* स्त्री० (अ०) poem, verse.

नट *(naṭ)* पु० actor; acrobat.

नटखट *(naṭkhaṭ)* वि० naughty, mischievous.

नटी *(naṭī)* स्त्री० actress; wife of the stage-manager.

नत *(nat)* वि० bent, curved, tilted; bowed.

नति *(nati)* स्त्री० bend, curvature; inclination, bias; modesty, humbleness.

नतीजा *(natījā)* पु० (फ़ा०) result, consequence; effect; conclusion.

नत्थी *(natthī)* वि० tagged, attached.

नथ *(nath)* स्त्री० nose-ring.

नथना[1] *(nathnā)* (अ०) क्रि० to be

tagged; to be pierced.

नथना[2] *(nathnā)* पु० nostril.

नथनी *(nathnī)* स्त्री० small nose-ring.

नद *(nad)* पु० a big river.

नदी *(nadī)* स्त्री० river.

ननद *(nanad)* स्त्री० husband's sister.

ननदोई *(nanadoi)* पु० husband of the husband's sister.

ननसाल *(nanasāl)* स्त्री० mother's paternal home.

ननिहाल *(nanihāl)* स्त्री० the house or family of maternal grandfather.

नन्हा *(nanhā)* वि० small, tiny, little, young.

नपना *(napnā)* पु० measuring device.

नपुंसक[1] *(napuṃsak)* पु० hermaphrodite (neither man nor woman), eunuch; impotent person.

नपुंसक[2] *(napuṃsak)* वि० impotent; cowardly; neuter (gender).

नपुंसकता *(napuṃsakatā)* स्त्री० impotency; cowardliness, unmanliness; being a eunuch.

नफ़रत *(nafrat)* स्त्री० (अ०) contempt, disgust; hatred.

नफ़ा *(nafā)* पु० (अ०) profit; gain.

नफ़ासत *(nafāsat)* स्त्री० (अ०) delicacy; refinement, sophistication.

नफ़ीरी *(nafīrī)* स्त्री० (फ़ा०) clarinet.

नफ़ीस *(nafīs)* वि० (अ०) nice, fine, excellent, exquisite, dainty.

नब्ज़ *(nabz)* स्त्री० (अ०) pulse.

नभ *(nabh)* पु० sky; firmament.

नभचर[1] *(nabhcar)* वि० sky-faring.

नभचर[2] *(nabhcar)* पु० one who moves in the sky, bird.

नम *(nam)* वि० moist, damp, wet.

नमक *(namak)* पु० (फ़ा०) salt.

नमकहराम *(namak-harām)* वि० ungrateful, disloyal.

नमकहरामी *(namak-harāmi)* स्त्री० (फ़ा०) ingratitude, ungratefulness.

नमकहलाल *(namak-halal)* वि० (फ़ा०) grateful, faithful, loyal.

नमकहलाली *(namak-halalī)* स्त्री० (फ़ा०) gratitude, gratefulness, loyalty.

नमकीन *(namkīn)* वि० salty, saltish, salted; saline, brackish.

नमन *(naman)* पु० bending, flexure; deference, salutation, obeisance.

नमनीय *(namaniya)* वि० flexible; worthy of respect, respectable, adorable; elastic.

नमस्कार *(namaskar)* पु० salutation, obeisance.

नमस्ते *(namaste)* स्त्री० a term of greeting or salutation.

नमाज़ *(namāz)* स्त्री० (फ़ा०) formal prayer (offered by muslims).

नमाज़ी *(namāzi)* पु० (फ़ा०) one meticulously regular in prayer, a devout Muslim.

नमित *(namit)* वि० bowed, bent down; caused to stoop.

नमी *(namī)* स्त्री० moisture, dampness, humidity.

नमीदार *(namīdar)* वि० humid, moist.

नमूना *(namūnā)* पु० (फ़ा०) specimen; sample; pattern, model; design; example; ideal.

नम्य *(namya)* वि० flexible, elastic.

नम्यता *(namyata)* स्त्री० plasticity; elasticity; flexibility.

नम्र *(namr)* वि० modest, humble, meek.

नम्रता *(namratā)* स्त्री० modesty; humility, meekness; politeness.

नम्रतापूर्ण *(namratāpuran)* वि० humble, modest.

नम्रतापूर्वक *(namratāpurvak)* क्रि० वि० humbly, meekly, submissively.

नय *(nay)* पु० policy, diplomacy; humility; farsightedness; leadership.

नयन *(nayan)* पु० eye.

नयनाभिराम *(nayanābhiram)* वि० lovely to behold, charming, beautiful, attractive.

नया *(nayā)* वि० new, novel; recent, fresh, unused; inexperienced; modern; unacquainted.

नयापन *(nayāpan)* पु० newness, novelty.

नर *(nar)* पु० man; male.

नरक *(narak)* पु० hell, infernal region; inferno; dirty and obnoxious place.

नरकुल *(narkul)* पु० reed.

नरगिस *(nargis)* स्त्री० (फ़ा०) narcissus plant and its flower.

नरम *(narm)* वि० soft; gentle; delicate; kind, merciful; moderate.

नरमी *(narmī)* स्त्री० softness; gentleness; kindness; moderateness.

नरहत्या *(nar-hatyā)* स्त्री० homicide; genocide.

नरेश *(naresa)* पु० king, prince.

नरोत्तम *(narottam)* पु० superhuman.

नर्क *(narak)* पु० hell, infernal region.

नर्तक *(nartak)* पु० male dancer.

नर्तकी *(nartakī)* स्त्री० female dancer.

नर्तन *(nartan)* पु० dance.

नर्म, नरम *(naram)* वि० (फ़ा०) soft; flexible; delicate, tender; mild; gentle; polite.

नर्मी, नरमी *(narmi)* स्त्री० softness; tenderness; mildnesse; politeness.

नल *(nal)* पु० pipe, tube; water-pipe, hydrant.

नलकी *(nalkī)* स्त्री० narrow pipe, tube, tubule.

नलकूप *(nalkupa)* पु० tube-well.

नलिका *(nalikā)* स्त्री० tube, tubule; conduit; quiver.

नलिनी *(nalinī)* स्त्री० lotus, lily.

नली *(nalī)* स्त्री० tube; pipe; barrel (of gun); spout.

नवजात *(navjāt)* वि० newly born, nascent.

नवनीत *(navnīt)* पु० butter.

नवम *(navam)* वि० ninth.

नवयुवक *(nava-yuvak)* पु० young man.

नवयुवती *(nava-yuvati)* स्त्री० young woman.

नवयौवन *(nava-youvan)* पु० prime of youth.

नवयौवना *(nava-youvanā)* स्त्री० girl just grown up to puberty, young woman.

नवागत *(navāgat)* वि० recently arrived, newcomer, guest.

नवाना *(navānā)* स० क्रि० to bend; to bow; to cause to submit.

नवाब *(navāb)* पु० (अ०) Muslim nobleman or ruler, baron; title of some Muslim rulers; aristocrat.

नवाबी[1] *(navābī)* वि० (अ०) relating to a Nawab; aristocratic.

नवाबी[2] *(navābī)* स्त्री० luxurious and lavish living; arbitrary conduct in the manner of a nawab.

नवासा *(navāsā)* पु० daughter's son.

नवीकरण *(navīkaraṇ)* पु० renewal; renovation, rejuvenation.

नवीन *(navīn)* वि० new, novel; original.

नवीनतम *(navīntam)* वि० latest; most modern.

नवीनता *(navīnatā)* स्त्री० newness, novelty, freshness; modernity, modernism.

नवीनीकरण *(navīnīkaraṇ)* पु० renewal; rejuvenation.

नवोढा *(navoḍā)* स्त्री० a newly married woman, a bride.

नवोदित *(navodit)* वि० nascent, rising, young.

नशा *(naśā)* पु० intoxication, drunkenness; intoxicating substance; habit of drinking or taking intoxicants.

नशाख़ोर *(naśākhor)* वि० inebriate, given to addiction.

नशाख़ोरी *(naśākhori)* स्त्री० addiction to intoxicants; inebriation.

नशाबंदी *(naśābandi)* स्त्री० prohibition.

नशीला *(naśīlā)* वि० inebriant, intoxicating; intoxicated.

नशेबाज़ *(naśabāz)* पु० inebriate, habitual drunkard.

नशेबाज़ी *(naśabāzi)* स्त्री० drug addiction, alcoholism.

नश्तर *(naśtar)* पु० (फ़ा०) lancet, fleam, surgical kinfe.

नश्वर *(naśvar)* वि० perishable, destructible; transient, short-lived, mortal.

नश्वरता *(naśvaratā)* स्त्री० perishableness; transitoriness, evanescence.

नष्ट *(nasṭ)* वि० destroyed, ruined, annihilated; dead, perished; wasted.

नस *(nas)* स्त्री० vein; sinew, tendent, nerve; fibre.

नसबंदी *(nasbandi)* स्त्री० vasectomy.

नसल *(nasal)* स्त्री० breed; lineage, race.

नसीब *(nasīb)* पु० (अ०)luck, fate, destiny.

नसीहत *(nasīhat)* स्त्री० (अ०) teaching, precept; preaching; admonition; advice.

नसूड़िया *(nasuria)* वि० ominous, sinister, inauspicious.

नस्ल *(nasal)* पु० (अ०) breed, pedigree, geneology; offspring, progeny.

नहर *(nahr)* स्त्री० canal, channel, waterway.

नहला *(nahlā)* पु० playing card with nine pips, the nine in playing cards.

नहलाना *(nahlānā)* स० क्रि० to bathe, to give bath.

नहान *(nahān)* पु० bath; a festival day for taking bath.

नहाना *(nahānā)* (अ०) क्रि० to bathe, to take a bath; to be smeared (with), to be soaked or drenched (in).

नहीं *(nahīṁ)* क्रि० वि० no, not, nay.

नाँद *(nāṁd)* स्त्री० manger, trough.

ना *(nā)* क्रि० वि० (फ़ा०) no, not, nay.

नाइन *(nāin)* स्त्री० barber's wife; a woman of barber caste.

नाई *(nāī)* क्रि० वि० like, as.

नाई *(nāī)* पु० barber.

नाउम्मेद *(nā-ummed)* वि० (फ़ा०) hopeless, despaired, despondent, desperate; dejected, disappointed.

नाक *(nāk)* स्त्री० nose; mucus.

नाक–नक़्श *(nāk-naqsa)* पु० features, facial cut.

नाका *(nākā)* पु० extremity (of a road etc.), entrance to a road, or pass etc.; check-post.

नाकाबंदी *(nākābandi)* स्त्री० stoppage of entry, shutting up a road etc.; blockade.

नाकाम *(nākām)* वि० (फ़ा०) unsuccessful; fruitless; ineffective; infructuous.

नाकामयाब *(nākāmayab)* वि० (फ़ा०) unsuccessful.

नाकामयाबी *(nākāmayabī)* स्त्री० (फ़ा०) failure.

नाकामी *(nākāmī)* स्त्री० (फ़ा०) failure; worthlessness.

नाकारा *(nākārā)* वि० (फ़ा०) useless, worthless; unserviceable, good for nothing.

नाख़ुदा *(nākhda)* पु० (फ़ा०) captain of a ship.

नाख़ुश *(nākhus)* वि० (फ़ा०) displeased, annoyed, unhappy.

नाख़ून *(nākhūn)* पु० (फ़ा०) nail.

नाग *(nāg)* पु० hooded snake, cobra; serpent or snake in general; elephant.

नागफनी *(nāgphanī)* स्त्री० the prickly pear, cactus.

नागर *(nāgar)* वि० relating to a city, urban; civil, civilian; clever, sharp.

नागवार *(nāgavār)* वि० (फ़ा०) unpleasant, intolerable.

नागरिक[1] *(nāgarik)* वि० living in a city or town, pertaining to city or town, civil, civilian.

नागरिक[2] *(nāgarik)* पु० citizen, civilian.

नागरिकता *(nāgarikatā)* स्त्री० citizenship, urbanity.

नागरिकशास्त्र *(nāgariksastrā)* पु० civics.

नागरिक सेना *(nāgariksenā)* स्त्री० militia.

नागरीकरण *(nāgarikaran)* पु० urbanisation; transcription into Devnagri.

नाग़ा *(nāgā)* स्त्री० absence from work.

नाच *(nāc)* पु० dance.

नाचना *(nācnā)* (अ०) क्रि० to dance; to caper or frisk about; to run about, to move about; to act upon the instigation or dictates of another.

नाचीज़ *(nāchiza)* वि० (फ़ा०) trifling; worthless.

नाज़ *(nāz)* पु० (फ़ा०) coquetry, airs; pride; conceit.

नाजायज़ *(nājāyaz)* वि० improper, undue, unjust; unlawful, illegitimate, illegal.

नाजुक *(nāzuk)* वि० (फ़ा०) delicate,

tender; thin, slender, slim; fragile, frail; subtle; critical.

नाटक *(nāṭak)* पु० play, drama; acting, show, pretence.

नाटककार *(nāṭak-kār)* पु० playwright, dramatist.

नाटकीय *(nāṭakīya)* वि० dramatic; histrionic.

नाटकीयता *(nātakīyata)* स्त्री० theatricalism, theatricality, dramatism.

नाटा *(nāṭā)* वि० dwarfish, short-statured.

नाट्यकला *(nāṭyakāla)* स्त्री० dramatic art, dramaturgy, histrionicism.

नाट्यकार *(nāṭyakar)* पु० playwright, dramatist.

नाट्यमंदिर *(nāṭyamindar)* पु० theatre.

नाट्यशाला *(nāṭyashālā)* पु० theatre

नाट्यशास्त्र *(nāṭyas-astra)* पु० dramatic science, dramaturgy, dramatics.

नाड़ा *(nāṛā)* पु० umbilical cord, tape inserted in the upper part of the trousers for binding it round the waist, trouser's string.

नाड़ी *(nāṛī)* स्त्री० artery, vein; pulsebeat.

नाता *(nātā)* पु० connection; relation, kinship.

नातिन *(nātin)* स्त्री० grand daughter.

नाती *(nātī)* पु० grandson.

नातेदार *(nātādar)* पु० relative, kinsman.

नातेदारी *(nātādarī)* स्त्री० relationship, kinship.

नाथ *(nāth)* पु० lord, master; husband; nose-string (of an ox etc.).

नाथना *(nāthnā)* स० क्रि० to bore the nose (of an animal); to put a string or rope in the nose hole (of an animal).

नाद *(nād)* पु० sound.

नादान *(nādān)* वि० (फ़ा०) innocent; foolish, unwise; unskilful, inefficient; ignorant.

नादानी *(nādānī)* वि० (फ़ा०) ignorance, innocence; stupidity, foolishness; unskilfulness.

नादिरशाही[1] *(nādirśāhī)* स्त्री० (अ०) tyranny, highhandedness, oppression like that of Nadir Shah.

नादिरशाही[2] *(nādirśāhī)* वि० (अ०) tyrannous, oppressive, cruel (like Nadir Shah).

नाना *(nānā)* पु० maternal grandfather, several.

नानी *(nānī)* स्त्री० maternal grandmother.

नाप *(nāp)* स्त्री० measure, measurement.

नापना *(nāpnā)* स० क्रि० to measure.

नापसंद *(nāpasand)* वि० not liked, not to one's liking, repulsive; disagreeable, displeasing; unacceptable, disapproved.

नापाक *(nāpāk)* वि० (फ़ा०). not sacred, unholy; impure, unclean, dirty, filthy, polluted, defiled; lewd, licentious, unchaste.

नाबालिग़ *(nābāligh)* वि० (फ़ा०) minor.

नाबालिग़ी *(nābālighī)* स्त्री० (फ़ा०) minority (in age).

नाभि *(nābhi)* स्त्री० the navel; the navel of a wheel, umbilicus, hub;

centre, central point, focus.

नाभिक *(nābhik)* पु० nucleus.

नाभिकीय *(nābhikīya)* वि० nuclear.

नाभिकेंद्र *(nābhikendra)* वि० (फ़ा०) focal point, focus.

नामंज़ूर *(nā-manzur)* वि० (फ़ा०) not accepted or granted, not sanctioned, rejected, disapproved.

नाम *(nām)* पु० name; title, nomenclature; appellation, designation; reputation, fame, renown.

नामकरण *(nāmkaran)* पु० naming, giving a name, nomenclature; the ceremony of naming a child after birth.

नामज़द *(nām-zad)* वि० (फ़ा०) nominated.

नामज़दगी *(nām-jadgī)* स्त्री० (फ़ा०) nomination.

नामपट्ट *(nām-pat)* पु० sign board, name-plate.

नामर्द *(nā-mard)* वि० (फ़ा०) impotent emasculate; cowardly.

नामांकन *(nāmānkan)* पु० nomination; inscription of name; enrolment.

नामांकित *(nāmānkit)* वि० nominated; enrolled.

नामाकूल *(nāmākul)* वि० (फ़ा०) impertinent; improper, inappropriate; unreasonable, irrational.

नामावली *(nāmavalī)* स्त्री० list of names.

नामी *(nāmī)* वि० of good repute.

नामी – गिरामी *(nāmī-garmī)* वि० famous, renowned, reputed, eminent.

नामुनासिब *(nā-munāsib)* वि० (फ़ा०) improper, unsuitable; unbecoming, indecent.

नामुमकिन *(nāmumkin)* वि० (फ़ा०) impossible.

नामोनिशान *(nāmo-nishan)* पु० trace, mark.

नायक *(nāyak)* पु० leader, guide; chief; master; head; lord; military official of a low rank; hero.

नायन *(nāyan)* स्त्री० barber's wife; woman of the barber caste.

नायब *(nāyab)* पु० (अ०) assistant, deputy; delegate.

नायबी *(nāybī)* स्त्री० assistantship, deputyship.

नायाब *(nāyāb)* वि० (फ़ा०) rare; not easily available.

नायिका *(nāyīka)* स्त्री० heroine (of a literary composition), beloved or wife (in the poems of erotic sentiment).

नारंगी *(nārangī)* स्त्री० orange.

नारा *(nārā)* पु० slogan.

नाराज़ *(nārāz)* वि० (फ़ा०) displeased, offended, annoyed.

नाराज़ी *(nārāzī)* स्त्री० (फ़ा०) displeasure, annoyance.

नारियल *(nāriyal)* पु० coconut.

नारी *(nārī)* स्त्री० woman, female.

नारीत्व *(nāritva)* पु० womanhood.

नारेबाज़ *(nārabaz)* पु० sloganeer, slogan-monger.

नारेबाज़ी *(nārabazī)* स्त्री० sloganeering.

नाल[1] *(nāl)* स्त्री० hollow tubular stalk (as of lotus); tube, pipe; barrel; navel-string.

नाल[2] *(nāl)* पु० gambling den, amount paid to the person who arranges for gambling.

नाल[3] *(nāl)* पु० (अ०) horse-shoe.

नाला *(nālā)* पु० big drain, gutter, rivulet.

नालायक़ *(nālāyak)* वि० (फ़ा०) unworthy, unfit, incompetent; mischievous; stupid.

नालायक़ी *(nālāyakī)* स्त्री० (फ़ा०) unworthiness, worthlessness, unfitness, incompetence; stupidity.

नालिश *(nālś)* स्त्री० (फ़ा०) law-suit; complaint.

नाली *(nālī)* स्त्री० drain, drain-pipe; sewer, thin pipe; conduit.

नाव *(nāv)* स्त्री० boat, ferry.

नाविक *(nāvik)* पु० sailor, seaman, boatman.

नाश *(nāś)* पु० annihilation; destruction, ruin, devastation; waste, wastefulness.

नाशक[1] *(nāśak)* वि० destructive, devastating; fatal; wasteful.

नाशक[2] *(nāśak)* पु० remover, dispeller; antidote; killer.

नाशवान *(nāśvān)* वि० perishable; mortal.

नाश्ता *(nāśta)* पु० (फ़ा०) breakfast; light repast, refreshment.

नासमझ *(nāsamajh)* वि० (फ़ा०) innocent; ignorant; unwise.

नासमझी *(nāsamajhī)* स्त्री० (फ़ा०) innocence; ignorance; folly, stupidity.

नासा *(nāsā)* स्त्री० nose; nostril.

नासिका *(nāsikā)* स्त्री० nose; trunk of an elephant.

नास्तिक *(nāstik)* पु० atheist.

नास्तिकता *(nāstikatā)* स्त्री० atheism, infidelity.

निंदक *(nindak)* पु० censurer, slanderer.

निंदनीय *(nindanīyā)* वि० blameworthy, blameable, reprehensible, censurable.

निंदा *(nindā)* स्त्री० blame, censure; slander, reproof; condemnation; backbiting.

निंदित *(nindit)* वि० blamed; censured; reproved; slandered, calumniated.

निंदिया *(nindya)* स्त्री० sleep.

निंद्य *(nindya)* वि० censurable, contemptible.

निंबू *(nimbū)* निंबूक पु० lemon.

निःशंक[1] *(niḥ-śaṅk)* वि० free from doubt or suspicion; fearless, bold, daring.

निःशंक[2] *(niḥ-śaṅk)* क्रि० वि० without misgiving or apprehension, fearlessly, unhesitatingly.

निःशब्द *(niḥ-śabd)* वि० silent, speechless; calm, quiet.

निःशुल्क *(niḥ-śulk)* वि० duty-free; free of fee.

निःसंकोच *(niḥ-saṅkoc)* क्रि० वि० unhesitatingly, without reserve or shyness.

निःसंदेह *(niḥ-sandeh)* क्रि० वि० indubitably, certainly; without doubt.

निःस्पृह *(niḥ-spṛh)* वि० free from desire, out of coveting; selfless, having no selfish motives.

निःस्वार्थ *(niḥ-svarth)* वि० unselfish, selfless, without any selfishness.

निःस्वार्थता *(niḥ-svarthatā)* स्त्री० selflessness, unselfishness.

निकट *(ni-kaṭ)* वि० near, close, proximate.

निकटतम *(nikaṭ-tam)* वि० nearest.

निकटता *(ni-kaṭatā)* स्त्री० proximity, nearness, closeness; nearness, closeness intimacy.

निकटवर्ती *(ni-kaṭvarti)* वि० near, proximate, close; living near, neighbouring; adjacent.

निकम्मा *(nikammā)* वि० unemployed, idle; useless, worthless, good for nothing; unworthy, incapable, worthless.

निकलना *(nikalnā)* (अ०) क्रि० to come out; to appear; to rise; to get out, to escape; to be solved, to be worked out; to emanate; to be extracted; to emerge; to issue or be issued; to slink away; to be published, to be brought out; to passs away, to elapse; to turn out.

निकलवाना *(nikalvānā)* स० क्रि० to cause to take out, issue, expel etc.

निकाय *(ni-kāy)* पु० guild, association; group, class, flock; heap, collection, assemblage.

निकालना *(nikālnā)* स० क्रि० to take out; to separate, to remove; to oust, to expel; to eradicate, to eliminate; to deduct, to exclude; to discharge, to dismiss; to withdraw, to take away, to retract, to draw; to solve; to publish; to extract.

निकास *(nikās)* पु० origin; extraction; gate, exit; outlet, vent; source.

निकासी *(nikāsi)* स्त्री० clearance; departure; out-put, produce, turnout.

निकाह *(nikāh)* पु० (अ०) marriage, matrimony.

निकृष्ट *(ni-kṛṣt)* वि० low, base, vile; inferior, inferiormost.

निकृष्टता *(ni-kṛsatā)* स्त्री० lowness, baseness, vileness, contemptibleness.

निकेत *(ni-ket)* **निकेतन** पु० house, habitation, mansion, abode, residence.

निखट्टू[1] *(nikhaṭṭū)* वि० idle, unearning, unemployed, indolent, lazy.

निखट्टू[2] *(nikhaṭṭū)* पु० idle fellow, idler; one who earns nothing, unemployed person.

निखट्टूपन *(nikhaṭṭūpan)* पु० idleness; indolence, laziness.

निखरना *(nikharnā)* (अ०) क्रि० to be cleaned, to be cleansed; to become clear or elegant.

निखार *(nikhār)* पु० brightness, lustre; elegance.

निखारना *(nikhārnā)* स० क्रि० to cleanse, to clean, to bleach; to brighten, to make clean.

निगम *(ni-gam)* पु० corporation.

निगरानी *(nigrānī)* स्त्री० (फ़ा०) watch, guard; supervision; wardship; surveillance.

निगलना *(nigalnā)* स० क्रि० to swallow, to gulp, to devour.

निगह *(nigāh)* स्त्री० (फ़ा०) glance, sight; kind glance, favourable attention; watch, guard, observation, attention.

निगाह *(nigāh)* see निगह

निगोड़ा *(nigoṛā)* वि० idle, indolent, worthless; wretched, unfortunate.

निग्रह *(ni-grah)* पु० control, restraint;

self-control, self-repression.

निग्रही *(ni-grahī)* पु० one who restrains.

निचला *(niclā)* पु० lower.

निचाई *(nicāī)* स्त्री० lowness; declivity, slope.

निचान *(nicān)* पुं० lowness; low land; declivity, slope.

निचुड़ना *(nicuṛnā)* (अ०) क्रि० to be squeezed or pressed, to be extracted; to flow out gently, to trickle, to ooze, to drop.

निचोड़ *(nicoṛ)* पु० essence, substance, gist; that which is squeezed or pressed out, extract.

निचोड़ना *(nicoṛnā)* स० क्रि० to squeeze, to press, to wring, to extract; to squeeze out, to press out, to wring out; to exploit.

निछावर *(nichāvar)* वि० sacrifice, giving up; propitiatory offering made to ward off an evil eye; thing or money offered as above.

निज *(nij)* वि० own, one's own.

निज़ाम *(nizām)* पु० (अ०) administration, management; order.

निजी *(nijī)* वि० one's own, personal individual; relating to particular persons; private; unofficial.

निठल्ला[1] *(niṭhallā)* वि० idle, indolent, lazy; out of work or employment, unemployed.

निठल्ला[2] *(niṭhallā)* पु० idler.

निठल्लापन *(niṭhallāpan)* पु० laziness, idleness; unemployment.

निठुर *(niṭhur)* वि० cruel, hard, obdurate, ruthless, hard-hearted.

निठुरता *(niṭhurtā)* स्त्री० hard-heartedness, cruelty, ruthlessness, obduracy, relentlessness.

निडर *(niḍar)* वि० fearless, dauntless; bold, daring, intrepid.

निडरता *(niḍartā)* स्त्री० fearlessness, dauntlessness.

निढाल *(niḍhāl)* वि० languid, wearied; spiritless.

नितंब *(nitamb)* पु० buttock, hip.

नित *(nit)* क्रि० everyday, daily.

नितांत[1] *(ni-tānt)* वि० extraordinary, excessive; absolute, complete.

नितांत[2] *(ni-tānt)* क्रि० वि० absolutely, excessively, quite.

नित्य[1] *(nitya)* वि० everlasting, eternal; regular.

नित्य[2] *(nitya)* क्रि० वि० everyday, daily, constantly, always.

नित्यता *(nityatā)* स्त्री० eternity, perpetuity.

नित्यप्रति *(nityapartī)* क्रि० वि० everyday, daily.

निथरना *(nitharnā)* (अ०) क्रि० to be dacanted, to be made clear or clean, (by letting the feculent matter subside).

निथार *(nithār)* पु० decantation; feculent matter subsiding beneath the water etc.

निथारना *(nithārnā)* स० क्रि० to decant, to make clear or clean, to purify (water or liquid by letting the feculent matter subside).

निदर्शक[1] *(ni-darśak)* पु० demonstrator, illustrator.

निदर्शक[2] *(ni-darśak)* वि० pointing out, proclaiming, indicative, showing.

निदर्शन *(ni-darśan)* पु० demonstration, exemplification; instance, example; figure, illustration.

निदान[1] *(ni-dān)* क्रि० वि० in the end, at last, eventually, finally; consequently.

निदान[2] *(ni-dān)* पु० primary cause; the first or essential cause; (in medicine) diagnosis.

निदानगृह *(nidān-grah)* पु० clinic.

निदान – शास्त्र *(nidān-sāstra)* स्त्री० diagnostics.

निदेश *(ni-deś)* पु० direction; directive; instruction.

निदेशक[1] *(ni-deśak)* पु० director.

निदेशक[2] *(ni-deśak)* वि० directive.

निदेशालय *(ni-deśālay)* पु० office of the director, directorate.

निदेशिका *(ni-deśikā)* स्त्री० directory.

निद्रा *(nidrā)* स्त्री० sleep, slumber.

निद्राचार *(nidrācār)* पु० somnambulism.

निद्रारोग *(nidrārog)* पु० narcolepsy.

निद्रालु *(nidrālu)* पु० sleepy, drowsy, slumberous, somnolent.

निद्रित *(nidrit)* वि० sleeping, asleep.

निधड़क *(nidharak)* क्रि० वि० fearlessy, boldly, dauntlessly.

निधन *(ni-dhan)* पु० death, demise.

निधि *(nidhi)* स्त्री० treasure; fund.

निनाद *(ni-nād)* पु० loud sound, noise; reverberation, resonance.

निनादित *(ni-nādit)* वि० echoing, resonant; producing sound.

निपट *(nipaṭ)* क्रि० वि० sheer, mere; quite, completely, absolutely; very much, extremely, exceedingly.

निपटना *(nipaṭnā)* see निबटना

निपटान *(nipṭān)* पु० disposal; settlement.

निपटाना *(niptānā)* see निबटाना

निपटारा *(nipṭārā)* see निबटारा

निपात *(ni-pāt)* पु० destruction; fall, degradation; death; throw.

निपुण *(ni-puṇ)* वि० clever, adroit, expert, skilful, dexterous.

निपुणता *(ni-puṇatā)* स्त्री० cleverness, adroitness, skilfulness, dexterity, expertness.

निपोरना *(nipoṛnā)* स० क्रि० to grin.

निबंध *(ni-bhandh)* पु० treatise, essay.

निबंधकार *(nibhandkar)* पु० essayist.

निबंधन *(ni-bandhan)* पु० act of fastening, binding together; linkage, connection; composition, writing.

निबंधलेखक *(nibhand-lekkah)* see निबंधकार

निब *(nib)* स्त्री० nib.

निबटना *(nibaṭnā)* (अ०) क्रि० to be completed, to be finished, to be disposed of, to be relieved; to be settled or decided.

निबटाना *(nibṭānā)* स० क्रि० to complete, to finish, to dispose of; to decide, to settle; to repay (debt etc.).

निबटारा *(nibṭārā)* **निबटाव, निबटेरा** पु० disposal; relief; settlement; termination.

निबद्ध *(ni-baddh)* वि० bound, tied, joined or fastened together; intertwined; set or inlaid; composed, written.

निबाह *(nibāh)* पु० subsistence, maintenance, livelihood; carrying on; pulling on, accommodation, adjustment.

निबाहना *(nibāhnā)* **स० क्रि०** to subsist, to sustain, to maintain, to support; to carry on, to pull on; to fulful, to accomplish to keep (one's) promise etc.; to accommodate, to adjust.

निबौली *(nibauli)* **स्त्री०** the fruit of the margosa (neem) tree.

निभना *(nibhnā)* **(अ०) क्रि०** to be fulfilled, to be accomplished, to be performed, to be effected; to maintain mutual relations; to subsist, to sustain; to be accommodated.

निभाना *(nibhānā)* **स० क्रि०** to fulfil, to accomplish, to perform; to continue mutual relations (with); to accommodate, to maintain, to sustain, to carry on, to pull on, to manage.

निभाव *(nibhāv)* **पु०** adjustment, accommodation.

निमंत्रण *(ni-mantrak)* **पु०** invitation.

निमंत्रित *(ni-mantrit)* **वि०** invited.

निमग्न *(ni-magan)* **वि०** absorbed, engrossed; submerged.

निमज्जन *(nimajjan)* **पु०** dip, plunge; immersion, submersion.

निमज्जित *(nimajjit)* **वि०** submerged, immersed, sunken; bathed.

निमित्त *(nimitt)* **पु०** cause, reason; purpose, aim; pretext; factor; instrument.

निम्न *(nimn)* **वि०** low, depressed; lower; below, normal; mean; following, given; below.

निम्नलिखित *(nimn-likhit)* **वि०** following, mentioned below, undermentioned.

नियंता *(ni-yantā)* **पु०** controller, sustainer; ruler, governor.

नियंत्रक *(ni-yantrak)* **पु०** controller.

नियंत्रण *(ni-yantran)* **पु०** check, restraint, restriction, control.

नियंत्रित *(ni-yantrit)* **वि०** controlled, restrained, checked, restricted, regulated; tamed, brought under control.

नियत *(ni-yat)* **वि०** prescribed; fixed, decided, settled; allotted, scheduled.

नियति *(ni-yati)* **स्त्री०** destiny, fate, luck, fortune.

नियतिवाद *(ni-yativād)* **पु०** determinism, fatalism.

नियम *(ni-yam)* **पु०** rule; law; regulation.

नियमतः *(ni-yamatah)* **क्रि० वि०** in accordance with a rule.

नियमन *(ni-yaman)* **पु०** regulation; control; restriction, limitation; regularisation.

नियमबद्ध *(niyam-baddh)* **वि०** bound by rule or rules, regulated; regular.

नियमावली *(niyamāvalī)* **स्त्री०** rules and regulations.

नियमित *(ni-yamit)* **वि०** bound by rules, regulated; regular; conforming to rules; regularised.

नियमितता *(ni-yamitatā)* **स्त्री०** regularity.

नियमितीकरण *(ni-yamitikaran)* **पु०** decasualisation, regularisation.

नियमोल्लंघन *(niyamolanghan)* **पु०** breach of law.

नियामक[1] *(ni-yāmak)* **पु०** regulator; controller, ruler, manager; director.

नियामक[2] *(ni-yāmak)* **वि०** regulative; directive.

नियामत *(niyāmat)* **पु०** rare gift; divine blessing.

नियुक्त *(ni-yukt)* **वि०** appointed; employed; posted; fixed, settled.

नियुक्ति *(ni-yukti)* **स्त्री०** appointment; employment, engagement; posting.

नियोक्ता[1] *(ni-yoktā)* **वि०** appointing.

नियोक्ता[2] *(ni-yoktā)* **पु०** employer; appointer, appointing authority.

नियोजक *(ni-yojak)* **पु०** employer.

नियोजन *(ni-yojan)* **पु०** employment; planning.

नियोजित *(ni-yojit)* **वि०** employed, planned.

निरंकुश *(nir-aṅkuś)* **वि०** uncontrolled, unfettered, unrestrained; unruly, self-willed, autocratic; despotic.

निरंकुशता *(nir-aṅkuśatā)* **स्त्री०** arbitrariness, selfwilledness, unruliness; despotism, absolutism.

निरंतर[1] *(nir-antar)* **वि०** continuous, perpetual, uninterrupted, incessant.

निरंतर[2] *(nir-antar)* **क्रि० वि०** always, ever; constantly, continually, incessantly, continuously.

निरक्षर *(nir-akṣar)* **वि०** illiterate, uneducated.

निरक्षरता *(nir-akṣaratā)* **स्त्री०** illiteracy.

निरखना *(nirakhnā)* **स० क्रि०** to look at, to see, to observe, to view; to inspect, to scan, to examine closely.

निरपराध *(nir-apa-rādh)* **निरपराधी** **वि०** guiltless, innocent, faultless.

निरपवाद *(nir-apa-vād)* **वि०** unexceptional; blameless.

निरपेक्ष *(nir-pêkṣ)* **वि०** absolute, independent; neutral; indifferent; unconcerned, careless, negligent; without expectation, disinterested.

निरभिमान *(nirabhimān)* **वि०** free from conceit, devoid of pride, humble.

निरर्थक *(nir-arthak)* **वि०** meaningless, nonsensical; useless, vain, unprofitable; non-significant, vain.

निरस्त *(nir-ast)* **वि०** cancelled, repealed.

निरस्त्र *(nir-astra)* **वि०** weaponless, unarmed; disarmed.

निरस्त्रीकरण *(nir-astrīkaran)* **पु०** disarmament.

निरस्त्रीकृत *(nir-astrīkart)* **वि०** disarmed.

निरा *(nirā)* **वि०** pure, unalloyed; entire, complete.

निराई *(nirāī)* **स्त्री०** weeding; wages paid for weeding.

निराकरण *(nirākaran)* **पु०** refutation, repudiation, contradicton; removal; cancellation, abrogation.

निराकार[1] *(nir-ā-kār)* **पु०** formless, God, the universal spirit, Almighty, Brahma.

निराकार[2] *(nir-ā-kār)* **वि०** formless, shapeless, incorporeal.

निरादर *(nir-ā-dar)* **पु०** dishonour, disrespect, humiliation.

निराधार *(nir-ā-dhār)* **वि०** false, hollow, baseless; groundless, unfounded, without support or prop.

निराना *(nir-ā-na)* **स० क्रि०** weed out.

निरापद *(nir-ā-pad)* **वि०** secure, safe, protected; without calamity, trouble free.

निरामिष *(nir-āmiṣ)* **वि०** without meat, fleshless; vegetarian.

निरालंब *(nir-ā-lamb)* **वि०** helpless, having no shelter or support, destitute; baseless.

निराला *(nirālā)* **वि०** strange, unique, uncommon, extraordinary, peculiar, curious, odd.

निरावरण *(nir-ā-varaṇ)* **वि०** without covering, uncovered unveiled, exposed.

निराश *(nir-āś)* **वि०** hopeless, disappointed, desperate, frustrated.

निराशा *(nir-āśā)* **स्त्री०** hopelessness, despair, frustration, disappointment.

निराशाजनक *(nir-āśājanak)* **वि०** disappointing, hopeless, depressing.

निराशावाद *(nir-āśāvad)* **पु०** pessimism.

निराशावादी[1] *(nir-āśāvadī)* **पु०** pressimist.

निराशावादी[2] *(nir-āśāvadī)* **वि०** pessimistic.

निराश्रित *(nir-ā-śrit)* **वि०** destitute.

निराश्रितता *(nir-ā-śritata)* **वि०** destitution.

निराहार *(nir-ā-hār)* **वि०** fasting, abstaining from food; foodless.

निरीक्षक *(nir-īkṣak)* **पु०** inspector; invigilator; observer.

निरीक्षण *(nir-īkṣaṇ)* **पु०** inspection; invigilation; observation.

निरीश्वर *(nirīshvar)* **पु०** Godless, atheistic.

निरीश्वरवाद *(nirīshvarvad)* **पु०** atheistic doctrine, atheism.

निरीह *(nir-īh)* **वि०** desireless, indifferent; simple, innocent, harmless.

निरुत्तर *(nir-uttar)* **वि०** unable to answer back; answerless, without a reply, silenced.

निरुत्साह[1] *(nir-ut-sāh)* **वि०** lacking spirit or courage, spiritless.

निरुत्साह[2] *(nir-ut-sāh)* **वि०** lack of enthusiasm, spiritlessness.

निरुत्साहित *(nir-ut-sāhit)* **वि०** discouraged, disheartened.

निरुद्देश्य *(nir-ud-deśya)* **वि०** aimless.

निरुद्ध *(ni-ruddh)* **वि०** obstructed, hindered, checked, restrained, blocked.

निरुपक[1] *(nirūpak)* **पु०** one who represents, explains etc.

निरुपक[2] *(nirūpak)* **वि०** explanatory; determining; demonstrative; characterising, representative.

निरुपण *(ni-rūpan)* **पु०** critical appreciation, evaluation; representation; explanation; characterisation, portrayal.

निरुपित *(ni-rūpit)* **वि०** represented; explained; evaluated; investigated; determined; demonstrated.

निरोग *(nirog)* see नीरोग

निरोध *(ni-rodh)* पु० restraint, check, control, prevention; hindrance; obstruction; detention; constraint; condom.

निरोधक *(ni-rodhak)* वि० restraining, controlling, detaining, peventive; obstructing, hindering.

निर्गत *(nir-gat)* पु० gone out, gone forth, issued; come forth, come out, appeared; gone away, departed.

निर्गम *(nir-gam)* पु० going forth or out, going away; door, outlet, exit; clearance; issue.

निर्गुण *(nir-guṇ)* पु० devoid of all properties, without attributes.

निर्गुणी *(nir-guṇī)* वि० devoid of good qualities or virtues.

निर्जन *(nir-jan)* वि० solitary, lonely (place); unpeopled, uninhabited; unfrequented, deserted, desolate.

निर्जनता *(nir-janta)* स्त्री० loneliness, desolation; state of being deserted or uninhabited; solitude.

निर्जल *(nir-jal)* वि० without water, waterless; dry.

निर्जलन *(nir-jalan)* पु० dehydration.

निर्जीव *(nir-jīv)* वि० inanimate, lifeless; dead; spiritless.

निर्झर *(nir-jhar)* पु० waterfall, cataract, cascade.

निर्णय *(nir-ṇay)* पु० verdict, judgement, decision, sentence; determination; settlement; conclusion.

निर्णयात्मक *(nirnayātmak)* वि० decisive, conclusive.

निर्णायक[1] *(nir-ṇāyak)* पु० judge; referee, umpire.

निर्णायक[2] *(nir-ṇāyak)* वि० decisive; conclusive; crucial.

निर्णीत *(nir-nīt)* वि० decided, judged, concluded.

निर्दय *(nir-day)* वि० ruthless, merciless, cruel, heartless.

निर्दयता *(nir-dayatā)* स्त्री० ruthlessness, mercilessness, pitilessness.

निर्दयी *(nir-dayī)* वि० pitiless, merciless, cruel.

निर्दलीय *(nir-daliya)* वि० non-party, independent, non-partisan.

निर्दिष्ट *(nir-diṣṭ)* वि० assigned, determined, specified.

निर्देश *(nir-deś)* पु० direction, instruction.

निर्देशक[1] *(nir-deśak)* पु० directive, guiding; indicative, suggestive.

निर्देशक[2] *(nir-deśak)* पु० director; guide.

निर्देशन *(nir-deśan)* पु० indication; direction; guidance; reference.

निर्देशिका *(nir-deśikā)* स्त्री० directory, manual.

निर्दोष *(nir-doṣ)* वि० faultless, defectless, flawless; guiltless, innocent, sinless, blameless.

निर्दोषता *(nir-doṣatā)* स्त्री० flawlessness, faultlessness, blamelessness, innocence.

निर्दोषिता *(nir-doṣitā)* स्त्री० innocence.

निर्द्वंद्व[1] *(nir-dvandva)* वि० uncontested, undisputed; indifferent; to independent.

निर्द्वंद्व[2] *(nir-dvandva)* क्रि० वि० freely; without any obstruction or obstacle.

निर्धन *(nir-dhan)* वि० poor, indigent.

निर्धनता *(nir-dhanatā)* स्त्री० poverty, indigence.

निर्धारक[1] *(nir-dharak)* पु० determinant, determiner; assessor.

निर्धारक[2] *(nir-dharak)* वि० determinative, determinant.

निर्धारण *(nir-dhāraṇ)* पु० determination; decision, fixation; assessment.

निर्धारित *(nir-dhārit)* वि० determined, ascertained; fixed, settled; assessed; laid down, prescribed.

निर्धारिती *(nir-dhāritī)* पु० assessee.

निर्निमेष[1] *(nir-ni-meṣ)* वि० with fixed look, unwinking.

निर्निमेष[2] *(nir-ni-meṣ)* क्रि० वि० without blinking, without a wink.

निर्बल *(nir-bal)* वि० weak, feeble, frail; powerless.

निर्बलता *(nir-balatā)* स्त्री० weakness, feebleness; powerlessness.

निर्बाध *(nir-bādh)* वि० unobstructed, unhindered.

निर्बाधित *(nir-bādhitā)* वि० unrestricted.

निर्बुद्धि *(nir-buddhi)* वि० stupid, foolish.

निर्भय *(nir-bhay)* वि० fearless, intrepid, dauntless; free from all dangers.

निर्भयता *(nir-bhayatā)* स्त्री० dauntlessness, intrepidity, fearlessness.

निर्भर *(nir-bhar)* वि० dependent.

निर्भीरता *(nir-bhiratā)* स्त्री० dependence, reliance.

निर्भीक *(nir-bhīk)* वि० fearless, dauntless.

निर्भीकता *(nir-bhīkta)* स्त्री० fearlessness, dauntlessness.

निर्मम *(nir-mam)* वि० cruel, heartless, ruthless; devoid of affection or attachment.

निर्ममता *(nir-mamta)* स्त्री० cruelty, heartlessness, ruthlessness.

निर्मल *(nir-mal)* वि० pure, clear, clean; stainless, unsullied; without a blemish, chaste; without ill-will, innocent; guileless.

निर्मलता *(nir-malta)* स्त्री० clearness, spotlessness, stainlessness; blemishlessness, chastity, purity; innocence.

निर्मलीकरण *(nir-malikaran)* पु० purification.

निर्माण *(nir-mān)* पु० erection, construction; creation, formation; composition; manufacture.

निर्माणाधीन *(nir-mānādhin)* वि० under construction.

निर्माणात्मक *(nir-māṇātmak)* वि० formative, constructive.

निर्माता *(nir-mātā)* पु० constructor, builder; creator; producer; manufacturer.

निर्मित *(nir-mit)* पु० constructed, built; formed, prepared, made; manufactured.

निर्मूल *(nir-mūl)* वि० eradicated, completely uprooted, destroyed or ruined; baseless, unfounded; rootless.

निर्मूलन *(nir-mūlan)* पु० eradication, uprootment, extirpation; extermination (pol.).

निर्मोह *(nir-moh)* निर्मोही वि० free

from attachment, without affection.

निर्यात *(nir-yāt)* पु० export.

निर्यातक *(nir-yātak)* पु० exporter.

निर्लज्ज *(nir-lajj)* वि० shameless, brazenfaced; immodest, impudent.

निर्लज्जता *(nir-lajjatā)* स्त्री० shamelessness, immodesty.

निर्लिप्त *(nir-lipt)* वि० unconnected, unconcerned, not involved; indifferent, detached.

निर्लिप्ता *(nir-lipta)* स्त्री० non-attachment, detachment.

निर्लेप *(nir-lep)* वि० faultless, unblemished; pure, stainless; unsmeared, unanointed.

निर्वसन *(nir-vārsan)* वि० unclothed, naked, nude.

निर्वस्त्र *(nir-vastrā)* वि० nude.

निर्वस्त्रता *(nir-vastrāta)* स्त्री० nudity.

निर्वाचक *(nir-vācak)* पु० elector.

निर्वाचन *(nir-vācan)* पु० election.

निर्वाचित *(nir-vācit)* वि० elected.

निर्वाण *(nir-vāṇ)* वि० emancipation, salvation.

निर्वात *(nir-vāt)* पु० vacuum.

निर्वासन *(nir-vāsan)* वि० expulsion; banishment, exile, expatriation; deportation.

निर्वासित *(nir-vāsit)* वि० expelled; exiled, expatriated, banished, deported.

निर्वाह *(nir-vāh)* पु० maintenance, subsistence; performance, discharge; adjustment, accommodation.

निर्विकार *(nir-vi-kār)* वि० unchanged, unchangeable, immutable; passionless, dispassionate, stolid.

निर्विघ्न[1] *(nir-vi-ghna)* वि० uninterrupted, unobstructed; free from impediments.

निर्विघ्न[2] *(nir-vi-ghna)* क्रि० वि० without any untoward incident.

निर्विरोध[1] *(nir-virodh)* वि० unopposed, uncontested; unanimous.

निर्विरोध[2] *(nir-virodh)* क्रि० वि० without any opposition, unanimously.

निर्विवाद[1] *(nir-vi-vād)* वि० undisputed, not contradicted; universally acknowledged, uncontrovertible.

निर्विवाद[2] *(nir-vi-vād)* क्रि० वि० without any dispute or controversy, undisputedly.

निर्वैयक्तिक *(nir-vaiyaktik)* वि० impersonal.

निर्वैयक्तिकता *(nir-vaiyaktikata)* स्त्री० impersonal approach, non-individuality, objectivity, non-subjectivity.

निलंबन *(ni-lamban)* पु० suspension.

निलंबित *(ni-lambit)* वि० suspended.

निवारक *(ni-vārak)* वि० preventive; removing, setting aside; interdictory, prohibitive; precautionary.

निवारण *(ni-vāraṇ)* पु० eradication, prevention, preclusion; release, liberation; prohibition; removal.

निवाला *(nivālā)* पु० (फ़ा०) mouthful, morsel.

निवास *(ni-vās)* पु० living, dwelling residing; residence; abode habitation, resting place; house.

निवासी *(ni-vāsī)* पु० resident, inhabitant.

निविड़ *(ni-viṛ)* वि० thick, dense, deep, impervious.

निविड़ता *(ni-viṛta)* स्त्री० thickness, density, impeviousness.

निविदा *(ni-vidā)* पु० tender.

निवृत्ति *(ni-vṛtti)* स्त्री० freedom from work, disencumbrance; completion; resignation; discontinuance of worldly acts; retirement; renunciation.

निवेदक *(ni-vedak)* पु० applicant, supplicant.

निवेदन *(ni-vedan)* पु० request, submission; application supplication, petition.

निवेदित *(ni-vedit)* वि० requested, submitted; delivered, presented.

निशा *(niśā)* स्त्री० night.

निशाकर *(niśākar)* पु० moon.

निशाचर *(niśāchar)* पु० demon; goblin, fiend, devil, evil spirit.

निशान *(niśān)* पु० (फ़ा०) sign, mark; trace, clue; ensign, flag, banner; standard; emblem; stain, blemish, scar; impression.

निशाना *(niśānā)* पु० (फ़ा०) butt; target; mark; aim.

निशानी *(niśānī)* स्त्री० (फ़ा०) token of remembrance, memento, keepsake, memorial; sign, token; trace, clue; impression.

निशानेबाज़ *(niśānābāz)* पु० marksman, expert shot.

निशानेबाज़ी *(niśīnābāzi)* स्त्री० marksmanship.

निशि *(niśi)* स्त्री० night.

निश्चय *(niś-cay)* पु० determination, resolution, resolve; decision; certainty, positiveness, positive conclusion; certitude.

निश्चयात्मक *(niś-cayātmak)* वि० definite, certain, positive, decisive.

निश्चल *(niś-cal)* वि० immovable, steady, fixed, still; invariable, unchangeable.

निश्चलता *(niś-calta)* स्त्री० immovability, steadiness; invariableness, changelessness, quiescence (psych.).

निश्चायक[1] *(niś-cāyak)* पु० one who asceratains or determines.

निश्चायक[2] *(niś-cāyak)* वि० decisive, conclusive, definite.

निश्चिंत *(niś-cint)* वि० carefree, free from worry.

निश्चिंतता *(niś-cintatā)* स्त्री० quietude, freedom from worry.

निश्चित *(niścit)* वि० certain, definite; determined, determinate.

निश्चेष्ट *(niścest)* वि० incapable of motion, motionless, still; effortless.

निश्चेष्टता *(niś-ceṣṭatā)* स्त्री० unconsciousness, inertia.

निश्छल *(niś-chal)* वि० guileless, straightforward.

निश्छलता *(niś-chalta)* स्त्री० guilelessness, straightforwardness, sincerity.

निश्शंक *(niś-shank)* वि० fearless, dauntless.

निश्शेष *(niś-ses)* पु० balance, residue.

निषंग *(ni-ṣaṅg)* पु० quiver; sword; infatuation.

निषिद्ध *(ni-ṣiddh)* वि० forbidden; prohibited; banned.

निषेध *(ni-śedh)* पु० prohibition, inhibition; ban; taboo.

निषेधाज्ञा *(ni-śedhagyā)* स्त्री० prohibitory order.

निषेधात्मक *(ni-śedhātmak)* वि० prohibitory, prohibitive.

निषेधादेश *(ni-śedhādes)* पु० interdiction.

निष्कंटक[1] *(niṣ-kaṇṭak)* वि० trouble-free, unobstructed, smooth, secure; free from danger or nuisance.

निष्कंटक[2] *(niś-kaṇṭak)* क्रि० वि० unobstructedly, smoothly, securely; without fear or enmity, opposition or obstacle.

निष्कपट *(niś-kapat)* वि० guiltless, sincere, straightforward, honest.

निष्कपटता *(niś-kapaṭatā)* स्त्री० guiltlessness, sincerity, honesty, straightforwardness.

निष्कर्ष *(niś-kars)* पु० conclusion, inference; essence, chief or main point; gist; epitome.

निष्काम *(niś-kām)* वि० free from wish or desire; disinterested, unattached.

निष्कासन *(niś-kāsan)* पु० expulsion, ejectment; eviction, removal; ostracism.

निष्कासित *(niś-kāsit)* वि० expelled, turned out, ejected; ostracised.

निष्क्रिय *(niś-kriy)* वि० inactive, inert, passive; idle, effortless, indolent.

निष्क्रियता *(niś-kriyatā)* स्त्री० inaction, inactivity, inertia, passivity; idleness, indolence.

निष्चेष्ट *(niś-cesta)* see निष्क्रिय

निष्ठा *(ni-ṣṭhā)* स्त्री० firm adherence, faith; devotion; allegiance, loyalty; fidelity.

निष्ठापूर्वक *(ni-ṣṭhāpurvak)* क्रि० वि० conscientiously, faithfully.

निष्ठावान् *(ni-ṣṭhāvān)* वि० loyal, faithful, having allegiance, devoted.

निष्ठुर *(ni-ṣṭhur)* वि० merciless, ruthless, hard-hearted, pitiless, cruel, brutal; harsh.

निष्ठुरता *(ni-ṣṭhuratā)* स्त्री० ruthtessness, mercilessness, brutality, cruelty; harshness.

निष्णात *(ni-śnāt)* वि० well versed, conversant, expert.

निष्पंद *(niś-pand)* वि० unflickering, motionless, still, steady, fixed.

निष्पक्ष *(niś-paks)* वि० unbiased, impartial; neutral, non-aligned.

निष्पक्षता *(niś-pakṣatā)* स्त्री० unbiasedness, impartiality; neutrality.

निष्पत्ति *(niś-patti,* स्त्री० ripeness, maturity; perfection, consummation, full development; execution, implementation; completion, accomplishment; attainment, achievement.

निष्पादक *(niś-pādak)* पु० executor; maker; performer.

निष्पादन *(niś-pādan)* पु० execution, implementation; performance, performative function.

निष्पादित *(niś-pādit)* वि० executed, implemented; performed; accomplished.

निष्पाप *(niś-pāp)* वि० sinless, guiltless, free from vice.

निष्प्रभावी *(niṡ-pra-bhāvi)* पु० neutral.

निष्प्रभावीकरण *(niṡ-pra-bhāvikaran)* पु० neutralisation.

निष्प्रयोजन *(niṡ-pra-yojan)* वि० aimless; vain, fruitless, useless.

निष्प्राण *(niṡ-prāṇ)* वि० lifeless, inanimate, dead; spiritless, without vigour; dull, insentient.

निष्फल *(niṡ-phal)* वि० fruitless, unsuccessful, futile, vain, infructuous.

निस्तब्ध *(ni-stabdh)* वि० motionless, stunned; quiet, silent.

निस्तब्धता *(ni-stabdhātā)* स्त्री० noiselessness, quietness; motionlessness.

निस्तार *(nis-tār)* पु० riddance, liberation, release; rescue, escape, acquittal, salvation; reli f, going across.

निस्तारक *(nis-tārak)* पु० one who carries across or one who brings someone across; rescuer, releaser, saviour.

निस्तारण *(nis-tāraṇ)* पु० deliverance, liberation, salvage; passing or converying across; disposal; accomplishment.

निस्तेज *(nis-tej)* वि० lustreless; spiritless.

निस्पंद *(ni-spand)* वि० without vibration; unwavering, steady.

निस्पृह *(nispṛh)* वि० above all desires.

निस्पृहत्ता *(nispṛhatā)* स्त्री० desirelessness, unambitiousness.

निस्संकोच *(nissankoč)* क्रि० वि० unhesitatingly.

निस्संतान *(nis-san-tān)* वि० childless, issueless.

निस्संदेह *(nis-sandeh)* क्रि० वि० doubtlessly, undoubtedly; surely, certainly.

निस्सहाय *(nis-sahay)* वि० helpless.

निस्सार *(nis-sār)* वि० unsubstantial; meaningless, worthless, vain.

निस्सवार्थ[1] *(nisvārtha)* वि० selfless, unselfish.

निस्वार्थ[2] *(nisvārtha)* क्रि० वि० without any self interest, selflessly.

निस्स्वार्थता *(nisvārthatā)* स्त्री० selflessness.

निहत्था *(nihatthā)* वि० without arms, unarmed.

निहायत *(nihāyat)* क्रि० वि० (अ०) very much, exteremely, excessively.

निहारना *(nihārnā)* स० क्रि० to look at, to see.

निहाल *(nihāl)* वि० pleased, delighted; fully satisfied, gratified.

निहित *(ni-hit)* वि० latent, inherent; implicit, tacit; vested.

निहोरना *(nihorana)* स० क्रि० to solicit, to beseech.

निहोरा *(nihorā)* पु० entreaty, solicitation.

नींद *(nīṁd)* स्त्री० sleep.

नींव *(nīṁv)* स्त्री० foundation, base.

नीच *(nīc)* वि० mean, base, vile; inferiour, low, lowly.

नीचता *(nīcatā)* स्त्री० vileness, baseness, meanness, lowliness.

नीचा *(nīcā)* वि० low, low lying; inferior.

नीचे *(nīce)* क्रि० वि० beneath, down,

below, in the lower part or portion.

नीति *(nīti)* स्त्री० policy; craftiness, diplomacy; tactics.

नीतिज्ञ *(nītigna)* पु० moralist; statesman, politician, diplomat.

नीतिपरक *(nītiparak)* वि० didactic.

नीतिवादी[1] *(nītivadī)* पु० moralist, follower of moralism.

नीतिवादी[2] *(nītivadī)* वि० pertaining to moralism.

नीतिशास्त्र *(nītisastra)* पु० moral science, ethics.

नीतिशास्त्रीय *(nītisastria)* वि० ethical.

नीबू *(nībū)* पु० lemon.

नीम[1] *(nīm)* पु० margosa tree, neem tree.

नीम[2] *(nīm)* वि० (फ़ा०) half, semi, pseudo.

नीम हकीम *(nīm-hakim)* पु० quack, mountebank.

नीयत *(nīyat)* स्त्री० (अ०) motive, intention.

नीर *(nīr)* पु० water.

नीरज *(nīraj)* पु० lotus.

नीरजा *(nīraja)* वि० dust-free.

नीरद *(nīrad)* पु० cloud.

नीरव *(nī-rav)* वि० noiseless, soundless; silent, quiet, calm.

नीरवता *(nī-ravatā)* स्त्री० silence, calmness; noiselessness, soundlessness.

नीरस *(nī-ras)* वि० tasteless, flavourless, insipid; sapless, without juice; wanting in charms, charmless, uninteresting, prosaic; withered or dried up, dry; (fig.) lacking aesthetic sense.

नीरसता *(nī-rasatā)* स्त्री० tastelessness, insipidness; saplessness; charmlessness; lack of aesthetic sense; prosaicism, monotony.

नीरोग *(nī-rog)* वि० free from sickness or disease, healthy.

नील *(nīl)* पु० indigo.

नीलकंठ *(nīlkanth)* पु० epithet of Siva; peacock.

नीलगाय *(nīlgāi)* स्त्री० blue bull.

नीलम *(nīlam)* नीलमणि स्त्री० sapphire.

नीला *(nīlā)* वि० blue, azure.

नीलापन *(nīlāpan)* पु० blueness.

नीलाम *(nīlām)* पु० auction, public sale.

नीलामी *(nīlāmī)* वि० auction.

नीलिमा *(nīlimā)* स्त्री० blueness, bluishness.

नीवी *(nīvi)* स्त्री० knot of the garment worn round a woman's waist; waist-cord.

नीहार *(nī-hār)* पु० fog, mist; frost.

नीहारिका *(nī-hārikā)* स्त्री० nebula.

नुक़ताचीनी *(nuqtācini)* स्त्री० (अ०) fault finding, criticism.

नुक़सान *(nuqsān)* पु० (अ०) loss; harm; damage.

नुकसानदेह *(nuqsāndeh)* वि० harmful, disadvantageous.

नुकीला *(nukīlā)* वि० pointed, sharp.

नुकीलापन *(nukīlāpan)* पु० pointedness, sharpness.

नुक्कड़ *(nukkaṛ)* पु० corner.

नुक्स *(nuqs)* पु० (अ०) fault, flaw, defect; deficiency.

नुनखरा *(nūnkharā)* वि० saltish, saline, brackish.

नुनखरापन *(nūnkharāpan)* पु० saltishness, salineness, brakishness.

नुमाइंदगी *(numāindagī)* स्त्री० (फ़ा०) representation, delegacy.

नुमाइंदा *(numāindā)* पु० (फ़ा०) representative, delegate.

नुमाइश *(numāiś)* स्त्री० (फ़ा०) exhibition.

नुमाइशी *(numāiśī)* स्त्री० (फ़ा०) showy, ostensible, ostentatious; relating or pertaining to an exhibition; meant for show, display or exhibition.

नुमायाँ *(numāyā)* वि० (फ़ा०) manifest; glaring, apparent, obvious.

नुसख़ा *(nuskhā)* पु० (अ०) recipe, prescription.

नूतन *(nūtan)* वि० new; modern.

नूतनता *(nūtanatā)* स्त्री० newness, novelty.

नूपुर *(nūpur)* पु० ornament for the feet, anklet.

नूर *(nūr)* पु० (अ०) light, splendour; brilliance, lustre, resplendence..

नृत्य *(nṛtya)* पु० dance.

नृत्यकला *(nṛtyakala)* स्त्री० art of dancing.

नृत्यरचना *(nṛtyarācnā)* स्त्री० choreography.

नृत्यरूपक *(nṛtya-rupak)* पु० ballet.

नृत्यशाला *(nṛtya-shālā)* स्त्री० dancing hall.

नृप *(nṛp)* पु० king, monarch.

नृशंस *(nṛśaṃs)* वि० cruel, typrannous, atrocious.

नृशंसता *(nṛśaṃsatā)* स्त्री० cruelty; tyranny, atrocity, brutality.

नेक *(nek)* वि० (फ़ा०) good, noble; gentle; virtuous.

नेकनामी *(neknama)* स्त्री० (फ़ा०) good name, reputation.

नेकनीयत *(nekneyat)* स्त्री० (फ़ा०) well-intentioned, well-meaning; honest, sincere.

नेकनीयती *(nekneyatī)* स्त्री० (फ़ा०) goodness of intention, good faith, bonafides; honesty, sincerity.

नेकी *(nekī)* स्त्री० (फ़ा०) goodness, bonafides, beneficence; benevolence, charity.

नेग *(neg)* पु० customary presents given on festive occasion.

नेता *(netā)* पु० (स्त्री० नेत्री) leader, pioneer.

नेतागीरी *(netāgrī)* स्त्री० leadership.

नेतृत्व *(netṛtva)* पु० leadership, guidance.

नेत्र *(netr)* पु० eye.

नेत्रगोलक *(netrgolak)* स्त्री० eye ball.

नेत्रदान *(netrdān)* पु० donation of eyes.

नेपथ्य *(nepathya)* पु० green room of a theatre, back stage; decoration, equipment; dress, costume.

नेवला *(nevlā)* पु० mongoose.

नेस्तनाबूद *(nestnabud)* वि० (फ़ा०) completely destroyed, devastated.

नैतिक *(naitik)* वि० moral; ethical.

नैतिकता *(naitikatā)* स्त्री० morality.

नैन *(nain)* पु० eye.

नैपुण्य *(naipuṇya)* पु० dexterity, adroitness.

नैया *(naiyā)* स्त्री० boat.

नैराश्य *(nairāśyā)* पु० hopelessness,

despair, frustration; dejection,

नैवेद्य *(naivedyā)* पु० offering of eatables presented to a deity, oblation.

नैसर्गिक *(naisargik)* वि० natural; inborn, innate; spontaneous.

नैहर *(naihar)* पु० married woman's parental home.

नोक *(nok)* स्त्री० (फ़ा०) point, tip; end.

नोक–झोंक *(nok-jhonk)* स्त्री० (फ़ा०) sarcastic exchanges or comments, altercation.

नोकदार *(nokdār)* वि० (फ़ा०) pointed, sharp.

नौकर *(naukar)* पु० (फ़ा०) domestic attendant, servant; employee.

नौकरशाह *(naukarsāh)* पु० bureaucrat.

नौकरशाही *(naukarsāhī)* स्त्री० bureaucracy.

नौकरानी *(naukarānī)* स्त्री० maidservant.

नौकरी *(naukarī)* स्त्री० service; employment, job.

नौका *(naukā)* पु० boat, ferry.

नौका–विहार *(naukā-vihar)* पु० boating.

नौचालक *(nau-cālak)* पु० navigator.

नौचालन *(nau-cālan)* पु० navigation.

नौजवान *(naujavān)* पु० youngman, youth.

नौजवानी *(naujavāni)* स्त्री० young age, youth.

नौटंकी *(nautanki)* स्त्री० kind of folk drama.

नौनिहाल *(naunihal)* पु० growing or rising generation, youth, young people; child, baby.

नौबत *(naubat)* स्त्री० (फ़ा०) ominous turn, situation, occasion; state of affairs; large kettle drum.

नौ–विज्ञान *(nau-vignān)* पु० nautical science.

नौशा *(nauśā)* पु० (फ़ा०) bridegroom.

नौसादर *(nausādar)* पु० sal-ammoniac, ammonium chloride.

नौसिखिया[1] *(nausikhiyā)* पु० beginner, novice, fresher.

नौसिखिया[2] *(nausikhiyā)* वि० inexperienced.

नौसेना *(nausenā)* स्त्री० navy.

नौ–सेनापति *(nau-senāpati)* पु० chief of naval staff, admiral.

नौ–सैनिक[1] *(nau-sainik)* पु० naval soldier.

नौ–सैनिक[2] *(nau-sainik)* वि० naval.

न्याय *(ny-āy)* पु० justice, equity.

न्यायकर्त्ता *(ny-āykartā)* पु० judge.

न्यायतंत्र *(ny-āytantra)* पु० judiciary.

न्यायपरता *(ny-āyparatā)* स्त्री० justness, fairness, equitability.

न्यायपरायण *(ny-āy-parāyan)* स्त्री० just, fair, equitable.

न्यायपराणता *(ny-āy-parāyanatā)* स्त्री० justness, righteousness, equitability.

न्यायपालिका *(ny-āy-palīka)* स्त्री० judiciary.

न्यायपीठ *(ny-āy-pitha)* पु० bench.

न्यायप्रिय *(ny-āy-priya)* वि० justice-loving.

न्यायमूर्ति *(ny-āy-murti)* पु० justice, a judge of supreme court.

न्यायवादी *(ny-āy-vaai)* पु० attorney.

न्यायशास्त्र *(ny-āy-sāstra)* पु० jurisprudence.

न्यायसंगत *(ny-āy-sangat)* वि० just, justified, lawful.

न्यायाधीश *(ny-āydhis)* पु० judge, justice.

न्यायालय *(ny-āy-laya)* पु० court of law.

न्यायिक *(ny-āyik)* वि० judicial.

न्यायोचित *(nnyīyocit)* वि० just, equitable, fair, right.

न्यारा *(nyārā)* वि० separate; different, distinct; extraordinary, uncommon.

न्यून *(ny-ūn)* वि० less; lower, inferior; deficient, wanting; small.

न्यूनतम *(ny-ūnatam)* वि० minimum, minimal.

न्यूनता *(ny-ūnatā)* स्त्री० shortage, paucity, scarcity; want, deficiency.

न्यूनीकरण *(ny-ūnikaran)* पु० abatement.

न्योछावर *(nyochāvar)* see निछावर

न्योतना *(nyautnā)* स० क्रि० to invite.

न्योता *(nyotā)* पु० invitation.

प *(pa)* the first letter of the fifth pentad of the Devnagri alphabet.

पंक *(paṅk)* पु० mud, mire, slime.

पंकज *(paṅkaj)* पु० lotus.

पंकिल *(paṅkil)* वि० muddy, slimy.

पंक्ति *(paṅkti)* स्त्री० queue; line, row; rank.

पंख *(paṅkh)* पु० wing, feather; arm of a fan.

पँखड़ी *(paṁkhṛī)* स्त्री० petal.

पंखा *(paṅkhā)* पु० fan.

पंगत *(paṅgat)* पंगति स्त्री० row of people sitting at a meal, community meal.

पंगु *(paṅgu)* वि० lame, crippled.

पंगुता *(paṅgutā)* स्त्री० lameness.

पंच *(pañc)* पु० assembly of (originally) five men; member of the panchayat; body of arbitrators; juror; arbitrator.

पंचकोण *(pañckona)* पु० pentagon.

पंचनामा *(pañcnāma)* पु० arbitration bond.

पंचनिर्णय *(pañcnirnay)* पु० judgement of an arbitrator.

पंचफ़ैसला *(pañcfaisalā)* पु० arbitration.

पंचमी *(pañcamī)* स्त्री० fifth day of fortnight of a lunar month.

पंचमेल *(pañc-mel)* वि० having five different ingredients.

पंचशील *(pañc-śila)* पु० the five chief principles of conduct of Buddhism; the five basic principles of international conduct designed to achieve and consolidate world-peace.

पंचांग *(pañcāng)* पु० almanac, Hindu calendar.

पंचायत *(pañcāyat)* स्त्री० village assembly; arbitration.

पंचायती *(pañcāyatī)* वि० pertaining to community; common; public.

पंछी *(pañchī)* पु० bird.

पंजर *(pañjar)* पु० skeleton, frame; cage.

पंजा *(pañjā)* पु० a collection of five things; the five fingers or toes; claw, paw; the fore-part of a foot wear.

पंजिका *(pañjikā)* स्त्री० small register.

पंजीकरण *(pañjīkaraṇ)* पु० registration.

पंजीकृत *(pañjīkṛt)* वि० registered.

पंजीयक *(pañjiyak)* पु० registrar.

पंडाल *(paṇḍāl)* पु० huge pavilion, marquee.

पंडित *(paṇḍit)* पु० learned person; a title of respect of Hindus who are learned in the Brahmanical theology; a learned man.

पंडिताई *(paṇḍitāī)* स्त्री० scholarship; the function or profession of a pandit.

पंडिताऊ *(paṇḍitāū)* वि० pedantic, befitting a 'pandit', doctrinaire.

पंडितानी *(paṇḍitānī)* स्त्री० wife of a Brahmin or learned man.

पंथ *(panth)* पु० path, road; sect, cult.

पकड़ *(pakaṛ)* स्त्री० the act of holding or gripping; grip or hold; grasp; catch; seizure.

पकड़–धकड़ *(pakar-dhakar)* स्त्री० apprehension, seizure, round of arrests.

पकड़ना *(pakaṛnā)* स० क्रि० to catch, to hold, to grasp; to overtake; to capture, to apprehend.

पकना *(paknā)* (अ०) क्रि० to ripen; to be cooked; to turn grey or white (hair); to suppurate, to mature.

पकवान *(pakvān)* पु० preservable dressed food, fried delicacy.

पकवाना *(pakvānā)* स० क्रि० to cause to cook or dress.

पकाना *(pakānā)* स० क्रि० to cook; to boil; to ripen; to season.

पकौड़ा *(pakauṛā)* स्त्री० a kind of fried snack.

पकौड़ी *(pakauṛī)* स्त्री० a kind of dish made of peasemeal, pastry filled with pease-meal.

पक्का *(pakkā)* वि० ripe; permanent, lasting; expert; strong, fixed, firm; fast.

पक्व *(pakva)* वि० cooked, roasted; ripe; mature.

पक्कवता *(pakvatā)* स्त्री० ripeness.

पक्ष *(pakṣ)* पु० side; wing; fortnight; aspect; party; favour.

पक्षकार *(pakṣkār)* पु० party.

पक्षधर *(pakṣdar)* पु० supporter.

पक्षपात *(pakṣpāt)* पु० partiality, favouritism.

पक्षपाती *(pakšapāti)* वि० partial, partisan.

पक्षाघात *(pakšaghāt)* पु० paralysis.

पक्षी *(pakṣī)* पु० bird.

पक्षीविज्ञान *(pakṣī-vygan)* पु० ornithology.

परव *(pakh)* स्त्री० impediment, obstacle, hindrance.

परववाड़ा *(pakhvāṛā)* पु० fortnight.

पखारना *(pakhārnā)* स० क्रि० to wash, to cleanse.

पखेरू *(pakherū)* पु० bird.

पग *(pag)* पु० pace, step.

पगडंडी *(pagdandi)* स्त्री० footpath, track.

पगड़ी *(pagṛi)* स्त्री० turban; gratification money for letting out a house.

पगना *(pagnā)* (अ०) क्रि० to be soaked in some syrup.

पगला *(paglā)* वि० mad, insane.

पगाना *(pagānā)* स क्रि० to soak in syrup.

पगार *(pagār)* पु० wages, salary; wet earth or clay for building purposes; boundary, enclosure.

पचना *(pacnā)* अ० क्रि० to be digested.

पचाना *(pacnānā)* स० क्रि० to digest; to do away with dishonestly or wrongfully, to embezzle; to assimilate.

पच्चीकारी *(paccīkari)* स्त्री० mosaic work, inlay work.

पछड़ना *(pacharnā)* (अ०) क्रि० to be beaten down or defeated; to be knocked down, to be floored; to be overshadowed; to be overtaken, to be left behind; to be surpassed.

पछताना *(pachtānā)* (अ०) क्रि० to repent.

पछतावा *(pachtāvā)* पु० repentance, remorse.

पछाड़ *(pachāṛ)* स्त्री० falling back in a swoon.

पछाड़ना *(pachāṛnā)*. स० क्रि० to throw down, to knock down; to defeat.

पट *(paṭ)* पु० garment, raiment, cloth; screen; a door panel, shutter.

पटकना *(paṭaknā)* स० क्रि० to throw down, to topple; to knock down; to abate, go down or subside (as swelling or tumour).

पटबीजना *(paṭbījnā)* पु० glow-worm.

पटरा *(paṭrā)* पु० plank.

पटरानी *(paṭrāni)* स्त्री० queen consort, chief queen.

पटरी *(paṭrī)* स्त्री० small wooden plank; bank of a canal; rail, railtrack.

पटल *(paṭal)* पु० roof, thatch; table, wooden plank; layer; (tech.) desk in parliament or legislative assembly; screen; counter; board.

पटवारी *(paṭvārī)* पु० a government functionary at the village level, who keeps land records.

पटसन *(paṭsan)* पु० jute; hemp.

पटाका *(paṭākā)* पु० cracker; slap.

पटाक्षेप *(paṭāshep)* पु० fall of curtain.

पटाख़ा *(paṭākhā)* पु० cracker.

पटाना *(paṭānā)* स० क्रि० to get settled; to settle; to persuade, to bring round.

पटाव *(paṭāv)* पु० roofing, covering; covered place.

पटिया *(paṭiyā)* स्त्री० wooden or stone slab; slip of board, tablet, slate.

पटु *(paṭu)* वि० skilled, dexterous; ingenius.

पटुता *(paṭutā)* वि० skilfulness, cleverness; ingenuity.

पट्ट *(patt)* पु० plate, board, plank.

पट्टा *(paṭṭā)* पु० title deed, lease; dog-collar; belt.

पट्टाकर्त्ता *(paṭṭākartā)* पु० leasor.

पट्टाधारी *(paṭṭādhāri)* पु० lease-holder.

पट्टिका *(paṭṭikā)* स्त्री० flipper; rule; panel, fillet, pallet.

पट्टी *(paṭṭi)* स्त्री० wooden plate, (for beginners to write on); misguidance; strap, strip.

पट्ठा *(paṭṭhā)* पु० wrestler; lace, broad brocade; sinew; robust youth.

पठन *(paṭhan)* पु० reading, studying; recitation.

पठन–पाठन *(paṭhan-pathan)* पु० reading and teaching.

पठनशील *(paṭhan-sila)* वि० studious.

पठनीय *(paṭhānīyā)* वि० readable, worth reading.

पठाना *(paṭhānā)* स० क्रि० to send (someone).

पठार *(paṭhār)* पु० plateau, tableland.

पठित्त *(paṭhit)* वि० studied, read.

पड़ताल *(paṛtāl)* स्त्री० investigation; remeasurement, checking.

पड़ती *(paṛtī)* स्त्री० fallow land.

पड़ना *(paṛnā)* अ० क्रि० to drop; to participate; to halt, encamp, camp; to lie down; to fall.

पड़ाव *(paṛāv)* पु० halting place, camp; encampment.

पड़ोस *(paṛos)* पु० neighbourhood, vicinity.

पड़ोसी, पड़ौसी *(paṛosī)* वि० neighbour.

पड़ोसिन *(paṛosin)* स्त्री० female neighbour.

पढ़ना *(paṛhnā)* स० क्रि० to read; to make out, to decipher; to study.

पढ़वाना *(paṛhvānā)* स० क्रि० to cause (one) to be taught; to cause to be read.

पढ़ाई *(paṛhāī)* स्त्री० study; tuition fee; education, learning.

पढ़ाना *(paṛhāhā)* स० क्रि० to teach, to instruct; to coach; to cause to read.

पतंग *(patang)* पु० sun; bird; paper kite; moth, insect.

पतंबाज़ *(patangbāz)* पु० kite-flier.

पतंगबाज़ी *(patangbāzī)* स्त्री० kite-flying.

पतंगा *(patangā)* पु० moth, insect; spark (of fire).

पत *(pat)* स्त्री० prestige, honour, dignity.

पतझड़, पतझर *(patjhaṛ)* पु० autumn.

पतन *(patan)* पु० downfall, fall; degradation; decline; degeneration.

पतनशील *(patan-sīla)* वि० tending to fall, decadent.

पतनाला *(patnālā)* see पनाला

पतनोन्मुख *(patanonmukh)* वि० tending to fall, falling.

पतला *(patlā)* वि० thin, fine, flimsy; liquid, diluted.

पतलापन *(patlāpan)* पु० thinness; leanness; tenuousness, wateriness.

पतलून *(patlūn)* स्त्री० pantaloon, trousers.

पतवार *(patvār)* स्त्री० rudder, helm.

पता *(patā)* पु० whereabouts; address; information, knowledge.

पताका *(patākā)* स्त्री० flag, banner.

पति *(pati)* पु० husband.

पतित *(patit)* वि० fallen, degraded; wicked, sinful.

पतिधर्म *(patidharm)* पु० devotion to husband.

पतिभक्ति *(pati-bhakti)* स्त्री० fidelity to husband.

पतियाना *(pati-āna)* स० क्रि० to trust, to rely, to believe.

पतिव्रत *(pati-vrat)* पु० fidelity to husband.

पतिव्रता *(pati-vrata)* स्त्री० faithful wife, virtuous wife.

पतीली *(patīlī)* स्त्री० cooking vessel, kettle.

पतोहू *(patohū)* स्त्री० son's wife, daughter-in-law.

पत्तन *(pattan)* पु० port; town, city.

पत्तल *(pattal)* स्त्री० leaf-plate; food served on a leaf-plate.

पत्ता *(pattā)* पु० leaf; playing card.

पत्ती *(pattī)* स्त्री० small leaf; leaf or thick plate (of metal); share.

पत्तीदार[1] *(pattīdar)* वि० leafy.

पत्तीदार[2] *(pattīdar)* पु० share-holder, partner.

पत्थर *(patthar)* पु० stone.

पत्नी *(patnī)* स्त्री० wife.

पत्नीव्रत *(patnīvrat)* पु० vow to be loyal to one's wife, fidelity to one's wife.

पत्र *(patr)* पु० leaf; letter.

पत्रक *(patrak)* पु० card; leaflet, chit.

पत्रकार *(patrakar)* पु० journalist.

पत्रकारिता *(patrakārita)* स्त्री० journalism.

पत्र–पत्रिका *(patrapatrika)* स्त्री० periodicals, magazines.

पत्रपेटी *(patra-peti)* स्त्री० letter-box.

पत्र–मित्र *(patra-mitra)* पु० pen-friend, pen pall.

पत्रवाहक *(patr-vāhak)* पु० bearer of letter, postman.

पत्रा *(patrā)* पु० almanac.

पत्राचार *(patrācār)* पु० correspondence.

पत्रावली *(patrā-vali)* स्त्री० scroll, scroll-work; collection of letters.

पत्रिका *(patrikā)* स्त्री० magazine, periodical, journal.

पत्री *(patrī)* स्त्री० note, letter; document.

पथ *(path)* पु० path, way, road, route.

पथकर *(pathkar)* पु० toll, toll tax, road toll.

पथप्रदर्शक *(path-pradarsāk)* पु० guide.

पथप्रदर्शन *(path-pradarsān)* पु० guidance.

पथभ्रष्ट *(path-bhrāstha)* वि० fallen; stray; misguided.

पथराना *(pathrānā)* (अ०) क्रि० to become hard like stone, to be petrified; to harden into stone.

पथराव *(pathrāv)* पु० stoning, pelting stones.

पथरी *(pathrī)* स्त्री० stone, bladder-stone.

पथरीला *(pathrīlā)* वि० stony, rocky.

पथिक, पथी *(pathik)* पु० traveller, wayfarer.

पथ्य[1] *(pathya)* वि० light (meal, diet); proper, suitable, wholesome.

पथ्य[2] *(pathya)* पु० wholesome food; diet conducive to health.

पद *(pad)* पु० foot, footstep, step; pace, stride; place; line of stanza, verse; designation, status, rank, post.

पदक *(padak)* पु० medal.

पदचिह्न *(pad-cīnh)* पु० foot-print, foot-mark.

पदच्युत *(pad-cyut)* वि० dismissed, discharged from office; degraded.

पदच्युति *(pad-cyuti)* स्त्री० dismissal; degradation.

पदत्याग *(pad-tyāg)* पु० abandonment of office; abdication, resignation.

पदत्राण *(pad-trān)* पु० shoe, footwear.

पददलित *(pad-dalit)* वि० trodden under foot; down-trodden.

पदवी *(padvi)* स्त्री० title; appelation.

पदाघात *(padāghāt)* पु० blow with the feet, kick; accent.

पदाधिकारी *(padādhikarī)* पु० officer, office-bearer, official.

पदार्थ *(padārth)* पु० thing, object; material; matter.

पदार्पण *(padarpan)* पु० arrival, stepping-in.

पदावनत *(padāvanat)* वि० demoted, degraded.

पदावनति *(padāvanati)* स्त्री० reversion, demotion, downgrading.

पदावली *(padāvali)* स्त्री० series of verses or words, phraseology; collection of devotional songs.

पदासीन *(padāsina)* वि० occupying an office.

पदेन *(paden)* क्रि० वि० ex-officio, by virtue of an office.

पदोन्नत *(padonnat)* वि० promoted.

पदोन्नति *(padonnati)* स्त्री० promotion, rise in rank or status.

पद्धति *(paddhati)* स्त्री० method, system.

पद्म *(padma)* पु० lotus.

पद्य *(padya)* पु० verse, poetry.

पद्यकार *(padyakar)* पु० versifier.

पधारना *(padhārnā)* (अ०) क्रि० to arrive; to go, to set out.

पनघट *(panghat)* पु० place for drawing water. village well.

पनडुब्बी *(pandubbi)* स्त्री० sub-marine.

पनबिजली *(paanbijli)* स्त्री० hydro-electricity.

पनस *(panas)* पु० jacktree and its fruits; thorn; a kind of snake.

पनही *(panhī)* स्त्री० footwear.

पनाला *(panālā)* पु० gutter, drain.

पनाह *(panāh)* पु० (फो०) refuge, shelter.

पनीर *(panīr)* पु० (फो०) cheese.

पन्ना *(pannā)* पु० emerald; leaf of a book, sheet; folio; beverage prepared from baked mango, tamarind and cumin seed etc.

पन्नी *(pannī)* स्त्री० plated multicoloured paper, metallic paper; kind of coloured paper.

पपड़ी *(papṛī)* स्त्री० crust, scab; scale, dry incrustation formed on a healing wound.

पपीता *(papītā)* पु० papaya.

पय *(pay)* पु० drinkable; water.

पयस *(payas)* पु० milk.

पयाम *(payām)* पु० (फ़ा०) message.

पयोद *(payod)* पु० cloud.

पयोधर *(payodar)* पु० cloud; breast.

परंतु *(paran-tu)* अ० but, however.

परंपरा *(param-parā)* स्त्री० tradition, convention.

परंपरागत *(param-parāgat)* वि० traditional, orthodox, customary.

परंपरावाद *(param-parāvad)* पु० conservatism, traditionalism, orthodoxy.

परंपरावादी *(param-parāvadī)* पु० traditionalist, conformist.

पर[1] *(par)* अ० but, yet, still.

पर[2] *(par)* वि० other; not one's own; posterior; different.

पर[3] *(par)* पु० on, upon, above.

पर[4] *(par)* पु० (फ़ा०) feather, wing.

परकटा *(parkāta)* वि० with feathers cut off, wing-clipped.

परकार *(parkār)* स्त्री० divider.

परकीया *(parakīyā)* स्त्री० adulteress; (in traditional Indian poetics one of the three types of heroines.)

परकोटा *(parkoṭā)* पु० precinct, boundary; rampart.

परख *(parakh)* पु० test, examination, trial; distinguishing faculty; probation.

परखचा *(parakhā)* पु० fragment, shred.

परखना *(parakhnā)* स० क्रि० to test, to examine.

परखवाना *(parakhvānā)* स० क्रि० to cause to be tested or examined.

परखी *(parkhī)* स्त्री० gadget for testing corn packed in sacks.

परगना *(parganā)* पु० (फ़ा०) subdivision.

परगनाधीश *(parganādish)* पु० subdivisional officer.

परचा *(parcā)* पु० (फ़ा०) piece of paper, chit; question paper.

परची *(parcī)* स्त्री० slip, chit.

परचून *(parcūn)* पु० provisions, grocery.

परचूनिया *(parcūniyā)* पु० grocer, retailer of provisions.

परछाईं *(parchāīṁ)* स्त्री० shadow, reflection.

परजीवी *(parjīvi)* वि० parasitic.

परतंत्र *(par-tantrā)* वि० dependent.

परतंत्रता *(par-tantrātā)* स्त्री० dependence, subjection.

परती *(partī)* स्त्री० fallow land.

परदा *(pardā)* पु० (फ़ा०) curtain; screen; secret, mystery; veil.

परदादा *(pardādā)* पु० paternal great-grandfather.

परदादी *(pardādī)* स्त्री० paternal great-grandmother.

परदेश, परदेस *(pardeś)* पु० foreign country, another country.

परदेशी, परदेसी *(pardesī)* पु० foreigner, stranger, alien.

परनाना *(parnānā)* पु० maternal great grandfather.

परनानी *(parnānī)* स्त्री० (maternal) great grandmother.

परनाला *(parnālā)* पु० drain pipe, gutter.

परनिंदा *(parnindā)* स्त्री० censure.

परपीड़क *(par-pirak)* पु० oppressor.

परपोता *(parpotā)* पु० great grandson.

परम *(param)* वि० highest, best,

most; chief, principal; extreme (limit); ultimate, absolute.

परमगति *(paramgati)* स्त्री० salvation, emancipation.

परमधाम *(param-dhām)* पु० heaven.

परमपद *(param-pad)* पु० highest state or position, liberation, salvation.

परमाणु *(paramâṇu)* पु० atom.

परमात्मा *(paramātma)* पु० God.

परमानंद *(paramānand)* पु० beatitude, ultimate pleasure, supreme bliss; God.

परमार्थ *(paramārth)* पु० highest good, the best end, salvation; ultimate reality.

परमावश्यक *(paramāvśyak)* वि० most essential, most urgent.

परमेश्वर *(parmeśvar)* पु० God.

परला *(parlā)* वि० of the other side or end, next in order.

परलोक *(parlok)* पु० the other world.

परलोकगमन *(parlok-gaman)* पु० demise.

परवरिश *(parvariś)* स्त्री० (फ़ा०) bringing up, fostering; nurture.

परवर्ती *(par-varti)* वि० later, subsequent.

परवश *(parvaśa)* वि० under another's control dependent, subservient.

परवशता *(paarvaśatā)* स्त्री० dependence on another, subjection; subservience.

परवाना *(parvānā)* पु० (फ़ा०) warrant, order; moth.

परसना *(parasnā)* स० (फ़ा०) to serve (food); to touch, to feel by touch.

परसों *(parsoṁ)* (अ०) day before yesterday; day after tomorrow.

परस्त्रीगमन *(par-strigaman)* पु० adultery.

परस्त्रीगामी *(par-strigami)* वि० adulterer.

परस्पर *(paras-par)* क्रि० वि० mutually, reciprocally.

परस्परता *(paras-partā)* स्त्री० mutuality, reciprocity.

परहित *(parhit)* पु० benevolence, benefaction, beneficence.

परहितवाद *(parhitvād)* पु० altruism.

परहितवादी *(parhitvādi)* पु० altruist.

परहेज़ *(parhez)* पु० (फ़ा०) abstinence, avoidance; control of the passions; regimen.

पराकाष्ठा *(parā-kāsṭhā)* स्त्री० climax; culminating point, extremity; extreme.

पराक्रम *(parâkram)* पु० bravery, valiance, gallantry, heroism.

पराक्रमी *(parâkramī)* वि० brave, valiant, heroic, gallant.

पराग *(parāg)* पु० pollen.

पराजय *(parā-jay)* स्त्री० defeat.

पराजित *(parā-jit)* वि० defeated, vanquished.

पराधीन *(parā-dhin)* वि० dependent on another.

पराधीनता *(parā-dhintā)* स्त्री० dependence on another, subjection; subjugation.

पराभाव *(parā-bhāv)* पु० defeat, overthrow, debacle.

पराभूत *(parā-bhūt)* वि० defeated, overthrown.

परामनोविज्ञान *(parā-manovignān)* पु०

parapsychology.

परामर्श *(parā-marś)* पु० advice, counsel; consultation.

परामर्शदाता *(parā-marśdāTā)* पु० adviser, counsel; consultant.

परायण *(parâyaṇ)* वि० absorbed; devoted.

परायणता *(parâyaṇta)* स्त्री० absorption; devotion.

पराया *(parāyā)* वि० belonging to another; not one's own, alien, foreign.

परावर्तक[1] *(parā-vartak)* पु० reflector.

परावर्तक[2] *(parā-vartak)* वि० reflecting, causing reflection.

पराश्रय *(parā-śray)* पु० dependence on others, subjection.

पराश्रित *(parāsrit)* पु० dependent, under subjection or subjugation.

पराश्रितता *(parāsritāta)* स्त्री० dependency, dependence.

परास्त *(parâst)* वि० defeated, vanquished; overthrown.

परिंदा *(parindā)* पु० (फ़ा०) bird.

परिकल्पना *(pari-kalpanā)* स्त्री० speculation; hypothesis.

परिकल्पित *(pari-kalpit)* वि० presumed, envisaged.

परिक्रमा *(pari-kramā)* स्त्री० going round a person or an idol as an indication of reverence; circumambulation.

परिखा *(pari-kha)* स्त्री० foss, moat.

परिगणना *(pari-ganana)* स्त्री० calculation; schedule.

परिगणित *(pari-ganit)* वि० calculated; scheduled; enumerated.

परिग्रह *(pari-grah)* पु० taking, acceptance, receipt; possession, property; wife.

परिग्रहण *(pari-grahān)* पु० accession.

परिचय *(pari-cāy)* पु० acquaintance; introduction; familiarity.

परिचय – पत्र *(pari-cay-patra)* letter of introduction.

परिचर्चा *(pari-carcā)* स्त्री० discussion, symposium.

परिचर्या *(pari-caryā)* स्त्री० attendance, nursing.

परिचायक *(pari-cāyak)* पु० one who introduces.

परिचारक *(pari-cārik)* पु० male attendant.

परिचारिका *(pari-cārikā)* स्त्री० female attendant, nurse, hostess; chamber maid.

परिचारित *(pari-cārit)* वि० circulated.

परिचालन *(pari-cālan)* पु० steering; operation; circulation.

परिचित *(pari-cit)* वि० acquainted, familiar.

परिच्छेद *(pari-cched)* पु० section or chapter of a book.

परिजन *(pari-jan)* पु० family, household members; attendants, followers; retinue.

परिणत *(pari-ṇat)* वि० changed, transformed, metamorphosed.

परिणति *(pari-ṇati)* स्त्री० change, transformation; culmination; metamorphosis; result.

परिणय *(pari-ṇay)* पु० marriage, wedding, wedlock.

परिणय – सूत्र *(pari-ṇay-sutra)* पु० bond of marriage.

परिणाम *(pari-ṇām)* पु० result, consequence.

परितप्त *(pari-tapta)* वि० hot, heated; afflicted; anguished.

परितप्ति *(pari-tapti)* स्त्री० heating; excessive heat; excessive suffering.

परिताप *(pari-tāp)* पु० scorching heat; pain, agony; repentance, penitence.

परितुलन *(pari-tulan)* पु० collation.

परितोष *(pari-toṣ)* पु० complete satisfaction; delight; gratification.

परित्यक्त *(pari-tyakt)* वि० quitted, deserted.

परत्यिक्ता *(pari-tyakta)* स्त्री० abandoned woman.

परित्याग *(pari-tyāg)* पु० desertion, abandonment, renunciation.

परिधान *(pari-dhān)* पु० dress, clothes, garment, costume; robes.

परिधि *(pari-dhi)* स्त्री० circumference, periphery; boundary; ambit; perimeter.

परिपक्व *(pari-pakva)* वि० ripe; developed, matured.

परिपक्कवता *(pari-pakkvatā)* स्त्री० ripeness; maturity, full development.

परिपक्वासथा *(pari-pakāvastha)* स्त्री० maturity.

परिपत्र *(pari-patr)* पु० circular; circular letter.

परिपाटी *(pari-pāṭī)* स्त्री० convention, custom, tradition; succession, arrangement; usage.

परिपालक *(pari-pālak)* पु० implementer; executer; preserver.

परिपालन *(pari-pālan)* पु० execution, implementation; maintenance.

परिपालनीय *(pari-pālaniya)* वि० worth executing or implementing.

परिपालयिता *(pari-palitata)* पु० executant.

परिपालित *(pari-pālit)* वि० executed; maintained; implemented.

परिपूरक *(pari-pūrak)* वि० supplementary.

परिपूरित *(pari-pūrit)* वि० supplemented; fully accomlished; filled; infused or informed.

परिपूर्ण *(pari-pūrṇ)* वि० perfect, complete; full; replete, brimful; infused, imbued.

परिपूर्णता *(pari-pūrṇatā)* स्त्री० repletion, brimfulness; perfection; completeness.

परिप्रेषक *(pari-presāk)* पु० despatcher, sender.

परिप्रेषण *(pari-presān)* पु० despatch, sending.

परिभाषा *(pari-bhāṣā)* स्त्री० definition.

परिभाषित *(pari-bhāṣit)* वि० defined.

परिभाष्य *(pari-bhāsya)* वि० definable.

परिमाण *(pari-māṇ)* पु० measure; weight; quantity; circumference; volume; amount.

परिमाप *(pari-māp)* पु० measurement; dimension; scale; perimeter.

परिमापी *(pari-māpī)* पु० perimeter.

परिमार्जन *(pari-mārjan)* पु० improvement; cleansing, purging; refinement; moderation.

परिमार्जित *(pari-mārjit)* वि० improved; cleaned, purged; refined; moderated.

परिमित *(pari-mit)* वि० limited; measured; moderate.

परिमिति *(pari-miti)* स्त्री० limit; perimeter.

परिमेय *(pari-meya)* वि० measurable; limited.

परिरक्षक *(pari-rakshak)* पु० preserver, shielder; custodian; defender.

परिरक्षण *(pari-rakshan)* पु० guarding in every respect, shielding; preservation; custody.

परिवर्तन *(pari-vartan)* पु० exchange; change, alteration; conversion.

परिवर्तनशील *(pari-vartanšil)* वि० changeable.

परिवर्तनशीलता *(pari-vartanšilta)* स्त्री० variability; changeability.

परिवर्तनीय *(pari-vartaniya)* वि० changeable; variable; alterable; interchangeable; convertible.

परिवर्तित *(pari-vartit)* वि० exchanged; changed, altered; converted.

परिवर्धित *(pari-varidhit)* वि० enlarged; developed; grown.

परिवहन *(pari-vahan)* पु० transport; transportation.

परिवहनीय *(pari-vahaniya)* वि० transportable.

परिवाद *(pari-vād)* पु० complaint, censure; scandal; calumny.

परिवादी *(pari-vādī)* पु० complainant; scandal-monger; calumniator.

परिवार *(pari-vār)* पु० family; class; house-hold; kins.

परिवेश *(pari-veś)* पु० environment, surrounding.

परिवेष्टन *(pari-veṣṭan)* पु० encirclement; wrapping; enclosure.

परिवेष्टित *(pari-veṣṭit)* वि० enclosed; wrapped; surrounded.

परिव्यय *(pari-vyay)* पु० cost; expenditure; disbursement.

परिव्राजक *(pari-vrājak)* पु० wandering religious mendicant; ascetic.

परिशीलन *(pari-silan)* पु० critical study, perusal.

परिश्रम *(pari-śram)* पु० labour, hard work, exertion, diligence.

परिश्रमी *(pari-śramī)* वि० industrious, hard-working, diligent, laborious.

परिष्करण *(pari-škaraṇ)* पु० finishing; retouching; refinement.

परिष्कार *(pari-škār)* पु० refinement; embellishment; decoration.

परिष्कृत *(pari-škṛt)* वि० purified; adorned, decorated; improved, refined; sophisticated.

परिष्कृति *(pari-škṛti)* **परिष्क्रिया** स्त्री० refinement; purification.

परिसर *(pari-sar)* पु० environs; premises; enclave.

परिसीमन *(pari-sīman)* पु० delimitation.

परिसीमा *(pari-sīmā)* स्त्री० extreme limit; precincts, boundary line.

परिसीमित *(pari-sīmit)* वि० limited; demarked.

परिस्थिति *(pari-sthiti)* स्त्री० circumstances; situation.

परिस्थितिगत *(pari-sthitigat)* वि० circumstantial.

परिहार *(pari-hār)* पु० rectification;

abstention; avoidance, evasion; atonement, expiation; remission.

परिहार्य *(pari-hārya)* वि० avoidable.

परिहास *(pari-hās)* पु० joke, fun, ridicule.

परी *(parī)* स्त्री० (फ़ा०) fairy, elf; beautiful woman, nymph.

परीक्षक *(parîkṣak)* पु० examiner; investigator, tester.

परीक्षण *(parîkṣaṇ)* पु० examination; test; trial.

परीक्षा *(parîkṣā)* स्त्री० trial, ordeal; test; examination.

परीक्षार्थी *(parîkṣārthi)* पु० examinee.

परीक्षित *(parîkṣit)* वि० audited; examined, tested, tried.

परुष *(parus)* वि० hard, rough, coarse; rigid.

परुषता *(paruṣata))* स्त्री० hardness, rigidity.

परे *(pare)* क्रि० वि० at a distance, beyond; away.

परेशान *(pareśān)* वि० (फ़ा०) worried; troubled, harassed.

परेशानी *(pareśānī)* स्त्री० (फ़ा०) worry, harassment; trouble.

परेषक *(pareśak)* पु० consignor, consigner.

परेषण *(pareśan)* पु० consignment.

परेषणी *(pareśanī)* पु० consignee.

परोक्ष *(paroks)* वि० imperceptible; indirect.

परोपकार *(paropkar)* पु० benevolence, philanthropy.

परोपकारी[1] *(paropkarī)* वि० benevolent, munificent.

परोपकारी[2] *(paropkarī)* पु० philanthropist, benevolent person.

परोपजीवी *(paropjivi)* पु० parasite.

परोसना *(parosnā)* स० क्रि० to serve (food), to dish up.

परोसा *(parosā)* पु० dish of one man's meal.

पर्चा *(parcā)* पु० slip of paper; chit; paper, question paper.

पर्ची *(parcī)* स्त्री० slip of paper.

पर्ण *(parṇ)* पु० folio; leaf.

पर्णशाला *(parṇsāla)* स्त्री० hut made of leaves, bower.

पर्दा *(parda)* see परदा

पर्यटक *(pary-aṭak)* पु० tourist.

पर्यटन *(pary-aṭan)* पु० tourism.

पर्यवेक्षक *(pary-avêkṣak)* पु० supervisor.

पर्यवेक्षण *(pary-avêkṣan)* पु० supervision.

पर्याप्त *(pary-āpt)* वि० enough, sufficient; ample, plentiful, adequate.

पर्याप्तता *(pary-āptatā)* स्त्री० sufficiency, adequacy.

पर्याय *(pary-āy)* पु० synonym.

पर्यायवाचक *(pary-āyvācāk)* **पर्यायवाची** वि० synonymous.

पर्यावरण *(pary-ā-varaṇ)* पु० environment.

पर्व *(parv)* पु० festival; knot; section; node.

पर्वत *(parvat)* पु० mountain.

पर्वतारोहण *(parvatrohan)* पु० mountaineering.

पर्वतारोही *(parvatrohi)* पु० mountaineer.

पर्वतीय *(parvatīya)* वि० mountainous, hilly, belonging to mountains.

पलंग *(palang)* पु० bedstead, bed.

पलंग–पोश *(palang-posh)* पु० bed-sheet.

पल *(pal)* पु० measure of time equal to twenty-four seconds; moment, instant.

पलक *(palak)* स्त्री० eye-lash, eyelid.

पलटन *(palṭan)* स्त्री० platoon; large number.

पलटना *(palaṭnā)* स० क्रि० to alter; to over-turn; to turn, barter; to return; to change, to alter; to turn over.

पलटा *(palṭā)* पु० iron pan or ladle with a long handle; relapse; return.

पलड़ा *(palṛā)* पु० pan of balance.

पलथी *(palthī)* स्त्री० cross-legged sitting posture, squatting.

पलना[1] *(palnā)* अ० क्रि० to be brought up; to be nourished, to be reared.

पलना[2] *(palnā)* पु० cradle.

पलस्तर *(palastar)* पु० (अ०) plaster.

पलायन *(palāyan)* पु० fleeing, escape, abscondence.

पलायनवाद *(palāyanvad)* पु० escapism.

पलायनवादी[1] *(palāyanvadī)* वि० pertaining to escapism.

पलायनवादी[2] *(palāyanvadī)* पु० escapist or follower of escapism.

पलाश *(palāś)* पु० kind of tree or its leaves; its purple coloured flowers.

पलीत *(palīt)* वि० wicked, roguish; shabby.

पलीता *(palītā)* पु० wick; igniter; gun-cotton.

पल्लव *(pallav)* पु० new tender leaf, sprout, shoot.

पल्लवग्राही[1] *(pallav-grāhi)* वि० superficial (in knowledge) smattering.

पल्लवग्राही[2] *(pallav-grāhi)* पु० person with superficial knowledge; amateur, smatterer.

पल्ला *(pallā)* पु० end of garment; end of a saree etc.; piece of cloth; pan of a balance; door panel.

पल्लू *(pallū)* पु० end of a (female) garment; broad border.

पल्लेदार *(palledār)* पु० porter, carrier of heavy burden.

पल्लेदारी *(palledārī)* स्त्री० calling of a porter; wages paid for porterage.

पवन *(pavan)* पु० air, breeze, wind.

पवन–चक्की *(pavan-cākki)* स्त्री० wind-mill.

पवित्र *(pavitr)* वि० sacred, sacrosanct; holy; pure; sinless, free from sensual properties.

पवित्रता *(pavitrātā)* स्त्री० purity, cleanness; sanctity.

पशु *(paśu)* पु० animal, cattle, beast.

पशु–चिकित्सक *(paśu-cīkitsak)* पु० veterinary doctor.

पशु–चिकित्सा *(paśu-cīkitsa)* स्त्री० veterinary science or therapy.

पशुता *(paśutā)* स्त्री० animality; bestiality, beastliness.

पशुधन *(paśu-dhan)* पु० livestock.

पशु–पालन *(paśu-pālan)* पु० cattle-breeding, animal husbandry.

पश्चात् *(paścāt)* क्रि० वि० after, afterwards, behind.

पश्चात्ताप *(paścātap)* पु० regret, repentance.

पश्चिम *(paścim)* पु० west, occident.

पश्चिमी *(paścimī)* वि० pertaining to west; western, occidental.

पश्चिमोत्तर *(paścmotār)* वि० north-western.

पसंद *(pasand)* स्त्री० (फ़ा०) liking; choice, preference.

पसरना *(pasarnā)* अ० क्रि० to be spread out, to stretch out; to stretch oneself.

पसली *(paslī)* स्त्री० rib.

पसाना *(pasānā)* स० क्रि० to remove the scum of (boiling rice); to pour off (the water in which some edible has been boiled).

पसारना *(pasārnā)* स० क्रि० to expand; to spread; to stretch out.

पसीजना *(pasījnā)* अ० क्रि० to perspire, to ooze; to be compassionate.

पसीना *(pasīnā)* पु० perspiration, sweat.

पसोपेश *(paso-peś)* पु० hitch; indecision; perplexity, quandary.

पस्त *(past)* वि० (फ़ा०) defeated; weary, completely fatigued and exhausted.

पहचान *(pahcān)* स्त्री० recognition, identity; identification mark.

पहचानना *(pahcānanā)* स० क्रि० to recognise.

पहनना *(pahannā)* स० क्रि० to put on, to wear.

पहनाना *(pahanānā)* स० क्रि० to clothe.

पहनावा *(pahnāvā)* पु० dress, garment, costume.

पहर *(pahr)* पु० measure of time equal to three hours.

पहरा *(pahrā)* पु० guard; watch.

पहरेदार *(pahredar)* पु० watchman, sentry, guard.

पहरेदारी *(pahredarī)* स्त्री० watchmanship.

पहल[1] *(pahl)* स्त्री० beginning, commencement; initiative.

पहल[2] *(pahl)* पु० facet.

पहलवान *(pahlvān)* पु० (फ़ा०) wrestler.

पहलवानी *(pahlvānī)* स्त्री० (फ़ा०) wrestling.

पहला *(pahlā)* वि० first; primary; former.

पहलू *(pahlū)* पु० (फ़ा०) side, flank; aspect, facet.

पहले *(pahale)* क्रि० वि० in the beginning; before, previously; in olden times.

पहले–पहल *(pahale-pahl)* क्रि० वि० first of all, for the first time.

पहाड़ *(pahāṛ)* पु० mountain.

पहाड़ा *(pahāṛā)* पु० multiplication table.

पहाड़ी[1] *(pahāṛī)* वि० pertaining to the hill; hilly; living on or near a mountain, mountainous.

पहाड़ी[2] *(paahāṛī)* स्त्री० hillock.

पहिया *(pahiyā)* पु० wheel.

पहुँच *(pahuṁc)* पु० reach; access; arrival; approach.

पहुँचना *(pahuṁcanā)* अ० क्रि० to reach, to arrive.

पहुँचा *(pahuṁcā)* पु० wrist.

पहुँचाना *(pahuṁcānā)* स० क्रि० to carry, to convey.

पहुँची *(pahuṁcī)* स्त्री० wrist ornament.

पहेली *(pahelī)* स्त्री० puzzle, quiz, riddle.

पांडित्य *(pāṇḍitya)* पु० scholarship, learning.

पांडित्यपूर्ण *(pāṇḍitya-purn)* वि० aureate, scholarly.

पांडुलिपि *(pāṇḍu-lipi)* स्त्री० manuscript.

पाँव *(pāṁv)* पु० foot.

पाई *(pāī)* स्त्री० small vertical line used in writing or printing in Devnagri characters, full stop; old copper coin.

पाक[1] *(pāk)* वि० (फ़ा०) holy, sacred; pure; clean.

पाक[2] *(pāk)* पु० cooking; maturation; Pakistan.

पाक–कला *(pāk-kala)* स्त्री० art of cooking, culinary art.

पाकशास्त्र *(pāk-sāstra)* पु० cookery.

पाकेटमार *(pāket-mār)* पु० pick-pocket.

पाक्षिक *(pākṣik)* वि० biweekly, fortnightly.

पाखंड *(pākhand)* पु० hypocrisy, simulation; imposture.

पाखंडी[1] *(pākhaṇḍī)* पु० hypocrite, dissembler, impostor.

पाखंडी[2] *(pākhaṇḍī)* वि० dissembling, hypocritical.

पाख़ाना *(pākhānā)* पु० latrine; faeces; human excrement, stool.

पागना *(pāgnā)* स० क्रि० to dip in or coat with syrup.

पागल *(pāgal)* वि० mad, insane, lunatic.

पागलपन *(pāgalpan)* पु० foolishness; madness, lunacy, insanity.

पागलख़ाना *(pāgalkhana)* पु० lunatic asylum.

पाचक *(pācak)* वि० digestive, causing digestion.

पाचन *(pāchan)* पु० digestion.

पाजामा *(pājāmā)* पु० pyjamas, Indian trousers.

पाजी[1] *(pājī)* वि० mean, wicked, vile, crooked.

पाजी[2] *(pājī)* पु० scoundrel, rascal.

पाटना *(pātnā)* स० क्रि० to cover; to roof; to stock, to heap.

पाठ *(pāṭh)* पु० reading; religious text; lesson; text; recitation; version.

पाठक *(pāṭhak)* पु० reader, pupil; subcaste among Brahmans; reciter; teacher.

पाठदोष *(pāṭh-doṣ)* पु० textual error.

पाठन *(pāṭhan)* पु० teaching.

पाठशाला *(pāṭhśāla)* स्त्री० school.

पाठ्य *(pāṭhya)* वि० readable, worth reading; legible.

पाठ्यक्रम *(pāṭhyakram)* पु० syllabus, course of study, curriculum.

पाणि *(pāṇi)* पु० hand.

पाणिग्रहण *(pāṇigrahan)* पु० marriage, wedding.

पाणिग्रहीत *(pāṇi-grahit)* वि० married.

पात *(pāt)* पु० fall; shedding; collapse, destruction; mode; leaf.

पातक *(pātak)* पु० sin.

पातकी[1] *(pātakī)* वि० sinner, evildoer.

पातकी[2] *(pātakī)* वि० sinful.

पातगोभी *(pāt-gobhi)* स्त्री० cabbage.

पाताल *(pātāl)* पु० underworld, hell; the lower region.

पाती *(pāti)* स्त्री० leaf, dried leaf; letter.

पात्र *(pātr)* पु० utensil, container; character (in a play etc.).

पात्रता *(pātratā)* स्त्री० eligibility.

पाथेय *(pātheya)* पु० provisions for a journey.

पाद *(pād)* पु० foot or leg; quarter, fourth part; a verse or line; fart.

पाद – टिप्पणी *(pād-tippāni)* स्त्री० foot note.

पादप *(pādap)* पु० tree.

पाद – प्रहार *(pād-prahār)* पु० kick.

पादरी *(pādrī)* पु० Christian missionary, clergy, priest, vicar.

पादाघात *(pāda-ghāt)* वि० kick.

पादुका *(pādukā)* स्त्री० wooden shoe (sandal); shoe.

पान[1] *(pān)* पु० drinking; drinking spirituous liquors; drink, beverage.

पान[2] *(pān)* पु० betel-leaf.

पानगोष्ठी *(pāngoṣthi)* स्त्री० cocktail.

पाना[1] *(pānā)* स० क्रि० to get, to acquire; to obtain; to receive; to attain, to achieve.

पाना[2] *(pānā)* पु० spanner.

पानी *(pānī)* स्त्री० water, acqua.

पानीदार *(pānīdar)* वि० lustrous; respectable, honourable.

पाप *(pāp)* पु० sin, vice; evil.

पापकर्म *(pāpkarm)* पु० sin, sinful deed.

पापड़ *(pāpaṛ)* पु० thin crisp cake made of ground pulses.

पापाचार *(pāpācār)* पु० sinful conduct.

पापाचारी *(pāpācāri)* पु० sinner.

पापात्मा *(pāpātma)* वि० sinful, unholy.

पापी[1] *(pāpī)* पु० sinner.

पापी[2] *(pāpī)* वि० sinful, immoral.

पाबंद *(pāband)* वि० (फ़ा०) tied, fettered; habituated, to, accustomed .

पाबंदी *(pābandī)* स्त्री० (फ़ा०) restriction; control, ban; binding, obligation.

पामर[1] *(pāmar)*. वि० low, wicked, crooked, mean, sinful.

पामर[2] *(pāmar)* पु० rascal, knave, scoundrel.

पायँ *(pāyaṁ)* पु० foot.

पायँचा *(pāyaṁcā)* पु० one of the two legs of pyjama or pants.

पायजामा *(pāijāma)* see पाजामा

पायदान *(pāydān)* पु० foot-board; door-mat.

पायदार *(pāydār)* वि० (फ़ा०) durable, lasting.

पायदारी *(pāydari)* स्त्री० (फ़ा०) durability.

पायल *(pāyal)* स्त्री० anklet, ahkle ornament.

पाया *(pāyā)* पु० (फ़ा०) leg of a piece of furniture; pillar, post; prop, support.

पारंगत *(pāramgat)* वि० expert; well-versed, well conversant.

पारंपरिक *(pāramparik)* वि० traditional, conventional.

पार *(pār)* पु० (opposite) bank, shore etc; across.

पारखी *(pārakhī)* पु० connoisseur.

पारगमन *(pārgaman)* पु० going across; transit.

पारगामी *(pārgāmī)* वि० pervasive, pervading; going across.

पारद *(pārad)* पु० mercury.

पारदर्शक *(pārdarsak)* वि० transparent.

पारदर्शकता, पारदर्शिता *(pārdarśita)* स्त्री० transparency.

पारदर्शी *(pārdarśī)* वि० transparent.

पारपत्र *(pārpatra)* पु० passport.

पारमार्थिक *(pāramārthik)* वि० relating to a high and spiritual object; spiritual, charitable; transcendental, ultra-mundane.

पारलौकिक *(pārlaukik)* वि० relating to the next world, transcendental, ultra-mundane.

पारस *(pāras)* पु० philosopher's stone, touchstone; an object of unusual merits.

पारसाल *(pārsāl)* पु० last year.

पारस्परिक *(pārasparik)* वि० mutual, reciprocal.

पारस्परिकता *(pārasparikatā)* स्त्री० reciprocity, mutuality.

पारा *(pārā)* पु० mercury.

पारायण *(pārâyaṇ)* पु० perusal of a religious book; thorough reading.

पारावार *(pārâvar)* पु० sea, ocean; bank; limit.

पारित *(pārit)* वि० passed.

पारितोषिक *(pāritoṣik)* पु० reward (in terms of money); prize.

पारिभाषिक *(pāribhāṣik)* स्त्री० pertaining to definition; technical.

पारिभाषिकी *(pāribhāṣikī)* स्त्री० terminology.

पारिवारिक *(pārivārik)* वि० pertaining to a family, domestic.

पारिवारिकता *(pārivārikata)* स्त्री० family feeling, domesticity.

पारिश्रमिक *(pāriśramik)* पु० remuneration.

पारिस्थितिक *(pāristhitik)* वि० ecological; circumstantial.

पारिस्थितिकी *(pāristhitikī)* स्त्री० ecology.

पारी *(pārī)* स्त्री० turn, shift; innings.

पार्थक्य *(pārthakya)* पु० separation; difference; separateness; isolation.

पार्थक्यवाद *(pārthakyavad)* पु० separatism.

पार्थक्यवादी *(pārthakyadī)* पु० separatist.

पार्थिव *(pārthiv)* पु० relating to earth; springing or derived from the earth; earthen, earthly.

पार्श्व *(pārśva)* पु० armpit; side; part of the body below the armpit; wing; flank, back.

पार्श्वगायक *(pārśva-gāyak)* पु० playback singer.

पार्श्वसंगीत *(pārśva-sangit)* पु० background music.

पार्षद *(pārṣad)* पु० member of an assembly; retinue (of a god); concillor.

पालक *(pālak)* पु० protector; foster parent.

पालकी *(pālkī)* स्त्री० palanquin.

पालतू *(pāltū)* वि० domesticated, tame, pet.

पालथी *(pālthī)* स्त्री० cross-legged sitting posture, squatting posture.

पालन *(pālan)* पु० upbringing; compliance, observance; protection.

पालन–पोषण *(pālan-poshān)* पु० upbringing nurture, fostering.

पालना[1] *(pālnā)* स० क्रि० to bring up, to rear; to observe, to comply; to tame, to domesticate; to keep (vow).

पालना[2] *(pālnā)* पु० cradle, crib.

पाला *(pālā)* पु० frest; opportunity (in dealing with); line of demarcation (in kabaddi etc).

पावक *(pāvak)* पु० fire; the Sun; god of fire; god Varuna.

पावती *(pāvatī)* स्त्री० receipt.

पावन *(pāvan)* वि० holy, sacred; immaculate; pure.

पावनता *(pāvanta)* वि० holiness, sanctity; immaculation; purification, purity.

पावस *(pāvas)* स्त्री० rainy season.

पाश *(pāś)* स्त्री० tie, bond, chain, fetter; trap or net; noose; snare; lock.

पाशविक *(pāśavik)* वि० brutal, beastlike, beastly.

पाशविकता *(pāśvikta)* स्त्री० brutality, barbarianism, barbarousness.

पाश्चात्य *(pāścātya)* वि० belonging to west, western, occidental; hinder, posterior, later.

पाषाण *(pāṣāṇ)* पु० stone.

पासंग *(pāsang)* पु० (फ़ा०) counterweight; make-weight.

पास *(pās)* क्रि० वि० near, nearby; at hand.

पासा *(pāsā)* पु० dice.

पाहुना *(pāhunā)* पु० guest; son-in-law.

पिंगल *(pingal)* पु० prosody.

पिंगलशास्त्र *(pingal-sāstra)* पु० science of prosody.

पिंजर *(piñjar)* पु० skeleton, physical frame.

पिंजरा *(piñjrā)* पु० cage.

पिंड *(piṇḍ)* पु० clod, lump; ball of rice or flour offered to the spirits of deceased ancestors.

पिंडली *(piṇḍlī)* स्त्री० calf of the leg.

पिंडी *(piṇḍī)* स्त्री० small lump; small round mass of anything; round skein of thread; crook.

पिक *(pik)* पु० cuckoo.

पिघलना *(pighalnā)* अ० क्रि० to melt, to be liquefied; to show pity, to be moved by emotion; to thaw.

पिघलाना *(pighalānā)* स० क्रि० to melt; to soften, to cause to move.

पिचकना *(picaknā)* अ० क्रि० to shrivel, to be squeezed; to subside, to deflate; to sag.

पिचकाना *(picakānā)* स० क्रि० to cause to sink or go down; to reduce the swelling of; to cause to deflate or shrink.

पिचकारी *(picakārī)* स्त्री० syringe; spray gun.

पिछड़ना *(picharṇā)* अ० क्रि० to lag behind.

पिछड़ा *(picharā)* वि० backward.

पिछड़ापन *(picharāpan)* पु० backwardness.

पिछलगा *(pichalagā)* पु० follower, dependent, lackey.

पिछवाड़ा *(pichvāṛā)* पु० backyard; rear, hind part.

पिटना *(piṭnā)* अ० क्रि० to be defeated; to be beaten.

पिटाई *(piṭāī)* स्त्री० act of beating; wages for beating or thrashing; good beating; defeat.

पिटारा *(piṭārā)* पु० large basket; big chest or box.

पिता *(pitā)* पु० father, originator.

पितामह *(pitāmah)* पु० paternal grandfather.

पितामही *(pitāmahī)* स्त्री० paternal grand-mother.

पितृघात *(pitṛghāt)* पु० patricide.

पितृघाती *(pitṛghātī)* पु० patricide.

पितृत्व *(pitṛtva)* पु० fatherhood, paternity.

पित्ता *(pittā)* पु० gall bladder.

पित्ताशय *(pittāśaya)* पु० gall-bladder.

पित्ती *(pittī)* स्त्री० urticaria, skin rash.

पिद्दी *(piddī)* स्त्री० brown-backed Indian robin; insignificant creature.

पिनक *(pinak)* स्त्री० opium-induced, drowsiness; intoxicated state.

पिपासा *(pipāsā)* स्त्री० thirst; desire, greed, yearning, craving.

पिपासित, पिपासु *(pipāsu)* वि० thirsty; possessed of a yearning or craving.

पिपीलिका *(pipīlikā)* स्त्री० ant.

पियक्कड़ *(piyakkaṛ)* पु० drunkard.

पिया *(piyā)* पु० husband.

पिरोना *(pironā)* स० क्रि० to thread; to string.

पिलपिला *(pilpilā)* वि० flabby flaccid, soft, pulpy.

पिलाना *(pilānā)* स० क्रि० to cause to drink; to put through, to fill through.

पिल्ला *(pillā)* पु० pup, puppy.

पिशाच *(piśāc)* पु० devil, hell-hound, demon; malevolent spirit.

पिष्टपेषण *(pisṭ-pesān)* पु० useless labour, repetition.

पिसना *(pisnā)* अ० क्रि० to be ground (powdered), crushing.

पिसवाना *(pisvānā)* स० क्रि० to cause to be ground or powdered.

पिसाई *(pisāī)* स्त्री० grinding; grinding charges.

पिस्ता *(pistā)* पु० pistachio nut.

पिस्तौल *(pistaul)* स्त्री० pistol.

पिस्सू *(pissū)* पु० flea.

पीक *(pīk)* स्त्री० spittle of chewed betel-leaf.

पीकदान *(pīkdān)* पु० cuspidor, spittoon.

पीछा *(pīchā)* पु० rear, back part; pursuit, chase.

पीछे *(pīche)* क्रि० वि० behind, on the backside; after, afterwards.

पीटना *(pīṭnā)* स० क्रि० to beat, to thrash; to defeat; to knock, to dash, to bang.

पीठ[1] *(pīṭh)* पु० seat made of wood, steel, etc.; seat; stand, base; bench.

पीठ[2] *(pīṭh)* स्त्री० back; upper portion; back part.

पीड़न *(pīṛan)* पु० oppression, torment.

पीड़ा *(pīṛā)* स्त्री० pain, ache; agony, tribulation.

पीड़ित *(pīṛit)* वि० pained; oppressed,

afflicted, distressed.

पीढ़ा *(pīṛhā)* पु० low stool, pedestal.

पीढ़ी *(pīṛhī)* स्त्री० generation; small wooden seat.

पीत[1] *(pīt)* स्त्री० yellow, pale.

पीत[2] *(pīt)* स्त्री० yellow colour; topaz; sulphur.

पीतता *(pītatā)* स्त्री० yellowness, pallor.

पीतल *(pītal)* पु० brass.

पीताश्म *(pītaśm)* पु० topaz.

पीना *(pīnā)* स० क्रि० to sip; to drink; to tolerate, endure.

पीप *(pīp)* स्त्री० pus.

पीपल *(pīpal)* स्त्री० an Indian creeper and its fruit used in medicine.

पीपा *(pīpā)* पु० can, canister, tin; cask, barrel; drum, pontoon.

पीर[1] *(pīr)* स्त्री० (फ़ा०) spiritual guide; Muslims' saint.

पीर[2] *(pīr)* स्त्री० pain, affliction.

पीलवान *(pīlvān)* पु० elephant driver.

पीला *(pīlā)* वि० yellow; pale, pallid.

पीलापन *(pīlāpan)* पु० yellowness.

पीलिया *(pīliyā)* पु० jaundice.

पीसना *(pīsnā)* स० क्रि० to powder, to grind; to gnaw (teeth).

पीहर *(pīhar)* पु० married woman's parental house.

पुंज *(puñj)* पु० heap, accumulation; collection, bulk.

पुंस्त्व *(puṃsatva)* पु० masculinity, manhood, virility.

पुआ *(puā)* पु० a kind of sweet flour-cake.

पुआल *(puāl)* पु० paddy-straw.

पुकार *(pukār)* स्त्री० call; cry; petition; roll-call.

पुकारना *(pukārnā)* स० क्रि० to call; to cry out; to call for help; to proclaim.

पुखराज *(pukhrāj)* पु० topaz.

पुख़्ता *(pukhtā)* वि० (फ़ा०) strong, solid; firm, lasting; mature; expert.

पुचकारना *(pucakārnā)* स० क्रि० to fondle, to caress.

पुच्छल *(pucchal)* वि० tailed, having a tail.

पुच्छलतारा *(pucchal-tārā)* पु० comet, meteor.

पुजारी *(pujārī)* पु० worshipper, adorer; priest.

पुट *(puṭ)* पु० plating; slight mixture; seasoning; light touch.

पुट्ठा *(puṭṭhā)* पु० hip; rump; back portion of binding of a book.

पुड़िया *(puṛiyā)* स्त्री० small paper packet.

पुण्य *(puṇya)* पु० virtuous action, good deed;; fruit or reward of virtue; virtue, religious merit.

पुण्यात्मा[1] *(puṇyatmā)* वि० pure-souled, righteous, virtuous.

पुण्यात्मा[2] *(puṇyatmā)* पु० righteous person.

पुतला *(piutlā)* पु० effigy.

पुतली *(piutlī)* स्त्री० pupil of the eye. puppet, doll.

पुताई *(putāī)* स्त्री० white-wash, white-washing.

पुत्र *(putr)* पु० son.

पुत्रवती *(putrvati)* स्त्री० a woman blessed with a son.

पुत्रवधू *(putrvadhu)* स्त्री० daughter-in-law.

पुत्री *(putrī)* स्त्री० daughter.

पुदीना *(pudīnā)* पु० mint.

पुनः *(punaḥ)* क्रि० वि० again, oncemore.

पुनःस्थापन *(punaḥ-sthāpna)* पु० reinstatement, resettlement; restoration, re-establishment.

पुनरागम, पुनरागमन *(punara-gaman)* पु० coming again, return; reoccurrence.

पुनरावर्त्तन *(punarā-vartan)* पु० recapituation; relapse; recrudescence; repetition.

पुनरावर्ती *(punarā-varti)* वि० repetitive, returning, recurrent.

पुनरावलोकन *(punarā-vlokan)* पु० revision; reperusal; retrospection.

पुनरावृत्ति *(punarā-vriti)* स्त्री० repetition; return; recapitulation; circumlocution.

पुनरीक्षक *(punarikshak)* पु० reviewer.

पुनरीक्षण *(punarikshan)* पु० review, revision.

पुनरुक्त *(punarukt)* वि० repeated, retold, reiterated.

पुनरुक्ति *(punarokti)* स्त्री० repetition; tautology.

पुनरुज्जीवन *(punarujjivan)* पु० resurrection; resuscitation, revival, regeneration.

पुनरुत्थान *(punar-uthan)* पु० renaissance; revival, resurgence, resurrection.

पुनरुत्पादन *(punar-utpādan)* पु० reproduction.

पुनरुद्धार *(punar-udhār)* पु० restoration, renovation, revival.

पुनर्गठन *(punar-gathan)* पु० reorganisation.

पुनर्जनन *(punar-janan)* पु० regeneration, reproduction.

पुनर्जन्म *(punar-janma)* पु० rebirth, reincarnation.

पुनर्जागरण *(punar-jāgaran)* पु० renaissance, reawakening.

पुनर्गिमन *(punar-giman)* पु० re-issue, re-emergence.

पुनर्निमाण *(punar-nirmān)* पु० reconstruction.

पुनर्निर्वाचन *(punar-nirvācān)* पु० reelection.

पुनर्परीक्षण *(punar-parikshan)* पु० reexamination, retrial.

पुनर्मिलन *(punar-milan)* पु० re-union.

पुनर्मुद्रण *(punar-mudran)* पु० reimpression; re-print.

पुनर्वास *(punar-vās)* पु० re-habilitation.

पुनर्विचार *(punar-vicār)* पु० re-consideration, revision.

पुनर्वितरण *(punar-vitaran)* पु० redistribution.

पुनर्व्यवस्था *(punar-vyasthā)* स्त्री० reorganisation.

पुनर्स्थापन *(punar-sthāpan)* पु० replacement; re-installation.

पुनि *(puni)* क्रि० वि० again.

पुनीत *(punīt)* वि० pure, holy, sacred, pious.

पुर *(pur)* पु० town, city.

पुरखा *(purkhā)* पु० ancestor, forefather.

पुरजन *(purjan)* पु० inhabitants of a town.

पुरज़ा *(purzā)* पु० (फ़ा०) scrap (of paper), piece, bit; chit; component, part of machine; prescription.

पुरस्कार *(puraskār)* पु० prize, award, reward.

पुरस्कृत *(puraskrit)* वि० rewarded.

पुराण *(purāṇ)* पु० Hindu mythology.

पुरातन *(purā-tan)* वि० ancient; archaic, antique.

पुराना *(purānā)* वि० old, ancient; worn out; experienced; out-of-date, old-fashioned.

पुरालेख *(purā-lekh)* पु० epigraph.

पुरालेख विद्या *(purā-lekh-vidya)* स्त्री० epigraphy.

पुरालेखागार *(purā-lekhāgār)* पु० archives.

पुरालेखी *(purā-lekhī)* वि० archival.

पुरी *(purī)* स्त्री० city, town.

पुरुष *(puruṣ)* पु० man; person (in grammar).

पुरुषत्व *(puruśatva)* पु० manhood; manliness, valour, masculinity.

पुरुषार्थ *(puruśarth)* पु० (human) effort or exertion.

पुरुषार्थी *(puruśarthī)* वि० industrious, painstaking, laborious.

पुरोहित *(purohit)* पु० Hindu-priest; pastor.

पुल *(pul)* पु० bridge.

पुलकन *(pulakan)* पु० titillation.

पुलकना *(pulaknā)* अ० क्रि० to experience a thrill of joy, to be delighted.

पुलकित *(pulākit)* वि० having the hair of the body erect; thrilled with joy.

पुलाव *(pulāv)* पु० spiced rice preparation.

पुलिंदा *(pulindā)* पु० bundle, sheaf, packet.

पुल्लिंग *(pulliṅg)* पु० masculine gender.

पुश्त *(puśt)* स्त्री० (फ़ा०) generation; back; back portion.

पुश्ता *(puśtā)* पु० (फ़ा०) embankment; buttress.

पुश्तैनी *(puśtainī)* वि० ancestral; hereditary.

पुष्ट *(puṣṭ)* वि० nourished; strong, robust, sturdy; confirmed; well-built.

पुष्टिता *(pusṭatā)* स्त्री० confirmation; strength.

पुष्टि *(puṭi)* स्त्री० confirmation, affirmation.

पुष्टिकारक *(pusṭikārāk)* वि० nutritious.

पुष्टीकरण *(pusṭikaraṇ)* पु० confirmation.

पुष्प *(pusp)* पु० flower.

पुष्पराग *(pusprāg)* पु० topaz.

पुष्पांजलि *(puspānjali)* स्त्री० floral tribute.

पुष्पित *(puspit)* वि० bearing flowers, flowered; luxuriant.

पुस्तक *(pusṭak)* स्त्री० book.

पुस्तकाध्यक्ष *(pusṭaka-dhyaksh)* पु० librarian.

पुस्तकालय *(pusṭakalay)* पु० library.

पुस्तिका *(pustikā)* स्त्री० booklet, handbook.

पुस्तकीय *(pustakīya)* वि० pertaining to a book; found in the books; bookish.

पुहुप *(puhup)* पु० flower.

पूँछ *(pūṁch)* स्त्री० tail; back portion.

पूँजी *(pūṁji)* स्त्री० capital, assets; wealth.

पूँजीकरण *(pūṁjikaraṇ)* पु० capitalization.

पूँजीपति *(pūnjipati)* पु० capitalist.

पूँजीवाद *(pūnjivād)* पु० capitalism.

पूँजीवादी[1] *(pūnjivādī)* वि० capitalistic.

पूँजीवादी[2] *(pūnjivādī)* पु० one who believes in capitalism, follower of capitalism.

पूआ *(pūā)* पु० sweet fried small cake.

पूछ *(pūch)* स्त्री० inquiry; value, importance, respect.

पूछगछ, पूछताछ *(pūchtāch)* स्त्री० investigation, enquiry.

पूछना *(pūchnā)* स० क्रि० to enquire; to question; to interrogate; to respect.

पूजक *(pūjak)* पु० worshipper, votary, adorer, devotee.

पूजन *(pūjan)* पु० worship.

पूजना *(pūjanā)* वि० to worship, to adore.

पूजनीय *(pūjanīya)* वि० venerable, honourable, adorable.

पूजा *(pūjā)* स्त्री० worship, veneration, adoration; honour.

पूज्य *(pūjya)* वि० venerable, adorable; deserving honour.

पूत *(pūt)* पु० son.

पूरक[1] *(pūrak)* पु० supplement.

पूरक[2] *(pūrak)* वि० supplementary, complementary.

पूरब *(pūrab)* पु० east.

पूरबी *(pūrabī)* वि० eastern.

पूरा *(pūrā)* वि० full; whole, all, entire; complete; fulfilled; thorough.

पूरित *(pūrit)* वि० filled, completed.

पूर्ण *(pūrṇ)* वि० full; filled; complete; all, entire; perfect.

पूर्णता *(pūrṇatā)* स्त्री० fullness, absoluteness; perfection.

पूर्णमासी *(pūrṇmasī)* see पूर्णिमा

पूर्णविराम *(pūraṇ-virām)* पु० full stop.

पूर्णिमा *(pūrṇimā)* स्त्री० day of full moon.

पूर्ति *(pūrti)* स्त्री० fulfilment; filling up; supply.

पूर्व[1] *(pūrv)* वि० first; previous, former, foregoing.

पूर्व[2] *(pūrv)* पु० east.

पूर्व[3] *(pūrv)* क्रि० वि० before, beforehand.

पूर्वज *(pūrvaj)* पु० ancestor, forefather; predecessor.

पूर्वदिनांकन *(pūrv-dināṁkan)* पु० antedating.

पूर्वदिनांकित *(pūrv-dināṁkit)* वि० antedated.

पूर्वनिर्धारण *(pūrv-nirdhāran)* पु० predetermination.

पूर्वनिर्धारित *(pūrv-nirdhārit)* वि० predetermined.

पूर्ववत् *(pūrv-vat)* क्रि० वि० as before.

पूर्ववर्ती[1] *(pūrv-varti)* वि० existing before, preceding, foregoing.

पूर्ववर्ती[2] *(pūrv-varti)* पु० antecedent; predecessor.

पूर्वानुमान *(pūrvānumān)* पु० forecast; prognosis; anticipation.

पूर्वापेक्षा *(pūrvāpeksā)* स्त्री० pre-requisite.

पूर्वाभास *(pūrvābhās)* स्त्री० prolepsis; aura; anticipation; foreshadowing; presage; premonition, foreboding.

पूर्वाभिनय *(pūrvābhinaya)* पु० rehearsal.

पूर्वाभ्यास *(pūrv-bhyās)* स्त्री० rehearsal.

पूर्वार्द्ध, पूर्वार्ध *(pūrv-ārdh)* पु० first half.

पूर्वाह्न *(pūrvāhān)* पु० forenoon.

पूला *(pūlā)* पु० small bundle of grass or straw, sheaf.

पूस *(pūs)* पु० tenth month of Indian calendar.

पृथक् *(pṛthak)* वि० separate, different.

पृथक्करण *(pṛthakkarān)* पु० separation; severance; isolation, segregation.

पृथक्ता *(pṛthakatā)* पु० state or quality of being different; separateness; aloofness.

पृथक्तावाद *(pṛthaktāvad)* पु० isolationism; separatism.

पृथ्वी *(pṛthvī)* स्त्री० world; earth.

पृथ्वीलोक *(pṛthvīlok)* पु० the mortal world.

पृष्ठ *(pṛsṭh)* पु० back, hinder part; upper side, outer surface; page.

पृष्ठभूमि *(pṛsṭh-bhumi)* स्त्री० background.

पृष्ठांकन *(pṛsṭhānkan)* पु० endorsement.

पृष्ठांकित्त *(pṛsṭhankit)* वि० endorsed.

पेंदा *(peṁdā)* पु० base; bottom.

पेंदी *(peṁdī)* स्त्री० bottom; anus; root or carrot or radish.

पेच *(pec)* पु० (फ़ा०) screw; trick (in wrestling); turn, winding; complication, intricacy; part of a machine.

पेचकस *(peckas)* पु० (फ़ा०) screwdriver.

पेचिश *(peciś)* स्त्री० (फ़ा०) dysentery.

पेचीदगी *(pecīdagī)* स्त्री० complication, intricacy, complexity.

पेचीदा *(pecīdā)* वि० (फ़ा०) complicated, intricate.

पेट *(peṭ)* पु० belly; stomach, abdomen.

पेटी *(peṭī)* स्त्री० small box or chest; belt, girdle.

पेटू[1] *(peṭū)* वि० gluttonous.

पेटू[2] *(peṭū)* पु० glutton; gourmand.

पेटूपन *(peṭūpan)* पु० gluttony.

पेठा *(peṭhā)* पु० white gourd; kind of sweetmeat prepared of (white) gourd.

पेड़ *(peṛ)* पु० tree.

पेडू *(peṛū)* पु० part of the body lying between the navel and the pubic region.

पेय *(pey)* वि० drinkable, potable.

पेरना *(pernā)* स० क्रि० to crush; to torment, to exploit.

पेलना *(pelnā)* स० क्रि० to thrust in, to penetrate; to impel.

पेश *(peś)* वि० presented, forwarded.

पेशकश *(peśkaś)* स्त्री० (फ़ा०) proposal; request.

पेशकार *(peśakar)* पु० (फ़ा) court-clerk.

पेशगी *(peśagī)* स्त्री० (फ़ा०) advance, earnest money.

पेशबंदी *(peśabandī)* स्त्री० (फ़ा०) forestalling, anticipation; arrangement.

पेशा *(peśā)* पु० (फ़ा०) occupation, trade, profession; vocation, calling.

पेशानी *(peśānī)* स्त्री० (फ़ा०) forehead.

पेशाब *(peśāb)* पु० (फ़ा०) urine.

पेशाबख़ाना पेशाबघर *(peśab-ghar)* पु० (फ़ा०) urinal.

पेशी[1] *(peśī)* स्त्री० (फ़ा०) hearing of law suit.

पेशी[2] *(peśī)* स्त्री० muscle.

पेशेवर *(peśevar)* वि० (फ़ा०) professional.

पेषक *(peśāk)* पु० grinder.

पेषण *(peśaṇ)* पु० pulverisation, grinding, milling.

पैंठ *(paiṁṭh)* स्त्री० periodical market; marketing day.

पैकर *(paikar)* पु० (फ़ा०) retailer.

पैग़ंबर *(paigambar)* पु० (फ़ा०) prophet.

पैग़ाम *(paigām)* पु० (फ़ा०) message.

पैठ *(paiṭh)* स्त्री० access, reach; insight.

पैठना *(paiṭhanā)* अ० क्रि० to have access, to enter.

पैतरा *(paitrā)* पु० wrestling trick; stratagem, tactics, manoeuvre.

पैतरेबाज़ *(paitrebāz)* पु० person who knows the way of wrestling or using the arms; strategist, dodger.

पैतृक *(paitṛk)* वि० paternal; ancestral, hereditary; parental.

पैदल[1] *(paidal)* पु० footman, infantryman; pedestrian; chessman, pawn.

पैदल[2] *(paidal)* वि० pedestrian.

पैदल[3] *(paidal)* क्रि० वि० on foot.

पैदा *(paidā)* वि० (फ़ा) born, created; produced, grown; earned.

पैदाइश *(paidāiś)* स्त्री (फ़ा) birth; production.

पैदाइशी *(paidāiśī)* वि० inborn, natural.

पैदावार *(paidāvār)* स्त्री० yield; production.

पैना *(painā)* वि० sharp, pointed, keen.

पैमाइश *(paimāiś)* स्त्री० (फ़ा०) measurement; survey (of land).

पैमाना *(paimānā)* पु० (फ़ा०) scale, measure; peg (for drinking liquor).

पैर *(pair)* पु० foot; foot-mark, footprint; threshing floor, barn.

पैरवी *(pairavī)* स्त्री० (फ़ा०) pursuit; advocacy.

पैबंद *(paiband)* पु० patch.

पैशाचिक *(paiśācik)* वि० fiendish, demonic.

पैसा *(paisā)* पु० paisa; money, wealth.

पोंगा[1] *(poṁgā)* वि० stupid, foolish.

पोंगा[2] *(poṁgā)* पु० simpleton.

पोंगापंथी[1] *(poṁgā-panthī)* स्त्री० idiocy, stupidity.

पोंगापंथी[2] *(poṁgā-panthī)* वि० foolish; stupid.

पोंछना[1] *(poṁchanā)* स० क्रि०' to wipe, to cleanse; to rub out, to efface.

पोंछना[2] *(poṁchanā)* पु० duster, wiper.

पोत *(pot)* पु० ship; boat.

पोतना *(potanā)* स० क्रि० to whitewash; to smear; to coat.

पोतभार *(potbhār)* पु० cargo.

पोतवाह *(potvāh)* वि० sailor.

पोता *(potā)* पु० grandson; rent, revenue; testicle; daubing cloth or brush.

पोती *(potī)* स्त्री० grand-daughter.

पोथा *(pothā)* पु० voluminous book.

पोथी *(pothī)* स्त्री० book, booklet.

पोदीना *(podīnā)* see पुदीना

पोपला *(poplā)* वि० empty; toothless; shrivelled.

पोल *(pol)* स्त्री० emptiness, hollowness; illusion.

पोला *(polā)* वि० empty; soft, flabby; hollow.

पोशाक *(pośāk)* स्त्री० (फ़ा०) dress, uniform apparel; attire, costume.

पोशीदगी *(pośīdagī)* स्त्री० secrecy, privacy.

पोशीदा *(pośīdā)* वि० (फ़ा०) secret, hidden concealed.

पोषक[1] *(poṣak)* पु० one who feeds or nourishes.

पोषक[2] *(poṣak)* वि० nourishing, nutritive.

पोषण *(poṣaṇ)* पु० bringing up, rearing, fostering; support, protection; nutrition, nourishment.

पोषित *(poṣit)* वि० supported, reared; brought up; nourished.

पोस्त *(post)* पु० (फ़ा०) poppy plant; poppy seed; skin, hide.

पौ *(pau)* स्त्री० early dawn.

पौआ *(pauā)* पु० quarter of a seer; quarter measure; bottle of liquor; support, backing.

पौत्र *(pautr)* पु० grand-son.

पौत्री *(pautrī)* स्त्री० grand-daughter.

पौद *(paud)* स्त्री० seedling, sapling; young plant; generation.

पौदघर *(paudghar)* स्त्री० nursery.

पौधा *(paudhā)* पु० young plant, sapling.

पौर *(paur)* पु० citizen; municipal councillor; outer verandah in a house.

पौराणिक *(paurāṇik)* वि० mythological.

पौरुष *(paurus)* पु० heroism, valour, manliness, masculinity, virility.

पौष्टिक *(pauṣṭik)* वि० nutritive, nutritious, restorative, alimentary.

पौष्टिकता *(pauṣṭikatā)* स्त्री० nutritiveness, nourishment.

प्याऊ *(pyāū)* स्त्री० water-booth, free water-kiosk.

प्याज़ *(pyāz)* पु० (फ़ा०) onion.

प्यादा *(pyādā)* पु० (फ़ा०) foot-soldier; footman, pedestrian; pawn (in chess).

प्यार *(pyār)* पु० love, affection; amour.

प्यारी *(pyārī)* वि० dear, beloved; lovely, pleasing.

प्याला *(pyālā)* पु० (फ़ा०) cup.

प्याली *(pyālī)* स्त्री० small cup.

प्यास *(pyās)* स्त्री० thirst; longing, craving; greed.

प्यासा *(pyāsā)* वि० thirsty.

प्रकंप *(pra-kamp)* पु० vibration; quivering; trembling.

प्रकंपित *(pra-kampit)* वि० vibrated; quivered; trembled, shivered.

प्रकट *(pra-kaṭ)* वि० manifest, apparent; revealed; obvious, evident, ostensible.

प्रकरण *(pra-karaṇ)* पु० context; chapter; episode; topic; case.

प्रकल्पना *(pra-kalpanā)* स्त्री० presumption; supposition, hypothesis.

प्रकांड *(pra-kāṇḍ)* वि० outstanding, eminent, profound.

प्रकार *(pra-kār)* वि० description; manner, way, method; kind, type.

प्रकारांतर *(pra-kārāntar)* पु० different method or manner.

प्रकाश *(pra-kāś)* पु० light.

प्रकाशक *(pra-kāśak)* पु० illuminator; publisher.

प्रकाशन *(pra-kāśan)* पु० publication.

प्रकाश–स्तंभ *(pra-kāś-stamb)* पु० light-house.

प्रकाशित *(pra-kāśit)* वि० lighted, illumined; revealed; published.

प्रकीर्ण *(pra-kīrṇ)* वि० spread out, scattered, dispersed; miscellaneous.

प्रकृति *(pra-kṛti)* स्त्री० temperament, disposition; nature.

प्रकृतिस्थ *(pra-kṛtisth)* वि० composed, normal, calm and cool; natural.

प्रकोप *(pra-kop)* पु० wrath, rage, fury; epidemic; attack.

प्रकोष्ठ *(pra-kostha)* पु० fore-arm, part above the wrist; courtyard; room near the gate of a palace; lobby; chamber.

प्रक्रिया *(pra-kriyā)* स्त्री० process, procedure.

प्रक्षालन *(pra-kṣālan)* पु० washing up.

प्रक्षालित *(pra-kṣālit)* वि० washed, cleansed; bleached.

प्रक्षेप *(pra-kṣep)* पु० throwing, casting; interpolation, projection.

प्रक्षेपक *(pra-kṣepak)* पु० projector.

प्रक्षेपण *(pra-kṣepaṇ)* पु० throw, hurling; projection.

प्रखर *(pra-khar)* वि० sharp, acute, fierce.

प्रखरता *(pra-kharatā)* स्त्री० sharpness, acuteness.

प्रख्यात *(pra-khyāt)* वि० famous, reputed, eminent, renowned.

प्रगति *(pra-gati)* स्त्री० progress, advancement, development.

प्रगतिवाद *(pra-gati-vād)* पु० progressivism.

प्रगतिवादी *(pra-gati-vādi)* पु० progressivist.

प्रगतिशील *(pra-gatiśila)* वि० progressive.

प्रगाढ़ *(pra-gāṛh)* वि० dense, thick; profound, deep.

प्रगाढ़ता *(pra-gāṛhatā)* स्त्री० profundity; denseness.

प्रगति *(pra-gati)* पु० lyrical song, lyric.

प्रगीतिकार *(prīa-gitikar)* पु० lyrist, lyricist.

प्रचंड *(pra-caṇḍ)* वि० excessively violent, furious.

प्रचंडता *(pra-caṇḍatā)* स्त्री० violence, furiousness, fierceness, passionateness; virulence.

प्रचलन *(pra-calan)* पु० custom; usage, currency.

प्रचलित *(pra-calit)* वि० in usage; current; in force.

प्रचार *(pra-cār)* पु० prevalence, currency; propaganda; publicity.

प्रचारक *(pra-cārak)* पु० propagator, propagandist.

प्रचुर *(pracur)* वि० abundant, plentiful, copious; ample.

प्रचुरता *(pracuratā)* स्त्री० abundance, plenty, ampleness, copiousness.

प्रच्छन्न *(pra-chann)* वि० covered, hidden; disguised; covert, latent.

प्रच्छन्नता *(pra-chanata)* स्त्री० covertness, concealment, latency; stealthiness, secrecy.

प्रजनन *(pra-janan)* पु० reproduction; bringing forth; breeding.

प्रजा *(pra-jā)* स्त्री० subjects, public.

प्रजातंत्र *(pra-jātaṇtr)* पु० democracy.

प्रजातांत्रिक *(pra-jāntāntrik)* वि० democratic.

प्रजाति *(pra-jāti)* स्त्री० race.

प्रजातीय *(pra-jātya)* वि० racial.

प्रज्ञ *(pra-jña)* वि० wise; intelligent; learned.

प्रज्ञता *(pra-jñatā)* स्त्री० wisdom; intelligence; learning.

प्रज्ञा *(pra-jñā)* स्त्री० intelligence, discrimination, understanding.

प्रज्ञावान् *(pra-jñāvān)* वि० highly intelligent, intellectual.

प्रज्वलन *(pra-jvalan)* पु० ignition, setting on fire; burning, blazing.

प्रज्वलित *(pra-jvalit)* वि० burning, flaming, ignited; burnt; blazed; bright, shining.

प्रण *(praṇ)* पु० determination, pledge, vow, resolution.

प्रणय *(pra-ṇay)* पु० love, affection, amour.

प्रणाम *(pra-ṇām)* पु० salutation.

प्रणाली *(pra-ṇālī)* स्त्री० system, method, mode; channel.

प्रणेता *(pra-ṇetā)* पु० author, composer, writer; promulgator, precursor.

प्रताप *(pra-tāp)* पु० courage, heroism; glory, dignity, benedictory influence.

प्रति[1] *(prati)* स्त्री० copy; print.

प्रति[2] *(prati)* क्रि० वि० for, towards.

प्रतिकार *(prati-kār)* पु० compensation; revenge, retaliation, retribution; treatment; counter-action.

प्रतिकूल *(prati-kūl)* वि० unfavourable, adverse; repugnant; prejudicial.

प्रतिकृति *(prati-kṛti)* स्त्री० prototype, replica; image; reproduction.

प्रतिक्रिया *(prati-kriyā)* स्त्री० reaction, repercussion.

प्रतिक्रियात्मक *(prati-kriyātāmak)* वि० reactionary.

प्रतिक्रियावादी[1] *(prati-kriyāvādī)* वि० reactionary.

प्रतिक्रियावादी[2] *(prati-kriyāvādī)* पु० reactionist.

प्रतिगामी *(prati-gāmī)* वि० regressive, retrogressive.

प्रतिच्छाया *(prati-chāyā)* स्त्री० reflection, shadow, facsimile; image, picture.

प्रतिज्ञा *(prati-jñā)* स्त्री० pledge, vow.

प्रतिज्ञा – पत्र *(pratignā-patra)* पु० written pledge, covenant; bond, promissory note.

प्रतिदान *(prati-dān)* पु० barter, exchange; giving back, return; redemption.

प्रतिदिन *(prati-din)* क्रि० वि० daily, everyday.

प्रतिद्वंद्वी[1] *(prati-dvandvī)* पु० antagonist; rival, contestant.

प्रतिद्वंद्वी[2] *(prati-dvandvī)* वि० opponent, rival; antagonistic.

प्रतिध्वनि *(prati-dhvani)* स्त्री० echo, reverberation.

प्रतिनिधि *(prati-ni-dhi)* पु० proxy; representative, delegate; agent.

प्रतिपक्ष *(prati-paks)* पु० contesting or opposite party; opinion expressed by the opposite party; antithesis.

प्रतिपक्षी *(prati-pakṣī)* पु० opponent, adversary, adverse party.

प्रतिपादन *(prati-pādan)* पु० exposition; commencement; presentation, treatment.

प्रतिफल *(prati-phal)* पु० result; return, reward, yield.

प्रतिबंध *(prati-bandh)* पु० ban, restriction, check; condition; prohibition.

प्रतिबद्ध *(prati-baddh)* वि० committed; restricted.

प्रतिबद्धता *(prati-baddhatā)* स्त्री० commitment.

प्रतिबिंब *(prati-bimb)* पु० reflection, image.

प्रतिबिंबित *(prati-bimbit)* वि० reflected.

प्रतिभा *(prati-bhā)* स्त्री० genius, talent.

प्रतिभावान् *(prati-bhāvān)* वि० brilliant, talented.

प्रतिभाशाली *(prati-bhā-sāli)* वि० brilliant, gifted.

प्रतिभू *(prati-bhū)* पु० surety, bail.

प्रतिभूति *(prati-bhūti)* स्त्री० security, bail, security deposit; surety.

प्रतिमा *(prati-mā)* स्त्री० idol, statue; icon, image.

प्रतिमान *(prati-mān)* पु० model, exemplar, norm; pattern.

प्रतिमूर्ति *(prati-mūrti)* स्त्री० image, icon, idol; prototype, replica; embodiment.

प्रतियोगिता *(prati-yogitā)* स्त्री० competition; contest.

प्रतियोगी[1] *(prati-yogī)* पु० compctitor; rival, opponent.

प्रतियोगी[2] *(prati-yogī)* वि० comptitive.

प्रतिरक्षण *(prati-raksaṇ)* पु० see प्रतिरक्षा

प्रतिरक्षा *(prati-rakṣā)* स्त्री० defence; immunity.

प्रतिरूप *(prati-rūp)* पु० speciman; duplicate form, prototype, image; representative; pattern, model; counterpart.

प्रतिरोध *(prati-rodh)* पु० ban, hindrance, obstruction; counteraction; resistance; opposition.

प्रतिरोधक[1] *(prati-rodhak)* पु० resistor, obstructor.

प्रतिरोधक[2] *(prati-rodhak)* पु० resistant, contestant; antagonistic; causing obstruction.

प्रतिरोधन *(prati-rodhan)* पु० resistance.

प्रतिरोधी *(prati-rodhī)* वि० resistive, obstructive; resistant, antagonistic; counteractive; hostile.

प्रतिलिपि *(prati-lipi)* स्त्री० copy, facsimile, duplicate; transcript; reproduction.

प्रतिलेख *(prati-lekh)* पु० transcript.

प्रतिवर्ष *(prati-varṣa)* क्रि० per annum.

प्रतिवाद *(prati-vād)* पु० counter-statement; refutation, protest; controversy.

प्रतिवादी *(prati-vādī)* पु० defendant, respondent.

प्रतिशत *(prati-śat)* क्रि० percent.

प्रतिशोध *(prati-śodh)* पु० revenge, vengeance; retribution.

प्रतिशोधी *(prati-śodhī)* पु० avenger.

प्रतिष्ठा *(prati-sṭhā)* स्त्री० fame, glory, renown; installation, establishment; dignity, status, prestige.

प्रतिष्ठान *(prati-sṭhān)* पु० fixing, placing; site, situation; institute; establishment; foundation.

प्रतिष्ठापन *(prati-sṭhāpan)* वि० fixing, placing; installation; consecration.

प्रतिष्ठित *(prati-sṭhit)* वि० honourable; established, installed.

प्रतिस्पर्धा *(prati-spardhā)* पु० rivalry, competition.

प्रतिहिंसक[1] *(prati-hiṃsak)* पु० one who retaliates, retaliator.

प्रतिहिंसक[2] *(prati-hiṃsak)* वि० revengefull, retaliatory.

प्रतिहिंसा *(prati-hiṃsā)* वि० counter-violence, reprisal.

प्रतीक *(pratīk)* पु० symbol; signifier. emblem.

प्रतीकवाद *(pratīkvād)* पु० symbolism.

प्रतीकवादी *(pratīkvādī)* पु० symbolist.

प्रतीकात्मक *(pratākātmak)* वि० allegorical; symbolic.

प्रतीक्षा *(pratîkṣā)* स्त्री० wait, waiting; expectation.

प्रतीक्षालय *(pratîkṣālya)* पु० waiting-room.

प्रतीक्षित *(pratîkṣit)* वि० awaited.

प्रतीत *(pratît)* स्त्री० apparent; experienced.

प्रतीति *(pratîti)* स्त्री० knowledge, ascertainment, clear or distinct perception or apprehension; conviction, assurance, confidence; appearance.

प्रत्यंग *(praty-añg)* पु० minor parts of the body.

प्रत्यंचा *(praty-añcā)* स्त्री० bow-string.

प्रत्यक्ष *(praty-akṣ)* वि० visible, perceptible; obvious, apparent; direct.

प्रत्यय *(praty-ay)* पु० idea, belief; credit, credence; confidence, faith; testimony; suffix.

प्रत्याख्यान *(pratyākhyan)* पु० rebuttal, confutation; repudiation, denunciation.

प्रत्यादेश *(praty-ā-deś)* पु० refutation; warning; command, order; refusal.

प्रत्याशा *(praty-āśā)* स्त्री० hope, expectation; anticipation.

प्रत्याशित *(praty-āśit)* वि० anticipated.

प्रत्याशी *(praty-āśi)* पु० candidate

प्रत्युत *(praty-ut)* क्रि० वि० but, even then; on the other hand, on the contrary.

प्रत्युत्तर *(praty-uttar)* पु० rejoinder, reply, retort.

प्रत्युत्पन्न *(praty-ut-pann)* वि० ready-witted, prompt; reborn.

प्रत्युत्पन्नमति *(praty-ut-pannmatī)* वि० ready minded, sharp, readywitted, ingenious.

प्रत्येक *(praty-ek)* वि० each, every.

प्रथम *(pratham)* वि० first, foremost; chief, principal.

प्रथमतः *(prathamatāh)* क्रि० वि० firstly, first of all, in the first place.

प्रथमा *(prathamā)* स्त्री० (gram.) nominative case.

प्रथा *(prathā)* स्त्री० custom, convention; usage, practice, system.

प्रदत्त *(pradatt)* वि० given away, bestowed, gifted; paid, paid up.

प्रदर *(pra-dar)* पु० leucorrhoea.

प्रदर्शक *(pra-darśak)* पु० demonstrator, exhibitor; showman.

प्रदर्शन *(pra-darśan)* पु० display, exhibition; demonstration; performance, show.

प्रदर्शनकारी *(pra-darśankāri)* पु० showman, exhibitor, demonstrator.

प्रदर्शनी *(pra-darśānī)* स्त्री० exhibition, exposition.

प्रदर्शित *(pra-darśit)* वि० exhibited, displayed; demonstrated; shown.

प्रदान *(pra-dān)* पु० gift, grant, bestowal.

प्रदाह *(pra-dāh)* पु० ignition, burning; inflammation, combustion.

प्रदीप *(pra-dīp)* पु० lamp, light, lantern.

प्रदीपन *(pra-dīpan)* पु० illumination; glow, lustre.

प्रदीप्त *(pra-dīpt)* वि० lighted, illuminated; rediant, shining; roused.

प्रदूषक *(pra-dūsak)* पु० pollutant.

प्रदूषण *(pra-dūṣaṇ)* पु० pollution.

प्रदेश *(pra-deś)* पु० region, territory; province.

प्रधान[1] *(pra-dhān)* पु० chief, head, leader, president.

प्रधान[2] *(pra-dhān)* वि० prominent, leading, chief.

प्रधानता *(pra-dhānatā)* स्त्री० prominence, importance.

प्रधानाचार्य *(pra-dhānācārya)* पु० principal.

प्रधानाध्यापक *(pradhānādhyāpak)* पु० headmaster.

प्रपंच *(pra-pañc)* पु० illusory creation, delusion; mundane affairs, worldly affairs; artifice manipulation.

प्रपत्र *(pra-patra)* पु० form; proforma.

प्रपात *(pra-pāt)* पु० waterfall; cataract.

प्रपितामह *(pra-pitāmah)* पु० paternal great grandfather.

प्रपौत्र *(pra-pautr)* पु० great grandson.

प्रपौत्री *(pra-pautrī)* पु० great granddaughter.

प्रफुल्ल *(pra-phull)* वि० delighted, joyful, elated; blossomed; bloomed.

प्रबंध *(pra-bandh)* पु० arrangement, management; literary composition; dissertation, thesis, treatise.

प्रबंधक *(pra-bandhak)* प्रबंधकर्ता पु० organiser; manager; executive.

प्रबंधकाव्य *(pra-bandh-kavya)* पु० epic.

प्रबंधकीय *(pra-bandhkiya)* वि० managerial.

प्रबल *(pra-bal)* वि० very strong, mighty, cogent; powerful, vigorous; forceful; staunch; potent.

प्रबलता *(pra-balatā)* स्त्री० strength; forcefulness; prominence.

प्रबुद्ध *(pra-buddh)* वि० awakened, conscious, learned, enlightened; illuminated.

प्रबोध *(pra-bodh)* पु० awakening, consciousness; real knowledge.

प्रबोधन *(pra-bodhan)* पु० enlightenment, awakening; exhortation.

प्रभा *(pra-bhā)* स्त्री० light, radiance, lustre; glory; aura.

प्रभात *(pra-bhāt)* पु० day-break, dawn.

प्रभाती *(pra-bhātī)* स्त्री० morning song.

प्रभारी *(pra-bhāri)* पु० in-charge.

प्रभाव *(pra-bhāv)* पु० influence; effect, impact; impression.

प्रभावकारी *(pra-bhāv-kāri)* वि० effective, influential.

प्रभावपूर्ण *(pra-bhāv-puran)* वि० influential; effective.

प्रभावशाली *(pra-bhāv-śālī)* वि० effective; influential; impressive.

प्रभावहीन *(pra-bhāvhin)* वि० unimpressive; devoid of influence.

प्रभावित *(pra-bhāvit)* वि० influenced.

प्रभावी *(pra-bhāvī)* वि० effective; dominant.

प्रभु *(pra-bhu)* पु० God; ruler, king; lord, master, sovereign.

प्रभुता *(pra-bhutā)* स्त्री० lordship, supremacy, sovereignty; greatness, importance, glory.

प्रभुत्व *(pra-bhutva)* पु० dominance, domination, sway; power, authority.

प्रभुत *(pra-bhūt)* वि० abundant, ample, plentiful.

प्रमत्त *(pra-matt)* वि० drunk, intoxicated; inattentive; gone crazy with power and pelf; tipsy.

प्रमाण *(pra-māṇ)* पु० measure; proof, testimony; authority.

प्रमाणन *(pra-māṇan)* पु० certification.

प्रमाण – पत्र *(pra-māṇ-patra)* पु० certificate, testimonial.

प्रमाणित *(pra-māṇit)* वि० proved; authenticated; certified.

प्रमाणीकरण *(pra-māṇīkaraṇ)* पु० attestation, certification; authentication.

प्रमाणीकृत *(pra-māṇīkrt)* वि० attested, certified; authenticated.

प्रमाद *(pra-mād)* पु० negligence, carelessness, inadvertence; intoxication; insanity.

प्रमादी *(pra-mādī)* वि० negligent, careless; vain; perfunctory.

प्रमुख *(pra-mukh)* वि० chief, cardinal.

प्रमुखता *(pra-mukhatā)* स्त्री० superiority, predominance, prominence, salience.

प्रमुद, प्रमुदित *(pra-mudit)* वि० delighted, happy, ful of joy.

प्रमेय *(pra-mey)* पु० theorem.

प्रमेह *(pra-meh)* पु० diabetes.

प्रमोद *(pra-mod)* पु० merriment, joy,

entertainment.

प्रमोदी *(pra-modī)* वि० jolly, delightful.

प्रयत्न *(prayatna)* पु० effort, attempt, endeavour; trial.

प्रयाण *(pra-yāṇ)* पु० setting out, departure; march (of army); death.

प्रयास *(pra-yās)* पु० effort, endeavour, attempt.

प्रयुक्त *(pra-yukt)* वि० used; employed; applied; consumed.

प्रयोक्ता *(pra-yoktā)* पु० user, consumer; experimenter.

प्रयोग *(pra-yog)* पु० use, employment; application; experiment.

प्रयोगशाला *(pra-yog-śāla)* स्त्री० laboratory.

प्रयोगात्मक *(pra-yogātmak)* वि० experimental, practical.

प्रयोजक *(pra-yojak)* पु० experimentalist; employer; one who unites; motivator; money-lender.

प्रयोजन *(pra-yojan)* पु० intention, motive, purpose; signification; use.

प्ररूप *(pra-rup)* पु० type.

प्रलयंकर *(pra-layaṅkar)* वि० catastrophic; devastating, calamitous, disastrous.

प्रलय *(pra-lay)* स्त्री० universal dissolution or destruction; devastation; annihilation; deluge, devastating flood.

प्रलाप *(pra-lāp)* पु० delirium; incoherent talk (due to sorrow or grief); prattle.

प्रलापी *(pra-lāpī)* वि० prattling talking incoherently, delirious.

प्रलोभन *(pra-lobhan)* पु० temptation, allurement, inducement.

प्रवंचक *(pra-vañcak)* पु० cheat.

प्रवंचना *(pra-vañcanā)* स्त्री० deceit, fraud, trickery.

प्रवक्ता *(pra-vaktā)* पु० spokesman; lecturer.

प्रवचन *(pra-vacan)* पु० (religious) discourse; sermon.

प्रवर *(pra-var)* वि० best, excellent; senior; superior.

प्रवर्तक *(pra-vartak)* पु० pioneer, innovator; one who inspires, promoter; propagator.

प्रवर्तन *(pra-vartan)* पु० pioneering; prompting, inciting, propagation; promotion; induction.

प्रवर्धन *(pra-vardhan)* पु० amplification; magnification; development; progress, increase.

प्रवाद *(pra-vād)* पु० rumour; slander, calumny; expression; challenge.

प्रवादी *(pra-vādī)* पु० rumour monger; slanderer, calumniator.

प्रवास *(pra-vās)* पु० dwelling abroad, migration.

प्रवासी *(pra-vāsī)* पु० emigrant.

प्रवाही *(pra-vāhī)* वि० fluent; flowing.

प्रविधि *(pra-vi-dhi)* स्त्री० technique.

प्रविष्टि *(pra-visṭi)* स्त्री० entrance; entry (in the register etc.), posting; particulars to be entered (in the register etc.).

प्रवीण *(pra-vīṇ)* वि० proficient, skilled.

प्रवृत्त *(pra-vṛtt)* वि० engaged (in), occupied (with).

प्रवृत्ति *(pra-vṛtti)* स्त्री० trend, tendency.

प्रवेश *(pra-veś)* पु० entrance, entry; admission; access, approach.

प्रवेश – पत्र *(pra-veś-patra)* पु० pass, admission card, entry permit; visa.

प्रवेशिका *(pra-veśikā)* स्त्री० preliminary test; A.B.C. book, first reader.

प्रशंसक *(pra-śaṃsak)* पु० admirer, eulogist; fan.

प्रशंसनीय *(pra-śaṃsanīya)* वि० praiseworthy, laudable, admirable, commendable.

प्रशंसा *(pra-śaṃsā)* स्त्री० praise, admiration, commendation.

प्रशंसात्मक *(pra-śaṃsātmak)* वि० laudatory, appreciative.

प्रशंसित *(pra-śaṃsit)* वि० praised, admired, commended.

प्रशंस्य *(pra-śaṃsya)* see प्रशंसनीय

प्रशस्त *(pra-śast)* वि० praised, commended; excellent, best; vast, spacious, broad; expansive.

प्रशस्ति *(pra-śasti)* स्त्री० praise, admiration; panegyric; intorduction, preface.

प्रशांत *(pra-śānt)* वि० tranquillized, composed, calm, quiet.

प्रशासक *(pra-śāsak)* पु० administrator.

प्रशासन *(pra-śāsan)* पु० administration.

प्रशासनिक *(pra-śāsanik)* वि० administrative.

प्रशिक्षक *(pra-śikṣask)* पु० instructor, trainer.

प्रशिक्षण *(pra-śikṣaṇ)* पु० training.

प्रशिक्षित *(pra-śikṣit)* वि० trained.

प्रशिक्षु *(pra-śikṣu)* पु० intern, traince.

प्रश्न *(praśn)* पु० question, interrogation; query;

प्रश्नपत्र *(praśnpatra)* पु० question paper.

प्रश्नवाचक *(praśna-vacā!:)* वि० interrogative.

प्रश्नावली *(praśnāvali)* स्त्री० list of questions,

प्रश्नोत्तर *(praśnottar)* पु० question and answer, catechism.

प्रश्रय *(pra-śray)* पु० support, patronage, backing; shelter.

प्रसंग *(pra-saṅg)* पु० context, reference; sexual intercourse, coition.

प्रसंगाधीन *(pra-saṅgadhin)* वि० under reference.

प्रसंविदा *(praśamvida)* स्त्री० covenant.

प्रसन्न *(pra-sann)* वि० pleased; happy, delighted, glad; cheerful; pure, clear.

प्रसन्नता *(prasannatā)* स्त्री० cheerfulness; clearness, purity; happiness; pleasure.

प्रसव *(pra-sav)* पु० delivery; birth.

प्रसव – पीड़ा *(pra-sav-pirā)* स्त्री० labour pain.

प्रसाद *(pra-sād)* पु० offering to an idol, meant for distribution; clearness, purity; boon, blessing; food left by a spiritual teacher; lucidity of literary style; pleasure, grace.

प्रसाधन *(pra-sādhan)* पु० make-up; toilet; dressing; equipment; adornment; decoration.

प्रसार *(pra-sār)* पु० spread, stretch;

extension; expansion; propagation.

प्रसारक (*pra-sārak*) वि० expansive; extensive.

प्रसारण (*pra-sāraṇ*) पु० broadcast; expansion; propagation.

प्रसारित (*pra-sārit*) वि० broadcast; expanded, extended; propagated.

प्रसिद्ध (*pra-siddh*) वि० famous, well-known, reputed, renowned.

प्रसिद्धि (*pra-siddhi*) स्त्री० fame, renown, repute.

प्रसूत (*pra-sūt*) वि० born, brought forth, delivered.

प्रसूति (*pra-sūti*) स्त्री० delivery; childbirth; maternity; woman who delivers child.

प्रस्तर (*pra-star*) पु० stone, rock.

प्रस्ताव (*pra-stāv*) पु० resolution, proposal, offer; motion; suggestion.

प्रस्तावक (*pra-stāvak*) पु० proposer, mover.

प्रस्तावना (*pra-stāvanā*) स्त्री० prologue, introduction, preface, preamble.

प्रस्तावित (*pra-stāvit*) वि० proposed.

प्रस्तुत (*pra-stut*) वि० presented, submitted; relevant; ready, produced; under study or discussion; offered.

प्रस्तुति (*pra-stuti*) स्त्री० presentation: submission; production.

प्रस्तुतीकरण (*pra-stutīkaraṇ*) पु० presentation.

प्रस्थान (*pra-sthān*) पु० departure; march.

प्रस्फुटन (*pra-sphuṭan*) पु० opening up, blooming; manifestation.

प्रहर (*pra-har*) पु० eighth part of a day, three hours.

प्रहरी (*pra-harī*) पु० watchman, bellman, sentinel; one who announces the hours by striking a bell.

प्रहसन (*pra-hasan*) पु० farce, farcical play.

प्रहार (*pra-hār*) पु० stroke, blow, assault.

प्रहेलिका (*pra-helikā*) स्त्री० riddle, puzzle; conundrum; enigma.

प्रह्लाद (*pra-hlād*) पु० bliss; delight; sound; snake; an ancient country; son of Hirnyakashyapa in Hundu mythology.

प्रांजल (*prâñjal*) वि० lucid, clear; upright, honest; plain.

प्रांजलता (*prâñjalatā*) स्त्री० lucidity, clarity.

प्रांत (*prânt*) पु० province, territory; edge, border.

प्रांतीय (*prântīya*) वि० pertaining to a province, provincial.

प्रांतीयता (*prântīyatā*) स्त्री० provincialism, regionalism.

प्राकृत[1] (*prākṛt*) स्त्री० an ancient language of India.

प्राकृत[2] (*prākṛt*) वि० pertaining to nature, natural; original; uncivilized, uneducated; ordinary.

प्राकृतिक (*prākṛtik*) वि० natural, derived from nature; pertaining to human nature.

प्राक्कथन (*prākkathan*) पु० foreword.

प्रागैतिहासिक (*prāgaitihāsik*) वि० prehistoric.

प्रागज्ञान *(prāgnān)* पु० foreknowledge.

प्राचार्य *(prâcārya)* पु० principal.

प्राची *(prācī)* स्त्री० the east; the eastern quarter; the orient.

प्राचीन *(prācīn)* वि० ancient, old; out-dated; antique.

प्राचीनता *(prācīnatā)* स्त्री० antiguity, oldness, ancientness.

प्राचीर *(prācīr)* पु० surrounding wall of city, fort etc., parapet; bulwark rampart.

प्राचुर्य *(prācūrya)* पु० abundance, plenty; exuberance.

प्राण *(prâñ)* पु० life; winds of the body, vital air, vital breath; vitality; soul, spitit.

प्राणघातक *(prâñ-ghātak)* वि० fatal, murderous.

प्राणदंड *(prâñ-dand)* पु० capital punishment.

प्राणदान *(prâñ-dān)* पु० restoration of life; gift of life; sacrifice of one's life.

प्राणप्यारा *(prâñ-pyāra)* वि० beloved.

प्राणांत *(prâñant)* पु० death, end of life.

प्राणांतक *(prâñāntak)* वि० fatal, mortal, causing death.

प्राणायाम *(prâñāyām)* पु० exercising control over the process of breathing.

प्राणी *(prâṇī)* पु० living creature, animal.

प्राणीविज्ञान *(prâṇi-vignān)* पु० zoology.

प्रात:[1] *(prātah)* पु० morning.

प्रात:[2] *(prātah)* क्रि० वि० early in the morning, at dawn.

प्रात:काल *(prāt-kal)* पु० morning, day-break.

प्राथमिक *(prāthamik)* वि० first; elementary, primary; occurring in the first place.

प्राथमिकता *(prāthamikatā)* वि० precedence; priority.

प्रादुर्भाव *(prādur-bhāv)* पु० coming into existence, origin, birth; manifestation, appearance; becoming visible.

प्रादेशिक *(prādeśik)* वि० regional, territorial; provincial.

प्रादेशिकता *(prādeśikatā)* स्त्री० regionalism, territoriality.

प्राध्यापक *(prâdhy-āpak)* पु० lecturer.

प्रापक *(prâpak)* पु० payee.

प्राप्त *(prâpt)* वि० got, obtained; acquired; procured.

प्राप्तकर्त्ता *(prâptkartā)* receiver, recipient.

प्राप्तांक *(prâptāṇk)* पु० marks scored, marks obtained.

प्राप्ति *(prâpti)* स्त्री० gain; advantage, profit; income; receipt, act of receiving proceeds; acquisition; procuration; attainment; yield.

प्रप्तिकर्त्ता *(prâptikartā)* पु० recipient.

प्राप्य *(prâpya)* वि० attainable, procurable, acquirable; available.

प्राप्यता *(prāpyatā)* स्त्री० availability.

प्रामाणिक *(prāmāṇik)* वि० authoritative; authentic.

प्रामाणिकता *(prāmāṇikatā)* स्त्री० authenticity; genuineness.

प्राय: *(prâyaḥ)* क्रि० almost, more or

less; generally, usually; often.

प्रायद्वीप *(prâyadvip)* पु० peninsula.

प्रायशः *(prâyaśah)* क्रि० वि० very often, usually, mostly, generally.

प्रायश्चित्त *(prâyaś-citt)* पु० expiation, atonements; penitence.

प्रायोगिक *(prâyogik)* स्त्री० pertaining to experiment; practical; experimental; applied.

प्रारंभ *(prârambh)* पु० commencement, beginning; starting point; inception; initiation.

प्रारंभिक *(prârambhik)* वि० initial; starting; preliminary; elementary; original; introductory.

प्रारब्ध *(prârabdh)* पु० destiny, fate, lot.

प्रारूप *(prârūp)* पु० draft; outline; proforma.

प्रार्थना *(prârthanā)* स्त्री० request, solicitation; prayer; petition, application.

प्रार्थना – पत्र *(prârthanā-patra)* पु० application.

प्रार्थनीय *(prârthanīya)* वि० worth making a request, worth soliciting.

प्रार्थित *(prârthit)* पु० requested, applied for, solicited.

प्रार्थी *(prârthī)* पु० one who prays or requests; applicant; petitioner; supplicator.

प्रालेख *(prālekh)* पु० draft.

प्रावधान *(prāvdhān)* पु० provision.

प्राविधिक *(prāvidhik)* वि० technical.

प्राश्निक[1] *(prāshnik)* वि० pertaining to a question.

प्राश्निक[2] *(prāshnik)* interrogator; paper-setter.

प्रासंगिक *(prāsangik)* वि० relevant; occasional; incidental, contingent.

प्रासंगिकता *(prāsangikatā)* स्त्री० contingency; relevance.

प्रासाद *(prāsād)* पु० palace; palatial building.

प्रिय[1] *(priya)* वि० dear, darling, beloved; lovable, lovely; pleasing, pleasant; favourite.

प्रिय[2] *(priya)* lover, husband.

प्रियतम[1] *(priyatam)* पु० husband.

प्रियतम[2] *(priyatam)* वि० dearest.

प्रियतमा *(priyatamā)* स्त्री० wife; beloved.

प्रियभाषी *(priya-bhasi)* वि० sweet-tongued, mealy-mouthed.

प्रिया *(priyā)* स्त्री० wife; beloved, darling.

प्रीतम *(prītam)* पु० lover, beloved.

प्रीति *(prīti)* स्त्री० love, affection.

प्रीतिभोज *(prīti-bhoj)* पु० banquet, feast.

प्रेक्षक *(prêksak)* पु० spectator; observer.

प्रेक्षागार *(prêksāgār)* पु० theatre, auditorium.

प्रेत *(prêt)* पु० ghost, goblin.

प्रेतात्मा *(prêtātmā)* पु० spirit, ghost, apparitional soul.

प्रेम *(prem)* पु० love, affection; attachment.

प्रेमपात्र *(prem-pātra)* वि० beloved, dear.

प्रेमालाप *(premālāp)* पु० love-talk, cordial talk.

प्रेमिका *(premikā)* पु० woman who loves someone; beloved (female).

प्रेमी *(premī)* पु० lover.

प्रेरक *(prêrak)* वि० inspiring, motivating.

प्रेरणा *(prêraṇā)* स्त्री० inducement; inspiration; incentive; drive.

प्रेरित *(prêrit)* वि० induced; inspired, motivated, prompted.

प्रेषक *(prêṣak)* पु० despatcher, consignor; sender, remitter.

प्रेषण *(prêṣaṇ)* पु० despatch; consignment; transmission.

प्रेषित *(prêṣit)* वि० despatched, consigned, transmitted.

प्रेषिती *(prêṣitī)* पु० addressee; consignee.

प्रोत्साहन *(prôtsāhan)* पु० encouragement, boosting up; incentive.

प्रोत्साहित *(prôtsāhit)* वि० encouraged, given incentive.

प्रोन्नत *(prônnat)* वि० raised, elevated; projected; advanced.

प्रौढ़ *(praûṛh)* वि० full grown; adult, mature.

प्रौढ़ता *(praûṛhatā)* स्त्री० maturity, adulthood.

प्रौढ़ा *(praurhā)* स्त्री० grown-up woman.

प्रौद्योगिकी *(praudyogikī)* स्त्री० technology.

प्लव *(plav)* पु० floating, swimming; thrust; small boat.

प्लावन *(plāvan)* पु० submersion, plunge; inundation, flood; deluge.

प्लावित *(plāvit)* वि० inundated, flooded, submerged.

प्लीहा *(plīhā)* पु० spleen; disease of the spleen.

फ

फ *(pha)* the second letter of the fifth pentad of the Devnagri alphabet.

फंदा *(phandā)* पु० noose, snare, loop; trick, ruse, subterfuge.

फँसना *(phaṁsnā)* अ० क्रि० to be noosed, to be ensnared; to be embroiled; to be involved, to be entangled.

फँसाना *(phaṁsānā)* स० क्रि० to ensnare, to entrap, to bait; to embroil; to get stuck up or blocked (as money etc.); to implicate; to entangle; to decoy.

फ़क़ीर *(faqīr)* पु० (अ०) beggar, mendicant.

फ़क़ीरी *(faqirī)* स्त्री० (अ०) beggary, mendicity.

फक्कड़ *(phakkar)* वि० indigent and carefree; reckless and extravagant.

फक्कड़पन *(phakkaṛpan)* पु० carefeeness, carefree manner, indigence.

फ़ख्र *(fakhr)* पु० (फ़ा०) pride.

फ़ज़ीहत *(fazīhat)* स्त्री० (अ०) disgrace, insult, ignominy, infamy; heinous and hated quarrel or wrangle; embarrassment; 'discomfiture.

फटकना *(phaṭakanā)* स० क्रि० to

winnow, to dust, to shake or knock off (as dust from clothes).

फटकार *(phaṭkār)* स्त्री० scolding, reprimand, rebuke, chiding.

फटकारना *(phaṭkārnā)* स० क्रि० to scold, chide, reprimand; to give (cloth) jerk; to beat (clothes) on a stone (in washing).

फटना *(phaṭnā)* अ० क्रि० to be torn, to be split, be rent, be cracked, be broken; to turn or become sour; to explode, to burst.

फटाफट *(phaṭāphaṭ)* क्रि० वि० quickly.

फटीचर *(phaṭicar)* वि० shabby; shabbily dressed; despicable, abominable.

फटेहाल *(phaṭe-hāl)* वि० in a ragged or shabby condition, in a miserable plight.

फटेहाली *(phaṭe-hālī)* स्त्री० raggedness.

फड़क *(phaṛak)* **फड़कन** स्त्री० thrill; throb; palpitation, pulsation.

फड़कना *(phaṛakanā)* अ० क्रि० to flutter; to twitch convulsively (as the eyelids etc.); to be thrilled, to be greatly delighted; to palpitate, to throb, to pulsate.

फड़फड़ाना *(phaṛphaṛānā)* स० क्रि० to flutter, to put in a flutter; to flutter.

फड़फड़ाहट *(phaṛphaṛāhaṭ)* स्त्री० flutter.

फ़तह *(fatah)* स्त्री० (अ०) victory, triumph, conquest.

फ़न *(fan)* पु० (अ०) art, craft; skill.

फ़नकार *(fankar)* पु० (अ०) artist.

फफूँद, फफूँदी *(phaphūṁdī)* स्त्री० fungus, mould.

फफ़ोला *(phapholā)* पु० blister, vesicle; eruption, scald.

फबती *(phabtī)* स्त्री० pleasantry, fun, jest; sarcastic remark; banter; dig.

फबना *(phabanā)* अ० क्रि० to become, befit; to be suitable, apt, appropriate; to look elegant, graceful, beautiful.

फ़रज़ंद *(farzand)* पु० (फ़ा०) son.

फ़रमाइश *(farmāiś)* स्त्री० (फ़ा०) thing desired or ordered; will, request, order.

फ़रमाइशी *(farmāiśī)* वि० made to order, requested; on specific request.

फ़रमान *(farmān)* पु० (फ़ा०) order, command; royal letter; charter; edict.

फ़रमाना *(farmānā)* स० क्रि० to order, command; to affirm, to declare.

फरसा *(pharsā)* पु० hatchet, axe, halberd.

फ़रार *(farār)* वि० (अ०) at large, absconding, fugitive.

फ़रियाद *(fariyād)* स्त्री० (फ़ा०) cry for help or redress; petition; complaint.

फ़रियादी *(fariyādī)* पु० (फ़ा०) complainant, plaintiff; seeker of redress or justice.

फ़रेब *(fareb)* पु० (फ़ा०) fraud, treachery, duplicity, wiliness, double dealing, deception.

फ़रेबी *(farebī)* वि० (फ़ा०) fraudulent, deceptive.

फ़र्क़ *(farq)* पु० (अ०) distinction, difference.

फ़र्ज़ *(farz)* पु० (अ०) obligation, onus, duty.

फ़र्ज़ी *(farzī)* वि० (अ०) hypothetical, supposititious, fictitious; imaginary, supposed.

फर्राटा *(pharrāṭā)* पु० fluency; promptitude fastness; haste.

फ़र्श *(farś)* पु० (अ०) floor; carper; pavement.

फल *(phal)* पु० fruit; gain, profit, advantage; result, effect, consequence; reward, requital, recompense; ironhead (of a spear, arrow etc.), blade of knife etc.; plough-share; product or quotient.

फलक *(phalak)* पु० board, slab or tablet; sheet of paper; blade, sky

फलतः *(phalat)* क्रि० वि० as a result, consequently.

फलदायक *(phaldāyak)* वि० fruitful, fructuous; profitable, advantageous; productive efficacious; effective.

फलदार *(phaldār)* वि० fruit-bearing, fruitful; (weapon) having a sharp head or blade.

फलना *(phalnā)* अ० क्रि० to bear fruit; to be fulfilled; to thrive, to prosper; to break out into blisters, pimples etc.

फलप्रद *(phalprad)* वि० fruitful; bearing-fruit; efficacious.

फलस्वरूप *(phal-svarupa)* क्रि० वि० consequently, as a result.

फलाँग *(phalāṁg)* स्त्री० leap, jump, spring; long stride.

फलाँगना *(phalāṁgnā)* अ० क्रि० to spring, leap, jump.

फलाहार *(phalāhar)* पु० fruitarian diet.

फलित ज्योतिष *(phalit-jyotiśa)* पु० astrology.

फली *(phalī)* स्त्री० pod of a leguminous plant.

फ़व्वारा *(favvārā)* पु० (अ०) fountain.

फ़सल *(fasal)* स्त्री० (अ०) harvest; crop; season, time.

फ़साद *(fasād)* पु० (अ०) riot, disturbance, quarrel, brawl.

फ़सादी *(fasādī)* वि० (अ०) riotous, quarrelsome, rowdy.

फ़साना *(fasānā)* पु० (फ़ा०) story, long narrative.

फहरना *(phaharnā)* अ० क्रि० to fly (as a flag), to wave, flutter.

फहराना *(phahrānā)* स० क्रि० to cause to flutter, to wave, to hoist.

फाँक *(phāṁk)* स्त्री० piece, slice, fillet; fragment, paring.

फाँकना *(phāṁkanā)* स० क्रि० to put (something powdery) into the mouth.

फाँदना *(phāṁdanā)* (अ०) क्रि० to leap, to spring, to jump; to skip.

फाँस *(phāṁs)* स्त्री० noose, snare; splinter; knot; trap.

फाँसना *(phāṁsanā)* स० क्रि० to ensnare, to entrap; to embroil, entangle, involve, implicate.

फाँसी *(phāṁsī)* स्त्री० death by hanging, execution.

फ़ाक़ा *(fāqā)* पु० (अ०) starvation, going without food.

फागुन *(phāgun)* पु० the twelfth month of the Hindu calendar.

फाटक *(phāṭak)* पु० main gate, entrance.

फाड़ना *(phāṛanā)* स० क्रि० to tear off, to rend, to split; to open (mouth); to pull apart.

फ़ानूस *(fānūs)* पु० (फ़ा०) chandilier

फ़ायदा *(fāydā)* पु० (अ०) advantage, benefit; profit, gain; good result, utility; improvement.

फ़ायदेमंद *(fāyde-mand)* वि० (फ़ा०) profitable, beneficial, advantageous; efficacious.

फालतू *(fāltū)* वि० surplus, spare, extra, superfluous; useless, worthless.

फालिज *(fālij)* पु० (अ०) paralysis.

फावड़ा *(phāvṛā)* पु० mattock; spade.

फ़ासला *(fāslā)* पु० (अ०) gap, distance.

फाहा *(phāhā)* पु० flock of cotton; lint.

फ़िक़रा *(fiqrā)* पु० (अ०) sentence.

फिक्र *(fiqr)* स्त्री० (अ०) care, concern, worry, anxiety.

फ़िक्रमंद *(fiqrmand)* वि० (अ०) worried, anxious.

फिटकरी *(phiṭkarī)* स्त्री० alum.

फ़िदा *(fidā)* वि० (अ०) enamoured, infatuated, charmed, attracted; devoted (to).

फिरंगी *(firaṅgī)* पु० European; Englishman.

फिर *(phir)* क्रि० वि० again; afterwards; thereafter; in future.

फ़िरक़ा *(firqā)* पु० (अ०) sect, community.

फ़िरक़ापरस्त *(firqā-prasat)* वि० (अ०) sectarian.

फिरक़ापरस्ती *(firqā-parasatī)* स्त्री० (अ०) sectarianism.

फिरना *(phirnā)* (अ०) क्रि० to go round, to promenade, to ramble; to turn back, to return; to revolve; to go back (on), to turn (from).

फिर भी *(phir-bhi)* क्रि० वि० even then, inspite of that.

फिर से *(phir-se)* क्रि० वि० afresh, anew.

फ़िराक़ *(firāq)* पु० separation.

फिरौती *(phirautī)* स्त्री० act of returning; ransom; money presented in reciprocation.

फ़िलहाल *(filhāl)* क्रि० वि० (अ०) at present, for the present, for the time being.

फिस *(phis)* वि० useless, fizzled out, turned useless.

फिसड्डी *(phisaḍḍī)* वि० backward, sluggish, trailing behind; worthless.

फिसलन *(phisalan)* स्त्री० slipperiness.

फिसलना *(phisalnā)* अ० क्रि० to slip, to slide; to skid.

फीका *(phīkā)* वि० tasteless, vapid, insipid; pale, dim, faint.

फीकापन *(phīkāpan)* पु० tastelessness; dimness; insipidity.

फ़ीता *(fītā)* पु० (पुर्त०) lace, ribbon; tape (for measurement); strap.

फ़ील *(fīl)* पु० (फ़ा०) elephant; bishop (chess).

फूँकना *(phuṁknā)* अ० क्रि० to burn.

फुँकनी *(phuṁknī)* स्त्री० blow pipe (of goldsmith etc.).

फुंकवाना *(phuṁkavānā)* स० क्रि० to cause to burn.

फुंकार *(phuṁkār)* स्त्री० hissing.

फुँदना *(phuṁdnā)* पु० tassel, rosette.

फुंसी *(phuṃsī)* स्त्री० pimple, small boil, whelk.

फुज़ूल *(fūzul)* वि० (अ०) unnecessary, futile, useless.

फुज़ूलख़र्च *(fūzul-kharč)* वि० (अ०) extravagant, prodigal, spendthrift.

फुज़ूलख़र्ची *(fūzul-kharcī)* स्त्री० (अ०) extravagance, prodigality.

फुटकर *(phuṭkar)* वि० miscellaneous.

फुदकना *(phudaknā)* अ० क्रि० to jump, to skip, to hop; to skip or dance about.

फुनगी *(phunagī)* स्त्री० sprout, shoot; extremity, tip, summit; cockade.

फुप्फुस *(phup-phus)* पु० lung.

फुफकार *(phuphkār)* स्त्री० hissing (of snake).

फुफकारना *(phuphkārnā)* अ० क्रि० to hiss, to make a hissing sound.

फुरती *(phurtī)* स्त्री० smartness, quickness, promptness, agility.

फुरतीला *(phurtīlā)* वि० agile, active, smart.

फुरतीलापन *(phurtīlāpan)* पु० agility, activeness, smartness; promptness.

फुरसत *(fursat)* स्त्री० (अ०) leisure, respite, spare time.

फुर्ती *(phurtī)* see फुरती

फुर्सत *(fursat)* see फुरसत

फुलझड़ी *(phuljhaṛī)* स्त्री० a kind of fire-work; (fig.) stray remark made on purpose, a provoking remark uttered in a lighter vein.

फुलवारी *(phulvārī)* स्त्री० small flower-garden.

फुलाना *(phulānā)* स० क्रि० to cause to swell, puff out, to inflate.

फुसफुस *(phusphus)* स्त्री० whisper.

फुसफुसाना *(phusphusānā)* अ० क्रि० to whisper, to speak in a low tone.

फुसफुसाहट *(phusphusāhaṭ)* स्त्री० whisper, whispering sound.

फुसलाना *(phusalānā)* स० क्रि० to coax, to cajole; to inveigh, to intice; to wheedle; to seduce, to allure.

फुहार *(phuhār)* स्त्री० drizzle.

फुहारा *(phuhārā)* पु० spring, gush; fountain, shower.

फूँक *(phūṁk)* स्त्री० breath of air; blow, puff, whiff.

फूँकना *(phūkanā)* स० क्रि० to puff, to blow; to blow or breathe (a charm or incantation); to blow up (fire etc.); to set on fire, inflame; to squander away, to waste.

फूँकनी *(phūṁknī)* स्त्री० blow-pipe.

फूट *(phūt)* स्त्री० crack, split, rift, chasm; discord, dissension; large cucumber that splits up on ripening.

फूटना *(phūṭanā)* अ० क्रि० to break, crack, split; to erupt, to explode; to sprout, to shoot; to come out, to appear.

फूफा *(phūphā)* पु० husband of father's sister, uncle.

फूफी *(phūphī)* स्त्री० paternal aunt, father's sister.

फूल *(phūl)* पु० flower, blossom; ashes left after cremation.

फूलगोभी *(phūl-gobhī)* स्त्री० cauliflower.

फूलदान *(phūl-dān)* पु० fower vase.

फूलदार *(phūl-dār)* वि० flowery;

embroidered.

फूलना *(phūlnā)* अ० क्रि० to blossom, to flower, to bloom; to swell out, to be puffed.

फूहड़[1] *(phūhār)* वि० unmannerly, slovenly, coarse-grained.

फूहड़[2] *(phūhār)* स्त्री० illiterate, slut, slattern.

फूहड़पन *(phūharpan)* पु० slovenliness, untidiness.

फेंकना *(pheṁkanā)* स० क्रि० to throw, fling, cast, hurl; to drop; to mislay, to throw carelessly; to spend uselessly.

फेंटना *(pheṁṭanā)* स० क्रि० to beat up, to batter; to shuffle; to whisk.

फेन *(phen)* पु० froth, foam, lather.

फेनिल *(phenil)* वि० frothful, foamy; full of lather.

फेफड़ा *(phephaṛā)* पु० lung.

फेर *(pher)* पु० turn, twist, curvature; dilemma, perplexity; ruse, trick, subterfuge; circuitous route, detour.

फेरना *(phernā)* स० क्रि० to turn, to turn round; to recant; to turn away, to reject, to send back; to turn over, to reverse, invert; to pass (brush etc.) over.

फेरबदल *(pher-badal)* स्त्री० alteration, modification.

फेरा *(pherā)* पु० circuit, round, circumambulation; matrimonial rite according to which the bride and the bridegroom move round the sacred fire; trip.

फेरी *(pherī)* स्त्री० going round, circumambulation; hawking, pedling.

फेरीवाला *(pherīwala)* पु० hawker, pedler, itinerant merchant.

फ़ेहरिस्त *(fehrist)* स्त्री० (अ०) list, inventory.

फैलना *(phailnā)* अ० क्रि० to be spread, to be diffused, to be scattered; to expand, to extend, to stretch; to become public.

फैलाना *(phailānā)* स० क्रि० to spread; to stretch, to expand, to lengthen, to draw out; to diffuse; to publicise.

फैलाव *(phailāv)* पु० stretch; expansion, pubicity.

फ़ैसला *(faislā)* पु० (अ०) judgement, dicision, adjudication; settlement; conclusion.

फ़ोकट *(phokaṭ)* वि० free, free of charge, gratis; without any substance.

फोड़ना *(phoṛanā)* स० क्रि० to break to pieces; to explode, to split; to induce (a person) to defect.

फोड़ा *(phoṛā)* पु० boil. tumour, abscess, ulcer.

फ़ौज *(fauj)* स्त्री० (अ०) army; crowd.

फ़ौजदार *(faujdār)* पु० army chief; police inspector.

फ़ौजदारी *(faujdārī)* स्त्री० (अ०) criminal fighting; assault, criminal breach of peace, penal offence.

फ़ौजी[1] *(faujī)* वि० (अ०) of or belonging to the army, martial.

फ़ौजी[2] *(faujī)* पु० (अ०) soldier.

फ़ौरन *(fauran)* क्रि० वि० (अ०) quickly, immediately, at once.

फ़ौलाद *(faulād)* पु० (अ०) steel.

फ़ौलादी *(faulādī)* वि० (अ०) made of steel; strong, stout, sturdy.

फ़ौवारा *(fauvārā)* see फव्वारा

ब

ब *(ba)* the third letter of the fifth pentad of the Devnagri alphabet.

बंकिम *(baṅkim)* वि० oblique, curved; coquettish; showy.

बँगला[1] *(baṁglā)* पु० small bungalow.

बँगला[2] *(baṁglā)* स्त्री० Bengali language.

बंजर *(bañjar)* पु० waste land, unproductive land.

बँटना *(baṁṭanā)* अ० क्रि० to be divided or shared; to be distributed; to be partitioned.

बँटवाना *(baṁṭvānā)* स० क्रि० to cause to be shared, to be distributed or to be divided.

बँटवारा *(baṁṭvārā)* पु० distribution, division; partition of property etc.

बंटाढार *(banṭāḍhār)* पु० complete destruction, devastation, ruination, undoing.

बंद[1] *(band)* वि० bound, tied up, fastened; imprisoned; closed, shut; prevented, hindered; stopped, discontinued; banned.

बंद[2] *(band)* पु० closure; bund, bank; knot; string, strap; body joint.

बंदगोभी *(band-gobhi)* स्त्री० cabbage.

बंदनवार *(bandanvār)* पु० festoon of leaves of mango tree etc.

बंदर *(bandar)* पु० monkey, ape.

बंदरगाह *(bandargāh)* पु० (फ़ा०) sea port, harbour.

बंदरघुड़की *(bandar-ghurki)* स्त्री० false-threat, impotent threat.

बंदा *(bandā)* पु० (फ़ा०) slave or servant; devotee.

बंदिश *(bandiś)* स्त्री० (फ़ा०) tying, binding; restriction; composition, construction (in poetry).

बंदी *(bandī)* पु० prisoner, captive.

बंदीकरण *(bandīkaran)* पु० capture, incarceration.

बंदीगृह *(bandī-grih)* पु० jail, prison house.

बंदूक़ *(bandūq)* स्त्री० (फ़ा०) gun, musket.

बंदूक़ची *(bandūqacī)* पु० musketeer ; gunner, gunman.

बंदोबस्त *(bandobast)* पु० (फ़ा०) arrangement, administration; survey and settlement of land.

बंध *(bandh)* पु० string, cord; knot; construction, composition; dam; tie; frame; ligature.

बंधक *(bandhak)* पु० binder; pawn, pledge; mortage, surety; hostage.

बंधन *(bandhan)* पु० fastening, binding, tying; obstacle, hindrance, ckeck, restraint; bondage.

बँधना *(bandhanā)* अ० क्रि० to be bound, fastened etc.; to be restricted or regulated.

बंधु *(bandhu)* पु० friend, well-wisher; kinsman, relation, kindred; brother.

बँधुआ *(bandhuā)* वि० captive, bonded.

बंधुजन *(bandhu-jan)* पु० kinsfolk, kinsmen.

बंधुता *(bandhutā)* स्त्री० fraternity, fraternalism; kinship; affinity.

बंधुत्व *(bandhutvā)* पु० brotherhood; fraternity.

बंध्यकरण *(bandhyakaran)* पु० sterilization; gelding, castration.

बंध्यता *(bandhyatā)* स्त्री० sterility, infertility, barrenness.

बंध्या *(bandhya)* स्त्री० sterile woman.

बंबा *(bambā)* पु० hand-pump, waterpipe.

बंसी *(baṃsī)* स्त्री० flute, pipe; fishing hook.

बक *(bak)* पु० heron or crane; hypocrite, simulator.

बक-झक *(bak-jhak)* स्त्री० silly talk, nonsense, babble, jabbering.

बकतर *(baktar)* पु० (फ़ा०) armour.

बकतरबंद *(baktarband)* वि० (फ़ा०) armoured.

बकना *(baknā)* (अ०) क्रि० to babble, to indulge in silly talk.

बकबक *(bakbak)* see बकझक

बकरा *(bakrā)* पु० he-goat.

बकलस *(bakalas)* पु० (अ०) buckle, fibula.

बकवाद *(bakvād)* स्त्री० nonsensical or foolish talk, twaddle, tattle, gabble.

बकसुआ *(baksuā)* पु० buckle, fibula.

बक़ाया[1] *(baqāyā)* वि० (अ०) remaining, outstanding.

बक़ाया[2] *(baqāyā)* पु० arrears, remainder, balance.

बकोटना *(bakoṭanā)* स० क्रि० to lacerate or tear with the nails, scratch.

बक्की *(bakkī)* वि० talkative, chatty, voluble, loquacious.

बखानना *(bakhānanā)* स० क्रि० to explain, to expound, to describe; to eulogize, to sing the praises of.

बख़िया *(bakhiyā)* स्त्री० (फ़ा०) fine sewing with double stitching, back-stitching.

बखुद *(bakhud)* क्रि० वि० (फ़ा०) by oneself.

बखूबी *(bakhubi)* क्रि० वि० (फ़ा०) well, properly, duly, thoroughly, completely.

बखेड़ा *(bakheṛā)* पु० entanglement; complication; quarrel, dispute.

बख़्तर *(bakhtar)* see बकतर

बख़्शना *(bakhśanā)* स० क्रि० to give, to grant, to bestow; to forgive, to pardon, to excuse; to spare.

बख़्शीश *(bak͟hśiś)* स्त्री० (फ़ा०) donation, reward, gratuity; pardon, forgiveness; tip.

बग़ल *(bagal)* स्त्री० (फ़ा०) armpit, flank, side.

बगला *(bagalā)* पु० heron.

बगावत *(bagāvat)* स्त्री० (अ०) revolt, rebellion.

बगिया *(bagiyā)* स्त्री० small garden.

बग़ीचा *(bagīcā)* पु० garden.

बगुला *(bagulā)* पु० heron.

बगूला *(bagūlā)* पु० (फ़ा०) whirlwind.

बग़ैर *(ba-gair)* क्रि० वि० (फ़ा०) without.

बग्घी *(bagghī)* स्त्री० four-wheeled carriage, victoria.

बघारना *(baghāranā)* स० क्रि० to season (vegetable, pulses, etc.) with onion and spices in heated oil or ghee.

बचकाना *(backānā)* वि० childish, immature, puerile.

बचकानापन *(backānāpan)* पु० childishness, puerility.

बचत *(bacat)* स्त्री० residue, remainder, surplus, balance; savings; profit, gain.

बचना *(bacanā)* अ० क्रि० to be saved; to be left, to remain; to escape; to avoid.

बचपन *(bacapan)* पु० infancy, childhood.

बचपना *(bacapanā)* पु० childhood; childishness or childlike action, puerility.

बचाना *(bacānā)* स० क्रि० to preserve; to protect, to shield, to save; to spare; to retain unused or unspent.

बचाव *(bacāv)* पु० protection, rescue; defence, safeguard; shielding; avoidance; escape.

बच्चा *(baccā)* पु० young one of a creature; child, infant.

बच्चागाड़ी *(baccā-gāṛī)* स्त्री० perambulator.

बच्ची *(baccī)* स्त्री० little girl, female child.

बच्चेदानी *(bacce-dāni)* स्त्री० uterus.

बछिया *(bachiyā)* स्त्री० heifer.

बछेड़ा *(bacheṛā)* पु० colt.

बछेड़ी *(bacheṛī)* स्त्री० heifer, female colt.

बजना *(bajnā)* अ० क्रि० to produce sound; to ring; to be struck, to sound.

बजरा *(bajrā)* पु० millet; double-deck boat.

बजरी *(bajrī)* स्त्री० gravel.

बजवाना *(bajvānā)* स० क्रि० to cause to ring or play.

बजा *(bajā)* वि० (फ़ा०) proper, suitable, fit; becoming, right; just, true.

बज़ाज़ *(bazāz)* पु० (अ०) cloth-merchant, draper, clothier.

बजाना *(bajānā)* स० क्रि० to play (on a musical instrument); to perform or execute; to beat (a drum, gong); to strike.

बजाय *(ba-jāy)* क्रि० वि० (फ़ा०) in place of, in lieu of, instead of.

बटन *(baṭan)* स० क्रि० switch; button.

बटना *(baṭana)* पु० to twine into rope.

बटमार *(baṭmār)* पु० highwayman, robber, brigand.

बटमारी *(baṭmārī)* स्त्री० waylaying, robbery, brigandage.

बटवाना *(baṭvānā)* स० क्रि० to cause to divide or distribute; to cause to make into a rope.

बटाना *(baṭānā)* स० क्रि० to get shared or divided; to get made into a rope.

बटिया *(baṭiyā)* स्त्री० footpath; small, smooth piece of stone, small pestle.

बटी *(baṭi)* स्त्री० globule, pill, tablet.

बटुआ *(baṭuā)* पु० a small bag with divisions, purse.

बटेर *(baṭer)* स्त्री० quail.

बटोरन *(baṭoran)* स्त्री० sweepings.

बटोरना (*baṭoranā*) स० क्रि० to gather up, to assemble; to accumulate, to collect; to glean, to pick.

बटोही (*baṭohī*) पु० way-farer, traveller.

बट्टा (*baṭṭā*) पु० discount; loss.

बड़बड़ (*baṛbaṛ*) स्त्री० grumbling, murmuring, muttering; useless talk.

बड़प्पन (*baṛappan*) पु० greatness; dignity; magnanimity.

बड़बड़ाना (*baṛbaṛānā*) अ० क्रि० to grumble, to murmur; to talk to one-self in anger.

बड़बड़िया (*baṛbaṛiyā*) वि० given to muttering.

बड़भागी (*baṛbhāgi*) वि० lucky, fortunate.

बड़वाग्नि (*baṛavâgni*) स्त्री० बड़वानल (*baṛavânal*) पु० the submarine fire, sea-fire.

बड़हल (*baṛhal*) स्त्री० jack-fruit.

बड़ा[1] (*baṛā*) वि० large, big, huge; grand, eminent, exalted; elder, superior.

बड़ा[2] (*baṛā*) क्रि० वि० very excessively, exceedingly; highly.

बड़ा[3] (*baṛā*) पु० saltish preparation of urd-pulse; elderly person; influential person.

बड़ाई (*baṛāī*) स्त्री० largeness, greatness, bigness, vastness, bulkiness; praise, laudation.

बड़ी (*baṛī*) स्त्री० dried up tiny round cakes of ground pulse, potatoes etc. large.

बड़ी माता (*baṛī-mātā*) स्त्री० small pox.

बढ़ई (*baṛhaī*) पु० carpenter.

बढ़ईगीरी (*baṛhaī-gīri*) स्त्री० carpentry.

बढ़त (*baṛhat*) स्त्री० progression; lead, advantage; excess.

बढ़ती (*baṛhatī*) स्त्री० advancement, progress, promotion, enhancement; increase in riches of family; surplus.

बढ़ना (*baṛhanā*) अ० क्रि० to increase; to be enlarged; to be enhanced; toi be extended; to be prolonged; to advance, to make headway; to grow.

बढ़ाना (*baṛhānā*) स० क्रि० to promote, to advance; to increase, to enhance; to enlarge, extend, stretch; to raise; to close (shop etc.); to put off (lamp etc.); to extend.

बढ़ाव (*baṛhāv*) पु० increase, augmentation, advancement; extension, enlargement, expansion; growth, development.

बढ़ावा (*baṛhāvā*) पु० inducement, incitement, encouragement; incentive, stimulus; motivation; abetment.

बढ़िया (*baṛhiyā*) वि० superior, excellent, of good quality.

बढ़ोतरी (*baṛhotrī*) स्त्री० increase, increment, advancement, promotion.

बतख़ (*batakh*) स्त्री० duck.

बतलाना (*batlānā*) बताना स० क्रि० to explain; to point out, to direct, to indicate; to state, to tell.

बतियाना (*batiyānā*) अ० क्रि० to talk, to speak, to converse.

बत्ती *(batti)* स्त्री० wick; candle, lamp, lantern, light.

बद *(bad)* वि० (फ़ा०) bad; wicked, vile, depraved.

बदअमनी *(bad-amani)* स्त्री० (फ़ा०) disturbance, disquiet, unrest.

बदइंतज़ाम *(bad-intazām)* वि० (फ़ा०) incompetent in management; maladministered.

बदइंतज़ामी *(bad-intazāmī)* स्त्री० (फ़ा०) bad management, misgovernment, maladministration.

बदक़िस्मत *(bad-qismat)* वि० (फ़ा०) unfortunate, ill-fated.

बदक़िस्मती *(bad-qismatī)* स्त्री० (फ़ा०) misfortune, bad luck.

बदचलन *(bad-cālan)* वि० (फ़ा०) depraved, immoral.

बदतमीज़ *(bad-tamiz)* वि० (फ़ा०) unmannerly; uncivilised, rude, impudent.

बदतमीज़ी *(bad-tamizī)* स्त्री० (फ़ा०) unmannerliness, uncivilisedness; rudeness, impudence.

बदतर *(badtar)* वि० (फ़ा०) worse.

बदतहज़ीब *(bad-tahzib)* see बदतमीज़

बददिमाग़ *(bad-dimāg)* वि० (फ़ा०) haughty, arrogant, conceited; ill-tempered; bad tempered.

बददिमाग़ी *(bad-dimāgī)* स्त्री० (फ़ा०) arrogance, conceitedness.

बददुआ *(bad-duā)* स्त्री० (फ़ा०) curse, malediction.

बदन *(badan)* पु० (फ़ा०) body.

बदनसीब *(bad-nasib)* वि० (फ़ा०) unfortunate, ill-fated.

बदनसीबी *(bad-nasibī)* स्त्री० (फ़ा०) misfortune, ill-luck.

बदनाम *(badnām)* वि० (फ़ा०) defamed, infamous.

बदनामी *(badnāmī)* स्त्री० (फ़ा०) disrepute, infamy, notoriety; slander.

बदनीयत *(bad-niyat)* वि० (फ़ा०) ill-intentioned; having bad designs.

बदनुमा *(badnūmā)* वि० (फ़ा०) awkward, ugly.

बदबू *(badabū)* स्त्री० (फ़ा०) foul smell, stink, bad odour.

बदबूदार *(badabūdār)* वि० (फ़ा०) foul-smelling, stinking.

बदमज़ा *(bad-mazā)* वि० (फ़ा०) unpleasant, disagreeable; distasteful, unsavoury.

बदमाश[1] *(bad-māś)* वि० (फ़ा०) of a bad profession or way of life, immoral, wicked.

बदमाश[2] *(bad-māś)* पु० (फ़ा०) villain, rascal; miscreant.

बदमाशी *(bad-māsī)* स्त्री० (फ़ा०) bad way of living; loose conduct; villainy, rascality; wickedness.

बदमिज़ाज *(bad-mizāj)* वि० (फ़ा०) ill-tempered, tetchy, short-tempered; petulant.

बदमिज़ाजी *(bad-mizājī)* स्त्री० (फ़ा०) ill-temper, short-temper, petulance, tantrum.

बदरंग *(bad-rang)* वि० (फ़ा०) discoloured, faded; tarnished; forced out of countenance; grown pallid; (card-game) of a colour different from that of the card moved.

बदल *(bdal)* पु० change; exchange; alteration, modification.

बदलना *(badalnā)* अ० क्रि० to be substituted; to be transferred; to be transformed; to assume another form; to change, to alter; to exchange, to barter; to replace, to substitute.

बदलवाना *(badalvānā)* स० क्रि० to cause to be exchanged; to get changed; to get replaced.

बदला *(badlā)* पु० change; substitution; exchange; revenge, vengeance; retalisation; recompense; return.

बदलाव *(badlāv)* पु० change.

बदशक्ल *(bad-śakal)* वि० (फ़ा०) ugly, grotesque; deformed.

बदशगुन *(bad-śagun)* वि० (फ़ा०) inauspicious; ominous.

बदसलीक़ा *(bad-saliqā)* वि० (फ़ा०) unmannerly; slovenly.

बदसलूक़ी *(bad-salūqī)* स्त्री० (फ़ा०) ill-treatment, maltreatment.

बदसूरत *(bad-surat)* वि० (फ़ा०) ugly, grotesque.

बदसूरती *(bad-suratī)* स्त्री० (फ़ा०) ugliness, grotesqueness.

बदस्तूर *(badastur)* क्रि० वि० (फ़ा०) as usual, as ever before, in the customary way.

बदहज़मी *(bad-hazmi)* स्त्री० (फ़ा०) indigestion.

बदहवास *(bad-havās)* वि० (फ़ा०) stupefied, bewildered, stunned.

बदहवासी *(bad-havāsi)* स्त्री० (फ़ा०) stupefaction, bewilderment.

बदहाल *(badahāl)* वि० (फ़ा०) miserable; destitute.

बदी *(badī)* स्त्री० (फ़ा०) badness, evil, wickedness.

बदौलत *(badaulat)* क्रि० वि० (फ़ा०) by means (of), through, owing (to), due (to), by virtue (of).

बद्ध *(baddh)* वि० bound, tied; enclosed; restrained, checked, withheld; killing.

बधाई *(badhāī)* स्त्री० song of congratulation; congratulations, greeting, felicitation.

बधावा *(badhāvā)* पु० congratulation; presents sent ceremoniously as a mark of felicitation.

बधिक *(badhik)* पु० killer, slaughterer; executioner; hunter.

बधिया *(badhiyā)* पु० castrated animal.

बधिर *(badhir)* पु० deaf man.

बधिरता *(badhirātā)* स्त्री० deafness.

बधू *(badhu)* see वधू

बनजारन *(banjaran)* स्त्री० nomadic woman.

बनजारा *(banjārā)* पु० nomad; nomadic grocer.

बनना *(bannā)* अ० क्रि० to be composed; to be made, to be prepared; to be produced, fabricated, created; to be built; to become; to feign, to assume airs; to be befooled.

बनमानुस *(ban-mānus)* पु० chimpanzee.

बनवाना *(banavānā)* स० क्रि० to cause to be made; to cause some one to make (anything).

बनाना *(banānā)* स० क्रि० to make, to build, to prepare, to make ready; to form.

बनाम *(ba-nām)* क्रि० वि० (फ़ा०) in the name (of), to the address (of);

versus.

बनावट *(banāvaṭ)* स्त्री० structure; construction; formation, workmanship; artifice, show, display; get-up; artificiality; texture; fabric.

बनावटी *(banāvaṭī)* वि० fictitious, unreal, showy; artificial, counterfeit, sham; spurious.

बनाव–सिंगार *(banāv-siṁhār)* पु० make-up.

बनिता *(banita)* स्त्री० wife; woman.

बनिया *(baniyā)* पु० merchant, trader, shopkeeper.

बबूल *(babūl)* पु० acacio tree.

बम[1] *(bam)* पु० shaft; large kettledrum.

बम[2] *(bam)* पु० bomb.

बमबारी *(bambari)* **बमवर्षा** स्त्री० bombing, bombardment.

बयान *(bayān)* पु० (अ०) description; declaration, exposition; statement; account.

बयाना *(bayānā)* पु० earnest-money, advance.

बयाबान *(bayābān)* पु० (फ़ा०) forest; desert land.

बरकत *(barkat)* स्त्री० (फ़ा०) affluence; increase, abundance; grace; good luck; gain.

बरख़ास्त *(bar-khāst)* वि० (फ़ा०) dismissed, discharged, dissolved.

बरख़ास्तगी *(bar-khāstagī)* स्त्री० (फ़ा०) dismissal, termination.

बरखुरदार[1] *(bar-khurdār)* वि० (फ़ा०) prosperous, flourishing, fortunate.

बरखुरदार[2] *(bar-khurdār)* पु० (फ़ा०) son, issue.

बरछा *(barchā)* पु० spear, lance.

बरछी *(barchī)* स्त्री० small spear, dagger; javelin.

बरतन *(bartan)* पु० vessel, domestic utensil.

बरतना *(baratnā)* स० क्रि० to have personal relation or dealings with, to deal with; to use, employ, apply, make use of.

बरताव *(bartāv)* पु० behaviour, treatment, dealing.

बरदाश्त *(bar-dāśt)* स्त्री० (फ़ा०) endurance; patience; forbearance.

बरबस *(barbas)* क्रि० वि० forcibly, willynilly; without any reason, in vain; unexpectedly, all of a sudden.

बरबाद *(bar-bād)* वि० (फ़ा०) ruined, destroyed; wasted.

बरबादी *(bar-bādī)* स्त्री० (फ़ा०) destruction, ruination; waste.

बरमा *(barmā)* पु० drill, auger, a kind of gimlet or borer worked with string.

बरस *(baras)* पु० year.

बरसगाँठ *(baras-gānth)* स्त्री० birth anniversary.

बरसना *(barasnā)* अ० क्रि० to rain; to fall; to give vent to anger.

बरसात *(barsāt)* स्त्री० rainy season.

बरसाती[1] *(barsātī)* वि० belonging to the rainy season, rainy.

बरसाती[2] *(barsātī)* स्त्री० rain coat; a room on the roof of a house to sleep during the rains; portico.

बरसाना *(barsānā)* स० क्रि० to cause to rain, to shower.

बरसी *(barsī)* स्त्री० death-anniversay.

बरात (*barāt*) स्त्री० marriage procession; marriage party.

बराती (*barātī*) पु० one who joins a marriage procession, member of a marriage party.

बराबर[1] (*bar-ābar*) वि० (फ़ा०) even, equal, parallel, etc.; matching.

बराबर[2] (*bar-ā-bar*) क्रि० वि० (फ़ा०) constantly, continuously, ever.

बराबर–बराबर (*bar-ā-bar-bar-ābar*) क्रि० वि० (फ़ा०) equally, on the basis of parity; in close proximity.

बराबरी (*barābarī*) स्त्री० equality, parity; rivalry, competition.

बरामद (*bar-āmad*) वि० (फ़ा०) recovered, seized.

बरामदगी (*bar-āmadgī*) स्त्री० (फ़ा०) recovery.

बरामदा (*barāmad*) पु० (फ़ा०) verandah

बरी (*barī*) वि० (अ०) acquitted, absolved, discharged.

बरौनी (*baraunī*) स्त्री० eye-lashes.

बर्तन (*bartan*) see बरतन

बर्ताव (*bartāv*) see बरताव

बर्फ़ (*barf*) स्त्री० (फ़ा०) snow; ice.

बर्फ़ीला (*barfīlā*) वि० icy, snowy.

बर्बर (*barbar*) वि० barbarian, savage, uncultured.

बर्बरता (*barbarta*) स्त्री० barbarism, savagery.

बर्बरतापूर्ण (*barbartapurna*) वि० barbarous.

बर्राना (*barrānā*) अ० क्रि० to gobble; to talk in sleep or fever.

बल[1] (*bal*) पु० kink; twist, contortion.

बल[2] (*bal*) पु० strength, might, power; force; army; potency, vigour, vitality; emphasis, stress, accent.

बलग़म (*balgam*) पु० (अ०) phlegm.

बलबूता (*balbutā*) पु० capacity, strength.

बलवंत (*balvant*) वि० powerful, strong, vigorous, potent.

बलवती (*balvatī*) वि० strong.

बलवर्धक (*balvardhak*) वि० invigorating, nutritious, energising.

बलवा (*balvā*) पु० (अ०) riot, rebellion.

बलवान् (*balvān*) बलशाली वि० strong, powerful.

बला (*balā*) स्त्री० (अ०) calamity, affliction, vile or hateful thing; misfortune; evil spirit.

बलात् (*balāt*) क्रि० वि० forcibly; all of a sudden, suddenly.

बलात्कार (*balātkār*) पु० forcible or oppressive act, outrage; rape, criminal assault.

बलात्कारी (*balātkārī*) पु० raper, rapist.

बलि (*bali*) स्त्री० sacrificial beast (in a ritual); sacrifice for a cause.

बलिदान (*balidān*) पु० sacrifice of a beast to please a deity, sacrifice of one's life.

बलिदानी[1] (*balidanī*) वि० sacrificing.

बलिदानी[2] (*balidanī*) पु० sacrificer.

बलिष्ठ (*baliśt*) वि० strongest, most powerful, very strong.

बलिहारी (*balihārī*) स्त्री० exclamation in affectionate praise and wonder, feeling of offering or submitting oneself.

बली (*balī*) वि० strong, powerful, mighty.

बलूत *(balūt)* पु० (अ०) oak.

बलैया *(balaiyā)* स्त्री० blessings.

बल्कि *(balki)* क्रि० वि० (फ़ा०) on the contrary, rather, but, etc.

बल्लम *(ballam)* पु० spear, lance.

बल्ला *(ballā)* पु० bat (in cricket); racket; pole.

बल्ली *(ballī)* स्त्री० pole, beam; pole or bamboo with which a boat is propelled.

बल्लेबाज *(ballebāz)* पु० batsman.

बल्लेबाज़ी *(ballebāzī)* स्त्री० batting; bastsmanship.

बवंडर *(bavaṇdar)* पु० whirlwind; hurricane, typhoon; uproar.

बवाल *(bavāl)* पु० anything painful or distressing, mess.

बवासीर *(bavāsīr)* स्त्री० (अ०) piles.

बसना *(basnā)* अ० क्रि० to dwell, to inhabit; to be populated.

बसाना *(basānā)* स० क्रि० to cause to dwell, to rehabilitate; to people, to colonize.

बसीला *(basīlā)* वि० odorous, foul in smell.

बसूली *(basūlī)* स्त्री० a mason's tool for cutting bricks or stone.

बसेरा *(baserā)* पु० night's lodging; nest, bird's resting place during night; abode, dwelling; nocturnal stay.

बस्ता *(bastā)* पु० bag, school bag; portfolio; bundle.

बस्ती *(bastī)* स्त्री० inhabited place, settlement; satellite town; colony.

बहकना *(bahaknā)* अ० क्रि० to be misled, to go astray; to be excited or intoxicated.

बहकाना *(bahkānā)* स० क्रि० to mislead, to deceive, delude; to instigate.

बहकावा *(bahkāvā)* पु० misleading, delusion, inveiglement; trick, ruse.

बहन *(bahn)* see बहिन

बहना *(bahnā)* स० क्रि० to flow; to blow; to ooze.

बहनोई *(bahnoī)* पु० sister's husband, brother-in-law.

बहरा *(bahrā)* वि० deaf.

बहरापन *(bahrāpan)* पु० deafness.

बहलना *(bahalnā)* अ० क्रि० to be amused or entertained.

बहलाना *(bahlānā)* स० क्रि० to amuse, to entertain.

बहलाव *(bahlāv)* पु० diversion; amusement, recreation, entertainment.

बहलावा *(bahlāvā)* पु० allurement, enticement; false hope.

बहस *(bahs)* स्त्री० (अ०) discussion; argument; debate, contention; pleading.

बहादुर *(bahādur)* वि० (फ़ा०) brave, valiant, bold.

बहादुरी *(bahādurī)* स्त्री० bravery, valour, boldness.

बहाना[1] *(bahānā)* स० क्रि० to cause to flow; to squander; to sell cheap.

बहाना[2] *(bahānā)* पु० (फ़ा०) excuse, pretext.

बहानेबाज़ *(bahāne-bāz)* पु० (फ़ा०) pretender.

बहानेबाज़ी *(bahāne-bāzī)* स्त्री० (फ़ा०) pretention, making an excuse.

बहार *(bahār)* स्त्री० (फ़ा०) spring or blooming season; delight, merriment, jubilance; elegance, beauty, glory, etc.

बहाली *(ba-hālī)* स्त्री० (फ़ा०) reinstatement, restoration.

बहाव *(bahāv)* पु० flow, drift; course of a river; flush, flux.

बहिन *(bahin)* स्त्री० sister.

बहिरंग *(bahirang)* वि० outer, external, outward; unessential; extraneous.

बहिर्गमन *(bahir-gaman)* पु० exit, going out.

बहिश्त *(bahiśt)* पु० heaven.

बहिष्कार *(bahiṣkār)* पु० exclusion, expulsion; removal, boycott.

बहिष्कृत *(bahiṣkrit)* वि० excluded or expelled; removed; boycotted.

बही *(bahī)* स्त्री० book of accounts, ledger.

बही–खाता *(bahī-khāta)* पु० ledger, account book; record-book; book keeping.

बहुअर्थक *(bahu-arthak)* वि० polysemantic, polysemous.

बहुआयामी *(bahu-ayāmi)* वि० variegated; having many plans or levels.

बहुज्ञ *(bahugva)* वि० versatile, scholarly, learned.

बहुज्ञता *(bahugvatā)* स्त्री० state of being well-versed in many things, versatility; polymathy.

बहुत[1] *(bahut)* वि० much, abundant, plentiful, immense; many.

बहुत[2] *(bahut)* क्रि० वि० very, extremely.

बहुतायत *(bahutāyat)* स्त्री० muchness, abundance, plenty.

बहुतेरा *(bahuterā)* वि० very much, enough; in many ways.

बहुतेरे *(bahutere)* वि० many, numerous.

बहुधंधी *(bahu-dhandhi)* वि० engaged in many jobs, busy in multifarious activities.

बहुधा *(bahudhā)* क्रि० वि० often, frequently, usually; in many ways.

बहुपतित्व *(bahu-patitva)* पु० polyandry.

बहुपत्नीक *(bahu-patnik)* पु० polygamist.

बहुपत्नीप्रथा *(bahu-patnikprathā)* स्त्री० polygamy.

बहुभाषी[1] *(bahu-bhāshi)* पु० polyglot; multilinguist.

बहुभाषी[2] *(bahu-bhāshi)* वि० multilingual; talkative, loquacious.

बहुभुज *(bahu-bhuj)* पु० polygon.

बहुमत *(bahu-mat)* पु० many different opinions; majority opinion; majority.

बहुमुखी *(bahu-mukhi)* वि० versatile.

बहुमूल्य *(bahu-mulya)* वि० costly, precious, invaluable.

बहुरंगी *(bahu-rangī)* वि० multicoloured, many-hued.

बहुरूपिया[1] *(bahu-rupiyā)* पु० person who assumes various characters and disguises, mimic, imposter.

बहुरूपिया[2] *(bahu-rupiyā)* वि० multimorphic.

बहुल *(bahul)* वि० abundant, plenti-

ful.

बहुलता *(bahulatā)* स्त्री० immensity, multiplicity, abundance, plenty.

बहुवचन *(bahu-vacān)* पु० the plural number.

बहुविद्याविज्ञान *(bahu-vidyavignān)* पु० polymathy.

बहुविध *(bahu-vidh)* वि० multifarious, variegated.

बहुविधता *(bahu-vidhatā)* स्त्री० multifariousness, variety.

बहुविवाह *(bahu-vivāh)* पु० polygamy, polyandry.

बहुशः *(bahuśah)* क्रि० वि० repeatedly, again and again, many a time, frequently.

बहुश्रुत *(bahuśrut)* वि० polymathic, well-informed.

बहू *(bahū)* स्त्री० son's wife, daughter-in-law; bride; wife.

बहेलिया *(baheliyā)* पु० fowler; hunter.

बाँकपन, बाँकपना *(bāṁkpan)* पु० curvedness; wantonness; crookedness; dandyism, foppishness.

बाँका *(bāṁkā)* वि० bent, curved; wanton, dandyish; foppish, showy; chivalrous, gallant.

बाँकुरा *(bāṁkurā)* वि० brave, beroic; clever; crooked; sharp.

बाँग *(bāṁg)* स्त्री० (फ़ा०) sound, voice; crowing of a cock at dawn; call for prayer by the mullah from a mosque.

बाँचना *(bāṁcnā)* स० क्रि० to read out, decipher.

बाँझ[1] *(bāṁjh)* वि० barren (woman); unfertile, sterile.

बाँझपन *(bāṁjhpan)* पु० barrenness; unproductiveness, sterility.

बाँट *(bāṁt)* स्त्री० act of dividing or distributing; part, portion, share; dealing out (cards).

बाँटना *(bāṁṭnā)* स० क्रि० to divide, to apportion; to distribute; to deal out.

बाँदी *(bāṁdī)* स्त्री० maid-servant, bondmaid, female serf.

बाँध *(bāṁdh)* पु० embankment, dam, barrage; dike.

बाँधना *(bāṁdhnā)* स० क्रि० to bind, to fasten, to tie; to wrap around; to pack; to fold, to imprison.

बांधव *(bāndhav)* पु० fraternal relations, kith and kin, brethren.

बाँबी *(bāṁbī)* बाँमी स्त्री० snake's hole; ant hill;

बाँस *(bāṁs)* पु० bamboo; pole; spinal chord.

बाँसुरी *(bāṁsurī)* स्त्री० pipe, flute.

बाँह *(bāṁh)* स्त्री० arm; sleeve.

बाअदब *(bā-adab)* वि० (फ़ा०) respectful.

बाएँ *(bāyen)* क्रि० वि० to the left, on the left hand side.

बाक़ायदा *(bāqāyadā)* वि० (फ़ा०) systematic, regular.

बाक़ी *(bāqī)* वि० (अ०) remaining, left over.

बाग *(bāg)* स्त्री० reins, bridle.

बाग़ *(bāg)* पु० (फ़ा०) garden, park.

बागडोर *(bāg-dor)* स्त्री० reins.

बाग़बान *(bāg-bān)* पु० (फ़ा०) gardener, horticulturist.

बाग़बानी *(bāg-bānī)* स्त्री० (फ़ा०) gardening, horticulture.

बाग़ी *(bāgī)* वि० (अ०) rebellious,

revolting.

बाग़ीचा *(bāgīcā)* पु० (फ़ा०) small garden, park.

बाघ *(bāgh)* पु० lion, tiger.

बाज़ *(bāz)* पु० (फ़ा०) hawk, falcon.

बाजरा *(bājrā)* पु० species of millet, plant of millet.

बाजा *(bājā)* पु० musical instrument.

बाज़ार *(bāzār)* पु० (फ़ा०) market, market-place, bazar.

बाज़ारू *(bāzārū)* वि० pertaining to the market; low, vulgar.

बाजी *(bāzī)* स्त्री० elder sister.

बाज़ी *(bāzī)* स्त्री० (फ़ा०) stake, bet, wager; play; performance, turn.

बाज़ीगर *(bāzīgar)* पु० (फ़ा०) juggler, magician, conjurer.

बाज़ीगरी *(bāzīgari)* स्त्री० jugglery, conjuring, conjury.

बाट[1] *(bāṭ)* स्त्री० way, path, course; twine, coil, twist.

बाट[2] *(bāṭ)* पु० measure of weight.

बाड़ा *(bāṛā)* पु० enclosed space, enclosure, fold.

बाढ़ *(bāṛh)* स्त्री० growth; inundation, flood; abundance, plenty; profit, gain.

बाण *(bāṇ)* पु० arrow.

बात *(bāt)* स्त्री० speech, conversation, talk, discourse; thing, matter; fact, point; counsel; discussion, negotiation; utterance, statement, commitment; word; happening; excuse.

बातचीत *(bātcīt)* स्त्री० talks, conversation, discourse, negotiations; dialogue.

बातूनी *(bātūnī)* वि० talkative, loquacious; garrulous.

बादल *(bādal)* पु० cloud.

बादशाह *(bādśah)* पु० (फ़ा०) king, monarch, sovereign; king in the playing cards or chess.

बादशाहत *(bādśāhat)* स्त्री० kingship; reign.

बादाम *(bādām)* पु० (फ़ा०) almond.

बादामी *(bādāmī)* वि० almond coloured, brown; almond shaped; made of or containing almonds.

बाधक *(bādhak)* वि० obstructive, hindering, impeding, resistant.

बाधा *(bādhā)* स्त्री० obstruction, hindrance, impediment; bar, handicap; interference, interruption; trouble; disturbance, obsession (of an evil spirit, etc.)

बाधित *(bādhit)* वि० restricted; handicapped; barred; impeded; obstructed; obsessed.

बाध्य *(bādhya)* वि० restricted, checked; obliged; compelled.

बाध्यता *(bādhyatā)* स्त्री० duress, coercion; obligation.

बानक *(bānak)* पु० guise; appearance, form; shape.

बानगी *(bānagī)* स्त्री० specimen; sample; fore-taste.

बानर *(bānar)* पु० monkey.

बाप *(bāp)* पु० father.

बाबा *(bābā)* पु० (फ़ा०) father; grandfather; old man; sage, ascetic.

बाबू *(bābū)* पु० educated man, gentleman; clerk.

बायाँ *(bāyāṁ)* वि० left.

बायें *(bāyeṁ)* क्रि० वि० to the left; in the opposite camp.

बारंबार *(bārambār)* क्रि० वि० again and again, repeatedly, time and again, frequently.

बारंबारता *(bārambārtā)* स्त्री० frequency.

बार[1] *(bār)* स्त्री० time; delay; turn.

बार[2] *(bār)* पु० association of lawyers; profession of lawyers; liquor shop; dancing hall.

बार-बार *(bār-bār)* क्रि० वि० again and again, time and again.

बारहबाट *(bārah-bāt)* वि० scattered all round, cast to winds; at sixes and sevens, thrown into confusion.

बारहसिंगा *(bārā-simhā)* पु० stag.

बारात *(bārāt)* see बरात

बाराती *(bārātī)* see बराती

बारिश *(bāriś)* स्त्री० (फ़ा०) rain, shower, rainy season.

बारी *(bārī)* स्त्री० turn; day of the cyclic fever.

बारी-बारी *(bārī-bārī)* से क्रि० वि० turn by turn.

बारीक *(bārīk)* वि० (फ़ा०) thin, fine; slender; subtle.

बारीकी *(bārīkī)* स्त्री० (फ़ा०) fineness, minuteness; subtlety.

बारूद *(bārūd)* स्त्री० (फ़ा०) gun powder.

बारूदख़ाना *(bārūdkhanā)* पु० (फ़ा०) magazine, arsenal, armonry.

बाल *(bāl)* पु० hair.

बालक *(bālak)* पु० child, boy; ignorant person.

बालकपन *(bālakpan)* पु० boyhood.

बालटी *(bālṭi)* स्त्री० bucket.

बालपन *(bālpan)* पु० childhood.

बालम *(bālam)* पु० husband, beloved, sweetheart.

बाला *(bālā)* स्त्री० adolescent girl, young woman.

बालानशीन *(bālā-naśin)* वि० (फ़ा०) honourable, distinguished; the best, the finest.

बालिका *(bālikā)* स्त्री० female child, young girl.

बालिग़ *(bālig)* वि० (अ०) adult.

बालिश्त *(bāliśt)* पु० (अ०) span measured by the extended thumb and little finger.

बाली *(bālī)* स्त्री० ear-ring; ear or spike of corn.

बालुका *(bālukā)* स्त्री० sand.

बालू *(bālū)* स्त्री० sand; silica.

बाल्टी *(bālṭi)* see बालटी

बाल्यकाल *(bālyakā)l* पु० childhood.

बाल्यावस्था *(bālyavastha)* स्त्री० age of childhood.

बावड़ी *(bāvṛī)* स्त्री० deep pucca well with steps.

बावरची *(bāvarcī)* पु० (फ़ा०) cook, butler.

बावरचीख़ाना *(bāvarcīkhānā)* पु० (फ़ा०) cook-house, kitchen.

बावला *(bāvalā)* वि० mad, insane, deranged, crazy.

बावलापन *(bāvlāpan)* पु० madness, craziness, insanity.

बावली *(bāvalī)* स्त्री० small tank with steps all round.

बावेला *(bāvelā)* पु० furore, ballyhoo, uproar, tumult.

बाशिंदा *(bāśindā)* पु० (फ़ा०) dweller, resident, inhabitant, denizen.

बाष्पीकरण *(baśpikaran)* पु० evaporation, vaporization.

बास[1] *(bās)* पु० dwelling, residing; lodge; dress.

बास[2] *(bās)* स्त्री० foul smell, obnoxious odour.

बासा[1] *(bāsā)* वि० stale, kept overnight.

बासा[2] *(bāsā)* पु० habitat, dwelling place.

बासी *(bāsī)* see बासा

बाहर *(bāhar)* क्रि० वि० outside; without; beyond; away.

बाहरी *(bāhrī)* वि० external, outward, outer, foreign.

बाहु *(bāhu)* स्त्री० arm.

बाहुपाश *(bāhu-pās)* पु० embrace; arm girdle.

बाहुबल *(bāhu-bal)* पु० strength of arm, muscular strength.

बाहुल्य *(bāhulya)* पु० abundance, plenty, exuberance.

बाह्य *(bāhya)* वि० outer, external, outward; foreign; strange.

बाह्यतः *(bahyatāh)* क्रि० वि० externally.

बिंदी *(bindī)* स्त्री० dot; cypher; small vermilion mark on forehead.

बिंदु *(bindu)* पु० drop of water; detached particle; (geom.) point; zero, cipher, bull's eye (in shooting).

बिंब *(bimb)* पु० reflection; shadow; image; disc.

बिकना *(bikanā)* अ० क्रि० to be sold, to sell; to be blind follower, to be enslaved.

बिकवाना *(bikavānā)* स० क्रि० to get sold, to cause to sell.

बिकाऊ *(bikāū)* वि० saleable, for sale.

बिक्री *(bikrī)* स्त्री० sale; circulation; act of selling, marketing; disposal.

बिखरना *(bikharnā)* अ० क्रि० to be strewn or dispersed; to be scattered or diffused (light); to spill.

बिखराना *(bikharānā)* see बिखेरना

बिखराव *(bikhrāv)* पु० scattering, diffusion; disunity, disintegration.

बिखेरना *(bikhernā)* स० क्रि० to scatter, to strew; to diffuse; to spill.

बिगड़ना *(bigaṛnā)* अ० क्रि० to be disfigured or deformed; to be spoilt; to be disordered; to be damaged; to become vicious, wicked or unruly; to be enraged.

बिगड़ैल *(bigṛail)* वि० short-tempered, peevish.

बिगाड़ *(bigāṛ)* पु० disfigurement, defacement; disorder; defect; damage, harm; injury; rift, discord.

बिगाड़ना *(bigāṛanā)* स० क्रि० to ruin, spoil, mar; to vitiate; to damage; to put out of order.

बिगुल *(bigul)* पु० (अ०) bugle.

बिचरना *(bicarnā)* अ० क्रि० to go in a leisurely manner; to walk about, to roam, to loiter, to ramble.

बिचला *(bicalā)* वि० middle; intervening; of middle class; moderate.

बिचौलिया *(bicauliyā)* पु० middleman, intermeddler, intermediary, go-between; broker.

बिच्छू *(bicchū)* पु० scorpion; a kind of grass.

बिछवाना *(bichvānā)* स० क्रि० to cause to be spread, to have (a carpet etc.) spread.

बिछाना *(bichānā)* स० क्रि० to spread, to spread out, to extend, to lay.

बिछुड़ना *(bichuṛanā)* अ० क्रि० to separate, to part company.

बिछोह *(bichoh)* पु० painful separation, parting.

बिछौना *(bichaunā)* पु० bed, bedding.

बिजली *(bijlī)* स्त्री० lightning, thunderbolt; electricity.

बिजलीघर *(bijlīghar)* पु० powerhouse, powerstation.

बिजूका *(bijūkā)* बिजूखा पु० scarecrow.

बिटिया *(biṭiyā)* स्त्री० little daughter; girlie.

बिठलाना, बिठाना *(biṭhlānā)* स० क्रि० to cause to sit, to seat; to fix; to take (a woman) as kept.

बिड़ाल *(biṛāl)* पु० he-cat.

बितंडा *(bitamḍā)* पु० mess.

बिताना *(bitānā)* स० क्रि० to pass or spend.

बिदकना *(bidakanā)* अ० क्रि० to be scared; to shirk (from); to shy, to be alarmed, to be startled; to be provoked.

बिदकाना *(bidakānā)* स० क्रि० to scare; to startle; to cause to recede or draw back.

बिदा *(bidā)* स्त्री० farewell; permission to depart; departure.

बिदाई *(bidāī)* स्त्री० farewell, farewell function; deparure; present made by a host to a visitor; ceremonial farewell.

बिनती *(binatī)* स्त्री० request, importunity; submission.

बिनना *(binanā)* स० क्रि० to pick out (bad ones); to knit, to weave.

बिनवाना *(binavānā)* स० क्रि० to cause to be knitted or woven.

बिना[1] *(binā)* स्त्री० (अ०) cause, plea,

बिना[2] *(binā)* क्रि० वि० without.

बिनाई *(bināī)* स्त्री० knitting, weaving; picking; charges for weaving or knitting; charges for picking.

बिफरना *(bipharnā)* वि० to be visibly annoyed; to be provoked; to be startled.

बिरला *(birlā)* वि० rare.

बिरवा *(birvā)* पु० sapling, seedling.

बिरही *(birahī)* पु० lover in pangs of separation.

बिराजना *(birājanā)* अ० क्रि० to be seated gracefully, to look fine.

बिरादराना *(birādarānā)* वि० (फ़ा०) brotherly, fraternal.

बिरादरी *(birādarī)* स्त्री० (फ़ा०) community; brotherhood; fraternity.

बिल *(bil)* पु० hole; bill; bill of exchange.

बिलखना *(bilakhanā)* अ० क्रि० to weep bitterly, to lament, to wail.

बिलगाना *(bilgānā)* स० क्रि० to separate, to detach, De0 ef to be separated.

बिलगाव *(bilagāv)* पु० separation, parting; detachment; disintegration.

बिलना *(bilanā)* अ० क्रि० to be rolled into flat cakes.

बिलबिलाना *(bilbilānā)* अ० क्रि० to writhe; to wriggle; to be restless with pain, to toss about in torment.

बिलाव *(bilāv)* पु० tom-cat.

बिल्कुल *(bilkul)* क्रि० वि० entirely, wholly; solely; absolutely, quite.

बिल्ला *(billā)* पु० male cat; badge, insignia.

बिल्ली *(billī)* स्त्री० female cat; latch.

बिवाई *(bivāī)* स्त्री० kibe or chap on the heel, chilblain.

बिसरना *(bisarnā)* अ० क्रि० to be forgotten.

बिसराना *(bisarānā)* स० क्रि० to forget.

बिसात *(bisāt)* स्त्री० (अ०) capacity or power; sheet etc. that is spread out; chess-cloth, dice-board, etc.

बिसातख़ाना *(bisāt-khānā)* पु० (अ०) departmental store, small wares store, general store; haberdashery.

बिसाती *(bisātī)* पु० (अ०) vendor of small wares, general merchant.

बिसूरना *(bisurnā)* अ० क्रि० to cry slowly, to sob, to wail.

बिस्तर *(bistar)* पु० (फ़ा०) bed, bedding.

बिस्तरबंद *(bistarband)* पु० (फ़ा०) hold-all.

बिस्मिल्लाह *(bismillāh)* स्त्री० (अ०) beginning.

बिहँसना *(bihaṁsanā)* अ० क्रि० to smile, to laugh.

बींधना *(bīṁdhanā)* स० क्रि० to perforate; to bore through; to pierce.

बीच *(bīc)* पु० middle, midst, centre.

बीच–बचाव *(bīc-bacāv)* पु० interposition, intervention, mediation.

बीचोबीच *(bīco-bīc)* क्रि० वि० exactly in the middle.

बीज *(bīj)* पु० seed; cause, source, origin.

बीजक *(bījak)* पु० list; invoice, inventory, bill.

बीजगणित *(bīj-ganit)* पु० algebra.

बीजमंत्र *(bīj-mantra)* पु० keynote.

बीजारोपण *(bījāropan)* पु० sowing; initiation.

बीतना *(bītanā)* अ० क्रि० to pass, to elapse, to expire; to befall, to happen, to occur.

बीनना *(bīnanā)* स० क्रि० to pick, to gather, to pluck; to pick out, to select; to glean.

बीनाई *(bīnāi)* स्त्री० vision, eye-sight.

बीभत्स *(bībhats)* वि० abhorrent, loathsome, horrid; sinful; rotten.

बीमा *(bīmā)* पु० (फ़ा०) insurance.

बीमार[1] *(bīmār)* वि० (फ़ा०) sick, ill, ailing, unwell, indisposed.

बीमार[2] *(bīmār)* पु० (फ़ा०) patient.

बीमारी स्त्री० (फ़ा०) illness, ailment, sickness; disease.

बीवी *(bīvī)* स्त्री० (फ़ा०) wife, lady.

बीहड़ *(bīhar)* वि० uncultivated, uneven (land), rugged, rough; arduous, difficult to do; cut off, detached; dense, thick.

बुज़दिल *(buzdil)* वि० (फ़ा०) cowardly, timid.

बुज़दिली *(buzdilī)* स्त्री (फ़ा०) cowardice, timidity.

बुज़ुर्ग[1] *(buzurg)* पु० (फ़ा०) respectable man; elderly man; ancestor.

बुज़ुर्ग[2] *(buzurg)* वि० (फ़ा०) aged, elderly; venerable.

बुज़ुर्गी *(buzurgī)* स्त्री० (फ़ा०) elderliness, agedness; respectability.

बुझना *(bujhanā)* अ० क्रि० to be put out, to be extinguished; to be cooled; to be pacified; to be quenched.

बुझाना *(bujhānā)* स० क्रि० to put out, to extinguish; to quench; to cool by putting into water; to pacify; to gratify.

बुड्ढा[1] *(buḍḍhā)* वि० old, aged.

बुड्ढा[2] *(buḍḍhā)* पु० old man.

बुढ़ापा *(buṛhāpā)* पु० old age; senility.

बुढ़िया *(buṛhiyā)* स्त्री० old woman.

बुत *(but)* पु० (फ़ा०) idol, image, statue.

बुदबुदाना *(budbudānā)* अ० क्रि० to effervesce, to bubble; to gabble, mutter.

बुदबुदाहट *(budbudāhat)* स्त्री० effervescence; muttering, gabbering.

बुद्धि *(buddhi)* स्त्री० perception, comprehension; intelligence; wisdom; mind, intellect; sense.

बुद्धिगम्य *(budhi-gamya)* वि० intelligible, understandable, perceptible.

बुद्धिजीवी *(budhi-jivi)* पु० mental worker.

बुद्धिमत्ता *(budhi-mattā)* स्त्री० wisdom, sagacity, intelligence.

बुद्धिमान *(budhi-mān)* वि० intelligent, brilliant; wise, prudent; sensible, sagacious.

बुद्धिमानी *(budhi-mānī)* स्त्री० intelligence; wisdom, sagacity; prudence.

बुद्धू *(buddhū)* वि० dull, stupid, foolish, blockheaded.

बुद्धूपना *(buddhūpanā)* पु० foolishness, stupidity, dullardness.

बुध *(budh)* पु० wednesday; Mercury (planet).

बुनना *(bunanā)* स० क्रि० to weave; to knit; to intertwine.

बुनवाना *(bunavānā)* स० क्रि० to cause to be woven, to get (a thing) woven.

बुनवाई *(bunavāī)* स्त्री० act of weaving; wages for weaving.

बुनाई *(bunāī)* स्त्री० weaving, knitting; design of weaving or knitting; weaving charges.

बुनावट *(bunāvaṭ)* स्त्री० design or texture.

बुनियाद *(buniyād)* स्त्री० (फ़ा०) basis, ground; foundation.

बुनियादी *(buniyādī)* वि० (फ़ा०) pertaining to foundation; basic; fundamental.

बुरा *(burā)* वि० bad, evil; evil-minded; immoral; villainous; ugly, ill-looking, disagreeably unpleasant; odious, hateful; faulty, defective; vicious.

बुराई *(burāī)* स्त्री० evil deeds; badness, wickendness; accusation; evil, vice; flaw, fault, defect.

बुरादा *(burādā)* पु० (फ़ा०) filings, saw-dust.

बुर्ज *(burj)* पु० (अ०) bastion, turret;

tower.

बुलंद *(buland)* वि० (फ़ा०) very high, lofty; elevated, exalted.

बुलंदी *(bulandī)* स्त्री० (फ़ा०) loftiness, height.

बुलबुल *(bulbul)* स्त्री० (अ०) nightingale.

बुलबुला *(bulbulā)* पु० bubble.

बुलवाना *(bulvānā)* स० क्रि० to cause to talk; to cause to be sent for, to send for; to convene, to summon.

बुलाना *(bulānā)* स० क्रि० to call, to send for; to convene, to summon, to invite.

बुलावा *(bulāvā)* पु० call, invitation, summons.

बुवाई *(buvāī)* स्त्री० sowing; wages paid for sowing; method of sowing.

बुहारना *(buhārnā)* स० क्रि० to sweep.

बुहारी *(buhārī)* स्त्री० broom, mop.

बूँद *(būṁd)* स्त्री० drop.

बूँदा-बाँदी *(būṁdā-bāndi)* स्त्री० intermittent rain, drizzle.

बू *(bū)* स्त्री० (फ़ा०) foul smell, stink.

बूचड़ख़ाना *(būcār-khānā)* पु० slaughter-house.

बूझ *(būjh)* स्त्री० perception, understanding, intelligence, comprehension; riddle; faculty of guessing the future correctly.

बूझना *(būjhanā)* स० क्रि० to understand, perceive, make out, comprehend; to reach the depth of; to guess correctly, to pose (a riddle) for solution.

बूटेदार *(būte-dar)* वि० embroidered.

बूढ़ा *(būṛhā)* वि० old, aged, senile.

बूढ़ी *(būṛhī)* स्त्री० old woman.

बूता *(būtā)* पु० strength, power, ability, capacity, capability.

बृहत् *(bṛhat)* वि० large, big, bulky; strong.

बेंच *(beṁc)* स्त्री० (अ०) bench in general; seats of judges in courts; seats allotted to a party for its members in Parliament, etc.

बेअक़्ल *(be-aqla)* वि० (फ़ा०) stupid, senseless, foolish.

बेअदब *(be-adab)* वि० (फ़ा०) ill-behaved, unmannerly; disrespectful; rude, impolite, impudent.

बेअदबी *(be-adabī)* स्त्री० (फ़ा०) incivility, rudeness, disrespect; impudence, impoliteness.

बेआबरू *(be-ābru)* वि० (फ़ा०) dishonoured, disgraced, humiliated, insulted.

बेइंतिहा *(be-intahā)* वि० (फ़ा०) endless, without end.

बेइंसाफ़ी *(be-insāfī)* स्त्री० (फ़ा०) injustice, wrong; inequality.

बेइज़्ज़त *(be-izzat)* वि० (फ़ा०) without honour or dignity; disgraced, humiliated, insulted.

बेइज़्ज़ती *(bbe-izzatī)* स्त्री० (फ़ा०) dishonour, disgrace, ignominy.

बेईमान *(be-imān)* वि० (फ़ा०) corrupt, dishonest, unscrupulous.

बेईमानी *(be-imānī)* स्त्री० (फ़ा०) dishonesty; breach of trust; unfair dealing.

बेक़द्री *(be-qadri)* स्त्री० (फ़ा०) disgrace, dishonour, disrespect.

बेक़रार *(be-qarār)* वि० (फ़ा०) restless, uneasy, disturbed in mind, impatient.

बेक़रारी *(be-qarāri)* स्त्री० (फ़ा०) restlessness, uneasiness, impatience.

बेकल *(be-kal)* वि० (फ़ा०) perturbed, restless, uneasy.

बेकली *(be-kali)* स्त्री० (फ़ा०) restlessness, perturbed state of mind, uneasiness, disquiet.

बेकस *(bekas)* वि० (फ़ा०) helpless; hapless, destitute.

बेकसी *(bekasi)* स्त्री० (फ़ा०) helplessness; destitution, helplessness.

बेक़सूर *(be-qasur)* वि० (फ़ा०) innocent, faultless, guiltless.

बेक़ाबू *(be-qābu)* वि० (फ़ा०) out of control, beyond control.

बेक़ायदा *(be-qāyada)* वि० (फ़ा०) unarranged, irregular, without order.

बेकार[1] *(bekār)* वि० (फ़ा०) idle, unemployed; unserviceable, good for nothing, useless.

बेकार[2] *(bekār)* क्रि० वि० (फ़ा०) to no purpose, for no rhyme or reason.

बेकारी *(bekārī)* स्त्री० (फ़ा०) the state of being unemployed, unemployment.

बेखटक *(be-khatak)* बेखटके क्रि० वि० without apprehension or doubt, fearlessly, unhesitatingly.

बेख़बर *(be-khabar)* वि० (फ़ा०) uninformed, unaware; oblivious.

बेख़बरी *(be-khabari)* स्त्री० (फ़ा०) oblivion, obliviousness; unawareness; ignorance.

बेखुदी *(be-khudi)* स्त्री० (फ़ा०) senselessness.

बेग़म *(begam)* स्त्री० (तु०) lady; title of king's wife or chieftain's wife, etc.; playing card with queen's picture.

बेग़रज़ *(begaraz)* वि० (फ़ा०) selfless, having no selfish motive or interest.

बेगाना *(begānā)* वि० (फ़ा०) not related; alien, unknown.

बेगार *(begār)* स्त्री० (फ़ा०) forced labour without payment.

बेगुनाह *(begunāh)* वि० (फ़ा०) guiltless, innocent.

बेगुनाही *(begunāhi)* स्त्री० (फ़ा०) guiltlessness, innocence.

बेग़ैरत *(beghairat)* वि० (फ़ा०) shameless, having no self-respect.

बेघर *(be-ghar)* वि० homeless, without hearth and home.

बेचना *(becanā)* स० क्रि० to sell.

बेचारा *(be-cāra)* वि० (फ़ा०) without remedy or resources; helpless; destitute.

बेचैन *(be-cāin)* वि० uneasy, restless or disturbed.

बेचैनी *(be-cāinī)* स्त्री० (फ़ा०) uneasiness, restlessness, disquietude.

बेजा *(bejā)* वि० (फ़ा०) improper, unfair.

बेजोड़ *(bejor)* वि० unparalleled, unmatched, matchless, unprecedented; incongruous; inharmonious; discordant.

बेटा *(beṭā)* पु० son.

बेटी *(beṭī)* स्त्री० daughter.

बेड़ा *(berā)* पु० fleet of boats or ships, flotilla; raft of timbers, plants etc.

बेड़ी *(berī)* स्त्री० fetters, shackles; boat; small fleet; bondage.

बेडौल *(be-daul)* वि० disproportionate, shapeless; ill-fashioned, ugly, clumsy; unsymmetrical.

बेढंगा *(be-dhanga)* वि० ill-mannered, ill-behaved; ill-arranged, unsystematic; ugly, unshapely.

बेढब *(be-dhab)* वि० ugly, unshapely; unmannerly, rude; unmanageable; crooked; unsystematic.

बेतरतीब *(be-tartib)* वि० (फ़ा०) disorderly, ill-arranged, unsystematic.

बेतरतीबी *(be-tartibi)* स्त्री० (फ़ा०) disorderliness, absence of system, method or order.

बेतहाशा *(be-tahāśā)* क्रि० वि० (फ़ा०) at top speed, very swiftly; wildly, recklessly, indiscreetly, rashly.

बेताब *(be-tāb)* वि० (फ़ा०) restless, uneasy, impatient, restive.

बेताबी *(be-tābi)* स्त्री० (फ़ा०) restlessness, uneasiness, impatience.

बेतुका *(be-tukā)* वि० absurd, nonsensical; incoherent, irrelevant.

बेतुकापन *(be-tukāpan)* पु० absurdity; irrelevance; ridiculousness; incongruity.

बेदख़ल *(be-dakhal)* वि० (फ़ा०) dispossessed, evicted; ousted, forced out.

बेदख़ली *(be-dakhalī)* स्त्री० (फ़ा०) dispossession, ejectment, eviction.

बेदर्दी *(be-dardi)* स्त्री० (फ़ा०) cruelty; inhumanity, mercilessness.

बेदाग़ *(be-dāg)* वि० (फ़ा०) blotless, spotless, clean, stainless; without blemish; innocent, guiltless.

बेदिल *(be-dil)* वि० (फ़ा०) dejected; heartless.

बेधड़क[1] *(be-dharak)* क्रि० वि० fearlessly, dauntlessly; recklessly, rashly.

बेधना *(bedhanā)* स० क्रि० to pierce, to perforate, to bore; to wound, to stab.

बेपनाह *(bepanāh)* वि० (फ़ा०) shelterless, homeless, very much, excessive.

बेपरदगी, बेपर्दगी *(be-pardagi)* स्त्री० (फ़ा०) nakedness; encroachment on privacy; exposure, insult.

बेपरदा *(bepardā)* वि० (फ़ा०) unveiled, barefaced; having no privacy; exposed.

बेफ़िक्र *(be-fikra)* वि० (फ़ा०) carefree.

बेफ़िक्री *(be-fikri)* स्त्री० (फ़ा०) freeness from care or anxiety, carefreeness.

बेबस *(bebas)* वि० (फ़ा०) powerless; helpless.

बेबसी *(bebasi)* स्त्री० (फ़ा०) helplessness; powerlessness.

बेबाक़ *(bebāq)* वि० (फ़ा०) forthright, intrepid, dauntless; cleared off.

बेमतलब *(be-matlab)* क्रि० वि० (फ़ा०) purposelessly, irrelevantly.

बेमिसाल *(be-misāl)* वि० (फ़ा०) unparalleled, unprecedented, unique.

बेमेल *(be-mel)* वि० without unison, unharmonious, incongruous, incoherent.

बेर[1] *(ber)* पु० jujube tree and its fruit; plum.

बेर[2] *(ber)* स्त्री० time, turn.

बेरहम *(beraham)* वि० (फ़ा०) pitiless, merciless, cruel.

बेरहमी *(berahami)* स्त्री० (फ़ा०) hard-heartedness, cruelty, mercilessness.

बेरी *(berī)* स्त्री० jujube tree; plum tree.

बेरुखी *(berukhi)* स्त्री० (फ़ा०) indifference, neglect.

बेरोक *(berok)* वि० unobstructed unhindered, unhampered.

बेरोज़गार *(berozgār)* वि० (फ़ा०) unemployed.

बेरोज़गारी *(berozgārī)* स्त्री० (फ़ा०) unemployment.

बेल *(bel)* स्त्री० wood apple and its fruit; creeper, climber, vine; lace.

बेलगाम *(be-lagām)* वि० (फ़ा०) unbridled; licentious, intemperate loose-tongued.

बेलचा *(belcā)* पु० (फ़ा०) shovel.

बेलन *(belan)* पु० cylinder of wood; rolling-pin; roller.

बेलना *(belnā)* स० क्रि० to roll.

बेलाग *(belāg)* वि० without stain or blemish, faultless; without any favour regard; irreproachable; frank, forthright, straight forward.

बेवकूफ़ *(bevaquf)* वि० (फ़ा०) foolish, stupid.

बेवकूफी *(bevaqufi)* स्त्री० (फ़ा०) stupidity, foolishness; want of understanding, ignorance.

बेवक़्त *(be-vaqta)* वि० (फ़ा०) untimely, inopportune.

बेवफ़ा *(be-vafā)* वि० (फ़ा०) faithless, perfidious, treacherous, disloyal.

बेवफ़ाई *(be-vafāi)* स्त्री० (फ़ा०) disloyalty, faithlessness, infidelity.

बेवा *(bevā)* स्त्री० (फ़ा०) widow.

बेशक *(beśak)* क्रि० वि० (फ़ा०) undoubtedly, doubtlessly, indeed, certainly, of course.

बेशर्म *(beśarm)* वि० (फ़ा०) shameless, impudent, immodest.

बेशर्मी *(beśarmi)* स्त्री० (फ़ा०) shamelessness, immodesty, impudence.

बेशुमार *(beśumār)* वि० (फ़ा०) countless, numberless, innumerable.

बेसब्र *(besabra)* वि० (फ़ा०) impatient; restive; fidgety.

बेसब्री *(besabri)* स्त्री० (फ़ा०) impatience, restivity; fidgetiness.

बेसहारा *(besahāra)* वि० (फ़ा०) helpless, without support.

बेसुध *(besudh)* वि० in a swoon; senseless, fainted; unaware; bewildered; absent-minded.

बेहद[1] *(behad)* वि० (फ़ा०) boundless, endless, too much, excessive.

बेहया *(behayā)* वि० (फ़ा०) shameless, immodest

बेहयाई *(behayāi)* स्त्री० (फ़ा०) shamelessness, impudence.

बेहाल *(behāl)* वि० (फ़ा०) in a sad plight, in a bad shape or state; afflicted, distressed.

बेहिसाब *(behisāb)* वि० (फ़ा०) countless, beyond calculation, incalculable.

बेहूदगी *(behūdagī)* स्त्री० (फ़ा०) impudence, smuttiness; vulgarity.

बेहूदा *(behūdā)* वि० (फ़ा०) impudent; nonsensical; smutty, vulgar.

बेहूदापन *(behūdāpan)* पु० smuttiness, obscenity.

बेहोश *(behoś)* वि० (फ़ा०) unconscious, senseless.

बेहोशी *(behośī)* स्त्री० (फ़ा०) unconsciousness, senselessness.

बैंगन *(baiṁgan)* पु० brinjal.

बैंगनी *(baiṁgnī)* वि० of the colour of brinjal, purple, violet.

बैठक *(baiṭhak)* स्त्री० sitting room, drawing room; sitting, meeting; a kind of exercise.

बैठना *(baiṭhanā)* अ० क्रि० to sit, to be seated; to settle, to cling; to sink down, to settle down; to be adjusted; to appear (in some examination) to cave in, to crash down, to sink; to fit in.

बैठाना *(baiṭhānā)* स० क्रि० to set; to cause to settle down; to cause to sit down, to cause to be seated; to place, to establish.

बैनाम *(bai-nām)* पु० (अ०) sale-deed.

बैर *(bair)* पु० enmity, hostility, animosity, ill-will.

बैरागी *(bairāgī)* पु० recluse.

बैल *(bail)* पु० bullock, ox; blockhead, fool.

बैलगाड़ी *(bailgari)* स्त्री० bullock-cart.

बैसाख *(baisākh)* पु० the second month according to the Hindu calendar.

बैसाखी *(baisākhī)* स्त्री० a festival falling on the first day of Baisakh; crutch.

बोआई *(boāī)* स्त्री० sowing; wages paid for sowing.

बोआना *(boānā)* स० क्रि० to cause to sow.

बोझ, बोझा *(bojhā)* पु० load, burden.

बोझिल *(bojhil)* वि० heavy, massive, burdensome.

बोटी *(boṭī)* स्त्री० small bit, slice or morsel of flesh or meat, chop of flesh.

बोतल *(botal)* स्त्री० bottle.

बोदा *(bodā)* वि० weak, feeble, low-spirited; dull-headed, stupid.

बोध *(bodh)* पु० knowledge, understanding, sense; perception; enlightenment.

बोधक[1] *(bodhak)* वि० causing to know, informing, signifying.

बोधक[2] *(bodhak)* पु० indicator; one who causes to know or teach.

बोधगम्य *(bodh-gamya)* वि० comprehensible, understandable.

बोधगम्यता *(bodh-gamyatā)* स्त्री० intelligibility, intelligible, comprehensibility.

बोना *(bonā)* स० क्रि० to sow, to plant, dwarf.

बोरा *(borā)* पु० gunny bag, sack.

बोरिया *(boriyā)* स्त्री० small sack or gunny bag.

बोरी *(borī)* स्त्री० small gunny bag.

बोल *(bol)* पु० utterance, phrase, sentence; speech, talk etc. opening words of a song; taunt.

बोल – चाल *(bol-cāl)* स्त्री० talk, conversation, parlance; mode of speech.

बोलती *(bolati)* स्त्री० power of speech, act of speaking.

बोलना *(bolanā)* अ० क्रि० to speak, to talk.

बोलबाला *(bol-bālā)* पु० influence; vogue, domination, sway.

बोली *(bolī)* स्त्री० speech (in general); dialect; bid (at an auction); jeer, taunt.

बौखलाना *(boukhalānā)* अ० क्रि० to talk nonsense out of passion or anger; to lose temper, to lose one's self-control in anger.

बौखलाहट *(boukhalāhat)* स्त्री० frenzy, fury, mental agitation, wild folly.

बौछार *(bauchār)* स्त्री० heavy shower of rain, volley.

बौद्ध[1] *(bauddh)* वि० pertaining to Buddhism.

बौद्ध[2] *(bauddh)* पु० Buddhist, follower of Lord Buddha and his religion.

बौद्धिक *(bauddhik)* वि० intellectual, mental.

बौद्धिकता *(bauddhikatā)* स्त्री० intellectualism.

बौना[1] *(baunā)* वि० dwarfish.

बौना[2] *(baunā)* पु० dwarf.

बौर *(baur)* पु० blossom of the mango tree.

बौराना *(baurānā)* अ० क्रि० to become crazy, to go off one's head; to blossom.

ब्याज *(byāj)* स्त्री० interest (on money).

ब्याजख़ोर *(byāj-khor)* पु० usurer.

ब्याजख़ोरी *(byāj-khorī)* स्त्री० usury.

ब्याह *(byāh)* पु० marriage, wedding.

ब्याहना *(byāhanā)* पु० to marry, to wed; to give or to take in marriage.

ब्योरा *(byorā)* पु० detailed account, details, particulars, description.

ब्योरेवार *(byore-vār)* क्रि० वि० in detail.

ब्रह्मचर्य *(brahmcārya)* पु० celibacy.

ब्रह्मचारी *(brahmcārī)* पु० celibate.

ब्रह्मांड *(brahmānd)* पु० universe, cosmos; the uppermost point of the skull.

भ *(bha)* the fourth letter of the fifth pentad of the Devnagri alphabet.

भंग[1] *(bhaṅg)* पु० see भंजन

भंग[2] *(bhaṅg)* वि० dismissed, discharge, dissolved.

भंग[3] *(bhaṅg)* स्त्री० hemp plant.

भंगिमा *(bhaṅgimā)* स्त्री० gesture, pose, posture; curvature, obliquity.

भंगी *(bhaṅgī)* पु० sweeper, scavenger.

भंगुर *(bhaṅgur)* वि० fragile, brittle; transitory, transient.

भंगुरता *(bhaṅguratā)* स्त्री० brittleness, fragility; transience; perishability.

भंजक *(bhañjak)* पु० one who breaks, breaker.

भंजन *(bhañjan)* पु० separation; demolition, destruction, iconoclasm; fracture; breach.

भंडा *(bhaṇḍā)* पु० utensil; secret.

भंडाफोड़ *(bhaṇḍāphor)* पु० exposure, disclosure.

भंडार *(bhaṇḍār)* पु० treasury; depository, repository; store-room, storage.

भंडारण *(bhaṇḍāran)* पु० storage.

भंडारा *(bhaṇḍārā)* पु० feast.

भंडारी *(bhaḍārī)* पु० store-keeper; cook; stockist.

भँड़ैती *(bhanṁṛaitī)* स्त्री० buffoonery, clownage.

भँवर *(bhaṁvar)* पु० whirlpool, vortex, eddy.

भँवरा *(bhaṁvrā)* पु० black-bee, bumble-bee.

भकोसना *(bhakosnā)* स० क्रि० to devour, to swallow hastily.

भक्त[1] *(bhakt)* वि० attached or devoted, loyal, faithful.

भक्त[2] *(bhakt)* पु० devotee, worshipper, follower.

भक्ति *(bhakti)* स्त्री० devotion, loyalty; service, worship, homage; attachment, affection; reverence.

भक्तिपरायण *(bhakti-parāyan)* वि० devoted, given to devotion.

भक्तिपूर्ण *(bhakti-purna)* वि० devotional.

भक्षक *(bhakṣak)* पु० voracious eater, devourer, glutton; eater, consumer.

भक्षण *(bhakṣan)* पु० eating, feeding, devouring.

भक्षी *(bhakṣī)* पु० eater.

भक्ष्य[1] *(bhaksya)* वि० edible, eatable.

भक्ष्य[2] *(bhaksya)* पु० edible, food.

भगंदर *(bhagandar)* पु० fistula in the anus.

भगदड़ *(bhagdaṛ)* स्त्री० stampede, panic.

भगवान् *(bhagvān)* स्त्री० The Supreme Being, God.

भगाना *(bhagānā)* स० क्रि० to cause to flee or escape, to cause to run away; to chase out; to elope, to kidnap, to abduct; to drive off, to remove, to dispel.

भगिनी *(bhaginī)* स्त्री० sister.

भगोड़ा *(bhagoṛā)* पु० absconder, fugitive; run-away, deserter.

भग्न *(bhagn)* वि० broken, shattered.

भग्नावशेष *(bhagnāvśes)* पु० remains, ruins, debris; relics.

भग्नाशा *(bhagnaśa)* स्त्री० despair, frustration, disappointment, dejection.

भजन *(bhajan)* पु० worship, adoration; hymn, devotional song.

भजना *(bhajanā)* स० क्रि० to worship, to repeat (God's name) with devotion.

भटकना *(bhaṭaknā)* अ० क्रि० to go astry, to lose the path; to wander about aimlessly; to be confused or perplexed, to be bewildered.

भटकाना *(bhaṭkānā)* स० क्रि० to cause to stray, to mislead; to bewilder.

भटकाव *(bhaṭkāv)* पु० aberration.

भट्ट *(bhaṭṭ)* पु० bard; scholarly Brahman.

भट्ठा *(bhaṭṭā)* पु० brick kiln.

भट्ठी *(bhaṭṭhī)* स्त्री० furnace, small kiln, oven; distillery.

भड़क *(bharak)* स्त्री० ostentation; glitter.

भड़कदार (*bhaṛakdār*) वि० ostentatious, gaudy.

भड़कना (*bhaṛaknā*) अ० क्रि० to be blown into flame, blaze up; to get excited or enraged, to flare up; to be startled, to be scared or alarmed.

भड़काना (*bhaṛkānā*) स० क्रि० to blow up into a flame, to kindle, to inflame; to provoke or incite; to intensify, to aggravate; to startle, scare, frighten.

भड़कीला (*bhaṛkīlā*) वि० glittering, showy, gaudy, ostentatious.

भड़कीलापन (*bhaṛkīlāpan*) पु० ostentation, tawdriness, gaudiness, flamboyance.

भड़ास (*bhaṛās*) स्त्री० accumulated grudge, stored-up spite, pent up feelings.

भड़ुआ (*bhaṛuā*) पु० attendant on a dancing girl; one who lives on the earnings of a prostitute, pimp, procurer; good for nothing fellow.

भतीजा (*bhatījā*) पु० nephew.

भतीजी (*bhatījī*) स्त्री० brother's daughter, niece.

भत्ता (*bhattā*) पु० allowance.

भद्दा (*bhaddā*) वि० clumsy, awkward, unseemly; slovenly, shoddy; improper, inapt, unsuitable.

भद्दापन (*bhaddāpan*) पु० awkwardness, clumsiness, vulgarity, untowardness.

भद्र (*bhadra*) वि० gentle, noble, polite, courteous; benevolent, virtuous; urbane.

भद्रता (*bhadratā*) स्त्री० courtesy; affability, gentleness, goodness; nobility; urbanity.

भनक (*bhanak*) स्त्री० low or distant sound, hum; inkling, clue.

भनभनाना (*bhanbhanānā*) अ० क्रि० to buzz, to hum.

भनभनाहट (*bhanbhanāhaṭ*) स्त्री० hum, buzz.

भन्नाना (*bhannānā*) अ० क्रि० to be infuriated, to flare up.

भबका (*bhabakā*) पु० retort, alembic; blast of furnace; sudden emission of stench.

भबकी (*bhabakī*) स्त्री० hollow threat.

भभक (*bhabhak*) स्त्री० flare (of a lamp, lantern, fire), sudden burst into flame; foul smell, stench; sudden emission of stench.

भभकना (*bhabhaknā*) अ० क्रि० to flare up; to burst suddenly into flame, to blaze; to be provoked, to burst into a fit of fury.

भभका (*bhabhkā*) see भबका

भभूत (*bhabhūt*) स्त्री० sacred ashes.

भयंकर (*bhayaṅkar*) वि० fearful, frightful, terrible, horrible, dangerous.

भयंकरता (*bhayaṅkartā*) स्त्री० dreadfulness, fearfulness, terribleness.

भय (*bhay*) पु० fear, fright, dread, horror.

भयकर (*bhayakar*) वि० terrifying, threatening, frightening, intimidating.

भयभीत (*bhayabhīt*) वि० afraid, frightened, scared.

भयाकुल (*bhayākūl*) वि० fear-stricken, terrified, scared, horrified.

भयाक्रांत (*bhayākrant*) वि० horror-stricken, terrified.

भयातुर *(bhayātyr)* see भयाकुल

भयानक *(bhayānak)* वि० dreadful, fearful, frightening, horrible, terrible.

भयानकत्ता *(bhayānaktā)* स्त्री० dreadfulness, terribleness.

भयावह *(bhayāvah)* पु० terrible.

भरण *(bharaṇ)* पु० nourishing, alimentation; feeding.

भरण – पोषण *(bharaṇ-pośan)* पु० maintenance, subsistence, alimentation.

भरती *(bhartī)* स्त्री० filling, insertion, stuffing etc.; admission, enrolment, enlistment, recruitment.

भरना *(bharnā)* स० क्रि० to pour; to fill up; to close, to choke; to make good, to compensate; to fill up (vacancy etc.); to accumulate, heap up, stack; to fill; to excite, to instigate; to suffer, bear, endure; to be filled up; to be healed up (as a wound); to be replete (with), to abound in; to be choked.

भरपाई *(bhar-pai)* स्त्री० quittance, payment in full; receipt in full.

भरपूर[1] *(bhar-pur)* वि० full, brimful, overflowing.

भरपूर[2] *(bhar-pur)* क्रि० fully, completely, thoroughly; well, very well; abundantly, excessively.

भरपेट *(bhar-pet)* वि० to the fullest satisfaction; in the fullest measure; to full capacity.

भरम *(bhram)* पु० illusion; secret.

भरमाना *(bharmānā)* स० क्रि० to confuse, to bewilder; to cause to wander, to cause to stray; to allure, to tempt; to mislead, to misdirect.

भरमार *(bharmār)* स्त्री० abundance, plentifulness, glut.

भरवाना *(bharvānā)* स० क्रि० to cause to fill.

भरसक *(bharsak)* वि० utmost, best possible.

भराई *(bharāī)* स्त्री० act of filling, stuffing, packing; charges paid therefor; nogging.

भरापूरा *(bharāpurā)* वि० wealthy, prosperous flourishing, thriving; abounding; having a large family; fleshy.

भराव *(bharāv)* पु० filling, wadding, padding; packing material.

भरोसा *(bharosā)* पु० support, help; hope, assurance; trust, faith, confidence.

भर्तार *(bhartār)* पु० husband.

भर्त्सना *(bhartsanā)* स्त्री० reproach, condemnation, censure, upbraiding.

भर्राना *(bharrānā)* अ० क्रि० to go hoarse or husky, whizz; to be choked.

भलमनसाहत *(bhalmansāhat)* स्त्री० gentlemanliness, civility, urbanity; decorum, noble behaviour.

भला[1] *(bhalā)* वि० good, virtuous, righteous; guiltless.

भला[2] *(bhalā)* पु० well-being; good, welfare.

भलाई *(bhalāī)* स्त्री० good, goodness, virtue, merit; benevolence, kindness; welfare, prosperity.

भला – चंगा *(bhalā-chāṇgā)* वि० healthy, hale and hearty; sound, satisfactory.

भला – बुरा *(bhalā-burā)* पु० pros and cons, good points and bad points; one's own interest; admonition, reproach; good and evil.

भलामानस *(bhalāmānas)* पु० gentleman.

भवदीय *(bhavadiya)* क्रि० वि० yours.

भवन *(bhavan)* पु० building; house, residence.

भवनिष्ठ *(bhavnīsth)* क्रि० वि० yours faithfully.

भवितव्यता *(bhavitavyatā)* स्त्री० the inevitable fate, destiny.

भविष्य *(bhaviśya)* पु० the future.

भविष्यत् *(bhaviśyat)* पु० future.

भविष्यवक्ता *(bhaviśya-vaktā)* पु० prophet, fortuneteller, soothsayer.

भविष्यवादी *(bhaviśya-vadī)* पु० futurist, prophet.

भव्य *(bhavya)* वि० grand, gorgeous, splendid, grandiose, magnificent.

भव्यता *(bhavyatā)* स्त्री० splendour, grandiosity, magnificence.

भस्म *(bhasm)* स्त्री० ashes, cinders; medicinal powder obtained by burning metals.

भस्मसात् *(bhasmsāt)* वि० reduced to ashes, burnt to ashes.

भस्मावशेष *(bhasmāv-śesh)* पु० residue in the form of ashes.

भस्मी *(bhasmī)* स्त्री० dust of lime, coal, etc.

भस्मीभूत *(bhasmībhūt)* वि० burnt to ashes.

भाँग *(bhāmg)* स्त्री० intoxicating hemp.

भांड *(bhāmḍ)* पु० vessel, earthenware.

भाँड *(bhāmṛ)* पु० jester, buffoon, clown; one who cannot keep a secret, blab.

भांडार *(bhānḍār)* पु० stock, stockroom, godown.

भाँति *(bhāmti)* स्त्री० manner, mode; variety, kind, sort, class, type; design.

भाँपना *(bhāmpnā)* स० क्रि० to guess, to make out, to look through the reality of; to divine.

भाँवर *(bhāmvar)* स्त्री० circumambulation of sacrificial fire by the bride and bridegroom at the time of marriage.

भाई *(bhāī)* पु० brother; relative, kinsman, member of the same caste or fraternity; a form of address to equals and the dear ones.

भाईचारा *(bhāīchāra)* पु० brotherhood, fraternity; fraternisation, fraternal understanding.

भाग *(bhāg)* पु० part, portion, fraction; distribution, partition; side; division; lot, fate, luck; share.

भागना *(bhāganā)* अ० क्रि० to run; to flee; to abscond, to escape; to go away, be gone; to make off; to elope (with).

भाग – दौड़ *(bhāg-daur)* स्त्री० running about, strenuous efforts; haste.

भागफल *(bhāg-fal)* पु० quotient.

भागी *(bhāgi)* पु० sharer, partner; accomplice.

भागीदार *(bhāgi-dār)* पु० co-partner, co-sharer.

भागीदारी *(bhāgīdārī)* स्त्री० partnership.

in emotion.

भावात्मक *(bhāvātmak)* वि० emotional, sentimental.

भावात्मकता *(bhāvātmakatā)* स्त्री० affectivity; emotionality.

भावानुवाद *(bhāvānuvād)* पु० paraphrase, free translation.

भावार्थ *(bhavārth)* पु० broad explanation, exposition, inherent meaning, obvious purport, sense, substance, gist.

भावी *(bhāvī)* वि० what must take place or is destined to happen, predestined, inevitable; prospective.

भावुक *(bhāvuk)* वि० emotional, sentimental, impulsive.

भावुकता *(bhāvukatā)* स्त्री० sentimentality, impulsiveness, emotionality.

भावोत्कर्ष *(bhāvotkarśh)* पु० emotional excellence or elevation, emotional upsurge.

भावोन्मत्त *(bhāvanmatt)* वि० overwhelmed with emotion, emotion-crazy.

भाषण *(bhāṣāṇ)* पु० speech; lecture, address; conversation.

भाषा *(bhāṣā)* स्त्री० language, speech.

भाषाई *(bhāṣāī)* वि० linguistic.

भिक्षा *(bhikṣā)* स्त्री० begging; alms, charity.

भिक्षाटन *(bhiksātan)* पु० mendicancy.

भिक्षावृत्ति *(bhikṣāvṛti)* स्त्री० beggary mendicancy.

भिक्षु *(bhikṣu)* **भिक्षुक** पु० beggar, mendicant; religious mendicant, esp. Buddhist; friar.

भिखमंगा *(bhikhmamgā)* पु० beggar; pauper.

भिखारिणी, भिखारिन *(bhikhārin)* स्त्री० female, beggar, beggar woman.

भिखारी *(bhikhārī)* पु० beggar, mendicant.

भिगोना *(bhiganā)* पु० to wet, to drench.

भिजवाना *(bhijvānā)* स० क्रि० to cause to send, to cause to be sent; to cause to wet.

भिड़ंत *(bhiṛant)* स्त्री० clash, skirmish; collision; confrontation, encounter, grappling.

भिड़ *(bhiṛ)* स्त्री० wasp.

भिड़ना *(bhiṛanā)* अ० क्रि० to come into collision, to collide, to clash; to contend, to fight; to be locked in a wordy duel; to grapple.

भित्ति *(bhitti)* स्त्री० wall, reef.

भिनकना *(bhinaknā)* अ० क्रि० to

भाग्य (*bhāgya*) पु० fortune, luck, destiny.

भाग्यवश (*bhāgyavaś*) क्रि० वि० luckily, fortunately.

भाग्यवाद (*bhāgyavād*) पु० fatalism.

भाग्यवादी[1] (*bhāgyavādī*) वि० pertaining to fate, fatalistic.

भाग्यवादी[2] (*bhāgyavādī*) पु० fatalist.

भाग्यवान् (*bhāgyavān*) वि० fortunate, lucky.

भाग्यहीन (*bhāgyahin*) वि० unlucky, unfortunate, wretched.

भाजन (*bhājan*) पु० utensil, vessel, container; one who deserves.

भाज्य (*bhājya*) वि० divisible.

भाटा (*bhāṭā*) पु० ebb-tide, low tide.

भाड़ (*bhāṛ*) पु० parcher's oven.

भाड़ा (*bhāṛā*) पु० rent; hire, fare, freight.

भात (*bhāt*) पु० boiled rice; marriage ceremony where bridegroom's father dines with bride's father.

भादों (*bhādoṁ*) पु० sixth month of the Hindu calendar.

भान (*bhān*) पु० consciousness, awareness; inkling.

भानजा (*bhānjā*) पु० nephew (sister's son).

भामिनी (*bhāminī*) स्त्री० pretty woman.

भार (*bhār*) पु० load, burden; charge, trust, responsibility, onus; weight; encumbrance; mass.

भारत (*bhārat*) भारतवर्ष पु० India.

भारतवासी (*bhāratvāsī*) पु० Indian, native of India.

भारतविद् (*bhārat-vid*) पु० Indologist.

भारत – विद्या (*bhārat-vidya*) स्त्री० Indology.

भारती (*bhāratī*) स्त्री० speech; goddess Saraswati; Mother India.

भारतीय (*bhāratīyā*) वि० born in India; Indian.

भारी (*bhārī*) वि० heavy; weighty, massive, unwieldy; great, grand; difficult, hard, large, big, bulky.

भारीपन (*bhārīpan*) पु० heaviness, weightiness, massiveness.

भार्या (*bhāryā*) स्त्री० wife, spouse.

भाल (*bhāl*) पु० forehead; lance, spear.

भाला (*bhālā*) पु० large spear, lance, javelin.

भालू (*bhālū*) पु० bear.

भाव[1] (*bhāv*) पु० disposition, temperament, emotion, sentiment; pur-

buzz, to hum; to be covered with flies; to be extremely shabby.

भिनभिनाना (*bhinbhinānā*) अ० क्रि० to buzz, to hum.

भिनभिनाहट (*bhinbhināhaṭ*) स्त्री० buzzing sound.

भिन्न[1] (*bhinn*) पु० different, fraction.

भिन्न[2] (*bhinn*) वि० separate; separated; broken, split, divided; other, different, diverse.

भिन्नता (*bhinntā*) स्त्री० dissimilarity, distinction, difference.

भिश्ती (*bhiśtī*) पु० water-carrier.

भींचना (*bhīmcnā*) स० क्रि० to squeeze, to press hard; to grasp tightly, to embrace tightly; to tighten, to hold close together.

भीख (*bhīkh*) स्त्री० begging, mendicity; charity, alms.

भीगना (*bhīgnā*) अ० क्रि० to be wet or drenched, to be soaked.

भीड़ (*bhīr*) स्त्री० multitude, crowd, throng, concourse, rabble, mob; excess; calamity, crisis; congestion.

भीतर (*bhītar*) क्रि० वि० in, inside, within.

भीतरी (*bhītarī*) वि० internal, inner, inward; hidden, secret, unexpressed.

भीति (*bhīti*) स्त्री० fear, apprehension, dread, terror, fright.

भीमकाय (*bhīmkaya*) वि० gigantic.

भीरु (*bhīru*) वि० timid, cowardly.

भीरुता (*bhīrutā*) स्त्री० timidity, cowardice.

भीषण (*bhīṣaṇ*) वि० fearful, frightening; awful, terrible, gruesome; tremendous.

भीषणता (*bhīṣaṇatā*) स्त्री० gruesomeness, awfulness.

भुक्खड़ (*bhūkkar*) वि० gluttonous, voracious; famished (with hunger); starved, hungry.

भुक्त (*bhukt*) वि० experienced; consumed.

भुखमरा (*bhukmarā*) वि० starved, hungry, famished.

भुखमरी (*bhukmarī*) स्त्री० starvation, hunger; famine.

भुगतना (*bhugatnā*) स० क्रि० to suffer, to undergo, to bear, to endure; to pay the penalty of, to suffer consequences of.

भुगतान (*bhugtān*) पु० payment; delivery; settlement, disposal, acquittance.

भुजंग (*bhujaṅg*) पु० snake, serpent.

भुजबल (*bhujbal*) पु० physical strength, strength of the arms; prowess.

भुजा (*bhujā*) स्त्री० arm; hand; side of a geometrical figure.

भुनगा (*bhunagā*) पु० gnat; maggot, insect; insignificant creature or person.

भुनना (*bhunanā*) अ० क्रि० to be parched, to be roasted; to be changed into small coins; to be slaughtered with guns etc.

भुनभुनाना (*bhunbhunānā*) अ० क्रि० to mumble, to gabble; to grumble, to express indignation indistinctly.

भुनवाना (*bhunavānā*) स० क्रि० to get parched; to get changed into currency of smaller denomination.

भुनाना *(bhunānā)* स० क्रि० to get something parched; to change (into smaller denomination currency.

भुरभुरा *(bhurbhurā)* वि० crisp, friable.

भुलक्कड़ *(bhulakkaṛ)* वि० forgetful, temperamentally prone to forgetting.

भुलाना *(bhulānā)* स० क्रि० to forget; to mislead; to bewilder, to delude.

भुस *(bhus)* पु० straw, chaff.

भू *(bhū)* स्त्री० earth, world; land, ground, soil.

भूकंप *(bhūkamp)* पु० earthquake.

भूखंड *(bhūkhand)* पु० territory; plot, tract of land.

भूख *(bhūkh)* स्त्री० appetite; hunger.

भूखा *(bhūkhā)* वि० hungry, famished, starving; desirous, craving; poor, destitute.

भूगर्भ *(bhū-garbha)* पु० interior of the earth.

भूगर्भशास्त्र *(bhū-garbhśastra)* पु० geology.

भूगर्भशास्त्री *(bhū-garbhśastrī)* पु० geologist.

भूगर्भशास्त्रीय *(bhū-garbhśastryīa)* वि० geological.

भूगोल *(bhūgol)* पु० geography.

भूचाल *(bhūcāl)* see भूकंप

भूत[1] *(bhūt)* वि० past, gone by; been, become, produced; former, old.

भूत[2] *(bhūt)* पु० ghost, evil spirit, a creature; matter, element; past, past tense.

भूतकाल *(bhūtkāl)* पु० (gram.) past tense; the past.

भूतपूर्व *(bhūt-purva)* पु० ex, former; past; previous.

भूतल *(bhū-tal)* पु० surface of the earth, the ground.

भूदान *(bhūdān)* पु० gift of land.

भूदानी *(bhūdānī)* पु० donor of land.

भूधर *(bhū-dhar)* पु० mountain, hill.

भूनना *(bhūnanā)* स० क्रि० to roast, to broil; to parch, to scorch; to fry; to annihilate (with gun etc.); to blast; to reduce to ashes.

भूभाग *(bhū-bhag)* पु० region, place, spot, territory.

भूमंडल *(bhū-mandal)* पु० terrestrial globe, the earth.

भूमध्यरेखा *(bhū-madhuarekhā)* स्त्री० equator.

भूमि *(bhūmi)* स्त्री० earth, world; ground, soil, land; place, site; region, country.

भूमिका *(bhūmikā)* स्त्री० preface, introduction; (drama) role of an actor.

भूमिगत *(bhūmigat)* वि० underground, subterranean, secret; fallen on the earth.

भूरा[1] *(bhūrā)* वि० brown, grey.

भूरा[2] *(bhūrā)* पु० brown colour.

भूरापन *(bhūrā-pan)* पु० brownness.

भूल *(bhūl)* स्त्री० forgetfulness, oversight, neglect; illusion, bewilderment; slip, mistake, error; omission, failure; fault.

भूल–चूक *(bhūl-chūk)* स्त्री० errors and omissions, act of commistion or omission.

भूलना *(bhūlnā)* अ० क्रि० to be

forgotten; to err; to go astray; to forget, to omit, to miss.

भूलोक *(bhūlok)* पु० earth, the habitation of mortals.

भूषण *(bhūṣaṇ)* पु० ornament, jewellery; decoration, embellishment.

भूसा *(bhūsā)* पु० chaff, husk.

भूसी *(bhūsī)* स्त्री० husk, bran.

भृकुटि, भृकुटी *(bhṛkuṭī)* स्त्री० eyebrow; frown.

भृत्य *(bhṛtya)* पु० slave; servant, attendant.

भेंगा *(bhemgā)* वि० squint-eyed.

भेंगापन *(bhemgāpan)* पु० squint, cross eye.

भेंट *(bhemṭ)* स्त्री० meeting, interview, visit; gift, present, offering.

भेंटवार्ता *(bhemṭ-vārtā)* स्त्री० interview.

भेजना *(bhejnā)* स० क्रि० to send, to cause to go; to transmit; to remit, to despatch, to consign.

भेजा *(bheja)* पु० brain.

भेड़ *(bheṛ)* स्त्री० sheep, simpleton, timid person.

भेड़–चाल *(bheṛ-cāl)* स्त्री० mob-mentality.

भेड़ा *(bheṛā)* पु० ram, male sheep.

भेड़िया *(bheṛiyā)* पु० wolf.

भेद *(bhed)* पु० difference, distinction; kind, sort, species, variety; secrecy, secret, mystery; hidden meaning, implication; dissension, disunion; division, schism, split.

भेदभाव *(bhed-bhāv)* पु० partisanship, partiality; discrimination, differentiation.

भेदिया *(bhediyā)* पु० one who knows the secret; spy, secret agent.

भेरी *(bherī)* स्त्री० siren, drum.

भेष *(bheś)* पु० appearance, exterior appearance; guise; get-up.

भैंगा *(bhaingā)* वि० squint-eyed, cross-eyed.

भैंस *(bhaiṁs)* स्त्री० she-buffalo.

भैंसा *(bhaiṁsā)* पु० he-buffalo.

भैया *(bhaiyā)* पु० brother; mode of address for equalsand youngsters.

भोंकना *(bhomknā)* अ० क्रि० to stab, to stick; to thrust, to drive in, to pierce, to prick, to bark.

भोंडा *(bhoṇḍā)* वि० ill-shaped, uncouth, grotesque, coarsegrained; indecent, crude, ugly; unsymmetrical.

भोंडापन *(bhoṇḍāpan)* पु० grotesqueness; ugliness; indecency; crudeness, crudity.

भोंदू *(bhoṁdū)* वि० silly, boobyish, simple, stupid.

भोंपू *(bhoṁpū)* पु० kind of musical instrument, siren; a horn.

भोग *(bhog)* पु० perception (of joy or sorrow); enjoyment; suffering; sexual enjoyment, carnal pleasure; use, application, utility; result of good or evil (deeds).

भोगना *(bhoganā)* स० क्रि० to experience (pleasure or pain); to enjoy; to suffer, to undergo; to derive sexual pleasure, to copulate.

भोगी *(bhogī)* वि० enjoying, using; given to carnal pleasure, voluptuous, pleasure-seeking; sex-indulgent.

भोग्य *(bhogya)* वि० enjoyable; that is to be endured or experienced.

भोज *(bhoj)* पु० banquet, feast.

भोजन *(bhojan)* पु० food, victuals, meal; diet.

भोजनालय *(bhojanalyā)* पु० mess; dining hall; restaurant.

भोजपत्र *(bhoj-patra)* पु० birch tree; the leaf and the bark of a tree.

भोज्य *(bhojya)* वि० suitable or fit to be eaten, eatable, edible.

भोथरा *(bhothrā)* वि० obtuse, blunt.

भोर *(bhor)* पु० break of day, dawn, early morning.

भोला *(bholā)* वि० natural, simple, artless; guileless, harmless, innocent; simple minded; silly, stupid, gullible.

भोलापन *(bholāpan)* पु० simpleness, simple-heartedness, innocence.

भोला – भाला *(bholā-bhālā)* वि० innocent, ingenuous, honest and simple.

भौं *(bhauṁ)* स्त्री० eyebrow.

भौंकना *(bhauṁknā)* अ० क्रि० to bark; to talk nonsensically or foolishly.

भौंरा *(bhauṁrā)* पु० a large black bee; a top.

भौंह *(bhauṁh)* स्त्री० eyebrow.

भौचक *(bhaucak)* वि० stunned, aghast, nonplussed, dumb-founded.

भौचक्का *(bhaucakkā)* see भौचक

भौतिक *(bhautik)* वि० appertaining to the corporal elements, elemental; made of matter; mundane, worldly; physical, material.

भौतिकवाद *(bhautikvād)* पु० materialism.

भौतिकवादी *(bhautikvādī)* वि० materialistic.

भौतिकी *(bhautikī)* स्त्री० Physics.

भ्रम *(bhram)* पु० illusion; misconception; doubt, suspicion, apprehension; confusion misundirstanding.

भ्रमजनक *(bhramjanak)* वि० illusory.

भ्रमण *(bhramaṇ)* पु० roaming about, ramble; excursion, travel; going round.

भ्रमणकारी *(bharmaṇkārī)* वि० itinerant, traveller.

भ्रमणशील *(bharmaṇśil)* वि० roving, rambling, itinerant.

भ्रमर *(bhramar)* पु० large black bee, the bumble bee.

भ्रमरी *(bhramarī)* स्त्री० female black bee.

भ्रमात्मक *(bhramātmak)* वि० illusory, illusive.

भ्रमित *(bhramit)* वि० illusioned; confused; mistaken; strayed; misled.

भ्रष्ट *(bhraṣṭ)* वि० depraved, vicious, dissolute; fallen, degraded, debased; corrupt, spoilt; decayed, ruined; broken.

भ्रष्टता *(bhraṣṭatā)* स्त्री० corruptness, corruption, depravity, state of being spoilt; wantonness.

भ्रष्टाचार *(bhraṣṭacār)* पु० corruption, depravity; bribery; wantonness.

भ्रष्टाचारी *(bhraṣṭacārī)* वि० corrupt, wanton, depraved.

भ्रांत *(bhrānt)* **वि०** perplexed, confused; gone astray; fallen into error.

भ्रांति *(bhrānti)* **स्त्री०** delusion, wrong notion, false idea or impression; uncertainty; suspense, confusion.

भ्राता *(bhrātā)* **पु०** brother.

भ्रातृत्व *(bhrātav)* **पु०** fraternity, brotherhood.

भ्रातृभाव *(bhrātṛbhāv)* **पु०** fraternal feeling, affection.

भ्रातृ–हत्या *(bhrātṛ-haytyā)* **स्त्री०** fratricide.

भ्रामक *(bhrāmak)* **वि०** misleading, deceptive, false, fallacious; causing doubt or suspicion, confusing.

भ्रू *(bhrū)* **पु०** eyebrow; pleasing movement of the eyebrows.

म *(ma)*, the fifth and final letter of the fifth pentad of the Devnagri alphabet.

मँगता *(maṁgtā)* **पु०** beggar, mendicant.

मंगल[1] *(maṅgal)* **वि०** auspicious, propitious, conferring happiness.

मंगलकलश *(mangal-kalaś)* **पु०** benediction, good wishes.

मंगलकारक *(mangal-kārak)* **मंगलकारी** **वि०** auspicious, propitious, benedictory; beneficial.

मंगलकार्य *(mangal-kārya)* **पु०** festive occasion, auspicious ceremony.

मंगलगान *(mangal-gān)* **पु०** auspicious song.

मंगलध्वनि *(mangal-dhvanī)* **स्त्री०** tumultuous sound of auspicious songs etc.; music at the time of marriage or other auspicious occasions.

मंगलप्रद *(mangal-prad)* **वि०** benedictory.

मंगलवार *(mangal-vār)* **पु०** Tuesday.

मंगलसूचक *(mangal-sūcak)* **वि०** *mangal-sucak* auguring good luck, auspicious.

मंगलाचरण *(mangalā-c̄aran)* **वि०** invocation.

मँगवाना *(maṁgvānā)* **स० क्रि०** to cause to be sent for; to send for, to cause to be fetched.

मँगाना *(maṁgānā)* **स० क्रि०** to cause to bring; to order; to send for.

मंगेतर[1] *(maṁgetar)* **स्त्री०** fiance or fiancee.

मँगेतर[2] *(maṁgetar)* **वि०** betrothed.

मंच *(mañc)* **पु०** dias, stage, platform; raised platform, scaffold; forum, rostrum.

मंचन *(mañcan)* **पु०** staging.

मंचीय *(mañcīya)* **वि०** pertaining to the stage, theatrical.

मँजना *(maṁjnā)* **अ० क्रि०** to be rubbed, wiped, cleaned or polished; to be practised, to be experienced, to be seasoned, to get proficient.

मंजरी *(mañjarī)* स्त्री० shoot, sprout spring; cluster of flowers or blossoms.

मंज़िल *(manzil)* स्त्री० inn; destination; storey; (fig.) stage.

मंज़िल *(mamzil)* पु० a kind of cymbal.

मंजु *(mañju)* वि० beautiful, lovely, charming, pretty.

मंजुल *(mañjul)* वि० beautiful, charming, lovely.

मंजुलता *(mañjulatā)* स्त्री० prettiness, beauty.

मंज़ूरी *(mamzūrī)* स्त्री० approval, grant, sanction; acceptance.

मँझधार *(manjh-dār)* स्त्री० midstream, mid-current.

मँझला *(mamjhlā)* वि० middle.

मँझोला *(mamjholā)* वि० of medium size, middling.

मंडन *(mandan)* पु० ornamentation, adornment; embellishment; corroboration, confirmation.

मंडप *(mandap)* पु० open hall; temporary hall erected on ceremonial occassions; arbour, bower; tent, pavilion, canopy; building consecrated to a deity, temple.

मँडराना *(mamdarānā)* अ० क्रि० to fly round, to hover; to hang around; to gather thick (as clouds).

मंडल *(mandal)* पु० circle, ring, coil, wheel, disc; halo; disk of the sun or moon; region, country, territory, zone, division; company, assembly, association; orbit (of a planet etc.); multitude, collection.

मंडली *(mandalī)* स्त्री० team, party, association; flock; company (of singers), gang, circle, band, troupe; coterie.

मंडित *(mandit)* वि० adorned, ornamented, decorated; corroborated; supported; veneered.

मंडूक *(mandūk)* पु० frog.

मंत्र *(mantra)* पु० incantation, charm, spell; means, contrivance; a passage of the Vedas, a Vedic hymn; esoteric formula.

मंत्रगान *(mantragān)* पु० chant.

मंत्रणा *(mantranā)* स्त्री० consultation, deliberation; advice, counsel; conspiracy.

मंत्रमुग्ध *(mantra-mugdh)* वि० charmed, spell-bound.

मंत्रालय *(mantrālay)* पु० ministry.

मंत्रित्व *(mantritva)* पु० ministership.

मंत्रिमंडल *(mantri-mandal)* पु० cabinet of ministers.

मंत्री *(mantrī)* पु० minister; adviser, counsellor; secretary.

मंथन *(manthan)* पु० churning, agitating, stirring or shaking about; deep pondering over something, contemplation.

मंथर *(manthar)* वि० slow, tardy, lazy, sluggish.

मंद *(mand)* वि० slow, tardy; dim, faint; low soft; inactive, sluggish, dull; slack, weak.

मंदता *(mandatā)* स्त्री० dullness; dimness; slowness.

मंदबुद्धि *(mand-budhi)* वि० dull-witted; silly, foolish, stupid; dullard; laggard, retarded.

मंदा *(mandā)* वि० cheap; slow, tardy.

मंदिर *(mandir)* पु० temple; palace, mansion.

मंदी *(mandī)* स्त्री० slowness, tardiness; fall in prices, depression in price; slump in market.

मंशा *(maṃśā)* स्त्री० (अ०) motive, purpose, intention; purport, tenor; implication.

मंसूबा *(maṃsūbā)* पु० contrivance, plan, design; intention, will, desire; project, scheme.

मकई *(makaī)* स्त्री० maize.

मकड़ा *(makṛā)* पु० male spider.

मकड़ी *(makṛī)* स्त्री० female spider.

मकतब *(maktab)* पु० (अ०) school.

मकर *(makar)* पु० crocodile; name of the tenth sign of zodiac, the sign Capricorn.

मकररेखा *(makar-rekhā)* स्त्री० tropic of Capricorn.

मक़सद *(maqsad)* पु० (अ०) intention, motive, object, aim; desire, wish; intended sense, meaning, purport.

मक़सूद *(maqsūd)* वि० (अ०) desired, aimed, intended.

मकान *(makān)* पु० (अ०) house, home, abode; residence, dwelling.

मक्का *(makkā)* स्त्री० maize.

मक्कार *(makkār)* वि० (अ०) deceitful, cunning, crafty.

मक्खन *(makkhan)* पु० butter.

मक्खी *(makkhī)* स्त्री० fly, honey bee; the sight (of a gun).

मक्खीचूस *(makkhī-chūs)* वि० miserly, niggardly.

मख़मल *(makhmal)* स्त्री० (फ०) velvet.

मख़मली *(makhmalī)* वि० (फ०) of velvet, velvety; soft, delicate.

मखाना *(makhānā)* पु० a kind of dry fruit (prepared by parching lotus seeds).

मखौल *(makhaul)* पु० mockery, joke, jest.

मगन *(magan)* वि० delighted, glad, happy; immersed, absorbed, deeply engaged; deeply in love, rapt, enamoured.

मगर[1] *(magar)* पु० crocodile.

मगर[2] *(magar)* क्रि० वि० (फ०) but, however, yet.

मगरमच्छ *(magarmach)* पु० crocodile.

मग़रूर *(magrūr)* वि० (अ०) proud, vain, arrogant.

मग्न *(magna)* वि० drowned, sunk; busy, absorbed, immersed; delighted, glad, happy.

मचना *(macnā)* अ० क्रि० to be caused, to be occasioned, to happen.

मचलना *(macalnā)* अ० क्रि० to be wayward, to be refractory; to insist, to pester; to be cross, to sulk.

मचली *(macalī)* स्त्री० nausea, a tendency towards vomiting.

मचान *(macān)* पु० raised platform (for shooting wild animals).

मचाना *(macānā)* स० क्रि० to cause, to make; to raise up, stir up.

मच्छर *(macchar)* पु० mosquito.

मच्छरदानी *(macchar-dānī)* स्त्री० mosquito net.

मछली *(machlī)* स्त्री० fish; ear-ring made in the form of a fish; muscle or tendon.

मज़दूर *(mazdūr)* पु० (फ०) hired labourer; worker, workman, wage- earner.

मज़दूरी *(mazdūrī)* स्त्री० (फ०) bodily labour, work; wages, remuneration.

मज़बूत *(mazbūt)* वि० (अ०) firm, fixed, fast; durable, lasting; strong, sturdy.

मजबूर *(majbūr)* वि० (अ०) compelled; halpless.

मजबूरी *(majbūrī)* स्त्री० compulsion; helplessness.

मजमा *(majmā)* पु० (अ०) crowd, gathering, assembly.

मज़मून *(mazmūn)* पु० (अ०) subject, topic.

मजलिस *(majlis)* स्त्री० (अ०) assembly, congregation, meeting; convention, congress, council, conference.

मज़हब *(mazhab)* पु० (अ०) belief, creed; religion, faith.

मज़हबी *(mazhabī)* वि० of or relating to a feligion or sect; religious.

मज़ा *(mazā)* पु० (अ०) joy, delight, pleasure; taste, flavour, relish.

मज़ाक़ *(mazāq)* पु० (अ०) joke, jest, fun.

मज़ाक़िया *(mazāqiyā)* वि० (अ०) humorous, jolly, jocular.

मज़ार *(mazār)* पु० (अ०) tomb, grave.

मज़ेदार *(mazedār)* वि० (अ०) delicious, savoury, tasty; enjoyable; packed with fun and frolic; humoursome.

मझधार *(majh-dhār)* पु० mid-stream, mid-current.

मझला *(majhalā)* वि० middle; medium.

मटकना *(maṭakanā)* अ० क्रि० to strut, to swagger.

मटका *(maṭakā)* पु० large earthen jar, big pitcher.

मटकाना *(maṭakānā)* स० क्रि० to make coquettish gestures with.

मटमैला *(maṭmailā)* वि० dusty, dust coloured, soiled.

मटर *(maṭar)* स्त्री० pea.

मटरगश्ती *(maṭargaśtī)* स्त्री० stroll, promenade, rambling, roving; vagrancy, vagabondage.

मटियामेट *(maṭiyā-meṭ)* वि० completely destroyed, ruined, razed, devastated.

मट्ठा *(maṭṭhā)* पु० butter-milk.

मठ *(maṭh)* पु० monastery, abbey; temple, pagoda; priory, cloister.

मठाधीश *(maṭhā-dhiś)* पु० head of a monastery, abbot.

मढ़ना *(maṛhnā)* स० क्रि० to gild; to framel, to mount; to impose; to impute.

मढ़वाना *(maṛhvānā)* स० क्रि० to cause to be mouted or framed; to cause to be gilded.

मढ़ी *(maṛhī)* स्त्री० hutment; small monastery or temple.

मणि *(maṇi)* स्त्री० precious stone, gem, jewel; anything best of its kind.

मणिश्र *(maṇiśra)* पु० crystal.

मत *(mat)* पु० vote; opinion, judgement, belief; thought, idea; doctrine, tenet; sect, faith, creed.

मतदाता *(matdātā)* पु० voter.

मतदान *(matdān)* पु० polling, voting.

मतपत्र *(mat-patra)* पु० ballot, ballot paper.

मतभेद *(mat-bhed)* पु० difference of opinion, dissension, disagreement.

मतलब *(matlab)* पु० (अ०) aim, purpose, motive; meaning; self-interest; concern.

मतलबी *(matlabī)* पु० (अ०) selfish, self-seeking self-concerned.

मतली *(matlī)* स्त्री० nausea.

मतवाला *(matvālā)* वि० intoxicated, drunk; wild; wayward; tipsy; passionate.

मतवालापन *(matvālāpan)* पु० intoxicatedness, drunkenness; waywardness; tipsiness.

मताधिकार *(matādhikār)* पु० franchise, suffrage.

मति *(matī)* स्त्री० intellect, understanding, sense; opinion, view.

मतिभ्रम *(mati-bhram)* पु० delusion, confusion of mind; hallucination.

मतिमंद *(mati-mand)* वि० dull, imbecile, backward, retarded.

मतैक्य *(mataikya)* पु० unanimity.

मत्था *(mathā)* पु० forehead.

मत्स्य *(matsya)* पु० fish.

मत्स्यपालन *(matsya-pālan)* पु० fish-culture, fish-farming.

मथना *(mathnā)* स० क्रि० to churn; to stir round; to ponder, to consider.

मथनी *(mathnī)* स्त्री० churner.

मद[1] *(mad)* पु० intoxication, drunkenness; delight, rapture, passion; pride, arrogance; juice that oozes from and elephant's temples.

मद[2] *(mad)* स्त्री० column, head; account-head.

मदद *(madad)* स्त्री० (अ०) assistance, help, aid; rescue; reinforcement.

मददगार *(madad-gār)* पु० (अ०) assistant, helper, supporter.

मदरसा *(madrasā)* पु० (अ०) school; institution of higher education during Muslim period.

मदहोश *(madahoś)* वि० (फ०) dead drunk, intoxicated, out of senses; confounded, stupefied; unconscious senseless.

मदहोशी *(madahośi)* स्त्री० (फ०) drunkenness, senselessness, intoxicatedness.

मदारी *(madārī)* पु० conjurer, juggler, trickster.

मदिरा *(madirā)* स्त्री० spirituous liquor, wine.

मदिरालय *(madirālaya)* पु० bar, public drinking house.

मदोन्मत्त *(madonmat)* वि० intoxicatd with spirituous liquor, drunk; intoxicated with passion, pride or wealth.

मद्धिम *(maddhim)* वि० middle, moderate, medium; ordinary, common; dull, faint, faded (as colour etc.).

मद्य *(madya)* पु० liquor, wine, alchohol.

मद्य – निषेध *(madya-niśedh)* पु० prohibition.

मद्यपान *(madya-pān)* पु० drinking; intoxication.

मधु *(madhu)* पु० honey; spirituous liquor, any sweet intoxicating drink; juice or nectar of flowers.

मधुकर *(madhukar)* पु० large black bee.

मधुप *(madhūp)* पु० large black bee; heney-bee.

मधुमास *(madhumās)* पु० spring.

मधुमेह *(madhu-meh)* पु० diabetes.

मधुर *(madhur)* वि० sweet; pleasant, pleasing; melodious, mellifluous; charming, attractive.

मधुरता *(madhuratā)* स्त्री० sweetness; pleasantness; mellifluence; melodiousness.

मधुरभाषी *(madhurbhāsī)* वि० honey-tongued, sweet-spoken.

मधुशाला *(madhuśālā)* स्त्री० bar, public drinking house, tavern.

मध्य *(madhya)* पु० middle, centre; medium tempo, middle octave; interlude.

मध्यकालीन *(madhya-kālīn)* वि० mediaeval.

मध्यम *(madhyam)* वि० medium; intermediate; slow; dim; fair, passable; mediocre, so-so.

मध्यमा *(madhyamā)* स्त्री० middle finger.

मध्यमार्ग *(madhy-mārg)* पु० via media, middle course; golden mean.

मध्ययुगीन *(madhya-yugīn)* see मध्यकालीन

मध्यवर्ती *(madhya-varti)* वि० lying in the middle, central; intermediary.

मध्यस्थ *(madhyasth)* पु० middle man, mediator, arbitrator.

मध्यस्थता *(madhyasthatā)* स्त्री० mediatorship, arbitration.

मध्यांतर *(madhyāntar)* पु० recess, interval.

मध्याह्न *(madhyāhan)* पु० mid-day, noon.

मन *(man)* पु० mind (considered as the seat of perception and passion); inclination; psyche; heart, soul, spirit; disposition, mood,temper; desire, longing; weight equal to forty seers.

मनका *(mankā)* पु० bead; rosary.

मनगढ़ंत *(man-garhant)* वि० fabricated, concocted.

मनचला *(man-calā)* वि० fickle-minded, fidgety, frivolous.

मनचाहा *(man-cāhā)* वि० desired or wished, favourite; done of one's own accord, to one's own wish.

मनन *(manan)* पु० deliberation; reflection, meditation.

मननशील *(mananśil)* वि० thoughtful, meditative, contemplative.

मनपसंद *(manpasand)* वि० favourite, to one's liking, after one's own heart.

मनभावन *(man-bhāvan)* वि० charming, attractive, pleasing; favourite; beloved.

मनमाना *(man-mānā)* वि० pleasing one's own mind; arbitrary; licentious; self-willed.

मनमानापन *(man-mānāpan)* पु० arbitrariness.

मनमानी *(man-māni)* स्त्री० arbitrariness, arbitrary conduct; self-will, wilfulness.

मनमुटाव *(man-mutāv)* पु० estrangement, antagonism, rift, rupture, bad blood, ill-feeling.

मनमौजी *(man-mauji)* वि० whimsical, self-willed, capricious.

मनमौजीपन *(man-maujipan)* पु० capriciousness, whimsicality.

मनवांछित *(man-vānchit)* वि० desired.

मनसूबा *(mansūbā)* पु० (अ०) plan, design; intention; project, scheme.

मनस्ताप *(manastāp)* पु० mental pain, anguish; remorse, affliction, mental agony.

मनस्वी *(mansavī)* पु० intelligent, high-souled, high-minded; thoughtful, contemplative; single-minded.

मनहूस *(manhūs)* वि० (अ०) ill-omened, inauspicious; ill-fated, gloomy.

मनाना *(manānā)* स० क्रि० to persuade., to prevail upon; to propitiate, to assuage, to appease; to invoke, to call upon (god); to celebrate, to perform.

मनाही *(manāhī)* स्त्री० prohibition, ban, forbiddance.

मनीषी *(maniṣī)* वि० wise, learned; intelligent, clever, prudent; thoughtful.

मनुज *(manuj)* पु० human being, man.

मनुजता *(manujatā)* स्त्री० humanity.

मनुष्य *(manuśyā)* पु० man.

मनुष्यता *(manuśyatā)* स्त्री० manhood, humanity; aggregate of human qualities.

मनुहार *(manuhār)* स्त्री० appeasement, pacification; flattery, adulation; persuation.

मनोकामना *(mano-kāmanā)* स्त्री० heart's desire, wish.

मनोज *(manoj)* पु० Cupid, the god of love.

मनोज्ञ *(manogna)* वि० pleasing, lovely, beautiful, charming.

मनोनियोग *(mano-niyog)* पु० application of mind, attention.

मनोनीत *(manonita)* वि० taken by the mind, nominated.

मनोबल *(manobal)* पु० moral strength, morale.

मनोयोग *(manoyog)* वि० close attention, concentration, singlemindedness.

मनोरंजक *(mano-ranjak)* वि० interesting, amusing, recreative, entertaining.

मनोरंजन *(mano-ranjan)* पु० amusement, recreation, entertainment.

मनोरथ *(manorath)* पु० wish, desire, longing.

मनोरम *(mano-ram)* वि० attractive, pleasing, charming, lovely, beautiful.

मनोरमता *(mano-ramatā)* स्त्री० loveilness, comeliness.

मनोवांछित *(mano-vānchit)* वि० desired, wished, longed for.

मनोविकार *(mano-vikār)* पु० emotion, feeling, passion; psychic disorder, mental disorder.

मनोविकारी *(mano-vikārī)* वि० psychiatric.

मनोविज्ञान *(mano-vignān)* पु० psychology.

मनोवैज्ञानिक *(mano-vaignānik)* पु० psychological.

मनोव्यथा *(mano-vyathā)* स्त्री० mental agony, anguish, affliction.

मनोहर *(manohar)* वि० captivating, fascinating, alluring; beautiful, lovely, charming.

मनौती *(manauti)* स्त्री० appeasement; offering promised to a deity for fulfilment of some desire.

मन्मथ *(manmath)* पु० Cupid, love-god.

ममता *(mamatā)* स्त्री० affection, attachment.

मयंक *(mayank)* पु० moon.

मयस्सर *(mayassar)* वि० (अ०) attainable, available.

मयूर *(mayūr)* पु० peacock.

मयूरी *(mayūrī)* स्त्री० pea-hen.

मरज़ी *(marzī)* स्त्री० (अ०) desire, wish; inclination; pleasure; assent, consent.

मरण *(maraṇ)* पु० death, demise, expiration; mortality.

मरणासन्न *(maraṇāsan)* वि० on the verge of death, moribund.

मरणोत्तर *(maraottar)* वि० posthumous.

मरतबान *(martabān)* पु० jar.

मरना *(marnā)* अ० क्रि० to die, to expire; to fade, to wither; to labour or toil hard, to suffer hardship; to be dead or out (as in a game); to be absorbed.

मरमर *(marmar)* पु० marble.

मरमरा *(marmarā)* वि० brittle.

मरमरी *(marmarī)* वि० of marble; made of marble; like marble.

मरम्मत *(marammat)* स्त्री० (अ०) repair, mending; (fig.) punishment given with the object of mending someone.

मरहम *(marham)* पु० (अ०) ointment, balm.

मरहमपट्टी *(marhampatī)* स्त्री० dressing, bandage.

मरियल *(mariyal)* वि० sickly, feeble; rickety.

मरीचिका *(marīcikā)* स्त्री० mirage, illusion.

मरीज़ *(marīz)* पु० (अ०) sick person, patient.

मरु *(maru)* पु० desert.

मरुस्थल *(marusthal)* पु० desert land.

मरोड़ *(maroṛ)* स्त्री० turn, bend, twist; convolution, contortion; wrench.

मरोड़ना *(maroṛnā)* स० क्रि० to turn, to bend, to twist; to contort, to wring.

मरोड़ा *(maroṛā)* पु० convolution; dysentery.

मर्कट *(markaṭ)* पु० monkey.

मर्ज़ *(marz)* पु० (अ०) ailment, disease.

मर्ज़ी *(marzī)* स्त्री० (अ०) wish, desire.

मर्त्यलोक *(martyalok)* पु० world, habitation of mortals, earth.

मर्द *(mard)* पु० (फ०) man, male; brave and strong man; husband.

मर्दानगी *(mardānagī)* स्त्री० (फ०) manliness, bravery, courage, prowess.

मर्दाना *(mardānā)* वि० (फ०) male;

man-like, masculine; brave, valorous, manful.

मर्दुमशुमारी *(mardum-śumāri)* स्त्री० (फ०) census.

मर्म *(marm)* पु० implied meaning, quintessence; secret, mystery; core or vital part of the body; weak, vulnerable or mortal point; secret recess (of the heart, etc.).

मर्मज्ञ *(marmagna)* वि० knowing mysteries, familiar with the most secret or recondite portions of subject, deeply versed.

मर्मभेदी *(marmbhedī)* वि० moving, touching, poignant; excessively painful, heart-rending.

मर्मांतक *(marmātak)* वि० poignant; heartrending, mortal.

मर्यादा *(maryādā)* स्त्री० limit, boundary, ambit; propriety of conduct, decorum, decency; established usage, social code, custom; rank, station, dignity.

मर्यादित *(maryādit)* वि० limited; limited by propriety; dignified.

मल *(mal)* पु० rubbish, dirt, filth; any excretion of the body; excrement, faeces.

मलद्वार *(maldvār)* पु० anus.

मलना *(malnā)* स० क्रि० to rub, to massage; to anoint, to smear.

मलबा *(malbā)* पु० rubbish, refuse; debris.

मलमल *(malmal)* स्त्री० muslin.

मलवाना *(malvānā)* स० क्रि० to have or get (a thing) rubbed; to cause to be massaged.

मलाई *(malāī)* स्त्री० kneading; rubbing; the wages paid for kneading or rubbing; cream of milk.

मलाल *(malāl)* पु० (अ०) grief, anguish; remorse, compunction.

मलाशय *(malāśaya)* पु० rectum.

मलिन *(malin)* वि० dirty, filthy, tarnished, stained; obscured, dull or dim (light etc.); sad, downcast, melancholy, sombre.

मलिनता *(malinatā)* स्त्री० dirtiness, filthiness, impurity, squalor; sadness, sombreness.

मलीन *(malīn)* वि० dirty, shabby; melancholy.

मलेरिया *(maleriyā)* पु० malaria.

मल्ल *(mall)* पु० professional wrestler or boxer.

मल्लाह *(mallāh)* पु० (अ०) sailor, mariner, boatman.

मवेशी *(maveśi)* पु० cattle.

मशक़्क़त *(maśaqqat)* स्त्री० (अ०) toil, hard labour.

मशगूल *(maśgūl)* वि० (अ०) busy, occupied, absorbed.

मशवरा *(maśvarā)* पु० (अ०) consultation; advice, counsel.

मशहूर *(maśahūr)* वि० (अ०) famous, well-known, celebrated, reputed; notorious.

मशाल *(maśāl)* स्त्री० (अ०) torch.

मशालची *(maśālcī)* पु० (अ०) torch-bearer.

मसका *(maskā)* पु० butter; flattery, adulation.

मसख़रा[1] *(maskharā)* वि० (अ०) funny; humoursome.

मसख़रा[2] *(maskharā)* पु० (अ०) jester, joker; buffoon, clown.

मसख़रापन *(maskharāpan)* पु० buffoonery, jesting, funniness, clownage.

मसजिद *(masjid)* स्त्री० (अ०) mosque.

मसनद *(masnad)* पु० (अ०) bolster, big pillow.

मसनूई *(masnui)* वि० (अ०) artificial; contrived.

मसरूफ़ *(masrūf)* वि० (अ०) busy, occupied.

मसलना *(masalnā)* स० क्रि० to rub to pieces, to press hard, to bruise, to crush.

मसला *(maslā)* पु० (अ०) issue, question, problem.

मसहरी *(masahrī)* स्त्री० mosquito-net.

मसान *(masān)* पु० cremation ground, crematory.

मसाना *(masānā)* पु० (अ०) urinary bladder.

मसाला *(masālā)* पु० spicery, spices, condiments; material, ingredients, etc.

मसि *(masi)* स्त्री० ink.

मसीह *(masīh)* पु० (अ०) Jesus Christ.

मसीहा *(masīhā)* पु० (फ०) Messiah; one endowed with powers to revive the dead.

मसूड़ा, *(masūṛā)* **मसूढ़ा** पु० gum (of the teeth).

मसोसना *(masosanā)* (अ०) क्रि० to suppress (an emotion etc.).

मसौदा *(masaudā)* पु० (अ०) draft.

मस्त *(mast)* वि० intoxicated, drunk; carefree; overjoyed, delighted.

मस्तक *(mastak)* पु० head; forehead.

मस्तिष्क *(mastiṣk)* पु० cerebrum, brain.

मस्ती *(mastī)* स्त्री० joy; sexual excitement; intoxication; youthful vigour.

मस्तूल *(mastūl)* पु० (पुर्त०) mast.

मस्सा *(massā)* पु० wart.

महँगा *(mahaṁgā)* वि० dear, expensive, costly.

महँगाई *(mahaṁgāī)* स्त्री० dearness, expensiveness, costliness.

महंत *(mahant)* पु० head of a monastery, abbot, monk.

महक *(mahak)* स्त्री० fragrance, odour, aroma.

महकदार *(mahakdār)* वि० fragrant, odoriferous, aromatic.

महकना *(mahaknā)* अ० क्रि० to give out sweet smell or fragrance.

महकमा *(mahakmā)* पु० (अ०) department.

महकाना *(mahkānā)* स० क्रि० to exhale (scent), to perfume, to scent.

महज़ *(mahz)* वि० (अ०) mere; only; sheer.

महतारी *(mahtārī)* स्त्री० mother.

महत् *(mahat)* वि० great, big, large, huge; high, eminent, distinguished; intense, gross, thick, dense.

महत्तम *(mahattam)* वि० greatest, biggest; maximum, maximal.

महत्ता *(mahattā)* स्त्री० greatness, magnitude; importance, significance.

महत्त्व *(mahattva)* पु० importance, significance; greatness, magnitude.

महत्त्वपूर्ण *(mahattvapuran)* वि० important, significant, material.

महत्त्वाकांक्षा *(mahatvā-kānkshā)* स्त्री० ambition, aspiration.

महत्त्वाकांक्षी *(mahatvā-kānkshī)* वि० ambitious, aspiring.

महफ़िल *(mahfil)* स्त्री० (अ०) assembly, congregation, private gathering; recreational assembly.

महबूब *(mahbūb)* पु० (अ०) lover.

महबूबा *(mahbūbā)* स्त्री० (अ०) beloved.

महराब *(mahrāb)* स्त्री० (अ०) arch.

महल *(mahal)* पु० (अ०) palace, palatial mansion.

महल्ला *(mahallā)* पु० (अ०) ward (in a town or city), locality.

महसूल *(mahsūl)* पु० (अ०) tax, duty, custom; portage; revenue; commission; freight.

महा *(mahā)* वि० ample, excessive; great; illustrious; mighty.

महाकाय *(mahākāvya)* वि० large, mammoth, gigantic, bulky.

महाकाव्य *(maha-kāvya)* पु० epic.

महाजन *(mahājan)* पु० merchant, tradesman; meney-lender; a great or eminent man, a very distinguished person.

महात्मा *(mahātmā)* पु० saintly person, saint, enlightened soul.

महान *(mahān)* महान् वि० great, eminent.

महानगर *(mahānagar)* पु० metropolis.

महानता *(mahānatā)* स्त्री० greatness, eminence, nobility.

महापौर *(mahāpaur)* पु० mayor.

महामना *(mahāmanā)* वि० high-minded noble-minded, magnanimous.

महामात्य *(mahāmātya)* पु० prime-minister, premier.

महामारी *(mahāmārī)* स्त्री० an epidemic.

महारत *(mahārat)* स्त्री० (अ०) practice, expertise.

महारथी *(mahārathī)* पु० great warrior; leading luminary in any field of knowledge or activity.

महाराज *(mahārāj)* पु० great king, supreme sovereign; respectful address; cook.

महाराजा *(maharajā)* पु० king of kings, potentate.

महालेखापाल *(mahalekhāpāl)* पु० accountant general.

महावट *(mahāvaṭ)* स्त्री० winter rains.

महावत *(mahāvat)* पु० mahout, elephant-driver.

महावर *(mahāvar)* पु० red colour used by ladies to beautify their feet.

महाविद्यालय *(mahāvidyālaya)* पु० college.

महाशय *(mahāsay)* पु० gentleman.

महासंघ *(mahāśangh)* पु० federation, confederation.

महासचिव *(mahā-sāciv)* पु० secretary general.

महासागर *(mahā-sagar)* पु० ocean.

महि *(mahi)* स्त्री० earth.

महिमा *(mahimā)* स्त्री० greatness, glory, dignity, exaltation.

मही *(mahī)* स्त्री० earth, ground, soil.

महीन *(mahīn)* वि० fine; thin; soft.

महीना *(mahīnā)* पु० month; menses.

महोत्सव *(mahotsava)* पु० great festival; great rejoicing; big celebration.

महोदय *(mahôday)* पु० an honorific term, sir; gentleman.

महोदया *(mahôdayā)* स्त्री० madam.

माँ *(mām)* स्त्री० mother.

माँग *(māmg)* स्त्री० request; requirement, want; demand; parting of the hair (on the head).

माँगना *(māmganā)* स० क्रि० to ask for, to request for; to demand, to claim.

माँग–पत्र *(māmg-patra)* पु० memorandum of demands; order form, indent.

मांगलिक *(māṅgalik)* वि० benedictory; auspicious, propitious.

माँझना *(māmjhanā)* स० क्रि० to cleanse, to scrub; to polish; to practise, to exercise.

माँद *(māmd)* स्त्री० den.

माँदा *(māmdā)* वि० (फा०) fatigued, tired; ailing, indisposed.

मांस *(māms)* पु० flesh, meat.

मांसपेशी *(māms-peśi)* स्त्री० muscle.

मांसाहारी *(māmsāharī)* वि० non-vegetarian; carnivorous.

माकूल *(māqūl)* वि० (अ०) proper, appropriate, fair; reasonable; fit, suitable.

माखन *(mākhan)* पु० butter.

माचिस *(mācis)* स्त्री० match-box.

मातम *(mātam)* पु० (अ०) grief, mourning, lamentation.

मातम–पुरसी *(matam-pursi)* स्त्री० condolence.

मातहत *(mātahat)* वि० subordinate, subservient.

मातहती *(mātahatī)* स्त्री० subordination, subservience.

माता *(mātā)* स्त्री० mother; respectful term of address to an elderly woman; small-pox.

मातुल *(mātul)* पु० maternal uncle, mother's brother.

मातृ *(mātṛ)* स्त्री० mother.

मातृत्व *(mātṛtva)* पु० maternity, motherhood.

मातृ–भाषा *(mātṛ-bhāsā)* स्त्री० mother-tongue.

मातृ–भूमि *(mātṛ-bhumī)* स्त्री० mother land, home land.

मात्र *(mātr)* क्रि० वि० only, merely, sheerly.

मात्रा *(mātrā)* स्त्री० measure, quantity; dose (of medicine); the length of time required to pronounce a syllable, duration; vowel-mark in Devnagri script.

मात्रिक *(mātrik)* वि० or pertaining to a vowel-mark; based on the number of Matras; durative.

माथा *(māthā)* पु० forehead.

माथा–पच्ची *(māthā-pacī)* स्त्री० taxing of brains, mental over-exertion.

मादक *(mādak)* वि० intoxicating, stupefying.

मादकता *(mādaktā)* स्त्री० intoxication, drunkenness.

मादा *(mādā)* स्त्री० (फा०) female.

माधुर्य *(mādhurya)* पु० sweetness, pleasantness.

माध्यम *(mādhyam)* वि० means; medium; vehicle.

मानक *(mānak)* पु० standard, norm.

मानकीकरण *(mānakikaran)* पु० standardization.

मानचित्र *(mānčitra)* पु० map; chart.

मानदंड *(māndand)* पु० standard, criterion.

मानद *(mānad)* वि० honorary.

मानदेय *(manadeya)* पु० honorarium.

मानता *(mānatā)* स्त्री० importance; recognition, reckoning (as great, powerful etc.).

मानना *(mānanā)* स० क्रि० to admit, to accept, to confess; to acknowledge; to respect, revere, esteem; to assume, to suppose, to take for granted; to obey; to agree, to condescend, to acquiesce.

माननीय *(mānanīya)* वि० honourable, venerable, respectable.

मानव *(mānav)* पु० human being.

मानवजाति *(mānav-jātī)* स्त्री० human species, mankind.

मानवजाति विज्ञान *(mānav-jāti-vigynān)* पु० ethnology.

मानवजाति विज्ञानी *(mānav-jāti-vignānī)* पु० ethnologist.

मानवजातीय *(mānav-jātiya)* वि० ethnic.

मानवता *(mānavatā)* स्त्री० humanity, mankind; human quality.

मानवतावाद *(mānavatāvād)* पु० humanism.

मानवपूजा *(mānav-pujā)* स्त्री० anthropolatry.

मानवप्रेम *(mānav-prem)* पु० philanthropy.

मानवविज्ञान *(mānav-vignān)* पु० anthropology.

मानवविज्ञानी *(mānav-vignānī)* पु० anthropologist.

मानविकी *(mānavikī)* स्त्री० humanities.

मानवीकरण *(mānavikaran)* पु० humanization, personification.

मानवीय *(mānavīya)* वि० pertaining to mankind, humanitarian; human.

मानवोचित *(mānavočit)* वि० befitting a human being.

मानस *(mānas)* पु० mind, heart, soul, psyche; man, human being.

मानसिक *(mānasik)* वि० of or pertaining to the mind, mental, psychic.

मानहानि *(mānhāni)* स्त्री० insult, defamation; contempt.

मानी *(mānī)* वि० haughty, proud, self-respecting; entitled to respect, highly honoured.

मानुष *(mānuś)* पु० man.

मानुषिक *(mānuṣik)* वि० of or partaining to mankind.

मानुषी[1] *(mānuṣī)* स्त्री० woman.

मानुषी[2] *(mānuṣī)* वि० of or pertaining to mankind.

मानो *(māno)* क्रि० वि० supposing, as though, as if, as it were.

मान्य *(mānya)* वि० valid, tenable, acceptable; honourable, venerable, respectable.

मान्यता *(mānyatā)* स्त्री० recognition; acceptability, validity.

माप *(māp)* पु० measure, measurement; size, dimension.

मापक *(māpak)* पु० measurer, surveyor; meter.

मापतौल *(māptaul)* पु० measurement, a system of measures and weights; complete assessment of weight, measure etc.

मापदंड *(māp-dand)* पु० yardstick, standard, touchstone, criterion.

मापना *(māpana)* स० क्रि० to measure, to survey, to scale.

माफ़ *(māf)* वि० (अ०) excused, condoned, forgiven, pardoned.

माफ़िक़ *(māfiq)* वि० (अ०) suitable, agreeable, favourable; befitting.

माफ़ी *(māfi)* स्त्री० (अ०) forgiveness, pardon; exemption; condonation.

मामला *(māmalā)* पु० matter; occurrence, happening; business, affair; case, cause or suit (in law).

मामा *(māmā)* पु० maternal uncle.

मामी *(māmī)* स्त्री० maternal aunt.

मामूली *(māmūlī)* वि० (अ०) ordinary, common-place; customary, usual; a little, negligible, marginal.

मायका *(māyakā)* पु० paternal house of a married woman.

माया *(māyā)* स्त्री० divine and formless power of the Supreme Being; extraordinary or supernatural power, magical or wonderful power; enchantment, illusion of magic, delusion; prosperity, opulence, riches.

मायावी[1] *(māyāvī)* पु० magician, juggler.

मायावी[2] *(māyāvī)* वि० deceptive, deceitful.

मायूस *(māyūs)* वि० (अ०) frustrated, disappointed, dejected.

मायूसी *(māyūsī)* स्त्री० (अ०) disappointment, despair.

मारना *(mārnā)* स० क्रि० to kill, slay, slaughter; to beat, to strike, to hit; to counteract, to turn ineffective (poison etc.); to overcome, conquer, defeat; to destroy, ruin; to win in a game of cards or chess; to master, to subdue, tame, mortify (affections, appetites or lusts).

मारपीट *(mārpit)* स्त्री० scuffle, exchange of blows, mutual fighting.

मार्ग *(mārg)* पु० way, road, path, route, course; means, contrivance; transit; passage.

मार्गदर्शक *(mārg-darṡak)* पु० guide, conductor, pilot.

मार्गदर्शन *(mārg-darśan)* पु० guidance, pilotage.

मार्मिक *(mārmik)* वि० vital, affecting the vital parts; poignant, touching, moving.

माल *(māl)* पु० (अ०) goods, stock, merchandise; dainty, delicious dish; household goods or effects; riches, money, property, wealth; rent or revenue (from land).

मालकिन *(mālkin)* स्त्री० lady owner, land lady; mistress.

मालगाड़ी *(mālgāṛī)* स्त्री० (अ०) goods train.

मालगुज़ारी *(mālguzārī)* (अ०) land-revenue.

मालगोदाम *(mālgodām)* पु० warehouse, store-house; godown.

मालटा *(mālatā)* पु० a kind of citrus fruits.

मालदार *(māldār)* वि० (अ०) wealthy, rich, moneyed.

मालभाड़ा *(mālbhārā)* पु० freight, freight charges.

माला *(mālā)* स्त्री० row, line, series; wreath, garland; collection, group; string (of beads etc.).

मालिक *(mālik)* पु० (अ०) proprietor, owner, master; the Supreme Being; husband.

मालिन *(mālin)* स्त्री० wife of gardener; female gardener or flower-seller.

मालिन्य *(mālinya)* पु० sullenness, rancour, estrangement; uncleanliness, dirtiness, pollution, impurity.

मालिश *(māliś)* स्त्री० (अ०) shampooing, massage.

माली[1] *(mālī)* पु० gardener; florist, flower-seller.

माली[2] *(mālī)* वि० financial, fiscal, economic.

मावा *(māvā)* पु० milk inspissated by boiling.

मास *(mās)* पु० month, meat.

मासिक *(māsik)* वि० monthly; happening every month.

मासिकधर्म *(māsik-dharm)* पु० monthly course, menstruation.

मासूम *(māsūm)* वि० (अ०) innocent, guiltless, simple; pitiable, deserving mercy.

मासूमियत्त *(māsūmiyat))* स्त्री० (अ०) innocence; harmlessness; guiltlessness.

माह *(māh)* पु० (फ०) month.

माहवारी *(māhvarī)* स्त्री० (फ़ा०) monthly course, menstruation.

माहिर *(māhir)* वि० (अ०) skilful, proficient, expert.

माहौल *(māhaul)* पु० atmosphere, environment, milieu.

मिक़दार *(miqdār)* स्त्री० (अ०) quantity; measure.

मिचना *(micnā)* अ० क्रि० to be shut or chosed.

मिचलाना *(miclānā)* अ० क्रि० to feel like vomiting, to feel nausea.

मिचली *(miclī)* स्त्री० nausea, qualm.

मिचौनी *(micaunī)* मिचौली स्त्री० the game of hide and seek.

मिज़ाज *(mizāj)* पु० (अ०) nature, temperament; disposition, health; pride, haughtiness.

मिटना *(miṭanā)* अ० क्रि० to be effaced or erased; to be destroyed, to be annihilated, to be undone; to be extinct.

मिटाना *(miṭānā)* स० क्रि० to efface, to erase, to rub or to blot out; to destroy, to ruin.

मिट्टी *(miṭṭī)* स्त्री० earth, clay, dust.

मिट्टी का तेल *(miṭṭī-kā-tel)* पु० kerosene.

मिठाई *(miṭhāī)* स्त्री० sweetmeat, sweets.

मिठास *(miṭhās)* स्त्री० sweetness.

मितभाषी *(mitbhasi)* वि० temperate in speech, teciturn.

मितव्ययिता *(mit-vyatitā)* स्त्री० economy, thriftiness.

मितव्ययी *(mit-vyayi)* वि० economical, thrifty, frugal.

मित्र *(mitr)* पु० friend, ally, comrade.

मित्रता *(mitratā)* स्त्री० friendship, intimacy.

मिथ्या[1] *(mithyā)* वि० false, untrue; feigned, spurious, sham; illusory; fake.

मिथ्या[2] *(mithyā)* पु० untruth, falsehood; illusion.

मिथ्याचार *(mithyācār)* पु० imposture.

मिन्नत *(minnat)* स्त्री० (अ०) entreaty, request, humble and earnest supplication.

मिमियाना *(mimiyānā)* अ० क्रि० to bleat; to speak submissively, to speak cringingly.

मियाद *(miyād)* see मीआद

मियादी *(miyādī)* see मीआदी

मियान *(miyān)* स्त्री० (फ०) scabbard, sheath.

मिरगी *(mirgī)* स्त्री० epilepsy.

मिर्च *(mirc)* स्त्री० chillies; pepper.

मिलता–जुलता *(miltā-jultā)* वि० resembling partially, almost identical or similar.

मिलन *(milan)* पु० union, contact, meeting.

मिलनसार *(milansār)* वि० sociable, friendly, affable.

मिलना *(milnā)* अ० क्रि० to be mixed, to be mingled, to be blended; to join, to unite, to come together; to come into contact, to meet; to be discovered, to be revealed; to be found, to be obtained, to come to hand, be acquired; to defect; to harmonize, to correspond.

मिलवाना *(milvānā)* स० क्रि० to cause to be joined; to cause to be united; to cause to be reconciled.

मिलाई *(milāī)* स्त्री० act of mixing; act of causing a meeting; visit (esp. paid to a prisoner of a patient).

मिलान *(milān)* पु० reconciliation (of accounts); comparison, tallying of accounts; collation; matching.

मिलाना *(milānā)* स० क्रि० to mix, mingle, to blend; to connect, to join, to unite; to introduce (one person to another); to reconcile; to reconcile (accounts), to compare; to cause (someone) to defect to one's side; to tune.

मिलाप *(milāp)* पु० rapproachement, reconciliation; union, unity; social converse.

मिलावट *(milāvaṭ)* स्त्री० adulteration.

मिलावटी *(milāvaṭī)* वि० adulterated; spurious.

मिलीभगत *(milībhagat)* स्त्री० collusion, league, sinister alliance.

मिश्र *(miśra)* वि० mixed, blended, combined; having an alloy.

मिश्रण *(miśraṇ)* पु० combination; mixture, blend; adulteration.

मिश्रित *(miśrit)* वि० mixed, mingled, blended.

मिश्री *(miśrī)* वि० candy.

मिष्टभाषी *(misṭ-bhasī)* वि० soft-spoken, honey-tongued.

मिष्टान्न *(misṭānn)* पु० confectionary, sweetmeat.

मिसाल *(misāl)* स्त्री० (अ०) example, precedent.

मिस्त्तरी *(mistrī)* स्त्री० artisan; craftsman; mechanic.

मीआद *(mīyvād)* स्त्री० (अ०) limit of time, period, term, usance.

मीआदी *(mīyādī)* वि० lasting for a

certain period.

मीचना *(mīcnā)* स० क्रि० to shut or close (the eyes).

मीज़ान *(mīzān)* स्त्री० (अ०) total; balance, pair of scales.

मीठा[1] *(mīṭhā)* पु० sweet; pleasant, agreeable; slow, slight, mild.

मीठा[2] *(mīṭhā)* पु० sweets.

मीत *(mīt)* पु० friend.

मीन *(mīn)* स्त्री० fish; twelfth sign of the zodiac, pisces.

मीन – मेख *(mīn-mekh)* पु० uncharitable criticism, fault-finding.

मीनार *(mīnār)* स्त्री० (अ०) tower, minaret, steeple.

मीमांसक *(mīmāṃsak)* पु० exponent; commentator.

मीमांसा *(mīmāṃsā)* स्त्री० reflection, consideration, investigation of truth; name of one of the six systems of Hindu philosophy in which vedic rituals are stipulated; interpretative exposition, scholarly commentary.

मुंडन *(muṇḍan)* पु० shaving of the head, tonsure.

मुँडना *(muṁḍnā)* अ० क्रि० to be shaved; (fig.) to be fleeced, to be swindled.

मुँडाई *(muṁḍāī)* स्त्री० shaving charges; act of shaving.

मुँडाना *(muṁḍānā)* स० क्रि० to get shaved, to have tonsured.

मुँड़ासा *(muṁṛāsā)* पु० a kind of turban.

मुँडेर *(muṁḍer)* स्त्री० parapet.

मुँदना *(muṁdanā)* अ० क्रि० to be shut or closed; to be covered or hidden.

मुंशी *(muṃśī)* पु० (अ०) scribe, clerk; teacher of Persian of Urdu.

मुंसिफ़ *(muṃsif)* पु० (अ०) an officer of judiciary, officer of the civil court below the rank of a subjudge.

मुँह *(muṁh)* पु० mouth; face, countenance; aperture, orifice, opening.

मुँहज़ोर *(muṁh-zor)* वि० insolent, impertinent, impudent.

मुँहज़ोरी *(muṁh-zorī)* स्त्री० insolence, impudence, high spiritedness, hard-mouthedness.

मुँहतोड़ *(muṁh-tor)* वि० apt, befitting; crushing; incontrovertible; retaliatory.

मुँहफट *(muṁh-fat)* वि० loose tongued, outspoken.

मुँहासा *(muṁhāsā)* पु० pimple.

मुअत्तल *(muattal)* वि० (अ०) suspended; held in abeyance.

मुअत्तली *(muattalī)* पु० (अ०) suspension.

मुआयना *(muāyanā)* पु० (अ०) inspection; visit.

मुआवज़ा *(muāvazā)* पु० (अ०) compensation, recompense; remuneration; indemnity.

मुक़दमा *(muqadmā)* पु० (अ०) lawsuit, suit, cause.

मुक़दमेबाज़ *(muqadmebāz)* पु० (अ०) litigant.

मुक़द्दर *(muqaddar)* पु० (अ०) fate, destiny, luck.

मुकम्मल *(mukammal)* वि० (अ०) complete, entire, whole; accomplished.

मुकरना *(mukarnā)* अ० क्रि० to deny,

to go back upon one's word.

मुक़र्रर *(muqarrar)* वि० (अ०) settled, fixed, established; appointed, posted.

मुक़ाबला *(muqābalā)* पु० (अ०) encounter, confrontation; comparison; competition; collation; equality.

मुक़ाम *(muqām)* पु० (अ०) halt, stay; place, site; residence.

मुकुट *(mukuṭ)* पु० diadem, crown.

मुक्का *(mukkā)* पु० punch, thump, blow of fist.

मुक्केबाज़ *(mukka-bāz)* पु० boxer, pugilist.

मुक्केबाज़ी *(mukki-bāzi)* स्त्री० fisticuffs, pugilism; boxing.

मुक्त *(mukt)* वि० set free, liberated, released; absolved; thrown, cast, discharged, hurled; unfettered; exonerated.

मुक्ता *(muktā)* स्त्री० pearl.

मुक्ति *(mukti)* स्त्री० release, liberation, deliverance, salvation; absolution of the soul from metempsychosis; emancipation.

मुख *(mukh)* स्त्री० mouth, face; front, fore-part, facade; opening, aperture.

मुख़्तार *(mukhtār)* पु० (अ०) legal agent.

मुखपत्र *(mukhpatra)* पु० manifesto, organ.

मुखपृष्ठ *(mukhpristh)* पु० title page, front page.

मुखबंध *(mukh-bandh)* पु० preface.

मुख़बिर *(mukhbir)* पु० (अ०) spy; reporter, informer.

मुखर *(mukhar)* वि० talkative, garrulous, loquacious, vociferous; noisy, making a continuous sound; cheeky; explicit; outspoken.

मुखरता *(mukhartā)* स्त्री० vociferousness, talkativeness; outspokenness; explicitness.

मुख़ालफ़त *(mukhālafat)* स्त्री० (फ़ा०) opposition; antagonism.

मुखावरण *(mukhāvaran)* पु० mask, cover-design.

मुखिया *(mukhiyā)* पु० chief, leader.

मुखौटा *(mukhauṭā)* पु० mask.

मुख़्तसर *(mukhtasar)* वि० (अ०) brief.

मुख्य *(mukhya)* वि० chief, principal, main, major; important, prominent; cardinal.

मुख्यतः *(mukhyatāh)* क्रि० वि० primarily, mainly, chiefly, predominantly, pre-eminantly.

मुख्यता *(mukhyātā)* स्त्री० pre-eminence, distinction, prominence.

मुख्यमंत्री *(mukhya-mantri)* पु० chief minister.

मुख्यालय *(mukhyālaya)* पु० headquarters.

मुग्ध *(mugdh)* वि० fascinated, perplexed; infatuated.

मुग्धता *(mugdhatā)* स्त्री० fascination, infatuation.

मुजरिम *(mujarim)* पु० (अ०) criminal, offender.

मुटापा *(muṭāpā)* पु० fatness, plumpness, obesity.

मुट्ठी *(muṭṭhī)* स्त्री० fist, grasp (of the hand); handful; a measure equal to the breadth of fist.

मुठभेड़ *(muṭh-bher)* स्त्री० collision,

clash, skirmish; meeting, encounter; confronatation.

मुठिया *(muṭhiyā)* स्त्री० handle or hilt; the round plump stick with which a cotton carder strikes the string of his bow.

मुड़ना *(muṛnā)* अ० क्रि० to be turned, to be twisted, to bend; to turn, to turn back.

मुदर्रिस *(mudarris)* पु० (अ०) school teacher.

मुदित *(mudit)* वि० pleased, delighted, happy.

मुद्दई *(muddaī)* पु० (अ०) plaintiff.

मुद्दत *(muddat)* स्त्री० (अ०) period, length of time, duration; usance.

मुद्दा *(muddā)* पु० (अ०) object, purport, intention; issue; theme.

मुद्रक *(mudrak)* पु० printer.

मुद्रण *(mudraṇ)* पु० printing, marking; sealing, stamping.

मुद्रणालय *(mudraṇālaya)* पु० printing press.

मुद्रांकन *(mudrānkan)* पु० stamping, sealing.

मुद्रा *(mudrā)* स्त्री० seal, signet, stamp; ring embedded with name or personal mark; currency, money, coins, mien, countenance, pose; posture.

मुद्रित *(mudrit)* वि० sealed, stamped; printed, marked; closed.

मुनादी *(munādī)* स्त्री० (अ०) proclamation.

मुनाफ़ा *(munāfā)* पु० (अ०) gain, profit.

मुनाफ़ाख़ोर *(munāfākhor)* पु० (अ०) profiteer.

मुनाफ़ाख़ोरी *(munāfākhorī)* स्त्री० (अ०) profiteering.

मुनासिब *(munāsib)* वि० (अ०) proper, suitable, reasonable.

मुनि *(muni)* पु० ascetic, hermit.

मुनीम *(munīm)* पु० clerk of a merchant; accountant.

मुफ़लिस *(muflis)* वि० (अ०) poor, indigent.

मुफ़लिसी *(muflisī)* स्त्री० (अ०) poverty; pauperdom.

मुफ़्त *(muft)* वि० (फ०) free of charge, gratis.

मुबारक *(mubārak)* वि० (अ०) auspicious; blessed, fortunate.

मुबारकबाद *(mubārakbād)* स्त्री० (अ०) congratulations, felicitations.

मुमकिन *(mumkin)* वि० (अ०) possible, feasible.

मुरग़ा *(murgā)* पु० cock.

मुरग़ी *(murgī)* स्त्री० hen.

मुरझाना *(murjhānā)* अ० क्रि० to wither, fade, droop; to become dejected or dispirited.

मुरदा[1] *(murdā)* पु० (फ०) corpse, dead body.

मुरदा[2] *(murdā)* वि० (फ०) dead, lifeless.

मुरब्बा *(murabbā)* पु० (अ०) jam; square; conserve.

मुराद *(murād)* स्त्री० (अ०) wish, longing, desire, inclination; object, purport, tenor.

मुरौवत *(murauvat)* स्त्री० (अ०) gentility; obligingness; benevolence; politeness; affability.

मुर्ग़ *(murg)* मुर्ग़ा *(murgā)* see मुरग़ा

मुर्ग़ी *(murgī)* स्त्री० see मुरग़ी

मुलम्मा *(mulammā)* पु० (अ०) gilding, gilt, plating, veneer; coating; external show, ostentation.

मुलाक़ात *(mulāqāt)* स्त्री० (अ०) meeting, visit; interview; acquaintance.

मुलाज़मत *(mulāzamat)* स्त्री० (अ०) employment, service.

मुलाज़िम *(mulāzim)* पु० (अ०) employee, servant, attendant.

मुलायम *(mulāyam)* वि० (अ०) soft, tender, delicate.

मुलायमियत *(mulāyamiyat)* स्त्री० (अ०) softness, tenderness; gentleness, generosity.

मुल्क *(mulk)* पु० (अ०) country; territory, region.

मुशायरा *(muśāyarā)* पु० (अ०) poetic symposium.

मुश्किल[1] *(muśkil)* वि० (अ०) difficult, hard, tough.

मुश्किल[2] *(muśkil)* स्त्री० (अ०) difficulty, hardship.

मुष्टि *(musṭi)* स्त्री० fist; fist-blow.

मुसकराना *(muskarānā)* अ० क्रि० to smile.

मुसकान *(muskān)* स्त्री० smile.

मुसकाना *(muskānā)* see मुसकराना

मुसलमान *(musalmān)* पु० (अ०) Mohammedan, Muslim.

मुसाफ़िर *(musāfir)* पु० (अ०) traveller, wayfarer, passenger.

मुसीबत *(musībat)* स्त्री० (अ०) trouble, difficulty; calamity, misfortune, disaster.

मुस्टंडा[1] *(musṭaṇḍā)* वि० strong-bodied, stout.

मुस्टंडा[2] *(musṭaṇḍā)* पु० rough and robust fellow.

मुस्तक़िल *(mustaqil)* वि० (अ०) stable; permanent, confirmed.

मुस्तैद *(mustaid)* वि० (अ०) ready, prepared; alert, active, agile; vigilant.

मुस्तैदी *(mustaidī)* स्त्री० (अ०) readiness, alertness, promptitude; vigilance.

मुहताज *(muhtāj)* वि० (अ०) dependent; needy, indigent, destitute, poor.

मुहब्बत *(muhabbat)* स्त्री० (अ०) love, affection, fondness.

मुहर *(muhar)* स्त्री० seal, stamp; gold coin.

मुहरा *(muharā)* पु० front part; prey, victim; a pawn or piece of chess.

मुहर्रिर *(muharrir)* पु० (अ०) clerk, scribe.

मुहलत *(muhlat)* स्त्री० (अ०) grace period; leave of absence from work.

मुहल्ला *(muhallā)* पु० locality, ward, street.

मुहाना *(muhānā)* पु० mouth of a river, estuary.

मुहावरा *(muhāvrā)* पु० (अ०) idiom, phrase; practice, habit.

मुहावरेदार *(muhāvaredār)* वि० idiomatic.

मुहिम *(muhim)* स्त्री० (अ०) expedition, campaign; arduous job.

मुहूर्त *(muhūrt)* पु० auspicious moment; auspicious beginning.

मूँग *(mūṁg)* स्त्री० a kind of lentil, green pulse.

मूँगफली *(mūṁgfali)* स्त्री० pea-nut.

मूँगा *(mūṁgā)* पु० coral.

मूँछ (*mūṁch*) स्त्री० moustache, whiskers.

मूँज (*mūṁj*) स्त्री० a kind of long fibre (of which ropes are made).

मूँड़ (*mūṁṛ*) पु० head.

मूँडना (*mūṁdanā*) स० क्रि० to shave; to tonsure; to cozen, to cheat, to fleece.

मूँदना (*mūṅdnā*) स० क्रि० to close, to shut; to cover, to hide.

मूक (*mūk*) वि० dumb, mute, speechless; dummy.

मूक अभिनय (*mūk-abhinaya*) पु० pantomime, mummery.

मूक अभिनेता (*mūk-abhinetā*) पु० mime.

मूठ (*mūṭh*) स्त्री० hilt, handle; act of sorcery; grip; knob.

मूढ़ (*mūṛh*) वि० foolish, silly, stupid; stupefied, infatuated.

मूढ़ता (*mūṛhatā*) स्त्री० stupidity, simplicity, folly.

मूतना (*mūtnā*) अ० क्रि० to discharge urine, to make water, to piss.

मूत्र (*mūtra*) पु० urine, piss.

मूत्राशय (*mūtrāśya*) पु० urinary bladder; vesica.

मूर्ख (*mūrkh*) वि० stupid, foolish, idiotic.

मूर्खता (*mūrkhatā*) स्त्री० stupidity, folly, idiocy, silliness.

मूर्च्छा (*mūrcchạ̄*) स्त्री० swoon, fainting, unconsciousness; fit, trance.

मूर्च्छित (*mūrchit*) वि० fainted, swooned, out of senses.

मूर्ति (*mūrti*) स्त्री० image, figure, form; idol, statue, icon.

मूर्तिकला (*mūrti-kalā*) स्त्री० sculpture.

मूर्तिकार (*mūrti-kār*) पु० sculptor.

मूर्तिपूजा (*mūrti-pujā*) स्त्री० image-worship, idolatry, iconolatry.

मूर्तिभंजक (*mūrti-bhanjik*) पु० iconoclast.

मूर्तिशास्त्र (*mūrti-śastra*) पु० iconology.

मूल[1] (*mūl*) वि० original.

मूल[2] (*mūl*) पु० root; ground work, beginning; origin, source, cause; original text; principal (sum).

मूलतः (*mūltāh*) क्रि० वि० basically, fundamentally, primarity.

मूली (*mūlī*) स्त्री० radish.

मूल्य (*mūlya*) पु० cost, price; worth, value.

मूल्य – निर्धारण (*mūlya-nirdhāran*) पु० evaluation; assessment.

मूल्यवान (*mūlyavān*) मूल्यवान् वि० costly, valuable, precious.

मूल्यांकन (*mūlyānkan*) पु० assessment, evaluation, appraisal.

मूल्यांकित (*mūlyānkit*) वि० valued, denominated.

मूषक (*mūṣak*) पु० rat, mouse.

मूसल (*mūsal*) स्त्री० pestle, pounder.

मूसलाधार (*mūslādhār*) वि० heavy or torrential (rain).

मूसली (*mūslī*) स्त्री० small pestle.

मृग (*mṛg*) पु० deer, antelope.

मृगछौना (*mṛgchannā*) पु० fawn.

मृगतृष्णा (*mṛg-trśna*) स्त्री० mirage; unaccomplishable desire.

मृगया (*mṛgayā*) स्त्री० hunting.

मृगी (*mṛigi*) स्त्री० female deer, a hind.

मृत (*mṛt*) वि० dead, deceased; defunct, extinct.

मृतक[1] *(mṛtak)* पु० dead body, corpse.

मृतक[2] *(mṛtak)* वि० deceased.

मृत्यु *(mṛtyu)* स्त्री० death, demise.

मृत्युलोक *(mṛtyulok)* पु० the mortal world.

मृदु *(mṛdu)* पु० soft, delicate, tender; benign.

मृदुता *(mṛduatā)* स्त्री० softness, tenderness.

मृदुल *(mṛdul)* वि० soft, tender, delicate; gentle, mild.

मृदुलता *(mṛdulatā)* स्त्री० softness; sweetness; mildness, gentleness.

मेंड *(meṁṛ)* स्त्री० hedge (raised to separate fields), border; balk.

मेंह *(meṁh)* पु० rain.

मेंहदी *(meṁhdī)* स्त्री० myrtle, hen>

मेखला *(mekhalā)* स्त्री० belt, girdle, waist-band.

मेघ *(megh)* पु० cloud.

मेज़ *(mez)* पु० table.

मेज़बान *(mezbān)* पु० (फ०) host.

मेढक *(meḍhak)* पु० frog.

मेढ़ा *(meṛhā)* पु० ram, tud.

मेथी *(methī)* स्त्री० the plant finugreek and its seed.

मेदा *(medā)* पु० (अ०) stomach.

मेधा *(medhā)* स्त्री० mental vigour or power, intellect, understanding.

मेधावी *(medhāvī)* वि० possessed of extraordinary mental power, intelligent, brilliant.

मेम *(mem)* स्त्री० lady, madame; queen (in playing cards).

मेमना *(memnā)* पु० lamb, kid.

मेरा, *(merā)* सर्व० my, mine.

मेल *(mel)* पु० reconciliation, agreement, concord; intimacy, amity, friendship; rapprochement, mixture, combination; match; kind, quality; mail (train); mode, scale.

मेल-जोल *(mel-jol)* पु० reconciliation, compromise; friendship.

मेला *(melā)* पु० crowd, multitude, throng; large concourse of people, fair.

मेवा *(mevā)* पु० (फ०) dry fruit.

मेहतर *(mehtar)* पु० (फ०) sweeper, scavenger.

मेहतरानी *(mehtrānī)* स्त्री० wife of a sweeper, sweeper woman.

मेहनत *(mehnat)* स्त्री० (अ०) labour, toil, hard work, industry, exercise.

मेहनतकश *(mehnatkaś)* वि० (अ०) hard working painstaking.

मेहनती *(mehnatī)* वि० laborious, diligent, hard-working.

मेहमान *(mehmān)* पु० (फ०) guest.

मेहरबान *(mehrbān)* वि० (फ०) kind, compassionate.

मेहरबानी *(meharbānī)* स्त्री० (फ०) kindness, compassion; favour.

मैं *(maiṁ)* सर्व० I, me

मैत्री *(maitrī)* स्त्री० friendship, intimacy, cordiality.

मैदान *(maidān)* पु० (फ०) extensive plain; plains; field, playground; battle-field.

मैना *(mainā)* स्त्री० myna.

मैया *(maiyā)* स्त्री० mother.

मैल *(mail)* पु० dirt, filth, scum; rancour, sullenness, grudge, grouse.

मैला *(mailā)* वि० dirty, filthy, foul, unclean.

मैलापन *(mailāpan)* पु० dirtiness, filthiness.

मोक्ष *(mokṣ)* पु० emancipation, deliverance, freedom, salvation; release from worldly existence, final beatitude.

मोचक *(mocak)* वि० redemptive.

मोचन *(mocan)* पु० release, liberation, deliverance, redemption.

मोची *(mocī)* पु० shoemaker, cobbler.

मोज़ा *(mozā)* पु० (फ०) stockings, socks.

मोटा *(moṭā)* वि० fat, plump, corpulent; thick; coarse, rough.

मोटाई *(moṭāī)* स्त्री० fatness, plumpness, corpulence; thickness.

मोटापन *(moṭāpan)* **मोटापा** पु० fatness, plumpness, thickness, obesity.

मोठ *(moṭh)* स्त्री० lentil.

मोड़ *(moṛ)* पु० turn, bend, twist; turning point; (fig.) a new direction; orientation; fold.

मोड़ना *(moṛnā)* स० क्रि० to turn, to turn back; to bend, to twist; to fold.

मोती *(motī)* पु० pearl.

मोतीझरा *(motījharā)* पु० typhoid.

मोम *(mom)* पु० wax.

मोमजामा *(momjāmā)* पु० oil cloth.

मोमबत्ती *(mombatti)* स्त्री० candlestick.

मोर *(mor)* पु० peacock.

मोरचा *(morcā)* पु० rust; battle-front.

मोरचाबंदी *(morcābandi)* स्त्री० stratagem, battle-array, deployment of army.

मोरनी *(mornī)* स्त्री० pea-hen.

मोह *(moh)* पु० attachment, love, affection; infatuation; delusion of mind.

मोहक *(mohak)* वि० infatuating; charming, fascinating; seductive.

मोहभंग *(mohbhang)* पु० disillusionment, disenchantment.

मोहरा *(mohrā)* पु० chessman; opening, the mouth of a container; van, vanguard, forepart of an army.

मोहित *(mohit)* वि० fascinated, charmed, enamoured; infatuated, deluded.

मोहिनी[1] *(mohinī)* वि० fascinating, charming.

मोहिनी[2] *(mohinī)* स्त्री० illusion, charm, spell.

मौक़ा *(mauqā)* पु० (अ०) chance, occasion, opportunity; place of occurrence, situation, site.

मौखिक *(maukhik)* वि० oral, viva voce (test) verbal.

मौखिकी *(maukhikī)* वि० oral, verbal.

मौज *(mauj)* स्त्री० (अ०) whim, caprice, fancy; delight, ecstasy; wave, surge.

मौज़ा *(mauzā)* पु० (अ०) village, socks.

मौज़ूँ *(mauzūṁ)* वि० (अ०) reasonable, befitting, suitable.

मौजूद *(maujūd)* वि० (फ०) present, existing.

मौजूदगी *(maujūdagī)* स्त्री० (फ०) existence, presence.

मौजूदा *(maujūdā)* वि० (अ०) existing, current, present.

मौत *(maut)* स्त्री० (फा०) death, demise.

मौन[1] *(maun)* वि० mumsilent, speechless.

मौन[2] *(maun)* पु० silence, taciturnity.

मौरूसी *(maurūsī)* वि० (अ०) hereditary, patrimonial.

मौलिक *(maulik)* वि० radical, primordial, fundamental.

मौलिकता *(maulikatā)* स्त्री० originality.

मौसम *(mausam)* पु० (अ०) season, weather; opportune time.

मौसमविज्ञान *(mausam-vygan)* पु० meteorology.

मौसमी *(mausamī)* वि० (अ०) seasonal, of the season.

म्याऊँ *(myāṁv)* स्त्री० mew.

म्यान *(myān)* स्त्री० (फा०) sheath, scabbard.

म्लान *(mlān)* वि० languid, weary; gloomy.

म्लेच्छ[1] *(mlecch)* वि० lowly; unclean dirty, shabby.

य *(ya)* the first of the four semivowels of the Devnagri alphabet.

यंत्र *(yantra)* पु० instrument, mechanical contrivance; machine; amulet, talisman; mystical diagram.

यंत्रचालित *(yantra-cālit)* वि० mechanized; machine-operated.

यंत्रणा *(yantrāṇā)* स्त्री० pain, anguish, affliction, torture.

यंत्रमानव *(yantra-manāv)* पु० robot.

यंत्रवत् *(yantra-vat)* क्रि० वि० like a machine; mechanically.

यंत्रविद् *(yamtra-vid)* पु० engineer.

यंत्रित *(yantrit)* वि० mechanised.

यकायक *(yakāyak)* क्रि० वि० all at once, suddenly, immediately.

यक़ीन *(yaqīn)* पु० (अ०) confidence, faith, trust, certainty; assurance, belief.

यक़ीनन *(yaqīnan)* क्रि० वि० (अ०) certainly, surely.

यकृत *(yakrit)* पु० liver.

यक्ष्मा *(yakṣmā)* पु० tuberculosis, consumption.

यज्ञ *(yajña)* पु० religious ceremony in which oblations were offered, sacrifice.

यज्ञोपवीत *(yajño-pavit)* पु० sacrificial hall, house or place for keeping the sacrificial fire.

यज्ञशाला *(yajñā-śālā)* स्त्री० sacred thread, a Hindu ceremony in which a child is introduced to wearing the sacred thread;

यती *(yatī)* पु० ascetic; monk.

यतीम *(yatīm)* पु० (अ०) orphan.

यतीमख़ाना *(yatīm-khānā)* पु० (अ०) orphanage.

यत्न *(yatn)* पु० effort, endevour;

means, device; care.

यत्नपूर्वक *(yatn-purvak)* क्रि० वि० with care; with effort or attempt.

यत्र – तत्र *(yatr-tatr)* अ० here and there, there and every where.

यथा *(yathā)* अ० as, according to, thus; for example, for instance.

यथायोग्य *(yathā-yojua)* क्रि० वि० according as one deserves.

यथार्थ *(yathārth)* वि० accurate, realistic.

यथार्थतः *(yathārthtah)* क्रि० वि० truly, rightly; exactly; realistically.

यथार्थता *(yathârthatā)* स्त्री० reality; correctness, accuracy; exactness, exactitude.

यथार्थवाद *(yathārthvād)* पु० realism.

यथार्थवादी *(yathārthvādī)* वि० realistic.

यथेष्ट *(yathêṣṭ)* वि० according to wish or desire; sufficient, enough; adequate, requisite.

यथोचित *(yathochīt)* वि० befitting; due; proper, appropriate; reasonable; rightful.

यदा – कदा *(yadā-kadā)* क्रि० वि० now and then, occasionally, sometimes.

यदि *(yadi)* क्रि० वि० if, in case, provided that.

यद्यपि *(yadyapi)* क्रि० वि० even if, although, though.

यम *(yam)* पु० the god of death; self-restraint, self-control; twin.

यमदूत *(yamdūt)* पु० messenger pf death.

यमपुरी *(yampuri)* स्त्री० infernal world.

यमलोक *(yamlok)* पु० see यमपुरी

यव *(yav)* पु० barley, corn.

यवन *(yavan)* पु० Mohammadan.

यश *(yaś)* पु० glory, splendour, praise, reputation.

यशस्वी *(yaśasvi)* वि० reputed, renowned, glorious, celebrated.

यशोगान *(yasogyan)* पु० encomium, eulogy.

यष्टि *(yasṭi)* स्त्री० stick, staff; branch, twig; arm; creeper; sugarcane.

यह[1] *(yah)* सर्व० he, she; this, it.

यह[2] *(yah)* वि० this.

यहाँ *(yahāṁ)* सर्व० here, at this place.

यही *(yahī)* सर्व० certainly this.

यहूदिन *(yahūdin)* स्त्री० Jewess.

यहूदी *(yahūdī)* पु० Jew.

यांत्रिक[1] *(yāntrik)* वि० mechanical; working like a machine.

यांत्रिक[2] *(yāntrik)* पु० mechanist.

यांत्रिकता *(yāntrikatā)* स्त्री० mechanism.

यांत्रिकी *(yāntrikī)* स्त्री० mechanics.

यांत्रिकीकरण *(yāntrikīkaran)* पु० mechanization.

या *(yā)* क्रि० वि० or, either.

याचक *(yācak)* कपु० beggar, mendicant.

याचकता *(yācakatā)* स्त्री० begging, mendicancy.

याचिका *(yācikā)* स्त्री० petition, request.

याजक *(yājak)* पु० sacrificer, sacrificing priest.

यातना *(yātanā)* स्त्री० torment, torture.

यातायात *(yātâyāt)* पु० traffic, transport.

यात्रा *(yātrā)* स्त्री० journey, travel; wayfaring; trip, tour; pilgrimage; march.

यात्री *(yātrī)* पु० traveller, wayfarer; passenger; pilgrim.

याद *(yād)* स्त्री० (फ़ा०) remembrance, recollection; memory; commemoration.

यादगार *(yādgār)* स्त्री० (फ़ा०) monument, memorial; memento.

याददाश्त *(yād-dāśt)* स्त्री० (फ़ा०) memory.

यानी *(yānī)* क्रि० वि० (अ०) that is to say, viz, i.e.

यापन *(yāpan)* पु० spending or passing (time).

याम *(yām)* पु० period of three hours; time; restraint; progress; conveyance; road.

यामिनी *(yāminī)* स्त्री० night.

यायावर[1] *(yāyāvar)* वि० frequently travelling, vagrant; nomadic, itinerant.

यायावर[2] *(yāyāvar)* पु० nomad; wanderer.

यार *(yār)* पु० (फ़ा०) friend, companion; paramour, lover; supporter.

यारी *(yārī)* स्त्री० friendship; romantic intimacy, illicit love.

युक्त *(yukt)* वि० joined, united, connected, attached; combined, included; fitted with, befitting, suitable, proper.

युक्ति *(yukti)* स्त्री० means, contrivance, device; argument, plea; union, junction, combination; artifice, tactics, manoeuvre; skill.

युक्तिसंगत *(yuktiśangat)* वि० reasonable, rational.

युग *(yug)* पु० period, era, epoch; age of the world according to Puranas; pair, couple.

युगल *(yugal)* पु० pair, couple; duet.

युगांतर *(yugāntar)* पु० succeeding epoch; advent of a new epoch.

युत *(yut)* वि० mixed.

युद्ध *(yuddh)* पु० war, battle; combat.

युद्धक्षेत्र *(yuddh-chātra)* पु० battlefield; war zone.

युद्धविराम *(yuddh-virām)* पु० ceasefire; armistice, truce.

युयुत्सु *(yuyutsu)* स्त्री० belligerence, bellicosity; pugnacity.

युवक *(yuvak)* पु० youth, youngman.

युवती *(yuvatī)* स्त्री० young woman, damsel.

युवराज *(yuvrāj)* पु० heir-apparent, crown-prince.

युवराश्री *(yuvraśri)* स्त्री० princess.

युवा *(yuvā)* वि० young.

युवावस्था *(yuvā-vasthā)* स्त्री० young age; youth.

यों *(yom)* अ० thus, in this way.

योग *(yog)* पु० compound; yoga system of philosophy; concentration of mental faculties; device, remedy; (arith.) addition; (astro.) conjunction.

योगक्षेम *(yog-ksem)* पु० well-being.

योगदान *(yogdān)* पु० contribution; participation.

योगफल *(yogfal)* पु० sum, total.

योगासन *(yogāsan)* पु० posture of performing yoga practices.

योगी *(yogī)* पु० follower of the yoga

system of philosophy, ascetic; Shiva.

योग्य *(yogya)* पु० qualified, able; proper, fit, suitable; deserving; capable; eligible; meritorious; worthy.

योग्यता *(yogyatā)* स्त्री० suitability, propriety, fitness; ability, capability; quality, qualification; eligibility; competence; worthiness; merit.

योग्यतापूर्वक *(yogyatāpurvak)* क्रि० वि० ably, efficiently.

योजक *(yojak)* पु० connecter; copula.

योजन *(yojan)* पु० joining, uniting, fixing; measure of distance.

योजना *(yojanā)* स्त्री० scheme, plan; project.

योाजनाबद्ध *(yojarāvadh)* वि० planned; programmed.

योजित *(yojit)* वि० planned; employed, used; joined, connected, united; arranged.

योद्धा *(yoddhā)* पु० fighter, warrior; soldier; combatant.

योनि *(yoni)* स्त्री० place of birth or origin; female organ of generation, vagina; one class out of 84 lakh classes of creatures according to Puranas; sex.

यौगिक[1] *(yougik)* वि० relating to the religious practice of yoga philosophy.

यौगिक[2] *(yougik)* पु० compound.

यौन *(yaun)* वि० sexual.

यौन – विज्ञान *(yaun-vygan)* पु० sexology.

यौनाचार *(yaunācār)* पु० sex indulgence.

यौवन *(yauvan)* पु० youth, puberty.

र

र *(ra)* the second of the semi-vowels of the Devnagri alphabet.

रंक *(rank)* पु० beggar, pauper, poor person.

रंग *(rang)* पु० glamour, beauty; amusement; mode, manner, whim, mood; influence; colour, hue, dye; complexion; trump in playing cards, suit; kind, category; gaiety.

रंग – ढंग *(rang-dhang)* पु० manners, demeanour, conduct.

रंगत *(rangat)* स्त्री० colour, complexion, tint; condition.

रंगदार *(rangdār)* वि० coloured.

रंगना *(ramgnā)* स० क्रि० to colour, to dye, to paint; to write excessively; to infatuate; to influence.

रंग – बिरंगा *(rang-bīrangā)* वि० of various colours, multicoloured, colourful; of diverse kinds, variegated.

रंगभूमि *(rang-bhumi)* स्त्री० place of amusement; stage, theatre.

रंगमंच *(rang-manch)* पु० stage for acting.

रंगमहल *(rang-mahal)* पु० private apartment, the apartment meant for amorous sport.

रंगरूट *(rangrūṭ)* पु० recruit.

रंगरूप *(rangrūp)* पु० physical appearance, looks, complexion and figure.

रँगरेली *(rang-relī)* स्त्री० rejoicing, merriment, pleasure, revelry.

रँगवाई *(raṁgvāī)* स्त्री० act of getting (clothes) dyed; charges paid for dyeing.

रँगवाना *(raṁgvānā)* स० क्रि० to cause to be dyed, to get dyed.

रंगशाला *(raṁgsālā)* स्त्री० theatre; place of making mirth or enjoyment.

रंगसाज़ *(raṁgśāj)* पु० (फ़ा०) painter, colourman.

रंगसाज़ी *(raṁgśāzī)* स्त्री० (फ़ा०) mixing or making colours, painting.

रँगाई *(raṁgāī)* स्त्री० act of colouring or dyeing; charges paid for colouring etc.

रँगाना *(raṁgānā)* स० क्रि० to cause to be coloured or dyed, to get dyed.

रंगारंग *(raṁgārang)* वि० of various colours; of different sorts, variegated; colourful.

रंगीन *(rangīn)* वि० (फ़ा०) coloured, painted, colourful; gay, lively, jovial.

रंगीनी *(rangīnī)* स्त्री० being coloured, being of various colours; elegant or colourful make-up, colourfulness; sportiveness, gaiety, mirthfulness.

रँगीला *(raṁgīlā)* वि० gay, merry, jovial, gaudy, showy, colourful.

रंज *(rañj)* पु० (फ़ा०) sorrow, grief, affliction, sadness, gloominess.

रंजन *(rañjan)* पु० act of colouring, dyeing or painting, entertainment, amusement.

रंजिश *(rañjiś)* स्त्री० (फ़ा०) animosity, ill-feeling, malice; estrangement.

रंजीदा *(rañjīdā)* वि० (फ़ा०) grieved, sorrowful, sad, gloomy.

रँडापा *(raṇḍāpā)* पु० widowhood.

रंडी *(raṇḍī)* स्त्री० harlot, prostitute.

रँडुआ *(raṁḍuā)* पु० widower.

रँदना *(raṁdanā)* स० क्रि० to plane.

रंदा *(randā)* पु० carpenter's plane.

रंध्र *(randhra)* पु० hole, aperture; stomata, orifice; pore.

रँभाना *(raṁbhānā)* अ० क्रि० to low.

रई *(raī)* स्त्री० churning staff, churner.

रईस *(raīs)* पु० (अ०) rich or wealthy man, nobleman.

रईसी *(raīsī)* स्त्री० state of being wealthy.

रक़म *(raqam)* स्त्री० (अ०) amount, capital, sum.

रकाब *(rakāb)* स्त्री० stirrup.

रकाबी *(rakābī)* स्त्री० dish, plate; platter.

रक़ीब *(raqīb)* पु० (अ०) rival.

रक्त *(rakt)* पु० blood; red colour.

रक्तचाप *(raktchāp)* पु० blood-pressure.

रक्तपात *(raktpāt)* पु० bloodshed.

रक्षक *(rakṣak)* पु० protector, preserver; guardian, keeper, guard; escort.

रक्षण *(rakṣaṇ)* पु० act of guarding,

protection, preservation.

रक्षा *(rakṣā)* स्त्री० defence, protection.

रक्षात्मक *(rakṣātmāk)* वि० protective, defensive.

रक्षित *(rakṣit)* वि० protected, preserved, secured.

रक्षी *(rakṣī)* पु० guard, protector, watch, sentinel.

रखना *(rakhanā)* स० क्रि० to put, to place, to lay; to take into possession; to keep; to employ, to appoint; to keep as wife or husband.

रखवाना *(rakhvānā)* स० क्रि० to cause to be kept; to have (a thing) placed in charge or custody,; to cause to employ or appoint; to cause to maintain.

रखवाला *(rakhvālā)* पु० guard, keeper, custodian, caretaker, watchman.

रखवाली *(rakhvālī)* स्त्री० protection, safe guarding; custody; watch, guard, care, watchmanship.

रखाना *(rakhānā)* स० क्रि० to cause to keep; to guard, to watch; to take care of; to maintain.

रखेल *(rakhail)* रखेली स्त्री० concubine, keep (girl).

रग *(rag)* स्त्री० artery, vein, nerve.

रगड़ *(ragar)* स्त्री० rubbing; abrasion, friction, rub, bruise.

रगड़ना *(ragarṇā)* स० क्रि० to rub; to bruise.

रगड़ा *(ragrā)* पु० mark of friction or rubbing; rubbing, a rub, quarrel or animosity which lasts for some time; bruise; toil.

रचना *(racnā)* स्त्री० formation; structure, fabrication; literary production, composition; creation; fabric; construction.

रचनाकार *(racnākār)* पु० composer; author; creator, maker.

रचनात्मक *(racnātamak)* वि० con structive, formative.

रचयिता *(racayitā)* पु० author, composer; creator, maker.

रचित *(racit)* वि० made, formed, created, composed, constructed; stained.

रज *(raj)* स्त्री० dust; pollen of flowers; second of the three constituent qualities of all substances; menstruation.

रजकण *(rajkan)* पु० dust particles.

रजत[1] *(rajat)* पु० silver.

रजत[2] *(rajat)* वि० silvery, made of silver.

रजतपट *(rajatpat)* पु० silver-screen; cinema, screen.

रजनी *(rajanī)* स्त्री० night.

रजनीपति *(rajanīpati)* पु० moon.

रजवाहा *(rajvāhā)* पु० distributory, small canal.

रजस्वला *(rajsalavā)* स्त्री० woman during the menses.

रज़ा *(razā)* स्त्री० (अ०) wish, will, desire; permission, consent.

रज़ाई *(rajāi)* स्त्री० quilt.

रज़ामंद *(razāmand)* वि० (अ०) willing, agreeable.

रज़ामंदी *(razāmandī)* स्त्री० (अ०) willingness, consent.

रजोधर्म *(razo-dhram)* पु० menstruation.

रज्जु *(rajju)* पु० rope, cord, string.

रटंत *(raṭant)* स्त्री० cramming, learning by heart or repetition.

रट *(raṭ)* स्त्री० constant repetition, reiteration.

रटना *(raṭnā)* स० क्रि० to cram, to repeat, to learn by heart.

रण *(raṇ)* पु० battle, war.

रणकौशल *(raṇkauśal)* पु० war strategy, tactics of war.

रणक्षेत्र *(raṇkśhetra)* पु० battle-field.

रणपोत *(raṇpot)* पु० battleship.

रणभूमि *(raṇbhumi)* स्त्री० battle-ground, field of battle.

रणभेरी *(raṇbherī)* स्त्री० battle bugle, war trumpets.

रणस्थल *(raṇasthal)* पु० battle-field.

रत *(rat)* वि० engaged, absorbed, busy.

रतजगा *(ratjagā)* पु० vigil.

रति *(rati)* स्त्री० sexual union, coition, copulation; (in lit.) sentiment of love; name of the goddess of love personified as wife of Cupid.

रतौंधी *(rataumdhī)* स्त्री० night-blindness, nyctalopia.

रत्न *(ratn)* पु० jewel, gem, precious stone; most outstanding personality.

रत्नाकर *(ratnākar)* पु० sea, ocean.

रथ *(rath)* पु० chariot.

रथवान *(rathvān)* पु० charioteer.

रद्द *(radd)* वि० (अ०) rejected, cancelled; annulled.

रद्दा *(raddā)* पु० stratum (of a wall), layer (of bricks).

रद्दी[1] *(raddī)* वि० (अ०) waste, worthless; inferior.

रद्दी[2] *(raddī)* स्त्री० (अ०) waste material or product; waste-paper.

रद्दोबदल *(raddobadal)* स्त्री० (अ०) change, alteration; modification; reshuffling.

रपटन *(rapaṭan)* स्त्री० slipperiness.

रपटना[1] *(rapaṭnā)* अ० क्रि० to slip, to slide; to act or move rapidly.

रपटना[2] *(rapaṭnā)* वि० slippery.

रपटाना *(rapṭānā)* स० क्रि० to cause to move rapidly.

रफ़ू *(rafū)* पु० (अ०) darning.

रफ़ूगर *(rafū-gar)* पु० (अ०) darner.

रफ़ू-चक्कर *(rafū-chakkar)* पु० mischieveous disappearance.

रफ़्तार *(raftār)* स्त्री० (फ़ा०) pace, speed, velocity.

रबड़ *(rabaṛ)* स्त्री० rubber tree and the product made from its juice.

रबड़ी *(rabṛī)* स्त्री० thickened milk.

रबी *(rabī)* स्त्री० (अ०) the spring harvest.

रमण *(ramaṇ)* पु० pleasing or delightful act; sexual union, cohabitation; walk, stroll, saunter.

रमणा, रमणी *(ramaṇī)* स्त्री० charming woman, beautiful young woman, damsel.

रमणीक *(ramaṇīk)* वि० beautiful, lovely, pleasant, charming, winsome; attractive.

रमणीकता *(ramaṇīyatā)* स्त्री० beauty, charm, prettiness; attractiveness.

रमणीय *(ramaṇīya)* वि० charming, beautiful, lovely.

रमणीयता *(ramaṇīkatā)* स्त्री० beauty, charm, loveliness, prettiness.

रमना *(ramanā)* अ० क्रि० to be

absorbed; to be devoted; to roam, to wander about.

रव *(rav)* पु० noise, tumult, uproar; sound; echo, hum, buzz.

रवन्ना *(ravannā)* पु० passage permit, waybill.

रवानगी *(ravānagī)* स्त्री० departure, setting out.

रवाना *(ravānā)* वि० (फ़ा०) set out, departing.

रवानी *(ravānī)* स्त्री० fluency, flow.

रवि *(ravi)* पु० the Sun.

रविवार *(ravivār)* पु० Sunday.

रवैया *(ravaiyā)* पु० behaviour, conduct; manner, fashion.

रश्मि *(raśmi)* स्त्री० ray of light, beam.

रस *(ras)* पु० sap; juice, soup, broth; relish (one of the six senses); (in lit.) pleasure; delight, happiness.

रसज्ञ *(rasajna)* पु० one who knows Rasa or true essence; one who understands and appreciates poetry; connoisseur.

रसज्ञता *(rasajnatā)* स्त्री० connoisseurship; capability to relish or appreciate; aesthetic sense.

रसद *(rasad)* स्त्री० (फ़ा०) supplies of food which travellers or soldiers carry with them; food stuff, ration; provisions.

रसना *(rasnā)* स्त्री० tongue; rein; rope, cord.

रसरंग *(rasraṅg)* पु० enjoyment derived from love; sport of love, sexual union.

रसहीन *(ras-hīn)* वि० sapless; insipid, unsavoury; dry, dull.

रसातल *(rasātal)* पु० lowest of the seven regions under the earth, nether world; lower world or hell in general.

रसायन *(rasāyan)* पु० chemistry, alchemy.

रसायनज्ञ *(rasāyanajna)* पु० chemist.

रसायन विज्ञान *(rasāyan-vignan)* पु० chemistry.

रसायनवेत्ता *(rasāyan-vetā)* पु० chemist.

रसायनशाला *(rasāyan-śālā)* स्त्री० chemical laboratory.

रसायनशास्त्र *(rasāyan-śastra)* पु० chemistry.

रसायनशास्त्री *(rasāyan-śastrī)* पु० chemist, scholar of chemistry.

रसास्वादन *(rasā-svādan)* पु० relishing, enjoyment of any poetic sentiment in literature.

रसिकता *(rasikatā)* स्त्री० sense of taste; quality of being aesthetic.

रसिया *(rasiyā)* पु० epicure; man of amorous disposition; type of folk song.

रसीद *(rasīd)* स्त्री० (फ़ा०) receipt.

रसोइया *(rasoiyā)* पु० cook.

रसोई *(rasoī)* स्त्री० cooked or dressed food; kitchen.

रसौली *(rasaulī)* स्त्री० tumour.

रस्म *(rasm)* स्त्री० (अ०) custom, practice; ceremony, ritual; formality.

रस्मी *(rasmī)* वि० customary; formal, ceremonial.

रस्साकशी *(rassākasī)* स्त्री० tug-of-war; tussle.

रस्सी *(rassī)* स्त्री० rope, cord.

रहज़न *(rahzaṇ)* पु० (फ़ा०) highway man.

रहन *(rahn)* पु० (फ़ा०) mortgage, pledge; pawn; way of living.

रहन–सहन *(rahn-shan)* पु० mode of living.

रहना *(rahanā)* अ० क्रि० to dwell, to live, to reside; to exist; to stay; to remain.

रहम *(raham)* पु० (अ०) mercy, kindness, pity, compassion.

रहमत *(rahmat)* स्त्री० (अ०) mercy, kindness, compassion.

रहस्य *(rahasya)* पु० secret; mystery in spiritualism.

रहस्यपूर्ण *(rahasya-purn)* वि० mysterious, secretive.

रहस्यवाद *(rahasya-vād)* पु० mysticism.

रहस्यवादी[1] *(rahasyavādī)* वि० mystical.

रहस्यवादी[2] *(rahasyavādī)* पु० mystic.

रहित *(rahit)* वि० devoid, without; void (of), separated (from), free (from).

राँगा *(rāṁgā)* पु० pewter.

राँड *(rāṁḍ)* स्त्री० widow.

राई *(rāī)* स्त्री० mustard-like oil seed; small particle.

राक्षस *(rākṣas)* पु० demon, devil, monster.

राक्षसी[1] *(rākṣasī)* वि० demon-like, devilish, monstrous.

राक्षसी[2] *(rākṣasī)* स्त्री० female demon.

राख *(rākh)* स्त्री० ashes.

राग *(rāg)* पु० love, affection, attachment; colour (particularly red); melodic mode or structure with a fixed sequence of notes, melody, passion, emotion.

राग–द्वेष *(rāg-dves)* पु० love and hatred.

राज *(rāj)* पु० kingdom, state; rule, government; mason.

राज़ *(rāz)* पु० (फ़ा०) secret.

राजकीय *(rājakiya)* वि० royal, kingly. official, governmental.

राजकुमार *(rājkumār)* पु० king's son, prince.

राजकुमारी *(rājkumārī)* स्त्री० king's daughter, princess.

राजकुल *(rājkul)* पु० king's family, royal race or dynasty.

राजगद्दी *(rājgaddī)* स्त्री० king's throne, royal throne.

राजगीर *(rājgīr)* पु० mason.

राजगीरी *(rājgīrī)* स्त्री० masonary.

राजतंत्र *(rājtantra)* पु० monarchy.

राजतंत्रीय *(rājtantrīya)* पु० monarchial.

राजतिलक *(rājtilak)* पु० coronation.

राजदूत *(rājdūt)* पु० king's envoy, ambassador.

राजदूतावास *(rājdūtāvās)* पु० embassy; diplomatic mission.

राजद्रोही[1] *(rāj-drohī)* पु० traitor, rebel, seditionist.

राजद्रोही[2] *(rāj-dhorī)* वि० seditious.

राजधानी *(rājdhanī)* स्त्री० capital city.

राजनय *(rājnay)* पु० diplomacy.

राजनयिक *(rājnayik)* पु० diplomat.

राजनीति *(rājnitī)* स्त्री० statesmanship; politics.

राजनीतिक *(rājnitik)* वि० political.

राजनीतिज्ञ *(rājnitijna)* पु० politician.

राजनीतिशास्त्र *(rājnitiśaṣtra)* पु० political science.

राजनेता *(rājnetā)* पु० statesman.

राजपत्र *(rājpatra)* पु० gazzette.

राजपत्रित *(rājpatrit)* वि० gazzetted.

राजपथ *(rājpath)* पु० national highway.

राज–पाट *(rāj-pāt)* पु० royal throne and kingdom.

राजभक्त *(rājbhakt)* पु० loyalist, one loyal to the ruler.

राजभक्ति *(rājbhaktī)* स्त्री० loyalty towards the king or the state.

राजभवन *(rājbhavan)* पु० palace of king, royal mansion or residence.

राजमहल *(rājmahal)* पु० royal residence, palace.

राजमार्ग *(rājmārg)* see राजपथ

राजमुकुट *(rājmūkūt)* पु० diadem, crown.

राजयक्ष्मा *(rājyaksmā)* पु० tuberculosis.

राजवंश *(rājvanś)* पु० royal race or family, dynasty.

राजशाही *(rājsāhī)* वि० royal.

राजस्व *(rājasva)* पु० revenue of a king or state.

राजा *(rājā)* पु० king, sovereign, monarch, ruler.

राज़ी *(rāzī)* वि० (अ०) willing, agreeable; pleased, contented.

राज़ीनामा *(rāzīnāmā)* पु० (अ०) agreement, written consent, rapprochement.

राज्य *(rājyā)* पु० kingdom, royalty, sovereignty, reign; country, kingdom, dominion, realm; unit of a federation of states, state, polity.

राज्यतंत्र *(rājyatantra)* पु० monarchy; system of administration, or government.

राज्य–परिषद् *(rājya-priśad)* स्त्री० council of States, Upper House.

राज्यपाल *(rājya-pāl)* पु० Governor of a State.

राज्यमंडल *(rājya-mandal)* पु० confederation, confederacy.

राज्यसभा *(rājya-sabhā)* स्त्री० Council of states; state assembly.

राज्याभिषेक *(rājyābhiśek)* पु० coronation.

रात *(rāt)* स्त्री० night.

रार *(rār)* स्त्री० quarrel, fray, dispute.

रात्रि *(rātri)* स्त्री० night.

रात्रिचर[1] *(rātri-cār)* वि० nocturnal.

रात्रिचर[2] *(rātri-cār)* पु० demon, nocturnal-being.

रात्रिभोजन *(rātri-bhojan)* पु० dinner.

रान *(rān)* स्त्री० (फ़ा०) thigh.

रानी *(rānī)* स्त्री० king's wife, queen.

रामबाण *(rāmbān)* पु० unfailing remedy, sure cure; panacea.

रामराज्य *(rām-rājya)* पु० golden rule, welfare-state; reign of Lord Rama.

राय *(rāy)* स्त्री० conusel, advice, opinion.

राल *(rāl)* स्त्री० resin; saliva, spittle.

राशि *(rāśi)* स्त्री० heap, mass, pile, accumulation; fraction; sign of the zodiac; amount; quantity.

राष्ट्र *(rāsṭra)* पु० nation, country, people.

राष्ट्रगान *(rāsṭra-gān)* पु० national anthem.

राष्ट्रपति *(rāsṭra-patī)* पु० president

of a country.

राष्ट्रभाषा *(rāṣṭra-bhāṣā)* स्त्री० national language.

राष्ट्रमंडल *(rāṣṭra-mandal)* पु० Commonwealth of nations.

राष्ट्रवाद *(rāṣṭravād)* पु० nationalism.

राष्ट्रवादी[1] *(rāṣṭravādī)* वि० nationalistic.

राष्ट्रवादी[2] *(rāṣṭravādī)* पु० nationalist.

राष्ट्रसंघ *(rāṣṭra-sangh)* पु० League of Nations.

राष्ट्रीय *(rāṣṭrīya)* वि० national.

राष्ट्रीयकरण *(rāṣṭrīyakaraṇ)* पु० nationalisation.

राष्ट्रीयकृत *(rāṣṭrīyakṛt)* वि० nationalised.

राष्ट्रीयता *(rāṣṭrīyatā)* स्त्री० nationalism.

रास्ता *(rāstā)* पु० (फ़ा०) road, way, path, passage; course, route; approach.

राह *(rāh)* स्त्री० (फ़ा०) see रास्ता

राहगीर *(rāhgīr)* पु० (फ़ा०) traveller, wayfarer, pedestrian.

राहज़न *(rāhzan)* पु० (फ़ा०) highwayman.

राहज़नी *(rāhjanī)* स्त्री० (फ़ा०) highway robbery.

राहत *(rāhat)* स्त्री० (अ०) rest, ease; relief, freedom, from toil or trouble etc.

राही *(rāhī)* see राहगीर

रिआया *(riāyā)* स्त्री० (अ०) subjects, people.

रिक्त *(rikt)* वि० empty, vacant.

रिक्तता *(riktatā)* वि० emptiness, vacancy.

रिक्ति *(rikiti)* स्त्री० vacancy.

रिझाना *(rijhānā)* स० क्रि० to please, to captivate, to charm.

रिपु *(ripu)* पु० enemy, foe, opponent.

रिपुता *(riputā)* स्त्री० enmity, hostility.

रिमझिम *(rim-jhim)* स्त्री० drizzling.

रियासत *(riyāsat)* स्त्री० (अ०) state of being wealthy, nobleness; estate, regality, princely state.

रियासती *(riyāsātī)* वि० of or belonging to a state or estate.

रिश्ता *(riśtā)* पु० (फ़ा०) relation, relationship; affinity.

रिश्तेदार *(riśtedār)* पु० (फ़ा०) relative, relation, kinsman.

रिश्तेदारी *(riśtedārī)* स्त्री० (फ़ा०) relationship, kinship.

रिश्वत *(riśvat)* स्त्री० (अ०) bribe.

रिश्वतख़ोर *(riśvatkhor)* पु० (अ०) one who takes bribe.

रिहा *(rihā)* वि० (फ़ा०) released, liberated, set free.

रिहाइश *(rihāiś)* स्त्री० residence, lodging.

रिहायशी *(rihāyśī)* वि० residential.

रिहाई *(rihāī)* स्त्री० liberation, freedom, release; acquittal.

रीछ *(rīch)* पु० bear.

रीझना *(rījhnā)* अ० क्रि० to be inclined; to be infatuated; to be charmed.

रीठा *(rīṭhā)* पु० soap-wart, soap-nut.

रीढ़ *(rīṛh)* वि० back-bone, spine.

रीढ़दार *(rīṛh-dār)* वि० spiny, vertebral.

रीत *(rīt)* वि० custom, practice, convention, vogue, mode.

रीता *(rītā)* वि० empty, void.

रीतापन *(rītāpan)* पु० emptiness, vacancy, voidness.

रीति *(rīti)* स्त्री० custom, fashion, practice, convention; style.

रीति–रिवाज *(rīti-rīvaj)* पु० customs and practices.

रूंड *(rūṇḍ)* पु० headless body; tree devoid of branches, leaves, etc.; torso.

रूआँ *(ruāṁ)* पु० soft thin hair of the body.

रूआँसा *(ruāṁsā)* वि० on the verge of weeping.

रूआब *(ruāb)* पु० commanding or awe-inspiring presence, dignity, awe; great influence.

रूई *(ruī)* स्त्री० cotton.

रुकना *(ruknā)* अ० क्रि० to stop, to halt; to rest; to be hindered; to stay; to pause.

रुकवाना *(rukvānā)* स० क्रि० to cause to be stopped.

रुकावट *(rukāvaṭ)* स्त्री० obstruction, check, hindrance; bar; barricade; blockade; resistance; interruption.

रुख़[1] *(rukh)* पु० (फ़ा०) face, countenance; facet, aspect; direction, trend; facade; attitude.

रुख़[2] *(rukh)* क्रि० वि० (फ़ा०) in the direction, towards.

रुख़सत *(rukhsat)* स्त्री० (अ०) permission, departure; leave.

रुखाई *(rukhāī)* स्त्री० roughness, dryness; rudeness, indifference.

रुग्ण *(rugṇ)* वि० diseased; sick, unwell, indisposed, morbid.

रुग्णता *(rugṇatā)* स्त्री० sickness; indisposition; illness, diseased condition.

रुचि *(ruci)* स्त्री० liking, taste, interest; relish; fancy.

रुचिकर *(rucikar)* वि० causing pleasure, interesting; tasteful, relishing.

रुचिर *(rucir)* वि० agreeable, lovely, pleasant; winsome.

रुचिरता *(ruciratā)* स्त्री० agreeableness, pleasantness.

रुझान *(rujhān)* पु० inclination, aptitude; trend.

रुतबा *(rutbā)* पु० (अ०) rank, position, status.

रुदन *(rudan)* पु० weeping, wailing, lamentation.

रुद्ध *(ruddh)* वि० obstructed, hindered; choked, closed.

रुधिर *(rudhir)* पु० blood.

रुधिर–विज्ञान *(rudhir-vygan)* पु० haematology.

रुधिर–स्राव *(rudhir-śtrāv)* पु० haemorrhage.

रुनझुन *(runjhun)* स्त्री० tinkling sound.

रुपया *(rupayā)* पु० rupee; money.

रुलाई *(rulāī)* स्त्री० act of weeping; readiness to weep, verge of weeping or crying.

रुलाना *(rulānā)* स० क्रि० to cause to weep, to make (one) cry or weep.

रुष्ट *(ruṣṭ)* वि० enraged, wrathful; displeased, offended.

रुष्टता *(ruṣṭatā)* स्त्री० state of being angry or offended; displeasure, annoyance.

रूँधना *(rūṁdhnā)* स० क्रि० to obstruct or restrain; to block; to surround.

रूखा *(rūkhā)* वि० rough, coarse; dry; harsh, blunt, curt; unsympathetic.

रूखापन *(rūkhāpan)* पु० dryness; curtness, bluntness; roughness; inconsiderateness; coldness.

रूठना *(rūṭhanā)* अ० क्रि० to be irritated, to be vexed; to be offended or displeased.

रूढ़ि *(rūṛhi)* स्त्री० tradition, convention, usage.

रूढ़िगत *(rūṛhigat)* वि० stereotyped, conventional.

रूढ़िग्रस्त *(rūṛhigrast)* वि० conventionalistic, convention-bound, conservative.

रूढ़िवाद *(rūṛhivād)* पु० conservatism, traditionalism, conventionalism.

रूढ़िवादी *(rūṛhivādī)* वि० conservative; conventionalistic.

रूप *(rūp)* पु० appearance, form, shape; way, method; beauty; grace; image; mould; type; version.

रूपक *(rūpak)* पु० image, likeness; silver ornament; play; drama; allegory, metaphor.

रूबरू *(rūbarū)* क्रि० वि० (फ़ा०) face to face.

रूपरेखा *(rūprekhā)* स्त्री० sketch; outline, synopsis; blue-print.

रूपवंत *(rūpvant)* वि० having a beautiful form or figure, handsome.

रूपवती *(rūpvatī)* वि० beautiful or well formed (woman).

रूपवान् *(rūpvān)* see रूपवंत

रूप–विज्ञान *(rūp-vignān)* पु० morphology.

रूप–सज्जा *(rūp-sajjā)* स्त्री० make-up.

रूपसी *(rūpsī)* स्त्री० very beautiful woman.

रूपांतर *(rūpāntar)* पु० change of appearance or form, adaptation.

रूपांतरण *(rūpāntraṇ)* पु० transformation; commutation, modification; metamorphosis.

रूपांतरित *(rūpāntarit)* वि० commuted; transformed.

रूपोश *(rūpoś)* वि० (फ़ा०) veiled; absconding.

रूमाल *(rūmāl)* पु० (फ़ा०) handkerchief.

रूसना *(rūsnā)* अ० क्रि० to get displeased, to be angry; to sulk.

रूह *(rūh)* स्त्री० (अ०) soul, spirit, vital principle; spirit or essence.

रेंकना *(reṁkanā)* अ० क्रि० to bray.

रेंगना *(reṁganā)* अ० क्रि० to creep, to crawl.

रेखा *(rekhā)* स्त्री० line; mark; newly grown whiskers in early youth.

रेखांकन *(rekhānkaṇ)* पु० drawing of lines, line work.

रेखांकित *(rekhākit)* वि० underlined.

रेखागणित *(rekhā-ganit)* पु० geometry.

रेखाचित्र *(rekhā-chitr)* पु० sketch, line drawing; figure; plan-design; outline map.

रेगमाल *(regmāl)* पु० (फ़ा०) sand paper.

रेगिस्तान *(regiśtan)* पु० sandy region or tract, desert.

रेगिस्तानी *(regiśtanī)* वि० sandy; of or pertaining to a desert.

रेचक *(recāk)* वि० purgative, cathartic.

रेचन *(recān)* पु० purgation, purging of bowels.

रेज़गारी *(rezgārī)* स्त्री० small coin, change (of money).

रेणु *(reṇu)* रेणुका *(reṇukā)* स्त्री० dust, sand, a grain of dust or sand; an atom, a small particle.

रेत *(ret)* स्त्री० earth; sand.

रेतना *(retnā)* स० क्रि० to rub or smoothen with a file; to file or sharpen, to rasp.

रेता *(retā)* see रेत

रेती *(retī)* स्त्री० file, rasp.

रेतीला *(retīlā)* वि० sandy.

रेल–पेल *(rel-pel)* स्त्री० crowd, throng, rush; abundance, profusion, exuberance; jostle; melee, stampede.

रेवड़ *(revaṛ)* पु० flock (of goats or sheep).

रेशम *(reśam)* पु० (फ़ा०) silk.

रेशमी *(reśamī)* वि० silken, made or woven of silk.

रेशा *(reśā)* पु० (फ़ा०) fibre; grain; staple.

रेशेदार *(reśedār)* वि० (फ़ा०) fibrous.

रेह *(reh)* स्त्री० fossil alkali (used for washing and making soap), impure nitrate of soda, saline soil.

रेहन *(rehn)* पु० (फ़ा०) pledging pawning, mortgage.

रैन *(rāin)* स्त्री० night.

रोंगटा *(roṁgaṭā)* पु० hair (of the body).

रोएँदार *(royen-dār)* वि० hairy, woolly.

रोक *(rok)* स्त्री० ban, check; restraint, prevention, obstacle; stay; barrier; prohibition; embargo.

रोकड़ *(rokaṛ)* स्त्री० cash, ready money.

रोकड़िया *(rokaṛiyā)* पु० cash keeper, cashier, treasurer.

रोकना *(roknā)* स० क्रि० to hinder, to impede, to retard, to prevent; to intercept, to obstruct; to resist, to protect; to detain, to hold.

रोग *(rog)* पु० ailment, sickness, disease.

रोगग्रस्त *(rog-grast)* वि० sick, diseased, ill.

रोगनाशक *(rog-nāśak)* वि० curative, preventive, prophylactic.

रोग–विज्ञान *(rog-vignān)* पु० pathology.

रोगाणु *(rogānū)* पु० germs which cause diseases.

रोगिणी *(rogiṇī)* स्त्री० diseased female.

रोगी *(rogī)* पु० patient.

रोगी–गाड़ी *(rogī-garī)* स्त्री० ambulance.

रोचक *(rocak)* वि० interesting, engaging, entertaining, pleasant.

रोचकता *(rocakatā)* स्त्री० appealableness, agreeableness, pleasantness.

रोज़ *(roz)* पु० (फ़ा०) day.

रोज़गार *(rozgār)* पु० (फ़ा०) profession, vocation, occupation, employment.

रोज़नामचा *(roznāmcā)* पु० (फ़ा०) day-book, diary, daily account book.

रोज़मर्रा *(rozmarā)* क्रि० वि० (फ़ा०) daily, every day.

रोज़ाना *(rozānā)* क्रि० वि० (फ़ा०) every day, daily.

रोज़ी *(rozī)* स्त्री० (फ़ा०) means of subsistence, livelihood.

रोज़ी-रोटी *(rozī-roṭī)* स्त्री० livelihood.

रोड़ा *(roṛā)* पु० a fragment of stone or brick etc.; obstruction, hindrance.

रोड़ी *(roṛī)* स्त्री० gravel, rubble, hardcore.

रोदन *(rodan)* पु० weeping, wailing, lamentation.

रोधक *(rodhak)* वि० obstructive, prohibitive.

रोधन *(rodhan)* पु० obstruction, impediment, obstacle, hindrance.

रोना *(ronā)* अ० क्रि० to weep, wail, lament.

रोपण *(ropaṇ)* पु० act of setting up or erecting; act of raising, planting or sowing.

रोपना *(ropanā)* स० क्रि० to set up, to erect; to raise, to plant, to sow; to transplant.

रोब *(rob)* पु० (अ०) awe, terror, awful influence of one's greatness or power, sway, dignity, impressiveness.

रोबदार *(robdār)* वि० (अ०) awe-inspiring, influential.

रोबीला *(robīlā)* see रोबदार

रोम *(rom)* पु० thin and fine hair of the body; pore.

रोमकूप *(romkūp)* पु० pore of the skin.

रोमांच *(romānc)* पु० thrill (of rapture, horror, surprise), horripilation.

रोमांचक *(romāncak)* वि० thrilling.

रोमांचित *(romāncit)* वि० thrilled, horripilated.

रोली *(rolī)* स्त्री० mixture of turmeric and lime which is used in marking tilak on forehead.

रोशन *(rośan)* वि० (फ़ा०) bright, shining, lighted.

रोशनदान *(rośandān)* पु० (फ़ा०) hole for admitting light, skylight, ventilator.

रोशनाई *(rośanāī)* स्त्री० ink.

रोशनी *(rośanī)* स्त्री० light; illumination.

रोष *(roṣ)* पु० anger, wrath, rage.

रौंदना *(rauṁdanā)* स० क्रि० to trample, to tread down, to crush.

रौनक़ *(raunaq)* स्त्री० (फ़ा०) brightness, lustre, splendour; hustle and bustle, crowd or throng.

ल *(la)* the third of the semi-vowel series of the Devnagri alphabet.

लँगड़ा *(laṁgṛā)* पु० cripple, lame man; a species of mango.

लँगड़ाना *(laṁgṛānā)* अ० क्रि० to limp.

लँगड़ापन *(laṁgṛāpan)* पु० lameness.

लंगर *(laṅgar)* पु० (फ़ा०) anchor;

public kitchen, alms-house; privy cover worn by the wrestlers.

लंगूर *(langūr)* पु० long tailed black faced monkey, baboon,

लँगोट, *(lamgoṭ)* लँगोटा पु० a strip of cloth worn to protect the private parts, loin cloth.

लँगोटी *(lamgoṭī)* स्त्री० small loin cloth.

लंघन *(langhan)* पु० violation, transgression; fast.

लंघनीय *(langhanīya)* वि० that can be traversed or passed over, passable.

लंपट *(lampaṭ)* वि० lascivious, dissolute, libertine; lewd, profligate.

लंपटता *(lampaṭatā)* स्त्री० dissoluteness, lewdness, lasciviousness, profligacy, debauchery.

लंबा *(lambā)* वि० long, lengthy; tall; great, large; spacious.

लंबाई *(lambāī)* स्त्री० length; tallness, height.

लंबित *(lambit)* वि० prolonged; lengthened; penduline; pending.

लंबी *(lambī)* see. लंबा

लंबोदर[1] *(lambodar)* वि० pot-bellied; long-bellied, paunchy; gluttonous.

लंबोदर[2] *(lambodar)* पु० epithet of god Ganesh; glutton.

लकड़दादा *(lakaṛ-dādā)* पु० great great grand-father.

लकड़बग्घा *(lakaṛ-bagghā)* पु० hyena.

लक़ड़हारा *(lakaṛ-hārā)* पु० woodman, woodcutter.

लकड़ी *(lakaṛī)* स्त्री० wood, timber; firewood, fuel; crutches.

लक़वा *(laqvā)* पु० (अ०) paralysis.

लकीर *(lakīr)* स्त्री० line, streak.

लकुटी *(lakuṭī)* स्त्री० small stick or cane.

लक्षण *(lakṣaṇ)* पु० distinctive mark; sign, symptom, token; any mark or feature of the body (indicating good or bad luck); feature, character, attribute.

लक्षित *(lakṣit)* वि० denoted, indicated, implied; seen, observed, beheld; discerned, discovered, known (from signs), indicated, implied; marked, distinguished.

लक्ष्मी *(lakṣmī)* स्त्री० fortune, prosperity, wealth; grace, splendour, lustre; woman symbolising fortune and prosperity; Lakshmi, goddess of wealth.

लक्ष्य *(laksya)* स्त्री० target; aim, object, goal; implication or implied meaning.

लक्ष्यपूर्ति *(laksyapūrtī)* स्त्री० fulfilment of the aim.

लक्ष्यवेध *(laksyavedn)* पु० hitting the target.

लक्ष्यसिद्धि *(laksyasīdhī)* स्त्री० attainment of one's aim or goal.

लखना *(lakhanā)* स० क्रि० to see, behold, perceive; to understand; to mark out, to keep an eye on.

लखपति *(lakhpatī)* पु० millionaire, wealthy person.

लगन *(lagan)* स्त्री० devotion, perseverance, application; auspicious hour.

लगना *(lagnā)* अ० क्रि० to be close, be contiguous; to be fastened, to be stitched; to be attached, to be joined; to hang about, to haunt; to be invested, to be spent; to gall, pinch, rub; to affect, to have the intended or natural effedt; to take root, to become rooted; to be burnt or scorched (as food in cooking); to be related; to seem, to appear.

लगभग *(lagbhag)* क्रि० वि० almost, about, nearly.

लगातार *(lagātār)* क्रि० वि० constantly, continuously, regularly.

लगान *(lagān)* पु० land revenue, rent.

लगाना *(lagānā)* स० क्रि० to put together (figures), to sum up, to add; to put in order, to arrange; to plant; to set; to put (to work), to apply, to use; to employ, to engage; to construe; to infuse or imbue.

लगाम *(lagām)* स्त्री० (फ़ा०) reins, bridle.

लगाव *(lagāv)* पु० bond, link, contact, relation; attachment, affection; inclination, propensity.

लग्न[1] *(lagn)* वि० adhered or clung to, stuck, held fast.

लग्न[2] *(lagn)* वि० the rising of the sun or of the planets; an auspicious or lucky moment, wedding ceremony.

लघु *(laghu)* वि० little, small, diminutive; sober; trifling; trivial.

लघुतम *(laghutam)* वि० minimum, lowest, smallest.

लघुता *(laghutā)* स्त्री० smallness, littleness; insignificance, absence of dignity; humiliation.

लघुशंका *(laghuśankā)* स्त्री० urination.

लचक *(lacak)* स्त्री० flexibility;. elasticity; resilience.

लचकदार *(lacakdār)* वि० elastic; flexible.

लचकना *(lacaknā)* अ० क्रि० to bend, to be bent; to receive a sprain or strain.

लचकाना *(lacakānā)* स० क्रि० to cause to bend, to bend.

लचकीला *(lacakīlā)* वि० flexible, elastic; resilient.

लचर *(lacar)* वि० untenable, weak, ineffective.

लचीला *(lacīlā)* वि० flexible; elastic.

लचीलापन *(lacīlāpan)* पु० flexibility; elasticity.

लच्छेदार *(lachedār)* वि० having fine shreds; amusing, fascinating.

लजाना *(lajānā)* अ० क्रि० to feel shy, to blush.

लजालू *(lajālū)* वि० bashful.

लज़ीज़ *(lazīz)* वि० (अ०) tasty, delicious.

लजीला *(lajīlā)* वि० shy, bashful, modest.

लजीलापन *(lajīlāpan)* पु० bashfulness.

लज़्ज़त *(lazzat)* स्त्री० (अ०) taste, flavour, relish.

लज्जा *(lajjā)* स्त्री० shame, modesty, shyness.

लज्जालु *(lajjālu)* वि० bashful, modest, shy.

लज्जाशील *(lajjaśil)* वि० of modest disposition, modest, bashful.

लज्जित *(lajjit)* वि० ashamed, abashed.

लट *(laṭ)* स्त्री० curl, ringlet, lock of

hair; matted or tangled hair.

लटकना *(laṭaknā)* अ० क्रि० to hang in air; to be in a suspense, to keep in a state of indecision; to be delayed; to sling, to lop.

लटका *(laṭkā)* पु० formula, tip, device; affected movement or mannerism.

लटकाना *(laṭkānā)* सं० क्रि० to hang, to suspend; to tilt; to keep (one) waiting, to delay.

लटा *(laṭā)* वि० wicked, mean; weak, emaciated; impoverished.

लट्टू *(laṭṭū)* पु० spinning top.

लट्ठ *(laṭṭh)* पु० staff, cudgel.

लट्ठबाज़ *(laṭṭhbāz)* वि० skilled in wielding a cudgel; quarrelsome.

लट्ठा *(laṭṭhā)* पु० beam, log, rafter; coarse kind of long cloth, a kind of white cloth; measuring rod or pole measuring 5{1}/4 of hand space.

लठिया *(laṭhiyā)* स्त्री० small stick.

लड़ *(laṛ)* स्त्री० string (of pearls, etc.); strand (of a rope or cord); row, line, series.

लड़कपन *(laṛakpan)* पु० boyhood, childhood; childishness.

लड़का *(laṛkā)* पु० boy; son.

लड़की *(laṛkī)* स्त्री० girl, maid; daughter.

लड़खड़ाना *(laṛkhaṛānā)* अ० क्रि० to stagger, to stumble; to stutter, to falter (in speech).

लड़खड़ाहट *(laṛkhaṛāhaṭ)* स्त्री० staggering; stumbling.

लड़ना *(laṛnā)* अ० क्रि० to fight, to quarrel, to collide (with); to wreste; to make war, to give battle; to debate, to argue; to contend; to struggle.

लड़ाई *(laṛāī)* स्त्री० fighting; battle, war; wrestling, duel; quarrel, brawl; wordy duel, dispute; discord, hostility; struggle.

लड़ाई – झगड़ा *(laṛāī-jhagṛā)* पु० broil, altercation, quarrel; enmity, hostility.

लड़ाका *(laṛākā)* वि० pugnacious, quarrelsome, contentious; bellicose.

लड़ाकू *(laṛākū)* वि० used in battle, (arms' ships etc.); warlike, quarrelsome, bellicose.

लड़ाना *(laṛānā)* स० क्रि० to cause to fight, to make (two persons or animals) fight, to instigate; to collide; to cause ot wrestle.

लड़ी *(laṛī)* स्त्री० string (of pearls, or flowers, etc.) chain; strand (of rope or cord).

लड्डू *(laḍḍū)* पु० ball-shaped sweetmeat.

लत *(lat)* स्त्री० addiction.

लता *(latā)* स्त्री० vine, creeper; branch.

लताड़ *(latāṛ)* स्त्री० scolding, reprimand, rebuke.

लताड़ना *(latāṛnā)* स्त्री० to scold or to reprimand.

लतीफ़ा *(latīfā)* पु० (अ०) witty anecdote, witticism; pleasantry, jest, joke.

लत्ता *(lattā)* पु० scrap of cloth, rag, tatter; cloth.

लथपथ *(lath-path)* वि० soaked, saturated, drenched; clogged, besmeared.

लथेड़ना *(latheṛnā)* स० क्रि० to draggle, to smear.

लदना *(ladanā)* अ० क्रि० to be loaded, to be laden; to be borne, to be carried; to be finished, to be over.

लदवाना *(ladvānā)* स० क्रि० to cause to be loaded to cause to load.

लदान *(ladān)* पु० act of loading.

लद्धड़ *(laddhar)* वि० lethargic, slothful.

लपकना *(lapaknā)* अ० क्रि० to rush forth, to go out with gusto; to catch, take a catch (a ball, etc.).

लपट *(lapaṭ)* स्त्री० flame, blaze; blast of fragrance; smell, fragrance; blister.

लपलपाना *(laplapānā)* अ० क्रि० to be resilient or flexible (as a cane), to resile; to brandish (as sword); to bring out again and again (tongue).

लपलपाहट *(laplapāhaṭ)* स्त्री० resilience, flexibility.

लपसी *(lapsī)* स्त्री० glutinous kind of food; sticky substance.

लपेट *(lapeṭ)* स्त्री० folding, twisting, covering; fold, coil, plait; girth, circumference, compass.

लपेटना *(lapeṭanā)* स० क्रि० to wind or to twine; to roll up, to fold or wrap; (fig.) to involve, to implicate.

लफ़ंगा[1] *(lafaṅgā)* पु० (फ़ा०) loafer, vagabond.

लफ़ंगा[2] *(lafaṅgā)* वि० (फ़ा०) roguish; vagabondish.

लफ़्ज *(lafz)* पु० (अ०) word.

लफ्फ़ाज़ *(laffāz)* वि० (अ०) verbose, talkative.

लफ़्फ़ाज़ी *(laffāzī)* स्त्री० (फ़ा०) verbosity, talkativeness; use of high sounding phraseology.

लब *(lab)* पु० (फ़ा०) lip.

लबरेज़ *(labrez)* वि० (फ़ा०) full to the brim.

लबादा *(labādā)* पु० (फ़ा०) cloak, gown, robe, apron.

लबालब *(labālab)* क्रि० वि० upto the brim.

लब्धि *(labdhi)* स्त्री० acquirement, attainment, achievement; (arith.) quotient.

लभ्य *(labhya)* वि० attainable, obtainable, within reach.

लमहा *(lamhā)* पु० (अ०) moment.

लय[1] *(lay)* पु० merger, immersion, fusion; dissolution; extinction, destruction.

लय[2] *(lay)* स्त्री० tempo; rhythm, tune.

लरज़ना *(larzanā)* अ० क्रि० to shake, to quiver, to tremble; to be frightened.

ललक *(lalak)* स्त्री० craving, yearning, longing.

ललकना *(lalaknā)* अ० क्रि० to long or crave, to yearn.

ललकार *(lalkār)* स्त्री० challenge; boost to fight.

ललकारना *(lalkārnā)* स० क्रि० to hold out a challenge, to throw the gaunlet to; to halloo.

ललचना *(lalacanā)* अ० क्रि० to be tempted or allured.

ललचाना *(lalcānā)* स० क्रि० to tempt, to allure; अ० क्रि० see ललचाना

ललना *(lalanā)* स्त्री० woman, beautiful lady.

लला *(lalā)* पु० dear child (boy).

ललाट *(lalāṭ)* पु० forehead.

ललाम *(lalām)* वि० beautiful, lovely, charming, handsome.

ललित *(lalit)* वि० lovely, beautiful, elegant, graceful.

ललितकला *(lalitkalā)* स्त्री० fine art.

लल्लो–चप्पो *(lallo-cāppo)* स्त्री० wheedling, adulation, flattery, coaxing, huggery.

लवण *(lavaṇ)* पु० salt.

लवणता *(lavaṇatā)* स्त्री० salinity; beauty.

लवलीन *(lavalīn)* वि० absorbed, engrossed.

लश्कर *(laśkar)* पु० (फ़ा०) host, multitude; army.

लसदार *(lasdār)* वि० sticky, adhesive, glutinous.

लसलसा *(laslasā)* वि० adhesive, glutinous, sticky.

लसलसाना *(laslasānā)* अ० क्रि० to be viscous, to be sticky.

लसीला *(laslīā)* वि० adhesive, viscous.

लसीलापन *(laslīāpan)* पु० adhesiveness, stickiness.

लस्सी *(lassī)* स्त्री० cold drink made of churned curd mixed with water and sugar.

लहँगा *(lahaṁgā)* पु० loose skirt or petticoat.

लहक *(lahak)* स्त्री० flame, blaze; glare, glitter, flash.

लहकना *(lahaknā)* अ० क्रि० to bend or wave; to rise up into a flame, to blaze up.

लहकाना *(lahkānā)* स० क्रि० to cause to warble or quiver; to incite, to instigate; to blow up (a fire).

लहज़ा *(lahzā)* पु० (अ०) tone, accent, intonation; delivery.

लहर *(lahar)* स्त्री० wave, ripple; surge; caprice, fancy; ecstasy, transport, rapture.

लहरदार *(lahardār)* वि० wavy; undulatory, sinuous.

लहरा *(lahrā)* पु० wave; recreation, merry-making; tune; spell of rain.

लहराना *(lahrānā)* अ० क्रि० to shimmer, to fluctuate, to undulate; to be in ecstasy.

लहरियादार *(lahirādār)* वि० corrugated, wavy, meandering, having a wavy pattern.

लहलहाना *(lahlahānā)* अ० क्रि० to be verdant, to flourish or bloom; to wave, to undulate.

लहसुन *(lahsun)* पु० garlic.

लहू *(lahū)* पु० blood.

लहू–लुहान *(lahū-lūhān)* वि० smeared in blood, soaked in blood.

लाँघना *(lāṁghanā)* स० क्रि० to jump or spring over, to cross; to go beyond, to pass over; to transgress; to violate.

लांछन *(lāñchan)* पु० blame, slur, stigma, blemish, slander.

लाक्षणिक *(lākṣaṇik)* वि० expressing indirectly or figuratively, metaphorical, allegorical, symbolical; acquainted with marks or signs.

लाक्षणिकता *(lākṣaṇikatā)* स्त्री० metonymy.

लाक्षा *(lākṣā)* स्त्री० a kind of red dye, lac; shellac.

लाख *(lakh)* वि० a hundred thousand,

lac.

लाग *(lāg)* स्त्री० attachment, affection; competition; enmity, hostility, rancour; support.

लाग – डाट *(lāg-dāt)* स्त्री० rancour, rivalry, competition.

लागत *(lāgat)* स्त्री० cost.

लागू *(lāgū)* वि० applied, enforced; applicable.

लाचार *(lācār)* वि० (अ०) helpless, destitute, hopeless; compelled; obliged, constrained.

लाचारी *(lācārī)* स्त्री० (अ०) helplessness, inability.

लाज *(lāj)* स्त्री० shame, sense of decency; shyness, bashfulness; modesty; honour.

लाजवंती *(lājvantī)* स्त्री० modest, coy, blushing woman; the plant touch-me-not.

लाजवाब *(lāj-javāb)* वि० (अ०) peerless, unique; speechless, silent.

लाज़िम *(lāzim)* लाज़िमी वि० inevitable, obligatory, compulsory.

लाठी *(lāṭhī)* स्त्री० staff, stick, cudgel.

लाड़ *(lār)* पु० affection, caress, endearment, fondling.

लाड़ला *(lāṛalā)* वि० darling, dear, beloved.

लात *(lāt)* स्त्री० leg; kick.

लादना *(lādanā)* स० क्रि० to load, to burden; to saddle (one) with (responsibility).

लानत *(lānat)* स्त्री० (अ०) curse; condemnation, reproach; rebuke, censure.

लानत – मलामत *(lānat-malāmat)* स्त्री० (अ०) reproof, reproach; curse.

लाना *(lānā)* स० क्रि० to bring, to fetch; to bring forward, to present, to produce.

लापता *(lāpatā)* वि० (अ०) missing, absconding.

लापरवाह *(lāparvāh)* वि० (अ०) careless, carefree; negligent, inattentive, heedless.

लापरवाही *(lāparvāhī)* स्त्री० (अ०) carelessness, negligence; heedlessness.

लाभ *(lābh)* पु० advantage, benefit; gain, profit.

लाभकर *(lābhkar)* वि० profitable, beneficial, advantageous.

लाभांश *(lābhānṣ)* पु० dividend, bonus.

लाम *(lām)* पु० army; war-front.

लामबंदी *(lāmbandī)* स्त्री० mobilization (of army).

लामिसाल *(lamisāl)* वि० (अ०) matchless, peerless; unique.

लायक़ *(lāyaq)* वि० (अ०) worthy, able, capable, competent.

लार *(lār)* स्त्री० saliva, spittle; string, series, row, train.

लाल[1] *(lāl)* पु० son; darling, pet; ruby.

लाल[2] *(lāl)* वि० red, ruddy.

लालच *(lālac)* पु० temptation, greed.

लालची *(lālacī)* वि० greedy, avaricious.

लालन – पालन *(lālan-pālan)* पु० rearing, upbringing.

लाल फ़ीताशाही *(lāl-fītāśāhī)* स्त्री० red tapism.

लाल बुझक्कड़ *(lāl-bhūjākkar)* वि० ignorant fool who thinks himself wise enough to answer every question.

लालसा (*lālasā*) स्त्री० longing, ardent desire, yearning.

लालायित (*lālāyit*) वि० eager; tempted; enamoured.

लालित्य (*lālitya*) पु० gracefulness, grace, beauty, charm, delicacy.

लालिमा (*lālimā*) पु० redness, reddishness.

लाली (*lālī*) स्त्री० redness, ruddishness; a darling daughter; rouge, lipstick.

लावण्य (*lāvanya*) पु० beauty, loveliness, charm.

लावारिस (*lāvāris*) वि० (अ०) heirless, having or leaving no heir; to which there is no heir, (property), unclaimed.

लाश (*lāś*) स्त्री० dead body, corpse carcass.

लासानी (*lā-sānī*) वि० (अ०) matchless, uncomparable, peerless.

लिंग (*liṅg*) पु० mark, spot, sign, token; genital organ; phallus deity representing Shiva; gender; sign of gender or sex.

लिए (*liye*) क्रि० वि० for, for the sake (of), on account (of).

लिखत (*likhat*) स्त्री० writing.

लिखत–पढ़त (*likhat-parhat*) स्त्री० documentation, document; written deed.

लिखना (*likhanā*) स० क्रि० to write; to register, to note down; to copy; to compose (a work etc.).

लिखवाना (*likhavānā*) स० क्रि० to cause to be written or recorded.

लिखाई (*likhāī*) स्त्री० act of writing; wages or remuneration for writing or copying; art or business of writing.

लिखाना (*likhānā*) स० क्रि० to cause to write, to dictate.

लिखा–पढ़ा (*likhā-parhā*) वि० educated, literate.

लिखा–पढ़ी (*likhā-parhī*) स्त्री० correspondence; written agreement.

लिखावट (*likhāvaṭ*) स्त्री० manner of writing, handwriting.

लिखित (*likhit*) वि० written, recorded.

लिटाना (*liṭānā*) स० क्रि० to cause to lie down; to lay (one) down.

लिथड़ना (*litharṇā*) अ० क्रि० to be besmeared.

लिपटना (*lipaṭanā*) अ० क्रि० to cling (to), to adhere (to), to twine or coil (round); to embrace; to concentrate on a work.

लिपटाना (*lipaṭānā*) स० क्रि० to fold or wrap (round), to twine or wind (round etc.); to embrace.

लिपना (*lipanā*) अ० क्रि० to be washed over, to be white-washed; to be smeared; to be plastered or coated.

लिपवाना (*lipavānā*) स० क्रि० to cause to plaster; to cause to smear.

लिपाई (*lipāī*) स्त्री० act of plastering; wages paid for plastering.

लिपि (*lipi*) स्त्री० writing, script.

लिपिक (*lipik*) लिपिकार पु० scribe, clerk.

लिपिबद्ध (*lipibadh*) वि० written, recorded.

लिप्त (*lipt*) वि० attached, involved; engrossed.

लिप्यंतरण (*lipyantran*) पु० transcrip-

लोकसेवक *(lok-sevak)* पु० public servant.

लोकसेवा – आयोग *(lok-sevā-āyog)* पु० Public Service Commission.

लोकहित *(lok-hit)* पु० public welfare, public interest.

लोकाचार *(lokācār)* पु० common practice, popular or general custom.

लोकातीत *(lokātit)* वि० extra-mundane; transcendent (al).

लोकोक्ति *(lokākit)* स्त्री० proverb, popular saying.

लोकोत्तर *(lokottar)* वि० supernatural, transcendental; extra-worldly.

लोकोपकार *(lokopakār)* पु० public welfare, philanthropy.

लोकोपकारी[1] *(lokopakāri)* वि० pertaining to public good; philanthropic, humanitarian.

लोकोपकारी[2] *(lokopakāri)* पु० philanthropist.

लोकोपयोगी *(lokopayogi)* वि० useful for people in general.

लोच *(loc)* स्त्री० flexibility, elasticity.

लोचदार *(locdār)* वि० elastic, flexible.

लोचन *(locan)* पु० eve.

लोटना *(loṭnā)* अ० क्रि० to welter, to roll.

लोट – पोट *(lot-pot)* स्त्री० rolling or tossing about.

लोटा *(loṭā)* पु० a small round metal utensil.

लोढ़ा *(loṛhā)* पु० stone pestle, pounder.

लोप *(lop)* पु० omission, dropping; extinction; elision.

लोपन *(lopan)* पु० concealment; extinction.

लोभ *(lobh)* पु० eagerness, desire, longing, temptation; covetousness, greediness, avarice.

लोभी *(lobhī)* वि० covetous, greedy, avaricious.

लोम *(lom)* पु० hair on the body of men or animal, fur.

लोमहर्षक *(lomharśak)* वि० horripilating, thrilling.

लोमड़ी *(lomṛī)* स्त्री० fox.

लोरी *(lorī)* स्त्री० lullaby.

लोलुप *(lolup)* वि० covetous, greedy; very desirous, very eager.

लोलुपता *(lolupatā)* स्त्री० covetousness, greed; eager desire or longing.

लोहा *(lohā)* पु० iron.

लोहार *(lohār)* पु० blacksmith.

लोहित *(lohit)* वि० red, red-coloured, scarlet.

लोहिया *(lohiyā)* पु० iron-seller.

लोहू *(lohū)* पु० blood.

लौंग *(laumg)* स्त्री० clove; nose-stud.

लौ *(lau)* स्त्री० flame, glow; devotion; ardent desire, longing, craving.

लौकिक *(laukik)* वि० wordly, mundane; customary.

लौट *(lauṭ)* स्त्री० return.

लौटना *(lauṭanā)* अ० क्रि० to return; to turn back; to go back on one's word; turn, to change.

लौटाना *(lauṭānā)* स० क्रि० to return; to send back.

लौह[1] *(lauh)* पु० iron; weapon, arm.

लौह[2] *(lauh)* वि० made of iron or copper; red.

व *(va)* the fourth of the semi-vowel series of the Devnagri alphabet.

वंग *(vaṅg)* पु० name of Indian State Bengal

वंचक *(vañcak)* पु० cheat, deceiver, sharper; jackal; domesticated mongoose.

वंचना[1] *(vañcanā)* स्त्री० cheating, deception, deceit, fraud.

वंचना[2] *(vañcanā)* स० क्रि० to deceive, to cheat.

वंचित *(vañcit)* वि० deprived; devoid; deceived, cheated.

वंदन *(vandan)* पु० reverence, worship, praise; salutation; invocation.

वंदना *(vandanā)* स्त्री० adoration; salutation; invocation.

वंदनीय, *(vandanīya)* **वंद्य** वि० worthy of worship, adorable; worthy of reverence.

वंध्य *(vandhya)* वि० unproductive, sterile; fruitless; faulty, defective.

वंध्यकरण *(vandhyakaran)* पु० sterilization.

वंध्यता *(vandhyatā)* स्त्री० sterility.

वंध्या *(vandhyā)* स्त्री० sterile woman or cow.

वंश *(vaṃś)* पु० species, lineage, dynasty, family.

वंशगत *(vaṃśgat)* वि० ancestral, lineal.

वंशज *(vaṃśaj)* पु० progeny, descendant.

वंश–परंपरा *(vaṃś-paramparā)* स्त्री० lineage, family tradition.

वंशवृत्त *(vaṃśvrit)* पु० genealogy.

वंशानुक्रम *(vaṃśā-nukram)* पु० genealogy, family succession; pedigree.

वंशानुगत *(vaṃśānugat)* see **वंशगत**

वंशावली *(vaṃśāvali)* स्त्री० pedigree.

वंशी *(vaṃśī)* स्त्री० flute, pipe.

वकालत *(vakālat)* स्त्री० (अ०) legal practice, pleadership; advocacy.

वकालत–नामा *(vakālat-nāmā)* पु० power of attorney.

वकील *(vakīl)* पु० (अ०) attorney, pleader, lawyer, counsellor.

वक़्त *(vaqt)* पु० (अ०) time; opportunity;

वक्तव्य *(vaktavya)* पु० speech; statement; condemnation;

वक्ता *(vaktā)* पु० spokesman; speaker, lecturer; learned person.

वक्तृत्व *(vaktṛtva)* पु० ability to speak well, eloquence; elocution.

वक्र *(vakr)* वि० curved, curled; bent; crooked, cunning; cruel.

वक्रगति *(vakrgatī)* वि० reserve.

वक्रोक्ति *(vakrokti)* स्त्री० pun; equivocation; insinuation.

वक्ष *(vakṣa)* पु० breast, bosom, chest.

वक्षस्थल *(vakṣ-sthal)* पु० breast, chest.

वग़ैरह *(vagairah)* क्रि० वि० etcetera.

वचन *(vacan)* पु० speech; utterance;

promise; (gram.) number.

वचनबद्ध *(vacan-badh)* वि० committed.

वचनबद्धता *(vacan-badhatā)* स्त्री० commitment.

वचनभंग *(vacanbhang)* पु० breach of promise.

वज़न *(vazan)* पु० (अ०) load; weight; importance, value.

वज़नदार *(vazandār)* वि० (अ०) heavy; weighty; important.

वज़नी *(vazanī)* वि० heavy; important.

वजह *(vajah)* स्त्री० reason, cause; source.

वज़ीफ़ा *(vazīfā)* पु० (अ०) scholarship, stipend.

वज़ीर *(vazīr)* पु० (अ०) minister; secretary; ambassador; a chessman.

वज्र *(vajra)* पु० Lord Indra's weapon; lightning, thunderbolt; any fatal weapon.

वज्रपात *(vajrapāt)* पु० the fall of a thunderbolt, a stroke of lightning.

वज्राघात *(vajraghāt)* पु० calamity; stroke of lightning or thunderbolt.

वट *(vaṭ)* पु० banyan tree

वणिक् *(vaṇik)* पु० merchant, trader.

वतन *(vatan)* पु० (अ०) native country; native place.

वत्स *(vats)* पु० child; offspring.

वत्सल *(vatsal)* पु० affectionate.

वत्सलता *(vatsalatā)* स्त्री० fondness, affection.

वदन *(vadan)* पु० mouth, face, countenance.

वध *(vadh)* पु० murder, slaughter.

वधशाला *(vadhśālā)* स्त्री० slaughter home

वधु *(vadhū)* स्त्री० bride; wife.

वन *(van)* पु० forest, woods; garden.

वनमानुष *(van-mānush)* पु० chimpanzee.

वनराज *(van-rāj)* पु० lion, king of forest

वनरोपण *(van-ropan)* पु० afforestation.

वनवर्धन *(van-vardhan)* पु० selviculture.

वनवास *(van-vās)* पु० exile, banishment.

वनवासी *(van-vāsī)* पु० one who lives in a forest; an exile.

वनविज्ञान *(van-vijnān)* पु० forestry.

वनस्थली *(vanasthalī)* स्त्री० woodland.

वनस्पति *(vanaspati)* स्त्री० vegetation.

वनस्पति–विज्ञान *(vanaspati-vijnān)* पु० botany.

वनिता *(vanitā)* स्त्री० woman.

वन्य *(vanya)* वि० growing or produced in woods; wild; uncultured, savage.

वफ़ा *(vafā)* पु० (अ०) dutifulness; faithfulness, loyality; fulfilment of a promise.

वफ़ादार *(vafādār)* वि० (अ०) faithful, honest, true, loyal.

वफ़ादारी *(vafādārī)* स्त्री० (अ०) faithfulness, fidelity, loyalty; sincerity; dutifulness.

वबाल *(vabāl)* पु० (अ०) difficulty; burden; curse.

वमन *(vaman)* पु० vomiting, vomit.

वय *(vay)* पु० age; youth; bird; vitality, health.

वयस्क[1] *(vayask)* वि० relating to age, mature; major, adult (in law).

वयस्क[2] *(vayask)* पु० adult, major.

वयस्कता *(vayaskatā)* स्त्री० adulthood.

वयोवृद्ध *(vayo-vridh)* वि० old, elderly; venerable.

वर *(var)* पु० selection; choice; bridegroom, husband; boon, blessing; gift, present.

वरक़ *(varaq)* पु० (अ०) sheet of paper; leaf of a book; foil of gold or silver; petal.

वरज़िश *(varziś)* स्त्री० (फ़ा०) exercise; physical labour.

वरण *(varaṇ)* पु० choice, selection; choice of a partner for marriage; request; protection; riddance.

वरदान *(vardān)* पु० favour, blessing; boon.

वरदी *(vardī)* स्त्री० (अ०) uniform.

वरन् *(varan)* अ० but, on the other hand.

वरना *(varnā)* क्रि० वि० otherwise, else.

वरम *(varam)* पु० (अ०) swelling.

वराह *(varāh)* पु० boar, hog, pig.

वरिष्ठ *(variṣth)* वि० great and respectable; senior, high etc.

वरिष्ठतता *(variṣṭhtatā)* स्त्री० seniority.

वरीयता *(varīyatā)* seniority.

वरुण *(varuṇ)* पु० Vedic god of water; the planet Neptune.

वर्ग *(varg)* पु० class; community; species; party; faction, group; square.

वर्गहीन *(varghin)* पु० classless.

वर्गीकरण *(vargīkaraṇ)* पु० classification; grouping.

वर्गीकृत *(vargikṛt)* वि० classified.

वर्जन *(varjan)* पु० prohibition, restriction; avoidance.

वर्जनीय *(varjanīya)* वि० worth deserting or forsaking; restricted; worth prohibiting; improper, undesirable.

वर्जित *(varjit)* वि० forbidden ; left, remaining; devoide;excluded unacceptable; prohibited.

वर्ण *(varṇ)* पु० colour; dye; caste .

वर्णक्रम *(varṇkarm)* पु० alphabetical arrangement; spectrum.

वर्णन *(varṇan)* description, account; colouring; writing; praise; mention.

वर्णनात्मक *(varṇātmak)* वि० descriptive.

वर्णनीय *(varṇanīya)* वि० fit to be described.

वर्णमाला *(varṇmālā)* स्त्री० alphabet.

वर्णव्यवस्था *(varṇvyavasthā)* स्त्री० caste system.

वर्णसंकर *(varṇsaṁkar)* वि० from parents of different castes.

वर्णाश्रम *(varanāśram)* पु० Hindu system of communities.

वर्तनी *(vartanī)* स्त्री० spelling (of a word).

वर्तमान *(vartamān)* वि० existing; current, in force; present.

वर्तिका *(vartikā)* स्त्री० wick (of a lamp); stick; pointed brush.

वर्तुल *(vartul)* **वि०** round, circular, orbiculate.

वर्दी *(vardi)* uniform

वर्द्धन, वर्धन *(vardhan)* **पु०** act of increasing or growing; increase, growth.

वर्म *(varm)* **पु०** **(अ०)** inflammation, swelling.

वर्ष *(vars)* **पु०** year.

वर्षगाँठ *(vars-gānth)* **स्त्री०** birth anniversary, birthday.

वर्षण *(varsan)* **पु०** falling of rain.

वर्षा *(varsā)* **स्त्री०** rains; monsoon.

वल्कल *(valkal)* **पु०** bark of a tree; garment made of bark.

वल्द *(vald)* **पु०** **(अ०)** son (of).

वल्दियत *(valdiyat)* **स्त्री०** **(अ०)** father's name, parentage.

वल्मीक *(valmik)* **पु०** ant-hill.

वल्लभ[1] *(vallabh)* **वि०** beloved, dear; chief.

वल्लभ[2] *(vallabh)* **पु०** beloved person; husband.

वल्लरि, वल्लरी *(vallari)* **स्त्री०** creeper; sprout.

वश *(vaś)* **पु०** power, capacity; control.

वशीकरण *(vaśikaran)* **पु०** overcoming by charms, spell etc.; means of subjugating or fascinating.

वशीभूत *(vaśībhūt)* subjudigated, undercontrol; fascinated, enchanted.

वसंत *(vasant)* **पु०** spring season.

वसन *(vasan)* **पु०** cloth, clothes, dress, garment, apparel, attire; dwelling, residing.

वसा *(vasā)* **स्त्री०** fat; marrow, pith.

वसीअत, वसीयत *(vasīyat)* **स्त्री०** **(अ०)** will; testament; bequest, legacy.

वसीयतनामा *(vasīyat-nāmā)* **पु०** **(अ०)** will.

वसुंधरा *(vasundharā)* **स्त्री०** the earth.

वसूल *(vasūl)* **वि०** **(अ०)** received; collected (funds, etc.).

वसूली *(vasūlī)* **स्त्री०** receiept, realisation, recovery; collection.

वस्तु *(vastu)* **स्त्री०** thing, material; object., article.

वस्तुतः *(vastutaha)* **क्रि० वि०** actually, in reality.

वस्तुनिष्ठ *(vastunisth)* **वि०** objective.

वस्तुस्थिति *(vastu-sthiti)* **स्त्री०** reality.

वस्त्र *(vastra)* **पु०** cloth; clothes,

वह *(vah)* **सर्व०** that; he; she.

वहन *(vahan)* **पु०** carrying, bearing, conveying.

वहम *(vaham)* **पु०** **(अ०)** false doubt or notion; superstition.

वहशत *(vahśat)* **स्त्री०** savagery; embarrassment; excitement.

वहशी *(vahsī)* **वि०** barbarous; savage; rustic.

वहशीपन *(vahśīpan)* **पु०** savagery, barbarousness; madness.

वहाँ *(vahām)* **क्रि० वि०** there.

वहीं *(vahīm))* **क्रि० वि०** at that very place, there itself.

वही *(vahi)* **सर्व०** that very one, the same; he himself; the same.

वह्नि *(vahni)* **पु०** fire.

वांछनीय *(vāñchanīya)* **वि०** desirable, worthy of desire.

वांछनीयता *(vāñchanīyatā)* **स्त्री०** desirability.

वांछित *(vāñchit)* वि० wished, desired.

वाक़ई *(vāqaī)* क्रि० वि० (अ०) really, actually.

वाक़िफ़ *(vāqif)* वि० (अ०) conversant; familiar.

वाक़फ़ीयत *(vāqafiyat)* स्त्री० (अ०) acquaintance; knowledge; familiarity.

वाक् *(vāk)* स्त्री० speech; expression, saying.

वाक्पटु *(vāk-patu)* वि० eloquent, skilled in speech.

वाक्पटुता *(vāk-patutā)* स्त्री० eloquence.

वाक्य *(vākya)* पु० sentence.

वाग्जाल *(vāg-jāl)* पु० equivocation, multiloquence; grandilo-quence.

वाग्दान *(vāg-dān)* पु० betrothal, engagement.

वाङ्मय *(vāṅmay)* पु० literature; treatise.

वाचक *(vācak)* पु० reader; speaker; messenger; important word; noun, name.

वाचन *(vācan)* पु० perusal; statement, narration.

वाचनालय *(vācanālya)* पु० reading room.

वाचाल *(vācāl)* वि० talkative, garrulous.

वाचालता *(vācālatā)* स्त्री० talkativeness, loquaciousness, garrulity.

वाजिब *(vājib)* वि० (अ०) reasonable, proper.

वाटिका *(vāṭikā)* स्त्री० small garden.

वाणिज्य *(vāṇijya)* पु० commerce, trade.

वाणिज्यदूत *(vāṇijya-dut)* पु० commercial counsel.

वाणी *(vāṇī)* स्त्री० voice; words, speech; tongue; the goddess of speech, Saraswati.

वात *(vāt)* पु० air; air as one of the three humours of body; gout.

वातानुकूलन *(vātānukulān)* पु० air-conditioning.

वातानुकूलित *(vātānukulit)* वि० air-conditioned.

वातायन *(vātāyan)* पु० ventilator, window.

वातावरण *(vātāvaran)* पु० atmosphere; environment.

वात्सल्य *(vātsalya)* पु० affection or tenderness towards offspring.

वाद *(vād)* पु० discussion; controversy; suit, case, dispute; theory.

वादक *(vādak)* पु० musician; speaker; debator on religious scriptures etc.; a special style of beating drum.

वादन *(vādan)* पु० playing upon a musical instrument.

वाद – विवाद *(vād-vivād)* पु० dispute, controversy, discussion.

वादा *(vādā)* पु० (अ०) promise; pledge for repayment of debt.

वादी *(vādī)* पु० plaintiff, appellant; complainant; (music) keynote; expounder of a theory.

वाद्य *(vādya)* पु० musical instrument.

वाद्यवृंद *(vādya-vrṇd)* पु० orchestra.

वाद्यसंगीत *(vādya-saṁgita)* पु० instrumental music.

वानर *(vānar)* पु० monkey, ape.

वापस *(vāpas)* वि० (फ़ा०) returned.

विद्यालय *(vidyālaya)* पु० school.

विद्युतीकरण *(vidyutikaran)* पु० electrification.

विद्युत् *(vi-dyut)* स्त्री० lightning; electricity.

विद्युत्दर्शी *(vi-dyutdarśī)* पु० electroscope.

विद्युदणु *(vi-dyutdanu)* पु० electron, proton.

विद्रुम *(vi-drum)* पु० coral; young sprout or shoot.

विद्रुप[1] *(vidrūp)* वि० disfigured, ugly.

विद्रुप[2] *(vidrūp)* पु० the taunt, sarcasm.

विद्रोह *(vi-droh)* पु० rebell, revolt, sedition.

विद्रोही *(vi-drohī)* वि० relating to rebellion; rebellious, insurgent.

विद्वत्ता *(vidvattā)* स्त्री० scholarship, learning; knowledge, erudition.

विद्वत्तापूर्ण *(vidvattāpurn)* वि० scholarly, learned; erudite.

विद्वान्[1] *(vidvān)* वि० scholarly, learned, erudite.

विद्वान्[2] *(vidvān)* पु० scholar, learned person.

विद्वेष *(vidves)* पु० hostily; spite, ill-will; enmity.

विधना *(vidhanā)* स्त्री० destiny.

विधर्म[1] *(vi-dharm)* पु० different religion; injustice; irreligion.

विधर्म[2] *(vi-dharm)* वि० unjust, unrighteous.

विधर्मी *(vi-dharmī)* वि० irreligious; belonging to different religion; converted.

विधवा *(vidhavā)* स्त्री० widow:

विधा *(vi-dhā)* स्त्री० mode, manner; style; kind, form; section, part.

विधाता *(vi-dhātā)* पु० creator, Hindu god Brahma; maker; legislator, law-maker.

विधान *(vi-dhān)* पु० law, regulation; arrangement; making, doing.

विधायक[1] *(vi-dhāyak)* वि० performing, disposing; doing, making; constructive; arranging, managing; establishing a rule or law.

विधायक[2] *(vi-dhāyak)* पु० member of legislative assembly (legislative council).

विधि *(vi-dhi)* स्त्री० manner, method, process, law; religious act or ceremony, rite.

विधिक *(vi-dhik)* वि० pertaining to law; applicable in the form of law; legal, in accordance with law.

विधिज्ञ *(vi-dhijna)* पु० legal expert, lawyer.

विधिपूर्वक *(vi-dhipurvak)* क्रि० वि० according to rule or law; duly, formally.

विधिवत् *(vi-dhivat)* क्रि० वि० according to law, in conformity to prescribed rules, in due form; duly, methodically, formally.

विधिवेत्ता *(vi-dhivetā)* पु० jurist, law expert.

विधिशास्त्र *(vi-dhi-śastra)* पु० jurisprudence, science of law.

विधिशास्त्री *(vi-dhi-śastri)* पु० jurist.

विधुर *(vidhur)* पु० widower.

विधेयक *(vi-dheyak)* पु० legislation.

विध्वंस *(vi-dhvaṃs)* पु० devastation, ruin, destruction; animosity, rancour; hatred; humiliation, dishonour; enmity.

विध्वंसक[1] *(vi-dhvaṃsak)* पु० one who spells devastation, destroyer.

विध्वंसक[2] *(vi-dhvaṃsak)* पु० devastating, distructive; vile.

विध्वस्त *(vi-dhvast)* वि० ruined, destroyed; scattered.

विनत *(vi-nat)* वि० bent down, bowed; humble, modest; inclined, sunk down; curved; depressed.

विनती *(vi-natī)* स्त्री० request, entreaty.

विनम्र *(vi-namra)* वि० modest, humble; courteous, submissive.

विनम्रता *(vi-namratā)* स्त्री० humbleness, meekness; courtesy, modesty.

विनय *(vi-nay)* स्त्री० polite conduct, good breeding or manners; modesty, humility.

विनयशील *(vi-naysīl)* वि० modest, humble.

विनयी *(vi-nayī)* वि० humble, submissive.

विनष्ट *(vi-naṣṭ)* वि० utterly lost or ruined, perished.

विनाश *(vi-nāś)* पु० destruction, ruin; bad condition; utter loss, annihilation; clamity; breakdown.

विनाशकारी *(vi-nāśkārī)* वि० destructive.

विनिमय *(vi-ni-may)* पु० barter; exchange.

विनियम *(vi-ni-yam)* पु० regulation; prohibition; control; restraint.

विनियोग *(vi-ni-yog)* पु० investment; apportionmemt, distribution, division; use, application, employment; appropriation.

विनिवेश *(vi-niveś)* पु० entry, admission; settlement; impression.

विनीत *(vi-nīt)* वि० modest, humble, meek; decent, refined; plain, simple; carried away, removed; spread.

विनोद *(vi-nod)* पु० amusement; humour; removal; recreation; earnest desire.

विनोदपूर्ण *(vi-nod-purna)* वि० humorous, jolly.

विनोदप्रिय *(vi-nod-priya)* वि० jocular.

विनोदी *(vi-nodī)* वि० amusing; jovial, humorous; jolly.

विन्यास *(vi-ny-ās)* पु० putting down, placing, laying down; arrangement, adjustment.

विपक्ष *(vi-pakṣ)* पु० opposite party; opposition.

विपक्षी[1] *(vi-pakṣī)* वि० opponent.

विपक्षी[2] *(vi-pakṣī)* पु० enemy; member of the opposition party; rival.

विपत्ति *(vi-patti)* स्त्री० calamity, misfortune, hardship; disaster; oppression.

विपथ *(vi-path)* पु० different way or path; wrong course; indulgence in wrong deeds.

विपदा *(vi-padā)* स्त्री० calamity; grief.

विपद् *(vi-pad)* स्त्री० calamity, misfortune, distress.

विपन्न *(vi-pann)* वि० afflicted, distressed; poor; fallen into adversity; ruined, destroyed, decayed.

विपन्नता *(vi-pannatā)* स्त्री० misfortune, ruin, trouble.

विपरीत *(vi-parît)* वि० opposite, reverse; unfavourable, adverse; disagreeable.

विपरीतता *(vi-parītatā)* **स्त्री०** opposition, contrariety.

विपर्यय *(vi-pary-ay)* **पु०** transposition; reversion.

विपिन *(vipin)* **पु०** forest, jungle; garden.

विपुल *(vi-pul)* **वि०** extensive; large; abundant.

विपुलता *(vi-pultā)* **स्त्री०** extensiveness; largeness; abundance.

विप्र *(vipr)* **पु०** Brahman; priest; man of knowledge; moon.

विप्रलंभ *(vi-pra-lambh)* **पु०** separation; feeling or sentiment of lovers in separation; disunion.

विप्लव *(vi-plav)* **पु०** tumult, affray; insurgency, insurrection, revolt.

विफल *(vi-phal)* **वि०** fruitless, unsuccessful; useless; worthless; ineffective.

विफलता *(vi-phalatā)* **स्त्री०** fruitlessness, unprofitableness; failure; uselessness.

विभक्त *(vi-bhakt)* **वि०** divided; separated; different; decorated, ornamented; measured.

विभक्ति *(vi-bhakti)* **स्त्री०** (gram.) inflection; division, partition; inherited share; separation.

विभा *(vi-bhā)* **स्त्री०** lustre, splendour; beauty.

विभाग *(vi-bhāg)* **पु०** department, division; section; part, portion or share in general; chapter; management.

विभागाध्यक्ष *(vi-bhāgādhyaksha)* **पु०** head of the department.

विभागीय *(vi-bhāgīya)* **वि०** departmental.

विभाजक *(vi-bhājak)* **पु०** one sho divides, divider; distributor.

विभाजन *(vi-bhājan)* **पु०** act of dividing in to shares: division, partition.

विभाजित *(vi-bhājit)* **वि०** divided; distributed; broken, fragmented.

विभाज्य *(vi-bhājya)* **वि०** divisible.

विभिन्न *(vi-bhinn)* **वि०** various, different.

विभिन्नता *(vi-bhinnatā)* **स्त्री०** variation.

विभीषिका *(vi-bhīṣikā)* **स्त्री०** means of terrifying; terror, dread.

विभु *(vi-bhu)* **वि०** supreme; grand; pervasive.

विभूषित *(vi-bhūṣit)* **वि०** ornamented; adorned; decorated.

विभेद *(vi-bhed)* **पु०** difference; subdivision; distinction.

विभोर *(vibhor)* **वि०** engrossed, absorbed; overjoyed, overwhelmed.

विभ्रम *(vi-bhram)* **पु०** delusion; doubt; hallucination; misunderstanding;

विमर्श *(vi-marś)* **पु०** critical study, thorough review, deliberation; consultation; consideration.

विमल *(vi-mal)* **वि०** free from dirt, spotless; flawless; clean; transparent.

विमाता *(vi-mātā)* **स्त्री०** step mother.

विमान *(vi-mān)* **पु०** aeroplane; heavenly car (of gods moving through the skies); bier of a Mahatma, decorated with garlands; open palanquin carried on men's shoulders.

विमान-चालक *(vi-mān-cālak)* पु० pilot.

विमान-चालन *(vi-mān-cālan)* पु० aviation; pilotage.

विमानन *(vi-mānan)* पु० aviation.

विमानशाला *(vi-mānśālā)* स्त्री० hanger for aircraft repairs.

विमुक्त *(vi-mukt)* वि० set free, released, liberated; devoid; discharged.

विमुक्ति *(vi-mukti)* स्त्री० release, riddance; exemption.

विमुख *(vi-mukh)* वि० indifferent; adverse; devoid; with the face averted or turned away; disappointed.

विमूढ़ *(vi-mūṛh)* वि० foolish, dull of understanding, stupid; tempted, seduced.

विमोचन *(vi-mocan)* पु० freedom, redeem, release.

वियुक्त *(vi-yukt)* वि० detached, dissociated; separated (from), deserted (by).

वियोग *(vi-yog)* पु० disjunction, separation (especially of lovers); bereavement; pangs of separation.

वियोगी *(vi-yogī)* वि० separated from the beloved one.

विरक्त *(vi-rakt)* वि० detached (from the world), indifferent, unconcerned; void of attachment to worldly objects.

विरक्ति *(vi-rakti)* स्त्री० detachment, feeling of renunciation; weariness from the world.

विरह *(vi-rah)* पु० separation; agony of separation; absence.

विरहानल *(virahānal)* पु० agony of parted lovers.

विरहिणी *(vi-rahiṇī)* स्त्री० a woman in the pangs of separation from her husband or lover.

विरही *(vi-rāhī)* वि० separated from one's beloved.

विराजना *(vi-rājnā)* अ० क्रि० to look splendid, to shine; to be present, to grace an occasion or place; to be seated.

विराट *(vi-rāṭ)* वि० colossal, gigantic.

विराम *(vi-rām)* पु० cessation, discontinuance; pause in or at the end of the sentence; full stop; rest, repose; halt; interval, intermission.

विरासत *(virāsat)* स्त्री० (अ०) inheritance, legacy, heritage.

विरुद *(virud)* पु० eulogy; fame, glory.

विरुदावली *(virudāvali)* स्त्री० a collection of epithets; eulogy.

विरुद्ध *(vi-ruddh)* वि० opposed, contrary; adverse; inimical, hostile.

विरूप *(vi-rūp)* वि० deformed, defaced, ugly; of different types; changed; graceless.

विरूपता *(vi-rūpatā)* स्त्री० ugliness, deformity; variety.

विरेचक *(vi-recak)* वि० purgative.

विरेचन *(vi-recan)* पु० evacuation of the bowels, purgation; purgative.

विरोध *(vi-rodh)* पु० opposition; contradiction; enmity; discord, rift; restriction; repugnancy; conflict; protestation.

विरोधी *(vi-rodhī)* वि० adverse; hostile; contradictory; contrary; opposite.

विलंब *(vi-lamb)* पु० delay; lethargy.

विलंबित *(vi-lambit)* वि० delayed; suspended; dependent; of slow tempo (music).

विलक्षण *(vi-lakṣaṇ)* वि० peculiar, strange, unique; distinct; prodigious; quaint.

विलक्षणता *(vi-lakṣaṇatā)* स्त्री० peculiarity, uniqueness; distinctiveness; remarkability; oddity; prodigiousness.

विलग *(vi-lag)* वि० separate, detached.

विलय *(vi-lay)* पु० merger; annihilation, destruction; liquefaction; blend; absorption.

विलसित *(vi-lasit)* वि० sportive; manifested; overjoyed, elated; adorned.

विलाप *(vi-lāp)* पु० lamentation, wailing.

विलायत *(vilāyat)* स्त्री० (अ०) foreign country.

विलायती *(vilāyatī)* वि० European, foreign.

विलास *(vi-lās)* पु० enjoyment, luxury; amorous playfulness, wantonness.

विलासिता *(vi-lāsitā)* स्त्री० luxury.

विलासिनी *(vi-lāsini)* स्त्री० fair damsel; lustful lady; prostitute.

विलासी *(vi-lāsī)* वि० lustful, debauched; shining, radiant; sportive.

विलीन *(vilina)* वि० dissolved, melted; merged; vanished, disappeared; dead.

विलुप्त *(vi-lupt)* वि० extinct; vanished, disappeared; destroyed, ruined; kidnapped, abducted.

विलेय *(vi-leya)* वि० soluble.

विलेयता *(vi-leyatā)* वि० solubility.

विलोकन *(vi-lokan)* पु० observation, notice; consideration, contemplation.

विलोकना *(vi-lokanā)* स० क्रि० to see; to observe, to search.

विलोकनीय *(vi-lokanīya)* वि० seeable, viewable, noticeable; worth seeing.

विलोप *(vi-lop)* पु० disappearance, extinction; destruction; damage; obstruction; injury; omission; cancellation.

विलोपित *(vi-lopit)* वि० effaced; omitted; eliminated; cancelled.

विलोम *(vi-lom)* वि० reverse; created by reverse order.

विवर *(vi-var)* विविर पु० hole, burrow; slit; cave; cavity; gap.

विवरण *(vi-varaṇ)* पु० description, narration; particulars, details; commentary.

विवरणिका *(vi-varaṇikā)* स्त्री० report; brochure.

विवश *(vi-vaś)* वि० obliged; helpless; compelled; weak, powerless.

विवशता *(vi-vaśatā)* स्त्री० absence of will, helplessness; compulsion; cause of compulsion.

विवाचक *(vi-vācak)* पु० arbitrator.

विवाचन *(vi-vācan)* पु० arbitration.

विवाद *(vi-vād)* पु० dispute, discussion; quarrel; controversy.

विवादग्रस्त *(vi-vādgrast)* वि० controversial, disputed.

विवादात्मक *(vi-vādātmak)* **वि०** disputable, controversial.

विवादास्पद *(vi-vādāsped)* **वि०** controversial; debatable.

विवादी[1] *(vi-vādī)* **वि०** disputant, discordant.

विवादी[2] *(vi-vādī)* **पु०** disputer.

विवाह *(vi-vāh)* **पु०** marriage; nuptials, marriage celebration.

विवाहिता *(vi-vāhitā)* **स्त्री०** married woman.

विविध *(vi-vidh)* **वि०** of various sorts or kinds; miscellaneous; variegated.

विविधता *(vi-vidhatā)* **स्त्री०** variety; miscellany.

विवेक *(vi-vek)* **पु०** power of discrimination; discretion; real knowledge.

विवेकरहित *(vi-vek-rahit)* **वि०** indiscreet, imprudent.

विवेकी *(vi-vakī)* **वि०** discreet; wise.

विवेचक *(vi-vecak)* **पु०** critic; discriminant.

विवेचन *(vi-vecan)* **पु०** critical study, review, evaluation; argumentation, expatiation; profound thought.

विशद *(vi-śad)* **वि०** elaborate, detailed; clear cut, lucid; clean, pure; free from anxiety, calm, stable; charming.

विशाल *(viśāl)* **वि०** large, big; grand, great.

विशालता *(vi-śāltā)* **स्त्री०** greatness, largeness; extension.

विशिष्ट *(vi-śiṣt)* **वि०** special, specific; prominent; typical.

विशिष्टतः *(vi-sishtatah)* **क्रि० वि०** particularly; in particular.

विशिष्टता *(viośiṣṭatā)* **स्त्री०** speciality, peculiarity.

विशुद्ध *(visūdha)* **वि०** completely cleansed or purified, genuine, real; pious; free from vice, faultless, without a blemish, pure.

विशुद्धता *(vi-śūdhatā)* **स्त्री०** purity; genuineness.

विशुद्धि *(vi-śudhi)* **स्त्री०** complete purity; faultessness; genuineness; rectification.

विशुद्धिकरण *(vi-śudhikaran)* **पु०** purification.

विश्रंखल *(vi-śṛṅkhal)* **वि०** disorderly; chainless; uncontrolled.

विश्रंखलता *(vi-śṛṅkhalatā)* **स्त्री०** disorderliness, disarray.

विशेष *(vi-śes)* **वि०** particular; special.

विशेषज्ञ *(vi-śeshagna)* **पु०** expert, specialist.

विशेषज्ञता *(vi-śeshagnatā)* **स्त्री०** specialisation.

विशेषण *(vi-śesaṇ)* **वि०** attribute, epithet; (gram.) adjective.

विषेषतः *(vi-śeṣtah)* **क्रि० वि०** specially.

विशेषता *(vi-śeṣatā)* **स्त्री०** speciality, singularity; attribute, quality.

विशेषाधिकार *(vi-śeṣādhikār)* **पु०** privilege.

विश्रांत *(vi-śrānt)* **वि०** restful; abated, calmed; tired, exhausted.

विश्रांति *(vi-śrānti)* **स्त्री०** rest, repose; tiredness; interval, intermission, gap.

विश्राम *(vi-śram)* पु० relaxation, rest; interval, intermission; tranquility.

विश्लेषण *(vi-śleṣaṇ)* पु० analysis; separation; disintegration.

विश्लेषणात्मक *(vi-śleṣaṇātmak)* वि० analytical.

विश्लेषित *(vi-śleṣit)* वि० analysed; separated.

विश्व *(viśva)* पु० universe, the world.

विश्वकोष *(viśvakośa)* पु० encyclopaedia.

विश्वविद्यालय *(viśva-vidyālaya)* पु० university.

विश्वसनीय *(vi-śvasanīya)* वि० reliable, credible, trustworthy; confidential.

विश्वसनीयता *(vi-śvasanīyatā)* स्त्री० reliability, credibility, trustworthiness.

विश्वस्त *(vi-śvast)* वि० reliable; assured.

विश्वस्तता *(vi-śvastatā)* स्त्री० reliability; fidelity.

विश्वास *(vi-śvās)* पु० belief, faith; trust; assurance; confidence.

विश्वासघात *(vi-śvāsghāt)* पु० breach of trust; disloyalty, infidelity; treachery, treason.

विश्वासघाती *(vi-śvāsghātī)* वि० treacherous, disloyal.

विश्वासी[1] *(vi-śvāsī)* वि० trustful.

विश्वासी[2] *(vi-śvāsī)* पु० believer.

विष *(viṣ)* पु० poison, venom; (fig.) destructive or harmful element.

विषण *(viṣam)* वि० gloomy, melancholy; demoralised, disheartened.

विषनाशक *(viṣh-nāsak)* वि० alexipharmic, anti-poison.

विषम *(vi-ṣam)* वि० uneven; odd (number); hard, difficult, adverse; dangerous, fearful; intense.

विषमता *(vi-ṣamatā)* स्त्री० unevenness, dissimilarity; contrast; difference; hardship, difficulty; intensity.

विषय *(vi-ṣay)* पु० subject; topic; theme; matter, content; sexual intercourse; sensual pleasure, pleasures of senses; worldly pleasures.

विषयक *(vi-ṣayak)* वि० cocerning, related (to), pertaining (to).

विषविज्ञान *(viṣ-vijnan)* पु० toxicology.

विषविज्ञानी *(viṣ-vijnāni)* पु० toxicolosist.

विषाक्त *(vi-śākta)* वि० poisonous.

विषाणु *(viṣāṇu)* पु० virus.

विषाद *(vi-ṣād)* पु० gloominss; despondency; melancholia.

विषुवत्‌रेखा *(viṣuvat-rekhā)* स्त्री० equator.

विषैला *(viṣailā)* वि० poisonous.

विषैलापन *(viṣailāpan)* पु० poisonousness, venomousness, vituperativeness, toxicity.

विसंगत *(vi-saṁgat)* वि० incongruous; inconsistent.

विसंगति *(vi-saṁgati)* स्त्री० incongruity; inconsistency.

विसर्जन *(vi-sarjan)* पु० donation; end, finish; excretion; throwing; adjournment; disposal of an idol; abandonment; dispersal; dismissal.

विसर्जित *(vi-sarjit)* वि० remitted;

disposed; dispersed.

विस्तार *(vi-stār)* पु० dimension; extent, extension; details.

विस्तीर्ण *(vi-stīrṇa)* वि० spread out, expanded; spacious.

विस्तृत *(vi-stṛt)* वि० spread, extended; detailed, elaborate; spacious.

विस्फोट *(vi-sphoṭ)* पु० explosion; blast (noise); noise of such explosion.

विस्फोटक *(vi-sphoṭak)* पु० explosive material.

विस्मय *(vi-smay)* पु० wonder, surprise; doubt, uncertainty.

विस्मयकारी *(vi-smaykārī)* वि० wonderful, surprising, amazing; sensational.

विस्मरण *(vi-smaraṇ)* पु० forgetting; oblivion.

विस्मित *(vi-smit)* वि० amazed, surprised, wonderstruck.

विस्मृत *(vi-smṛt)* वि० forgotten.

विस्मृति *(vi-smṛti)* स्त्री० forgetfulness, oblivion.

विहंग *(vi-haṅg)* पु० bird; arrow; cloud; sun; moon; a snake; planet.

विहंगम *(vi-haṅgam)* पु० bird.

विहान *(vihān)* पु० dawn, early morning.

विहार *(vi-hār)* पु० roaming or walking about for pleasure etc; monastery; consecration for a sacrifice; sexual enjoyment; pleasure; sport, play; playground; palace; extension, extent.

विहीन *(vi-hīn)* वि० wanting, lacking; completely abandoned; low, mean; devoid (of).

विह्वल *(vi-hval)* वि० perturbed, restless, confounded, bewildered; scared; distressed; disappointed.

विह्वलता *(vi-hvalatā)* स्त्री० perturbation, restlessness, bewilderment.

वीक्षा *(vîkshā)* स्त्री० observation; perception; inspection.

वीणा *(vīnā)* स्त्री० Indian flute, lyre; lightning.

वीणावादिनी *(vīnā-vādini)* स्त्री० goddess Saraswati.

वीथि, वीथी *(vīthi)* स्त्री० way, road; gallery; row; runway; balcony.

वीर *(vīr)* वि० mighty, brave; adventurous, fearless.

वीरगति *(vīrgati)* स्त्री० heroic end; death in battle.

वीरता *(vīratā)* स्त्री० bravery; adventure, fearlessness; excellence; heroic deed.

वीरांगना *(virānganā)* स्त्री० heroine; brave woman.

वीरान *(vīrān)* वि० (फ़ा०) desolate, uninhabited; (fig.) devoid of glamour or grace; devastated.

वीराना *(vīrānā)* पु० (फ़ा०) uninhabited place, desolate place; forest.

वीर्य *(vīrya)* पु० semen, virility; valour, heroism; vigour, strength.

वृंद *(vrnd)* पु० multitude, assemblage; bunch; chorus.

वृंदगान *(vrndgān)* पु० chorus, choral song.

वृंदवाद्य *(vṛnd-vādya)* पु० orchestra.

वृक्ष *(vṛks)* पु० tree; plant, vegetation.

वृत *(vṛt)* वि० wedded, selected; covered; hidden; encircled, surrounded; consented, accepted; requested; spoiled; served; round.

वृत्त *(vṛtt)* पु० report, account; metre; circle, circumference; history; news; vocation, profession; conduct; good deeds; prescribed rules; change.

वृतांत *(vritanta)* पु० report, account; opportunity; event, happening; news; description.

वृत्ति *(vṛtti)* स्त्री० mental disposition, attitude; typical condition of mind in Yoga; work, business, profession, stipend, remuneration; commentary; nature.

वृथा *(vṛthā)* वि० improper; false; useless, purposeless.

वृद्ध *(vṛddh)* वि० old, grown up, elderly; wise, learned.

वृद्धता *(vṛddhatā)* स्त्री० old age, senility.

वृद्धा *(vṛddhā)* स्त्री० old woman.

वृद्धि *(vṛddhi)* स्त्री० growth, rise; enhancement, enlargement; addition; progress; increment; interest; profit.

वृहत् *(vṛhat)* वि० great, big; heavy.

वे *(ve)* सर्व० they, those.

वेग *(veg)* पु० impulse, passion; velocity, speed; quickness, haste; expulsion of the faeces.

वेणी *(veṇī)* स्त्री० braid of hair.

वेतन *(vetan)* पु० salary, pay; remuneration, wages, labour charges.

वेदना *(vedānā)* स्त्री० torture, pain, agony.

वेदी *(vedī)* स्त्री० a place prepared for wedding ceremony; altar.

वेध *(vedh)* पु० piercing, penetration; perforation; hole; depth of a pit; observation.

वेधशाला *(vedhśālā)* स्त्री० observatory.

वेला *(velā)* वि० time, occasion.

वेश *(veś)* पु० dress, costume, uniform; external appearance.

वेश्या *(veśyā)* स्त्री० prostitute, harlot, whore.

वेश्यालय *(veśyālya)* पु० brothel.

वेष्टन *(veṣṭan)* पु० anything that encloses or wraps; enclosure; cover, veil.

वैकुंठ *(vaikuṇṭh)* पु० heaven.

वैज्ञानिक *(vaijnānik)* पु० scientist.

वैदिक *(vaidik)* वि० relating to the Veda, Vedic; prescribed in the Vedas.

वैद्य *(vaidya)* पु० an expert of Indian medical science Ayurveda; Ayurvedic physician.

वैद्यक *(vaidyak)* पु० the Indian science of Medicine, Ayurveda.

वैध *(vaidh)* वि० lawful, legal, in accordance with rule; legitimate, just; constitutional.

वैधता *(vaidhatā)* स्त्री० legality, lawfulness; constitutionality.

वैधव्य *(vaidhavya)* पु० widowhood.

वैधानिक *(vaidhānik)* वि० constitutional.

वैभव *(vaibhav)* पु० wealth, glory; greatness, grandeur, splendour.

वैभवशाली *(vaibhavśālī)* वि० wealthy, rich; grand, glorious, magnificent.

वैमनस्य *(vaimanasya)* पु० discordancy, enmity.

वैमानिकी *(vaimānikī)* स्त्री० aeronotics.

वैयक्तिक *(vaiyaktik)* वि० personal, individual; private; pertaining to self, subjective.

वैयाकरण *(vaiyākaraṇ)* वि० pertaining to grammar.

वैर *(vair)* पु० enmity, opposition.

वैरागी *(vairāgī)* पु० religious devotee, saint.

वैराग्य *(vairāgya)* पु० freedom from passions or from worldy attachments, detachment.

वैरी *(vairī)* पु० enemy, foe.

वैवाहिक *(vaivāhik)* वि० nuptial, matrimonial; relating to marriage.

वैषम्य *(vaiṣamya)* पु० dissimilarity; unevenness, roughness; difficulty, hardship.

व्यंग्य *(vy-aṅgya)* पु० suggestiveness of the words; sarcasm, ironical remarks; irony, suggested or implied sense; satire.

व्यंग्यचित्र *(vyangya-citra)* पु० cartoon.

व्यंजक *(vy-añjak)* पु० suggestive word; gesture; suggestion; (Maths.) expression.

व्यंजन *(vyanjan)* पु० food, cooking.

व्यंजना *(vy-añjanā)* स्त्री० implied meaning of a word; expression; suggested meaning.

व्यक्त *(vy-akt)* वि० manifested, expressed, displayed; articulated; suggested; learned.

व्यक्ति *(vy-akti)* पु० individual; person.

व्यक्तिगत *(vy-aktigat)* वि० individual, personal, subjective.

व्यक्तित्व *(vy-aktitva)* पु० personality; individuality.

व्यग्र *(vy-agra)* वि० perplexed, bewildered, agitated.

व्यग्रता *(vy-agratā)* स्त्री० perplexity, agitation.

व्यतिरेक *(vy-ati-rek)* पु० contrast; difference; paucity; encroachment.

व्यथा *(vyathā)* स्त्री० pain, agony, anguish.

व्यथित *(vyathit)* वि० afflicted, distressed.

व्यभिचार *(vy-abhi-cār)* पु० fornication, adultery, debauchery.

व्यभिचारिणी *(vy-abhi-cārini)* स्त्री० wanton woman, unchaste wife.

व्यभिचारी *(vy-abhi-cārī)* पु० debauched; immoral; adulterous; violative; unlawful.

व्यय *(vy-ay)* पु० expenditure, cost; consumption; decay; outlay.

व्यर्थ *(vy-arth)* वि० useless, futile; unnecessary; unprofitable; vain, ineffective.

व्यवधान *(vy-ava-dhān)* पु० hindrance, intervention; obstruction; interruption.

व्यवसाय *(vy-ava-sāy)* पु० profession; occupation, business, employment; effort, try; practice, industry.

व्यवसायी[1] *(vy-ava-sāyī)* वि० performing, doing, employed; professional; painstaking, industrious, diligent, laborious; employed in business or trade.

व्यवसायी[2] *(vy-ava-sāyī)* पु० businessman; trader; craftsman.

व्यवस्था *(vy-ava-sthā)* स्त्री० order, system; management, arrangement; ruling; provision; settlement.

व्यवस्थापक *(vy-ava-sthāpak)* पु० manager; one who gives legal opinion; one who arranges things systematically; member of legislative assembly.

व्यवस्थित *(vy-ava-sthit)* वि० systematic, methodical; orderly.

व्यवहार *(vy-ava-hār)* पु० behaviour, conduct; utilization, consumption; implementation, compliance; mercantile transaction; customs; usage.

व्यष्टि *(vy-asṭi)* स्त्री० an independent part of the community; individuality.

व्यसन *(vy-asan)* पु० addiction, evil habit; excessive indulgence; calamity, distress, disaster.

व्यसनी *(vy-asanī)* वि० addicted to some vice or evil practice; excessively devoted to some thing.

व्यस्त *(vy-ast)* वि० engaged, busy.

व्याकरण *(vy-ā-karaṇ)* स्त्री० grammar.

व्याकुल *(vy-ākul)* वि० agitated, perplexed, restless, troubled; confounded, impatient, perturbed; curious, eager, keenly desirous; distracted.

व्याकुलता *(vy-ākulatā)* स्त्री० restlessness, perturbation, impatience; distraction; eagerness, curiosity.

व्याख्या *(vy-ā-khyā)* स्त्री० explanation; exposition, critical appreciation; commentary; interpretation.

व्याख्याता *(vy-ā-khyātā)* पु० commentator, explainer; lecturer; interpreter.

व्याख्यान *(vy-ā-khyān)* पु० speech, lecture; explanation, interpretation; narration.

व्याघ्र *(vyāghra)* पु० tiger.

व्याज *(vy-āj)* पु० pretext, pretence; trick, fraud; wickedness; hindrance; delay.

श *(śa)* the first sibilant of the Devnagri alphabet.

शंका *(śaṅkā)* स्त्री० doubt, uncertainty; fear, apprehension, dread; suspicion, distrust, misgiving.

शंकालु, शंकाशील *(śaṅkāsil)* वि० suspicious, distrustful.

शंकित *(śaṅkit)* वि० suspicious, suspecting, distrustful, filled with doubt; alarmed, frightened, apprehensive.

शंकु *(śaṅku)* पु० cone.

शंख *(śaṅkh)* पु० conchshell, shell; number equal to 10,00,000 crores or a thousand billion.

शऊर *(śaūr)* पु० (अ०) mannerliness, manners, decency, etiquette; sense, sensibility.

शक *(śak)* पु० (अ०) doubt, suspicion; illusion; apprehension.

शकर *(śakar)* पु० (फ़ा०) sugar.

शकरकंद *(śakarkand)* पु० sweet potato.

शकुन *(śakun)* पु० omen.

शक्कर *(śakkar)* see शकर

शक्ति *(śakti)* स्त्री० strength, power, force; ability, competency, capacity, energy, potency; control; influence, effect; powerful and resourceful nation or country.

शक्तिमान *(śaktimān)*, **शक्तिशाली** *(śaktisālī)* वि० strong, powerful, mighty, forceful.

शक्तिहीन *(śaktihin)* वि० powerless, weak, impotent.

शक्ल *(śakl)* स्त्री० (अ०) shape, figure; appearance, countenance, looks; (in Geom.) diagram, figure.

शख़्स *(śakhs)* पु० (अ०) person, individual.

शग़ल *(śagal)* पु० (अ०) occupation; work.

शठ *(śaṭh)* वि० wicked; crafty, cunning; dishonest; roguish; deceitful, fraudulent.

शठता *(śaṭhatā)* स्त्री० wickedness; cunningness, craftiness; roguery, knavery; deceitfulness; perfidiousness.

शतक *(śatak)* पु० collection of one hundred stanzas; century; one hundred.

शतरंज *(śatrañj)* पु०, स्त्री० (फ़ा०) chess.

शताब्दी *(śatabdi)* स्त्री० century, span of hundred years; centenary.

शतायु *(śatū)* वि० of hundred years of age.

शती *(śatī)* स्त्री० collection of hundred; century.

शत्रु *(śatru)* पु० enemy, adversary, foe; malefactor.

शत्रुता *(śatrutā)* स्त्री० enmity, hostility, animosity.

शनाख़्त, **शिनाख़्त** *(śanākht)* स्त्री० (फ़ा०) identification; discretion.

शनिवार *(śanivār)* पु०. Saturday.

शनैः शनैः *(śanaiḥ-śanaiḥ)* क्रि० वि० slowly, by slow degrees; gradually, in course of time.

शपथ *(śapath)* स्त्री० oath, swearing.

शब *(śab)* स्त्री० (फ़ा०) night.

शबनम *(śabnam)* स्त्री० (फ़ा०) dew; a very thin cloth of white colour.

शबाब *(śabāb)* पु० (अ०) youthfulness; beauty; the prime of an object.

शब्द *(śabd)* पु० sound, note, noise; word, term; verbal authority.

शब्दकोश *(śabdkośa)* पु० lexicon, dictionary.

शब्दशः *(śabdśah)* वि० verbatim, word for word.

शब्दाडंबर *(śabdāmdār)* पु० bombast, verbosity, high sounding or grandiloquent word, verbiage.

शब्दावली *(śabdāvali)* स्त्री० vocabulary; words used and their order followed in a sentence etc.; terminology, glossary.

शमन *(śaman)* वि० appeasement, allaying, pacification, alleviation; quenching; extinguishing; quelling, suppression, subdual.

शमा *(śamā)* स्त्री० (अ०) wax candle; candle, lamp.

शयन *(śayan)* पु० sleep, lying down; bed, couch; bedding; copulation, sexual union.

शयनागार *(śayanāgār)* पु० bed chamber, bedroom.

शय्या *(śayyā)* स्त्री० bed, bedstead, couch.

शोर *(śor)* पु० noise.

शरण *(śaraṇ)* स्त्री० refuge, shelter; place of refuge, resort, asylum; protection, defence.

शरणागत *(śaranāgat)* वि० seeking protection or shelter.

शरणार्थी *(śaranāthi)* पु० refugee.

शरबत *(śarbat)* पु० (अ०) sweet beverage, syrup.

शरमाना *(śarmānā)* अ० क्रि० to be bashful, to feel abashed, to blush, to feel embarrassed; to feel shame; to make (one) ashamed, to put to shame, to abash.

शराफ़त *(śarāfat)* स्त्री० (अ०) nobility, civility, gentlemanliness.

शराब *(śarāb)* स्त्री० (अ०) wine, liquore.

शराबख़ोर *(śarabkhor)* वि० (अ०) addicted to drinking.

शराबख़ोरी, शराबख़्वारी *(śarabkhorī)* स्त्री० addiction to liquor, habitual drinking, drunkenness.

शराबी *(śarābī)* पु० drunkard, boozer.

शरारत *(śarārat)* स्त्री० (अ०) wickedness, mischief, vice, villainy.

शरीक *(śarīk)* वि० (अ०) included; participating; partaking.

शरीफ़[1] *(śarīf)* पु० (अ०) gentleman, nobleman, virtuous man; man of good family, a highborn.

शरीफ़[2] *(śarīf)* वि० (अ०) gentlemanly, noble, virtuous; of good family, high born.

शरीर[1] *(śarīr)* पु० body.

शरीर[2] *(śarīr)* वि० (अ०) mischievous.

शरीर – रचनाविज्ञान *(śarīr-racnā-vijnān)* पु० anatomy.

शरीरविज्ञान *(śarīr-vijnān)* पु० physiology.

शर्करा *(śarkarā)* स्त्री० sugar.

शर्त *(śart)* स्त्री० (अ०) wager, bet; condition, term; provision.

शर्तिया[1] *(śartiyā)* वि० sure, unfailing, definite.

शर्तिया[2] *(śartiyā)* क्रि० वि० surely, without fail, definitely, certainly, positively.

शर्म *(śarm)* (फ़ा०) shame; honour; regard; shyness.

शर्मनाक *(śarmnāk)* वि० (फ़ा०) shameful, disgraceful.

शर्मिंदा *(śarmindā)* वि० (फ़ा०) ashamed, abashed.

शर्मीला *(śarmilā)* वि० shy, shamefaced, bashful.

शलग़म, शलजम *(śalgam)* पु० (फ़ा०) turnip.

शलभ *(śalabh)* पु० moth; locust.

शल्यक्रिया *(śalyakriyā)* स्त्री० surgical operation, surgery.

शल्यचिकित्सक *(śalyachiketsak)* पु० surgeon.

शल्यचिकित्सा *(śalyachiketsā)* स्त्री० surgery.

शव *(śav)* पु० dead body, corpse.

शवगृह *(śavgraha)* पु० mortuary.

शवपरीक्षा *(śavpariskā)* स्त्री० post-mortem; autopsy.

शवयात्रा *(śavyātrā)* स्त्री० funeral procession.

शशक *(śaśak)* पु० hare.

शशि *(śaśi)* पु० moon.

शस्त्र *(śastra)* पु० weapon, arms; instrument.

शस्त्रशाला *(śastraśālā)* arsenal, armoury.

शह *(śah)* पु० (फ़ा०) instigation, incitement; support, help; check (in chess).

शहज़ादा *(śahzādā)* पु० (फ़ा०) prince.

शहज़ादी *(śahzādī)* स्त्री० (फ़ा०) princess.

शहतीर *(śahtir)* पु० (फ़ा०) beam, girder.

शहतूत *(śahtut)* पु० (फ़ा०) mulberry (tree and fruit).

शहद *(śahd)* पु० (अ०) honey.

शहनाई *(śahnāī)* स्त्री० (फ़ा०) a musical instrument, Indian clarinet (clarionet).

शहर *(śahr)* पु० (फ़ा०) city, town.

शहरी[1] *(śahrī)* पु० city-dweller, citizen.

शहरी[2] *(śahrī)* वि० urban.

शहादत *(śahādat)* स्त्री० (अ०) martyrdom; evidence, testimony, witness; proof.

शहीद *(śahīd)* पु० (अ०) martyr.

शांत *(śānt)* वि० abated, subsided, suppressed, allayed, pacified; ceased, stopped; calm, quiet, unperturbed, tranquil; silent; quenched, extinguished; peaceful, still, undisturbed.

शांति *(śānti)* स्त्री० peace; comfort, rest, ease, repose; abatement, subsidence, suppression, allayment pacification; calmness, tranquilty, quietness, unperturbedness, absence of passion; silence, quietude.

शाक *(śāk)* पु० vegetable, pot herb, any edible leaf etc. used as a vegetable; cooked vegetable.

शाकाहारी *(śākāhārī)* वि० vegetarian.

शाख़, शाख़ा *(śākhā)* स्त्री० (फ़ा०) off-shoot, bough, twig (of a tree); branch, lateral extension or subdivision, part, section etc.; school of thought etc.

शागिर्द *(śāgird)* पु० (फ़ा०) pupil, disciple; student; apprentice.

शागिर्दी *(śāgirdī)* स्त्री० apprenticeship, discipleship.

शातिर *(śātir)* वि० (फ़ा०) cunning, sly, mischievous; roguish, vicious.

शादी *(śādī)* स्त्री० (फ़ा०) marriage, wedding; festivity.

शान *(śān)* स्त्री० (फ़ा०) grandeur, pomp, splendour; honour, dignity; pride, glory; vastness; whet stone.

शानदार *(śāndār)* वि० (फ़ा०) pompous, splendid; glorious; praiseworthy; stately, grand.

शाप *(śāp)* पु० curse, imprecation, anathema.

शापित *(śāpit)* वि० imprecated, cursed, accursed.

शाबाश *(śābāś)* क्रि० वि० (फ़ा०) well done! bravo! excellent!

शाबाशी *(śābāśī)* स्त्री० praise, applause, plaudit.

शाब्दिक *(śābdik)* वि० relation to sounds or words; literal; verbal, oral; verbatim.

शाम *(śām)* स्त्री० (फ़ा०) evening, dusk.

शामियाना *(śāmiyānā)* पु० (फ़ा०) canopy.

शामिल *(śāmil)* वि० (अ०) included; associated; united (to), connected (with).

शायद *(śāyad)* क्रि० वि० (फ़ा०) perhaps, possibly, probably.

शायर *(śāyar)* पु० (अ०) poet.

शायराना *(śāyrānā)* वि० worthy of poet; like a poet; poetic.

शायरी *(śāyarī)* स्त्री० the art or practice of poetry, poetry, poetic composition.

शारीरिक *(śārīrik)* वि० relating to the body, bodily, corporal, physical, material.

शालीन *(śālīn)* वि० modest, humble, gentle; well-behaved, cultured.

शालीनता *(śālīnatā)* स्त्री० modesty, gentleness, humbleness, politeness.

शावक *(śāvak)* पु० young one (of an animal).

शाश्वत *(śāśvat)* वि० eternal, perpetual, immortal, everlasting.

शाश्वतता *(śāśvatatā)* स्त्री० perpetuity.

शासक *(śāsak)* पु० ruler, administrator.

शासकीय *(śāskīya)* वि० official.

शासन *(śāsan)* पु० government; administration, rule; control, check, restraint; order, command.

शासन–तंत्र *(śāsan-tantra)* पु० government.

शासित *(śāsit)* वि० ruled, governed, administered; restrained, controlled.

शास्त्र *(śāstra)* religious or sacred treatise, sacred book, scripture; systematic knowledge, science; philosophy; any department of knowledge, discipline.

शास्त्रकार *(śāstrakār)* पु० scripturist.

शास्त्रज्ञ *(śāstrajna)* वि० conversant with scriptures.

शास्त्रार्थ *(śastrārth)* पु० discussion, contention, debate or discourse on the scriptures.

शास्त्री *(śāstrī)* पु० one who is well versed or skilled in the Shastras, a scholar or authority on the scriptures; one who has mastered the Shastras, a great Pandit.

शास्त्रीय *(śāstrīya)* वि० scriptural; classical, authorised by or conformable to Shastras, scientific, academic.

शाह *(śāh)* पु० (फ़ा०) king, monarch; king in chess or cards.

शाही *(śāhī)* वि० (फ़ा०) royal, imperial.

शिकंजा *(śikañjā)* पु० (फ़ा०) clamp; clasp, clutches.

शिकंजी *(śikañjī)* स्त्री० lemon squash, syrup prepared from fresh lemon.

शिकन *(śikan)* स्त्री० (फ़ा०) wrinkle, crease.

शिकस्त *(śikast)* स्त्री० (फ़ा०) defeat;

failure, unsuccess.

शिकायत *(śikāyat)* स्त्री० (अ०) accusation; complaint, grievance; defect.

शिकार *(śikār)* पु० (अ०) hunting, hunt; prey, game, victim.

शिकारा *(śikārā)* पु० small cosy boat (in Kashmir).

शिकारी *(śikārī)* पु० hunter, huntsman.

शिक्षक *(śikṣak)* पु० teacher, educator; instructor, tutor, trainer.

शिक्षण *(śikṣaṇ)* पु० teaching, instruction.

शिक्षा *(śikṣā)* स्त्री० learning, study, instruction; education, knowledge; moral, lesson; punishment (fig.); training.

शिक्षार्थी *(śikṣārthi)* पु० student, pupil.

शिक्षाविद् *(śikṣāvid)* पु० educationist.

शिक्षित *(śikṣit)* वि० educated; taught, instructed, trained; brilliant, intelligent; gentle; tamed; learned.

शिक्षु *(śikṣu)* पु० apprentice.

शिखंडी *(śikhaṇḍī)* पु० peacock; peacocktail; cock; arrow, Lord Vishnu; son of king Drupad of Mahabharat.

शिखर *(śikhar)* पु० top, peak; pinnacle; armpit.

शिखर–सम्मेलन *(śikhar-sammelan)* पु० summit conference.

शिथिल *(śithil)* वि० loose, slack, lax; slow, tardy, languid; weary, tired; loosely done, not strictly or rigidly performed; relaxed.

शिथिलता *(śithilatā)* स्त्री० looseness, slackness, laxity; slowness, tardiness; weariness, tiredness; relaxation, remission, unrigid or unstrict performance; laxity or looseness in the construction of a sentence.

शिनाख़्त *(śinākht)* identification

शिर *(śir)* पु० head; skull; peak, summit, top; chief, principal; forehead, front, forepart.

शिरा *(śirā)* स्त्री० vein, blood-vessel.

शिरोधार्य *(śirodhrāya)* वि० acceptable; greatly honourable.

शिरोमणि *(śiromani)* वि० most outstanding.

शिला *(śilā)* स्त्री० stone; rock.

शिल्प *(śilp)* पु० handicraft; skill (in any art), craft, art.

शिल्पकार *(śilpkār)* पु० artisan, craftsman; architect.

शिल्पी *(śilpī)* पु० craftsman, artisan; architect.

शिविर *(śivir)* पु० camp; military camp; tent; fort.

शिशिर *(śiśir)* पु० cold season; winter.

शिशु *(śiśu)* पु० child, infant; baby.

शिश्न *(śiśn)* पु० penis.

शिष्ट *(śiṣṭ)* वि० noble, civil, cultured; polite; intelligent.

शिष्टता *(śiṣṭatā)* स्त्री० politeness, civility, courteousness; gentleness; good behaviour, decency.

शिष्टाचार *(śiṣṭatācār)* पु० gentlemanly conduct, proper behaviour, good manners, politeness, civility, courtesy; formal conduct or manners, formal politeness, etiquette.

शिष्य *(śisya)* पु० student, pupil;

disciple, follower.

शीघ्र *(śighra)* क्रि० वि० quickly, immediately, uregntly, speedily, rapidly; soon, in a short time.

शीघ्रता *(śighratā)* स्त्री० quickness, swiftness; haste, hastiness, hurry.

शीत *(śīt)* पु० cold, coldness; cold season, winter.

शीतल *(śital)* वि० cool, cold, chilly, frigid; not exciting, calm.

शीतलता *(śitalatā)* स्त्री० coldness, chilliness; calmness, unexicitedness, composure.

शीतला *(śitalā)* स्त्री० small-pox.

शीर्ष *(śirs)* पु० head, forehead; upper part, tip, top; (geom.) vertex; head (of account), item.

शीर्षक *(śirsak)* पु० title, heading; caption.

शीर्षस्थ *(śirsastha)* वि० highest; eminent.

शील *(śil)* पु० moral conduct, morality, good conduct, virtue; piety; modesty, politeness, humbleness, courtesy; shyness, bashfulness.

शीश *(śiś)* पु० head.

शीशम *(śiśam)* पु० Indian rose-wood tree.

शीशमहल *(śiśmahal)* पु० apartment with walls inlaid with pieces of glass; glass house.

शीशा *(śiśā)* पु० glass; looking glass, mirror.

शीशी *(śiśi)* स्त्री० small bottle, phial, vial.

शुक्र[1] *(śukr)* पु० the planet Venus; semen, sperm, Friday.

शुक्र[2] *(śukr)* पु० (अ०) thanks, gratitude.

शुक्रगुज़ार *(śukrgujār)* वि० (अ०) thankful, grateful, obliged.

शुक्रिया *(śukriyā)* पु० (फ़ा०) gratitude, thanks.

शुचि *(śuci)* वि० pure, sacred; clean, clear; free from fault, flawless, guiltless; honest, upright, true, virtuous.

शुचिता *(śucitā)* स्त्री० purity, sanctity, holiness, cleanliness, clearness; honesty, virtuousness, uprightness; faultlessness, flawlessness, guiltlessness.

शुतुरमुर्ग *(śtūrmurg)* पु० (फ़ा०) ostrich.

शुद्ध *(śuddh)* वि० pure, sacred; clean, clear, clear, purified; unadulterated, genuine; faultless, flawless; guiltless; correct, rectified, defectless.

शुद्धता *(śuddhatā)* स्त्री० purity, holiness; cleanliness, clearness; faultlessness, flawlessness; unadulteratedness, genuineness.

शुद्धि *(śuddhi)* स्त्री० purity, holiness, sanctity; cleanliness, clearness; faultlessness, guiltlessness, flawlessness; guiltlessness; correction, rectification; unadulteratedness, genuineness; cleaning, clearing.

शुबहा *(śubahā)* पु० (अ०) doubt; apprehension.

शुभ[1] *(śubh)* वि० auspicious, lucky, happy, fortunate.

शुभ[2] *(śubh)* पु० auspiciousness, welfare, well-being, good fortune, happiness.

शुभ्र *(śubhrā)* वि० white; shining,

bright, radiant; spotless, immaculate.

शुभ्रता *(śubhrātā)* स्त्री० whiteness; radiance, brightness; spotlessness, immaculateness.

शुरूआत *(śuruāt)* स्त्री० beginning; initiative.

शुरू *(śurū)* पु० (अ०) beginning, commencement; rise.

शुल्क *(śulk)* पु० duty; fee; subscription.

शुश्रूषा *(śuśrṣā)* स्त्री० service, attendance; nursing; narration; desire to hear; flattery.

शुष्क *(śuṣk)* वि० dried up, dry, withered; aird, droughty; unfeeling, emotionless; prosaic, uninteresting, tedious.

शुष्कता *(śuṣkātā)* स्त्री० dryness, witheredness; unfeeling temperament, emotionlessness, hardness; prosaicness; aridity, drought.

शुहरत *(śuharat)* स्त्री० (अ०) fame, reputation.

शूद्र *(śūdrā)* पु० fourth of the four principal castes of Hindus; member of the above caste.

शून्य *(śūnya)* वि० empty, void, vacant; non-existent; desolate, deserted; (in comp.) devoid (of).

शून्यता *(śūnyatā)* स्त्री० blankness; vacuum.

शूर *(śūr)* पु० brave or valiant man; warrior; eminent person; sun; lion; pig; dog; cock.

शूरता *(śūratā)* स्त्री० bravery, courage, valour, heroism, gallantry.

शूरवीर *(śūrvīr)* पु० warrior, man of valour.

शूल *(śūl)* पु० spear, lance; pointed big thorn; sharp pain in the stomach, colic pain; any sharp or acute pain, grief, sorrow.

श्रृंखला *(śṛṅkhalā)* स्त्री० series, succession, range; line, row, queue; order, sequence; chain or belt worn round the waist; chain, fetter in general; bond, tie.

श्रृग *(śṛṅg)* पु० horn; top or summit (or a mountain); top of a building, turnet, point of an arrow; supremacy, possession; reign.

श्रृंगार *(śṛṅgār)* पु० erotic sentiment; make-up, decoration, embellishment, ornament.

श्रृंगारिक *(śṛṅgārik)* वि० related to love; of erotic sentiment.

श्रृंगारी[1] *(śṛṅgārī)* see श्रृंगारिक

श्रृंगारी[2] *(śṛṅgārī)* lustful man, voluptuary; elegantly dressed man; make-up; elephant.

श्रृगाल *(śṛgāl)* पु० jackal; (fig.) coward.

शेख़ी *(śekhī)* स्त्री० (फ़ा०) vanity, boast, brag.

शेख़ीबाज़ *(śekhībāz)* पु० boaster, braggart.

शेर[1] *(śer)* पु० (फ़ा०) couplet (Urdu poetry).

शेर[2] पु० (फ़ा०) lion; (fig.) fearless, courageous and brave man.

शेष[1] *(śeṣ)* वि० remaining, rest, all the other; terminated, destroyed; outstanding; left out or omitted to be said, surphus.

शेष[2] *(śeṣ)* पु० remaining portion, rest, residue; remainder; end, termination, conclusion; surplus; balance, outstanding amount.

शै (*śai*) स्त्री० (अ०) thing, object.

शैक्षिक (*śaikṣik*) वि० academic, educational.

शैतान[1] (*śaitān*) पु० (अ०) devil, Satan, an evil spiril; evil genius; tyrant, wicked person.

शैतान[2] (*śaitān*) वि० naughty; mischievous, guileful, wicked.

शैतानी[1] (*śaitānī*) वि० devilish, diabolical.

शैतानी[2] (*śaitānī*) स्त्री० naughtiness, wickedness, mischief.

शैथिल्य (*śaithilya*) स्त्री० lethargy, laziness; looseness.

शैल[1] (*śail*) पु० mountain, hill, rock.

शैल[2] (*śail*) वि० pertaining to mountain or rock; rocky; hard as stone.

शैली (*śailī*) स्त्री० way, manner, method; style, mode of expression.

शैशव (*śaiśav*) स्त्री० infancy, childhood.

शोक (*śok*) पु० mourning, lamentation, wailing; sorrow, grief, anguish; condolence.

शोकगीत (*śokgeet*) पु० elegy.

शोकाकुल, शोकातुर (*śokākūl*) वि० overwhelmed with grief, greatly distressed.

शोख़ी (*śokhī*) स्त्री० (फ़ा०) insolence, boldness; playfulness, sportiveness, mischievousness; brightness, gaudiness; coquetry.

शोचनीय (*śocānīya*) वि० causing concern or anxiety; lamentable, deplorable, pitiable.

शोणित (*śoṇit*) पु० blood; vermilion; copper; saffron.

शोध (*śodh*) पु० research; acquittance; paying off (as of debts); purification.

शोधक[1] (*śodhak*) वि० purificatory, purifying, cleansing.

शोधक[2] (*śodhak*) पु० rectifier, corrector; researcher.

शोधन (*śodhan*) पु० purification, cleansing; refinement; correction, rectification; payment, discharge, acquittance (of debt).

शोधपत्र (*śodhpatra*) पु० research-paper.

शोध – प्रबंध (*śodh-praband*) पु० thesis, research work.

शोधित (*śodhit*) वि० purified, cleansed, refined; corrected, rectified; researched, discoverd.

शोभन (*śobhan*) वि० handsome, beautiful, lovely, graceful; adorning, beautifying; befitting, becoming, proper; good, auspicious, fortunate.

शोभनीय (*śobhanīya*) वि० befitting, becoming, proper, suitable; handsome, lovely, graceful.

शोभा (*śobhā*) स्त्री० natural beauty, grace, elegance; lustre, brilliance, radiance; beautifying element, embellishment.

शोभायमान (*śobhāyamān*) वि० beautiful, graceful, lustrous; adding to the beauty of gracing (the occasion or place) by one's presence, graciously seated.

शोभित (*śobhit*) वि० beautiful, lovely; graceful; adorned, graced, decorated, embellished; graciously seated, gracing (an occasion or place) by one's presence.

शोर *(śor)* पु० (फ़ा०) cry, noise, outcry, din, tumult.

शोरगुल *(śorgul)* पु० (फ़ा०) din and noise.

शोरबा *(śorbā)* पु० (फ़ा०) soup, broth.

शोषक[1] *(śoṣak)* वि० drying up, sucking up; absorbing, absorbent.

शोषक[2] *(śoṣak)* पु० exploiter, one who exploits; absorber, that which absorbs.

शोषण *(śoṣaṇ)* पु० drying up, sucking up, suction, absorption, soaking, desiccation; exploitation.

शोषित *(śoṣit)* वि० dried up, sucked up, absorbed; exploited.

शौक़ *(śauq)* पु० (अ०) desire, yearning, fondness, deep longing; inclination, predilection, liking, interest, fancy; addiction, compelling habituation; hobby.

शौक़िया *(śauqiyā)* क्रि० वि० as a hobby, fondly; fashionably.

शौक़ीन *(śauqin)* वि० fond of fine things; desirous, longing deeply; foppish, dandy; fashionable.

शौच *(śauc)* पु० purity, cleanness, purification; voiding of excrement, evacuation of bowels.

शौचालय *(śaucālaya)* पु० latrine, lavatory.

श्मशान *(śmaśān)* पु० burning ground, cremation ground; cemetery, grave-yard; a deserted place (fig.).

श्याम *(śyām)* वि० dark blue; slightly dark complexioned; dark coloured, black.

श्यामल *(śyāmal)* वि० dark-blue, blackish; dark-complexioned.

श्रद्धांजलि *(śraddhānjalī)* स्त्री० tribute, homage.

श्रद्धा *(śraddhā)* स्त्री० respect, reverence, veneration; trust, faith, belief, confidence.

श्रद्धालु *(śraddhālu)* वि० having veneration or reverence, respectful, reverent; having faith, faithful, trustful.

श्रद्धेय *(śraddheya)* वि० venerable, reverend.

श्रम *(śram)* पु० labour, exertion; toil, hard labour; weariness, fatigue, exhaustion; effort; exercise.

श्रमजीवी[1] *(śramjīvī)* वि० working, subsisting on labour.

श्रमजीवी[2] *(śramjīvī)* पु० labourer, one who lives by one's sweat.

श्रमदान *(śramdān)* पु० voluntary contribution of labour for a public cause.

श्रमिक *(śramik)* पु० labourer.

श्रवण *(śravaṇ)* पु० hearing, audition.

श्रांत *(śrānt)* वि० wearied, tired, fatigued, exhausted.

श्राद्ध *(śrāddh)* पु० a funeral rite performed in honour of the spirits of dead relatives.

श्री *(śrī)* स्त्री० the goddess of wealth, Lakshmi, wealth, riches, affluence, prosperity, plenty; grandeur, glory, magnificence; beauty, grace; fame, renown; an honorific term prefixed to names of men (mister, Mr.).

श्रीमती *(śrimatī)* स्त्री० wife; an honorific term prefixed to the name of a married woman, Mrs., Madam.

श्रुत *(śrut)* **वि०** heard, listened; wellknown, famous, celebrated, renowned.

श्रुति *(śruti)* **स्त्री०** hearing; ear, the organ of hearing.

श्रेणि, श्रेणी *(śreṇī)* **स्त्री०** line, row, queue, order, sequence; series, succession, range; category, class, grade, rank.

श्रेय *(śrey)* **पु०** goodness, merit, worth; welfare, good fortune, well being; fame, renown; credit.

श्रेष्ठ *(śresṭh)* **वि०** best, excellent, pre-eminent, superior; great, large-hearted, noble.

श्रेष्ठता *(śresṭhatā)* **स्त्री०** superiority, eminence, excellence.

श्रेष्ठी *(śresṭhī)* **पु०** wealthy merchant; moneyed man, very rich person; the head or chief of a mercantile guild, chief of the merchants.

श्रोता *(śrotā)* **पु०** hearer, listener; audience (in plural).

श्लाघनीय *(ślāghanīya)* **वि०** admirable, praise-worthy, laudable, commendable.

श्लाघा *(ślāghā)* **स्त्री०** praise, admiration, commendation; flattery.

श्लील *(ślīl)* **वि०** not obscence; decent, cultured; graceful; affluent.

श्लेष *(śleṣ)* **पु०** paronomasia, agnomination; adhesion; embrace.

श्लोक *(ślok)* **पु०** object of praise; a stanza in sanskrit poetics; stanza or verse in general (in Sanskrit).

श्वसुर *(śvaśur)* **पु०** father-in-law,

श्वश्रू *(śvaśrū)* **स्त्री०** mother-in-law.

श्वसन *(śvāsan)* **पु०** breathing.

श्वान *(śvān)* **पु०** dog.

श्वास *(śvās)* **पु०** breath, respiration; asthma.

श्वेत *(śvet)* **वि०** white, clean, flawless, blemishless.

ष

षट्कोण *(saṭkon)* **पु०** hexagon, any six angle figure.

षट्पद *(saṭpad)* **पु०** bee, big male black bee; type of verse having six feet.

षड्यंत्र *(saḍyantra)* **पु०** underhand plotting, plot, intrigue; conspiracy.

षष्ठी *(sasṭhī)* **स्त्री०** sixth day of a lunar fortnight; sixth day from the day of childbirth, and the celebrations of that day; (in gram.) the sixth or genitive case, possessive case.

षाण्मासिक *(saṇmāsik)* **वि०** six monthly.

षोडश *(shodś)* **पु०** the number sixteen.

षोडशी *(shodśī)* **वि०** (a girl) of sixteen years of age, young (girl or woman).

स *(sa)* last of the three sibilants of the Devnagri alphabet.

संकट *(saṅ-kaṭ)* पु० distress; crisis, emergency; trouble; danger.

संकटपूर्ण *(saṅ-kaṭ-purna)* वि० critical, adverse, distressing.

संकर *(saṅ-kar)* पु० hybrid; cross breed; mixture.

सँकरा *(saṅ-karā)* वि० narrow, strait.

संकलन *(saṅ-kalan)* पु० the act of heaping together; collection; compilation; anthology.

संकलित *(saṅ-kalit)* वि० amassed, assembled; compiled; anthologised; added.

संकल्प *(saṅ-kalp)* पु० determination, resolve; solemn vow; resolution; pledge.

संकाय *(saṅ-kāy)* स्त्री० faculty.

संकीर्ण *(saṅ-kīrṇ)* वि० narrow, parochial.

संकुचित *(saṅ-kucit)* वि० contracted; adridged; narrow, parochial; illiberal.

संकुल *(saṅ-kul)* वि० thick, dense, congested; filled, full; narrow.

संकेंद्रण *(saṅ-kendran)* पु० concentration.

संकेंद्रित *(saṅ-kendrit)* वि० concentrated.

संकेत *(saṅ-ket)* पु० sign, gesture, hint, signal; mark, token.

संकोच *(saṅ-koc)* पु० shrinking up, contraction; hesitation; modesty, shyness; dilemma, fix.

संकोची *(saṅ-kocī)* वि० shrinking, contractive; hesitant; shy, bashful, modest.

संक्रमण *(saṅ-kramaṇ)* पु० transition; infection; departure.

संक्रामक *(saṅ-krāmak)* वि० infectious; contagious.

संक्षिप्त *(saṅ-kṣipt)* वि० short, abridged; brief, concise; restrained.

संक्षिप्तीकरण *(saṅ-kṣiptikaran)* पु० abridgement; summarization.

संक्षेप *(saṅ-kṣep)* पु० abridgement; summary; epitome, precis; abridged form.

संखिया *(saṅkhiyā)* स्त्री० arsenic.

संख्या *(saṅ-khyā)* स्त्री० reckoning, calculation; number, figure.

संग[1] *(saṅg)* पु० association; company; contact; friendship.

संग[2] *(saṅg)* पु० (फ़ा०) stone.

संगठन *(saṅ-gaṭhan)* see संघठन

संगठित *(saṅ-gaṭhit)* see संघठित

संगत[1] *(saṅ-gat)* स्त्री० company; accompaniment (in music).

संगत[2] *(saṅ-gat)* वि० relevant; proper, apt; logical; compatible, consistent.

संगति *(saṅ-gati)* स्त्री० company, society, association; fitness, appropriateness; salvation; copulation, sexual intercourse; harmony; consistency, relevancy; compatibility.

संगम *(saṅ-gam)* पु० confluence (of

rivers); union, junction, conjunction; mating; suitability; combat.

संगिनी *(san-ginī)* स्त्री० female companion; wife.

संगी[1] *(sangī)* पु० companion, associate, comrade.

संगी[2] *(sangī)* वि० adhesive; associated; habituated; infatuated; libidinous, lustful.

संगीत *(san-gīt)* पु० music.

संगीतकार *(san-hītkār)* पु० composer, musician.

संगीतज्ञ *(san-gītya)* पु० musician.

संगीन[1] *(sangīn)* वि० (फ़ा०) made of stone; hard, firm solid; grave, serious.

संगीन[2] *(sangīn)* स्त्री० (फ़ा०) bayonet.

संगृहीत *(san-grahīt)* वि० collected, compiled; controlled; acquired; abridged.

संग्रह *(san-grah)* पु० collection; depository, storage.

संग्रहण *(san-grahaṇ)* पु० seisure; collection; sexual intercourse; kidnap.

संग्रहणी *(san-grahaṇī)* स्त्री० dysentery.

संग्रहणीय *(san-grahaṇīya)* वि० preservable; worthy of acqiring.

संग्रहालय *(san-grahālaya)* पु० museum.

संग्राम *(san-grām)* स्त्री० battle, war.

संग्रह्य *(san-grahya)* वि० fit to be collected; preservable; inculcable; conceivable.

संघ *(san-gh)* पु० assemblage, multitude, crowd; organization, association; federation, union.

संघटन *(san-ghaṭan)* पु० union, organization, constitution.

संघटित *(san-ghaṭit)* वि० organised; unified, united.

संघर्ष *(san-ghars)* पु० competition; rivalry, contest for superiority; struggle.

संघीय *(sanghīya)* वि० federal.

संचय *(sañ-cay)* पु० collection, accumulation; heap, quantity; joint.

संचरण *(sañ-caraṇ)* पु० locomotion; movement; crossing.

संचार *(sañ-cār)* पु० movement; infusion; communication, mode, method; way of life; difficult voyage; trouble; difficulty; leadership; inducement.

संचारी *(sañ-cārī)* वि० dynamic; movable, mobile, roving; communicable; unstable; momentary.

संचालक *(sañ-cālak)* पु० conductor; director; convener.

संचालन *(sañ-cālan)* पु० conduction; control; performance, execution.

संचालित *(sañ-cālit)* वि० directed, conducted convened.

संचित *(sañ-cit)* वि० accumulated, collected; dense; counted.

संजीदगी *(sañjidaī)* स्त्री० (फ़ा०) seriousness; sincerity; discreetness.

संजीदा *(sañjīdā)* स्त्री० (फ़ा०) serious; wise, discreet; tolerant; calm, quiet; sedate.

संजीवनी[1] *(sañ-jīvanī)* (फ़ा०) a kind of elixir (said to restore the dead to life).

संजीवनी[2] *(sañ-jīvanī)* वि० vitalising.

सँजोना *(saṃjonā)* स० क्रि० to decorate, to embellish; to put together, to arrange; to cherish.

संज्ञा *(sañ-jñā)* स्त्री॰ consciousness, sense; name, designation, appellation; noun (gram).

संडास *(saṇḍās)* पु॰ cesspool; latrine.

संत *(sant)* पु॰ saint, hermit.

संतत[1] *(san-tat)* वि॰ continuous, uninterrupted; expanded, stretched.

संतत[2] *(san-tat)* क्रि॰ वि॰ always, eternally; continuously.

संतति *(san-tati)* स्त्री॰ offspring; posterity; extension; continuity.

संतप्त *(san-tapt)* वि॰ greatly heated or inflamed, red-hot; scorched; tormented, distressed, afflicted.

संतरण *(san-taraṇ)* पु॰ launching.

संतरा *(santrā)* पु॰ orange.

संतरी *(santrī)* पु॰ sentry, porter.

संतान *(san-tān)* स्त्री॰ progeny, offspring, issue.

संताप *(san-tāp)* पु॰ intense heat, burning heat; remorse, penitence, repentance; agony, grief.

संतापन *(san-tāpn)* पु॰ heating, burning; tormenting.

संतापित *(san-tāpit)* पु॰ heated; burnt, blazed; tormented.

संतुलन *(san-tulan)* पु॰ balance, equilibrium; equipoise.

संतुलित *(san-tulit)* वि॰ balanced, equipoised; equal.

संतुष्ट *(san-tuṣṭ)* वि॰ satisfied, gratified; contented; consoled, comforted.

संतुष्टि *(san-tuṣṭi)* स्त्री॰ satisfaction, gratification; delight; patience; consolation; contentment.

संतोष *(san-toṣ)* पु॰ gratification, satisfaction; contentment; delight.

संतोषप्रद *(san-toṣprad)* वि॰ satisfactory.

संतोषी *(san-toṣī)* वि॰ contented, complacent.

संत्रास *(san-trās)* पु॰ fear, terror; panic, dismay.

संत्रासन *(san-trānsan)* पु॰ terrorisation.

संदर्भ *(san-darbh)* पु॰ reference, context; threading, stringing; tying together; weaving; compilation; arranging, ordering, systematisation.

संदल *(sandal)* पु॰ (अ॰) sandal wood.

संदिग्ध *(san-digdh)* वि॰ dubious, doubtful; uncertain; ambiguous.

संदीपन *(san-dīpan)* पु॰ excitation; provocation; stimulus.

संदीप्त *(san-dīpt)* वि॰ kindled, inflamed; excited, stimulated; aroused.

संदूक़ *(sandūq)* पु॰ (अ॰) box; coffin.

संदेश *(san-deś)* पु॰ news, tidings; report; message.

संदेह *(san-deh)* पु॰ doubt, uncertainty; suspicion; misgiving.

संदेहजनक *(san-deh-janak)* वि॰ suspicious.

संदेहात्मक *(san-dehātamak)* वि॰ doubtful.

संधान *(san-dhān)* पु॰ fixing (an arrow to a bow); act of placing or holding together; welding.

संधि *(san-dhi)* स्त्री॰ treaty; joint; breach, chasm, conjunction; period of transition (in a drama).

संध्या *(san-dhyā)* स्त्री० evening; twilight; evening prayer.

संन्यास *(saṃ-ny-ās)* पु० the fourth feligious order (asram); relinquishment, resignation; abandonment, renunciation.

संन्यासी *(saṃ-nyāsī)* पु० one belonging to the fourth order or asram; one who abandons or renounces.

संपत्ति *(sam-patti)* स्त्री० opulence, wealth, prosperity.

संपदा *(sam-padā)* स्त्री० wealth; opulence; estate.

संपन्न *(sam-pann)* वि० accomplished, effected, completed; endowed (with), possessed (of); prosperous, thriving, rich; perfect; fully developed.

संपर्क *(sam-park)* पु० mixture; ontact, association; touch; addition, sum; intercourse.

संपादक *(sam-pādak)* पु० editor.

संपादकीय *(sam-pādakiya)* पु० editorial.

संपादन *(sam-pādan)* पु० accomplishment, enforcement, fulfilment; editing.

संपादित *(sam-pādit)* वि० accomplished; edited.

संपूरक *(sam-purak)* वि० supplementary, complementary.

संपूर्ण *(sam-pūrṇ)* वि० all, whole, complete, entire; completed, finished.

संपूर्णता *(sam-pūrṇatā)* स्त्री० entirety; completness.

सँपेरा *(saṁperā)* पु० snake-charmer.

सँपोला *(saṁpolā)* पु० young one of a snake.

संप्रदान *(sam-pra-dān)* पु० (gram.) dative case; gift, bestowal.

संप्रदाय *(sam-pra-dāy)* पु० traditional doctrine or faith; sect, community.

संप्रेक्षण *(sam-preṣaṇ)* पु० observation; inspection.

संप्रेषक *(sam-presak)* पु० transmitter.

संप्रेषण *(sam-prêṣaṇ)* पु० transmission

संबंध *(sam-bandh)* पु० relation, relationship; friendly connection, friendship; relation, as the meaning of the genitive case (in gram.); intimacy; marriage.

संबंधी *(sam-bandhī)* वि० connected with, belonging to, related (to).

संबद्ध *(sam-baddh)* वि० joined, bound, fastened together, attached; connected (with), related (to), belonging (to); affiliated (to).

संबल *(saṃ-bal)* पु० support, backing; stock of provisions for a journey; water.

संबोधन *(sam-bodhan)* पु० address, accost; an epithet (used in calling a person); (gram.) vocative case; awaking.

संबोधित *(sam-bodhit)* वि० addressed.

सँभलना *(saṁbhalnā)* अ० क्रि० to recoup; to be alert; to be cautious; to recuperate.

संभव[1] *(sam-bhav)* वि० possible, probable.

संभव[2] *(sam-bhav)* पु० birth; existence; happening; cause; meeting, union; copulation; capability; possibility; hint, sign; match.

संभवत *(sam-bhavta)* क्रि० वि० probably, perhaps, possibly.

सँभालना *(samִbhālnā)* स० क्रि० to support, to sustain, to look after; to manage, to superintend; to hold up, to uphold, to prop; to reconcile, to amend.

संभावना *(sam-bhāvanā)* स्त्री० possibility, probability, likelihood.

संभावित *(sam-bhāvit)* वि० probable, likely.

संभाव्य *(sam-bhāvya)* वि० imaginable, probable, speculative; proper, fit.

संभाषण *(sam-bhāṣaṇ)* पु० conversation, discourse; debate, discussion.

संभोग *(sam-bhog)* पु० sexual union, coition; consumption; enjoyment.

संभोग्य *(sam-bhogya)* वि० consumable; enjoyable.

संभ्रांत *(sam-bhrānt)* वि० respectable; confused, deluded; perplexed, perturbed; agitated.

संभ्रांति *(sam-bhrānti)* स्त्री० uneasiness; eagerness, haste; confusion, astoundment.

संयंत्र *(saṃ-yantra)* पु० plant; machinery.

संयत *(saṃ-yat)* वि० controlled; disciplined; regulated; confined; limited.

संयम *(saṃ-yam)* पु० restraint, control; continence; sobriety, temperance; forbearance; moderation; discipline.

संयुक्त *(saṃ-yukt)* वि० connected, united; consisting of two or more partners; combined.

संयोग *(saṃ-yog)* पु० combination, communion, association; chance, coincidence; union conjunct consonant; wedlock; copulation.

संयोजक[1] *(saṃ-yojak)* वि० joining together, connecting.

संयोजक[2] *(saṃ-yojak)* पु० convener; conjunction (gram.).

संयोजन *(saṃ-yojan)* पु० unification, combination; arrangement.

संरक्षक *(saṃ-rakṣak)* पु० custodian, protector, guardian; patron; warden.

संरक्षण *(saṃ-rakṣaṇ)* पु० protection; patronage, guardianship; supervision.

संरचना *(saṃ-racanā)* स्त्री० construction; structure; formation.

संलग्न *(saṃ-lagn)* वि० attached, appended; absorbed.

संलाप *(saṃ-lāp)* पु० conversation, discourse.

संलापी *(saṃ-lāpī)* वि० talkative.

संवतत् *(saṃ-vatat)* पु० year; era.

संवर्द्धन *(saṃ-vardhan)* संवर्धन पु० augmentation, increase; bringing up, rearing, raising; culture (of plants, birds etc.); enrichment, promotion; growth, development.

संवाद *(saṃ-vād)* पु० conversation, dialogue; information, news.

संवाददाता *(saṃ-vād-dātā)* पु० correspondent, pressman.

सँवारना *(samִvārnā)* स० क्रि० to dress, to decorate; to arrange, to methodize; to correct, to mend, to improve.

संवाहक *(samִvāhak)* पु० carrier;

conductor.

संविदा *(samvīdā)* स्त्री० contract.

संविधान *(saṃ-vidhān)* पु० constitution.

संवेग *(samvak)* पु० emotion, passion; momentum; impetus, impulse; intensity, force.

संवेदन *(saṃ-vedan)* पु० sensation, feeling; making known, communication.

संवेदनशील *(saṃ-vedanasil)* वि० sensitive; emotional.

संवेदना *(saṃ-vedanā)* स्त्री० sensitivity, sensation; sympathy; condolence.

संवैधानिक *(samvaidhānik)* वि० constitutional.

संशय *(saṃ-śay)* पु० uncertainty; risk, peril, danger; apprehension; suspicion, doubt.

संशयी *(saṃ-śayī)* पु० wavering or sceptic person.

संशोधक[1] *(saṃ-śodhak)* पु० mender, rectifier; purifier; refiner.

संशोधक[2] *(saṃ-śodhak)* वि० corrective, rectifying; reformative.

संशोधन *(saṃ-śodhan)* पु० purification, cleansing; correction, amendment.

संशोधित *(saṃ-śodhit)* वि० completely cleansed and purified; corrected, amended.

संश्लिष्ट *(saṃ-śliṣṭ)* वि० mixed up, synthesised, synthetic.

संश्लेषण *(saṃ-śleṣaṇ)* पु० synthesis; mixture; blend.

संसक्त *(saṃ-sakt)* वि० adjoining; continuous; attached; mixed up.

संसद् *(saṃ-sad)* स्त्री० parliament.

संसदीय *(saṃsadīya)* वि० parliamentary.

संसर्ग *(saṃ-sarg)* पु० contact, company, association; copulation; intercourse; intimacy; closeness; contagion; connection; conjunction.

संसाधन *(saṃ-sādhan)* पु० accomplishment; preparation; resources.

संसार *(saṃ-sār)* पु० mundane existence, the world.

संसिक्त *(saṃ-sikt)* वि० drenched, soaked; fertilized.

संसिद्धि *(saṃ-sīdhī)* स्त्री० accomplishment, success; salvation.

संसूचन *(saṃ-sūcan)* पु० exposure; intimation; reproof, condemnation; suggestion, hint.

संसृति *(saṃ-sṛti)* स्त्री० process of birth and rebirth; flow, continuity.

संसृष्टि *(saṃ-sṛsṭī)* being born together; association, union; accumulation; composition, creation.

संस्कार *(saṃ-skār)* पु० refinement; mental impression; ritual, sacrament, ceremony; culture.

संस्कृत *(saṃ-skṛt)* वि० cultured; refined, polished.

संस्कृति *(saṃ-skṛti)* स्त्री० civilization, culture; perfection, purification; decoration; determination; industry; tradition.

संस्तुत *(saṃ-stut)* वि० recommended.

संस्तुति *(saṃ-stuti)* स्त्री० recommendation; commendation.

संस्था *(saṃ-sthā)* स्त्री० institution,

organisation; committee.

संस्थान *(saṃ-sthān)* पु० institure, institution; structure, configuration.

संस्थापक *(saṃ-sthāpak)* पु० founder; precusor, pioneer.

संस्थापन *(saṃ-sthāpan)* पु० act of establishing; founding; pioneering, introducing something; establishment.

संस्पर्शी *(saṃ-sparśī)* वि० touching, coming in contect.

संस्मरण *(saṃ-smaran)* पु० remembering, calling to mind; memoirs, reminiscences, recollection.

संहार *(saṁhār)* पु० annihilation, destruction; massacre.

सकना *(saknā)* अ० क्रि० can, may; to be able, to be competent.

सकपकाना *(sakpakānā)* अ० क्रि० to be startled; to hesitate, to be shaky.

सकरकंद *(sakarkand)* पु० sweet potato.

सकर्मक *(sa-karmak)* वि० (in Gram.) having an object, transitive.

सकल *(sakal)* वि० all, entire, whole; gross.

सकाम *(sa-kām)* वि० desirous; lustful.

सकारना *(sakārnā)* स० क्रि० to accept or endorse as accepted (a bill); to accept, to agree.

सकुचाना *(sakucānā)* अ० क्रि० to hesitate, to blush; to wither; to contract; to put to shame.

सक़्क़ा *(saqqā)* पु० (फ़ा०) water-carrier.

सक्रिय *(sa-kriya)* वि० active.

सक्रियता *(sa-kriyatā)* स्त्री० activeness.

सक्षम *(sa-kṣam)* वि० capable, efficient; competent; authorised.

सखा *(sakhā)* पु० friend, associate, companion.

सखी *(sakhī)* स्त्री० a woman's female friend or confidant.

सख़्त *(sakht)* वि० hard, stiff; difficult; intense, vehement, violent; excessive.

सख़्ती *(sakhtī)* स्त्री० strictness, stiffiness, rigidity; atrocity, cruelty.

सगा *(sagā)* वि० real, born of the same parents; related in blood.

सगाई *(sagāī)* स्त्री० betrothal, engagement.

सगोत्र *(sa-gotra)* वि० being of the same family or kin, related.

सघन *(sa-ghan)* वि० thick, dense; solid; cloudy.

सच[1] *(sac)* वि० true, real.

सच[2] *(sac)* पु० truth, reality.

सचमुच *(sacmuc)* क्रि० वि० truly, verily, indeed.

सचाई *(sacāī)* स्त्री० truth, reality; sincerity, honesty.

सचित्र *(sa-citr)* वि० pictorial, picturesque; illustrated.

सचिव *(saciv)* पु० minister, counsellor; secretary.

सचिवालय *(sacivālaya)* पु० secretariat.

सचेत *(sa-cet)* वि० conscious; watchful.

सचेतक *(sa-cetak)* पु० one who is cautious.

सचेतन *(sa-cetan)* **वि०** conscious.

सचेष्ट *(sa-ceṣṭ)* **वि०** making efforts, active.

सच्चा *(saccā)* **वि०** true, genuine, real; honest, sincere; pure, unalloyed; faithful.

सच्चाई *(saccāī)* **स्त्री०** truth; sincerity; faithfulness.

सजग *(sa-jag)* **वि०** alert, cautious, vigilant.

सजधज *(sa-jdaj)* **स्त्री०** ocrnamentation, adornment.

सजन *(sajan)* **पु०** husband; beloved, darling.

सजना *(sajnā)* **अ० क्रि०** to be adorned or decorated; to be well arranged or neatly dressed; to be ready for a battle etc; to put on, to wear; to decorate; to arrange.

सजनी *(sajnī)* **स्त्री०** sweetheart, beloved, wife; friend.

सजल *(sa-jal)* **वि०** wet, moist, humid.

सज़ा *(sazā)* **स्त्री०** (**फ़ा०**) punishment, penalty; revenge; imprisonment.

सजाति, सजातीय *(sa-jāti)* **वि०** of one and the same species, of the same tribe or caste or race; homogeneous.

सजाना *(sajānā)* **स० क्रि०** to furnish, to arrange; to decorate, to beautify, to embellish; to dress neatly.

सजावट *(sajāvat)* **स्त्री०** decoration, ornamentation; make-up; display.

सजीला *(sajīlā)* **वि०** well-dressed; graceful, handsome; stylish.

सजीव *(sa-jīv)* **वि०** animate, living, alive.

सज्जन *(sajjan)* **पु०** gentleman, nobleman.

सज्जा *(sajjā)* **स्त्री०** apparatus, equipment; dress; decoration.

सज्जित *(sajjit)* **वि०** dressed, decorated, embellished; equipped.

सटना *(saṭnā)* **अ० क्रि०** to stick, to adhere; to come close; to be in physical contact; to be adjacent.

सटपट *(saṭpaṭ)* **स्त्री०** hesitation; dubiousness.

सटपटाना *(saṭpaṭānā)* **अ० क्रि०** to be amazed or confounded; to be unnerved; to hesitate.

सटीक *(sa-tīk)* **वि०** accompanied by a commentary; apt, befitting, correct and accurate; meaningful.

सट्टा *(saṭṭā)* **पु०** speculation.

सठियाना *(saṭhiyānā)* **अ० क्रि०** to be of sixty years; to become decrepit, to be in (one's) dotage; to be senile.

सड़क *(saṛak)* **स्त्री०** road, highway.

सड़न *(saṛan)* **स्त्री०** decay, decomposition; putrefaction, rottenness.

सड़ना *(saṛnā)* **अ० क्रि०** to decay, to rot; to be in misery.

सड़ांध *(saṛāṁdh)* **स्त्री०** putrefaction, stench, putrescence, putridity; stink.

सड़ियल *(saṛiyal)* **वि०** worthless, good for nothing; dirty, shabby.

सत *(sat)* **पु०** essence, juice; strength, vitality; truth, truthfulness.

सतत[1] *(satat)* **वि०** constant, lasting, incessant.

सतत[2] *(satat)* **क्रि० वि०** incessantly, uninterruptedly.

सतर्क *(sa-tark)* **वि०** alert, cautious,

careful; argumentative, reasoned, logical.

सतर्कता *(sa-tarkatā)* स्त्री० vigilance, alertness.

सतह *(satah)* स्त्री० (अ०) surface, level.

सतही *(satahī)* वि० of or belonging to a surface; superficial.

सताना *(satānā)* स० क्रि० to harass, to torment, to trouble.

सती *(satī)* स्त्री० chaste woman; woman who immolates herself on her husband's funeral pyre.

सतीत्व, सतीपन *(satitva)* पु० virtuousness, chastity.

सत् *(satt)* वि० living, existing, existent; good, virtuous, honest; excellent, best.

सत्कार *(satkār)* पु० hospitality; reverence, respect, honour.

सत्त *(satt)* पु० essence, extract.

सत्ता *(sattā)* स्त्री० existence, entity, being; power, authority; sovereignty.

सत्ताधारी *(sattādhārī)* पु० man in power, man of authority.

सत्पथ *(satpath)* पु० path of virtue; noble course; good behaviour.

सत्पात्र *(satpātra)* पु० deserving person.

सत्त्व *(sattva)* पु० substance; strength, vitality, vigour; natural property or quality; extract, essence.

सत्य[1] *(satya)* वि० true, real, genuine.

सत्य[2] *(satya)* पु० truth, reality.

सत्यकाम *(satyakām)* वि० truth-loving.

सत्यता *(satyatā)* स्त्री० truth, veracity, reality; eternity.

सत्याग्रह *(satyāgraha)* पु० satyagraha (insistence on truth), passive resistance.

सत्याग्रही *(satyā-grahi)* पु० one who offers passive resistance.

सत्यानास *(satyānās)* पु० complete ruin, devastation, total destruction.

सत्यानासी *(satyā-nāsī)* वि० ruinous, devastating; destructive.

सत्वर[1] *(sa-tvar)* वि० speedy, swift, quick.

सत्वर[2] *(sa-tvar)* क्रि० वि० quickly, speedily.

सत्संग *(satsang)* पु० association with virtuous people; assembly of saints.

सदन *(sadan)* पु० residence, house, dwelling place; either house of legislature.

सदमा *(sadmā)* पु० (अ०) emotional stroke, shock.

सदय *(sa-day)* वि० kind, compassionate, merciful.

सदर[1] *(sadar)* वि० (अ०) head, chief.

सदर[2] *(sadar)* पु० (अ०) chairman, president; upper or upper-most part or end (of anything).

सदस्य *(sadasya)* पु० member.

सदस्यता *(sadasyatā)* स्त्री० membership.

सदा[1] *(sadā)* क्रि० वि० always, perpetually; continually, ever.

सदा[2] *(sadā)* स्त्री० (अ०) call; voice; prayer; entreaty.

सदाचार *(sadācār)* पु० virtuous conduct.

सदाबहार *(sadābahār)* विo evergreen, perennial.

सदी *(sadī)* स्त्रीo (फ़ाo) century; a hundred years.

सदुपयोग *(sadūpayog)* पुo good or proper use.

सदृश *(sa-dṛś)* विo resembling, of the same rank, similar, semblant.

सदृशता *(sa-dṛśatā)* स्त्रीo similarity, resemblance.

सदेह[1] *(sa-deh)* विo with the body, in a physical form, corporeal bodied.

सदेह[2] *(sa-deh)* क्रिo विo bodily, physically.

सदैव *(sadaiv)* क्रिo विo always, ever.

सद्‌गति *(sad-gatī)* स्त्रीo salvation.

सद्‌गुण *(sad-gūn)* पुo virtue; merit.

सद्‌गुणी *(sad-gunī)* विo virtuous; meritorious.

सद्‌गुरू *(sad-guru)* पुo worthy preceptor, teacher.

सद्‌भाव *(sad-bhāv)* पुo kindly feelling, amiability; understanding, goodwill.

सधना *(sadhnā)* अo क्रिo to be accomplished, to be finished; to be familiarized, to be accustomed; to be trained.

सधवा *(sadhavā)* स्त्रीo woman whose husband is alive.

सनक *(sanak)* स्त्रीo craze, mania; caprice, eccentricity, whim.

सनकी *(sankī)* विo whimsical, crazy, eccentric.

सनद *(sanad)* स्त्रीo (अo) testimonial, certificate.

सनम *(sanam)* पुo (अo) idol; beloved.

सनसनाना *(sansanānā)* अo क्रिo to produce a whizzing sound; to have a thrilling sensation.

सनसनी *(sansanī)* स्त्रीo tingling or thrilling sensation; panic.

सनातन *(sanātan)* विo perpetual, constant, eternal; primeval, ancient; orthodox.

सन् *(san)* पुo era, year.

सन्न *(sann)* विo stunned, stupefid; contracted, shrunken; slow; inactive.

सन्नद्ध *(san-naddh)* विo ready, prepared; tied together, bound; attached, appended.

सन्नाटा *(sannāṭā)* पुo silence, solitude, quietude.

सन्मार्ग *(sanmārg)* पुo right path, path of virtue.

सन्मुख *(sanmūkh)* see सम्मुख

सपत्नीक *(sa-patnīk)* विo accompanied by one's wife.

सपना *(sapnā)* पुo dream.

सपरिवार *(sa-pari-vār)* विo with family.

सपाट *(sapāṭ)* विo flat, smooth, even, plain.

सपूत *(sapūt)* पुo dutiful or worthy son.

सपेरा *(saperā)* पुo snake charmer.

सप्ताह *(saptâh)* पुo week.

सफ़र *(safar)* पुo (अo) journey, travel.

सफ़रनामा *(safarnāmā)* पुo travelogue.

सफल *(sa-phal)* विo fruitful; productive; accomplished, fulfilled, successful; materialised.

सफलता *(sa-phaltā)* स्त्री० success; fulfilment; purposiveness; achievement.

सफ़ाचट *(sa-fācat)* वि० perfectly clean, blank; tonsured, clean-shaven.

सफ़ाई *(safāī)* स्त्री० (अ०) cleanliness, purity; clarification; defence (in law suit); smoothness; simplicity; honesty, uprightness; amity, reconciliation; devastation.

सफ़ाया *(safāyā)* पु० clean sweep; ruinnation.

सफ़ेद *(safed)* वि० white; clean and bright.

सफ़ेदपोश *(safedpoś)* वि० white-collared; dressed in white.

सफ़ेदा *(safedā)* पु० white lead; a kind of mango; eucalyptus; morning light; a kind of melon.

सफ़ेदी *(safedī)* पु० whiteness; white-wash.

सब *(sab)* वि० all; entire, whole, total.

सबक़ *(sabaq)* पु० (अ०) lesson; moral.

सबब *(sabab)* पु० (अ०) cause, reason; basis, ground.

सबल *(sa-bal)* वि० strong, powerful; valid.

सबूत *(sabūt)* see सुबूत

सबेरा *(saberā)* see सवेरा

सब्ज़ *(sabz)* वि० (फ़ा०) green.

सब्ज़ी *(sabzī)* स्त्री० (फ़ा०) herbage, vegetables; verdure, greenery, greenness.

सब्र *(sabr)* पु० (अ०) patience, selfrestraint, contentment; endurance, forbearance.

सभा *(sabhā)* स्त्री० assembly, meeting; association, society.

सभाकक्ष *(sabhā-kakś)* पु० assembly-hall, chamber; lobby.

सभासद *(sabhā-sad)* पु० member of an assembly.

सभ्य *(sabhya)* वि० refined, civilized, cultured, civil.

सभ्यता *(sabhyātā)* स्त्री० civilization, culture; courtesy, decency, good etiquette.

समंजन *(sam-añjan)* पु० co-ordination, adjustment; dovetailing; massage; anointment.

सम *(sam)* वि० plain, smooth, even; homogeneous; similar, equal; impartial; honest.

समकक्ष *(sam-kakś)* वि० equal, equivalent.

समकालीन *(sam-kālīn)* वि० contemporary, contemporaneous.

समकोण *(sam-koṇ)* पु० right angle.

समक्ष *(sam-akṣ)* क्रि० वि० before, in front.

समग्र *(sam-agra)* वि० all, entire, whole.

समझ *(samajh)* स्त्री० understanding grasp; perception; sense; wisdom.

समझदार *(samajhdār)* वि० intelligent, sensible; wise.

समझदारी *(samajhdārī)* स्त्री० understanding, wisdom.

समझना *(samjhnā)* स० क्रि० to understand, grasp; to think, consider; to suppose, deem.

समझाना *(samjhānā)* स० क्रि० to

explain; to advise; to persuade.

समझौता *(samjhautā)* पु० compromise, reconciliation; agreement, pact.

समतल[1] *(sam-tal)* वि० level, even, plain.

समतल[2] *(sam-tal)* पु० plain surface.

समता *(samatā)* स्त्री० similarity, equality, parity; evenness; impartiality.

समतुल्य *(samtulya)* वि० equivalent; similar.

समदर्शी *(sam-darśī)* वि० looking at both sides; impartial.

समधी *(samdhī)* पु० son's or daughter's father-in-law.

समन्चय *(sam-anv-ay)* पु० coordination, harmony.

समन्वित *(sam-anv-it)* वि० coordinated, harmonized.

समय *(sam-ay)* पु० time, hour; period; opportunity, occasion; last time; end; tradition.

समर *(sam-ar)* पु० war, battle.

समरनीति *(sam-ar-nitī)* स्त्री० strategy.

समरभूमि *(sam-ar-bhumi)* स्त्री० battlefield.

समरस *(sam-ras)* वि० harmonious; equanimous.

समरसता *(sam-rastā)* स्त्री० equanimity; harmony.

समर्थ *(sam-arth)* वि० powerful, strong; capable, competent; made suitable, prepared; having same aim.

समर्थक[1] *(sam-arthak)* पु० supporter; vindicator.

समर्थक[2] *(sam-arthak)* वि० capable, competent; supporting; confirmative; corroborative.

समर्थन *(sam-arthan)* पु० support; corroboration; vindication.

समर्थित *(sam-arthit)* वि० supported, vindicated.

समर्पक *(sam-arpak)* वि० surrendering (person).

समर्पण *(sam-arpaṇ)* पु० surrender; dedication; presentation.

समर्पित *(sam-arpit)* वि० surrendered, dedicated.

समवाय *(sam-āvây)* पु० collection, multitude; company; intimacy; inseparable relationship; concourse; concomitance.

समवायी *(sam-āvâyī)* वि० inseparable; concomitant; substantial.

समवेत *(sam-avêt)* वि० collective; enternally related; permeated.

समवेतगान *(sam-avêtgān)* पु० chorus, choral song.

समवेदना *(sam-vedanā)* स्त्री० condolence, sympathy.

समशीतोष्ण *(sam-śetosaṇ)* वि० temperate, moderate.

समष्टि *(sam-aṣṭi)* स्त्री० collectiveness, totality, aggregate.

समसामयिक *(sam-sāmayik)* वि० contemporary.

समस्त *(sam-ast)* वि० all, whole, entire, complete.

समस्या *(sam-asyā)* स्त्री० problem; last portion or line of a metrical composition which is meant for completion in the same metre by a competitor.

समाँ *(samāṁ)* पु० (अ०) time, occasion, weather; season; scene, landscape, view, spectacle.

समागत *(sam-ā-gat)* वि० arrived; returned.

समाचार *(sam-ā-cār)* पु० news, report, message; behaviour, conduct; convention; tradition; discourse, conversation.

समाचार–पत्र *(sam-ā-cār-patra)* पु० newspaper.

समाज *(sam-āj)* पु० community, society, congregation; club, association.

समाजवाद *(sam-āj-vād)* पु० socialism.

समाजवादी *(sam-āj-vādī)* पु० socialist.

समाजशास्त्र *(sam-āj-sastra)* पु० sociology.

समाजशास्त्री *(sam-āj-sastrī)* पु० sociologist.

समाजशास्त्रीय *(sam-āj-sastrīya)* वि० sociological.

समाजीकरण *(samājīkaraṇ)* वि० socialisation.

समादरणीय *(sam-ā-daraṇīya)* वि० honourable, esteemed.

समादृत *(sam-ā-dṛt)* वि० respected, honoured.

समाधान *(sam-ā-dhān)* पु० solution; unification; matching; curiosity; meditation; removal of doubt; abrogation; closeness; stability; exposition; acceptance.

समाधि *(sam-ā-dhi)* स्त्री० meditation; tranee; grave, tomb, memarial.

समान *(samān)* वि० equal, equivalent; similar, alike, identical; tantamount.

समानता *(samānatā)* स्त्री० parity, equality, similarity, likeness.

समानांतर *(samānāṇtar)* वि० parallel.

समाना *(samānā)* अ० क्रि० to be contained (in); to permeate, to pervade; to be assimilated.

समानार्थक *(samānārth)* वि० having the same meaning, synonymous.

समापक *(sam-āpak)* वि० concluding; closing; slaughterous.

समापन *(sam-āpan)* पु० completion, conclusion; slaughtering, killing; winding up, closure; trance.

समाप्त *(sam-āpt)* वि० completed, concluded; exhausted, finished; terminated.

समाप्तप्राय *(sam-āpt-prāya)* वि० almost finished, nearing completion.

समाप्ति *(sam-āptī)* स्त्री० completion, end, termination; expirty, expiration; extinction.

समायोजक *(sam-ā-yojak)* पु० one who adjusts, adjuster; compere.

समायोजन *(sam-ā-yojan)* पु० comparing; adjustment.

समारंभ *(sam-rambh)* पु० commencement, inauguration.

समारोह *(sam-ā-roh)* पु० function, celebration, festivity.

समालोचक *(sam-ā-locak)* पु० critic.

समालोचना *(sam-ā-locanā)* स्त्री० criticism.

समाविष्ट *(sam-ā-viṣṭ)* वि० entered, included, incorported.

समावेश *(sam-ā-veś)* पु० inclusion, entry, incorporation; pervasion, permeation.

समास *(sam-ās)* पु० conjunction, combination, union; contraction, abbreviation; compound word.

समाहार *(sam-a-hār)* पु० collection, accumulation, concentration; heap, pile; procuration; sum, total, aggregate; conjunction, connection (of words or sentences); compounding of words.

समाहित *(sam-ā-hit)* वि० brought together, assembled; concentrated; composed, collected, calm (as mind).

समिति *(sam-iti)* स्त्री० committee; union, association.

समीकरण *(samīkaraṇ)* पु० the act of making even or equal, equalization; equation.

समीक्षक *(sam-īkṣak)* पु० reviewer, critic.

समीक्षा *(sam-īkṣā)* स्त्री० review, criticism; critique; commentary.

समीक्षाकार *(sam-īkṣākār)* see समीक्षक

समीचीन *(samīcīn)* वि० fit, proper, right; equitable.

समीचीनता *(samīcīnatā)* स्त्री० propriety, fitness; equitability.

समीप *(samīp)* वि० near, adjacent.

समीपता *(samīpatā)* स्त्री० nearness, proximity.

समीपवर्ती *(samīpvartī)* वि० adjacent, neighbouring.

समीर, *(sam-īr)* **समीरण** पु० wind, air, breeze.

समुचित *(sam-ucit)* वि० fit, right, proper, appropriate.

समुच्चय *(sam-uc-cay)* पु० collection, accumulation; (in gram.) conjunction of words.

समुदाय *(sam-ud-āy)* पु० group, assembly; community.

समुद्र *(sam-udra)* sea, ocean.

समुद्री, *(sam-udrī)* **समुद्रीय** वि० marine, oceanic, pertaining to the sea.

समुद्री डाकू *(sam-udrī-dāku)* पु० pirate.

समुद्री तार *(sam-udrī-tār)* पु० cable.

समूचा *(samūcā)* वि० whole, entire, complete.

समूह *(sam-ūh)* पु० quantity, heap; group, multitude, assemblage; community.

समृद्ध *(sam-ṛddh)* वि० very prosperous, flourishing, wealthy.

समृद्धि *(sam-ṛddhi)* स्त्री० prosperity, affluence, richness.

समेटना *(sameṭnā)* स० क्रि० to collect together, to amass; to wind up.

समेत[1] *(sam-êt)* वि० united together, associated (with).

समेत[2] *(sam-êt)* क्रि० वि० with, together with, along with.

सम्मत *(sam-mat)* वि० of one mind, of the same opinion, unanimous; supported, approved, acknowledged, authenticated.

सम्मति *(sam-mati)* स्त्री० advice, opinion; consent, agreement.

सम्मान *(sam-mān)* पु० honour, respect, homage; distinction.

सम्माननीय *(sam-mānanīya)* see सम्मान्य

सम्मानित *(sam-mānit)* स्त्री० honoured, respected.

सम्मान्य *(sam-mānya)* वि० honour, respect, homage.

सम्मिलित *(sam-milit)* विo included; collective.

सम्मिश्रण *(sam-miśraṇ)* पुo mixture, composition; compound; adulteration.

सम्मुख *(sam-mukh)* विo in front (of), in the presence (of), before; opposite.

सम्मेलन *(sam-melan)* पुo gathering conference; mixture; combination.

सम्मोह *(sam-moh)* पुo hypnosis; infatuation, fascination; ignorance, folly; uneasiness; unconsciousness.

सम्मोहक *(sam-mohak)* विo hypnotic; hypnotising, fascinating.

सम्मोहन *(sam-mohan)* पुo fascination, hypnosis; beguilement.

सम्मोहित्त *(sam-mohit)* विo hynotised, fascinated, charmed; made unconscious; flabbergasted.

सम्यक् *(samyak)* विo right, fit, appropriate; correct, accurate.

सम्राज्ञी *(samrājñī)* स्त्रीo empress.

सम्राट् *(samrāt)* पुo emperor.

सयाना *(sayānā)* विo grown up, adolescent; sagacious, wise; clever, shrewd, cunning.

सरकना *(saraknā)* अo क्रिo to slide, to slip, to crawl; to move slowly.

सरकार *(sarkār)* स्त्रीo (फ़ाo) government.

सरकारी *(sarkārī)* विo (फ़ाo) official, governmental.

सरग़ना *(sarganā)* पुo (फ़ाo) ringleader.

सरगर्मी *(sargarmī)* स्त्रीo hectic activity.

सरज़मीन *(sarzamiṇ)* स्त्रीo native country.

सरपंच *(sarpanch)* पुo (फ़ाo) head of a panchayat.

सरपट *(sarpaṭ)* विo quick, galloping.

सरफ़रोशी *(sarforśī)* स्त्रीo (फ़ाo) sacrifice of life.

सरमाया *(sarmāyā)* पुo (फ़ाo) capital.

सरमायेदार *(sarmāyedār)* पुo (फ़ाo) capitalist.

सरमायेदारी *(sarmāyedārī)* स्त्रीo (फ़ाo) capitalism.

सरल *(saral)* विo straight, not crooked, straightforward; upright, honest, sincere, artless, simple, easy; ingenuous.

सरलत्ता *(saralatā)* स्त्रीo artlessness, simplicity; easiness.

सरस *(sa-ras)* विo juicy, sapid; fresh, new, blooming; beautiful, elegant; interesting, humorous.

सरसों *(sarsoṁ)* स्त्रीo mustard seed or plant.

सरहद *(sarhad)* स्त्रीo (फ़ाo) boundary, frontiers, border.

सराफ़ *(sarāf)* पुo (अo) person who deals in gold, jeweller; a money changer.

सराबोर *(sarābor)* विo completely drenched, soaked.

सराय *(sarāy)* स्त्रीo (फ़ाo) inn, tavern, hostelry.

सरासर *(sarāsar)* क्रिo विo wholly, entirely, out and out.

सराहना[1] *(sarāhnā)* स्त्रीo praise, eulogy.

सराहना[2] *(sarāhnā)* सo क्रिo to praise,

commend, applaud.

सराहनीय *(sarāhnīya)* वि० praiseworthy, laudable.

सरिता *(saritā)* स्त्री० river, stream; flow, current.

सरीखा *(sarīkhā)* वि० similar, resembling.

सरोज *(saroj)* पु० lotus.

सरोवर *(sarovar)* पु० large lake or pond.

सर्ग *(sarg)* पु० section, chapter, canto.

सर्द *(sard)* वि० (फ़ा०) cold, cool; insipid, tasteless; lifeless.

सर्दी *(sardī)* स्त्री० cold; winter; chill.

सर्प *(sarp)* पु० serpent, snake.

सर्पण *(sarpan)* पु० crawling; slipping away stealthily; moving crookedly.

सर्पिणी *(sarpinī)* स्त्री० female snake.

सर्पिल *(sarpil)* वि० serpentine.

सर्राफ़ *(sarrāf)* see सराफ़

सर्व *(sarv)* वि० all, whole, entire, complete.

सर्वज्ञ *(sarvajna)* वि० all knowing, omniscient.

सर्वथा *(sarvathā)* क्रि० वि० in every respect, by all means, completely, absolutely.

सर्वदा *(sarvadā)* क्रि० वि० at all times, always.

सर्वनाम *(sarvnām)* पु० pronoun.

सर्वनाश *(sarvnāś)* पु० complete ruin, holocaust, total devastation.

सर्वप्रिय *(sarvpriya)* वि० popular, dear to all.

सर्वव्यापक *(sarv-vyapak)* वि० omnipresent; all pervasive.

सर्वव्यापी *(sarv-vyapi)* see सर्वव्यापक

सर्वशक्तिमान *(sarv-saktimān)* वि० omnipotent, almighty.

सर्वश्रेष्ठ *(sarv-śṛest)* वि० the best, best of the lot.

सर्वसम्मत *(sarv-sammat)* वि० unanimous.

सर्वसम्मति *(sarv-sammati)* स्त्री० unanimity.

सर्वसाधारण *(sarv-sadharān)* पु० people at large, populace.

सर्वस्व *(sarv-asva)* पु० the whole of a person's property or possessions, one's all.

सर्वहारा *(sarv-hārā)* पु० proletariat.

सर्वेक्षण *(sarve-kśhaṇ)* पु० survey.

सर्वोच्च *(sarvoccā)* वि० supreme, uppermost, paramount.

सर्वोच्चता *(sarvoccatā)* स्त्री० supremacy.

सर्वोच्च–न्यायालय *(sarvoccā-nyāyālaya)* पु० Supreme Court.

सर्वोत्कृष्ट *(sarvotkrśt)* वि० superiormost, the best.

सर्वोत्तम *(sarvottam)* वि० best of all, most excellent.

सर्वोदय *(sarvoday)* पु० uplift of all, universal progress.

सर्वोपरि *(sarvoparī)* वि० supreme, topmost, highest.

सलज्ज *(sa-lajj)* वि० bashful, shy, modest.

सलाई *(salāī)* स्त्री० knitting needle, thin wire; stick.

सलाख़ *(salākh)* स्त्री० thin iron rod, bar.

सलाम *(salām)* पु० (अ०) salutation (among Muslims); adieu, good-bye.

सलामत *(salāmat)* वि० (अ०) safe, sound.

सलामती *(salāmatī)* स्त्री० safety; welfare, well-being.

सलामी *(salāmī)* स्त्री० (फ़ा०) salutation; salutation in honour of a respected guest or officer, guard of honour; salute by the booming of guns.

सलाह *(salāh)* स्त्री० (अ०) advice, counsel; consultation.

सलाहकार *(salāhkār)* पु० (अ०) advisor, counsellor.

सलिल *(salil)* पु० water.

सलीक़ा *(salīqā)* पु० (अ०) manners, etiquette; quality; ability.

सलीब *(salīb)* स्त्री० (अ०) cross.

सलूक *(salūk)* see सुलूक

सलोना *(salonā)* वि० salted, tasteful; beautiful, charming.

सल्तनत *(saltnat)* स्त्री० (अ०) empire, kingdom.

सवर्ण *(sa-varṇ)* वि० of the same colour; of the same caste or tribe.

सवार *(savār)* पु० (फ़ा०) rider, horseman; person boarding a carriage.

सवारी *(savārī)* स्त्री० riding; vehicle, conveyance; procession; passenger.

सवाल *(savāl)* पु० (अ०) problem (Arith.); begging, asking; question.

सविनय *(savinay)* वि० modest, humble; mannerly, civil.

सवेरा *(saverā)* पु० morning, daybreak.

सशंक *(sa-śaṅk)* वि० suspicious, doubtful; cowardly.

सशक्त *(sa-śakt)* वि० powerful, strong, forceful.

सशस्त्र *(sa-śastra)* वि० having arms, armed.

ससुर *(sasur)* पु० father-in-law.

ससुराल *(sasurāl)* स्त्री० father-in-law's house.

सस्ता *(sastā)* वि० (स्त्री सस्ती) cheap, lowpriced; inferior.

सस्य *(sasa)* पु० crop; fruit of a tree.

सस्यविज्ञान *(sa-sasya-vijnan)* पु० agronomy.

सह *(sah)* क्रि० वि० along with, with, simultaneously.

सहकार *(sah-kār)* पु० cooperation, cooperative enterprise; collaboration.

सहकारिता *(sah-kāritā)* स्त्री० cooperation; collaboration.

सहकारी *(sah-kārī)* वि० cooperative; collaborative.

सहगान *(sahgān)* पु० collective singing; chorus.

सहचर *(sah-car)* पु० associate, companion, friend; associate element.

सहज *(saha-j)* वि० innate, inherent; easy, simple; facile; congenital; straight forward; normal.

सहजता *(saha-jatā)* स्त्री० spontaneity.

सहधर्म *(sah-dharm)* पु० common religion or law; common duty.

सहधर्मिणी *(sah-dharmini)* स्त्री० wife.

सहन[1] *(sahn)* वि० forbearing; patient; given to forgiveness; powerful.

सहन[2] *(sahn)* पु० forbearance; tolerance; forgiveness.

सहनशक्ति *(sahn-sakti)* स्त्री० endurance.

सहनशील *(sahn-sil)* वि० patient, tolerant, forbearing.

सहनशीलता *(sahn-siltā)* स्त्री० tolerance.

सहनीय *(sahnīya)* वि० tolerable; pardonable.

सहपाठी *(sah-pāṭhī)* पु० class-fellow, class mate.

सहभोज *(sah-bhoj)* पु० collective feasting, community dinner.

सहमत *(sah-mat)* वि० agreed, consented.

सहमति *(sah-mati)* स्त्री० agreement; consent; concurrence.

सहयोग *(sah-yog)* पु० cooperation; collaboration; assistance.

सहयोगी *(sah-yogī)* पु० collague, coworker, cooperator.

सहर *(sahr)* पु० (अ०) day-break, dawn.

सहल *(sahl)* वि० (अ०) easy, simple.

सहलाना *(sahlānā)* स० क्रि० to rub gently; to caress.

सहशिक्षा *(sahśiska)* स्त्री० co-education.

सहसा *(sahasā)* क्रि० वि० suddenly, at once, unawares, abruptly.

सहानुभूति *(sahânu-bhūti)* स्त्री० sympathy.

सहानुभूतिपूर्ण *(sahânu-bhūti-puran)* वि० sympathetic.

सहानुभूतिपूर्वक *(sahânu-bhūti-purvak)* क्रि० वि० sympathetically.

सहायक[1] *(sahâyak)* वि० helpful, assistant; auxiliary; ancillary; conducive; subsidiary.

सहायक[2] *(sahâyak)* पु० helper, assistant.

सहायता *(sahâyatā)* स्त्री० help, assistance; support; aid; relief.

सहारा *(sahārā)* पु० help, assistance; dependence, reliance; support, prop.

सहित *(sahit)* क्रि० वि० along with.

सहिष्णु *(sahiṣṇu)* वि० tolerant, forbearing.

सही *(sahī)* वि० real, factual; true; faultless, accurate; correct; right; proper, suitable.

सही–सलामत *(sahī-salāmat)* वि० safe and sound, safe and well.

सहूलियत *(sahūliyat)* स्त्री० (अ०) ease, facility; convenience.

सहृदय *(sa-hṛday)* वि० kind, compassionate; tender-hearted; considerate.

सहृदयता *(sa-hṛdayatā)* स्त्री० kindness, compassion; tenderheartedness; considerateness.

सहेजना *(sahejnā)* स० क्रि० to put in order; to manage, to handle; to examine; to hand over with care.

सहेली *(sahelī)* स्त्री० a woman's female companion or friend.

सहोदर *(sahôdar)* पु० real brother.

सह्य *(sahya)* वि० edurable, tolerable.

सांकेतिक *(sāṅketik)* वि० symbolic; indicative.

साँठ–गाँठ *(sāṁṭh-gāṁṭh)* स्त्री० intrigue; collusion.

साँड़ *(sāṁṛ)* पु० bull or stallion brought up for the purpose of mating.

साँड़नी *(sāṁṛnī)* स्त्री० she-camel.

सांत्वना *(sāntvanā)* स्त्री० consolation; means of consolation.

साँप *(sāṁp)* पु० snake, serpent, viper.

सांप्रदायिक *(sāmpradāyik)* वि० communal, seetarian.

सांप्रदायिकता *(sāmpradāyikatā)* स्त्री० communalism; sectarianism.

सांयोगिक *(sāmyogik)* वि० accidental, fortuitous.

साँवला *(sāṁvlā)* वि० of a dark or sallow complexion, darkish, swarthy.

साँवलापन *(sāṁvlāpan)* पु० slight darkness of complexion.

साँस *(sāṁs)* स्त्री० breath, respiration.

साँसत *(sīṁsat)* स्त्री० physical pain; trouble, distress, affliction; suffocation.

सांसद *(sāṁsad)* पु० member of parliament.

सांसारिक *(sāṃsārik)* वि० belonging to the world, worldly, material, mundance.

सांसारिकता *(sāṃsāriktā)* स्त्री० worldiness.

सांस्कृतिक *(sāṁskṛtik)* वि० cultural.

साईस *(sāīs)* पु० (अ०) groom, horse keeper.

साकार *(sâkār)* वि० possessed of form or shape, physical; implemented (scheme, etc).

साकिन *(sākin)* पु० (अ०) resident.

साक़ी *(sāqī)* पु० (अ०) cup-bearer, barmaid; water-server.

साक्षर *(sâkṣar)* वि० literate.

साक्षरता *(sâkṣaratā)* स्त्री० literacy.

साक्षात् *(sâkṣāt)* क्रि० वि० before the eyes, in sight (of); visibly, apparently.

साक्षात्कार *(sâkṣātkār)* पु० being face to face; interview; meeting.

साक्षी *(sâksī)* स्त्री० evidence; eyewitness.

साक्ष्य *(sâksya)* पु० testimony, evidence.

साख *(sākh)* स्त्री० credit, good will; over-bearing influence, sway.

साग *(sāg)* स्त्री० vegetable; greens.

सागर *(sāgar)* पु० ocean, sea.

सागूदाना *(sāgūdānā)* पु० sago.

साज़ *(sāz)* पु० (फ़ा०) embellishment; appurtenance; orchestra; harness; equipment.

साजन *(sājan)* पु० husband; lover, paramour.

साज़िश *(sāziś)* स्त्री० (अ०) conspiracy, intrigue.

साझा *(sājhā)* पु० partnership; share (in a company etc.).

साझी, *(sājhī)* **साझेदार** पु० partner, shareholder.

साझेदारी *(sājhīdār)* स्त्री० partnership.

साड़ी *(sāṛī)* स्त्री० a kind of female dress, sari.

साढ़ू *(sāṛhū)* पु० husband of wife's sister.

सात्त्विक *(sāttvik)* वि० noble; pure; upight, honest; chaste; puritan.

साथ[1] *(sāth)* पु० company, association; support.

साथ[2] *(sāth)* क्रि० वि० with; together; alongwith.

साथी *(sāthī)* पु० companion, comrad, friend.

सादगी *(sādagī)* स्त्री० (फ़ा०) openness; simplicity; innocence.

सादर[1] *(sâdar)* वि० respectful, regardful.

सादर[2] *(sâdar)* क्रि० वि० respectfully, with respect.

सादा *(sādā)* वि० (फ़ा०) (स्त्री० सादी) pure, unmixed; plain; simple, guileless, artless; unádorned.

साधन *(sādhan)* पु० accomplishment, completion; meterials; means, instrument, agency; gratification.

साधना *(sādhanā)* स्त्री० penance; worship; gratification; devotion; practice, mental training.

साधारण *(sādhāraṇ)* वि० ordinary; general, common, commonplace; simple, plain; moderate, medium, average; mediocre.

साधु *(sādhu)* वि० good, excellent; complecte; proper; religious; compassionate.

साधुवाद *(sādhuvād)* पु० approbation, applause, acclamation.

साध्य *(sādhya)* वि० accomplishable; attainable; provable, curable; feasible, practicable.

साध्यता *(sādhyatā)* स्त्री० curabiltiy; attainability.

साध्वी *(sādhvī)* स्त्री० good and virtuous woman; faithful wife, chaste wife.

सानंद *(sānand)* क्रि० वि० happily, joyfully, dilightfully.

सान *(sān)* पु० whetstone.

सानना *(sānanā)* स० क्रि० to knead, to wet up; to implicate; to involve; to smear.

सानी[1] *(sānī)* वि० matching, equal; equally competant or excellent.

सानी[2] *(sānī)* स्त्री० cattle food.

सान्निध्य *(sānnidhya)* पु० nearness, proximity, affinity.

सापेक्ष *(sâpeks)* वि० relative; conditional, qualified.

सापेक्षता *(sâpekṣatā)* स्त्री० relativity.

साप्ताहिक *(sāptâhik)* स्त्री० relating to a week; continuing for a week; weekly.

साफ़ *(sāf)* वि० (अ०) clean; innocent, sincere; clear; legible; smooth, level; plain, frank; processed; refined; distinct.

साफ़गो *(sāfgo)* वि० (अ०) frank, plain-spoken.

साफ़गोई *(sāfgoī)* स्त्री० (अ०) frankness.

साफ़ा *(sāfā)* पु० (अ०) turban.

साबित *(sābit)* वि० (अ०) proved; unbroken, entire; steady, unwavering.

साबुन *(sābun)* पु० soap.

साबूदाना *(sābudānā)* पु० sago.

साभार *(sābhār)* क्रि० वि० gratefully, with gratitude.

सामंजस्य *(sāmañjasya)* पु० adjustment; consistency; harmony.

सामंत *(sāmant)* पु० feudatory prince, chieftain, feudal lord.

सामंतवाद *(samantvād)* पु० feudalism.

सामंती *(sāmantī)* वि० feudal, feudalistic.

सामग्री *(sāmagrī)* स्त्री० material; baggage, articles; implements or apparatus.

सामना *(sāmnā)* पु० face, front; meeting; confrontation, encounter.

सामने *(sāmne)* क्रि० वि० infront; opposite; before.

सामयिक *(sāmayik)* वि० seasonable, timely, opportune; punctual; contemporary, corrent; periodical, topical; casual.

सामरिक *(sāmarik)* वि० belonging to war or battle, martial, strategic.

सामर्थ्य *(sāmarthya)* स्त्री० capability, capacity, ocmpetence; force of words; power, strength.

सामर्थ्यवान *(sāmarthyavān)* वि० competent, capable; powerful, strong.

सामाजिक *(sāmājik)* वि० social; kindhearted; sociable.

सामान *(sāmān)* पु० material, accessories; luggage, baggage.

सामान्य *(sāmānya)* वि० ordinary; common; normal; insignificant.

सामान्यतः, सामान्यता *(sāmānyatā)* क्रि० वि० normally; generally, usually; as a matter of routine.

सामिष *(sâmis)* वि० non-vegetarian (food).

सामीप्य *(sāmīpya)* पु० nearness, proximity; vicinity.

सामुदायिक *(sāmudāyik)* वि० belonging to a community; collective.

सामूहिक *(sāmuhik)* वि० collective.

साम्य *(sāmya)* पु० equality, likeness; similarity, resemblance; analogy.

साम्यवाद *(sāmyavād)* पु० communism.

साम्यवादी *(sāmyavādī)* पु० communist.

साम्राज्य *(sāmrājya)* पु० empire.

साम्राज्यवाद *(sāmrājyavād)* पु० imperialism.

सायंकाल *(sāyaṁkāl)* पु० evening.

साया *(sāyā)* पु० (फ़ा०) shade, shadow.

सारंग[1] *(sāraṅg)* पु० variegated colour; large bee; cuckoo; deer.

सारंग[2] *(sāraṅg)* वि० multi-coloured; spotted; dyed, coloured.

सारंगी *(sāraṅgī)* स्त्री० kind or stringed instrument like violin.

सार *(sār)* पु० substance, essence; abstract, summary, gist; epitome.

सारगर्भित *(sārgarbhit)* वि० substantial, sententious.

सारतत्व *(sārtatva)* पु० extract, substance.

सारथी *(sārathī)* पु० charioteer.

सारभूत *(sārbhut)* वि० essential, substantial.

सारस *(sāras)* पु० crane.

सारा *(sārā)* वि० all, whole; complete, entire.

सारिका *(sārikā)* स्त्री० a kind of bird (Gracula religiosa); procuress, bard.

सार्थक *(sārthak)* वि० meaningful; significant; useful.

सार्थकता *(sārthakatā)* स्त्री० utility, usefulness; importance.

सार्वकालिक *(sārvakālik)* वि० perennial, everlasting; enternal, pertaining to all times.

सार्वजनिक *(sārvajanik)* **सार्वजनीन** वि० public, universal; suitable for all; common.

सार्वदेशिक *(sārvādeśik)* वि० universal, belonging to all lands or territories.

सार्वभौमिक *(sārvabhaumik)* वि० universal, belonging or pertaining to all beings and all places; cosmopolitan.

सार्वलौकिक *(sārvlokik)* वि० universal, cosmopolitan.

साल[1] *(sāl)* पु० (फ़ा०) year.

साल[2] *(sāl)* पु० name of a tree and its wood.

सालगिरह *(sālgirah)* स्त्री० (फ़ा०) anniversary, birthday.

सालना *(sālnā)* स० क्रि० to cause pain; to pierce, to prick; to torment, to torture.

साला *(sālā)* पु० wife's brother, brother-in-law.

सालाना[1] *(sālanā)* वि० (फ़ा०) yearly, annual.

सालाना[2] *(sālanā)* क्रि० वि० (फ़ा०) every year, yearly.

साली *(sālī)* स्त्री० remuneration paid to carpenters, barbers etc. in villages; wife's sister.

सावधान *(sâvadhān)* वि० cautious, alert; attentive; watchful.

सावधानी *(sâvadhānī)* स्त्री० alertness, cautiousness; attention, carefulness; wathfulness.

सावन *(sāvan)* पु० fifth Hindu month.

साष्टांग *(sāṣṭāṅg)* वि० with eight parts of the body.

सास *(sās)* स्त्री० mother-in-law.

साहचर्य *(sāhacarya)* पु० association, company.

साहब *(sāhab)* पु० (अ०) master, lord; title of courtesy, Mr., Sir; European; boss; gentleman, white-collared person.

साहबज़ादा *(sāhabjādā)* पु० (अ०) son; son of a great man.

साहबज़ादी *(sāhabjādī)* स्त्री० (अ०) daughter; daughter of a great man.

साहबी *(sāhabī)* स्त्री० officialdom; lordliness; bossism.

साहस *(sāhas)* पु० boldness, daring, courage, nerve, guts; enterprise.

साहसिक *(sāhasik)* वि० daring, courageous; bold.

साहसी *(sāhasī)* वि० bold, courageous; enterprising.

साहित्य *(sāhitya)* पु० literary composition; literature; poeties.

साहित्यकार *(sāhityakār)* पु० one who composes literature, writer, author.

साहित्यिक *(sāhityik)* वि० literary.

साहूकार *(sāhukār)* पु० wealthy trader or banker, money lender.

सिंकना *(siṁknā)* अ० क्रि० to be formented or heated; to be roasted.

सिंगार *(siṅgār)* पु० make-up; ornamentation, embellishment.

सिंघाड़ा *(siṁghāṛā)* पु० water-chestnut; a kind of pastry; a kind of fire-work.

सिंचन *(siṁcan)* पु० irrigation; sprinking of water.

सिंचाई *(siṁcāī)* स्त्री० irrigation; wages paid for irrigation.

सिंचित *(siñcit)* वि० irrigated.

सिंदूर *(sindūr)* पु० red lead, vermilion.

सिंदूरी *(sindūrī)* वि० of vermilion colour; of or pertaining to vermilion.

सिंधु *(sindhu)* पु० ocean, sea.

सिंह *(siṃh)* पु० lion; the sign of Leo of the zodiac.

सिंहद्वार *(siṃhdvār)* पु० main entrance to a palace.

सिंहनाद *(siṃhnād)* पु० lion's roar; challenging cry, war whoop; confident assertion.

सिंहावलोकन *(siṃhālokan)* पु० retrospection; round up; conspectus.

सिंहासन *(siṃhāsan)* पु० throne.

सिकता *(siktā)* स्त्री० sand, sandy soil.

सिकुड़न *(sikuraṇ)* अ० क्रि० contraction, shrinkage; wrinkle, fold.

सिकुड़ना *(sikuṛnā)* अ० क्रि० to contract, to shrink; to wrinkle.

सिकोड़ना *(sikoṛnā)* स० क्रि० to contract, to compress, to brace up.

सिक्का *(sikkā)* पु० (अ०) coin, coinage; influence, awe;

सिक्त *(sikt)* वि० soaked, wet, moistured.

सिखाना *(sikhānā)* स० क्रि० to teach, to instruct; to train; to tutor.

सिटपिटाना *(sitpiṭānā)* अ० क्रि० to be confounded, to be stupefied.

सिट्टी *(siṭṭī)* स्त्री० talkativeness, bragging.

सिड़ *(siṛ)* स्त्री० craziness, whim, eccentricity.

सिड़ी *(siṛī)* वि० crazy, whimsical, eccentric.

सित *(sit)* वि० white; clear; bright.

सितम *(sitam)* पु० (फ़ा०) oppression, tyṛanny.

सितमगर *(sitamgar)* वि० (फ़ा०) tyrannical.

सितार *(sitār)* पु० a kind of guitar.

सितारा *(sitārā)* पु० star, planet; fortune, fate, destiny; popular actor; starlets of gold or solver sewn on cloth for decoration.

सिद्ध[1] *(siddh)* वि० accomplished; religious, piour; successful; expert, validated, substantiated; cooked on fire; endowed with supernatural powers.

सिद्ध[2] *(siddh)* पु० saint who is indowed with supernatural powers; ascetic; magician.

सिद्धहस्त *(siddh-hast)* वि० skilld, proficient.

सिद्धांत *(siddhānt)* पु० established truth; principle; theory, doctrine; treatise on a system of some science of art.

सिद्धांततः *(siddhāntatan)* क्रि० वि० theoretically; as a matter of principle.

सिद्धांती *(siddhāntī)* पु० man of principles; theoriest, theoretician.

सिद्धि *(siddhi)* स्त्री० accomplishment, fulfilment; complete mastery or knowledge of some subject; the acquisition of supernatural powers by magical means or through the performance of certain mystical processes.

सिधारना *(sidhārnā)* अ० क्रि० to set out, to go, to depart; to die, to expire.

सिनकना *(sinaknā)* स० क्रि० to blow

(the nose).

सिपहसालार *(sipahsālār)* पु० (फ़ा०) commander-in-chief.

सिपाही *(sipāhī)* पु० (फ़ा०) soldier; police-man.

सिपुर्द, सुपुर्द *(sūpurd)* वि० (फ़ा०) entrusted, committed.

सिफ़र *(sifr)* पु० (अ०) zero, cipher; blank.

सिफ़ारिश *(sifāriś)* स्त्री० (फ़ा०) recommendation; flattery; approach.

सिफ़ारिशी *(sifāriśī)* वि० (फ़ा०) recommendatory; of recommendation.

सिमटना *(simaṭnā)* अ० क्रि० to be collected; to be wound up; to be contracted; to be abashed.

सिम्त *(simt)* स्त्री० (अ०) direction.

सियापा *(siyāpā)* पु० mourning, weeping and wailing over a death by women.

सियार *(siyār)* पु० jackal.

सियासत *(siyāsat)* स्त्री० (अ०) polities.

सियासी *(siyāsī)* वि० (अ०) political.

सिर *(sir)* पु० head, skull; top, highest part or point.

सिरका *(sirkā)* पु० (फ़ा०) vinegar.

सिरताज *(sirtāj)* पु० crown; lord; diadem; husband.

सिरफिरा *(sirfirā)* वि० crankish, crazy.

सिरमौर *(sirmor)* see सिरताज

सिरा *(sirā)* पु० top or head of a thing; end; edge.

सिर्फ़ *(sirf)* वि० (अ०) only, mere.

सिलना *(silnā)* (अ०) क्रि० to be sewn; स० क्रि० to sew, to stitch.

सिलवाना *(silvānā)* स० क्रि० to cause to be sewn or stitched.

सिलसिला *(silsilā)* पु० (अ०) succession, chain, series; arrangement.

सिलसिलेवार *(silsilavār)* वि० (अ०) in line or series; systematic.

सिलाई *(silāī)* स्त्री० sewing; seam; sewing-charges.

सिलाना *(silānā)* see सिलावाना

सिल्ली *(sillī)* स्त्री० whetstone; ingot; big piece of ice.

सिवाय *(sivāy)* क्रि० वि० (फ़ा०) except.

सिसकना *(sisaknā)* अ० क्रि० to sob; to weep within; to breathe backwards; to be on the varge of death; to be uneasy.

सिसकारना *(siskārnā)* अ० क्रि० to hiss; to stir (dogs etc) to attack.

सिसकारी *(siskārī)* स्त्री० hissing sound.

सिसकी *(siskī)* स्त्री० sob; hissing sound.

सिहरन *(sihran)* स्त्री० trembling, shuddering, thrill.

सिहरना *(sihrānā)* अ० क्रि० to shiver; to quake or to tremble (with fear).

सींक *(sīṁk)* स्त्री० shoot of grass; an ornament for nose.

सींकचा *(sīṁkcā)* पु० window-bar.

सींग *(sīṁg)* पु० horn; musical instrument made of horn.

सींचना *(sīṁcnā)* स० क्रि० to irrigate, to water; to moisture.

सीकर *(sīkar)* पु० drop of water; drop of sweat.

सीख *(sīkh)* स्त्री० instruction; advice, counsel.

सीखना *(sīkhnā)* स० क्रि० learn.

सीझना *(sījhnā)* अ० क्रि० to boil, to become soft; to bear physical pain.

सीटी *(sīṭī)* स्त्री० whistling sound through mouth; whistle.

सीठा *(sīṭhā)* वि० tasteless, insipid.

सीठी *(sīṭhī)* स्त्री० dregs.

सीढ़ी *(sīṛhī)* स्त्री० ladder.

सीताफल *(sītāfal)* पु० a kind of vegetable; the custard apple.

सीध *(sīdh)* स्त्री० alignment; straightness, directness.

सीधा' *(sīdhā)* वि० (स्त्री०) straight; simple, easy; right (hand); gentle, innocent.

सीना *(sīnā)* पु० (फ़ा०) breast, chest.

सीपी *(sīpī)* स्त्री० oyster-shell.

सीमंत *(sīmant)* पु० the parting line of the locks of hair on the head; limit, boundary-line; joint of bones.

सीमा *(sīmā)* स्त्री० boundary, frontier, border; limit, extremity, range, extent; verge; landmark; edge.

सीमित *(sīmit)* वि० limited, bounded, restricted; qualified.

सील *(sīl)* **सीलन** स्त्री० dampness, moisture (of land).

सीवन *(sīvan)* स्त्री० sewing, stitching, seam.

सीस, *(sīs)* **सीसा** पु० lead, black lead.

सुँघनी *(suṁghnī)* स्त्री० snuff prepared of tobacco leaves.

सुँघाना *(suṁghānā)* स० क्रि० to cause to smell, to make one smell.

सुंदर *(sundar)* वि० handsome; beautiful, charming, lovely.

सुंदरता *(sundaratā)* स्त्री० beauty; handsomeness.

सुंदरी *(sundarī)* स्त्री० beautiful woman.

सुअर *(suar)* see सूअर

सुई, सुई *(suī)* स्त्री० needle; hand (of a watch); syrings.

सुकर *(su-kar)* वि० simple, easy; easily controllable.

सुकुमार *(su-kumār)* वि० very soft or tender; tender bodied; smooth.

सुकुमारी *(su-kumārī)* वि० (स्त्री०) having delicate body.

सुकृत *(su-kṛt)* वि० well-done; fortunate; lucky; well constructed; righteous.

सुकोमल *(su-komal)* वि० extremely soft, very delicate.

सुख *(sukh)* पु० pleasure; happiness; comfort; contentment; bliss.

सुखद *(sukhad)* वि० pleasant; comfortable.

सुखदायक *(sukhdāyak)* see सुखद

सुखपूर्वक *(sukh-purvak)* क्रि० वि० happily; comfortably.

सुखाना *(sukhānā)* स० क्रि० to dry, to dry up.

सुखी *(sukhī)* वि० pleased, happy; comfortable; full of happiness; satisfied.

सुगंध, *(su-gandh)* **सुगंधि** स्त्री० pleasant smell; perfume; fragrance.

सुगंधित *(su-gandhit)* वि० perfumed; sweet smelling; fragrant.

सुगठित *(su-gathit)* वि० well-built, shapely; muscular; well-organised.

सुगति *(su-gati)* स्त्री० salvation; welfare; comfort.

सुगम *(su-gam)* वि० easy of access or approach; easy; intelligible.

सुघड़ *(su-ghar)* वि० well-formed, well-made; skilled, efficient.

सुघड़ता *(su-ghaṛtā)* स्त्री० (पु० सुघड़पन) beauty, grace; skilfulness, competence.

सुघड़ाई *(su-ghaāī)* स्त्री० state of being well-formed, prettiness, beauty; skilfulness.

सुचारू *(su-cāru)* वि० very lovely or beautiful, charming.

सुचालक *(su-cālak)* पु० good conductor.

सुजान *(su-jān)* वि० intelligent, clever; skilful, accomplished.

सुझाना *(sujhānā)* स० क्रि० to cause to perceive; to suggest, to propose.

सुझाव *(sujhāv)* पु० suggestion, proposal.

सुड़कना *(suṛaknā)* स० क्रि० to drink through nose; to gulp.

सुडौल *(su-ḍaul)* वि० well-formed, well-shaped, hefty.

सुत *(sut)* पु० son.

सुतली *(sutlī)* स्त्री० thin rope of jute.

सुता *(sutā)* स्त्री० daughter.

सुथरा *(suthrā)* वि० tidy, clean, neat.

सुदि, *(sudi)* सुदी स्त्री० light half of the lunar month.

सुदूर *(sudūr)* क्रि० वि० very far, far away.

सुदृढ़ *(su-dṛṛh)* वि० very firm or strong; very rigid.

सुध *(sudh)* स्त्री० consciousness; memory, remembrance.

सुध-बुध *(sudh-budh)* स्त्री० consciousness, senses; memory.

सुधरना *(sudharnā)* अ० क्रि० to be rectified, to be corrected, to be set right, to be mended, to be repaired; to be reformed.

सुधाकर *(su-dhākar)* पु० moon.

सुधार *(su-dhār)* पु० reform; improvement; repair; modification, amendment.

सुधारक *(sudhārak)* पु० one who corrects or ammends, repairer; reformer.

सुधारना *(sudhārnā)* स० क्रि० to reform, to improve; to mend, to repair.

सुनना *(sunnā)* स० क्रि० to hear, to listen; to heed, to attend to.

सुनवाई *(sunvāī)* स्त्री० hearing; hearing of a case.

सुनसान *(sun-sān)* वि० lonely, deserted, desolate.

सुनहरा *(sunahrā)* वि० gold-coloured; golden; opportune.

सुनाना *(sunānā)* स० क्रि० to cause to hear; to relate, to recite, to pronounce; to rebuke, to chide.

सुनाम *(su-nām)* पु० celebrity, reputation, fame, goodwill.

सुनार *(sunār)* पु० goldsmith.

सुनीति *(su-nīti)* स्त्री० good manner; equity.

सुन्न *(sunn)* वि० benumbed, etherised, insensitive; stilled; stupefied.

सुपथ्य *(su-pathya)* पु० salubrious diet.

सुपात्र *(su-pātr)* वि० fit or worthy, deserving.

सुपारी *(supārī)* स्त्री० areca catech; arecanut, betel-nut; glands of penis.

सुपुर्द *(supurd)* see सिपुर्द

सुप्त *(supt)* वि० sleeping; closed (as a flower); latent, dormant; insensitive (organs).

सुप्रतिष्ठित *(su-prati-sṭhit)* वि० well-established; reputed, celebrated.

सुप्रसिद्ध *(su-prasidh)* वि० well-known, renowned, famour, eminent.

सुबह *(subah)* स्त्री० dawn, day-break, morning.

सुबुद्धि *(su-buddhi)* वि० of good understanding, intelligent.

सुबोध *(su-bodh)* वि० intelligible, easy.

सुभग *(su-bhag)* वि० beautiful, lovely, charming; possessing good fortune.

सुभगता *(su-bhagatā)* स्त्री० state or quality of being charming; symptoms of good fortune; affection, love.

सुभाषित *(su-bhāṣit)* पु० maxim, quotable saying.

सुभीता *(subhītā)* पु० convenience; comfort, ease.

सुमति *(su-mati)* वि० very clever.

सुमन[1] *(su-man)* पु० flower.

सुमन[2] *(su-man)* वि० happy; favourably disposed.

सुमरना *(sumarnā)* स० क्रि० to remember; to adore, to worship.

सुमार्ग *(su-mārg)* पु० moral course, just course.

सुमुखी *(su-mukhī)* वि० prettly-faced, beautiful.

सुयोग *(su-yog)* पु० favourable juncture; good opportunity; coincidence.

सुयोग्य *(su-yogya)* वि० worthy; very able, well-qualified.

सुरंग *(suraṅg)* स्त्री० tunnel; mine.

सुर *(sur)* पु० tone; note (in music); vowel; god.

सुरक्षा *(su-rakṣā)* स्त्री० security, protection.

सुरभि *(su-rabhi)* स्त्री० fragrance, perfume; cow of plenty.

सुरक्षित *(su-rakṣit)* वि० perfumed, scented, odorous.

सुरमा *(surmā)* पु० (फ़ा०) antimony, collyrium.

सुरलोक *(surlok)* पु० abode of gods.

सुरसुरी *(sursurī)* स्त्री० see सुरसुराहट a kind of firework; weevil.

सुरा *(surā)* स्त्री० liquor, wine.

सुराख़ *(surākh)* see सूराख़

सुराग़ *(surāg)* पु० (अ०) trace; clue.

सुरीला *(surīlā)* वि० melodious,sweet; mellifluous.

सुरूचि *(su-ruci)* स्त्री० refined taste, good taste.

सुरूप *(su-rūp)* वि० beautiful, good-looking shapely.

सुरूर *(surūr)* पु० (अ०) pleasant after-effect of intoxication.

सुर्ख़ *(surkh)* वि० (फ़ा०) red, ruddy.

सुर्ख़रू *(surkhru)* वि० (फ़ा०) reputed; honourable.

सुर्ख़ी *(surkhī)* स्त्री० (फ़ा०) rednesss; headline; brick-dust; lipstick.

सुलक्षण *(su-lakṣaṇ)* वि० having charming features or charactertics; lucky, fortunate; gifted with laudable ways.

सुलक्षणा *(su-laksaṇā)* स्त्री० lady having good characteristics.

सुलगना *(sulagnā)* अ० क्रि० to smoulder, to begin to burn, to be ignited.

सुलगाना *(sulgānā)* स० क्रि० to kindle, to ignite, to burn; to incite, to rouse.

सुलझना *(sulajhnā)* अ० क्रि० to be disentangled; to be solved; to be resolved.

सुलझाना *(suljhānā)* स० क्रि० to solve, to set right; to disentane.

सुलझाव *(suljhāv)* पु० disentanglement; solution.

सुलतान *(sultān)* पु० (अ०) king, Sultan.

सुलताना *(sultānā)* स्त्री० (अ०) queen, wife or mother of a Sultan.

सुलभ *(su-labh)* वि० easily available, handy, accessible; easy; natural; useful.

सुलह *(sulh)* स्त्री० (अ०) treaty; reconcilation, compromise; agreement.

सुलाना *(sulānā)* स० क्रि० to cause to sleep, to lull; to kill, to murder.

सुलूक *(sulūk)* पु० (अ०) trearment, behaviour; unity.

सुलेख *(sulekh)* पु० good handwriting; calligrapy.

सुवर्ण *(su-varṇ)* वि० of good colour; yellow; golden; bright; belonging to higher caste.

सुवास *(su-vās)* स्त्री० sweet smell,fragrance.

सुवासित *(su-vāsit)* वि० well-scented or perfumed; fragrant, aromatic.

सुविचारित्त *(su-vi-cārit)* वि० well-considered.

सुविधा *(suvidhā)* see सुभीता

सुविधाजनक *(suvidhājanak)* वि० conveniant.

सुव्यवस्था *(su-vyavastha)* स्त्री० orderliness; good administration; fine organisaion.

सुव्यवस्थित *(su-vyavasthit)* वि० orderly,regular; well-administered, well organised.

सुशिक्षित *(su-siksit)* वि० well-educated, highly educated.

सुशील *(su-śil)* वि० good tempered, modest; courteous; pious, righteous; simple.

सुशोभित *(su-śobhit)* वि० graceful; adorned.

सुश्री[1] *(su-śrī)* वि० elegant, graceful; wealthy.

सुश्री[2] *(su-śrī)* स्त्री० an honorific word prefixed to the name of a woman.

सुषमा *(su-ṣamā)* स्त्री० exquisite beauty, splendour, charm.

सुषुप्त *(su-ṣupt)* वि० fast asleep, in deep slumber; dormant.

सुषुप्ति *(su-ṣupti)* स्त्री० deep or profound sleep; spiritual ignorance.

सुष्ठु *(su-ṣṭhu)* वि० elegant; appropriate; in a proper manner.

सुसंगति *(su-saṅ-gati)* स्त्री० good company, companionship of the good validity; concord; relevance.

सुसंस्कृत *(su-samskrit)* वि० well-cultured; refined.

सुसाध्य *(su-sādhya)* वि० easily achievable; easily controllable; curable.

सुस्त *(sust)* वि० (फ़ा०) slow, languid; dull, lazy, slack, idle;

depressed,spiritless.

सुस्ताना *(sustānā)* अ० क्रि० to take repose, to relax, to rest.

सुस्ती *(sustī)* स्त्री० dulling., indolence; idleness, laziness; slowness.

सुस्वाद *(su-svād)* वि० delicious, tasteful.

सुहबत *(su-habat)* स्त्री० (अ०) company, association; cohabitation, coition.

सुहागा *(suhāgā)* पु० borax.

सुहागिन *(suhāgin)* स्त्री० a woman whose husband is alive.

सुहाना *(suhānā)* अ० क्रि० to be pleasing, to be agrceable, to appeal, to look charming.

सुहावना *(suhāvnā)* वि० pleasant; beautiful, charming.

सुहृदय *(su-hṛday)* पु० friend.

सूँघना *(sūṁghnā)* स० क्रि० to sniff, to smell; to eat in small quantity.

सूँड *(sūṁṛ)* स्त्री० trunk of an elephant; proboscis.

सूँस *(sūṁs)* स्त्री० porpoise.

सुअर *(sūar)* पु० boar; pig; a word of abuse, swine; a dirty or thickskinned person.

सुई *(sūī)* स्त्री० needle; hand of a clock or watch.

सुक्ति *(sûkti)* स्त्री० mixim, epigram.

सुक्ष्म *(sūkṣma)* वि० subtle, minute; fine, thin.

सूक्ष्मता *(sūkṣmatā)* स्त्री० minuteness, subtlety; fineness, thinness; precision.

सूक्ष्मदर्शक *(sūkṣmdarshak)* पु० microscope.

सूक्ष्मदर्शी *(sūkṣmdarshī)* वि० keen-eyed, having the quallity of minute observation.

सूखना *(sūkhnā)* अ० क्रि० to dry up; to evaporate, to get lean and thin; to wither; to dwindle.

सूखा *(sūkhā)* वि० dry, sapless; not given to emotion; unenergetic, gloomy.

सूचक *(sūcak)* पु० indicator; informer; pointer; needle; tailor; backbiter.

सूचकांक *(sūcakaṇk)* पु० index number.

सूचना *(sūcanā)* पु० information, intimation; notice, notification; announcement.

सूचि *(sūci)* स्त्री० needle, any sharp pointed instrument; index, table of contents (of a book); list.

सूचिका *(sūcikā)* स्त्री० needle.

सूचित *(sūcit)* वि० informed; notified; suggested, hinted; indicated.

सूची *(sūcī)* स्त्री० needle; list, catalogue.

सूचीपत्र *(sūcīpatra)* पु० catalogue.

सूजन *(sūjan)* स्त्री० swelling, inflammation.

सूजना *(sūjnā)* अ० क्रि० to swell, to be or become inflamed.

सूझ *(sūjh)* स्त्री० idea, concept, imagination; insight, vision; perception; understanding, intelligence.

सूझना *(sūjhnā)* अ० क्रि० to occur to one's mind; to be visible.

सूत *(sūt)* पु० thread, yarn; a measure of length; a charioteer; bard.

सूतिका *(sūtikā)* स्त्री० a woman who

has recently given birth to a child.

सूतिकागृह *(sūtikāgraha)* पु० confinement chamber.

सूत्र *(sūtr)* पु० thread, string; sacred thread; precept, axiom; clue; formula.

सूत्रधार *(sūtrdhār)* पु० stage-manager; principal actor in a dramatic performance.

सूत्रपात *(sūtrpāt)* पु० beginning, commencement.

सूत्रात्मक *(sūtratmak)* वि० terse, pithy; in the nature of a formula.

सूद *(sūd)* पु० (फ़ा०) interest.

सूदख़ोर *(sūdkhor)* पु० (फ़ा०) usurer.

सूदख़ोरी *(sūdhkhori)* स्त्री० (फ़ा०) usury.

सूना *(sūnā)* वि० lonely; desolate; empty; solitary.

सूनापन *(sūnāpan)* पु० loneliness; desolateness; solitude.

सूप *(sūp)* पु० winnowing basket; soup, broth; cook; arrow.

सूफ़ी *(sūfi)* वि० (फ़ा०) saintly; pious.

सूबा *(sūbā)* पु० (अ०) province.

सूबेदार *(sūbedār)* पु० (अ०) governor of a province; a military rank.

सूरज *(sūraj)* पु० the sun.

सूरजमुखी *(sūrajmukhī)* पु० sunflower.

सूरत *(sūrat)* स्त्री० (अ०) figure, shape, face; state, condition; idea, manner, way out.

सूरमा *(sūrmā)* पु० warrior, brave or valiant person.

सूराख़ *(sūrākh)* पु० (फ़ा०) hole, opening, bore, orifice.

सूर्य *(sūrya)* पु० the sun.

सूर्यकांत *(sūryakant)* पु० sun stone.

सूर्यग्रहण *(sūryagrahan)* पु० solar eclipse.

सूर्यमुखी *(sūryamukhī)* पु० sunflower.

सूर्यास्त *(sūryāst)* पु० sun-set; time of sun-set.

सूर्योदय *(sūryoday)* पु० sunrise; time of sun-rise.

सूली *(sūlī)* स्त्री० gallows, gibbet; state of deep agony.

सृष्टि *(sṛṣṭi)* स्त्री० world, universe; creation.

सेंक *(seṁk)* स्त्री० fomentation; baking; heat, warmth.

सेंकना *(seṁknā)* स० क्रि० to roast, parch; to warm, to heat; to foment.

सेंतना *(seṁtnā)* स० क्रि० to preserve carefully, to take care of; to collect, to accumulate.

सेंध *(seṁdh)* स्त्री० hole in a wall made by the burglars; burglary.

सेंधा *(seṁdhā)* पु० rock-salt.

से *(se)* क्रि० वि० from; out of; with; by; than; since; for.

सेठ *(seṭh)* पु० moneyed man, wealthy merchant.

सेठानी *(seṭhānī)* स्त्री० rich woman; wife of a wealthy merchant.

सेतु *(setu)* पु० bridge; ridge between two fields; barrage; limit; blockade; fixed rule; causeway.

सेना[1] *(senā)* स० क्रि० to hatch; to serve; to lie idle (on); to worship.

सेना[2] *(senā)* स्त्री० army, military,

body of troops.

सेनापति *(senāpati)* पु० military chief, commander.

सेनानी *(senānī)* पु० commander of the army.

सेब *(seb)* पु० apple.

सेम *(sem)* स्त्री० bean.

सेमल *(semal)* पु० silk-cotton tree and its flower.

सेर *(ser)* पु० seer, weight equivalent to sixteen chhataks or a little over two lbs.

सेलखड़ी *(selkharī)* स्त्री० soap stone.

सेव *(sev)* पु० a kind of sweet or saltish preparation of gram flour.

सेवक *(sevak)* पु० servant, attendant; worshipper, devotee; dependent.

सेवन *(sevan)* पु० regular use; consumption; service, attendance; worship; practice.

सेवा *(sevā)* स्त्री० service, attendance; worship, homage.

सेवानिवृत्ति *(sevānivrit)* स्त्री० retirement.

सेवायोजक *(sevāyojak)* पु० employer.

सेविका *(sevikā)* स्त्री० female servant, attendant, maid servant, midwife.

सेहत *(sehat)* स्त्री० (अ०) health, soundness of body.

सेहरा *(sehrā)* पु० head-dress worn at the time of marriage; eulogy composed for such occasion.

सैद्धांतिक *(saidhāntik)* वि० theoretical, pertaining to some theory or doctrine.

सैनिक[1] *(sainik)* पु० soldier; guard, sentry.

सैनिक[2] *(sainik)* वि० relating to army, martial.

सैनिकीकरण *(sainikikaraṇ)* पु० militarisation.

सैन्य[1] *(sainya)* वि० pertaining to army.

सैन्य[2] *(sainya)* पु० body of troops, army; soldier; sentry, guard; camp.

सैन्यनायक *(sainyanāyak)* पु० military commander.

सैयाँ *(saiyā)* पु० husband; master, lord.

सैयाद *(saiyād)* पु० (अ०) fowler; hunter; fisherman.

सैर *(sair)* स्त्री० (अ०) excursion, outing; picnic; walk.

सैलानी[1] *(sailānī)* पु० (अ०) tourist; wanderer.

सैलानी[2] *(sailānī)* वि० (अ०) pertaining to flow of water; fond of touring or wandering.

सैलाब *(sailāb)* पु० (फ़ा०) flood.

सोंठ *(somṭh)* स्त्री० dry ginger.

सोख़्ता *(sokhtā)* पु० blotting paper.

सोच *(soc)* स्त्री० musing, brooding; anxiety, concern; regret, repentance; consideration, reflection.

सोचना *(socnā)* स० क्रि० to think, to ponder, to consider; to imagine, to conceive; to worry; to be sad; to repent.

सोना *(sonā)* अ० क्रि० to sleep, to lie down; to be numbed, gold.

सोमवार *(somvār)* पु० Monday.

सोयम *(soyam)* पु० (फ़ा०) third.

सोहना *(sohnā)* अ० क्रि० to look attractive or beautiful.

सोहबत *(sohbat)* स्त्री० (अ०) association, company; copulation, sexual intercourse.

सौंदर्य *(saundarya)* पु० beauty, loveliness, gracefulness, elegance.

सौंदर्यशास्त्र *(saundarya-sastra)* पु० aesthetics.

सौंदर्यशास्त्री *(saundarya-sastrī)* पु० aesthetician.

सौंपना *(sauṁpnā)* स० क्रि० to delegate; to hand over, to entrust.

सौंफ़ *(sauṁph)* स्त्री० aniseed, feneel.

सौगंध *(saugand)* स्त्री० oath, swearing, vow.

सौग़ात *(saugāt)* स्त्री० (फ़ा०) present, gift.

सौजन्य *(saujanya)* पु० goodness; courtesy; gentlemanliness.

सौत[1] *(saut)* स्त्री० co-wife.

सौत[2] *(saut)* पु० whip.

सौतेला *(sautelā)* वि० of or belonging to a co-wife; born of a co-wife.

सौदा *(saudā)* पु० (फ़ा०) goods; transaction, bargain; trade, commerce.

सौदागर *(saudāgar)* पु० (फ़ा०) trader, merchant.

सौदागरी *(saudāgarī)* स्त्री० (फ़ा०) calling of trader or merchant; trade, commerce.

सौभाग्य *(saubhāgya)* पु० good fortune, good luck; prospertiy, welfare; the auspicious state of wifehood.

सौभाग्यवती *(saubhāgyavatī)* स्त्री० married woman whose husband is alive.

सौम्य *(saumya)* वि० mild, placid; gentle, lovely, charming, pleasing.

सौम्यता *(saumyatā)* स्त्री० gentleness; placidity; beauty.

सौरभ *(saurabh)* पु० fragrance, odour, aroma.

सौष्ठव *(sausṭhav)* पु० beauty, elegance, charm; excellence; skilfulness; swiftness; a posture of body or dance;' self confidence.

स्खलन *(skhalan)* पु० falling down, slipping; moral lapse; blunder, error, mistake; discharge, emission.

स्खलित *(skhalit)* वि० fallen, dropped down, slipped; deviated from the right course; erring, blundering.

स्तंभ *(stambh)* पु० pillar, post; stem, trunk (of a tree); column; part of a newspaper devoted to special subject.

स्तंभित *(stambhit)* वि० benumbed, paralysed; flabbergasted, amazed; repressed; restrained.

स्तन *(stan)* पु० breast of a woman, mammary glands; udder.

स्तब्ध *(stabdh)* वि० motionless, numbed, paralysed; wonderstruck; supefied.

स्तब्धता *(stabdhtā)* स्त्री० motionless, hardness; stupefaction.

स्तर *(star)* पु० fold; level; stratum; standard, grade.

स्तवन *(stavan)* पु० praise, eulogy; hymn, song of praise, panegyric.

स्तुति *(stuti)* स्त्री० praise, eulogy, commendation; laudation; hymn of praise, panegyric; adulation, flattery; prayer, invocation.

स्तूप *(stup)* पु० heap, pile, mound; a Buddhistic monument.

स्तोत्र *(strotra)* पु० hymn of praise, panegyric; panegyrical composition or work (especially in verse).

स्त्री *(strī)* स्त्री० woman; wife.

स्त्रैण *(strain)* वि० henpecked, effeminate; suited or belonging to woman; feminine, womanish, womanly.

स्थगन *(sthagan)* पु० adjournment, postponement, suspension.

स्थगित *(sthagit)* वि० postponed; adjourned.

स्थल *(sthal)* पु० ground, land; firm or dry ground, dry land; place, spot, venue; site, location; field, tract; topic, subject, point under discussion; part, portion.

स्थलसेना *(sthal-senā)* पु० land forces, army.

स्थान *(sthān)* पु० open land, ground, field; place, site, spot; location, locality; abode, house, dwelling place, residence; post, office, rank; place of sitting, seat; organ of utterance of letter; character or part of an actor; space, room, accommodation.

स्थनांतर *(sthānāntar)* पु० transfer.

स्थानांतरण *(sthānātaran)* पु० transfer, transferrence.

स्थानांतरित *(sthānāntarit)* वि० transferred, removed from one place to another.

स्थानापन्न *(sthānāpann)* वि० substituted in place of another; acting, officiating.

स्थानीय *(sthānīya)* वि० local, endemic.

स्थापत्य *(sthāpatya)* पु० architecture; science of architecture; guard of harem.

स्थापन *(sthāpan)* पु० erection; installation; establishment, setting up; enunciation.

स्थापना *(sthāpanā)* स्त्री० installation, foundation.

स्थापित *(sthāpit)* वि० founded, instituted, established; propounded, enunciated; set up, raised, erected; placed, fixed, located, installed.

स्थायित्व *(sthāyitva)* पु० permanency; stability.

स्थायी *(sthāyī)* वि० permanent; stable, durable, lasting; steady, firm; regular, invariable.

स्थायीकरण *(sthāyikaraṇ)* पु० prepetuation; confirmation.

स्थित *(sthit)* वि० situated; existing; steady, firm; determined resolved; ostablished; set, stable; immovable, stationary; present.

स्थिति *(sthiti)* स्त्री० situation, location, site; continuance in one state, state, condition, natural state; rank, dignity, position, status.

स्थिर *(sthir)* वि० constant, steady, firm; stable, enduring, lasting permanent; established, fixed; stationary, calm, pacific; placed, located.

स्थिरता *(sthiratā)* स्त्री० constancy; steadiness, firmness; stability, permanence, poise, calmness; fixity.

स्थूल *(sthūl)* वि० fat, corpulent, massive; plain; rough; gross;

coarse, thick.

स्थूलता *(sthūlatā)* स्त्री० concreteness; fatness, corpulence; bulkiness, largeness; coarseness, thickness.

स्थैतिकी *(sthaitikī)* वि० static.

स्नातक *(snātak)* पु० graduate.

स्नातकोत्तर *(snātkottar)* वि० post-graduate.

स्नान *(snān)* पु० bath, abution; basking.

स्नायु *(snāyu)* स्त्री० nerve, tendon, ligament; string of bow.

स्निग्ध *(sngdh)* वि० oily, greasy; smooth, not rough, glossy; loving, affectionate, friendly; tender.

स्नेह *(sneh)* पु० affection, love; kindness; fat, lubricant; oil; oiliness, viscidity, unctuousness, lubricity.

स्नेही *(snehī)* वि० affectionate, tender, loving.

स्पंदन *(spandan)* पु० vibration, tremor, quivering, trembling; beat, pulsation; movement, motion.

स्पर्द्धा, स्पर्धा *(spardhā)* स्त्री० rivalry, competition; emulation; jealousy, envy.

स्पर्श *(sparś)* पु० tangibility, touch, feel; contact; encounter; donation; gift; air; sky; spy.

स्पष्ट *(spaṣṭ)* वि० distinct, clear, apparent, evident, obvious; manifest, intelligible; easy, plain; straightforward, honest; positive, unambiguous, conspicuous.

स्पष्टता *(spaṣṭatā)* स्त्री० distinctness, clearness, plainness, obviousness, straight-forwardness; explicitness.

स्पष्टवादी *(spaṣṭvādī)* वि० outspoken, straightforward, plain-spoken.

स्पष्टीकरण *(spaṣṭīkaraṇ)* पु० explanation; elucidation; clarification.

स्पृहणीय *(spṛhaṇīya)* वि० desirable, worth yearning for; worth envy; charming, fascinating; praiseworthy.

स्पृहा *(spṛhā)* स्त्री० desire, eagerness, ardent wish, longing; envy.

स्फटिक *(sphaṭik)* पु० crystal, quartz; pebble.

स्फीति *(sphīti)* स्त्री० puff, swelling, inflation; progress.

स्फूर्त *(sphūrt)* वि० vibrated, throbbed, shaken; flashed (on the mind).

स्फूर्ति *(sphūrti)* स्त्री० agility, smartness, quickness; vibration; flash on the mind.

स्फोट *(sphoṭ)* पु० breaking forth, splitting open, eruption, burst; explosion; boil; eternal sound.

स्मरण *(smaraṇ)* पु० remembrance, recollection; memory.

स्मरणपत्र *(smaranpatra)* पु० reminder, memorandum.

स्मरणशक्ति *(smaraṇ-shakti)* स्त्री० memory.

स्मारक *(smārak)* पु० memorial, monument.

स्मित *(smit)* पु० smile, gentle laugh.

स्मृति *(smṛti)* स्त्री० memory; remembrance, recollection; book of traditional code of Hindu Law; reflection.

स्याना *(syānā)* वि० clever; crooked;

mature, adult.

स्याही *(syāhī)* स्त्री० (फ़ा०) ink; blackness, darkness; soot.

स्रष्टा *(srasṭā)* पु० maker, creator; God.

स्राव *(srāv)* पु० flow or course of water, ooze; stream, current; miscarriage, premature abortion; secretion.

स्रोत *(srot)* पु० stream, current, flow or course of water; spring; source, resource.

स्वकीय *(svakīya)* वि० one's own, personal.

स्वकीया *(svakīyā)* स्त्री० loyal heroine (in Indian poetics); wife.

स्वगत *(sva-gat)* वि० belonging to own self, own, personal; passing in one's own mind, speaking to oneself.

स्वचालित *(svacālit)* वि० automatic.

स्वच्छंद *(sva-cchand)* वि० capricious, selfwilled; unrestrained, arbitrary.

स्वच्छंदता *(sva-cchandatā)* स्त्री० arbitrariness, absensce of restaint.

स्वच्छ *(svacch)* वि० clean, neat, clear; pure; straightforward, honest, frank; readable; fair.

स्वच्छता *(svacchatā)* स्त्री० cleanliness, neatness, clearness; sanitation; purity; frankness, sincerity, straight-forwardness.

स्वजन *(sva-jan)* पु० kinsmen, relative, kith and kin; one's own people or kindred.

स्वजातीय *(sva-jātiya)* वि० co-racial, belonging to one's own caste or race.

स्वतंत्र *(sva-tantra)* वि० independent; free, unrestrained, uncontrolled; self-dependent; separate.

स्वतंत्रता *(sva-tantratā)* स्त्री० independence; freedom, latitude; liberty.

स्वत *(svata)* क्रि० वि० voluntarily, spontaneously.

स्वत्व *(svatva)* पु० ego; claim, one's due, ownership; interest.

स्वत्वाधिकार *(svatvadhikār)* पु० copyright.

स्वदेश *(sva-deś)* पु० native country, motherland, homeland.

स्वदेशी, *(sva-deśī)* स्वदेशीय वि० belonging to one's own country; made or produced in one's own country, indigenous.

स्वन *(svan)* पु० sound, phone; a kind of fire.

स्वनिम *(svanīm)* पु० phoneme.

स्वप्न *(svapn)* पु० dream; conscious indulgence of fancy; reverie.

स्वप्नदर्शी *(svapndarsi)* वि० dreamy.

स्वभाव *(sva-bhāv)* पु० nature, character; disposition, temperament; habit; essential or inherent property.

स्वभावतः *(sva-bhāvatah)* क्रि० वि० from natural disposition, by nature, naturally.

स्वयं *(svayaṁ)* क्रि० वि० of one's own accord, by oneself; personally; automatically.

स्वयंभू *(svayaṁbhu)* वि० self-born, self-existent, self-begotten; self-styled.

स्वयंवर *(svayaṁvar)* पु० self-choice, self-selection; ancient costom wherein a bride chose her husband of her own accord; the ceremony or celebration of choosing a husband by the bride.

स्वयंसिद्ध *(svayaṁsidh)* वि० self-evident, axiomatic.

स्वर *(svar)* पु० vowel; sound, noise; voice; a note of musical scale or gamut, tone, tune; air breathed through the nostrils.

स्वराज्य *(sva-rājya)* पु० independence, autonomy, home-rule, self-government.

स्वराष्ट्र *(sva-rāṣtra)* पु० homeland, native country.

स्वरूप *(sva-rūp)* पु० shape, form; countenance, appearance; system, order, plan; nature, character.

स्वर्ग *(svarg)* पु० heaven, abode of gods, paradise.

स्वर्गवास *(svargvās)* पु० residence in heaven; death.

स्वर्गवासी *(svargvāsī)* वि० belonging or relating to heaven; dead, late.

स्वर्गीय *(svargīya)* वि० belonging or relating to heaven, divine; late, dead; super-natural, extra-worldly; divine.

स्वर्ण *(svarṇ)* पु० gold.

स्वर्णकार *(svarṇkār)* पु० goldsmith.

स्वर्णिम *(svarṇim)* वि० golden.

स्वस्थ *(sv-asth)* वि० healthy, hale; free from defect, sound; conducive to social and mental health, refined, good; robust.

स्वस्थता *(sv-asthatā)* स्त्री० health, healthiness.

स्वागत *(svâgat)* पु० reception, welcome; acceptance.

स्वागतक *(svâgatak)* पु० receptiopnist.

स्वातंत्र्ययुद्ध *(svātantrya-yudh)* पु० war of independence.

स्वाद *(svād)* पु० taste, flavour, relish, savour; enjoyment, pleasure; habit.

स्वादिष्ट, स्वादिष्ठ *(svādiṣt)* वि० tasteful, delicious, dainty.

स्वाधीन *(svâdhīn)* वि० in one's own power or control, at one;s own disposal; dependent on oneself, self dependent, independent, free; uncontrolled.

स्वाधीनता *(svâdhīnatā)* स्त्री० self-depandence; independence, liberty, freedom.

स्वाभाविक *(svābhāvik)* वि० natural, consistent with one's disposition or nature; innate, inborn, inherent.

स्वाभिमान *(svābhīmān)* पु० self-respect.

स्वामित्व *(svāmitva)* पु० ownership, proprietorship.

स्वामिनी *(svāminī)* स्त्री० female proprietor, proprietoress; wife of the master, mistress.

स्वामिभक्त *(svāmībhakt)* वि० loyal, faithful.

स्वामिभक्ति *(svāmībhaktī)* स्त्री० loyalty, faithfulness.

स्वामिस्व *(svāmīsva)* पु० royalty.

स्वामी *(svāmī)* पु० proprietor, owner, master; husband; king, monarch, sovereign; title prefixed to names of saints and ascetics.

स्वायत्त *(svâyatt)* वि० within one's control or subjection; autonomous.

स्वार्थ *(svârth)* वि० selfishness; one's own advantage or interest, self-interest.

स्वार्थी *(svârthī)* वि० selfish, self-seeking.

स्वावलंबन *(svâlamban)* पु० self-sufficiency, self-reliance, self-dependence.

स्वावलंबी *(svâvaambi)* वि० self-sufficient, self-reliant, self-dependent.

स्वास्थ्य *(svāsthya)* पु० health, physical fitness.

स्वास्थ्यकर *(svāsthyakar)* वि० congenial to health, wholesome, healthy.

स्वास्थ्यलाभ *(svāsthyalabh)* पु० convalescence.

स्वास्थ्यविज्ञान *(svāsthya-vijnan)* पु० hygiene.

स्वीकार *(svīkār)* पु० making one's own, adoption; acceptance; assent, consent; confession.

स्वीकार्य *(svīkārya)* वि० accceptable, admissible.

स्वीकृत *(svīkṛt)* वि० sanctiooned, granted; accepted, assented, admitted.

स्वीकृति *(svīkṛtī)* वि० consent, assent; acceptance; sanction.

स्वेच्छा *(svêcchā)* स्त्री० one's own wish or will, free will.

स्वेच्छाचार *(svêcchācār)* पु० bacting as one likes, arbitrariness, acting without restrain.

स्वैर *(svair)* वि० self willed; licentious.

ह *(ha)* the thirty third consonant of Devnagri alphabet.

हँकार *(haṁkār)* स्त्री० loud shout, roar.

हंगामा *(haṅgāmā)* पु० (फ़ा०) noise, tumult, commotion, confusion, uproar, riot, disturbance.

हंगामी *(haṅgāmī)* वि० (फ़ा०) uproarious, tumultuous, noisy, emergent.

हँडिया *(haṁḍiyā)* स्त्री० small earthen boiler or pot; glass pot used as decoration piece in rich drawing rooms.

हंता *(hantā)* पु० murderer, slayer.

हंस *(haṃs)* पु० swan, goose; the individual soul.

हँसना *(haṁsnā)* अ० क्रि० to laugh, to smile; to be merry; to jest, to joke, to fun.

हँसमुख *(haṁsmukh)* वि० of a smiling countenance, gay, cheerful, facetious, jocular, funny.

हँसाना *(haṁsānā)* स० क्रि० to cause to laugh, to make (one) laugh; to amuse.

हँसिया *(haṁsiyā)* पु० sickle, scythe.

हँसी *(haṃsī)* स्त्री० laughter, laugh; fun, joke; ridicule, derision, mockery.

हँसोड़[1] *(haṁsoṛ)* **वि०** laughing loudly, facetious, humorous, jocular, jolly.

हँसोड़[2] *(haṁsoṛ)* **पु०** jester.

हक़दार *(haqdār)* **वि० (अ०)** having a claim, right or title, rightful, entitled.

हकला[1] *(haklā)* **वि०** stuttering, stammering.

हकला[2] *(haklā)* **पु०** stammerer.

हकलाना *(haklānā)* **अ० क्रि०** to stammer, to stutter.

हकलाहट *(haklāhaṭ)* **स्त्री०** stammer, stammering.

हक़ीक़त *(haqīqat)* **स्त्री० (अ०)** truth, reality, fact.

हक़ीक़ी *(haqīqī)* **वि० (अ०)** real, true.

हकीम *(hakīm)* **पु० (अ०)** physician or medical practitioner trained in the Yunani system of medicine.

हक़ीर *(haqīr)* **वि० (अ०)** mean, detestable.

हक्का-बक्का *(hakkā-bakkā)* **वि०** confounded. confused; struck-dumb, stunned, amazed; stupefied, flabbergasted.

हज, हज्ज *(hajj)* **पु० (अ०)** pilgrimage to Mecca.

हज़म[1] *(hazm)* **वि०** digested; usurped

हज़म[2] *(hazm)* **पु० (अ०)** digestion, embezzlement.

हजामत *(hajāmat)* **स्त्री० (अ०)** shaving, hair-cutting.

हजूम *(hajūm)* **पु० (अ०)** crowd, multitude.

हज्जाम *(hajjām)* **पु० (अ०)** barber.

हटना *(hatna)* **अ० क्रि०** to move away, to go away; to abstain; to be averse, to withdraw, to recede, to be put off, to be postponed; to be removed. to be ended, to be terminated; to resign.

हटवाना *(haṭvānā)* **स० क्रि०** to cause to remove or terminate etc.

हटाना *(haṭānā)* **स० क्रि०** to take away; to remove; to move out; to set aside.

हट्टा-कट्टा *(haṭṭā-kaṭṭā)* **वि०** stout and active, strong and sturdy, well-built, robust, healthy and hefty.

हठ *(haṭh)* **पु०** stubbornness, obstinacy; firm pledge, resolve, adamancy.

हठात् *(haṭhāt)* **क्रि० वि०** forcibly, per force, suddenly, all of a sudden.

हठी *(haṭhī)* **वि०** obstinate, stubborn, adamant.

हठीला *(haṭhīlā)* **वि०** of obstinate disposition, of firm pledge, determined, resolved.

हड़कंप *(haṛakamp)* **पु०** turmoil, panic, terror.

हड़ताल *(haṛtāl)* **स्त्री०** strike.

हड़पना *(haṛapanā)* **स० क्रि०** to usurp, to purloin, to grab; to swallow, to gulp, to eat hastily.

हड़बड़ाना *(haṛbaṛānā)* **अ० क्रि०** to be in a hurry, to act hastily; to be impatient, to be confused; to be agitated, to be non-plussed, to flurry, to confuse, to perplex.

हड़बड़ाहट, हड़बड़ी *(haṛbaṛī)* **स्त्री०** haste, hastiness, rashness, impetuosity, confusion.

हड्डी *(haḍḍī)* स्त्री० bone.

हत *(hat)* वि० killed, slain; hurt, struck, injured.

हतप्रभ *(hatprabh)* वि० dimmed in lustre; out of wits, non-plussed.

हताश *(hatāsh)* वि० dejected, frustrated, despondent.

हताशा *(hatāshā)* स्त्री० frustration, despondency, dejection.

हताहत *(hhattāhat)* वि० killed and wounded.

हतोत्साह *(hatotsāh)* वि० demoralised, disheartened.

हत्था *(hatthā)* पु० handle, butt; batten, imprint or impression by hand; arm (of a chair); a large bunch of bananas.

हत्या *(hatyā)* स्त्री० slaughter, murder, assassination.

हत्याकांड *(hatyākand)* पु० murder, assassination.,

हत्यारा *(hatyārā)* पु० murderer, assassin.

हथकंडा *(haṭhandā)* पु० trick, intrigue, tactics.

हथकड़ी *(hatkarī)* स्त्री० handcuffs.

हथगोला *(hathgolā)* पु० hand grenade.

हथियाना *(hathiyānā)* स० क्रि० to grab, to usurp, to seize, to acquire by force; to take in hand.

हथियार *(hathiyār)* पु० weapon, arm/s.

हथेली *(hathelī)* स्त्री० palm of the hand.

हथौड़ा *(hathauṛā)* स्त्री० large hammer,

हथौड़ी *(hathauṛī)* स्त्री० small hammer.

हद *(had)* स्त्री० limit, extent; extreme, extremity; boundary; limit of propriety.

हदबंदी *(hadbandī)* स्त्री० demarcation, delimitation.

हफ़्ता *(haftā)* पु० (फ़ा०) week.

हम *(ham)* सर्व० we.

हमउम्र *(ham-umr)* वि० of equal age.

हमख़याल *(hamkhyāl)* वि० (फ़ा०) havig similar views.

हमजोली *(hamjolī)* पु० associate, companion, friend.

हमदर्द *(hamdard)* वि० (फ़ा०) sympathetic, tenderhearted.

हमदर्दी *(hamdardī)* स्त्री० (फ़ा०) sympathy.

हमराह *(hamrāha)* वि० travelling together.

हमराही *(hamrāhī)* पु० (फ़ा०) fellow-treveller, co-traveller.

हमल *(haml)* पु० (अ०) pregnancy, conception.

हमला *(hamlā)* पु० (अ०) attack, invasion; assault, blow, stroke.

हमलावर *(hamlāvar)* पु० (अ०) assailant, invader, aggressor.

हमवतन *(hamvatan)* पु० (फ़ा०) compatriot.

हमवार *(hamvār)* वि० (फ़ा०) even, plain, level.

हमशक्ल *(hamśakal)* वि० (फ़ा०) having, similar appearance.

हमसफ़र *(hamsafar)* see हमराही

हमाम *(hamām)* see हम्माम

हमारा *(hamārā)* सर्व० our, ours.

हमें *(hameṁ)* सर्व० us; to us, for us.

हमेशा *(hameśā)* क्रि० वि० (फ़ा०) always, ever, continually, perpetually, incessantly.

हम्माम *(hammām)* पु० (अ०) bathroom.

हया *(hayā)* स्त्री० (अ०) shame, sense of shame, modesty.

हयात *(hayāt)* स्त्री० (अ०) life, soul.

हर *(har)* वि० (फ़ा०) every, each.

हरएक *(harek)* वि० every, each.

हरकहीं *(harkahin)* क्रि० वि० every where.

हरकत *(harkat)* स्त्री० (अ०) motion, movement, action, activity; vibration, pulsation, throbbing, improper or bad action, misdemeanour, mischief.

हरकारा *(harkārā)* पु० (फ़ा०) courier, messenger.

हरण *(haraṇ)* पु० seizure, kidnapping, abduction, removal, destruction, deprivation.

हरना *(harnā)* स० क्रि० to take away, to seize; to remove; to destroy; to captivate, to charm, to attract; to kidnap, to abduct.

हरफ़नमौला *(harfanmaulā)* वि० (फ़ा०) expert in all trades.

हरम *(haram)* पु० (अ०) harem, women's appartment in a royal household.

हरषाना *(harśanā)* अ० क्रि० to rejoice, to fill with joy.

हरा *(harā)* वि० green, verdant, verdurous, half raw, unripe; fresh; gay, delighted; unhealed (wound).

हरापन *(harāpan)* पु० greenness, greenery.

हराना *(harānā)* स० क्रि० to defeat, overcome, overthrow, conquer; to weary, tire out.

हरा–भरा *(harā-bharā)* वि० verdurous covered with green, verdant.

हराम *(harām)* वि० (अ०) forbidden, prohibited; unlawful; abandonable, renounceable; unacceptable; troublesome; painful, distressing; unpleasant, improper.

हरामी *(harāmī)* वि० illegitimate, unscrupulous; utterly indolent.

हरिजन *(harijan)* पु० an untouchable, a devotee of God.

हरिण *(hariṇ)* पु० a dear, antelope.

हरित *(harit)* वि० green, fresh, verdurous, covered with green, verdant, grassy, delighted, gay.

हरियाली *(hariyālī)* स्त्री० devotion to God.

हरीतिमा *(harītimā)* स्त्री० greenery, verdure, verdancy.

हर्ज, हर्जा *(harjā)* पु० (फ़ा०) loss, harm, damage, interruption, obstacle, delay.

हर्फ़ *(harf)* पु० (अ०) letter (of the alphabet).

हर्ष *(hars)* पु० joy, delight, pleasure jubilation, gladness, rapture, glee.

हर्षध्वनि *(harṣ-dhvanī)* स्त्री० jubilation, cry of joy.

हर्षविह्ल *(harṣ-vihal)* वि० overwhelmed with joy.

हर्षाना *(harsānā)* अ० क्रि० to be delighted, to be jubilant.

हर्षित *(harṣit)* वि० delighted, happy, cheerful.

हल *(hal)* पु० plough; solution, working out, answer.

हलक़ *(halaq)* पु० (अ०) throat,

windpipe.

हलक़ा *(halqā)* पु० (अ०) zone, area, region.

हलका *(halkā)* वि० light; mild, soft, gentle; faint, dim; easy; free from burden or responsibility; easy to digest, digestible; inferior.

हलकापन *(halkāpan)* पु० lightness; mildness; shallowness, easiness, cheapness; freshness, inferiority; thinness.

हलचल *(halcal)* वि० commotion, hustle, tumult, agitation, movement, perturbation.

हलदी *(haldī)* स्त्री० turmeric, curcuma.

हलफ़ *(half)* पु० (अ०) oath.

हलफ़नामा *(halfnāmā)* पु० (अ०) declaration on oath, affidavit.

हलवा *(halvā)* पु० typical Indian pudding.

हलवाई *(halvāi)* पु० confectioner, sweet-seller.

हलवाहा *(halvāhā)* पु० ploughman, tiller.

हलाल *(halāl)* वि० (अ०) legitimate, lawful, having religious sanction, hard-earned.

हलाहल *(halāhal)* पु० poison.

हल्ला *(hallā)* पु० uproar, tumult; attack, assault.

हवन *(havan)* स्त्री० offering an oblation with fire, a fire sacrifice.

हवस *(havas)* पु० lust, concupiscence; zeal, gusto, greed; false love.

हवा *(havā)* स्त्री० air, wind, breeze; breath; undesirable effect or impact, evil spirit, ghost; fame, credit; remour.

हवाई *(havāī)* वि० of or pertaining to air, airy, aerial.

हवाई अड्डा *(havāī-addā)* पु० aerodrome, airport.

हवाई छतरी *(havāī-cātri)* स्त्री० parachute.

हवाईजहाज़ *(havāī-jahaz)* पु० aeroplane, aircraft.

हवादार *(havādār)* वि० airy, well-ventilated.

हवाबाज़ *(havābāz)* पु० aeronaut, pilot.

हवाला *(havālā)* पु० reference, allusion, citation, quotation.

हवालात *(havālāt)* स्त्री० (अ०) custody-room, custody, lock-up.

हश्र *(haśr)* पु० (अ०) catastrophe, doom's day, disturbance, calamity.

हसरत *(hasrat)* स्त्री० (अ०) sorrow, regret for an unaccomplished thing, wish, aspiration, longing.

हसीन *(hasīn)* वि० (अ०) beautiful, charming, attractive.

हसीना *(hasīnā)* स्त्री० (अ०) beautiful woman.

हस्त *(hast)* पु० hand, cubit.

हस्तक्षेप *(hastkśep)* पु० interference, meddling.

हस्तगत *(hastgat)* वि० fallen into one's possession, obtained, secured, received.

हस्तरेखा *(hastrekhā)* स्त्री० the lines of one's palm (studied in palmistry).

हस्तलिखित *(hastlikhit)* वि० handwritten, in manuscript form.

हस्तलिपि *(hastlipi)* स्त्री० handwriting, manuscript.

हस्तशिल्प *(hastsilp)* पु० handicraft.

हस्तांतरण *(hastāṇtaran)* पु० transfer, transference.

हस्तांतरित *(hastāṇtrit)* वि० transfered.

हस्ताक्षर *(hastākśer)* पु० signature.

हस्ताक्षरकर्त्ता *(hastākśerkartā)* पु० signatory.

हस्ताक्षरित *(hastākśrit)* वि० signed.

हस्ती *(hastī)* स्त्री० (फ़ा०) existence, being, life, worth, value, significance.

हहरना *(haharnā)* अ० क्रि० to tremble, to shiver, to quiver; to be wonderstruck, to be astonished to be agitated with jealousy.

हहराना *(haharānā)* स० क्रि० to terrify, to frighten.

हाँ[1] *(hāṁ)* स्त्री० affirmative, consent.

हाँ[2] *(hāṁ)* क्रि० वि० yes.

हाँक *(hāṁk)* स्त्री० loud call, outcry or entreaty for help, halloo, cry of challenge.

हाँकना *(hāṁknā)* स० क्रि० to call aloud, to halloo, to challenge loudly, to urge on, to goad (animal), to drive (animal-driven vehicle), to drive away (fly etc.) by fan air.

हाँपना, हाँफना *(hāṁphnā)* अ० क्रि० to pant, to be out of breath, to breathe heavily.

हाकिम *(hākim)* पु० (अ०) ruler, boss, officer.

हाज़मा *(hāzmā)* पु० (अ०) digestion, digestive function, digestive power.

हाज़िर *(hāzir)* वि० (अ०) present, in attendance, ready, prepared.

हाज़िर–जवाब *(hāzir-javāb)* वि० (अ०) quick witted, ready witted, witty.

हाज़िर–जवाबी *(hāzir-javābī)* स्त्री० (अ०) quick wittedness, ready wit.

हाज़िरी *(hāzirī)* स्त्री० presence, attendance, roll-call.

हाट *(hāṭ)* स्त्री० a temporary and periodic market, market, mart, bazar.

हाटक[1] *(hāṭak)* पु० gold; stramonium, thorn-apple (dhatura); rent of shop.

हाटक[2] *(hāṭak)* वि० made of gold.

हाथ *(hāth)* पु० arm, fore-arm, cubit; inspiration; cooperation; contribution; share, involvement; manual skill, turn in a game of cards, etc; handle.

हाथापाई *(hāthāpaī)* स्त्री० scuffie, struggle, tussle, exchange of blows.

हाथी *(hāthī)* पु० elephant; (at chess) the castle or rook.

हाथीदाँत *(hāthīdāmt)* पु० elephant's tusk, ivory.

हाथीपाँव *(hāthīpamv)* पु० elephantiasis.

हाथों–हाथ *(hāthon-hāth)* क्रि० वि० in no time, immediately, quickly, expeditiously, on the spot, at the spur of the moment, then and there.

हानि *(hāni)* स्त्री० loss, damage, harm, destruction, relinquishment.

हानिक *(hānik)* वि० causing loss or injury etc., injurious, harmful, damaging, detrimental.

हामी *(hāmī)* स्त्री० acceptance.

हाय *(hāy)* स्त्री० ah!, alas!, oh!.

हार[1] *(hār)* स्त्री० defeat, loss.

हार[2] *(hār)* पु० garland, necklace.

हारना *(hārnā)* अ० क्रि० to be defeated, to lose (in battle, play etc.), to be unsuccessful, to fail; to be fatigued, to be tired out, to be wearied, to lose, to let go, to give up, to hand over.

हारीत *(hārīt)* पु० thief; rogue; theft, cheating; a kind of pigeon.

हार्दिक *(hārdik)* वि० hearty, cordial.

हाल[1] *(hāl)* पु० present time, recent time; condition, state, account; news, statement; trance, ecastasy.

हाल[2] *(hāl)* स्त्री० hoop or metallic tyre over wooden wheel, movement, jerk.

हाल–चाल *(hāl-cāl)* पु० general welfare, state of affairs; news.

हालत *(hālat)* स्त्री० (अ०) state, condition.

हाला *(hālā)* स्त्री० wine, liquor.

हावी *(hāvī)* वि० (अ०) dominant.

हाशिया *(hāśiyā)* पु० (अ०) margin, border, fringe.

हास *(hās)* पु० laughter; fun, joke; derisive laughter, derision, ridicule, mockery; happiness.

हासिल *(hāsil)* वि० (अ०) acquired, obtained, carried; forward; remaining.

हास्य[1] *(hāsya)* पु० laughter, smile; derisive laughter, derision; ridicule, mockery; the sentiment of mirth or humour (one of the nine sentiments in poetry).

हास्य[2] *(hāsya)* वि० laughable, ridiculous.

हास्यास्पद *(hāsyaspad)* वि० ridiculous, funny.

हास्योत्पादक *(hāsyotpādak)* वि० provoking laughter, funny, humorous; ridiculous.

हाहाकार *(hāhākār)* पु० lamentation, loud wailing.

हिंडोला *(hiṇḍolā)* पु० swing, cradle.

हिंदी[1] *(hindī)* पु० Indian.

हिंदी[2] *(hindī)* स्त्री० Hindi language.

हिंदुत्व *(hindutva)* पु० Hinduism.

हिंदुस्तान *(hindustān)* पु० (फ़ा०) India.

हिंदुस्तानी *(hindustānī)* वि० (फ़ा०) Indian.

हिंसक *(hiṃsak)* वि० murderous; fierce, ferocious; hurtful, injurious; fatal, violent.

हिंसा *(hiṃsā)* स्त्री० killing, murder; injury; mischief, wrong, harm, hurt; violence.

हिंसात्मक *(hiṃsātmak)* वि० injuriour; violent.

हिंस्र[1] *(hiṃsra)* वि० murderous; fierce, ferocious, savage, evil, cruel.

हिंस्र[2] *(hiṃsra)* पु० person rejoicing in the distress of others; cruetly; beast.

हिकमत *(hikmat)* स्त्री० (अ०) contrivance, manoeuvre, device, medical practice (under the Yunani system); intelligence, wisdom.

हिक़ारत *(hiqārat)* स्त्री० contempt, scorn, derision.

हिचक *(hicak)* स्त्री० hitch, hesitation.

हिचकना *(hicaknā)* अ० क्रि० to hesitate, to shilly-shally; to hiccup, to hiccough.

हिचकिचाना *(hickicānā)* अ० क्रि० to hesitate, to shilly-shally.

हिचकी *(hicki)* स्त्री० hiccough, hiccup.

हिचकोला *(hickolā)* पु० jerk, jolt.

हिजड़ा[1] *(hijṛā)* पु० eunuch.

हिजड़ा[2] *(hijṛā)* वि० impotent; cowardly.

हिज्जे *(hijje)* पु० (अ०) spelling.

हित *(hit)* पु० welfare, well-being, good, benefit; gain, advantage; interest.

हितकर *(hitkar)* वि० beneficial, useful, advantageous.

हितकारी *(hitkārī)* पु० benefactor.

हितैषी *(hitaiśi)* वि० desiring others' welfare, benevolent.

हिदायत *(hidāyat)* स्त्री० (अ०) instruction, guidance.

हिफ़ाज़त *(hifāzat)* स्त्री० (अ०) protection, security, safety.

हिम *(him)* पु० frost, hoar-frost.

हिमगिरि *(himgirī)* पु० the Himalayas.

हिमपात *(himpāt)* पु० snow-fall.

हिमांशु *(himānśu)* पु० moon.

हिमाक़त *(himāqat)* स्त्री० (अ०) foolishness, folly, stupidity.

हिमाच्छन्न *(himācānn)* वि० ice-covered, snow-covered.

हिमायत *(himāyat)* स्त्री० (अ०) support, backing, protection, defence.

हिमायती *(himāyatī)* पु० (अ०) supporter, protector, defender.

हिमालय *(himālaya)* पु० the Himalayas.

हिम्मत *(himmat)* स्त्री० (अ०) spirit, courage, boldness, firmness, resoluteness.

हिम्मती *(himmatī)* वि० (अ०) courageous, bold.

हिया *(hiyā)* पु० heart, bosom, courage

हिरन *(hiraṇ)* पु० deer, antelope.

हिरासत *(hirāsat)* स्त्री० (फ़ा०) custody, charge, lock-up, custodyroom.

हिलकोर *(hilkor)* स्त्री० surge, billow, wave.

हिलकोरना *(hilkornā)* स० क्रि० to stir (water).

हिलकोरा *(hilkorā)* पु० see हिलकोर

हिलगना *(hilagnā)* अ० क्रि० to be associated, to be attached, to hold fast.

हिलगाना *(hilagānā)* स० क्रि० to cause to adhere, to attach, to fix.

हिलना *(hilnā)* अ० क्रि० to move, to stir, to shake; to tremble; to undulte, to wave, to swing in a gay mood or intoxication, to sway to and fro; to get loose; to slacken; to be flickering, to be unsteady (of mind); to be familiar; to slip, to slide.

हिलाना *(hilānā)* स० क्रि० to shake or rock, to move; to stir; to cause to slip or slide, to cause to tremble; to familiarize, to cause to get intimate; to cause to be fickle or unsteady; to swing, to move to and fro.

हिलोर *(hilor)* स्त्री० wave, billow, surge.

हिसाब *(hisāb)* पु० (अ०) arithmetic, calculation; account; rate; manner.

हिस्सा *(hissā)* पु० (अ०) component, constituent, part, portion; division; fragment, portion (of partition); share (of capital), divident.

हिस्सेदार *(hissedār)* पु० (अ०) shareholder, co-sharer; party, partner.

हीन *(hīn)* वि० destitute or deprived, bereft; causing concern or anxiety; worthless, insignificant, trivial, inferior, lower, low, base, mean, vile.

हीनता *(hīntā)* स्त्री० destitution, deprivation (in comp); worthlessness, insignificance; inferiority, lowliness; meanness, baseness; vileness.

हीनबुद्धि *(hīnbudhī)* वि० stupid, nitwitted.

हीरा *(hīrā)* पु० diamond.

हुंकार *(humkār)* पु० call of challenge or halloing, voice of defiance; roaring, bellowing in general, shouting, cry.

हुंकारना *(humkārnā)* अ० क्रि० to challenge loudly (of a fight); to shout, to cry, to roar, to bellow.

हुंडी *(hundī)* स्त्री० bill of exchange, bill, draft, bond, debenture.

हुकूमत *(hukūmat)* स्त्री० (अ०) sway, rule, control, government, reign.

हुक़्क़ा *(huqqā)* पु० (अ०) hubble-bubble.

हुक्म *(hukm)* पु० (अ०) order, command; judgement, verdict, ordinance, statute, regulation; one of the suits in playing cards, the spade; control.

हुक्म उदूली *(hukm-uduli)* स्त्री० (अ०) disobedience, insubordination.

हुक्मनामा *(hukmnāmā)* पु० (अ०) edict, written order.

हुजूम *(hujūm)* पु० (अ०) crowd, gathering.

हुजूर *(huzūr)* पु० (अ०) gracious presence, royal presence; court (of a king or superior authority), your honour, your majesty, your lordship, sir.

हुज्जत *(hujjat)* स्त्री० (अ०) wrangling, disputation, altercation, contention; obstinacy; objection.

हुड़दंग *(hurdang)* पु० noise, tumult, commotion, uproar; rowdyism, hooliganism.

हुतात्मा *(hutātmā)* पु० martyr.

हुनर *(hunar)* पु० (फ़ा०) art, craft, skill; competence, ability.

हुलसना *(hulasnā)* अ० क्रि० to be gladdened, to be rejoiced, to be pleased, to be delighted.

हुलसाना *(hulsānā)* स० क्रि० to gladden, to delight, to exhilarate, to cheer.

हुलिया *(huliyā)* स्त्री० appearance; form, physical feature; description of the face or countenance; description of physical features.

हुल्लड़ *(hullar)* पु० noise, uproar, tumult; commotion, disturbance, riot.

हूक *(hūk)* स्त्री० shooting pain (in heart), ache; smarting agony, (mental) afflietion, lingering agony.

हूकना *(hūknā)* अ० क्रि० to ache, to